Scale 1:250,000
or 3.95 miles to 1 inch
(2.5km to 1cm)

18th edition November 2015

© AA Media Limited 2015

Original edition printed 1999

Copyright: © IGN-FRANCE 2015
The IGN data or maps in this atlas are from the latest IGN edition, the years of which may be different. www.ign.fr. Licence number 40000556.

All rights reserved. No part of this publication may be reproduced, stored in a retrieval system, or transmitted in any form or by any means - electronic, mechanical, photocopying, recording or otherwise - unless the permission of the publisher has been obtained beforehand (A05364).

Published by AA Publishing (a trading name of AA Media Limited, whose registered office is Fanum House, Basing View, Basingstoke, Hampshire RG21 4EA, UK. Registered number 06112600).

ISBN: 978 0 7495 7754 4

A CIP catalogue record for this book is available from The British Library.

Printed in Europe by G. Canale & C. S.p.A.

The contents of this atlas are believed to be correct at the time of printing. However, the publishers cannot be held responsible for loss occasioned to any person acting or refraining from action as a result of any material in this atlas, nor for any errors, omissions or changes in such material. This does not affect your statutory rights.

Town plans

ROAD ATLAS
FRANCE

Atlas contents

Driving in France	inside front cover
Key to map pages	II–III
Route planner 1:1,250,000	IV–XV
Legend	XVI
France road maps 1:250,000	1–207
Central Paris	208–209
Environs maps	210–220

Bordeaux .... 220 Nantes 218
Lille .... 217 Paris 210–213
Lyon .... 214–215 Rennes 218
Marseille .... 216 Strasbourg 219
Montpellier .... 219 Toulouse 220

Town plans	**221–249**

Aix-en-Provence .... 221 La Rochelle .... 231 Paris Central 208–209
Angers .... 222 Lille .... 232 Perpignan 241
Avignon .... 223 Lyon .... 233 Poitiers 242
Bordeaux .... 224 Marseille .... 234 Reims 243
Brest .... 225 Metz .... 235 Rennes 244
Caen .... 226 Montpellier .... 236 Rouen 245
Cannes .... 227 Nancy .... 237 Strasbourg 246
Clermont-Ferrand .... 228 Nantes .... 238 Toulon 247
Dijon .... 229 Nice .... 239 Toulouse 248
Grenoble .... 230 Nîmes .... 240 Tours 249

Département map	250
Index to place names	251–304
Distances and journey times	inside back cover

AA European Breakdown Cover

Driving in Europe? Breaking down without cover can not only be inconvenient, but also expensive. With a 24-hour English speaking helpline, trust the AA to get you back on the road.

Buy now and **save £10** on European Breakdown Cover.

Call free on
0800 294 0298 and quote EURO ATLAS

SAVE £10 on single trips of 6 days or more or Annual Multi Trip policies

Your 4th Emergency Service

Offer available by phone when quoting 'Euro Atlas' and is not available in a breakdown situation. £10 saving available on European Breakdown Full Cover trips of 6 days or more or Annual Multi Trip Full Cover policies. Not available on European Breakdown Cover Lite or European Breakdown Assistance Short Break. Offer cannot be used in conjunction with any other offer and can be withdrawn at anytime. **Offer ends 31/12/2016**. Terms and conditions apply to European Breakdown Cover, including territorial and claim limits, vehicle eligibility and other restrictions. Insurer (Acromas Insurance Company Limited) is not responsible for goods or services provided by third parties even where the cost of these is met under the policy. Different rates apply to different lengths of cover / parties of more than eight and supplements may apply (E.g. for older vehicles and trailers). Information correct at time of going to print (September 2015) but subject to change.

European Breakdown Assistance is underwritten by Acromas Insurance Company Limited. Automobile Association Insurance Services Limited is an insurance intermediary authorised and regulated by the Financial Conduct Authority (FCA). Registered office: Fanum House, Basing View, Basingstoke, Hampshire RG21 4EA. England and Wales. Company registration number 2414212.

AAR238 Breakdown (04/12)

Key to map pages

- **GB** Key to map pages
- **F** Tableau d'assemblage
- **NL** Kaartindeling
- **D** Kartenübersicht
- **E** Mapas
- **I** Pagine della Carta

MAJOR TOWN INDEX

Agen (47)	151
Ajaccio (2A)	204
Albi (81)	170
Alençon (61)	60
Amiens (80)	7
Angers (49)	76-77
Angoulême (16)	122
Annecy (74)	132
Arras (62)	8
Auch (32)	167
Aurillac (15)	140
Auxerre (89)	83
Avignon (84)	174-175
Bar-le-Duc (55)	47
Bastia (2B)	203
Beauvais (60)	20
Belfort (90)	88
Besançon (25)	103
Blois (41)	79-80
Bobigny (93)	42
Bordeaux (33)	135
Bourg-en-Bresse (01)	116-117
Bourges (18)	97
Caen (14)	14
Cahors (46)	152
Carcassonne (11)	187
Châlons-en-Champagne (51)	45
Chambéry (73)	131
Charleville-Mézières (08)	24
Chartres (28)	62
Châteauroux (36)	96
Chaumont (52)	67
Clermont-Ferrand (63)	127
Colmar (68)	71
Créteil (94)	42
Digne-les-Bains (04)	160
Dijon (21)	85
Épinal (88)	69
Évreux (27)	40
Évry (91)	42
Foix (09)	185
Gap (05)	160
Grenoble (38)	145
Guéret (23)	111
La Rochelle (17)	106
La Roche-sur-Yon (85)	91
Laon (02)	22
Laval (53)	58
Le Mans (72)	60
Le Puy-en-Velay (43)	142
Lille (59)	3
Limoges (87)	124
Lons-le-Saunier (39)	102
Lyon (69)	130
Mâcon (71)	116
Marseille (13)	192
Melun (77)	64
Mende (48)	156
Metz (57)	26
Montauban (82)	169
Mont-de-Marsan (40)	166
Montpellier (34)	173
Moulins (03)	113
Nancy (54)	48
Nanterre (92)	42
Nantes (44)	74
Nevers (58)	98
Nice (06)	195
Nîmes (30)	174
Niort (79)	107
Orléans (45)	80
Paris (75)	42
Pau (64)	182
Périgueux (24)	137
Perpignan (66)	201
Poitiers (86)	109
Pontoise (95)	42
Privas (07)	143
Quimper (29)	53
Rennes (35)	57
Rodez (12)	154
Rouen (76)	18
Saint-Brieuc (22)	33
Saint-Étienne (42)	129
Saint-Lô (50)	37
Strasbourg (67)	51
Tarbes (65)	183
Toulon (83)	193
Toulouse (31)	169
Tours (37)	78
Troyes (10)	66
Tulle (19)	139
Valence (26)	144
Vannes (56)	55
Versailles (78)	42
Vesoul (70)	87

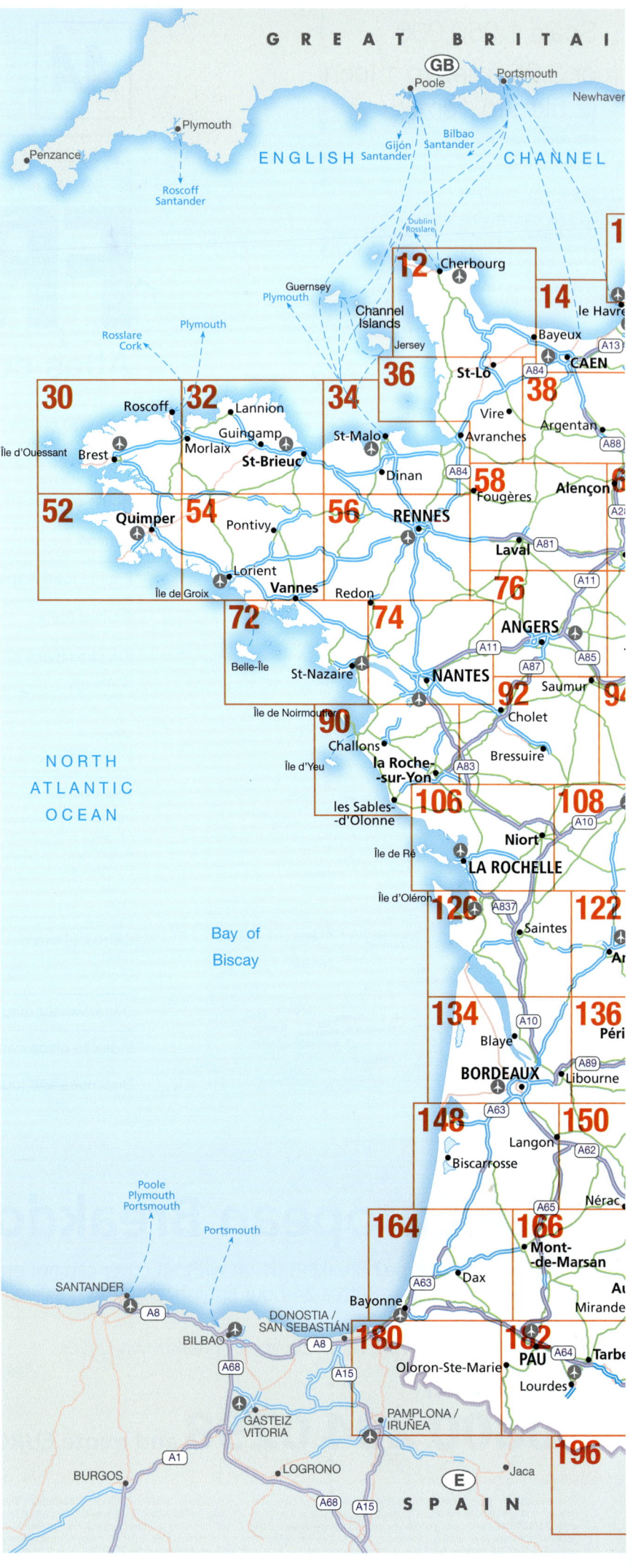

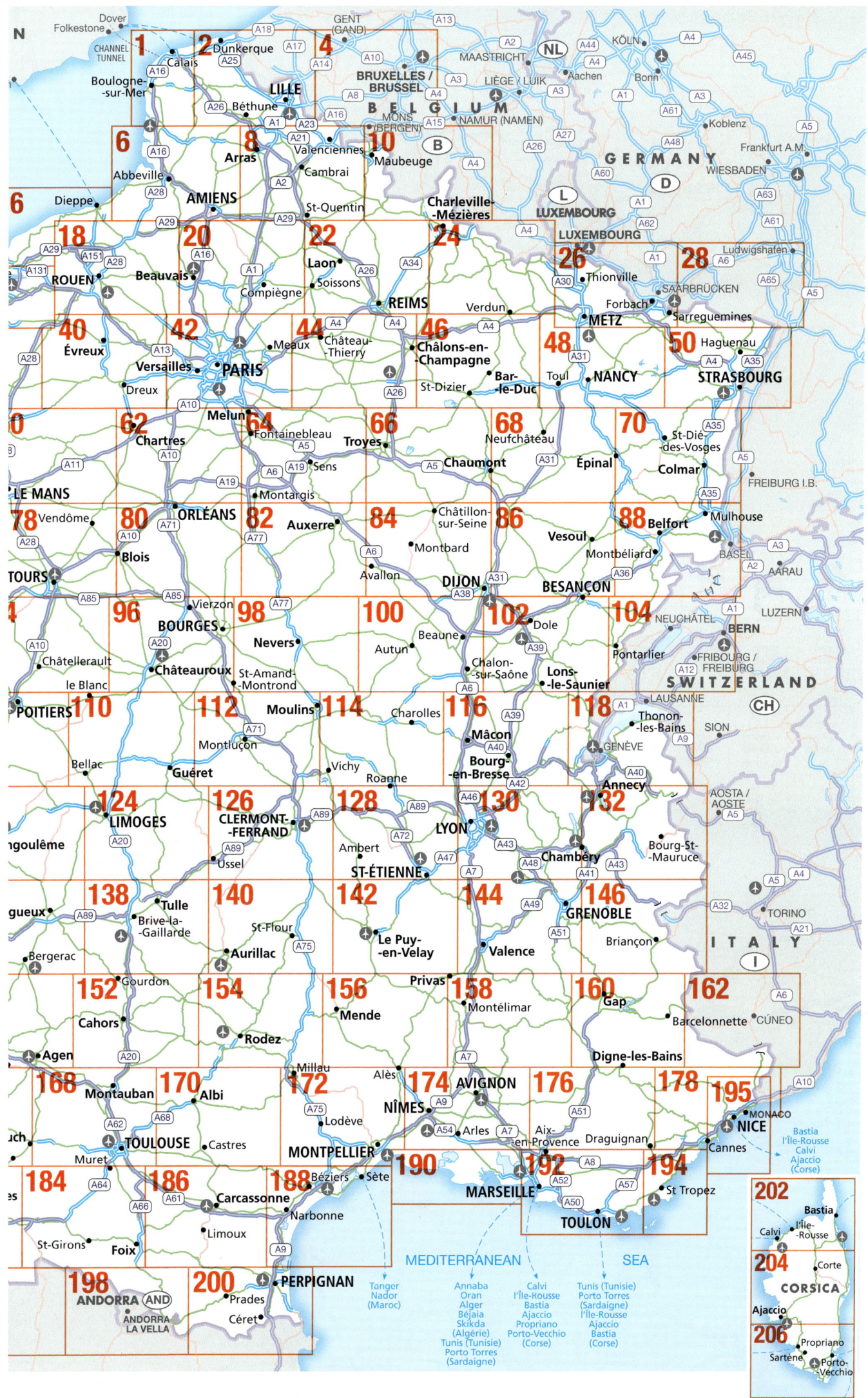

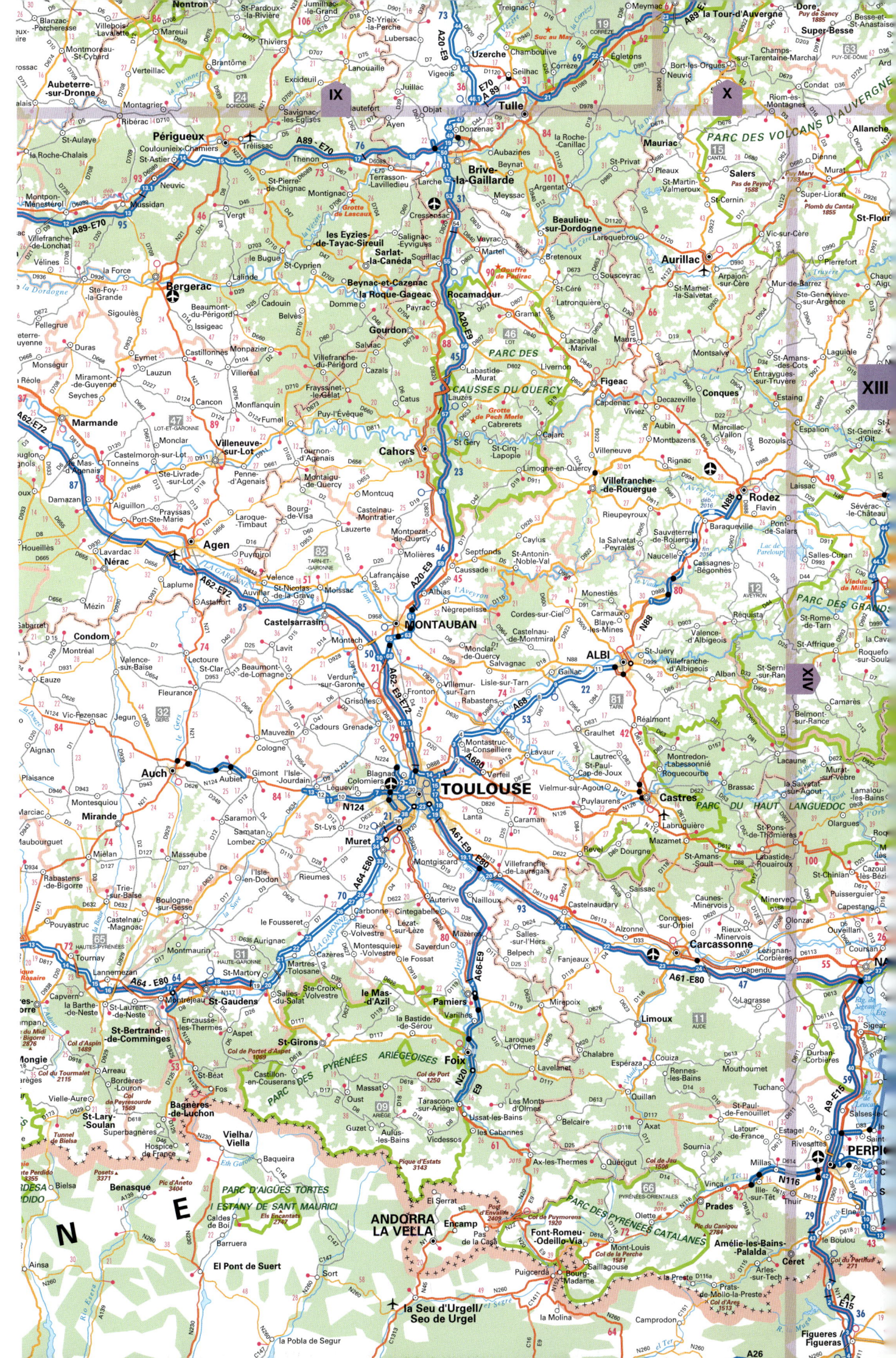

Légende (F)	Legend (GB)
Verklaring der tekens (NL)	Signos convencionales (E)
Zeichenerklärung (D)	Segni convenzionali (I)

Français / Nederlands / Deutsch	Symbole	English / Español / Italiano
Autoroute, section à péage (1), Autoroute, section libre (2), Voie à caractère autoroutier (3) / Autosnelweg, gedeelte met tol (1), Autosnelweg, tolvrij gedeelte (2), Weg van het type autosnelweg (3) / Autobahn, gebührenpflichtiger Abschnitt (1), Autobahn, gebührenfreier Abschnitt (2), Schnellstraße (3)		Motorway, toll section (1), Motorway, toll-free section (2), Dual carriageway with motorway characteristics (3) / Autopista, tramo de peaje (1), Autopista, tramo libre (2), Autovía (3) / Autostrada, tratto a pagamento (1), Autostrada, tratto libero (2), Strada con caratteristiche autostradali (3)
Barrière de péage (1), Aire de service (2), Aire de repos (3) / Tolversperring (1), Tankstation (2), Rustplaats (3) / Mautstelle (1), Tankstelle (2), Rastplatz (3)	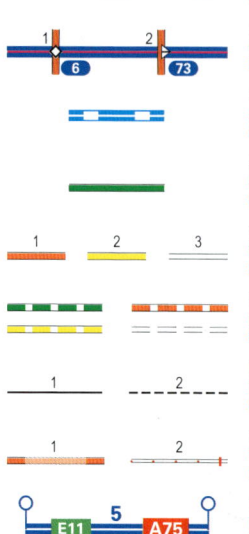	Tollgate (1), Full service area (2), Rest area - toilets only (3) / Barrera de peaje (1), Área de servicio (2), Área de descanso (3) / Stazione a barriera (1), Area di servizio (2), Area di parcheggio (3)
Échangeur : complet (1), partiel (2), numéro / Knooppunt : volledig (1), gedeeltelijk (2), nummer / Vollanschlußstelle (1), beschränkte Anschlußstelle (2), Autobahnkreuz		Junction : complete (1), restricted (2), number / Acceso : completo (1), parcial (2), número / Svincolo : completo (1), parziale (2), numero
Autoroute en construction / Autosnelweg in aanleg / Autobahn im Bau		Motorway under construction / Autopista en construcción / Autostrada in costruzione
Route appartenant au réseau vert / Verbindingsweg tussen belangrijke plaatsen (groene verkeersborden) / Verbindungsstraße zwischen wichtigen Städten (grüne Verkehrsschilder)		Connecting road between main towns (green road sign) / Carretera de la red verde (comunicación entre dos ciudades importantes) / Strada di grande comunicazione fra città importante (cartelli stradali verdi)
Route de liaison principale (1), Route de liaison régionale (2), Autre route (3) / Hoofdverkeersweg (1), Streekverbindingsweg (2), Andere weg (3) / Fernverkehrsstraße (1), Regionale Verbindungsstraße (2), Sonstige Straße (3)		Main road (1), Regional connecting road (2), Other road (3) / Carretera principal (1), Carretera regional (2), Otra carretera (3) / Strada di grande comunicazione (1), Strada di interesse regionale (2), Altra strada (3)
Route en construction / Weg in aanleg / Straße im Bau		Road under construction / Carretera en construcción / Strada in costruzione
Route irrégulièrement entretenue (1), Chemin (2) / Onregelmatig onderhoude weg (1), Pad (2) / Nicht regelmäßig instandgehaltene Straße (1), Weg (2)		Not regularly maintained road (1), Footpath (2) / Carretera sin revestir (1), Camino (2) / Strada di irregolare manutenzione (1), Sentiero (2)
Tunnel (1), Route interdite (2) / Tunnel (1), Verboden weg (2) / Tunnel (1), Gesperrte Straße (2)		Tunnel (1), Prohibited road (2) / Túnel (1), Carretera prohibida (2) / Galleria (1), Strada vietata (2)
Distances kilométriques (km), Numérotation : autoroute, type autoroutier / Kilometeraanduiding (km), Wegnummers : autosnelweg, van het type autosnelweg / Entfernungen in Kilometern (km), Straßennumerierung : Autobahn		Distances in kilometers (km), Road numbering : motorway / Distancia en kilómetros (km), Número : autopista, autovía / Distanze chilometriche (km), Numeri delle strade : autostrada
Distances kilométriques sur route, Numérotation : autre route / Kilometeraanduiding op wegen, Wegnummers : andere weg / Straßenentfernungen in kilometern, Straßennumerierung : sonstige Straße		Distances in kilometers on road, Road numbering : other road / Distancia en kilómetros por carretera, Número : otra carretera / Distanze in chilometri su strada, Numeri delle strade : altra strada
Chemin de fer, gare, arrêt, tunnel / Spoorweg, station, halte, tunnel / Eisenbahn, Bahnhof, Haltepunkt, Tunnel		Railway, station, halt, tunnel / Ferrocarril, estación, parada, túnel / Ferrovia, stazione, fermata, galleria
Aéroport (1), Aérodrome (2), Liaison maritime (3) / Luchthaven (1), Vliegveld (2), Bootdienst met autovervoer (3) / Flughafen (1), Flugplatz (2), Autofähre (3)		Airport (1), Airfield (2), Car ferries (3) / Aeropuerto (1), Aeródromo (2), Linea maritima (ferry) (3) / Aeroporto (1), Aeroporto turistico (2), Traghetti per auto (3)
Zone bâtie (1), Zone industrielle (2), Bois (3) / Bebouwde kom (1), Industriezone (2), Bos (3) / Wohngebiet (1), Industriegebiet (2), Wald (3)		Built-up area (1), Industrial park (2), Woods (3) / Zona edificada (1), Zona industrial (2), Bosque (3) / Zona urbanistica (1), Zona industriale (2), Bosco (3)
Limite de département (1), de région (2), limite d'État (3) / Grens van departement, gewestgrens (2), Staatsgrens (3) / Departementes- (1), Region- (2), Staatsgrenze (3)		Département (1), Region (2), International boundary (3) / Límite de departamento (1), de región (2), Límite de Nación (3) / Confine di dipartimento (1), di regione (2), di Stato (3)
Limite de camp militaire (1), Limite de Parc (2) / Grens van militair kamp (1), Parkgrens (2) / Truppenübungsplatzgrenze (1), Naturparkgrenze (2)		Military camp boundary (1), Park boundary (2) / Limite de campo militar (1), Limite de Parque (2) / Limite di campo militare (1), Limite di parco (2)
Marais (1), Marais salants (2), Glacier (3) / Moeras (1), Zoutpan (2), Gletsjer (3) / Sumpf (1), Salzteiche (2), Gletscher (3)		Marsh (1), Salt marshes (2), Glacier (3) / Marisma (1), Salinas (2), Glaciar (3) / Palude (1), Saline (2), Ghiacciaio (3)
Région sableuse (1), Sable humide (2) / Zandig gebied (1), Getijdengebied (2) / Sandgebiet (1), Gezeiten (2)		Dry sand (1), Wet sand (2) / Zona arenosa (1), Arena húmida (2) / Area sabbiosa (1), Sabbia bagnata (2)
Cathédrale (1), Abbaye (2), Église (3), Chapelle (4) / Kathedraal (1), Abdij (2), Kerk (3), Kapel (4) / Dom (1), Abtei (2), Kirche (3), Kapelle (4)		Cathedral (1), Abbey (2), Church (3), Chapel (4) / Catedral (1), Abadía (2), Iglesia (3), Capilla (4) / Cattedrale (1), Abbazia (2), Chiesa (3), Cappella (4)
Château (1), Château ouvert au public (2), Musée (3) / Kasteel (1), Kasteel open voor publiek (2), Museum (3) / Schloss (1), Schlossbesichtigung (2), Museum (3)		Castle (1), Castle open to the public (2), Museum (3) / Castillo (1), Castillo abierto al público (2), Museo (3) / Castello (1), Castello aperto al pubblico (2), Museo (3)
Localité d'intérêt touristique / Bezienswaardige plaats / Sehenswerter Ort	**CAHORS**	Town or place of tourist interest / Localidad de interés turístico / Località di interesse turistico
Phare (1), Moulin (2), Curiosité (3), Cimetière militaire (4) / Vuurtoren (1), Molen (2), Bezienswaardigheid (3), Militaire begraafplaats (4) / Leuchtturm (1), Mühle (2), Sehenswürdigkeit (3), Soldatenfriedhof (4)		Lighthouse (1), Mill (2), Place of interest (3), Military cemetery (4) / Faro (1), Molino (2), Curiosidad (3), Cementerio militar (4) / Faro (1), Mulino (2), Curiosità (3), Cimitero militare (4)
Grotte (1), Mégalithe (2), Vestiges antiques (3), Ruines (4) / Grot (1), Megaliet (2), Historische overblijfselen (3), Ruïnes (4) / Höhle (1), Megalith (2), Altertümliche Ruinen (3), Ruinen (4)	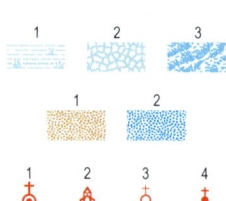	Cave (1), Megalith (2), Antiquities (3), Ruins (4) / Cueva (1), Magalito (2), Vestigios antiguos (3), Ruinas (4) / Grotta (1), Megalite (2), Vestigia antiche (3), Rovine (4)
Point de vue (1), Panorama (2), Cascade ou source (3) / Uitzichtspunt (1), Panorama (2), Waterval of bron (3) / Aussichtspunkt (1), Rundblick (2), Wasserfall oder Quelle (3)		Viewpoint (1), Panorama (2), Waterfall or spring (3) / Vista panorámica (1), Panorama (2), Cascada o fuente (3) / Punto di vista (1), Panorama (2), Cascata o sorgente (3)
Station thermale (1), Sports d'hiver (2), Refuge (3), Activités de loisirs (4) / Kuuroord (1), Wintersport (2), Schuilhut (3), Recreatieactiviteiten (4) / Kurort mit Thermalbad (1), Wintersportort (2), Berghütte (3), Freizeittätigkeiten (4)	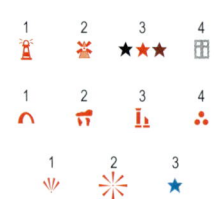	Spa (1), Winter sports resort (2), Refuge hut (3), Leisure activities (4) / Estación termal (1), Estación de deportes de invierno (2), Refugio (3), Actividades de ocios (4) / Stazione termale (1), Stazione di sport invernali (2), Rifugio (3), Attività di divertimenti (4)
Maison du Parc (1), Réserve naturelle (2), Parc ou jardin (3) / Informatiebureau van natuurreservaat (1), Natuurreservaat (2), Park of tuin (3) / Informationsbüro des Parks (1), Naturschutzgebiet (2), Park oder Garten (3)		Park visitor centre (1), Nature reserve (2), Park or garden (3) / Casa del parque (1), Reserva natural (2), Parque o jardín (3) / Ufficio d'informazione del Parco (1), Riserva naturale (2), Parco o giardino (3)
Chemin de fer touristique (1), Téléphérique (2) / Toeristische trein (1), Kabelspoor (2) / Touristische Kleinbahn (1), Seilbahn (2)		Tourist railway (1), Aerial cableway (2) / Ferrocarril turístico (1), Teleférico (2) / Ferrovia di interesse turistico (1), Teleferica (2)

1 : 250 000

0 — 5 — 10 km 15 — 20 — 25

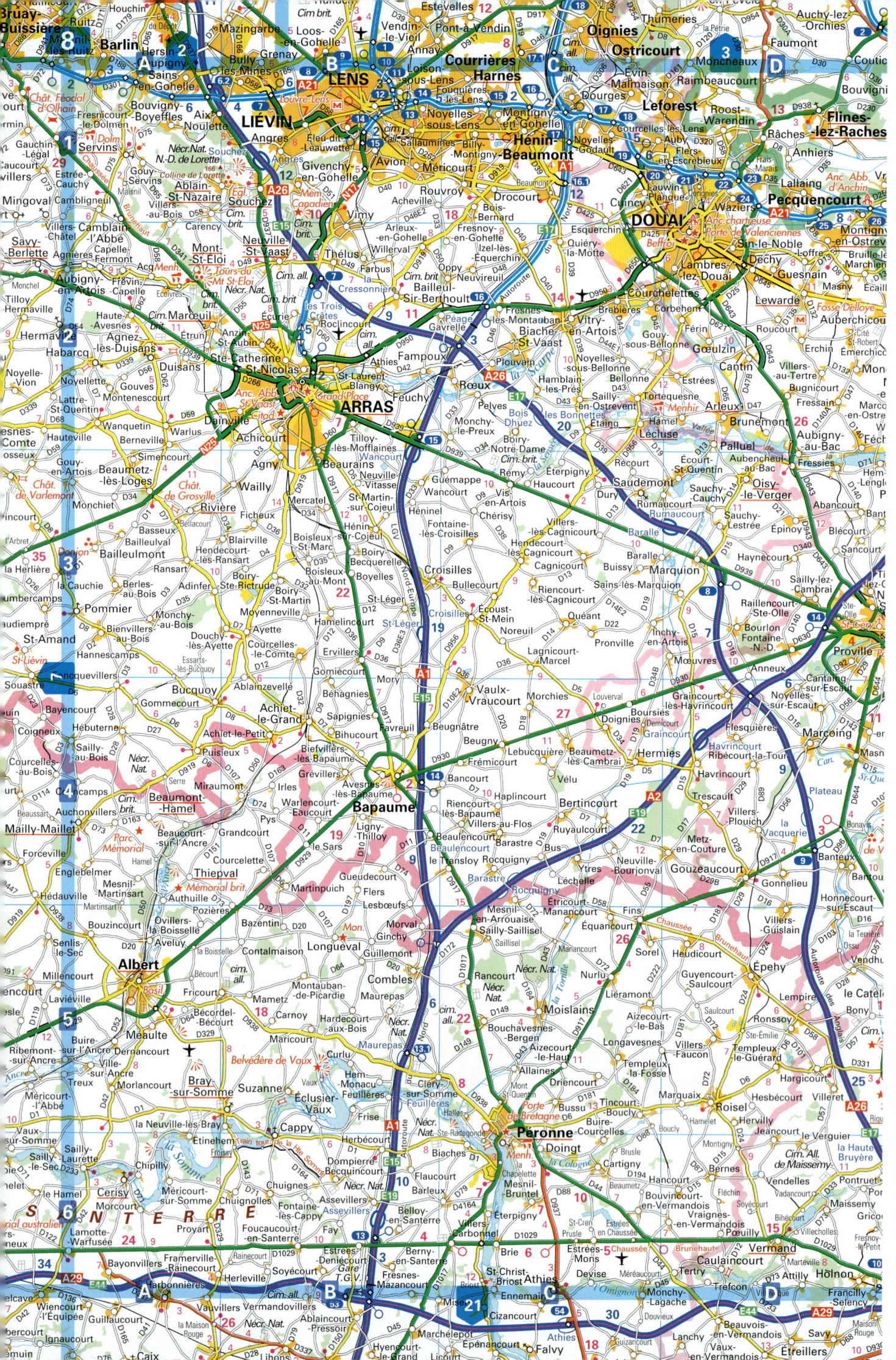

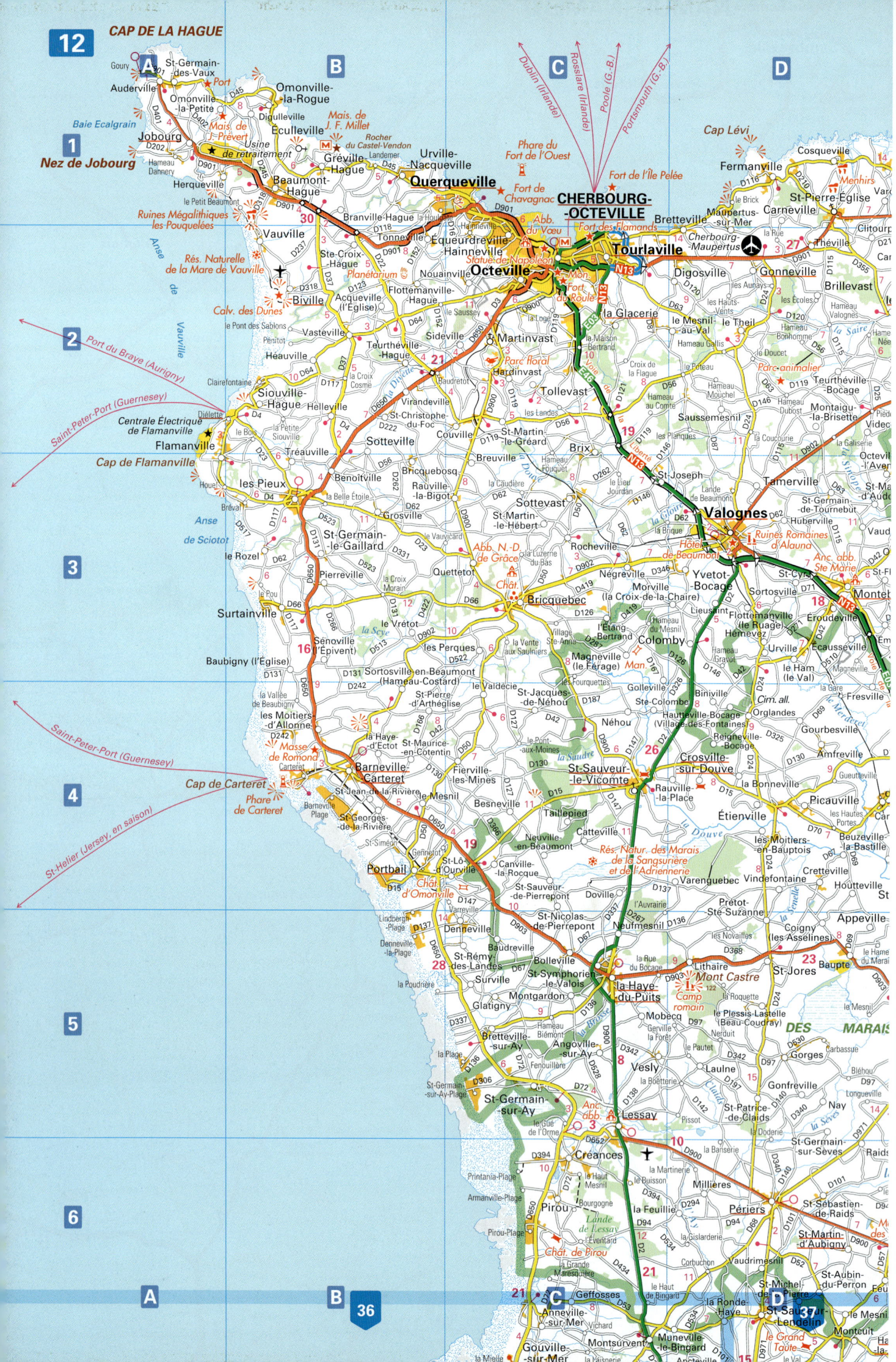

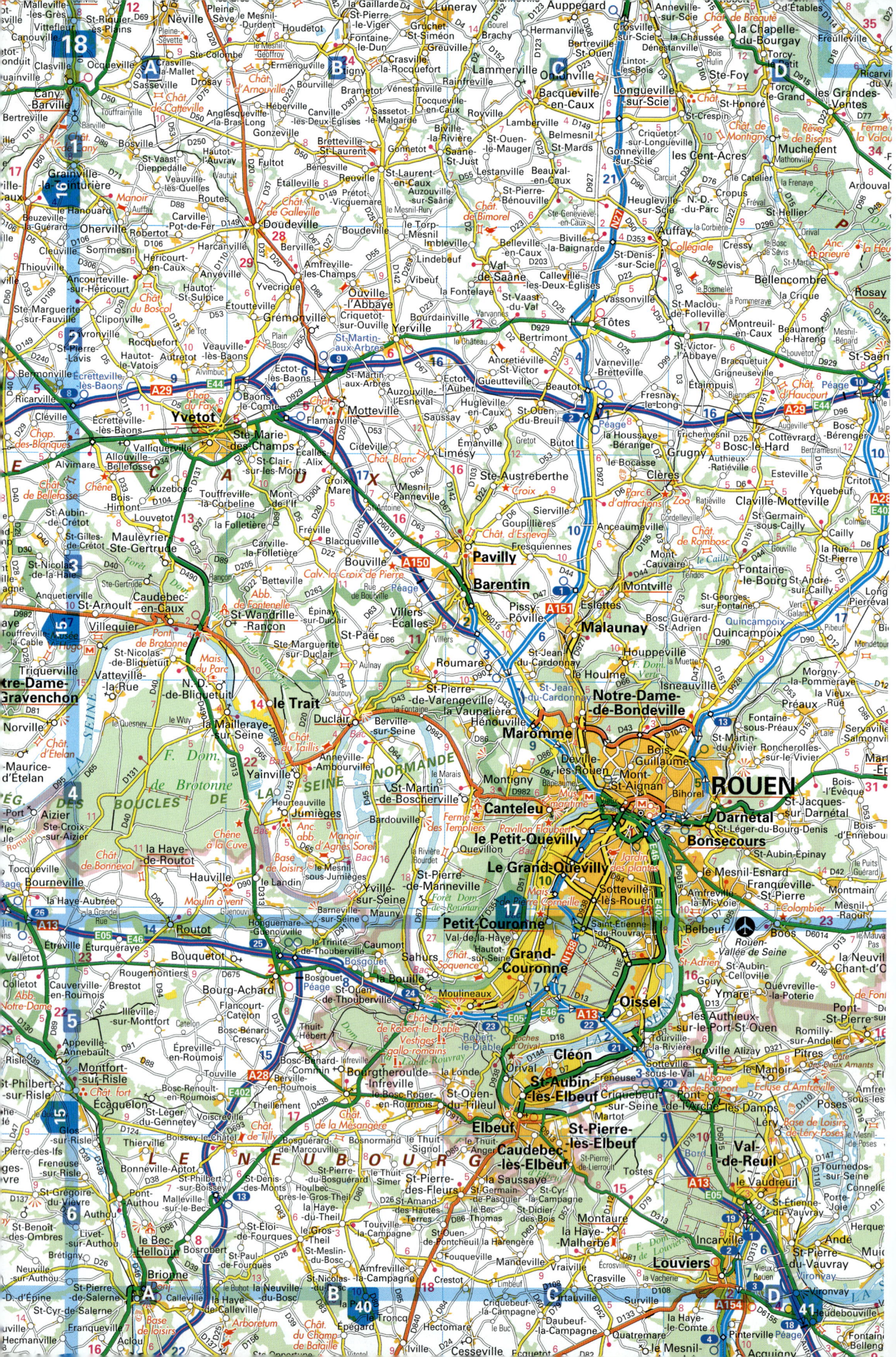

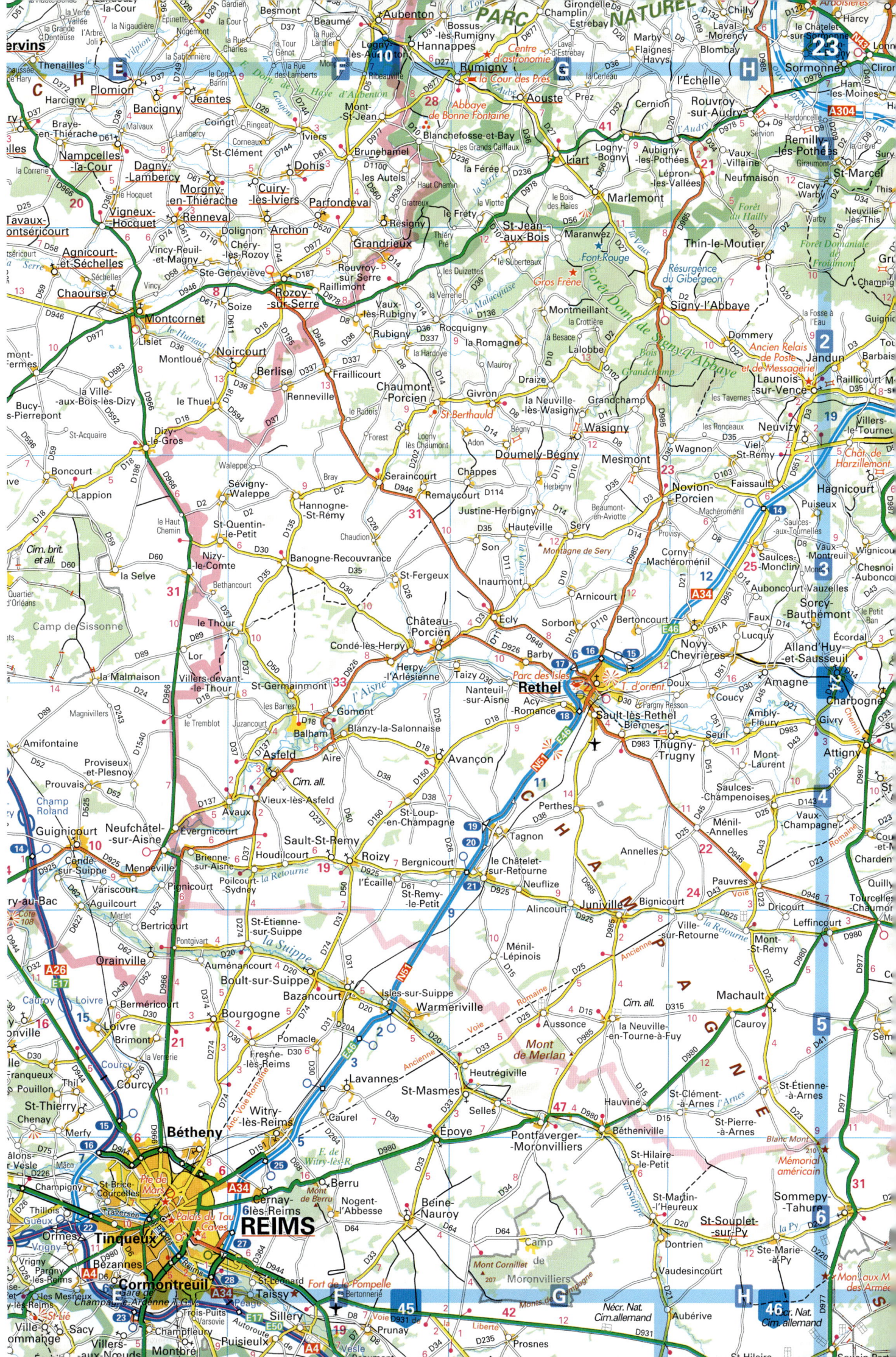

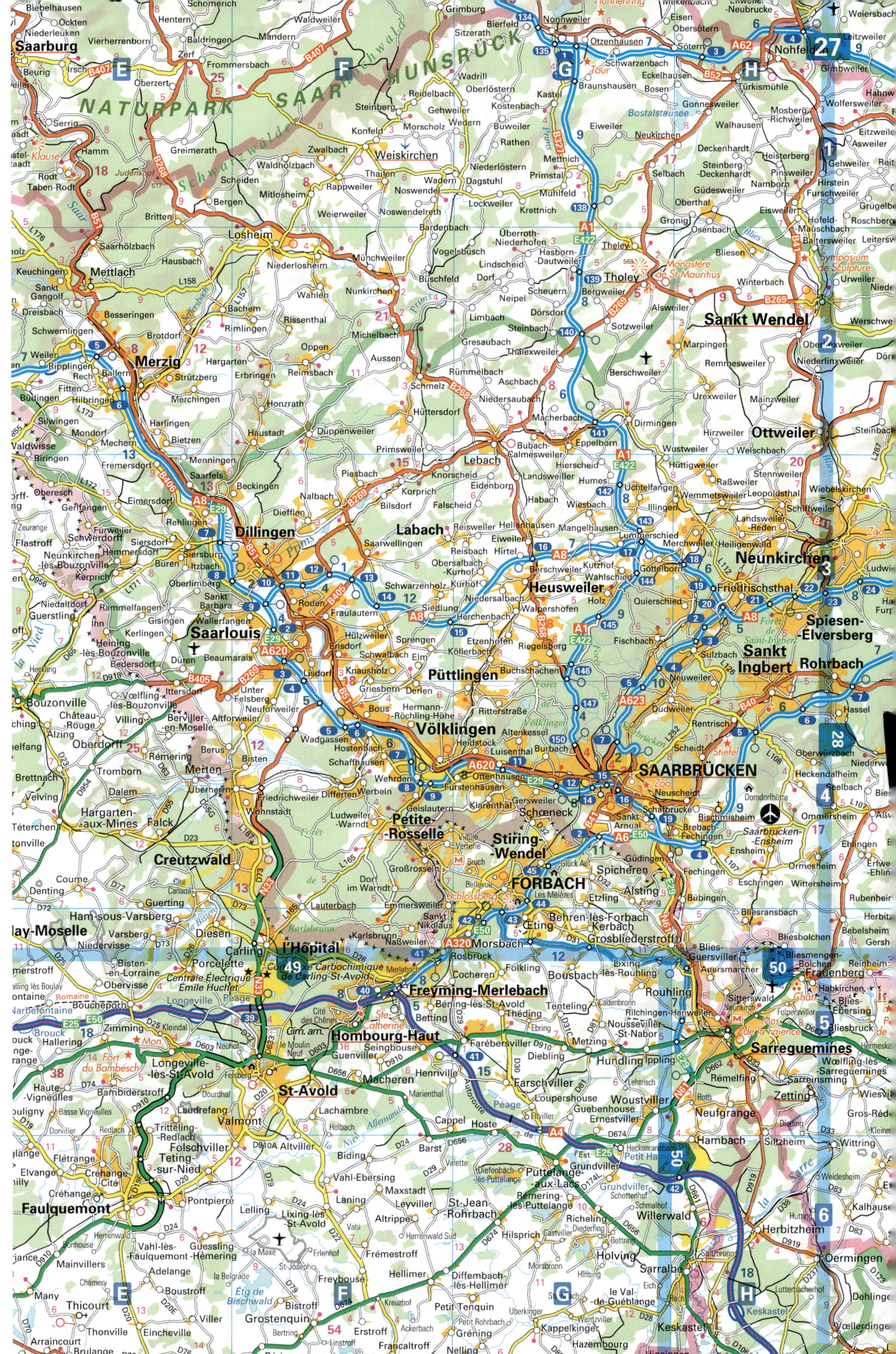

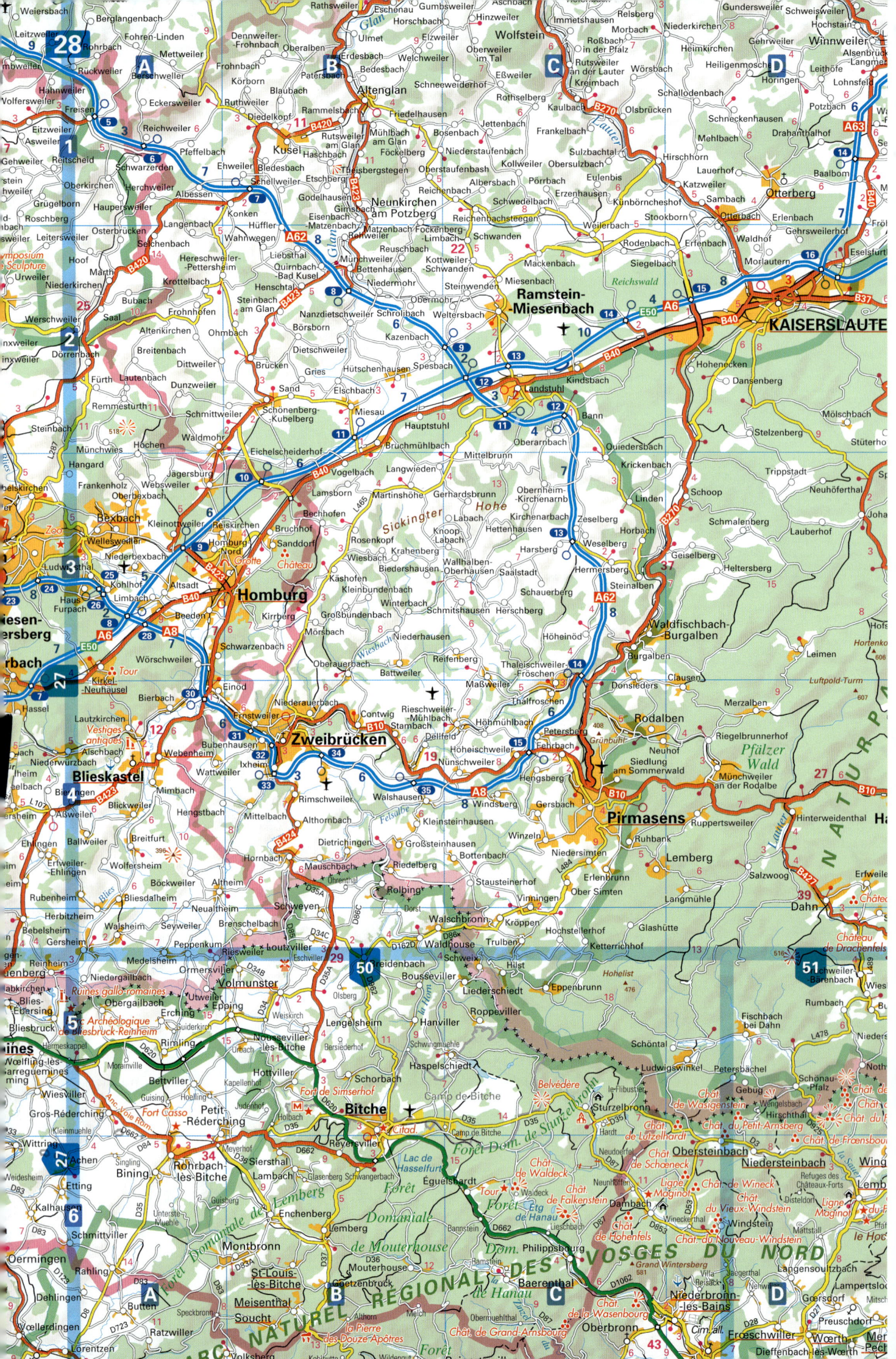

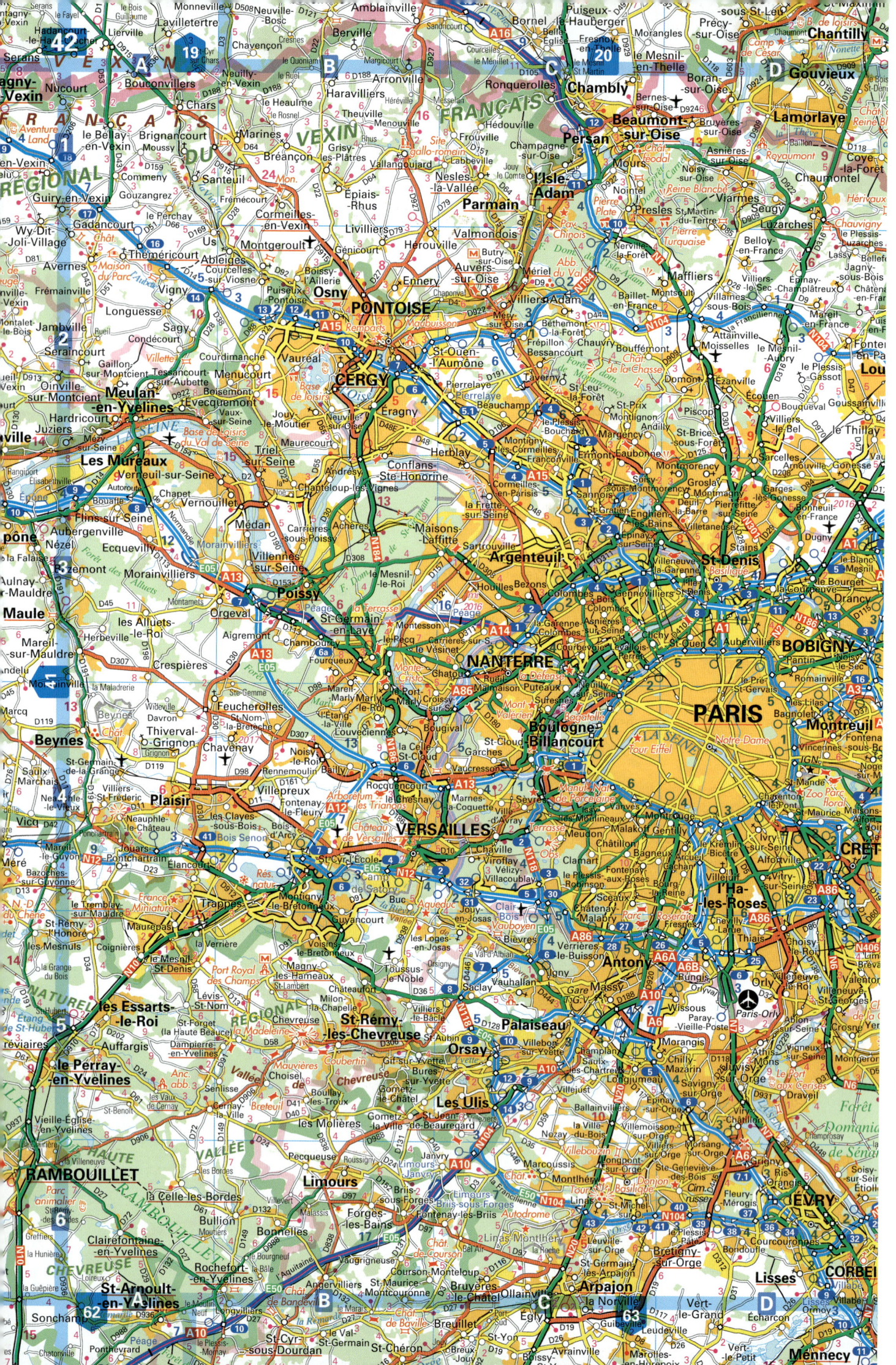

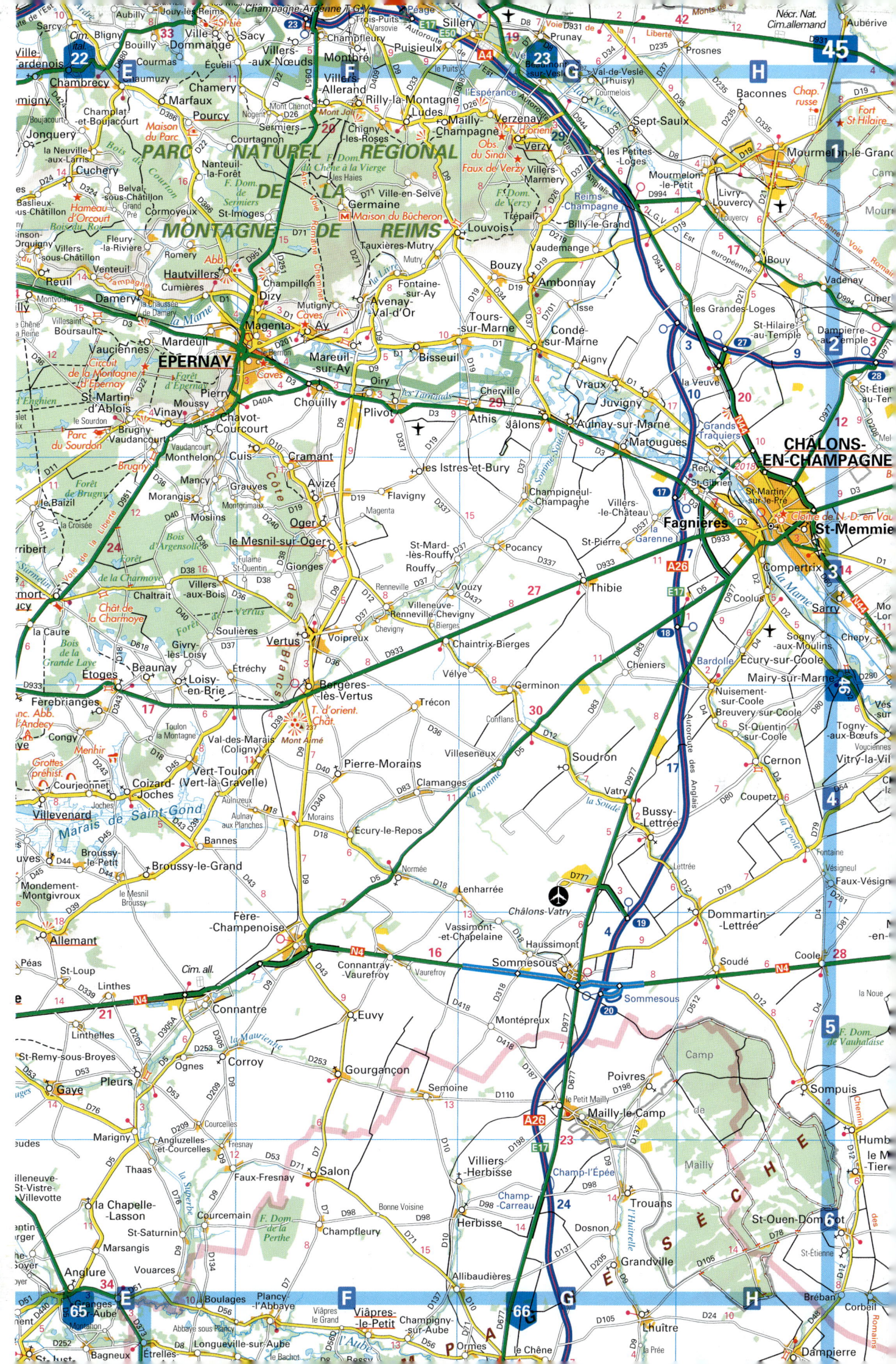

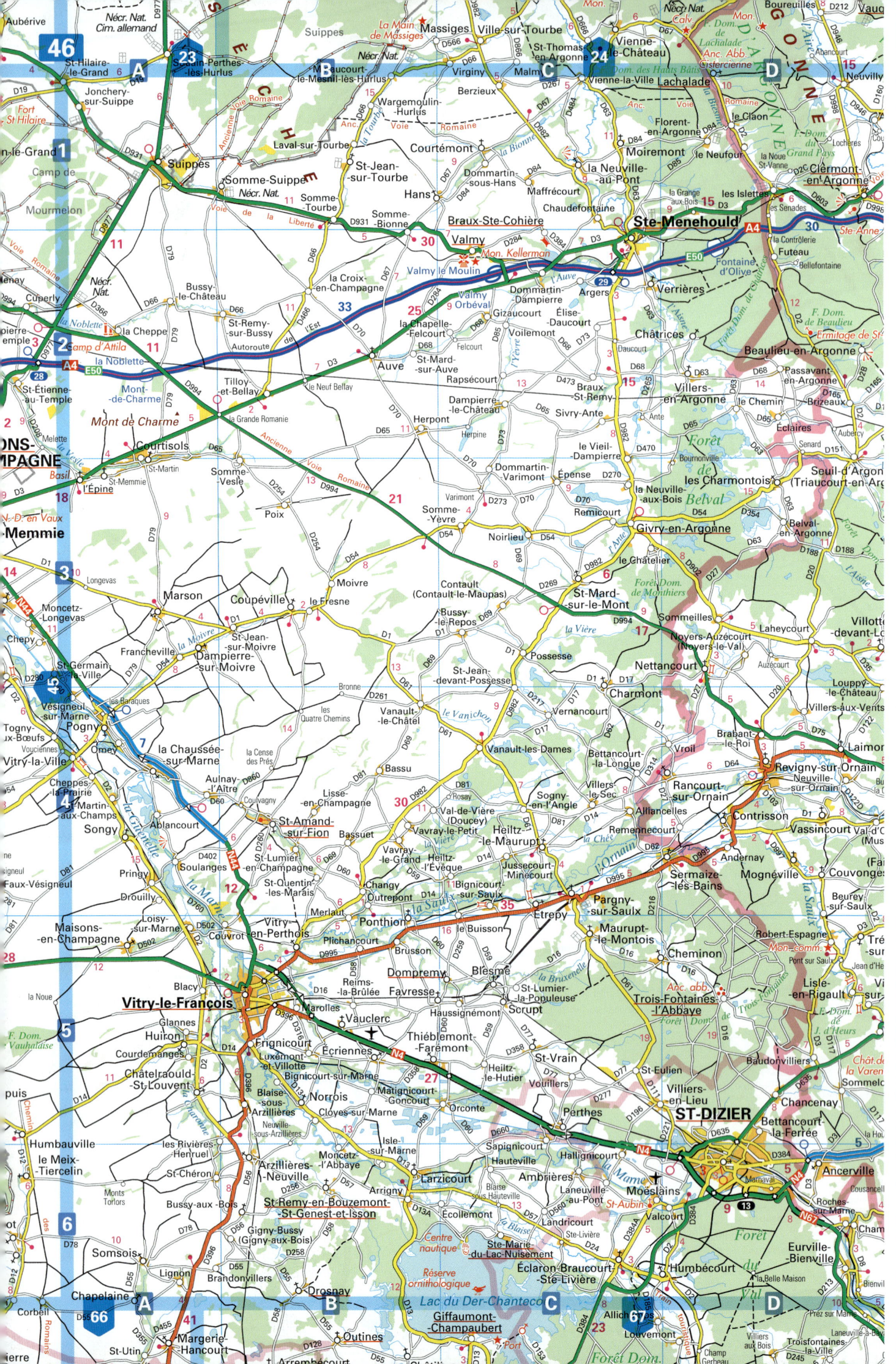

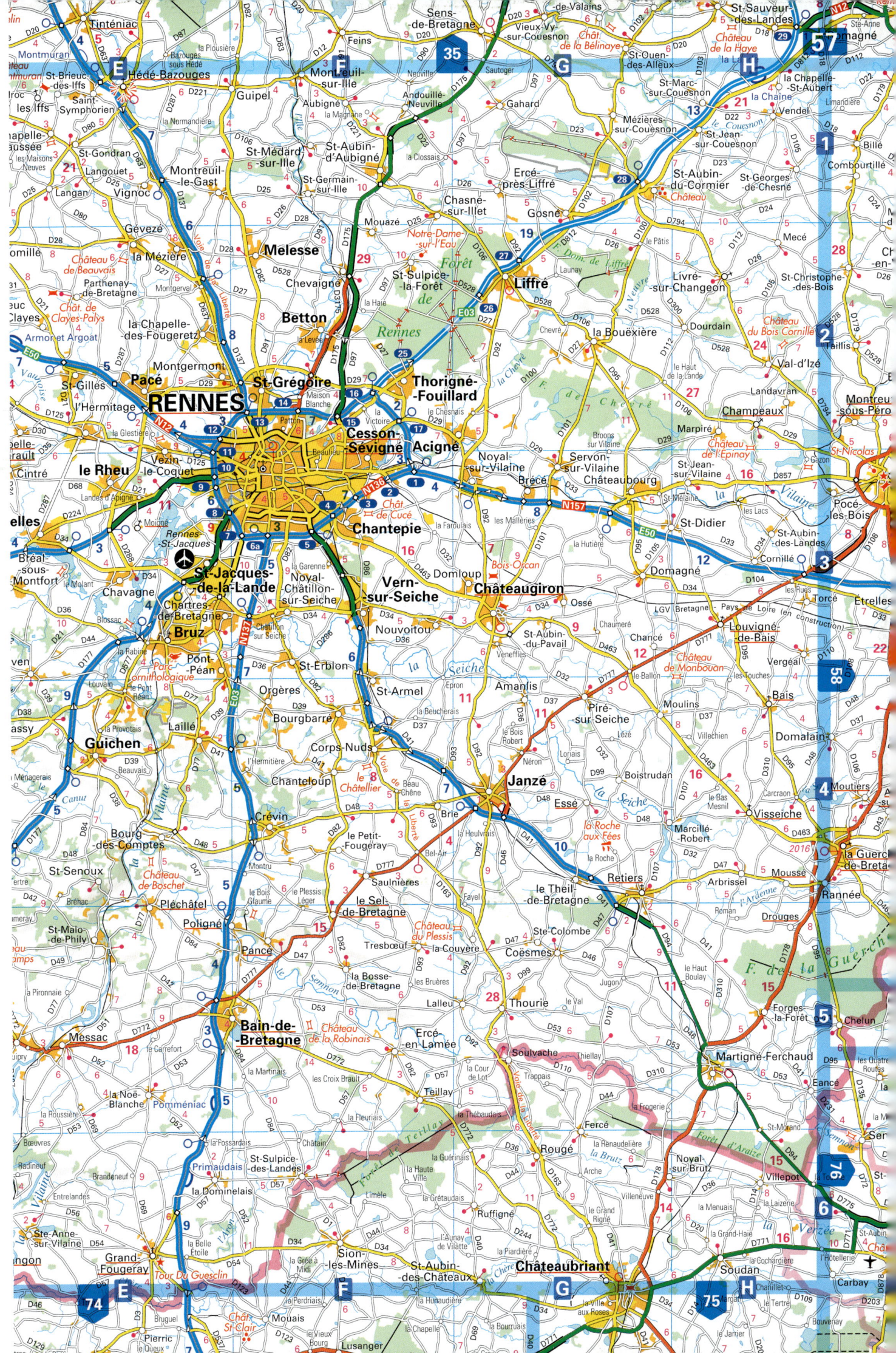

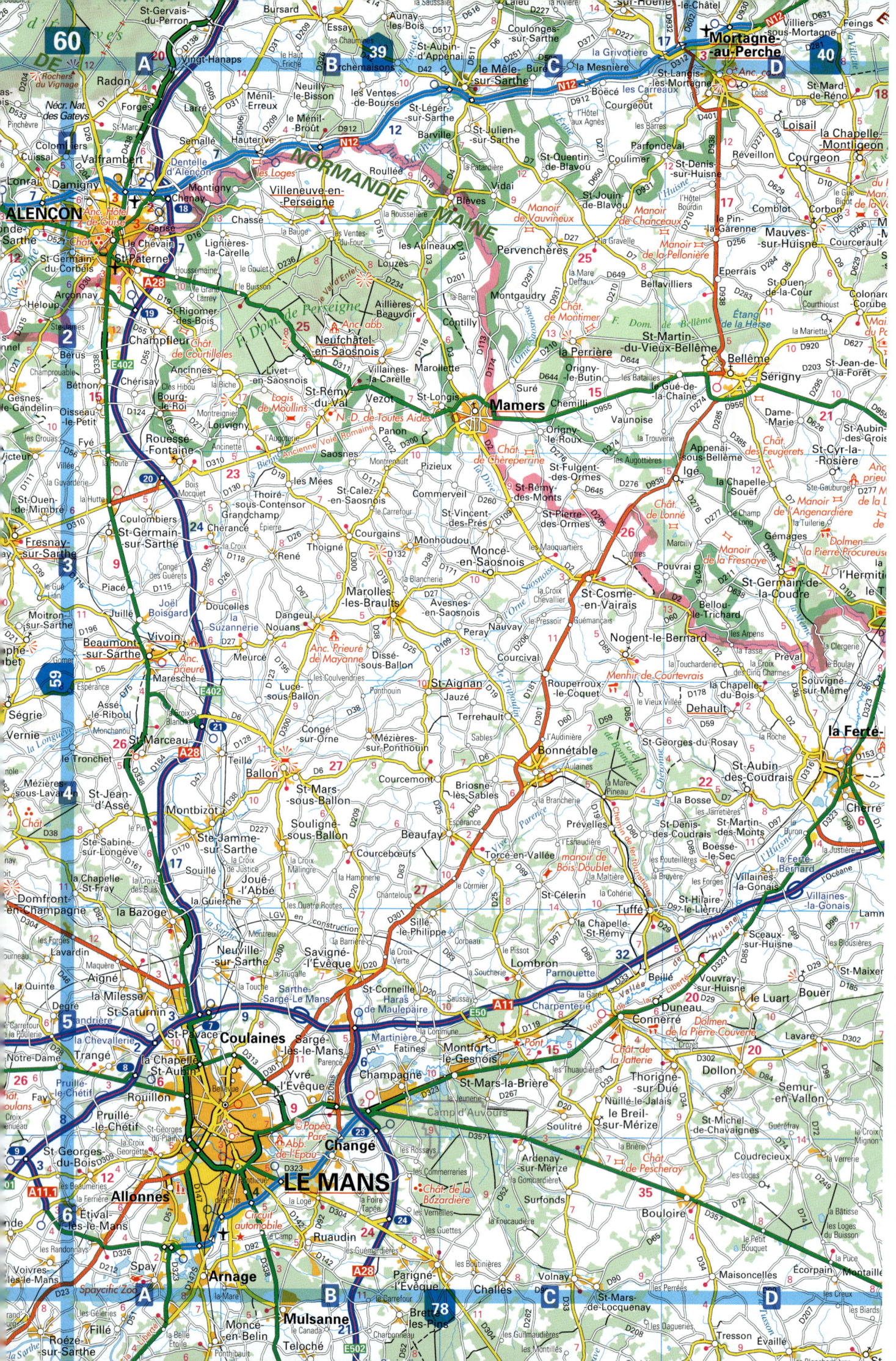

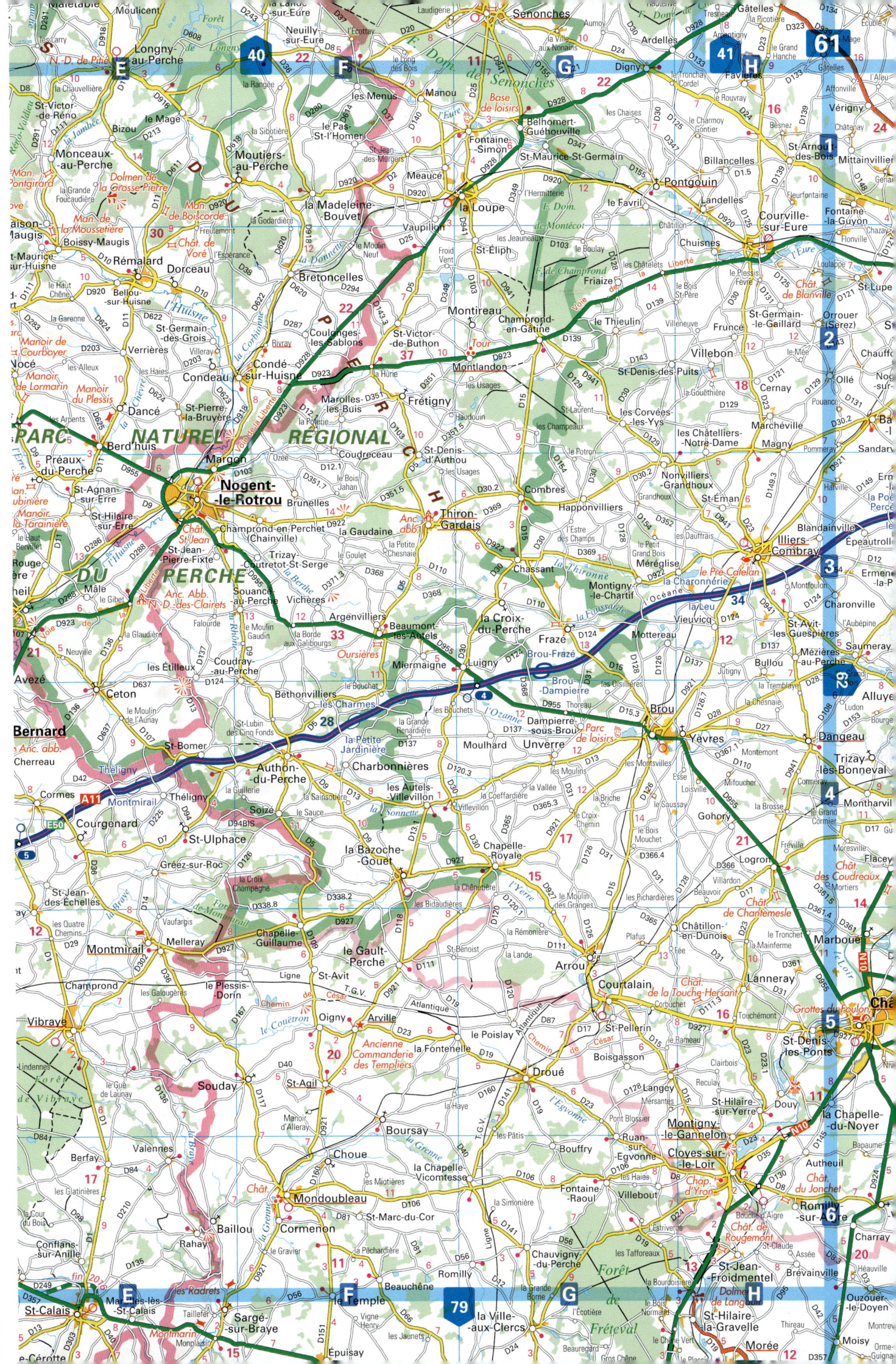

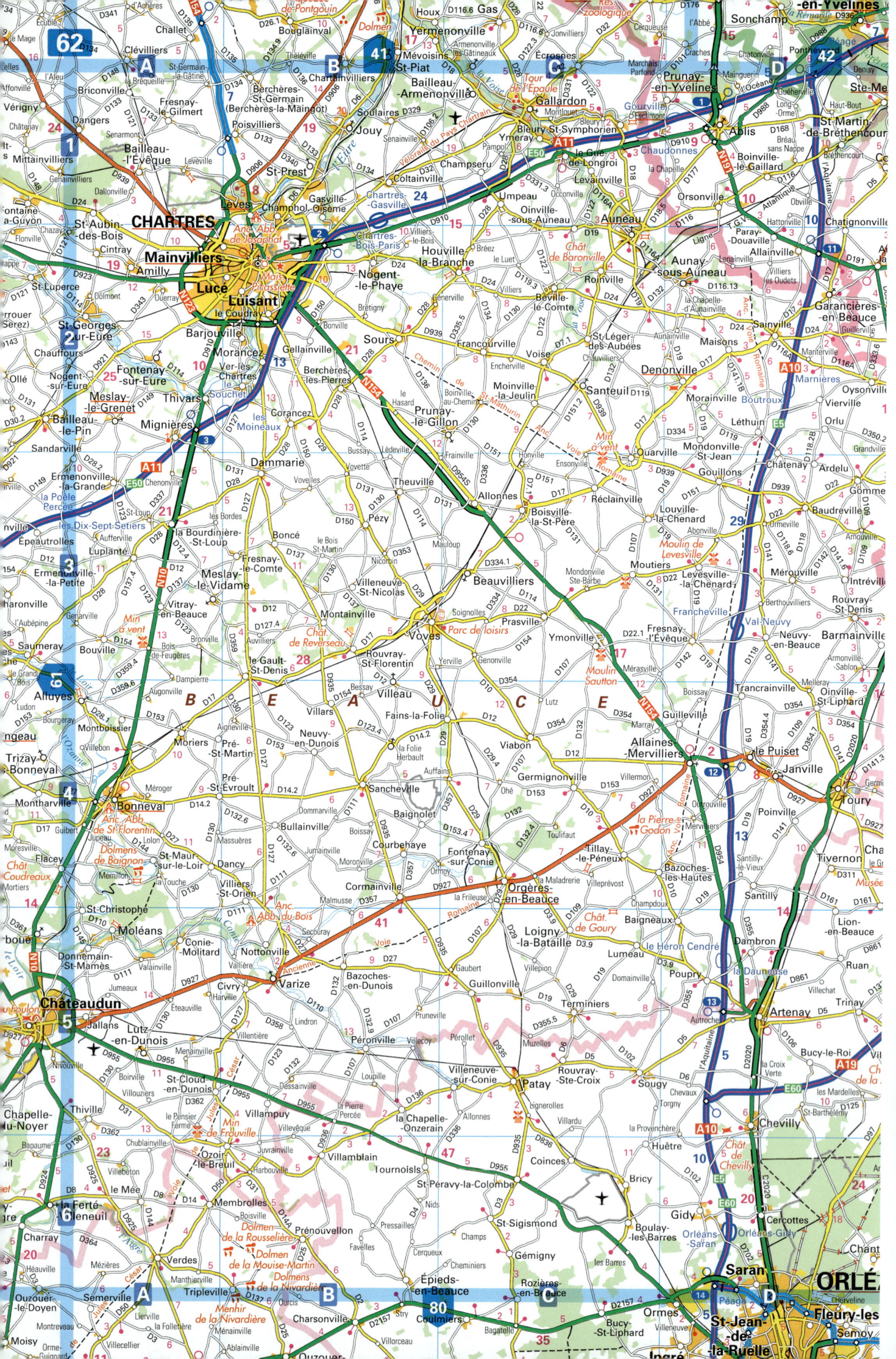

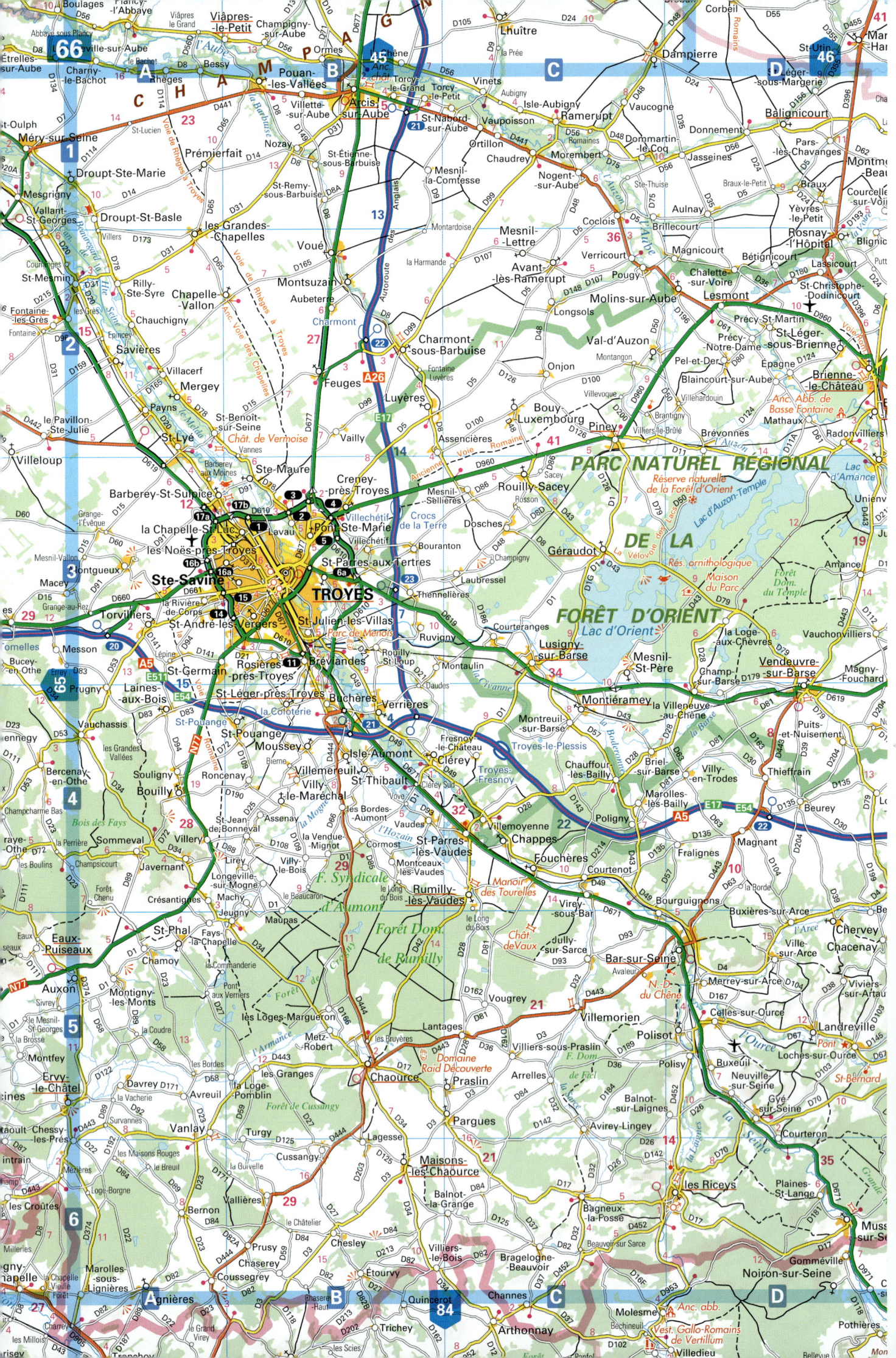

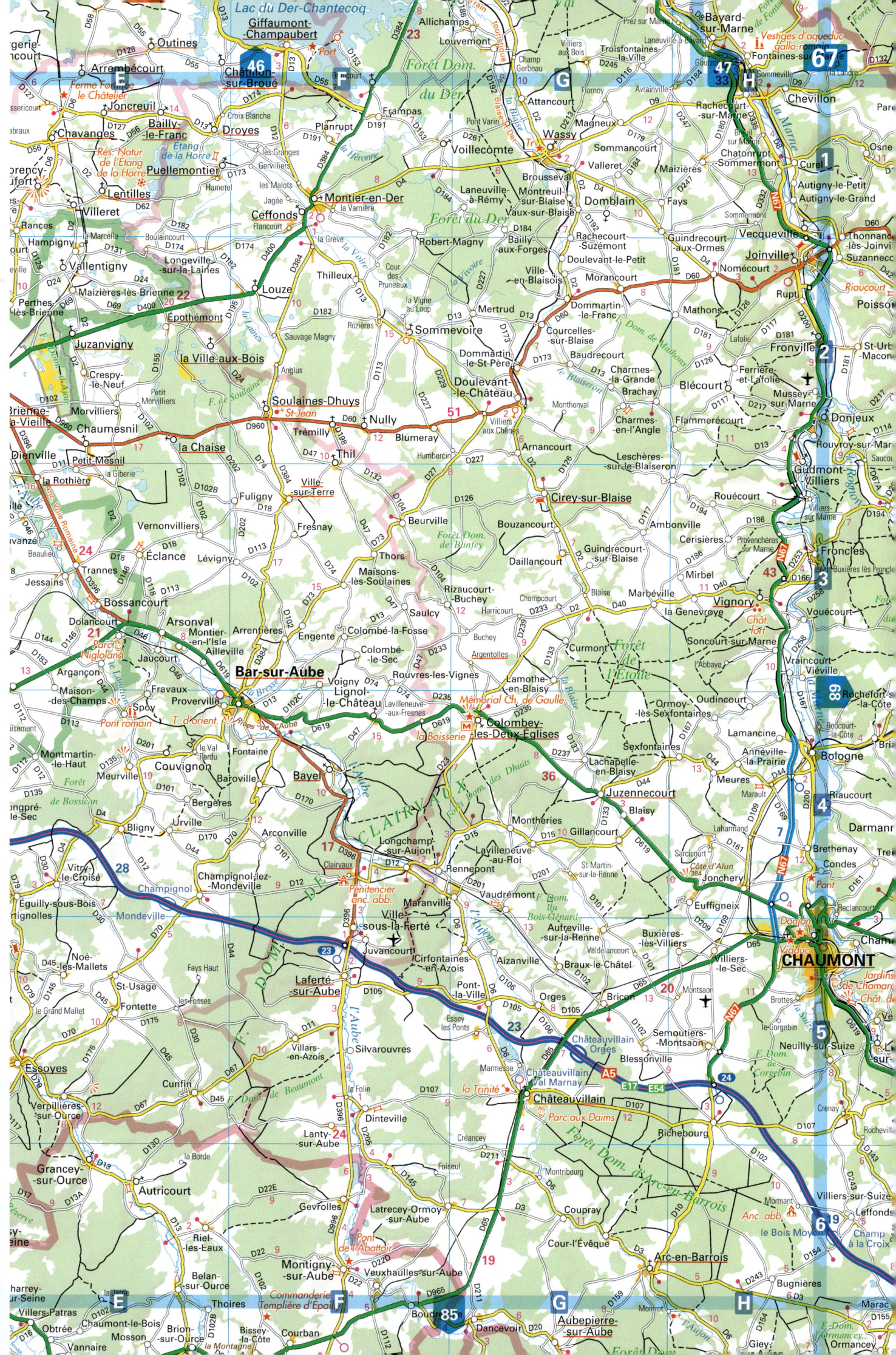

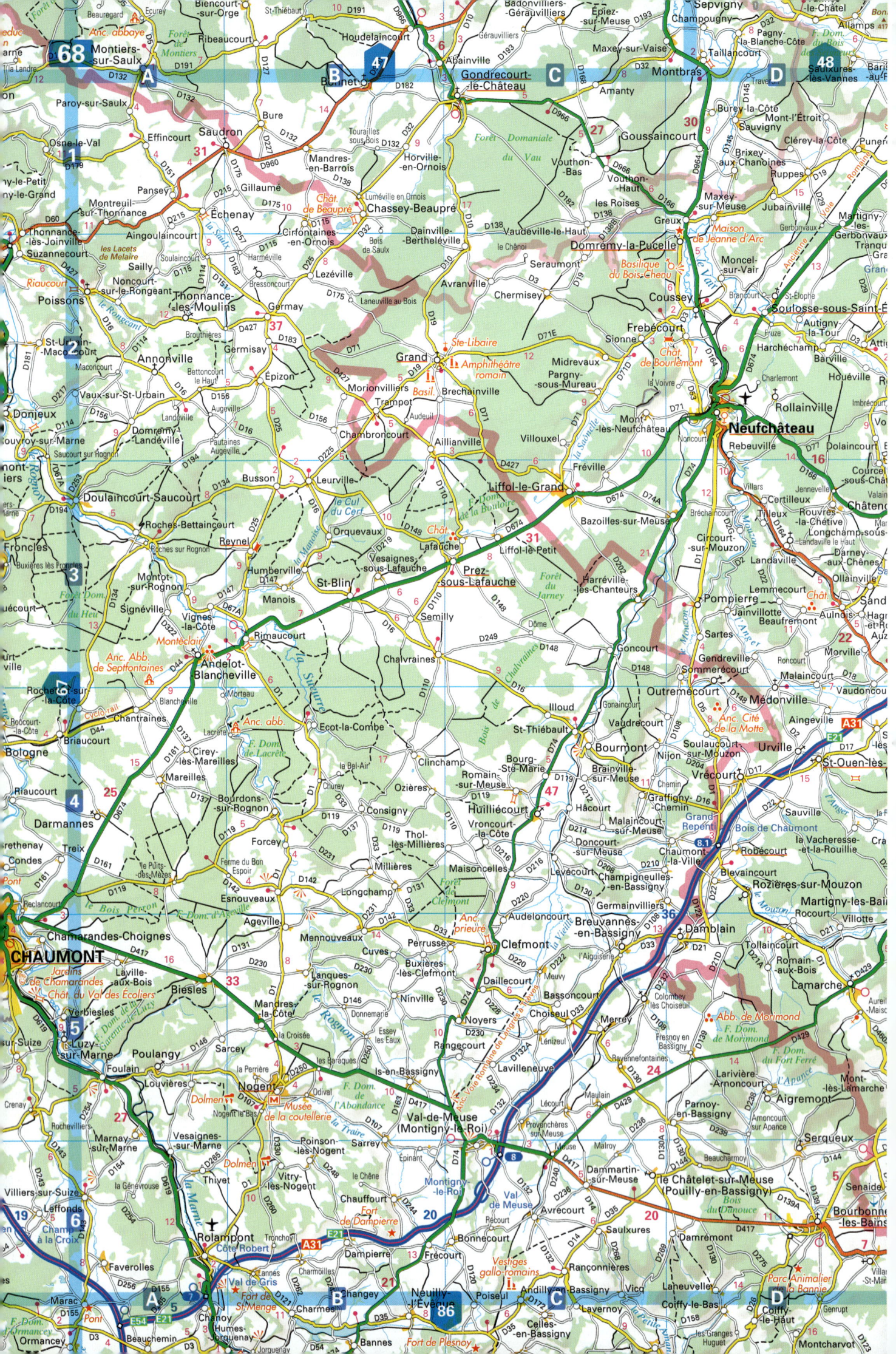

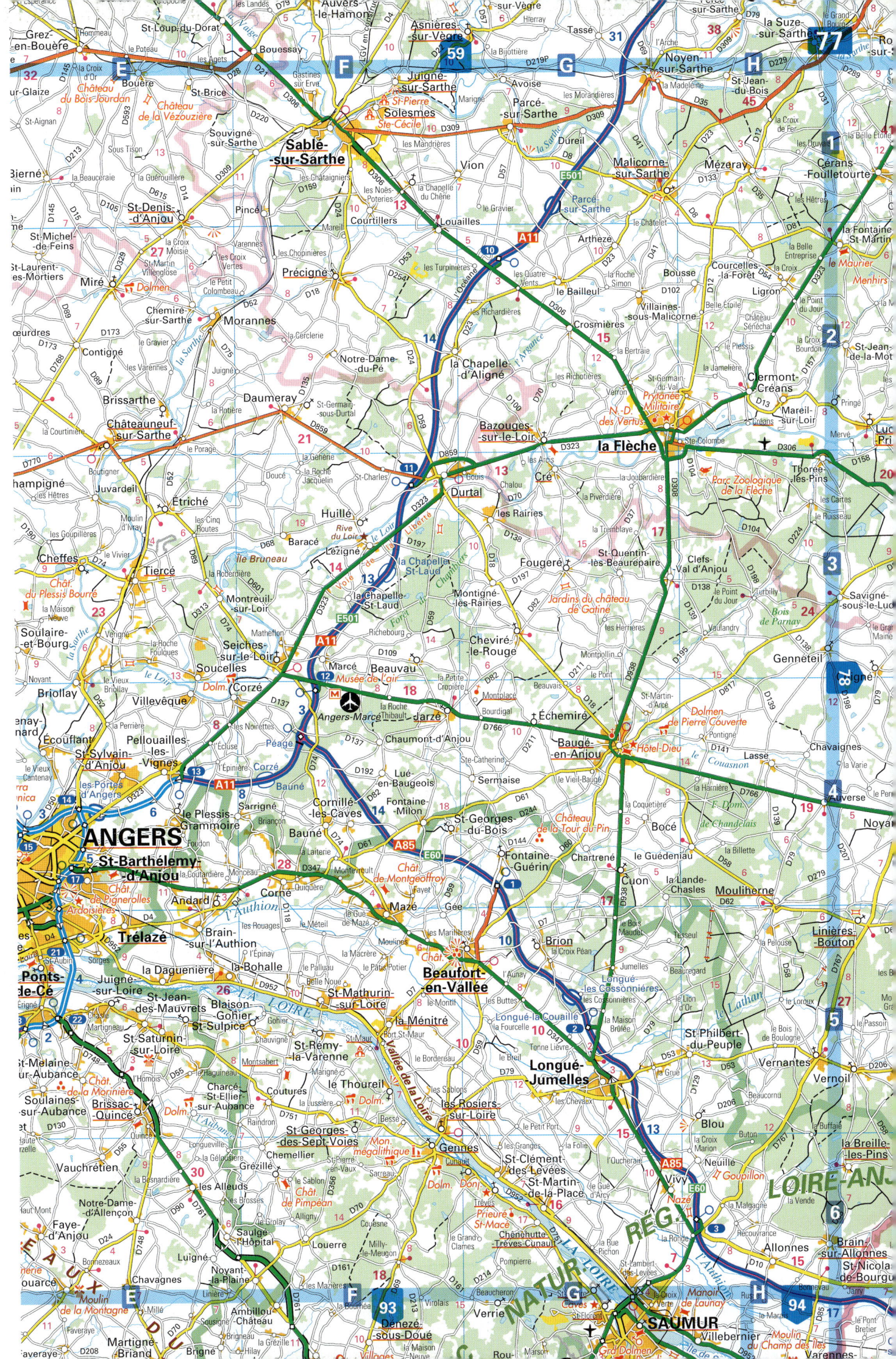

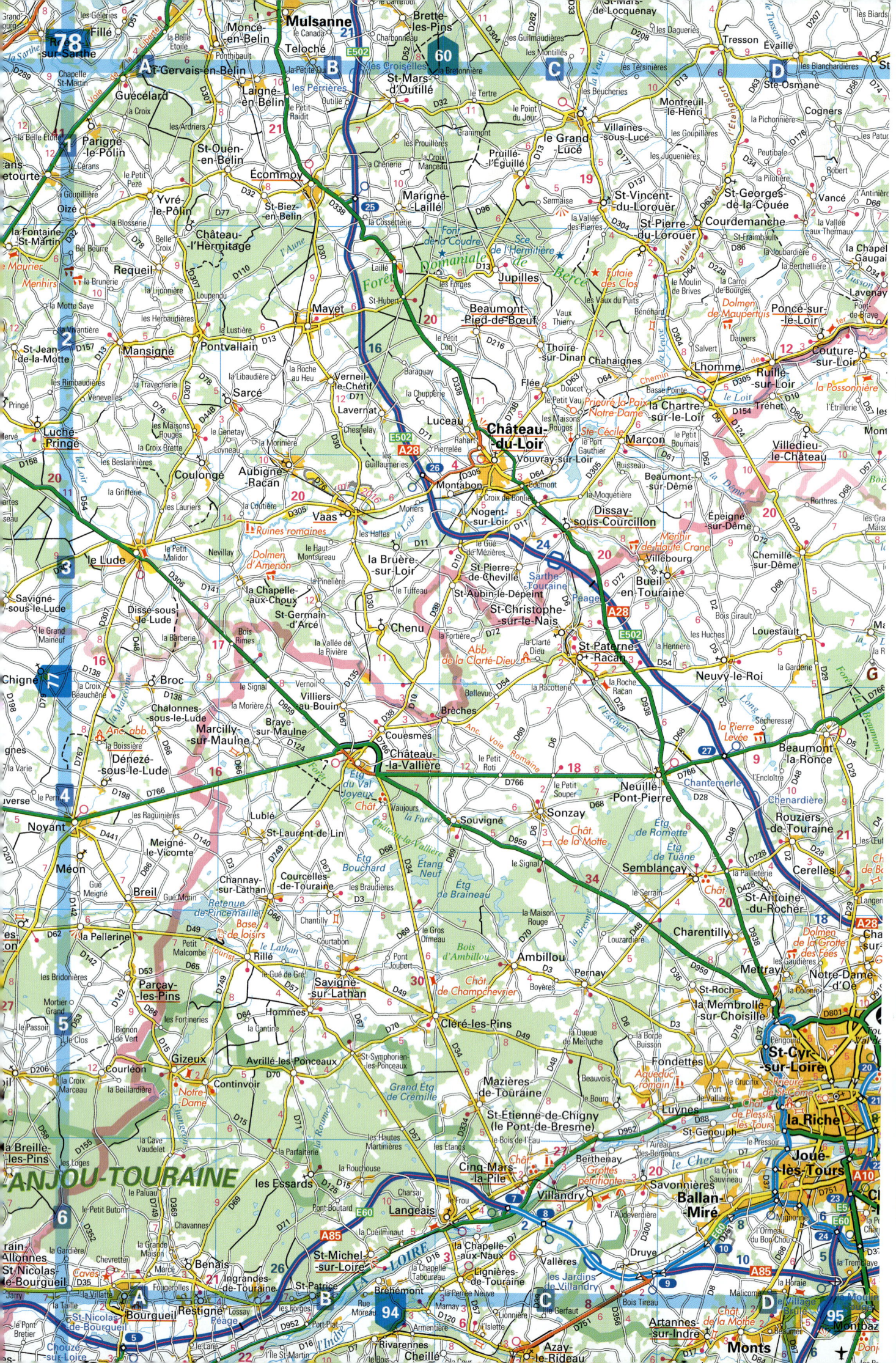

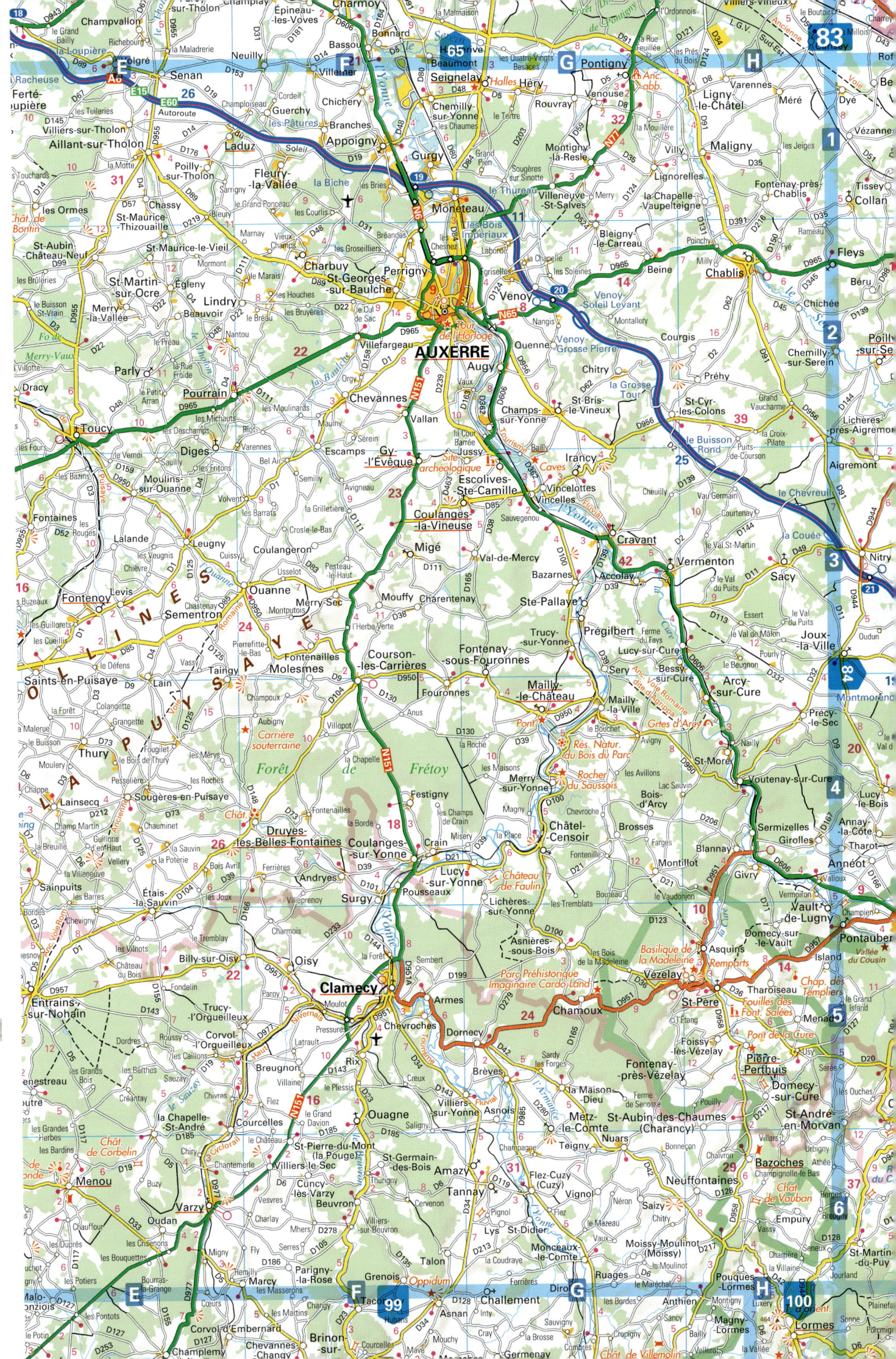

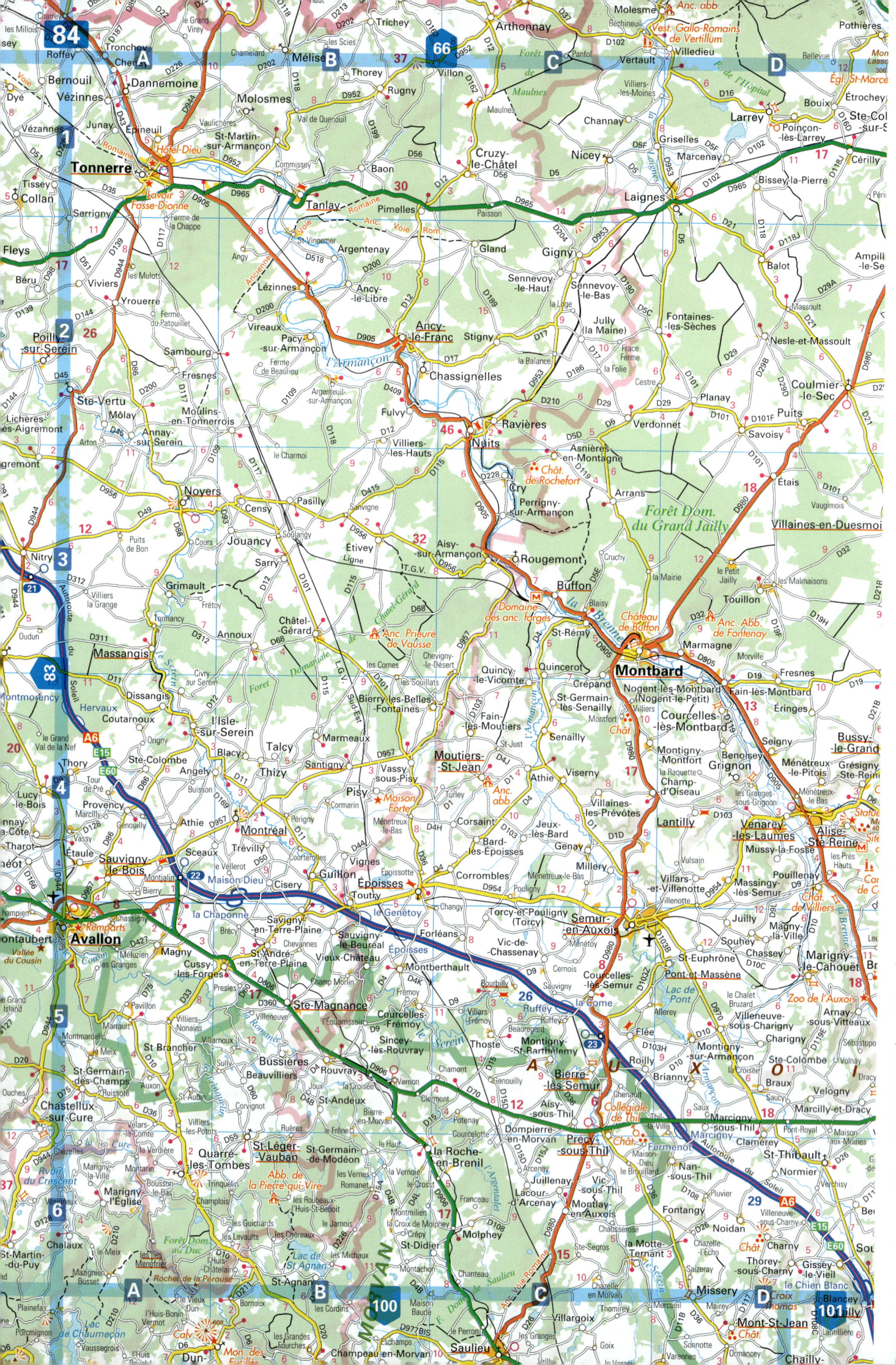

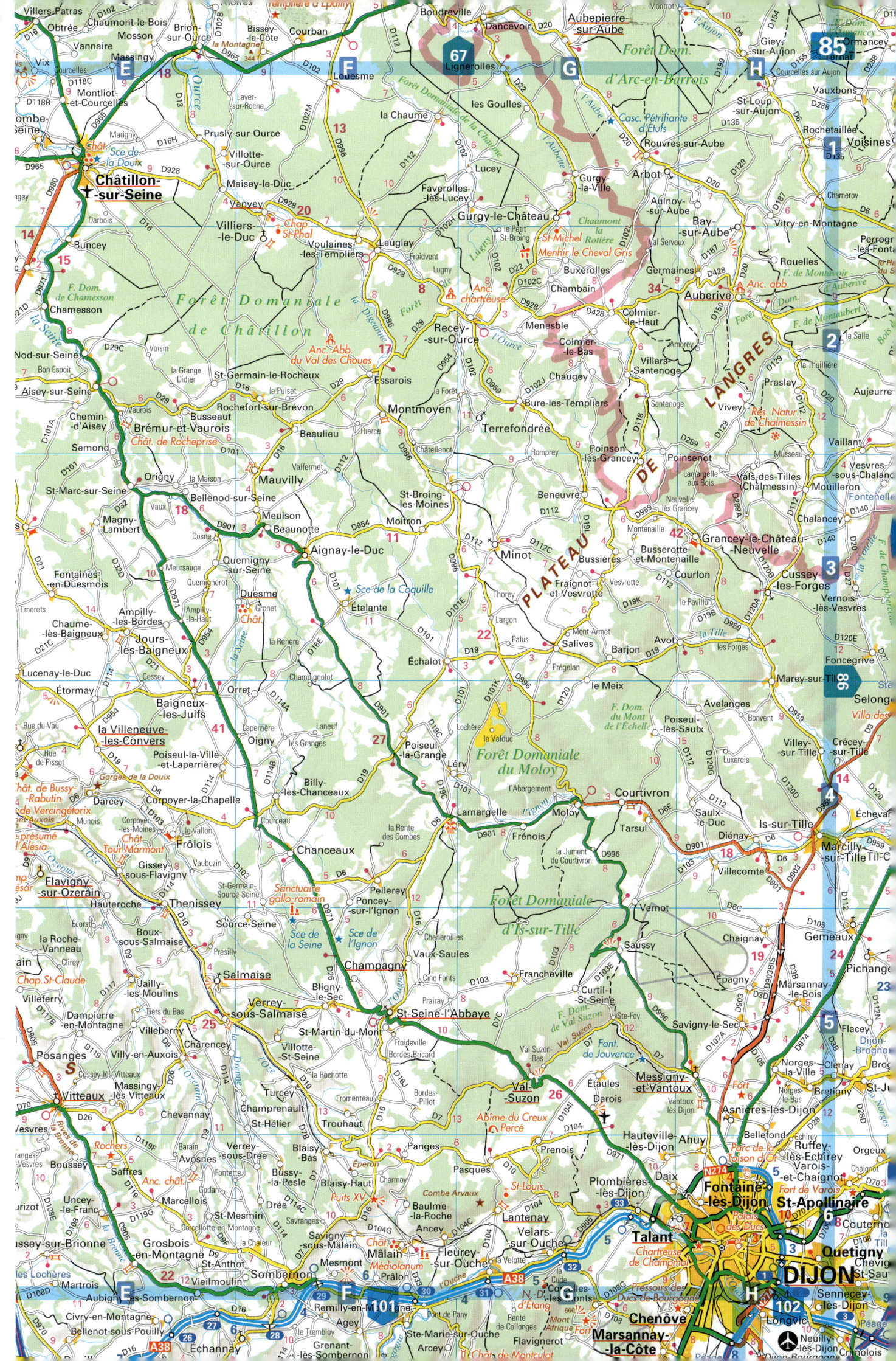

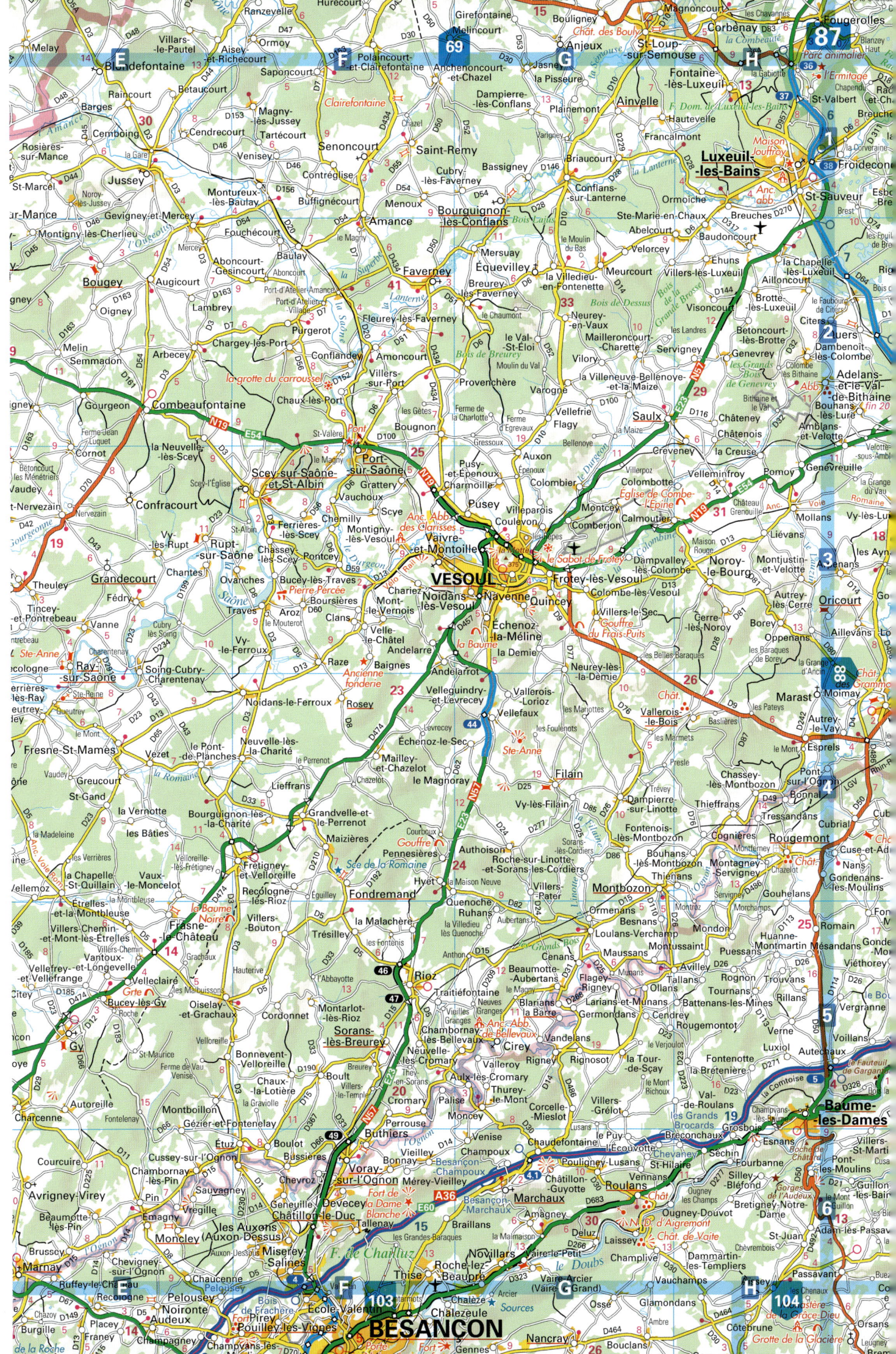

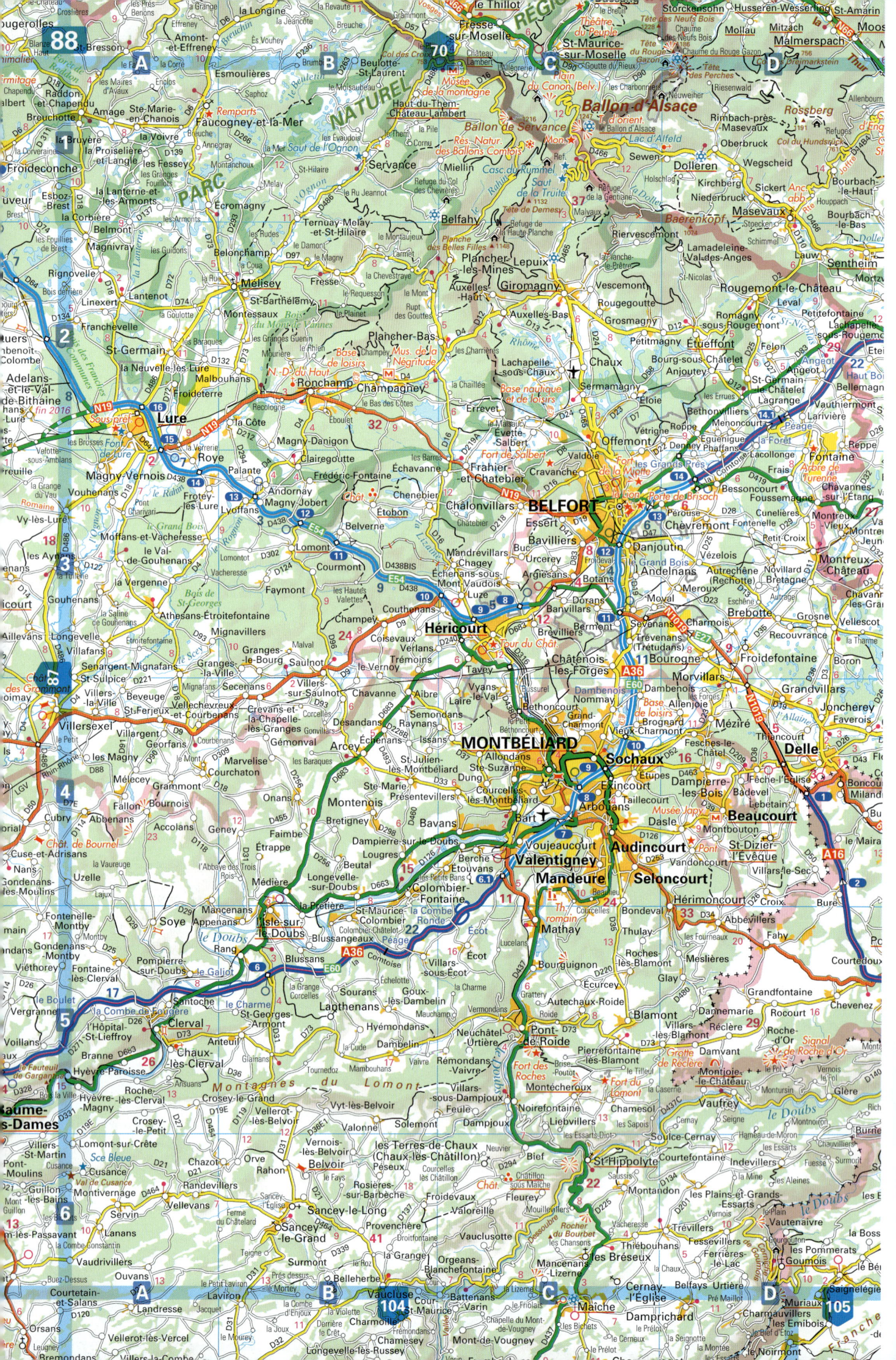

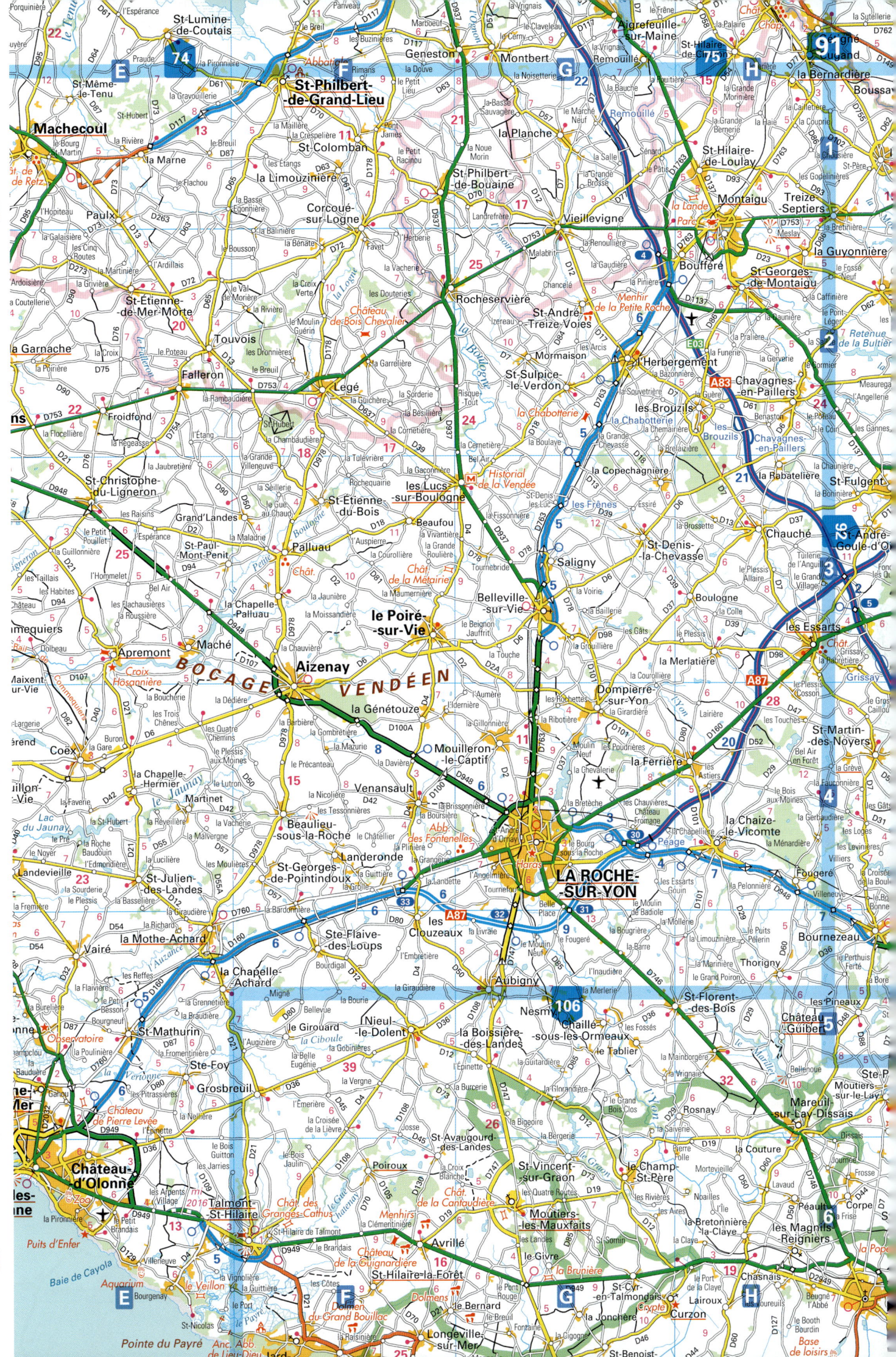

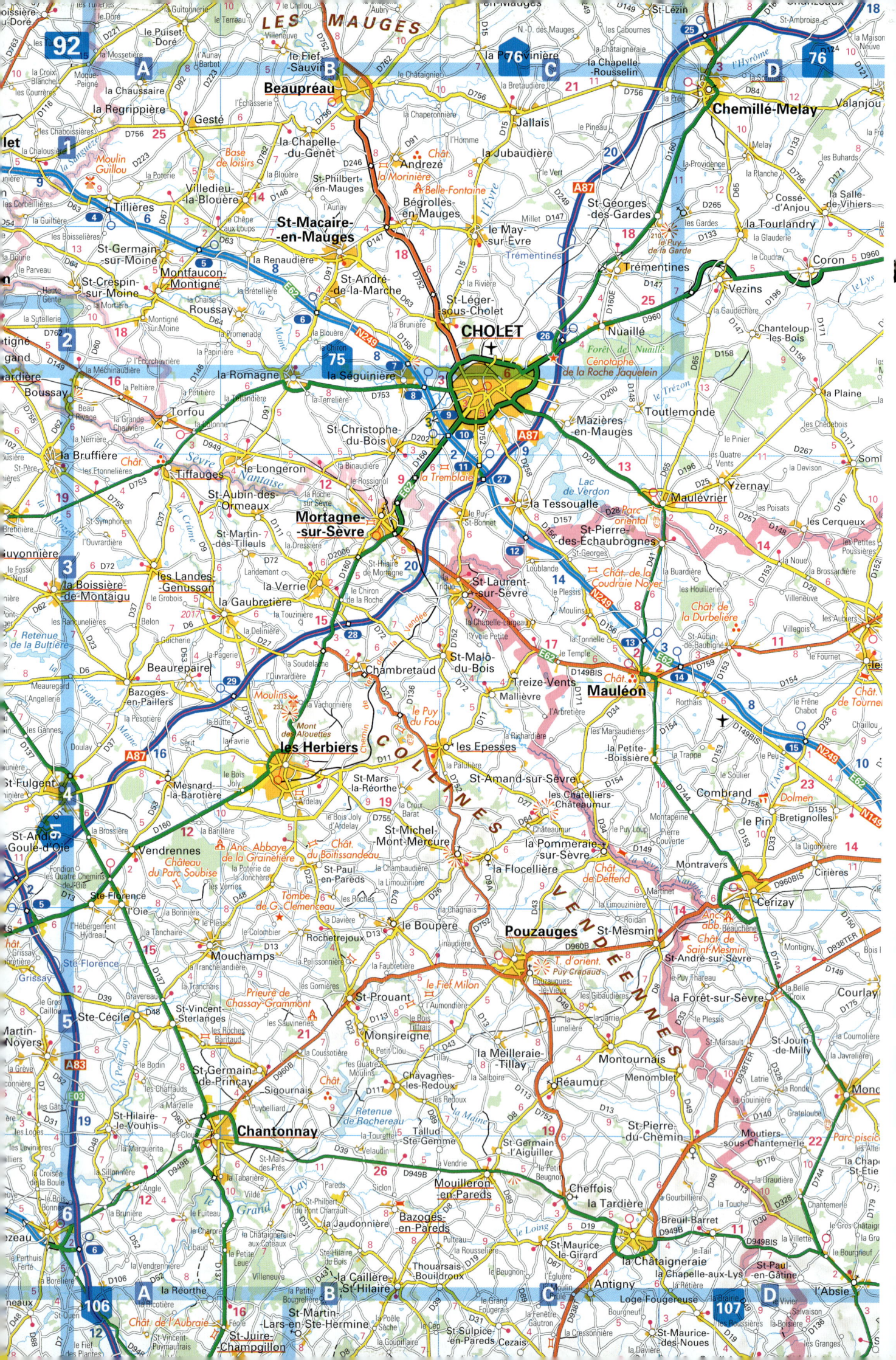

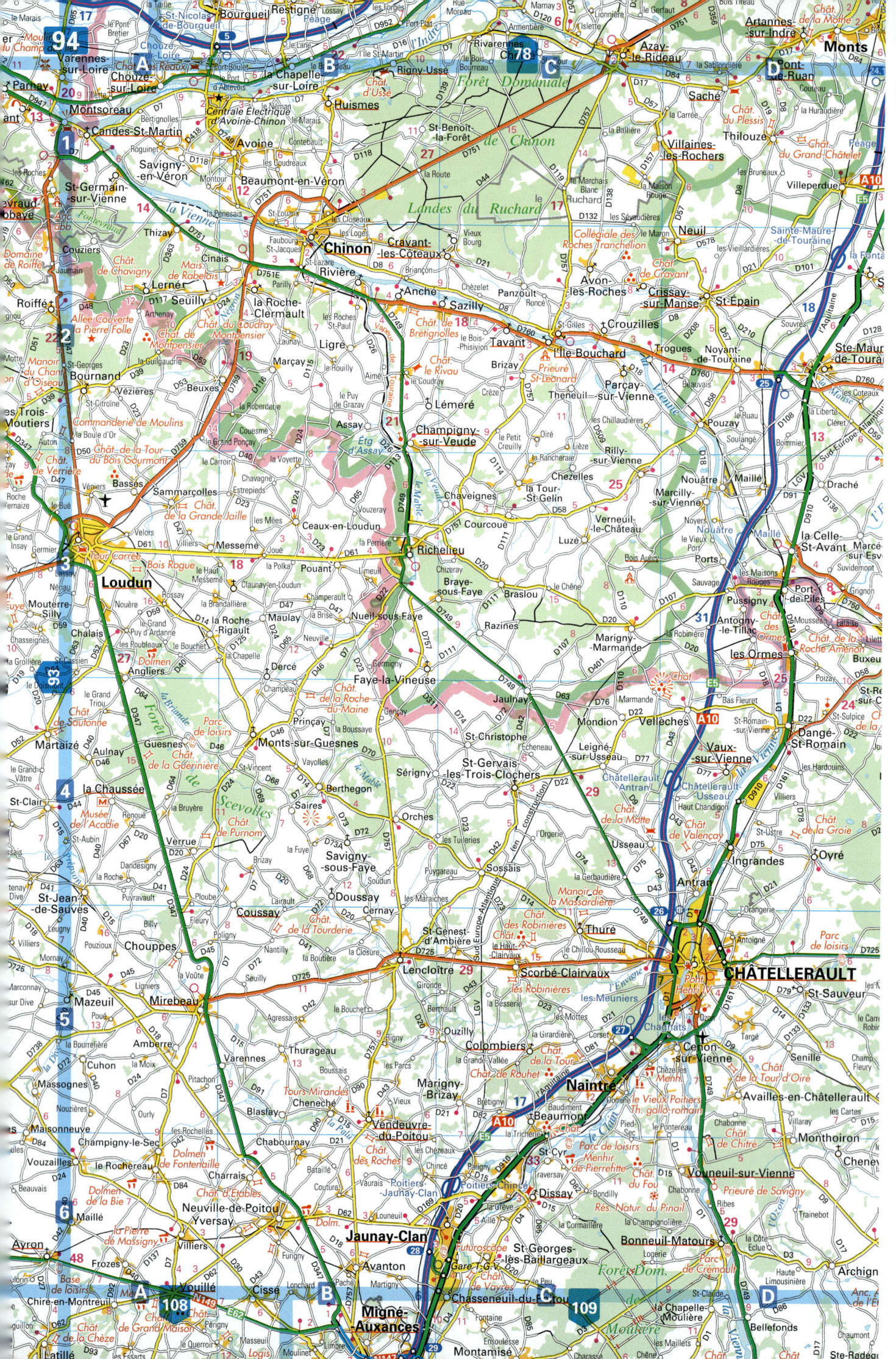

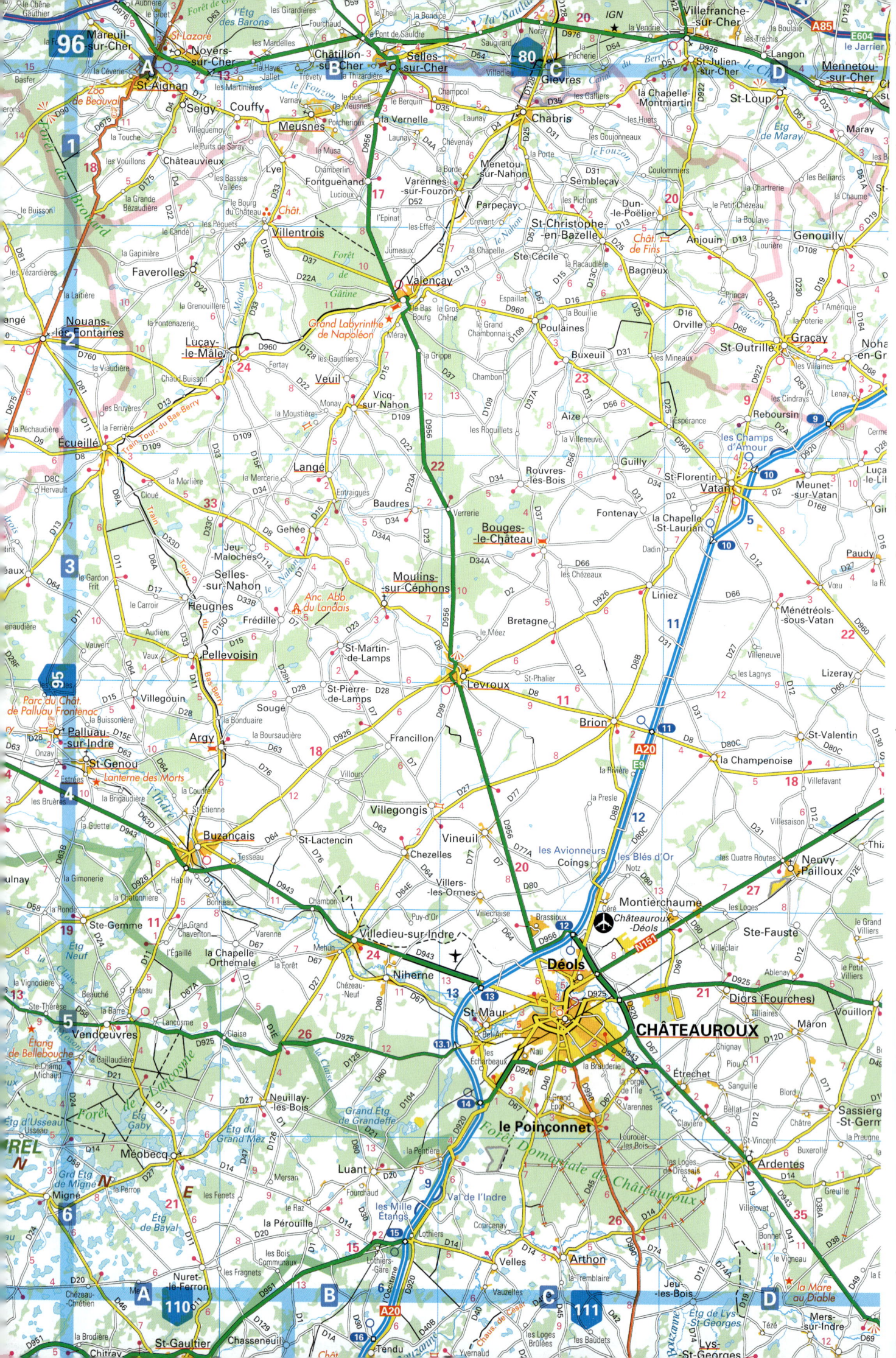

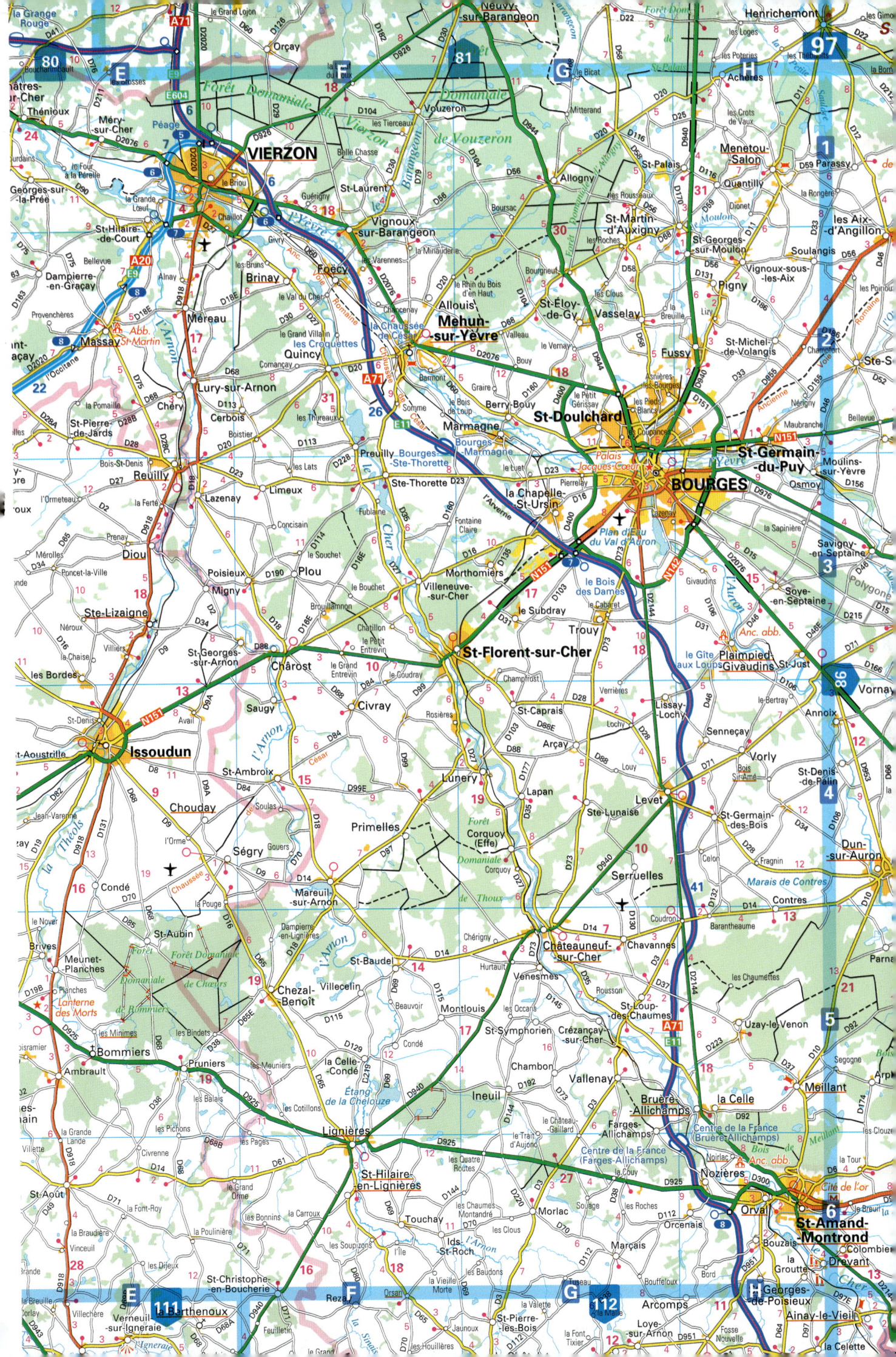

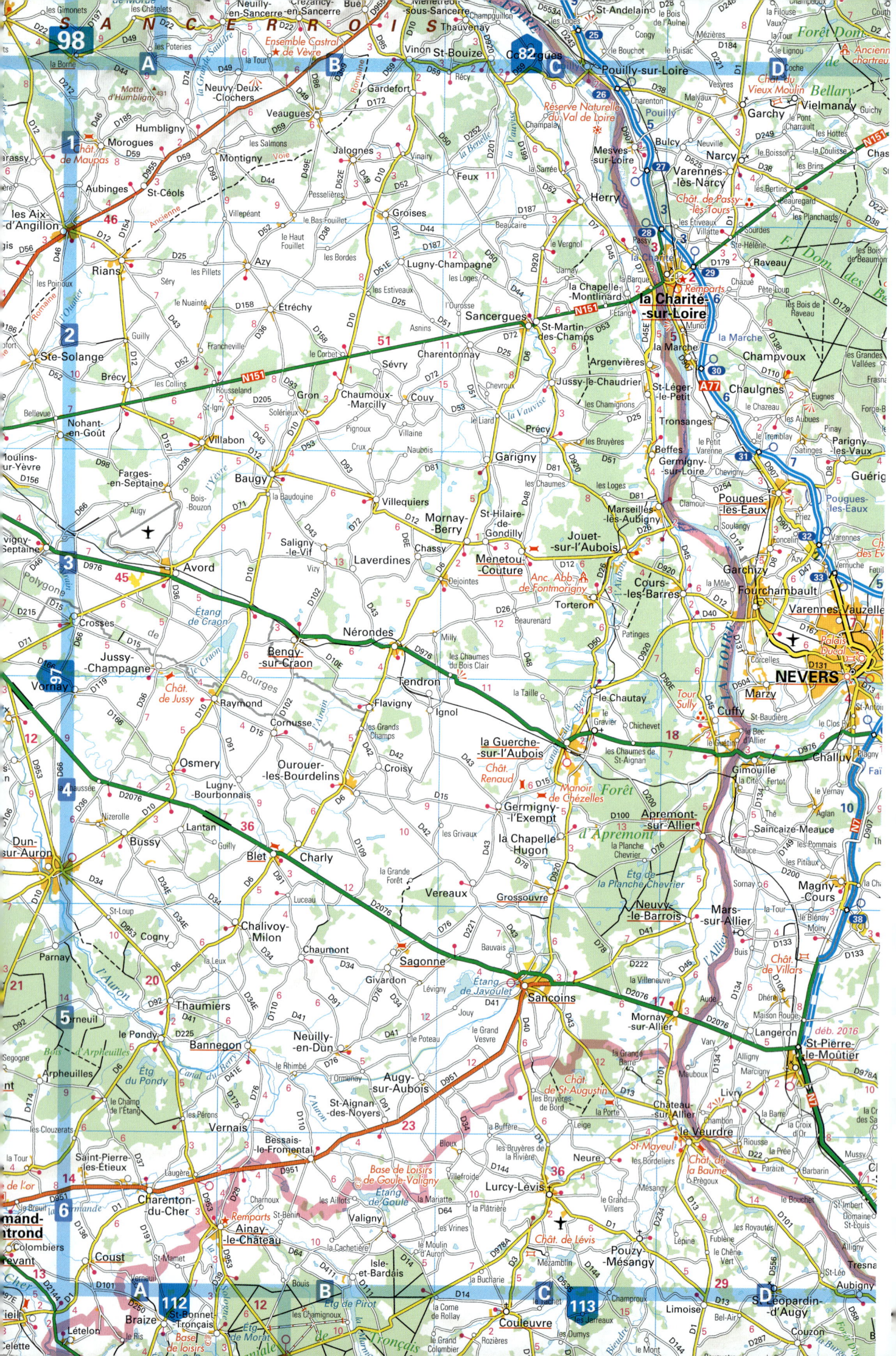

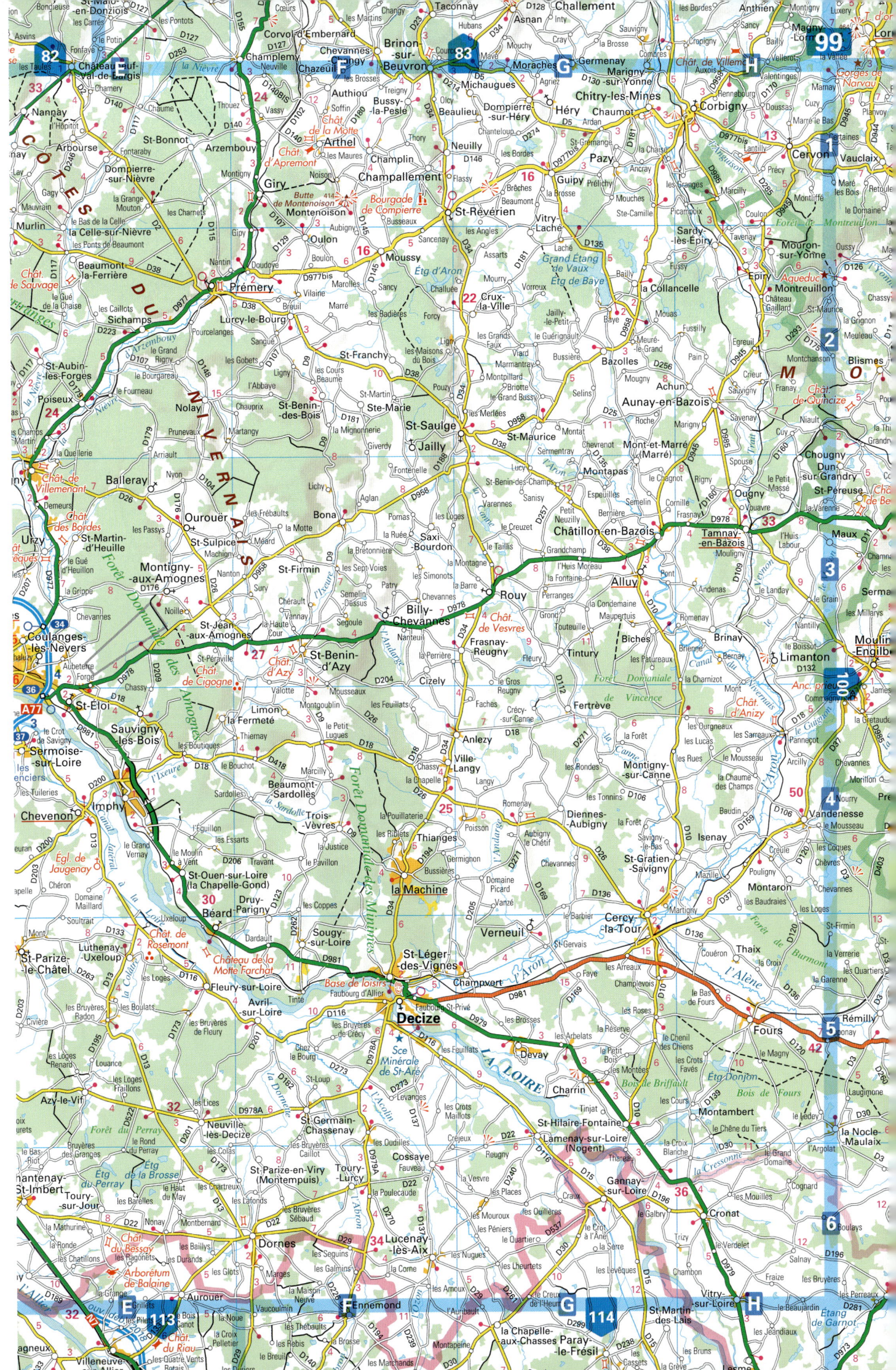

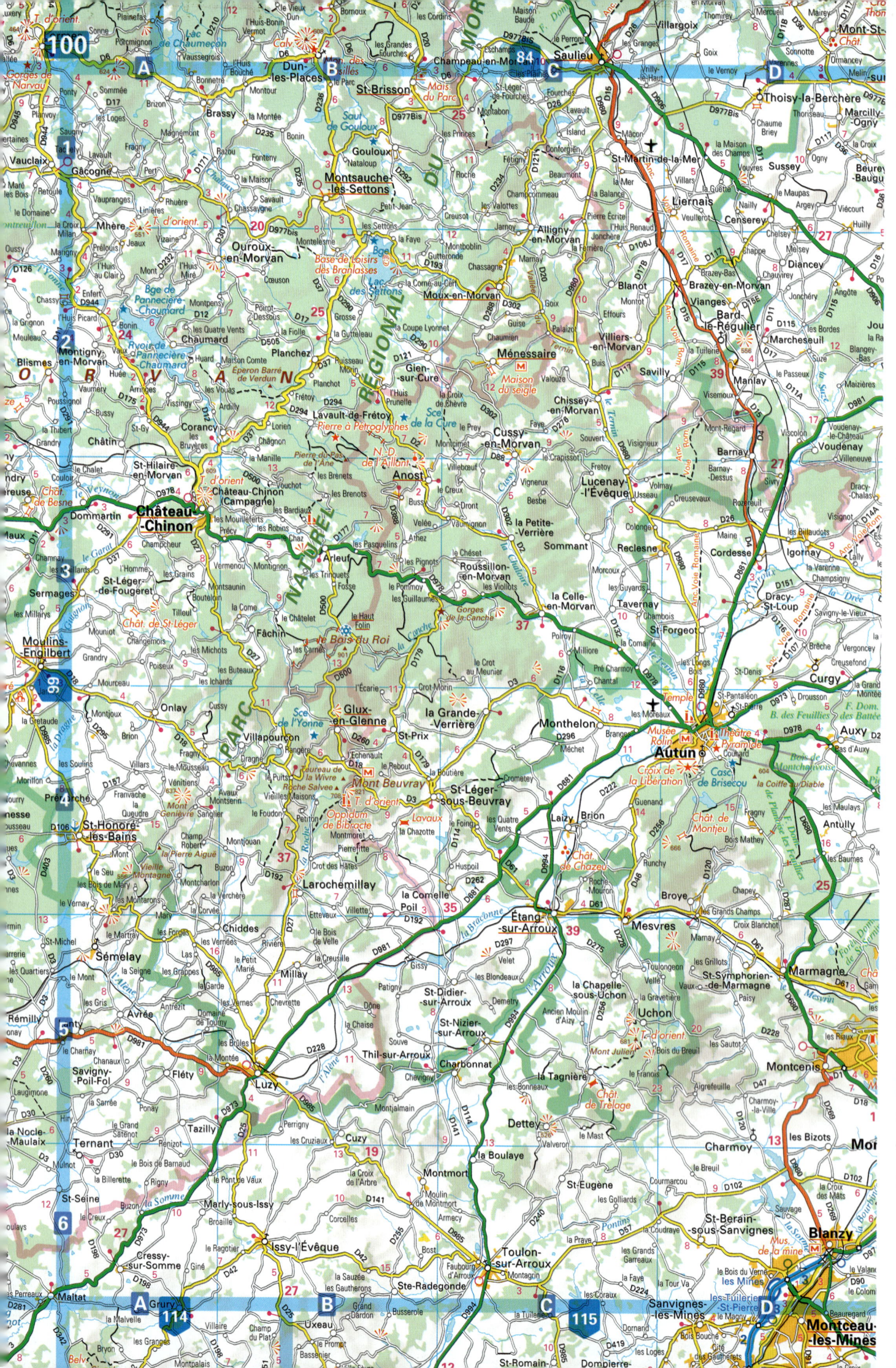

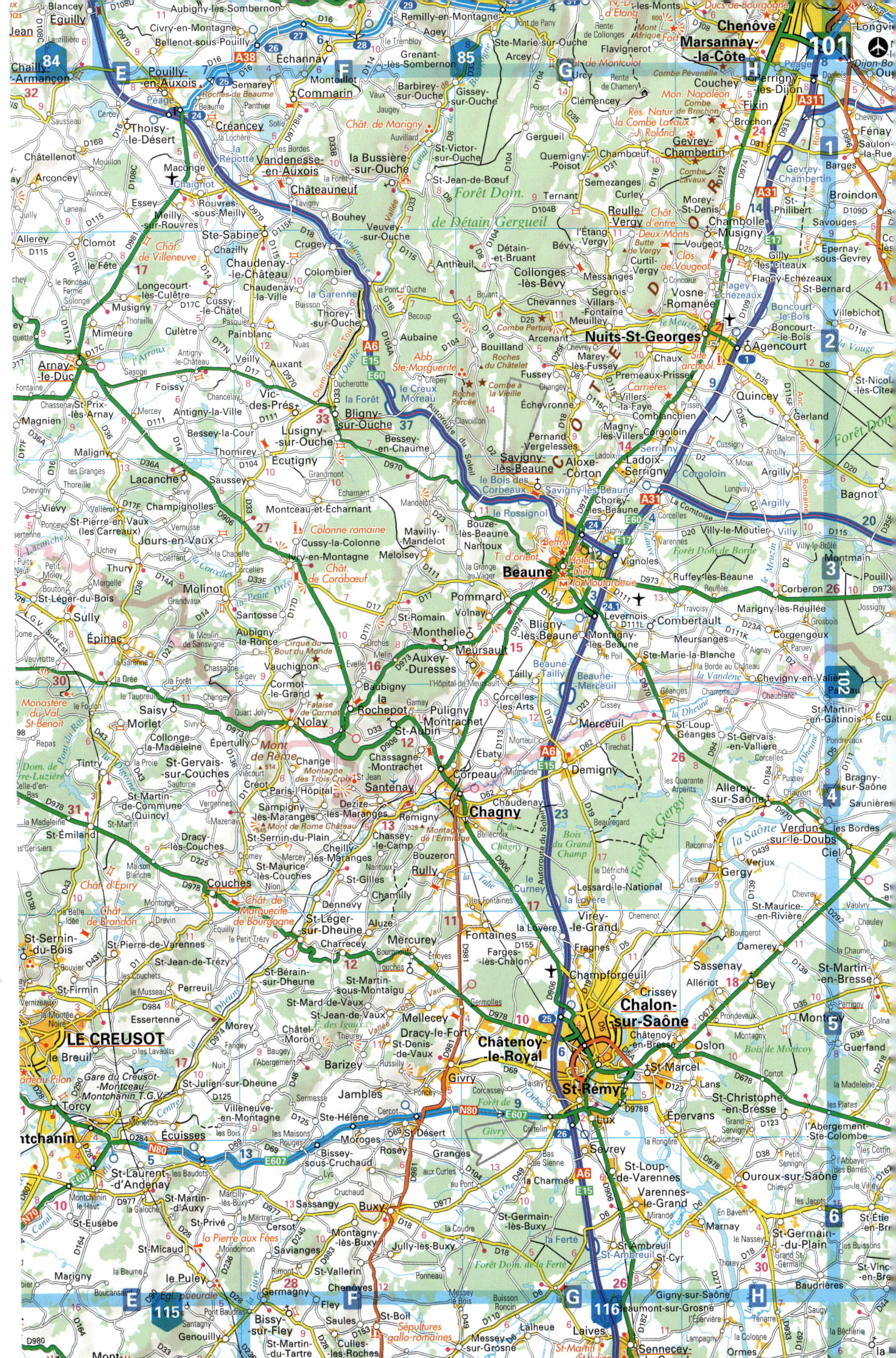

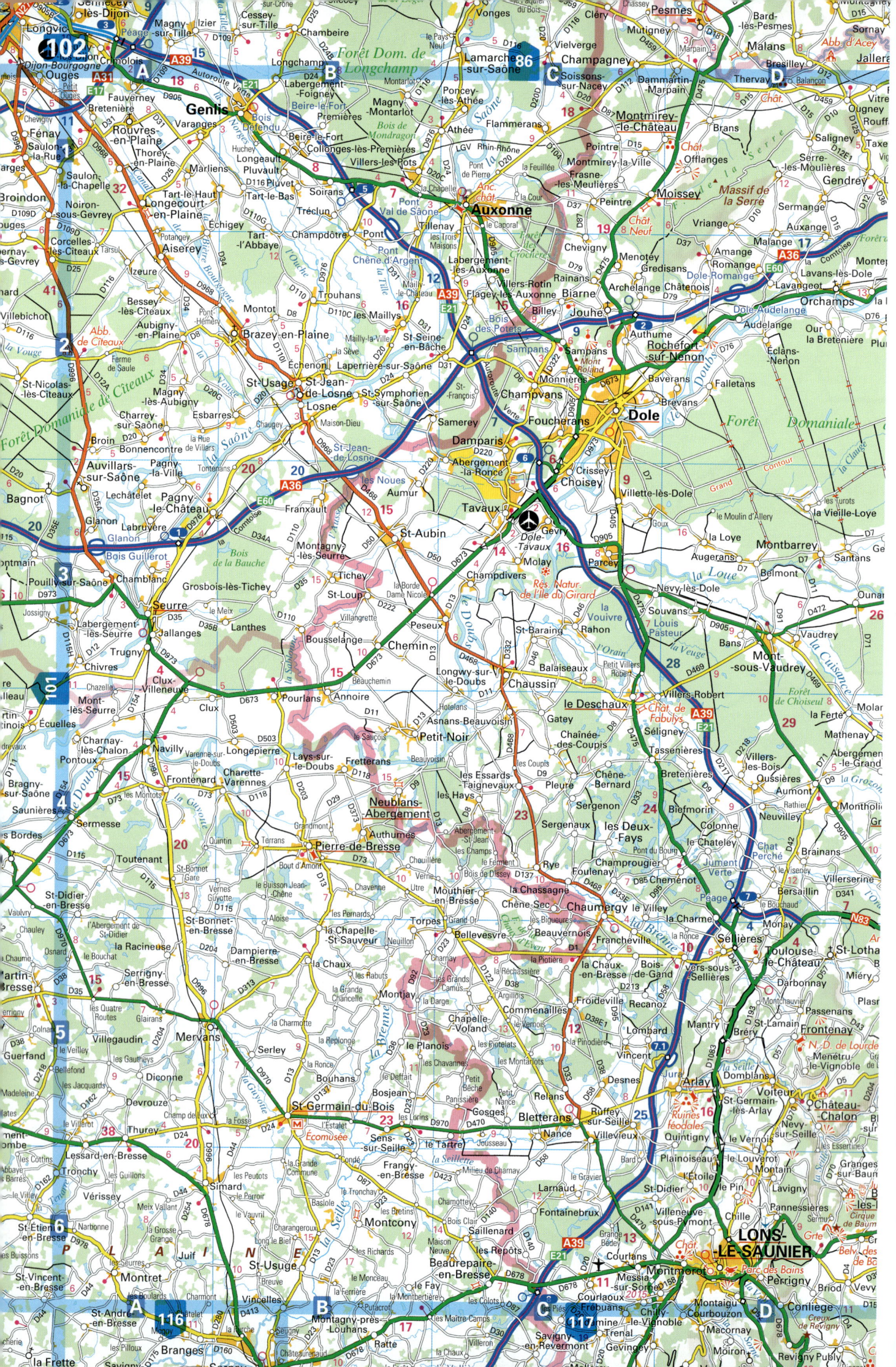

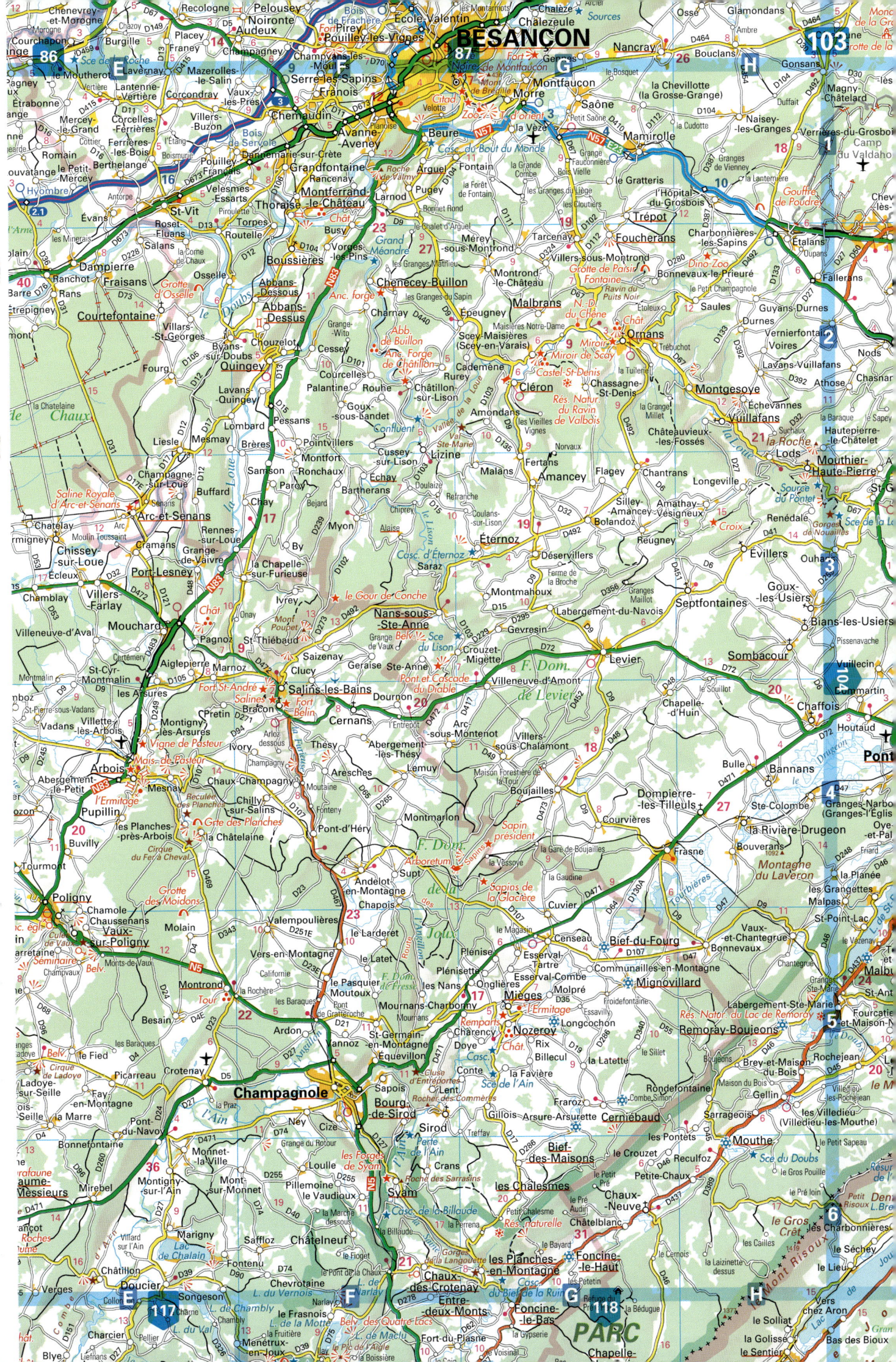

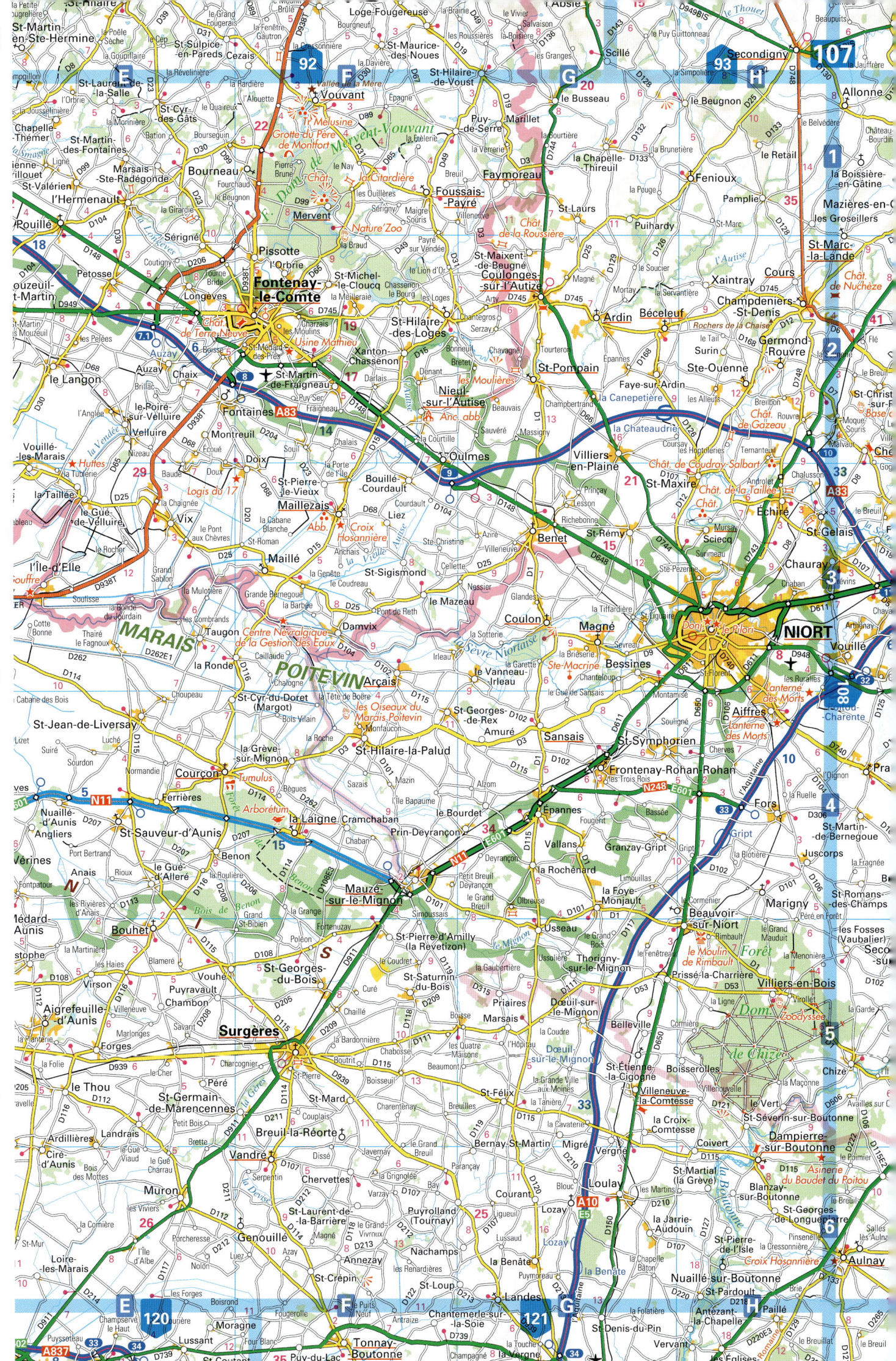

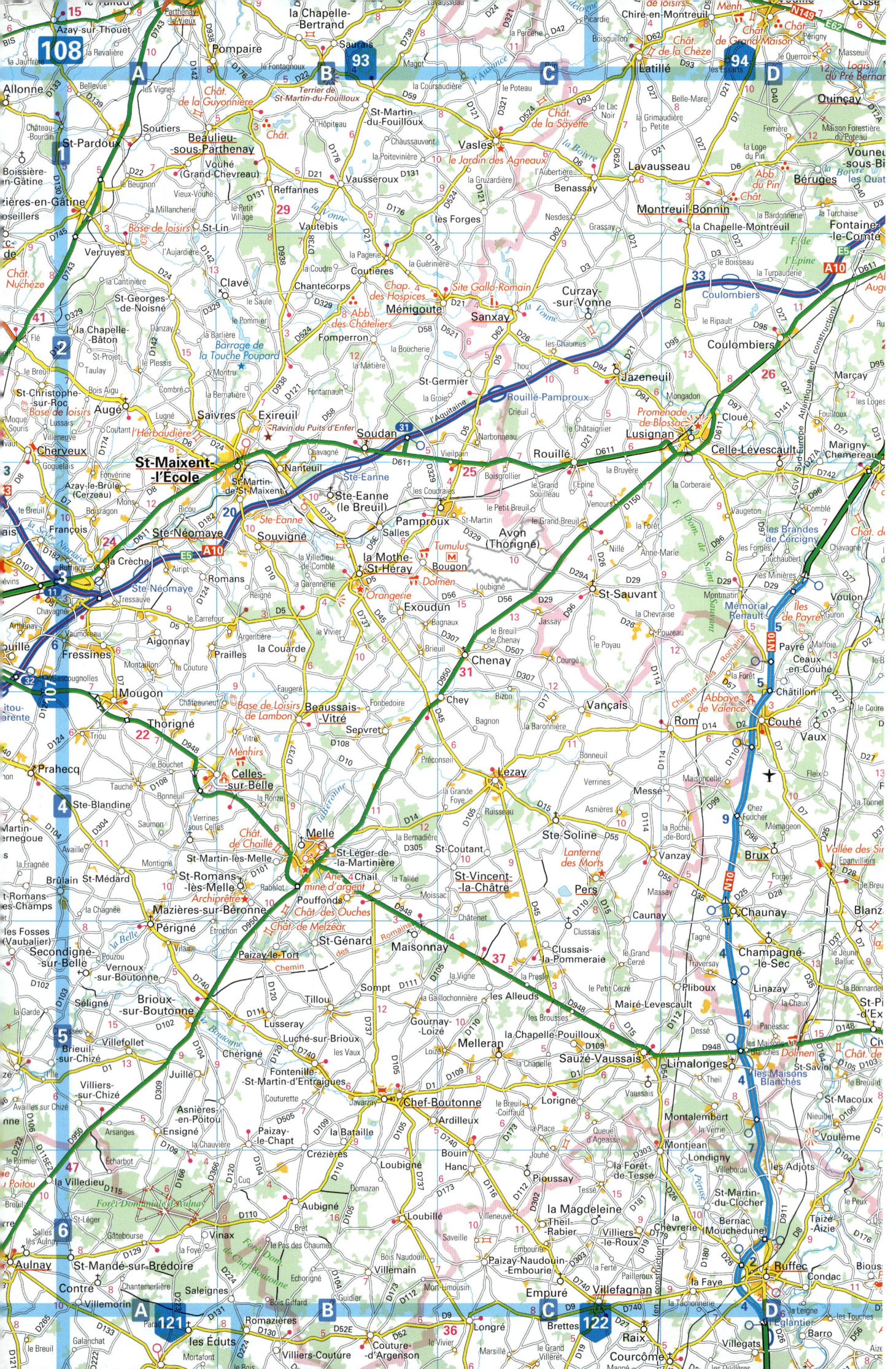

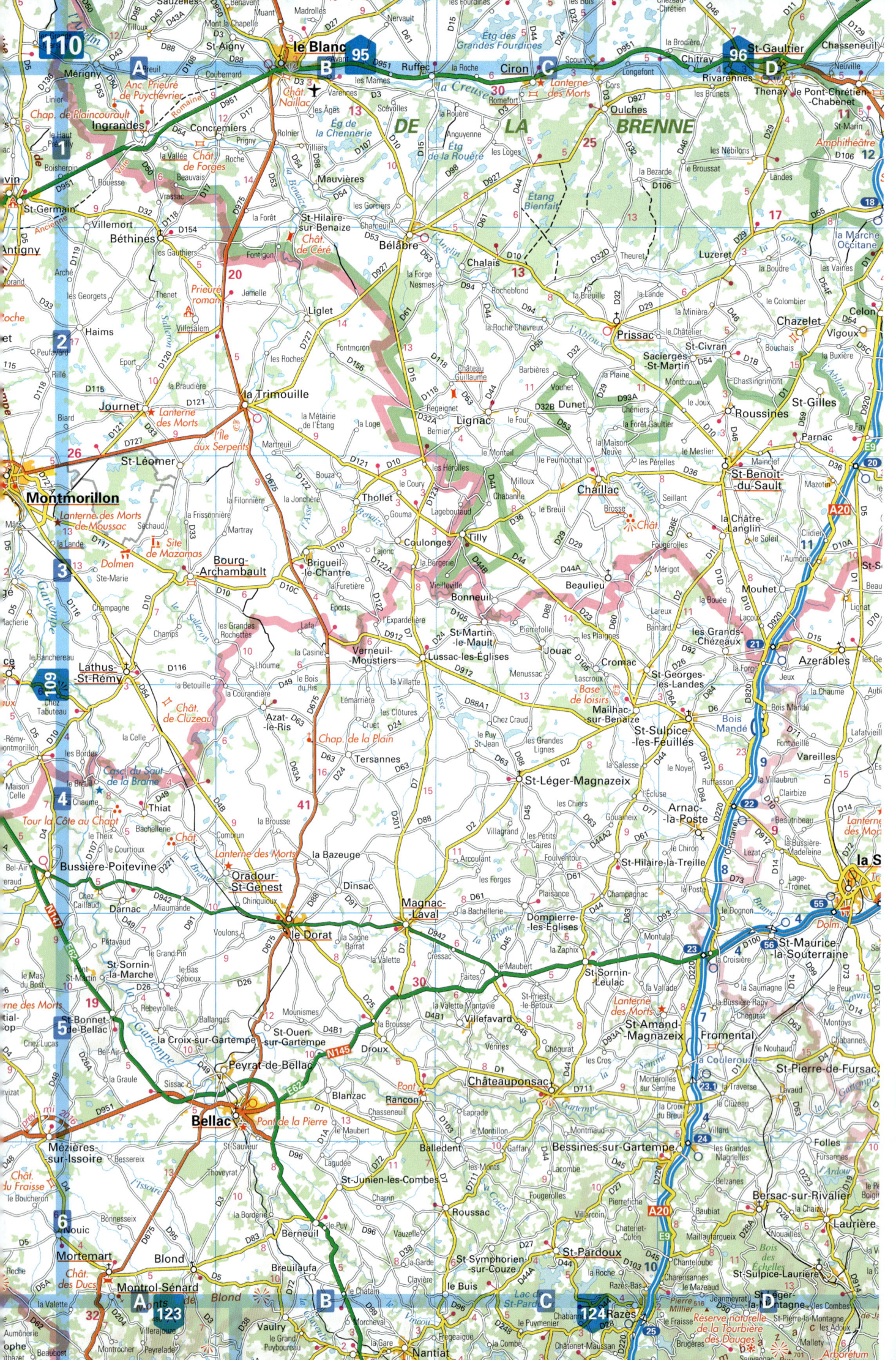

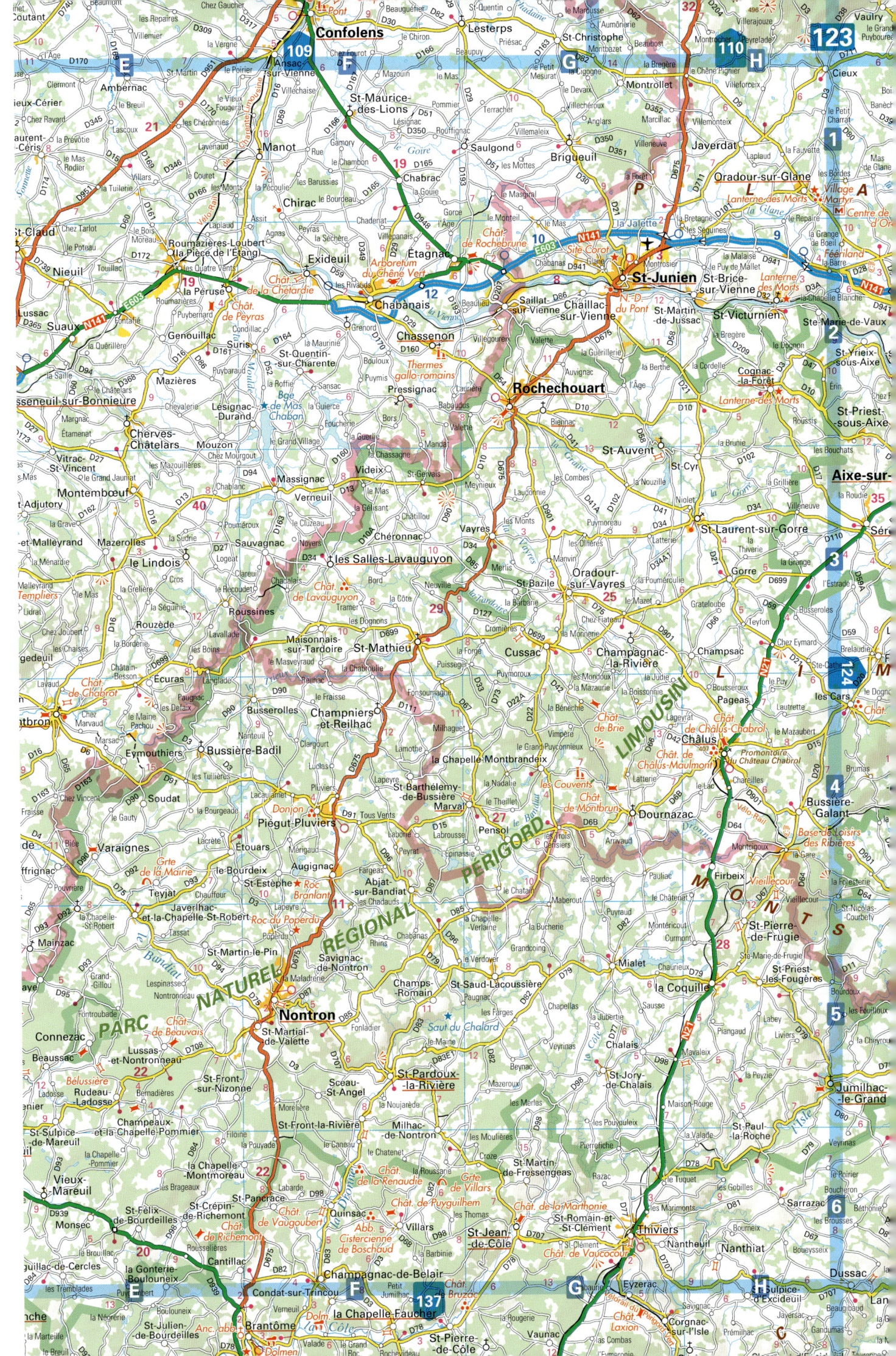

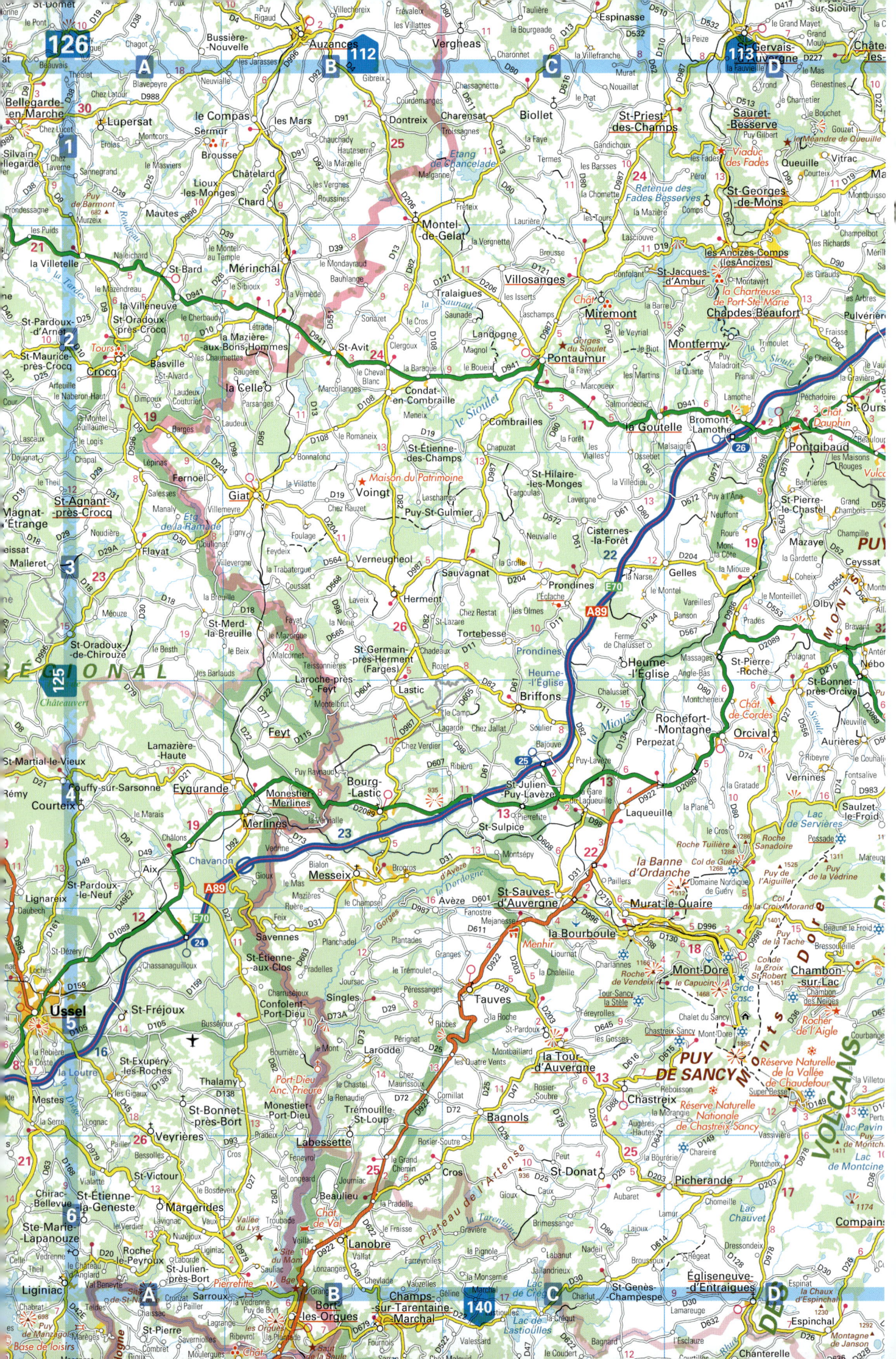

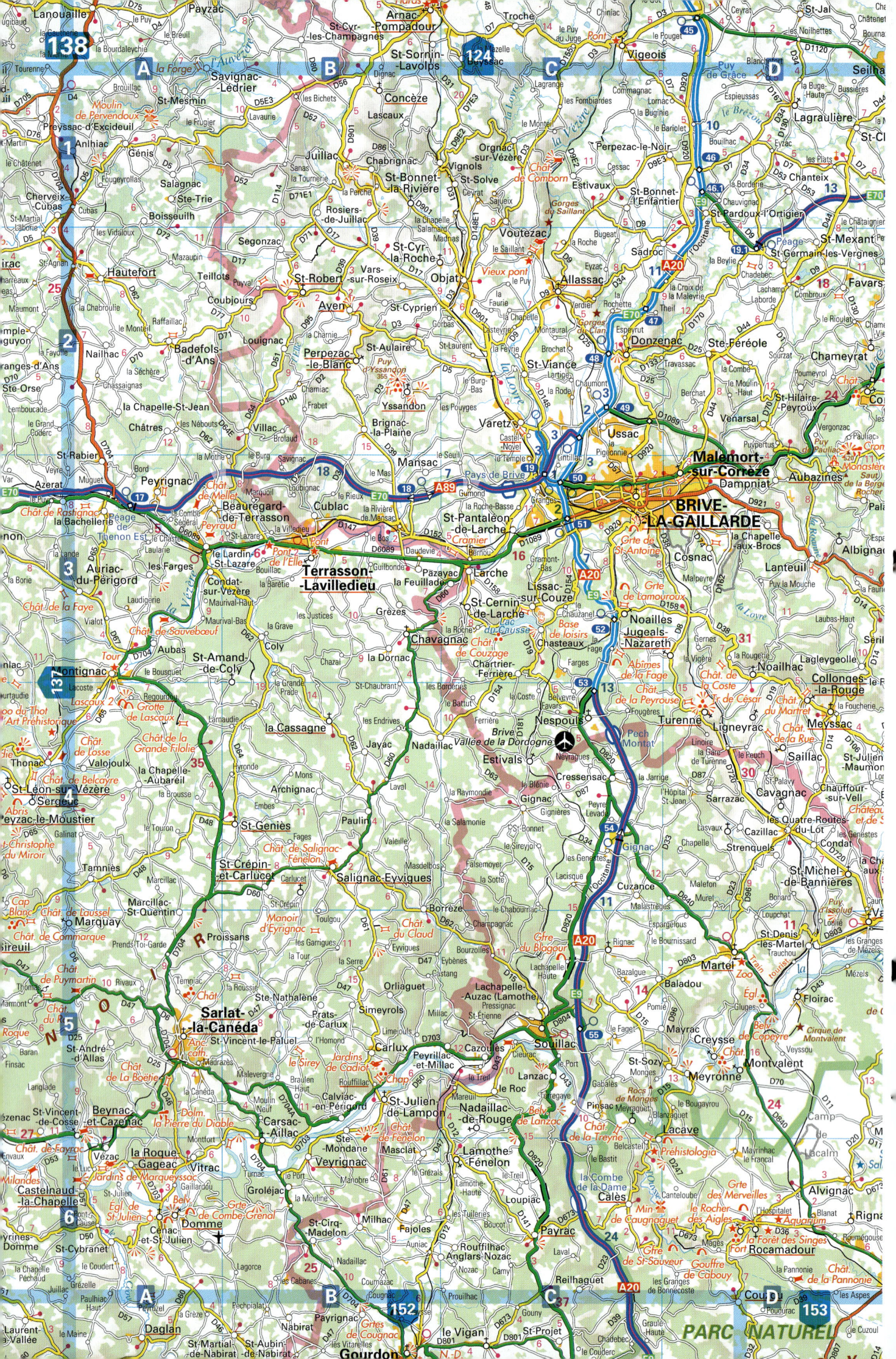

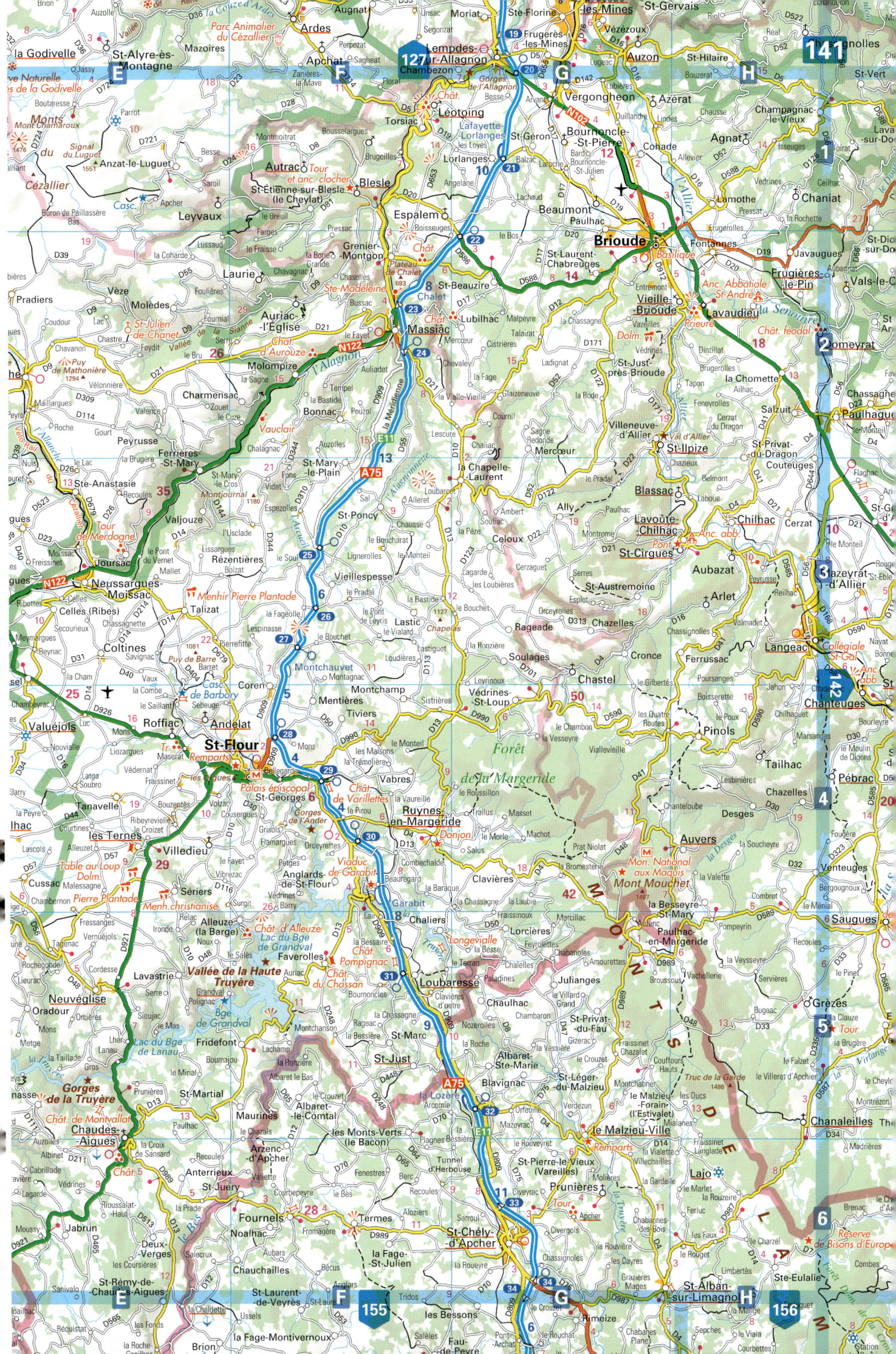

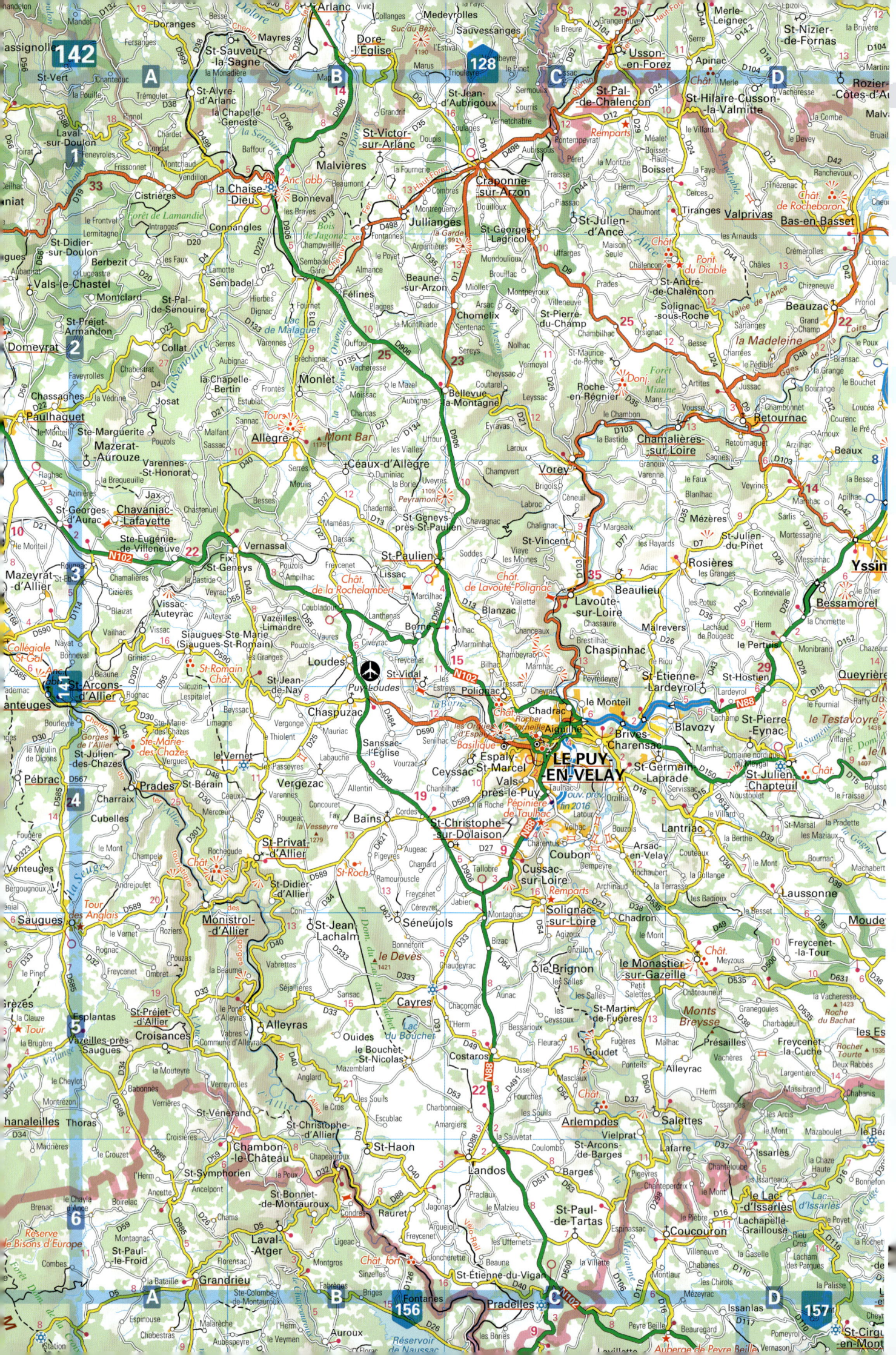

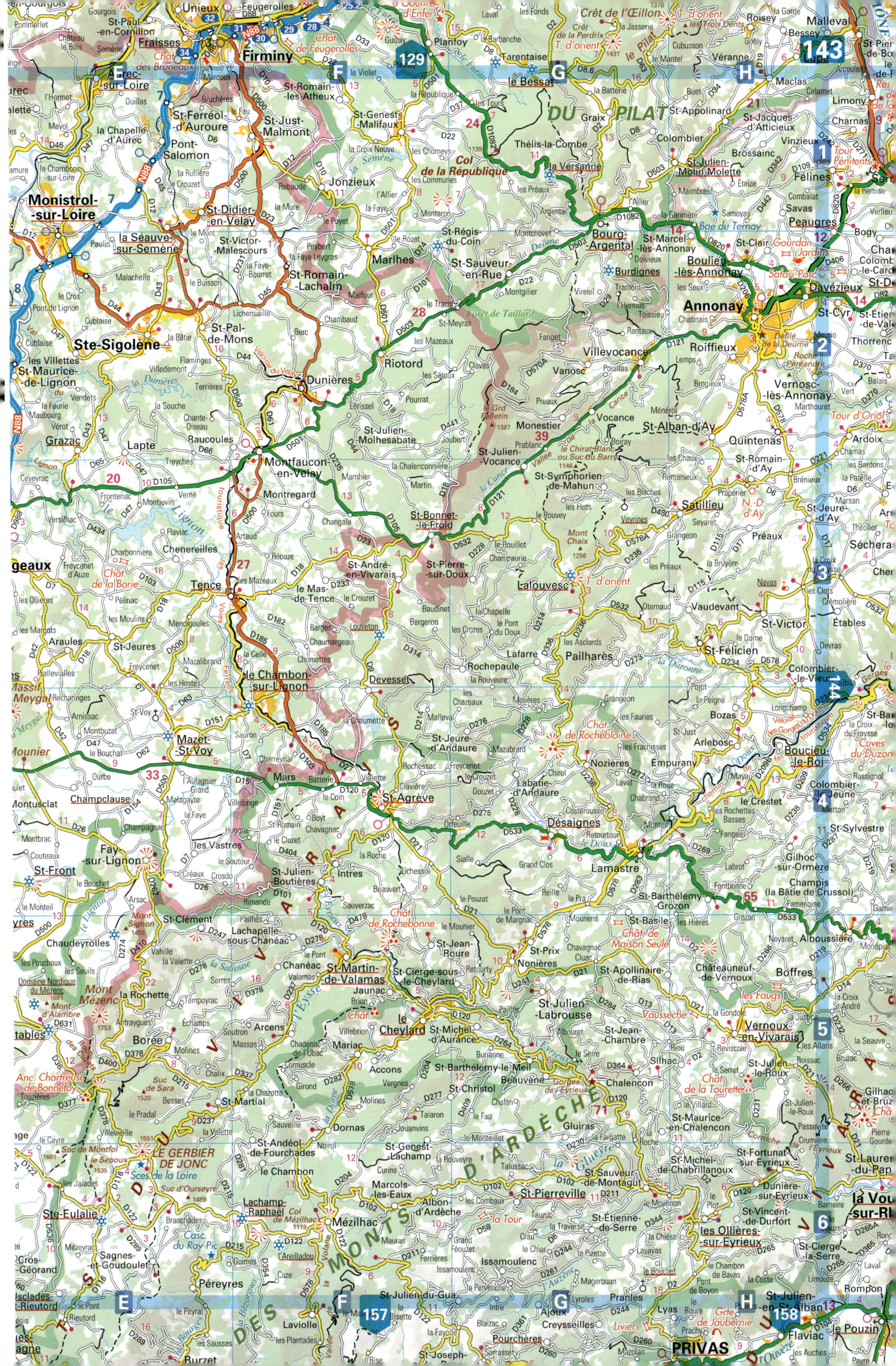

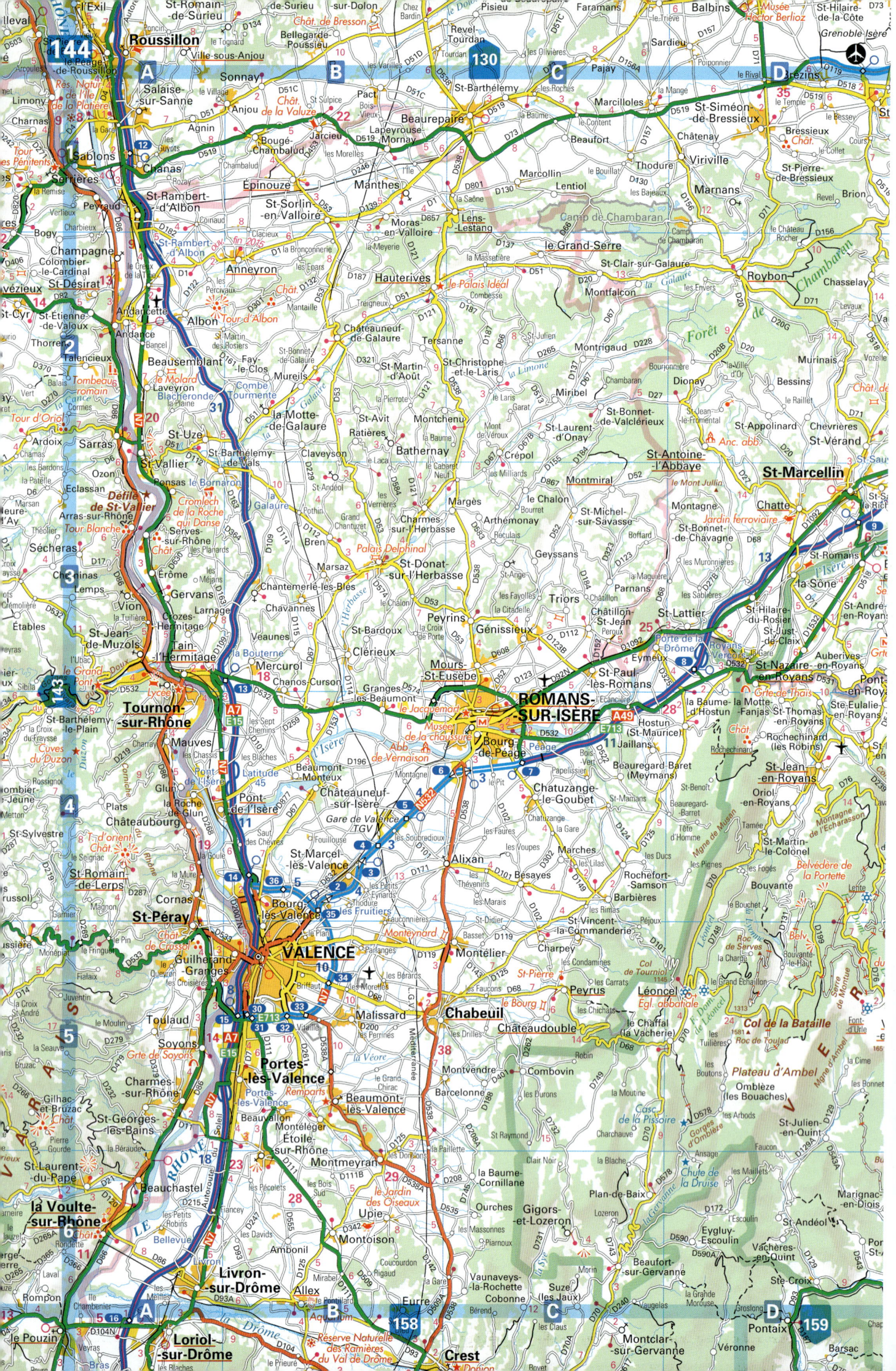

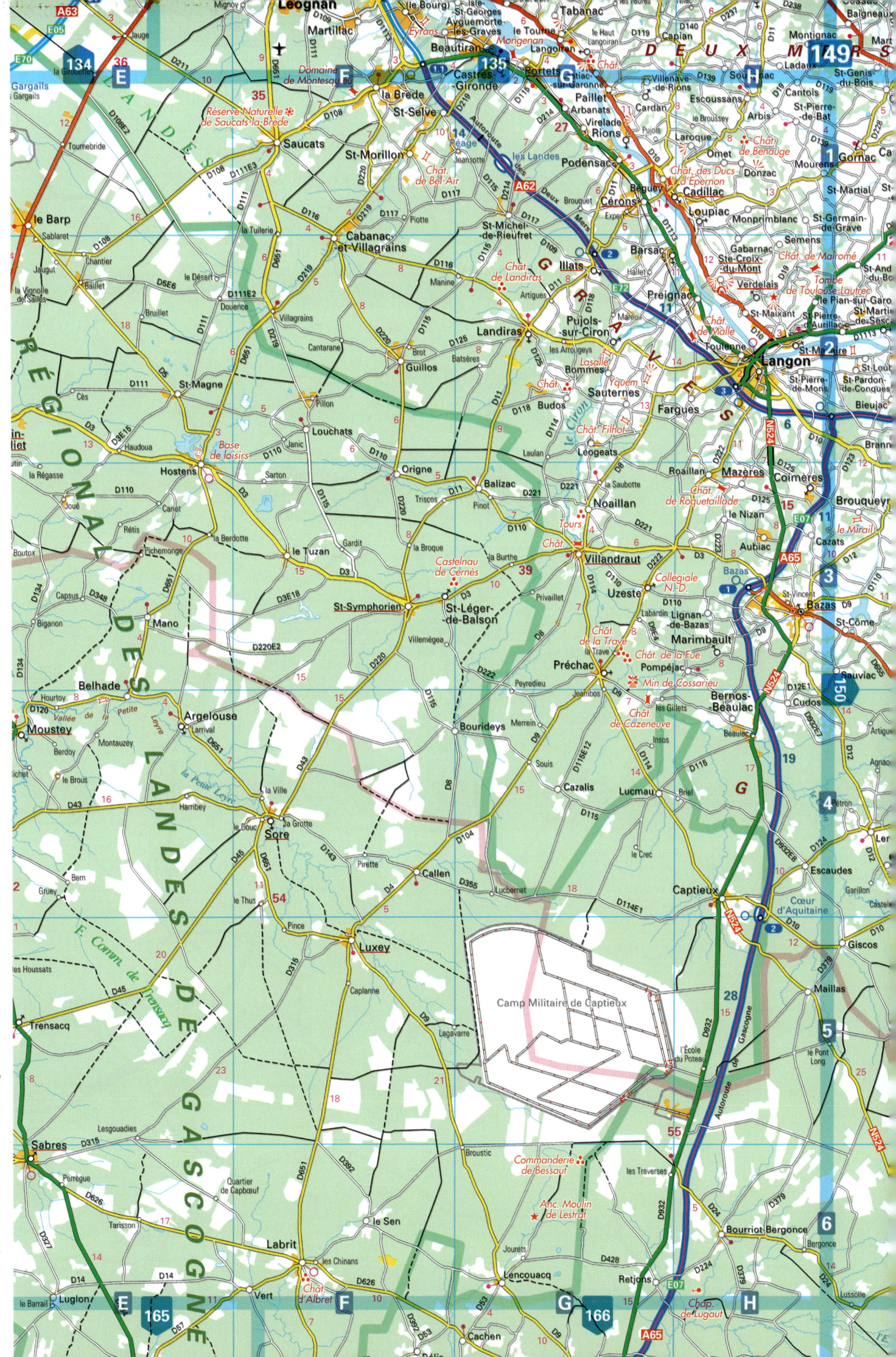

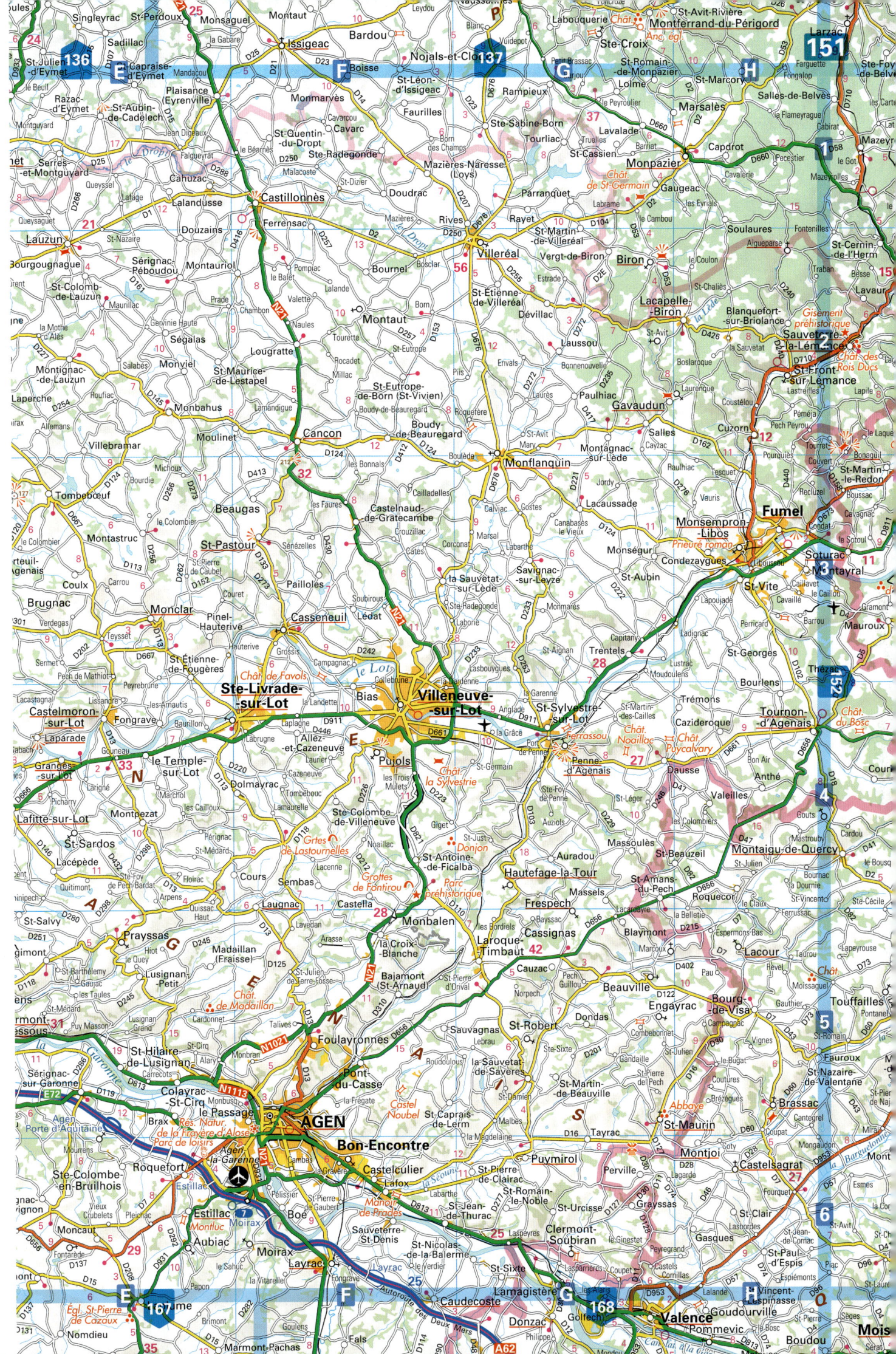

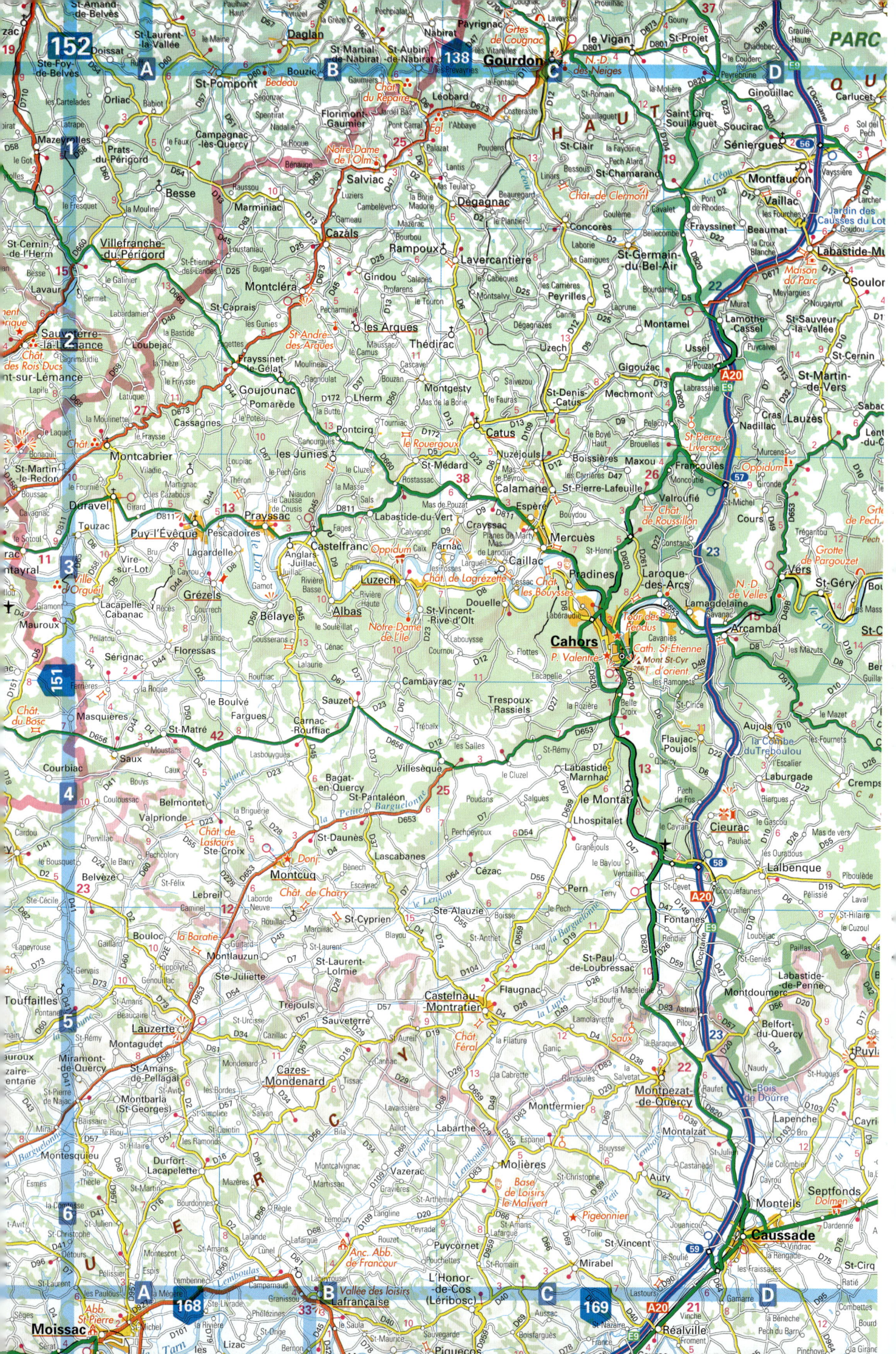

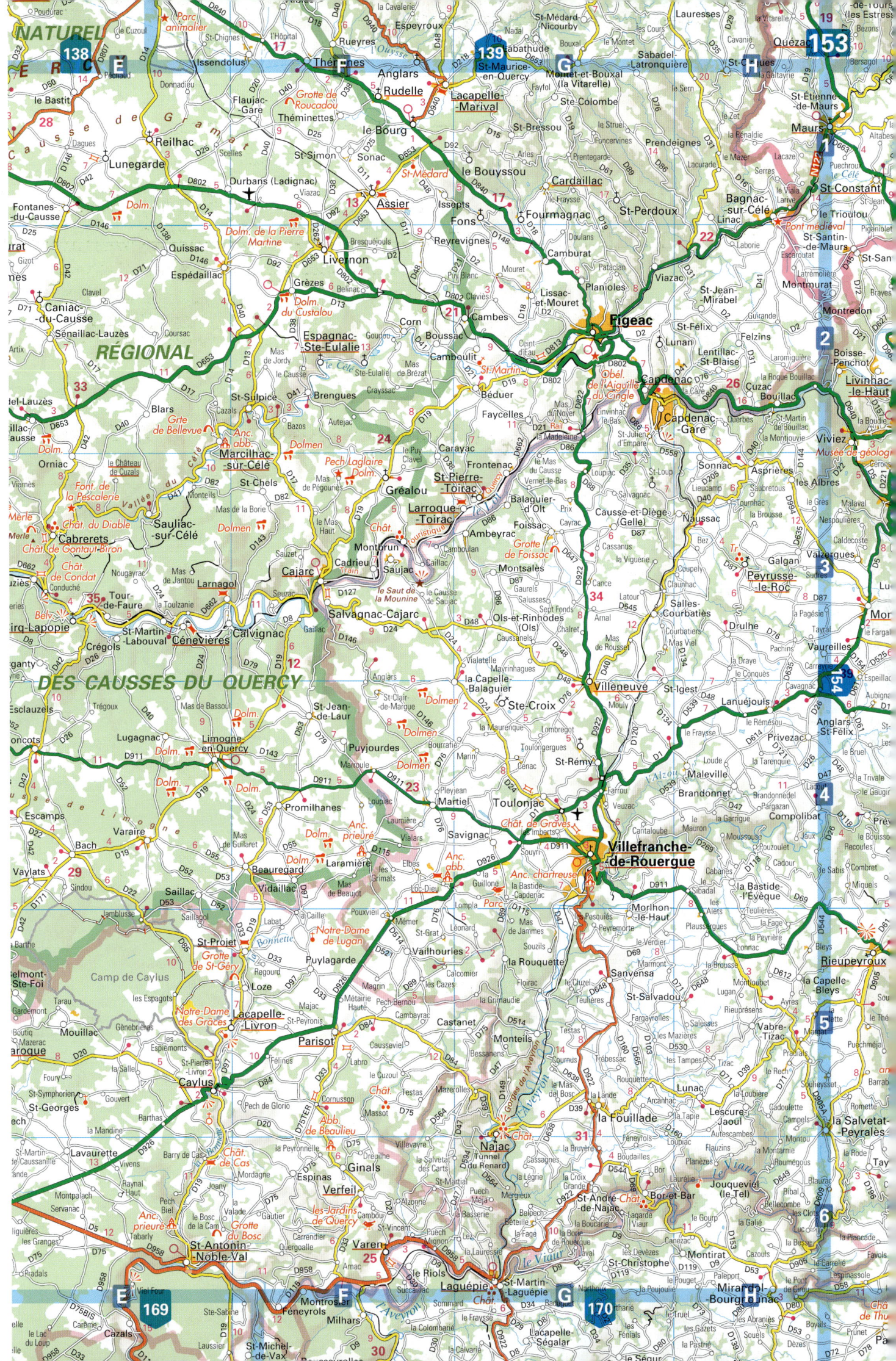

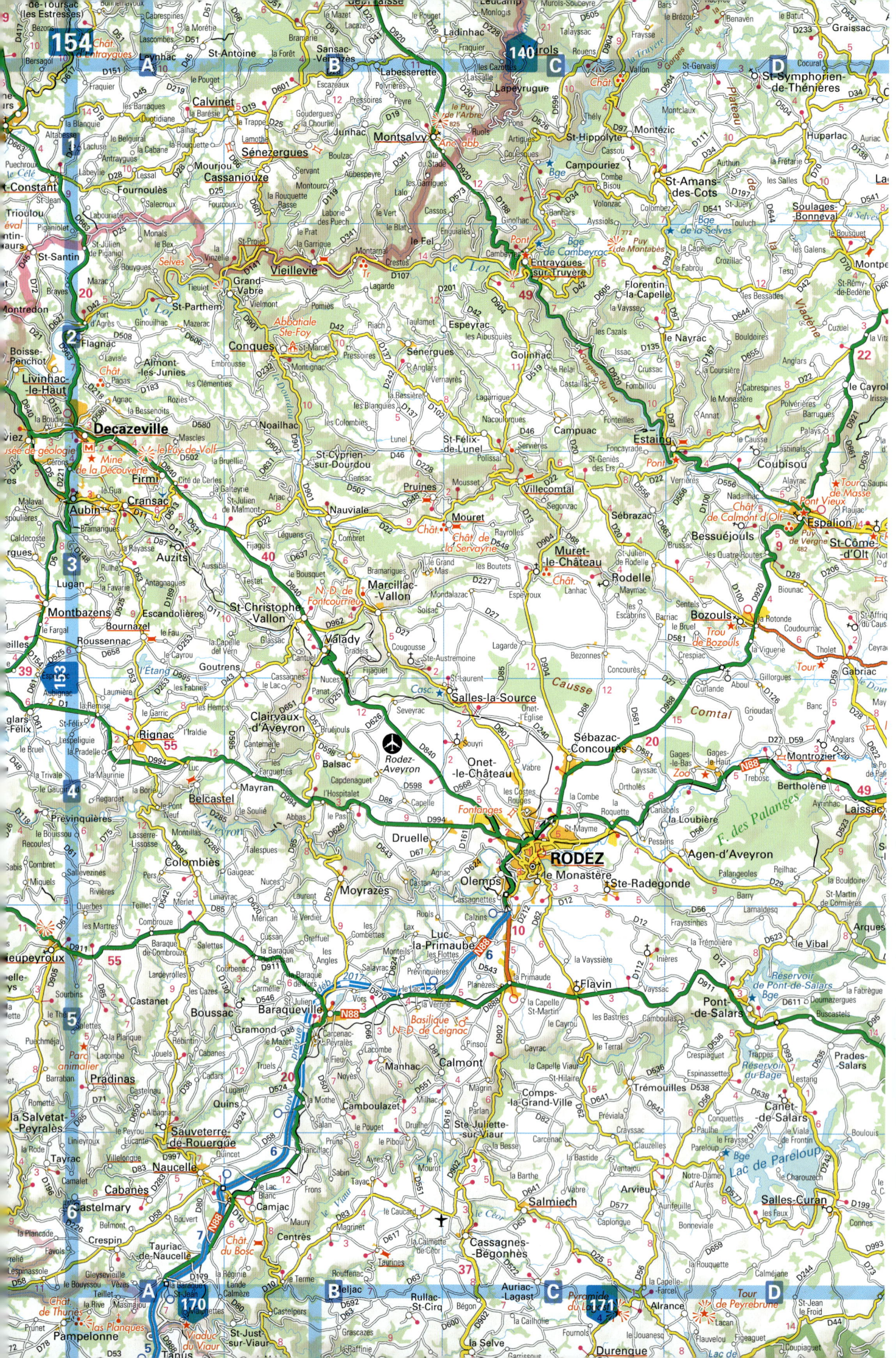

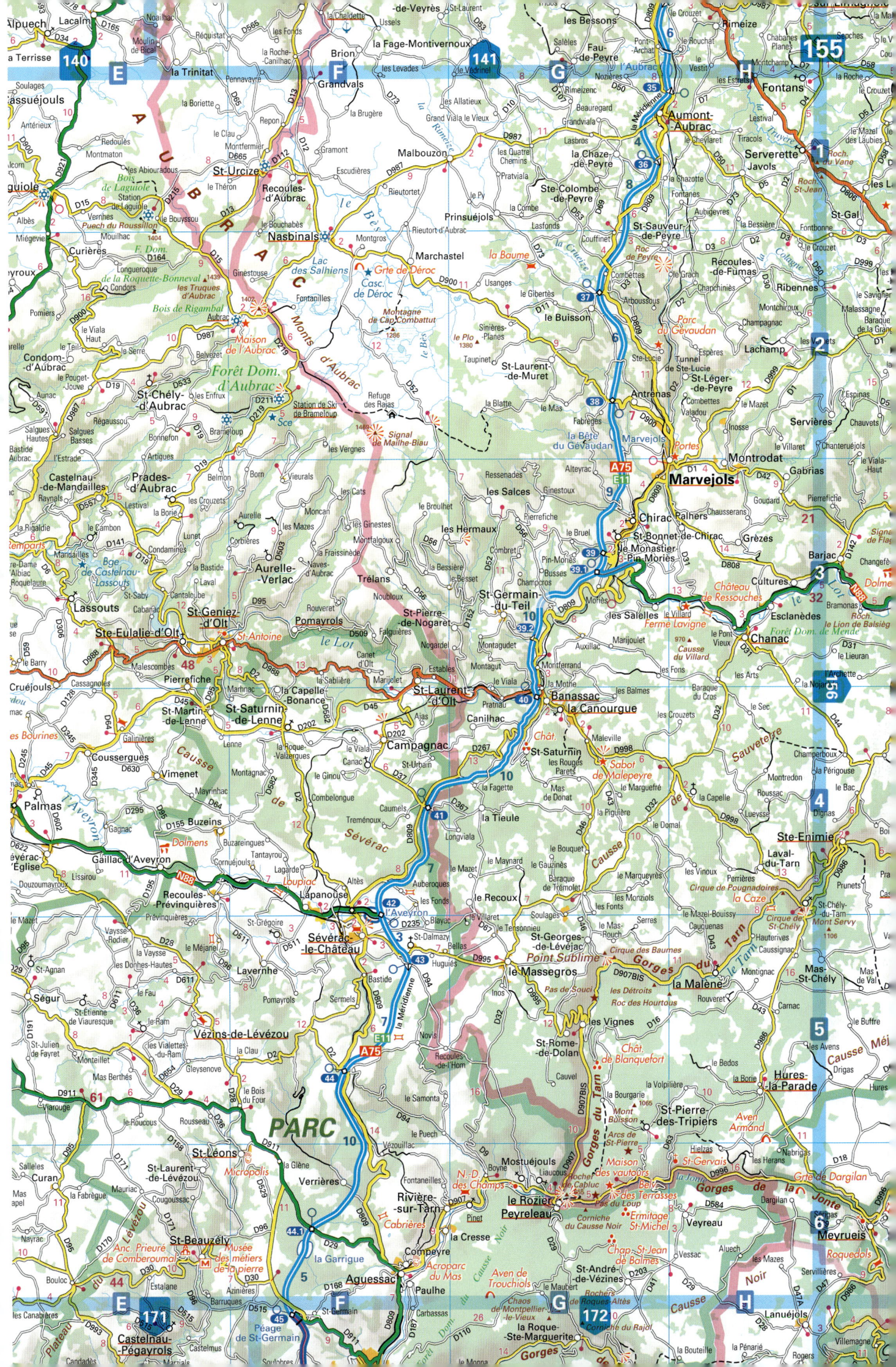

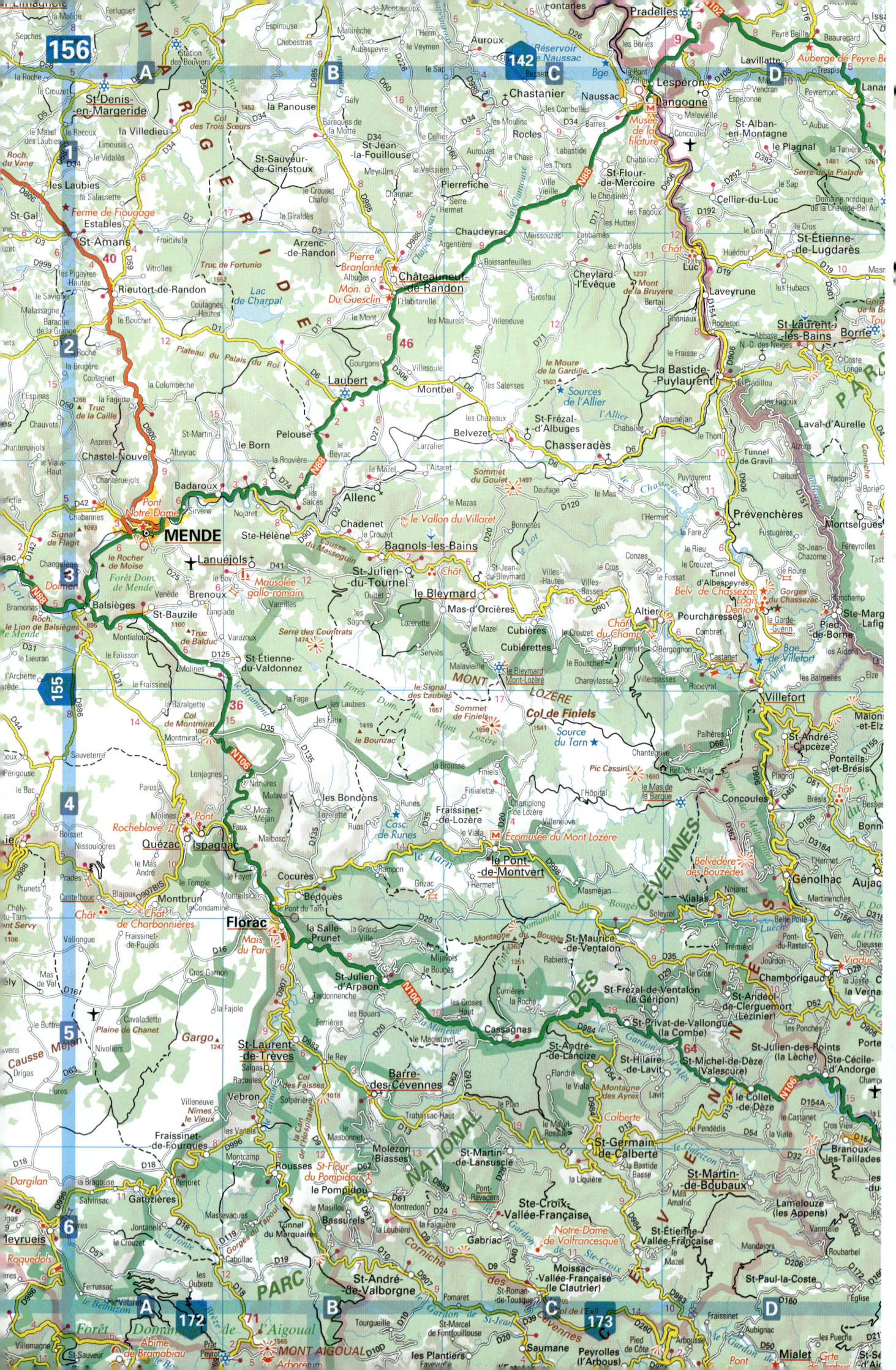

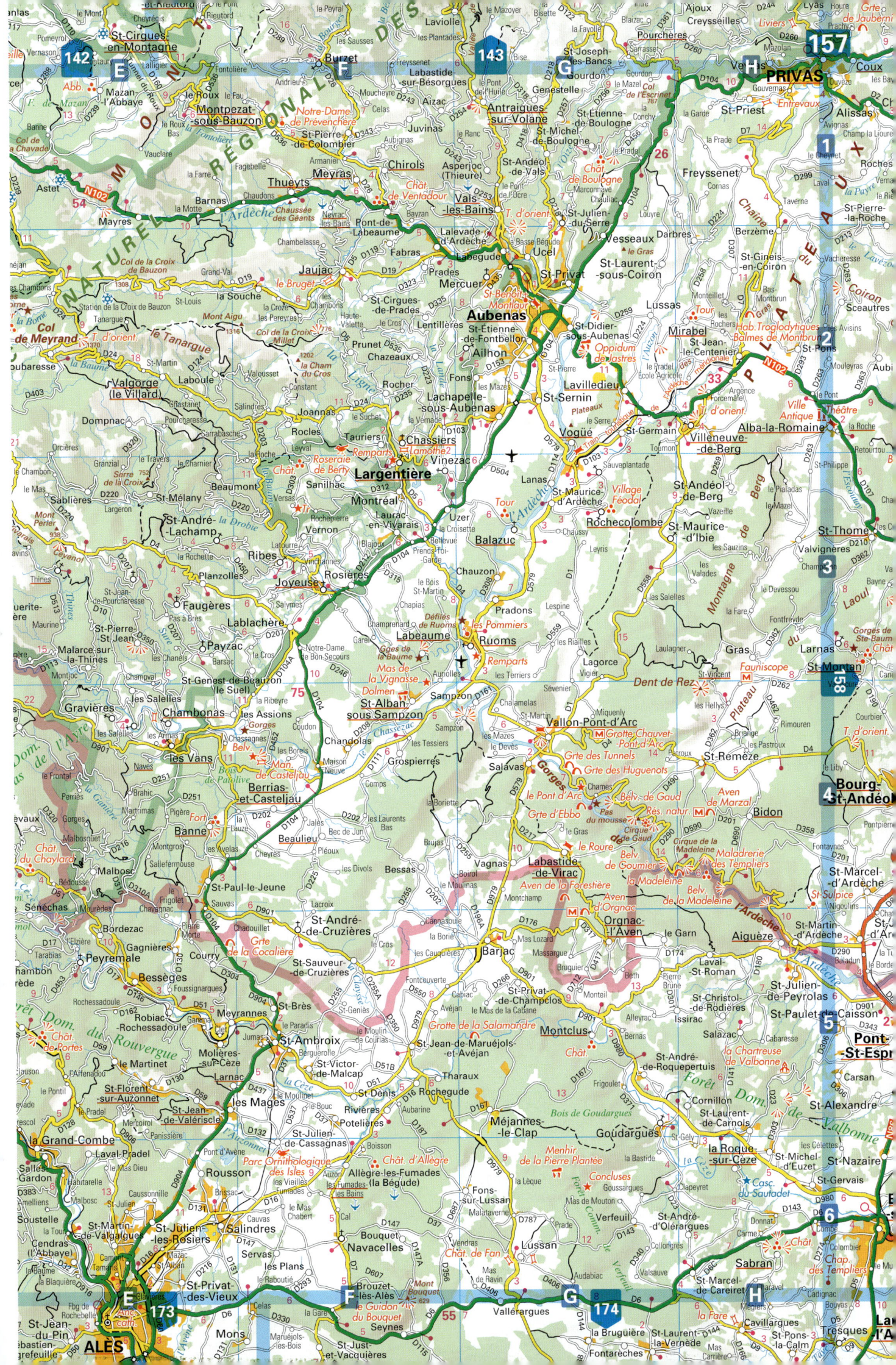

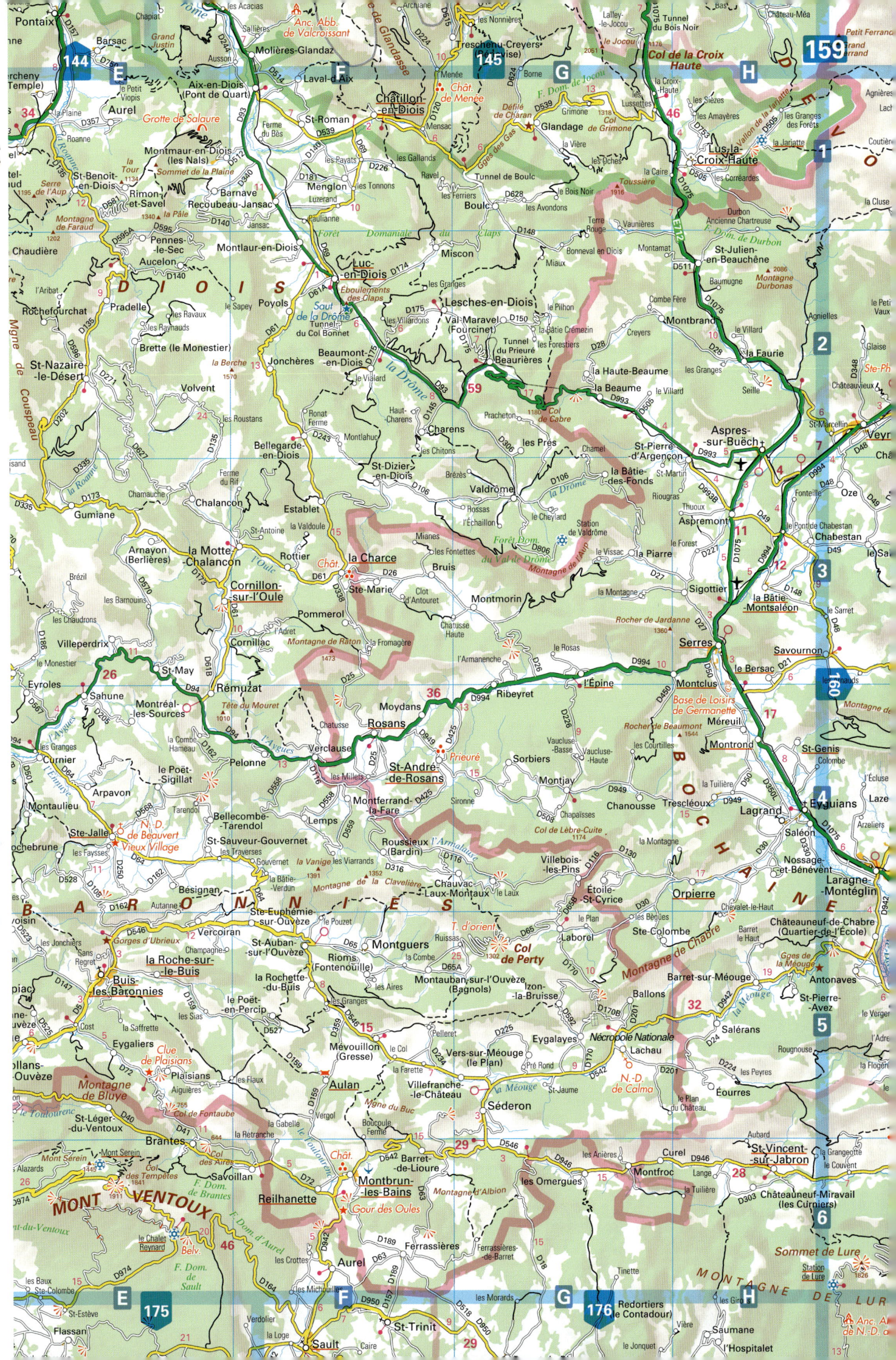

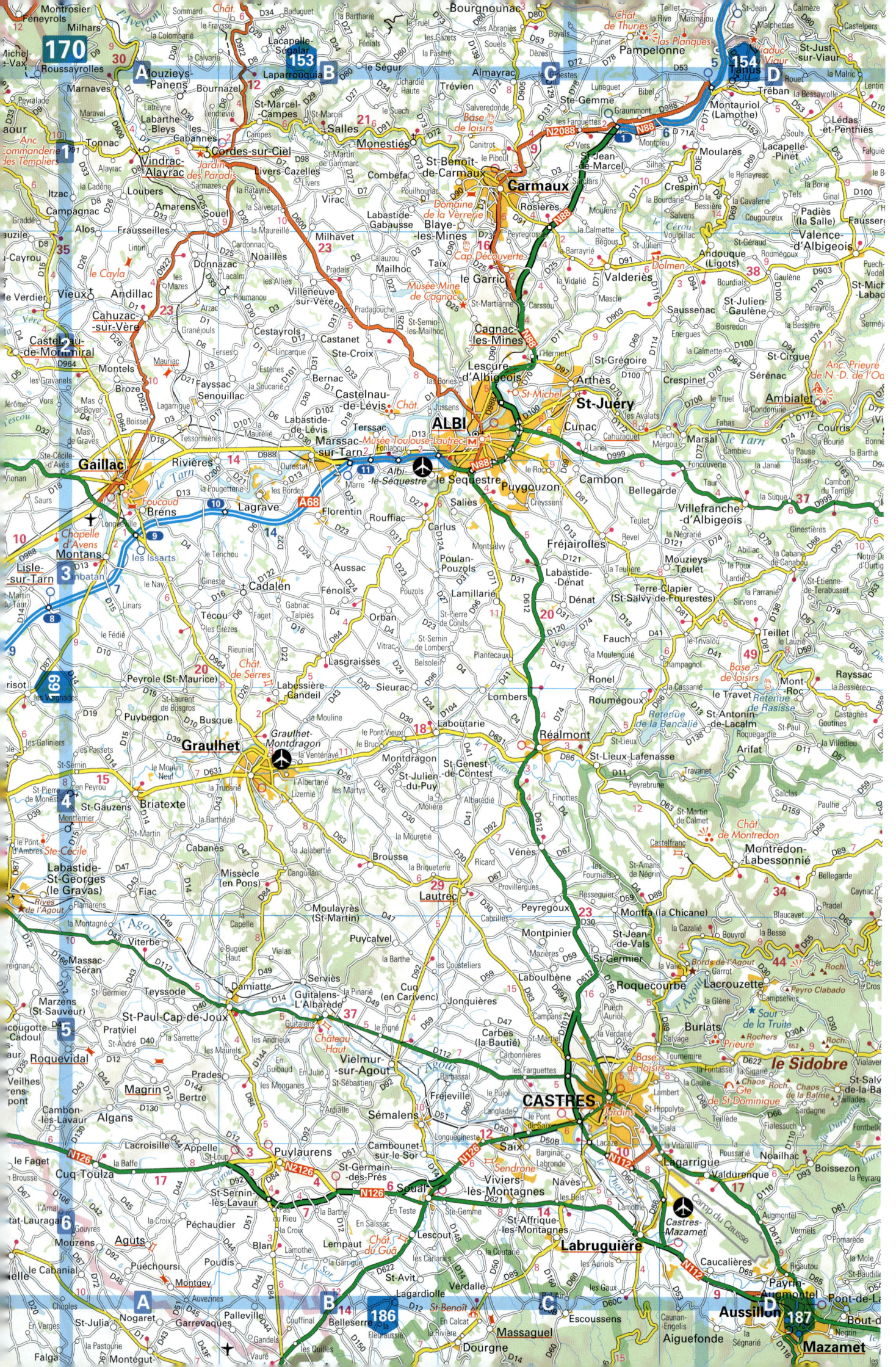

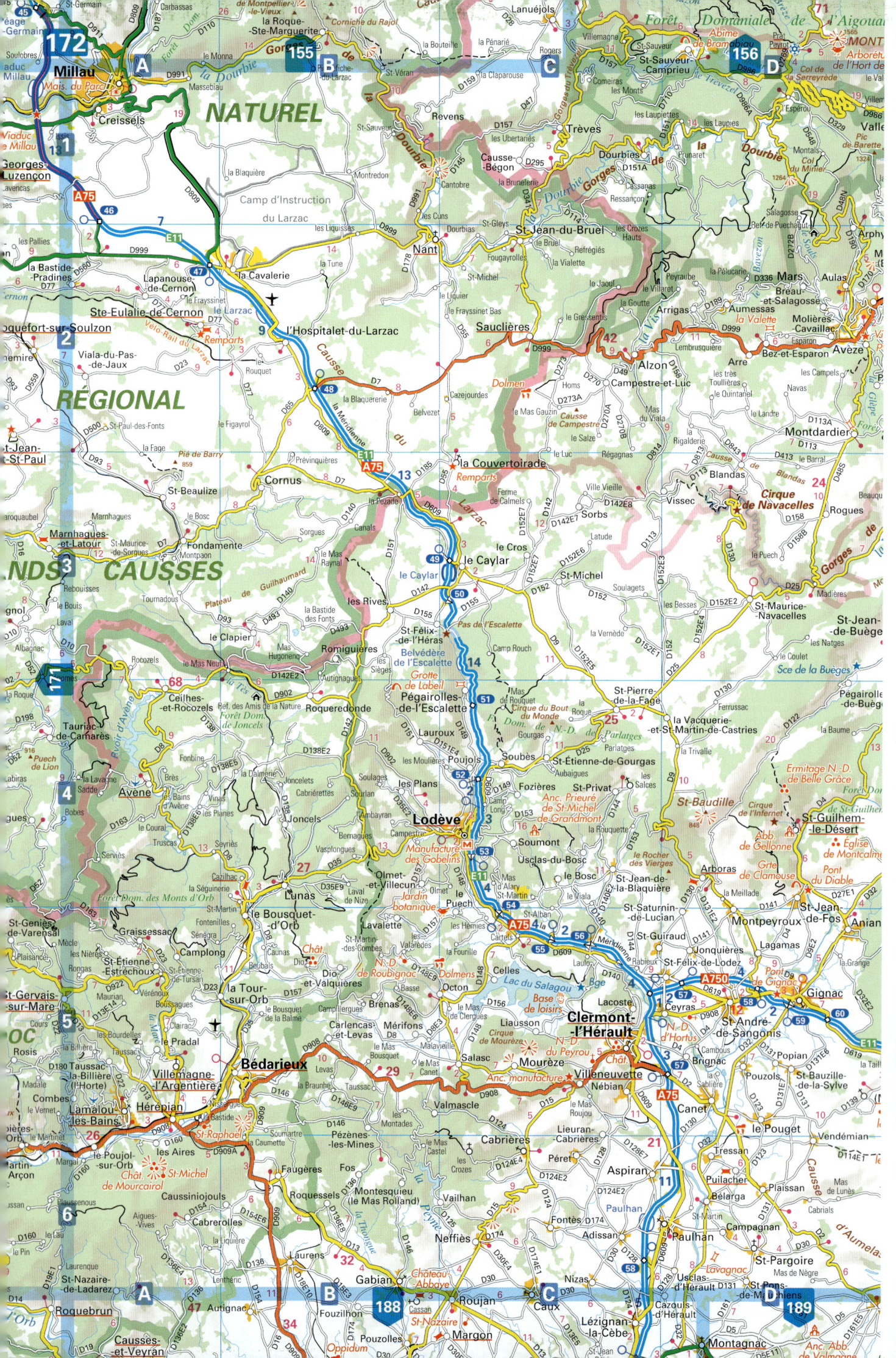

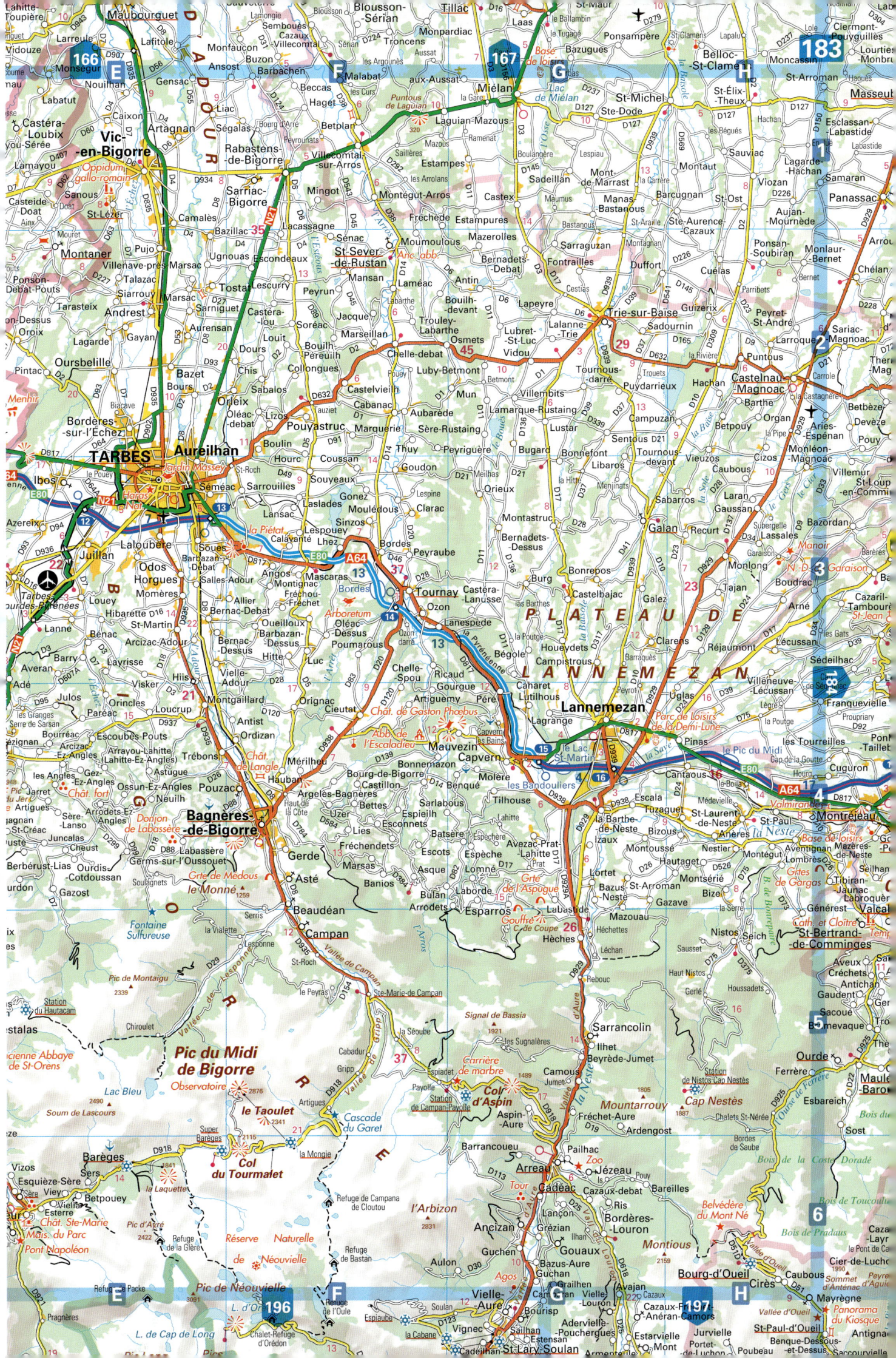

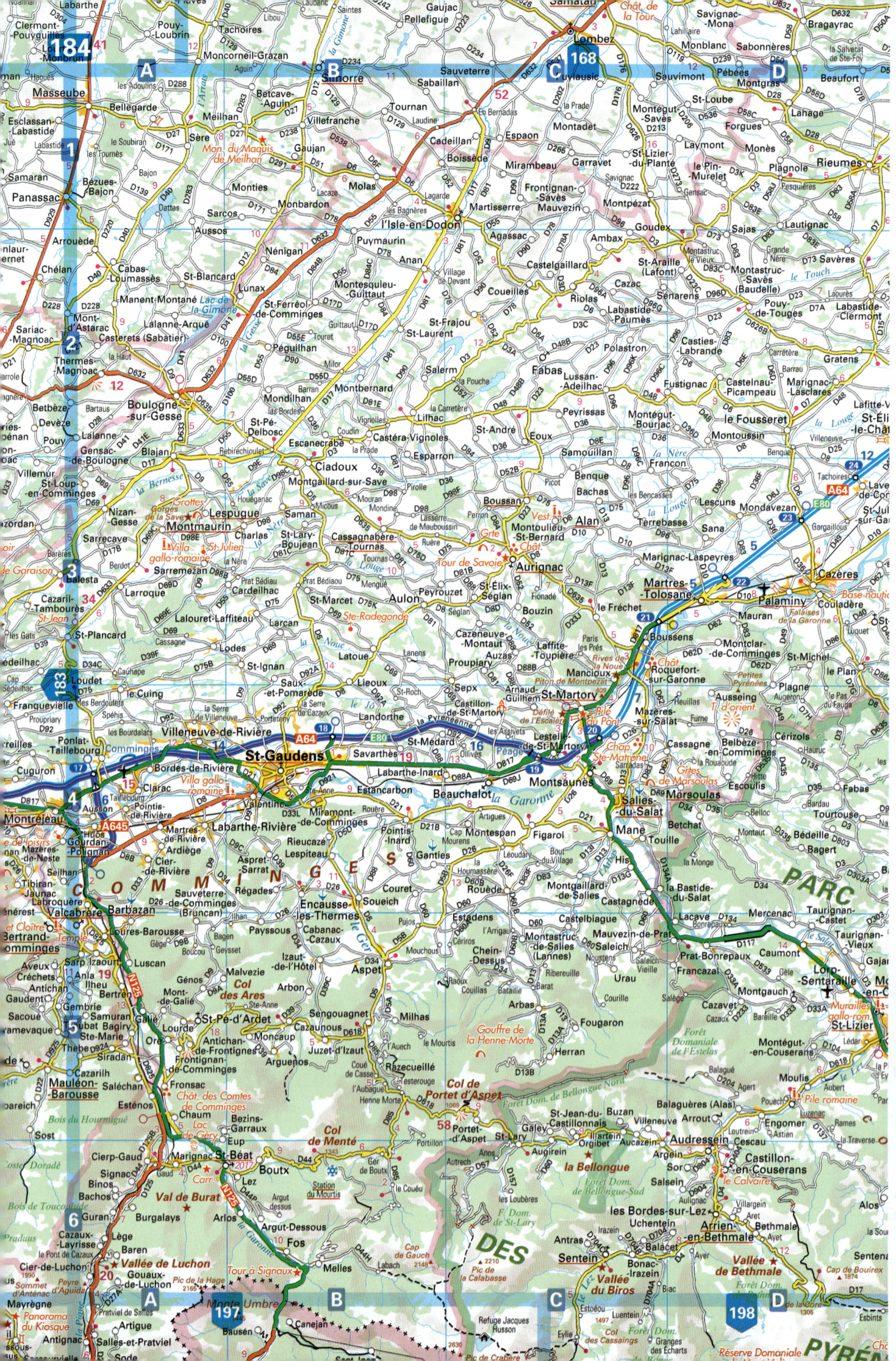

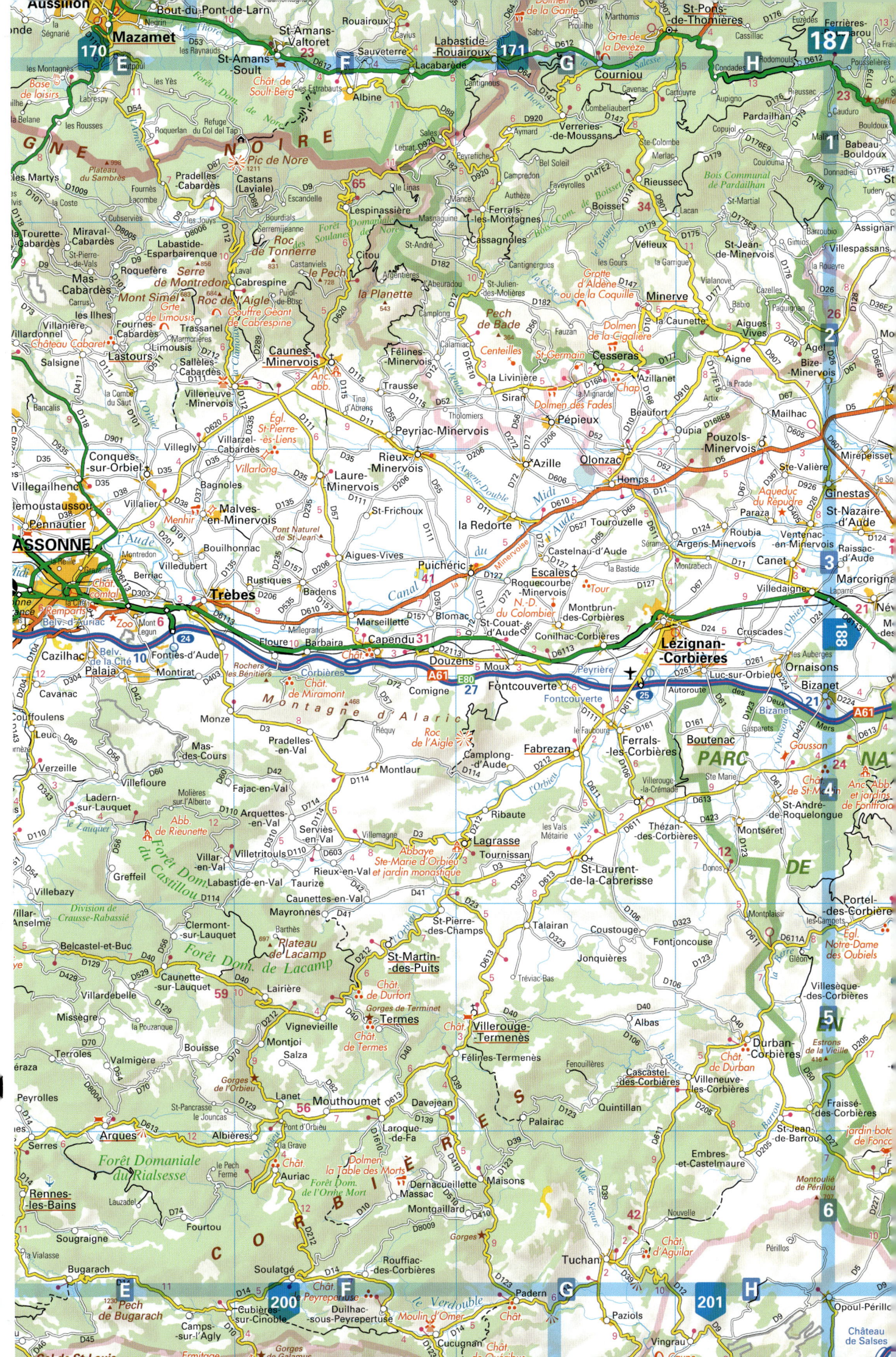

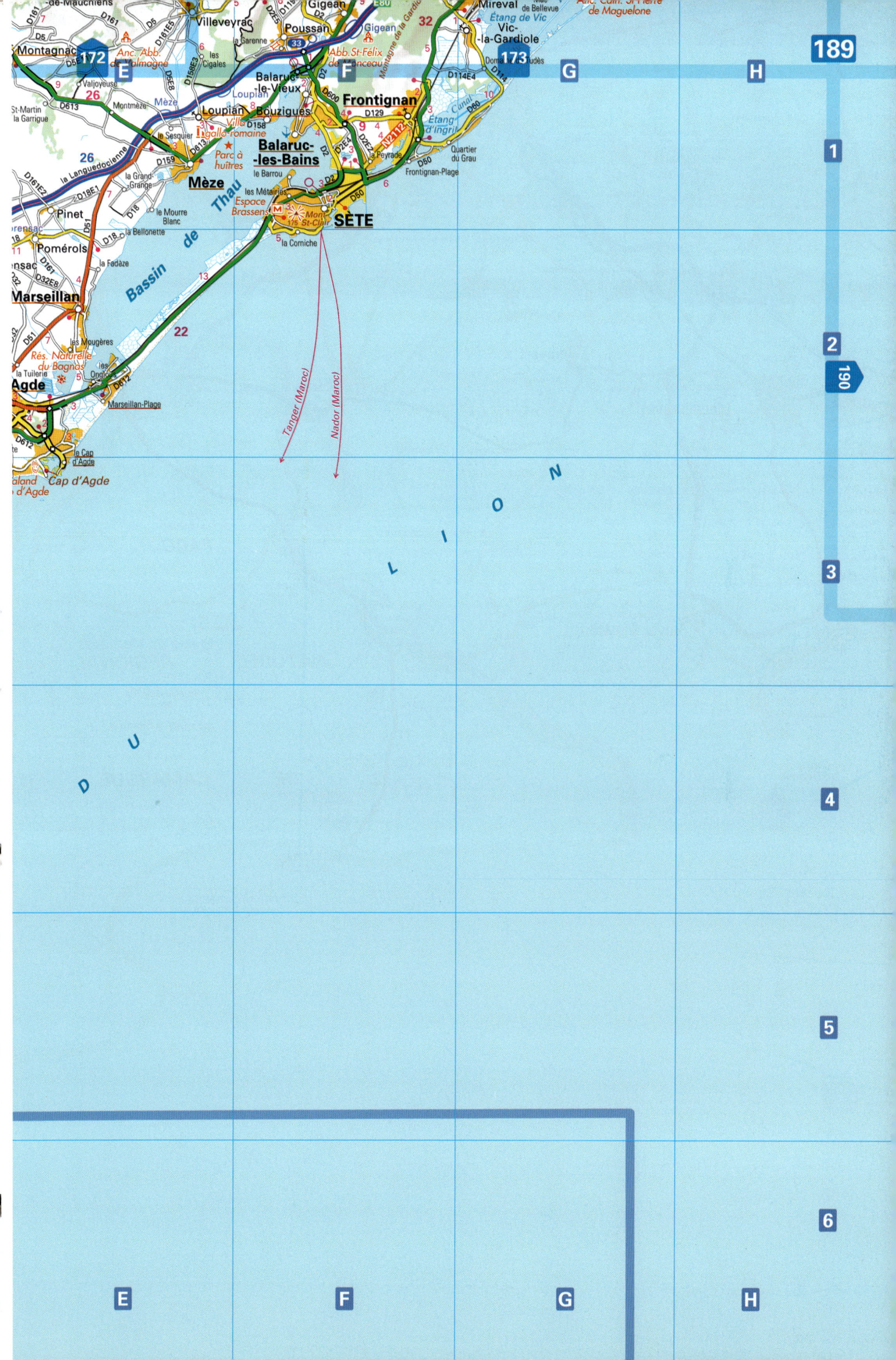

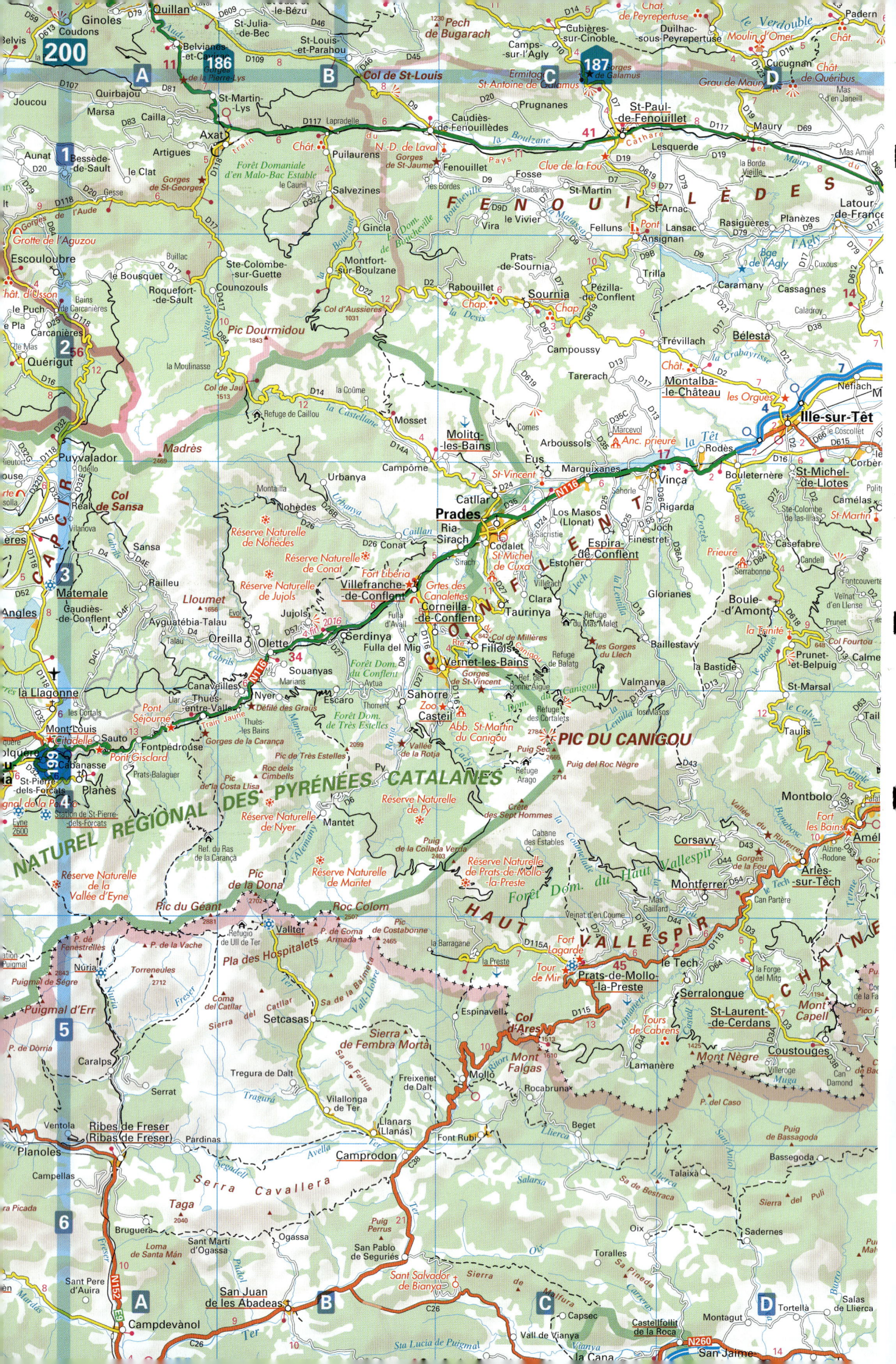

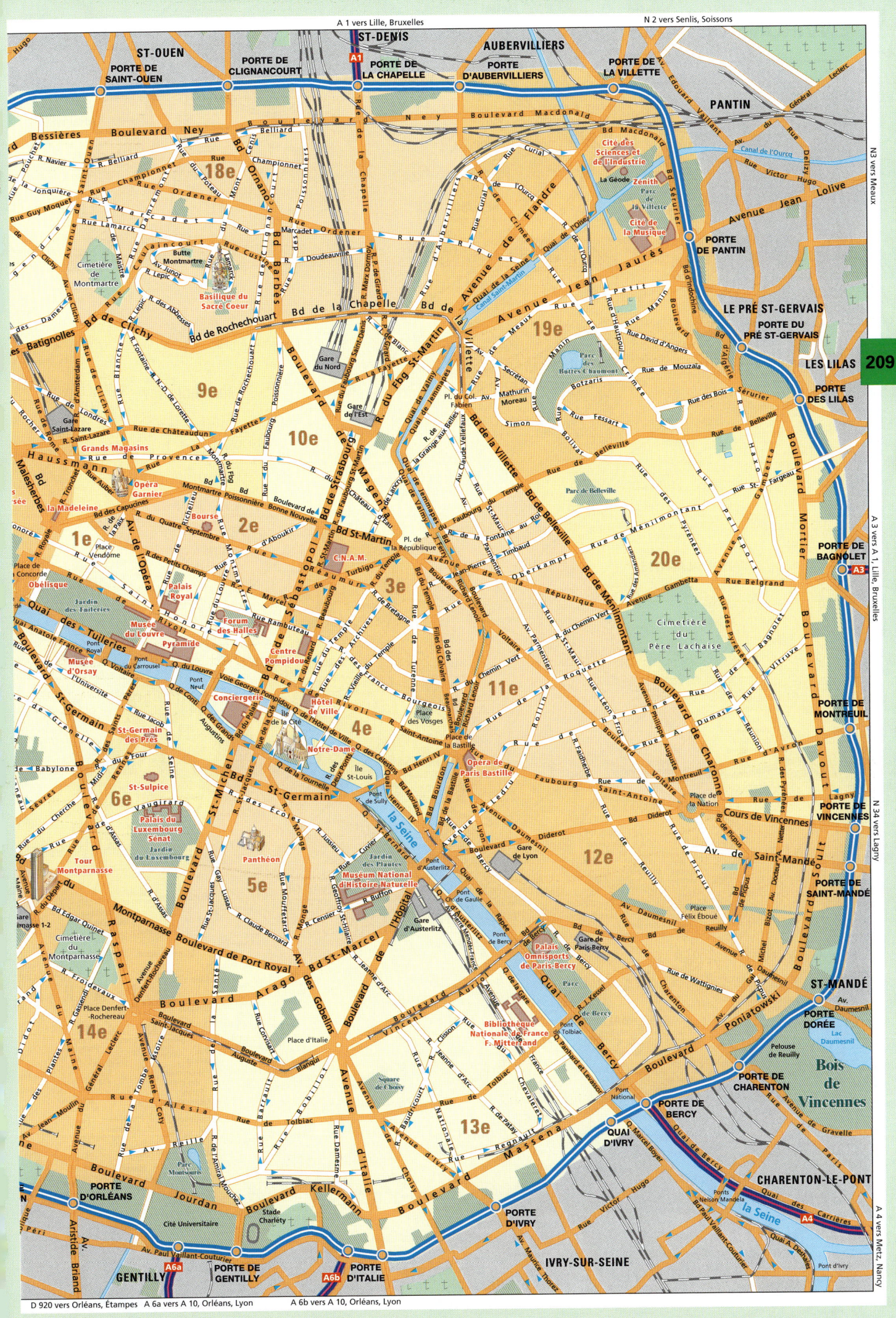

AIX-EN-PROVENCE

ANGERS

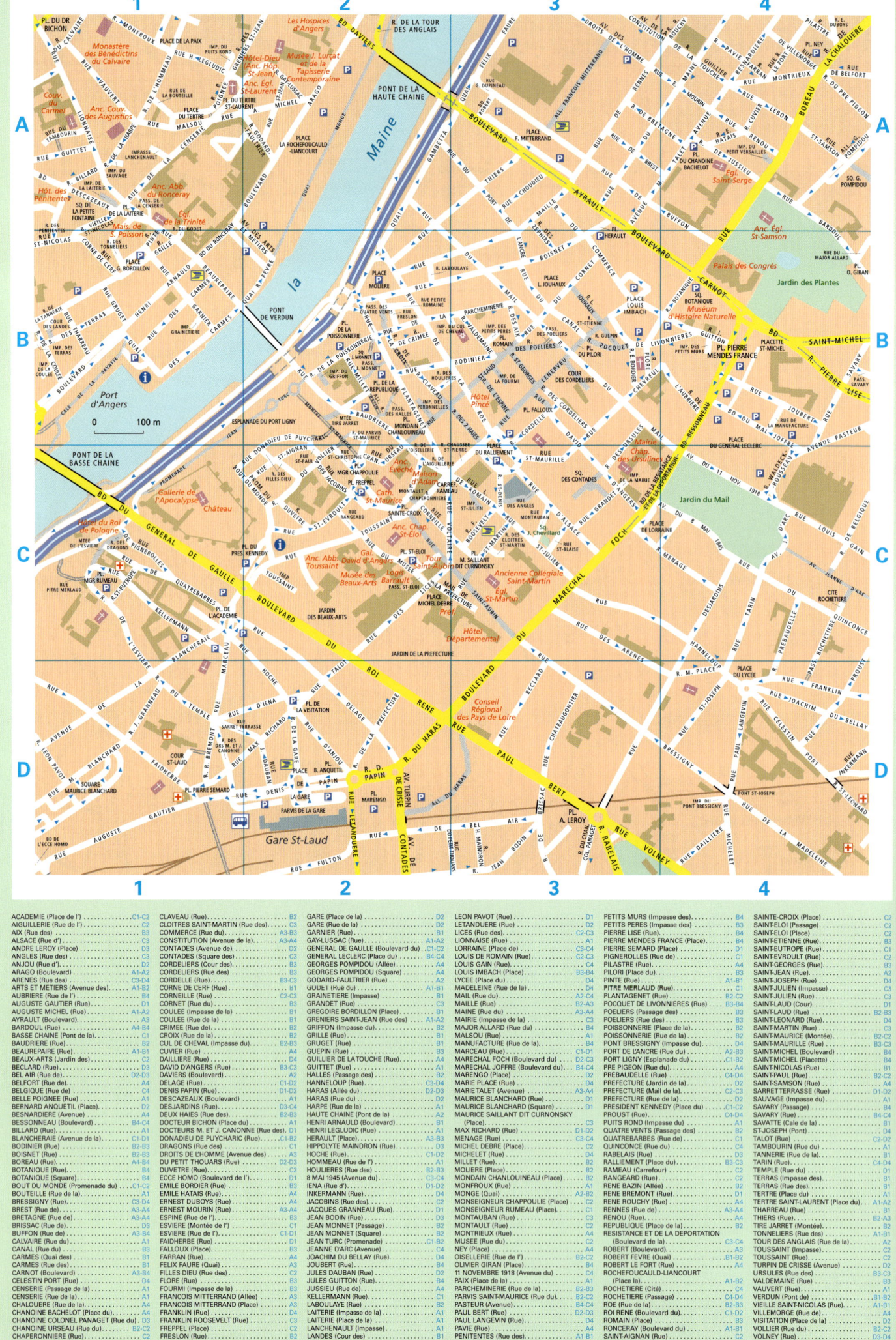

BORDEAUX

BREST

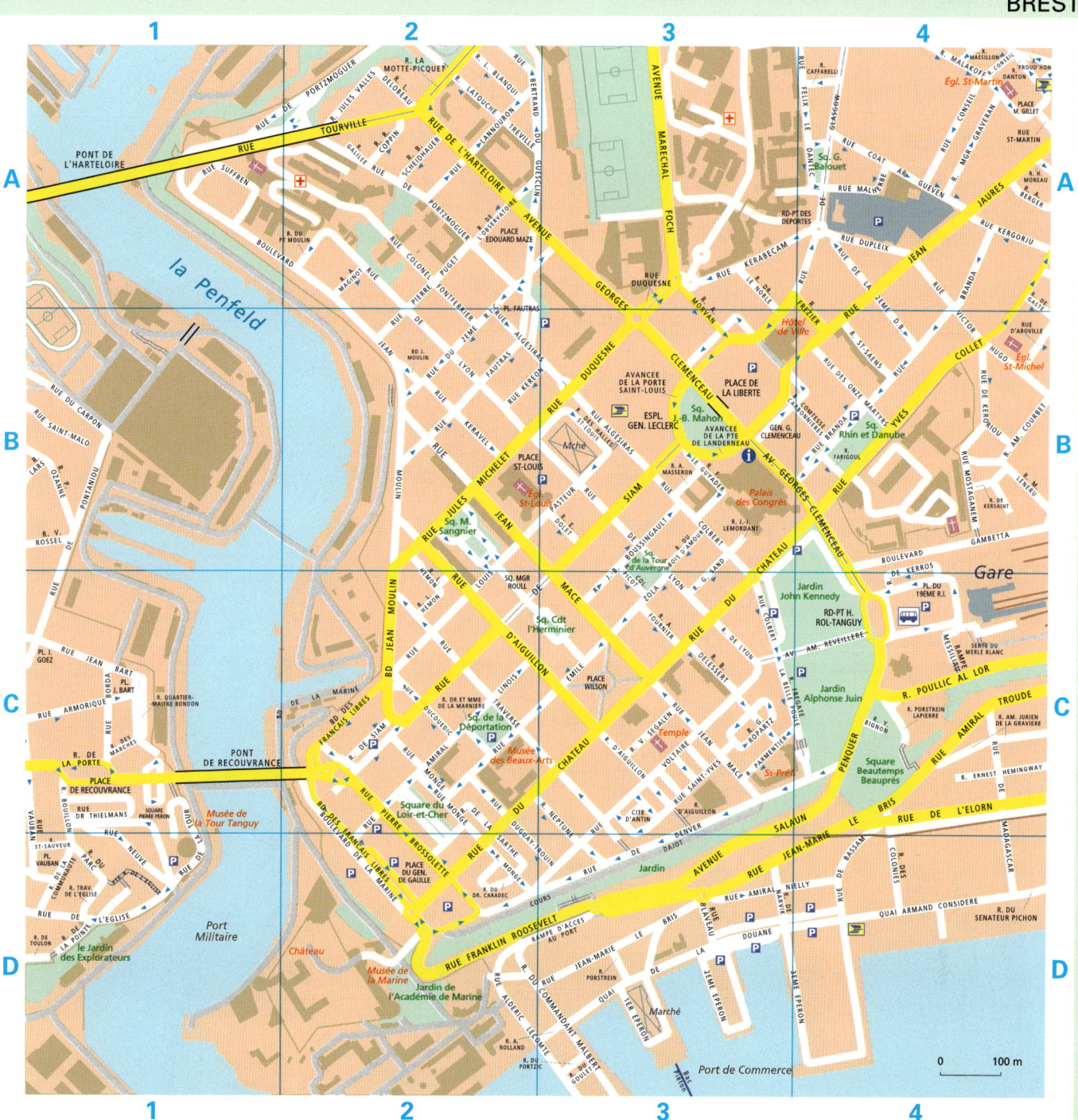

ABOVILLE (Rue d')	B4	DOCTEUR LE NOBLE (Rue)	A3-B3	KEROIOU (Rue de)	B4	QUARTIER MAITRE BONDON (Rue)	C1
ACCES AU PORT (Rampe d')	D2-D3	DOCTEUR THIELMANS (Rue)	C1	KERROS (Rue de)	B4-C4	RECOUVRANCE (Place de)	C1
AIGUILLON (Rue d')	B2-C2	DOUANE (Quai de la)	D3-D4	KERSAINT (Rue de)	B4	RECOUVRANCE (Pont de)	C2
ALAIN FOURNIER (Rue)	C3	DUCOUEDIC (Rue)	C4	LANNOURON (Rue)	A2	REMY COPPIN (Rue)	A2
ALBERT ROLLAND (Rue)	B2-C3	DUGUAY-TROUIN (Rue)	C2-D3	LARS (Rue)	B1	REPUBLIQUE (Rue de la)	B4
ALDERIC LECOMTE (Rue)	D2-D3	DUPLEIX (Rue)	A4	LATOUCHE TREVILLE (Rue)	A2-B2	SAINT-LOUIS (Place)	B3
ALEXANDRE MASSERON (Rue)	B3	DUQUESNE (Rue)	A2-A3	LIBERTE (Place de la)	B3	SAINT-MALO (Rue)	B1
ALGESIRAS (Rue)	B2-B3	EDOUARD MAZE (Place)	A2	LOIR ET CHER (Square du)	C2-D2	SAINT-MARTIN (Rue)	A4
AMIRAL COURBET (Rue)	B4	EGLISE (Petite rue de l')	D1	LOUIS BLANQUI (Rue)	A2	SAINT-SAENS (Rue)	B4
AMIRAL JURIEN DE LA GRAVIERE (Rue)	C4	EGLISE (Rue de l')	D1	LOUIS DELOBEAU (Rue)	A2	SAINT-SAUVEUR (Rue)	C1
AMIRAL LINOIS (Rue)	C4	ELORN (Rue de l')		LOUIS HEMON (Rue)	B2-C2	SAINT-YVES (Rue)	C3
AMIRAL NIELLY (Rue)	D3-D4	EMILE ZOLA (Rue)	C2-C3	LOUIS PASTEUR (Rue)	C2-B3	SALAUN PENQUER (Avenue)	D3-C4
AMIRAL REVEILLERE (Avenue)	C3-C4	ERNEST HEMINGWAY (Rue)	C4	LYON (Rue de)	A2-C3	SARTHE (Rue de la)	C2-D2
AMIRAL RONARC'H (Rue)	A4	ETIENNE DOLET (Rue)	B3	MADAGASCAR (Rue de)	C4-D4	SENATEUR PICHON (Rue)	D4
AMIRAL TROUDE (Rue)	B3	FARIGOUL (Rue)	B4	MALAKOFF (Rue)	A4	SIAM (Rue de)	C2-B3
ANDRE BERGER (Rue)	B2	FAUTRAS (Place)	A2-B2	MAI HERBE (Rue)	A4	SUFFREN (Rue)	A1
ANDRE MAGINOT (Rue)	A4	FAUTRAS (Rue)	B2	MARCHES (Rue des)	C1	TOULON (Rue de)	C1
ANTIN (Cité d')	C3-D3	FELIX LE DANTEC (Rue)	A4	MARECHAL FOCH (Avenue)	A3	TOUR (Rue de la)	C1-D1
ARMAND CONSIDERE (Quai)	D4	FRANCAIS LIBRES (Rue des)	C2-D2	MARENGO (Rue)	A1	TOURVILLE (Rue)	A1-A2
ARMORIQUE (Rue)	C1	FRANKLIN ROOSEVELT (Rue)	D2-D3	MARIE LENERU (Rue)	B4	TRAVERSE (Rue)	C2-D3
AUGUSTIN MORVAN (Rue)	A3-B3	FREDERIC LE GUYADER (Rue)	D1	MARINE (Boulevard de la)	C1-D2	TRAVERSE DE L'EGLISE (Rue)	D1
BAC PIETON	C4	FREGATE LA BELLE POULE (Rue)	C3-C4	MASSILLON (Rue)	A4	3EME EPERON	D3-D4
BASSAM (Rue de)	C4-D4	FREZIER (Rue)	B3-B4	MAURICE GILLET (Place)	A4	VAUBAN (Rue)	C1
BENJAMIN DELESSERT (Rue)	C3	GALILEE (Rue)	A2	MERLE BLANC (Sente du)	C4	VAUBAN (Rue)	C1-D1
BERNARD SCHEIDHAUER (Rue)	A2	GAMBETTA (Boulevard)	B4	MESSILIAU (Rampe)	C4	VICTOR HUGO (Rue)	A4-B4
BERTRAND DU GUESCLIN (Rue)	A2	GASTE (Rue de)		MONGE (Rue)	C2-D2	VICTOR ROSSEL (Rue)	B1
BLAVEAU (Rue)	B3	GENERAL DE GAULLE (Place du)	D2	MONSEIGNEUR GRAVERAN (Rue)	C3	VICTOR SEGALEN (Rue)	C3
BOIS D'AMOUR (Rue du)	B3	GENERAL GEORGES CLEMENCEAU	B3	MONSEIGNEUR ROULL (Square)	B2-C2	VOLTAIRE (Rue)	D2-C3
BORDA (Rue)	C1	GENERAL LECLERC (Esplanade)	B3	MOSTAGANEM (Rue)	B4	WILSON (Place)	C3
BOUILLON (Rue)	C4	GEORGE SAND (Rue)	B3-C3	MOTTE PICQUET (Rue la)	A2	YVES BIGNON (Rue)	C4
BRANDA (Rue)	A4-B4	GEORGES CLEMENCEAU (Avenue)	A2-C4	NARVIK (Rue de)	B4	YVES COLLET (Rue)	A4-B4
CAFFARELLI (Rue)	A4	GLASGOW (Rue de)	A3-A4	NEPTUNE (Rue)	C2-D3		
CARPON (Rue de)	A4	GOULET (Rue du)	C4	NEUVE (Rue)	C1-D1		
CHATEAU (Rue du)	D2-B4	GUY ROPARTZ (Rue)	C3	OBSERVATOIRE (Rue de)	A4		
COAT AR GUEVEN (Rue)	B4	HALLES SAINT-LOUIS (Rue des)	B2-B3	11 MARTYRS (Rue des)	B4		
COLBERT (Rue)	B3-C3	HARTELOIRE (Pont de l')	A1	PARC (Rue du)	D1		
COLONEL FONTFERRIER (Rue)	A4-B2	HARTELOIRE (Rue de l')	A2	PARMENTIER (Rue)	C3-C4		
COLONEL PICOT (Rue)	B3-C1	HENRI MOREAU (Rue)	A4	PETIT MOULIN (Rue du)	A2		
COLONIES (Rue des)	C4-C2	HENRI ROL-TANGUY (Rond-point)	C4	PIERRE BROSSOLETTE (Rue)	C2-D2		
COMMANDANT MALBERT (Rue du)	D2-D3	JEAN BART (Place)	C1	PIERRE OZANNE (Rue)	B1		
COMMUNAUTE (Rue de la)	D1	JEAN BART (Rue)	C1	PIERRE PERON (Square)	C1		
COMTESSE CARBONNIERES (Rue)	B3-B4	JEAN JAURES (Rue)	B3-A4	PIERRE PUGET (Rue)	A2-B2		
CONSEIL (Rue)	A4	JEAN MACE (Rue)	C2	POINTE (Rue de la)	B1-D1		
DAJOT (Cours)	D2-C3	JEAN MOULIN (Boulevard)	A1-C2	PONTANIOU (Rue de)	C1		
DANTON (Rue)	A4	JEAN-BAPTISTE BOUSSINGAULT		PORSTREIN (Rue de)	D3		
DENVER (Rue de)	D2-C4	(Rue)	B3-C3	PORSTREIN LAPIERRE (Rue)	C3		
DEPORTES (Rond-point des)	A3	JEAN-JULIEN LEMORDAN (Rue)	B3	PORTE (Rue de la)	C1		
2EME D.B. (Rue de la)	C3-C4	JEAN-MARIE LE BRIS (Rue)	D3-C4	PORTE DE LANDERNEAU			
2EME EPERON	D3	JOSEPH GOEZ (Place)	C1	(Avancée de la)	B3		
2EME R.I.C. (Rue du)	B2-A3	JULES MICHELET (Rue)	B2	PORTE SAINT-LOUIS (Avancée de la)	B3		
19EME R.I. (Place du)	D3	JULES VALLES (Rue)	A2	PORTZIC (Rue)	B3		
DOCTEUR CARADEC (Rue)	C2	KERABECAM (Rue)	A3-A4	PORTZMOGUER (Rue de)	A1-A2		
DOCTEUR ET MADAME DE LA MARNIERE (Rue)	C2	KERAVEL (Rue)	B2-B3	POULLIC AL LOR (Rue)	C4		
		KEREON (Rue)	B2-B3	1ER EPERON	D3		
		KERGORJU (Rue)	A4	PROUD'HON (Rue)	A4		

225

CAEN

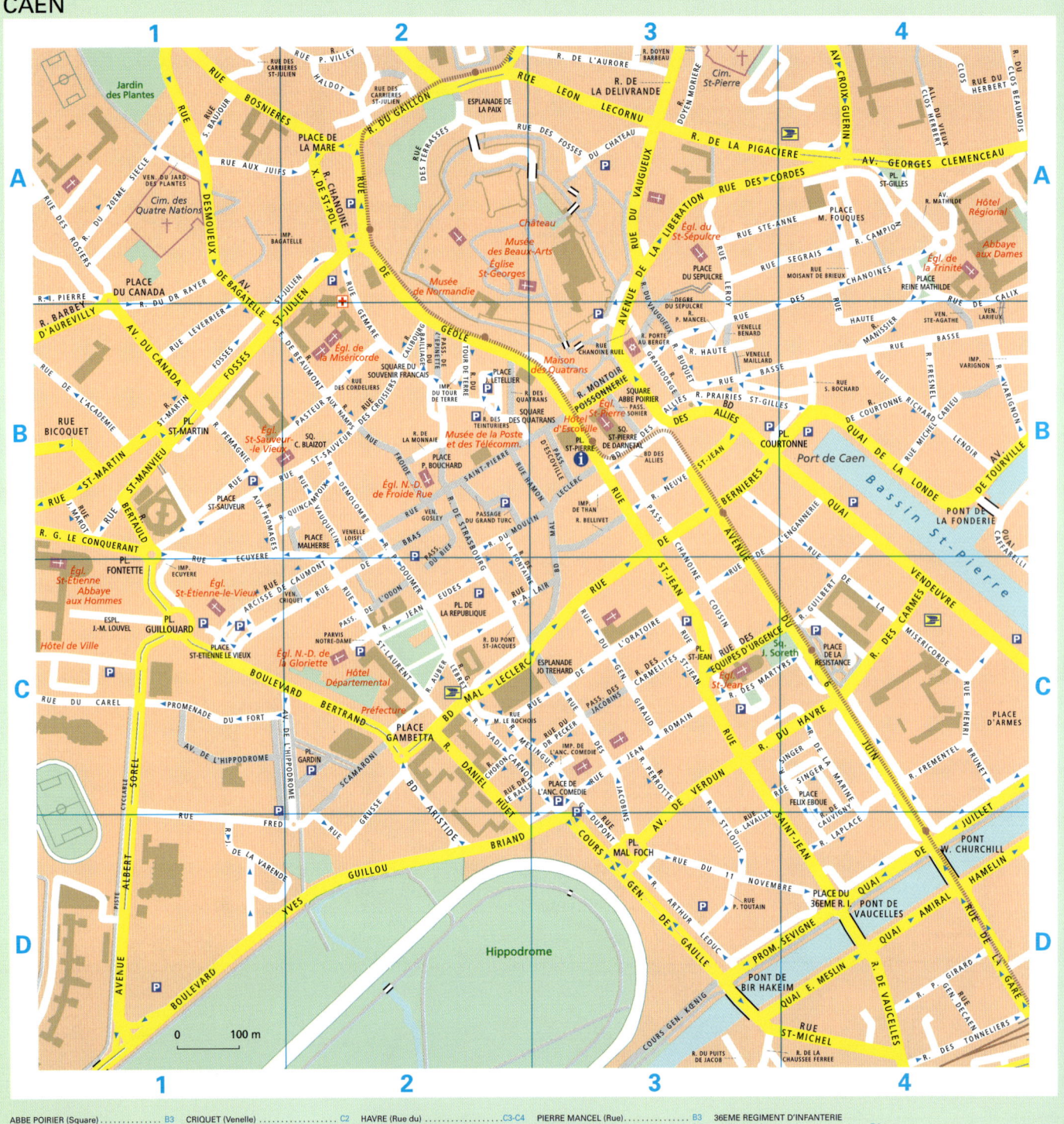

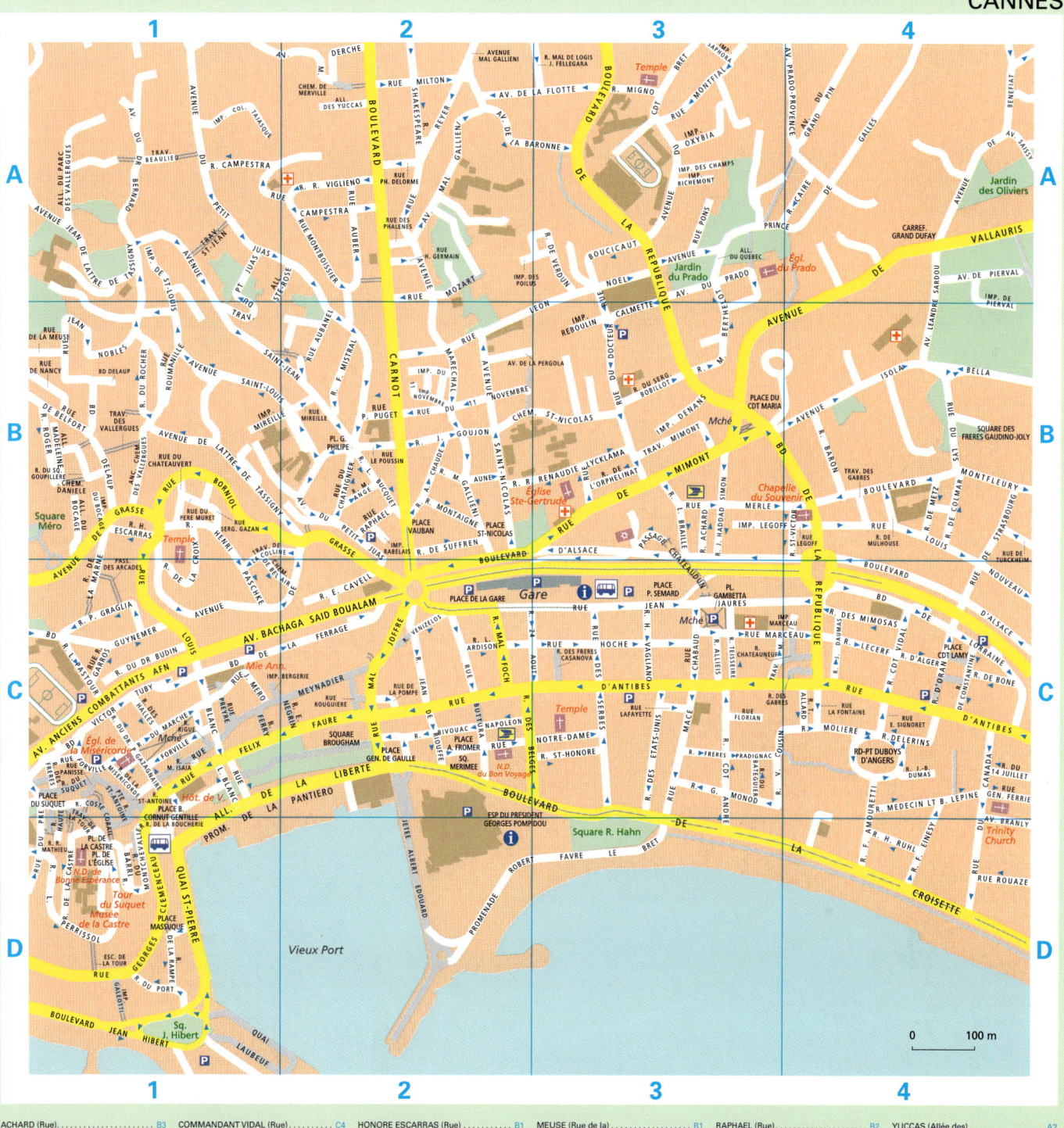

CANNES

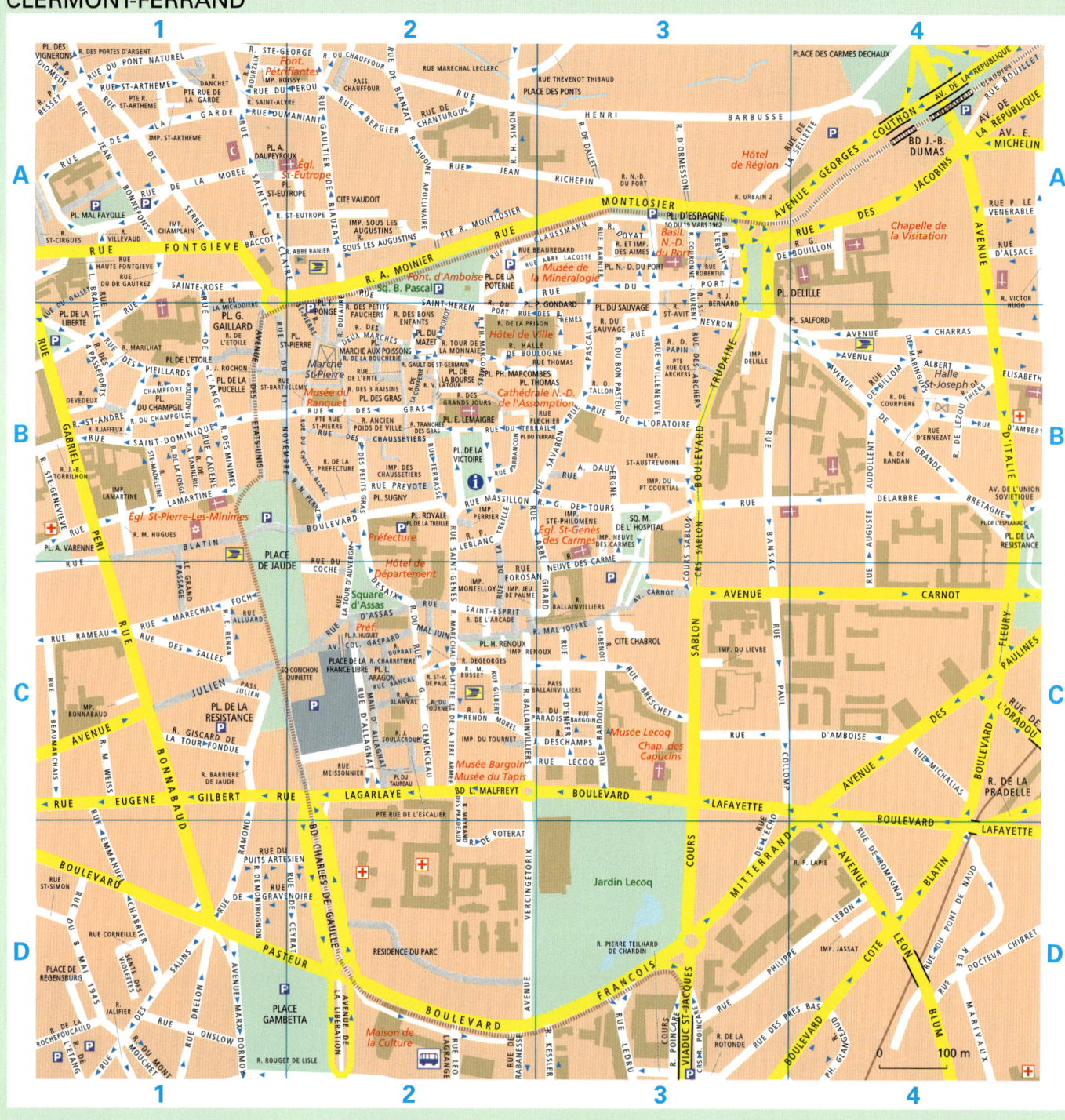

DIJON

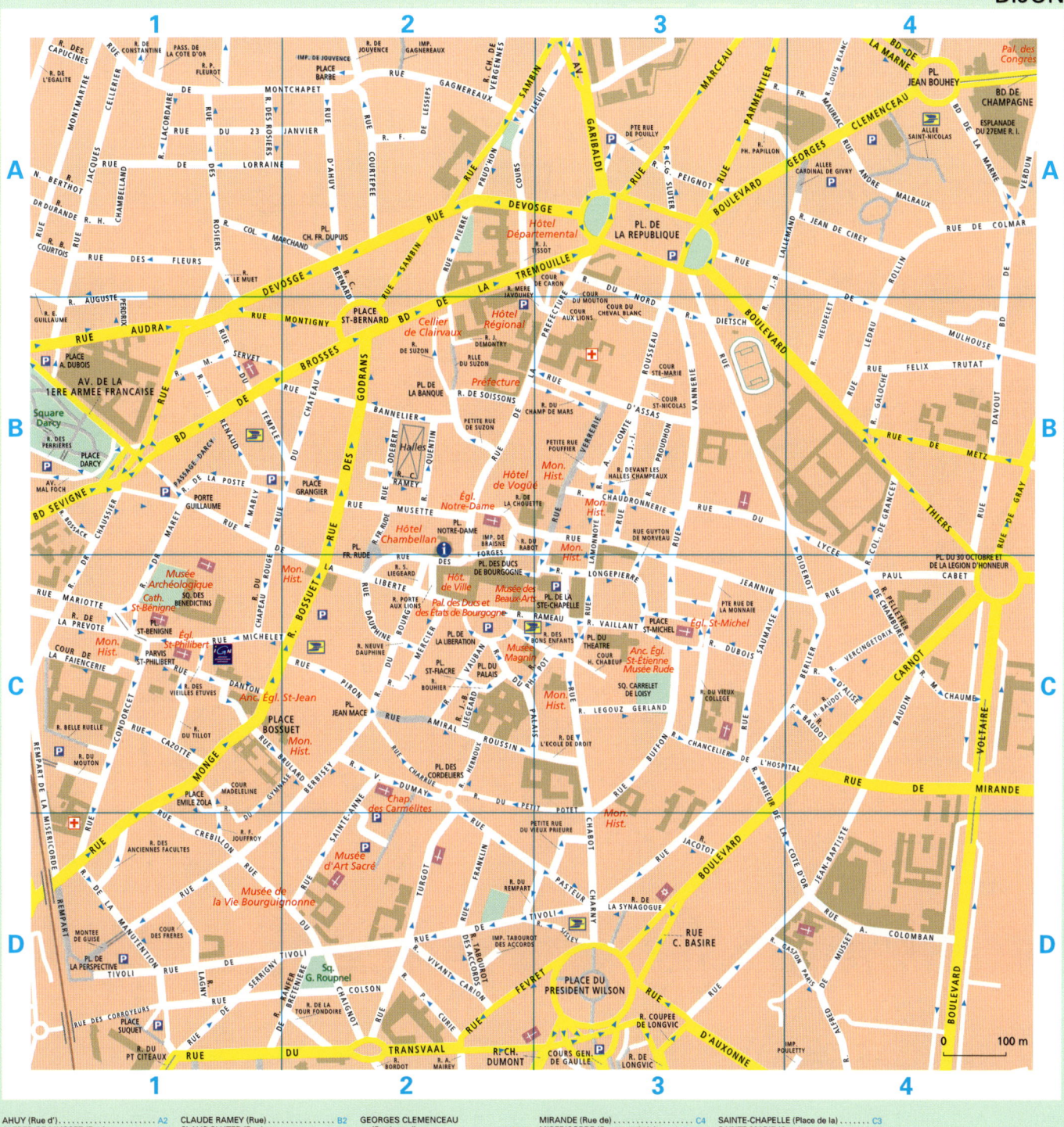

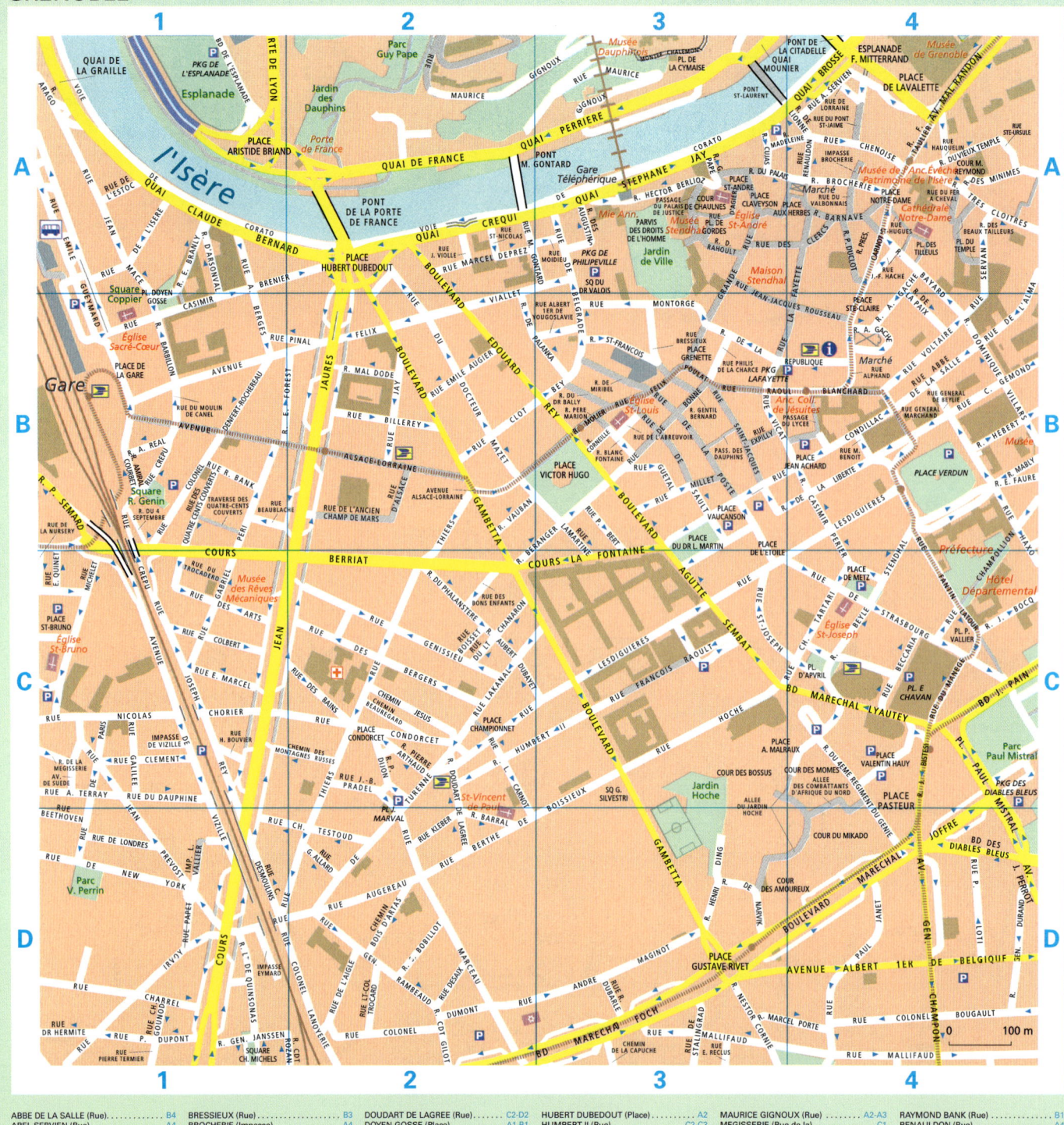

LA ROCHELLE

LILLE

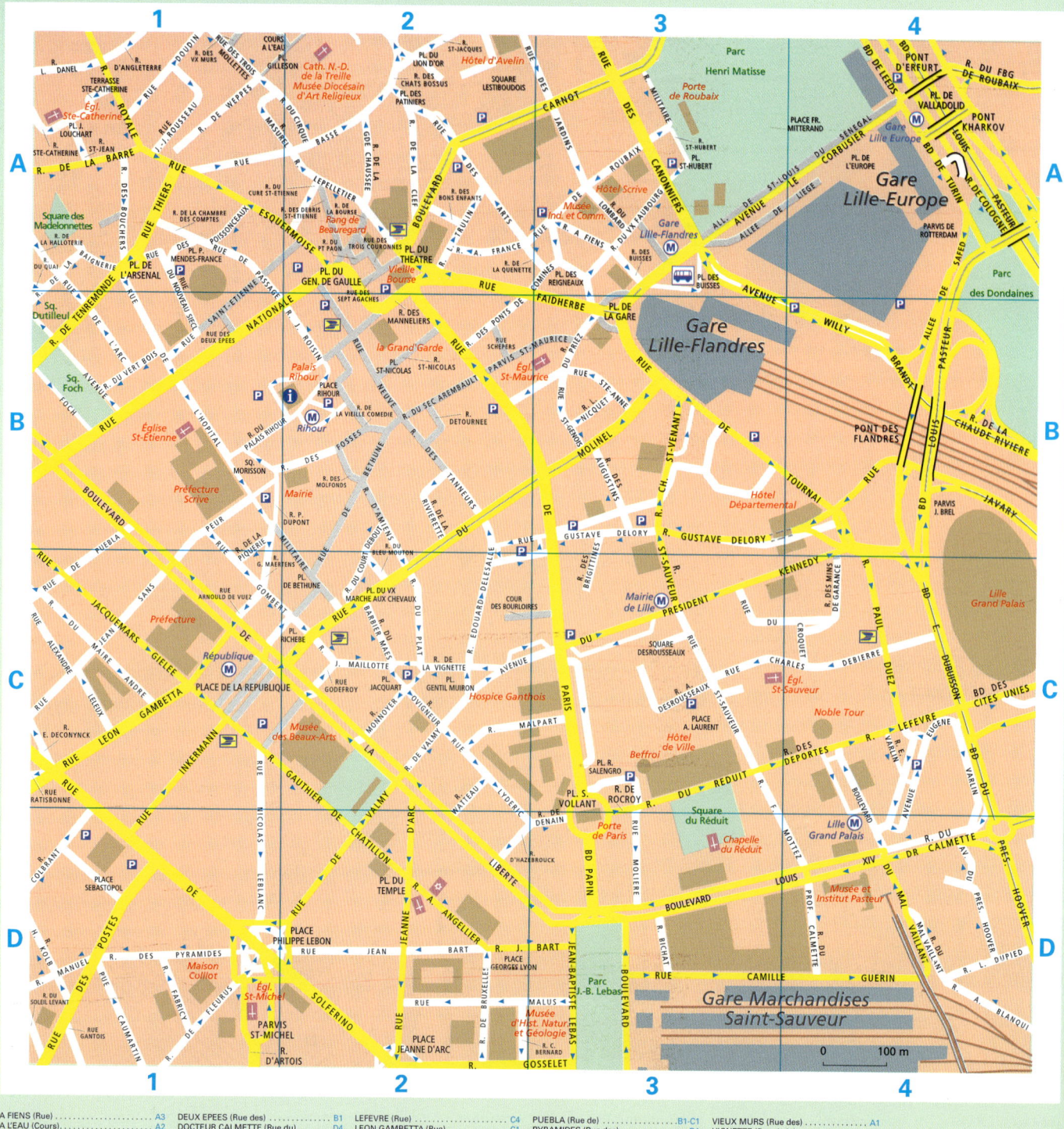

MARSEILLE

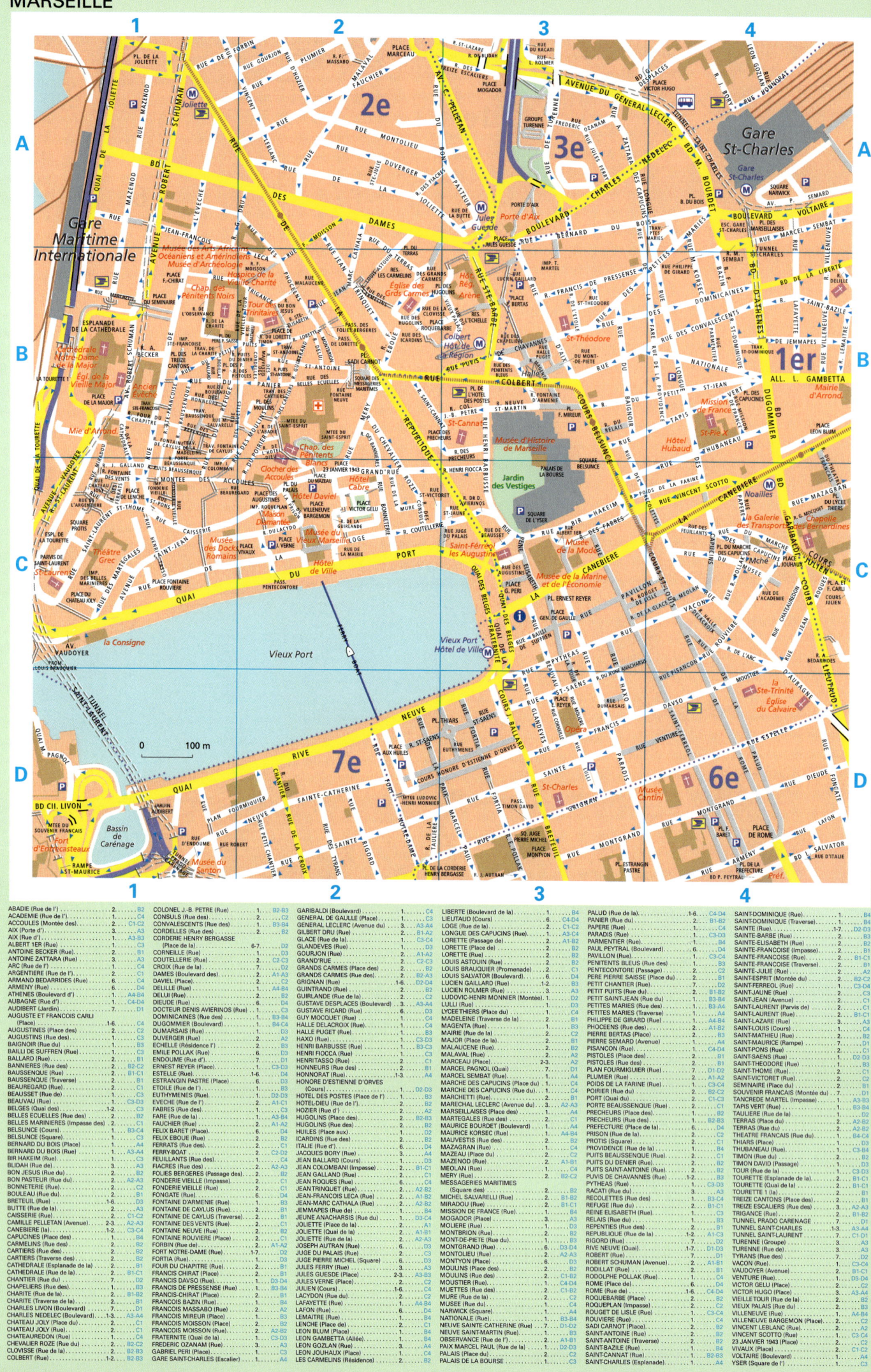

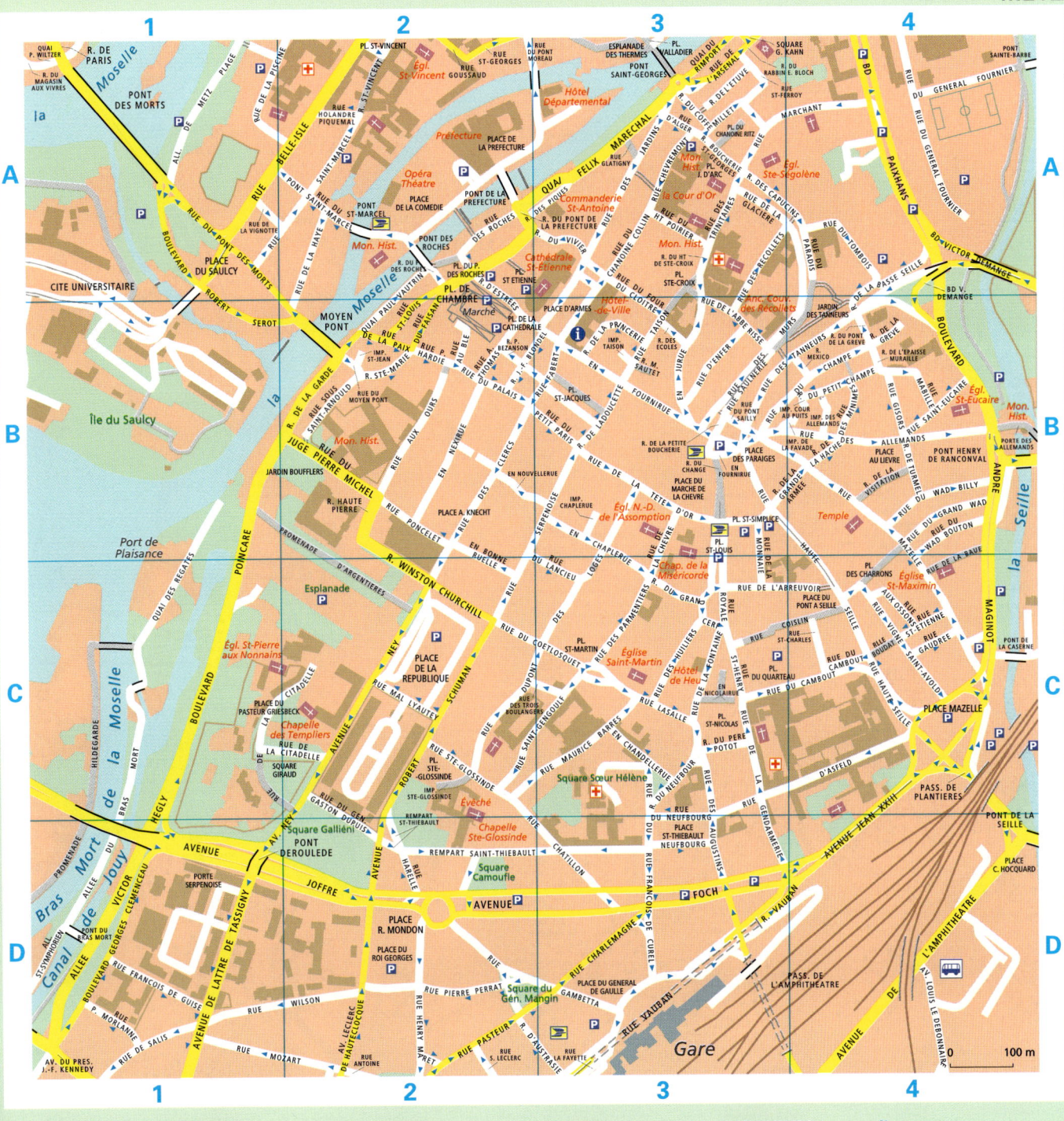

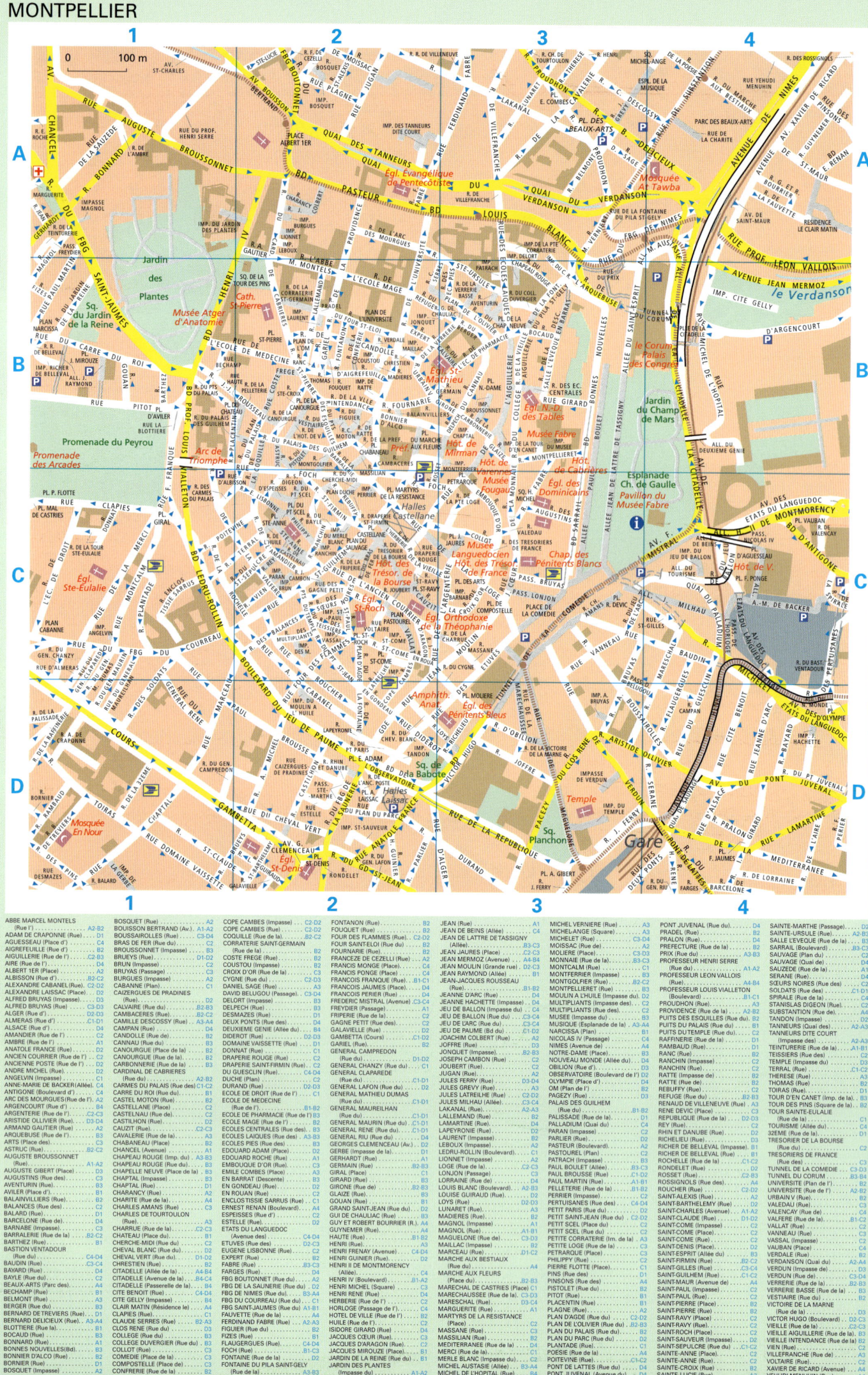

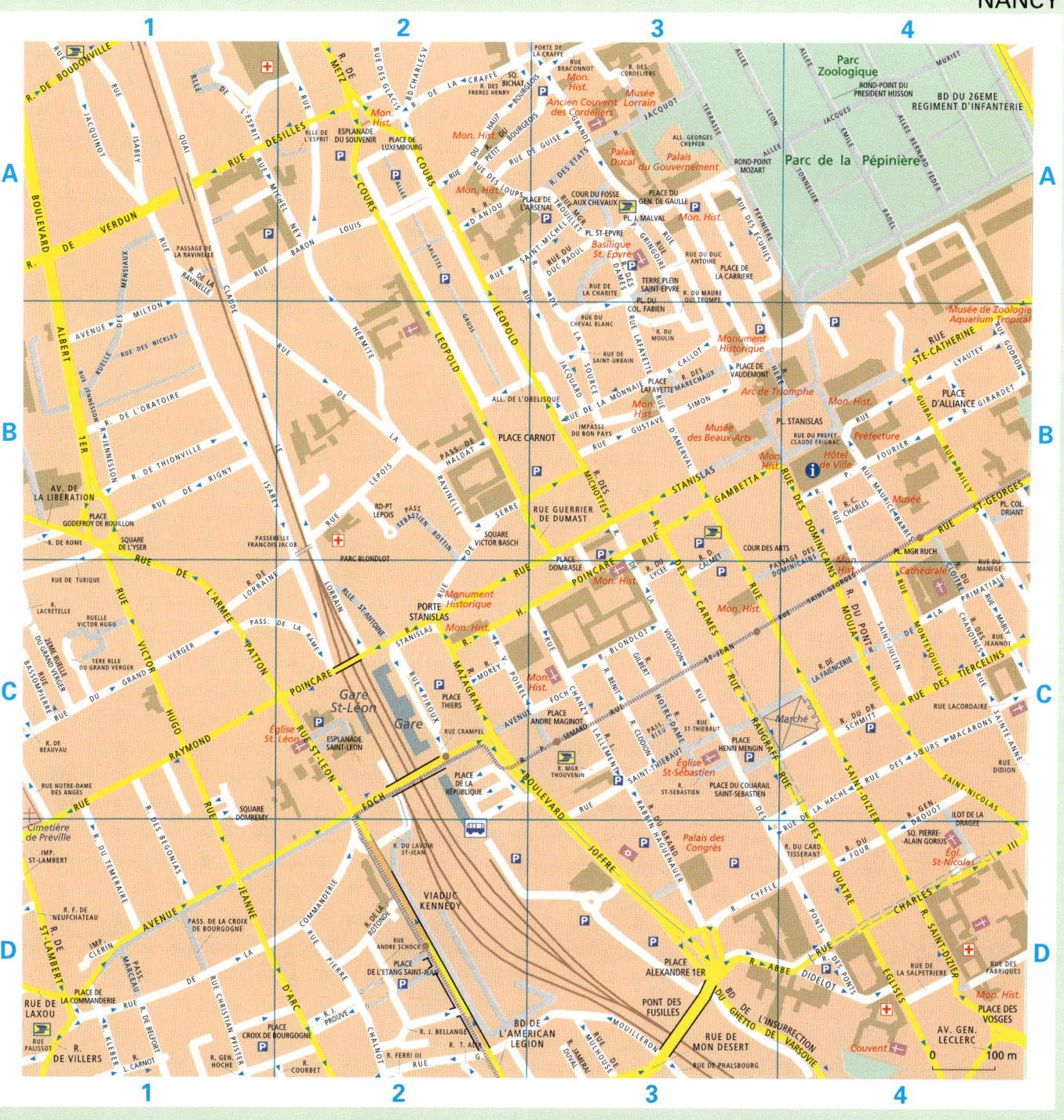

NANCY

237

ABBE DIDELOT (Rue)	D3-D4
ACQUES MURIET (Allée)	A4
ALBERT 1ER (Boulevard)	A1-B1
ALEXANDRE 1ER (Place)	D3
ALLIANCE (Place d')	B4
AMERICAN LEGION (Boulevard de l')	D2
AMERVAL (Rue d')	B3
ANDRE MAGINOT (Place)	C3
ANDRE SCHOCK (Rue)	D2
ARLETTE GRUSS (Allée)	A2-B2
ARMEE PATTON (Rue de l')	B1-C2
ARSENAL (Place de l')	A2-A3
ARTS (Cours des)	C3-C4
BAILLY (Rue)	B4
BARON LOUIS (Rue)	A1-A2
BASSOMPIERRE (Rue)	C1
BEAULIEU (Rue de)	C1
BEGONIAS (Rue des)	C1 D1
BENIT (Rue)	B3
BERNARD FEDER (Allée)	A4
BICHAT (Square)	A2
BLEU (Passage)	A3
BLONDLOT (Parc)	B2
BLONDLOT (Rue)	B2
BON PAYS (Impasse du)	B3
BOUDONVILLE (Rue de)	A1
BRACONNOT (Rue)	A3
CALLOT (Rue)	B3
CARDINAL TISSERANT (Rue du)	D4
CARMES (Rue des)	B3-C3
CARNOT (Place)	B2-B3
CARRIERE (Place de la)	A3-B4
CHANOINES (Rue des)	C4
CHANZY (Rue)	B3
CHARITE (Rue de la)	A3
CHARLES III (Rue)	D4
CHARLES V (Boulevard)	D4
CHARITE CHARLES (Rue)	B4
CHEVAL BLANC (Rue du)	B3
CHRISTIAN PFISTER (Rue)	D4
CLAUDE CHARLES (Rue)	B4
CLAUDE LE LORRAIN (Quai)	A1-C2
CLERIN (Impasse)	C1
CLODION (Rue)	C3
CLOITRE (Rue du)	B4-C4
COLONEL DRIANT (Place)	B4
COLONEL FABIEN (Place)	A3-B3
COMMANDERIE (Place de la)	C1
COMMANDERIE (Rue de la)	D1-C2
CORDELIERS (Rue des)	A3
COUARAIL SAINT-SEBASTIEN (Place du)	C3
COURBET (Rue)	D1
CRAFFE (Porte de la)	A2-A3
CRAFFE (Rue de la)	A2
CRAMPEL (Rue)	C2
CROIX DE BOURGOGNE (Passage de la)	D1
CROIX DE BOURGOGNE (Place)	D1-D2
CYFFLE (Rue)	D3-D4
DAMES (Rue des)	A3
DESILLES (Rue)	A1-A2
2EME RUELLE DU GRAND VERGER	C1
DIDION (Rue)	C4
DOCTEUR SCHMITT (Rue du)	C4
DOMBASLE (Place)	B3-C3
DOMINICAINS (Passage des)	C3-B4
DOMINICAINS (Rue des)	B4-C4
DOMINIQUE CALMET (Rue)	B3-C3
DOMREMY (Square)	C1
DRAGEE (Ilot de la)	C1
DUC ANTOINE (Rue du)	A3
DUC RAOUL (Rue du)	A3
ECURIES (Rue des)	A3
EMILE BADEL (Allée)	B1
ESPRIT (Ruelle de l')	A1-A2
ETANG SAINT-JEAN (Place de l')	D2
ETATS (Rue des)	A3
FABRIQUES (Rue des)	D4
FAIENCERIE (Rue de la)	C4
FERRI III (Rue)	D2
FOCH (Avenue)	D1-C3
FOSSE AUX CHEVAUX (Cour du)	A3
FOUR (Rue du)	C4
FRANCOIS DE NEUFCHATEAU (Rue)	C1
FRANCOIS JACOB (Passage)	B2
FRERES HENRY (Rue)	A2
FUSILLES (Pont des)	D3
GABRIEL MOUILLERON (Rue)	D2-D3
GAMBETTA (Rue)	B3-B4
GENERAL DE GAULLE (Place du)	A3
GENERAL DROUOT (Rue)	C4-D4
GENERAL HOCHE (Rue)	D1
GENERAL LECLERC (Avenue)	D4
GEORGES CHEPFER (Allée)	A3
GILBERT (Rue)	B3
GIRARDET (Rue)	B4
GLACIS (Rue des)	A2
GODEFROY DE BOUILLON (Place)	B1
GODRON (Rue)	C3
GRAND RABBIN HAGUENAUER (Rue du)	C3-D3
GRAND VERGER (1ERE ruelle du)	C1
GRAND VERGER (Rue du)	C1
GRANDE RUE	A3
GUERRIER DE DUMAST (Rue)	B2-B3
GUIBAL (Rue)	B4
GUISE (Rue de)	A3
GUSTAVE SIMON (Rue)	B3
HACHE (Rue de la)	D3-C4
HALDAT (Passage de)	B2
HAUT BOURGEOIS (Rue du)	A2-A3
HENRI MENGIN (Place)	C3
HENRI POINCARE (Rue)	C2-B3
HERE (Rue)	B3-B4
HERMITE (Rue)	A2-B2
INSURRECTION DU GHETTO DE VARSOVIE (Boulevard de l')	C3-D3
ISABEY (Rue)	A1-C2
JACQUARD (Rue)	A2-B3
JACQUES BELLANGE (Rue)	D2
JACQUES MURIET (Allée)	A3-A4
JACQUINOT (Rue)	A3
JACQUOT (Rue)	A3
JAMERAI DUVAL (Rue)	C2
JEAN PROUVE (Rue)	D2
JEANNE D'ARC (Rue)	C1-D2
JEANNOT (Rue)	C1
JENNESSON (Rue)	B1
JOFFRE (Boulevard)	C2-D3
JOSEPH MALVAL (Place)	A3
KENNEDY (Viaduc)	C2-D2
KLEBER (Rue)	D1
LACORDAIRE (Rue)	C4
LACRETELLE (Rue)	B1
LAFAYETTE (Rue)	B3
LAFAYETTE (Place)	B3
LAVOIR SAINT-JEAN (Rue du)	D2
LAXOU (Rue de)	D1
LAZARE CARNOT (Rue)	D1
LEON TONNELIER (Allée)	A3-A4
LEOPOLD (Cours)	A2-B3
LEOPOLD LALLEMENT (Rue)	B2
LEPOIS (Rond-point)	B2
LEPOIS (Rue)	B2
LIBERATION (Avenue de la)	B1
LORRAINE (Rue de)	C1-C2
LOUPS (Rue des)	A2
LUXEMBOURG (Place de)	A2
LYAUTEY (Rue)	B4
LYCEE (Rue du)	B4
MABLY (Rue)	C3
MANEGE (Rue du)	B4-C4
MARCEAU (Passage)	D1
MARECHAUX (Rue des)	C3
MAURE QUI TROMPE (Rue du)	A3-B3
MAURICE BARRES (Rue)	B4
MAZAGRAN (Rue)	D1
MENSIAUX (Ruelle des)	A1-B1
METZ (Rue de)	A2
MICHEL NEY (Rue)	A1-A2
MICHOTTES (Rue des)	B3
MILTON (Avenue)	A1-B1
MON DESERT (Rue de)	D3
MONNAIE (Rue de la)	B3
MONSEIGNEUR RUCH (Place)	B4
MONSEIGNEUR THOUVENIN (Rue)	C3
MONSEIGNEUR TROUILLET (Rue)	A3
MONTESQUIEU (Rue)	B4-C4
MOREY (Rue)	C2
MOULIN (Rue du)	A3
MOZART (Rond-point)	A3
MULHOUSE (Rue de)	D3
NICKLES (Rue des)	A2
NOTRE-DAME (Rue)	C3
NOTRE-DAME DES ANGES (Rue)	D1
OBELISQUE (Allée de l')	B2-B3
ORATOIRE (Rue de l')	B1
PALISSOT (Rue)	B3
PEPINIERE (Terrasse)	A3-B4
PETIT BOURGEOIS (Rue du)	A2-A3
PHALSBOURG (Rue de)	D4
PIERRE CHALNOT (Rue)	D2
PIERRE FOURIER (Rue)	A3
PIERRE GRINGOIRE (Rue)	B3
PIERRE SEMARD (Rue)	C2-C3
PIERRE-ALAIN GORIUS (Square)	C3
PIROUX (Rue)	C2
PONT MOUJA (Rue du)	C3
PONTS (Rue des)	C3-D3
PREFET CLAUDE ERIGNAC (Rue du)	B4
PRESIDENT HUSSON (Rond-point du)	A4
PRIMATIALE (Rue de la)	C4
QUATRE EGLISES (Rue des)	C3-D4
RAME (Passage de la)	C1-C2
RAUGRAFF (Rue)	B3
RAVINELLE (Passage de la)	B2
RAVINELLE (Rue de la)	A1-B2
RAYMOND POINCARE (Rue)	D1-C2
RENE DANJOU (Rue)	B3
REPUBLIQUE (Place de la)	A2
RIGNY (Rue de)	B1
ROME (Rue de)	B1
ROTONDE (Rue de la)	D2
SAINT-ANTOINE (Ruelle)	C3
SAINT-DIZIER (Rue)	B3-D4
SAINT-EPVRE (Place)	A3
SAINT-EPVRE (Terre-plein)	A3
SAINT-GEORGES (Rue)	C3-B4
SAINT-JEAN (Rue)	D1
SAINT-JULIEN (Rue)	B4-C4
SAINT-LAMBERT (Impasse)	D1
SAINT-LAMBERT (Rue de)	D1
SAINT-LEON (Esplanade)	C2
SAINT-LEON (Rue)	C2
SAINT-MICHEL (Rue)	A3
SAINT-NICOLAS (Rue)	C4-D4
SAINT-SEBASTIEN (Rue)	C3
SAINT-THIEBAUT (Rue)	C3
SAINT-URBAIN (Rue)	B3
SAINTE-ANNE (Rue)	C4
SAINTE-CATHERINE (Rue)	B4
SALPETRIERE (Rue de la)	D4
SEBASTIEN BOTTIN (Passage de la)	B2-C2
SERRE (Rue de)	B2-C2
SOEURS MACARONS (Rue des)	C4
SOURCE (Rue de la)	A3-B3
SOUVENIR (Esplanade du)	A2
STANISLAS (Place)	B4
STANISLAS (Porte)	B2
STANISLAS (Rue)	C2-B3
TEMERAIRE (Rue du)	C1-D1
THIERRY ALIX (Rue)	D2
THIERS (Place)	C2
THIONVILLE (Rue de)	B1
TIERCELINS (Rue des)	C4
TURIQUE (Rue de)	B1-C1
VAUDEMONT (Place de)	B3
VERDUN (Rue de)	A1
VICTOR BASCH (Square)	B2
VICTOR HUGO (Rue)	B1-C1
VICTOR HUGO (Ruelle)	B1
VICTOR POIREL (Rue)	C2-C3
VILLERS (Rue de)	D1
26EME REGIMENT D'INFANTERIE (Boulevard du)	A4
VISITATION (Rue de la)	B3-C3
VOSGES (Place des)	D4
YSER (Square de l')	B1

NÎMES

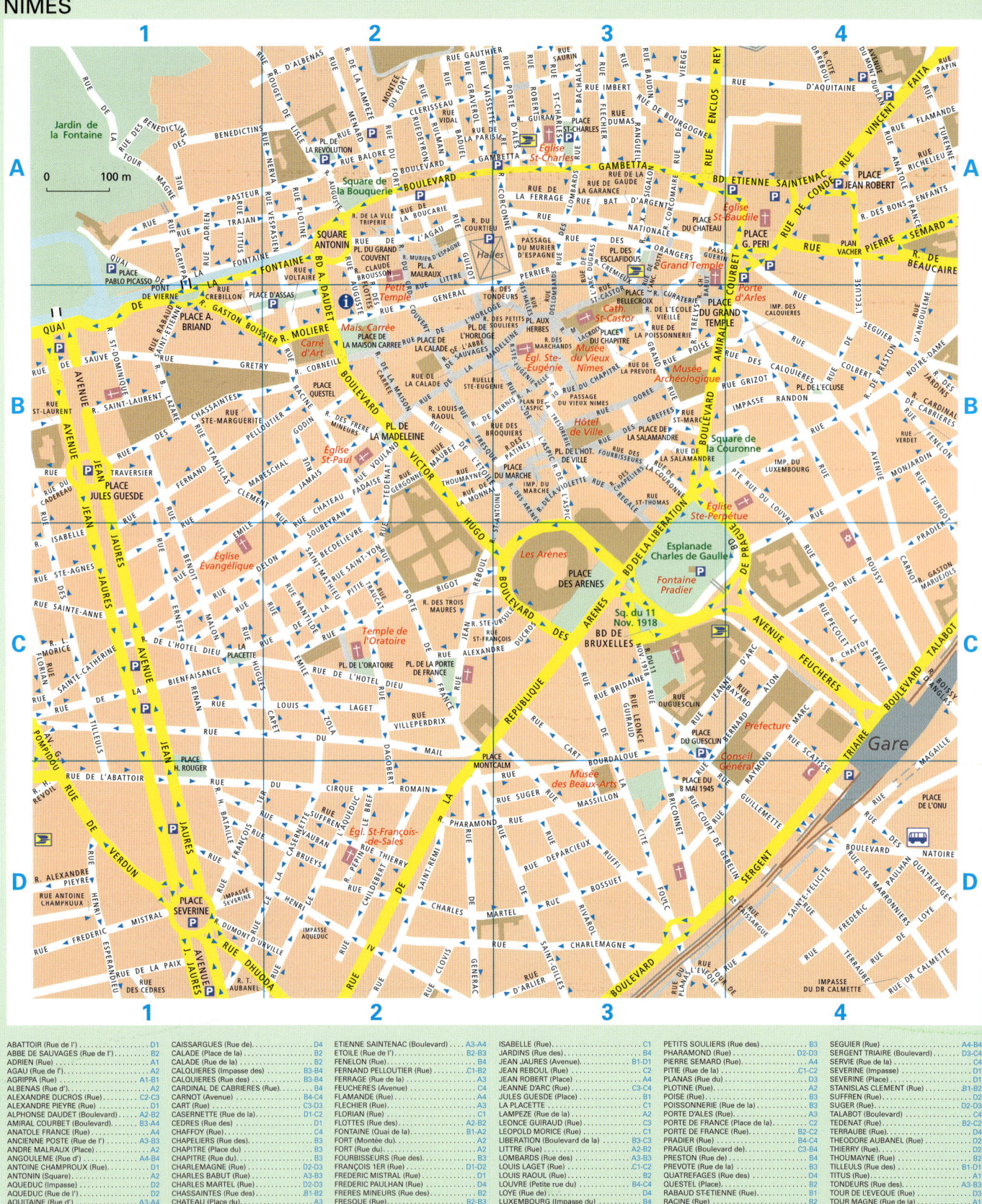

POITIERS

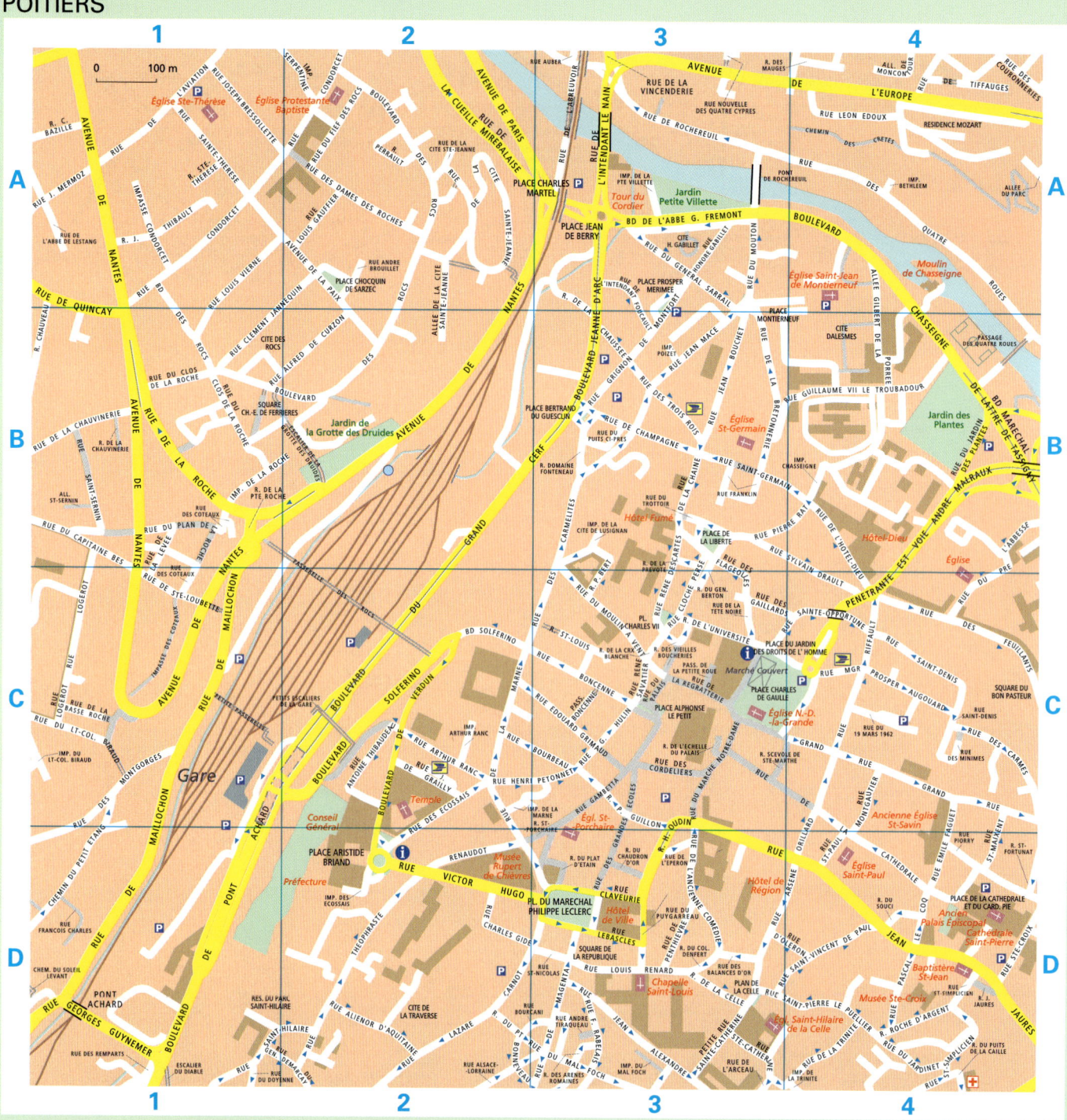

ABBE DE LESTANG (Rue de l')	A1
ABBE GEORGES FREMONT (Rue de l')	A3
ABREUVOIR (Rue de l')	A3
ACHARD (Pont)	D1
ALFRED DE CURZON (Rue)	B1-B2
ALIENOR D'AQUITAINE (Rue)	D2
ALPHONSE LE PETIT (Place)	C3
ALSACE-LORRAINE (Rue)	D2-D3
ANCIENNE COMEDIE (Rue de l')	C3-C3
ANDRE BROUILLET (Rue)	A2
ANDRE TIRAQUEAU (Rue)	D3
ANTOINE THIBAUDEAU (Rue)	C2
ARCEAU (Rue de l')	D3
ARENES ROMAINES (Rue des)	D3
ARISTIDE BRIAND (Place)	C2
ARSENE ORILLARD (Rue)	D3-C4
ARTHUR RANC (Impasse)	C3
ARTHUR RANC (Rue)	C3
AUBER (Rue)	A3
AVIATION (Rue de l')	A1
BALANCES D'OR (Rue des)	C3
BASSE ROCHE (Rue de la)	C1
BERTRAND DU GUESCLIN (Place)	B3
BETHLEEM (Impasse)	A4
BON PASTEUR (Square du)	C4
BONCENNE (Passage)	C3
BONCENNE (Rue)	C2-C3
BOURBEAU (Rue)	C3
BOURCANI (Rue)	D2-C3
BRETONNERIE (Rue de la)	C3
CAMILLE BAZILLE (Rue)	A1
CAPITAINE BES (Rue du)	B1-C1
CARMELITES (Rue des)	C2-B3
CARMES (Rue des)	C4
CATHEDRALE (Rue)	C3-D4
CATHEDRALE ET DU CARDINAL PIE (Place de la)	D4
CELLE (Plan de la)	D3
CELLE (Rue de la)	D3
CHAINE (Rue de la)	B3
CHAMPAGNE (Rue de)	C2
CHARLES DE GAULLE (Place)	C3
CHARLES GIDE (Rue)	D2-D3
CHARLES MARTEL (Place)	A3
CHARLES VII (Place)	C3
CHARLES-ELIE DE FERRIERES (Square)	B1-B2
CHASSEIGNE (Boulevard)	A3-B4
CHAUDRON D'OR (Rue du)	C3
CHAUSSEE (Rue de la)	A3-B3
CHAUVEAU (Rue)	C2
CHAUVINERIE (Rue de la)	B1
CHOCQUIN DE SARZAC (Place)	A2
CITE DE LUSIGNAN (Rue de la)	B3
CITE SAINTE-JEANNE (Allée de la)	A2-B2
CITE SAINTE-JEANNE (Rue de la)	A2
CLAVEURIER (Rue)	C3
CLEMENT JANNEQUIN (Rue)	B1-A2
CLOCHE PERSE (Rue)	B3-C3
CLOS DE LA ROCHE (Rue du)	B1
COLONEL DENFERT (Rue du)	C3
CONDORCET (Impasse)	A1
CONDORCET (Rue)	A1-A2
CORDELIERS (Rue des)	C3
COTEAUX (Impasse des)	C1
COTEAUX (Rue des)	C1
COURONNERIES (Rue des)	A4
CRETES (Chemin des)	A4
CROIX BLANCHE (Rue de la)	B3
CUEILLE MIREBALAISE (Rue)	A2-A3
DALESMES (Cité)	A3
DAMES DES ROCHES (Rue des)	A2
DIABLE (Escalier du)	D1
19 MARS 1962 (Rue du)	C4
DOMAINE FONTENEAU (Rue)	B3
DOYENNE (Rue de la)	D1
ECHELLE DU PALAIS (Rue de l')	C3
ECOSSAIS (Impasse des)	C2
ECOSSAIS (Rue des)	C2-D2
EDOUARD GRIMAUD (Rue)	C2-C3
EMILE FAGUET (Rue)	C4-D4
EPERON (Rue de l')	D3
EUROPE (Avenue de l')	A3-A4
FEUILLANTS (Rue des)	A3
FIEF DES ROCS (Rue du)	A2
FLAGEOLLES (Rue des)	B4
FRANCOIS CHARLES (Rue)	D1
FRANCOIS RABELAIS (Rue)	B3
FRANKLIN (Rue)	B3
GAILLARDS (Rue des)	B4
GAMBETTA (Rue)	C3
GASTON HULIN (Rue)	C3
GENERAL BERTON (Rue du)	B3
GENERAL DEMARCAY (Rue)	D1-D2
GENERAL SARRAIL (Rue du)	A3
GEORGES GUYNEMER (Rue)	D2
GILBERT DE LA PORREE (Allée)	A4-B4
GRAND CERF (Boulevard du)	C1-B3
GRAND RUE	C3
GRANDES ECOLES (Rue)	C4
GRIGNON DE MONTFORT (Rue)	A3
GROTTE DES DRUIDES (Escalier de la)	B2
GUILLAUME VII LE TROUBADOUR	B3
HENRI OUDIN (Rue)	B3-B4
HENRI PETONNET (Rue)	B2
HONORE GABILLET (Cité)	A3
HONORE GABILLET (Rue)	A3
HOTEL-DIEU (Rue)	B4-C4
INTENDANT FOUCAULT (Rue de l')	A3-B3
INTENDANT LE NAIN (Rue de l')	A3
JACQUES DE GRAILLY (Rue)	C2
JACQUES THIBAULT (Rue)	C2
JARDIN DES DROITS DE L'HOMME (Place de)	C3
JARDIN DES PLANTES (Rue du)	B4
JARDINET (Rue du)	D4
JEAN ALEXANDRE (Rue)	C3
JEAN BOUCHET (Rue)	B3
JEAN DE BERRY (Place)	A3
JEAN JAURES (Rue)	C4
JEAN MACE (Rue)	A3-B3
JEAN MERMOZ (Rue)	A1
JEANNE D'ARC (Boulevard)	A3-B3
JOSEPH BRESSOLETTE (Rue)	A1-A2
LAZARE CARNOT (Rue)	D2-D3
LEBASCLES (Rue)	C3
LEON EDOUX (Rue)	D3
LEON PERRAULT (Rue)	C3
LEVEE (Rue de la)	B1-C1
LIBERTE (Place de la)	B3
LIEUTENANT-COLONEL BIRAUD (Impasse du)	C1
LIEUTENANT-COLONEL BIRAUD (Rue du)	C1
LOGEROT (Rue)	B1-C1
LOUIS GAUFFIER (Rue)	D1
LOUIS RENARD (Rue)	D1
LOUIS VIERNE (Rue)	A1-B1
MAGENTA (Rue de)	A3
MAILLOCHON (Rue de)	B1-D1
MARCHE NOTRE-DAME (Rue du)	C3
MARECHAL DE LATTRE DE TASSIGNY (Boulevard)	A1-B1
MARECHAL FOCH (Impasse du)	B4
MARECHAL FOCH (Rue du)	D2-D3
MARECHAL PHILIPPE LECLERC (Place du)	C3
MARNE (Impasse de la)	C2
MARNE (Rue de la)	C2-C3
MAUGES (Rue des)	A4
MINIMES (Rue des)	C4
MONCONTOUR (Allée de)	A3
MONSEIGNEUR PROSPER AUGOUARD (Rue)	C1
MONTGAUTIER (Rue)	C4
MONTIERNEUF (Rue)	A3
MONTGORGES (Rue des)	C1-D1
MOULIN A VENT (Rue du)	B3-C3
MOUTON (Rue du)	C4
MOZART (Résidence)	A4
NANTES (Avenue de)	C1-B3
NOUVELLE DES QUATRE CYPRES (Rue)	A3
OLERON (Rue d')	D3-D4
PAIX (Avenue de la)	A1-B2
PALAIS (Rue du)	C3
PARC (Allée du)	A4
PARC SAINT-HILAIRE (Résidence du)	D1
PARIS (Avenue de)	A2-A3
PASCAL LE COQ (Rue)	C4
PAUL BERT (Rue)	B3-C3
PAUL GUILLON (Rue)	C3
PENETRANTE EST - VOIE ANDRE MALRAUX	B4-C4
PENTHIEVRE (Rue de la)	C4
PETIT BONNEVEAU (Rue de la)	D2-D3
PETIT ETANG (Chemin du)	C1-D1
PETITE PASSERELLE (Rue de la)	C1
PETITE ROCHE (Rue de la)	C1
PETITE ROUE (Passage de la)	C3
PETITE VILLETTE (Impasse de la)	A3
PETITS ESCALIERS DE LA GARE (Rue)	B3-B4
PIERRE RAT (Rue)	C3
PIORRY (Rue)	B3
PLAN DE LA ROCHE (Rue du)	B1
PLAT D'ETAIN (Rue du)	D3
POIZET (Impasse)	A3
PONT ACHARD (Boulevard de)	C1-D1
PRE L'ABBESSE (Rue du)	B4-C4
PREVOTE (Rue de la)	B3
PROSPER MERIMEE (Place)	A3
PUITS CI-PRES (Rue de la)	B3
PUITS DE LA CAILLE (Rue de la)	D4
PUYGARREAU (Rue du)	C3
QUATRE ROUES (Passage des)	A4
QUATRE ROUES (Rue des)	A3-B4
QUINCAY (Rue de)	A1-B1
REGRATTERIE (Rue de la)	C3
REMPARTS (Rue des)	D1
RENE DESCARTES (Rue)	B3-C3
RENE SAVATIER (Rue)	C3
REPUBLIQUE (Square de la)	C4
RIFFAULT (Rue)	C4
ROCHE (Impasse de la)	B1-B2
ROCHE (Rue de la)	B1-B2
ROCHE D'ARGENT (Rue)	D4
ROCHEREUIL (Pont de)	A3
ROCHEREUIL (Rue de)	A3
ROCS (Boulevard des)	A2-A3
ROCS (Cité des)	A2
ROCS (Passerelle des)	B1-C2
SAINT-DENIS (Rue)	C4
SAINT-FORTUNAT (Rue)	C4
SAINT-GERMAIN (Rue)	B3-B4
SAINT-HILAIRE (Allée)	B1
SAINT-LOUIS (Rue)	D1-D2
SAINT-MAIXENT (Rue)	C4-D4
SAINT-NICOLAS (Rue)	C4
SAINT-PAUL (Rue)	D4
SAINT-PIERRE LE PUELLIER (Rue)	D3-D4
SAINT-PORCHAIRE (Rue)	C2-C3
SAINT-SERNIN (Allée)	B1
SAINT-SERNIN (Rue)	B1
SAINT-SIMPLICIEN (Rue)	D4
SAINT-VINCENT DE PAUL (Rue)	D3-D4
SAINTE-CATHERINE (Petite rue)	D3
SAINTE-CATHERINE (Rue)	D3
SAINTE-CROIX (Rue)	D4
SAINTE-LOUBETTE (Rue de)	C1
SAINTE-OPPORTUNE (Rue)	C3-C4
SAINTE-THERESE (Rue)	A1
SCEVOLE DE SAINTE-MARTHE (Place)	C3-C4
SERPENTINE (Impasse)	A2
SOLEIL LEVANT (Chemin du)	D1
SOLFERINO (Boulevard)	C1-C2
SOUCI (Rue du)	C4
SYLVAIN DRAULT (Rue)	B3
TETE NOIRE (Rue de la)	C3
THEOPHRASTE RENAUDOT (Rue)	D2
TIFFAUGES (Rue de)	A4
TRAVERSE (Cité de la)	D2
TRINITE (Impasse de la)	D3
TRINITE (Rue de la)	D3-D4
TROIS ROIS (Rue des)	B3
TROTTOIR (Rue du)	B3
UNIVERSITE (Rue de l')	C3
VERDUN (Boulevard de)	C2-C3
VICTOR HUGO (Rue)	D2-D3
VIEILLES BOUCHERIES (Rue des)	C3
VINCENDERIE (Rue de la)	A3

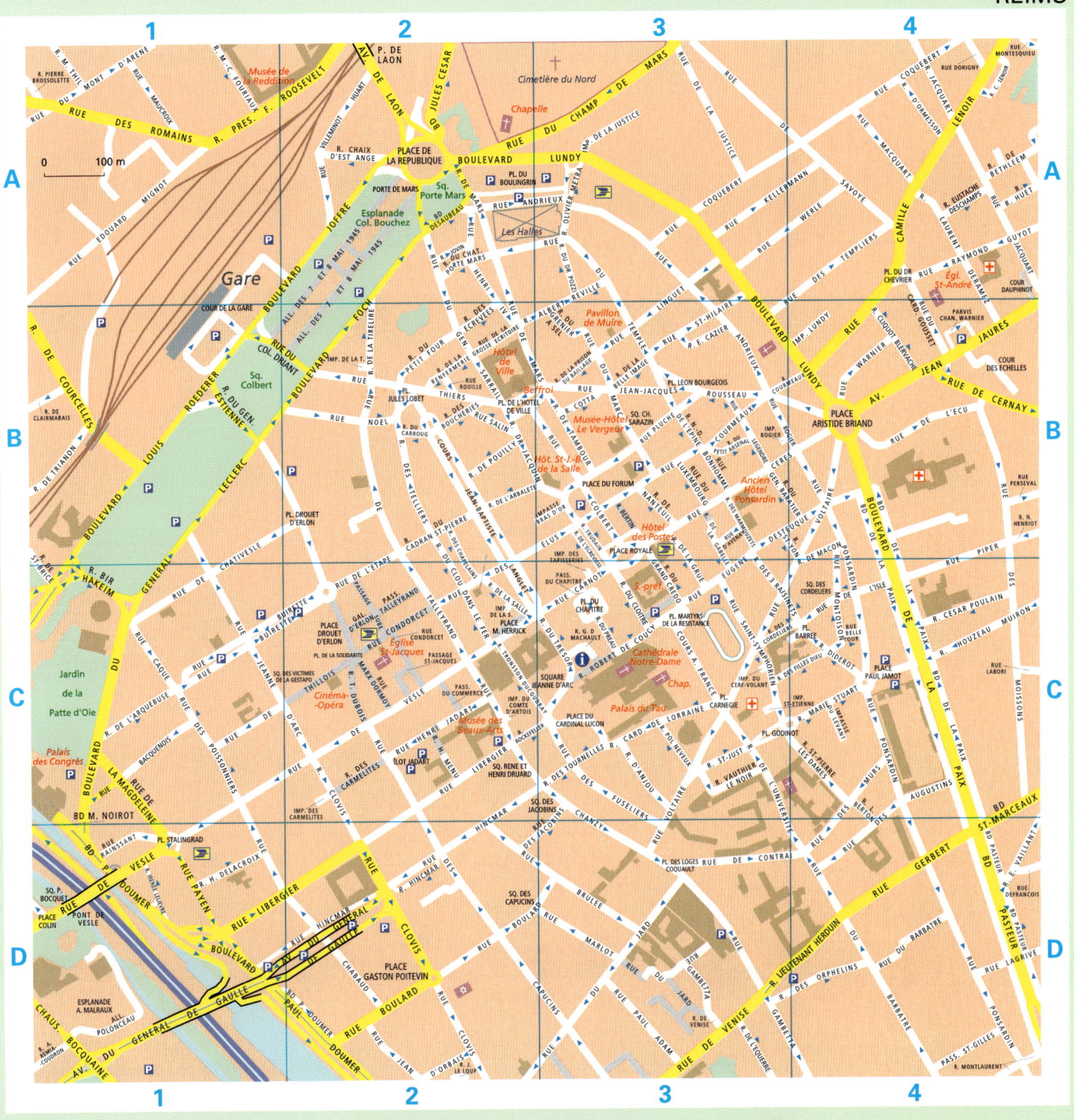

REIMS

RENNES

STRASBOURG

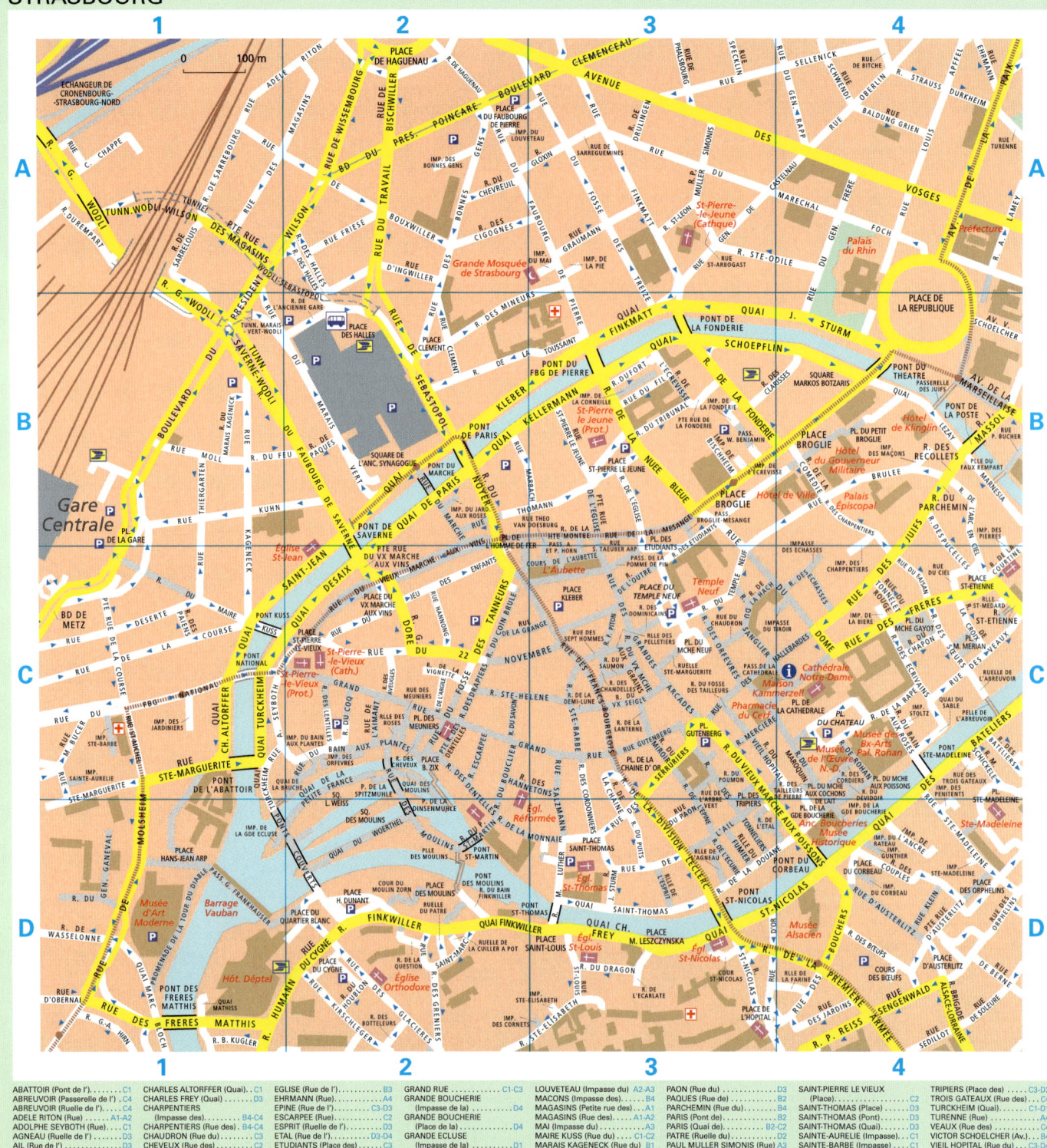

TOULON

247

A L'HUILE (Place)	C3
A. VALLE (Place)	C3
ADOLPHE GUIOL (Rue)	B2
ALBERT (Rue)	C3
ALBERT 1ER (Place)	A2
ALEZARD (Rue)	C3
ALGER (Rue d')	C2-C3
ALPHONSE DAUDET (Rue)	C4
AMIRAL COLLET (Avenue)	A1
AMIRAL COURBET (Allée)	B1-B2
AMIRAL JAUJARD (Rue)	D3-D4
AMIRAL SENES (Place)	B2
ANATOLE FRANCE (Rue)	B2-C2
ANCIENNE PLACE DE LA FONTAINE DES PUCELLES	C3
ANTOINE BONNET (Rue)	A1
ANTRECHAUS (Rue d')	B3
ARMES (Place d')	B2-C2
ASTOUR (Rue d')	C3
AUGUSTE BERTHON (Avenue)	A1
AUGUSTIN DAUMAS (Rue)	C2-C3
BABOULENE (Place)	C2
BASTIDE (Rue)	C2
BAUDIN (Impasse)	C2
BAUDIN (Rue)	B3-C3
BERRIER FONTAINE (Rue)	A1-B1
BERTHELOT (Rue)	B2
BESAGNE (Allée de)	C3-D3
BESAGNE (Avenue de)	C3-D3
BESAGNE (Pont de)	B2-C2
BIR HAKEIM (Rond-point)	C4
BON PASTEUR (Rue du)	B2-C2
BONDIL (Square)	C3
BONNETIERES (Rue des)	C2
BORTOLASO (Square)	C3
BOUCHERIES (Rue des)	C2-C3
CAMILLE LEDEAU (Rue des)	C2
CAPUCINS (Traverse des)	C2
CASSARD (Rue)	A1
CATHEDRALE (Place de la)	C3
CENTRALE (Rue)	A3-A4
CESAR VEZZANI (Rue)	C4
CHABANNES (Rue de)	A2-B2
CHALUCET (Rue)	A1-B1
CHAPEAU ROUGE (Passage du)	C3
CHARLES PONCY (Rue)	B2-C2
CHEVALIER PAUL (Rue)	C2
CHOISEUL (Rue de)	B1
CLARET (Avenue de)	A1
COLBERT (Rue)	B2
COLONEL DESIRE LUCCA	
(Square)	D3-D4
COLONEL FABIEN (Avenue)	C4
COLONEL REYMOND (Square)	C3
COMMANDANT EMMANUEL DAVIN (Rue)	A4
COMMANDANT MARCHAND (Avenue)	B3-B4
COMMANDANT NICOLAS (Boulevard)	A2-A3
COMMANDANT NICOLAS PROLONGEE (Boulevard)	A1
COMMISSAIRE MORANDIN (Rue du)	B1-B2
CONSIGNE (Quai)	C2
CONSIGNE (Rue de la)	C2
CORDERIE (Passage de la)	B1-C2
CORNEILLE (Rue)	B2
CORSE (Quai de)	D3
CRONSTADT (Quai)	C2-C3
CURETTI (Square)	D3
CYPRIEN (Place)	C3
DAME SIBILLE (Place)	B3-B4
DANTON (Rue)	B4-C4
DARDANELLES (Avenue des)	A1
DARIUS MILHAUD (Rue)	B2
DARSE (Rue de la)	C2
DELPECH (Rue)	A4
DEMOCRATIE (Boulevard de la)	B3-B4
DENFERT ROCHEREAU (Rue)	B2
DESAIX (Boulevard)	B4
DOCTEUR AURRAN (Rue)	B2
DOCTEUR CAMILLE AUBAN (Rue)	C2
DOCTEUR CARENCE (Rue)	C2
DOCTEUR CHARLES AUBIN (Place de la)	B3
DOCTEUR CHARLES BARNIER (Rue)	B2
DOCTEUR JEAN BERTHOLET (Rue du)	B2
DOCTEUR LOUIS PUY (Rue)	B2
DOCTEUR MARTINENQ (Rue)	B4
DOMINIQUE SANTINI (Rue)	D3
DOUAUMONT (Place de)	A2
DROITS DE L'HOMME ET DU CITOYEN (Place des)	C3
DUGOMMIER (Rue)	B2
DUMONT D'URVILLE (Rue)	A2-B2
DUTASTA (Boulevard)	B1
EDOUARD LE BELLEGOU (Avenue)	C4-D4
ELYSEE ROERE (Rue)	A4
EMILE VINCENT (Avenue)	A2
EMILE ZOLA (Rue)	C2-C3
ENTRECASTEAUX (Rue d')	D4
EQUERRE (Rue de l')	C2
ETIENNE DAUPHIN (Rue)	C2
ETIENNE PELABON (Square)	D3
ETOILE (Rue de l')	B2
EUGENE SILVAIN (Rue)	C4
EUROPE (Place de l')	A2
EXPRESS (Voie)	B3-B4
FELIX BRUN (Rue)	C3
FELIX PYAT (Rue)	B3-C3
FERDINAND BRUNETIERE (Rue)	C3
FERDINAND DE LESSEP (Boulevard)	A3
FERDINAND PELLOUTIER (Rue)	B3
FILS BLANCARD (Rue de)	D4
FLANDRES DUNKERQUE (Jardin)	A4
FOUGASSIERE (Rue de)	C3
FRAIZE (Impasse)	A4
FRANCHET D'ESPEREY (Rue)	A1
FRANCIS DE PRESSENCE (Rue)	C3
FRANCOIS CUZIN (Avenue)	C4
FRANCOIS FABIE (Rue)	B2
FRANCOIS MARCEL (Impasse)	A3-A4
FRANKLIN ROOSEVELT (Avenue)	C3
FRATERNITE (Rue de la)	C3
FULCRAN SUCHET (Place)	B2
GABRIEL PERI (Place)	C3
GAMBETTA (Place)	C3
GARIBALDI (Rue)	C3
GENERAL BONAPARTE (Rond-point)	D3
GENERAL LECLERC (Boulevard)	B1-B2
GENERAL LEFORT (Rond-point)	D4
GENERAL MAGNAN (Avenue)	B1-C2
GENERAL POUYADE (Place)	C4
GEORGE SAND (Rue)	C4
GEORGES CLEMENCEAU (Avenue)	B3-C3
GEORGES RICHARD (Boulevard)	C4
GERMAIN NOUVEAU (Square)	C3
GIMELLI (Rue)	A1-B1
GLACIERE (Rue de la)	C3
GLOBE (Place du)	C2
GRANDE RUE (Passage)	C3
GRANDVAL (Impasse)	A4
GUSTAVE LAMBERT (Passage)	C2
GUSTAVE LAMBERT (Place)	C2
HENRI MATHIS (Avenue)	B4
HENRI PASTOUREAU (Rue)	B2
HENRI PERTUS (Rue)	C4
HENRI POINCARE (Rue)	C4-D4
HENRI SEILLON (Rue)	C2-C3
HENRI VIENNE (Rue)	A1
HIPPOLYTE DUPRAT (Rue)	B2
HOCHE (Rue)	C3
HOPITAL (Rue de l')	C3
HOREIA (Montée de)	C3
HUBAC (Place)	C3
HUMILITE (Rue de l')	B3
INFANTERIE DE MARINE (Avenue de l')	D3
INGENIEUR GENERAL MONSENERGUE (Place)	C2
JEAN AICARD (Rue)	B2
JEAN BARTOLINI (Rue)	D4
JEAN JAURES (Rue)	B1-B2
JEAN MOULIN (Avenue)	C3
JEAN-PHILIPPE RAMEAU (Rue)	C4
JOSE MANGE (Rue)	D4
JULES MAZARIN (Place)	A2
JULES MURAIRE DIT RAIMU (Rue)	B2-B3
JULES-ALEXANDRE RENAUX (Rue)	A4
L. BLANC (Place)	C3
LAFAYETTE (Cours)	C3
LAINDET LALONDE (Rue)	C3
LAMNOIS (Rue)	C3
LARMODIEU (Rue)	B2-C2
LAURENTI (Place)	B2
LAZARE CARNOT (Avenue)	A1-B1
LE MASSENET	A2
LEBLON SAINT-HILAIRE (Rue)	B1-B2
LEGION ETRANGERE (Allée de la)	C3-C4
LENOIR SARRAIRE (Avenue)	B4
LEON BLUM (Place)	B2
LEON REBOUL (Rue)	D4
LEON VERANE (Square)	C4
LES MAGES	A4
LIBERTE (Place de la)	B2
LICES (Avenue des)	A3-B3
LIEUTENANT COLONEL CARMI (Allée)	D3-D4
LORGUES (Rue de)	C3
LOUBIERE (Chemin de la)	A4
LOUIS ARMAND (Pont)	A1
LOUIS BOZZO (Rue)	A4
LOUIS JOURDAN (Rue)	B2
LOUIS PASTEUR (Place)	B3
LOUIS-MARTIAL LAPORTERIE (Avenue)	A4
LOUVOIS (Boulevard)	A2
MAGNAGUE (Rue)	B2-C2
MAIRAUD (Rue)	B3
MAISSIN (Avenue)	B4-C4
MANNHEIM (Allée)	A2
MARC BARON (Rue)	C3
MARCEL CASTIE (Avenue)	B4
MARECHAL DE LATTRE DE TASSIGNY (Avenue)	B1-C1
MARECHAL DES LOGIS LORENZI (Rue)	A4
MARECHAL FOCH (Avenue du)	A1
MARQUETAS (Rue)	B3
MERIDIENNE (Rue)	C3
MERLE (Rue)	B3
MINERVE (Quai)	D3
MINIMES (Traverse des)	C3
MIRABEAU (Rue)	A1-A2
MOLIERE (Rue)	A2
MONTEBELLO (Rue)	A2
MONTETY (Cité)	A2
MURIER (Place du)	C3
MURIER (Rue du)	C3
9EME D.I.C. (Rond-point de la)	D4
NICOLAS LAUGIER (Rue)	C3
NOEL BLACHE (Place)	B3
NORFOLK (Quai de)	C2
NOTRE DAME (Rue)	C3
NOYER (Rue du)	B3
OBSERVATOIRE (Rue de l')	A1-B1
OLIVETAMARI (Place)	C3
112EME REGIMENT D'INFANTERIE (Boulevard du)	A2-B3
ORDONNANCE (Rue de l')	B2
ORFEVRES (Place des)	C3
PAIX (Rue de la)	B2
PAUL BERT (Boulevard)	C4
PAUL CONTE (Place)	C3
PAUL LANDRIN (Rue)	C3
PAUL MAUREL (Square)	B3-C3
PAULIN GUERIN (Rue)	B1-B2
PAVE D'AMOUR (Place)	C3
PECHERET (Passage)	C3
PECHERET (Place)	C3
PECHERET (Rue)	B3-C3
PEIRESC (Rue)	A1-B1
PETIT RANG (Quai du)	D2-D3
PHILIPPE LEBON (Avenue)	B4-C4
PICOT (Rue)	B2-B3
PIERRE LAVENNE (Rue)	C3
PIERRE LETHUAIRE (Rue)	C3
PIERRE SEMARD (Rue)	A1
PIERRETOESCA (Boulevard)	A1-A2
POISSONNERIE (Place de la)	C3
POMET (Rue de)	B2-C2
POMME DE PIN (Rue)	C3
POMPIDOU (Place)	C3
POSSEL (Rue)	B3
PRESIDENT PIERRE FOURNEL (Quai du)	D2-D3
PRIMAUGUET (Rue)	B2
PROSPER FERRERO (Rue)	B2
PUGET (Place)	B3
RACINE (Rue)	B2
RAGEOT DE LATOUCHE (Avenue)	A1
RAIMU (Place)	B2
RAYNOUARD (Boulevard)	B3-B4
REMPARTS (Rue des)	C3
REMPARTS (Traverse des)	C3
REPUBLIQUE (Avenue de la)	C2-D3
REVEL (Rue)	B1-B2
RIAUX (Passage des)	C2
RIAUX (Rue des)	C2
RICAUD (Impasse)	A2
RICHARD ANDRIEU (Rue)	C3
ROBERT GUILLEMARD (Rue)	B1
ROCHE (Rue)	B3-C3
RODE (Passerelle de la)	C2
ROGER DEVOUCOUX (Avenue)	C4
ROLLE (Impasse)	A4
ROMAIN (Impasse)	A4
ROSA BONHEUR (Rue)	A4
SAINT-ANDRIEUX (Rue)	C3
SAINT-BERNARD (Passage)	C3
SAINT-BERNARD (Rue)	B3-C3
SAINT-CYPRIEN (Rue)	C3
SAINT-LOUIS (Traverse)	B2
SAINT-VINCENT (Place)	C3
SAINT-VINCENT (Rue)	C3
SAUNIER (Rue)	B2
SAVONNIERES (Rue des)	C3
SERGENT MARIUS VARENCE (Rue)	A1
SIBLAS (Avenue de)	A3-B3
SINSE (Quai de la)	C2
SOUVENIR FRANCAIS (Place du)	B3-B4
SPEZIA (Allée la)	C2
ST-PIERRE (Square)	C4
STRASBOURG (Boulevard de)	B2-B3
TESSE (Boulevard de)	A2-B3
TOMBADES (Rue des)	C3
TROIS DAUPHINS (Place des)	B3
TRUGUET (Rue)	B3
VAUBAN (Avenue)	A2-B2
VERT COTEAU (Avenue)	B4
VICTOIRE (Avenue de la)	A1
VICTOR CLAPPIER (Rue)	B2-B3
VICTOR HUGO (Place)	B2-B3
VICTOR MICHELET (Rue)	C4
VIEUX ORDINAIRES (Rue des)	C3
VINCENT ALLEGRE (Rue)	A1-B1
VINCENT COURDOUAN (Rue)	C3
VINCENT RASPAIL (Place)	B2
VISITATION (Place de la)	C3
VISITATION (Rue de la)	C3
WILLIAM ET CATHERINE BOOTH (Square)	C2
WINSTON CHURCHILL (Avenue)	B1
XAVIER SAVELLI (Rue)	B1-B2

TOULOUSE

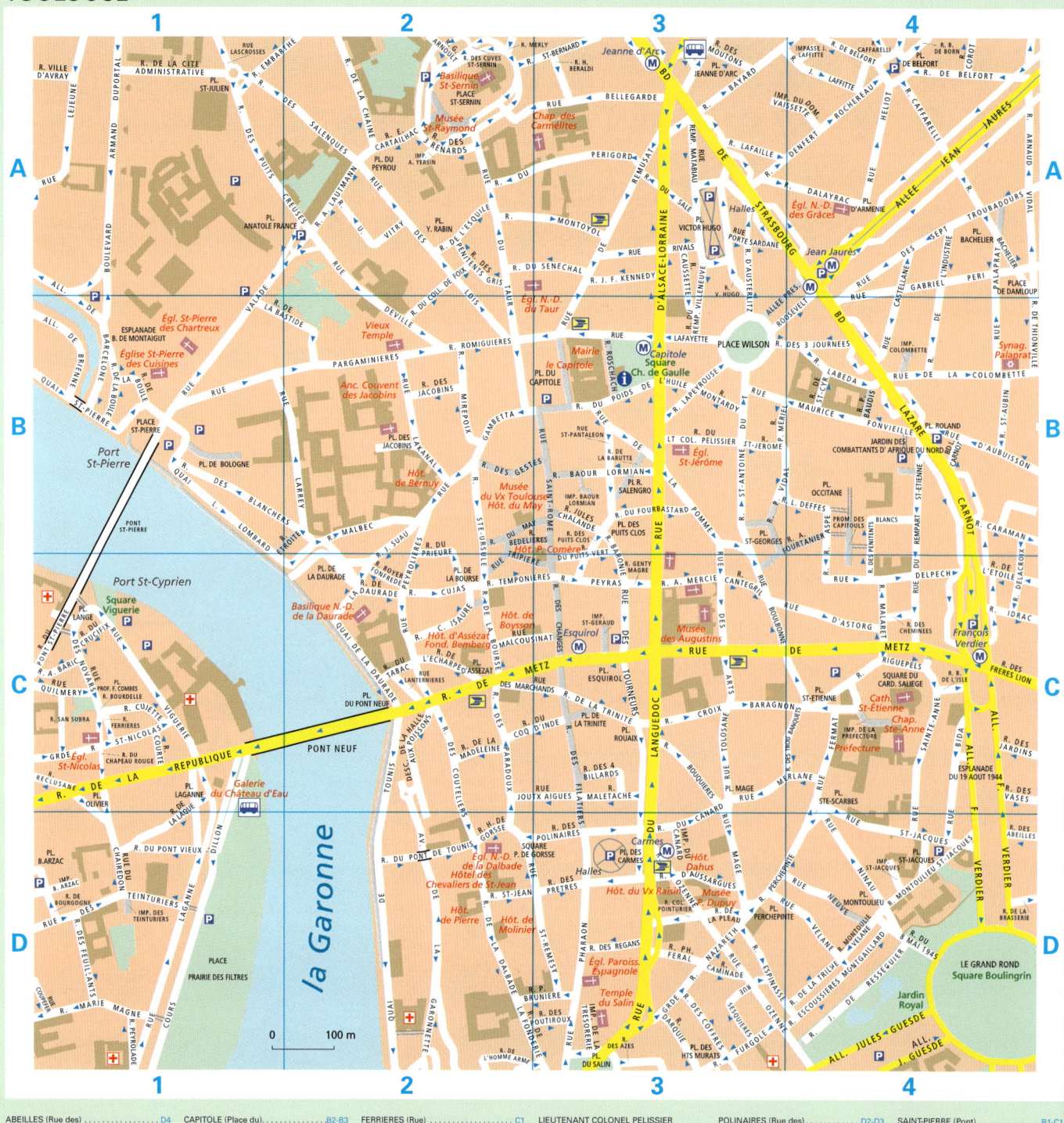

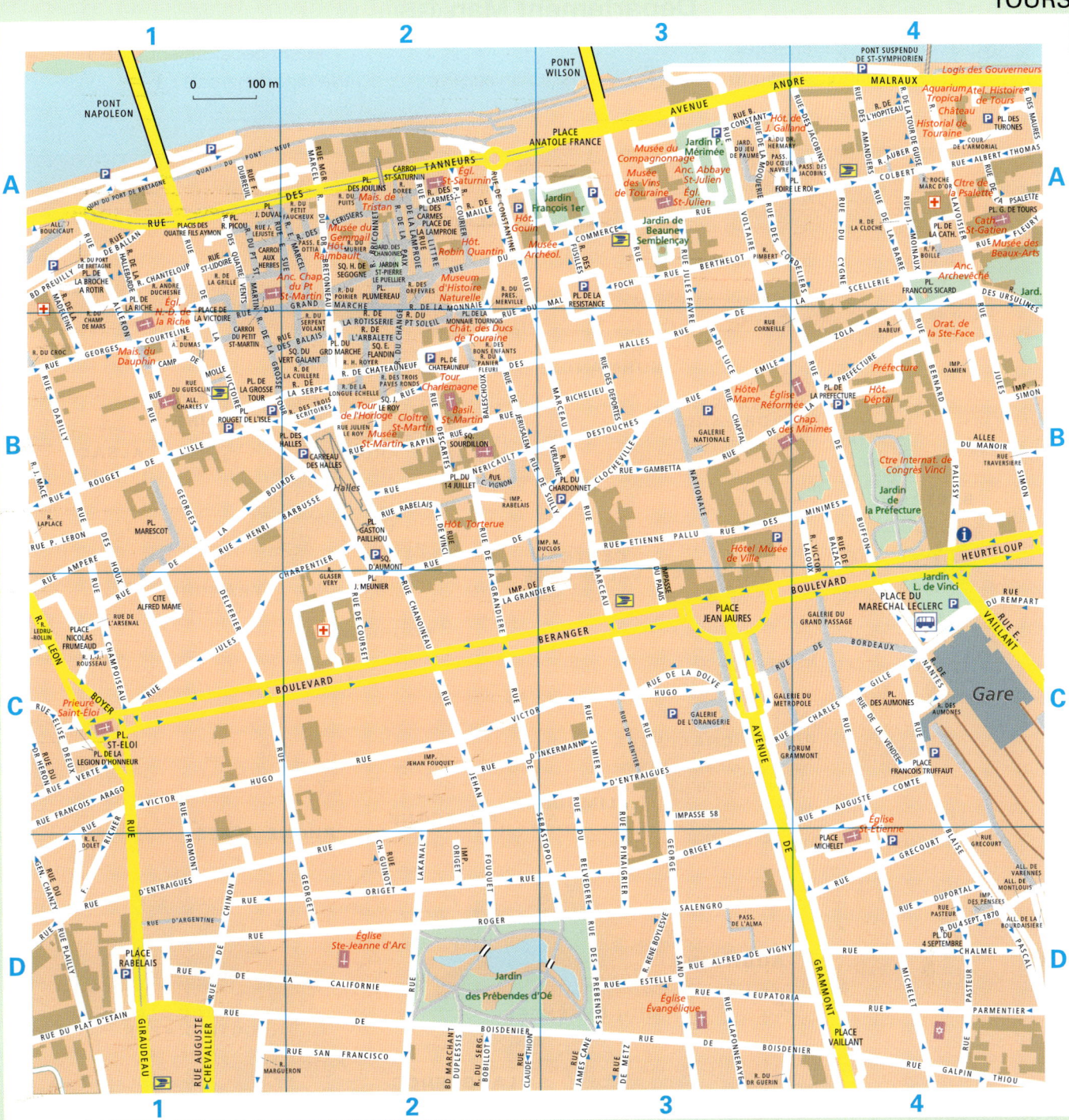

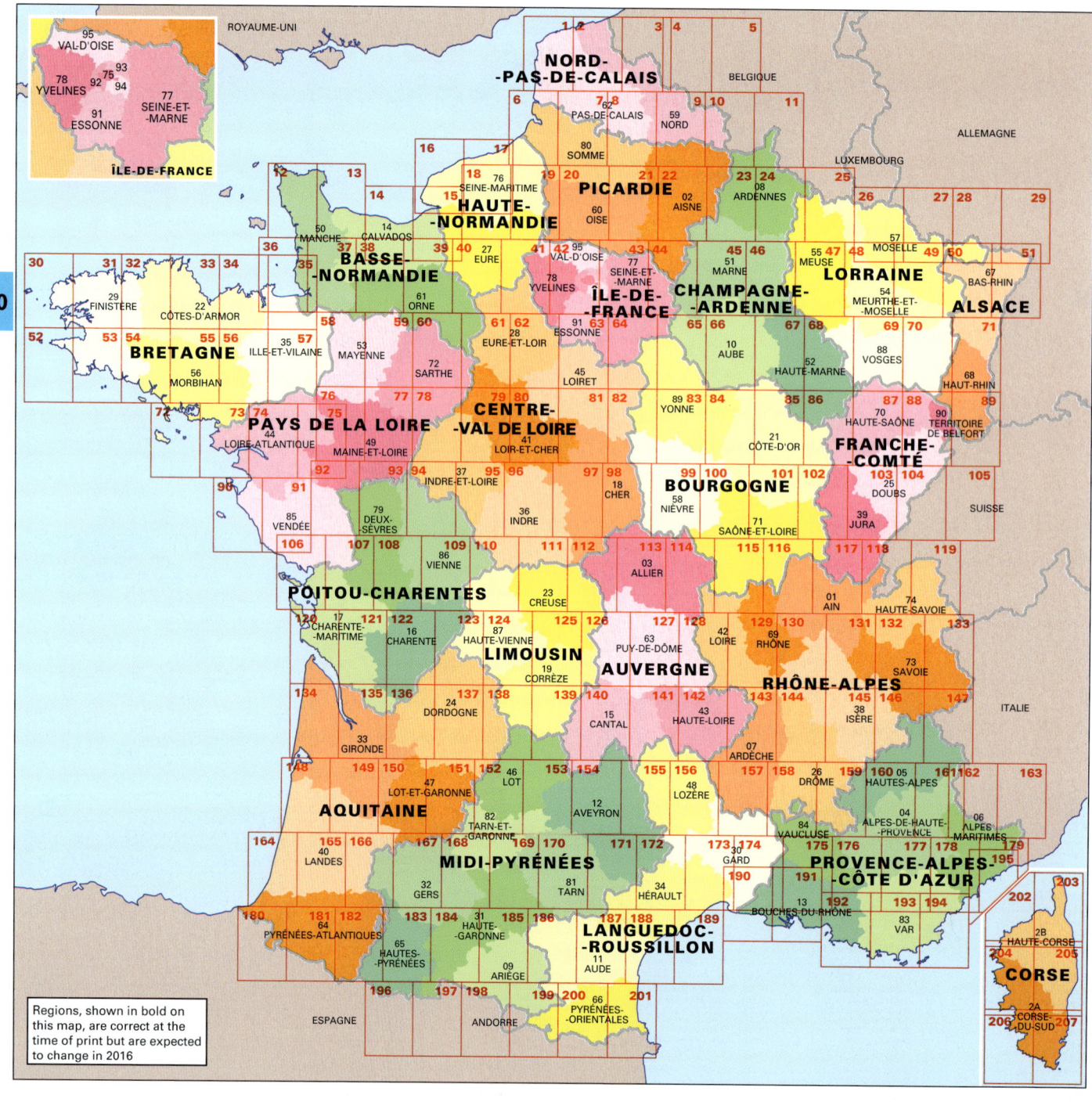

Département Map

NL Overzicht departementen
D Departementskarte
F France administrative
GB
E Mapa departamental
I Carta dipartimentale

Regions, shown in bold on this map, are correct at the time of print but are expected to change in 2016.

01 Ain	24 Dordogne	48 Lozère	72 Sarthe
02 Aisne	25 Doubs	49 Maine-et-Loire	73 Savoie
03 Allier	26 Drôme	50 Manche	74 Haute-Savoie
04 Alpes-de-Haute-Provence	27 Eure	51 Marne	75 Paris
05 Hautes-Alpes	28 Eure-et-Loir	52 Haute-Marne	76 Seine-Maritime
06 Alpes-Maritimes	29 Finistère	53 Mayenne	77 Seine-et-Marne
07 Ardèche	30 Gard	54 Meurthe-et-Moselle	78 Yvelines
08 Ardennes	31 Haute-Garonne	55 Meuse	79 Deux-Sèvres
09 Ariège	32 Gers	56 Morbihan	80 Somme
10 Aube	33 Gironde	57 Moselle	81 Tarn
11 Aude	34 Hérault	58 Nièvre	82 Tarn-et-Garonne
12 Aveyron	35 Ille-et-Vilaine	59 Nord	83 Var
13 Bouches-du-Rhône	36 Indre	60 Oise	84 Vaucluse
14 Calvados	37 Indre-et-Loire	61 Orne	85 Vendée
15 Cantal	38 Isère	62 Pas-de-Calais	86 Vienne
16 Charente	39 Jura	63 Puy-de-Dôme	87 Haute-Vienne
17 Charente-Maritime	40 Landes	64 Pyrénées-Atlantiques	88 Vosges
18 Cher	41 Loir-et-Cher	65 Hautes-Pyrénées	89 Yonne
19 Corrèze	42 Loire	66 Pyrénées-Orientales	90 Territoire de Belfort
2A Corse-du-Sud	43 Haute-Loire	67 Bas-Rhin	91 Essonne
2B Haute-Corse	44 Loire-Atlantique	68 Haut-Rhin	92 Hauts-de-Seine
21 Côte-d'Or	45 Loiret	69 Rhône	93 Seine-Saint-Denis
22 Côtes-d'Armor	46 Lot	70 Haute-Saône	94 Val-de-Marne
23 Creuse	47 Lot-et-Garonne	71 Saône-et-Loire	95 Val-d'Oise

A

Aast (64) 182 D2
Abainville (55) 68 B1
Abancourt (59) 8 D3
Abancourt (60) 19 G2
Abaucourt (54) 48 D3
Abaucourt-Hautecourt (55) 25 F6
Abbans-Dessous (25) 103 F2
Abbans-Dessus (25) 103 F2
Abbaretz (44) 74 D2
Abbécourt (02) 21 H3
Abbecourt (60) 20 B5
Abbenans (25) 88 A4
Abbeville (80) 6 D4
Abbéville-la-Rivière (91) 63 F3
Abbéville-lès-Conflans (54) 25 H6
Abbeville-Saint-Lucien (60) 20 B3
Abbévillers (25) 88 D5
Abeilhan (34) 188 C1
Abelcourt (70) 87 H2
Abère (64) 182 D1
l'Abergement-Clémenciat (01) 116 C5
l'Abergement-de-Cuisery (71) 116 C1
l'Abergement-de-Varey (01) 117 F6
Abergement-la-Ronce (39) 102 C2
Abergement-le-Grand (39) 102 D4
Abergement-le-Petit (39) 103 E4
Abergement-lès-Thésy (39) 103 F4
l'Abergement-Sainte-Colombe (71) 101 H5
Abidos (64) 182 A1
Abilly (37) 95 E4
Abitain (64) 165 E6
Abjat-sur-Bandiat (24) 123 F4
Ablain-Saint-Nazaire (62) 8 B1
Ablaincourt-Pressoir (80) 8 B6
Ablainzevelle (62) 8 B3
Ablancourt (51) 46 A4
Ableiges (95) 42 B2
les Ableuvenettes (88) 69 G4
Ablis (78) 62 D1
Ablon (14) 16 B6
Ablon-sur-Seine (94) 42 D5
Aboën (42) 128 D6
Aboncourt (54) 69 E2
Aboncourt (57) 26 C4
Aboncourt-Gesincourt (70) 87 F2
Aboncourt-sur-Seille (57) 48 D4
Abondance (74) 119 F4
Abondant (28) 41 F4
Abos (64) 182 A1
Abreschviller (57) 50 A5
Abrest (03) 114 A6
les Abrets (38) 131 F5
Abriès (05) 147 G5
Abscon (59) 9 E2
l'Absie (79) 92 D6
Abzac (16) 109 G5
Abzac (33) 135 H4
Accolans (25) 88 A4
Accolay (89) 83 G3
Accons (07) 143 F5
Accous (64) 182 A5
Achain (57) 49 F3
Achen (57) 50 A1
Achenheim (67) 50 D5
Achères (18) 97 H1
Achères (78) 42 B3
Achères-la-Forêt (77) 63 H3
Achery (02) 22 A2
Acheux-en-Amiénois (80) 7 H4
Acheux-en-Vimeu (80) 6 C4
Acheville (62) 8 B1
Achey (70) 86 C4
Achicourt (62) 8 B2
Achiet-le-Grand (62) 8 B4
Achiet-le-Petit (62) 8 B4
Achun (58) 99 H2
Achy (60) 20 A3
Acigné (35) 57 G2
Aclou (27) 40 B1
Acon (27) 40 D4
Acq (62) 8 A2
Acqueville (14) 14 B6
Acqueville (50) 12 B2
Acquigny (27) 41 E1
Acquin-Westbécourt (62) 2 A4
Acy (02) 22 B5
Acy-en-Multien (60) 43 G2
Acy-Romance (08) 23 G4
Adaincourt (57) 49 E2
Adainville (78) 41 G5
Adam-lès-Passavant (25) 87 H6
Adam-lès-Vercel (25) 104 A1
Adamswiller (67) 50 B3
Adast (65) 182 D5
Adé (65) 183 E3
Adelange (57) 49 F2
Adelans-et-le-Val-de-Bithaine (70) 87 H2
Adervielle-Pouchergues (65) 197 E1
Adilly (79) 93 F6
Adinfer (62) 8 A3
Adissan (34) 172 C6
les Adjots (16) 108 D6
Adon (45) 82 B2
les Adrets (38) 146 A1
les Adrets-de-l'Estérel (83) 178 B5
Adriers (86) 109 H4
Afa (2A) 204 C5
Affieux (19) 125 E5
Affléville (54) 25 H5
Affoux (69) 129 F2
Affracourt (54) 69 G1
Affringues (62) 1 H4
Agassac (31) 184 C2
Agde (34) 188 D2
Agel (34) 187 H2
Agen (47) 151 F5
Agen-d'Aveyron (12) 154 D4
Agencourt (21) 101 H2
Agenville (80) 7 F3
Agenvillers (80) 7 E3
les Ageux (60) 20 D5
Ageville (52) 68 B5
Agey (21) 101 F1
Aghione (2B) 205 G4
Agincourt (54) 48 D4
Agmé (47) 150 D3
Agnac (47) 150 D1
Agnat (43) 141 H1
Agneaux (50) 37 F1
Agnetz (60) 20 C5
Agnez-lès-Duisans (62) 8 A2
Agnicourt-et-Séchelles (02) 23 E2
Agnières (62) 8 A2
Agnin (38) 144 A1
Agnos (64) 181 H3
Agny (62) 8 B3
Agon-Coutainville (50) 36 D1
Agonac (24) 137 F1
Agonès (34) 173 E3
Agonges (03) 113 G1
Agos-Vidalos (65) 182 D4
Agris (16) 122 D3
Agudelle (17) 121 F6
Aguessac (12) 155 F6
Aguilcourt (02) 23 E4
Aguts (81) 170 A6
Agy (14) 13 H5
Ahaxe-Alciette-Bascassan (64) 181 E3
Ahetze (64) 164 A6
Ahéville (88) 69 G3
Ahuillé (53) 58 C5
Ahun (23) 111 H6
Ahuy (21) 85 H6
Aibes (59) 10 B3
Aibre (25) 88 B4
Aïcirits-Camou-Suhast (64) 181 F1
Aiffres (79) 107 H4
Aigaliers (30) 174 A1
l'Aigle (61) 40 A4
Aiglemont (08) 24 B1
Aiglepierre (39) 103 E3
Aigleville (27) 41 F2
Aiglun (04) 177 E1
Aiglun (06) 178 C2
Aignan (32) 167 E4
Aignay-le-Duc (21) 85 F3
Aigne (34) 187 H2
Aigné (72) 60 A5
Aignerville (14) 13 G5
Aignes (31) 185 G2
Aignes-et-Puypéroux (16) 122 B6
Aigneville (80) 6 C4
Aigny (51) 45 G2
Aigonnay (79) 108 A3
Aigre (16) 122 B2
Aigrefeuille (31) 169 G6
Aigrefeuille-d'Aunis (17) 107 E5
Aigrefeuille-sur-Maine (44) 74 D6
Aigremont (30) 173 H2
Aigremont (52) 68 D5
Aigremont (78) 42 B3
Aigremont (89) 84 A3
Aiguebelette-le-Lac (73) 131 G5
Aiguebelle (73) 132 C5
Aigueblanche (73) 132 D5
Aiguefonde (81) 170 D6
Aigueperse (63) 127 F1
Aigueperse (69) 115 G4
Aigues-Juntes (09) 185 G4
Aigues-Mortes (30) 173 H6
Aigues-Vives (09) 186 B5
Aigues-Vives (11) 187 F3
Aigues-Vives (30) 173 H4
Aigues-Vives (34) 187 H2
Aiguèze (30) 157 H5
Aiguilhe (43) 142 C4
Aiguilles (05) 147 G6
l'Aiguillon (09) 186 B6
Aiguillon (47) 150 D5
l'Aiguillon-sur-Mer (85) 106 B3
l'Aiguillon-sur-Vie (85) 90 D4
Aiguines (83) 177 F3
Aigurande (36) 111 G3
Ailhon (07) 157 G2
Aillant-sur-Milleron (45) 82 C2
Aillant-sur-Tholon (89) 83 E1
Aillas (33) 150 A3
Ailleux (42) 128 C3
Aillevans (70) 87 H3
Ailleville (10) 67 E3
Aillevillers-et-Lyaumont (70) 69 H6
Aillianville (52) 68 B2
Aillières-Beauvoir (72) 60 B2
Aillon-le-Jeune (73) 132 A4
Aillon-le-Vieux (73) 132 A4
Ailloncourt (70) 87 H2
Ailly (27) 41 E1
Ailly-le-Haut-Clocher (80) 7 E4
Ailly-sur-Noye (80) 20 C1
Ailly-sur-Somme (80) 7 F6
Aimargues (30) 174 A5
Aime (73) 133 E4
Ainay-le-Château (03) 98 B6
Ainay-le-Vieil (18) 98 A6
Aincille (64) 181 E3
Aincourt (95) 41 H2
Aincreville (55) 24 D5
Aingeray (54) 48 B4
Aingeville (88) 68 D4
Aingoulaincourt (52) 68 A1
Ainharp (64) 181 F2
Ainhice-Mongelos (64) 181 E3
Ainhoa (64) 180 C1
Ainvelle (70) 87 G1
Ainvelle (88) 69 E5
Airaines (80) 7 E5
Airan (14) 14 D5
Aire (08) 23 F4
Aire-sur-la-Lys (62) 2 B5
Aire-sur-l'Adour (40) 166 B4
Airel (50) 13 F6
les Aires (34) 172 A6
Airion (60) 20 C4
Airon-Notre-Dame (62) 6 C1
Airon-Saint-Vaast (62) 6 C1
Airoux (11) 186 B2
Airvault (79) 93 G5
Aiserey (21) 102 A2
Aisey-et-Richecourt (70) 87 E1
Aisey-sur-Seine (21) 85 E2
Aisonville-et-Bernoville (02) 9 F5
Aïssey (25) 87 H6
Aisy-sous-Thil (21) 84 C5
Aisy-sur-Armançon (89) 84 C3
Aiti (2B) 205 F1
Aiton (73) 132 B4
Aix (19) 126 A4
Aix (59) 3 H6
les Aix-d'Angillon (18) 98 A2
Aix-en-Diois (26) 159 F1
Aix-en-Ergny (62) 1 H5
Aix-en-Issart (62) 1 G6
Aix-en-Othe (10) 65 G4
Aix-en-Provence (13) 176 A6
Aix-la-Fayette (63) 127 H5
Aix-les-Bains (73) 131 H3
Aix-Noulette (62) 8 A1
Aixe-sur-Vienne (87) 124 A3
Aizac (07) 157 F1
Aizanville (52) 67 G5
Aize (36) 96 C2
Aizecourt-le-Bas (80) 8 C5
Aizecourt-le-Haut (80) 8 C5
Aizelles (02) 22 D4
Aizenay (85) 91 F4
Aizier (27) 15 H2
Aizy-Jouy (02) 22 B4
Ajac (11) 186 C5
Ajaccio (2A) 204 C6
Ajain (23) 111 H5
Ajat (24) 137 H3
Ajoncourt (57) 48 D3
Ajou (27) 40 B2
Ajoux (07) 143 G6
Alaigne (11) 186 C4
Alaincourt (02) 22 A1
Alaincourt (70) 69 F6
Alaincourt-la-Côte (57) 48 D3
Alairac (11) 186 D3
Alan (31) 184 C3
Alando (2B) 205 F2
Alata (2A) 204 C5
Alba-la-Romaine (07) 157 H2
Alban (81) 171 E3
Albaret-le-Comtal (48) 141 F5
Albaret-Sainte-Marie (48) 141 G5
Albas (11) 187 G5
Albas (46) 152 B3
Albé (67) 71 F2
Albefeuille-Lagarde (82) 169 E1
l'Albenc (38) 145 E2
Albens (73) 131 H2
Albepierre-Bredons (15) 140 D3
l'Albère (66) 201 F4
Albert (80) 8 A5
Albertacce (2B) 204 D2
Albertville (73) 132 C3
Albestroff (57) 49 G3
Albi (81) 170 C2
Albiac (31) 169 H6
Albiac (46) 139 E6
Albias (82) 169 F1
Albières (11) 187 F6
Albiès (09) 199 F1
Albiez-le-Jeune (73) 146 C2
Albiez-Montrond (73) 146 C2
Albignac (19) 138 D3
Albigny-sur-Saône (69) 130 A2
Albine (81) 187 F1
Albitreccia (2A) 204 D6
Albon (26) 144 A2
Albon-d'Ardèche (07) 143 F6
Alboussière (07) 143 H5
les Albres (12) 153 H3
Albussac (19) 139 E3
Alby-sur-Chéran (74) 132 A2
Alçay-Alçabéhéty-Sunharette (64) 181 F4
Aldudes (64) 180 C3
Alembon (62) 1 G3
Alençon (61) 60 A2
Alénya (66) 201 F3
Aléria (2B) 205 H4
Alès (30) 157 E6
Alet-les-Bains (11) 186 D5
Alette (62) 1 G6
Aleu (09) 185 E6
Alex (74) 132 B1
Alexain (53) 58 C3
Aleyrac (26) 158 C3
Alfortville (94) 42 D4
Algajola (2B) 202 C5
Algans (81) 170 A5
Algolsheim (68) 71 G5
Algrange (57) 26 B3
Alièze (39) 117 G1
Alignan-du-Vent (34) 188 D1
Alincourt (08) 23 G4
Alincthun (62) 1 G4
Alise-Sainte-Reine (21) 84 D4
Alissas (07) 158 A1
Alix (69) 129 H2
Alixan (26) 144 C4
Alizay (27) 18 D5
Allain (54) 48 B6
Allaines (80) 8 C5
Allaines-Mervilliers (28) 62 D4
Allainville (28) 41 E5
Allainville (78) 62 D2
Allaire (56) 73 H1
Allamont (54) 48 A1
Allamps (54) 48 A6
Allan (26) 158 B3
Allanche (15) 141 E2
Alland'Huy-et-Sausseuil (08) 23 H3
Allarmont (88) 70 D1
Allas-Bocage (17) 121 F6
Allas-Champagne (17) 121 G5
Allas-les-Mines (24) 137 H6
Allassac (19) 138 C2
Allauch (13) 192 B3
Allègre (43) 142 B2
Allègre-les-Fumades (30) 157 F6
Alleins (13) 191 H2
Allemagne-en-Provence (04) 177 E3
Allemanche-Launay-et-Soyer (51) 45 E6
Allemans (24) 136 C1
Allemans-du-Dropt (47) 150 D2
Allemant (02) 22 B4
Allemant (51) 45 E5
Allemond (38) 146 A3
Allenay (80) 6 B4
Allenc (48) 156 B3
Allenjoie (25) 88 D4
Allennes-les-Marais (59) 3 F6
Allenwiller (67) 50 C5
Allerey (21) 101 E2
Allerey-sur-Saône (71) 101 H4
Allériot (71) 101 H5
Allery (80) 6 D5
Alles-sur-Dordogne (24) 137 G5
les Alleuds (49) 77 E6
les Alleuds (79) 108 C5
les Alleux (08) 24 B4
Alleuze (15) 141 F5
Allevard (38) 132 A6
Allèves (74) 132 A3
Allex (26) 144 B6
Alleyrac (43) 142 D5
Alleyras (43) 142 B5
Alleyrat (19) 125 H5
Alleyrat (23) 125 G1
Allez-et-Cazeneuve (47) 151 F4
Alliancelles (51) 46 C4
Alliat (09) 199 E1
Allibaudières (10) 45 F6
Allichamps (52) 46 C6
Allier (65) 183 F3
Allières (09) 185 F5
les Alliés (25) 104 A3
Alligny-Cosne (58) 82 C5
Alligny-en-Morvan (58) 100 C1
Allineuc (22) 33 F6
Allinges (74) 119 E3
Allogny (18) 97 G1
Allondans (25) 88 C4
Allondaz (73) 132 C3
Allondrelle-la-Malmaison (54) 25 F3
Allonne (60) 20 B5
Allonne (79) 107 H1
Allonnes (28) 62 C3
Allonnes (49) 77 H6
Allonnes (72) 60 A6
Allons (04) 178 A1
Allons (47) 150 A5
Allonville (80) 7 G5
Allonzier-la-Caille (74) 118 B6
Allos (04) 161 F5
Allouagne (62) 2 C6
Alloue (16) 109 F6
Allouis (18) 97 F2
Allouville-Bellefosse (76) 17 E5
les Allues (73) 132 D6
les Alluets-le-Roi (78) 42 A3
Alluy (58) 99 G3
Alluyes (28) 62 A4
Ally (15) 139 H3
Ally (43) 141 G3
Almayrac (81) 170 C1
Almenêches (61) 39 F5
Almont-les-Junies (12) 154 A2
Alos (09) 184 D6
Alos (81) 170 A2
Alos-Sibas-Abense (64) 181 G3
Aloxe-Corton (21) 101 G3
Alpuech (12) 140 D6
Alquines (62) 1 H4
Alrance (12) 154 D6
Alsting (57) 27 G4
Altagène (2A) 207 E2
Alteckendorf (67) 50 D4
Altenach (68) 89 E3
Altenheim (67) 50 C4
Althen-des-Paluds (84) 175 F2
Altiani (2B) 205 F3
Altier (48) 156 C3
Altillac (19) 139 E4
Altkirch (68) 89 F3
Altorf (67) 50 D6
Altrippe (57) 49 G2
Altviller (57) 49 G1
Altwiller (67) 49 H3
Aluze (71) 101 F5
Alvignac (46) 138 D6
Alvimare (76) 18 A3
Alzen (09) 185 G5
Alzi (2B) 205 F2
Alzing (57) 27 E4
Alzon (30) 172 C2
Alzonne (11) 186 D3
Amage (70) 88 A1
Amagne (08) 23 H3
Amagney (25) 87 G6
Amailloux (79) 93 F5
Amance (10) 66 D3
Amance (54) 48 D4
Amance (70) 87 F1
Amancey (25) 103 G3
Amancy (74) 118 D6
Amange (39) 102 D2
Amanlis (35) 57 G4
Amanty (55) 68 C1
Amanvillers (57) 26 B5
Amanzé (71) 115 F4
Amarens (81) 170 A1
Amathay-Vésigneux (25) 103 H3
Amayé-sur-Orne (14) 14 B5
Amayé-sur-Seulles (14) 38 A1
Amazy (58) 83 G6
Ambacourt (88) 69 F2
Ambarès-et-Lagrave (33) 135 F4
Ambax (31) 184 C2
Ambazac (87) 124 C1
Ambel (38) 145 H6
Ambenay (27) 40 B4
Ambérac (16) 122 B2
Ambérieu-en-Bugey (01) 130 D1
Ambérieux (69) 129 H1
Ambérieux-en-Dombes (01) 130 B1
Ambernac (16) 123 E1
Amberre (86) 94 A5
Ambert (63) 128 B5
Ambès (33) 135 F4
Ambeyrac (12) 153 G3
Ambialet (81) 170 D2
Ambiegna (2A) 204 C4
Ambierle (42) 114 D6
Ambiévillers (70) 69 G6
Ambillou (37) 78 C5
Ambillou-Château (49) 77 F6
Ambilly (74) 118 C4
Amblainville (60) 20 B6
Amblans-et-Velotte (70) 87 H2
Ambleny (02) 21 H5
Ambléon (01) 131 F3
Ambleteuse (62) 1 F3
Ambleville (16) 121 H5
Ambleville (95) 41 H1
Amblie (14) 14 B3
Amblimont (08) 24 D2
Ambloy (41) 79 F2
Ambly-Fleury (08) 23 H4
Ambly-sur-Meuse (55) 47 G2
Amboise (37) 79 F5
Ambon (56) 73 E2
Ambonil (26) 144 B6
Ambonnay (51) 45 G2
Ambonville (52) 67 G3
Ambrault (36) 97 E5
Ambres (81) 169 H4
Ambricourt (62) 2 A6
Ambrief (02) 22 B5
Ambrières (51) 46 C6
Ambrières-les-Vallées (53) 58 D2
Ambrines (62) 7 H2
Ambronay (01) 130 D1
Ambrugeat (19) 125 G5
Ambrumesnil (76) 17 G2
Ambrus (47) 150 C5
Ambutrix (01) 130 D1
Amécourt (27) 19 G5
Amel-sur-l'Étang (55) 25 G6
Amelécourt (57) 49 E3
Amélie-les-Bains-Palalda (66) 200 D4
Amendeuix-Oneix (64) 181 F1
Amenoncourt (54) 49 G5
Amenucourt (95) 41 G1
Ames (62) 2 C6
Amettes (62) 2 B6
Ameugny (71) 116 A2
Ameuvelle (88) 69 E6
Amfreville (14) 14 C4
Amfreville (50) 12 D4
Amfreville-la-Campagne (27) 18 B6
Amfreville-la-Mi-Voie (76) 18 D4
Amfreville-les-Champs (27) 19 E5
Amfreville-les-Champs (76) 17 F4
Amfreville-sous-les-Monts (27) 18 D5
Amfreville-sur-Iton (27) 40 D1
Amfroipret (59) 9 G2
Amiens (80) 7 G6
Amifontaine (02) 23 E4
Amigny (50) 13 E6
Amigny-Rouy (02) 22 A3
Amillis (77) 43 H5
Amilly (28) 62 A2
Amilly (45) 64 B6
Amions (42) 128 D2
Amirat (06) 178 B2
Ammerschwihr (68) 71 F4
Ammerzwiller (68) 89 E2
Amné (72) 59 H5
Amnéville (57) 26 B4
Amoncourt (70) 87 F2
Amondans (25) 103 G2
Amont-et-Effreney (70) 88 A1
Amorots-Succos (64) 181 E1
Amou (40) 165 G5
Ampilly-le-Sec (21) 85 E2
Ampilly-les-Bordes (21) 85 E3
Amplepuis (69) 129 F1
Amplier (62) 7 G4
Ampoigné (53) 76 C1
Amponville (77) 63 H3
Ampriani (2B) 205 G2
Ampuis (69) 130 A5
Ampus (83) 177 G5
Amuré (79) 107 G4
Amy (60) 21 F2
Anais (16) 122 C3
Anais (17) 107 E4
Anan (31) 184 B2
Ance (64) 181 H3
Anceaumeville (76) 17 G5
Anceins (61) 39 H3
Ancelle (05) 160 C1
Ancemont (55) 47 F2
Ancenis (44) 75 F4
Ancerville (55) 46 D6
Ancerville (57) 26 D6
Ancerviller (54) 49 G6
Ancey (21) 85 F6
Anchamps (08) 11 E5
Anché (37) 94 B2
Anché (86) 108 D3
Anchenoncourt-et-Chazel (70) 87 F1
Ancienville (02) 21 H6
Ancier (70) 86 D5
Ancinnes (72) 60 A2
Ancizan (65) 183 G6
les Ancizes-Comps (63) 126 D2
Ancône (26) 158 A2
Ancourt (76) 17 H2
Ancourteville-sur-Héricourt (76) 17 E4
Ancretiéville-Saint-Victor (76) 17 F4
Ancretteville-sur-Mer (76) 16 D3
Ancteville (50) 36 D1
Anctoville (14) 38 A1
Anctoville-sur-Boscq (50) 35 G2
Ancy (69) 129 G2
Ancy-le-Franc (89) 84 B2
Ancy-le-Libre (89) 84 B2
Ancy-sur-Moselle (57) 26 B6
Andainville (80) 6 D6
Andance (07) 144 A2
Andancette (26) 144 A2
Andard (49) 77 E4
Andé (27) 18 D6
Andechy (80) 21 E2
Andel (22) 33 H5
Andelain (02) 22 A2
Andelaroche (03) 114 C4
Andelarre (70) 87 F3
Andelarrot (70) 87 F3
Andelat (15) 141 E4
Andelnans (90) 88 C3
Andelot-Blancheville (52) 68 A3
Andelot-en-Montagne (39) 103 F4
Andelot-Morval (39) 117 F3
Andelu (78) 41 H3
les Andelys (27) 19 E6
Andernay (55) 46 D4
Andernos-les-Bains (33) 134 B6
Anderny (54) 26 A3
Andert-et-Condon (01) 131 F2
Andeville (60) 20 B6
Andigné (49) 76 C3
Andillac (81) 170 A2
Andilly (17) 106 D4
Andilly (54) 48 B4
Andilly (74) 118 B6
Andilly (95) 42 C2
Andilly-en-Bassigny (52) 68 C6
Andiran (47) 150 C6
Andlau (67) 71 F2
Andoins (64) 182 C2
Andolsheim (68) 71 F4
Andon (06) 178 B3
Andonville (45) 63 E3
Andornay (70) 88 B3
Andouillé (53) 58 C4
Andouillé-Neuville (35) 57 F1
Andouque (81) 170 D2
Andrein (64) 181 G1
Andres (62) 1 G3
Andrest (65) 183 E2
Andrésy (78) 42 B3
Andrezé (49) 75 G6
Andrezel (77) 43 F6
Andrézieux-Bouthéon (42) 129 E5
Andryes (89) 83 F4
Anduze (30) 173 G1
Anères (65) 183 H4
Anet (28) 41 F4
Anetz (44) 75 F4
Angaïs (64) 182 C2
Angé (41) 79 H6
Angeac-Champagne (16) 121 G4
Angeac-Charente (16) 122 A4
Angecourt (08) 24 C2
Angeduc (16) 122 A5
Angely (89) 84 B4
Angeot (90) 88 D2
Angers (49) 76 D4
Angerville (14) 14 D4
Angerville (91) 63 E3
Angerville-Bailleul (76) 16 C4
Angerville-la-Campagne (27) 40 D2
Angerville-la-Martel (76) 16 D3
Angerville-l'Orcher (76) 15 F1
Angervilliers (91) 42 B6
Angeville (82) 168 C2
Angevillers (57) 26 B3
Angey (50) 35 G3
Angicourt (60) 20 D5
Angiens (76) 17 E2
Angirey (70) 86 D5
Angivillers (60) 20 D4
Anglade (33) 135 E2
Anglards-de-Saint-Flour (15) 141 F4
Anglards-de-Salers (15) 140 A2
Anglars (46) 153 F1
Anglars-Juillac (46) 152 B3
Anglars-Nozac (46) 138 C6
Anglars-Saint-Félix (12) 153 H4
Anglefort (01) 131 G1
Anglemont (88) 70 B2

Angles (04) 177 H2
les Angles (30) 174 D2
les Angles (65) 183 E4
les Angles (66) 199 H3
Anglès (81) 171 E6
Angles (85) 106 B2
les Angles-sur-Corrèze (19) 139 E1
Angles-sur-l'Anglin (86) 95 F6
Anglesqueville-la-Bras-Long (76) 17 E3
Anglesqueville-l'Esneval (76) 16 B4
Anglet (64) 164 B6
Angliers (17) 107 E4
Angliers (86) 94 A3
Anglure (51) 45 E6
Anglure-sous-Dun (71) 115 G4
Angluzelles-et-Courcelles (51) 45 E6
Angoisse (24) 124 A6
Angomont (54) 49 H6
Angos (65) 183 F3
Angoulême (16) 122 B4
Angoulins (17) 106 D5
Angoumé (40) 164 D4
Angous (64) 181 G2
Angoustrine-Villeneuve-des-Escaldes (66) 199 G4
Angoville (14) 38 C3
Angoville-au-Plain (50) 13 E4
Angoville-sur-Ay (50) 12 C5
Angres (62) 8 B1
Angresse (40) 164 C4
Angrie (49) 76 B3
Anguerny (14) 14 B4
Anguilcourt-le-Sart (02) 22 B2
Angy (60) 20 C5
Anhaux (64) 180 D3
Anhiers (59) 8 D1
Aniane (34) 172 D5
Aniche (59) 9 E2
Anisy (14) 14 B4
Anizy-le-Château (02) 22 B4
Anjeux (70) 87 G1
Anjou (38) 144 B1
Anjouin (36) 96 D2
Anjoutey (90) 88 D2
Anla (65) 184 A5
Anlezy (58) 99 G4
Anlhiac (24) 138 A1
Annay (58) 82 C4
Annay (62) 8 B1
Annay-la-Côte (89) 84 A4
Annay-sur-Serein (89) 84 A2
Annebault (14) 15 E4
Annecy (74) 132 A1
Annecy-le-Vieux (74) 132 B1
Annelles (08) 23 G4
Annemasse (74) 118 C4
Annéot (89) 84 A4
Annepont (17) 121 E2
Annequin (62) 2 D6
Annesse-et-Beaulieu (24) 137 E2
Annet-sur-Marne (77) 43 F3
Anneux (59) 8 D3
Anneville-Ambourville (76) 17 F6
Anneville-en-Saire (50) 13 E2
Annéville-la-Prairie (52) 67 H4
Anneville-sur-Mer (50) 12 C6
Anneville-sur-Scie (76) 17 G2
Anneyron (26) 144 B2
Annezay (17) 107 F6
Annezin (62) 2 D6
Annœullin (59) 3 E6
Annoire (39) 102 B4
Annois (02) 21 H2
Annoisin-Chatelans (38) 130 D3
Annoix (18) 97 H4
Annonay (07) 143 H2
Annonville (52) 68 A2
Annot (04) 178 A2
Annouville-Vilmesnil (76) 16 C4
Annoux (89) 84 B3
Annoville (50) 35 G1
Anor (59) 10 B5
Anos (64) 182 C1
Anost (71) 100 B3
Anould (88) 70 D3
Anoux (54) 25 H5
Anoye (64) 182 D1
Anquetierville (76) 18 A3
Anrosey (52) 86 D1
Ansac-sur-Vienne (16) 123 F1
Ansacq (60) 20 C5
Ansan (32) 168 A4
Ansauville (54) 48 A4
Ansauvillers (60) 20 C3
Anse (69) 129 H1
Anserville (60) 20 B6
Ansignan (66) 200 C2
Ansost (65) 183 F1
Ansouis (84) 176 A4
Anstaing (59) 3 G5
Antagnac (47) 150 B4
Anterrieux (15) 141 E6
Anteuil (25) 88 B5
Antezant-la-Chapelle (17) 107 H6
Anthé (47) 151 H4
Anthelupt (54) 49 E6
Anthenay (51) 44 D1
Antheny (08) 10 C6
Antheuil (21) 101 F2
Antheuil-Portes (60) 21 E4
Anthien (58) 83 H6
Anthon (38) 130 C3
Anthy-sur-Léman (74) 118 D3
Antibes (06) 195 E4
Antichan (65) 184 A5
Antichan-de-Frontignes (31) 184 A5
Antignac (15) 140 B1
Antignac (31) 197 F1
Antigny (85) 92 C6
Antigny (86) 109 H2
Antigny-la-Ville (21) 101 E2
Antilly (57) 26 C5
Antilly (60) 43 G1
Antin (65) 183 G2
Antisanti (2B) 205 G3
Antist (65) 183 F4
Antogny-le-Tillac (37) 94 D3
Antoigné (49) 93 G2
Antoigny (61) 38 C6
Antoingt (63) 127 F5
Antonaves (05) 159 H5
Antonne-et-Trigonant (24) 137 G2
Antony (92) 42 C5
Antraigues-sur-Volane (07) 157 G1
Antrain (35) 35 G5
Antran (86) 94 D4
Antras (09) 184 C6
Antras (32) 167 G4
Antrenas (48) 155 G2
Antugnac (11) 186 D5
Antully (71) 100 D4
Anvéville (76) 17 E4
Anville (16) 122 A2
Anvin (62) 7 G1
Any-Martin-Rieux (02) 10 C6
Anzat-le-Luguet (63) 141 E1
Anzeling (57) 26 D4
Anzême (23) 111 G4
Anzex (47) 150 C5
Anzin (59) 9 F2
Anzin-Saint-Aubin (62) 8 B2
Anzy-le-Duc (71) 115 E4
Aoste (38) 131 F4
Aougny (51) 44 D1
Aouste (08) 23 G1
Aouste-sur-Sye (26) 158 C1
Aouze (88) 69 E2
Apach (57) 26 D2
Apchat (63) 141 F1
Apchon (15) 140 C2
Apinac (42) 142 D1
Appelle (81) 170 A5
Appenai-sous-Bellême (61) 60 D2
Appenans (25) 88 B5
Appenwihr (68) 71 G5
Appeville (50) 12 D5
Appeville-Annebault (27) 18 A5
Appietto (2A) 204 C5
Appilly (60) 21 H3
Appoigny (89) 83 F1
Apprieu (38) 131 E6
Appy (09) 199 F1
Apremont (01) 117 G4
Apremont (08) 24 C6
Apremont (60) 20 D6
Apremont (70) 86 C5
Apremont (73) 131 H5
Apremont (85) 91 E3
Apremont-la-Forêt (55) 47 H4
Apremont-sur-Allier (18) 98 D4
Aprey (52) 86 A2
Apt (84) 176 A3
Arabaux (09) 185 H5
Arâches-la-Frasse (74) 119 F6
Aragnouet (65) 196 D1
Aragon (11) 187 E2
Aramits (64) 181 H3
Aramon (30) 174 D3
Aranc (01) 117 F6
Arancou (64) 165 E6
Arandas (01) 131 E2
Arandon (38) 131 E3
Araujuzon (64) 181 G1
Araules (43) 143 E3
Araux (64) 181 G1
Arbanats (33) 149 G1
Arbas (31) 184 C5
Arbecey (70) 87 E2
Arbellara (2A) 207 E3
Arbent (01) 117 G4
Arbéost (65) 182 C5
Arbérats-Sillègue (64) 181 F1
Arbignieu (01) 131 F3
Arbigny (01) 116 C2
Arbigny-sous-Varennes (52) 86 C1
Arbin (73) 132 A5
Arbis (33) 149 H1
Arblade-le-Bas (32) 166 C4
Arblade-le-Haut (32) 166 D4
Arbois (39) 103 E4
Arbon (31) 184 B5
Arbonne (64) 164 B6
Arbonne-la-Forêt (77) 63 H2
Arboras (34) 172 D4
Arbori (2A) 204 C4
Arbot (52) 85 G1
Arbouans (25) 88 C4
Arboucave (40) 166 A5
Arbouet-Sussaute (64) 181 F1
Arbourse (58) 99 E1
Arboussols (66) 200 C2
l'Arbresle (69) 129 G2
Arbrissel (35) 57 H4
Arbus (64) 182 A2
Arbusigny (74) 118 C5
Arc-en-Barrois (52) 67 G6
Arc-et-Senans (25) 103 E3
Arc-lès-Gray (70) 86 C5
Arc-sous-Cicon (25) 104 A2
Arc-sous-Montenot (25) 103 F4
Arc-sur-Tille (21) 86 A6
Arcachon (33) 148 B1
Arçais (79) 107 F3
Arcambal (46) 152 D3
Arcangues (64) 164 B6
Arçay (18) 97 G4
Arçay (86) 93 H3
Arceau (21) 86 A5
Arcenant (21) 101 G2
Arcens (07) 143 F5
Arces (17) 120 D4
Arces-Dilo (89) 65 G5
Arcey (21) 101 G1
Arcey (25) 88 B4
Archail (04) 160 D6
Archamps (74) 118 C5
Archelange (39) 102 C2
Arches (15) 140 A1
Arches (88) 70 A4
Archettes (88) 70 A4
Archiac (17) 121 G5
Archignac (24) 138 B4
Archignat (03) 112 C3
Archigny (86) 94 D6
Archingeay (17) 121 E1
Archon (02) 23 F1
Arcinges (42) 115 F5
Arcins (33) 134 D3
Arcis-le-Ponsart (51) 22 C6
Arcis-sur-Aube (10) 66 B1
Arcizac-Adour (65) 183 E3
Arcizac-Ez-Angles (65) 183 E4
Arcizans-Avant (65) 182 D5
Arcizans-Dessus (65) 182 D5
Arcomps (18) 97 H6
Arçon (25) 104 A3
Arcon (42) 128 C1
Arconcey (21) 101 E1
Arçonnay (72) 60 A2
Arconsat (63) 128 B2
Arconville (10) 67 F4
les Arcs (83) 177 H6
Arcueil (94) 42 D4
Arcy-Sainte-Restitue (02) 22 B6
Arcy-sur-Cure (89) 83 H4
Ardelles (28) 61 G1
Ardelu (28) 62 D3
Ardenais (18) 112 B1
Ardenay-sur-Mérize (72) 60 C6
Ardengost (65) 183 G5
Ardentes (36) 96 D6
Ardes (63) 127 F6
Ardeuil-et-Montfauxelles (08) 24 B6
Ardiège (31) 184 A4
les Ardillats (69) 115 H5
Ardilleux (79) 108 B5
Ardillières (17) 107 E5
Ardin (79) 107 G2
Ardizas (32) 168 C4
Ardoix (07) 143 H2
Ardon (39) 103 F5
Ardon (45) 80 D2
Ardouval (76) 17 H3
Ardres (62) 1 H3
Aregno (2B) 202 C5
Areines (41) 79 G2
Aren (64) 181 H2
Arengosse (40) 165 G1
Arenthon (74) 118 D5
Arès (33) 134 B6
Aresches (39) 103 F4
Aressy (64) 182 C2
Arette (64) 181 H4
Arfeuille-Châtain (23) 112 C6
Arfeuilles (03) 114 C5
Arfons (81) 186 D1
Argagnon (64) 166 A6
Arganchy (14) 13 H6
Argançon (10) 67 E3
Argancy (57) 26 C5
Argein (09) 184 C6
Argelès-Bagnères (65) 183 F4
Argelès-Gazost (65) 182 D5
Argelès-sur-Mer (66) 201 G3
Argeliers (11) 188 A2
Argelliers (34) 173 E4
Argelos (40) 165 H5
Argelos (64) 166 B6
Argelouse (40) 149 E6
Argences (14) 14 D5
Argens-Minervois (11) 187 G3
Argent-sur-Sauldre (18) 81 G4
Argentan (61) 39 E4
Argentat (19) 139 F3
Argentenay (89) 84 B2
Argenteuil (95) 42 C3
Argenteuil-sur-Armançon (89) 84 B2
l'Argentière-la-Bessée (05) 147 E6
Argentières (77) 43 G6
Argentine (73) 132 C5
Argenton (47) 150 B4
Argenton-l'Église (79) 93 F3
Argenton-les-Vallées (79) 93 E3
Argenton-Notre-Dame (53) 76 D2
Argenton-sur-Creuse (36) 111 E1
Argentré (53) 58 D4
Argentré-du-Plessis (35) 58 A5
Argenvières (18) 98 C2
Argenvilliers (28) 61 F3
Argers (51) 46 C2
Arget (64) 165 H5
Argiésans (90) 88 C3
Argillières (70) 86 D3
Argilliers (30) 174 C2
Argilly (21) 101 H3
Argis (01) 131 E1
Argiusta-Moriccio (2A) 207 E1
Argœuves (80) 7 F5
Argol (29) 31 E6
Argonay (74) 132 B1
Argouges (50) 35 H5
Argoules (80) 6 D2
Argueil (76) 19 F3
Arguel (25) 103 F1
Arguel (80) 6 D6
Arguenos (31) 184 B5
Argut-Dessous (31) 184 B6
Argy (36) 96 A4
Arhansus (64) 181 F2
Aries-Espénan (65) 183 H2
Arifat (81) 170 D4
Arignac (09) 185 G6
Arinthod (39) 117 G3
Arith (73) 132 A3
Arjuzanx (40) 165 F1
Arlanc (63) 128 B6
Arlay (39) 102 D5
Arlebosc (07) 143 H4
Arlempdes (43) 142 C5
Arles (13) 174 C5
Arles-sur-Tech (66) 200 D4
Arlet (43) 141 H3
Arleuf (58) 100 B3
Arleux (59) 8 D2
Arleux-en-Gohelle (62) 8 B2
Arlos (31) 184 B6
Armaillé (49) 76 A2
Armancourt (60) 21 E5
Armancourt (80) 21 E2
Armaucourt (54) 48 D4
Armbouts-Cappel (59) 2 B2
Armeau (89) 65 E5
Armendarits (64) 181 E2
Armenteule (65) 197 E1
Armentières (59) 3 E4
Armentières-en-Brie (77) 43 H3
Armentières-sur-Avre (27) 40 B5
Armentières-sur-Ourcq (02) 44 B1
Armentieux (32) 167 E6
Armes (58) 83 F5
Armillac (47) 150 D2
Armissan (11) 188 B3
Armix (01) 131 F2
Armous-et-Cau (32) 167 E5
Armoy (74) 119 E3
Arnac (15) 139 H4
Arnac-la-Poste (87) 110 D4
Arnac-Pompadour (19) 124 B6
Arnac-sur-Dourdou (12) 171 H4
Arnage (72) 60 A6
Arnancourt (52) 67 G2
Arnas (69) 116 A6
Arnaud-Guilhem (31) 184 C4
Arnave (09) 185 H6
Arnaville (54) 26 B6
Arnay-le-Duc (21) 101 E2
Arnay-sous-Vitteaux (21) 84 D5
Arnayon (26) 159 E3
Arné (65) 183 H3
Arnéguy (64) 180 D3
Arnèke (59) 2 C3
Arnicourt (08) 23 G3
Arnières-sur-Iton (27) 40 D2
Arnos (64) 165 H6
Arnouville (95) 42 D3
Arnouville-lès-Mantes (78) 41 H3
Aroffe (88) 69 E2
Aromas (39) 117 F4
Aron (53) 59 E3
Aroue-Ithorots-Olhaïby (64) 181 F2
Aroz (70) 87 F3
Arpaillargues-et-Aureillac (30) 174 B2
Arpajon (91) 42 C6
Arpajon-sur-Cère (15) 140 B5
Arpavon (26) 159 E4
Arpenans (70) 87 H3
Arpheuilles (18) 98 A5
Arpheuilles (36) 95 H4
Arpheuilles-Saint-Priest (03) 112 D5
Arphy (30) 172 D2
Arquenay (53) 59 E5
Arques (11) 187 E5
Arques (12) 154 D5
les Arques (46) 152 B2
Arques (62) 2 B4
Arques-la-Bataille (76) 17 G2
Arquettes-en-Val (11) 187 F4
Arquèves (80) 7 H4
Arquian (58) 82 C4
Arracourt (54) 49 E4
Arradon (56) 72 D1
Arraincourt (57) 49 E2
Arrancourt (91) 63 F3
Arrancy (02) 22 D4
Arrancy-sur-Crusne (55) 25 G4
Arrans (21) 84 C3
Arras (62) 8 B2
Arras-en-Lavedan (65) 182 D5
Arras-sur-Rhône (07) 144 A3
Arrast-Larrebieu (64) 181 G2
Arraute-Charritte (64) 181 E1
Arraye-et-Han (54) 48 D3
Arrayou-Lahitte (65) 183 E4
Arre (30) 172 D2
Arreau (65) 183 G6
Arrelles (10) 66 C5
Arrembécourt (10) 67 E1
Arrènes (23) 111 E6
Arrens-Marsous (65) 182 C5
Arrentès-de-Corcieux (88) 70 C4
Arrentières (10) 67 F3
Arrest (80) 6 C4
Arreux (08) 11 E6
Arriance (57) 49 E2
Arricau-Bordes (64) 166 C6
Arrien (64) 182 D2
Arrien-en-Bethmale (09) 184 D6
Arrigas (30) 172 D2
Arrigny (51) 46 B6
Arro (2A) 204 C4
Arrodets (65) 183 G4
Arrodets-Ez-Angles (65) 183 E4
Arromanches-les-Bains (14) 14 A3
Arronnes (03) 114 B6
Arronville (95) 42 B1
Arros-de-Nay (64) 182 C3
Arrosès (64) 166 C5
Arrou (28) 61 G5
Arrouède (32) 184 A2
Arrout (09) 184 D5
Arry (57) 48 C2
Arry (80) 6 C2
Ars (16) 121 G4
Ars (23) 125 G1
Ars-en-Ré (17) 106 A4
Ars-Laquenexy (57) 26 C5
Ars-les-Favets (63) 113 E5
Ars-sur-Formans (01) 130 A1
Ars-sur-Moselle (57) 48 C1
Arsac (33) 135 E4
Arsac-en-Velay (43) 142 C4
Arsague (40) 165 G5
Arsans (70) 86 D5
Arsonval (10) 67 E3
Arsure-Arsurette (39) 103 G5
les Arsures (39) 103 E3
Arsy (60) 21 E5
Art-sur-Meurthe (54) 48 D5
Artagnan (65) 183 E1
Artaise-le-Vivier (08) 24 C3
Artaix (71) 115 E4
Artalens-Souin (65) 182 D5
Artannes-sur-Indre (37) 94 D1
Artannes-sur-Thouet (49) 93 H1
Artas (38) 130 C5
Artassenx (40) 166 B3
Artemare (01) 131 F2
Artemps (02) 21 H1
Artenay (45) 62 D5
Arthaz-Pont-Notre-Dame (74) 118 C5
Arthel (58) 99 F1
Arthémonay (26) 144 C3
Arthenac (17) 121 G5
Arthenas (39) 117 F1
Arthès (81) 170 C2
Arthez-d'Armagnac (40) 166 B2
Arthez-d'Asson (64) 182 C4
Arthez-de-Béarn (64) 165 H6
Arthezé (72) 77 G2
Arthies (95) 41 H2
Arthon (36) 96 C6
Arthon-en-Retz (44) 74 A6
Arthonnay (89) 66 C6
Arthun (42) 128 D3
Artigat (09) 185 F4
Artignosc-sur-Verdon (83) 177 E4
Artigue (31) 184 A6
Artigueloutan (64) 182 C2
Artiguelouve (64) 182 B2
Artiguemy (65) 183 F4
Artigues (09) 199 H2
Artigues (11) 200 A1
Artigues (65) 183 E4
Artigues (83) 192 D1
les Artigues-de-Lussac (33) 135 H4
Artigues-près-Bordeaux (33) 135 F5
Artins (41) 79 E2
Artix (09) 185 G4
Artix (64) 182 A1
Artolsheim (67) 71 G3
Artonges (02) 44 C3
Artonne (63) 127 F1
Artres (59) 9 F2
Artzenheim (68) 71 G4
Arudy (64) 182 B4
Arue (40) 166 B1
Arvert (17) 120 B3
Arveyres (33) 135 G5
Arvieu (12) 154 C6
Arvieux (05) 147 F6
Arvigna (09) 186 A4
Arvillard (73) 132 B6
Arville (41) 61 F5
Arville (77) 63 H4
Arvillers (80) 21 E1
Arx (40) 150 B6
Arzacq-Arraziguet (64) 166 A5
Arzal (56) 73 F2
Arzano (29) 54 C4
Arzay (38) 130 C6
Arzembouy (58) 99 F1
Arzenc-d'Apcher (48) 141 F6
Arzenc-de-Randon (48) 156 B2
Arzens (11) 186 D3
Arzillières-Neuville (51) 46 B6
Arzon (56) 72 C1
Arzviller (57) 50 B4
Asasp-Arros (64) 182 A3
Ascain (64) 180 B1
Ascarat (64) 180 D3
Aschbach (67) 51 F2
Aschères-le-Marché (45) 63 E5
Asco (2B) 202 D6
Ascou (09) 199 G2
Ascoux (45) 63 F5
Ascros (06) 178 C2
Asfeld (08) 23 F4
Aslonnes (86) 109 E2
Asnan (58) 83 F6
Asnans-Beauvoisin (39) 102 C4
Asnelles (14) 14 A3
Asnières (27) 15 G4
Asnières-en-Bessin (14) 13 G4
Asnières-en-Montagne (21) 84 C3
Asnières-en-Poitou (79) 108 B5
Asnières-la-Giraud (17) 121 F1
Asnières-lès-Dijon (21) 85 H5
Asnières-sous-Bois (89) 83 G5
Asnières-sur-Blour (86) 109 H5
Asnières-sur-Nouère (16) 122 B3
Asnières-sur-Oise (95) 42 D1
Asnières-sur-Saône (01) 116 B3
Asnières-sur-Seine (92) 42 C3
Asnières-sur-Vègre (72) 59 G6
Asnois (58) 83 G5
Asnois (86) 109 E5
Aspach (57) 49 H5
Aspach (68) 89 F3
Aspach-le-Bas (68) 89 E2
Aspach-le-Haut (68) 89 E1
Aspères (30) 173 G3
Asperjoc (07) 157 G1
Aspet (31) 184 B5
Aspin-Aure (65) 183 G5
Aspin-en-Lavedan (65) 182 D4
Aspiran (34) 172 C6
Aspremont (05) 159 H3
Aspremont (06) 195 F2
les Aspres (61) 40 A5
Aspres-lès-Corps (05) 146 A6
Aspres-sur-Buëch (05) 159 H2
Aspret-Sarrat (31) 184 B4
Asprières (12) 153 H3
Asque (65) 183 F4
Asques (33) 135 F4
Asques (82) 168 C2
Asquins (89) 83 H5
Assac (81) 171 E2
Assainvillers (80) 21 E3
Assais-les-Jumeaux (79) 93 H5
Assas (34) 173 F4
Assat (64) 182 C2
Assay (37) 94 B2
Assé-le-Bérenger (53) 59 F4
Assé-le-Boisne (72) 59 H3
Assé-le-Riboul (72) 60 A4
Assenay (10) 66 B4
Assencières (10) 66 B2
Assenoncourt (57) 49 G4
Assérac (44) 73 F3
Assevent (59) 10 A2
Assevillers (80) 8 B6
Assier (46) 153 F1
Assieu (38) 130 A6
Assignan (34) 187 H1
Assigny (18) 82 B5
Assigny (76) 17 H1
les Assions (07) 157 E4
Assis-sur-Serre (02) 22 B2
Asson (64) 182 C3
Asswiller (67) 50 B3
Astaffort (47) 168 A1
Astaillac (19) 139 E5
Asté (65) 183 F4
Aste-Béon (64) 182 B4
Astet (07) 157 E1
Astillé (53) 58 C6
Astis (64) 166 B6
Aston (09) 199 F1
Astugue (65) 183 E4
Athée (21) 102 C1
Athée (53) 58 B6
Athée-sur-Cher (37) 79 F6
Athesans-Étroitefontaine (70) 88 A3
Athie (21) 84 C4
Athie (89) 84 A4
Athienville (54) 49 E5
Athies (62) 8 B2
Athies (80) 8 C6
Athies-sous-Laon (02) 22 C3
Athis (51) 45 G2
Athis-de-l'Orne (61) 38 B4
Athis-Mons (91) 42 D5
Athos-Aspis (64) 181 F1
Athose (25) 103 H2
Attainville (95) 42 D2
Attancourt (52) 67 G1
les Attaques (62) 1 H2
Attenschwiller (68) 89 G3
Attiches (59) 3 F6
Attichy (60) 21 G4
Attignat (01) 116 D4
Attignat-Oncin (73) 131 G5
Attignéville (88) 68 D2
Attigny (08) 24 A4
Attigny (88) 69 F5
Attilloncourt (57) 49 E4
Attilly (02) 8 D6
Attin (62) 1 F6
Atton (54) 48 C3
Attray (45) 63 E5
Attricourt (70) 86 B4
Atur (24) 137 F3
Aubagnan (40) 166 A4
Aubagne (13) 192 C4
Aubaine (21) 101 F2
Aubais (30) 173 H4
Aubarède (65) 183 F2
Aubas (24) 138 A3
Aubazat (43) 141 H3
Aubazines (19) 138 D3
Aube (57) 26 C6
Aube (61) 40 A5
Aubéguimont (76) 19 G1
Aubenas (07) 157 G2
Aubenas-les-Alpes (04) 176 C2
Aubenasson (26) 158 D1
Aubencheul-au-Bac (59) 8 D3
Aubencheul-aux-Bois (02) 9 E5
Aubenton (02) 10 B6
Aubepierre-Ozouer-le-Repos (77) 43 G6
Aubepierre-sur-Aube (52) 85 G1
l'Aubépin (39) 117 E2
Auberchicourt (59) 8 D2
Aubercourt (80) 20 D1
Aubergenville (78) 42 A3
Aubérive (51) 23 G6
Auberive (52) 85 H2
Auberives-en-Royans (38) 144 D3
Auberives-sur-Varèze (38) 130 A6
Aubermesnil-aux-Érables (76) 19 F1
Aubermesnil-Beaumais (76) 17 G2
Aubers (59) 3 E5
Aubertin (64) 182 B2

Auberville (14) 14 D3
Auberville-
-la-Campagne (76) 15 H1
Auberville-la-Manuel (76) 16 D2
Auberville-la-Renault (76) 16 C4
Aubervilliers (93) 42 D3
Aubeterre (10) 66 B2
Aubeterre-sur-Dronne (16) 136 B1
Aubeville (16) 122 A5
Aubevoye (27) 41 E1
Aubiac (33) 149 H3
Aubiac (47) 151 E6
Aubiat (63) 127 F1
Aubie-et-Espessas (33) 135 F4
Aubière (63) 127 F3
Aubiet (32) 168 A5
Aubignan (84) 175 F1
Aubignas (07) 158 A2
Aubigné (35) 57 F1
Aubigné (79) 108 B6
Aubigné-Racan (72) 78 B3
Aubigné-sur-Layon (49) 93 E1
Aubignosc (04) 160 B6
Aubigny (03) 98 D6
Aubigny (14) 38 D3
Aubigny (79) 93 G5
Aubigny (80) 7 H6
Aubigny (85) 91 G5
Aubigny-au-Bac (59) 8 D3
Aubigny-aux-Kaisnes (02) 21 H1
Aubigny-en-Artois (62) 8 A2
Aubigny-en-Laonnois (02) 22 D4
Aubigny-en-Plaine (21) 102 A2
Aubigny-la-Ronce (21) 101 F3
Aubigny-les-Pothées (08) 23 H1
Aubigny-
-lès-Sombernon (21) 85 E6
Aubigny-sur-Nère (18) 81 G5
Aubilly (51) 22 D6
Aubin (12) 154 A3
Aubin (64) 166 A6
Aubin-Saint-Vaast (62) 7 E1
Aubinges (18) 98 A1
Auboncourt-Vauzelles (08) 23 H3
Aubonne (25) 104 A3
Aubord (30) 174 A4
Auboué (54) 26 A4
Aubous (64) 166 C5
Aubres (26) 158 D4
Aubréville (55) 46 D1
Aubrives (08) 11 F4
Aubrometz (62) 7 F2
Aubry-du-Hainaut (59) 9 F2
Aubry-en-Exmes (61) 39 F4
Aubry-le-Panthou (61) 39 G4
Aubure (68) 71 E3
Aubussargues (30) 174 A2
Aubusson (23) 125 G1
Aubusson (61) 38 B4
Aubusson-d'Auvergne (63) 128 A3
Aubvillers (80) 20 D2
Auby (59) 8 C1
Aucaleuc (22) 34 C5
Aucamville (31) 169 F5
Aucamville (82) 168 D3
Aucazein (09) 184 C5
Aucelon (26) 159 E2
Aucey-la-Plaine (50) 35 G5
Auch (32) 167 H5
Auchel (62) 2 C6
Auchonvillers (80) 8 A4
Auchy-au-Bois (62) 2 B6
Auchy-la-Montagne (60) 20 B3
Auchy-lès-Hesdin (62) 7 F1
Auchy-les-Mines (62) 3 E6
Auchy-lez-Orchies (59) 3 G6
Aucun (65) 182 C5
Audaux (64) 181 G1
Audelange (39) 102 D2
Audeloncourt (52) 68 C5
Audembert (62) 1 F3
Audenge (33) 134 B6
Auderville (50) 12 A1
Audes (03) 112 C2
Audeux (25) 103 F1
Audeville (45) 63 F3
Audierne (29) 52 D2
Audignicourt (02) 21 H4
Audignies (59) 9 H2
Audignon (40) 165 H4
Audigny (02) 9 G6
Audincourt (25) 88 C4
Audincthun (62) 2 A5
Audinghen (62) 1 F3
Audon (40) 165 F3
Audouville-la-Hubert (50) 13 E4
Audrehem (62) 1 H3
Audressein (09) 184 D6
Audresselles (62) 1 F3
Audrieu (14) 14 A4
Audrix (24) 137 G5
Audruicq (62) 1 H3
Audun-le-Roman (54) 26 A3
Audun-le-Tiche (57) 26 A2
Auenheim (67) 51 G3
Auffargis (78) 42 A5
Auffay (76) 17 G4
Aufferville (77) 63 H4
Auffreville-Brasseuil (78) 41 H3
Auflance (08) 25 E2
Auga (64) 166 B6
Augan (56) 56 B4
Auge (08) 10 C6
Auge (23) 112 B4
Augé (79) 108 A2
Auge-Saint-Médard (16) 122 A2
Augea (39) 117 F1
Auger-Saint-Vincent (60) 21 F6
Augerans (39) 102 D3
Augères (23) 111 F6
Augerolles (63) 128 A3
Augers-en-Brie (77) 44 B5
Augerville-la-Rivière (45) 63 G3
Augicourt (70) 87 E2
Augignac (24) 123 F4
Augirein (09) 184 C5
Augisey (39) 117 F1
Augnat (63) 127 F6
Augnax (32) 168 A4
Augne (87) 125 E3
Augny (57) 26 B6
Auguaise (61) 40 A5
Augy (02) 22 B5
Augy (89) 83 G2
Augy-sur-Aubois (18) 98 B5
Aujac (17) 121 G2
Aujac (30) 156 D4
Aujan-Mournède (32) 183 H1
Aujargues (30) 173 H4
Aujeurres (52) 86 A2
Aujols (46) 152 D4
Aulan (26) 159 F5
Aulas (30) 172 D2
Aulhat-Saint-Privat (63) 127 G5
Aullène (2A) 207 E2
Aulnat (63) 127 F3
Aulnay (10) 66 D1
Aulnay (17) 107 H6
Aulnay (86) 94 A4
Aulnay-la-Rivière (45) 63 G4
Aulnay-l'Aître (51) 46 A4
Aulnay-sous-Bois (93) 43 E3
Aulnay-sur-Iton (27) 40 D2
Aulnay-sur-Marne (51) 45 G2
Aulnay-sur-Mauldre (78) 42 A3
les Aulneaux (72) 60 B2
Aulnois (88) 68 D3
Aulnois-en-Perthois (55) 47 E6
Aulnois-sous-Laon (02) 22 C3
Aulnois-sur-Seille (57) 48 D3
Aulnoy (77) 43 H4
Aulnoy-
-lez-Valenciennes (59) 9 F2
Aulnoy-sur-Aube (52) 85 H1
Aulnoye-Aymeries (59) 9 H3
Aulon (23) 111 F6
Aulon (31) 184 B3
Aulon (65) 183 G6
Aulos (09) 199 F1
Ault (80) 6 B4
Aulus-les-Bains (09) 198 C1
Aulx-lès-Cromary (70) 87 G5
Aumagne (17) 121 G2
Aumale (76) 19 G1
Aumâtre (80) 6 D6
Aumelas (34) 172 D5
Auménancourt (51) 23 E5
Aumerval (62) 2 B6
Aumes (34) 188 D1
Aumessas (30) 172 D2
Aumetz (57) 26 A3
Aumeville-Lestre (50) 13 E3
Aumont (39) 102 D4
Aumont (80) 7 E6
Aumont-Aubrac (48) 155 G1
Aumont-en-Halatte (60) 20 D6
Aumontzey (88) 70 C4
Aumur (39) 102 B3
Aunac (16) 122 C1
Aunat (11) 199 H1
Aunay-en-Bazois (58) 99 H2
Aunay-les-Bois (61) 39 G6
Aunay-sous-Auneau (28) 62 D2
Aunay-sous-Crécy (28) 41 E5
Aunay-sur-Odon (14) 14 A6
Auneau (28) 62 C2
Auneuil (60) 20 A5
Aunou-le-Faucon (61) 39 E5
Aunou-sur-Orne (61) 39 F6
Auppegard (76) 17 G3
Aups (83) 177 F5
Auquainville (14) 15 F6
Auquemesnil (76) 6 A5
Auradé (32) 168 C6
Auradou (47) 151 G4
Auragne (31) 185 G1
Auray (56) 55 E6
Aure (08) 24 A6
Aurec-sur-Loire (43) 143 E1
Aureil (87) 124 C3
Aureilhan (40) 148 B5
Aureilhan (65) 183 E3
Aureille (13) 175 F4
Aurel (26) 159 E1
Aurel (84) 159 F6
Aurelle-Verlac (12) 155 F3
Aurensan (32) 166 C5
Aurensan (65) 183 E2
Aureville (31) 169 F6
Auriac (11) 187 F6
Auriac (19) 139 G2
Auriac (64) 166 B6
Auriac-du-Périgord (24) 138 A3
Auriac-Lagast (12) 154 C6
Auriac-l'Église (15) 141 F2
Auriac-sur-Dropt (47) 150 C1
Auriac-sur-Vendinelle (31) 169 H6
Auriat (23) 124 D2
Auribail (31) 185 F2
Auribeau (84) 176 A3
Auribeau-sur-Siagne (06) 178 C5
Aurice (40) 165 H3
Auriébat (65) 167 E6
Aurières (63) 126 D4
Aurignac (31) 184 C3
Aurillac (15) 140 A5
Aurimont (32) 168 B5
Aurin (31) 169 G6
Auriol (13) 192 C3
Auriolles (33) 136 B6
Aurions-Idernes (64) 166 C6
Auris (38) 146 B3
Aurons (13) 191 H2
Auros (33) 150 A3
Aurouër (03) 99 E6
Auroux (48) 156 C1
Aussac (81) 170 B3
Aussac-Vadalle (16) 122 C2
Ausseing (31) 184 D4
Aussevielle (64) 182 B1
Aussillon (81) 170 D6
Aussois (73) 147 F2
Ausson (31) 184 A4
Aussonce (08) 23 G5
Aussonne (31) 169 E5
Aussos (32) 184 A1
Aussurucq (64) 181 F3
Autainville (41) 80 A1
Autechaux (25) 87 H5
Autechaux-Roide (25) 88 C5
les Autels (02) 23 F1
les Autels-Saint-Bazile (14) 39 F3
les Autels-Villevillon (28) 61 F4
Auterive (31) 185 G2
Auterive (32) 167 H5
Auterive (82) 168 C3
Auterrive (64) 165 E6
Autet (70) 86 D4
Auteuil (60) 20 A5
Auteuil (78) 41 H4
Autevielle-Saint-Martin-
-Bideren (64) 181 F1
Authe (08) 24 B4
Autheuil (28) 61 H6
Autheuil (61) 40 A6
Autheuil-Authouillet (27) 41 E1
Autheuil-en-Valois (60) 43 H1
Autheux (80) 7 F4
Authevernes (27) 19 G6
Authezat (63) 127 F4
Authie (14) 14 B4
Authie (80) 7 H4
Authieule (80) 7 G4
les Authieux (27) 41 E3
les Authieux-du-Puits (61) 39 G5
les Authieux-Papion (14) 15 E6
Authieux-Ratiéville (76) 18 D3
les Authieux-
-sur-Calonne (14) 15 F4
les Authieux-sur-le-
-Port-Saint-Ouen (76) 18 D5
Authiou (58) 99 F1
Authoison (70) 87 G4
Authon (04) 160 C5
Authon (41) 79 F3
Authon-du-Perche (28) 61 F4
Authon-Ébéon (17) 121 G2
Authon-la-Plaine (91) 62 D2
Authou (27) 18 A6
Authuille (80) 8 A4
Authume (39) 102 C2
Authumes (71) 102 B4
Autichamp (26) 158 C1
Autignac (34) 172 B6
Autigny (76) 17 F3
Autigny-la-Tour (88) 68 D2
Autigny-le-Grand (52) 67 H1
Autigny-le-Petit (52) 67 H1
Autingues (62) 1 H3
Autoire (46) 139 E5
Autoreille (70) 87 E5
Autouillet (78) 41 H4
Autrac (43) 141 F1
Autrans (38) 145 F2
Autrèche (37) 79 F4
Autrechêne (90) 88 D3
Autrêches (60) 21 H4
Autrecourt-et-Pourron (08) 24 C3
Autrécourt-sur-Aire (55) 47 E2
Autremencourt (02) 22 D2
Autrepierre (54) 49 G5
Autreppes (02) 9 H6
Autretot (76) 17 E4
Autreville (02) 21 H3
Autreville (88) 69 E1
Autréville-
-Saint-Lambert (55) 24 D3
Autreville-sur-la-Renne (52) 67 G5
Autreville-sur-Moselle (54) 48 C4
Autrey (54) 48 C6
Autrey (88) 70 B3
Autrey-le-Vay (70) 87 H4
Autrey-lès-Cerre (70) 87 H3
Autrey-lès-Gray (70) 86 C4
Autricourt (21) 67 E6
Autruche (08) 24 C4
Autruy-sur-Juine (45) 63 E3
Autry (08) 24 B6
Autry-Issards (03) 113 G2
Autry-le-Châtel (45) 81 H4
Autun (71) 100 D4
Auty (82) 152 C6
Auvare (06) 178 C1
Auve (51) 46 B2
Auvernaux (91) 63 H1
Auvers (43) 141 H4
Auvers (50) 13 E5
Auvers-le-Hamon (72) 59 F6
Auvers-Saint-Georges (91) 63 F1
Auvers-sous-
-Montfaucon (72) 59 H5
Auvers-sur-Oise (95) 42 C2
Auverse (49) 77 H4
Auvet-et-la-Chapelotte (70) 86 C4
Auvillar (82) 168 B1
Auvillars (14) 15 E4
Auvillars-sur-Saône (21) 102 A3
Auvillers-les-Forges (08) 10 C6
Auvilliers (76) 19 F1
Auvilliers-en-Gâtinais (45) 63 H6
aux-Aussat (32) 183 G1
Auxais (50) 13 E6
Auxange (39) 102 D2
Auxant (21) 101 F2
Auxelles-Bas (90) 88 C2
Auxelles-Haut (90) 88 C2
Auxerre (89) 83 F2
Auxey-Duresses (21) 101 F3
Auxi-le-Château (62) 7 F3
Auxon (10) 66 A5
Auxon (70) 87 G3
Auxon-Dessous (25) 87 F6
Auxonne (21) 102 C1
les Auxons (25) 87 F6
Auxy (45) 63 H5
Auxy (71) 100 D4
Auzainvilliers (88) 69 E3
Auzances (23) 126 B1
Auzas (31) 184 C3
Auzat (09) 198 D1
Auzat-la-Combelle (63) 127 G6
Auzay (85) 107 E2
Auzebosc (76) 17 E5
Auzelles (63) 127 H4
Auzers (15) 140 B2
Auzet (04) 160 D4
Auzeville-Tolosane (31) 169 F6
Auzielle (31) 169 G6
Auzits (12) 154 A3
Auzon (43) 141 G1
Auzouer-en-Touraine (37) 79 F4
Auzouville-Auberbosc (76) 16 D4
Auzouville-l'Esneval (76) 17 F4
Auzouville-sur-Ry (76) 19 E4
Auzouville-sur-Saâne (76) 17 F3
Availles-en-
-Châtellerault (86) 94 D5
Availles-Limouzine (86) 109 G5
Availles-sur-Seiche (35) 58 A5
Availles-Thouarsais (79) 93 G4
Avajan (65) 183 G6
Avallon (89) 84 A5
les Avanchers-
-Valmorel (73) 132 D5
Avançon (05) 160 C2
Avançon (08) 23 F4
Avanne-Aveney (25) 103 F1
Avant-lès-Marcilly (10) 65 F2
Avant-lès-Ramerupt (10) 66 C2
Avanton (86) 94 B6
Avapessa (2B) 202 C5
Avaray (41) 80 B2
Avaux (08) 23 F4
Aveize (69) 129 G4
Aveizieux (42) 129 F5
Avelanges (21) 85 H4
Avelesges (80) 7 E6
Avelin (59) 3 F6
Aveluy (80) 8 A5
Avenas (69) 116 A5
Avenay (14) 14 B5
Avenay-Val-d'Or (51) 45 F2
Avène (34) 172 A4
les Avenières (38) 131 F4
Avensac (32) 168 B3
Avensan (33) 134 D3
Aventignan (65) 183 H4
Averan (65) 183 E3
Averdoingt (62) 7 H2
Averdon (41) 79 H3
Avermes (03) 113 H1
Avernes (95) 42 A2
Avernes-
-Saint-Gourgon (61) 39 G3
Avernes-sous-Exmes (61) 39 F4
Avéron-Bergelle (32) 167 E4
Averton (53) 59 G2
Avesnelles (59) 10 A4
Avesnes (62) 1 H6
Avesnes-Chaussoy (80) 6 D6
Avesnes-en-Bray (76) 19 G4
Avesnes-en-Saosnois (72) 60 C3
Avesnes-en-Val (76) 6 B5
Avesnes-le-Comte (62) 7 H2
Avesnes-le-Sec (59) 9 E3
Avesnes-les-Aubert (59) 9 E3
Avesnes-lès-Bapaume (62) 8 B4
Avesnes-sur-Helpe (59) 10 A4
Avessac (44) 74 A1
Avessé (72) 59 F6
Aveux (65) 184 A5
Avezac-Prat-Lahitte (65) 183 G4
Avezan (32) 168 B3
Avèze (30) 172 D2
Avèze (63) 126 B5
Avezé (72) 60 D3
Aviernoz (74) 132 B1
Avignon (84) 175 E2
Avignon-lès-
-Saint-Claude (39) 118 A3
Avignonet (38) 145 G4
Avignonet-Lauragais (31) 186 A2
Avillers (54) 25 H5
Avillers (88) 69 G3
Avillers-Sainte-Croix (55) 47 H2
Avilley (25) 87 H5
Avilly-Saint-Léonard (60) 43 E1
Avion (62) 8 B1
Avioth (55) 25 E3
Aviré (49) 76 C2
Avirey-Lingey (10) 66 C5
Aviron (27) 40 D2
Avize (51) 45 F3
Avocourt (55) 24 D6
Avoine (37) 94 B1
Avoine (61) 39 E5
Avoise (72) 77 G1
Avolsheim (67) 50 D6
Avon (77) 64 A2
Avon (79) 108 C3
Avon-la-Pèze (10) 65 G2
Avon-les-Roches (37) 94 C2
Avondance (62) 2 A6
Avord (18) 98 A3
Avosnes (21) 85 E6
Avot (21) 85 H3
Avoudrey (25) 104 A2
Avrainville (54) 48 B4
Avrainville (88) 69 G2
Avrainville (91) 63 F1
Avranches (50) 35 H3
Avranville (88) 68 C2
Avrechy (60) 20 C4
Avrecourt (52) 68 C6
Avrée (58) 100 A5
Avremesnil (76) 17 F2
Avressieux (73) 131 G4
Avreuil (10) 66 A5
Avricourt (54) 49 G5
Avricourt (57) 49 G5
Avricourt (60) 21 F2
Avrieux (73) 147 E2
Avrigney-Virey (70) 87 E6
Avrigny (60) 20 D5
Avril (54) 26 A4
Avril-sur-Loire (58) 99 F5
Avrillé (49) 76 D4
Avrillé (85) 91 F6
Avrillé-les-Ponceaux (37) 78 B5
Avrilly (03) 114 D4
Avrilly (27) 40 D3
Avrilly (61) 38 A6
Avroult (62) 2 A5
Avy (17) 121 F4
Awoingt (59) 9 E3
Ax-les-Thermes (09) 199 G2
Axat (11) 200 B1
Axiat (09) 199 F1
Ay (51) 45 F2
Ay-sur-Moselle (57) 26 C4
Ayat-sur-Sioule (63) 113 E6
Aydat (63) 127 E4
Aydie (64) 166 C5
Aydius (64) 182 A5
Aydoilles (88) 70 A3
Ayen (19) 138 B2
Ayencourt (80) 20 D3
Ayette (62) 8 B3
Ayguatébia-Talau (66) 200 A3
Ayguemorte-
-les-Graves (33) 135 F6
Ayguesvives (31) 185 H1
Ayguetinte (32) 167 G3
Ayherre (64) 180 D1
Ayn (73) 131 G4
Aynac (46) 139 E6
les Aynans (70) 88 A3
Ayrens (15) 140 A4
Ayron (86) 94 A6
Ayros-Arbouix (65) 182 D5
Ayse (74) 118 D5
Ayssènes (12) 171 G1
Aytré (17) 106 D5
les Ayvelles (08) 24 B2
Ayzac-Ost (65) 182 D4
Ayzieu (32) 166 D3
Azannes-et-
-Soumazannes (55) 25 F5
Azas (31) 169 G4
Azat-Châtenet (23) 111 F6
Azat-le-Ris (87) 110 B4
Azay-le-Brûlé (79) 108 A3
Azay-le-Ferron (36) 95 G5
Azay-le-Rideau (37) 94 C1
Azay-sur-Cher (37) 79 E6
Azay-sur-Indre (37) 95 F1
Azay-sur-Thouet (79) 93 F6
Azé (41) 79 F1
Azé (53) 76 D1
Azé (71) 116 B3
Azelot (54) 48 D6
Azerables (23) 110 D3
Azerailles (54) 70 B1
Azerat (24) 138 A3
Azérat (43) 141 G1
Azereix (65) 183 E3
Azet (65) 196 D1
Azeville (50) 13 E3
Azillanet (34) 187 G2
Azille (11) 187 G3
Azilone-Ampaza (2A) 205 E6
Azincourt (62) 7 F1
Azolette (69) 115 G5
Azoudange (57) 49 G4
Azur (40) 164 C3
Azy (18) 98 B2
Azy-le-Vif (58) 99 E5
Azy-sur-Marne (02) 44 B2
Azzana (2A) 204 D4

B

Baâlon (55) 25 E4
Baâlons (08) 24 A3
Babeau-Bouldoux (34) 188 A1
Baboeuf (60) 21 G3
Baby (77) 65 E2
Baccarat (54) 70 B1
Baccon (45) 80 B1
Bach (46) 153 E4
Bachant (59) 9 H3
Bachas (31) 184 C3
la Bachellerie (24) 138 A3
Bachivillers (60) 20 A6
Bachos (31) 184 A6
Bachy (59) 3 G6
Bacilly (50) 35 G3
Baconnes (51) 45 H1
la Baconnière (53) 58 C4
Bacouël (60) 20 C3
Bacouel-sur-Selle (80) 20 B1
Bacourt (57) 49 E3
Bacquepuis (27) 40 D2
Bacqueville (27) 19 E5
Bacqueville-en-Caux (76) 17 G3
Badailhac (15) 140 C5
Badaroux (48) 156 A3
Badecon-le-Pin (36) 111 E2
Badefols-d'Ans (24) 138 A2
Badefols-
-sur-Dordogne (24) 137 F5
Baden (56) 72 C1
Badens (11) 187 F3
Badevel (25) 88 D4
Badinières (38) 130 D5
Badménil-aux-Bois (88) 70 A3
Badonviller (54) 70 C1
Badonvilliers-
-Gérauvilliers (55) 47 H6
Baerendorf (67) 50 A3
Baerenthal (57) 28 C6
la Baffe (88) 70 A4
Baffie (63) 128 C6
Bagard (30) 173 G1
Bagas (33) 150 A1
Bagat-en-Quercy (46) 152 B4
Bâgé-la-Ville (01) 116 C4
Bâgé-le-Châtel (01) 116 C4
Bagert (09) 184 D4
Bages (11) 188 A4
Bages (66) 201 F3
Bagiry (31) 184 A5
Bagnac-sur-Célé (46) 153 H1
Bagneaux (89) 65 G4
Bagneaux-sur-Loing (77) 64 A4
Bagnères-de-Bigorre (65) 183 F4
Bagnères-de-Luchon (31) 197 F1
Bagneux (02) 22 A4
Bagneux (03) 113 G1
Bagneux (36) 96 C2
Bagneux (51) 65 H1
Bagneux (54) 48 B6
Bagneux (92) 42 C4
Bagneux-la-Fosse (10) 66 C6
Bagnizeau (17) 121 G1
Bagnoles (11) 187 E3
Bagnoles-de-l'Orne (61) 38 C6
Bagnolet (93) 42 D4
Bagnols (63) 126 C5
Bagnols (69) 129 G2
Bagnols-en-Forêt (83) 178 B5
Bagnols-les-Bains (48) 156 B3
Bagnols-sur-Cèze (30) 158 A6
Bagnot (21) 102 A3
Baguer-Morvan (35) 35 E5
Baguer-Pican (35) 35 F4
Baho (66) 201 E2
Bahus-Soubiran (40) 166 B4
Baigneaux (28) 62 D5
Baigneaux (33) 135 H6
Baigneaux (41) 79 H2
Baignes (70) 87 F3
Baignes-Sainte-
-Radegonde (16) 121 H6
Baigneux-les-Juifs (21) 85 E4
Baignolet (28) 62 B4
Baigts (40) 165 G4
Baigts-de-Béarn (64) 165 F6
Baillargues (34) 173 G5
Baillé (35) 35 H6
Bailleau-Armenonville (28) 62 C1
Bailleau-le-Pin (28) 62 A2
Bailleau-l'Évêque (28) 62 A1
Baillestavy (66) 200 C3
Baillet-en-France (95) 42 C2
Bailleul (59) 2 D4
Bailleul (61) 39 E4
le Bailleul (72) 77 G2
Bailleul (80) 6 D5
Bailleul-aux-Cornailles (62) 7 H2
Bailleul-la-Vallée (27) 15 G4
Bailleul-le-Soc (60) 20 D4
Bailleul-lès-Pernes (62) 2 B6
Bailleul-Neuville (76) 19 E1
Bailleul-Sir-Berthoult (62) 8 B2
Bailleul-sur-Thérain (60) 20 B5
Bailleulmont (62) 8 A3
Bailleulval (62) 8 A3
Bailleval (60) 20 D5
Baillolet (76) 19 E1
Baillou (41) 61 E6
Bailly (60) 21 G4
Bailly (78) 42 B4
Bailly-aux-Forges (52) 67 G1
Bailly-en-Rivière (76) 6 A6
Bailly-le-Franc (10) 67 E1
Bailly-Romainvilliers (77) 43 G4
Bain-de-Bretagne (35) 57 E5
Baincthun (62) 1 F4
Bainghen (62) 1 G4
Bains (43) 142 B4
Bains-les-Bains (88) 69 G5
Bains-sur-Oust (35) 56 C6
Bainville-aux-Miroirs (54) 69 G1
Bainville-aux-Saules (88) 69 F4
Bainville-sur-Madon (54) 48 C6
Bairols (06) 178 D1
Bais (35) 57 H4
Bais (53) 59 F3
Baisieux (59) 3 G5
Baissey (52) 86 A2
Baives (59) 10 B4
Baix (07) 158 B1
Baixas (66) 201 E2
Baizieux (80) 7 H5
le Baizil (51) 45 E3
Bajamont (47) 151 F5
Bajonnette (32) 168 A3
Bajus (62) 7 H1
Balacet (09) 184 C6
Baladou (46) 138 C5
Balagny-sur-Thérain (60) 20 C5
Balaguères (09) 184 D5
Balaguier-d'Olt (12) 153 G3
Balaguier-sur-Rance (12) 171 E3
Balaiseaux (39) 102 C3
Balaives-et-Butz (08) 24 B2
Balan (01) 130 C2
Balan (08) 24 C2

Balanod (39) 117 E2
Balansun (64) 165 G6
Balanzac (17) 120 D3
Balaruc-le-Vieux (34) 189 F1
Balaruc-les-Bains (34) 189 F1
Balâtre (80) 21 F2
Balazé (35) 58 A4
Balazuc (07) 157 G3
Balbigny (42) 129 E2
Balbins (38) 130 D6
Balbronn (67) 50 C5
Baldenheim (67) 71 G3
Baldersheim (68) 89 F1
la Baleine (50) 35 H1
Baleix (64) 182 D1
Balesmes-sur-Marne (52) 86 B1
Balesta (31) 184 A3
Baleyssagues (47) 150 C1
Balgau (68) 71 G6
Balham (08) 23 F4
Balignac (82) 168 B2
Balignicourt (10) 66 D1
Bâlines (27) 40 C5
Balinghem (62) 1 H3
Baliracq-Maumusson (64) 166 B5
Baliros (64) 182 C3
Balizac (33) 149 G3
Ballainvilliers (91) 42 C5
Ballaison (74) 118 D3
Ballan-Miré (37) 78 D6
Ballancourt-sur-Essonne (91) 63 G1
Ballans (17) 121 H2
Ballay (08) 24 B4
Balledent (87) 110 C5
Ballée (53) 59 E6
Balleray (58) 99 E3
Balleroy (14) 13 G6
Ballersdorf (68) 89 E3
Balléville (88) 69 E2
Ballon (17) 106 D5
Ballon (72) 60 B4
Ballons (26) 159 G5
Ballore (71) 115 G2
Ballots (53) 58 B6
Balloy (77) 64 D2
Balma (31) 169 F5
la Balme (73) 131 G3
la Balme-de-Sillingy (74) 132 A1
la Balme-de-Thuy (74) 132 B1
la Balme-d'Épy (39) 117 F3
la Balme-les-Grottes (38) 130 D2
Balnot-la-Grange (10) 66 C6
Balnot-sur-Laignes (10) 66 D5
Balogna (2A) 204 C3
Balot (21) 84 D2
Balsac (12) 154 B4
Balschwiller (68) 89 E2
Balsièges (48) 156 A3
Baltzenheim (68) 71 G4
Balzac (16) 122 B3
Bambecque (59) 2 C2
Bambiderstroff (57) 49 F1
Ban-de-Laveline (88) 70 D3
Ban-de-Sapt (88) 70 D2
le Ban-Saint-Martin (57) 26 B5
Ban-sur-Meurthe-Clefcy (88) 70 D4
Banassac (48) 155 G4
Banca (64) 180 C3
Bancigny (02) 23 E1
Bancourt (62) 8 C4
Bandol (83) 192 D5
Baneins (01) 116 C5
Baneuil (24) 137 F5
Bangor (56) 72 A3
Banios (65) 183 F4
Banize (23) 125 F2
Bannalec (29) 54 A3
Bannans (25) 103 H4
Bannay (18) 82 B6
Bannay (51) 44 D4
Bannay (57) 49 E1
Banne (07) 157 E4
Bannegon (18) 98 B5
Bannes (46) 139 F6
Bannes (51) 45 E4
Bannes (52) 86 B1
Bannes (53) 59 F5
Banneville-la-Campagne (14) 14 C5
Banneville-sur-Ajon (14) 14 A5
Bannières (81) 169 H5
Bannoncourt (55) 47 G3
Bannost-Villegagnon (77) 44 A5
Banogne-Recouvrance (08) 23 F3
Banon (04) 176 B1
Banos (40) 165 H4
Bans (39) 102 D3
Bansat (63) 127 G6
Bantanges (71) 116 D1
Banteux (59) 8 D4
Banthelu (95) 41 H1
Bantheville (55) 24 D5
Bantigny (59) 8 D3
Bantouzelle (59) 8 D4
Bantzenheim (68) 89 G1
Banvillars (90) 88 C3
Banville (14) 14 B3
Banvou (61) 38 B5
Banyuls-dels-Aspres (66) 201 F3
Banyuls-sur-Mer (66) 201 G4
Baon (89) 84 B1
Baons-le-Comte (76) 17 E4
Bapaume (62) 8 B4
Bar (19) 139 E1
Bar-le-Duc (55) 47 E4
Bar-lès-Buzancy (08) 24 C4
Bar-sur-Aube (10) 67 F4
le Bar-sur-Loup (06) 178 C4
Bar-sur-Seine (10) 66 D5
Baracé (49) 77 F3
Baraigne (11) 186 A2
Baraize (36) 111 E2
Baralle (62) 8 C3
Baraqueville (12) 154 B5
Barastre (62) 8 C4
Baratier (05) 161 E2
Barbachen (65) 183 F1
Barbaggio (2B) 203 F4
Barbaira (11) 187 F3
Barbaise (08) 24 A2
Barbas (54) 49 G6
Barbaste (47) 150 D6
Barbâtre (85) 90 B1
Barbazan (31) 184 A5
Barbazan-Debat (65) 183 F3
Barbazan-Dessus (65) 183 F3
Barbechat (44) 75 E4
la Barben (13) 191 H3
Barbentane (13) 174 D3
Barberaz (73) 131 H4
Barberey-Saint-Sulpice (10) 66 A3
Barberier (03) 113 H5
Barbery (14) 14 B6
Barbery (60) 21 E6
Barbeville (14) 13 H5
Barbey (77) 64 C2
Barbey-Seroux (88) 70 C4
Barbezières (16) 122 A1
Barbezieux-Saint-Hilaire (16) 121 H5
Barbières (26) 144 C4
Barbirey-sur-Ouche (21) 101 F1
Barbizon (77) 63 H2
Barbonne-Fayel (51) 44 D6
Barbonville (54) 48 C6
le Barboux (25) 104 C2
Barbuise (10) 65 F1
Barby (08) 23 G3
Barby (73) 132 A4
Barc (27) 40 B2
le Barcarès (66) 201 G1
Barcelonne (26) 144 C5
Barcelonne-du-Gers (32) 166 C4
Barcelonnette (04) 161 F3
Barchain (57) 49 H5
Barcillonnette (05) 160 A3
Barcugnan (32) 183 G1
Barcus (64) 181 G3
Barcy (77) 43 G2
Bard (42) 128 D5
Bard-le-Régulier (21) 100 D2
Bard-lès-Époisses (21) 84 C4
Bard-lès-Pesmes (70) 86 D6
la Barde (17) 136 A3
Bardenac (16) 136 A1
Bardigues (82) 168 B1
le Bardon (45) 80 C1
Bardos (64) 164 D6
Bardou (24) 137 F6
Bardouville (76) 17 F6
Barèges (65) 183 E6
Bareilles (65) 183 G6
Barembach (67) 71 E1
Baren (31) 184 A6
Barentin (76) 17 F5
Barenton (50) 37 H6
Barenton-Bugny (02) 22 C2
Barenton-Cel (02) 22 C2
Barenton-sur-Serre (02) 22 C2
Barésia-sur-l'Ain (39) 117 G1
Barfleur (50) 13 E1
Bargème (83) 178 A4
Bargemon (83) 177 H5
Barges (21) 101 H1
Barges (43) 142 C6
Barges (70) 87 E1
Bargny (60) 43 G1
Barie (33) 150 A2
les Barils (27) 40 B5
Barinque (64) 182 C1
Barisey-au-Plain (54) 69 E1
Barisey-la-Côte (54) 48 A6
Barisis-aux-Bois (02) 22 A3
Barizey (71) 101 F5
Barjac (09) 184 D4
Barjac (30) 157 G5
Barjac (48) 155 H3
Barjols (83) 193 F1
Barjon (21) 85 G3
Barjouville (28) 62 B2
Barles (04) 160 D5
Barlest (65) 182 D3
Barleux (80) 8 C6
Barlieu (18) 82 A5
Barlin (62) 8 A1
Barly (62) 7 H3
Barly (80) 7 G3
Barmainville (28) 62 D3
Barnas (07) 157 E1
Barnave (26) 159 E1
Barnay (71) 100 D2
Barneville-Carteret (50) 12 B4
Barneville-la-Bertran (14) 16 B6
Barneville-sur-Seine (27) 18 B5
la Baroche-sous-Lucé (61) 38 B6
les Baroches (54) 26 A4
Baromesnil (76) 6 B5
Baron (30) 174 A1
Baron (33) 135 G5
Baron (60) 43 F1
Baron (71) 115 F2
Baron-sur-Odon (14) 14 B5
Baronville (57) 49 F3
Barou-en-Auge (14) 39 E3
Baroville (10) 67 F4
le Barp (33) 149 E1
Barquet (27) 40 C2
Barr (67) 71 G1
Barrais-Bussolles (03) 114 C4
Barran (32) 167 G5
Barrancoueu (65) 183 G6
Barras (04) 160 C6
Barraute-Camu (64) 181 G1
Barraux (38) 132 A6
la Barre (39) 102 D2
la Barre (70) 87 G5
Barre (81) 171 G4
la Barre-de-Monts (85) 90 C2
la Barre-de-Semilly (50) 37 G1
Barre-des-Cévennes (48) 156 B5
la Barre-en-Ouche (27) 40 A3
Barrême (04) 177 G2
Barret (16) 121 H5
Barret-de-Lioure (26) 159 F6
Barret-sur-Méouge (05) 159 H5
Barretaine (39) 103 E5
Barrettali (2B) 203 F2
Barriac-les-Bosquets (15) 139 H3
Barro (16) 108 D6
Barrou (37) 95 E4
le Barroux (84) 158 D6
Barry (65) 183 E3
Barry-d'Islemade (82) 169 E1
Bars (24) 137 H3
Bars (32) 167 F6
Barsac (26) 159 E1
Barsac (33) 149 G2
Barst (57) 49 G1
Bart (25) 88 C4
Bartenheim (68) 89 G3
Barthe (65) 183 H2
la Barthe-de-Neste (65) 183 G4
Bartherans (25) 103 F3
les Barthes (82) 168 D1
Bartrès (65) 182 D4
Barville (27) 15 G5
Barville (61) 60 C1
Barville (88) 68 D2
Barville-en-Gâtinais (45) 63 G5
Barzan (17) 120 D5
Barzun (64) 182 D3
Barzy-en-Thiérache (02) 9 G4
Barzy-sur-Marne (02) 44 C2
Bas-en-Basset (43) 142 D1
Bas-et-Lezat (63) 127 G1
Bas-Lieu (59) 10 A4
Bas-Mauco (40) 165 H3
Bascons (40) 166 A3
Bascous (32) 167 E3
Baslieux (54) 25 H4
Baslieux-lès-Fismes (51) 22 C5
Baslieux-sous-Châtillon (51) 45 E1
Basly (14) 14 B4
Bassac (16) 122 A4
Bassan (34) 188 C1
Bassanne (33) 150 A2
Basse-Goulaine (44) 74 D5
Basse-Ham (57) 26 C3
Basse-Rentgen (57) 26 C2
Basse-sur-le-Rupt (88) 70 C5
la Basse-Vaivre (70) 69 F6
la Bassée (59) 3 E6
Bassemberg (67) 71 F2
Basseneville (14) 14 D4
Bassens (33) 135 F5
Bassens (73) 131 H4
Bassercles (40) 165 H5
Basses (86) 94 A3
Basseux (62) 8 A3
Bassevelle (77) 44 B3
Bassignac (15) 140 A1
Bassignac-le-Bas (19) 139 E4
Bassignac-le-Haut (19) 139 G2
Bassigney (70) 87 G1
Bassillac (24) 137 G2
Bassillon-Vauzé (64) 166 D6
Bassing (57) 49 G3
Bassoles-Aulers (02) 22 A3
Bassoncourt (52) 68 C5
Bassou (89) 83 F1
Bassoues (32) 167 F5
Bassu (51) 46 B4
Bassuet (51) 46 B4
Bassurels (48) 156 B6
Bassussarry (64) 164 B6
Bassy (74) 131 G1
Bastanès (64) 181 G1
Bastelica (2A) 205 E5
Bastelicaccia (2A) 204 C6
Bastennes (40) 165 G4
Bastia (2B) 203 G4
la Bastide (66) 200 D3
la Bastide (83) 178 A4
la Bastide-Clairence (64) 164 C6
la Bastide-de-Besplas (09) 185 E3
la Bastide-de-Bousignac (09) 186 B5
la Bastide-de-Lordat (09) 185 H4
la Bastide-de-Sérou (09) 185 F5
la Bastide-d'Engras (30) 174 B1
la Bastide-des-Jourdans (84) 176 B3
la Bastide-du-Salat (09) 184 C4
la Bastide-l'Évêque (12) 153 H4
la Bastide-Pradines (12) 172 A2
la Bastide-Puylaurent (48) 156 D2
la Bastide-Solages (12) 171 E2
la Bastide-sur-l'Hers (09) 186 B5
la Bastidonne (84) 176 B4
le Bastit (46) 153 E1
Basville (23) 126 A2
la Bataille (79) 108 B5
Bathelémont (54) 49 E5
Bathernay (26) 144 B2
la Bâthie (73) 132 D4
la Bâtie-des-Fonds (26) 159 G3
la Bâtie-Divisin (38) 131 F5
la Bâtie-Montgascon (38) 131 F4
la Bâtie-Montsaléon (05) 159 H3
la Bâtie-Neuve (05) 160 C2
la Bâtie-Rolland (26) 158 B2
la Bâtie-Vieille (05) 160 C2
les Bâties (70) 87 E4
Batilly (54) 26 A5
Batilly (61) 38 D5
Batilly-en-Gâtinais (45) 63 G5
Batilly-en-Puisaye (45) 82 B4
Bats (40) 166 A4
Batsère (65) 183 G4
Battenans-les-Mines (25) 87 H5
Battenans-Varin (25) 88 C6
Battenheim (68) 89 F1
Battexey (88) 69 G2
Battigny (54) 69 E1
Battrans (70) 86 D5
Batz-sur-Mer (44) 73 F4
Batzendorf (67) 51 E4
Baubigny (21) 101 F3
Baubigny (50) 12 B3
la Bauche (73) 131 G5
Baud (56) 55 E4
Baudement (51) 45 E6
Baudemont (71) 115 F4
Baudignan (40) 150 B6
Baudignécourt (55) 47 G6
Baudinard-sur-Verdon (83) 177 F4
Baudoncourt (70) 87 H2
Baudonvilliers (55) 46 D5
Baudre (50) 37 G1
Baudrecourt (52) 67 G2
Baudrecourt (57) 49 E2
Baudreix (64) 182 C3
Baudrémont (55) 47 F4
Baudres (36) 96 B3
Baudreville (28) 62 D3
Baudreville (50) 12 C5
Baudricourt (88) 69 F3
Baudrières (71) 101 H6
Bauduen (83) 177 F4
Baugé-en-Anjou (49) 77 G4
Baugy (18) 98 B3
Baugy (60) 21 E4
Baugy (71) 115 E4
Baulay (70) 87 F2
Baule (45) 80 C2
la Baule-Escoublac (44) 73 F4
Baulme-la-Roche (21) 85 F6
Baulne (91) 63 G1
Baulne-en-Brie (02) 44 D3
Baulny (55) 24 C6
Baulon (35) 56 D4
Baulou (09) 185 G5
la Baume (74) 119 E4
la Baume-Cornillane (26) 144 C6
la Baume-de-Transit (26) 158 B4
la Baume-d'Hostun (26) 144 D4
Baume-les-Dames (25) 87 H5
Baume-les-Messieurs (39) 102 D6
Bauné (49) 77 F4
Baupte (50) 12 D5
Bauquay (14) 14 A6
Baurech (33) 135 F6
la Baussaine (35) 56 D1
Bauvin (59) 3 E6
les Baux-de-Breteuil (27) 40 B3
les Baux-de-Provence (13) 191 E2
les Baux-Sainte-Croix (27) 40 D3
Bauzemont (54) 49 E5
Bauzy (41) 80 B4
Bavans (25) 88 C4
Bavay (59) 9 H2
Bavelincourt (80) 7 H5
Bavent (14) 14 C4
Baverans (39) 102 D2
Bavilliers (90) 88 C3
Bavinchove (59) 2 C3
Bavincourt (62) 8 A3
Bax (31) 185 E3
Bay (70) 86 D6
Bay-sur-Aube (52) 85 H2
Bayac (24) 137 F6
Bayard-sur-Marne (52) 47 E6
Bayas (33) 135 H3
Baye (29) 54 B4
Baye (51) 44 D4
Bayecourt (88) 70 A3
Bayel (10) 67 F4
Bayencourt (80) 8 A4
Bayenghem-lès-Éperlecques (62) 2 A3
Bayenghem-lès-Seninghem (62) 1 H4
Bayers (16) 122 C1
Bayet (03) 113 H4
Bayeux (14) 13 H5
Bayon (54) 69 G1
Bayon-sur-Gironde (33) 135 E3
Bayonne (64) 164 B6
Bayons (04) 160 C4
Bayonville (08) 24 C4
Bayonville-sur-Mad (54) 26 A6
Bayonvillers (80) 8 A6
Bazac (16) 136 B2
Bazaiges (36) 111 E2
Bazailles (54) 25 H4
Bazainville (78) 41 G4
Bazancourt (51) 23 F5
Bazancourt (60) 19 G3
Bazarnes (89) 83 G3
Bazas (33) 149 H3
Bazauges (17) 121 H1
Bazegney (88) 69 G3
Bazeilles (08) 24 C2
Bazeilles-sur-Othain (55) 25 F3
Bazelat (23) 111 E3
Bazemont (78) 42 A3
Bazens (47) 150 D5
Bazentin (80) 8 B5
Bazenville (14) 14 A3
Bazet (65) 183 E2
la Bazeuge (87) 110 B4
Bazian (32) 167 F4
Bazicourt (60) 21 E5
Baziège (31) 185 H1
Bazien (88) 70 B2
Bazillac (65) 183 E2
Bazincourt-sur-Epte (27) 19 G5
Bazincourt-sur-Saulx (55) 47 E5
Bazinghen (62) 1 F3
Bazinval (76) 6 B5
la Bazoche-Gouet (28) 61 F4
Bazoches (58) 83 H6
Bazoches-au-Houlme (61) 38 D4
Bazoches-en-Dunois (28) 62 B5
Bazoches-lès-Bray (77) 64 D2
Bazoches-les-Gallerandes (45) 63 E4
Bazoches-les-Hautes (28) 62 C4
Bazoches-sur-Guyonne (78) 42 A4
Bazoches-sur-Hoëne (61) 39 H6
Bazoches-sur-le-Betz (45) 64 C5
Bazoches-sur-Vesles (02) 22 C5
la Bazoge (50) 37 G5
la Bazoge (72) 60 A5
la Bazoge-Montpinçon (53) 59 E3
Bazoges-en-Paillers (85) 92 A4
Bazoges-en-Pareds (85) 92 B6
Bazoilles-et-Ménil (88) 69 F3
Bazoilles-sur-Meuse (88) 68 D3
Bazolles (58) 99 G2
Bazoncourt (57) 26 D6
la Bazoque (14) 13 G6
la Bazoque (61) 38 B4
Bazoques (27) 15 H5
Bazordan (65) 183 H3
la Bazouge-de-Chemeré (53) 59 E5
la Bazouge-des-Alleux (53) 58 D4
la Bazouge-du-Désert (35) 58 B1
Bazougers (53) 59 E5
Bazouges-la-Pérouse (35) 35 F5
Bazouges-sur-le-Loir (72) 77 G2
Bazuel (59) 9 G4
Bazugues (32) 183 G1
Bazus (31) 169 F4
Bazus-Aure (65) 183 G6
Bazus-Neste (65) 183 G4
le Béage (07) 142 D5
Béalcourt (80) 7 F3
Béalencourt (62) 7 F1
Béard (58) 99 E5
Béard-Géovreissiat (01) 117 G5
Beaubec-la-Rosière (76) 19 F2
Beaubery (71) 115 G3
Beaubray (27) 40 C3
Beaucaire (30) 174 D3
Beaucaire (32) 167 G3
Beaucamps-le-Jeune (80) 19 G1
Beaucamps-le-Vieux (80) 6 D6
Beaucamps-Ligny (59) 3 E5
Beaucé (35) 58 A2
Beaucens (65) 182 D5
le Beaucet (84) 175 G2
Beauchalot (31) 184 C4
Beauchamp (95) 42 C2
Beauchamps (50) 35 H2
Beauchamps (80) 6 B5
Beauchamps-sur-Huillard (45) 63 G6
Beauchastel (07) 144 A6
Beauche (28) 40 C5
Beauchemin (52) 86 A1
Beauchêne (41) 61 F6
Beauchêne (61) 38 A5
Beauchery-Saint-Martin (77) 44 B6
Beauclair (55) 24 D4
Beaucoudray (50) 37 F2
Beaucourt (90) 88 D4
Beaucourt-en-Santerre (80) 20 D1
Beaucourt-sur-l'Ancre (80) 8 A4
Beaucourt-sur-l'Hallue (80) 7 H5
Beaucouzé (49) 76 D4
Beaucroissant (38) 145 E1
Beaudéan (65) 183 F4
Beaudéduit (60) 20 A2
Beaudignies (59) 9 G3
Beaudricourt (62) 7 G3
Beaufai (61) 39 H4
Beaufay (72) 60 C4
Beauficel (50) 37 G4
Beauficel-en-Lyons (27) 19 F4
Beaufin (38) 146 A6
Beaufort (31) 184 D1
Beaufort (34) 187 G2
Beaufort (38) 144 C1
Beaufort (39) 117 F1
Beaufort (59) 10 A3
Beaufort (73) 132 D3
Beaufort-Blavincourt (62) 7 H2
Beaufort-en-Argonne (55) 24 D4
Beaufort-en-Santerre (80) 21 E1
Beaufort-en-Vallée (49) 77 G5
Beaufort-sur-Gervanne (26) 144 C6
Beaufou (85) 91 F3
Beaufour-Druval (14) 15 E4
Beaufremont (88) 68 D3
Beaugas (47) 151 F3
Beaugeay (17) 120 C1
Beaugency (45) 80 B2
Beaugies-sous-Bois (60) 21 G2
Beaujeu (04) 160 D5
Beaujeu (69) 115 H5
Beaujeu-Saint-Vallier-Pierrejux-et-Quitteur (70) 86 D4
Beaulandais (61) 38 B6
Beaulencourt (62) 8 B4
Beaulieu (07) 157 F4
Beaulieu (14) 37 H3
Beaulieu (15) 126 B6
Beaulieu (21) 85 F2
Beaulieu (34) 173 G4
Beaulieu (36) 110 C3
Beaulieu (38) 145 E2
Beaulieu (43) 142 C3
Beaulieu (58) 99 G1
Beaulieu (61) 40 B5
Beaulieu (63) 127 G6
Beaulieu-en-Argonne (55) 46 D2
Beaulieu-les-Fontaines (60) 21 F2
Beaulieu-lès-Loches (37) 95 G2
Beaulieu-sous-la-Roche (85) 91 F4
Beaulieu-sous-Parthenay (79) 108 A1
Beaulieu-sur-Dordogne (19) 139 E4
Beaulieu-sur-Layon (49) 76 D6
Beaulieu-sur-Loire (45) 82 B4
Beaulieu-sur-Mer (06) 195 F3
Beaulieu-sur-Oudon (53) 58 B5
Beaulieu-sur-Sonnette (16) 122 D1
Beaulon (03) 114 C1
Beaumais (14) 39 E3
Beaumarchés (32) 167 E5
Beaumat (46) 152 D1
Beaumé (02) 10 B6
la Beaume (05) 159 G2
Beauménil (88) 70 B4
Beaumerie-Saint-Martin (62) 6 D1
Beaumes-de-Venise (84) 158 C6
Beaumesnil (14) 37 G3
Beaumesnil (27) 40 B2
Beaumettes (84) 175 G3
Beaumetz (80) 7 F4
Beaumetz-lès-Aire (62) 2 A6
Beaumetz-lès-Cambrai (62) 8 C4
Beaumetz-lès-Loges (62) 8 A3
Beaumont (07) 157 E3
Beaumont (19) 125 E6
Beaumont (32) 167 F2
Beaumont (43) 141 G1
Beaumont (54) 48 A4
Beaumont (63) 127 F3
Beaumont (74) 118 B5
Beaumont (86) 94 C5
Beaumont (89) 83 F1
Beaumont-de-Lomagne (82) 168 C3
Beaumont-de-Pertuis (84) 176 C4
Beaumont-du-Gâtinais (77) 63 H5
Beaumont-du-Lac (87) 125 E3
Beaumont-du-Périgord (24) 137 F6
Beaumont-du-Ventoux (84) 158 D6
Beaumont-en-Argonne (08) 24 C3
Beaumont-en-Auge (14) 15 E4
Beaumont-en-Beine (02) 21 H2
Beaumont-en-Cambrésis (59) 9 F4
Beaumont-en-Diois (26) 159 F2
Beaumont-en-Verdunois (55) 25 F6
Beaumont-en-Véron (37) 94 B1
Beaumont-Hague (50) 12 B1
Beaumont-Hamel (80) 8 A4
Beaumont-la-Ferrière (58) 99 E2
Beaumont-la-Ronce (37) 78 D4
Beaumont-le-Hareng (76) 17 H4
Beaumont-le-Roger (27) 40 B2
Beaumont-les-Autels (28) 61 F3
Beaumont-les-Nonains (60) 20 A5
Beaumont-lès-Randan (63) 127 G1
Beaumont-lès-Valence (26) 144 B5
Beaumont-Monteux (26) 144 B4
Beaumont-Pied-de-Boeuf (53) 59 E6
Beaumont-Pied-de-Bœuf (72) 78 C2
Beaumont-Sardolles (58) 99 F4
Beaumont-sur-Dême (72) 78 D3
Beaumont-sur-Grosne (71) 101 G6
Beaumont-sur-Lèze (31) 185 F2
Beaumont-sur-Oise (95) 42 C1
Beaumont-sur-Sarthe (72) 60 A3
Beaumont-sur-Vesle (51) 45 G1
Beaumont-sur-Vingeanne (21) 86 B5
Beaumont-Village (37) 95 H2
Beaumontel (27) 40 B1
Beaumotte-Aubertans (70) 87 G5
Beaumotte-lès-Pin (70) 87 E6
Beaunay (51) 45 E3
Beaune (21) 101 G3
Beaune-d'Allier (03) 113 E4
Beaune-la-Rolande (45) 63 G5
Beaune-sur-Arzon (43) 142 B2
Beaunotte (21) 85 F3
Beaupont (01) 117 E3
Beaupouyet (24) 136 C4
Beaupréau (49) 75 G5
Beaupuy (31) 169 F5
Beaupuy (32) 168 C5
Beaupuy (47) 150 C2
Beaupuy (82) 168 D3
Beauquesne (80) 7 G4
Beaurain (59) 9 F3
Beaurains (62) 8 B3
Beaurains-lès-Noyon (60) 21 G3
Beaurainville (62) 7 E1
Beaurecueil (13) 176 B6
Beauregard (01) 129 H1
Beauregard (46) 153 F4
Beauregard-Baret (26) 144 C4
Beauregard-de-Terrasson (24) 138 A3
Beauregard-et-Bassac (24) 137 E4
Beauregard-l'Évêque (63) 127 G3
Beauregard-Vendon (63) 127 F1
Beaurepaire (38) 144 C1
Beaurepaire (60) 20 D6
Beaurepaire (76) 16 B4
Beaurepaire (85) 92 A3
Beaurepaire-en-Bresse (71) 102 C6
Beaurepaire-sur-Sambre (59) 9 H4
Beaurevoir (02) 9 E5
Beaurières (26) 159 G2
Beaurieux (02) 22 C5

Beaurieux (59) 10 B3
Beauronne (24) 136 D3
Beausemblant (26) 144 A2
Beausite (55) 47 E3
Beausoleil (06) 195 G2
Beaussac (24) 123 E5
Beaussais-Vitré (79) 108 B4
Beaussault (76) 19 F2
Beausse (49) 75 G4
le Beausset (83) 192 D4
Beauteville (31) 186 A2
Beautheil (77) 43 H5
Beautiran (33) 149 G1
Beautor (02) 22 A2
Beautot (76) 17 G4
Beauvain (61) 38 C6
Beauvais (60) 20 A4
Beauvais-sur-Matha (17) 121 H2
Beauvais-sur-Tescou (81) 169 G3
Beauval (80) 7 G4
Beauval-en-Caux (76) 17 G3
Beauvallon (26) 144 B5
Beauvau (49) 77 F3
Beauvène (07) 143 G5
Beauvernois (71) 102 C5
Beauvezer (04) 161 F6
Beauville (31) 186 A1
Beauville (47) 151 G5
Beauvilliers (28) 62 C3
Beauvilliers (41) 79 H1
Beauvilliers (89) 84 B5
Beauvoir (50) 35 G4
Beauvoir (60) 20 C3
Beauvoir (77) 43 G6
Beauvoir (89) 83 E2
Beauvoir-de-Marc (38) 130 C5
Beauvoir-en-Lyons (76) 19 F4
Beauvoir-en-Royans (38) 144 D3
Beauvoir-sur-Mer (85) 90 C2
Beauvoir-sur-Niort (79) 107 H5
Beauvoir-Wavans (62) 7 F3
Beauvois (62) 7 F1
Beauvois-en-Cambrésis (59) 9 E4
Beauvois-en-Vermandois (02) 8 D6
Beauvoisin (26) 159 E5
Beauvoisin (30) 174 A4
Beaux (43) 142 D2
Beauzac (43) 142 D2
Beauzelle (31) 169 E5
Beauziac (47) 150 B4
Bébing (57) 49 H4
Beblenheim (68) 71 F4
Bec-de-Mortagne (76) 16 C4
le Bec-Hellouin (27) 18 A6
le Bec-Thomas (27) 18 C6
Beccas (32) 183 F1
Béceleuf (79) 107 G2
Béchamps (54) 25 H6
Bécherel (35) 56 D1
Bécheresse (16) 122 B5
Béchy (57) 48 D2
Bécon-les-Granits (49) 75 H3
Bécordel-Bécourt (80) 8 A5
Bécourt (62) 1 G5
Becquigny (02) 9 F5
Becquigny (80) 21 E2
Bédarieux (34) 172 B5
Bédarrides (84) 175 E1
Beddes (18) 112 A1
Bédéchan (32) 168 B5
Bédée (35) 56 D2
Bédeilhac-et-Aynat (09) 185 G6
Bédeille (09) 184 D4
Bédeille (64) 182 D2
Bedenac (17) 135 G2
Bédoin (84) 158 D6
Bédouès (48) 156 B4
Bedous (64) 182 A5
Béduer (46) 153 G2
Beffes (18) 98 C3
Beffia (39) 117 F2
Beffu-et-le-Morthomme (08) 24 C5
Bégaar (40) 165 F3
Bégadan (33) 120 C6
Béganne (56) 73 G1
Bégard (22) 32 D3
Bègles (33) 135 E5
Begnécourt (88) 69 G4
Bégole (65) 183 G3
Bégrolles-en-Mauges (49) 75 G6
la Bégude-de-Mazenc (26) 158 C2
Bègues (03) 113 G5
Béguey (33) 149 G1
Béguios (64) 181 E1
Béhagnies (62) 8 B4
Béhasque-Lapiste (64) 181 F1
Béhen (80) 6 D4
Béhencourt (80) 7 H5
Béhéricourt (60) 21 G3
Behonne (55) 47 E4
Béhorléguy (64) 181 E3
Béhoust (78) 41 H4
Behren-lès-Forbach (57) 27 G5
Béhuard (49) 76 D5
Beignon (56) 56 C4
Beillé (72) 60 C5
Beine (89) 83 G2
Beine-Nauroy (51) 23 F6
Beinheim (67) 51 G3
Beire-le-Châtel (21) 86 A5
Beire-le-Fort (21) 102 B1
Beissat (23) 125 H3
Bélâbre (36) 110 B2
Belan-sur-Ource (21) 67 E6
Bélarga (34) 172 D6
Bélaye (46) 152 B3
Belberaud (31) 169 G6
Belbèse (82) 168 C3
Belbeuf (76) 18 D5
Belbèze-de-Lauragais (31) 185 G1
Belbèze-en-Comminges (31) 184 D4
Belcaire (11) 199 G1
Belcastel (12) 154 A4
Belcastel (81) 169 H5
Belcastel-et-Buc (11) 187 E5
Belcodène (13) 192 C2
Bélesta (09) 186 B6
Bélesta (66) 200 D2
Bélesta-en-Lauragais (31) 186 A1
Beleymas (24) 137 E4
Belfahy (70) 88 B1
Belfays (25) 88 D6
Belflou (11) 186 A2
Belfonds (61) 39 F6
Belfort (90) 88 C3
Belfort-du-Quercy (46) 152 D5
Belfort-sur-Rebenty (11) 199 H1
Belgeard (53) 59 E3
Belgentier (83) 193 F4
Belgodère (2B) 202 D5
Belhade (40) 149 E4
Belhomert-Guéhouville (28) 61 G1
le Bélieu (25) 104 C2
Béligneux (01) 130 C2
Belin-Béliet (33) 148 D2
Bélis (40) 166 A1
Bellac (87) 110 B5
Bellaffaire (04) 160 C3
Bellaing (59) 9 F2
Bellancourt (80) 7 E4
Bellange (57) 49 F3
Bellavilliers (61) 60 C2
le Bellay-en-Vexin (95) 42 A1
Belle-Église (60) 42 C1
Belle-et-Houllefort (62) 1 F4
Belle-Isle-en-Terre (22) 32 C4
Belleau (02) 44 B2
Belleau (54) 48 C4
Bellebat (33) 135 H6
Bellebrune (62) 1 G4
Bellechassagne (19) 125 H4
Bellechaume (89) 65 G5
Bellecombe (39) 118 A3
Bellecombe-en-Bauges (73) 132 B3
Bellecombe-Tarendol (26) 159 E4
Bellefond (21) 85 H5
Bellefond (33) 135 H6
Bellefonds (86) 94 D6
Bellefontaine (39) 118 B1
Bellefontaine (50) 37 G5
Bellefontaine (88) 69 H5
Bellefontaine (95) 42 D2
Bellefosse (67) 71 E1
Bellegarde (30) 174 C4
Bellegarde (32) 184 A1
Bellegarde (45) 63 G6
Bellegarde (81) 170 D3
Bellegarde-du-Razès (11) 186 C4
Bellegarde-en-Diois (26) 159 F2
Bellegarde-en-Forez (42) 129 E4
Bellegarde-en-Marche (23) 125 H1
Bellegarde-Poussieu (38) 130 B6
Bellegarde-Sainte-Marie (31) 168 D5
Bellegarde-sur-Valserine (01) 117 H5
Belleherbe (25) 88 B6
Bellemagny (68) 89 E2
Bellême (61) 60 D2
Bellenaves (03) 113 G5
Bellencombre (76) 17 H4
Belleneuve (21) 86 A6
Bellenglise (02) 9 E6
Bellengreville (14) 38 D1
Bellengreville (76) 17 H2
Bellenod-sur-Seine (21) 85 E3
Bellenot-sous-Pouilly (21) 101 E1
Bellentre (73) 133 E4
Belleray (55) 47 F1
Bellerive-sur-Allier (03) 114 A6
Belleroche (42) 115 G5
Belles-Forêts (57) 49 H4
Belleserre (81) 170 B6
Bellesserre (31) 168 D4
Belleu (02) 22 A5
Belleuse (80) 20 B2
Bellevaux (74) 119 E4
Bellevesvre (71) 102 C5
Belleville (54) 48 C4
Belleville (69) 116 B6
Belleville (79) 107 G5
Belleville-en-Caux (76) 17 G4
Belleville-et-Châtillon-sur-Bar (08) 24 B4
Belleville-sur-Loire (18) 82 B4
Belleville-sur-Mer (76) 17 H1
Belleville-sur-Meuse (55) 47 F1
Belleville-sur-Vie (85) 91 G3
Bellevue-la-Montagne (43) 142 B2
Belley (01) 131 F3
Belleydoux (01) 117 H4
Bellicourt (02) 9 E5
la Bellière (61) 39 E5
la Bellière (76) 19 F3
Bellignat (01) 117 G4
Belligné (44) 76 B4
Bellignies (59) 9 H2
la Belliole (89) 64 D4
Belloc (09) 186 B5
Belloc-Saint-Clamens (32) 183 H1
Bellocq (64) 165 F5
Bellon (16) 136 B1
Bellonne (62) 8 C2
Bellot (77) 44 B4
Bellou (14) 15 F6
Bellou-en-Houlme (61) 38 B5
Bellou-le-Trichard (61) 60 D3
Bellou-sur-Huisne (61) 61 E2
Belloy (60) 21 E3
Belloy-en-France (95) 42 D2
Belloy-en-Santerre (80) 8 B6
Belloy-Saint-Léonard (80) 6 D6
Belloy-sur-Somme (80) 7 F5
Belluire (17) 121 F5
Belmesnil (76) 17 G3
Belmont (25) 104 A1
Belmont (32) 167 F4
Belmont (38) 131 E5
Belmont (39) 102 D3
Belmont (52) 86 C2
Belmont (67) 71 E1
Belmont (70) 88 A1
Belmont-Bretenoux (46) 139 F5
Belmont-d'Azergues (69) 129 H2
Belmont-de-la-Loire (42) 115 G5
Belmont-lès-Darney (88) 69 F5
Belmont-Luthézieu (01) 131 F2
Belmont-Sainte-Foi (46) 153 E5
Belmont-sur-Buttant (88) 70 B3
Belmont-sur-Rance (12) 171 G3
Belmont-sur-Vair (88) 69 E3
Belmont-Tramonet (73) 131 F5
Belmontet (46) 152 A4
Belonchamp (70) 88 B2
Belpech (11) 186 A3
Belrain (55) 47 F3
Belrupt (88) 69 F5
Belrupt-en-Verdunois (55) 47 G1
Bélus (40) 165 E5
Belval (08) 24 A1
Belval (50) 37 E1
Belval (88) 70 D1
Belval-Bois-des-Dames (08) 24 C4
Belval-en-Argonne (51) 46 D3
Belval-sous-Châtillon (51) 45 E1
Belvédère (06) 179 E1
Belvédère-Campomoro (2A) 206 C3
Belverne (70) 88 B3
Belvès (24) 137 H6
Belvès-de-Castillon (33) 136 A5
Belvèze (82) 152 A4
Belvèze-du-Razès (11) 186 C4
Belvézet (30) 174 B1
Belvezet (48) 156 C2
Belvianes-et-Cavirac (11) 200 A1
Belvis (11) 199 H1
Belvoir (25) 88 B6
Belz (56) 54 D6
Bémécourt (27) 40 C4
Bénac (09) 185 G5
Bénac (65) 183 E3
Benagues (09) 185 H4
Benais (37) 78 A6
Bénaix (09) 186 B6
Bénaménil (54) 49 F6
Bénarville (76) 16 D4
Benassay (86) 108 C1
la Benâte (17) 107 G6
Benay (02) 22 A1
Benayes (19) 124 C5
Bendejun (06) 195 F2
Bendorf (68) 89 F4
Bénéjacq (64) 182 C3
Benerville-sur-Mer (14) 15 E3
Bénesse-lès-Dax (40) 165 E4
Bénesse-Maremne (40) 164 C4
Benest (16) 109 F6
Bénestroff (57) 49 G3
Bénesville (76) 17 F3
Benet (85) 107 G3
Beneuvre (21) 85 G3
Bénévent-l'Abbaye (23) 111 E5
Beney-en-Woëvre (55) 48 A3
Benfeld (67) 71 G2
Bengy-sur-Craon (18) 98 B3
Bénifontaine (62) 3 E6
Béning-lès-Saint-Avold (57) 49 G1
la Bénisson-Dieu (42) 115 E5
Bénivay-Ollon (26) 158 D5
Bennecourt (78) 41 G2
Bennetot (76) 16 D4
Benney (54) 69 G1
Bennwihr (68) 71 F4
Bénodet (29) 53 F4
Benoisey (21) 84 D4
Benoîtville (50) 12 B3
Benon (17) 107 E4
Bénonces (01) 131 E2
Bénouville (14) 14 C4
Bénouville (76) 16 B3
Benque (31) 184 C3
Benqué (65) 183 G4
Benque-Dessous-et-Dessus (31) 197 F1
Benquet (40) 166 A3
Bentayou-Sérée (64) 182 D1
Bény (01) 117 E4
le Bény-Bocage (14) 37 H2
Bény-sur-Mer (14) 14 B3
Béon (01) 131 G2
Béon (89) 65 E6
Béost (64) 182 B5
Bérat (31) 185 E2
Béraut (32) 167 G2
Berbérust-Lias (65) 182 D4
Berbezit (43) 142 A2
Berbiguières (24) 137 H6
Bercenay-en-Othe (10) 66 A4
Bercenay-le-Hayer (10) 65 G3
Berche (25) 88 C4
Berchères-les-Pierres (28) 62 B2
Berchères-Saint-Germain (28) 62 B1
Berchères-sur-Vesgre (28) 41 G4
Berck (62) 6 C1
Bercloux (17) 121 F2
Berd'huis (61) 61 E2
Berdoues (32) 167 G6
Bérelles (59) 10 B3
Bérengeville-la-Campagne (27) 40 D1
Berentzwiller (68) 89 G3
Bérenx (64) 165 F6
Béréziat (01) 116 C3
Berfay (72) 61 E6
Berg (67) 50 A3
Berg-sur-Moselle (57) 26 C2
Berganty (46) 153 E3
Bergbieten (67) 50 C6
Bergerac (24) 136 D5
Bergères (10) 67 E4
Bergères-lès-Vertus (51) 45 F4
Bergères-sous-Montmirail (51) 44 C4
Bergesserin (71) 115 H3
Bergheim (68) 71 F3
Bergholtz (68) 71 F6
Bergholtzzell (68) 71 E6
Bergicourt (80) 20 A1
Bergnicourt (08) 23 G4
Bergonne (63) 127 F5
Bergouey (40) 165 G4
Bergouey-Viellenave (64) 165 E6
Bergueneuse (62) 2 B6
Bergues (59) 2 C2
Bergues-sur-Sambre (02) 9 G5
Berhet (22) 32 D2
Bérig-Vintrange (57) 49 F2
Bérigny (50) 13 G6
Berjou (61) 38 B3
Berlaimont (59) 9 H3
Berlancourt (02) 22 D1
Berlancourt (60) 21 G2
Berlats (81) 171 E4
Berlencourt-le-Cauroy (62) 7 H2
Berles-au-Bois (62) 8 A3
Berles-Monchel (62) 7 H2
la Berlière (08) 24 C3
Berling (57) 50 B4
Berlise (02) 23 F2
Berlou (34) 188 A1
Bermerain (59) 9 F3
Berméricourt (51) 23 E5
Bermeries (59) 9 H2
Bermering (57) 49 F3
Bermesnil (80) 6 D6
Bermicourt (62) 7 F1
Bermont (90) 88 C3
Bermonville (76) 18 A2
Bernac (16) 108 D6
Bernac (81) 170 B2
Bernac-Debat (65) 183 E3
Bernac-Dessus (65) 183 E3
Bernadets (64) 182 C1
Bernadets-Debat (65) 183 G2
Bernadets-Dessus (65) 183 G3
le Bernard (85) 91 F6
la Bernardière (85) 91 H1
Bernardswiller (67) 71 G1
Bernardvillé (67) 71 F2
Bernâtre (80) 7 F3
Bernaville (80) 7 F4
Bernay (27) 15 H5
Bernay-en-Champagne (72) 59 H5
Bernay-en-Ponthieu (80) 6 D2
Bernay-Saint-Martin (17) 107 G6
Bernay-Vilbert (77) 43 G5
Berné (56) 54 C3
Bernécourt (54) 48 A4
Bernède (32) 166 C4
la Bernerie-en-Retz (44) 73 H6
Bernes (80) 8 D6
Bernes-sur-Oise (95) 42 C1
Bernesq (14) 13 G5
Berneuil (16) 122 A6
Berneuil (17) 121 E4
Berneuil (80) 7 F4
Berneuil (87) 110 B6
Berneuil-en-Bray (60) 20 A5
Berneuil-sur-Aisne (60) 21 G4
Berneval-le-Grand (76) 17 H1
Berneville (62) 8 A2
Bernex (74) 119 F3
Bernienville (27) 40 D2
Bernières (76) 15 H1
Bernières-d'Ailly (14) 39 E2
Bernières-le-Patry (14) 38 A4
Bernières-sur-Mer (14) 14 B3
Bernières-sur-Seine (27) 19 E6
Bernieulles (62) 1 G6
Bernin (38) 145 H1
Bernis (30) 174 A4
Bernolsheim (67) 51 E4
Bernon (10) 66 A6
Bernos-Beaulac (33) 149 H4
Bernot (02) 9 F6
Bernouil (89) 84 A1
Bernouville (27) 19 G5
Bernwiller (68) 89 E2
Berny-en-Santerre (80) 8 B6
Berny-Rivière (02) 21 H5
Bérou-la-Mulotière (28) 40 D5
Berrac (32) 167 H1
Berre-les-Alpes (06) 195 F2
Berre-l'Étang (13) 175 G6
Berriac (11) 187 E3
Berrias-et-Casteljau (07) 157 F4
Berric (56) 73 F1
Berrie (86) 93 H2
Berrien (29) 32 A5
Berrieux (02) 22 D4
Berrogain-Laruns (64) 181 G2
Berru (51) 23 F6
Berrwiller (68) 89 E1
Berry-au-Bac (02) 22 D5
Berry-Bouy (18) 97 G2
le Bersac (05) 159 H3
Bersac-sur-Rivalier (87) 110 D6
Bersaillin (39) 102 D4
Bersée (59) 3 G6
Bersillies (59) 10 A2
Berson (33) 135 E3
Berstett (67) 50 D5
Berstheim (67) 51 E4
Bert (03) 114 C4
Bertangles (80) 7 G5
Bertaucourt-Epourdon (02) 22 A3
Berteaucourt-les-Dames (80) 7 F4
Berteaucourt-lès-Thennes (80) 20 D1
Bertheauville (76) 16 D3
Berthecourt (60) 20 B5
Berthegon (86) 94 B4
Berthelange (25) 103 E1
Berthelming (57) 49 H4
Berthen (59) 2 D4
Berthenay (37) 78 C6
Berthenicourt (02) 22 A1
Berthenonville (27) 41 G1
la Berthenoux (36) 97 E6
Berthez (33) 150 A3
Bertholène (12) 154 D4
Berthouville (27) 15 H5
Bertignat (63) 128 B4
Bertignolles (10) 66 D5
Bertincourt (62) 8 C4
Bertoncourt (08) 23 G3
Bertrambois (54) 49 H5
Bertrancourt (80) 7 H4
Bertrange (57) 26 B4
Bertre (81) 170 A5
Bertren (65) 184 A5
Bertreville (76) 16 D3
Bertreville-Saint-Ouen (76) 17 G3
Bertric-Burée (24) 136 D1
Bertrichamps (54) 70 C1
Bertricourt (02) 23 E5
Bertrimont (76) 17 G4
Bertrimoutier (88) 70 D3
Bertry (59) 9 F4
Béru (89) 84 A2
Béruges (86) 108 D1
Bérulle (10) 65 G4
Bérus (72) 60 A2
Berville (76) 17 F4
Berville (95) 42 B1
Berville-en-Roumois (27) 18 B5
Berville-la-Campagne (27) 40 C2
Berville-sur-Mer (27) 15 G2
Berville-sur-Seine (76) 17 F6
Berviller-en-Moselle (57) 27 E4
Berzé-la-Ville (71) 116 A3
Berzé-le-Châtel (71) 116 A3
Berzème (07) 157 H2
Berzieux (51) 46 C1
Berzy-le-Sec (02) 22 A5
la Besace (08) 24 C3
Besain (39) 103 E5
Besançon (25) 103 G1
Bésayes (26) 144 C4
Bescat (64) 182 B3
Bésignan (26) 159 E4
Bésingrand (64) 182 A1
Beslon (50) 37 F3
Besmé (02) 21 H3
Besmont (02) 10 B6
Besnans (70) 87 G5
Besné (44) 73 H3
Besneville (50) 12 C4
Besny-et-Loizy (02) 22 C3
Bessac (16) 122 A6
Bessais-le-Fromental (18) 98 B6
Bessamorel (43) 142 D3
Bessan (34) 188 D2
Bessancourt (95) 42 C2
Bessans (73) 147 G1
Bessas (07) 157 F4
le Bessat (42) 143 G1
Bessay (85) 106 C1
Bessay-sur-Allier (03) 113 H3
Besse (15) 140 A3
Bessé (16) 122 B1
Besse (24) 152 A1
Besse (38) 146 B3
Besse-et-Saint-Anastaise (63) 127 E5
Bessé-sur-Braye (72) 79 E1
Besse-sur-Issole (83) 193 G3
Bessède-de-Sault (11) 200 A1
Bessèges (30) 157 E5
Bessenay (69) 129 G3
Bessens (82) 169 E3
Besset (09) 186 A4
Bessey (42) 129 H6
Bessey-en-Chaume (21) 101 F2
Bessey-la-Cour (21) 101 F2
Bessey-lès-Cîteaux (21) 102 A2
la Besseyre-Saint-Mary (43) 141 H4
Bessières (31) 169 G3
Bessines (79) 107 G3
Bessines-sur-Gartempe (87) 110 D6
Bessins (38) 144 D2
Besson (03) 113 H2
Bessoncourt (90) 88 D3
Bessonies (46) 139 G6
les Bessons (48) 141 G6
Bessuéjouls (12) 154 D3
Bessy (10) 66 A1
Bessy-sur-Cure (89) 83 G3
Bestiac (09) 199 F1
Bétaille (46) 139 E5
Betaucourt (70) 87 E1
Betbèze (65) 184 A2
Betbezer-d'Armagnac (40) 166 C2
Betcave-Aguin (32) 184 B1
Betchat (09) 184 D4
Bétête (23) 111 H3
Béthancourt-en-Valois (60) 21 F6
Béthancourt-en-Vaux (02) 21 H3
Béthelainville (55) 47 E1
Béthemont-la-Forêt (95) 42 C2
Béthencourt (59) 9 F4
Béthencourt-sur-Mer (80) 6 B4
Béthencourt-sur-Somme (80) 21 G1
Bétheniville (51) 23 G5
Bétheny (51) 23 E6
Béthincourt (55) 25 E6
Béthines (86) 110 A2
Béthisy-Saint-Martin (60) 21 F6
Béthisy-Saint-Pierre (60) 21 F5
Bethmale (09) 184 D6
Bethon (51) 44 D6
Béthon (72) 60 A2
Bethoncourt (25) 88 C4
Béthonsart (62) 7 H1
Béthonvilliers (28) 61 F4
Bethonvilliers (90) 88 D2
Béthune (62) 2 D6
Bétignicourt (10) 66 D2
Beton-Bazoches (77) 44 A5
Betoncourt-lès-Brotte (70) 87 H2
Betoncourt-Saint-Pancras (70) 69 G6
Betoncourt-sur-Mance (70) 86 D1
Bétous (32) 166 D4
Betplan (32) 183 F1
Betpouey (65) 183 E6
Betpouy (65) 183 H2
Bétracq (64) 166 D6
Betschdorf (67) 51 F2
Bettainvillers (54) 26 A4
Bettancourt-la-Ferrée (52) 46 D5
Bettancourt-la-Longue (51) 46 C4
Bettange (57) 26 D4
Bettant (01) 130 D1
Bettborn (57) 50 A4
Bettegney-Saint-Brice (88) 69 G3
Bettelainville (57) 26 C4
Bettembos (80) 19 H1
Bettencourt-Rivière (80) 7 E5
Bettencourt-Saint-Ouen (80) 7 F5
Bettendorf (68) 89 F3
Bettes (65) 183 F4
Betteville (76) 17 E5
Bettignies (59) 10 A2
Betting (57) 49 G1
Bettlach (68) 89 G4
Betton (35) 57 F2
Betton-Bettonet (73) 132 B5
Bettoncourt (88) 69 G2
Bettrechies (59) 9 G2
Bettviller (57) 28 A5
Bettwiller (67) 50 B3
Betz (60) 43 G1
Betz-le-Château (37) 95 F3
Beugin (62) 7 H1
Beugnâtre (62) 8 B4
Beugneux (02) 22 B6
Beugnies (59) 10 A3
le Beugnon (79) 107 H1
Beugnon (89) 65 H6
Beugny (62) 8 C4
Beuil (06) 161 H6
le Beulay (88) 70 D2
Beulotte-Saint-Laurent (70) 88 B1
Beure (25) 103 F1
Beurey (10) 66 D4
Beurey-Bauguay (21) 100 D1
Beurey-sur-Saulx (55) 46 D4
Beurières (63) 128 B6
Beurizot (21) 84 D6
Beurlay (17) 120 D2
Beurville (52) 67 F3
Beussent (62) 1 G6
Beuste (64) 182 C3
Beutal (25) 88 B4
Beutin (62) 1 F6
Beuvardes (02) 44 C1
Beuveille (54) 25 G4
Beuvezin (54) 69 E2
Beuvillers (14) 15 F5
Beuvillers (54) 26 A3
Beuvrages (59) 9 F1
Beuvraignes (80) 21 F2
Beuvrequen (62) 1 F3
Beuvrigny (50) 37 G2
Beuvron (58) 83 F6
Beuvron-en-Auge (14) 14 D4
Beuvry (62) 2 D6
Beuvry-la-Forêt (59) 9 E1
Beux (57) 26 C6
Beuxes (86) 94 B2
Beuzec-Cap-Sizun (29) 52 D2
Beuzeville (27) 15 G3
Beuzeville-au-Plain (50) 13 E4
Beuzeville-la-Bastille (50) 12 D4
Beuzeville-la-Grenier (76) 15 G1
Beuzeville-la-Guérard (76) 16 D3
Beuzevillette (76) 15 H1
Bévenais (38) 131 E6
Beveuge (70) 88 A4
Béville-le-Comte (28) 62 C2
Bévillers (59) 9 E3
Bevons (04) 160 A6
Bévy (21) 101 G2
Bey (01) 116 B5
Bey (71) 101 H5
Bey-sur-Seille (54) 48 D4
Beychac-et-Caillau (33) 135 G5
Beylongue (40) 165 F2
Beynac (87) 124 A3
Beynac-et-Cazenac (24) 138 A5
Beynat (19) 139 E3
Beynes (04) 177 F1
Beynes (78) 42 A4
Beynost (01) 130 B2
Beyrède-Jumet (65) 183 G5
Beyren-lès-Sierck (57) 26 C2
Beyrie-en-Béarn (64) 182 B1
Beyrie-sur-Joyeuse (64) 181 E2
Beyries (40) 165 H5
Beyssac (19) 138 C1
Beyssenac (19) 124 B6
le Bez (81) 171 E5

Bez-et-Esparon (30) 172 D2
Bézac (09) 185 G4
Bezalles (77) 44 A5
Bézancourt (76) 19 F4
Bezange-la-Grande (54) 49 E4
Bezange-la-Petite (57) 49 F4
Bezannes (51) 23 E6
Bézaudun-les-Alpes (06) 195 E2
Bézaudun-sur-Bîne (26) 158 D2
Bezaumont (54) 48 C3
Bèze (21) 86 A5
Bézenac (24) 137 H5
Bézenet (03) 113 E4
Bézéril (32) 168 B6
Béziers (34) 188 C2
Bezinghem (62) 1 G5
Bezins-Garraux (31) 184 A5
la Bezole (11) 186 C5
Bezolles (32) 167 F3
Bezons (95) 42 C3
Bezonvaux (55) 25 F6
Bezouce (30) 174 C3
Bézouotte (21) 86 B5
Bézu-la-Forêt (27) 19 G4
Bézu-le-Guéry (02) 44 A2
Bézu-Saint-Éloi (27) 19 G5
Bézu-Saint-Germain (02) 44 B1
Bézues-Bajon (32) 184 A1
Biache-Saint-Vaast (62) 8 C2
Biaches (80) 8 C6
Bians-les-Usiers (25) 103 H3
Biard (86) 109 E1
Biarne (39) 102 C2
Biarre (80) 21 F2
Biarritz (64) 164 B6
Biarrotte (40) 164 C5
Biars-sur-Cère (46) 139 E5
Bias (40) 148 A5
Bias (47) 151 F4
Biaudos (40) 164 C5
Bibiche (57) 26 D3
Biblisheim (67) 51 E3
Bibost (69) 129 G3
Bichancourt (02) 21 H3
Biches (58) 99 G3
Bickenholtz (57) 50 B4
Bicqueley (54) 48 B6
Bidache (64) 164 D6
Bidarray (64) 180 D2
Bidart (64) 164 A6
Bidestroff (57) 49 G3
Biding (57) 49 G1
Bidon (07) 157 H4
Bidos (64) 182 A3
Biécourt (88) 69 E3
Biederthal (68) 89 G4
Bief (25) 88 C6
Bief-des-Maisons (39) 103 G6
Bief-du-Fourg (39) 103 G5
Biefmorin (39) 102 D4
Biefvillers-lès-Bapaume (62) 8 B4
Bielle (64) 182 B4
Biencourt (80) 6 C5
Biencourt-sur-Orge (55) 47 F6
Bienville (60) 21 F4
Bienville-la-Petite (54) 49 E5
Bienvillers-au-Bois (62) 8 A3
Biermes (08) 23 G4
Biermont (60) 21 E3
Bierné (53) 77 E1
Bierne (59) 2 C2
Bierre-lès-Semur (21) 84 C5
Bierry-les-Belles-Fontaines (89) 84 B4
Biert (09) 185 F6
Bierville (76) 17 H5
Biesheim (68) 71 G5
Biesles (52) 68 A5
Bietlenheim (67) 51 E4
Bieujac (33) 150 A2
Bieuxy (02) 22 A4
Bieuzy (56) 55 E3
Biéville (50) 37 H1
Biéville-Beuville (14) 14 C4
Biéville-Quétiéville (14) 39 E1
Bièvres (02) 22 C4
Bièvres (08) 25 E3
Bièvres (91) 42 C5
Biffontaine (88) 70 C3
Biganos (33) 148 C1
Bignac (16) 122 B3
Bignan (56) 55 G4
Bignay (17) 121 F1
la Bigne (14) 38 A2
Bignicourt (08) 23 H5
Bignicourt-sur-Marne (51) 46 B5
Bignicourt-sur-Saulx (51) 46 C4
le Bignon (44) 74 D6
le Bignon-du-Maine (53) 58 D6
le Bignon-Mirabeau (45) 64 C4
Bignoux (86) 109 F1
Bigorno (2B) 203 F5
la Bigottière (53) 58 C3
Biguglia (2B) 203 G4
Bihorel (76) 17 G6
Bihucourt (62) 8 B4
Bilhac (19) 139 E5
Bilhères (64) 182 B4
Bilia (2A) 206 D3
Bilieu (38) 131 F6
Billancelles (28) 61 H1
Billancourt (80) 21 F2
les Billanges (87) 124 D1
les Billaux (33) 135 G4
Billé (35) 57 H1
Billecul (39) 103 G5
Billère (64) 182 B2
Billey (21) 102 C2
Billezois (03) 114 B5
Billiat (01) 117 H6
Billième (73) 131 G3
Billière (31) 197 F1
Billiers (56) 73 F2
Billio (56) 55 G4
Billom (63) 127 G3
Billy (03) 114 A4
Billy (14) 38 D1
Billy (41) 80 B6
Billy-Berclau (62) 3 E6
Billy-Chevannes (58) 99 F3
Billy-le-Grand (51) 45 G1
Billy-lès-Chanceaux (21) 85 F4
Billy-Montigny (62) 8 C1
Billy-sous-Mangiennes (55) 25 G5
Billy-sur-Aisne (02) 22 A5
Billy-sur-Oisy (58) 83 F5
Billy-sur-Ourcq (02) 22 A6
Biltzheim (68) 71 F5
Bilwisheim (67) 50 D4
Bimont (62) 1 G6
Binarville (51) 24 C6
Binas (41) 80 A1
Bindernheim (67) 71 H2
Binges (21) 86 A6
Binic (22) 33 G3
Bining (57) 50 B1
Biniville (50) 12 D4
Binos (31) 184 A6
Binson-et-Orquigny (51) 45 E2
Bio (46) 139 E6
Biol (38) 131 E5
la Biolle (73) 131 H3
Biollet (63) 126 C1
Bion (50) 37 G5
Bioncourt (57) 48 D4
Bionville (54) 70 D1
Bionville-sur-Nied (57) 49 E1
Biot (06) 195 E4
le Biot (74) 119 F4
Bioule (82) 169 F1
Bioussac (16) 108 D6
Biozat (03) 113 H6
Birac (16) 122 A4
Birac (33) 150 A3
Birac-sur-Trec (47) 150 C3
Biran (32) 167 G4
Biras (24) 137 E1
Biriatou (64) 180 A1
Birieux (01) 130 B1
Birkenwald (67) 50 C5
Biron (17) 121 F4
Biron (24) 151 G2
Biron (64) 165 G6
Biscarrosse (40) 148 B3
Bischheim (67) 51 E5
Bischholtz (67) 50 D3
Bischoffsheim (67) 50 D6
Bischwihr (68) 71 G4
Bischwiller (67) 51 F4
Bisel (68) 89 F4
Bisinchi (2B) 203 F6
Bislée (55) 47 G3
Bissert (67) 49 H2
Bisseuil (51) 45 F2
Bissey-la-Côte (21) 85 F1
Bissey-la-Pierre (21) 84 D1
Bissey-sous-Cruchaud (71) 101 F6
Bissezeele (59) 2 C2
Bissières (14) 39 E1
Bissy-la-Mâconnaise (71) 116 B2
Bissy-sous-Uxelles (71) 116 A1
Bissy-sur-Fley (71) 101 F6
Bisten-en-Lorraine (57) 27 E5
Bistroff (57) 49 F2
Bitche (57) 50 C1
Bitry (58) 82 C5
Bitry (60) 21 G4
Bitschhoffen (67) 50 D3
Bitschwiller-lès-Thann (68) 89 E1
Bivès (32) 168 B3
Biviers (38) 145 G2
Biville (50) 12 B2
Biville-la-Baignarde (76) 17 G3
Biville-la-Rivière (76) 17 F3
Biville-sur-Mer (76) 17 H1
Bivilliers (61) 40 A6
Bizanet (11) 187 H4
Bizanos (64) 182 B2
Bize (52) 86 D1
Bize (65) 183 H4
Bize-Minervois (11) 187 H2
Bizeneuille (03) 112 D3
Biziat (01) 116 C5
Bizonnes (38) 131 E6
le Bizot (25) 104 C2
les Bizots (71) 100 D5
Bizou (61) 61 E1
Bizous (65) 183 H4
Blacé (69) 116 A6
Blacourt (60) 19 H4
Blacqueville (76) 17 F5
Blacy (51) 46 A5
Blacy (89) 84 B4
Blaesheim (67) 50 D6
Blagnac (31) 169 E5
Blagny (08) 24 D2
Blagny-sur-Vingeanne (21) 86 B5
Blaignac (33) 150 A2
Blaignan (33) 134 D1
Blain (44) 74 B3
Blaincourt-lès-Précy (60) 20 C6
Blaincourt-sur-Aube (10) 66 D2
Blainville-Crevon (76) 17 H5
Blainville-sur-l'Eau (54) 49 E6
Blainville-sur-Mer (50) 36 D1
Blainville-sur-Orne (14) 14 C4
Blairville (62) 8 B3
Blaise-sous-Arzillières (51) 46 B5
Blaison-Gohier (49) 77 F5
Blaisy (52) 67 G4
Blaisy-Bas (21) 85 F6
Blaisy-Haut (21) 85 F6
Blajan (31) 184 A2
Blamont (25) 88 C5
Blâmont (54) 49 G6
Blan (81) 170 B6
le Blanc (36) 110 B1
le Blanc-Mesnil (93) 42 D3
Blancafort (18) 81 H4
Blancey (21) 84 D6
Blancfossé (60) 20 B2
Blanche-Église (57) 49 F4
Blanchefosse-et-Bay (08) 23 F1
Blancherupt (67) 71 E1
Blandainville (28) 61 H3
Blandas (30) 172 D3
Blandin (38) 131 E5
Blandouet (53) 59 F5
Blandy (77) 64 B1
Blandy (91) 63 F3
Blangerval-Blangermont (62) 7 F2
Blangy-le-Château (14) 15 F4
Blangy-sous-Poix (80) 20 A1
Blangy-sur-Bresle (76) 6 C5
Blangy-sur-Ternoise (62) 7 F1
Blangy-Tronville (80) 7 H6
Blannay (89) 83 H4
Blanot (21) 100 C2
Blanot (71) 116 A2
Blanquefort (32) 168 B5
Blanquefort (33) 135 E4
Blanquefort-sur-Briolance (47) 151 H2
Blanzac (43) 142 C3
Blanzac (87) 110 B5
Blanzac-lès-Matha (17) 121 G2
Blanzac-Porcheresse (16) 122 B5
Blanzaguet-Saint-Cybard (16) 122 C5
Blanzat (63) 127 E2
Blanzay (86) 108 D5
Blanzay-sur-Boutonne (17) 107 H6
Blanzée (55) 47 G1
Blanzy (71) 100 D6
Blanzy-la-Salonnaise (08) 23 F4
Blanzy-lès-Fismes (02) 22 C5
Blargies (60) 19 G2
Blarians (25) 87 G5
Blaringhem (59) 2 B4
Blars (46) 153 E2
Blaru (78) 41 F2
Blasimon (33) 136 A6
Blaslay (86) 94 B5
Blassac (43) 141 H3
Blaudeix (23) 111 H5
Blausasc (06) 195 G2
Blauvac (84) 175 G1
Blauzac (30) 174 B2
Blavignac (48) 141 G5
Blavozy (43) 142 D4
Blay (14) 13 G5
Blaye (33) 135 E3
Blaye-les-Mines (81) 170 C1
Blaymont (47) 151 G5
Blaziert (32) 167 G2
Blécourt (52) 67 H2
Blécourt (59) 8 D3
Bleigny-le-Carreau (89) 83 G2
Blémerey (54) 49 G6
Blémerey (88) 69 F2
Blendecques (62) 2 B4
Bléneau (89) 82 C3
Blennes (77) 64 C3
Blénod-lès-Pont-à-Mousson (54) 48 C3
Blénod-lès-Toul (54) 48 A6
Bléquin (62) 1 H5
Blérancourt (02) 21 H4
Bléré (37) 79 F6
Bléruais (35) 56 C2
Blésignac (33) 135 G6
Blesle (43) 141 F1
Blesme (51) 46 C5
Blesmes (02) 44 C2
Blessac (23) 125 G1
Blessonville (52) 67 G5
Blessy (62) 2 B5
Blet (18) 98 B4
Bletterans (39) 102 C5
Bleurville (88) 69 E5
Bleury-Saint-Symphorien (28) 62 C1
Blevaincourt (88) 68 D4
Blèves (72) 60 C1
le Bleymard (48) 156 C3
Blicourt (60) 20 A3
Blienschwiller (67) 71 F2
Blies-Ébersing (57) 27 H5
Blies-Guersviller (57) 27 H5
Bliesbruck (57) 28 A5
Blieux (04) 177 G2
Blignicourt (10) 66 D2
Bligny (10) 67 E4
Bligny (51) 45 E1
Bligny-le-Sec (21) 85 F5
Bligny-lès-Beaune (21) 101 G3
Bligny-sur-Ouche (21) 101 F2
Blincourt (60) 21 E5
Blingel (62) 7 F1
Blis-et-Born (24) 137 G2
Blismes (58) 100 A2
Blodelsheim (68) 71 G6
Blois (41) 79 H4
Blois-sur-Seille (39) 102 D5
Blomac (11) 187 F3
Blomard (03) 113 F4
Blombay (08) 23 H1
Blond (87) 110 A6
Blondefontaine (70) 87 E1
Blonville-sur-Mer (14) 15 E3
Blosseville (76) 17 E2
Blosville (50) 13 E4
Blot-l'Église (63) 113 F6
Blotzheim (68) 89 G3
Blou (49) 77 H5
Blousson-Sérian (32) 167 E6
la Bloutière (50) 37 F3
Bloye (74) 131 H2
Bluffy (74) 132 B2
Blumeray (52) 67 F2
Blussangeaux (25) 88 B5
Blussans (25) 88 B5
Blye (39) 117 G1
Blyes (01) 130 D2
le Bô (14) 38 C3
Bobigny (93) 42 D3
Bobital (22) 34 C5
le Bocasse (76) 17 G5
Bocé (49) 77 G4
Bocognano (2A) 205 E4
Bocquegney (88) 69 G3
Bocquencé (61) 39 H4
le Bodéo (22) 33 F6
Bodilis (29) 31 G3
Boé (47) 151 F6
Boëcé (61) 60 C1
Boëge (74) 118 D4
Boeil-Bezing (64) 182 C3
Boën (42) 128 D3
Bœrsch (67) 71 F1
Boeschepe (59) 2 D3
Boëseghem (59) 2 C5
Bœsenbiesen (67) 71 G3
Boëssé-le-Sec (72) 60 D4
Boësses (45) 63 G4
Bœurs-en-Othe (89) 65 G4
Boffles (62) 7 F3
Boffres (07) 143 H5
Bogève (74) 118 D4
Bogny-sur-Meuse (08) 11 F6
Bogy (07) 144 A2
Bohain-en-Vermandois (02) 9 F5
Bohal (56) 56 A5
la Bohalle (49) 77 E5
Bohars (29) 30 D4
Bohas-Meyriat-Rignat (01) 117 F5
Boigneville (91) 63 G3
Boigny-sur-Bionne (45) 81 E1
Boinville-en-Mantois (78) 41 H3
Boinville-en-Woëvre (55) 25 G6
Boinville-le-Gaillard (78) 62 D1
Boinvilliers (78) 41 G3
Boiry-Becquerelle (62) 8 B3
Boiry-Notre-Dame (62) 8 C2
Boiry-Saint-Martin (62) 8 B3
Boiry-Sainte-Rictrude (62) 8 B3
Bois (17) 121 E5
le Bois (73) 132 D5
Bois-Anzeray (27) 40 B3
Bois-Arnault (27) 40 B4
Bois-Bernard (62) 8 C1
Bois-Colombes (92) 42 C3
Bois-d'Amont (39) 118 B1
Bois-d'Arcy (78) 42 B4
Bois-d'Arcy (89) 83 G4
Bois-de-Céné (85) 90 D2
Bois-de-Champ (88) 70 C3
Bois-de-Gand (39) 102 C5
Bois-de-la-Pierre (31) 185 E2
Bois-d'Ennebourg (76) 17 H6
le Bois-d'Oingt (69) 129 G2
Bois-Grenier (59) 3 E5
Bois-Guilbert (76) 19 E3
Bois-Guillaume (76) 17 G6
le Bois-Hellain (27) 15 G4
Bois-Héroult (76) 19 E3
Bois-Herpin (91) 63 F2
Bois-Himont (76) 17 E5
Bois-Jérôme-Saint-Ouen (27) 41 G1
Bois-le-Roi (27) 41 E4
Bois-le-Roi (77) 64 A1
Bois-lès-Pargny (02) 22 C2
Bois-l'Évêque (76) 17 H6
Bois-Normand-près-Lyre (27) 40 B3
le Bois-Plage-en-Ré (17) 106 B4
le Bois-Robert (76) 17 G2
Bois-Sainte-Marie (71) 115 G4
Boisbergues (80) 7 F3
Boisbreteau (16) 135 H1
Boischampré (61) 39 E5
Boiscommun (45) 63 G5
Boisdinghem (62) 2 A4
Boisdon (77) 44 A5
Boisemont (27) 19 F6
Boisemont (95) 42 B2
Boisgasson (28) 61 G5
Boisgervilly (35) 56 C2
Boisjean (62) 6 D1
le Boisle (80) 7 E2
Boisleux-au-Mont (62) 8 B3
Boisleux-Saint-Marc (62) 8 B3
Boismé (79) 93 E5
Boismont (54) 25 H4
Boismont (80) 6 C3
Boismorand (45) 82 A2
Boisney (27) 40 A1
Boisredon (17) 135 F1
Boisroger (50) 36 D1
Boissay (76) 19 E3
la Boisse (01) 130 B2
Boisse (24) 151 F1
Boisse-Penchot (12) 153 H2
Boisseau (41) 79 H2
Boisseaux (45) 63 E3
Boissède (31) 184 B1
Boissei-la-Lande (61) 39 F5
Boisserolles (79) 107 H5
Boisseron (34) 173 H4
Boisset (15) 139 H6
Boisset (34) 187 G1
Boisset (43) 142 D1
Boisset-et-Gaujac (30) 173 G1
Boisset-lès-Montrond (42) 129 E4
Boisset-les-Prévanches (27) 41 E3
Boisset-Saint-Priest (42) 128 D5
Boissets (78) 41 G4
Boissettes (77) 64 A1
Boisseuil (87) 124 B3
Boisseuilh (24) 138 A1
Boissey (01) 116 C3
Boissey (14) 15 E6
Boissey-le-Châtel (27) 18 B6
Boissezon (81) 170 D6
Boissia (39) 117 H1
la Boissière (14) 15 E5
la Boissière (27) 41 F3
la Boissière (34) 173 E5
la Boissière (39) 117 F3
la Boissière (53) 76 B1
la Boissière-d'Ans (24) 137 H2
la Boissière-de-Montaigu (85) 92 A3
la Boissière-des-Landes (85) 91 G5
la Boissière-du-Doré (44) 75 F5
la Boissière-École (78) 41 G5
la Boissière-en-Gâtine (79) 107 H1
la Boissière-sur-Èvre (49) 75 G4
Boissières (30) 174 A4
Boissières (46) 152 C2
Boissise-la-Bertrand (77) 63 H1
Boissise-le-Roi (77) 63 H1
Boissy-aux-Cailles (77) 63 H3
Boissy-en-Drouais (28) 41 E5
Boissy-Fresnoy (60) 43 G1
Boissy-la-Rivière (91) 63 F2
Boissy-l'Aillerie (95) 42 B2
Boissy-Lamberville (27) 15 H5
Boissy-le-Bois (60) 19 H6
Boissy-le-Châtel (77) 44 A4
Boissy-le-Cutté (91) 63 F2
Boissy-le-Repos (51) 44 D4
Boissy-le-Sec (91) 63 E1
Boissy-lès-Perche (28) 40 C5
Boissy-Maugis (61) 61 E2
Boissy-Mauvoisin (78) 41 G3
Boissy-Saint-Léger (94) 43 E5
Boissy-sans-Avoir (78) 41 H4
Boissy-sous-Saint-Yon (91) 63 F1
Boistrudan (35) 57 G4
Boisville-la-Saint-Père (28) 62 C3
Boisyvon (50) 37 F4
Boitron (61) 39 G6
Boitron (77) 44 A3
Bolandoz (25) 103 G3
Bolazec (29) 32 B4
Bolbec (76) 15 G1
Bollène (84) 158 B5
la Bollène-Vésubie (06) 179 F1
Bolleville (50) 12 C5
Bolleville (76) 15 H1
Bollezeele (59) 2 B3
Bollwiller (68) 71 F6
Bologne (52) 67 H4
Bolozon (01) 117 F5
Bolquère (66) 199 H4
Bolsenheim (67) 71 G1
Bombon (77) 43 G6
Bommes (33) 149 G2
Bommiers (36) 97 E5
Bompas (09) 185 H6
Bompas (66) 201 F2
Bomy (62) 2 A5
Bon-Encontre (47) 151 F6
Bona (58) 99 F3
Bonac-Irazein (09) 184 C6
Bonas (32) 167 G3
Bonboillon (70) 86 D6
Boncé (28) 62 B3
Bonchamp-lès-Laval (53) 58 D5
Boncourt (02) 23 E3
Boncourt (27) 41 E2
Boncourt (28) 41 F4
Boncourt (54) 48 A1
Boncourt-le-Bois (21) 101 H2
Boncourt-sur-Meuse (55) 47 G4
Bondaroy (45) 63 F4
Bondeval (25) 88 C4
Bondigoux (31) 169 F3
les Bondons (48) 156 B4
Bondoufle (91) 42 D6
Bondues (59) 3 F4
Bondy (93) 43 E3
Bongheat (63) 127 H3
le Bonhomme (68) 71 E4
Bonifacio (2A) 207 F5
Bonlier (60) 20 B4
Bonlieu (39) 117 H1
Bonlieu-sur-Roubion (26) 158 B2
Bonloc (64) 180 D1
Bonnac (09) 185 G4
Bonnac (15) 141 F2
Bonnac-la-Côte (87) 124 B1
Bonnal (25) 87 H4
Bonnard (89) 83 F1
Bonnat (23) 111 G4
Bonnaud (39) 117 F1
Bonnay (25) 87 F6
Bonnay (71) 116 A2
Bonnay (80) 7 H5
Bonne (74) 118 D5
Bonnebosq (14) 15 E4
Bonnecourt (52) 68 C6
Bonnée (45) 81 G2
Bonnefamille (38) 130 C4
Bonnefoi (61) 40 A5
Bonnefond (19) 125 F5
Bonnefont (65) 183 G3
Bonnefontaine (39) 103 E5
Bonnegarde (40) 165 G5
Bonneil (02) 44 B2
Bonnelles (78) 42 B6
Bonnemain (35) 35 E5
Bonnemaison (14) 14 A6
Bonnemazon (65) 183 F4
Bonnencontre (21) 102 A2
Bonnes (16) 136 B2
Bonnes (86) 109 G1
Bonnesvalyn (02) 44 B1
Bonnet (55) 68 B1
Bonnétable (72) 60 C4
Bonnétage (25) 104 C1
Bonnetan (33) 135 F5
Bonneuil (16) 121 H4
Bonneuil (36) 110 C3
Bonneuil-en-France (95) 42 D3
Bonneuil-en-Valois (60) 21 G6
Bonneuil-les-Eaux (60) 20 B2
Bonneuil-Matours (86) 94 D6
Bonneuil-sur-Marne (94) 43 E4
Bonneval (28) 62 A4
Bonneval (43) 142 B1
Bonneval (73) 132 D5
Bonneval-sur-Arc (73) 133 G6
Bonnevaux (25) 103 H5
Bonnevaux (30) 157 E4
Bonnevaux (74) 119 F3
Bonnevaux-le-Prieuré (25) 103 G2
Bonneveau (41) 79 E2
Bonnevent-Velloreille (70) 87 E5
Bonneville (16) 122 A2
la Bonneville (50) 12 D4
Bonneville (74) 118 D5
Bonneville (80) 7 G4
Bonneville-Aptot (27) 18 A6
Bonneville-et-Saint-Avit-de-Fumadières (24) 136 B5
Bonneville-la-Louvet (14) 15 G4
la Bonneville-sur-Iton (27) 40 D2
Bonneville-sur-Touques (14) 15 E3
Bonnières (60) 20 A4
Bonnières (62) 7 G3
Bonnières-sur-Seine (78) 41 G2
Bonnieux (84) 175 H3
Bonningues-lès-Ardres (62) 1 H3
Bonningues-lès-Calais (62) 1 G3
Bonnoeil (14) 38 C3
Bonnoeuvre (44) 75 F2
Bonnut (64) 165 G5
Bonny-sur-Loire (45) 82 B4
Bono (56) 55 E6
Bonrepos (65) 183 G3
Bonrepos-Riquet (31) 169 G5
Bonrepos-sur-Aussonnelle (31) 168 D6
Bons-en-Chablais (74) 118 D4
Bons-Tassilly (14) 38 D2
Bonsecours (76) 18 D4
Bonsmoulins (61) 39 H5
Bonson (06) 195 E1
Bonson (42) 129 E5
Bonvillard (73) 132 C4
Bonvillaret (73) 132 C4
Bonviller (54) 49 E5
Bonvillers (60) 20 C3
Bonvillet (88) 69 F5
Bony (02) 8 D5
Bonzac (33) 135 H4
Bonzée (55) 47 G1
Boô-Silhen (65) 182 D4
Boofzheim (67) 71 H2
Boos (40) 165 E2
Boos (76) 18 D5
Bootzheim (67) 71 G3
Boqueho (22) 33 F4
Bor-et-Bar (12) 153 G6
Boran-sur-Oise (60) 42 D1
Borce (64) 182 A5
Bord-Saint-Georges (23) 112 B4
Bordeaux (33) 135 E5
Bordeaux-en-Gâtinais (45) 63 H5
Bordeaux-Saint-Clair (76) 16 B4
Bordères (64) 182 C3
Bordères-et-Lamensans (40) 166 B3
Bordères-Louron (65) 183 G6
Bordères-sur-l'Échez (65) 183 E2
les Bordes (36) 97 E3
les Bordes (45) 81 G2
Bordes (64) 182 C2
Bordes (65) 183 F3
les Bordes (71) 101 H4
les Bordes (89) 65 E5
les Bordes-Aumont (10) 66 B4
Bordes-de-Rivière (31) 184 A4
les Bordes-sur-Arize (09) 185 F4
les Bordes-sur-Lez (09) 184 D6
Bordezac (30) 157 E5
Bords (17) 120 D1
Borée (07) 143 E5
Boresse-et-Martron (17) 136 A1
Borest (60) 43 F1
Borey (70) 87 H3
Borgo (2B) 203 G5
Bormes-les-Mimosas (83) 193 H5
le Born (31) 169 F3
le Born (48) 156 B2
Bornambusc (76) 16 C4
Bornay (39) 117 F1
Borne (07) 156 D2
Borne (43) 142 B3
Bornel (60) 42 C1
Boron (90) 88 D3
Borre (59) 2 D4
Borrèze (24) 138 B4
Bors (Canton de Baignes-Sainte-Radegonde) (16) 135 H1
Bors (Canton de Montmoreau-Saint-Cybard) (16) 136 B1
Bort-les-Orgues (19) 126 B6
Bort-l'Étang (63) 127 H3
Borville (54) 69 H1
le Bosc (09) 185 G5
le Bosc (34) 172 C4
Bosc-Bénard-Commin (27) 18 B5
Bosc-Bénard-Crescy (27) 18 B5
Bosc-Bérenger (76) 17 H4
Bosc-Bordel (76) 19 E3

Bosc-Édeline (76) 19 E3
Bosc-Guérard-
-Saint-Adrien (76) 18 D3
Bosc-Hyons (76) 19 G4
Bosc-le-Hard (76) 17 H4
Bosc-Mesnil (76) 19 E2
le Bosc-Renoult (61) 39 G3
Bosc-Renoult-
-en-Ouche (27) 40 B3
Bosc-Renoult-
-en-Roumois (27) 18 A5
le Bosc-Roger-
-en-Roumois (27) 18 B5
Bosc-Roger-sur-Buchy (76) 19 E3
Boscamnant (17) 136 A2
Bosdarros (64) 182 B3
Bosgouet (27) 18 B5
Bosguérard-
-de-Marcouville (27) 18 B5
Bosjean (71) 102 B5
Bosmie-l'Aiguille (87) 124 A3
Bosmont-sur-Serre (02) 22 D2
Bosmoreau-les-Mines (23) 125 E1
Bosnormand (27) 18 B5
Bosquel (80) 20 B1
Bosquentin (27) 19 F4
Bosrobert (27) 18 A6
Bosroger (23) 125 H1
Bossancourt (10) 67 E3
Bossay-sur-Claise (37) 95 F5
la Bosse (25) 104 C2
la Bosse (72) 60 D4
la Bosse-de-Bretagne (35) 57 F5
Bossée (37) 95 E2
Bosselshausen (67) 50 D3
Bossendorf (67) 50 D4
Bosset (24) 136 D4
Bosseval-et-Briancourt (08) 24 B1
Bossey (74) 118 C5
Bossieu (38) 130 C6
Bossugan (33) 136 A6
Bossus-lès-Rumigny (08) 10 C6
Bost (03) 114 B5
Bostens (40) 166 B2
Bosville (76) 17 E3
Botans (90) 88 C3
Botmeur (29) 31 H5
Botsorhel (29) 32 B4
les Bottereaux (27) 40 A3
Botz-en-Mauges (49) 75 G4
Bou (45) 81 E1
Bouafle (78) 42 A3
Bouafles (27) 19 E6
Bouan (09) 199 E1
Bouaye (44) 74 C6
Boubers-lès-Hesmond (62) 1 H6
Boubers-sur-Canche (62) 7 F2
Boubiers (60) 19 H6
Bouc-Bel-Air (13) 192 B2
Boucagnères (32) 167 H5
Boucau (64) 164 B5
Boucé (03) 114 A4
Boucé (61) 39 E5
le Bouchage (16) 109 E6
le Bouchage (38) 131 E4
Bouchain (59) 9 E2
Bouchamps-lès-Craon (53) 76 B1
le Bouchaud (03) 114 D4
Bouchavesnes-Bergen (80) 8 C5
Bouchemaine (49) 76 D5
Boucheporn (57) 49 F1
Bouchet (26) 158 B5
le Bouchet-
-Mont-Charvin (74) 132 C2
le Bouchet-
-Saint-Nicolas (43) 142 B5
Bouchevilliers (27) 19 G4
Bouchoir (80) 21 E1
Bouchon (80) 7 E5
le Bouchon-sur-Saulx (55) 47 E6
les Bouchoux (39) 117 H4
Bouchy-Saint-Genest (51) 44 C6
Boucieu-le-Roi (07) 143 H4
Bouclans (25) 103 H1
Boucoiran-et-Nozières (30) 173 H2
Bouconville (08) 24 B6
Bouconville-sur-Madt (55) 47 H4
Bouconville-Vauclair (02) 22 D4
Bouconvillers (60) 42 A1
Boucq (54) 48 A4
Boudes (63) 127 F6
Boudeville (76) 17 F3
Boudou (82) 168 C1
Boudrac (31) 183 H3
Boudreville (21) 67 F6
Boudy-de-Beauregard (47) 151 F2
Boué (02) 9 G5
Bouée (44) 74 A4
Boueilh-
-Boueilho-Lasque (64) 166 B5
Bouelles (76) 19 F2
Bouër (72) 60 D5
Bouère (53) 77 E1
Bouessay (53) 77 F1
Bouesse (36) 111 F1
Bouëx (16) 122 D4
la Bouëxière (35) 57 G2
Bouffémont (95) 42 C2
Boufféré (85) 91 H2
Bouffignereux (02) 22 D5
Boufflers (80) 7 E2
Bouffry (41) 61 G6
Bougainville (80) 7 E6
Bougarber (64) 182 B1
Bougé-Chambalud (38) 144 B1
Bouges-le-Château (36) 96 C3
Bougey (70) 87 E2
Bougival (78) 42 B4
Bouglainval (28) 41 F6
Bougligny (77) 64 A4
Bouglon (47) 150 B4
Bougneau (17) 121 F4
Bougnon (70) 87 F2
Bougon (79) 108 B3
Bougue (40) 166 B2
Bouguenais (44) 74 C5
Bougy (14) 14 A5
Bougy-lez-Neuville (45) 63 E5
Bouhans (71) 102 B5
Bouhans-et-Feurg (70) 86 C4
Bouhans-lès-Lure (70) 87 H2
Bouhans-
-lès-Montbozon (70) 87 H4
Bouhet (17) 107 E5
Bouhey (21) 101 F1
Bouhy (58) 82 D5
Bouilh-devant (65) 183 F2
Bouilh-Péreuilh (65) 183 F2
Bouilhonnac (11) 187 E3
Bouillac (12) 153 H2
Bouillac (24) 137 G6
Bouillac (82) 168 D3
la Bouilladisse (13) 192 C3
Bouillancourt-en-Séry (80) 6 C5
Bouillancourt-
-la-Bataille (80) 20 D2
Bouillancy (60) 43 G1
Bouilland (21) 101 G2
Bouillargues (30) 174 B3
la Bouille (76) 18 B5
Bouillé-Courdault (85) 107 F3
Bouillé-Loretz (79) 93 F2
Bouillé-Ménard (49) 76 B2
Bouillé-Saint-Paul (79) 93 F3
la Bouillie (22) 34 A4
le Bouillon (61) 39 F6
Bouillon (64) 166 A6
Bouillonville (54) 48 A3
Bouilly (10) 66 A4
Bouilly (51) 45 E1
Bouilly-en-Gâtinais (45) 63 F5
Bouin (79) 108 C5
Bouin (85) 90 C1
Bouin-Plumoison (62) 7 E1
Bouisse (11) 187 E5
Bouix (21) 84 D1
Boujailles (25) 103 G4
Boujan-sur-Libron (34) 188 C2
Boulages (10) 45 E6
Boulaincourt (88) 69 F2
Boulancourt (77) 63 G3
Boulange (57) 26 A3
Boulaur (32) 168 A6
le Boulay (37) 79 E3
Boulay-les-Barres (45) 62 C6
Boulay-les-Ifs (53) 59 G2
le Boulay-Morin (27) 41 E2
Boulay-Moselle (57) 26 D5
la Boulaye (71) 100 C6
Boulazac (24) 137 F2
Boulbon (13) 174 D3
Boulc (26) 159 G1
Boule-d'Amont (66) 200 D3
Bouleternère (66) 200 D3
Bouleurs (77) 43 G4
Bouleuse (51) 22 D6
Bouliac (33) 135 F5
Boulieu-lès-Annonay (07) 143 H2
Bouligneux (01) 116 C6
Bouligney (70) 69 G6
Bouligny (55) 25 H5
Boulin (65) 183 F2
Boullarre (60) 43 H1
le Boullay-les-
-Deux-Églises (28) 41 E6
Boullay-les-Troux (91) 42 B5
le Boullay-Mivoye (28) 41 F6
le Boullay-Thierry (28) 41 F6
Boulleret (18) 82 B5
Boulleville (27) 15 G3
Bouloc (31) 169 F4
Bouloc (82) 152 A5
Boulogne (85) 91 H3
Boulogne-Billancourt (92) 42 C4
Boulogne-la-Grasse (60) 21 E3
Boulogne-sur-Gesse (31) 184 A2
Boulogne-sur-Helpe (59) 9 H4
Boulogne-sur-Mer (62) 1 F4
Bouloire (72) 60 D6
Boulon (14) 14 B6
Boulot (70) 87 F6
le Boulou (66) 201 F4
Boult (70) 87 F5
Boult-aux-Bois (08) 24 B4
Boult-sur-Suippe (51) 23 F5
le Boulvé (46) 152 A4
Boulzicourt (08) 24 A2
Boumourt (64) 165 H6
Bouniagues (24) 137 E6
le Boupère (85) 92 B5
Bouquehault (62) 1 G3
Bouquelon (27) 16 D6
Bouquemaison (80) 7 G3
Bouquemont (55) 47 G2
Bouquet (30) 157 F6
Bouquetot (27) 18 B5
Bouqueval (95) 42 D2
Bouranton (10) 66 B3
Bouray-sur-Juine (91) 63 G1
Bourbach-le-Bas (68) 88 D1
Bourbach-le-Haut (68) 88 D1
Bourberain (21) 86 B4
Bourbévelle (70) 69 E6
Bourbon-Lancy (71) 114 C1
Bourbon-l'Archambault (03) 113 F1
Bourbonne-les-Bains (52) 68 D6
la Bourboule (63) 126 C5
Bourbourg (59) 2 A2
Bourbriac (22) 33 E4
Bourcefranc-
-le-Chapus (17) 120 B2
Bourcia (39) 117 F3
Bourcq (08) 24 A5
Bourdainville (76) 17 F4
Bourdalat (40) 166 C3
Bourdeau (73) 131 H3
Bourdeaux (26) 158 D2
Bourdeilles (24) 137 E1
le Bourdeix (24) 123 E4
Bourdelles (33) 150 B2
Bourdenay (10) 65 G3
le Bourdet (79) 107 G4
Bourdettes (64) 182 C3
Bourdic (30) 174 A2
la Bourdinière-
-Saint-Loup (28) 62 A3
Bourdon (80) 7 E5
Bourdonnay (57) 49 G4
Bourdonné (78) 41 G5
Bourdons-sur-Rognon (52) 68 B4
Bourecq (62) 2 C5
Bouresches (02) 44 B2
Bouresse (86) 109 G3
Bouret-sur-Canche (62) 7 G2
Boureuilles (55) 24 C6
Bourg (33) 135 E3
le Bourg (46) 153 F1
Bourg (52) 86 B2
Bourg-Achard (27) 18 B5
Bourg-Archambault (86) 110 A3
Bourg-Argental (42) 143 G1
Bourg-Beaudouin (27) 19 E5
Bourg-Blanc (29) 30 D4
Bourg-Bruche (67) 71 E2
Bourg-Charente (16) 121 H3
Bourg-de-Bigorre (65) 183 F4
Bourg-de-Péage (26) 144 C4
Bourg-de-Sirod (39) 103 F5
Bourg-de-Visa (82) 151 H5
Bourg-des-Comptes (35) 57 E4
Bourg-des-Maisons (24) 136 D1
le Bourg-d'Hem (23) 111 F4
le Bourg-d'Iré (49) 76 B2
le Bourg-d'Oisans (38) 146 A3
Bourg-d'Oueil (31) 183 H6
Bourg-du-Bost (24) 136 C1
le Bourg-Dun (76) 17 F2
Bourg-en-Bresse (01) 117 E5
Bourg-et-Comin (02) 22 C5
Bourg-Fidèle (08) 10 D6
Bourg-la-Reine (92) 42 D4
Bourg-Lastic (63) 126 B4
Bourg-le-Comte (71) 115 E4
Bourg-le-Roi (72) 60 A2
Bourg-lès-Valence (26) 144 B5
Bourg-l'Évêque (49) 76 B2
Bourg-Madame (66) 199 G4
Bourg-Saint-Andéol (07) 158 A4
Bourg-Saint-Bernard (31) 169 H5
Bourg-
-Saint-Christophe (01) 130 C2
le Bourg-Saint-Léonard (61) 39 F4
Bourg-Saint-Maurice (73) 133 F4
Bourg-Sainte-Marie (52) 68 C4
Bourg-sous-Châtelet (90) 88 D2
Bourgaltroff (57) 49 G3
Bourganeuf (23) 125 E1
Bourgbarré (35) 57 F4
Bourgeauville (14) 15 E4
Bourges (18) 97 G3
le Bourget (93) 42 D3
le Bourget-du-Lac (73) 131 H4
Bourget-en-Huile (73) 132 B5
Bourgheim (67) 71 G1
Bourghelles (59) 3 G5
Bourgnac (24) 136 D4
Bourgneuf (17) 106 D4
Bourgneuf (73) 132 B5
Bourgneuf-en-Mauges (49) 75 H4
Bourgneuf-en-Retz (44) 90 D1
le Bourgneuf-la-Forêt (53) 58 B4
Bourgogne (51) 23 E5
Bourgoin-Jallieu (38) 130 D4
Bourgon (53) 58 B4
la Bourgonce (88) 70 C2
Bourgougnague (47) 150 D2
Bourgtheroulde-
-Infreville (27) 18 B5
Bourguébus (14) 38 D1
Bourgueil (37) 78 A6
Bourguenolles (50) 35 H2
le Bourguet (83) 177 H3
Bourguignon (25) 88 C5
Bourguignon-
-lès-Conflans (70) 87 G1
Bourguignon-
-lès-la-Charité (70) 87 F4
Bourguignon-
-lès-Morey (70) 86 D2
Bourguignon-
-sous-Coucy (02) 21 H3
Bourguignon-
-sous-Montbavin (02) 22 B3
Bourguignons (10) 66 C5
Bourgvilain (71) 116 A3
Bourideys (33) 149 G4
Bouriège (11) 186 D5
Bourigeole (11) 186 C5
Bourisp (65) 183 G6
Bourlens (47) 151 H4
Bourlon (62) 8 D3
Bourmont (52) 68 C4
Bournainville-
-Faverolles (27) 15 G5
Bournan (37) 95 E3
Bournand (86) 94 A2
Bournazel (12) 154 A3
Bournazel (81) 170 B1
Bourneau (85) 107 F1
Bournel (47) 151 F2
Bourneville (27) 15 H3
Bournezeau (85) 92 A6
Bourniquel (24) 137 F6
Bournois (25) 88 A4
Bournoncle-
-Saint-Pierre (43) 141 G1
Bournonville (62) 1 G4
Bournos (64) 166 A6
Bourogne (90) 88 D3
Bourran (47) 150 D4
Bourré (41) 79 H6
Bourréac (65) 183 E4
Bourret (82) 168 D2
Bourriot-Bergonce (40) 149 H6
Bourron-Marlotte (77) 64 A3
Bourrou (24) 137 E4
Bourrouillan (32) 166 D3
Bours (62) 7 G1
Bours (65) 183 E2
Boursault (51) 45 E2
Boursay (41) 61 F5
Bourscheid (57) 50 B4
Bourseul (22) 34 B5
Bourseville (80) 6 B4
Boursières (70) 87 F3
Boursies (59) 8 C4
Boursin (62) 1 G4
Boursonne (60) 21 G6
Bourth (27) 40 B4
Bourthes (62) 1 G5
Bourville (76) 17 F3
Boury-en-Vexin (60) 19 G6
Bousbach (57) 27 G5
Bousbecque (59) 3 F4
le Bouscat (33) 135 E5
Bousies (59) 9 G3
Bousignies (59) 9 E1
Bousignies-sur-Roc (59) 10 B2
le Bousquet (11) 200 A2
le Bousquet-d'Orb (34) 172 B5
Boussac (12) 154 B5
Boussac (23) 112 A3
la Boussac (35) 35 F5
Boussac (46) 153 F2
Boussac-Bourg (23) 112 A3
Boussais (79) 93 F4
Boussan (31) 184 C3
Boussay (37) 95 F5
Boussay (44) 92 A2
Bousse (57) 26 C4
Bousse (72) 77 H2
Bousselange (21) 102 B3
Boussenac (09) 185 F6
Boussenois (21) 86 A3
Boussens (31) 184 C3
Bousseraucourt (70) 69 E6
Boussès (47) 150 B6
Bousseviller (57) 28 B5
Boussey (21) 85 E6
Boussicourt (80) 20 D2
Boussières (25) 103 F2
Boussières-
-en-Cambrésis (59) 9 E3
Boussières-sur-Sambre (59) 9 H3
Boussois (59) 10 A2
Boussy (74) 131 H2
Boussy-Saint-Antoine (91) 43 E5
Boust (57) 26 B2
Boustroff (57) 49 F2
Bout-du-Pont-de-Larn (81) 170 D6
Boutancourt (08) 24 B2
Boutavent (60) 19 G2
la Bouteille (02) 10 A6
Bouteilles-
-Saint-Sébastien (24) 136 C1
Boutenac (11) 187 H4
Boutenac-Touvent (17) 120 D5
Boutencourt (60) 19 H5
Boutervilliers (91) 63 E2
Bouteville (16) 121 H4
Boutiers-Saint-Trojan (16) 121 G3
Boutigny (77) 43 G3
Boutigny-Prouais (28) 41 G5
Boutigny-sur-Essonne (91) 63 G2
Bouttencourt (80) 6 C5
Boutteville (50) 13 E4
Boutx (31) 184 B6
Bouvaincourt-
-sur-Bresle (80) 6 B5
Bouvancourt (51) 22 D5
Bouvante (26) 144 D4
Bouvelinghem (62) 1 H4
Bouvellemont (08) 24 A3
Bouverans (25) 103 H4
Bouvesse-Quirieu (38) 131 E3
Bouvières (26) 158 D3
Bouvignies (59) 9 E1
Bouvigny-Boyeffles (62) 8 A1
Bouville (28) 62 A3
Bouville (76) 17 F5
Bouville (91) 63 F2
Bouvincourt-en-
-Vermandois (80) 8 C6
Bouvines (59) 3 G5
Bouvresse (60) 19 G2
Bouvron (44) 74 B3
Bouvron (54) 48 B4
Boux-sous-Salmaise (21) 85 E5
Bouxières-aux-Bois (88) 69 G3
Bouxières-aux-Chênes (54) 48 D4
Bouxières-aux-Dames (54) 48 C4
Bouxières-
-sous-Froidmont (54) 48 C3
Bouxurulles (88) 69 G2
Bouxwiller (67) 50 C3
Bouxwiller (68) 89 F4
Bouy (51) 45 H2
Bouy-Luxembourg (10) 66 C2
Bouy-sur-Orvin (10) 65 F2
Bouyon (06) 195 E2
le Bouyssou (46) 153 G1
Bouzais (18) 97 H6
Bouzancourt (52) 67 G3
Bouzanville (54) 69 F2
Bouze-lès-Beaune (21) 101 G3
Bouzel (63) 127 G3
Bouzemont (88) 69 G3
Bouzeron (71) 101 F4
Bouzic (24) 152 B1
Bouziès (46) 153 E3
Bouzigues (34) 189 F1
Bouzillé (49) 75 F4
Bouzin (31) 184 C3
Bouzincourt (80) 8 A5
Bouzon-Gellenave (32) 166 D4
Bouzonville (57) 27 E4
Bouzonville-aux-Bois (45) 63 F5
Bouzy (51) 45 G2
Bouzy-la-Forêt (45) 81 G1
Bovée-sur-Barboure (55) 47 G5
Bovel (35) 56 D4
Bovelles (80) 7 F6
Boves (80) 7 G6
Boviolles (55) 47 G5
Boyaval (62) 2 B6
Boyelles (62) 8 B3
Boyer (42) 115 F6
Boyer (71) 116 B1
Boyeux-Saint-Jérôme (01) 117 F6
Boynes (45) 63 G5
Boz (01) 116 C3
Bozas (07) 143 H4
Bozel (73) 133 E5
Bozouls (12) 154 D3
Brabant-en-Argonne (55) 47 E1
Brabant-le-Roi (55) 46 D4
Brabant-sur-Meuse (55) 25 E6
Brach (33) 134 C3
Brachay (52) 67 G2
Braches (80) 20 D2
Brachy (76) 17 F3
Bracieux (41) 80 B4
Bracon (39) 103 F4
Bracquemont (76) 17 G2
Bracquetuit (76) 17 H4
Bradiancourt (76) 19 E2
Braffais (50) 37 E4
Bragassargues (30) 173 G2
Bragayrac (31) 168 C6
Brageac (15) 139 H2
Bragelogne-Beauvoir (10) 66 C6
Bragny-sur-Saône (71) 101 H4
Braillans (25) 87 F6
Brailly-Cornehotte (80) 7 E3
Brain (21) 84 D5
Brain-sur-Allonnes (49) 77 H6
Brain-sur-l'Authion (49) 77 E5
Brain-sur-Longuenée (49) 76 C3
Brainans (39) 102 D4
Braine (02) 22 B5
Brains (44) 74 C5
Brains-sur-Gée (72) 59 H5
Brains-sur-les-Marches (53) 58 A6
Brainville (50) 36 D1
Brainville (54) 48 A1
Brainville-sur-Meuse (52) 68 C4
Braisnes-sur-Aronde (60) 21 F4
Braize (03) 98 A6
Bralleville (54) 69 G2
Bram (11) 186 C3
Bramans (73) 147 F2
Brametot (76) 17 F3
Bramevaque (65) 184 A5
Bran (17) 121 G6
Branceilles (19) 138 D4
Branches (89) 83 F1
Brancourt-en-Laonnois (02) 22 B4
Brancourt-le-Grand (02) 9 E5
Brandérion (56) 54 D5
Brandeville (55) 25 E4
Brandivy (56) 55 F5
Brando (2B) 203 G3
Brandon (71) 115 H3
Brandonnet (12) 153 H4
Brandonvillers (51) 46 A6
Branges (71) 102 A6
Brangues (38) 131 F3
Brannay (89) 64 D4
Branne (25) 88 A5
Branne (33) 135 H5
Brannens (33) 150 A2
Branoux-les-Taillades (30) 156 D5
Brans (39) 102 D1
Bransat (03) 113 H4
Branscourt (51) 22 D6
Bransles (77) 64 B4
Brantes (84) 159 E6
Brantigny (88) 69 G2
Brantôme (24) 137 F1
Branville (14) 15 E4
Branville-Hague (50) 12 B1
Braquis (55) 47 H1
Bras (83) 176 D6
Bras-d'Asse (04) 177 E2
Bras-sur-Meuse (55) 25 F6
Brasc (12) 171 E2
Brasles (02) 44 B2
Braslou (37) 94 C3
Brasparts (29) 31 H6
Brassac (09) 185 G5
Brassac (81) 171 E5
Brassac (82) 151 H5
Brassac-les-Mines (63) 127 G6
Brassempouy (40) 165 G5
Brasseuse (60) 21 E6
Brassy (58) 100 A1
Brassy (80) 20 A2
Bratte (54) 48 D4
Braud-et-Saint-Louis (33) 135 E1
Brauvilliers (55) 47 E6
Braux (04) 178 A1
Braux (10) 66 D1
Braux (21) 84 D5
Braux-le-Châtel (52) 67 G5
Braux-Saint-Remy (51) 46 C2
Braux-Sainte-Cohière (51) 46 C2
Brax (31) 168 D5
Brax (47) 151 E5
Bray (27) 40 C1
Bray (71) 116 A2
Bray-Dunes (59) 2 C1
Bray-en-Val (45) 81 G2
Bray-et-Lû (95) 41 G1
Bray-lès-Mareuil (80) 6 D4
Bray-Saint-Christophe (02) 21 H1
Bray-sur-Seine (77) 64 D2
Bray-sur-Somme (80) 8 B5
Braye (02) 22 A4
Braye-en-Laonnois (02) 22 C4
Braye-en-Thiérache (02) 23 E1
Braye-sous-Faye (37) 94 C3
Braye-sur-Maulne (37) 78 B4
Brazey-en-Morvan (21) 100 D2
Brazey-en-Plaine (21) 102 B2
Bréal-sous-Montfort (35) 56 D3
Bréal-sous-Vitré (35) 58 B4
Bréançon (95) 42 B1
Bréau (77) 64 B1
Bréau-et-Salagosse (30) 172 D2
Bréauté (76) 16 C4
Bréban (51) 45 H6
Brebières (62) 8 C2
Brebotte (90) 88 D3
Brécé (35) 57 G3
Brecé (53) 58 C2
Brécey (50) 37 F4
Brech (56) 55 E6
Brechainville (88) 68 B2
Bréchamps (28) 41 F5
Bréchaumont (68) 89 E2
Brèches (37) 78 C4
Breconchaux (25) 87 H6
Brectouville (50) 37 G2
Brécy (02) 44 B1
Brécy (18) 98 A2
Brécy-Brières (08) 24 B5
la Brède (33) 149 F1
Brée (53) 59 E4
la Brée-les-Bains (17) 106 B6
Bréel (61) 38 C4
Brégnier-Cordon (01) 131 F4
Brégy (60) 43 G2
Bréhain (57) 49 E3
Bréhain-la-Ville (54) 26 A2
Bréhal (50) 35 G1
Bréhan (56) 55 G3
Bréhand (22) 33 H5
Bréhémont (37) 78 B6
Bréhéville (55) 25 E5
Breidenbach (57) 28 B5
Breil (49) 78 A4
le Breil-sur-Mérize (72) 60 C5
Breil-sur-Roya (06) 179 G2
la Breille-les-Pins (49) 77 H6
Breilly (80) 7 F5
Breistroff-la-Grande (57) 26 C2
Breitenau (67) 71 F2
Breitenbach (67) 71 F2
Breitenbach-Haut-Rhin (68) 71 E5
Brélès (29) 30 C4
Brélidy (22) 33 E3
Brem-sur-Mer (85) 90 D5
Brémenil (54) 49 H6
Brêmes (62) 1 H3
Brémoncourt (54) 69 H1
Bremondans (25) 104 A1
Brémontier-Merval (76) 19 F4
Brémoy (14) 37 H2
Brémur-et-Vaurois (21) 85 E2
Bren (26) 144 B3
Brenac (11) 186 C6
Brenas (34) 172 B5
Brenat (63) 127 G5
Brénaz (01) 131 G1
Brenelle (02) 22 B5
Brengues (46) 153 F2
Brennes (52) 86 A2
Brennilis (29) 31 H5
Brénod (01) 117 G6
Brenon (83) 177 H3
Brenouille (60) 20 D5
Brenoux (48) 156 A3
Brens (01) 131 G3
Brens (81) 170 A3
Brenthonne (74) 118 D4
Breny (02) 44 B1
la Bréole (04) 160 D3
Brères (25) 103 F2
Bréry (39) 102 D5
Bresdon (17) 121 H2
les Bréseux (25) 88 C6
Bresilley (70) 102 D1
Bresle (80) 7 H5
Bresles (60) 20 B4
Bresnay (03) 113 H3
Bresolettes (61) 40 A6
la Bresse (88) 70 C5
Bresse-sur-Grosne (71) 116 A1
Bressey-sur-Tille (21) 86 A6
Bressieux (38) 144 D1
Bressolles (01) 130 C2
Bressolles (03) 113 H2
Bressols (82) 169 E2
Bresson (38) 145 G3
Bressuire (79) 93 E4
Brest (29) 30 D4
Brestot (27) 18 A5
Bretagne (36) 96 C3
Bretagne (90) 88 D3
Bretagne-d'Armagnac (32) 167 E2
Bretagne-de-Marsan (40) 166 A3
Bretagnolles (27) 41 F3
Breteau (45) 82 B3
Breteil (35) 56 D2
Bretenière (21) 102 A1
la Bretenière (25) 87 H5
la Bretenière (39) 102 D2
Bretenières (39) 102 D4
Bretenoux (46) 139 E5
Breteuil (27) 40 C4
Breteuil (60) 20 C2
Brethel (61) 40 A5

Brethenay (52) 67 H4
le Brethon (03) 112 D1
Bretigney (25) 88 B4
Bretigney-Notre-Dame (25) 87 H6
Bretignolles (79) 92 D4
Bretignolles-sur-Mer (85) 90 D4
Bretigny (21) 85 H5
Brétigny (27) 18 A6
Brétigny (60) 21 G3
Brétigny-sur-Orge (91) 42 C6
Bretoncelles (61) 61 F2
la Bretonnière-la-Claye (85) 91 H6
Bretonvillers (25) 104 C1
Brette (26) 159 E2
Brette-les-Pins (72) 60 B6
Bretten (68) 89 E2
Brettes (16) 108 C6
Bretteville (50) 12 D2
Bretteville-du-Grand-Caux (76) 16 C4
Bretteville-le-Rabet (14) 38 D2
Bretteville-l'Orgueilleuse (14) 14 B4
Bretteville-Saint-Laurent (76) 17 F3
Bretteville-sur-Ay (50) 12 C5
Bretteville-sur-Dives (14) 39 E2
Bretteville-sur-Laize (14) 14 C6
Bretteville-sur-Odon (14) 14 B5
Brettnach (57) 27 E4
Bretx (31) 168 D4
Breuches (70) 87 H1
Breuchotte (70) 88 A1
Breugnon (58) 83 F5
le Breuil (03) 114 B5
Breuil (51) 22 D5
le Breuil (51) 44 D3
le Breuil (69) 129 G2
le Breuil (71) 101 E5
Breuil (80) 21 G2
Breuil-Barret (85) 92 D6
le Breuil-Bernard (79) 93 E5
Breuil-Bois-Robert (78) 41 H3
le Breuil-en-Auge (14) 15 F4
le Breuil-en-Bessin (14) 13 G5
Breuil-la-Réorte (17) 107 F5
Breuil-le-Sec (60) 20 D5
Breuil-le-Vert (60) 20 D5
Breuil-Magné (17) 106 D6
le Breuil-sous-Argenton (79) 93 E3
le Breuil-sur-Couze (63) 127 G6
Breuilaufa (87) 110 B6
Breuilh (24) 137 F3
Breuillet (17) 120 C3
Breuillet (91) 42 C6
Breuilpont (27) 41 F3
Breurey-lès-Faverney (70) 87 G2
Breuschwickersheim (67) 50 D5
Breuvannes-en-Bassigny (52) 68 C5
Breuvery-sur-Coole (51) 45 H4
Breuville (50) 12 C3
Breux (55) 25 E3
Breux-Jouy (91) 63 F1
Breux-sur-Avre (27) 40 D4
Brévainville (41) 61 H6
Bréval (78) 41 G3
Brévands (50) 13 E5
Brevans (39) 102 C2
le Brévedent (14) 15 F4
Brèves (58) 83 G5
les Bréviaires (78) 41 H5
Bréviandes (10) 66 B3
la Brévière (14) 39 F2
Bréville (16) 121 H2
Bréville-les-Monts (14) 14 C4
Bréville-sur-Mer (50) 35 G2
Brévillers (62) 7 E2
Brévillers (80) 7 G3
Brevilliers (70) 88 C3
Brévilly (08) 24 D2
Brévonnes (10) 66 D2
Bréxent-Énocq (62) 1 F6
Brey-et-Maison-du-Bois (25) 103 H5
Brézé (49) 93 H1
Bréziers (05) 160 C3
Brézilhac (11) 186 C4
Brézins (38) 144 D1
Brézolles (28) 40 D5
Brezons (15) 140 D4
Briançon (05) 147 E5
Briançonnet (06) 178 B2
Brianny (21) 84 D5
Briant (71) 115 F4
Briantes (36) 111 H2
Briare (45) 82 A3
Briarres-sur-Essonne (45) 63 G4
Brias (62) 7 G1
Briastre (59) 9 F3
Briatexte (81) 170 A4
Briaucourt (52) 68 A4
Briaucourt (70) 87 G1
Bricon (52) 67 G5
Briconville (28) 62 A1
Bricquebec (50) 12 C3
Bricquebosq (50) 12 B3
Bricqueville (14) 13 G5
Bricqueville-la-Blouette (50) 36 D1
Bricqueville-sur-Mer (50) 35 G1
Bricy (45) 62 C6
Brides-les-Bains (73) 132 D5
la Bridoire (73) 131 G5
Bridoré (37) 95 G3
Brie (02) 22 B3
Brie (09) 185 G3
Brie (16) 122 C3
Brie (35) 57 F4
Brie (79) 93 H4
Brie (80) 8 C6
Brie-Comte-Robert (77) 43 E5
Brié-et-Angonnes (38) 145 G3
Brie-sous-Archiac (17) 121 G5
Brie-sous-Barbezieux (16) 122 A6
Brie-sous-Chalais (16) 136 A1
Brie-sous-Matha (17) 121 H2
Brie-sous-Mortagne (17) 120 D5
Briec (29) 53 G2
Briel-sur-Barse (10) 66 C4
Brielles (35) 58 A5
Brienne (71) 116 C1
Brienne-la-Vieille (10) 66 D2
Brienne-le-Château (10) 66 D2
Brienne-sur-Aisne (08) 23 E4
Briennon (42) 115 E5
Brienon-sur-Armançon (89) 65 G6
Brières-les-Scellés (91) 63 F2
Brieuil-sur-Chizé (79) 108 A5
Brieulles-sur-Bar (08) 24 B4
Brieulles-sur-Meuse (55) 24 D5
Brieux (61) 39 E4
Briey (54) 26 A4
Briffons (63) 126 C4
Brignac (34) 172 D5
Brignac (56) 56 A2
Brignac-la-Plaine (19) 138 B2
Brignais (69) 129 H4
Brignancourt (95) 42 A1
Brigné (49) 93 F1
Brignemont (31) 168 C4
Brignogan-Plage (29) 31 F2
Brignoles (83) 193 F2
Brignon (30) 174 A2
le Brignon (43) 142 C5
la Brigue (06) 163 F6
Brigueil-le-Chantre (86) 110 B3
Brigueuil (16) 123 G1
Briis-sous-Forges (91) 42 B6
Brillac (16) 109 H6
la Brillanne (04) 176 D2
Brillecourt (10) 66 C1
Brillevast (50) 12 D2
Brillon (59) 9 E1
Brillon-en-Barrois (55) 47 E5
Brimeux (62) 6 D1
Brimont (51) 23 E5
Brin-sur-Seille (54) 48 D4
Brinay (18) 97 F2
Brinay (58) 99 H3
Brinckheim (68) 89 G3
Brindas (69) 129 H3
Bringolo (22) 33 F4
Brinon-sur-Beuvron (58) 99 F1
Brinon-sur-Sauldre (18) 81 F4
Briod (39) 102 D6
Briollay (49) 77 E3
Brion (01) 117 G5
Brion (36) 96 C4
Brion (38) 144 D1
Brion (48) 155 F1
Brion (49) 77 G5
Brion (71) 100 C4
Brion (86) 109 F3
Brion (89) 65 F6
Brion-près-Thouet (79) 93 G2
Brion-sur-Ource (21) 85 E1
la Brionne (23) 111 F5
Brionne (27) 18 A6
Briord (01) 131 E3
Briosne-lès-Sables (72) 60 C4
Briot (60) 19 H2
Briou (41) 80 A2
Brioude (43) 141 G2
Brioux-sur-Boutonne (79) 108 A5
Briouze (61) 38 C5
Briquemesnil-Floxicourt (80) 7 F6
Briquenay (08) 24 B4
Briscous (64) 164 C6
Brison-Saint-Innocent (73) 131 H3
Brissac (34) 173 E3
Brissac-Quincé (49) 77 E5
Brissarthe (49) 77 E2
Brissay-Choigny (02) 22 A2
Brissy-Hamégicourt (02) 22 A1
Brive-la-Gaillarde (19) 138 C3
Brives (36) 97 E5
Brives-Charensac (43) 142 C4
Brives-sur-Charente (17) 121 F3
Brivezac (19) 139 E4
Brix (50) 12 C2
Brixey-aux-Chanoines (55) 68 D1
Brizambourg (17) 121 F2
Brizay (37) 94 C2
Brizeaux (55) 46 D2
Brizon (74) 119 E6
le Broc (06) 195 E2
Broc (49) 78 A4
le Broc (63) 127 G5
Brocas (40) 166 A1
Brochon (21) 101 H1
Brocourt (80) 6 D6
Brocourt-en-Argonne (55) 47 E1
Broglie (27) 15 H6
Brognard (25) 88 C4
Brognon (08) 10 C5
Brognon (21) 86 A5
Broin (21) 102 A2
Broindon (21) 101 H1
Broissia (39) 117 F3
Brombos (60) 19 H2
Bromeilles (45) 63 H4
Brommat (12) 140 C6
Bromont-Lamothe (63) 126 D2
Bron (69) 130 B3
Bronvaux (57) 26 B5
Broons (22) 34 B6
la Broque (67) 71 E1
Broquiers (60) 19 H2
Broquiès (12) 171 F2
Brossac (16) 136 A1
Brossainc (07) 143 H1
Brossay (49) 93 G1
la Brosse-Montceaux (77) 64 C3
Brosses (89) 83 G4
Brosville (27) 40 D1
Brotte-lès-Luxeuil (70) 87 H2
Brotte-lès-Ray (70) 86 D3
Brou (28) 61 G4
Brou-sur-Chantereine (77) 43 E4
Brouains (50) 37 G4
Broualan (35) 35 F5
Brouay (14) 14 A4
Brouchaud (24) 137 H2
Brouchy (80) 21 G2
Brouck (57) 49 E1
Brouckerque (59) 2 B2
Brouderdorff (57) 50 A5
Broué (28) 41 F5
Brouennes (55) 25 E3
le Brouilh-Monbert (32) 167 G4
Brouilla (66) 201 F3
Brouillet (51) 22 D6
Brouqueyran (33) 149 H3
la Brousse (17) 121 G1
Brousse (23) 126 B1
Brousse (63) 127 H4
Brousse (81) 170 B4
Brousse-le-Château (12) 171 F2
Brousses-et-Villaret (11) 186 D2
Brousseval (52) 67 G1
Broussey-en-Blois (55) 47 G5
Broussey-Raulecourt (55) 47 H4
Broussy-le-Grand (51) 45 E4
Broussy-le-Petit (51) 45 E4
Broût-Vernet (03) 113 H5
Brouvelieures (88) 70 B3
Brouville (54) 70 B1
Brouviller (57) 50 A4
Brouy (91) 63 F3
Brouzet-lès-Alès (30) 157 F6
Brouzet-lès-Quissac (30) 173 G3
les Brouzils (85) 91 H2
Broxeele (59) 2 B3
Broye (71) 100 D4
Broye-Aubigney-Montseugny (70) 86 C6
Broye-les-Loups-et-Verfontaine (70) 86 B5
Broyes (51) 44 D5
Broyes (60) 20 D3
Broze (81) 170 A2
Brû (88) 70 B2
Bruailles (71) 117 E1
Bruay-la-Buissière (62) 2 C6
Bruay-sur-l'Escaut (59) 9 F1
Bruc-sur-Aff (35) 56 C5
Brucamps (80) 7 E4
Bruch (47) 150 D5
Brucheville (50) 13 E4
Brucourt (14) 14 D4
Brue-Auriac (83) 193 E1
Bruebach (68) 89 F2
Brueil-en-Vexin (78) 41 H2
Bruère-Allichamps (18) 97 H5
la Bruère-sur-Loir (72) 78 B3
la Bruffière (85) 92 A3
Brugairolles (11) 186 C4
le Brugeron (63) 128 B3
Bruges (33) 135 E5
Bruges-Capbis-Mifaget (64) 182 C3
Brugheas (03) 114 A6
Brugnac (47) 151 E3
Brugnens (32) 168 A3
Brugny-Vaudancourt (51) 45 E2
la Bruguière (30) 174 B1
Bruguières (31) 169 F4
Bruille-lez-Marchiennes (59) 9 E2
Bruille-Saint-Amand (59) 4 B6
Bruis (05) 159 F3
Brûlain (79) 108 A4
les Brulais (35) 56 C4
Brulange (57) 49 E2
la Brûlatte (53) 58 B4
Bruley (54) 48 A5
Brullemail (61) 39 G5
Brullioles (69) 129 G3
Brûlon (72) 59 G6
Brumath (67) 51 E4
Brumetz (02) 44 A2
Brunehamel (02) 23 F1
Brunelles (28) 61 F3
les Brunels (11) 186 C1
Brunembert (62) 1 G4
Brunémont (59) 8 D2
Brunet (04) 177 E2
Bruniquel (82) 169 G1
Brunoy (91) 43 E5
Brunstatt (68) 89 F2
Brunville (76) 17 H1
Brunvillers-la-Motte (60) 20 D3
Brusque (12) 171 H4
le Brusquet (04) 160 D6
Brussey (70) 87 E6
Brussieu (69) 129 G3
Brusson (51) 46 B5
Brusvily (22) 34 C6
Brutelles (80) 6 B4
Bruville (54) 26 A5
Brux (86) 108 D4
la Bruyère (70) 88 A1
Bruyères (88) 70 B3
Bruyères-et-Montbérault (02) 22 C3
Bruyères-le-Châtel (91) 42 C6
Bruyères-sur-Fère (02) 44 B1
Bruyères-sur-Oise (95) 42 D1
Bruys (02) 22 B6
Bruz (35) 57 E3
Bry (59) 9 G2
Bry-sur-Marne (94) 43 E4
Bû (28) 41 F4
le Bû-sur-Rouvres (14) 38 D2
Buais (50) 37 G6
Buanes (40) 166 A4
Bubertré (61) 40 A6
Bubry (56) 54 D3
Buc (78) 42 B4
Buc (90) 88 C3
Bucamps (60) 20 C3
Bucéels (14) 14 A4
Bucey-en-Othe (10) 65 H3
Bucey-lès-Gy (70) 87 E5
Bucey-lès-Traves (70) 87 F3
Buchelay (78) 41 G3
Buchères (10) 66 B4
Buchy (57) 48 D2
Buchy (76) 19 E3
Bucilly (02) 10 B6
Bucquoy (62) 8 A4
Bucy-le-Long (02) 22 A5
Bucy-le-Roi (45) 62 D5
Bucy-lès-Cerny (02) 22 B3
Bucy-lès-Pierrepont (02) 22 D2
Bucy-Saint-Liphard (45) 62 C6
Budelière (23) 112 C5
Buding (57) 26 C3
Budling (57) 26 C3
Budos (33) 149 G2
Bué (18) 82 B6
Bueil (27) 41 F3
Bueil-en-Touraine (37) 78 D3
Buellas (01) 116 D5
Buethwiller (68) 89 E2
Buffard (25) 103 E3
Buffières (71) 115 H3
Buffignécourt (70) 87 F1
Buffon (21) 84 C3
Bugarach (11) 187 E6
Bugard (65) 183 G2
Bugeat (19) 125 F4
Bugnein (64) 181 G1
Bugnicourt (59) 8 D2
Bugnières (52) 67 H6
Bugny (25) 104 A3
le Bugue (24) 137 G5
Buhl (67) 51 F2
Buhl (68) 71 E6
Buhl-Lorraine (57) 50 A4
Buhy (95) 41 H1
Buicourt (60) 19 H3
Buigny-l'Abbé (80) 7 E4
Buigny-lès-Gamaches (80) 6 C5
Buigny-Saint-Maclou (80) 6 D3
Buire (02) 10 B6
Buire-au-Bois (62) 7 F2
Buire-Courcelles (80) 8 C6
Buire-le-Sec (62) 6 D1
Buire-sur-l'Ancre (80) 8 A5
Buironfosse (02) 9 H5
le Buis (87) 110 C6
Buis-les-Baronnies (26) 159 E5
Buis-sur-Damville (27) 40 D4
Buissard (05) 160 C1
la Buisse (38) 145 F1
la Buissière (38) 132 A6
le Buisson (48) 155 G2
le Buisson (51) 46 C4
Buisson (84) 158 C5
le Buisson-de-Cadouin (24) 137 G5
Buissoncourt (54) 48 D5
Buissy (62) 8 C3
Bujaleuf (87) 124 D3
Bulan (65) 183 F4
Bulat-Pestivien (22) 32 D5
Bulcy (58) 98 D1
Buléon (56) 55 G4
Bulgnéville (88) 69 E4
Bulhon (63) 127 G2
Bullainville (28) 62 B4
Bulle (25) 103 H4
Bullecourt (62) 8 C3
Bulles (60) 20 C4
Bulligny (54) 48 A6
Bullion (78) 42 B6
Bullou (28) 61 H3
Bully (42) 128 D2
Bully (69) 129 G2
Bully (76) 19 E2
Bully-les-Mines (62) 8 B1
Bulson (08) 24 C2
Bult (88) 70 B3
Bun (65) 182 D5
Buncey (21) 85 E2
Buneville (62) 7 G2
Buno-Bonnevaux (91) 63 G2
Bunus (64) 181 E2
Bunzac (16) 122 D3
Buoux (84) 175 H3
Burbach (67) 50 A3
la Burbanche (01) 131 F2
Burbure (62) 2 C6
Burcin (38) 131 E6
Burcy (14) 37 H3
Burcy (77) 63 H4
Burdignes (42) 143 G2
Burdignin (74) 118 D4
Bure (55) 68 B1
Buré (61) 60 C1
Bure-les-Templiers (21) 85 G2
Burelles (02) 22 D1
Bures (54) 49 F5
Bures (61) 39 G6
Bures-en-Bray (76) 19 E1
Bures-les-Monts (14) 37 G2
Bures-sur-Yvette (91) 42 C5
le Buret (53) 59 E6
Burey (27) 40 C2
Burey-en-Vaux (55) 47 H6
Burey-la-Côte (55) 68 D1
Burg (65) 183 G3
Burgalays (31) 184 A6
Burgaronne (64) 181 G1
le Burgaud (31) 168 D3
Burgille (25) 87 E6
Burgnac (87) 124 A3
Burgy (71) 116 B2
Burie (17) 121 G2
Buriville (54) 49 G6
Burlats (81) 170 D5
Burlioncourt (57) 49 F3
Burnand (71) 116 A1
Burnevillers (25) 88 D5
Burnhaupt-le-Bas (68) 89 E2
Burnhaupt-le-Haut (68) 89 E2
Buros (64) 182 C1
Burosse-Mendousse (64) 166 C6
Burret (09) 185 G5
Bursard (61) 39 F6
Burthecourt-aux-Chênes (54) 48 D6
Burtoncourt (57) 26 D4
Bury (60) 20 C5
Burzet (07) 157 F1
Burzy (71) 115 H1
Bus (62) 8 C4
Bus-la-Mésière (80) 21 E2
Bus-lès-Artois (80) 7 H4
Bus-Saint-Rémy (27) 41 G1
Buschwiller (68) 89 G3
Busigny (59) 9 F5
Busloup (41) 79 G1
Busnes (62) 2 C5
Busque (81) 170 A4
Bussac (24) 137 E2
Bussac-Forêt (17) 135 G2
Bussac-sur-Charente (17) 121 E2
Bussang (88) 70 C6
le Busseau (79) 107 G1
Busseaut (21) 85 E2
Busséol (63) 127 G4
Busserolles (24) 123 F4
Busserotte-et-Montenaille (21) 85 G3
Busset (03) 114 B6
Bussiares (02) 44 A2
la Bussière (45) 82 A2
la Bussière (86) 109 H1
Bussière-Badil (24) 123 E4
Bussière-Boffy (87) 109 H6
Bussière-Dunoise (23) 111 F4
Bussière-Galant (87) 123 H4
Bussière-Nouvelle (23) 126 A1
Bussière-Poitevine (87) 110 A4
Bussière-Saint-Georges (23) 112 A3
la Bussière-sur-Ouche (21) 101 F1
Bussières (21) 85 G3
Bussières (42) 129 E2
Bussières (63) 112 D6
Bussières (70) 87 F6
Bussières (71) 116 A3
Bussières (77) 44 A3
Bussières (89) 84 B5
Bussières-et-Pruns (63) 127 F1
Busson (52) 68 B3
Bussu (80) 8 C5
Bussunarits-Sarrasquette (64) 181 E3
Bussus-Bussuel (80) 7 E4
Bussy (18) 98 A4
Bussy (60) 21 G3
Bussy-Albieux (42) 128 D3
Bussy-en-Othe (89) 65 F6
Bussy-la-Pesle (21) 85 F6
Bussy-la-Pesle (58) 99 F1
Bussy-le-Château (51) 46 A2
Bussy-le-Grand (21) 85 E4
Bussy-le-Repos (51) 46 C3
Bussy-le-Repos (89) 64 D5
Bussy-lès-Daours (80) 7 H6
Bussy-lès-Poix (80) 20 A1
Bussy-Lettrée (51) 45 G4
Bussy-Saint-Georges (77) 43 F4
Bussy-Saint-Martin (77) 43 F4
Bust (67) 50 B3
Bustanico (2B) 205 F2
Bustince-Iriberry (64) 181 E3
Buswiller (67) 50 D3
Busy (25) 103 F1
Buthiers (70) 87 F6
Buthiers (77) 63 G3
Butot (76) 17 G4
Butot-Vénesville (76) 16 D3
Butry-sur-Oise (95) 42 C2
Butteaux (89) 65 H6
Butten (67) 28 A6
Buverchy (80) 21 G2
Buvilly (39) 103 E4
la Buxerette (36) 111 F2
Buxerolles (21) 85 G2
Buxerolles (86) 109 E1
Buxeuil (10) 66 D5
Buxeuil (36) 96 C2
Buxeuil (86) 95 E3
Buxières-d'Aillac (36) 111 F1
Buxières-lès-Clefmont (52) 68 B5
Buxières-les-Mines (03) 113 F2
Buxières-lès-Villiers (52) 67 H5
Buxières-sous-les-Côtes (55) 47 H3
Buxières-sous-Montaigut (63) 113 E5
Buxières-sur-Arce (10) 66 D5
Buxy (71) 101 F6
Buysscheure (59) 2 B3
Buzan (09) 184 C5
Buzançais (36) 96 A4
Buzancy (02) 22 A5
Buzancy (08) 24 C4
Buzeins (12) 155 E4
Buzet-sur-Baïse (47) 150 D5
Buzet-sur-Tarn (31) 169 G4
Buziet (64) 182 B3
Buzignargues (34) 173 G4
Buzon (65) 183 F1
Buzy (64) 182 B3
Buzy-Darmont (55) 47 H1
By (25) 103 F3
Byans-sur-Doubs (25) 103 E2

C

Cabanac (65) 183 F2
Cabanac-Cazaux (31) 184 B5
Cabanac-et-Villagrains (33) 149 F2
Cabanac-Séguenville (31) 168 C3
la Cabanasse (66) 200 A4
Cabanès (12) 154 A6
Cabanès (81) 170 A4
le Cabanial (31) 170 A6
les Cabannes (09) 199 F1
Cabannes (13) 175 F3
les Cabannes (81) 170 A1
Cabara (33) 135 H5
Cabariot (17) 120 D1
Cabas-Loumassès (32) 184 A2
Cabasse (83) 193 G2
Cabestany (66) 201 F2
Cabidos (64) 166 A5
Cabourg (14) 14 D4
Cabrerets (46) 153 E3
Cabrerolles (34) 172 A6
Cabrespine (11) 187 E2
Cabrières (30) 174 B3
Cabrières (34) 172 C6
Cabrières-d'Aigues (84) 176 A3
Cabrières-d'Avignon (84) 175 G3
Cabriès (13) 192 B2
Cabris (06) 178 C4
Cachan (94) 42 D4
Cachen (40) 166 A1
Cachy (80) 7 H6
Cadalen (81) 170 B3
Cadarcet (09) 185 G5
Cadarsac (33) 135 G5
Cadaujac (33) 135 F6
Cadéac (65) 183 G6
Cadeilhan (32) 168 A3
Cadeilhan-Trachère (65) 196 D1
Cadeillan (32) 184 C1
Cademène (25) 103 G2
Caden (56) 73 G1
Cadenet (84) 175 H4
Caderousse (84) 174 D1
la Cadière-d'Azur (83) 192 D4
la Cadière-et-Cambo (30) 173 F2
Cadillac (33) 149 G1
Cadillac-en-Fronsadais (33) 135 G4
Cadillon (64) 166 C6
Cadix (81) 171 E2
Cadolive (13) 192 C3
Cadours (31) 168 C4
Cadrieu (46) 153 F3
Caen (14) 14 B4
Caëstre (59) 2 D4
Caffiers (62) 1 G3
Cagnac-les-Mines (81) 170 C2
Cagnano (2B) 203 G2
Cagnes-sur-Mer (06) 195 E3
Cagnicourt (62) 8 C3
Cagnoncles (59) 9 E3
Cagnotte (40) 165 E5
Cagny (14) 38 D1
Cagny (80) 7 G6
Cahagnes (14) 38 A1
Cahagnolles (14) 13 H6
Cahaignes (27) 19 F6
Cahan (61) 38 C3
Caharet (65) 183 G3
Cahon (80) 6 C4
Cahors (46) 152 C3
Cahus (46) 139 F5
Cahuzac (11) 186 A3
Cahuzac (47) 151 E1
Cahuzac (81) 186 C1
Cahuzac-sur-Adour (32) 166 D5
Cahuzac-sur-Vère (81) 170 A2
Caignac (31) 185 H2
le Cailar (30) 174 A5
Cailhau (11) 186 C4
Cailhavel (11) 186 C4
Cailla (11) 200 A1
Caillac (46) 152 C3
Caillavet (32) 167 F4
Caille (06) 178 B3
la Caillère-Saint-Hilaire (85) 92 B6
Cailleville (76) 17 E2
Caillouël-Crépigny (02) 21 H3
Caillouet-Orgeville (27) 41 E2
Cailloux-sur-Fontaines (69) 130 A2
Cailly (76) 17 H5
Cailly-sur-Eure (27) 41 E1
la Caine (14) 14 A6
Cairanne (84) 158 C5
le Caire (04) 160 B4
Cairon (14) 14 B4
Caisnes (60) 21 G3
Caissargues (30) 174 B4
Caix (80) 21 E1
Caixas (66) 200 D3
Caixon (65) 183 E1
Cajarc (46) 153 F3
Calacuccia (2B) 204 D2
Calais (62) 1 G2
Calamane (46) 152 C3
Calan (56) 54 C4
Calanhel (22) 32 C5
Calavanté (65) 183 F3
Calcatoggio (2A) 204 C5
Calce (66) 201 E2
Calenzana (2B) 202 C6
Calès (24) 137 F5
Calès (46) 138 C6
Calignac (47) 150 D6
Caligny (61) 38 B4
Callac (22) 32 C5
Callas (83) 177 H5
Callen (40) 149 F4
Callengeville (76) 19 F1
Calleville (27) 18 A6

Calleville-
-les-Deux-Églises (76) 17 G4
Callian (32) 167 F5
Callian (83) 178 B5
Calmeilles (66) 200 D3
Calmels-et-le-Viala (12) 171 G2
la Calmette (30) 174 A2
Calmont (12) 154 B5
Calmont (31) 185 H2
Calmoutier (70) 87 G3
Caloire (42) 129 E6
Calonges (47) 150 C4
Calonne-Ricouart (62) 2 C6
Calonne-sur-la-Lys (62) 2 D5
Calorguen (22) 34 D5
la Calotterie (62) 1 F6
Caluire-et-Cuire (69) 130 A3
Calvi (2B) 202 B5
Calviac (46) 139 G5
Calviac-en-Périgord (24) 138 B5
Calvignac (46) 153 E3
Calvinet (15) 154 B1
Calvisson (30) 173 H4
Calzan (09) 186 A5
Camalès (65) 183 E1
Camarade (09) 185 E4
Camarès (12) 171 G3
Camaret-sur-Aigues (84) 158 B6
Camaret-sur-Mer (29) 30 D5
Camarsac (33) 135 G5
Cambayrac (46) 152 B4
la Cambe (14) 13 F4
Cambernard (31) 185 E1
Cambernon (50) 37 E1
Cambes (33) 135 F6
Cambes (46) 153 G2
Cambes (47) 150 D2
Cambes-en-Plaine (14) 14 B4
Cambia (2B) 205 F2
Cambiac (31) 169 H6
Cambieure (11) 186 C4
Camblain-Châtelain (62) 2 C6
Camblain-l'Abbé (62) 8 A1
Camblanes-et-Meynac (33) 135 F6
Cambligneul (62) 8 A1
Cambo-les-Bains (64) 180 C1
Cambon (81) 170 C3
Cambon-et-
-Salvergues (34) 171 G5
Cambon-lès-Lavaur (81) 170 A5
Camboulazet (12) 154 B5
Camboulit (46) 153 G2
Cambounès (81) 171 E5
Cambounet-sur-le-Sor (81) 170 B6
le Cambout (22) 55 H3
Cambrai (59) 8 D3
Cambremer (14) 15 E5
Cambrin (62) 2 D6
Cambron (80) 6 D4
Cambronne-
-lès-Clermont (60) 20 C5
Cambronne-
-lès-Ribécourt (60) 21 F4
Camburat (46) 153 G2
Came (64) 164 D6
Camélas (66) 200 D3
Camelin (02) 21 H3
Camembert (61) 39 F3
Cametours (50) 37 E1
Camiac-et-Saint-Denis (33) 135 G6
Camiers (62) 1 F5
Camiran (33) 150 A1
Camjac (12) 154 B6
Camlez (22) 32 D2
les Cammazes (81) 186 C1
Camoël (56) 73 F2
Camon (09) 186 B5
Camon (80) 7 G6
Camors (56) 55 E4
Camou-Cihigue (64) 181 F3
Camous (65) 183 G5
Campagna-de-Sault (11) 199 H1
Campagnac (12) 155 F4
Campagnac (81) 170 A1
Campagnac-
-lès-Quercy (24) 152 B1
Campagnan (34) 172 D6
Campagne (24) 137 G5
Campagne (34) 173 G4
Campagne (40) 165 H2
Campagne (60) 21 G2
Campagne-
-d'Armagnac (32) 166 D3
Campagne-
-lès-Boulonnais (62) 1 H5
Campagne-lès-Guines (62) 1 G3
Campagne-lès-Hesdin (62) 6 D1
Campagne-
-lès-Wardrecques (62) 2 B4
Campagne-sur-Arize (09) 185 F4
Campagne-sur-Aude (11) 186 D6
Campagnolles (14) 37 G3
Campan (65) 183 F5
Campana (2B) 205 F1
Campandré-
-Valcongrain (14) 14 A6
Camparan (65) 183 G6
Campbon (44) 74 A3
Campeaux (14) 37 G2
Campeaux (60) 19 G3
Campel (35) 56 D4
Campénéac (56) 56 B4
Campestre-et-Luc (30) 172 C2
Campet-et-Lamolère (40) 165 H2
Camphin-
-en-Carembault (59) 3 F6
Camphin-en-Pévèle (59) 3 G5
Campi (2B) 205 G2
Campigneulles-
-les-Grandes (62) 6 C1
Campigneulles-
-les-Petites (62) 6 D1
Campigny (14) 13 H5
Campigny (27) 15 H3
Campile (2B) 203 F6
Campistrous (65) 183 G3
Campitello (2B) 203 F5
Camplong (34) 172 A5
Camplong-d'Aude (11) 187 G4
Campneuseville (76) 6 C6
Campo (2A) 205 E6
Campôme (66) 200 B2
Campouriez (12) 154 C1
Campoussy (66) 200 C2
Campremy (60) 20 C3
Camprond (50) 37 E1
Camps-en-Amiénois (80) 7 E6
Camps-la-Source (83) 193 F3
Camps-Saint-Mathurin-
-Léobazel (19) 139 F4
Camps-sur-l'Agly (11) 187 E6
Camps-sur-l'Isle (33) 136 A4
Campsas (82) 169 E3
Campsegret (24) 137 E5
Campuac (12) 154 C2
Campugnan (33) 135 E2
Campuzan (65) 183 H2
Camurac (11) 199 G1
Canale-di-Verde (2B) 205 G2
Canals (82) 169 E3
Canaples (80) 7 F4
Canappeville (27) 40 D1
Canapville (14) 15 E3
Canapville (61) 39 G3
Canari (2B) 203 F2
Canaules-et-
-Argentières (30) 173 G2
Canavaggia (2B) 203 F6
Canaveilles (66) 200 B4
Cancale (35) 35 E3
Canchy (14) 13 G5
Canchy (80) 6 D3
Cancon (47) 151 F2
Candas (80) 7 G4
Candé (49) 76 B3
Candé-sur-Beuvron (41) 79 H4
Candes-Saint-Martin (37) 94 A1
Candillargues (34) 173 H5
Candor (60) 21 F3
Candresse (40) 165 E4
Canehan (76) 6 A5
Canéjan (33) 135 E6
Canens (31) 185 F3
Canenx-et-Réaut (40) 166 A1
Canet (11) 187 H3
Canet (34) 172 D5
Canet-de-Salars (12) 154 D5
Canet-en-Roussillon (66) 201 G2
Canettemont (62) 7 G2
Cangey (37) 79 G5
Caniac-du-Causse (46) 153 E2
Canihuel (22) 33 E6
Canilhac (48) 155 G4
Canisy (50) 37 F1
Canlers (62) 2 A6
Canly (60) 21 E5
Cannectancourt (60) 21 F3
Cannelle (2A) 204 C5
Cannes (06) 195 E4
Cannes-Écluse (77) 64 C2
Cannes-et-Clairan (30) 173 H3
Cannessières (80) 6 D5
le Cannet (06) 178 D5
Cannet (32) 166 D5
le Cannet-des-Maures (83) 193 H2
Canny-sur-Matz (60) 21 F3
Canny-sur-Thérain (60) 19 G3
Canohès (66) 201 E2
la Canourgue (48) 155 G4
Canouville (76) 16 D3
Cantaing-sur-Escaut (59) 8 D4
Cantaous (65) 183 H4
Cantaron (06) 195 F2
Canté (09) 185 G3
Canteleu (76) 17 G6
Canteleux (62) 7 G3
Canteloup (14) 39 E1
Canteloup (50) 13 E2
Cantenac (33) 135 E3
Cantenay-Épinard (49) 76 D4
Cantiers (27) 19 F6
Cantigny (80) 20 D2
Cantillac (24) 123 E6
Cantin (59) 8 D2
Cantoin (12) 140 D6
Cantois (33) 149 H1
Canville-la-Rocque (50) 12 C4
Canville-
-les-Deux-Églises (76) 17 F3
Cany-Barville (76) 18 A1
Caorches-Saint-Nicolas (27) 15 H5
Caouënnec-Lanvézéac (22) 32 D2
Caours (80) 6 D4
Cap-d'Ail (06) 179 F3
Capbreton (40) 164 B4
Capdenac (46) 153 G2
Capdenac-Gare (12) 153 G2
Capdrot (24) 151 H1
la Capelle (02) 10 A5
Capelle (59) 9 F3
la Capelle-Balaguier (12) 153 G4
la Capelle-Bleys (12) 153 H5
la Capelle-Bonance (12) 155 F4
la Capelle-
-et-Masmolène (30) 174 C1
Capelle-Fermont (62) 8 A2
la Capelle-lès-Boulogne (62) 1 F4
Capelle-les-Grands (27) 15 G6
Capelle-lès-Hesdin (62) 7 E2
Capendu (11) 187 F3
Capens (31) 185 E2
Capestang (34) 188 B2
Capian (33) 135 G6
Capinghem (59) 3 F5
Caplong (33) 136 B6
Capoulet-et-Junac (09) 199 E1
Cappel (57) 49 G1
Cappelle-Brouck (59) 2 A2
Cappelle-en-Pévèle (59) 3 G6
Cappelle-la-Grande (59) 2 B2
Cappy (80) 8 B6
Captieux (33) 149 H4
Capvern (65) 183 G4
Caragoudes (31) 169 G6
Caraman (31) 169 H6
Caramany (66) 200 D2
Carantec (29) 31 H2
Carantilly (50) 37 F1
Carayac (46) 153 F3
Carbay (49) 57 H6
Carbes (81) 170 C5
Carbini (2A) 207 F3
Carbon-Blanc (33) 135 F5
Carbonne (31) 185 E2
Carbuccia (2A) 204 D5
Carcagny (14) 14 A4
Carcanières (09) 200 A2
Carcans (33) 134 B3
Carcarès-Sainte-Croix (40) 165 G3
Carcassonne (11) 187 E3
Carcen-Ponson (40) 165 G2
Carcès (83) 177 F6
Carcheto-Brustico (2B) 205 G2
Cardaillac (46) 153 G1
Cardan (33) 149 G1
Cardeilhac (31) 184 B3
Cardesse (64) 182 A2
Cardet (30) 173 H1
Cardo-Torgia (2A) 204 D6
Cardonnette (80) 7 G5
le Cardonnois (80) 20 D3
Cardonville (14) 13 F4
Cardroc (35) 56 D1
Carelles (53) 58 C2
Carency (62) 8 A1
Carennac (46) 139 E5
Carentan (50) 13 E5
Carentoir (56) 56 C5
Cargèse (2A) 204 B4
Cargiaca (2A) 207 E2
Carhaix-Plouguer (29) 32 B6
Carignan (08) 24 D2
Carignan-de-Bordeaux (33) 135 F5
Carisey (89) 83 H1
Carla-Bayle (09) 185 F4
Carla-de-Roquefort (09) 186 A5
le Carlaret (09) 185 H4
Carlat (15) 140 B5
Carlencas-et-Levas (34) 172 B5
Carlepont (60) 21 G4
Carling (57) 27 F5
Carlipa (11) 186 C2
Carlucet (46) 152 D1
Carlus (81) 170 B3
Carlux (24) 138 B5
Carly (62) 1 F5
Carmaux (81) 170 C1
Carnac (56) 72 B1
Carnac-Rouffiac (46) 152 B4
Carnas (30) 173 G3
la Carneille (61) 38 C4
Carnet (50) 35 H5
Carnetin (77) 43 F3
Carneville (50) 12 D1
Carnières (59) 9 E3
Carnin (59) 3 F6
Carnoët (22) 32 B5
Carnoules (83) 193 G3
Carnoux-en-Provence (13) 192 C4
Carnoy (80) 8 B5
Caro (56) 56 B5
Caro (64) 180 D3
Carolles (50) 35 G3
Caromb (84) 158 D6
Carpentras (84) 175 F1
Carpineto (2B) 205 G2
Carpiquet (14) 14 B4
Carquebut (50) 13 E4
Carquefou (44) 74 D4
Carqueiranne (83) 193 F5
Carrépuis (80) 21 F2
Carrère (64) 166 B6
Carresse-Cassaber (64) 165 E6
Carrières-sous-Poissy (78) 42 B3
Carrières-sur-Seine (78) 42 C3
Carros (06) 195 E2
Carrouges (61) 38 D6
Carry-le-Rouet (13) 191 H5
Cars (33) 135 E3
les Cars (87) 123 H4
Carsac-Aillac (24) 138 B6
Carsac-de-Gurson (24) 136 B4
Carsan (30) 157 H5
Carsix (27) 40 B1
Carspach (68) 89 E3
Cartelègue (33) 135 E2
Carticasi (2B) 205 F2
Cartignies (59) 9 H4
Cartigny (80) 8 C6
Cartigny-l'Épinay (14) 13 F5
Carves (24) 137 H6
Carville (14) 37 H3
Carville-la-Folletière (76) 17 E5
Carville-Pot-de-Fer (76) 17 E3
Carvin (62) 3 F6
Casabianca (2B) 203 G6
Casaglione (2A) 204 C4
Casalabriva (2A) 206 D2
Casalta (2B) 203 G6
Casamaccioli (2B) 204 D2
Casanova (2B) 205 E3
Cascastel-
-des-Corbières (11) 187 G5
Casefabre (66) 200 D3
Caseneuve (84) 176 A3
Cases-de-Pène (66) 201 E1
Casevecchie (2B) 205 G3
Cassagnabère-
-Tournas (31) 184 B3
Cassagnas (48) 156 C5
la Cassagne (24) 138 B4
Cassagne (31) 184 C4
Cassagnes (46) 152 A2
Cassagnes (66) 200 D2
Cassagnes-Bégonhès (12) 154 C6
Cassagnoles (30) 173 H2
Cassagnoles (34) 187 G2
la Cassaigne (11) 186 B3
Cassaigne (32) 167 F2
Cassaignes (11) 186 D6
Cassaniouze (15) 154 B1
Cassel (59) 2 C3
Cassen (40) 165 F3
Casseneuil (47) 151 F3
les Cassés (11) 186 B1
Casseuil (33) 150 A2
Cassignas (47) 151 G5
Cassis (13) 192 C4
Casson (44) 74 D3
Cassuéjouls (12) 154 D1
Cast (29) 53 F1
Castagnac (31) 185 F3
Castagnède (31) 184 C4
Castagnède (64) 165 E6
Castagniers (06) 195 F2
Castaignos-Souslens (40) 165 G5
Castandet (40) 166 B3
Castanet (12) 154 A5
Castanet (81) 170 B2
Castanet (82) 153 G5
Castanet-le-Haut (34) 171 H5
Castanet-Tolosan (31) 169 F6
Castans (11) 187 F1
Casteide-Cami (64) 182 A1
Casteide-Candau (64) 165 H6
Casteide-Doat (64) 183 E1
Casteil (66) 200 C4
Castel-Sarrazin (40) 165 G5
Castelbajac (65) 183 G3
Castelbiague (31) 184 C5
Castelculier (47) 151 F6
Castelferrus (82) 168 D2
Castelfranc (46) 152 B3
Castelgaillard (31) 184 C2
Castelginest (31) 169 F4
Casteljaloux (47) 150 B4
Castella (47) 151 F4
Castellane (04) 177 H3
Castellar (06) 195 G2
le Castellard-Mélan (04) 160 C5
Castellare-di-Casinca (2B) 203 G6
Castellare-di-Mercurio (2B) 205 F2
le Castellet (04) 176 D2
le Castellet (83) 192 D4
Castellet (84) 176 A3
Castellet-lès-Sausses (04) 178 B1
Castello-di-Rostino (2B) 203 F6
Castelmary (12) 154 A6
Castelmaurou (31) 169 F5
Castelmayran (82) 168 C1
Castelmoron-d'Albret (33) 150 B1
Castelmoron-sur-Lot (47) 151 E4
Castelnau-Barbarens (32) 168 A5
Castelnau-Chalosse (40) 165 F4
Castelnau-d'Anglès (32) 167 F5
Castelnau-d'Arbieu (32) 168 A3
Castelnau-d'Aude (11) 187 G3
Castelnau-d'Auzan (32) 167 E2
Castelnau-de-Brassac (81) 171 E5
Castelnau-de-Guers (34) 188 D1
Castelnau-de-Lévis (81) 170 B2
Castelnau-
-de-Mandailles (12) 155 E3
Castelnau-de-Médoc (33) 134 D3
Castelnau-
-de-Montmiral (81) 169 H2
Castelnau-
-d'Estrétefonds (31) 169 E4
Castelnau-Durban (09) 185 F5
Castelnau-le-Lez (34) 173 F5
Castelnau-Magnoac (65) 183 H2
Castelnau-Montratier (46) 152 C5
Castelnau-Pégayrols (12) 155 E6
Castelnau-Picampeau (31) 184 D2
Castelnau-
-Rivière-Basse (65) 166 D5
Castelnau-sur-Gupie (47) 150 C2
Castelnau-
-sur-l'Auvignon (32) 167 G2
Castelnau-Tursan (40) 166 A4
Castelnau-Valence (30) 174 A2
Castelnaud-
-de-Gratecambe (47) 151 F3
Castelnaud-
-la-Chapelle (24) 138 A6
Castelnaudary (11) 186 B2
Castelnavet (32) 167 E4
Castelner (40) 165 H5
Castelnou (66) 201 E3
Castelreng (11) 186 C5
Castels (24) 137 H5
Castelsagrat (82) 151 H6
Castelsarrasin (82) 168 D1
Castelvieilh (65) 183 F2
Castelviel (33) 150 A1
le Castéra (31) 168 D5
Castéra-Bouzet (82) 168 B2
Castéra-Lanusse (65) 183 G3
Castéra-Lectourois (32) 167 H2
Castéra-lou (65) 183 F2
Castéra-Loubix (64) 183 E1
Castéra-Verduzan (32) 167 G3
Castéra-Vignoles (31) 184 B2
Castéras (09) 185 F4
Casterets (65) 184 A2
Castéron (32) 168 B3
Castet (64) 182 B4
Castet-Arrouy (32) 168 A2
Castetbon (64) 181 G1
Castétis (64) 165 G6
Castetnau-Camblong (64) 181 G2
Castetner (64) 165 G6
Castetpugon (64) 166 C5
Castets (40) 164 D2
Castets-en-Dorthe (33) 150 A2
Castex (09) 185 F3
Castex (32) 183 G1
Castex-d'Armagnac (32) 166 C3
Casties-Labrande (31) 184 D2
Castifao (2B) 203 E6
Castiglione (2B) 205 E1
Castillon (06) 195 G2
Castillon (14) 13 H6
Castillon (65) 183 F4
Castillon (Canton
-d'Arthez-de-Béarn) (64) 165 H6
Castillon (Canton
-de Lembeye) (64) 166 C6
Castillon-de-Castets (33) 150 A2
Castillon-de-Larboust (31) 197 F1
Castillon-
-de-Saint-Martory (31) 184 C4
Castillon-Debats (32) 167 E4
Castillon-du-Gard (30) 174 C2
Castillon-en-Auge (14) 15 E6
Castillon-
-en-Couserans (09) 184 D6
Castillon-la-Bataille (33) 136 A5
Castillon-Massas (32) 167 H4
Castillon-Savès (32) 168 C5
Castillonnès (47) 151 F1
Castilly (14) 13 F5
Castin (32) 167 H4
Castineta (2B) 203 F6
Castirla (2B) 205 E2
Castres (02) 21 H1
Castres (81) 170 C5
Castres-Gironde (33) 149 G1
Castries (34) 173 G5
le Cateau-Cambrésis (59) 9 F4
le Catelet (02) 9 E5
le Catelier (76) 18 D1
Catenay (76) 19 E3
Catenoy (60) 20 D5
Cateri (2B) 202 C5
Cathervielle (31) 197 F1
Catheux (60) 20 B2
Catigny (60) 21 F2
Catillon-Fumechon (60) 20 C4
Catillon-sur-Sambre (59) 9 G4
Catllar (66) 200 C3
Catonvielle (32) 168 C5
Cattenières (59) 9 E4
Cattenom (57) 26 C3
Catteville (50) 12 C4
Catus (46) 152 C2
Catz (50) 13 E5
Caubeyres (47) 150 C5
Caubiac (31) 168 C4
Caubios-Loos (64) 182 B1
Caubon-
-Saint-Sauveur (47) 150 C2
Caubous (31) 183 H6
Caubous (65) 183 H3
Caucalières (81) 170 D6
la Cauchie (62) 8 A3
Cauchy-á-la-Tour (62) 2 C6
Caucourt (62) 8 A1
Caudan (56) 54 C5
Caudebec-en-Caux (76) 17 E5
Caudebec-lès-Elbeuf (76) 18 C5
Caudebronde (11) 187 E2
Caudecoste (47) 151 F6
Caudeval (11) 186 B4
Caudiès-de-Conflent (66) 200 A3
Caudiès-
-de-Fenouillèdes (66) 200 B1
Caudrot (33) 150 A2
Caudry (59) 9 F4
Cauffry (60) 20 D5
Caugé (27) 40 D2
Caujac (31) 185 G2
Caulaincourt (02) 8 D6
le Caule-Sainte-Beuve (76) 19 F1
Caulières (80) 19 H1
Caullery (59) 9 E4
Caulnes (22) 56 C1
Caumont (02) 21 H2
Caumont (09) 184 D5
Caumont (27) 18 B5
Caumont (32) 166 C4
Caumont (33) 150 B1
Caumont (62) 7 E2
Caumont (82) 168 C1
Caumont-l'Éventé (14) 37 H1
Caumont-sur-Durance (84) 175 E3
Caumont-sur-Garonne (47) 150 C3
Caumont-sur-Orne (14) 38 B2
Cauna (40) 165 H3
Caunay (79) 108 C4
Cauneille (40) 165 E5
Caunes-Minervois (11) 187 F2
la Caunette (34) 187 H2
Caunette-sur-Lauquet (11) 187 E5
Caunettes-en-Val (11) 187 F4
Caupenne (40) 165 G4
Caupenne-
-d'Armagnac (32) 166 D3
la Caure (51) 45 E3
Caurel (22) 55 E1
Caurel (51) 23 F5
Cauro (2A) 204 D6
Cauroir (59) 9 E3
Cauroy (08) 23 H5
Cauroy-lès-Hermonville (51) 23 E5
le Causé (82) 168 C3
Cause-de-Clérans (24) 137 E5
Caussade (82) 152 D6
Caussade-Rivière (65) 166 D6
Causse-Bégon (30) 172 C1
Causse-de-la-Selle (34) 173 E4
Causse-et-Diège (12) 153 G3
Caussens (32) 167 G2
Causses-et-Veyran (34) 188 B1
Caussiniojouls (34) 172 B6
Caussols (06) 178 C3
Caussou (09) 199 F1
Cauterets (65) 182 D6
Cauverville-
-en-Roumois (27) 18 A5
Cauvicourt (14) 38 D2
Cauvignac (33) 150 A3
Cauvigny (60) 20 B5
Cauville (14) 38 B2
Cauville-sur-Mer (76) 15 E1
Caux (34) 172 C6
Caux-et-Sauzens (11) 186 D3
Cauzac (47) 151 G5
Cavagnac (46) 138 D4
Cavaillon (84) 175 F3
Cavalaire-sur-Mer (83) 194 A4
la Cavalerie (12) 172 B2
Cavan (22) 32 D3
Cavanac (11) 187 E4
Cavarc (47) 151 F1
Caveirac (30) 174 A3
Caves (11) 188 A6
Cavignac (33) 135 G3
Cavigny (50) 13 F6
Cavillargues (30) 174 C1
Cavillon (80) 7 F6
Cavron-Saint-Martin (62) 7 E1
Caychax (09) 199 F1
Cayeux-en-Santerre (80) 21 E1
Cayeux-sur-Mer (80) 6 B3
le Caylar (34) 172 C3
Caylus (82) 153 E5
Cayrac (82) 169 F1
Cayres (43) 142 B5
Cayriech (82) 152 D5
le Cayrol (12) 154 D2
Cayrols (15) 139 H6
Cazac (31) 184 C2
Cazalis (33) 149 G4
Cazalis (40) 165 G5
Cazalrenoux (11) 186 B3
Cazals (46) 152 B2
Cazals (82) 153 E6
Cazals-des-Baylès (09) 186 B4
Cazaril-Laspènes (31) 197 F1
Cazaril-Tambourès (31) 183 H3
Cazarilh (65) 184 A5
Cazats (33) 149 H3
Cazaubon (32) 166 D2
Cazaugitat (33) 150 B1
Cazaunous (31) 184 B5
Cazaux (09) 185 G4
Cazaux-d'Anglès (32) 167 F5
Cazaux-debat (65) 183 G6
Cazaux-Fréchet-
-Anéran-Camors (65) 183 G6
Cazaux-Layrisse (31) 184 A6
Cazaux-Savès (32) 168 C6
Cazaux-Villecomtal (32) 183 F1
Cazavet (09) 184 D5
Cazeaux-de-Larboust (31) 197 F1
Cazedarnes (34) 188 B1
Cazenave-
-Serres-et-Allens (09) 199 F1
Cazeneuve (32) 167 E2
Cazeneuve-Montaut (31) 184 C3
Cazères (31) 184 D3
Cazères-sur-l'Adour (40) 166 B3
Cazes-Mondenard (82) 152 B5
Cazevieille (34) 173 F4
Cazideroque (47) 151 H4
Cazilhac (11) 187 E3
Cazilhac (34) 173 E2
Cazillac (46) 138 D4
Cazoulès (24) 138 C5
Cazouls-d'Hérault (34) 172 D6
Cazouls-lès-Béziers (34) 188 B2
Ceaucé (61) 58 D1
Ceaulmont (36) 111 E2
Céaux (50) 35 H4
Céaux-d'Allègre (43) 142 B3
Ceaux-en-Couhé (86) 108 D3
Ceaux-en-Loudun (86) 94 B3
Cébazan (34) 188 A1
Cébazat (63) 127 F2
Ceffonds (52) 67 F1
Ceignes (01) 117 F5
Ceilhes-et-Rocozels (34) 172 A4
Ceillac (05) 161 G1
Ceilloux (63) 127 H4
Ceintrey (54) 69 F1
la Celette (18) 112 C1
la Celle (03) 113 E5
la Celle (18) 97 H5
Cellé (41) 79 E1
la Celle (63) 126 B2
la Celle (83) 193 F3
la Celle-Condé (18) 97 F5
la Celle-Dunoise (23) 111 F4
la Celle-en-Morvan (71) 100 C3
la Celle-Guenand (37) 95 F4
la Celle-les-Bordes (78) 42 A6
Celle-Lévescault (86) 108 D3
la Celle-Saint-Avant (37) 94 D3
la Celle-Saint-Cloud (78) 42 C4
la Celle-Saint-Cyr (89) 65 E6
la Celle-sous-
-Chantemerle (51) 44 D6
la Celle-sous-Gouzon (23) 112 A5
la Celle-sous-
-Montmirail (02) 44 C4
la Celle-sur-Loire (58) 82 C5
la Celle-sur-Morin (77) 43 G4
la Celle-sur-Nièvre (58) 99 E1
Cellefrouin (16) 122 D2
Celles (09) 185 H6
Celles (15) 141 E3

Celles (17) 121 G4
Celles (24) 136 D1
Celles (34) 172 C5
Celles-en-Bassigny (52) 68 C6
Celles-lès-Condé (02) 44 C2
Celles-sur-Aisne (02) 22 B5
Celles-sur-Belle (79) 108 A4
Celles-sur-Durolle (63) 128 A2
Celles-sur-Ource (10) 66 D5
Celles-sur-Plaine (88) 70 C1
la Cellette (23) 111 H3
la Cellette (63) 112 D6
Cellettes (16) 122 C2
Cellettes (41) 80 A4
le Cellier (44) 75 E4
Cellier-du-Luc (07) 156 D1
Cellieu (42) 129 G5
Cellule (63) 127 F1
Celon (36) 110 D2
Celoux (15) 141 G3
Celsoy (52) 86 C1
Cély (77) 63 H2
Cemboing (70) 87 E1
Cempuis (60) 20 A2
Cénac (33) 135 F6
Cénac-et-Saint-Julien (24) 138 A6
Cenans (70) 87 G5
Cendras (30) 157 E6
le Cendre (63) 127 F3
Cendrecourt (70) 87 E1
Cendrey (25) 87 G5
Cendrieux (24) 137 G4
Cénevières (46) 153 E3
Cenne-Monestiés (11) 186 C2
Cenon (33) 135 F5
Cenon-sur-Vienne (86) 94 D5
Censeau (39) 103 G5
Censerey (21) 100 D1
Censy (89) 84 B3
les Cent-Acres (76) 18 D1
Centrès (12) 154 B6
Centuri (2B) 203 F1
Cenves (69) 116 A4
Cépet (31) 169 F4
Cépie (11) 186 D4
Cepoy (45) 64 A5
Céran (32) 168 A3
Cérans-Foulletourte (72) 78 A1
Cerbère (66) 201 H4
Cerbois (18) 97 F2
Cercié (69) 116 A5
Cercier (74) 118 B6
Cercles (24) 136 D1
Cercottes (45) 62 D6
Cercoux (17) 135 H3
le Cercueil (61) 39 E6
Cercy-la-Tour (58) 99 G5
Cerdon (01) 117 F6
Cerdon (45) 81 G3
Cère (40) 166 A1
Céré-la-Ronde (37) 95 H1
Cerelles (37) 78 D4
Cérences (50) 35 H1
Céreste (04) 176 B3
Céret (66) 201 E4
Cerfontaine (59) 10 A2
le Cergne (42) 115 G5
Cergy (95) 42 B2
Cérilly (03) 113 E1
Cérilly (21) 84 D1
Cérilly (89) 65 G4
Cerisé (61) 60 A1
Cerisières (52) 67 H3
Cerisiers (89) 65 F5
Cerisy (80) 8 A6
Cerisy-Belle-Étoile (61) 38 A4
Cerisy-Buleux (80) 6 D5
Cerisy-la-Forêt (50) 13 G6
Cerisy-la-Salle (50) 37 E2
Cerizay (79) 92 D4
Cérizols (09) 184 D4
Cerizy (02) 22 A1
la Cerlangue (76) 15 G2
Cernans (39) 103 F4
Cernay (14) 15 F6
Cernay (28) 61 H2
Cernay (68) 89 E1
Cernay (86) 94 B5
Cernay-en-Dormois (51) 24 B6
Cernay-la-Ville (78) 42 A5
Cernay-l'Église (25) 88 C6
Cernay-lès-Reims (51) 23 F6
Cerneux (77) 44 B5
Cernex (74) 118 B6
Cerniébaud (39) 103 G5
Cernion (08) 23 G1
Cernon (39) 117 G3
Cernon (51) 45 H4
Cernoy (60) 20 D4
Cernoy-en-Berry (45) 82 A4
Cernusson (49) 93 E1
Cerny (91) 63 G1
Cerny-en-Laonnois (02) 22 C4
Cerny-lès-Bucy (02) 22 B3
Céron (71) 114 D4
Cérons (33) 149 G1
Cerqueux (14) 15 G6
les Cerqueux (49) 92 D3
les Cerqueux-sous-Passavant (49) 93 E2
Cerre-lès-Noroy (70) 87 H3
Cers (34) 188 C2
Cersay (79) 93 F2
Cerseuil (02) 22 B5
Cersot (71) 101 F6
Certilleux (88) 68 D3
Certines (01) 117 E5
Cervens (74) 118 D4
Cervières (05) 147 F5
Cervières (42) 128 B2
Cerville (54) 48 D5
Cervione (2B) 205 G2
Cervon (58) 99 H1
Cerzat (43) 141 H3
Cesancey (39) 117 F1
Césarches (73) 132 C3
Césarville-Dossainville (45) 63 F3
Cescau (09) 184 D6
Cescau (64) 182 B1
Cesny-aux-Vignes (14) 39 E1
Cesny-Bois-Halbout (14) 14 B6
Cessac (33) 135 H6
Cessales (31) 186 A1
Cesse (55) 24 D3
Cessenon-sur-Orb (34) 188 B1
Cessens (73) 131 H2
Cesseras (34) 187 G2
Cesset (03) 113 G4
Cesseville (27) 40 C1
Cessey (25) 103 F2
Cessey-sur-Tille (21) 86 A6
Cessières (02) 22 B3
Cessieu (38) 131 E5
Cesson (77) 63 H1
Cesson-Sévigné (35) 57 F3
Cessoy-en-Montois (77) 64 D1
Cessy (01) 118 B3
Cessy-les-Bois (58) 82 D6
Cestas (33) 135 E6
Cestayrols (81) 170 B2
Ceton (61) 61 E4
Cette-Eygun (64) 182 A5
Cevins (73) 132 D4
Ceyras (34) 172 D5
Ceyrat (63) 127 E3
Ceyreste (13) 192 C4
Ceyroux (23) 111 E6
Ceyssac (43) 142 C4
Ceyssat (63) 126 D3
Ceyzériat (01) 117 E5
Ceyzérieu (01) 131 G2
Cézac (33) 135 F3
Cézac (46) 152 C4
Cezais (85) 107 F1
Cézan (32) 167 G3
Cezay (42) 128 C3
Cézens (15) 140 D4
Cézia (39) 117 G3
Cézy (89) 65 E6
Chabanais (16) 123 F2
la Chabanne (03) 128 B1
Chabestan (05) 159 H3
Chabeuil (26) 144 B5
Chablis (89) 83 H2
Châbons (38) 131 E6
Chabottes (05) 160 C1
Chabournay (86) 94 B6
Chabrac (16) 123 F1
Chabreloche (63) 128 B2
Chabrignac (19) 138 B1
Chabrillan (26) 158 C1
Chabris (36) 96 C1
Chacé (49) 93 H1
Chacenay (10) 66 D5
Chacrise (02) 22 B5
Chadeleuf (63) 127 F5
Chadenac (17) 121 F5
Chadenet (48) 156 B3
Chadrac (43) 142 C4
Chadron (43) 142 C5
Chadurie (16) 122 B5
le Chaffal (26) 144 D5
le Chaffaut-Saint-Jurson (04) 177 F1
Chaffois (25) 103 H4
Chagey (70) 88 C3
Chagnon (42) 129 G5
Chagny (08) 24 A3
Chagny (71) 101 F4
Chahaignes (72) 78 C2
Chahains (61) 38 D6
Chaignay (21) 85 H5
Chaignes (27) 41 F2
Chail (79) 108 B4
Chaillac (36) 110 C3
Chaillac-sur-Vienne (87) 123 G2
Chailland (53) 58 C3
Chaillé-les-Marais (85) 106 D2
Chaillé-sous-les-Ormeaux (85) 91 G5
Chailles (41) 79 H4
Chaillevette (17) 120 C3
Chaillevois (02) 22 B4
Chailley (89) 65 G5
Chaillon (55) 47 H3
Chailloué (61) 39 F5
Chailly-en-Bière (77) 63 H2
Chailly-en-Brie (77) 43 H4
Chailly-en-Gâtinais (45) 63 H6
Chailly-lès-Ennery (57) 26 C4
Chailly-sur-Armançon (21) 101 E1
Chainaz-les-Frasses (74) 132 A3
Chaînée-des-Coupis (39) 102 C4
Chaingy (45) 80 C1
Chaintré (71) 116 B4
Chaintreaux (77) 64 B4
Chaintrix-Bierges (51) 45 F3
la Chaise (10) 67 E2
la Chaise-Baudouin (50) 37 F4
la Chaise-Dieu (43) 142 B1
Chaise-Dieu-du-Theil (27) 40 B4
Chaix (85) 107 E2
la Chaize-Giraud (85) 90 D4
la Chaize-le-Vicomte (85) 91 H4
Chalabre (11) 186 B5
Chalagnac (24) 137 F3
Chalain-d'Uzore (42) 128 D4
Chalain-le-Comtal (42) 129 E4
Chalaines (55) 47 H6
Chalais (16) 136 B1
Chalais (24) 123 G5
Chalais (36) 110 C2
Chalais (86) 94 A3
Chalamont (01) 130 C1
Chalampé (68) 89 G1
Chalancey (52) 85 H3
Chalancon (26) 159 E3
Chalandray (86) 93 H6
Chalandry (02) 22 C2
Chalandry-Elaire (08) 24 B2
le Chalange (61) 39 G6
le Chalard (87) 124 A5
Chalautre-la-Grande (77) 65 F1
Chalautre-la-Petite (77) 65 E1
Chalaux (58) 84 A6
Chaleins (01) 116 B6
Chalencon (07) 143 G5
les Chalesmes (39) 103 G6
Châlette-sur-Loing (45) 64 A6
Chalette-sur-Voire (10) 66 D2
Chaley (01) 131 E1
Chalèze (25) 87 F6
Chalezeule (25) 87 F6
Chaliers (15) 141 F5
Chalifert (77) 43 F3
Chaligny (54) 48 C5
Chalinargues (15) 141 E3
Chalindrey (52) 86 B2
Chalivoy-Milon (18) 98 B5
Challain-la-Potherie (49) 76 B3
Challans (85) 90 D2
Challement (58) 83 G6
Challerange (08) 24 B5
Challes (72) 60 C6
Challes-la-Montagne (01) 117 F5
Challes-les-Eaux (73) 132 A5
Challet (28) 62 A1
Challex (01) 118 B5
Challignac (16) 122 A6
Challonges (74) 118 A6
Challuy (58) 98 D4
Chalmaison (77) 64 D1
Chalmazel (42) 128 C4
Chalmoux (71) 114 D1
Chalo-Saint-Mars (91) 63 E2
le Chalon (26) 144 C3
Chalon-sur-Saône (71) 101 G5
Chalonnes-sous-le-Lude (49) 78 A4
Chalonnes-sur-Loire (49) 76 C5
Châlons (38) 130 B6
Châlons-du-Maine (53) 58 D4
Châlons-en-Champagne (51) 45 H3
Châlons-sur-Vesle (51) 23 E6
Châlonvillars (70) 88 C3
Chalou-Moulineux (91) 63 E2
Chaltrait (51) 45 E3
Chalus (63) 127 F6
Châlus (87) 123 H4
Chalvignac (15) 139 H2
Chalvraines (52) 68 B3
Chamadelle (33) 136 A3
Chamagne (88) 69 G2
Chamagnieu (38) 130 C4
Chamalières (63) 127 E3
Chamalières-sur-Loire (43) 142 D2
Chamaloc (26) 145 E6
Chamant (60) 21 E6
Chamarande (91) 63 F1
Chamarandes-Choignes (52) 68 A5
Chamaret (26) 158 B4
la Chamba (42) 128 B3
Chambain (21) 85 G2
Chambeire (21) 86 A6
Chambellay (49) 76 D2
Chambéon (42) 129 E4
Chambérat (03) 112 B3
Chamberaud (23) 111 H6
Chamberet (19) 125 E5
Chambéria (39) 117 G2
Chambéry (73) 131 H4
Chambeugle (89) 82 C1
Chambezon (43) 141 G1
Chambilly (71) 115 E4
Chamblac (27) 40 A2
Chamblanc (21) 102 A3
Chamblay (39) 103 E3
Chambles (42) 129 E6
Chamblet (03) 112 D4
Chambley-Bussières (54) 26 A6
Chambly (60) 42 C1
Chambœuf (21) 101 G1
Chambœuf (42) 129 F5
Chambois (61) 39 F4
Chambolle-Musigny (21) 101 H2
le Chambon (07) 143 F6
Chambon (17) 107 E5
Chambon (18) 97 G5
Chambon (30) 157 E5
Chambon (37) 95 E5
le Chambon-Feugerolles (42) 129 F6
Chambon-la-Forêt (45) 63 F5
Chambon-le-Château (48) 142 B5
Chambon-Sainte-Croix (23) 111 F3
Chambon-sur-Cisse (41) 79 H4
Chambon-sur-Dolore (63) 128 A5
Chambon-sur-Lac (63) 126 D5
le Chambon-sur-Lignon (43) 143 F4
Chambon-sur-Voueize (23) 112 C5
Chambonas (07) 157 E4
Chambonchard (23) 112 C5
la Chambonie (42) 128 B3
Chamborand (23) 111 E5
Chambord (27) 40 A3
Chambord (41) 80 B3
Chamboret (87) 124 A1
Chamborigaud (30) 156 D5
Chambornay-lès-Bellevaux (70) 87 G5
Chambornay-lès-Pin (70) 87 E6
Chambors (60) 19 H6
Chambost-Allières (69) 129 G1
Chambost-Longessaigne (69) 129 F3
Chamboulive (19) 125 E6
Chambourcy (78) 42 B3
Chambourg-sur-Indre (37) 95 F2
Chambray (27) 41 E2
Chambray-lès-Tours (37) 78 D6
la Chambre (73) 132 C6
Chambrecy (51) 45 E1
les Chambres (50) 35 H3
Chambretaud (85) 92 B3
Chambrey (57) 49 E4
Chambroncourt (52) 68 B2
Chambry (02) 22 C3
Chambry (77) 43 G2
Chaméane (63) 127 H5
Chamelet (69) 129 G1
Chamery (51) 45 F1
Chamesey (25) 104 C1
Chamesol (25) 88 C5
Chamesson (21) 85 E2
Chameyrat (19) 138 D2
Chamigny (77) 44 A3
Chamilly (71) 101 F4
Chammes (53) 59 F5
Chamole (39) 103 E4
Chamonix-Mont-Blanc (74) 133 F1
Chamouillac (17) 135 F1
Chamouille (02) 22 C4
Chamouilley (52) 46 D6
Chamousset (73) 132 B4
Chamoux (89) 83 G5
Chamoux-sur-Gelon (73) 132 B5
Chamoy (10) 66 A5
le Champ-de-la-Pierre (61) 38 D6
Champ-d'Oiseau (21) 84 C4
Champ-Dolent (27) 40 D3
Champ-du-Boult (14) 37 G4
Champ-Haut (61) 39 G5
Champ-Laurent (73) 132 B5
Champ-le-Duc (88) 70 B3
le Champ-près-Froges (38) 145 H1
le Champ-Saint-Père (85) 91 G6
Champ-sur-Barse (10) 66 D4
Champ-sur-Drac (38) 145 G3
Champ-sur-Layon (49) 76 D6
Champagnac (15) 140 A1
Champagnac (17) 121 G6
Champagnac-de-Belair (24) 123 F6
Champagnac-la-Noaille (19) 139 F1
Champagnac-la-Prune (19) 139 F2
Champagnac-la-Rivière (87) 123 G3
Champagnac-le-Vieux (43) 141 H1
Champagnat (23) 125 H1
Champagnat (71) 117 E2
Champagnat-le-Jeune (63) 127 H6
Champagne (07) 144 A2
Champagne (17) 120 D2
Champagne (28) 41 G5
Champagné (72) 60 B5
Champagne-au-Mont-d'Or (69) 130 A3
Champagne-en-Valromey (01) 131 F1
Champagne-et-Fontaine (24) 122 C6
Champagné-le-Sec (86) 108 D5
Champagné-les-Marais (85) 106 D3
Champagne-Mouton (16) 122 D1
Champagné-Saint-Hilaire (86) 109 E3
Champagne-sur-Loue (39) 103 E3
Champagne-sur-Oise (95) 42 C1
Champagne-sur-Seine (77) 64 B2
Champagne-sur-Vingeanne (21) 86 B5
Champagne-Vigny (16) 122 B5
Champagneux (73) 131 F4
Champagney (25) 103 F1
Champagney (39) 102 C1
Champagney (70) 88 B2
Champagnier (38) 145 G3
Champagnole (39) 103 F5
Champagnolles (17) 121 E5
Champagny (21) 85 F5
Champagny-en-Vanoise (73) 133 E5
Champagny-sous-Uxelles (71) 116 A1
Champallement (58) 99 F1
Champanges (74) 119 E3
Champaubert (51) 44 D4
Champcella (05) 147 E6
Champcenest (77) 44 B5
Champcerie (61) 38 D4
Champcervon (50) 35 H2
Champcevinel (24) 137 F2
Champcevrais (89) 82 C2
Champcey (50) 35 G3
Champclause (43) 143 E4
Champcueil (91) 63 G1
Champdeniers-Saint-Denis (79) 107 H2
Champdeuil (77) 43 F6
Champdieu (42) 128 D4
Champdivers (39) 102 C3
Champdolent (17) 120 D1
Champdor (01) 117 G6
Champdôtre (21) 102 B2
Champdray (88) 70 B4
Champeau-en-Morvan (21) 100 C1
Champeaux (35) 57 H2
Champeaux (50) 35 G3
les Champeaux (61) 39 F3
Champeaux (77) 43 F6
Champeaux-et-la-Chapelle-Pommier (24) 123 E5
Champeaux-sur-Sarthe (61) 39 H6
Champeix (63) 127 F5
Champenard (27) 41 E1
la Champenoise (36) 96 D4
Champenoux (54) 48 D4
Champéon (53) 59 E2
Champétières (63) 128 B5
Champey (70) 88 B3
Champey-sur-Moselle (54) 48 C3
Champfleur (72) 60 A2
Champfleury (10) 45 F6
Champfleury (51) 23 E6
Champforgeuil (71) 101 G5
Champfrémont (53) 59 H2
Champfromier (01) 117 H5
Champgenéteux (53) 59 F3
Champguyon (51) 44 C4
Champhol (28) 62 B1
Champien (80) 21 F2
Champier (38) 130 D6
Champigné (49) 76 D3
Champignelles (89) 82 C2
Champigneul-Champagne (51) 45 G3
Champigneul-sur-Vence (08) 24 A2
Champigneulle (08) 24 C5
Champigneulles (54) 48 C4
Champigneulles-en-Bassigny (52) 68 C4
Champignol-lez-Mondeville (10) 67 E4
Champignolles (21) 101 E3
Champignolles (27) 40 B3
Champigny (51) 23 E6
Champigny (89) 64 D3
Champigny-en-Beauce (41) 79 H3
Champigny-la-Futelaye (27) 41 E4
Champigny-le-Sec (86) 94 A6
Champigny-lès-Langres (52) 86 B1
Champigny-sous-Varennes (52) 86 D1
Champigny-sur-Aube (10) 66 B1
Champigny-sur-Marne (94) 43 E4
Champigny-sur-Veude (37) 94 B2
Champillet (36) 111 H2
Champillon (51) 45 F2
Champis (07) 143 H4
Champlan (91) 42 C5
Champlat-et-Boujacourt (51) 45 E1
Champlay (89) 65 F6
Champlecy (71) 115 F2
Champlemy (58) 99 F1
Champlin (08) 10 C6
Champlin (58) 99 F1
Champlitte (70) 86 C3
Champlive (25) 87 G6
Champlost (89) 65 G5
Champmillon (16) 122 B4
Champmotteux (91) 63 G3
Champnétery (87) 124 D2
Champneuville (55) 25 E6
Champniers (16) 122 C3
Champniers (86) 109 E4
Champniers-et-Reilhac (24) 123 F4
Champoléon (05) 146 C6
Champoly (42) 128 C2
Champosoult (61) 39 F3
Champougny (55) 47 H6
Champoulet (45) 82 C3
Champoux (25) 87 G6
Champrenault (21) 85 F5
Champrepus (50) 35 H2
Champrond (72) 61 E5
Champrond-en-Gâtine (28) 61 G2
Champrond-en-Perchet (28) 61 F3
Champrougier (39) 102 D4
Champs (02) 21 H3
Champs (61) 40 A6
Champs (63) 113 G6
les Champs-de-Losque (50) 13 E6
les Champs-Géraux (22) 34 D5
Champs-Romain (24) 123 F5
Champs-sur-Marne (77) 43 E4
Champs-sur-Tarentaine-Marchal (15) 126 B6
Champs-sur-Yonne (89) 83 G2
Champsac (87) 123 H3
Champsanglard (23) 111 G4
Champsecret (61) 38 B6
Champseru (28) 62 C1
Champsevraine (52) 86 C2
Champtercier (04) 160 C6
Champteussé-sur-Baconne (49) 76 D3
Champtocé-sur-Loire (49) 75 H3
Champtoceaux (49) 75 E4
Champtonnay (70) 86 D5
Champvallon (89) 65 E6
Champvans (39) 102 C2
Champvans (70) 86 C5
Champvans-les-Moulins (25) 103 F1
Champvert (58) 99 G5
Champvoisy (51) 44 D1
Champvoux (58) 98 D2
Chamrousse (38) 145 H3
Chamvres (89) 65 E6
Chanac (48) 155 H3
Chanac-les-Mines (19) 139 E2
Chanaleilles (43) 141 H5
Chanas (38) 144 A1
Chanat-la-Mouteyre (63) 127 E2
Chanay (01) 117 H6
Chanaz (73) 131 G2
Chançay (37) 79 E5
Chancé (35) 57 G3
Chanceaux (21) 85 F4
Chanceaux-près-Loches (37) 95 F2
Chanceaux-sur-Choisille (37) 78 D5
Chancelade (24) 137 F
Chancenay (52) 46 D5
Chancey (70) 86 D6
Chancia (39) 117 G3
Chandai (61) 40 B4
Chandolas (07) 157 F4
Chandon (42) 115 F5
Chanéac (07) 143 F5
Chaneins (01) 116 B6
Chânes (71) 116 B4
le Change (24) 137 G
Changé (53) 58 C4
Change (71) 101 F4
Changé (72) 60 B6
Changey (52) 68 B6
Changis-sur-Marne (77) 43 H3
Changy (42) 114 D5
Changy (51) 46 B4
Changy (71) 115 F3
Chaniat (43) 141 H1
Chaniers (17) 121 F3
Channay (21) 84 C1
Channay-sur-Lathan (37) 78 B4
Channes (10) 66 C6
Chanonat (63) 127 F4
Chanos-Curson (26) 144 B3
Chanousse (05) 159 G4
Chanoy (52) 68 A6
Chanoz-Châtenay (01) 116 C5
Chanteau (45) 62 D6
Chantecoq (45) 64 C5
Chantecorps (79) 108 B2
Chanteheux (54) 49 F6
Chanteix (19) 138 D1
Chantelle (03) 113 G4
Chanteloup (27) 40 D3
Chanteloup (35) 57 F4
Chanteloup (50) 35 G1
Chanteloup (79) 93 E5
Chanteloup-en-Brie (77) 43 F4
Chanteloup-les-Bois (49) 92 D2
Chanteloup-les-Vignes (78) 42 B3
Chantelouve (38) 146 A4
Chantemerle (51) 44 D6
Chantemerle-les-Blés (26) 144 B3
Chantemerle-lès-Grignan (26) 158 B4
Chantemerle-sur-la-Soie (17) 107 F6
Chantenay-Saint-Imbert (58) 99 E6
Chantenay-Villedieu (72) 59 G6
Chantepie (35) 57 F3
Chantérac (24) 136 D2
Chanteraine (55) 47 F5
Chanterelle (15) 140 D1
Chantes (70) 87 E3
Chantesse (38) 145 E2
Chanteuges (43) 142 A4
Chantillac (16) 135 H1
Chantilly (60) 42 D1
Chantonnay (85) 92 A6
Chantraine (88) 69 H4
Chantraines (52) 68 A4
Chantrans (25) 103 G3
Chantrigné (53) 59 E2
Chanu (61) 38 A4
Chanville (57) 49 E2
Chanzeaux (49) 76 D6
Chaon (41) 81 F4
Chaouilley (54) 69 F1
Chaource (10) 66 B5
Chaourse (02) 23 E2
Chapaize (71) 116 A1
Chapareillan (38) 132 A5
Chapdes-Beaufort (63) 126 D2
Chapdeuil (24) 136 D1
Chapeau (03) 114 B2
Chapeiry (74) 132 A2
Chapelaine (51) 46 A6
la Chapelaude (03) 112 C3
la Chapelle (03) 114 B6
la Chapelle (08) 24 C1
la Chapelle (16) 122 B2
la Chapelle (73) 132 C6
la Chapelle-Achard (85) 91 E5
la Chapelle-Agnon (63) 128 A4
la Chapelle-Anthenaise (53) 58 D4
la Chapelle-au-Mans (71) 114 D1
la Chapelle-au-Moine (61) 38 B5
la Chapelle-au-Riboul (53) 59 F2
la Chapelle-Aubareil (24) 138 A4
la Chapelle-aux-Bois (88) 69 H5
la Chapelle-aux-Brocs (19) 138 D3
la Chapelle-aux-Chasses (03) 99 G6
la Chapelle-aux-Choux (72) 78 B3
la Chapelle-aux-Filtzméens (35) 35 E6
la Chapelle-aux-Lys (85) 92 D6
la Chapelle-aux-Naux (37) 78 C6
la Chapelle-aux-Saints (19) 139 E4
la Chapelle-Baloue (23) 111 E3
la Chapelle-Basse-Mer (44) 75 E5
la Chapelle-Bâton (79) 108 A2
la Chapelle-Bâton (86) 109 E5
la Chapelle-Bayvel (27) 15 G4
la Chapelle-Bertin (43) 142 A2
la Chapelle-Bertrand (79) 93 G6
la Chapelle-Biche (61) 38 A5
la Chapelle-Blanche (22) 56 C1
la Chapelle-Blanche (73) 132 A5
la Chapelle-Blanche-Saint-Martin (37) 95 E2
la Chapelle-Bouëxic (35) 56 D4
la Chapelle-Caro (56) 56 A5
la Chapelle-Cécelin (50) 37 F4
la Chapelle-Chaussée (35) 57 E1

la Chapelle-Craonnaise (53) 58 B6
la Chapelle-d'Abondance (74) 119 G3
la Chapelle-d'Alagnon (15) 140 D3
la Chapelle-d'Aligné (72) 77 F2
la Chapelle-d'Andaine (61) 38 B6
la Chapelle-d'Angillon (18) 81 G6
la Chapelle-d'Armentières (59) 3 E5
la Chapelle-d'Aunainville (28) 62 D2
la Chapelle-d'Aurec (43) 143 E1
la Chapelle-de-Bragny (71) 116 B1
la Chapelle-de-Brain (35) 56 D6
la Chapelle-de-Guinchay (71) 116 B5
la Chapelle-de-la-Tour (38) 131 E4
la Chapelle-de-Surieu (38) 130 B6
Chapelle-des-Bois (25) 118 B1
la Chapelle-des-Fougeretz (35) 57 E2
la Chapelle-des-Marais (44) 73 G3
la Chapelle-des-Pots (17) 121 F3
la Chapelle-devant-Bruyères (88) 70 C4
Chapelle-d'Huin (25) 103 G4
la Chapelle-du-Bard (38) 132 A6
la Chapelle-du-Bois (72) 60 D4
la Chapelle-du-Bois-des-Faulx (27) 40 D1
la Chapelle-du-Bourgay (76) 18 D1
la Chapelle-du-Châtelard (01) 116 C6
la Chapelle-du-Genêt (49) 75 G5
la Chapelle-du-Lou (35) 56 D2
la Chapelle-du-Mont-de-France (71) 115 H3
la Chapelle-du-Mont-du-Chat (73) 131 H3
la Chapelle-du-Noyer (28) 61 H5
la Chapelle-en-Juger (50) 37 F1
la Chapelle-en-Lafaye (42) 128 D6
la Chapelle-en-Serval (60) 43 E1
la Chapelle-en-Valgaudémar (05) 146 B5
la Chapelle-en-Vercors (26) 145 E4
la Chapelle-en-Vexin (95) 41 H1
la Chapelle-Enchérie (41) 79 H2
la Chapelle-Engerbold (14) 38 B3
la Chapelle-Erbrée (35) 58 A4
la Chapelle-Faucher (24) 137 F1
la Chapelle-Felcourt (51) 46 C2
la Chapelle-Forainvilliers (28) 41 F5
la Chapelle-Fortin (28) 40 C5
la Chapelle-Gaceline (56) 56 C5
la Chapelle-Gaudin (79) 93 F4
la Chapelle-Gaugain (72) 78 D2
la Chapelle-Gauthier (27) 39 H2
la Chapelle-Gauthier (77) 64 B1
la Chapelle-Geneste (43) 142 B1
la Chapelle-Glain (44) 75 F1
la Chapelle-Gonaguet (24) 137 E2
la Chapelle-Grésignac (24) 122 D6
Chapelle-Guillaume (28) 61 F5
la Chapelle-Hareng (27) 15 G5
la Chapelle-Haute-Grue (14) 39 F2
la Chapelle-Hermier (85) 91 E4
la Chapelle-Heulin (44) 75 E5
la Chapelle-Hugon (18) 98 C4
la Chapelle-Hullin (49) 76 A2
la Chapelle-Huon (72) 79 E1
la Chapelle-Iger (77) 43 H6
la Chapelle-Janson (35) 58 B2
la Chapelle-la-Reine (77) 63 H3
la Chapelle-Lasson (51) 45 E6
la Chapelle-Launay (44) 74 A3
la Chapelle-Laurent (15) 141 G3
la Chapelle-lès-Luxeuil (70) 87 H2
la Chapelle-Marcousse (63) 127 F6
la Chapelle-Montabourlet (24) 122 D6
la Chapelle-Montbrandeix (87) 123 G4
la Chapelle-Monthodon (02) 44 D2
la Chapelle-Montligeon (61) 60 D1
la Chapelle-Montlinard (18) 98 C2
la Chapelle-Montmartin (41) 96 C1
la Chapelle-Montmoreau (24) 123 F6
la Chapelle-Montreuil (86) 108 D1
la Chapelle-Moulière (86) 94 D6
la Chapelle-Moutils (77) 44 B4
la Chapelle-Naude (71) 116 D1
la Chapelle-Neuve (22) 32 C4
la Chapelle-Neuve (56) 55 F4
la Chapelle-Onzerain (45) 62 B5
la Chapelle-Orthemale (36) 96 B5
la Chapelle-Palluau (85) 91 F3
la Chapelle-Pouilloux (79) 108 C5
la Chapelle-près-Sées (61) 39 F6
la Chapelle-Rablais (77) 64 C1
la Chapelle-Rainsouin (53) 59 E4
la Chapelle-Rambaud (74) 118 C6
la Chapelle-Réanville (27) 41 F2
la Chapelle-Rousselin (49) 75 H5
Chapelle-Royale (28) 61 G4
la Chapelle-Saint-André (58) 83 E5
la Chapelle-Saint-Aubert (35) 57 H1
la Chapelle-Saint-Aubin (72) 60 A5
la Chapelle-Saint-Étienne (79) 92 D6
la Chapelle-Saint-Florent (49) 75 G4
la Chapelle-Saint-Fray (72) 60 A4
la Chapelle-Saint-Géraud (19) 139 F4
la Chapelle-Saint-Jean (24) 138 A2
la Chapelle-Saint-Laud (49) 77 F3
la Chapelle-Saint-Laurent (79) 93 E5
la Chapelle-Saint-Laurian (36) 96 D3
la Chapelle-Saint-Luc (10) 66 B3
la Chapelle-Saint-Martial (23) 111 G6
la Chapelle-Saint-Martin (73) 131 G4
la Chapelle-Saint-Martin-en-Plaine (41) 80 A3
la Chapelle-Saint-Maurice (74) 132 B3
la Chapelle-Saint-Mesmin (45) 80 D1
la Chapelle-Saint-Ouen (76) 19 E3
la Chapelle-Saint-Quillain (70) 87 E4
la Chapelle- Saint-Rémy (72) 60 C5
la Chapelle-Saint-Sauveur (44) 76 B4
la Chapelle-Saint-Sauveur (71) 102 B5
la Chapelle-Saint-Sépulcre (45) 64 B6
la Chapelle-Saint-Sulpice (77) 64 D1
la Chapelle-Saint-Ursin (18) 97 G3
la Chapelle-Souëf (61) 60 D3
la Chapelle-sous-Brancion (71) 116 B2
la Chapelle-sous-Dun (71) 115 F4
la Chapelle-sous-Orbais (51) 44 D3
la Chapelle-sous-Uchon (71) 100 C5
Chapelle-Spinasse (19) 139 G1
la Chapelle-sur-Aveyron (45) 82 B1
la Chapelle-sur-Chézy (02) 44 B3
la Chapelle-sur-Coise (69) 129 G4
la Chapelle-sur-Dun (76) 17 F2
la Chapelle-sur-Erdre (44) 74 D4
la Chapelle-sur-Furieuse (39) 103 F3
la Chapelle-sur-Loire (37) 94 B1
la Chapelle-sur-Oreuse (89) 65 E3
la Chapelle-sur-Oudon (49) 75 H1
la Chapelle-sur-Usson (63) 127 H6
la Chapelle-Taillefert (23) 111 G6
la Chapelle-Thècle (71) 116 D1
la Chapelle-Thémer (85) 107 E1
la Chapelle-Thireuil (79) 107 G1
la Chapelle-Thouarault (35) 57 E2
la Chapelle-Urée (50) 37 F5
Chapelle-Vallon (10) 66 B2
la Chapelle-Vaupelteigne (89) 83 H1
la Chapelle-Vendômoise (41) 79 H3
la Chapelle-Vicomtesse (41) 61 G6
la Chapelle-Viel (61) 40 A5
la Chapelle-Villars (42) 129 H6
Chapelle-Viviers (86) 109 G2
Chapelle-Voland (39) 102 C5
la Chapelle-Yvon (14) 15 G6
les Chapelles (73) 133 E4
les Chapelles-Bourbon (77) 43 G5
Chapelon (45) 63 H5
la Chapelotte (18) 81 H6
Chapet (78) 42 A3
Chapois (39) 103 F4
Chaponnay (69) 130 B4
Chaponost (69) 129 H3
Chappes (03) 113 F3
Chappes (08) 23 G3
Chappes (10) 66 C4
Chappes (63) 127 F2
Chaptelat (87) 124 B2
Chaptuzat (63) 113 G6
Charancieu (38) 131 F5
Charantonnay (38) 130 C5
Charavines (38) 131 E6
Charbogne (08) 24 A4
Charbonnat (71) 100 C5
Charbonnier-les-Mines (63) 127 G6
Charbonnières (28) 61 F4
Charbonnières (71) 116 B3
Charbonnières-les-Bains (69) 129 H3
Charbonnières-les-Sapins (25) 103 H2
Charbonnières-les-Varennes (63) 127 E2
Charbonnières-les-Vieilles (63) 127 E1
Charbuy (89) 83 F2
la Charce (26) 159 F3
Charcé-Saint-Ellier-sur-Aubance (49) 77 E5
Charcenne (70) 87 E5
Charchigné (53) 59 F2
Charchilla (39) 117 H2
Charcier (39) 117 H1
Chard (23) 126 B1
Chardeny (08) 24 A4
Chardogne (55) 47 E4
Chardonnay (71) 116 B2
Chareil-Cintrat (03) 113 G4
Charencey (21) 85 E5
Charency (39) 103 F5
Charency-Vezin (54) 25 F4
Charens (26) 159 F2
Charensat (63) 126 C1
Charentay (69) 116 A6
Charentenay (89) 83 F3
Charentilly (37) 78 D5
Charenton-du-Cher (18) 98 A6
Charenton-le-Pont (94) 42 D4
Charentonnay (18) 98 C2
Charette (38) 130 D2
Charette-Varennes (71) 102 B4
Charey (54) 48 B2
Charézier (39) 117 H1
Chargé (37) 79 F5
Chargey-lès-Gray (70) 86 C4
Chargey-lès-Port (70) 87 F2
Chariez (70) 87 F3
Charigny (21) 84 D5
la Charité-sur-Loire (58) 98 D2
Charix (01) 117 G5
Charlas (31) 184 B3
Charleval (13) 191 H2
Charleval (27) 19 E5
Charleville (51) 44 D4
Charleville-Mézières (08) 24 A1
Charleville-sous-Bois (57) 26 D5
Charlieu (42) 115 F5
Charly (18) 98 B4
Charly (69) 130 A4
Charly-Oradour (57) 26 C5
Charly-sur-Marne (02) 44 B3
Charmant (16) 122 C5
Charmauvillers (25) 88 D6
Charmé (16) 122 B1
la Charme (39) 102 D4
le Charme (45) 82 C2
la Charmée (71) 101 G6
Charmeil (03) 114 A5
le Charmel (02) 44 C1
Charmensac (15) 141 F2
Charmentray (77) 43 F3
Charmes (02) 22 A2
Charmes (03) 113 H6
Charmes (21) 86 B5
Charmes (52) 68 B6
Charmes (88) 69 G2
Charmes-en-l'Angle (52) 67 G2
Charmes-la-Côte (54) 48 A6
Charmes-la-Grande (52) 67 G2
Charmes-Saint-Valbert (70) 86 D2
Charmes-sur-l'Herbasse (26) 144 B3
Charmes-sur-Rhône (07) 144 A5
Charmoille (25) 88 B6
Charmoille (70) 87 F3
Charmois (54) 49 E6
Charmois (90) 88 D3
Charmois-devant-Bruyères (88) 70 A4
Charmois-l'Orgueilleux (88) 69 G4
Charmont (51) 46 C3
Charmont (95) 41 H1
Charmont-en-Beauce (45) 63 E4
Charmont-sous-Barbuise (10) 66 B2
les Charmontois (51) 46 D3
Charmoy (10) 65 G2
Charmoy (71) 100 D5
Charmoy (89) 65 F6
Charnas (07) 143 H1
Charnat (63) 127 H1
Charnay (25) 103 F2
Charnay (69) 129 H2
Charnay-lès-Chalon (71) 102 A4
Charnay-lès-Mâcon (71) 116 B4
Charnècles (38) 145 F1
Charnizay (37) 95 F4
Charnod (39) 117 F3
Charnois (08) 11 F4
Charnoz-sur-Ain (01) 130 D2
Charny (21) 84 D6
Charny (77) 43 F3
Charny (89) 82 D1
Charny-le-Bachot (10) 66 A1
Charny-sur-Meuse (55) 25 E6
Charolles (71) 115 F3
Charols (26) 158 C2
Charonville (28) 61 H3
Chârost (18) 97 F3
Charpentry (55) 24 C6
Charpey (26) 144 C5
Charpont (28) 41 F5
Charquemont (25) 104 D1
Charrais (86) 94 B6
Charraix (43) 142 A4
Charras (16) 122 D5
Charray (28) 61 H6
Charre (64) 181 G2
Charrecey (71) 101 F5
Charrey-sur-Saône (21) 102 A2
Charrey-sur-Seine (21) 66 D6
Charrin (58) 99 G5
Charritte-de-Bas (64) 181 G2
Charron (17) 106 D3
Charron (23) 112 C6
Charroux (03) 113 G5
Charroux (86) 109 E5
Chars (95) 42 A1
Charsonville (45) 62 B6
Chartainvilliers (28) 62 B1
Chartèves (02) 44 C2
la Chartre-sur-le-Loir (72) 78 D2
Chartrené (49) 77 G4
Chartres (28) 62 B2
Chartres-de-Bretagne (35) 57 E3
Chartrettes (77) 64 A1
Chartrier-Ferrière (19) 138 C3
Chartronges (77) 44 A5
Chartuzac (17) 135 F1
Charvieu-Chavagneux (38) 130 C3
Charvonnex (74) 132 B1
Chas (63) 127 G3
Chaserey (10) 66 B6
Chasnais (85) 91 H6
Chasnans (25) 103 H2
Chasnay (58) 99 E1
Chasné-sur-Illet (35) 57 F1
Chaspinhac (43) 142 C3
Chaspuzac (43) 142 B4
la Chassagne (39) 102 C4
Chassagne (63) 127 E5
Chassagne-Montrachet (21) 101 F4
Chassagne-Saint-Denis (25) 103 G2
Chassagnes (43) 142 A2
Chassagny (69) 129 H4
Chassaignes (24) 136 C2
Chassal (39) 117 H3
Chassant (28) 61 G3
Chassé (72) 60 B1
Chasse-sur-Rhône (38) 130 A5
Chasseguey (50) 37 F5
Chasselas (71) 116 A4
Chasselay (38) 144 D2
Chasselay (69) 130 A2
Chassemy (02) 22 B5
Chassenard (03) 114 D3
Chasseneuil (36) 110 D1
Chasseneuil-du-Poitou (86) 94 C6
Chasseneuil-sur-Bonnieure (16) 122 D2
Chassenon (16) 123 F2
Chasseradès (48) 156 C2
Chassey (21) 84 D5
Chassey-Beaupré (55) 68 B1
Chassey-le-Camp (71) 101 F4
Chassey-lès-Montbozon (70) 87 H4
Chassey-lès-Scey (70) 87 F3
Chassiecq (16) 122 D1
Chassiers (07) 157 F2
Chassieu (69) 130 B3
Chassignelles (89) 84 B2
Chassignieu (38) 131 E5
Chassignolles (36) 111 G2
Chassignolles (43) 127 H6
Chassigny (52) 86 B2
Chassigny-sous-Dun (71) 115 F4
Chassillé (72) 59 G5
Chassors (16) 121 H3
Chassy (18) 98 B3
Chassy (71) 115 E1
Chassy (89) 83 E1
le Chastang (19) 139 E3
Chastanier (48) 156 C1
Chasteaux (19) 138 C3
Chastel (43) 141 G3
Chastel-Arnaud (26) 158 D1
Chastel-Nouvel (48) 156 A2
Chastel-sur-Murat (15) 140 D3
Chastellux-sur-Cure (89) 84 A5
Chastreix (63) 126 C5
la Châtaigneraie (85) 92 C6
Chatain (86) 109 E6
Châtaincourt (28) 41 E5
Châtas (88) 70 D2
Château (71) 115 H3
Château-Arnoux-Saint-Auban (04) 160 B6
Château-Bernard (38) 145 F4
Château-Bréhain (57) 49 E3
Château-Chalon (39) 102 D5
Château-Chervix (87) 124 B4
Château-Chinon-(Campagne) (58) 100 A3
Château-Chinon (Ville) (58) 100 A3
le Château-d'Almenêches (61) 39 F5
Château-des-Prés (39) 118 A2
le Château-d'Oléron (17) 120 B1
Château-d'Olonne (85) 91 E6
Château-du-Loir (72) 78 C3
Château-Gaillard (01) 130 D1
Château-Garnier (86) 109 E4
Château-Gontier (53) 76 D1
Château-Guibert (85) 91 H5
Château-la-Vallière (37) 78 B4
Château-l'Abbaye (59) 4 B6
Château-Landon (77) 64 A4
Château-Larcher (86) 109 E3
Château-l'Évêque (24) 137 F2
Château-l'Hermitage (72) 78 A2
Château-Porcien (08) 23 F3
Château-Renard (45) 64 C6
Château-Renault (37) 79 F4
Château-Rouge (57) 27 E4
Château-Salins (57) 49 E4
Château-sur-Allier (03) 98 D5
Château-sur-Cher (63) 112 C6
Château-sur-Epte (27) 19 G6
Château-Thébaud (44) 74 D6
Château-Thierry (02) 44 B2
Château-Verdun (09) 199 F1
Château-Ville-Vieille (05) 147 F6
Château-Voué (57) 49 F3
Châteaubernard (16) 121 G3
Châteaubleau (77) 43 H6
Châteaubourg (07) 144 A4
Châteaubourg (35) 57 G3
Châteaubriant (44) 57 G6
Châteaudouble (26) 144 C5
Châteaudouble (83) 177 H5
Châteaudun (28) 61 H5
Châteaufort (04) 160 B5
Châteaufort (78) 42 B5
Châteaugay (63) 127 F2
Châteaugiron (35) 57 G3
Châteaulin (29) 53 G1
Châteaumeillant (18) 112 A2
Châteauneuf (21) 101 F1
Châteauneuf (42) 129 H5
Châteauneuf (71) 115 F5
Châteauneuf (73) 132 B5
Châteauneuf (85) 90 D2
Châteauneuf-de-Bordette (26) 158 D4
Châteauneuf-de-Chabre (05) 160 A5
Châteauneuf-de-Gadagne (84) 175 E2
Châteauneuf-de-Galaure (26) 144 B2
Châteauneuf-de-Randon (48) 156 B2
Châteauneuf-de-Vernoux (07) 143 H5
Châteauneuf-d'Entraunes (06) 161 G6
Châteauneuf-d'Ille-et-Vilaine (35) 36 A5
Châteauneuf-d'Oze (05) 160 A3
Châteauneuf-du-Faou (29) 53 H1
Châteauneuf-du-Pape (84) 175 E1
Châteauneuf-du-Rhône (26) 158 A3
Châteauneuf-en-Thymerais (28) 41 E6
Châteauneuf-Grasse (06) 178 C4
Châteauneuf-la-Forêt (87) 124 D3
Châteauneuf-le-Rouge (13) 176 B6
Châteauneuf-les-Bains (63) 126 D1
Châteauneuf-les-Martigues (13) 191 H5
Châteauneuf-Miravail (04) 159 H6
Châteauneuf-sur-Charente (16) 122 A4
Châteauneuf-sur-Cher (18) 97 G5
Châteauneuf-sur-Isère (26) 144 B4
Châteauneuf-sur-Loire (45) 81 F1
Châteauneuf-sur-Sarthe (49) 77 E2
Châteauneuf-Val-de-Bargis (58) 99 E1
Châteauneuf-Val-Saint-Donat (04) 160 B6
Châteauneuf-Villevieille (06) 195 F2
Châteauponsac (87) 110 C5
Châteauredon (04) 177 F1
Châteaurenard (13) 175 E3
Châteauroux (36) 96 C5
Châteauroux-les-Alpes (05) 161 E1
Châteauvert (83) 177 E6
Châteauvieux (05) 160 B3
Châteauvieux (41) 96 A1
Châteauvieux (83) 178 A3
Châteauvieux-les-Fossés (25) 103 H2
Châteauvilain (38) 130 D5
Châteauvillain (52) 67 G5
le Châtel (73) 146 C1
Châtel (74) 119 G4
Châtel-Censoir (89) 83 G4
Chatel-Chéhéry (08) 24 C5
Châtel-de-Joux (39) 117 H2
Châtel-de-Neuvre (03) 113 H3
Châtel-Gérard (89) 84 B3
Châtel-Guyon (63) 127 E2
Châtel-Montagne (03) 114 C6
Châtel-Moron (71) 101 F5
Châtel-Saint-Germain (57) 26 B5
Châtel-sur-Moselle (88) 69 H2
Châtelaillon-Plage (17) 106 D5
Châtelain (53) 76 D1
la Châtelaine (39) 103 E4
Châtelais (49) 76 B2
Châtelard (23) 126 B1
le Châtelard (73) 132 B3
Châtelaudren (22) 33 F4
Chatelay (39) 103 E3
Châtelblanc (25) 103 G6
Châteldon (63) 127 H1
le Châtelet (18) 112 B1
le Châtelet-en-Brie (77) 64 B1
le Châtelet-sur-Meuse (52) 68 C6
le Châtelet-sur-Retourne (08) 23 G4
le Châtelet-sur-Sormonne (08) 10 D6
les Châtelets (28) 40 C5
le Chateley (39) 102 D4
le Châtelier (51) 46 C3
Châtellenot (21) 101 E1
Châtellerault (86) 94 D5
le Châtellier (35) 58 A1
le Châtellier (61) 38 B5
les Châtelliers-Châteaumur (85) 92 C4
les Châtelliers-Notre-Dame (28) 61 H2
Châtelneuf (39) 103 F6
Châtelneuf (42) 128 C4
Châtelperron (03) 114 B3
Châtelraould-Saint-Louvent (51) 46 A5
Châtelus (03) 114 C5
Châtelus (38) 145 E3
Châtelus (42) 129 G4
Châtelus-le-Marcheix (23) 124 D1
Châtelus-Malvaleix (23) 111 H4
Châtenay (01) 116 D6
Châtenay (28) 62 D2
Châtenay (38) 144 D1
Châtenay (71) 115 G4
Châtenay-en-France (95) 42 D2
Chatenay-Mâcheron (52) 86 B1
Châtenay-Malabry (92) 42 C5
Châtenay-sur-Seine (77) 64 D2
Chatenay-Vaudin (52) 86 B1
Chatenet (17) 135 G1
le Châtenet-en-Dognon (87) 124 C2
Châteney (70) 87 H2
Châtenois (39) 102 D2
Châtenois (67) 71 F3
Châtenois (70) 87 H2
Châtenois (88) 69 E3
Châtenois-les-Forges (90) 88 C3
Châtenoy (45) 81 G1
Châtenoy (77) 64 A4
Châtenoy-en-Bresse (71) 101 G5
Châtenoy-le-Royal (71) 101 G5
Châtignac (16) 136 A1
Chatignonville (91) 62 D2
Châtillon (03) 113 G2
Châtillon (39) 103 E6
Châtillon (69) 129 H2
Châtillon (86) 108 D3
Châtillon (92) 42 C4
Châtillon-Coligny (45) 82 B2
Châtillon-en-Bazois (58) 99 G3
Châtillon-en-Diois (26) 159 F1
Châtillon-en-Dunois (28) 61 G5
Châtillon-en-Michaille (01) 117 H5
Châtillon-en-Vendelais (35) 58 A3
Châtillon-Guyotte (25) 87 G6
Châtillon-la-Borde (77) 64 B1
Châtillon-la-Palud (01) 130 D1
Châtillon-le-Duc (25) 87 F6
Châtillon-le-Roi (45) 63 E4
Châtillon-lès-Sons (02) 22 C1
Châtillon-Saint-Jean (26) 144 C3
Châtillon-sous-les-Côtes (55) 47 G1
Châtillon-sur-Broué (51) 67 E1
Châtillon-sur-Chalaronne (01) 116 C5
Châtillon-sur-Cher (41) 96 B1
Châtillon-sur-Cluses (74) 119 E5
Châtillon-sur-Colmont (53) 58 D2
Châtillon-sur-Indre (36) 95 H3
Châtillon-sur-Lison (25) 103 F2
Châtillon-sur-Loire (45) 82 A4
Châtillon-sur-Marne (51) 44 D2
Châtillon-sur-Morin (51) 44 C5
Châtillon-sur-Oise (02) 22 B1
Châtillon-sur-Saône (88) 69 E6
Châtillon-sur-Seine (21) 85 E1
Châtillon-sur-Thouet (79) 93 G6
Chatin (58) 100 A2
Châtonnay (38) 130 D5
Chatonnay (39) 117 F3
Chatonrupt-Sommermont (52) 67 H1
Chatou (78) 42 C3
la Châtre (36) 111 H1
la Châtre-Langlin (36) 110 D3
Châtres (10) 65 H1
Châtres (24) 138 A2
Châtres (77) 43 F5
Châtres-la-Forêt (53) 59 E4
Châtres-sur-Cher (41) 96 D1
Châtrices (51) 46 D2
Chattancourt (55) 25 E6
Chatte (38) 144 D3
Chatuzange-le-Goubet (26) 144 C4
Chaucenne (25) 87 E6
Chauchailles (48) 141 F6
Chauché (85) 91 H3
le Chauchet (23) 112 B6
Chauchigny (10) 66 A2
Chauconin-Neufmontiers (77) 43 G3
Chaudardes (02) 22 D5
Chaudebonne (26) 159 E3
Chaudefonds-sur-Layon (49) 76 C6
Chaudefontaine (25) 87 G6
Chaudefontaine (51) 46 C1
Chaudenay (52) 86 C1
Chaudenay (71) 101 G4
Chaudenay-la-Ville (21) 101 F2
Chaudenay-le-Château (21) 101 F2
Chaudeney-sur-Moselle (54) 48 B5
Chaudes-Aigues (15) 141 E5
Chaudeyrac (48) 156 C2
Chaudeyrolles (43) 143 E5
la Chaudière (26) 158 D2
Chaudon (28) 41 F5
Chaudon-Norante (04) 177 G2
Chaudrey (10) 66 C1
Chaudron-en-Mauges (49) 76 B6
Chaudun (02) 22 A5
Chauffailles (71) 115 G5
Chauffayer (05) 146 A6
Chauffecourt (88) 69 F2
Chauffour-lès-Bailly (10) 66 C4
Chauffour-lès-Étréchy (91) 63 F1
Chauffour-sur-Vell (19) 138 D4
Chauffours (28) 62 A2
Chauffourt (52) 68 B6
Chauffry (77) 44 A4
Chaufour-lès-Bonnières (78) 41 F2
Chaufour-Notre-Dame (72) 60 A5
Chaugey (21) 85 G2
Chaulgnes (58) 98 D2
Chaulhac (48) 141 G5
Chaulieu (50) 37 H4
la Chaulme (63) 128 C6
Chaulnes (80) 21 F1
Chaum (31) 184 A5
Chaumard (58) 100 A2
la Chaume (21) 85 F1
Chaume-et-Courchamp (21) 86 B4
Chaume-lès-Baigneux (21) 85 E3
Chaumeil (19) 125 F6
Chaumercenne (70) 86 D6
Chaumergy (39) 102 C4
Chaumes-en-Brie (77) 43 G5
Chaumesnil (10) 67 E2
Chaumont (18) 98 B5
Chaumont (52) 67 H5
Chaumont (61) 39 G4
Chaumont (74) 118 A6
Chaumont (89) 64 D3
Chaumont-d'Anjou (49) 77 F4
Chaumont-devant-Damvillers (55) 25 F5
Chaumont-en-Vexin (60) 19 H6
Chaumont-la-Ville (52) 68 D4
Chaumont-le-Bois (21) 67 E6
Chaumont-le-Bourg (63) 128 B6
Chaumont-Porcien (08) 23 F2
Chaumont-sur-Aire (55) 47 F3
Chaumont-sur-Loire (41) 79 G5
Chaumont-sur-Tharonne (41) 80 D4
Chaumontel (95) 42 D1
Chaumot (58) 99 G1
Chaumot (89) 64 D5

Chaumousey (88) 69 H4
Chaumoux-Marcilly (18) 98 B2
Chaumussay (37) 95 F4
la Chaumusse (39) 118 A1
Chaumuzy (51) 45 E1
Chaunac (17) 121 G6
Chaunay (86) 108 D4
Chauny (02) 21 H3
Chauray (79) 107 H3
Chauriat (63) 127 G3
la Chaussade (23) 125 H1
la Chaussaire (49) 75 F5
Chaussan (69) 129 H4
la Chaussée (76) 17 G3
la Chaussée (86) 94 A4
la Chaussée-d'Ivry (28) 41 F3
la Chaussée-Saint-Victor (41) 80 A3
la Chaussée-sur-Marne (51) 46 A4
la Chaussée-Tirancourt (80) 7 F5
Chaussenac (15) 139 H3
Chaussenans (39) 103 E5
Chausseterre (42) 128 B2
Chaussin (39) 102 C3
Chaussoy-Epagny (80) 20 C2
Chaussy (45) 63 E4
Chaussy (95) 41 H1
le Chautay (18) 98 C4
Chauvac-Laux-Montaux (26) 159 G4
Chauvé (44) 74 A5
Chauvency-le-Château (55) 25 E3
Chauvency-Saint-Hubert (55) 25 E3
Chauvigné (35) 35 G6
Chauvigny (86) 109 G1
Chauvigny-du-Perche (41) 61 G6
Chauvincourt-Provemont (27) 19 G6
Chauvirey-le-Châtel (70) 86 D2
Chauvirey-le-Vieil (70) 86 D2
Chauvoncourt (55) 47 G3
Chauvry (95) 42 C2
Chaux (21) 101 G2
la Chaux (25) 104 A3
la Chaux (61) 38 D6
la Chaux (71) 102 B5
Chaux (90) 88 C2
Chaux-Champagny (39) 103 F4
Chaux-des-Crotenay (39) 103 F6
Chaux-des-Prés (39) 118 A2
la Chaux-du-Dombief (39) 118 A1
la Chaux-en-Bresse (39) 102 C5
Chaux-la-Lotière (70) 87 F5
Chaux-lès-Clerval (25) 88 A5
Chaux-lès-Passavant (25) 104 A1
Chaux-lès-Port (70) 87 F2
Chaux-Neuve (25) 103 G6
Chauzon (07) 157 G3
Chavagnac (15) 140 D3
Chavagnac (24) 138 B3
Chavagne (35) 57 E3
Chavagnes (49) 77 E6
Chavagnes-en-Paillers (85) 91 H2
Chavagnes-les-Redoux (85) 92 B5
Chavaignes (49) 77 H4
Chavanac (19) 125 G4
Chavanat (23) 125 F1
Chavanatte (90) 89 E3
Chavanay (42) 129 H6
Chavanges (10) 67 E1
Chavaniac-Lafayette (43) 142 A3
Chavannaz (74) 118 B6
Chavanne (70) 88 B4
la Chavanne (73) 132 A5
Chavannes (18) 97 G5
Chavannes (26) 144 B3
les Chavannes-en-Maurienne (73) 132 C6
Chavannes-les-Grands (90) 88 D3
Chavannes-sur-l'Étang (68) 88 D3
Chavannes-sur-Reyssouze (01) 116 C3
Chavannes-sur-Suran (01) 117 F4
Chavanod (74) 132 A2
Chavanoz (38) 130 C3
Chavaroux (63) 127 G2
la Chavatte (80) 21 E1
Chaveignes (37) 94 C3
Chavelot (88) 69 H3
Chavenat (16) 122 C5
Chavenay (78) 42 B4
Chavençon (60) 42 B1
Chavenon (03) 113 F3
Chavéria (39) 117 G2
Chaveroche (19) 125 H5
Chaveyriat (01) 116 D5
Chavignon (02) 22 B4
Chavigny (02) 22 A4
Chavigny (54) 48 C5
Chavigny-Bailleul (27) 41 E3
Chaville (92) 42 C4
Chavin (36) 111 E2
Chavonne (02) 22 C5
Chavornay (01) 131 G2
Chavot-Courcourt (51) 45 E2
Chavoy (50) 35 H3
Chavroches (03) 114 B3
le Chay (17) 120 D4
Chay (25) 103 F3
Chazay-d'Azergues (69) 129 H2
la Chaze-de-Peyre (48) 155 G1
Chazé-Henry (49) 76 A2
Chazé-sur-Argos (49) 76 B3
Chazeaux (07) 157 F2
Chazelet (36) 110 D2
Chazelles (15) 141 G3
Chazelles (16) 122 D4
Chazelles (39) 117 E3
Chazelles (43) 141 H4
Chazelles-sur-Albe (54) 49 G6
Chazelles-sur-Lavieu (42) 128 D5
Chazelles-sur-Lyon (42) 129 F4
Chazemais (03) 112 C2
Chazeuil (21) 86 A4
Chazeuil (58) 99 F1
Chazey-Bons (01) 131 F2
Chazey-sur-Ain (01) 130 D2
Chazilly (21) 101 E2
Chazot (25) 88 B6
Chécy (45) 81 E1
Chédigny (37) 95 G1
Chef-Boutonne (79) 108 B5
Chef-du-Pont (50) 12 D4
Chef-Haut (88) 69 F2
Cheffes (49) 77 E3
Cheffois (85) 92 C6
Cheffreville-Tonnencourt (14) 15 F6
le Chefresne (50) 37 F3
Chéhéry (08) 24 B2
Cheignieu-la-Balme (01) 131 F2
Cheillé (37) 94 C1
Cheilly-lès-Maranges (71) 101 F4
Chein-Dessus (31) 184 C5
Cheissoux (87) 124 D2
le Cheix (63) 127 F1
Cheix-en-Retz (44) 74 B5
Chélan (32) 184 A2
Chelers (62) 7 H1
Chélieu (38) 131 E5
Chelle-debat (65) 183 F2
Chelle-Spou (65) 183 F4
Chelles (60) 21 G5
Chelles (77) 43 E4
Chelun (35) 57 H5
Chemaudin (25) 103 F1
Chemazé (53) 76 C1
Chemellier (49) 77 F6
Chemenot (39) 102 D4
Chéméré (44) 74 A6
Chémeré-le-Roi (53) 59 E6
Chémery (41) 80 A6
Chémery-les-Deux (57) 26 D4
Chémery-sur-Bar (08) 24 B3
Chemilla (39) 117 G3
Chemillé-Melay (49) 92 D1
Chemillé-sur-Dême (37) 78 D3
Chemillé-sur-Indrois (37) 95 H2
Chemilli (61) 60 C2
Chemilly (03) 113 H2
Chemilly (70) 87 F3
Chemilly-sur-Serein (89) 83 H2
Chemilly-sur-Yonne (89) 83 F1
Chemin (39) 102 B3
le Chemin (51) 46 D2
Chemin-d'Aisey (21) 85 E2
Cheminas (07) 144 A3
Cheminon (51) 46 C5
Cheminot (57) 48 C3
Chemiré-en-Charnie (72) 59 G5
Chemiré-le-Gaudin (72) 59 H6
Chemiré-sur-Sarthe (49) 77 E2
Chemy (59) 3 F6
Chenac-Saint-Seurin-d'Uzet (17) 120 D5
Chenailler-Mascheix (19) 139 E4
la Chenalotte (25) 104 C2
Chénas (69) 116 A5
Chenaud (24) 136 B2
Chenay (51) 23 E5
Chenay (72) 60 A1
Chenay (79) 108 C3
Chenay-le-Châtel (71) 114 D5
le Chêne (10) 66 B1
Chêne-Arnoult (89) 82 C1
Chêne-Bernard (39) 102 C4
Chêne-en-Semine (74) 118 A6
Chêne-Sec (39) 102 C4
Chenebier (70) 88 B3
Chenecey-Buillon (25) 103 F2
Cheneché (86) 94 B5
Chênedollé (14) 38 A3
Chênedouit (61) 38 C4
Chênehutte-Trèves-Cunault (49) 77 G6
Chénelette (69) 115 H5
Chénérailles (23) 112 A6
Chenereilles (42) 128 D6
Chenereilles (43) 143 E3
Chenevelles (86) 94 D6
Chenevières (54) 49 F6
Chenevrey-et-Morogne (70) 86 D6
Chênex (74) 118 B5
Cheney (89) 84 A1
Chenicourt (54) 48 D3
Chenières (54) 25 H4
Chéniers (23) 111 F3
Cheniers (51) 45 G3
Chenillé-Changé (49) 76 D2
Cheniménil (88) 70 B4
Chennebrun (27) 40 B5
Chennegy (10) 65 H4
Chennevières-lès-Louvres (95) 43 E2
Chennevières-sur-Marne (94) 43 E4
Chenois (57) 49 E2
Chenoise (77) 44 A6
Chenommet (16) 122 C1
Chenon (16) 122 C1
Chenonceaux (37) 79 G6
Chenou (77) 64 A4
Chenôve (21) 85 H6
Chenôves (71) 101 F6
Chens-sur-Léman (74) 118 C3
Chenu (72) 78 B3
Cheny (89) 65 F6
Chepniers (17) 135 G1
Chepoix (60) 20 C3
la Cheppe (51) 46 A2
Cheppes-la-Prairie (51) 46 A4
Cheppy (55) 24 D6
Cheptainville (91) 63 F1
Chepy (51) 46 A3
Chépy (80) 6 C4
Chérac (17) 121 F3
Chérancé (53) 76 B1
Chérancé (72) 60 A3
Chéraute (64) 181 G2
Cherbonnières (17) 121 G1
Cherbourg-Octeville (50) 12 C2
Chérence (95) 41 G2
Chérencé-le-Héron (50) 37 F4
Chérencé-le-Roussel (50) 37 G4
Chéreng (59) 3 G5
les Chères (69) 129 H2
Chérêt (02) 22 C4
Chériennes (62) 7 E2
Cherier (42) 128 C1
Chérigné (79) 108 B5
les Chéris (50) 37 E5
Chérisay (72) 60 A2
Chérisey (57) 26 C6
Cherisy (28) 41 F5
Chérisy (62) 8 C3
Chérizet (71) 115 H2
Chermignac (17) 121 E3
Chermisey (88) 68 C2
Chermizy-Ailles (02) 22 C4
Chéronnac (87) 123 F3
Chéronvilliers (27) 40 B4
Chéroy (89) 64 C4
Cherré (49) 77 E2
Cherré (72) 60 D4
Cherreau (72) 60 D4
Cherrueix (35) 35 F4
Cherval (24) 122 D6
Cherveix-Cubas (24) 138 A1
Cherves (86) 93 H6
Cherves-Châtelars (16) 123 E2
Cherves-Richemont (16) 121 G3
Chervettes (17) 107 F6
Cherveux (79) 107 H2
Chervey (10) 66 D5
Cherville (51) 45 G2
Chéry (18) 97 E2
Chéry-Chartreuve (02) 22 C6
Chéry-lès-Pouilly (02) 22 C2
Chéry-lès-Rozoy (02) 23 F2
Chesley (10) 66 B6
le Chesnay (78) 42 B4
le Chesne (08) 24 B3
le Chesne (27) 40 C3
Chesnois-Auboncourt (08) 23 H3
Chesny (57) 26 C6
Chessenaz (74) 118 A6
Chessy (69) 129 G2
Chessy (77) 43 F4
Chessy-les-Prés (10) 66 A6
Chéu (89) 65 H6
Cheuge (21) 86 B5
Cheust (65) 183 E4
Cheux (14) 14 A5
Chevagnes (03) 114 B1
Chevagny-les-Chevrières (71) 116 B4
Chevagny-sur-Guye (71) 115 H2
Chevaigné (35) 57 F2
Chevaigné-du-Maine (53) 59 F1
le Chevain (72) 60 A2
Cheval-Blanc (84) 175 F3
Chevaline (74) 132 B3
la Chevallerais (44) 74 C3
Chevanceaux (17) 135 H1
Chevannay (21) 85 E5
Chevannes (21) 101 G2
Chevannes (45) 64 B5
Chevannes (89) 83 F2
Chevannes (91) 63 G1
Chevannes-Changy (58) 99 F1
Chevennes (02) 22 C1
Chevenon (58) 99 E4
Chevenoz (74) 119 F3
Cheverny (41) 80 A4
Cheveuges (08) 24 B2
Chevières (08) 24 C5
Chevigney (70) 86 C6
Chevigney-lès-Vercel (25) 104 A1
Chevigney-sur-l'Ognon (25) 87 E6
Chevigny (39) 102 C2
Chevigny-en-Valière (21) 101 H3
Chevigny-Saint-Sauveur (21) 85 H6
Chevillard (01) 117 G5
Chevillé (72) 59 G6
Chevillon (52) 67 H1
Chevillon (89) 82 D1
Chevillon-sur-Huillard (45) 64 A6
la Chevillotte (25) 103 G1
Chevilly (45) 62 D5
Chevilly-Larue (94) 42 D5
Chevinay (69) 129 G3
Chevincourt (60) 21 F4
Cheviré-le-Rouge (49) 77 G3
Chevrainvilliers (77) 64 A4
Chevreaux (39) 117 F2
Chevregny (02) 22 C4
Chèvremont (90) 88 D3
la Chèvrerie (16) 108 D6
Chevresis-Monceau (02) 22 B1
Chevreuse (78) 42 B5
Chèvreville (50) 37 G5
Chèvreville (60) 43 G1
Chevrier (74) 118 A5
Chevrières (38) 144 D2
Chevrières (42) 129 F5
Chevrières (60) 21 E5
Chevroches (58) 83 F5
la Chevrolière (44) 74 C6
Chevrotaine (39) 103 F6
Chevroux (01) 116 C3
Chevroz (25) 87 F6
Chevru (77) 44 A5
Chevry (01) 118 B4
Chevry (50) 37 F2
Chevry-Cossigny (77) 43 F5
Chevry-en-Sereine (77) 64 C3
Chevry-sous-le-Bignon (45) 64 B4
Chey (79) 108 C4
Cheylade (15) 140 C2
le Cheylard (07) 143 F5
Cheylard-l'Évêque (48) 156 C2
le Cheylas (38) 132 A6
Cheyssieu (38) 130 A6
Chezal-Benoît (18) 97 F5
la Chèze (22) 55 H2
Chèze (65) 182 D6
Chézeaux (52) 86 D1
Chezelle (03) 113 G5
Chezelles (36) 96 B4
Chezelles (37) 94 C3
Chèzeneuve (38) 130 D5
Chézery-Forens (01) 118 A4
Chézy (03) 114 A1
Chézy-en-Orxois (02) 44 A1
Chézy-sur-Marne (02) 44 B3
Chiatra (2B) 205 G2
Chiché (79) 93 F5
Chicheboville (14) 38 D1
Chichée (89) 83 H2
Chichery (89) 83 F1
Chichey (51) 44 D5
Chichilianne (38) 145 F6
Chicourt (57) 49 E3
Chiddes (58) 100 A5
Chiddes (71) 115 H2
Chidrac (63) 127 F5
Chierry (02) 44 B2
Chieulles (57) 26 C5
Chigné (49) 78 A3
Chignin (73) 132 A5
Chigny (02) 9 H6
Chigny-les-Roses (51) 45 F1
Chigy (89) 65 F4
Chilhac (43) 141 H3
Chillac (16) 122 A6
Chille (39) 102 D6
Chilleurs-aux-Bois (45) 63 E5
le Chillou (79) 93 G5
Chilly (08) 10 D6
Chilly (74) 118 A6
Chilly (80) 21 E1
Chilly-le-Vignoble (39) 102 C6
Chilly-Mazarin (91) 42 D5
Chilly-sur-Salins (39) 103 F4
Chimilin (38) 131 F4
Chindrieux (73) 131 G2
Chinon (37) 94 B2
Chipilly (80) 8 A6
Chirac (16) 123 F1
Chirac (48) 155 G3
Chirac-Bellevue (19) 125 H6
Chirassimont (42) 129 E2
Chirat-l'Église (03) 113 F4
Chiré-en-Montreuil (86) 94 A6
Chirens (38) 131 F6
Chirmont (80) 20 C2
Chirols (07) 157 F1
Chiroubles (69) 116 A5
Chiry-Ourscamp (60) 21 G3
Chis (65) 183 F2
Chisa (2B) 205 F5
Chissay-en-Touraine (41) 79 G6
Chisseaux (37) 79 G6
Chisséria (39) 117 G3
Chissey-en-Morvan (71) 100 C2
Chissey-lès-Mâcon (71) 116 A2
Chissey-sur-Loue (39) 103 E3
Chitenay (41) 80 A4
Chitray (36) 110 D1
Chitry (89) 83 G2
Chitry-les-Mines (58) 99 G1
Chives (17) 122 A1
Chivres (21) 102 A3
Chivres-en-Laonnois (02) 22 D2
Chivres-Val (02) 22 B5
Chivy-lès-Étouvelles (02) 22 C3
Chizé (79) 107 H5
Chocques (62) 2 C6
Choilley-Dardenay (52) 86 B3
Choisel (78) 42 B5
Choiseul (52) 68 C5
Choisey (39) 102 C3
Choisies (59) 10 A3
Choisy (74) 118 B6
Choisy-au-Bac (60) 21 F4
Choisy-en-Brie (77) 44 A5
Choisy-la-Victoire (60) 20 D5
Choisy-le-Roi (94) 42 D5
Cholet (49) 92 C2
Cholonge (38) 145 G4
Choloy-Ménillot (54) 48 A5
Chomelix (43) 142 C2
Chomérac (07) 158 A1
la Chomette (43) 141 H2
Chonas-l'Amballan (38) 130 A6
Chonville-Malaumont (55) 47 G4
Chooz (08) 11 F4
Choqueuse-les-Bénards (60) 20 A2
Choranche (38) 145 E3
Chorey-les-Beaune (21) 101 G3
Chorges (05) 160 D2
Chouain (14) 14 A4
Chouday (36) 97 E4
Choue (41) 61 F6
Chougny (58) 99 H3
Chouilly (51) 45 F2
Chouppes (86) 94 A5
Chourgnac (24) 137 H2
Choussy (41) 79 H6
Chouvigny (03) 113 F5
Choux (39) 117 H4
les Choux (45) 82 A2
Chouy (02) 21 H6
Chouzé-sur-Loire (37) 94 A1
Chouzelot (25) 103 F2
Chouzy-sur-Cisse (41) 79 H4
Choye (70) 86 D5
Chozeau (38) 130 C3
Chuelles (45) 64 C6
Chuffilly-Roche (08) 24 A4
Chuignes (80) 8 B6
Chuignolles (80) 8 B6
Chuisnes (28) 61 H2
Chusclan (30) 158 A6
Chuyer (42) 129 H6
Chuzelles (38) 130 A4
Ciadoux (31) 184 B3
Ciamannacce (2A) 205 E5
Ciboure (64) 180 B1
Cideville (76) 17 F4
Ciel (71) 101 H4
Cier-de-Luchon (31) 184 A6
Cier-de-Rivière (31) 184 A4
Cierges (02) 44 C1
Cierges-sous-Montfaucon (55) 24 D5
Cierp-Gaud (31) 184 A6
Cierrey (27) 41 E2
Cierzac (17) 121 G4
Cieurac (46) 152 D4
Cieutat (65) 183 F4
Cieux (87) 123 H1
Ciez (58) 82 D5
Cigogné (37) 95 F1
Cilly (02) 22 D2
Cinais (37) 94 B2
Cindré (03) 114 B4
Cinq-Mars-la-Pile (37) 78 C6
Cinqueux (60) 20 D5
Cintegabelle (31) 185 G2
Cintheaux (14) 38 D2
Cintray (27) 40 C4
Cintray (28) 62 A2
Cintré (35) 56 D3
Cintrey (70) 86 D2
la Ciotat (13) 192 C5
Cipières (06) 178 C3
Ciral (61) 59 G1
Ciran (37) 95 F3
Circourt (88) 69 G3
Circourt-sur-Mouzon (88) 68 D3
Ciré-d'Aunis (17) 107 E6
Cirès (31) 183 H6
Cires-lès-Mello (60) 20 C6
Cirey (70) 87 G5
Cirey-lès-Mareilles (52) 68 A4
Cirey-lès-Pontailler (21) 86 B6
Cirey-sur-Blaise (52) 67 G3
Cirey-sur-Vezouze (54) 49 H6
Cirfontaines-en-Azois (52) 67 G5
Cirfontaines-en-Ornois (52) 68 B1
Cirières (79) 92 D4
Ciron (36) 110 C1
Ciry-le-Noble (71) 115 F1
Ciry-Salsogne (02) 22 B5
Cisai-Saint-Aubin (61) 39 G4
Cisery (89) 84 B4
Cissac-Médoc (33) 134 D2
Cissé (86) 94 B6
Cisternes-la-Forêt (63) 126 C3
Cistrières (43) 142 A1
Citerne (80) 6 D5
Citers (70) 87 H2
Citey (70) 87 E5
Citou (11) 187 F2
Citry (77) 44 A3
Civaux (86) 109 G2
Civens (42) 129 E3
Civières (27) 41 G1
Civrac-de-Blaye (33) 135 F3
Civrac-en-Médoc (33) 120 C6
Civrac-sur-Dordogne (33) 136 A5
Civray (18) 97 F4
Civray (86) 109 E5
Civray-de-Touraine (37) 79 F6
Civray-sur-Esves (37) 95 E3
Civrieux (01) 130 A1
Civrieux-d'Azergues (69) 129 H2
Civry (28) 62 B5
Civry-en-Montagne (21) 85 E6
Civry-la-Forêt (78) 41 G4
Cizancourt (80) 8 C6
Cizay-la-Madeleine (49) 93 G1
Cize (01) 117 F5
Cize (39) 103 F5
Cizely (58) 99 F3
Cizos (65) 183 H2
Clacy-et-Thierret (02) 22 B3
Cladech (24) 137 H6
Claira (66) 201 F2
Clairac (47) 150 D4
Clairavaux (23) 125 G3
Clairefontaine-en-Yvelines (78) 42 A6
Clairefougère (61) 38 A4
Clairegoutte (70) 88 B3
Clairfayts (59) 10 B3
Clairfontaine (02) 10 A5
Clairmarais (62) 2 B4
Clairoix (60) 21 F4
Clairvaux-d'Aveyron (12) 154 B4
Clairvaux-les-Lacs (39) 117 H1
Clairy-Saulchoix (80) 7 F6
Clais (76) 19 F1
Claix (16) 122 B5
Claix (38) 145 G3
Clam (17) 121 F5
Clamanges (51) 45 F4
Clamart (92) 42 C4
Clamecy (02) 22 A4
Clamecy (58) 83 F5
Clamensane (04) 160 B4
Clamerey (21) 84 D5
Clans (06) 178 D1
Clans (70) 87 F3
Clansayes (26) 158 B4
le Claon (55) 46 D1
le Clapier (12) 172 B3
Clapiers (34) 173 F5
Clara (66) 200 C3
Clarac (31) 184 A4
Clarac (65) 183 F3
Claracq (64) 166 B6
Clarafond-Arcine (74) 118 A6
Clarbec (14) 15 E4
Clarens (65) 183 G3
Clarensac (30) 174 A3
Claret (04) 160 B4
Claret (34) 173 F3
Clarques (62) 2 B5
Clary (59) 9 E4
Classun (40) 166 A4
Clastres (02) 21 H1
Clasville (76) 18 A1
le Clat (11) 200 A1
Claudon (88) 69 F5
le Claux (15) 140 C3
Clavans-en-Haut-Oisans (38) 146 B3
Clavé (79) 108 B2
Claveisolles (69) 115 H6
Clavette (17) 106 D5
Claveyson (26) 144 B2
Clavières (15) 141 G4
Claviers (83) 178 A5
Claville (27) 40 D2
Claville-Motteville (76) 17 H5
Clavy-Warby (08) 23 H1
Claye-Souilly (77) 43 F3
Clayes (35) 57 E2
les Clayes-sous-Bois (78) 42 B4
la Clayette (71) 115 G4
Clayeures (54) 69 H1
Clécy (14) 38 B3
Cléden-Cap-Sizun (29) 52 C2
Cléden-Poher (29) 32 B6
Cléder (29) 31 G2
Clèdes (40) 166 B5
Cleebourg (67) 51 F2
Clefmont (52) 68 C5
les Clefs (74) 132 C2
Clefs-Val d'Anjou (49) 77 G3
Cléguer (56) 54 C4
Cléguérec (56) 55 E2
Clelles (38) 145 F5
Clémencey (21) 101 G1
Clémensat (63) 127 F5
Clémery (54) 48 C3
Clémont (18) 81 F4
Clénay (21) 85 H5
Clenleu (62) 1 G6
Cléon (76) 18 C5
Cléon-d'Andran (26) 158 C2
Cleppé (42) 129 E3
Clérac (17) 135 H2
Cléré-du-Bois (36) 95 G4
Cléré-les-Pins (37) 78 B5
Cléré-sur-Layon (49) 93 F2
Clères (76) 18 D3
Clérey (10) 66 B4
Clérey-la-Côte (88) 68 D1
Clérey-sur-Brenon (54) 69 F1
Clergoux (19) 139 F2
Clérieux (26) 144 B3
les Clérimois (89) 65 F4
le Clerjus (88) 69 H6
Clerlande (63) 127 F2
Clermain (71) 115 H3
Clermont (09) 185 F5
Clermont (40) 165 F4
Clermont (60) 20 C5
Clermont (74) 131 H1
Clermont-Créans (72) 77 H2
Clermont-de-Beauregard (24) 137 E4
Clermont-Dessous (47) 150 D5
Clermont-d'Excideuil (24) 137 H1
Clermont-en-Argonne (55) 46 D1
Clermont-Ferrand (63) 127 F3
Clermont-le-Fort (31) 185 F1
Clermont-les-Fermes (02) 23 E2
Clermont-l'Hérault (34) 172 C5
Clermont-Pouyguillès (32) 167 G6
Clermont-Savès (32) 168 C5
Clermont-Soubiran (47) 151 G6
Clermont-sur-Lauquet (11) 187 E5
Cléron (25) 103 G2
Clerques (62) 1 H3
Clerval (25) 88 A5
Cléry (21) 86 C6
Cléry (73) 132 C4
Cléry-en-Vexin (95) 42 A1
Cléry-le-Grand (55) 24 D5
Cléry-le-Petit (55) 24 D5
Cléry-Saint-André (45) 80 C2
Cléry-sur-Somme (80) 8 B5
Clesles (51) 65 H1
Clessé (71) 116 B3
Clessé (79) 93 E5
Clessy (71) 115 E2
Cléty (62) 2 A5
Cleurie (88) 70 B5
Cleuville (76) 18 A2
Cléville (14) 39 E1
Cléville (76) 15 H1
Clévilliers (28) 62 A1
Cleyrac (33) 136 A6
Cleyzieu (01) 131 E2
Clézentaine (88) 70 A2
Clichy (92) 42 C3
Clichy-sous-Bois (93) 43 E3
Climbach (67) 51 E1
Clinchamp (52) 68 B4
Clinchamps-sur-Orne (14) 14 B5
Clion (17) 121 F5
Clion (36) 95 H4
Cliousclat (26) 158 B1
Cliponville (76) 17 E4
Cliron (08) 24 A1

la Clisse (17) 120 D3
Clisson (44) 75 E6
Clitourps (50) 12 D2
Clohars-Carnoët (29) 54 B5
Clohars-Fouesnant (29) 53 G3
le Cloître-Pleyben (29) 31 H6
le Cloître-Saint-Thégonnec (29) 32 A4
Clomot (21) 101 E2
Clonas-sur-Varèze (38) 130 A6
Clos-Fontaine (77) 43 H6
la Clotte (17) 135 H3
Clouange (57) 26 B4
Cloué (86) 108 D2
les Clouzeaux (85) 91 F5
Cloyes-sur-le-Loir (28) 61 H6
Cloyes-sur-Marne (51) 46 B5
Clucy (39) 103 F3
Clugnat (23) 111 H4
Cluis (36) 111 F2
Clumanc (04) 177 G1
Cluny (71) 116 A3
la Clusaz (74) 132 C1
la Cluse-et-Mijoux (25) 104 A4
les Cluses (66) 201 F4
Cluses (74) 119 E6
Clussais-la-Pommeraie (79) 108 C5
Clux-Villeneuve (71) 102 A4
Coadout (22) 33 E4
Coaraze (06) 195 F1
Coarraze (64) 182 C3
Coat-Méal (29) 30 D3
Coatascorn (22) 32 D3
Coatréven (22) 32 D2
Cobonne (26) 144 C6
Cobrieux (59) 3 G6
la Cochère (61) 39 F5
Cocherel (77) 43 H2
Cocheren (57) 27 F5
Coclois (10) 66 C1
Cocquerel (80) 7 E4
Cocumont (47) 150 B3
Cocurès (48) 156 B4
Codalet (66) 200 C3
Codognan (30) 174 A4
Codolet (30) 158 A6
Coësmes (35) 57 G5
Coëtlogon (22) 55 H2
Coëtmieux (22) 33 H5
Cœuvres-et-Valsery (02) 21 H5
Coëx (85) 91 E4
Coggia (2A) 204 C4
Coglès (35) 35 H5
Cogna (39) 117 H1
Cognac (16) 121 G3
Cognac-la-Forêt (87) 123 H2
Cognat-Lyonne (03) 113 H6
Cogners (72) 78 D1
Cognet (38) 145 G5
Cognières (70) 87 H4
Cognin (73) 131 H5
Cognin-les-Gorges (38) 145 E2
Cognocoli-Monticchi (2A) 206 D1
Cogny (18) 98 A5
Cogny (69) 129 G1
Cogolin (83) 194 A4
Cohade (43) 141 G1
Cohennoz (73) 132 D3
Cohiniac (22) 33 F5
Cohons (52) 86 B2
Coiffy-le-Bas (52) 68 D6
Coiffy-le-Haut (52) 68 D6
Coigneux (80) 7 H4
Coignières (78) 42 A5
Coigny (50) 12 D5
Coimères (33) 149 H3
Coin-lès-Cuvry (57) 26 B6
Coin-sur-Seille (57) 26 B6
Coinces (45) 62 C6
Coinches (88) 70 D3
Coincourt (54) 49 F5
Coincy (02) 44 B1
Coincy (57) 26 C5
Coings (36) 96 C4
Coingt (02) 23 F1
Coirac (33) 150 A1
Coise (69) 129 G4
Coise-Saint-Jean-Pied-Gauthier (73) 132 B5
Coiserette (39) 117 H3
Coisevaux (70) 88 B3
Coisia (39) 117 G4
Coisy (80) 7 G5
Coivert (17) 107 H6
Coivrel (60) 20 D3
Coizard-Joches (51) 45 E4
Colayrac-Saint-Cirq (47) 151 E5
Colembert (62) 1 G4
Coligny (01) 117 E3
Colincamps (80) 8 A4
Collan (89) 83 H1
la Collancelle (58) 99 G2
Collandres (15) 140 C2
Collandres-Quincarnon (27) 40 C2
Collanges (63) 127 F6
Collat (43) 142 A2
la Colle-sur-Loup (06) 195 E3
Collégien (77) 43 F4
Collemiers (89) 64 D4
Colleret (59) 10 B3
le Collet-de-Dèze (48) 156 D5
Colletot (27) 15 H3
Colleville (76) 16 C3
Colleville-Montgomery (14) 14 C4
Colleville-sur-Mer (14) 13 G4
Collias (30) 174 B2
Colligis-Crandelain (02) 22 C4
Colligny (57) 26 C5
Colline-Beaumont (62) 6 C2
Collinée (22) 34 A6
Collioure (66) 201 G4
Collobrières (83) 193 H4
Collonge-en-Charollais (71) 115 H1
Collonge-la-Madeleine (71) 101 E4
Collonges (01) 118 A5
Collonges-au-Mont-d'Or (69) 130 A2
Collonges-la-Rouge (19) 138 D4
Collonges-lès-Bévy (21) 101 G2
Collonges-lès-Premières (21) 102 B1
Collonges-sous-Salève (74) 118 C5
Collongues (06) 178 C2
Collongues (65) 183 F2
Collorec (29) 32 A6
Collorgues (30) 174 A2
Colmar (68) 71 F4
Colmars (04) 161 F5
Colmen (57) 27 E3
Colméry (58) 83 E6
Colmesnil-Manneville (76) 17 G2
Colmey (54) 25 F4
Colmier-le-Bas (52) 85 G2
Colmier-le-Haut (52) 85 G2
Colognac (30) 173 F1
Cologne (32) 168 C4
Colomars (06) 195 F2
Colombe (38) 131 E6
la Colombe (41) 80 A1
la Colombe (50) 37 F3
Colombé-la-Fosse (10) 67 F3
Colombé-le-Sec (10) 67 F3
Colombe-lès-Vesoul (70) 87 G3
Colombelles (14) 14 C4
Colombes (92) 42 C3
Colombey-les-Belles (54) 69 E1
Colombey-les-Deux-Églises (52) 67 G4
Colombier (03) 113 E4
Colombier (21) 101 F2
Colombier (24) 137 E6
Colombier (42) 143 G1
Colombier (70) 87 G3
Colombier-en-Brionnais (71) 115 G3
Colombier-Fontaine (25) 88 B4
Colombier-le-Cardinal (07) 143 H2
Colombier-le-Jeune (07) 143 H4
Colombier-le-Vieux (07) 143 H3
Colombier-Saugnieu (69) 130 C3
Colombières (14) 13 G5
Colombières-sur-Orb (34) 171 H6
Colombiers (17) 121 F4
Colombiers (18) 97 H6
Colombiers (34) 188 B2
Colombiers (61) 60 A1
Colombiers (86) 94 C5
Colombiers-du-Plessis (53) 58 C2
Colombiers-sur-Seulles (14) 14 B3
Colombiès (12) 154 A4
Colombotte (70) 87 H3
Colomby (50) 12 D3
Colomby-sur-Thaon (14) 14 B4
Colomiers (31) 169 E5
Colomieu (01) 131 F3
Colonard-Corubert (61) 60 D2
Colondannes (23) 111 E4
Colonfay (02) 9 G6
Colonne (39) 102 D4
Colonzelle (26) 158 B4
Colpo (56) 55 F5
Colroy-la-Grande (88) 71 E2
Colroy-la-Roche (67) 71 E2
Coltainville (28) 62 B1
Coltines (15) 141 E3
Coly (24) 138 B3
Combaillaux (34) 173 F5
Combas (30) 173 H3
la Combe-de-Lancey (38) 145 H2
Combeaufontaine (70) 87 E2
Combefa (81) 170 B1
Comberanche-et-Épeluche (24) 136 C1
Comberjon (70) 87 G3
Comberouger (82) 168 D3
Combertault (21) 101 G3
les Combes (25) 104 B2
Combes (34) 172 A5
Combiers (16) 122 D5
Comblanchien (21) 101 G2
Combles (80) 8 B5
Combles-en-Barrois (55) 47 E5
Comblessac (35) 56 C5
Combleux (45) 81 E1
Comblot (61) 60 D1
Combloux (74) 133 E1
Combon (27) 40 C1
Combourg (35) 35 E6
Combourtillé (35) 57 H1
Combovin (26) 144 C5
Combrailles (63) 126 C2
Combrand (79) 92 D4
Combray (14) 38 C2
Combre (42) 115 F6
Combrée (49) 76 B2
Combres (28) 61 G3
Combres-sous-les-Côtes (55) 47 H2
Combressol (19) 125 G6
Combret (12) 171 F3
Combreux (45) 63 F6
Combrimont (88) 70 D3
Combrit (29) 53 F3
Combronde (63) 127 F1
Combs-la-Ville (77) 43 E5
la Comelle (71) 100 C4
Comiac (46) 139 F5
Comigne (11) 187 F4
Comines (59) 3 F4
Commana (29) 31 H5
Commarin (21) 101 F1
Commeaux (61) 38 D4
Commelle (38) 130 D6
Commelle-Vernay (42) 128 D1
Commenailles (39) 102 C5
Commenchon (02) 21 H2
Commensacq (40) 148 D5
Commentry (03) 112 D4
Commeny (95) 42 A1
Commequiers (85) 90 D3
Commer (53) 58 D3
Commercy (55) 47 H4
Commerveil (72) 60 C3
Commes (14) 13 H5
Communailles-en-Montagne (39) 103 G5
Communay (69) 130 A4
Compains (63) 127 E6
Compainville (76) 19 F2
Compans (77) 43 F3
le Compas (23) 126 B1
Compertrix (51) 45 H3
Compeyre (12) 155 F6
Compiègne (60) 21 F4
Compigny (89) 65 E2
Compolibat (12) 153 H4
la Compôte (73) 132 B3
Comprégnac (12) 171 H1
Compreignac (87) 124 B1
Comps (26) 158 D2
Comps (30) 174 C3
Comps (33) 135 E3
Comps-la-Grand-Ville (12) 154 C5
Comps-sur-Artuby (83) 177 H4
la Comté (62) 7 H1
Comus (11) 199 G1
Conan (41) 79 H2
Conand (01) 131 E2
Conat (66) 200 B3
Conca (2A) 207 G2
Concarneau (29) 53 G4
Concevreux (02) 22 D5
Concèze (19) 138 B1
Conches-en-Ouche (27) 40 C3
Conches-sur-Gondoire (77) 43 F4
Conchez-de-Béarn (64) 166 C5
Conchil-le-Temple (62) 6 C1
Conchy-les-Pots (60) 21 E3
Conchy-sur-Canche (62) 7 F2
Concorès (46) 152 C1
Concoret (56) 56 B3
Concots (46) 153 E4
Concoules (30) 156 D4
Concourson-sur-Layon (49) 93 F1
Concremiers (36) 110 B1
Concressault (18) 81 H5
Concriers (41) 80 A2
Condac (16) 108 D6
Condal (71) 117 E2
Condamine (01) 117 G5
Condamine (39) 102 C6
la Condamine-Châtelard (04) 161 G3
Condat (15) 140 C1
Condat (46) 138 D4
Condat-en-Combraille (63) 126 B2
Condat-lès-Montboissier (63) 127 H5
Condat-sur-Ganaveix (19) 124 D6
Condat-sur-Trincou (24) 123 F6
Condat-sur-Vézère (24) 138 A3
Condat-sur-Vienne (87) 124 B3
Condé (36) 97 E4
Condé-en-Brie (02) 44 C2
Condé-Folie (80) 7 E5
Condé-lès-Autry (08) 24 B6
Condé-lès-Herpy (08) 23 F3
Condé-Northen (57) 26 D5
Condé-Sainte-Libiaire (77) 43 G3
Condé-sur-Aisne (02) 22 B5
Condé-sur-Huisne (61) 61 F2
Condé-sur-Ifs (14) 39 E2
Condé-sur-Iton (27) 40 C4
Condé-sur-l'Escaut (59) 9 G1
Condé-sur-Marne (51) 45 G2
Condé-sur-Noireau (14) 38 B3
Condé-sur-Risle (27) 15 H3
Condé-sur-Sarthe (61) 60 A2
Condé-sur-Seulles (14) 14 A4
Condé-sur-Suippe (02) 23 E4
Condé-sur-Vesgre (78) 41 G5
Condé-sur-Vire (50) 37 G1
Condeau (61) 61 E2
Condécourt (95) 42 A2
Condeissiat (01) 116 D5
Condéon (16) 121 H6
Condes (39) 117 G3
Condes (52) 67 H4
Condette (62) 1 F5
Condezaygues (47) 151 H3
Condillac (26) 158 B2
Condom (32) 167 G2
Condom-d'Aubrac (12) 155 E2
Condorcet (26) 158 D4
Condren (02) 22 A2
Condrieu (69) 130 A6
Conflandey (70) 87 F2
Conflans-en-Jarnisy (54) 48 A1
Conflans-Sainte-Honorine (78) 42 B3
Conflans-sur-Anille (72) 61 E6
Conflans-sur-Lanterne (70) 87 G1
Conflans-sur-Loing (45) 64 B6
Conflans-sur-Seine (51) 65 G1
Confolens (16) 109 G6
Confolent-Port-Dieu (19) 126 B5
Confort (01) 117 H5
Confort-Meilars (29) 53 E2
Confracourt (70) 87 E3
Confrançon (01) 116 D4
Congé-sur-Orne (72) 60 B4
Congénies (30) 173 H4
Congerville-Thionville (91) 63 E2
Congis-sur-Thérouanne (77) 43 G2
Congrier (53) 76 A1
Congy (51) 45 E4
Conie-Molitard (28) 62 A5
Conilhac-Corbières (11) 187 G3
Conilhac-de-la-Montagne (11) 186 D5
Conjux (73) 131 G2
Conlie (72) 59 H4
Conliège (39) 102 D6
Connac (12) 171 F2
Connangles (43) 142 A1
Connantray-Vaurefroy (51) 45 F5
Connantre (51) 45 E5
Connaux (30) 174 C1
Conne-de-Labarde (24) 137 E6
Connelles (27) 18 D6
Connerré (72) 60 C5
Connezac (24) 123 E5
Connigis (02) 44 C2
Conquereuil (44) 74 C1
Conques (12) 154 B2
Conques-sur-Orbiel (11) 187 E3
le Conquet (29) 30 C5
Conqueyrac (30) 173 F2
Cons-la-Grandville (54) 25 G4
Cons-Sainte-Colombe (74) 132 C3
Consac (17) 121 E6
Conségudes (06) 195 E2
Consenvoye (55) 25 E5
Consigny (52) 68 B4
Consolation-Maisonnettes (25) 104 B1
Contalmaison (80) 8 B5
Contamine-Sarzin (74) 118 B6
Contamine-sur-Arve (74) 118 D5
les Contamines-Montjoie (74) 133 E2
Contault (51) 46 C3
Contay (80) 7 H5
Conte (39) 103 G5
Contes (06) 195 F2
Contes (62) 7 E1
Contescourt (02) 21 H1
Contest (53) 58 D3
Conteville (14) 38 D1
Conteville (27) 15 G2
Conteville (60) 20 A2
Conteville (76) 19 G2
Conteville (80) 7 F3
Conteville-en-Ternois (62) 7 G1
Conteville-lès-Boulogne (62) 1 F4
Conthil (57) 49 F3
Contigné (49) 77 E2
Contigny (03) 113 H3
Contilly (72) 60 C2
Continvoir (37) 78 A5
Contoire (80) 20 D2
Contrazy (09) 185 E4
Contré (17) 108 A6
Contre (80) 20 B1
Contréglise (70) 87 F1
Contremoulins (76) 16 C3
Contres (18) 97 H5
Contres (41) 80 A5
Contreuve (08) 24 A5
Contrevoz (01) 131 F2
Contrexéville (88) 69 E4
Contrières (50) 36 D2
Contrisson (55) 46 D4
Conty (80) 20 B1
Contz-les-Bains (57) 26 C2
Conzieu (01) 131 F3
Coole (51) 45 H5
Coolus (51) 45 H3
la Copechagnière (85) 91 G3
Copponex (74) 118 B6
Coquainvilliers (14) 15 F4
Coquelles (62) 1 G2
la Coquille (24) 123 H5
Corancez (28) 62 B2
Corancy (58) 100 B2
Coray (29) 53 H2
Corbara (2B) 202 C5
Corbarieu (82) 169 E2
Corbas (69) 130 B4
Corbehem (62) 8 C2
Corbeil (51) 46 A6
Corbeil-Cerf (60) 20 B6
Corbeil-Essonnes (91) 43 E6
Corbeilles (45) 63 H5
Corbel (73) 131 G6
Corbelin (38) 131 F4
Corbenay (70) 69 H6
Corbeny (02) 22 D4
Corbère (66) 200 D2
Corbère-Abères (64) 166 C6
Corbère-les-Cabanes (66) 200 D2
Corberon (21) 101 H3
Corbès (30) 173 G1
Corbie (80) 7 H6
la Corbière (70) 88 A1
Corbières (04) 176 C4
Corbières (11) 186 B5
Corbigny (58) 99 H1
Corbon (14) 15 E5
Corbon (61) 60 D1
Corbonod (01) 131 G1
Corbreuse (91) 62 D1
Corcelle-Mieslot (25) 87 G5
Corcelles (01) 117 G6
Corcelles-en-Beaujolais (69) 116 A5
Corcelles-Ferrières (25) 103 E1
Corcelles-les-Arts (21) 101 G4
Corcelles-lès-Cîteaux (21) 102 A2
Corcelles-les-Monts (21) 85 G6
Corcieux (88) 70 C4
Corcondray (25) 103 E1
Corconne (30) 173 G3
Corcoué-sur-Logne (44) 91 F1
Corcy (02) 21 H6
Cordéac (38) 145 H5
Cordebugle (14) 15 G5
Cordelle (42) 128 D1
Cordemais (44) 74 B4
Cordes-sur-Ciel (81) 170 A1
Cordes-Tolosannes (82) 168 D2
Cordesse (71) 100 D3
Cordey (14) 38 D3
Cordon (74) 133 E1
Cordonnet (70) 87 F5
Coren (15) 141 F4
Corenc (38) 145 G2
Corent (63) 127 F4
Corfélix (51) 44 D4
Corgengoux (21) 101 H3
Corgnac-sur-l'Isle (24) 123 G6
Corgoloin (21) 101 G2
Corignac (17) 135 G2
Corlay (22) 33 E6
Corlier (01) 117 F6
Cormainville (28) 62 B4
Cormaranche-en-Bugey (01) 131 F1
Cormatin (71) 116 A2
Corme-Écluse (17) 120 D4
Corme-Royal (17) 120 D3
Cormeilles (27) 15 G4
Cormeilles (60) 20 B2
Cormeilles-en-Parisis (95) 42 C3
Cormeilles-en-Vexin (95) 42 B1
Cormelles-le-Royal (14) 14 C5
Cormenon (41) 61 F6
Cormeray (41) 80 A5
Cormery (37) 95 F1
Cormes (72) 61 E4
Cormicy (51) 22 D5
le Cormier (27) 41 E3
Cormolain (14) 37 H1
Cormont (62) 1 F5
Cormontreuil (51) 23 E6
Cormoranche-sur-Saône (01) 116 B4
Cormost (10) 66 B4
Cormot-le-Grand (21) 101 F4
Cormoyeux (51) 45 E1
Cormoz (01) 117 E2
Corn (46) 153 F2
Cornac (46) 139 F5
Cornant (89) 64 D5
Cornas (07) 144 A4
Cornay (08) 24 C5
Corné (49) 77 F4
Cornebarrieu (31) 169 E5
Corneilhan (34) 188 C1
Corneilla-de-Conflent (66) 200 B3
Corneilla-del-Vercol (66) 201 F3
Corneilla-la-Rivière (66) 201 E2
Corneillan (32) 166 C4
Corneuil (27) 40 D3
Corneville-la-Fouquetière (27) 40 B2
Corneville-sur-Risle (27) 15 H3
Cornier (74) 118 D5
Cornil (19) 138 D2
Cornillac (26) 159 F3
Cornille (24) 137 F2
Cornillé (35) 57 H3
Cornillé-les-Caves (49) 77 F4
Cornillon (30) 157 H5
Cornillon-Confoux (13) 191 G3
Cornillon-en-Trièves (38) 145 G5
Cornillon-sur-l'Oule (26) 159 E3
Cornimont (88) 70 C6
Cornod (39) 117 G4
Cornot (70) 87 E3
la Cornuaille (49) 76 B4
Cornus (12) 172 B3
Cornusse (18) 98 B4
Corny (27) 19 E6
Corny-Machéroménil (08) 23 H3
Corny-sur-Moselle (57) 26 B6
Coron (49) 92 D2
Corpe (85) 91 H6
Corpeau (21) 101 F4
Corpoyer-la-Chapelle (21) 85 E4
Corps (38) 146 A5
Corps-Nuds (35) 57 F4
Corquilleroy (45) 64 A5
Corquoy (18) 97 G4
Corrano (2A) 205 E6
Corravillers (70) 70 B6
Corre (70) 69 F6
Corrençon-en-Vercors (38) 145 F4
Correns (83) 177 E6
Corrèze (19) 139 F1
Corribert (51) 44 D3
Corrobert (51) 44 C3
Corrombles (21) 84 C4
Corronsac (31) 185 G1
Corroy (51) 45 E5
Corsaint (21) 84 C4
Corsavy (66) 200 D4
Corscia (2B) 204 D2
Corsept (44) 73 H4
Corseul (22) 34 C5
Cortambert (71) 116 A2
Corte (2B) 205 E2
Cortevaix (71) 116 A2
Cortrat (45) 82 B1
les Corvées-les-Yys (28) 61 G2
Corveissiat (01) 117 F4
Corvol-d'Embernard (58) 99 F1
Corvol-l'Orgueilleux (58) 83 E5
Corzé (49) 77 E4
Cos (09) 185 G5
Cosges (39) 102 C5
Coslédaá-Lube-Boast (64) 166 B6
Cosmes (53) 58 C6
Cosnac (19) 138 D3
Cosne-Cours-sur-Loire (58) 82 C5
Cosne-d'Allier (03) 113 E2
Cosnes-et-Romain (54) 25 G3
Cosqueville (50) 12 D1
Cossaye (58) 99 F6
Cossé-d'Anjou (49) 92 D1
Cossé-en-Champagne (53) 59 F6
Cossé-le-Vivien (53) 58 B6
Cossesseville (14) 38 C3
Cosswiller (67) 50 C5
Costa (2B) 202 D5
Costaros (43) 142 C5
les Costes (05) 146 A6
les Costes-Gozon (12) 171 G2
la Côte (70) 88 B2
la Côte-d'Aime (73) 133 E4
la Côte-d'Arbroz (74) 119 F4
la Côte-en-Couzan (42) 128 B3
la Côte-Saint-André (38) 130 D6
le Coteau (42) 115 E6
Côtebrune (25) 87 H6
les Côtes-d'Arey (38) 130 A6
les Côtes-de-Corps (38) 145 H5
Coti-Chiavari (2A) 206 C2
Cotignac (83) 193 G1
Cottance (42) 129 E3
Cottenchy (80) 20 C1
Cottévrard (76) 17 H4
Cottun (14) 13 H5
la Couarde (79) 108 B3
la Couarde-sur-Mer (17) 106 B4
Couargues (18) 98 C1
Coubert (77) 43 F5
Coubeyrac (33) 136 B6
Coubisou (12) 154 D3
Coubjours (24) 138 B2
Coublanc (52) 86 C3
Coublanc (71) 115 F5
Coublevie (38) 145 F1
Coublucq (64) 166 B6
Coubon (43) 142 C4
Coubron (93) 43 E3
Couches (71) 101 E4
Couchey (21) 101 H1
la Coucourde (26) 158 B2
Coucouron (07) 142 D6
Coucy (08) 23 H4
Coucy-la-Ville (02) 22 A3
Coucy-le-Château-Auffrique (02) 22 A4
Coucy-lès-Eppes (02) 22 D3
Couddes (41) 80 A6
Coudehard (61) 39 F4
Coudekerque-Branche (59) 2 B1
Coudekerque-Village (59) 2 C2
Coudes (63) 127 F4
Coudeville-sur-Mer (50) 35 G1
Coudons (11) 186 C6
Coudoux (13) 191 H3
Coudray (27) 19 F5
le Coudray (28) 62 B2
Coudray (45) 63 G3
Coudray (53) 76 D1
Coudray-au-Perche (28) 61 F3
le Coudray-Macouard (49) 93 G1
le Coudray-Montceaux (91) 63 H1
Coudray-Rabut (14) 15 F3
le Coudray-Saint-Germer (60) 19 H4
le Coudray-sur-Thelle (60) 20 B5
la Coudre (79) 93 E3
Coudreceau (28) 61 F2
Coudrecieux (72) 60 D6
Coudres (27) 41 E4
Coudroy (45) 81 G1
Coudun (60) 21 F4
Coudures (40) 166 A4
Coueilles (31) 184 C2
Couëron (44) 74 C5
Couesmes (37) 78 B4
Couesmes-Vaucé (53) 58 D1
Couffé (44) 75 E3
Couffoulens (11) 186 D4
Couffy (41) 96 B1
Couffy-sur-Sarsonne (19) 126 A4
Couflens (09) 198 B1
Coufouleux (81) 169 H3
Couhé (86) 108 D4
Couilly-Pont-aux-Dames (77) 43 G4
Couin (62) 7 H4
Couiza (11) 186 D6
Couladère (31) 184 D3
Coulaines (72) 60 B5
Coulandon (03) 113 H2
Coulangeron (89) 83 F3
Coulanges (03) 114 D2
Coulanges (41) 79 H4
Coulanges-la-Vineuse (89) 83 G3
Coulanges-lès-Nevers (58) 99 E3
Coulanges-sur-Yonne (89) 83 F4
Coulans-sur-Gée (72) 59 H5
Coulaures (24) 137 H1
Couleuvre (03) 98 C6
Coulevon (70) 87 G3
Coulgens (16) 122 C2
Coulimer (61) 60 C1
Coullemelle (80) 20 C2
Coullemont (62) 7 H3
Coullons (45) 81 H3
Coulmer (61) 39 G4
Coulmier-le-Sec (21) 84 D2
Coulmiers (45) 62 C6
Coulobres (34) 188 C1
Coulogne (62) 1 G2
Couloisy (60) 21 G5
Coulombiers (72) 60 A3
Coulombiers (86) 108 D2
Coulombs (14) 14 A4
Coulombs (28) 41 G6
Coulombs-en-Valois (77) 43 H2
Coulomby (62) 1 H4
Coulommes (77) 43 G3
Coulommes-et-Marqueny (08) 24 A4
Coulommes-la-Montagne (51) 23 E6

Coulommiers (77) 43 H4
Coulommiers-la-Tour (41) 79 G2
Coulon (79) 107 G3
Coulonces (14) 37 G3
Coulonces (61) 39 E4
la Coulonche (61) 38 B5
Coulongé (72) 78 A3
Coulonges (16) 122 B2
Coulonges (17) 121 G4
Coulonges (86) 110 B3
Coulonges-Cohan (02) 22 C6
Coulonges-les-Sablons (61) 61 F2
Coulonges-sur-l'Autize (79) 107 G2
Coulonges-sur-Sarthe (61) 60 C1
Coulonges-Thouarsais (79) 93 F4
Coulonvillers (80) 7 E4
Couloumé-Mondebat (32) 167 E5
Coulounieix-Chamiers (24) 137 F2
Coulours (89) 65 G4
Couloutre (58) 82 D5
Coulouvray-Boisbenâtre (50) 37 F4
Coulvain (14) 38 A2
Coulx (47) 151 E3
Coume (57) 27 E4
Counozouls (11) 200 A2
Coupelle-Neuve (62) 2 A6
Coupelle-Vieille (62) 2 A6
Coupesarte (14) 15 E6
Coupetz (51) 45 H4
Coupéville (51) 46 B3
Coupiac (12) 171 F2
Coupray (52) 67 G6
Coupru (02) 44 A2
Couptrain (53) 59 F1
Coupvray (77) 43 F3
Couquèques (33) 120 D6
Cour-Cheverny (41) 80 A4
Cour-et-Buis (38) 130 B6
Cour-l'Évêque (52) 67 G6
la Cour-Marigny (45) 81 H1
Cour-Saint-Maurice (25) 88 C6
Cour-sur-Loire (41) 80 A3
Courances (91) 63 H2
Courant (17) 107 G6
Courban (21) 85 F1
la Courbe (61) 38 D4
Courbehaye (28) 62 B4
Courbépine (27) 15 H5
Courbes (02) 22 B2
Courbesseaux (54) 49 E5
Courbette (39) 117 G1
Courbeveille (53) 58 C5
Courbevoie (92) 42 C3
Courbiac (47) 152 A4
Courbillac (16) 121 H3
Courboin (02) 44 C3
Courbouzon (39) 102 D6
Courbouzon (41) 80 B3
Courçais (03) 112 C2
Courçay (37) 95 F1
Courceboeufs (72) 60 B4
Courcelette (80) 8 B4
Courcelles (17) 121 F1
Courcelles (25) 103 F2
Courcelles (45) 63 G5
Courcelles (54) 69 F2
Courcelles (58) 83 E5
Courcelles (90) 89 E4
Courcelles-au-Bois (80) 8 A4
Courcelles-Chaussy (57) 49 E1
Courcelles-de-Touraine (37) 78 B4
Courcelles-en-Barrois (55) 47 G4
Courcelles-en-Bassée (77) 64 C2
Courcelles-en-Montagne (52) 86 A1
Courcelles-Epayelles (60) 21 E3
Courcelles-Frémoy (21) 84 B5
Courcelles-la-Forêt (72) 77 H2
Courcelles-le-Comte (62) 8 B3
Courcelles-lès-Gisors (60) 19 G6
Courcelles-lès-Lens (62) 8 C1
Courcelles-lès-Montbard (21) 84 D4
Courcelles-lès-Montbéliard (25) 88 C4
Courcelles-lès-Semur (21) 84 C5
Courcelles-Sapicourt (51) 22 D6
Courcelles-sous-Châtenois (88) 68 D3
Courcelles-sous-Moyencourt (80) 20 A1
Courcelles-sous-Thoix (80) 20 A2
Courcelles-sur-Aire (55) 47 E3
Courcelles-sur-Blaise (52) 67 G2
Courcelles-sur-Nied (57) 48 D1
Courcelles-sur-Seine (27) 41 F1
Courcelles-sur-Vesle (02) 22 C5
Courcelles-sur-Viosne (95) 42 B2
Courcelles-sur-Voire (10) 66 D1
Courcemain (51) 45 E6
Courcemont (72) 60 B4
Courcerac (17) 121 G2
Courcerault (61) 60 D2
Courceroy (10) 65 E2
Courchamp (77) 44 B6
Courchamps (02) 44 A1
Courchamps (49) 93 G1
Courchapon (25) 103 E1
Courchaton (70) 88 A4
Courchelettes (59) 8 C2
Courcité (53) 59 G3
Courcival (72) 60 C3
Courcôme (16) 122 B1
Courçon (17) 107 E4
Courcoué (37) 94 C3
Courcouronnes (91) 42 D6
Courcoury (17) 121 F3
Courcuire (70) 87 E6
Courcy (14) 39 E2
Courcy (50) 37 E1
Courcy (51) 23 E5
Courcy-aux-Loges (45) 63 F5
Courdemanche (27) 41 E4
Courdemanche (72) 78 D1
Courdemanges (51) 46 A5
Courdimanche (95) 42 B2
Courdimanche-sur-Essonne (91) 63 G2
Couret (31) 184 B4
Courgains (72) 60 B3
Courgeac (16) 122 B6
Courgenard (72) 61 E4
Courgenay (89) 65 F3
Courgent (78) 41 G3
Courgeon (61) 60 D1
Courgeoût (61) 60 C1
Courgis (89) 83 H2
Courgivaux (51) 44 C5
Courgoul (63) 127 E5
Courjeonnet (51) 45 E4
Courlac (16) 136 B1
Courlandon (51) 22 C5
Courlans (39) 102 C6
Courlaoux (39) 102 C6
Courlay (79) 93 E5
Courléon (49) 78 A5
Courlon (21) 85 G3
Courlon-sur-Yonne (89) 64 D3
Courmangoux (01) 117 E3
Courmas (51) 45 E1
Courmelles (02) 22 A5
Courmemin (41) 80 B5
Courménil (61) 39 G4
Courmes (06) 178 D3
Courmont (02) 44 C1
Courmont (70) 88 B3
Cournanel (11) 186 D5
la Courneuve (93) 42 D3
Courniou (34) 187 G1
Cournols (63) 127 E4
Cournon (56) 56 C6
Cournon-d'Auvergne (63) 127 F3
Cournonsec (34) 173 E6
Cournonterral (34) 173 E6
la Couronne (16) 122 B4
Courouvre (55) 47 F3
Courpalay (77) 43 G6
Courpiac (33) 135 H6
Courpière (63) 128 A3
Courpignac (17) 135 F1
Courquetaine (77) 43 F5
Courrensan (32) 167 F3
Courrières (62) 8 C1
Courris (81) 170 D2
Courry (30) 157 E5
Cours (46) 152 D3
Cours (47) 151 E4
le Cours (56) 55 H6
Cours (79) 107 H2
Cours-de-Monségur (33) 150 C1
Cours-de-Pile (24) 137 E5
Cours-la-Ville (69) 115 G6
Cours-les-Bains (33) 150 B4
Cours-les-Barres (18) 98 D3
Coursac (24) 137 E3
Coursan (11) 188 B3
Coursan-en-Othe (10) 65 H5
Coursegoules (06) 195 E2
Courset (62) 1 G5
Courseulles-sur-Mer (14) 14 B3
Courson (14) 37 F3
Courson-les-Carrières (89) 83 F4
Courson-Monteloup (91) 42 B6
Courtacon (77) 44 B5
Courtagnon (51) 45 E1
Courtalain (28) 61 G5
Courtaoult (10) 65 H6
Courtauly (11) 186 C5
Courtavon (68) 89 E4
Courtefontaine (25) 88 D6
Courtefontaine (39) 103 E2
Courteilles (27) 40 C5
Courteix (19) 126 A4
Courtelevant (90) 89 E4
Courtemanche (80) 20 D2
Courtemaux (45) 64 C5
Courtémont (51) 46 C1
Courtemont-Varennes (02) 44 C2
Courtempierre (45) 64 A5
Courtenay (38) 131 E3
Courtenay (45) 64 C5
Courtenot (10) 66 C4
Courteranges (10) 66 C3
Courteron (10) 66 D6
Courtes (01) 116 D2
Courtesoult-et-Gatey (70) 86 D3
Courtetain-et-Salans (25) 88 A6
la Courtète (11) 186 C4
Courteuil (60) 43 E1
Courthézon (84) 175 E1
Courthiézy (51) 44 C2
Courties (32) 167 E5
Courtieux (60) 21 G5
Courtillers (72) 77 F1
Courtils (50) 35 H4
la Courtine (23) 125 H4
Courtisols (51) 46 A2
Courtivron (21) 85 G4
Courtoin (89) 64 D5
Courtois-sur-Yonne (89) 65 E4
Courtomer (61) 39 G6
Courtomer (77) 43 G6
Courtonne-la-Meurdrac (14) 15 F5
Courtonne-les-Deux-Églises (14) 15 G5
Courtrizy-et-Fussigny (02) 22 D3
Courtry (77) 43 E3
Courvaudon (14) 14 A6
Courvières (25) 103 G4
Courville (51) 22 C6
Courville-sur-Eure (28) 61 H2
Courzieu (69) 129 G3
Cousance (39) 117 E2
Cousances-les-Forges (55) 47 E6
Cousances-lès-Triconville (55) 47 F4
Cousolre (59) 10 B3
Coussa (09) 185 H4
Coussac-Bonneval (87) 124 B5
Coussan (65) 183 F3
Coussay (86) 94 B4
Coussay-les-Bois (86) 95 E5
Coussegrey (10) 66 A6
Coussergues (12) 155 E4
Coussey (88) 68 D2
Coust (18) 98 A6
Coustaussa (11) 186 D6
Coustouge (11) 187 G5
Coustouges (66) 200 D5
Coutances (50) 36 D1
Coutansouze (03) 113 F5
Coutarnoux (89) 84 A4
Coutençon (77) 64 C2
Coutens (09) 186 A4
Couterne (61) 59 F1
Couternon (21) 86 A6
Couteuges (43) 141 H2
Coutevroult (77) 43 G4
Couthenans (70) 88 C3
Couthures-sur-Garonne (47) 150 B3
Coutiches (59) 8 D1
Coutières (79) 108 B2
Coutouvre (42) 115 F6
Coutras (33) 135 H3
Couture (16) 122 C1
la Couture (62) 2 D5
la Couture (85) 91 H6
la Couture-Boussey (27) 41 F3
Couture-d'Argenson (79) 108 B6
Couture-sur-Loir (41) 78 D2
Couturelle (62) 7 H3
Coutures (24) 136 D1
Coutures (33) 150 B1
Coutures (49) 77 F5
Coutures (82) 168 C2
Couvains (50) 13 F6
Couvains (61) 40 A4
la Couvertoirade (12) 172 C3
Couvertpuis (55) 47 F6
Couvignon (10) 67 E4
Couville (50) 12 C2
Couvonges (55) 46 D4
Couvrelles (02) 22 B5
Couvron-et-Aumencourt (02) 22 B2
Couvrot (51) 46 B5
Coux (07) 157 H1
Coux (17) 135 G1
Coux-et-Bigaroque (24) 137 G6
Couy (18) 98 B2
la Couyère (35) 57 G5
Couze-et-Saint-Front (24) 137 F6
Couzeix (87) 124 B2
Couziers (37) 94 A2
Couzon (03) 113 G1
Couzon-au-Mont-d'Or (69) 130 A2
Couzou (46) 138 D6
Cox (31) 168 C4
Coye-la-Forêt (60) 42 D1
Coyecques (62) 2 A5
Coyolles (02) 21 G6
Coyrière (39) 118 A3
Coyron (39) 117 G2
Coyviller (54) 48 D6
Cozes (17) 120 D4
Cozzano (2A) 205 E5
Crach (56) 72 C1
Crachier (38) 130 D5
Crain (89) 83 F4
Craincourt (57) 48 D3
Craintilleux (42) 129 E5
Crainvilliers (88) 69 E4
Cramaille (02) 22 B6
Cramans (39) 103 E3
Cramant (51) 45 F3
Cramchaban (17) 107 F4
Craménil (61) 38 C4
Cramoisy (60) 20 C6
Cramont (80) 7 E4
Crampagna (09) 185 H5
Cran-Gevrier (74) 132 A1
Crancey (10) 65 G1
Crançot (39) 102 D6
Crandelles (15) 140 A5
Crannes-en-Champagne (72) 59 H6
Crans (01) 130 C1
Crans (39) 103 F6
Cransac (12) 154 A3
Crantenoy (54) 69 G1
Cranves-Sales (74) 118 D5
Craon (53) 76 B1
Craon (86) 93 H5
Craonne (02) 22 D4
Craonnelle (02) 22 D4
Crapeaumesnil (60) 21 F2
Craponne (69) 129 H3
Craponne-sur-Arzon (43) 142 C1
Cras (38) 145 E2
Cras (46) 152 D2
Cras-sur-Reyssouze (01) 116 D4
Crastatt (67) 50 C5
Crastes (32) 168 A4
Crasville (27) 18 C6
Crasville (50) 13 E3
Crasville-la-Mallet (76) 17 E3
Crasville-la-Rocquefort (76) 17 F3
la Crau (83) 193 F5
Cravanche (90) 88 C3
Cravans (17) 121 E4
Cravant (45) 80 B2
Cravant (89) 83 G3
Cravant-les-Côteaux (37) 94 C2
Cravencères (32) 166 D4
Cravent (78) 41 F2
Crayssac (46) 152 C3
Craywick (59) 2 B2
Crazannes (17) 121 E2
Cré (72) 77 G3
Créances (50) 12 C6
Créancey (21) 101 E1
Crécey-sur-Tille (21) 85 H4
la Crèche (79) 108 A3
Crêches-sur-Saône (71) 116 B4
Créchets (65) 184 A5
Créchy (03) 114 A4
Crécy-au-Mont (02) 22 A4
Crécy-Couvé (28) 41 E5
Crécy-en-Ponthieu (80) 6 D3
Crécy-la-Chapelle (77) 43 G4
Crécy-sur-Serre (02) 22 C2
Crédin (56) 55 G3
Crégols (46) 153 E3
Crégy-lès-Meaux (77) 43 G3
Créhange (57) 49 F1
Créhen (22) 34 C4
Creil (60) 20 D6
Creissan (34) 188 A2
Creissels (12) 172 A1
Crémarest (62) 1 G4
Cremeaux (42) 128 C2
Crémery (80) 21 F1
Crémieu (38) 130 D3
Crempigny-Bonneguête (74) 131 H1
Cremps (46) 152 D4
Crenans (39) 117 H2
Creney-près-Troyes (10) 66 B3
Crennes-sur-Fraubée (53) 59 F2
Créon (33) 135 G6
Créon-d'Armagnac (40) 166 C1
Créot (71) 101 F4
Crépand (21) 84 C3
Crépey (54) 69 E1
Crépol (26) 144 C2
Crépon (14) 14 A3
Crépy (02) 22 B3
Crépy (62) 2 A6
Crépy-en-Valois (60) 21 F6
Créquy (62) 1 H6
le Crès (34) 173 G5
Cresancey (70) 86 D5
Crésantignes (10) 66 A4
les Cresnays (50) 37 F4
Crespian (30) 173 H3
Crespières (78) 42 A3
Crespin (12) 154 A6
Crespin (59) 9 G1
Crespin (81) 170 D1
Crespinet (81) 170 D2
Crespy-le-Neuf (10) 67 E2
Cressac-Saint-Genis (16) 122 B6
Cressanges (03) 113 G3
Cressat (23) 111 H5
la Cresse (12) 155 F6
Cressé (17) 121 H1
Cressensac (46) 138 C4
Cresserons (14) 14 C3
Cresseveuille (14) 15 E4
Cressia (39) 117 F2
Cressin-Rochefort (01) 131 G3
Cressonsacq (60) 20 D4
Cressy (76) 17 H3
Cressy-Omencourt (80) 21 F2
Cressy-sur-Somme (71) 100 A6
Crest (26) 158 C1
le Crest (63) 127 F4
Crest-Voland (73) 132 D2
Creste (63) 127 E5
le Crestet (07) 143 H4
Crestet (84) 158 D5
Crestot (27) 18 C6
Créteil (94) 42 D4
Cretteville (50) 12 D4
Creully (14) 14 A3
la Creuse (70) 87 H3
Creuse (80) 7 F6
le Creusot (71) 101 E5
Creutzwald (57) 27 F4
Creuzier-le-Neuf (03) 114 A5
Creuzier-le-Vieux (03) 114 A5
Crevans-et-la-Chapelle-lès-Granges (70) 88 B4
Crevant (36) 111 G2
Crevant-Laveine (63) 127 G2
Crévéchamps (54) 48 D6
Crèvecœur-en-Auge (14) 15 E5
Crèvecoeur-en-Brie (77) 43 G5
Crèvecœur-le-Grand (60) 20 A3
Crèvecoeur-le-Petit (60) 20 D3
Crèvecœur-sur-l'Escaut (59) 9 E4
Creveney (70) 87 H2
Crévic (54) 49 E5
Crevin (35) 57 F4
Crévoux (05) 161 F2
Creys-Mépieu (38) 131 E3
Creyssac (24) 137 E1
Creysse (24) 137 E5
Creysse (46) 138 D5
Creysseilles (07) 143 G6
Creyssensac-et-Pissot (24) 137 F3
Crézançay-sur-Cher (18) 97 G5
Crézancy (02) 44 C2
Crézancy-en-Sancerre (18) 82 A6
Crézières (79) 108 B5
Crézilles (54) 48 B6
Cricquebœuf (14) 16 B6
Cricqueville-en-Auge (14) 14 D4
Cricqueville-en-Bessin (14) 13 F4
Criel-sur-Mer (76) 6 A5
Crillon (60) 19 H3
Crillon-le-Brave (84) 158 D6
Crimolois (21) 102 A1
Crion (54) 49 E5
la Crique (76) 17 H4
Criquebeuf-en-Caux (76) 16 C3
Criquebeuf-la-Campagne (27) 18 C6
Criquebeuf-sur-Seine (27) 18 C5
Criquetot-le-Mauconduit (76) 16 D3
Criquetot-l'Esneval (76) 16 B4
Criquetot-sur-Longueville (76) 17 G3
Criquetot-sur-Ouville (76) 17 F4
Criquiers (76) 19 G2
Crisenoy (77) 43 F6
Crisolles (60) 21 G3
Crissay-sur-Manse (37) 94 C2
Crissé (72) 59 H4
Crissey (39) 102 C2
Crissey (71) 101 G5
Cristinacce (2A) 204 C3
Cristot (14) 14 A4
Criteuil-la-Magdeleine (16) 121 H5
Critot (76) 17 H4
Croce (2B) 203 G6
Crochte (59) 2 B2
Crocicchia (2B) 203 F6
Crocq (23) 126 A2
le Crocq (60) 20 B3
Crocy (14) 39 E3
Crœttwiller (67) 51 G2
Croignon (33) 135 G5
Croisances (43) 142 A5
Croisette (62) 7 G2
le Croisic (44) 73 E4
la Croisille (27) 40 C2
la Croisille-sur-Briance (87) 124 D4
Croisilles (14) 14 B6
Croisilles (28) 41 F5
Croisilles (61) 39 G4
Croisilles (62) 8 B3
Croismare (54) 49 F6
Croissanville (14) 39 E1
Croissy-Beaubourg (77) 43 F4
Croissy-sur-Celle (60) 20 B2
Croissy-sur-Seine (78) 42 B4
le Croisty (56) 54 C2
Croisy (18) 98 B4
Croisy-sur-Andelle (76) 19 E4
Croisy-sur-Eure (27) 41 F2
Croix (59) 3 G4
Croix (90) 88 D4
la Croix-aux-Bois (08) 24 B4
la Croix-aux-Mines (88) 70 D3
la Croix-Avranchin (50) 35 H4
la Croix-Blanche (47) 151 F5
Croix-Caluyau (59) 9 G4
Croix-Chapeau (17) 106 D5
la Croix-Comtesse (17) 107 G5
la Croix-de-la-Rochette (73) 132 B5
la Croix-du-Perche (28) 61 G3
la Croix-en-Brie (77) 43 H6
la Croix-en-Champagne (51) 46 B2
Croix-en-Ternois (62) 7 G1
la Croix-en-Touraine (37) 79 F6
Croix-Fonsomme (02) 9 E6
la Croix-Helléan (56) 55 H4
Croix-Mare (76) 17 F5
Croix-Moligneaux (80) 21 G1
la Croix-Saint-Leufroy (27) 41 E1
la Croix-sur-Gartempe (87) 110 A5
la Croix-sur-Ourcq (02) 44 B1
la Croix-sur-Roudoule (06) 178 C1
la Croix-Valmer (83) 194 B4
Croixanvec (56) 55 F2
Croixdalle (76) 19 E1
la Croixille (53) 58 B3
Croixrault (80) 20 A1
Croizet-sur-Gand (42) 129 E2
Crolles (38) 145 H1
Crollon (50) 35 H4
Cromac (87) 110 C3
Cromary (70) 87 F5
Cronat (71) 99 H6
Cronce (43) 141 G3
la Cropte (53) 59 E6
Cropus (76) 18 D1
Cros (30) 173 F2
le Cros (34) 172 C3
Cros (63) 126 B6
Cros-de-Géorand (07) 142 D6
Cros-de-Montvert (15) 139 G4
Cros-de-Ronesque (15) 140 C5
Crosey-le-Grand (25) 88 A5
Crosey-le-Petit (25) 88 A5
Crosmières (72) 77 G2
Crosne (91) 42 D5
Crossac (44) 73 H3
Crosses (18) 98 A3
Crosville-la-Vieille (27) 40 C1
Crosville-sur-Douve (50) 12 D4
Crosville-sur-Scie (76) 17 G3
Crotelles (37) 79 E4
Crotenay (39) 103 E5
Croth (27) 41 F4
le Crotoy (80) 6 C3
Crots (05) 161 E2
Crottes-en-Pithiverais (45) 63 E5
Crottet (01) 116 B4
le Crouais (35) 56 C2
Crouay (14) 13 H5
la Croupte (14) 15 F6
Crouseilles (64) 166 C6
Croutelle (86) 109 E2
les Croûtes (10) 65 H6
Croutoy (60) 21 G5
Crouttes (61) 39 F3
Crouttes-sur-Marne (02) 44 A3
Crouy (02) 22 A5
Crouy-en-Thelle (60) 20 C6
Crouy-Saint-Pierre (80) 7 F5
Crouy-sur-Cosson (41) 80 B3
Crouy-sur-Ourcq (77) 43 H2
le Crouzet (25) 103 G6
Crouzet-Migette (25) 103 G3
la Crouzille (63) 112 D5
Crouzilles (37) 94 C2
Crozant (23) 111 E3
Croze (23) 125 G3
Crozes-Hermitage (26) 144 A3
Crozet (01) 118 B4
le Crozet (42) 114 D5
les Crozets (39) 117 H2
Crozon (29) 30 D6
Crozon-sur-Vauvre (36) 111 G2
Cruas (07) 158 B1
Crucey-Villages (28) 40 D5
Crucheray (41) 79 G2
Cruéjouls (12) 155 E3
Cruet (73) 132 A5
Crugey (21) 101 F2
Crugny (51) 22 D6
Cruguel (56) 55 H4
Cruis (04) 176 C1
Crulai (61) 40 A5
Crupies (26) 158 D2
Crupilly (02) 9 H6
Cruscades (11) 187 H3
Cruseilles (74) 118 B6
Crusnes (54) 26 A2
Cruviers-Lascours (30) 173 H2
Crux-la-Ville (58) 99 G2
Cruzille (71) 116 B2
Cruzilles-lès-Mépillat (01) 116 B4
Cruzy (34) 188 A2
Cruzy-le-Châtel (89) 84 C1
Cry (89) 84 C3
Cubelles (43) 142 A4
Cubières (48) 156 C3
Cubières-sur-Cinoble (11) 187 E6
Cubiérettes (48) 156 C3
Cubjac (24) 137 G2
Cublac (19) 138 B3
Cublize (69) 129 F1
Cubnezais (33) 135 F3
Cubrial (25) 87 H4
Cubry (25) 88 A4
Cubry-lès-Faverney (70) 87 G1
Cubzac-les-Ponts (33) 135 F4
Cucharmoy (77) 44 A6
Cuchery (51) 45 E1
Cucq (62) 1 F6
Cucugnan (11) 200 D1
Cucuron (84) 176 A4
Cudos (33) 149 H4
Cudot (89) 64 D6
Cuébris (06) 178 D2
Cuélas (32) 183 H2
Cuers (83) 193 F4
Cuffies (02) 22 A5
Cuffy (18) 98 D4
Cugand (85) 91 H1
Cuges-les-Pins (13) 192 D4
Cugnaux (31) 169 E6
Cugney (70) 86 D5
Cugny (02) 21 H2
Cuguen (35) 35 F5
Cuguron (31) 183 H4
Cuhon (86) 94 A5
Cuignières (60) 20 D4
Cuigy-en-Bray (60) 19 H4
Cuillé (53) 58 A5
Cuinchy (62) 2 D6
Cuincy (59) 8 C1
le Cuing (31) 184 A4
Cuinzier (42) 115 F5
Cuirieux (02) 22 D2
Cuiry-Housse (02) 22 B6
Cuiry-lès-Chaudardes (02) 22 D5
Cuiry-lès-Iviers (02) 23 F1
Cuis (51) 45 F2
Cuise-la-Motte (60) 21 G5
Cuiseaux (71) 117 E2
Cuiserey (21) 86 B5
Cuisery (71) 116 C1
Cuisia (39) 117 F2
Cuisles (51) 44 D1
Cuissai (61) 59 H1
Cuissy-et-Geny (02) 22 C4
Cuisy (55) 24 D6
Cuisy (77) 43 F2
Cuisy-en-Almont (02) 21 H4
Culan (18) 112 B2
Culètre (21) 101 E2
Culey (55) 47 F4
Culey-le-Patry (14) 38 B2
Culhat (63) 127 G2
Culin (38) 130 D5
Culles-les-Roches (71) 116 A1
Cully (14) 14 A4
Culmont (52) 86 B1
Culoz (01) 131 G2
Cult (70) 86 D6
Cultures (48) 155 H3
Cumières (51) 45 E2
Cumières-le-Mort-Homme (55) 25 E6
Cumiès (11) 186 A2
Cumont (82) 168 B3
Cunac (81) 170 C2
Cunçy-lès-Varzy (58) 83 F6
Cunèges (24) 136 D6
Cunel (55) 24 D5
Cunelières (90) 88 D3
Cunfin (10) 67 E5
Cunlhat (63) 128 A4
Cuon (49) 77 G4
Cuperly (51) 45 H2
Cuq (47) 168 A1
Cuq (81) 170 B5
Cuq-Toulza (81) 170 A6
Cuqueron (64) 182 A2
Curac (16) 136 B1
Curan (12) 155 E6
Curbans (04) 160 B3
Curbigny (71) 115 G4

Curçay-sur-Dive (86) 93 H3
Curchy (80) 21 F1
Curciat-Dongalon (01) 116 D2
Curcy-sur-Orne (14) 14 A6
Curdin (71) 115 E1
Curel (04) 159 G6
Curel (52) 67 H1
Curemonte (19) 139 E4
Cures (72) 59 H5
Curgies (59) 9 G2
Curgy (71) 100 D3
Curienne (73) 132 A4
Curières (12) 155 E2
Curis-au-Mont-d'Or (69) 130 A2
Curley (21) 101 G1
Curlu (80) 8 B5
Curmont (52) 67 G3
Curnier (26) 159 E4
Cursan (33) 135 G6
Curtafond (01) 116 D4
Curtil-Saint-Seine (21) 85 G5
Curtil-sous-Buffières (71) 115 H3
Curtil-sous-Burnand (71) 116 A1
Curtil-Vergy (21) 101 G2
Curvalle (81) 171 E2
Curzay-sur-Vonne (86) 108 C2
Curzon (85) 91 G6
Cusance (25) 88 A6
Cuse-et-Adrisans (25) 87 H4
Cusey (52) 86 B3
Cussac (15) 141 E4
Cussac (87) 123 G3
Cussac-Fort-Médoc (33) 134 D3
Cussac-sur-Loire (43) 142 C4
Cussangy (10) 66 B6
Cussay (37) 95 E3
Cusset (03) 114 A5
Cussey-les-Forges (21) 85 H3
Cussey-sur-Lison (25) 103 F2
Cussey-sur-l'Ognon (25) 87 F6
Cussy (14) 13 H5
Cussy-en-Morvan (71) 100 C2
Cussy-la-Colonne (21) 101 F3
Cussy-le-Châtel (21) 101 E2
Cussy-les-Forges (89) 84 B5
Custines (54) 48 C4
Cusy (74) 132 A3
Cutry (02) 21 H5
Cutry (54) 25 H4
Cuts (60) 21 G3
Cutting (57) 49 G3
Cuttoli-Corticchiato (2A) 204 D5
Cuttura (39) 117 H3
Cuvat (74) 132 A1
Cuve (70) 69 G6
Cuvergnon (60) 43 H1
Cuverville (14) 14 C4
Cuverville (27) 19 E5
Cuverville (76) 16 B4
Cuverville-sur-Yères (76) 6 B5
Cuves (50) 37 F4
Cuves (52) 68 B5
Cuvier (39) 103 G5
Cuvillers (59) 9 E3
Cuvilly (60) 21 E3
Cuvry (57) 26 B6
Cuxac-Cabardès (11) 186 D2
Cuxac-d'Aude (11) 188 A3
Cuy (60) 21 F3
Cuy (89) 65 E3
Cuy-Saint-Fiacre (76) 19 G3
Cuzac (46) 153 H2
Cuzance (46) 138 C4
Cuzieu (01) 131 F2
Cuzieu (42) 129 E4
Cuzion (36) 111 E2
Cuzorn (47) 151 H2
Cuzy (71) 100 B5
Cys-la-Commune (02) 22 C5
Cysoing (59) 3 G5

D

Dabo (57) 50 B5
Dachstein (67) 50 D6
Dadonville (45) 63 F4
Daglan (24) 152 B1
Dagneux (01) 130 C2
Dagny (77) 44 A5
Dagny-Lambercy (02) 23 E1
Dagonville (55) 47 F4
la Daguenière (49) 77 E5
Dahlenheim (67) 50 D5
Daignac (33) 135 G6
Daigny (08) 24 C2
Daillancourt (52) 67 G3
Daillecourt (52) 68 C5
Dainville (62) 8 B2
Dainville-Bertheléville (55) 68 C2
Daix (21) 85 G6
Dalem (57) 27 E4
Dalhain (57) 49 F3
Dalhunden (67) 51 F4
Dallet (63) 127 F3
Dallon (02) 21 H1
Dalou (09) 185 H5
Dalstein (57) 26 D3
Daluis (06) 178 B1
Damas-aux-Bois (88) 69 H2
Damas-et-Bettegney (88) 69 G3
Damazan (47) 150 C5
Dambach (67) 28 C6
Dambach-la-Ville (67) 71 F2
Dambelin (25) 88 B5
Dambenois (25) 88 C4
Dambenoît-
-lès-Colombe (70) 87 H2
Damblain (88) 68 D5
Damblainville (14) 39 E3
Dambron (28) 62 D5
Dame-Marie (27) 40 C4
Dame-Marie (61) 60 D2
Dame-Marie-les-Bois (37) 79 F4
Damelevières (54) 49 E6
Daméraucourt (60) 19 H2
Damerey (71) 101 H5
Damery (51) 45 E2
Damery (80) 21 E2
Damgan (56) 73 E2
Damiatte (81) 170 B5
Damigny (61) 60 A1
Damloup (55) 25 F6
Dammard (02) 44 A1
Dammarie (28) 62 B3
Dammarie-en-Puisaye (45) 82 B3
Dammarie-les-Lys (77) 64 A1
Dammarie-sur-Loing (45) 82 B2
Dammarie-sur-Saulx (55) 47 F6
Dammartin-en-Goële (77) 43 F2
Dammartin-en-Serve (78) 41 G3
Dammartin-
-les-Templiers (25) 87 H6
Dammartin-Marpain (39) 102 D1
Dammartin-sur-Meuse (52) 68 C6
Dammartin-sur-Tigeaux (77) 43 G4
Damousies (59) 10 A3
Damouzy (08) 24 A1
Damparis (39) 102 C2
Dampierre (10) 66 C1
Dampierre (14) 37 H2
Dampierre (39) 103 E2
Dampierre (52) 68 B6
Dampierre-au-Temple (51) 45 H2
Dampierre-en-Bray (76) 19 G3
Dampierre-en-Bresse (71) 102 B5
Dampierre-en-Burly (45) 81 H2
Dampierre-en-Crot (18) 81 H5
Dampierre-en-Graçay (18) 97 E2
Dampierre-
-en-Montagne (21) 85 E5
Dampierre-en-Yvelines (78) 42 B5
Dampierre-et-Flée (21) 86 B5
Dampierre-le-Château (51) 46 C2
Dampierre-les-Bois (25) 88 D4
Dampierre-lès-Conflans (70) 87 G1
Dampierre-
-Saint-Nicolas (76) 17 H2
Dampierre-sous-Bouhy (58) 82 D5
Dampierre-sous-Brou (28) 61 G4
Dampierre-sur-Avre (28) 40 D4
Dampierre-
-sur-Boutonne (17) 107 H6
Dampierre-sur-le-Doubs (25) 88 C4
Dampierre-sur-Linotte (70) 87 G4
Dampierre-sur-Moivre (51) 46 A3
Dampierre-sur-Salon (70) 86 D4
Dampjoux (25) 88 C5
Dampleux (02) 21 H6
Dampmart (77) 43 F3
Dampniat (19) 138 D3
Damprichard (25) 88 D6
les Damps (27) 18 D5
Dampsmesnil (27) 41 G1
Dampvalley-
-lès-Colombe (70) 87 G3
Dampvalley-
-Saint-Pancras (70) 69 G6
Dampvitoux (54) 48 A2
Damrémont (52) 68 D6
Damville (27) 40 D3
Damvillers (55) 25 F5
Damvix (85) 107 F3
Dancé (42) 128 D2
Dancé (61) 61 E2
Dancevoir (52) 67 G6
Dancourt (76) 6 B6
Dancourt-Popincourt (80) 21 E2
Dancy (28) 62 A4
Danestal (14) 15 E4
Dangé-Saint-Romain (86) 94 D4
Dangeau (28) 61 H4
Dangers (28) 62 A1
Dangeul (72) 60 B3
Dangolsheim (67) 50 C6
Dangu (27) 19 G6
Dangy (50) 37 F1
Danizy (02) 22 A2
Danjoutin (90) 88 C3
Danne-et-Quatre-Vents (57) 50 B4
Dannelbourg (57) 50 B4
Dannemarie (25) 88 D5
Dannemarie (68) 89 E3
Dannemarie (78) 41 G5
Dannemarie-sur-Crète (25) 103 F1
Dannemoine (89) 84 A1
Dannemois (91) 63 H2
Dannes (62) 1 F5
Dannevoux (55) 25 E5
Danvou-la-Ferrière (14) 38 A2
Danzé (41) 79 F1
Daon (53) 76 D2
Daoulas (29) 31 F5
Daours (80) 7 H6
Darazac (19) 139 G3
Darbonnay (39) 102 D5
Darbres (07) 157 H2
Darcey (21) 85 E4
Dardenac (33) 135 G6
Dardez (27) 41 E2
Dardilly (69) 129 H3
Dareizé (69) 129 G2
Dargies (60) 20 A2
Dargnies (80) 6 B4
Dargoire (42) 129 H5
Darmannes (52) 68 A4
Darnac (87) 110 A4
Darnétal (76) 18 D4
Darnets (19) 125 G6
Darney (88) 69 F5
Darney-aux-Chênes (88) 68 D3
Darnieulles (88) 69 H4
Darois (21) 85 G5
Darvault (77) 64 A3
Darvoy (45) 81 E1
Dasle (25) 88 D4
Daubensand (67) 71 H2
Daubeuf-la-Campagne (27) 18 C6
Daubeuf-près-Vatteville (27) 19 E6
Daubeuf-Serville (76) 16 D4
Daubèze (33) 150 A1
Dauendorf (67) 50 D3
Daumazan-sur-Arize (09) 185 F4
Daumeray (49) 77 F2
Dauphin (04) 176 C2
Dausse (47) 151 G4
Daux (31) 169 E4
Dauzat-sur-Vodable (63) 127 F6
Davayat (63) 127 F1
Davayé (71) 116 B4
Davejean (11) 187 F5
Davenescourt (80) 20 D2
Davézieux (07) 143 H2
Davignac (19) 125 G6
Davrey (10) 66 A5
Davron (78) 42 A4
Dax (40) 165 E4
Deauville (14) 15 E3
Deaux (30) 173 H1
Débats-Rivière-
-d'Orpra (42) 128 C3
Decazeville (12) 154 A2
Dechy (59) 8 D2
Décines-Charpieu (69) 130 B3
Decize (58) 99 F5
Dégagnac (46) 152 C1
Degré (72) 60 A5
Dehault (72) 60 D4
Dehéries (59) 9 E4
Dehlingen (67) 28 A6
Deinvillers (88) 70 A2
Delain (70) 86 D4
Delettes (62) 2 A5
Delincourt (60) 19 H6
Delle (90) 88 D4
Delme (57) 49 E3
Delouze-Rosières (55) 47 G6
le Déluge (60) 20 B5
Delut (55) 25 F4
Deluz (25) 87 G6
Demandolx (04) 178 A2
Demange-aux-Eaux (55) 47 G6
Demangevelle (70) 69 F6
Demi-Quartier (74) 133 E1
la Demie (70) 87 G3
Demigny (71) 101 G4
Démouville (14) 14 C4
Dému (32) 167 E4
Démuin (80) 20 D1
Denain (59) 9 E2
Dénat (81) 170 C3
Denazé (53) 58 C6
Denée (49) 76 D5
Dénestanville (76) 17 G3
Deneuille-lès-Chantelle (03) 113 G4
Deneuille-les-Mines (03) 113 E3
Deneuvre (54) 70 B1
Denèvre (70) 86 D4
Dénézé-sous-Doué (49) 93 F1
Dénézé-sous-le-Lude (49) 78 A4
Denezières (39) 117 H1
Denguin (64) 182 A1
Denicé (69) 129 H1
Denier (62) 7 H2
Denipaire (88) 70 D2
Dennebrœucq (62) 2 A5
Denneville (50) 12 C5
Dennevy (71) 101 F4
Denney (90) 88 D3
Denonville (28) 62 D2
Denting (57) 27 E4
Déols (36) 96 C5
Derbamont (88) 69 G3
Dercé (86) 94 B3
Derchigny (76) 17 H2
Dercy (02) 22 C2
Dernacueillette (11) 187 F6
Dernancourt (80) 8 A5
Derval (44) 74 C1
Désaignes (07) 143 G4
Désandans (25) 88 B4
Descartes (37) 95 E3
le Deschaux (39) 102 C4
le Désert (14) 37 H3
Désertines (03) 112 D3
Désertines (53) 58 C1
les Déserts (73) 132 A4
Déservillers (25) 103 G3
Desges (43) 141 H4
Desingy (74) 118 A6
Desmonts (45) 63 H4
Desnes (39) 102 C5
Desseling (57) 49 G4
Dessenheim (68) 71 G5
Dessia (39) 117 F3
Destord (88) 70 B3
la Destrousse (13) 192 C3
Destry (57) 49 F2
Desvres (62) 1 G5
Détain-et-Bruant (21) 101 G2
Détrier (73) 132 A6
le Détroit (14) 38 C3
Dettey (71) 100 C5
Dettwiller (67) 50 C4
Deuil-la-Barre (95) 42 D3
Deuillet (02) 22 A2
Deûlémont (59) 3 F4
Deux-Chaises (03) 113 F3
Deux-Évailles (53) 59 E4
les Deux-Fays (39) 102 C4
Deux-Jumeaux (14) 13 G4
Deux-Verges (15) 141 E6
les Deux-Villes (08) 24 D2
Deuxville (54) 49 E5
Devay (58) 99 G5
Devecey (25) 87 F6
Devesset (07) 143 F4
Devèze (65) 183 H2
Deviat (16) 122 A6
Dévillac (47) 151 G2
Deville (08) 11 E6
Déville-lès-Rouen (76) 17 G6
Devise (80) 8 C6
Dévoluy (05) 160 A1
Devrouze (71) 102 A5
Deycimont (88) 70 B4
Deyme (31) 185 G1
Deyvillers (88) 70 A3
le Dézert (50) 13 E6
Dezize-lès-Maranges (71) 101 F4
D'Huison-Longueville (91) 63 G2
Dhuisy (77) 44 A2
Dhuizel (02) 22 C5
Dhuizon (41) 80 C4
Diancey (21) 100 D2
Diane-Capelle (57) 49 H4
Diant (77) 64 C3
Diarville (54) 69 F2
Diconne (71) 102 A5
Dicy (89) 82 D1
Didenheim (68) 89 F2
Die (26) 145 E6
Diebling (57) 49 H1
Diebolsheim (67) 71 H2
Diedendorf (67) 50 A3
Dieffenbach-au-Val (67) 71 F2
Dieffenbach-lès-Wœrth (67) 51 E2
Dieffenthal (67) 71 F2
Diefmatten (68) 89 E2
Dième (69) 129 F1
Diemeringen (67) 50 B2
Diémoz (38) 130 C4
Diénay (21) 85 H4
Dienne (15) 140 D3
Dienné (86) 109 F2
Diennes-Aubigny (58) 99 G4
Dienville (10) 66 D3
Dieppe (76) 17 G2
Dieppe-sous-
-Douaumont (55) 25 F6
Dierre (37) 79 F6
Dierrey-Saint-Julien (10) 65 H3
Dierrey-Saint-Pierre (10) 65 H3
Diesen (57) 27 E5
Dietwiller (68) 89 G2
Dieudonné (60) 20 B6
Dieue-sur-Meuse (55) 47 F2
Dieulefit (26) 158 D3
Dieulivol (33) 150 C1
Dieulouard (54) 48 C4
Dieupentale (82) 169 E3
Dieuze (57) 49 G4
Diéval (62) 7 H1
Diffembach-
-lès-Hellimer (57) 49 G2
Diges (89) 83 E2
Digna (39) 117 F2
Dignac (16) 122 C5
la Digne-d'Amont (11) 186 C5
la Digne-d'Aval (11) 186 D5
Digne-les-Bains (04) 160 C6
Dignonville (88) 70 A3
Digny (28) 61 G1
Digoin (71) 114 D2
Digosville (50) 12 D2
Digulleville (50) 12 B1
Dijon (21) 85 H6
Dimancheville (45) 63 G4
Dimbsthal (67) 50 C5
Dimechaux (59) 10 A3
Dimont (59) 10 A3
Dinan (22) 34 D5
Dinard (35) 34 D3
Dinéault (29) 31 F6
Dingé (35) 35 F6
Dingsheim (67) 51 E5
Dingy-en-Vuache (74) 118 A5
Dingy-Saint-Clair (74) 132 B1
Dinozé (88) 70 A4
Dinsac (87) 110 B4
Dinsheim-sur-Bruche (67) 50 C6
Dinteville (52) 67 F5
Dio-et-Valquières (34) 172 B5
Dionay (38) 144 D2
Dions (30) 174 A2
Diors (36) 96 D5
Diou (03) 114 C2
Diou (36) 97 E3
Dirac (16) 122 C4
Dirinon (29) 31 F5
Dirol (58) 83 G6
Dissangis (89) 84 A4
Dissay (86) 94 C6
Dissay-sous-Courcillon (72) 78 C3
Dissé-sous-Ballon (72) 60 B3
Dissé-sous-le-Lude (72) 78 A3
Distré (49) 93 G1
Distroff (57) 26 C3
Diusse (64) 166 C5
Divajeu (26) 158 C1
Dives (60) 21 F3
Dives-sur-Mer (14) 14 D4
Divion (62) 2 C6
Divonne-les-Bains (01) 118 C3
Dixmont (89) 65 E5
Dizimieu (38) 130 D3
Dizy (51) 45 F2
Dizy-le-Gros (02) 23 E2
Doazit (40) 165 H4
Doazon (64) 165 H6
Docelles (88) 70 B4
Dœuil-sur-le-Mignon (17) 107 G5
Dognen (64) 181 H2
Dogneville (88) 69 H3
Dohem (62) 2 A5
Dohis (02) 23 F1
Doignies (59) 8 C4
Doingt (80) 8 C6
Doissat (24) 152 A1
Doissin (38) 131 E5
Doix (85) 107 F3
Doizieux (42) 129 G6
Dol-de-Bretagne (35) 35 E4
Dolaincourt (88) 68 D2
Dolancourt (10) 67 E3
Dolcourt (54) 69 E1
Dole (39) 102 C2
Dolignon (02) 23 E2
Dolleren (68) 88 D1
Dollon (72) 60 D5
Dollot (89) 64 C4
Dolmayrac (47) 151 F4
Dolo (22) 34 B6
Dolomieu (38) 131 E4
Dolus-d'Oléron (17) 120 A1
Dolus-le-Sec (37) 95 F2
Dolving (57) 50 A4
Dom-le-Mesnil (08) 24 B2
Domagné (35) 57 G3
Domaize (63) 128 A4
Domalain (35) 57 H4
Domancy (74) 133 E1
Domarin (38) 130 D4
Domart-en-Ponthieu (80) 7 F4
Domart-sur-la-Luce (80) 20 D1
Domats (89) 64 C5
Domazan (30) 174 D2
Dombasle-
-devant-Darney (88) 69 F4
Dombasle-en-Argonne (55) 47 E1
Dombasle-en-Xaintois (88) 69 F3
Dombasle-sur-Meurthe (54) 48 D5
Domblain (52) 67 G1
Domblans (39) 102 D5
Dombras (55) 25 F4
Dombrot-le-Sec (88) 69 E4
Dombrot-sur-Vair (88) 69 E3
Domecy-sur-Cure (89) 83 H5
Domecy-sur-le-Vault (89) 83 H5
Doméliers (60) 20 A3
Domène (38) 145 H2
Domérat (03) 112 C3
Domesmont (80) 7 F4
Domessargues (30) 173 H2
Domessin (73) 131 G5
Domèvre-en-Haye (54) 48 B4
Domèvre-
-sous-Montfort (88) 69 F3
Domèvre-sur-Avière (88) 69 H3
Domèvre-sur-Durbion (88) 70 A3
Domèvre-sur-Vezouze (54) 49 G6
Domeyrat (43) 141 H2
Domeyrot (23) 112 A4
Domezain-Berraute (64) 181 F1
Domfaing (88) 70 B3
Domfessel (67) 50 A2
Domfront (60) 20 D3
Domfront (61) 38 A6
Domfront-
-en-Champagne (72) 59 H4
Domgermain (54) 48 A5
la Dominelais (35) 57 E6
Dominois (80) 6 D2
Domjean (50) 37 G2
Domjevin (54) 49 G6
Domjulien (88) 69 F3
Domléger-Longvillers (80) 7 F3
Domloup (35) 57 G3
Dommarie-Eulmont (54) 69 F2
Dommarien (52) 86 B3
Dommartemont (54) 48 D5
Dommartin (01) 116 C3
Dommartin (25) 103 H4
Dommartin (58) 100 A3
Dommartin (69) 129 H2
Dommartin (80) 20 C1
Dommartin-aux-Bois (88) 69 G4
Dommartin-Dampierre (51) 46 C2
Dommartin-
-la-Chaussée (54) 26 A6
Dommartin-
-la-Montagne (55) 47 H2
Dommartin-le-Coq (10) 66 C1
Dommartin-le-Franc (52) 67 G2
Dommartin-
-le-Saint-Père (52) 67 G2
Dommartin-
-lès-Cuiseaux (71) 117 E2
Dommartin-
-lès-Remiremont (88) 70 B5
Dommartin-lès-Toul (54) 48 B5
Dommartin-lès-Vallois (88) 69 F4
Dommartin-Lettrée (51) 45 H4
Dommartin-
-sous-Amance (54) 48 D4
Dommartin-sous-Hans (51) 46 C1
Dommartin-sur-Vraine (88) 69 E2
Dommartin-Varimont (51) 46 C3
Dommary-Baroncourt (55) 25 G5
Domme (24) 138 A6
Dommery (08) 23 H2
Dommiers (02) 21 H5
Domnom-lès-Dieuze (57) 49 G3
Domont (95) 42 D2
Dompaire (88) 69 G3
Dompcevrin (55) 47 G3
Dompierre (60) 20 D3
Dompierre (61) 38 B5
Dompierre (88) 70 A3
Dompierre-aux-Bois (55) 47 G2
Dompierre-
-Becquincourt (80) 8 B6
Dompierre-du-Chemin (35) 58 A3
Dompierre-en-Morvan (21) 84 C5
Dompierre-les-Églises (87) 110 C4
Dompierre-les-Ormes (71) 115 H3
Dompierre-
-les-Tilleuls (25) 103 H4
Dompierre-
-sous-Sanvignes (71) 115 F1
Dompierre-sur-Authie (80) 7 E2
Dompierre-sur-Besbre (03) 114 C2
Dompierre-
-sur-Chalaronne (01) 116 C5
Dompierre-
-sur-Charente (17) 121 F3
Dompierre-sur-Helpe (59) 9 H4
Dompierre-sur-Héry (58) 99 G1
Dompierre-sur-Mer (17) 106 D4
Dompierre-sur-Mont (39) 117 G1
Dompierre-sur-Nièvre (58) 99 E1
Dompierre-sur-Veyle (01) 116 D6
Dompierre-sur-Yon (85) 91 G4
Dompnac (07) 157 E2
Domprel (25) 104 B1
Dompremy (51) 46 C5
Domprix (54) 25 H5
Domps (87) 125 E4
Domptail (88) 70 B1
Domptail-en-l'Air (54) 69 G1
Domptin (02) 44 B2
Domqueur (80) 7 E4
Domremy-la-Canne (55) 25 G5
Domrémy-la-Pucelle (88) 68 D2
Domremy-Landéville (52) 68 A2
Domsure (01) 117 E3
Domvallier (88) 69 F3
Domvast (80) 7 E3
Don (59) 3 E6
Donazac (11) 186 C4
Donchery (08) 24 B2
Doncières (88) 70 B2
Doncourt-
-aux-Templiers (55) 47 H2
Doncourt-lès-Conflans (54) 26 A5
Doncourt-lès-Longuyon (54) 25 G4
Doncourt-sur-Meuse (52) 68 C4
Dondas (47) 151 G5
Donges (44) 73 H4
Donjeux (52) 67 H2
Donjeux (57) 49 E3
le Donjon (03) 114 C3
Donnay (14) 38 C2
Donnazac (81) 170 A2
Donnelay (57) 49 F4
Donnemain-
-Saint-Mamès (28) 62 A5
Donnemarie-Dontilly (77) 64 D1
Donnement (10) 66 D1
Donnenheim (67) 50 D4
Donnery (45) 81 E1
Donneville (31) 185 G1
Donnezac (33) 135 F1
Dontreix (23) 126 B1
Dontrien (51) 23 G6
Donville-les-Bains (50) 35 G2
Donzac (33) 149 H1
Donzac (82) 151 G6
Donzacq (40) 165 G4
le Donzeil (23) 111 G6
Donzenac (19) 138 C2
Donzère (26) 158 A3
Donzy (58) 82 D6
Donzy-le-National (71) 115 H2
Donzy-le-Pertuis (71) 116 A2
Doranges (63) 128 A6
Dorans (90) 88 C3
Dorat (63) 127 H2
le Dorat (87) 110 B5
Dorceau (61) 61 E2
Dordives (45) 64 B4
Dore-l'Église (63) 142 B1
la Dorée (53) 58 B1
Dorengt (02) 9 G5
Dorlisheim (67) 50 D6
Dormans (51) 44 D2
Dormelles (77) 64 B3
la Dornac (24) 138 B3
Dornas (07) 143 F5
Dornecy (58) 83 G5
Dornes (58) 99 F6
Dornot (57) 26 B6
Dorres (66) 199 G4
Dortan (01) 117 G3
Dosches (10) 66 C3
Dosnon (10) 45 G6
Dossenheim-
-Kochersberg (67) 50 D5
Dossenheim-sur-Zinsel (67) 50 C3
Douadic (36) 95 G6
Douai (59) 8 D2
Douains (27) 41 F2
Douarnenez (29) 53 E2
Douaumont (55) 25 F6
Doubs (25) 104 A4
Doucelles (72) 60 A3
Douchapt (24) 136 D2
Douchy (02) 21 H1
Douchy (45) 64 C6
Douchy-lès-Ayette (62) 8 B3
Douchy-les-Mines (59) 9 E2
Doucier (39) 103 E6
Doucy-en-Bauges (73) 132 B3
Doudeauville (62) 1 G5
Doudeauville (76) 19 G3
Doudeauville-en-Vexin (27) 19 F5
Doudelainville (80) 6 D5
Doudeville (76) 17 E3
Doudrac (47) 151 F1
Doue (77) 44 A4
Doué-la-Fontaine (49) 93 F1
Douelle (46) 152 C3
le Douhet (17) 121 F2
Douillet (72) 59 H3
Douilly (80) 21 G1
Doulaincourt-Saucourt (52) 68 A3
Doulcon (55) 24 D5
Doulevant-le-Château (52) 67 G2
Doulevant-le-Petit (52) 67 G2
Doulezon (33) 136 A6

le Doulieu (59) 2 D4
Doullens (80) 7 G3
Doumely-Bégny (08) 23 G2
Doumy (64) 166 B6
Dounoux (88) 69 H4
Dourbies (30) 172 C1
Dourdain (35) 57 H2
Dourdan (91) 63 E1
Dourges (62) 8 C1
Dourgne (81) 186 C1
Douriez (62) 6 D2
Dourlers (59) 10 A3
le Dourn (81) 171 E2
Dournazac (87) 123 G4
Dournon (39) 103 F4
Dours (65) 183 F2
Doussard (74) 132 B3
Doussay (86) 94 B4
Douvaine (74) 118 D3
Douville (24) 137 E4
Douville-en-Auge (14) 14 D4
Douville-sur-Andelle (27) 19 E5
Douvrend (76) 6 A6
Douvres (01) 130 D1
Douvres-la-Délivrande (14) 14 B3
Douvrin (62) 3 E6
Doux (08) 23 H4
Doux (79) 93 H5
Douy (28) 61 H5
Douy-la-Ramée (77) 43 G2
Douzains (47) 151 E2
Douzat (16) 122 B3
la Douze (24) 137 G3
Douzens (11) 187 F3
Douzillac (24) 136 D3
Douzy (08) 24 C2
Doville (50) 12 C4
Doye (39) 103 G5
Doyet (03) 113 E4
Dozulé (14) 14 D4
Dracé (69) 116 B5
Draché (37) 94 D3
Drachenbronn-Birlenbach (67) 51 F2
Dracy (89) 83 E2
Dracy-le-Fort (71) 101 G5
Dracy-lès-Couches (71) 101 E4
Dracy-Saint-Loup (71) 100 D3
Dragey-Ronthon (50) 35 G3
Draguignan (83) 177 H5
Draillant (74) 119 E3
Drain (49) 75 F4
Draix (04) 160 D6
Draize (08) 23 G2
Drambon (21) 86 B6
Dramelay (39) 117 F3
Drancy (93) 42 D3
Drap (06) 195 F2
Dravegny (02) 22 C6
Draveil (91) 42 D5
Drée (21) 85 F6
Drefféac (44) 74 A2
Drémil-Lafage (31) 169 G5
le Drennec (29) 31 E3
Dreuil-lès-Amiens (80) 7 F6
Dreuilhe (09) 186 B5
Dreux (28) 41 F5
Drevant (18) 97 H6
Dricourt (08) 23 H5
Driencourt (80) 8 C5
Drincham (59) 2 B2
Drocourt (62) 8 C1
Drocourt (78) 41 H2
Droisy (27) 40 D4
Droisy (74) 131 H1
Droiturier (03) 114 C5
Droizy (02) 22 A6
Drom (01) 117 E4
Dromesnil (80) 6 D6
Drosay (76) 17 E3
Drosnay (51) 46 B6
Droué (41) 61 G5
Droue-sur-Drouette (28) 41 H6
Drouges (35) 57 H5
Drouilly (51) 46 A4
Droupt-Saint-Basle (10) 66 A1
Droupt-Sainte-Marie (10) 66 A1
Drouville (54) 49 E5
Drouvin-le-Marais (62) 2 D6
Droux (87) 110 B5
Droyes (52) 67 E1
Drubec (14) 15 E4
Drucat (80) 6 D4
Drucourt (27) 15 G5
Drudas (31) 168 D4
Druelle (12) 154 B4
Drugeac (15) 140 A3
Druillat (01) 117 E6
Drulhe (12) 153 H3
Drulingen (67) 50 B3
Drumettaz-Clarafond (73) 131 H4
Drusenheim (67) 51 F4
Druy-Parigny (58) 99 F5
Druye (37) 78 C6
Druyes-les-Belles-Fontaines (89) 83 F4
Dry (45) 80 C2
Duault (22) 32 C5
Ducey (50) 35 H4
Duclair (76) 17 F6
Ducy-Sainte-Marguerite (14) 14 A4
Duerne (69) 129 G4
Duesme (21) 85 F3
Duffort (32) 183 G2
Dugny (93) 42 D3
Dugny-sur-Meuse (55) 47 F1
Duhort-Bachen (40) 166 B4
Duilhac-sous-Peyrepertuse (11) 187 F6
Duingt (74) 132 B2
Duisans (62) 8 A2
Dullin (73) 131 G5
Dumes (40) 165 H4
Dun (09) 186 A5
Dun-le-Palestel (23) 111 E4
Dun-le-Poëlier (36) 96 C1
Dun-les-Places (58) 100 B1
Dun-sur-Auron (18) 98 A4
Dun-sur-Grandry (58) 99 H3
Dun-sur-Meuse (55) 24 D5
Duneau (72) 60 C5
Dunes (82) 168 A1
Dunet (36) 110 C2
Dung (25) 88 C4
Dunière-sur-Eyrieux (07) 143 H6
Dunières (43) 143 F2
Dunkerque (59) 2 B1
Duntzenheim (67) 50 D4
Duppigheim (67) 50 D6
Duran (32) 167 H5
Durance (47) 150 C6
Duranus (06) 195 F1
Duranville (27) 15 H5
Duras (47) 150 C1
Duravel (46) 152 A3
Durban (32) 167 H6
Durban-Corbières (11) 187 H5
Durban-sur-Arize (09) 185 F5
Durbans (46) 153 E1
Durcet (61) 38 C4
Durdat-Larequille (03) 112 D4
Dureil (72) 77 G1
Durenque (12) 171 F1
Durfort (09) 185 G3
Durfort (81) 186 C1
Durfort-et-Saint-Martin-de-Sossenac (30) 173 G2
Durfort-Lacapelette (82) 152 A6
Durlinsdorf (68) 89 F4
Durmenach (68) 89 F4
Durmignat (63) 113 E5
Durnes (25) 103 H2
Durningen (67) 50 D5
Durrenbach (67) 51 E3
Durrenentzen (68) 71 G4
Durstel (67) 50 B3
Durtal (49) 77 F3
Durtol (63) 127 E3
Dury (02) 21 H1
Dury (62) 8 C3
Dury (80) 7 G6
Dussac (24) 123 H6
Duttlenheim (67) 50 D6
Duvy (60) 21 F6
Duzey (55) 25 G5
Dyé (89) 83 H1
Dyo (71) 115 F3

E

Eancé (35) 57 H5
Eaubonne (95) 42 C3
Eaucourt-sur-Somme (80) 6 D4
Eaunes (31) 185 F1
Eaux-Bonnes (64) 182 B5
Eaux-Puiseaux (10) 65 H5
Eauze (32) 167 E3
Ébaty (21) 101 G4
Ebblinghem (59) 2 C4
Eberbach-Seltz (67) 51 G2
Ebersheim (67) 71 G2
Ebersmunster (67) 71 G2
Ébersviller (57) 26 D4
Éblange (57) 26 D4
Ébouleau (02) 22 D2
Ébréon (16) 122 B1
Ébreuil (03) 113 G6
l'Écaille (08) 23 F4
Écaillon (59) 8 D2
Écalles-Alix (76) 17 F4
Écaquelon (27) 18 A5
Écardenville-la-Campagne (27) 40 C1
Écardenville-sur-Eure (27) 41 E1
Écausseville (50) 12 D3
Écauville (27) 40 C1
Eccica-Suarella (2A) 204 D6
Eccles (59) 10 B3
Échalas (69) 129 H5
Échallat (16) 122 A3
Échallon (01) 117 H4
Échalot (21) 85 F3
Échalou (61) 38 B4
Échandelys (63) 127 H5
Échannay (21) 101 F1
Écharcon (91) 42 D6
Échassières (03) 113 F5
Échauffour (61) 39 G5
Échavanne (70) 88 C3
Échay (25) 103 F3
Échebrune (17) 121 F4
l'Échelle (08) 23 H1
l'Échelle-Saint-Aurin (80) 21 E2
les Échelles (73) 131 G6
Échemines (10) 65 H2
Échemiré (49) 77 G4
Échenans (25) 88 B4
Échenans-sous-Mont-Vaudois (70) 88 C3
Échenay (52) 68 A1
Échenevex (01) 118 B3
Échenon (21) 102 B2
Échenoz-la-Méline (70) 87 G3
Échenoz-le-Sec (70) 87 G4
Échevannes (21) 86 A4
Échevannes (25) 103 H2
Échevis (26) 145 E4
Échevronne (21) 101 G2
Échigey (21) 102 A2
Échillais (17) 120 C1
Échilleuses (45) 63 G4
Echinghen (62) 1 F4
Échiré (79) 107 H3
Échirolles (38) 145 G3
Échouboulains (77) 64 C2
Échourgnac (24) 136 C3
Eckartswiller (67) 50 C4
Eckbolsheim (67) 51 E5
Eckwersheim (67) 51 E5
Éclaibes (59) 10 A3
Éclaires (51) 46 D2
Éclance (10) 67 E3
Éclans-Nenon (39) 102 D2
Éclaron-Braucourt-Sainte-Livière (52) 46 C6
Eclassan (07) 144 A3
Écleux (39) 103 E3
Éclimeux (62) 7 F1
Eclose-Badinières (38) 130 D5
Éclusier-Vaux (80) 8 B5
Écluzelles (28) 41 F5
Écly (08) 23 G3
Écoche (42) 115 F5
Écoivres (62) 7 G2
École (73) 132 B4
École-Valentin (25) 87 F6
Écollemont (51) 46 C6
Écommoy (72) 78 B1
Écoquenéauville (50) 13 E4
Écorcei (61) 40 A5
les Écorces (25) 104 D1
Écorches (61) 39 F3
Écordal (08) 24 A3
Écorpain (72) 60 D6
Écos (27) 41 G1
Écot (25) 88 C5
Ecot-la-Combe (52) 68 B4
Écotay-l'Olme (42) 128 D5
Écouché (61) 38 D5
Écouen (95) 42 D2
Écouflant (49) 77 E4
Écouis (27) 19 E5
Écourt-Saint-Quentin (62) 8 D3
Écoust-Saint-Mein (62) 8 C3
Écouviez (55) 25 F3
l'Écouvotte (25) 87 G6
Écoyeux (17) 121 F2
Ecquedecques (62) 2 C6
Ecques (62) 2 B5
Ecquetot (27) 40 D1
Ecquevilly (78) 42 A3
Écrainville (76) 16 C4
Écrammeville (14) 13 G5
les Écrennes (77) 64 B1
Écretteville-lès-Baons (76) 17 E4
Écretteville-sur-Mer (76) 16 D3
Écriennes (51) 46 B5
Écrille (39) 117 G2
Écromagny (70) 88 A1
Écrosnes (28) 62 C1
Écrouves (54) 48 A5
Ectot-l'Auber (76) 17 F4
Ectot-lès-Baons (76) 17 E4
Écueil (51) 45 E1
Écueillé (36) 96 A2
Écuélin (59) 10 A3
Écuelle (70) 86 C4
Écuelles (71) 102 A4
Écuelles (77) 64 B3
Écuillé (49) 76 D3
Écuires (62) 6 D1
Écuisses (71) 101 E5
Éculleville (50) 12 B1
Écully (69) 130 A3
Écuras (16) 123 E4
Écurat (17) 121 E2
Écurcey (25) 88 C5
Écurey-en-Verdunois (55) 25 E5
Écurie (62) 8 B2
Écury-le-Repos (51) 45 F4
Écury-sur-Coole (51) 45 H3
Écutigny (21) 101 F2
Écuvilly (60) 21 F2
Edern (29) 53 G2
Édon (16) 122 D5
les Éduts (17) 108 A6
Eecke (59) 2 D4
Effiat (63) 113 H6
Effincourt (52) 68 A1
Effry (02) 10 A6
Égat (66) 199 H4
Égleny (89) 83 E2
Égletons (19) 125 G6
Égligny (77) 64 D2
Eglingen (68) 89 E2
l'Église-aux-Bois (19) 125 E4
Église-Neuve-de-Vergt (24) 137 F3
Église-Neuve-d'Issac (24) 136 D4
Égliseneuve-d'Entraigues (63) 126 D6
Égliseneuve-des-Liards (63) 127 H5
Égliseneuve-près-Billom (63) 127 G3
les Églises-d'Argenteuil (17) 121 G1
Églisolles (63) 128 C6
les Églisottes-et-Chalaures (33) 136 A3
Égly (91) 42 C6
Égreville (77) 64 B4
Égriselles-le-Bocage (89) 64 D5
Égry (45) 63 G5
Éguelshardt (57) 28 C6
Eguenigue (90) 88 D2
l'Éguille (17) 120 C3
Éguilles (13) 175 H5
Éguilly (21) 84 D6
Éguilly-sous-Bois (10) 67 E4
Éguisheim (68) 71 F5
Éguzon-Chantôme (36) 111 E3
Éhuns (70) 87 H2
Eichhoffen (67) 71 F2
Eincheville (57) 49 F2
Einvaux (54) 69 H1
Einville-au-Jard (54) 49 E5
Eix (55) 25 F6
Élan (08) 24 B2
Élancourt (78) 42 A4
Elbach (68) 89 E3
Elbeuf (76) 18 C5
Elbeuf-en-Bray (76) 19 G4
Elbeuf-sur-Andelle (76) 19 E4
Élencourt (60) 19 H2
Élesmes (59) 10 A2
Életot (76) 16 C3
Éleu-dit-Leauwette (62) 8 B1
Élincourt (59) 9 E4
Élincourt-Sainte-Marguerite (60) 21 F3
Élise-Daucourt (51) 46 C2
Ellecourt (76) 19 G1
Elliant (29) 53 H3
Ellon (14) 13 H6
Elne (66) 201 F3
Elnes (62) 2 A4
Éloie (90) 88 C2
Éloise (74) 118 A6
Éloyes (88) 70 B4
Elsenheim (67) 71 G4
Elvange (57) 49 E1
Elven (56) 55 H6
Elzange (57) 26 C3
Émagny (25) 87 E6
Émalleville (27) 40 D1
Émancé (78) 41 H6
Émanville (27) 40 C2
Émanville (76) 17 F4
Emberménil (54) 49 F5
Embres-et-Castelmaure (11) 187 H6
Embreville (80) 6 B5
Embrun (05) 161 E2
Embry (62) 1 H6
Émerainville (77) 43 E4
Émerchicourt (59) 9 E2
Émeringes (69) 116 A5
Éméville (60) 21 G6
Émiéville (14) 38 D1
Emlingen (68) 89 F3
Emmerin (59) 3 F5
Émondeville (50) 13 E3
Empeaux (31) 168 C6
Empurany (07) 143 H4
Empuré (16) 108 C6
Empury (58) 83 H6
Encausse (32) 168 C4
Encausse-les-Thermes (31) 184 B4
Enchastrayes (04) 161 F4
Enchenberg (57) 28 B6
Encourtiech (09) 185 E5
Endoufielle (32) 168 C6
Énencourt-le-Sec (60) 19 H5
Énencourt-Léage (60) 19 H5
Enfonvelle (52) 69 E6
Engayrac (47) 151 G5
Engente (10) 67 F3
Engenville (45) 63 F4
Enghien-les-Bains (95) 42 C3
Engins (38) 145 F2
Englancourt (02) 9 H6
Englebelmer (80) 8 A4
Englefontaine (59) 9 G3
Englesqueville-en-Auge (14) 15 E3
Englesqueville-la-Percée (14) 13 G4
Englos (59) 3 F5
Engomer (09) 184 D5
Enguinegatte (62) 2 B5
Engwiller (67) 50 D3
Ennemain (80) 8 C6
Ennery (57) 26 C4
Ennery (95) 42 B2
Ennetières-en-Weppes (59) 3 F5
Ennevelin (59) 3 G6
Ennezat (63) 127 F2
Ennordres (18) 81 G5
Enquin-les-Mines (62) 2 B5
Enquin-sur-Baillons (62) 1 G5
Ens (65) 196 D1
Ensigné (79) 108 A5
Ensisheim (68) 71 F6
Ensuès-la-Redonne (13) 191 H5
Entrages (04) 177 F1
Entraigues (38) 146 A5
Entraigues (63) 127 G2
Entraigues-sur-la-Sorgue (84) 175 E2
Entrains-sur-Nohain (58) 83 E5
Entrammes (53) 58 D5
Entrange (57) 26 B3
Entraunes (06) 161 G5
Entraygues-sur-Truyère (12) 154 C2
Entre-Deux-Eaux (88) 70 D3
Entre-deux-Guiers (38) 131 G6
Entre-deux-Monts (39) 103 F6
Entrecasteaux (83) 193 G1
Entrechaux (84) 158 D5
Entremont (74) 132 C1
Entremont-le-Vieux (73) 131 H6
Entrepierres (04) 160 B5
Entrevaux (04) 178 B2
Entrevennes (04) 177 E2
Entrevernes (74) 132 B2
Entzheim (67) 50 D6
Enval (63) 127 E2
Enveitg (66) 199 G4
Envermeu (76) 6 A6
Envronville (76) 17 E4
Éourres (05) 159 H5
Eoux (31) 184 C2
Épagne (10) 66 D2
Épagne-Épagnette (80) 6 D4
Épagny (02) 21 H4
Épagny (21) 85 H5
Épagny (74) 132 A1
Épaignes (27) 15 G4
Épaney (14) 38 D3
Épannes (79) 107 G4
Éparcy (02) 10 B6
les Éparges (55) 47 H2
Épargnes (17) 120 D4
les Éparres (38) 130 D5
Épaumesnil (80) 6 D6
Épaux-Bézu (02) 44 B1
Épeautrolles (28) 62 A3
Épécamps (80) 7 F4
Épégard (27) 40 C1
Épehy (80) 8 D5
Épeigné-les-Bois (37) 95 G1
Épeigné-sur-Dême (37) 78 D3
Épénancourt (80) 21 F1
Épenède (16) 109 F6
Épenouse (25) 104 A1
Épenoy (25) 104 A2
Épense (51) 46 C3
Épercieux-Saint-Paul (42) 129 E3
Éperlecques (62) 2 A3
Épernay (51) 45 F2
Épernay-sous-Gevrey (21) 101 H2
Épernon (28) 41 G6
Éperrais (61) 60 D2
Épersy (73) 131 H3
Épertully (71) 101 F4
Épervans (71) 101 G5
les Epesses (85) 92 C4
Épeugney (25) 103 G2
Epfig (67) 71 G2
Épiais (41) 79 H2
Épiais-lès-Louvres (95) 43 E2
Épiais-Rhus (95) 42 B1
Épieds (02) 44 B2
Épieds (27) 41 F3
Épieds (49) 93 H2
Épieds-en-Beauce (45) 62 B6
Épierre (73) 132 C5
Épiez-sur-Chiers (54) 25 F4
Épiez-sur-Meuse (55) 47 H6
Épinac (71) 101 E3
Épinal (88) 69 H4
Épinay (27) 40 A2
Épinay-Champlâtreux (95) 42 D2
l'Épinay-le-Comte (61) 58 C1
Épinay-sous-Sénart (91) 43 E5
Épinay-sur-Duclair (76) 17 F5
Épinay-sur-Odon (14) 14 A5
Épinay-sur-Orge (91) 42 D5
Épinay-sur-Seine (93) 42 D3
l'Épine (05) 159 G3
l'Épine (51) 46 A3
l'Épine (85) 90 B1
l'Épine-aux-Bois (02) 44 C3
Épineau-les-Voves (89) 65 F6
Épineu-le-Chevreuil (72) 59 G5
Épineuil (89) 84 A1
Épineuil-le-Fleuriel (18) 112 D2
Épineuse (60) 20 D5
Épineux-le-Seguin (53) 59 F6
Epiniac (35) 35 F5
Épinonville (55) 24 D6
Épinouze (26) 144 B1
Épinoy (62) 8 D3
Epiry (58) 99 H2
Épisy (77) 64 B3
Épizon (52) 68 B2
Éplessier (80) 20 A1
Éply (54) 48 C3
Époisses (21) 84 B4
Épône (78) 41 H3
Épothémont (10) 67 E2
Épouville (76) 15 F1
Époye (51) 23 F6
Eppe-Sauvage (59) 10 B4
Eppes (02) 22 C3
Eppeville (80) 21 G1
Epping (57) 28 B5
Épretot (76) 15 G1
Épreville (76) 16 C3
Épreville-en-Lieuvin (27) 15 H4
Épreville-en-Roumois (27) 18 A5
Épreville-près-le-Neubourg (27) 40 C1
Épron (14) 14 B4
Eps (62) 7 G1
Épuisay (41) 79 F1
Équancourt (80) 8 C5
Équemauville (14) 16 B6
Équennes-Éramecourt (80) 20 A2
Équeurdreville-Hainneville (50) 12 C2
Équevilley (70) 87 G2
Équevillon (39) 103 F5
Équihen-Plage (62) 1 E4
Équilly (50) 35 H2
Équirre (62) 2 A6
Éragny (95) 42 B2
Éragny-sur-Epte (60) 19 G5
Eraines (14) 38 D3
Éraville (16) 122 A4
Erbajolo (2B) 205 F2
Erbéviller-sur-Amezule (54) 49 E4
Erbray (44) 75 E1
Erbrée (35) 58 A4
Ercé (09) 185 E6
Ercé-en-Lamée (35) 57 E6
Ercé-près-Liffré (35) 57 G1
Erceville (45) 63 E4
Erches (80) 21 E2
Ercheu (80) 21 G2
Erchin (59) 8 D2
Erching (57) 28 A5
Erckartswiller (67) 50 C3
Ercourt (80) 6 C4
Ercuis (60) 20 C6
Erdeven (56) 54 D6
Éréac (22) 56 B1
Ergersheim (67) 50 D6
Ergnies (80) 7 E4
Ergny (62) 1 H5
Ergué-Gabéric (29) 53 G3
Érin (62) 7 F1
Éringes (21) 84 D4
Eringhem (59) 2 B2
Érize-la-Brûlée (55) 47 F4
Érize-la-Petite (55) 47 E3
Érize-Saint-Dizier (55) 47 F4
Erlon (02) 22 C2
Erloy (02) 9 H6
Ermenonville (60) 43 F1
Ermenonville-la-Grande (28) 62 A3
Ermenonville-la-Petite (28) 62 A3
Ermenouville (76) 17 E3
Ermont (95) 42 C3
Ernée (53) 58 C3
Ernemont-Boutavent (60) 19 H3
Ernemont-la-Villette (76) 19 G4
Ernemont-sur-Buchy (76) 19 E3
Ernes (14) 39 E2
Ernestviller (57) 49 H1
Erneville-aux-Bois (55) 47 G5
Ernolsheim-Bruche (67) 50 D6
Ernolsheim-lès-Saverne (67) 50 C4
Erny-Saint-Julien (62) 2 B5
Érôme (26) 144 A3
Érondelle (80) 6 D4
Érone (2B) 205 F1
Éroudeville (50) 12 D3
Erp (09) 185 E5
Erquery (60) 20 D4
Erquinghem-le-Sec (59) 3 E5
Erquinghem-Lys (59) 3 E4
Erquinvillers (60) 20 D4
Erquy (22) 34 A3
Err (66) 199 H4
Erre (59) 9 E2
Errevet (70) 88 C2
Errouville (54) 26 A3
Ersa (2B) 203 F1
Erstein (67) 71 H1
Erstroff (57) 49 G2
Ervauville (45) 64 C5
Ervillers (62) 8 B3
Ervy-le-Châtel (10) 66 A5
Esbareich (65) 183 H5
Esbarres (21) 102 B2
Esbly (77) 43 F3
Esboz-Brest (70) 88 A1
Escala (65) 183 G4
Escalans (40) 166 D2
l'Escale (04) 160 B6
Escales (11) 187 G3
Escalles (62) 1 F2
Escalquens (31) 169 G6
Escames (60) 19 H3
Escamps (46) 153 E4
Escamps (89) 83 F2
Escandolières (12) 154 A3
Escanecrabe (31) 184 B2
Escardes (51) 44 C5
l'Escarène (06) 195 G2
Escarmain (59) 9 F3
Escaro (66) 200 B4
Escassefort (47) 150 C2
Escatalens (82) 168 D2
Escaudain (59) 9 E2
Escaudes (33) 149 H4
Escaudœuvres (59) 9 E3
Escaunets (65) 182 D2
Escautpont (59) 9 F1
Escazeaux (82) 168 C3
Eschau (67) 51 E6
Eschbach (67) 51 E3
Eschbach-au-Val (68) 71 E5
Eschbourg (67) 50 B3
Eschentzwiller (68) 89 G2
Escherange (57) 26 B3
Esches (60) 20 B6
Eschwiller (67) 50 A3
Esclagne (09) 186 A5
Esclainvillers (80) 20 C2
Esclanèdes (48) 155 H3
Esclassan-Labastide (32) 184 A1
Esclauzels (46) 152 D4
Esclavelles (76) 19 E2
Esclavolles-Lurey (51) 65 G1
Escles (88) 69 G4
Escles-Saint-Pierre (60) 19 H1
Esclottes (47) 150 C1
Escobecques (59) 3 E5
Escœuilles (62) 1 G4
Escoire (24) 137 G2
Escolives-Sainte-Camille (89) 83 G3
Escombres-et-le-Chesnois (08) 24 D2
Escondeaux (65) 183 F2
Esconnets (65) 183 F4
Escorailles (15) 140 A3
Escorneboeuf (32) 168 B5
Escorpain (28) 41 E5
Escos (64) 165 E6
Escosse (09) 185 G4
Escot (64) 182 A4
Escots (65) 183 F4
Escou (64) 182 A3
Escoubès (64) 182 C1
Escoubès-Pouts (65) 183 E4
Escoulis (31) 184 D4
Escouloubre (11) 200 A2
Escource (40) 148 C5
Escoussans (33) 149 H1
Escoussens (81) 170 C6
Escout (64) 182 A3
Escoutoux (63) 128 A3
Escoville (14) 14 C4

Escragnolles (06) 178 B4
Escrennes (45) 63 F5
Escrignelles (45) 82 B3
Escroux (81) 171 F4
Escueillens-et-Saint-Just-de-Bélengard (11) 186 C4
Escurès (64) 166 C6
Escurolles (03) 113 H5
Eslettes (76) 17 G5
Esley (88) 69 F4
Eslourenties-Daban (64) 182 D2
Esmans (77) 64 C3
Esmery-Hallon (80) 21 G2
Esmoulières (70) 88 B1
Esmoulins (70) 86 C5
Esnandes (17) 106 D4
Esnans (25) 87 H6
Esnes (59) 9 E4
Esnes-en-Argonne (55) 24 D6
Esnon (89) 65 F6
Esnouveaux (52) 68 B4
Espagnac (19) 139 F2
Espagnac-Sainte-Eulalie (46) 153 F2
Espalais (82) 168 B1
Espalem (43) 141 F1
Espalion (12) 154 D3
Espaly-Saint-Marcel (43) 142 C4
Espanès (31) 185 G1
Espaon (32) 184 C1
Esparron (05) 160 A3
Esparron (31) 184 B2
Esparron (83) 193 E1
Esparron-de-Verdon (04) 176 D4
Esparros (65) 183 G4
Esparsac (82) 168 C2
Espartignac (19) 124 D6
Espas (32) 167 E3
Espaubourg (60) 19 H4
Espèche (65) 183 G4
Espéchède (64) 182 D2
Espédaillac (46) 153 E2
Espelette (64) 180 C1
Espeluche (26) 158 B3
Espenel (26) 159 E1
Espérausses (81) 171 E5
Espéraza (11) 186 D6
Esperce (31) 185 F2
Espère (46) 152 C3
Espès-Undurein (64) 181 G2
Espeyrac (12) 154 C2
Espeyroux (46) 139 F6
Espezel (11) 199 H1
Espieilh (65) 183 F4
Espiens (47) 150 D6
Espiet (33) 135 G6
Espinas (82) 153 F6
Espinasse (15) 141 E5
Espinasse (63) 112 D6
Espinasse-Vozelle (03) 113 H5
Espinasses (05) 160 C3
Espinchal (63) 140 D1
Espins (14) 14 B6
Espira-de-Conflent (66) 200 C3
Espira-de-l'Agly (66) 201 F1
Espirat (63) 127 G3
Espiute (64) 181 F1
Esplantas (43) 142 A5
Esplas (09) 185 G3
Esplas-de-Sérou (09) 185 F5
Espoey (64) 182 D2
Espondeilhan (34) 188 C1
Esprels (70) 87 H4
Esquay-Notre-Dame (14) 14 B5
Esquay-sur-Seulles (14) 14 A4
Esquéhéries (02) 9 G5
Esquelbecq (59) 2 C3
Esquennoy (60) 20 C2
Esquerchin (59) 8 C1
Esquerdes (62) 2 A4
Esquibien (29) 52 D2
Esquièze-Sère (65) 183 E6
Esquiule (64) 181 H3
les Essards (16) 136 B2
les Essards (17) 120 D2
les Essards (37) 78 B6
les Essards-Taignevaux (39) 102 C4
Essarois (21) 85 F2
Essars (62) 2 D6
les Essarts (27) 40 C3
les Essarts (41) 79 E2
les Essarts (85) 91 H3
les Essarts-le-Roi (78) 42 A5
les Essarts-le-Vicomte (51) 44 C6
les Essarts-lès-Sézanne (51) 44 D5
Essay (61) 39 G6
Esse (16) 109 G6
Essé (35) 57 G4
Essegney (88) 69 G2
les Esseintes (33) 150 A2
Essert (90) 88 C3
Essert-Romand (74) 119 F4
Essertaux (80) 20 B1
Essertenne (71) 101 E5
Essertenne-et-Cecey (70) 86 C5
Essertines-en-Châtelneuf (42) 128 D4
Essertines-en-Donzy (42) 129 F3
Esserts-Blay (73) 132 D4
Esserval-Combe (39) 103 G5
Esserval-Tartre (39) 103 G5
Essey (21) 101 E1
Essey-et-Maizerais (54) 48 A3
Essey-la-Côte (54) 69 H1
Essey-lès-Nancy (54) 48 D5
Essia (39) 117 F1
Essigny-le-Grand (02) 22 A1
Essigny-le-Petit (02) 9 E6
Essises (02) 44 B3
Essômes-sur-Marne (02) 44 B2
Esson (14) 14 B6
Essoyes (10) 67 E5
Essuiles (60) 20 C4
les Estables (43) 143 E5
Estables (48) 156 A1
Establet (26) 159 F3
Estadens (31) 184 C5
Estagel (66) 201 E1
Estaing (12) 154 D2
Estaing (65) 182 C5
Estaires (59) 2 D5
Estal (46) 139 F5
Estampes (32) 183 G1
Estampures (65) 183 G1
Estancarbon (31) 184 B4
Estandeuil (63) 127 H4
Estang (32) 166 C3
Estarvielle (65) 197 E1
Estavar (66) 199 H4
Esteil (63) 127 G6
Esténos (31) 184 A5
Estensan (65) 196 D1
Estérençuby (64) 181 E3
Esternay (51) 44 C5
Esterre (65) 183 E6
Estevelles (62) 3 E6
Esteville (76) 17 H5
Estézargues (30) 174 C2
Estialescq (64) 182 A3
Estibeaux (40) 165 F5
Estigarde (40) 166 C1
Estillac (47) 151 E6
Estipouy (32) 167 G6
Estirac (65) 166 D6
Estissac (10) 65 H3
Estivals (19) 138 C4
Estivareilles (03) 112 D3
Estivareilles (42) 128 D6
Estivaux (19) 138 C1
Estoher (66) 200 C3
Estos (64) 182 A3
Estoublon (04) 177 F2
Estouches (91) 63 F3
Estourmel (59) 9 E4
Estouteville-Écalles (76) 19 E3
Estouy (45) 63 G4
Estrablin (38) 130 B5
Estramiac (32) 168 B3
Estrebay (08) 10 C6
Estrebœuf (80) 6 C3
l'Estréchure (30) 173 F1
Estrée (62) 1 G6
Estrée-Blanche (62) 2 B5
Estrée-Cauchy (62) 8 A1
Estrée-Wamin (62) 7 G2
Estréelles (62) 1 G6
Estrées (02) 9 E5
Estrées (59) 8 D2
Estrées-Deniécourt (80) 8 B6
Estrées-la-Campagne (14) 38 D2
Estrées-lès-Crécy (80) 7 E3
Estrées-Mons (80) 8 C6
Estrées-Saint-Denis (60) 21 E4
Estrées-sur-Noye (80) 20 C1
Estrennes (88) 69 F3
Estreux (59) 9 G2
Estrun (59) 9 E3
Estry (14) 38 A3
Esves-le-Moutier (37) 95 F3
Esvres (37) 79 E6
Eswars (59) 9 E3
Étable (73) 132 B5
Étables (07) 143 H3
Étables-sur-Mer (22) 33 G3
Étagnac (16) 123 F2
Étaimpuis (76) 18 D2
Étain (55) 25 G6
Étaing (62) 8 C2
Étainhus (76) 15 G1
Étais (21) 84 D3
Étais-la-Sauvin (89) 83 E5
Étalans (25) 103 H2
Étalante (21) 85 F3
Étalle (08) 10 D6
Étalleville (76) 17 F3
Étalon (80) 21 F1
Étalondes (76) 6 B5
Étampes (91) 63 F2
Étampes-sur-Marne (02) 44 B2
l'Étang-Bertrand (50) 12 C3
l'Étang-la-Ville (78) 42 B4
Étang-sur-Arroux (71) 100 C4
l'Étang-Vergy (21) 101 G2
les Étangs (57) 26 D5
Étaples (62) 1 F6
Étaule (89) 84 A4
Étaules (17) 120 B3
Étaules (21) 85 G5
Étauliers (33) 135 E2
Étaux (74) 118 D6
Étaves-et-Bocquiaux (02) 9 F5
Étavigny (60) 43 G1
Etcharry (64) 181 F2
Etchebar (64) 181 G4
Éteignières (08) 10 D6
Eteimbes (68) 88 D2
Étel (56) 54 D6
Ételfay (80) 21 E2
Étercy (74) 132 A2
Éternoz (25) 103 G3
Éterpigny (62) 8 C3
Éterpigny (80) 8 C6
Éterville (14) 14 B5
Étevaux (21) 86 B6
Eth (59) 9 G2
Étienville (50) 12 D4
Étigny (89) 65 E5
les Étilleux (28) 61 E3
Étinehem (80) 8 A6
Étiolles (91) 42 D6
Étival (39) 117 H2
Étival-Clairefontaine (88) 70 C2
Étival-lès-le-Mans (72) 60 A6
Étivey (89) 84 B3
Étobon (70) 88 B3
Étoges (51) 45 E4
l'Étoile (39) 102 D6
l'Étoile (80) 7 E5
Étoile-Saint-Cyrice (05) 159 G4
Étoile-sur-Rhône (26) 144 B6
Éton (55) 25 G5
Étormay (21) 85 E4
Étouars (24) 123 E4
Étourvy (10) 66 B6
Étoutteville (76) 17 E4
Étouvans (25) 88 C4
Étouvelles (02) 22 C3
Étouvy (14) 37 H3
Étouy (60) 20 C4
Étrabonne (25) 103 E1
Étrappe (25) 88 B4
l'Étrat (42) 129 F5
Étray (25) 104 A2
Étraye (55) 25 E5
Étréaupont (02) 10 A6
Étrechet (36) 96 D5
Étréchy (18) 98 B2
Étréchy (51) 45 E3
Étréchy (91) 63 F1
Étréham (14) 13 H5
Étreillers (02) 21 H1
Étréjust (80) 6 D6
Étrelles (35) 58 A5
Étrelles-et-la-Montbleuse (70) 87 E5
Étrelles-sur-Aube (10) 65 H1
Étrembières (74) 118 C5
Étrépagny (27) 19 F5
Étrepigney (39) 102 D2
Étrépigny (08) 24 B2
Étrépilly (02) 44 B2
Étrépilly (77) 43 G2
Étrepy (51) 46 C4
Étretat (76) 16 B3
Étreux (02) 9 G5
Étreval (54) 69 F1
Étréville (27) 18 A5
Étrez (01) 116 D3
Étriac (16) 122 A5
Étriché (49) 77 E3
Étricourt-Manancourt (80) 8 C5
Étrigny (71) 116 B1
Étrochey (21) 85 E1
Étrœungt (59) 10 A4
Étroussat (03) 113 G5
Étrun (62) 8 A2
Etsaut (64) 182 A5
Ettendorf (67) 50 D3
Etting (57) 28 A6
Étueffont (90) 88 D2
Étupes (25) 88 C4
Éturqueraye (27) 18 A5
Étusson (79) 93 E3
Étuz (70) 87 F6
Etzling (57) 27 G4
Eu (76) 6 B4
Euffigneix (52) 67 H4
Eugénie-les-Bains (40) 166 B4
Euilly-et-Lombut (08) 24 D2
Eulmont (54) 48 D4
Eup (31) 184 A5
Eurre (26) 144 B6
Eurville-Bienville (52) 46 D6
Eus (66) 200 C3
Euvezin (54) 48 A3
Euville (55) 47 H4
Euvy (51) 45 F5
Euzet (30) 174 A1
Évaillé (72) 78 D1
Évans (39) 103 E1
Évaux-et-Ménil (88) 69 G2
Évaux-les-Bains (23) 112 C5
Ève (60) 43 F2
Évecquemont (78) 42 A2
Évenos (83) 193 E5
Évergnicourt (02) 23 E4
Everly (77) 64 D2
Évette-Salbert (90) 88 C2
Éveux (69) 129 G2
Évian-les-Bains (74) 119 E3
Évigny (08) 24 A1
Évillers (25) 103 H3
Évin-Malmaison (62) 8 C1
Évires (74) 118 C6
Évisa (2A) 204 C3
Évosges (01) 131 E1
Évran (22) 34 D6
Évrange (57) 26 B2
Évrecy (14) 14 B5
Èvres (55) 47 E2
Évreux (27) 40 D2
Évricourt (60) 21 F3
Évriguet (56) 56 A3
Évron (53) 59 F4
Évry (89) 65 E3
Évry (91) 42 D6
Évry-Grégy-sur-Yerre (77) 43 E6
Excenevex (74) 118 D3
Excideuil (24) 137 H1
Exermont (08) 24 C5
Exideuil (16) 123 F2
Exincourt (25) 88 C4
Exireuil (79) 108 B2
Exmes (61) 39 F4
Exoudun (79) 108 B3
Expiremont (17) 135 G1
Eybens (38) 145 G3
Eybouleuf (87) 124 C3
Eyburie (19) 124 D6
Eycheil (09) 185 E5
Eydoche (38) 130 D6
Eygalayes (26) 159 G5
Eygalières (13) 175 F4
Eygaliers (26) 159 E5
Eygliers (05) 161 F1
Eygluy-Escoulin (26) 144 D6
Eyguians (05) 159 H4
Eyguières (13) 191 G2
Eygurande (19) 126 B4
Eygurande-et-Gardedeuil (24) 136 B3
Eyjeaux (87) 124 C3
Eyliac (24) 137 G3
Eymet (24) 150 D1
Eymeux (26) 144 C3
Eymouthiers (16) 123 E4
Eymoutiers (87) 125 E3
Eyne (66) 199 H4
Eynesse (33) 136 B5
Eyragues (13) 175 E3
Eyrans (33) 135 E2
Eyrein (19) 139 F1
Eyres-Moncube (40) 165 H4
Eyroles (26) 159 E4
Eysines (33) 135 E5
Eysson (25) 104 A1
Eysus (64) 182 A3
Eyvirat (24) 137 F1
Eywiller (67) 50 A3
Eyzahut (26) 158 C2
Eyzerac (24) 123 G6
les Eyzies-de-Tayac-Sireuil (24) 137 H5
Eyzin-Pinet (38) 130 B5
Ézanville (95) 42 D2
Èze (06) 179 F3
Ézy-sur-Eure (27) 41 F4

F

Fa (11) 186 D6
Fabas (09) 184 D4
Fabas (31) 184 C2
Fabas (82) 169 E3
Fabras (07) 157 F2
Fabrègues (34) 173 F6
Fabrezan (11) 187 G4
Faches-Thumesnil (59) 3 F5
Fâchin (58) 100 B3
la Fage-Montivernoux (48) 155 G1
la Fage-Saint-Julien (48) 141 F6
le Faget (31) 169 H6
Faget-Abbatial (32) 168 A6
Fagnières (51) 45 H3
Fagnon (08) 24 A1
Fahy-lès-Autrey (70) 86 C4
Failly (57) 26 C5
Faimbe (25) 88 B4
Fain-lès-Montbard (21) 84 D4
Fain-lès-Moutiers (21) 84 C4
Fains (27) 41 F2
Fains-la-Folie (28) 62 C4
Fains-Véel (55) 47 E4
Faissault (08) 23 H3
Fajac-en-Val (11) 187 E4
Fajac-la-Relenque (11) 186 A2
Fajoles (46) 138 B6
la Fajolle (11) 199 G1
Fajolles (82) 168 C2
Falaise (08) 24 B5
Falaise (14) 38 D3
la Falaise (78) 42 A3
Falck (57) 27 E4
Faleyras (33) 135 G6
Falga (31) 186 B1
le Falgoux (15) 140 C3
Falicon (06) 195 F2
Falkwiller (68) 89 E2
Fallencourt (76) 6 C6
Fallerans (25) 103 H2
Falleron (85) 91 E2
Falletans (39) 102 D2
Fallon (70) 88 A4
la Faloise (80) 20 C2
Fals (47) 168 A1
Falvy (80) 21 G1
Famars (59) 9 F2
Famechon (62) 7 H4
Famechon (80) 20 A1
Fameck (57) 26 B4
Familly (14) 39 G3
Fampoux (62) 8 B2
Fanjeaux (11) 186 C3
Fanlac (24) 137 H3
le Faou (29) 31 F6
le Faouët (22) 33 E3
le Faouët (56) 54 B3
Faramans (01) 130 C2
Faramans (38) 130 C6
Farbus (62) 8 B2
Farceaux (27) 19 F5
la Fare-en-Champsaur (05) 160 B1
la Fare-les-Oliviers (13) 191 H3
Farébersviller (57) 49 G1
Fareins (01) 116 B6
Faremoutiers (77) 43 H4
Farges (01) 118 A5
les Farges (24) 138 A3
Farges-Allichamps (18) 97 G5
Farges-en-Septaine (18) 98 A3
Farges-lès-Chalon (71) 101 G5
Farges-lès-Mâcon (71) 116 B2
Fargues (33) 149 H2
Fargues (40) 166 A4
Fargues (46) 152 B4
Fargues-Saint-Hilaire (33) 135 F5
Fargues-sur-Ourbise (47) 150 C5
Farincourt (52) 86 D2
Farinole (2B) 203 F3
la Farlède (83) 193 F5
Farnay (42) 129 G5
Farschviller (57) 49 G1
Fatines (72) 60 B5
Fatouville-Grestain (27) 16 C6
le Fau (15) 140 B3
Fau-de-Peyre (48) 155 G1
Fauch (81) 170 C3
Faucigny (74) 118 D5
Faucogney-et-la-Mer (70) 88 A1
Faucompierre (88) 70 B4
Faucon (84) 158 D5
Faucon-de-Barcelonnette (04) 161 F3
Faucon-du-Caire (04) 160 B4
Fauconcourt (88) 70 A2
Faucoucourt (02) 22 B3
Faudoas (82) 168 C3
le Fauga (31) 185 F1
Faugères (07) 157 E3
Faugères (34) 172 B6
Fauguernon (14) 15 F4
Fauguerolles (47) 150 C3
Fauillet (47) 150 D3
le Faulq (14) 15 F4
Faulquemont (57) 49 F2
Faulx (54) 48 C4
Faumont (59) 8 D1
Fauquembergues (62) 2 A5
la Faurie (05) 159 H2
Faurilles (24) 151 F1
Fauroux (82) 151 H5
Faussergues (81) 171 E1
la Faute-sur-Mer (85) 106 B3
Fauverney (21) 102 A1
Fauville (27) 41 E2
Fauville-en-Caux (76) 16 D4
Faux (08) 23 H3
Faux (24) 137 E6
Faux-Fresnay (51) 45 E6
Faux-la-Montagne (23) 125 F3
Faux-Mazuras (23) 125 E2
Faux-Vésigneul (51) 45 H4
Faux-Villecerf (10) 65 G3
Favalello (2B) 205 F2
Favars (19) 138 D2
Faveraye-Mâchelles (49) 93 E1
Faverdines (18) 112 C1
Faverelles (45) 82 C4
Faverges (74) 132 C3
Faverges-de-la-Tour (38) 131 E4
Faverney (70) 87 F2
Faverois (90) 88 D4
Faverolles (02) 21 H6
Faverolles (15) 141 F5
Faverolles (28) 41 G5
Faverolles (36) 96 A2
Faverolles (52) 68 A6
Faverolles (61) 38 C5
Faverolles (80) 21 E2
Faverolles-et-Coëmy (51) 22 D6
Faverolles-la-Campagne (27) 40 C2
Faverolles-lès-Lucey (21) 85 G1
Faverolles-sur-Cher (41) 79 G6
la Favière (39) 103 G5
Favières (28) 61 H1
Favières (54) 69 E1
Favières (77) 43 F5
Favières (80) 6 C3
Favresse (51) 46 B5
Favreuil (62) 8 B4
Favrieux (78) 41 G3
le Favril (27) 15 H5
le Favril (28) 61 G1
le Favril (59) 9 G4
Fay (61) 39 H5
le Fay (71) 102 B6
Fay (72) 60 A5
Fay (80) 8 B6
Fay-aux-Loges (45) 81 F1
Fay-de-Bretagne (44) 74 B3
Fay-en-Montagne (39) 103 E5
Fay-le-Clos (26) 144 B2
Fay-les-Étangs (60) 19 H6
Fay-lès-Marcilly (10) 65 G2
Faÿ-lès-Nemours (77) 64 A4
le Fay-Saint-Quentin (60) 20 B4
Fay-sur-Lignon (43) 143 E4
Faycelles (46) 153 G2
la Faye (16) 108 D6
Faye (41) 79 G2
Faye-d'Anjou (49) 77 E6
Faye-la-Vineuse (37) 94 B3
Faye-l'Abbesse (79) 93 F4
Faye-sur-Ardin (79) 107 G2
le Fayel (60) 21 E5
Fayence (83) 178 B5
Fayet (02) 9 E6
Fayet (12) 171 H4
Fayet-le-Château (63) 127 H4
Fayet-Ronaye (63) 128 A6
Fayl-Billot (52) 86 C2
Faymont (70) 88 B3
Faymoreau (85) 107 G1
Fays (52) 67 G1
Fays (88) 70 B3
Fays-la-Chapelle (10) 66 A5
Fayssac (81) 170 B2
Féas (64) 181 H3
Febvin-Palfart (62) 2 B6
Fécamp (76) 16 C3
Féchain (59) 8 D2
Fêche-l'Église (90) 88 D4
Fécocourt (54) 69 F2
Fédry (70) 87 E3
Fegersheim (67) 51 E6
Fégréac (44) 74 A1
Feigères (74) 118 B5
Feigneux (60) 21 F6
Feignies (59) 10 A2
Feillens (01) 116 B3
Feings (41) 80 A5
Feings (61) 40 A6
Feins (35) 57 F1
Feins-en-Gâtinais (45) 82 B2
Feissons-sur-Isère (73) 132 D4
Feissons-sur-Salins (73) 132 D5
le Fel (12) 154 B2
Fel (61) 39 F4
Felce (2B) 205 G2
Feldbach (68) 89 F4
Feldkirch (68) 71 F6
Feliceto (2B) 202 D5
Félines (07) 143 H1
Félines (43) 142 B2
Félines-Minervois (34) 187 F2
Félines-sur-Rimandoule (26) 158 C2
Félines-Termenès (11) 187 F5
Felleries (59) 10 A4
Fellering (68) 70 D6
Felletin (23) 125 H2
Felluns (66) 200 C2
Felon (90) 88 D2
Felzins (46) 153 H2
Fenain (59) 9 E2
Fénay (21) 101 H1
Fendeille (11) 186 B3
Fénery (79) 93 F6
Fénétrange (57) 49 H3
Feneu (49) 76 D3
Féneyrols (82) 153 F6
Féniers (23) 125 G3
Fenioux (17) 121 F1
Fenioux (79) 107 H1
Fenneviller (54) 70 C1
Fénols (81) 170 B3
le Fenouiller (85) 90 D4
Fenouillet (31) 169 E5
Fenouillet (66) 200 B1
Fenouillet-du-Razès (11) 186 C4
Fépin (08) 11 E5
Fercé (44) 57 G6
Fercé-sur-Sarthe (72) 59 H6
Ferdrupt (88) 70 B6
la Fère (02) 22 A2
Fère-Champenoise (51) 45 F5
Fère-en-Tardenois (02) 44 C1
Fèrebrianges (51) 45 E4
la Férée (08) 23 G1
Férel (56) 73 G2
Ferfay (62) 2 C6
Féricy (77) 64 B2
Férin (59) 8 D2
Fermanville (50) 12 D1
la Fermeté (58) 99 E4
Ferney-Voltaire (01) 118 B4
Fernoël (63) 126 A3
Férolles (45) 81 E2
Férolles-Attilly (77) 43 E5
Féron (59) 10 A4
Ferques (62) 1 G3
Ferrals-les-Corbières (11) 187 G4
Ferrals-les-Montagnes (34) 187 G1
Ferran (11) 186 C4
Ferrassières (26) 159 F6
le Ferré (35) 35 H5
Ferrensac (47) 151 F1
Ferrère (65) 183 H5
les Ferres (06) 195 E2
Ferrette (68) 89 F4
Ferreux-Quincey (10) 65 G2
la Ferrière (22) 55 H2
la Ferrière (37) 79 E3
la Ferrière (38) 146 A1
la Ferrière (85) 91 H4
la Ferrière-Airoux (86) 109 E3
la Ferrière-au-Doyen (61) 39 H5
la Ferrière-aux-Étangs (61) 38 B5
la Ferrière-Béchet (61) 39 F6
la Ferrière-Bochard (61) 59 H2
la Ferrière-de-Flée (49) 76 C2
la Ferrière-en-Parthenay (79) 93 G6
Ferrière-et-Lafolie (52) 67 H2
Ferrière-Harang (14) 37 H2
Ferrière-la-Grande (59) 10 A3
Ferrière-la-Petite (59) 10 A3
Ferrière-Larçon (37) 95 F3
Ferrière-sur-Beaulieu (37) 95 G2
la Ferrière-sur-Risle (27) 40 B2
Ferrières (17) 107 E4
Ferrières (50) 37 G6
Ferrières (54) 48 D6
Ferrières (60) 20 D3
Ferrières (65) 182 C5
Ferrières (80) 7 F6
Ferrières (81) 171 E5
Ferrières-en-Bray (76) 19 G4
Ferrières-en-Brie (77) 43 F4
Ferrières-en-Gâtinais (45) 64 B5
Ferrières-Haut-Clocher (27) 40 C2
Ferrières-la-Verrerie (61) 39 G5
Ferrières-le-Lac (25) 88 D6
Ferrières-les-Bois (25) 103 E1
Ferrières-lès-Ray (70) 87 E4
Ferrières-lès-Scey (70) 87 F3
Ferrières-les-Verreries (34) 173 F3
Ferrières-Poussarou (34) 187 H1
Ferrières-Saint-Hilaire (27) 15 H6
Ferrières-Saint-Mary (15) 141 E3
Ferrières-sur-Ariège (09) 185 H6
Ferrières-sur-Sichon (03) 128 A1
Ferrussac (43) 141 H3
Fertans (25) 103 G3
la Ferté (39) 102 D4
la Ferté-Alais (91) 63 G1
la Ferté-Beauharnais (41) 80 D4
la Ferté-Bernard (72) 60 D4
la Ferté-Chevresis (02) 22 B2
la Ferté-Frênel (61) 39 H4
la Ferté-Gaucher (77) 44 B4
la Ferté-Hauterive (03) 113 H3
la Ferté-Imbault (41) 80 D6
la Ferté-Loupière (89) 82 D1

la Ferté-Macé (61) 38 C6
la Ferté-Milon (02) 43 H1
la Ferté-Saint-Aubin (45) 80 D3
la Ferté-Saint-Cyr (41) 80 C3
la Ferté-Saint-Samson (76) 19 F3
la Ferté-sous-Jouarre (77) 43 H3
la Ferté-sur-Chiers (08) 25 E3
la Ferté-Vidame (28) 40 C6
la Ferté-Villeneuil (28) 62 A6
Fertrève (58) 99 G4
Fervaches (50) 37 G2
Fervaques (14) 15 F6
Fescamps (80) 21 E2
Fesches-le-Châtel (25) 88 D4
Fesmy-le-Sart (02) 9 G4
Fesques (76) 19 F1
Fessanvilliers-Mattanvilliers (28) 40 D5
Fessenheim (68) 71 G6
Fessenheim-le-Bas (67) 50 D5
Fessevillers (25) 88 D6
les Fessey (70) 88 A1
Fessy (74) 118 D4
Festalemps (24) 136 C2
Festes-et-Saint-André (11) 186 C5
Festieux (02) 22 D3
Festigny (51) 44 D2
Festigny (89) 83 F4
Festubert (62) 2 D6
le Fête (21) 101 E2
Féternes (74) 119 E3
Fétigny (39) 117 G2
Feucherolles (78) 42 A4
Feuchy (62) 8 B2
Feugarolles (47) 150 D5
Feugères (50) 12 D6
Feuges (10) 66 B2
Feuguerolles (27) 40 D1
Feuguerolles-Bully (14) 14 B5
Feuilla (11) 188 A6
Feuillade (16) 122 D4
la Feuillade (24) 138 C3
la Feuillée (29) 31 H5
Feuillères (80) 8 B5
la Feuillie (50) 12 D6
la Feuillie (76) 19 F4
Feule (25) 88 C5
Feuquières (60) 19 H2
Feuquières-en-Vimeu (80) 6 C4
Feurs (42) 129 E3
Feusines (36) 111 H2
Feux (18) 98 C1
Fèves (57) 26 B5
Féy (57) 26 B6
Fey-en-Haye (54) 48 B3
Feyt (19) 126 B4
Feytiat (87) 124 B3
Feyzin (69) 130 A4
Fiac (81) 170 A4
Ficaja (2B) 203 G6
Ficheux (62) 8 B3
Fichous-Riumayou (64) 166 A6
le Fidelaire (27) 40 B3
le Fied (39) 103 E5
le Fief-Sauvin (49) 75 G5
Fieffes-Montrelet (80) 7 F4
Fiefs (62) 2 B6
Fiennes (62) 1 G3
Fienvillers (80) 7 F4
Fierville-Bray (14) 38 D1
Fierville-les-Mines (50) 12 C4
Fierville-les-Parcs (14) 15 F4
le Fieu (33) 136 A3
Fieulaine (02) 9 F6
Fieux (47) 167 G1
Figanières (83) 177 H5
Figari (2A) 207 F4
Figarol (31) 184 C4
Figeac (46) 153 G2
Fignévelle (88) 69 E6
Fignières (80) 20 D2
Filain (02) 22 B4
Filain (70) 87 G4
Fillé (72) 78 A1
Fillières (54) 25 H4
Fillièvres (62) 7 F2
Fillinges (74) 118 D5
Fillols (66) 200 C3
Filstroff (57) 27 E3
Fiménil (88) 70 B4
Finestret (66) 200 C3
Finhan (82) 168 D2
les Fins (25) 104 C2
Fins (80) 8 C5
Fiquefleur-Équainville (27) 16 B6
Firbeix (24) 123 H4
Firfol (14) 15 F5
Firmi (12) 154 A3
Firminy (42) 129 E6
Fislis (68) 89 G4
Fismes (51) 22 C5
Fitilieu (38) 131 F5
Fitou (11) 188 A6
Fitz-James (60) 20 D5
Fix-Saint-Geneys (43) 142 B3
Fixem (57) 26 C2
Fixin (21) 101 H1
Flacey (21) 86 A5
Flacey (28) 62 A4
Flacey-en-Bresse (71) 117 E1
la Flachère (38) 131 H6
Flachères (38) 130 D5
Flacourt (78) 41 G3
Flacy (89) 65 G4
Flagey (25) 103 G3
Flagey (52) 86 A2
Flagey-Echézeaux (21) 101 H2
Flagey-lès-Auxonne (21) 102 C2
Flagey-Rigney (25) 87 G5
Flagnac (12) 154 A2
Flagy (70) 87 G2
Flagy (71) 116 A2
Flagy (77) 64 C3
Flaignes-Havys (08) 23 G1
Flainval (54) 49 E5
Flamanville (50) 12 A3
Flamanville (76) 17 F4
Flamarens (32) 168 B1
la Flamengrie (02) 10 A5
la Flamengrie (59) 9 G2
Flamets-Frétils (76) 19 F2
Flammerans (21) 102 C1
Flammerécourt (52) 67 H2
Flancourt-Catelon (27) 18 A5
Flangebouche (25) 104 B2
Flassan (84) 175 G1
Flassans-sur-Issole (83) 193 G3
Flassigny (55) 25 F4
Flastroff (57) 26 D3
Flat (63) 127 G5
Flaucourt (80) 8 B6
Flaugeac (24) 136 D6
Flaugnac (46) 152 C5
Flaujac-Gare (46) 153 F1
Flaujac-Poujols (46) 152 D4
Flaujagues (33) 136 A5
Flaumont-Waudrechies (59) 10 A4
Flaux (30) 174 C2
Flavacourt (60) 19 H5
Flaviac (07) 143 H6
Flavignac (87) 124 A3
Flavignerot (21) 101 G1
Flavigny (18) 98 B4
Flavigny (51) 45 F3
Flavigny-le-Grand-et-Beaurain (02) 9 G6
Flavigny-sur-Moselle (54) 48 D6
Flavigny-sur-Ozerain (21) 85 E4
Flavin (12) 154 C5
Flavy-le-Martel (02) 21 H2
Flavy-le-Meldeux (60) 21 G2
Flaxieu (01) 131 G2
Flaxlanden (68) 89 F2
Flayat (23) 126 A3
Flayosc (83) 193 H1
Fléac (16) 122 B4
Fléac-sur-Seugne (17) 121 F5
la Flèche (72) 77 G2
Fléchin (62) 2 B6
Fléchy (60) 20 B2
Flée (21) 84 C5
Flée (72) 78 C2
Fleigneux (08) 24 C1
Fleisheim (57) 50 A4
le Fleix (24) 136 C5
Fleix (86) 109 H1
Fléré-la-Rivière (36) 95 G3
Flers (61) 38 B4
Flers (62) 7 G2
Flers (80) 8 B4
Flers-en-Escrebieux (59) 8 D1
Flers-sur-Noye (80) 20 C2
Flesquières (59) 8 D4
Flesselles (80) 7 G5
Flétrange (57) 49 F1
Flêtre (59) 2 D4
Fléty (58) 100 A5
Fleurac (16) 122 A3
Fleurac (24) 137 H4
Fleurance (32) 168 A3
Fleurat (23) 111 F4
Fleurbaix (62) 3 E5
Fleuré (61) 39 E5
Fleuré (86) 109 F2
Fleurey (25) 88 C6
Fleurey-lès-Faverney (70) 87 F2
Fleurey-lès-Lavoncourt (70) 86 D3
Fleurey-lès-Saint-Loup (70) 69 G6
Fleurey-sur-Ouche (21) 85 G6
Fleurie (69) 116 A5
Fleuriel (03) 113 G4
Fleurieu-sur-Saône (69) 130 A2
Fleurieux-sur-l'Arbresle (69) 129 H2
Fleurigné (35) 58 A2
Fleurines (60) 20 D6
Fleurville (71) 116 B2
Fleury (02) 21 H6
Fleury (11) 188 B3
Fleury (50) 37 E3
Fleury (57) 26 C6
Fleury (60) 20 A6
Fleury (62) 7 G1
Fleury (80) 20 B1
Fleury-devant-Douaumont (55) 25 F6
Fleury-en-Bière (77) 63 H2
Fleury-la-Forêt (27) 19 F4
Fleury-la-Montagne (71) 115 E5
Fleury-la-Rivière (51) 45 E2
Fleury-la-Vallée (89) 83 F1
Fleury-les-Aubrais (45) 62 D6
Fleury-Mérogis (91) 42 D6
Fleury-sur-Andelle (27) 19 E5
Fleury-sur-Loire (58) 99 E5
Fleury-sur-Orne (14) 14 B5
Fléville (08) 24 C5
Fléville-devant-Nancy (54) 48 D5
Fléville-Lixières (54) 25 H6
Flévy (57) 26 C4
Flexanville (78) 41 H4
Flexbourg (67) 50 C6
Fley (71) 101 F6
Fleys (89) 83 H2
Flez-Cuzy (58) 83 G6
Fligny (08) 10 C6
Flin (54) 70 B1
Flines-lès-Mortagne (59) 4 B6
Flines-lez-Raches (59) 8 D1
Flins-Neuve-Église (78) 41 G3
Flins-sur-Seine (78) 42 A3
Flipou (27) 18 D5
Flirey (54) 48 A3
Flixecourt (80) 7 F5
Flize (08) 24 B2
la Flocellière (85) 92 C4
Flocourt (57) 49 E2
Flocques (76) 6 A4
Flogny-la-Chapelle (89) 65 H6
Floing (08) 24 C2
Floirac (17) 120 D5
Floirac (33) 135 F5
Floirac (46) 138 D5
Florac (48) 156 B5
Florange (57) 26 B3
Florémont (88) 69 G2
Florensac (34) 188 D2
Florent-en-Argonne (51) 46 D1
Florentia (39) 117 F3
Florentin (81) 170 B3
Florentin-la-Capelle (12) 154 C2
Floressas (46) 152 A3
Florimont (90) 89 E4
Florimont-Gaumier (24) 152 B1
Floringhem (62) 2 C6
la Flotte (17) 106 B4
Flottemanville (50) 12 D3
Flottemanville-Hague (50) 12 B2
Floudès (33) 150 A2
Floure (11) 187 F3
Flourens (31) 169 G5
Floursies (59) 10 A3
Floyon (59) 9 H4
Flumet (73) 132 D2
Fluquières (02) 21 H1
Fluy (80) 7 F6
Foameix-Ornel (55) 25 G6
Foce (2A) 207 E3
Focicchia (2B) 205 F3
Foëcy (18) 97 F2
le Foeil (22) 33 F5
Foisches (08) 11 F4
Foissac (12) 153 G3
Foissac (30) 174 A1
Foissiat (01) 116 D3
Foissy (21) 101 E2
Foissy-lès-Vézelay (89) 83 H5
Foissy-sur-Vanne (89) 65 F4
Foix (09) 185 H5
Folcarde (31) 186 A1
Folembray (02) 22 A3
Folgensbourg (68) 89 G3
le Folgoët (29) 31 F3
la Folie (14) 13 G5
Folies (80) 21 E1
Folkling (57) 27 G5
Follainville-Dennemont (78) 41 H2
Folles (87) 110 D5
la Folletière (76) 17 E5
la Folletière-Abenon (14) 39 H2
Folleville (27) 15 H5
Folleville (80) 20 C2
Folligny (50) 35 H2
Folschviller (57) 49 F1
Fomerey (88) 69 H3
Fomperron (79) 108 B2
Fonbeauzard (31) 169 F5
Foncegrive (21) 86 A3
Fonches-Fonchette (80) 21 F1
Foncine-le-Bas (39) 103 G6
Foncine-le-Haut (39) 103 G6
Foncquevillers (62) 8 A4
Fondamente (12) 172 A3
Fondettes (37) 78 D5
Fondremand (70) 87 F4
Fongrave (47) 151 E4
Fongueusemare (76) 16 C4
Fonroque (24) 151 E1
Fons (07) 157 G2
Fons (30) 173 H3
Fons (46) 153 G1
Fons-sur-Lussan (30) 157 G6
Fonsomme (02) 9 E6
Fonsorbes (31) 168 D6
Font-Romeu-Odeillo-Via (66) 199 H4
Fontain (25) 103 G1
Fontaine (10) 67 F4
Fontaine (38) 145 G2
Fontaine (90) 88 D3
Fontaine-au-Bois (59) 9 G4
Fontaine-au-Pire (59) 9 E4
Fontaine-Bellenger (27) 41 E1
Fontaine-Bonneleau (60) 20 B2
Fontaine-Chaalis (60) 43 F1
Fontaine-Chalendray (17) 121 H1
Fontaine-Couverte (53) 58 A6
Fontaine-de-Vaucluse (84) 175 G2
Fontaine-Denis-Nuisy (51) 44 D6
Fontaine-en-Bray (76) 19 E2
Fontaine-en-Dormois (51) 24 B6
Fontaine-Étoupefour (14) 14 B5
Fontaine-Fourches (77) 65 E2
Fontaine-Française (21) 86 B4
Fontaine-Guérin (49) 77 G4
Fontaine-Henry (14) 14 B4
Fontaine-Heudebourg (27) 41 E1
Fontaine-la-Gaillarde (89) 65 E4
Fontaine-la-Guyon (28) 61 H1
Fontaine-la-Louvet (27) 15 G5
Fontaine-la-Mallet (76) 15 F1
Fontaine-la-Rivière (91) 63 F3
Fontaine-la-Soret (27) 40 B1
Fontaine-l'Abbé (27) 40 B1
Fontaine-Lavaganne (60) 20 A3
Fontaine-le-Bourg (76) 17 H5
Fontaine-le-Comte (86) 109 E1
Fontaine-le-Dun (76) 17 F3
Fontaine-le-Pin (14) 38 D2
Fontaine-le-Port (77) 64 B1
Fontaine-le-Puits (73) 132 D5
Fontaine-le-Sec (80) 6 D5
Fontaine-les-Bassets (61) 39 E3
Fontaine-lès-Boulans (62) 2 B6
Fontaine-lès-Cappy (80) 8 B6
Fontaine-lès-Clercs (02) 21 H1
Fontaine-lès-Clerval (25) 88 A5
Fontaine-les-Coteaux (41) 79 E2
Fontaine-lès-Croisilles (62) 8 C3
Fontaine-lès-Dijon (21) 85 H6
Fontaine-les-Grès (10) 66 A2
Fontaine-lès-Hermans (62) 2 B6
Fontaine-lès-Luxeuil (70) 87 H1
Fontaine-les-Ribouts (28) 41 E5
Fontaine-lès-Vervins (02) 10 A6
Fontaine-l'Étalon (62) 7 E2
Fontaine-Mâcon (10) 65 F2
Fontaine-Milon (49) 77 F4
Fontaine-Notre-Dame (02) 9 F6
Fontaine-Notre-Dame (59) 8 D3
Fontaine-Raoul (41) 61 G6
Fontaine-Saint-Lucien (60) 20 B4
la Fontaine-Saint-Martin (72) 77 H2
Fontaine-Simon (28) 61 G1
Fontaine-sous-Jouy (27) 41 E2
Fontaine-sous-Montdidier (80) 20 D2
Fontaine-sous-Préaux (76) 17 H6
Fontaine-sur-Ay (51) 45 F2
Fontaine-sur-Maye (80) 7 E3
Fontaine-sur-Somme (80) 7 E5
Fontaine-Uterte (02) 9 E6
Fontainebleau (77) 64 A2
Fontainebrux (39) 102 C6
Fontaines (71) 101 G5
Fontaines (85) 107 E2
Fontaines (89) 83 E3
Fontaines-d'Ozillac (17) 121 G6
Fontaines-en-Duesmois (21) 85 E3
Fontaines-en-Sologne (41) 80 B4
Fontaines-les-Sèches (21) 84 C2
Fontaines-Saint-Clair (55) 25 E5
Fontaines-Saint-Martin (69) 130 A2
Fontaines-sur-Marne (52) 67 H1
Fontaines-sur-Saône (69) 130 A2
Fontains (77) 64 C1
Fontan (06) 179 G1
Fontanès (30) 173 H3
Fontanès (34) 173 F4
Fontanès (42) 129 F5
Fontanes (46) 152 D5
Fontanes (48) 142 B6
Fontanès-de-Sault (11) 199 H1
Fontanes-du-Causse (46) 153 E1
Fontanges (15) 140 B3
Fontangy (21) 84 D6
Fontanières (23) 112 C6
Fontanil-Cornillon (38) 145 F2
Fontannes (43) 141 H2
Fontans (48) 155 H1
Fontarèches (30) 174 B1
Fontclaireau (16) 122 C2
Fontcouverte (11) 187 G4
Fontcouverte (17) 121 F2
Fontcouverte-la-Toussuire (73) 146 C2
la Fontelaye (76) 17 F4
Fontenai-les-Louvets (61) 59 H1
Fontenai-sur-Orne (61) 39 E5
Fontenailles (77) 64 C1
Fontenailles (89) 83 F3
Fontenay (27) 19 F6
Fontenay (36) 96 C3
Fontenay (50) 37 G5
Fontenay (71) 115 F2
Fontenay (76) 15 F1
Fontenay (88) 70 A3
Fontenay-aux-Roses (92) 42 C4
Fontenay-de-Bossery (10) 65 F2
Fontenay-en-Parisis (95) 42 D2
Fontenay-le-Comte (85) 107 F2
Fontenay-le-Fleury (78) 42 B4
Fontenay-le-Marmion (14) 14 B5
Fontenay-le-Pesnel (14) 14 A4
Fontenay-le-Vicomte (91) 63 G1
Fontenay-lès-Briis (91) 42 C6
Fontenay-Mauvoisin (78) 41 G3
Fontenay-près-Chablis (89) 83 H1
Fontenay-près-Vézelay (89) 83 G5
Fontenay-Saint-Père (78) 41 H2
Fontenay-sous-Bois (94) 42 D4
Fontenay-sous-Fouronnes (89) 83 G3
Fontenay-sur-Conie (28) 62 C4
Fontenay-sur-Eure (28) 62 A2
Fontenay-sur-Loing (45) 64 B5
Fontenay-sur-Mer (50) 13 E3
Fontenay-sur-Vègre (72) 59 G6
Fontenay-Torcy (60) 19 G3
Fontenay-Trésigny (77) 43 G5
Fontenelle (02) 9 H5
Fontenelle (21) 86 B4
la Fontenelle (35) 35 G5
la Fontenelle (41) 61 F5
Fontenelle (90) 88 D3
Fontenelle-en-Brie (02) 44 C3
Fontenelle-Montby (25) 88 A5
les Fontenelles (25) 104 C1
Fontenermont (14) 37 F3
Fontenet (17) 121 F1
Fontenille (16) 122 C1
Fontenille-Saint-Martin-d'Entraigues (79) 108 B5
Fontenilles (31) 168 D6
Fontenois-la-Ville (70) 69 G6
Fontenois-lès-Montbozon (70) 87 G4
Fontenotte (25) 87 H5
Fontenouilles (89) 82 C1
Fontenoy (02) 21 H5
Fontenoy (89) 83 E3
Fontenoy-la-Joûte (54) 70 B1
Fontenoy-le-Château (88) 69 G6
Fontenoy-sur-Moselle (54) 48 B5
Fontenu (39) 103 E6
Fonteny (57) 49 E3
Fonters-du-Razès (11) 186 B3
Fontès (34) 172 C6
Fontet (33) 150 B2
Fontette (10) 67 E5
Fontevraud-l'Abbaye (49) 94 A1
Fontgombault (36) 95 F6
Fontguenand (36) 96 B1
Fontienne (04) 176 C1
Fontiers-Cabardès (11) 186 D2
Fontiès-d'Aude (11) 187 E3
Fontjoncouse (11) 187 H5
Fontoy (57) 26 A3
Fontpédrouse (66) 200 A4
Fontrabiouse (66) 199 H3
Fontrailles (65) 183 G2
Fontvannes (10) 65 H3
Fontvieille (13) 191 E2
Forbach (57) 27 G4
Forcalqueiret (83) 193 F3
Forcalquier (04) 176 C2
la Force (11) 186 C3
la Force (24) 136 D5
Forcé (53) 58 D5
Forcelles-Saint-Gorgon (54) 69 F1
Forcelles-sous-Gugney (54) 69 F2
Forceville (80) 7 H4
Forceville-en-Vimeu (80) 6 D5
Forcey (52) 68 B4
Forciolo (2A) 205 E6
la Forclaz (74) 119 E3
Forest-en-Cambrésis (59) 9 F4
Forest-l'Abbaye (80) 6 D3
la Forest-Landerneau (29) 31 F4
Forest-Montiers (80) 6 D3
Forest-Saint-Julien (05) 160 C1
Forest-sur-Marque (59) 3 G5
Foreste (02) 21 G1
la Forestière (51) 44 C6
la Forêt-Auvray (61) 38 C4
la Forêt-de-Tessé (16) 108 C6
la Forêt-du-Parc (27) 41 E3
la Forêt-du-Temple (23) 111 G3
la Forêt-Fouesnant (29) 53 G3
Forêt-la-Folie (27) 19 F6
la Forêt-le-Roi (91) 63 E1
la Forêt-Sainte-Croix (91) 63 F2
la Forêt-sur-Sèvre (79) 92 D5
Forfry (77) 43 G2
la Forge (88) 70 B5
Forges (17) 107 E5
Forgès (19) 139 F3
Forges (49) 93 G1
les Forges (56) 55 G3
Forges (61) 60 A1
Forges (77) 64 C2
les Forges (79) 108 C1
les Forges (88) 69 H4
Forges-la-Forêt (35) 57 H5
Forges-les-Bains (91) 42 B6
Forges-les-Eaux (76) 19 F3
Forges-sur-Meuse (55) 25 E6
Forgues (31) 184 D1
la Forie (63) 128 B5
Forléans (21) 84 C5
Formentin (14) 15 E4
Formerie (60) 19 G2
Formigny (14) 13 G5
Formiguères (66) 199 H3
Fornex (09) 185 E3
Fors (79) 107 H4
Forstfeld (67) 51 G3
Forstheim (67) 51 E3
Fort-du-Plasne (39) 118 A1
Fort-Louis (67) 51 G3
Fort-Mahon-Plage (80) 6 C2
Fort-Moville (27) 15 G3
Fortan (41) 79 F1
Fortel-en-Artois (62) 7 F3
la Forteresse (38) 145 E1
Fortschwihr (68) 71 G4
Fos (31) 184 B6
Fos (34) 172 B6
Fos-sur-Mer (13) 191 F4
le Fossat (09) 185 F3
Fossé (08) 24 C4
Fossé (41) 79 H3
Fosse (66) 200 C1
le Fossé (76) 19 F3
la Fosse-Corduan (10) 65 G2
la Fosse-de-Tigné (49) 93 F1
Fossemagne (24) 137 H3
Fossemanant (80) 20 B1
les Fosses (79) 107 H5
Fosses (95) 43 E2
Fossès-et-Baleyssac (33) 150 B2
Fosseuse (60) 20 B6
Fosseux (62) 7 H3
Fossieux (57) 48 D3
Fossoy (02) 44 C2
Foucarmont (76) 6 C6
Foucart (76) 15 H1
Foucarville (50) 13 E4
Foucaucourt-en-Santerre (80) 8 B6
Foucaucourt-Hors-Nesle (80) 6 C6
Foucaucourt-sur-Thabas (55) 47 E2
Fouchécourt (70) 87 F2
Fouchécourt (88) 69 E5
Foucherans (25) 103 G2
Foucherans (39) 102 C2
Fouchères (10) 66 C4
Fouchères (89) 64 D4
Fouchères-aux-Bois (55) 47 F6
Foucherolles (45) 64 C5
Fouchy (67) 71 E2
Foucrainville (27) 41 E3
Fouday (67) 71 E1
Fouencamps (80) 20 C1
Fouesnant (29) 53 G4
Foufflin-Ricametz (62) 7 G2
Foug (54) 48 A5
Fougaron (31) 184 C5
Fougax-et-Barrineuf (09) 186 B6
Fougeré (49) 77 G3
Fougeré (85) 91 H4
Fougères (35) 58 A2
Fougères-sur-Bièvre (41) 79 H5
les Fougerêts (56) 56 B6
Fougerolles (36) 111 G2
Fougerolles (70) 69 H6
Fougerolles-du-Plessis (53) 58 B1
Fougueyrolles (24) 136 B5
la Fouillade (12) 153 G5
Fouilleuse (60) 20 D4
Fouillouse (05) 160 B3
la Fouillouse (42) 129 F5
le Fouilloux (17) 135 H2
Fouilloy (60) 19 H2
Fouilloy (80) 7 H6
Fouju (77) 43 F6
Foulain (52) 68 A5
Foulangues (60) 20 C6
Foulayronnes (47) 151 F5
Foulbec (27) 16 C6
Foulcrey (57) 49 G5
Fouleix (24) 137 F4
Foulenay (39) 102 C4
Fouligny (57) 49 E1
Foulognes (14) 13 G6
Fouquebrune (16) 122 C5
Fouquenies (60) 20 A4
Fouquereuil (62) 2 D6
Fouquerolles (60) 20 B4
Fouquescourt (80) 21 E1
Fouqueure (16) 122 B2
Fouqueville (27) 18 B6
Fouquières-lès-Béthune (62) 2 D6
Fouquières-lès-Lens (62) 8 C1
Four (38) 130 C4
Fouras (17) 106 D6
Fourbanne (25) 87 H6
Fourcatier-et-Maison-Neuve (25) 104 A5
Fourcès (32) 167 F2
Fourchambault (58) 98 D3
Fourches (14) 39 E3
Fourcigny (80) 19 H1
Fourdrain (02) 22 B3
Fourdrinoy (80) 7 F6
Fourg (25) 103 E2
Fourges (27) 41 G1
les Fourgs (25) 104 A4
Fourilles (03) 113 G4
Fourmagnac (46) 153 G1
Fourmetot (27) 15 H3
Fourmies (59) 10 B5
Fournaudin (89) 65 G4
Fourneaux (42) 129 E1
Fourneaux (50) 37 G2
Fourneaux (73) 147 E2
Fourneaux-le-Val (14) 38 D3
Fournels (48) 141 F6
Fournès (30) 174 C2
Fournes-Cabardès (11) 187 E2
Fournes-en-Weppes (59) 3 E5
le Fournet (14) 15 E4
Fournet-Blancheroche (25) 104 D1
Fournets-Luisans (25) 104 B2
Fourneville (14) 15 F3
Fournival (60) 20 C4
Fournols (63) 128 A5
Fournoulès (15) 154 A1
Fouronnes (89) 83 F4
Fourques (30) 174 C4
Fourques (66) 201 E3
Fourques-sur-Garonne (47) 150 C3
Fourqueux (78) 42 B3
Fourquevaux (31) 169 G6
Fours (33) 135 E2
Fours (58) 99 H5
Fours-en-Vexin (27) 41 G1
Fourtou (11) 187 E6
Foussais-Payré (85) 107 F1
Foussemagne (90) 88 D3
le Fousseret (31) 184 D2
Foussignac (16) 122 A3
Fouvent-Saint-Andoche (70) 86 D3
Fouzilhon (34) 172 B6
Foville (57) 48 D3
Fox-Amphoux (83) 193 F1
la Foye-Monjault (79) 107 G4
Fozières (34) 172 C4
Fozzano (2A) 207 E2
Fragnes (71) 101 G5
Frahier-et-Chatebier (70) 88 C3
Fraignot-et-Vesvrotte (21) 85 G3
Fraillicourt (08) 23 F2
Fraimbois (54) 49 F6
Frain (88) 69 E5
Frais (90) 88 D3
Fraisans (39) 103 E2
Fraisnes-en-Saintois (54) 69 F2
Fraisse (24) 136 C5
Fraisse-Cabardès (11) 186 D2
Fraissé-des-Corbières (11) 187 H5
Fraisse-sur-Agout (34) 171 G5
Fraisses (42) 129 E6
Fraissines (81) 171 E2
Fraissinet-de-Fourques (48) 156 A6
Fraissinet-de-Lozère (48) 156 B4
Fraize (88) 70 D3
Fralignes (10) 66 D4
la Framboisière (28) 40 C6
Frambouhans (25) 104 C1
Framecourt (62) 7 G2
Framerville-Rainecourt (80) 8 A6
Framicourt (80) 6 C5
Framont (70) 86 C4
Frampas (52) 67 F1

Francalmont (70) 87 G1
Francaltroff (57) 49 G2
Francarville (31) 169 H5
Francastel (60) 20 B3
Françay (41) 79 G3
Francazal (31) 184 D5
Francescas (47) 167 G1
Francheleins (01) 116 B6
Franchesse (03) 113 F1
Francheval (08) 24 C2
Franchevelle (70) 88 A2
la Francheville (08) 24 A1
Francheville (21) 85 G5
Francheville (27) 40 C4
Francheville (39) 102 C5
Francheville (51) 46 A3
Francheville (54) 48 B4
Francheville (61) 39 E5
Francheville (69) 130 A3
Francières (60) 21 E4
Francières (80) 7 E4
Francillon (36) 96 B4
Francillon-sur-Roubion (26) 158 D2
Francilly-Selency (02) 8 D6
Francin (73) 132 A5
Franclens (74) 118 A6
François (79) 108 A3
Francon (31) 184 C3
Franconville (54) 69 H1
Franconville (95) 42 C3
Francoulès (46) 152 D3
Francourt (70) 86 D3
Francourville (28) 62 C2
Francs (33) 136 A4
Francueil (37) 79 G6
Franey (25) 103 E1
Frangy (74) 118 A6
Frangy-en-Bresse (71) 102 B6
Franken (68) 89 F3
Franleu (80) 6 C4
Franois (25) 103 F1
Franquevielle (31) 183 H4
Franqueville (02) 22 D1
Franqueville (27) 40 B1
Franqueville (80) 7 F4
Franqueville-
-Saint-Pierre (76) 18 D4
Frans (01) 130 A1
Fransart (80) 21 F1
Fransèches (23) 125 G1
Fransu (80) 7 F4
Fransures (80) 20 B2
Franvillers (80) 7 H5
Franxault (21) 102 B3
Frapelle (88) 70 D2
Fraquelfing (57) 49 H5
Fraroz (39) 103 G5
Frasnay-Reugny (58) 99 G3
Frasne (25) 103 G4
Frasne-le-Château (70) 87 E5
Frasne-les-Meulières (39) 102 C1
la Frasnée (39) 117 H1
le Frasnois (39) 103 F6
Frasnoy (59) 9 G2
Frasseto (2A) 205 E6
Frauenberg (57) 27 H5
Frausseilles (81) 170 A1
Fravaux (10) 67 E4
le Fraysse (81) 170 D3
Frayssinet (46) 152 D1
Frayssinet-le-Gélat (46) 152 B2
Frayssinhes (46) 139 F5
Frazé (28) 61 G3
Fréauville (76) 19 E1
Frebécourt (88) 68 D2
Frébuans (39) 102 C6
le Frêche (40) 166 C2
Fréchède (65) 183 F1
Fréchencourt (80) 7 H5
Fréchendets (65) 183 F4
le Fréchet (31) 184 C3
Fréchet-Aure (65) 183 G5
Fréchou (47) 167 F1
Fréchou-Fréchet (65) 183 F3
Frécourt (52) 68 B6
Frédéric-Fontaine (70) 88 B3
la Frédière (17) 121 F2
Frédille (36) 96 B3
Frégimont (47) 151 E5
Frégouville (32) 168 C5
Fréhel (22) 34 B3
Freigné (49) 76 A3
Freissinières (05) 147 E6
la Freissinouse (05) 160 B2
Freistroff (57) 26 D4
Freix-Anglards (15) 140 A4
Fréjairolles (81) 170 C3
Fréjeville (81) 170 C5
Fréjus (83) 178 B6
Fréland (68) 71 E4
Frelinghien (59) 3 F4
Frémainville (95) 42 A2
Frémécourt (95) 42 B1
Fréménil (54) 49 G6
Frémeréville-
-sous-les-Côtes (55) 47 H4
Frémery (57) 49 E3
Frémestroff (57) 49 G2
Frémicourt (62) 8 C4
Fremifontaine (88) 70 B3
Frémontiers (80) 20 A1
Frémonville (54) 49 H6
la Frénaye (76) 15 H2
Frencq (62) 1 F5
Frenelle-la-Grande (88) 69 F2
Frenelle-la-Petite (88) 69 F2
Frênes (61) 38 A4
Freneuse (76) 18 C5
Freneuse (78) 41 G2
Freneuse-sur-Risle (27) 18 A6
Freney (73) 147 E2
le Freney-d'Oisans (38) 146 B3
Fréniches (60) 21 G2
Frénois (21) 85 G4
Frénois (88) 69 F4
Frénouville (14) 38 D1
Frépillon (95) 42 C2
Fresles (76) 19 E1
la Fresnaie-Fayel (61) 39 G4
la Fresnais (35) 35 E4
Fresnay (10) 67 F3
Fresnay-en-Retz (44) 90 D1
Fresnay-le-Comte (28) 62 B3
Fresnay-le-Gilmert (28) 62 A1
Fresnay-le-Long (76) 17 G4
Fresnay-le-Samson (61) 39 F3
Fresnay-l'Évêque (28) 62 D3
Fresnay-sur-Sarthe (72) 59 H3
la Fresnaye-
-au-Sauvage (61) 38 D4
le Fresne (27) 40 C3
le Fresne (51) 46 B3
le Fresne-Camilly (14) 14 B4
Fresne-Cauverville (27) 15 G4
Fresné-la-Mère (14) 38 D3
Fresne-l'Archevêque (27) 19 E5
Fresne-le-Plan (76) 17 H6
Fresne-Léguillon (60) 20 A6
Fresne-lès-Reims (51) 23 F5
le Fresne-Poret (50) 37 H5
Fresne-Saint-Mamès (70) 87 E4
le Fresne-sur-Loire (44) 76 B5
Fresneaux-
-Montchevreuil (60) 20 A6
Fresnes (02) 22 A3
Fresnes (21) 84 D3
Fresnes (41) 80 A5
Fresnes (89) 84 A2
Fresnes (94) 42 D5
Fresnes-au-Mont (55) 47 G3
Fresnes-en-Saulnois (57) 49 E3
Fresnes-en-Tardenois (02) 44 C1
Fresnes-en-Woëvre (55) 47 H1
Fresnes-lès-Montauban (62) 8 C2
Fresnes-Mazancourt (80) 8 B6
Fresnes-sur-Apance (52) 69 E6
Fresnes-sur-Escaut (59) 9 F1
Fresnes-sur-Marne (77) 43 F3
Fresnes-Tilloloy (80) 6 D5
Fresneville (80) 6 D6
Fresney (27) 41 E3
Fresney-le-Puceux (14) 14 B5
Fresney-le-Vieux (14) 14 B6
Fresnicourt-le-Dolmen (62) 8 A1
Fresnières (60) 21 F3
Fresnois-la-Montagne (54) 25 G3
Fresnoy (62) 7 F2
Fresnoy-Andainville (80) 6 D6
Fresnoy-au-Val (80) 7 E6
Fresnoy-en-Chaussée (80) 20 D1
Fresnoy-en-Gohelle (62) 8 C2
Fresnoy-en-Thelle (60) 20 C6
Fresnoy-Folny (76) 6 B6
Fresnoy-la-Rivière (60) 21 F6
Fresnoy-le-Château (10) 66 C4
Fresnoy-le-Grand (02) 9 F5
Fresnoy-le-Luat (60) 21 E6
Fresnoy-lès-Roye (80) 21 F2
Frespech (47) 151 G5
Fresquiennes (76) 17 G5
Fressac (30) 173 G2
Fressain (59) 8 D2
Fressancourt (02) 22 B2
Fresse (70) 88 B2
Fresse-sur-Moselle (88) 70 C6
Fresselines (23) 111 F3
Fressenneville (80) 6 C4
Fressies (59) 8 D3
Fressin (62) 7 E1
Fressines (79) 108 A3
le Frestoy-Vaux (60) 21 E3
Fresville (50) 12 D4
Fréterive (73) 132 B4
Fréteval (41) 79 H1
Fréthun (62) 1 G2
Fretigney-et-Velloreille (70) 87 F4
Frétigny (28) 61 F2
Fretin (59) 3 G6
Frétoy (77) 44 A5
Frétoy-le-Château (60) 21 G2
la Frette (38) 131 E6
la Frette (71) 116 C1
la Frette-sur-Seine (95) 42 C3
Frettecuisse (80) 6 D6
Frettemeule (80) 6 C5
Fretterans (71) 102 B4
le Fréty (08) 23 G1
Freulleville (76) 17 H3
Frévent (62) 7 G2
Fréville (76) 17 F5
Fréville (88) 68 C3
Fréville-du-Gâtinais (45) 63 G6
Frévillers (62) 7 H1
Frévin-Capelle (62) 8 A2
Freybouse (57) 49 G2
Freycenet-la-Cuche (43) 142 D5
Freycenet-la-Tour (43) 142 D5
Freychenet (09) 185 H6
Freyming-Merlebach (57) 49 G1
Freyssenet (07) 157 H1
Friaize (28) 61 G2
Friardel (14) 15 G6
Friaucourt (80) 6 B4
Friauville (54) 48 A1
Fribourg (57) 49 G4
Fricamps (80) 20 A1
Frichemesnil (76) 18 D2
Fricourt (80) 8 B5
Fridefont (15) 141 F5
Friedolsheim (67) 50 C4
Frières-Faillouël (02) 21 H2
Friesen (68) 89 E3
Friesenheim (67) 71 H2
Frignicourt (51) 46 B5
Frise (80) 8 B5
Friville-Escarbotin (80) 6 B4
Frizon (88) 69 H3
Froberville (76) 16 C3
Frocourt (60) 20 A5
Frœningen (68) 89 F2
Frœschwiller (67) 51 E2
Froges (38) 145 H1
Frohen-sur-Authie (80) 7 F3
Frohmuhl (67) 50 B3
Froideconche (70) 87 H1
Froidefontaine (90) 88 D3
Froidestrées (02) 10 A5
Froideterre (70) 88 A2
Froidevaux (25) 88 B6
Froideville (39) 102 C5
Froidfond (85) 91 E2
Froidmont-Cohartille (02) 22 C2
Froidos (55) 47 E2
Froissy (60) 20 B3
Frôlois (21) 85 E4
Frolois (54) 48 C6
Fromelennes (08) 11 F4
Fromelles (59) 3 E5
Fromental (87) 110 D5
Fromentières (51) 44 D3
Fromentières (53) 76 D1
Fromeréville-
-les-Vallons (55) 47 F1
Fromezey (55) 25 G6
Fromont (77) 63 H3
Fromy (08) 25 E3
Froncles (52) 67 H3
Fronsac (31) 184 A5
Fronsac (33) 135 G4
Frontenac (33) 135 H6
Frontenac (46) 153 G3
Frontenard (71) 102 A4
Frontenas (69) 129 G1
Frontenaud (71) 117 E1
Frontenay (39) 102 D5
Frontenay-
-Rohan-Rohan (79) 107 G4
Frontenex (73) 132 C4
Frontignan (34) 189 F1
Frontignan-
-de-Comminges (31) 184 A5
Frontignan-Savès (31) 184 C1
Fronton (31) 169 E3
Frontonas (38) 130 C4
Fronville (52) 67 H2
Frossay (44) 74 A5
Frotey-lès-Lure (70) 88 A3
Frotey-lès-Vesoul (70) 87 G3
Frouard (54) 48 C4
Frouville (95) 42 C1
Frouzins (31) 169 E6
Froville (54) 69 H1
Froyelles (80) 7 E3
Frozes (86) 94 A6
Frucourt (80) 6 D5
Frugerès-les-Mines (43) 141 G1
Fruges (62) 2 A6
Frugières-le-Pin (43) 141 H2
Fruncé (28) 61 H2
Fry (76) 19 F3
Fuans (25) 104 B2
Fublaines (77) 43 G3
le Fugeret (04) 178 A1
le Fuilet (49) 75 F5
Fuilla (66) 200 B3
Fuissé (71) 116 B4
Fuligny (10) 67 F3
Fulleren (68) 89 E3
Fultot (76) 17 E3
Fulvy (89) 84 B2
Fumay (08) 11 E5
Fumel (47) 151 H3
Fumichon (14) 15 G5
Furchhausen (67) 50 C4
Furdenheim (67) 50 D5
Furiani (2B) 203 G4
Furmeyer (05) 160 A2
Fussey (21) 101 G2
Fussy (18) 97 H2
Fustérouau (32) 166 D4
Fustignac (31) 184 C2
Futeau (55) 46 D2
Fuveau (13) 192 C2
Fyé (72) 60 A3

G

Gaas (40) 165 E5
Gabarnac (33) 149 H2
Gabarret (40) 166 D2
Gabaston (64) 182 C1
Gabat (64) 181 F1
Gabian (34) 172 B6
Gabillou (24) 137 H2
Gabre (09) 185 F4
Gabriac (12) 154 D3
Gabriac (48) 156 C6
Gabrias (48) 155 H3
Gacé (61) 39 G4
la Gacilly (56) 56 C6
Gâcogne (58) 100 A1
Gadancourt (95) 42 A2
Gadencourt (27) 41 F3
Gaël (35) 56 B2
Gageac-et-Rouillac (24) 136 C6
Gagnac-sur-Cère (46) 139 F5
Gagnac-sur-Garonne (31) 169 E4
Gagnières (30) 157 E5
Gagny (93) 43 E4
Gahard (35) 57 G1
Gailhan (30) 173 G3
Gaillac (81) 170 A3
Gaillac-d'Aveyron (12) 155 E4
Gaillac-Toulza (31) 185 G3
Gaillagos (65) 182 C5
Gaillan-en-Médoc (33) 120 C6
Gaillard (74) 118 C5
Gaillardbois-
-Cressenville (27) 19 E5
la Gaillarde (76) 17 F2
Gaillefontaine (76) 19 F2
Gaillères (40) 166 B2
Gaillon (27) 41 E1
Gaillon-sur-Montcient (78) 42 A2
Gainneville (76) 15 F2
Gaja-et-Villedieu (11) 186 D4
Gaja-la-Selve (11) 186 B3
Gajac (33) 150 A3
Gajan (09) 184 D5
Gajan (30) 174 A3
Gajoubert (87) 109 H5
Galametz (62) 7 F2
Galan (65) 183 G3
Galapian (47) 150 D5
Galargues (34) 173 G4
Galéria (2B) 204 B1
Galey (09) 184 C5
Galez (65) 183 G3
Galfingue (68) 89 E2
Galgan (12) 153 H3
Galgon (33) 135 G4
Galiax (32) 166 D5
Galié (31) 184 A5
Galinagues (11) 199 H1
Gallardon (28) 62 C1
Gallargues-
-le-Montueux (30) 173 H4
le Gallet (60) 20 B3
Galluis (78) 41 H4
Gamaches (80) 6 B5
Gamaches-en-Vexin (27) 19 F6
Gamarde-les-Bains (40) 165 F4
Gamarthe (64) 181 E3
Gambais (78) 41 G4
Gambaiseuil (78) 41 H5
Gambsheim (67) 51 F4
Gan (64) 182 B3
Ganac (09) 185 G5
Ganagobie (04) 176 D1
Gancourt-Saint-Étienne (76) 19 G3
Gandelain (61) 59 H1
Gandelu (02) 44 A2
Gandrange (57) 26 B4
Ganges (34) 173 E2
Gannat (03) 113 G6
Gannay-sur-Loire (03) 99 G6
Gannes (60) 20 C3
Gans (33) 150 A3
Ganties (31) 184 B4
Ganzeville (76) 16 C3
Gap (05) 160 B2
Gapennes (80) 7 E3
Gâprée (61) 39 G6
Garac (31) 168 C4
Garancières (78) 41 H4
Garancières-en-Beauce (28) 62 D2
Garancières-
-en-Drouais (28) 41 E5
Garanou (09) 199 F1
Garat (16) 122 C4
Garcelles-Secqueville (14) 38 D1
Garches (92) 42 C4
Garchizy (58) 98 D3
Garchy (58) 98 D1
Gardanne (13) 192 B2
la Garde (04) 177 H3
la Garde (38) 146 A3
la Garde (83) 193 F5
la Garde-Adhémar (26) 158 B4
la Garde-Freinet (83) 194 A3
Gardefort (18) 98 B1
Gardegan-et-Tourtirac (33) 136 A5
Gardères (65) 182 D2
Gardes-le-Pontaroux (16) 122 C5
Gardie (11) 186 D4
Gardonne (24) 136 C5
Gardouch (31) 185 H1
Garein (40) 165 H1
Garencières (27) 41 E3
la Garenne-Colombes (92) 42 C3
Garennes-sur-Eure (27) 41 F3
Garentreville (77) 63 H4
Garéoult (83) 193 F3
Garganvillar (82) 168 C2
Gargas (31) 169 F4
Gargas (84) 175 H2
Gargenville (78) 41 H2
Garges-lès-Gonesse (95) 42 D3
Gargilesse-Dampierre (36) 111 E2
Garidech (31) 169 G4
Gariès (82) 168 C3
Garigny (18) 98 C3
Garin (31) 197 F1
Garindein (64) 181 F3
Garlan (29) 32 A3
Garlède-Mondebat (64) 166 B6
Garlin (64) 166 B5
le Garn (30) 157 G5
la Garnache (85) 90 D2
Garnat-sur-Engièvre (03) 114 B1
Garnay (28) 41 E5
Garnerans (01) 116 B5
Garons (30) 174 B4
Garos (64) 166 A6
Garravet (32) 184 C1
Garrebourg (57) 50 B4
Garrevaques (81) 170 B6
Garrey (40) 165 F4
le Garric (81) 170 C2
Garrigues (34) 173 G4
Garrigues (81) 169 H4
Garrigues-
-Sainte-Eulalie (30) 174 A2
Garris (64) 181 F1
Garrosse (40) 165 F1
Gars (06) 178 B2
Gartempe (23) 111 F5
Gas (28) 41 G6
Gasny (27) 41 G2
Gasques (82) 151 H6
Gassin (83) 194 B4
le Gast (14) 37 F4
Gastes (40) 148 B4
Gastines (53) 58 A6
Gastins (77) 43 H6
Gasville-Oisème (28) 62 B1
Gatey (39) 102 C4
Gathemo (50) 37 G4
Gatteville-le-Phare (50) 13 E1
Gattières (06) 195 E2
Gatuzières (48) 156 A6
Gaubertin (45) 63 G5
la Gaubretière (85) 92 B3
Gauchin-Légal (62) 8 A1
Gauchin-Verloingt (62) 7 G1
Gauchy (02) 22 A1
Gauciel (27) 41 E2
la Gaudaine (28) 61 F3
la Gaude (06) 195 E3
Gaudechart (60) 20 A3
Gaudent (65) 184 A5
Gaudiempré (62) 7 H3
Gaudiès (09) 186 A3
Gaudonville (32) 168 B3
Gaudreville-la-Rivière (27) 40 D3
Gaugeac (24) 151 G1
Gaujac (30) 174 C1
Gaujac (32) 168 B6
Gaujac (47) 150 B3
Gaujacq (40) 165 G4
Gaujan (32) 184 B1
le Gault-Perche (41) 61 F5
le Gault-Saint-Denis (28) 62 B3
le Gault-Soigny (51) 44 C4
Gauré (31) 169 G5
Gauriac (33) 135 E3
Gauriaguet (33) 135 G3
Gaussan (65) 183 H3
Gausson (22) 33 G6
Gauville (61) 40 A4
Gauville (80) 19 H1
Gauville-la-Campagne (27) 40 D2
Gavarnie (65) 196 B1
Gavarret-sur-Aulouste (32) 167 H4
Gavaudun (47) 151 G2
Gavignano (2B) 203 F6
Gavisse (57) 26 C2
Gavray (50) 35 H1
le Gâvre (44) 74 C2
Gavrelle (62) 8 C2
Gâvres (56) 54 C6
Gavrus (14) 14 B5
Gayan (65) 183 E2
Gaye (51) 45 E5
Gayon (64) 166 C6
Gazaupouy (32) 167 G1
Gazave (65) 183 G4
Gazax-et-Baccarisse (32) 167 E5
Gazeran (78) 41 H6
Gazost (65) 183 E4
Geaune (40) 166 B5
Geay (17) 120 D2
Geay (79) 93 F4
Gèdre (65) 196 B1
Gée (49) 77 F5
Gée-Rivière (32) 166 C4
Geffosses (50) 12 C6
Géfosse-Fontenay (14) 13 F4
Gehée (36) 96 B3
Geishouse (68) 70 D6
Geispitzen (68) 89 G2
Geispolsheim (67) 51 E6
Geiswasser (68) 71 H5
Geiswiller (67) 50 D4
Gélacourt (54) 70 B1
Gélannes (10) 65 G1
Gélaucourt (54) 69 E1
Gellainville (28) 62 B2
Gellenoncourt (54) 49 E5
Gelles (63) 126 D3
Gellin (25) 103 H5
Gelos (64) 182 B2
Geloux (40) 165 H1
Gelucourt (57) 49 G4
Gelvécourt-et-Adompt (88) 69 G4
Gémages (61) 60 D3
Gemaingoutte (88) 70 D3
Gembrie (65) 184 A5
Gemeaux (21) 85 H5
Gémenos (13) 192 C4
Gémigny (45) 62 C6
Gémil (31) 169 G4
Gemmelaincourt (88) 69 E3
Gémonval (25) 88 B4
Gémonville (54) 69 E2
Gémozac (17) 121 E4
Genac (16) 122 B2
Genainville (95) 41 H1
Genas (69) 130 B3
Génat (09) 199 E1
Genay (21) 84 C4
Genay (69) 130 A2
Gençay (86) 109 E3
Gendreville (88) 68 D3
Gendrey (39) 102 D1
Gené (49) 75 H1
Génébrières (82) 169 F2
Genech (59) 3 G6
Génelard (71) 115 F1
Générac (30) 174 B4
Générac (33) 135 F2
Générargues (30) 173 G1
Générest (65) 183 H5
Generville (11) 186 B3
Geneslay (61) 59 E1
le Genest-Saint-Isle (53) 58 C4
Genestelle (07) 157 G1
Geneston (44) 91 G1
la Genête (71) 116 C2
la Genétouze (17) 136 A2
la Génétouze (85) 91 F4
Genêts (50) 35 G3
les Genettes (61) 40 A5
Geneuille (25) 87 F6
la Genevraie (61) 39 G5
la Genevraye (77) 64 A3
Genevreuille (70) 87 H3
Genevrey (70) 87 H2
Genevrières (52) 86 C2
la Genevroye (52) 67 H3
Geney (25) 88 B4
la Geneytouse (87) 124 C3
Génicourt (95) 42 B2
Génicourt-sur-Meuse (55) 47 G2
Genilac (42) 129 G5
Genillé (37) 95 G2
Génis (24) 138 A1
Génissac (33) 135 G5
Génissieux (26) 144 C3
Genlis (21) 102 B1
Gennes (25) 103 G1
Gennes (49) 77 F6
Gennes-Ivergny (62) 7 E2
Gennes-sur-Glaize (53) 76 D1
Gennes-sur-Seiche (35) 58 A5
Genneteil (49) 77 H3
Gennetines (03) 114 A1
Genneton (79) 93 E2
Genneville (14) 15 F3
Gennevilliers (92) 42 C3
Genod (39) 117 F3
Génolhac (30) 156 D4
Génos (31) 184 A5
Génos (65) 197 E1
Genouillac (16) 123 E2
Genouillac (23) 111 H3
Genouillé (17) 107 F6
Genouillé (86) 109 E5
Genouilleux (01) 116 B5
Genouilly (18) 96 D2
Genouilly (71) 115 H1
Gensac (33) 136 B6
Gensac (65) 183 E1
Gensac (82) 168 C2
Gensac-de-Boulogne (31) 184 A3
Gensac-la-Pallue (16) 121 H4
Gensac-sur-Garonne (31) 184 D3
Genté (16) 121 G4
Gentelles (80) 7 H6
Gentilly (94) 42 D4
Gentioux-Pigerolles (23) 125 F3
Genvry (60) 21 G3
Georfans (70) 88 A4
Géovreisset (01) 117 G4
Ger (50) 37 H5
Ger (64) 182 D2
Ger (65) 182 D4
Geraise (39) 103 F3
Gérardmer (88) 70 C5
Géraudot (10) 66 C3
Gerbaix (73) 131 G4
Gerbamont (88) 70 C5
Gerbécourt (57) 49 E3
Gerbécourt-
-et-Haplemont (54) 69 F1
Gerbépal (88) 70 C4
Gerberoy (60) 19 H3
Gerbéviller (54) 70 A1
Gercourt-
-et-Drillancourt (55) 25 E5
Gercy (02) 22 D1
Gerde (65) 183 F4
Gerderest (64) 182 D1
Gère-Bélesten (64) 182 B4
Gergny (02) 10 A6
Gergueil (21) 101 G1
Gergy (71) 101 H4
Gerland (21) 101 H2
Germ (65) 197 E1
Germagnat (01) 117 F4
Germagny (71) 101 F6
Germaine (02) 21 H1
Germaine (51) 45 F1
Germaines (52) 85 H2
Germainville (28) 41 F5
Germainvilliers (52) 68 D4
Germay (52) 68 B2
Germéfontaine (25) 104 B1
Germenay (58) 99 G1
Germignac (17) 121 G4
Germigney (39) 103 E3
Germigney (70) 86 C5
Germignonville (28) 62 C4
Germigny (51) 22 D6
Germigny (89) 65 H6
Germigny-des-Prés (45) 81 F1
Germigny-l'Évêque (77) 43 G3
Germigny-l'Exempt (18) 98 C4
Germigny-
-sous-Coulombs (77) 44 A2
Germigny-sur-Loire (58) 98 D3
Germinon (51) 45 G4
Germiny (54) 48 B6
Germisay (52) 68 B2
Germolles-sur-Grosne (71) 115 H4
Germond-Rouvre (79) 107 H2
Germondans (25) 87 G5
Germont (08) 24 B4
Germonville (54) 69 G2
Germs-sur-l'Oussouet (65) 183 E4
Gernelle (08) 24 B1
Gernicourt (02) 22 D5
Géronce (64) 181 H2
Gerponville (76) 16 D3
Gerrots (14) 15 E4
Gerstheim (67) 71 H1
Gertwiller (67) 71 G1
Geruge (39) 117 F1
Gervans (26) 144 A3

Gerville (76) 16 C4
Géry (55) 47 F4
Gerzat (63) 127 F2
Gesnes (53) 59 E4
Gesnes-en-Argonne (55) 24 D5
Gesnes-le-Gandelin (72) 59 H2
Gespunsart (08) 24 B1
Gestas (64) 181 G1
Gesté (49) 75 F5
Gestel (56) 54 C5
Gestiès (09) 199 E1
Gesvres (53) 59 G2
Gesvres-le-Chapitre (77) 43 G2
Gétigné (44) 75 E6
les Gets (74) 119 F5
Geu (65) 182 D4
Geudertheim (67) 51 E4
Géus-d'Arzacq (64) 165 H6
Geüs-d'Oloron (64) 181 H2
Gévezé (35) 57 E2
Gevigney-et-Mercey (70) 87 E2
Geville (55) 47 H4
Gevingey (39) 117 F1
Gevresin (25) 103 G3
Gevrey-Chambertin (21) 101 H1
Gevrolles (21) 67 F6
Gevry (39) 102 C3
Gex (01) 118 B3
Geyssans (26) 144 C3
Gez (65) 182 D5
Gez-Ez-Angles (65) 183 E4
Gézaincourt (80) 7 G4
Gézier-et-Fontenelay (70) 87 E6
Gézoncourt (54) 48 B4
Ghisonaccia (2B) 205 G5
Ghisoni (2B) 205 F4
Ghissignies (59) 9 G3
Ghyvelde (59) 2 C1
Giat (63) 126 B3
Gibeaumeix (54) 48 A6
Gibel (31) 185 H2
Gibercourt (02) 22 A2
Giberville (14) 14 C4
Gibles (71) 115 G4
Gibourne (17) 121 G1
Gibret (40) 165 F4
le Gicq (17) 121 H1
Gidy (45) 62 D6
Giel-Courteilles (61) 38 D4
Gien (45) 82 A3
Gien-sur-Cure (58) 100 B2
Gières (38) 145 G2
la Giettaz (73) 132 D2
Giéville (50) 37 G2
Gièvres (41) 96 C1
Giey-sur-Aujon (52) 85 H1
Giez (74) 132 B3
Gif-sur-Yvette (91) 42 B5
Giffaumont-
-Champaubert (51) 67 F1
Gigean (34) 173 E6
Gignac (34) 172 D5
Gignac (46) 138 C4
Gignac (84) 176 B2
Gignac-la-Nerthe (13) 191 H5
Gignat (63) 127 F6
Gignéville (88) 69 E4
Gigney (88) 69 H3
Gigny (39) 117 F2
Gigny (89) 84 C2
Gigny-Bussy (51) 46 B6
Gigny-sur-Saône (71) 101 H6
Gigondas (84) 158 C6
Gigors (04) 160 C3
Gigors-et-Lozeron (26) 144 C6
Gigouzac (46) 152 C2
Gijounet (81) 171 F4
Gildwiller (68) 89 E2
Gilette (06) 195 E2
Gilhac-et-Bruzac (07) 143 H5
Gilhoc-sur-Ormèze (07) 143 H4
Gillancourt (52) 67 G4
Gillaumé (52) 68 B1
Gilles (28) 41 F3
Gilley (25) 104 B2
Gilley (52) 86 D3
Gillois (39) 103 G5
Gillonnay (38) 130 D6
Gilly-lès-Cîteaux (21) 101 H2
Gilly-sur-Isère (73) 132 C4
Gilly-sur-Loire (71) 114 C2
Gilocourt (60) 21 F6
Gimat (82) 168 C3
Gimbrède (32) 168 A1
Gimeaux (63) 127 F1
Gimécourt (55) 47 F4
Gimel-les-Cascades (19) 139 E1
Gimeux (16) 121 G4
la Gimond (42) 129 F5
Gimont (32) 168 B5
Gimouille (58) 98 D4
Ginai (61) 39 F4
Ginals (82) 153 F6
Ginasservis (83) 176 D4
Ginchy (80) 8 B5
Gincla (11) 200 B1
Gincrey (55) 25 G6
Gindou (46) 152 B2
Ginestas (11) 187 H3
Ginestet (24) 136 D5
Gingsheim (67) 50 D4
Ginoles (11) 186 C6
Ginouillac (46) 152 D1
Gintrac (46) 139 E5
Giocatojo (2B) 203 F6
Gionges (51) 45 F3
Giou-de-Mamou (15) 140 B5
Gioux (23) 125 G3
Gipcy (03) 113 F2
Girac (46) 139 E5
Girancourt (88) 69 G4
Giraumont (54) 26 A5
Giraumont (60) 21 F4
Girauvoisin (55) 47 H4
Gircourt-lès-Viéville (88) 69 G2
Girecourt-sur-Durbion (88) 70 A3
Girefontaine (70) 69 G6
Giremoutiers (77) 43 H4
Girgols (15) 140 B4
Giriviller (54) 70 A1
Girmont (88) 69 H3
Girmont-Val-d'Ajol (88) 70 A6
Girolles (45) 64 A5
Girolles (89) 83 H4
Giromagny (90) 88 C2
Giron (01) 117 H4
Gironcourt-sur-Vraine (88) 69 E3
Gironde-sur-Dropt (33) 150 A2
Girondelle (08) 10 D6
Gironville (77) 63 H4
Gironville-sur-Essonne (91) 63 G2
le Girouard (85) 91 F5
Giroussens (81) 169 H4
Giroux (36) 96 D3
Giry (58) 99 F1
Gisay-la-Coudre (27) 40 A3
Giscaro (32) 168 B5
Giscos (33) 149 H5
Gisors (27) 19 G6
Gissac (12) 171 H3
Gissey-le-Vieil (21) 84 D6
Gissey-sous-Flavigny (21) 85 E4
Gissey-sur-Ouche (21) 101 G1
Gisy-les-Nobles (89) 64 D3
Giuncaggio (2B) 205 G3
Giuncheto (2A) 206 D3
Givardon (18) 98 B5
Givarlais (03) 112 D2
Givenchy-en-Gohelle (62) 8 B1
Givenchy-le-Noble (62) 7 H2
Givenchy-lès-la-Bassée (62) 2 D6
Giverny (27) 41 G2
Giverville (27) 15 H4
Givet (08) 11 F4
Givonne (08) 24 C2
Givors (69) 130 A5
Givraines (45) 63 G4
Givrand (85) 90 D4
Givrauval (55) 47 F5
le Givre (85) 91 G6
Givrezac (17) 121 E4
Givron (08) 23 G2
Givry (08) 23 H4
Givry (71) 101 F5
Givry (89) 83 H4
Givry-en-Argonne (51) 46 C3
Givry-lès-Loisy (51) 45 E3
Givrycourt (57) 49 H3
Gizaucourt (51) 46 C2
Gizay (86) 109 F2
Gizeux (37) 78 A5
Gizia (39) 117 F2
Gizy (02) 22 D3
la Glacerie (50) 12 C2
Glageon (59) 10 B4
Glaignes (60) 21 F6
Glaine-Montaigut (63) 127 G3
Glaire (08) 24 C2
le Glaizil (05) 146 A6
Glamondans (25) 87 H6
Gland (02) 44 C2
Gland (89) 84 C2
Glandage (26) 159 G1
Glandon (87) 124 B5
Glanes (46) 139 F5
Glanges (87) 124 C4
Glannes (51) 46 A5
Glanon (21) 102 A3
Glanville (14) 15 E4
Glatens (82) 168 B3
Glatigny (50) 12 C5
Glatigny (57) 26 C5
Glatigny (60) 19 H4
Glay (25) 88 D5
Gleizé (69) 129 H1
Glénac (56) 56 C6
Glénat (15) 139 G5
Glénay (79) 93 F4
Glénic (23) 111 G5
Glennes (02) 22 C5
Glénouze (86) 93 H3
Glère (25) 88 D5
Glicourt (76) 17 H2
Glisolles (27) 40 D2
Glisy (80) 7 G6
Glomel (22) 54 C1
Glonville (54) 70 B1
Glorianes (66) 200 D3
Glos (14) 15 F5
Glos-la-Ferrière (61) 40 A4
Glos-sur-Risle (27) 18 A6
Gluiras (07) 143 G5
Glun (07) 144 A4
Glux-en-Glenne (58) 100 B4
Goas (82) 168 C3
la Godefroy (50) 35 H3
Godenvillers (60) 20 D3
Goderville (76) 16 C4
Godewaersvelde (59) 2 D3
Godisson (61) 39 G5
la Godivelle (63) 141 E1
Godoncourt (88) 69 E5
Gœrlingen (67) 50 A3
Goersdorf (67) 51 E2
Goès (64) 182 A3
Goetzenbruck (57) 50 C2
Goeulzin (59) 8 D2
Gogney (54) 49 G5
Gognies-Chaussée (59) 10 A2
la Gohannière (50) 37 E4
Gohory (28) 61 H4
Goin (57) 48 D2
Goincourt (60) 20 A4
Golancourt (60) 21 G2
Golbey (88) 69 H4
Goldbach-Altenbach (68) 71 E6
Golfech (82) 151 G6
Golinhac (12) 154 C2
Golleville (50) 12 C3
Gombergean (41) 79 G3
Gomelange (57) 26 D4
Goméné (22) 56 A2
Gomer (64) 182 C2
Gometz-la-Ville (91) 42 B5
Gometz-le-Châtel (91) 42 B5
Gomiécourt (62) 8 B4
Gommecourt (62) 8 A4
Gommecourt (78) 41 G2
Gommegnies (59) 9 G2
Gommenec'h (22) 33 E3
Gommersdorf (68) 89 E3
Gommerville (28) 62 D3
Gommerville (76) 15 G1
Gomméville (21) 66 D6
Gomont (08) 23 F4
Goncelin (38) 146 A1
Goncourt (52) 68 C3
Gond-Pontouvre (16) 122 C4
Gondecourt (59) 3 F6
Gondenans-les-Moulins (25) 87 H4
Gondenans-Montby (25) 88 A5
Gondeville (16) 121 H3
Gondrecourt-Aix (54) 25 H6
Gondrecourt-
-le-Château (55) 68 C1
Gondreville (45) 64 A5
Gondreville (54) 48 B5
Gondreville (60) 21 G6
Gondrexange (57) 49 H5
Gondrexon (54) 49 G5
Gondrin (32) 167 F2
les Gonds (17) 121 E3
Gonesse (95) 42 D3
Gonez (65) 183 F3
Gonfaron (83) 193 H3
Gonfreville (50) 12 D5
Gonfreville-Caillot (76) 16 C4
Gonfreville-l'Orcher (76) 15 F2
la Gonfrière (61) 39 H4
Gonnehem (62) 2 C5
Gonnelieu (59) 8 D4
Gonnetot (76) 17 F3
Gonneville (50) 12 D2
Gonneville-en-Auge (14) 14 C4
Gonneville-la-Mallet (76) 16 B4
Gonneville-sur-Honfleur (14) 15 F3
Gonneville-sur-Mer (14) 14 D4
Gonneville-sur-Scie (76) 17 G3
Gonsans (25) 103 H1
Gontaud-de-Nogaret (47) 150 D3
la Gonterie-
-Boulouneix (24) 123 E6
Gonzeville (76) 17 E3
Goos (40) 165 F4
Gorbio (06) 195 G2
Gorcy (54) 25 G3
Gordes (84) 175 G2
Gorenflos (80) 7 E4
Gorges (44) 75 E6
Gorges (50) 12 D5
Gorges (80) 7 F4
la Gorgue (59) 2 D5
Gorhey (88) 69 G4
Gornac (33) 150 A1
Gorniès (34) 173 E3
Gorre (87) 123 H3
Gorrevod (01) 116 C3
Gorron (53) 58 C2
Gorses (46) 139 F6
Gorze (57) 26 A6
Gosnay (62) 2 D6
Gosné (35) 57 G1
Gosselming (57) 49 H4
Gotein-Libarrenx (64) 181 G3
Gottenhouse (67) 50 C4
Gottesheim (67) 50 C4
Gouaix (77) 65 E1
Goualade (33) 150 A4
Gouarec (22) 54 D1
Gouaux (65) 183 G6
Gouaux-de-Larboust (31) 197 E1
Gouaux-de-Luchon (31) 184 A6
Gouberville (50) 13 E1
Gouchaupre (76) 6 A5
Goudargues (30) 157 G5
Goudelancourt-
-lès-Berrieux (02) 22 D4
Goudelancourt-
-lès-Pierrepont (02) 22 D2
Goudelin (22) 33 F3
Goudet (43) 142 C5
Goudex (31) 184 C2
Goudon (65) 183 F3
Goudourville (82) 151 H6
Gouesnach (29) 53 F3
la Gouesnière (35) 35 E4
Gouesnou (29) 31 E4
Gouex (86) 109 G3
Gouézec (29) 53 G1
Gougenheim (67) 50 D4
Gouhelans (25) 87 H5
Gouhenans (70) 88 A3
Gouillons (28) 62 D3
Gouise (03) 114 A3
Goujounac (46) 152 B2
la Goulafrière (27) 39 H3
Goulet (61) 39 E5
Goulien (29) 52 D2
Goulier (09) 198 D1
Goulles (19) 139 G4
les Goulles (21) 85 G1
Gouloux (58) 100 B1
Goult (84) 175 G3
Goulven (29) 31 F2
Goumois (25) 88 D6
Goupillières (14) 14 B6
Goupillières (27) 40 B1
Goupillières (76) 17 F5
Goupillières (78) 41 H3
Gouraincourt (55) 25 G5
le Gouray (22) 34 A6
Gourbera (40) 165 E3
Gourbesville (50) 12 D4
Gourbit (09) 199 E1
Gourchelles (60) 19 G2
Gourdan-Polignan (31) 184 A4
Gourdièges (15) 140 D5
Gourdon (06) 178 C4
Gourdon (07) 157 G1
Gourdon (46) 152 C1
Gourdon (71) 115 G1
Gourdon-Murat (19) 125 F5
Gourfaleur (50) 37 F1
Gourgançon (51) 45 F5
Gourgé (79) 93 G5
Gourgeon (70) 87 E2
Gourgue (65) 183 F4
Gourhel (56) 56 A4
Gourin (56) 54 B2
Gourlizon (29) 53 E2
Gournay (36) 111 F1
Gournay-en-Bray (76) 19 G4
Gournay-le-Guérin (27) 40 B5
Gournay-Loizé (79) 108 B5
Gournay-sur-Aronde (60) 21 E4
Gournay-sur-Marne (93) 43 E4
les Gours (16) 122 A1
Gours (33) 136 A4
Gourvieille (11) 186 A2
Gourville (16) 122 A2
Gourvillette (17) 121 H1
Goussaincourt (55) 68 D1
Goussainville (28) 41 G4
Goussainville (95) 42 D2
Goussancourt (02) 44 D1
Gousse (40) 165 F3
Goussonville (78) 41 H3
Goustranville (14) 14 D4
Gout-Rossignol (24) 122 D6
la Goutelle (63) 126 C2
Goutevernisse (31) 185 E3
Goutrens (12) 154 B3
Gouts (40) 165 G3
Gouttières (27) 40 B2
Gouttières (63) 113 E6
Goutz (32) 168 A3
Gouvernes (77) 43 F4
Gouves (62) 8 A2
Gouvets (50) 37 F2
Gouvieux (60) 42 D1
Gouville (27) 40 C4
Gouville-sur-Mer (50) 36 D1
Gouvix (14) 14 C6
Goux (32) 166 D5
Goux-lès-Dambelin (25) 88 B5
Goux-les-Usiers (25) 103 H3
Goux-sous-Landet (25) 103 F2
Gouy (02) 9 E5
Gouy (76) 18 D5
Gouy-en-Artois (62) 8 A3
Gouy-en-Ternois (62) 7 G2
Gouy-les-Groseillers (60) 20 B2
Gouy-Saint-André (62) 7 E1
Gouy-Servins (62) 8 A1
Gouy-sous-Bellonne (62) 8 C2
Gouzangrez (95) 42 A1
Gouzeaucourt (59) 8 D4
Gouzens (31) 185 E3
Gouzon (23) 112 A5
Goven (35) 57 E3
Goviller (54) 69 F1
Goxwiller (67) 71 G1
Goyencourt (80) 21 E2
Goyrans (31) 169 F6
Grabels (34) 173 F5
Graçay (18) 96 D2
Grâce-Uzel (22) 55 G1
Grâces (22) 33 E4
Gradignan (33) 135 E6
Graffigny-Chemin (52) 68 C4
Gragnague (31) 169 G5
Graignes-Mesnil-Angot (50) 13 E5
Grailhen (65) 183 G6
Graimbouville (76) 15 G1
Graincourt-
-lès-Havrincourt (62) 8 D4
Grainville (27) 19 E5
Grainville-la-Teinturière (76) 17 E3
Grainville-Langannerie (14) 38 D2
Grainville-sur-Odon (14) 14 A5
Grainville-sur-Ry (76) 17 H6
Grainville-Ymauville (76) 16 C4
le Grais (61) 38 C5
Graissac (12) 140 D6
Graissessac (34) 172 A5
Graix (42) 143 G1
Gramat (46) 139 E6
Gramazie (11) 186 C4
Grambois (84) 176 B4
Grammond (42) 129 F5
Grammont (70) 88 A4
Gramond (12) 154 B5
Gramont (82) 168 A2
Granace (2A) 207 E3
Grancey-le-Château-
-Neuvelle (21) 85 H3
Grancey-sur-Ource (21) 67 E6
Granchain (27) 40 A2
Grand (88) 68 B2
le Grand-Abergement (01) 117 G6
Grand-Auverné (44) 75 E2
le Grand-Bornand (74) 132 C1
le Grand-Bourg (23) 111 E5
Grand-Brassac (24) 136 D1
Grand-Camp (27) 15 H6
Grand-Camp (76) 15 H1
le Grand-Celland (50) 37 F5
Grand-Champ (56) 55 F5
Grand-Charmont (25) 88 C4
la Grand-Combe (30) 157 E6
Grand-Corent (01) 117 F5
Grand-Couronne (76) 18 C5
la Grand-Croix (42) 129 G5
Grand-Failly (54) 25 F4
Grand-Fayt (59) 9 H4
Grand-Fort-Philippe (59) 2 A2
Grand-Fougeray (35) 57 E6
Grand-Laviers (80) 6 D4
le Grand-Lemps (38) 131 E6
le Grand-Lucé (72) 78 C1
le Grand-Madieu (16) 122 D1
le Grand-Pressigny (37) 95 E4
le Grand-Quevilly (76) 17 G6
Grand-Rozoy (02) 22 A6
Grand-Rullecourt (62) 7 H3
le Grand-Serre (26) 144 C2
Grand-Vabre (12) 154 B2
Grand-Verly (02) 9 G5
le Grand-Village-Plage (17) 120 B1
Grandcamp-Maisy (14) 13 F4
Grandchamp (08) 23 G2
Grandchamp (52) 86 B2
Grandchamp (72) 60 B3
Grandchamp (78) 41 G5
Grandchamp (89) 82 D2
Grandchamp-
-le-Château (14) 15 E5
Grandchamps-
-des-Fontaines (44) 74 C4
Grand'Combe-
-Châteleu (25) 104 B3
Grand'Combe-
-des-Bois (25) 104 D2
Grandcourt (76) 6 B6
Grandcourt (80) 8 A4
la Grande-Fosse (88) 70 D2
la Grande-Motte (34) 173 H6
la Grande-Paroisse (77) 64 B2
la Grande-Résie (70) 86 C6
Grande-Rivière (39) 118 A1
Grande-Synthe (59) 2 B1
la Grande-Verrière (71) 100 C4
Grandecourt (70) 87 E3
les Grandes-Armoises (08) 24 C3
les Grandes-Chapelles (10) 66 A2
les Grandes-Loges (51) 45 H2
les Grandes-Ventes (76) 17 H3
Grandeyrolles (63) 127 E5
Grandfontaine (25) 103 F1
Grandfontaine (67) 71 E1
Grandfontaine-
-sur-Creuse (25) 104 A1
Grandfresnoy (60) 21 E5
Grandham (08) 24 B5
Grandjean (17) 121 E1
Grand'Landes (85) 91 F3
Grandlup-et-Fay (02) 22 C2
Grandpré (08) 24 B5
Grandpuits-
-Bailly-Carrois (77) 43 G6
Grandrieu (48) 142 A6
Grandrieux (02) 23 F2
Grandrif (63) 128 B5
Grandris (69) 115 H6
Grandrû (60) 21 G3
Grandrupt (88) 70 D2
Grandrupt-de-Bains (88) 69 G5
les Grands-Chézeaux (87) 110 D3
Grandsaigne (19) 125 F5
Grandval (63) 128 A5
Grandvals (48) 155 F1
Grandvaux (71) 115 F2
Grandvelle-
-et-le-Perrenot (70) 87 F4
Grandvillars (90) 88 D4
la Grandville (08) 24 B1
Grandville (10) 45 G6
Grandvillers (88) 70 B3
Grandvillers-aux-Bois (60) 21 E4
Grandvilliers (27) 40 D4
Grandvilliers (60) 20 A2
Grane (26) 158 C1
Granès (11) 186 D6
la Grange (25) 88 B6
Grange-de-Vaivre (39) 103 E3
Grangermont (45) 63 G4
les Granges (10) 66 B5
Granges (71) 101 F6
Granges-d'Ans (24) 138 A2
les Granges-
-Gontardes (26) 158 B4
Granges-la-Ville (70) 88 B3
Granges-le-Bourg (70) 88 B3
les Granges-le-Roi (91) 63 E1
Granges-
-les-Beaumont (26) 144 B4
Granges-Narboz (25) 104 A4
Granges-sur-Aube (51) 45 E6
Granges-sur-Baume (39) 102 D6
Granges-sur-Lot (47) 151 E4
Granges-sur-Vologne (88) 70 C4
les Grangettes (25) 104 A4
Grangues (14) 14 D4
Granier (73) 133 E4
Granieu (38) 131 F4
Grans (13) 191 G3
Granville (50) 35 G2
Granzay-Gript (79) 107 G4
Gras (07) 157 H3
les Gras (25) 104 B3
Grassac (16) 122 D4
Grasse (06) 178 C4
Grassendorf (67) 50 D3
Grateloup-
-Saint-Gayrand (47) 150 D3
Gratens (31) 184 D2
Gratentour (31) 169 F4
Gratibus (80) 20 D2
Gratot (50) 36 D1
Gratreuil (51) 24 A6
Grattepanche (80) 20 C1
le Gratteris (25) 103 G1
Grattery (70) 87 F3
le Grau-du-Roi (30) 173 H6
les Graulges (24) 122 D5
Graulhet (81) 170 B4
Grauves (51) 45 F3
Graval (76) 19 F2
la Grave (05) 146 C3
Gravelines (59) 2 A2
la Gravelle (53) 58 B4
Gravelotte (57) 26 B5
la Graverie (14) 37 H3
Graveron-Sémerville (27) 40 C1
Graves-Saint-Amant (16) 122 A4
Graveson (13) 174 D3
Gravières (07) 157 E4
Gravigny (27) 40 D2
Gravon (77) 64 D2
Gray (70) 86 C5
Gray-la-Ville (70) 86 C5
Grayan-et-l'Hôpital (33) 120 B5
Graye-et-Charnay (39) 117 F2
Graye-sur-Mer (14) 14 B3
Grayssas (47) 151 G6
Grazac (31) 185 G2
Grazac (43) 143 E2
Grazac (81) 169 G3
Grazay (53) 59 E3
Gréalou (46) 153 F3
Gréasque (13) 192 C2
Grébault-Mesnil (80) 6 C5
Grécourt (80) 21 G2
Gredisans (39) 102 C2
la Grée-Saint-Laurent (56) 56 A3
Gréez-sur-Roc (72) 61 E4
Greffeil (11) 187 E4
Grèges (76) 17 G2
Grémecey (57) 49 E4
Grémévillers (60) 19 H3
Gremilly (55) 25 F5
Grémonville (76) 17 F4
Grenade (31) 169 E4
Grenade-sur-l'Adour (40) 166 A3
Grenant (52) 86 C2
Grenant-
-lès-Sombernon (21) 101 F1
Grenay (38) 130 C4
Grenay (62) 8 B1
Grendelbruch (67) 50 C6
Greneville-en-Beauce (45) 63 E4
Grenier-Montgon (43) 141 F2
Gréning (57) 49 G2
Grenoble (38) 145 G2
Grenois (58) 83 F6
Grentheville (14) 38 D1
Grentzingen (68) 89 F3
Greny (76) 6 A5
Gréolières (06) 178 C3
Gréoux-les-Bains (04) 176 D4
Grépiac (31) 185 G1
le Grès (31) 168 D4
Grésigny-Sainte-Reine (21) 84 D4
Gresin (73) 131 F4
la Gresle (42) 115 F6
Gresse-en-Vercors (38) 145 F5
Gressey (78) 41 G4
Gresswiller (67) 50 C6
Gressy (77) 43 F3
Grésy-sur-Aix (73) 131 H3
Grésy-sur-Isère (73) 132 B4
Gretz-Armainvilliers (77) 43 F5
Greucourt (70) 87 E4
Greuville (76) 17 F3
Greux (88) 68 D1
la Grève-sur-Mignon (17) 107 F4
Gréville-Hague (50) 12 B1
Grévillers (62) 8 B4
Grevilly (71) 116 B2
Grez (60) 20 A2
le Grez (72) 59 G4
Grez-en-Bouère (53) 77 E1
Grez-Neuville (49) 76 D3
Grez-sur-Loing (77) 64 A3
Grézac (17) 120 D4
Grézels (46) 152 A3
Grèzes (24) 138 B3
Grèzes (43) 141 F5
Grèzes (46) 153 F2
Grèzes (48) 155 H3
Grézet-Cavagnan (47) 150 C4
Grézian (65) 183 G6
Grézieu-la-Varenne (69) 129 H3
Grézieu-le-Marché (69) 129 F4
Grézieux-le-Fromental (42) 129 E4
Grézillac (33) 135 H5
Grézillé (49) 77 F6
Grézolles (42) 128 C2
Gricourt (02) 9 E6
Grièges (01) 116 B4
Gries (67) 51 E4
Griesbach-au-Val (68) 71 E5
Griesheim-
-près-Molsheim (67) 50 D6
Griesheim-sur-Souffel (67) 51 E5
Grignan (26) 158 C4
Grigneuseville (76) 17 H4
Grignols (24) 137 E3
Grignols (33) 150 A4
Grignon (21) 84 D4
Grignon (73) 132 C4
Grignoncourt (88) 69 E6
Grigny (62) 7 E1
Grigny (69) 130 A4
Grigny (91) 42 D6
la Grigonnais (44) 74 C2
Grillon (84) 158 C4
Grilly (01) 118 B3
Grimaucourt-
-en-Woëvre (55) 47 G1
Grimaucourt-
-près-Sampigny (55) 47 G4

Grimaud (83) 194 A4
la Grimaudière (86) 93 H5
Grimault (89) 84 A3
Grimbosq (14) 14 B6
Grimesnil (50) 35 H1
Grimonviller (54) 69 F2
Grincourt-lès-Pas (62) 7 H3
Grindorff-Bizing (57) 26 D3
la Gripperie-Saint-Symphorien (17) 120 C2
Gripport (54) 69 G2
Griscourt (54) 48 B4
Griselles (21) 84 C1
Griselles (45) 64 B5
Grisolles (02) 44 B1
Grisolles (82) 169 E3
Grisy-les-Plâtres (95) 42 B1
Grisy-Suisnes (77) 43 F5
Grisy-sur-Seine (77) 65 E2
Grives (24) 137 H6
Grivesnes (80) 20 D2
Grivillers (80) 21 E2
Grivy-Loisy (08) 24 A4
Groffliers (62) 6 C1
la Groise (59) 9 G4
Groises (18) 98 B1
Groissiat (01) 117 G4
Groisy (74) 118 C6
Groix (56) 54 B6
Groléjac (24) 138 B6
Gron (18) 98 B2
Gron (89) 65 E4
Gronard (02) 22 D1
Gros-Chastang (19) 139 F2
Gros-Réderching (57) 28 A5
le Gros-Theil (27) 18 B6
Grosbliederstroff (57) 27 G5
Grosbois (25) 87 H6
Grosbois-en-Montagne (21) 85 E6
Grosbois-lès-Tichey (21) 102 B3
Grosbreuil (85) 91 F5
les Groseillers (79) 107 H1
Groslay (95) 42 D3
Groslée (01) 131 F3
Grosley-sur-Risle (27) 40 B2
Grosmagny (90) 88 C2
Grosne (90) 88 D3
Grospierres (07) 157 F4
Grosrouvre (78) 41 H4
Grosrouvres (54) 48 A4
Grossa (2A) 206 D3
Grosseto-Prugna (2A) 204 D6
Grossœuvre (27) 41 E3
Grossouvre (18) 98 C4
Grostenquin (57) 49 G2
Grosville (50) 12 B3
Grouches-Luchuel (80) 7 G3
Grougis (02) 9 F5
la Groutte (18) 97 H6
Grozon (39) 103 E4
Gruchet-le-Valasse (76) 15 H1
Gruchet-Saint-Siméon (76) 17 F3
Grues (85) 106 B2
Gruey-lès-Surance (88) 69 G5
Gruffy (74) 132 A2
Grugé-l'Hôpital (49) 76 B2
Grugies (02) 22 A1
Grugny (76) 18 D2
Gruissan (11) 188 B4
Grumesnil (76) 19 G3
Grun-Bordas (24) 137 E4
Grundviller (57) 49 H1
Grury (71) 100 A6
Gruson (59) 3 G5
Grusse (39) 117 F1
Grussenheim (68) 71 G4
Grust (65) 182 D6
Gruyères (08) 24 A2
le Gua (17) 120 C3
le Gua (38) 145 F4
Guagno (2A) 204 D3
Guainville (28) 41 F3
Guarbecque (62) 2 C5
Guargualé (2A) 206 D1
Guchan (65) 183 G6
Guchen (65) 183 G6
Gudas (09) 185 H5
Gudmont-Villiers (52) 67 H2
le Gué-d'Alleré (17) 107 E4
le Gué-de-la-Chaîne (61) 60 D2
le Gué-de-Longroi (28) 62 C1
le Gué-de-Velluire (85) 107 E3
Gué-d'Hossus (08) 10 D5
Guebenhouse (57) 49 H1
Gueberschwihr (68) 71 F5
Guébestroff (57) 49 G3
Guéblange-lès-Dieuze (57) 49 F4
Guébling (57) 49 G3
Guebwiller (68) 71 E6
Guécélard (72) 78 A1
le Guédeniau (49) 77 H4
Guégon (56) 55 H4
Guéhébert (50) 35 H1
Guéhenno (56) 55 G4
Gueltas (56) 55 G2
Guémappe (62) 8 C3
Guémar (68) 71 F3
Guémené-Penfao (44) 74 B1
Guémené-sur-Scorff (56) 54 D2
Guemps (62) 1 H2
Guénange (57) 26 C4
Guengat (29) 53 F2
Guénin (56) 55 E4
Guenroc (22) 34 C6
Guenrouet (44) 74 A2
Guenviller (57) 49 G1
Guêprei (61) 39 E4
Guer (56) 56 C4
Guérande (44) 73 F4
Guérard (77) 43 G4
Guerbigny (80) 21 E2
la Guerche (37) 95 E4
la Guerche-de-Bretagne (35) 57 H4
la Guerche-sur-l'Aubois (18) 98 C4
Guercheville (77) 63 H3
Guerchy (89) 83 F1
Guéreins (01) 116 B6
Guéret (23) 111 G5
Guerfand (71) 101 H5
Guérigny (58) 99 E3
Guérin (47) 150 B3
la Guérinière (85) 90 B1
Guerlesquin (29) 32 B4
Guermange (57) 49 G4
Guermantes (77) 43 F4
Guern (56) 55 E3
Guernanville (27) 40 B3
Guernes (78) 41 G2
le Guerno (56) 73 F1
Guerny (27) 19 G6
Guéron (14) 13 H5
la Guéroulde (27) 40 C4
Guerpont (55) 47 F5
Guerquesalles (61) 39 F3
les Guerreaux (71) 114 D2
Guerstling (57) 27 E3
Guerting (57) 27 E4
Guerville (76) 6 B5
Guerville (78) 41 H3
Gueschart (80) 7 E3
Guesnain (59) 8 D2
Guesnes (86) 94 A4
Guessling-Hémering (57) 49 F2
Guéthary (64) 164 A6
Gueudecourt (80) 8 B4
Gueugnon (71) 115 E1
Gueures (76) 17 F2
Gueutteville (76) 17 G4
Gueutteville-les-Grès (76) 17 E2
Gueux (51) 23 E6
Guevenatten (68) 89 E2
Guewenheim (68) 89 E2
Gueytes-et-Labastide (11) 186 B4
Gugnécourt (88) 70 B3
Gugney (54) 69 F2
Gugney-aux-Aulx (88) 69 G3
Guibeville (91) 42 C6
Guichainville (27) 41 E3
Guiche (64) 164 D5
la Guiche (71) 115 G2
Guichen (35) 57 E4
Guiclan (29) 31 H3
Guidel (56) 54 B5
la Guierche (72) 60 B4
Guignecourt (60) 20 B4
Guignemicourt (80) 7 F6
Guignen (35) 56 D4
Guignes (77) 43 F6
Guigneville (45) 63 F4
Guigneville-sur-Essonne (91) 63 G1
Guignicourt (02) 23 E4
Guignicourt-sur-Vence (08) 24 A2
Guigny (62) 7 E2
Guilberville (50) 37 G2
Guiler-sur-Goyen (29) 53 E2
Guilers (29) 30 D4
Guilherand-Granges (07) 144 B5
Guillac (33) 135 H6
Guillac (56) 56 A4
Guillaucourt (80) 8 A6
Guillaumes (06) 161 G6
Guillemont (80) 8 B5
la Guillermie (03) 128 A1
Guillerval (91) 63 E2
Guillestre (05) 161 F1
Guilleville (28) 62 D4
Guilliers (56) 56 A3
Guilligomarc'h (29) 54 C3
Guillon (89) 84 B4
Guillon-les-Bains (25) 87 H6
Guillonville (28) 62 C5
Guillos (33) 149 F2
Guilly (36) 96 C3
Guilly (45) 81 F2
Guilmécourt (76) 6 A5
Guilvinec (29) 53 E4
Guimaëc (29) 32 B2
Guimiliau (29) 31 G4
Guimps (16) 121 H5
Guinarthe-Parenties (64) 181 F1
Guincourt (08) 24 A3
Guindrecourt-aux-Ormes (52) 67 G1
Guindrecourt-sur-Blaise (52) 67 G3
Guinecourt (62) 7 F2
Guînes (62) 1 G3
Guingamp (22) 33 E4
Guinglange (57) 49 E1
Guinkirchen (57) 26 D4
Guinzeling (57) 49 G3
Guipavas (29) 31 E4
Guipel (35) 57 F1
Guipronvel (29) 30 D4
Guipry (35) 57 E5
Guipy (58) 99 G1
Guiry-en-Vexin (95) 42 A1
Guiscard (60) 21 G2
Guiscriff (56) 54 B2
Guise (02) 9 G6
Guiseniers (27) 19 F6
le Guislain (50) 37 F2
Guissény (29) 31 E2
Guisy (62) 7 E1
Guitalens-L'Albarède (81) 170 B5
Guitera-les-Bains (2A) 205 E6
Guitinières (17) 121 F5
Guitrancourt (78) 41 H2
Guîtres (33) 135 H3
Guitry (27) 19 F6
Guitté (22) 56 C1
Guivry (02) 21 H2
Guizancourt (80) 20 A2
Guizengeard (16) 136 A1
Guizerix (65) 183 H2
Gujan-Mestras (33) 148 C1
Gumbrechtshoffen (67) 50 D3
Gumery (10) 65 F2
Gumiane (26) 159 E3
Gumières (42) 128 D5
Gumond (19) 139 F2
Gundershoffen (67) 50 D3
Gundolsheim (68) 71 F6
Gungwiller (67) 50 A3
Gunsbach (68) 71 E5
Gunstett (67) 51 E2
Guntzviller (57) 50 B4
Guny (02) 22 A4
Guran (31) 184 A6
Gurat (16) 122 C6
Gurcy-le-Châtel (77) 64 D2
Gurgy (89) 83 F1
Gurgy-la-Ville (21) 85 G1
Gurgy-le-Château (21) 85 G1
Gurmençon (64) 182 A3
Gurs (64) 181 H2
Gurunhuel (22) 32 D4
Gury (60) 21 F3
Gussainville (55) 47 H1
Gussignies (59) 9 G2
Guyancourt (78) 42 B4
Guyans-Durnes (25) 103 H2
Guyans-Vennes (25) 104 B1
Guyencourt (02) 22 D5
Guyencourt-Saulcourt (80) 8 D5
Guyencourt-sur-Noye (80) 20 C1
la Guyonnière (85) 91 H2
Guyonvelle (52) 86 D1
Guzargues (34) 173 G4
Gy (70) 87 E5
Gy-en-Sologne (41) 80 B6
Gy-les-Nonains (45) 64 B6
Gy-l'Évêque (89) 83 F3
Gye (54) 48 B6
Gyé-sur-Seine (10) 66 D5

H

Habarcq (62) 8 A2
Habas (40) 165 F5
Habère-Lullin (74) 118 D4
Habère-Poche (74) 119 E4
l'Habit (27) 41 F4
Hablainville (54) 49 G6
Habloville (61) 38 D4
Haboudange (57) 49 F3
Habsheim (68) 89 G2
Hachan (65) 183 H2
Hâcourt (52) 68 C4
Hacqueville (27) 19 F6
Hadancourt-le-Haut-Clocher (60) 42 A1
Hadigny-les-Verrières (88) 69 H2
Hadol (88) 70 A4
Haegen (67) 50 C4
Hagécourt (88) 69 G3
Hagedet (65) 166 D6
Hagen (57) 26 B2
Hagenbach (68) 89 E3
Hagenthal-le-Bas (68) 89 G4
Hagenthal-le-Haut (68) 89 G4
Haget (32) 183 F1
Hagetaubin (64) 165 H6
Hagetmau (40) 165 H4
Hagéville (54) 26 A6
Hagnéville-et-Roncourt (88) 68 D3
Hagnicourt (08) 24 A3
Hagondange (57) 26 B4
Haguenau (67) 51 E3
la Haie-Fouassière (44) 74 D6
la Haie-Traversaine (53) 59 E2
les Haies (69) 129 H5
Haigneville (54) 69 H1
Haillainville (88) 70 A2
le Haillan (33) 135 E5
Hailles (80) 20 D1
Haillicourt (62) 2 C6
Haimps (17) 121 H2
Haims (86) 110 A2
Hainvillers (60) 21 E3
Haironville (55) 47 E5
Haisnes (62) 3 E6
Haleine (61) 59 F1
Halinghen (62) 1 F5
Hallencourt (80) 6 D5
Hallennes-lez-Haubourdin (59) 3 F5
Hallering (57) 27 E5
les Halles (69) 129 F3
Halles-sous-les-Côtes (55) 24 D4
Hallignicourt (52) 46 C6
Hallines (62) 2 A4
Hallivillers (80) 20 C2
la Hallotière (76) 19 F3
Halloville (54) 49 H6
Halloy (60) 20 A2
Halloy (62) 7 H3
Halloy-lès-Pernois (80) 7 F4
Hallu (80) 21 F1
Halluin (59) 3 G4
Halsou (64) 180 C1
Halstroff (57) 26 D3
le Ham (50) 12 D3
le Ham (53) 59 F2
Ham (80) 21 G1
Ham-en-Artois (62) 2 C5
Ham-les-Moines (08) 24 A1
Ham-sous-Varsberg (57) 27 E5
Ham-sur-Meuse (08) 11 F4
Hamars (14) 14 A6
Hambach (57) 49 H1
Hambers (53) 59 F3
Hamblain-les-Prés (62) 8 C2
Hambye (50) 37 E2
Hamel (59) 8 D2
le Hamel (60) 20 A2
le Hamel (80) 8 A6
Hamelet (80) 7 H6
Hamelin (50) 37 F6
Hamelincourt (62) 8 B3
Hames-Boucres (62) 1 G3
Hammeville (54) 69 F1
Hamonville (54) 48 A4
Hampigny (10) 67 E2
Hampont (57) 49 F3
Han-devant-Pierrepont (54) 25 G4
Han-lès-Juvigny (55) 25 E4
Han-sur-Meuse (55) 47 G3
Han-sur-Nied (57) 49 E2
Hanc (79) 108 C6
Hanches (28) 41 G6
Hancourt (80) 8 D6
Handschuheim (67) 50 D5
Hangard (80) 20 D1
Hangenbieten (67) 50 D6
Hangest-en-Santerre (80) 21 E1
Hangest-sur-Somme (80) 7 E5
Hangviller (57) 50 B4
Hannaches (60) 19 H4
Hannapes (02) 9 G5
Hannappes (08) 23 F1
Hannescamps (62) 8 A3
Hannocourt (57) 49 E3
Hannogne-Saint-Martin (08) 24 B2
Hannogne-Saint-Rémy (08) 23 F3
Hannonville-sous-les-Côtes (55) 47 H2
Hannonville-Suzémont (54) 48 A1
le Hanouard (76) 17 E3
Hans (51) 46 B1
Hantay (59) 3 E6
Hanvec (29) 31 F5
Hanviller (57) 50 C1
Hanvoile (60) 19 H4
Haplincourt (62) 8 C4
Happencourt (02) 21 H1
Happonvilliers (28) 61 G3
Haramont (02) 21 G6
Haraucourt (08) 24 C2
Haraucourt (54) 49 E5
Haraucourt-sur-Seille (57) 49 F4
Haravesnes (62) 7 F2
Haravilliers (95) 42 B1
Harbonnières (80) 8 A6
Harbouey (54) 49 H6
Harcanville (76) 17 E3
Harchéchamp (88) 68 D2
Harcigny (02) 23 E1
Harcourt (27) 40 B1
Harcy (08) 11 E6
Hardancourt (88) 70 A2
Hardanges (53) 59 F2
Hardecourt-aux-Bois (80) 8 B5
Hardencourt-Cocherel (27) 41 E2
Hardifort (59) 2 C3
Hardinghen (62) 1 G3
Hardinvast (50) 12 C2
Hardivillers (60) 20 B3
Hardivillers-en-Vexin (60) 19 H5
Hardricourt (78) 42 A2
la Harengère (27) 18 C6
Haréville (88) 69 F4
Harfleur (76) 15 F2
Hargarten-aux-Mines (57) 27 E4
Hargeville (78) 41 H3
Hargicourt (02) 8 D5
Hargicourt (80) 20 D2
Hargnies (08) 11 F5
Hargnies (59) 9 H3
Harly (02) 9 E6
Harmonville (88) 69 E1
la Harmoye (22) 33 F6
Harnes (62) 8 C1
Harol (88) 69 G4
Haroué (54) 69 G1
Harponville (80) 7 H5
Harprich (57) 49 F2
Harquency (27) 19 F6
Harreberg (57) 50 B5
Harréville-les-Chanteurs (52) 68 C3
Harricourt (08) 24 C4
Harsault (88) 69 G5
Harskirchen (67) 50 A2
Hartennes-et-Taux (02) 22 A6
Hartmannswiller (68) 71 E6
Hartzviller (57) 50 A5
Harville (55) 47 H1
Hary (02) 23 E1
Haselbourg (57) 50 B5
Hasnon (59) 9 E1
Hasparren (64) 180 D1
Haspelschiedt (57) 28 C5
Haspres (59) 9 F3
Hastingues (40) 164 D5
Hatrize (54) 26 A5
Hatten (67) 51 F2
Hattencourt (80) 21 F1
Hattenville (76) 16 D4
Hattigny (57) 49 H5
Hattmatt (67) 50 C4
Hattstatt (68) 71 F5
Hauban (65) 183 F4
Haubourdin (59) 3 F5
Hauconcourt (57) 26 C4
Haucourt (60) 19 H4
Haucourt (62) 8 C3
Haucourt (76) 19 G2
Haucourt-en-Cambrésis (59) 9 E4
Haucourt-Moulaine (54) 25 H3
Haudainville (55) 47 F1
Haudiomont (55) 47 G1
Haudivillers (60) 20 B4
Haudonville (54) 70 A1
Haudrecy (08) 24 A1
Haudricourt (76) 19 G2
Haulchin (59) 9 F2
Haulies (32) 168 A6
Haulmé (08) 11 F6
Haumont-près-Samogneux (55) 25 E6
Hauriet (40) 165 G4
Hausgauen (68) 89 F3
Haussez (76) 19 G3
Haussignémont (51) 46 C5
Haussimont (51) 45 G5
Haussonville (54) 48 D6
Haussy (59) 9 F3
Haut-Clocher (57) 49 H4
le Haut-Corlay (22) 33 E6
Haut-de-Bosdarros (64) 182 C3
Haut-du-Them-Château-Lambert (70) 88 B1
Haut-Lieu (59) 10 A4
Haut-Loquin (62) 1 H4
Haut-Mauco (40) 165 H3
Hautaget (65) 183 H4
Hautbos (60) 19 H2
Haute-Amance (52) 86 C1
Haute-Avesnes (62) 8 A2
la Haute-Beaume (05) 159 G2
la Haute-Chapelle (61) 38 A6
Haute-Épine (60) 20 A3
Haute-Goulaine (44) 74 D5
Haute-Isle (95) 41 G2
Haute-Kontz (57) 26 C2
la Haute-Maison (77) 43 H4
Haute-Rivoire (69) 129 F3
Haute-Vigneulles (57) 27 E5
Hautecloque (62) 7 G2
Hautecour (39) 117 H1
Hautecour (73) 132 D5
Hautecourt-Romanèche (01) 117 F5
Hautefage (19) 139 F3
Hautefage-la-Tour (47) 151 G4
Hautefaye (24) 123 E5
Hautefeuille (77) 43 G5
Hautefond (71) 115 F3
Hautefontaine (60) 21 G5
Hautefort (24) 138 A2
Hauteluce (73) 132 D3
Hautepierre-le-Châtelet (25) 103 H2
Hauterive (03) 114 A6
Hauterive (61) 60 B1
Hauterive (89) 83 G1
Hauterive-la-Fresse (25) 104 A3
Hauterives (26) 144 B2
Hauteroche (21) 85 E4
Hautes-Duyes (04) 160 C5
les Hautes-Rivières (08) 11 F6
Hautesvignes (47) 150 D3
Hautevelle (70) 87 G1
Hautevesnes (02) 44 A1
Hauteville (02) 9 F6
Hauteville (08) 23 G3
Hauteville (51) 46 C6
Hauteville (62) 8 A2
Hauteville (73) 132 B5
la Hauteville (78) 41 G5
Hauteville-la-Guichard (50) 13 E6
Hauteville-lès-Dijon (21) 85 G6
Hauteville-Lompnes (01) 131 F1
Hauteville-sur-Fier (74) 131 H1
Hauteville-sur-Mer (50) 36 D2
Haution (02) 9 H6
Hautmont (59) 10 A3
Hautmougey (88) 69 G5
Hautot-l'Auvray (76) 17 E3
Hautot-le-Vatois (76) 17 E4
Hautot-Saint-Sulpice (76) 17 E4
Hautot-sur-Mer (76) 17 G2
Hautot-sur-Seine (76) 18 C5
les Hauts-de-Chée (55) 47 E3
Hautteville-Bocage (50) 12 D4
Hautvillers (51) 45 E2
Hautvillers-Ouville (80) 6 D3
Hauville (27) 17 E6
Hauviné (08) 23 G5
Haux (33) 135 G6
Haux (64) 181 G4
Havange (57) 26 A3
Havelu (28) 41 G4
Haveluy (59) 9 E2
Havernas (80) 7 F5
Haverskerque (59) 2 C5
le Havre (76) 15 E2
Havrincourt (62) 8 D4
l'Haÿ-les-Roses (94) 42 D4
Hayange (57) 26 B3
Haybes (08) 11 E5
la Haye (76) 19 E4
la Haye (88) 69 G5
la Haye-Aubrée (27) 18 A4
la Haye-Bellefond (50) 37 F2
la Haye-de-Calleville (27) 18 B6
la Haye-de-Routot (27) 17 E6
la Haye-d'Ectot (50) 12 B4
la Haye-du-Puits (50) 12 C5
la Haye-du-Theil (27) 18 B6
la Haye-le-Comte (27) 18 D6
la Haye-Malherbe (27) 18 C6
la Haye-Pesnel (50) 35 H2
la Haye-Saint-Sylvestre (27) 40 A3
les Hayes (41) 79 E2
Hayes (57) 26 D5
Haynecourt (59) 8 D3
les Hays (39) 102 C4
Hazebrouck (59) 2 C4
Hazembourg (57) 49 H2
le Heaulme (95) 42 B1
Héauville (50) 12 B2
Hébécourt (27) 19 G5
Hébécourt (80) 20 C1
Hébécrevon (50) 37 F1
Héberville (76) 17 E3
Hébuterne (62) 8 A4
Hèches (65) 183 G5
Hecken (68) 89 E2
Hecmanville (27) 40 A1
Hécourt (27) 41 F3
Hécourt (60) 19 G3
Hecq (59) 9 G3
Hectomare (27) 18 B6
Hédauville (80) 8 A4
Hédé-Bazouges (35) 57 E1
Hédouville (95) 42 C1
Hegeney (67) 51 E3
Hégenheim (68) 89 G3
Heidolsheim (67) 71 G3
Heidwiller (68) 89 F2
Heiligenberg (67) 50 C6
Heiligenstein (67) 71 F1
Heillecourt (54) 48 C5
Heilles (60) 20 C5
Heilly (80) 7 H5
Heiltz-le-Hutier (51) 46 C5
Heiltz-le-Maurupt (51) 46 C4
Heiltz-l'Évêque (51) 46 C4
Heimersdorf (68) 89 F3
Heimsbrunn (68) 89 E2
Heining-lès-Bouzonville (57) 27 E3
Heippes (55) 47 F2
Heiteren (68) 71 G5
Heiwiller (68) 89 F3
Hélesmes (59) 9 E2
Hélette (64) 180 D2
Helfaut (62) 2 B4
Helfrantzkirch (68) 89 G3
Helléan (56) 56 A4
Hellering-lès-Fénétrange (57) 50 A4
Helleville (50) 12 B2
Hellimer (57) 49 G2
Héloup (61) 59 H2
Helstroff (57) 26 D5
Hem (59) 3 G5
Hem-Hardinval (80) 7 G3
Hem-Lenglet (59) 8 D3
Hem-Monacu (80) 8 B5
Hémevez (50) 12 D3
Hémévillers (60) 21 E4
Hémilly (57) 49 E1
Héming (57) 49 H5
Hémonstoir (22) 55 F2
Hénaménil (54) 49 F5
Hénanbihen (22) 34 B4
Hénansal (22) 34 A4
Hendaye (64) 180 A1
Hendecourt-lès-Cagnicourt (62) 8 C3
Hendecourt-lès-Ransart (62) 8 B3
Hénencourt (80) 7 H5
Henflingen (68) 89 F3
Hengoat (22) 33 E2
Hengwiller (67) 50 C5
Hénin-Beaumont (62) 8 C1
Hénin-sur-Cojeul (62) 8 B3
Héninel (62) 8 B3
Hennebont (56) 54 D5
Hennecourt (88) 69 G3
Hennemont (55) 47 H1
Henneveux (62) 1 G4
Hennezel (88) 69 F5
Hennezis (27) 19 F6
Hénon (22) 33 H5
Hénonville (60) 20 A6
Hénouville (76) 17 F6
Henrichemont (18) 81 H6
Henridorff (57) 50 B4
Henriville (57) 49 G1
Hénu (62) 7 H3
Henvic (29) 31 H3
Hérange (57) 50 B4
Herbault (41) 79 G3
Herbécourt (80) 8 B6
Herbelles (62) 2 A5
l'Herbergement (85) 91 G2
Herbeuval (08) 25 E3
Herbeuville (55) 47 H2
Herbeville (78) 42 A3
Herbéviller (54) 49 G6
Herbeys (38) 145 G3
les Herbiers (85) 92 B4
Herbignac (44) 73 G3
Herbinghen (62) 1 G4
Herbisse (10) 45 G6
Herbitzheim (67) 27 H6
Herblay (95) 42 C3
Herbsheim (67) 71 H2
Hercé (53) 58 C1
Herchies (60) 20 A4
la Hérelle (60) 20 C3
Hérenguerville (50) 36 D2
Hérépian (34) 172 A5
Hères (65) 166 D5
Hergnies (59) 4 B6
Hergugney (88) 69 G2
Héric (44) 74 C3
Héricourt (62) 7 G2
Héricourt (70) 88 C3
Héricourt-en-Caux (76) 17 E4
Héricourt-sur-Thérain (60) 19 G3
Héricy (77) 64 B2
la Hérie (02) 10 B6
le Hérie-la-Viéville (02) 22 C1
Hériménil (54) 49 E6
Hérimoncourt (25) 88 D5
Hérin (59) 9 F2
Hérissart (80) 7 G5
Hérisson (03) 112 D2
Herleville (80) 8 B6
la Herlière (62) 7 H3

Herlies (59) 3 E5
Herlin-le-Sec (62) 7 G2
Herlincourt (62) 7 G2
Herly (62) 1 H6
Herly (80) 21 F1
l'Herm (09) 185 H5
Herm (40) 164 D3
Hermanville (76) 17 G3
Hermanville-sur-Mer (14) 14 C4
les Hermaux (48) 155 F3
Hermaville (62) 8 A2
Hermé (77) 65 E1
Hermelange (57) 50 A5
Hermelinghen (62) 1 G3
l'Hermenault (85) 107 E1
Herment (63) 126 B3
Hermeray (78) 41 G6
Hermes (60) 20 B5
Hermeville (76) 15 F1
Herméville-en-Woëvre (55) 25 G6
Hermies (62) 8 C4
Hermillon (73) 146 C1
Hermin (62) 7 H1
l'Hermitage (35) 57 E2
l'Hermitage-Lorge (22) 33 G6
les Hermites (37) 79 E3
l'Hermitière (61) 60 D3
Hermival-les-Vaux (14) 15 F5
Hermonville (51) 23 E5
Hernicourt (62) 7 G1
Herny (57) 49 E2
le Héron (76) 19 E4
Héronchelles (76) 19 E3
Hérouville (95) 42 B2
Hérouville-Saint-Clair (14) 14 C4
Hérouvillette (14) 14 C4
Herpelmont (88) 70 B4
Herpont (51) 46 B2
Herpy-l'Arlésienne (08) 23 F3
Herqueville (27) 18 D6
Herqueville (50) 12 A1
Herran (31) 184 C5
Herré (40) 166 D1
Herrère (64) 182 A3
Herrin (59) 3 F6
Herrlisheim (67) 51 F4
Herrlisheim-près-Colmar (68) 71 F5
Herry (18) 98 C1
Herserange (54) 25 H3
Hersin-Coupigny (62) 8 A1
Hertzing (57) 49 H5
Hervelinghen (62) 1 F3
Hervilly (80) 8 D5
Héry (58) 99 G1
Héry (89) 83 G1
Héry-sur-Alby (74) 132 A2
Herzeele (59) 2 C3
Hesbécourt (80) 8 D5
Hescamps (80) 19 H2
Hesdigneul-lès-Béthune (62) 2 D6
Hesdigneul-lès-Boulogne (62) 1 F5
Hesdin (62) 7 E1
Hesdin-l'Abbé (62) 1 F4
Hésingue (68) 89 G3
Hesmond (62) 7 E1
Hesse (57) 50 A5
Hessenheim (67) 71 G3
Hestroff (57) 26 D4
Hestrud (59) 10 B3
Hestrus (62) 7 G1
Hétomesnil (60) 20 A3
Hettange-Grande (57) 26 B3
Hettenschlag (68) 71 G5
Heubécourt-Haricourt (27) 41 G1
Heuchin (62) 2 B6
Heucourt-Croquoison (80) 6 D5
Heudebouville (27) 18 D6
Heudicourt (27) 19 G5
Heudicourt (80) 8 D5
Heudicourt-sous-les-Côtes (55) 47 H3
Heudreville-en-Lieuvin (27) 15 H4
Heudreville-sur-Eure (27) 41 E1
Heugas (40) 165 E4
Heugleville-sur-Scie (76) 17 G3
Heugnes (36) 96 A3
Heugon (61) 39 H4
Heugueville-sur-Sienne (50) 36 D1
Heuilley-Cotton (52) 86 B2
Heuilley-le-Grand (52) 86 B2
Heuilley-sur-Saône (21) 86 C6
Heuland (14) 15 E4
Heume-l'Église (63) 126 C3
la Heunière (27) 41 F2
Heuqueville (27) 19 E5
Heuqueville (76) 16 B4
Heuringhem (62) 2 B4
Heurteauville (76) 17 E6
Heurtevent (14) 15 E6
Heussé (50) 37 G6
Heutrégiville (51) 23 G5
Heuzecourt (80) 7 F3
Hévilliers (55) 47 F6
Heyrieux (38) 130 C4
Hézecques (62) 2 A6
le Hézo (56) 73 E1
Hibarette (65) 183 E3
Hières-sur-Amby (38) 130 D3
Hierges (08) 11 F4
Hiermont (80) 7 F3
Hiers-Brouage (17) 120 C2
Hiersac (16) 122 B4
Hiesse (16) 109 F6
Hiesville (50) 13 E4
Héville (14) 39 E2
Higuères-Souye (64) 182 C1
Hiis (65) 183 E3
Hilbesheim (57) 50 A4
Hillion (22) 33 H4
Hilsenheim (67) 71 G2
Hilsprich (57) 49 H2
Hinacourt (02) 22 A1
Hinckange (57) 26 D5
Hindisheim (67) 71 H1
Hindlingen (68) 89 E3
Hinges (62) 2 D5
le Hinglé (22) 34 C6
Hinsbourg (67) 50 B3
Hinsingen (67) 49 H2
Hinx (40) 165 F4
Hipsheim (67) 71 H1
Hirel (35) 35 E4
Hirschland (67) 50 A3
Hirsingue (68) 89 F3
Hirson (02) 10 B6
Hirtzbach (68) 89 F3
Hirtzfelden (68) 71 G6
His (31) 184 C4
Hitte (65) 183 F3
Hochfelden (67) 50 D4
Hochstatt (68) 89 F2
Hochstett (67) 51 E4
Hocquigny (50) 35 H2
Hocquinghen (62) 1 H4
Hodenc-en-Bray (60) 19 H4
Hodenc-l'Évêque (60) 20 B5
Hodeng-au-Bosc (76) 6 C6
Hodeng-Hodenger (76) 19 F3
Hodent (95) 41 H1
Hœdic (56) 72 C3
Hoenheim (67) 51 E5
Hœrdt (67) 51 E4
Hoéville (54) 49 E5
Hoffen (67) 51 F2
les Hogues (27) 19 E4
la Hoguette (14) 38 D3
Hohatzenheim (67) 50 D4
Hohengœft (67) 50 C5
Hohfrankenheim (67) 50 D4
Hohrod (68) 71 E5
le Hohwald (67) 71 F1
Holacourt (57) 49 E2
Holling (57) 26 D4
Holnon (02) 8 D6
Holque (59) 2 A3
Holtzheim (67) 50 D6
Holtzwihr (68) 71 F4
Holving (57) 49 H2
Hombleux (80) 21 G2
Homblières (02) 9 E6
Hombourg (68) 89 G1
Hombourg-Budange (57) 26 C4
Hombourg-Haut (57) 49 G1
l'Hôme-Chamondot (61) 40 B6
Homécourt (54) 26 A4
Hommarting (57) 50 A4
Hommert (57) 50 B5
Hommes (37) 78 B5
le Hommet-d'Arthenay (50) 13 E6
Homps (11) 187 G3
Homps (32) 168 B3
Hon-Hergies (59) 9 H2
Hondainville (60) 20 C5
Hondeghem (59) 2 C4
Hondevilliers (77) 44 B3
Hondouville (27) 40 D1
Hondschoote (59) 2 D2
Honfleur (14) 15 F2
Honguemare-Guenouville (27) 18 B5
Honnechy (59) 9 F4
Honnecourt-sur-Escaut (59) 8 D5
l'Honor-de-Cos (82) 152 C6
Honskirch (57) 49 H2
Hontanx (40) 166 B3
l'Hôpital (57) 27 F5
Hôpital-Camfrout (29) 31 F5
l'Hôpital-d'Orion (64) 165 F6
l'Hôpital-du-Grosbois (25) 103 H1
l'Hôpital-le-Grand (42) 129 E5
l'Hôpital-le-Mercier (71) 115 E3
l'Hôpital-Saint-Blaise (64) 181 G2
l'Hôpital-Saint-Lieffroy (25) 88 A5
l'Hôpital-sous-Rochefort (42) 128 C3
les Hôpitaux-Neufs (25) 104 A5
les Hôpitaux-Vieux (25) 104 A5
Horbourg-Wihr (68) 71 F4
Hordain (59) 9 E3
la Horgne (08) 24 A2
Horgues (65) 183 E3
l'Horme (42) 129 G5
Hornaing (59) 9 E2
Hornoy-le-Bourg (80) 6 D6
le Horps (53) 59 E2
Horsarrieu (40) 165 H4
Horville-en-Ornois (55) 68 B1
l'Hosmes (27) 40 D4
l'Hospitalet (04) 176 C1
l'Hospitalet-du-Larzac (12) 172 B2
l'Hospitalet-près-l'Andorre (09) 199 F3
Hosta (64) 181 E3
Hoste (57) 49 G1
Hostens (33) 149 E3
Hostiaz (01) 131 E2
Hostun (26) 144 D4
l'Hôtellerie (14) 15 G5
l'Hôtellerie-de-Flée (49) 76 C2
Hotonnes (01) 117 H6
Hotot-en-Auge (14) 14 D5
Hottot-les-Bagues (14) 14 A5
Hottviller (57) 50 C1
la Houblonnière (14) 15 E5
les Houches (74) 133 F1
Houchin (62) 2 D6
Houdain (62) 7 H1
Houdain-lez-Bavay (59) 9 H2
Houdan (78) 41 G4
Houdancourt (60) 21 E5
Houdelaincourt (55) 47 G6
Houdelmont (54) 48 C6
Houdemont (54) 48 C5
Houdetot (76) 17 E3
Houdilcourt (08) 23 F4
Houdreville (54) 69 F1
Houécourt (88) 69 E3
Houeillès (47) 150 B5
Houesville (50) 13 E4
Houetteville (27) 40 D1
Houéville (88) 68 D2
Houeydets (65) 183 G3
le Houga (32) 166 C3
Houilles (78) 42 C3
Houlbec-Cocherel (27) 41 F2
Houlbec-près-le-Gros-Theil (27) 18 B6
Houldizy (08) 24 A1
Houlette (16) 121 H3
Houlgate (14) 14 D3
Houlle (62) 2 A3
le Houlme (76) 17 G5
l'Houmeau (17) 106 C4
Hounoux (11) 186 B4
Houplin-Ancoisne (59) 3 F5
Houplines (59) 3 E4
Houppeville (76) 17 G5
Houquetot (76) 15 G1
Hourc (65) 183 F2
Hourges (51) 22 D6
Hours (64) 182 D3
Hourtin (33) 134 B2
Houry (02) 22 D1
Houssay (41) 79 F2
Houssay (53) 58 D6
la Houssaye (27) 40 B2
la Houssaye-Béranger (76) 17 G4
la Houssaye-en-Brie (77) 43 G5
le Housseau-Brétignolles (53) 59 E1
Houssen (68) 71 F4
Housseras (88) 70 B2
Housset (02) 22 C1
Housséville (54) 69 F2
la Houssière (88) 70 C3
la Houssoye (60) 19 H5
Houtaud (25) 104 A4
Houtkerque (59) 2 D3
Houtteville (50) 12 D4
Houville-en-Vexin (27) 19 E5
Houville-la-Branche (28) 62 C2
Houvin-Houvigneul (62) 7 G2
Houx (28) 41 G6
Hoymille (59) 2 C2
Huanne-Montmartin (25) 87 H5
Hubersent (62) 1 F5
Hubert-Folie (14) 14 C5
Huberville (50) 12 D3
Huby-Saint-Leu (62) 7 E1
Huchenneville (80) 6 D4
Huclier (62) 7 G1
Hucqueliers (62) 1 G5
Hudimesnil (50) 35 G2
Hudiviller (54) 49 E6
Huelgoat (29) 32 A5
Huest (27) 41 E2
Huêtre (45) 62 C6
Huez (38) 146 A3
Hugier (70) 86 D6
Hugleville-en-Caux (76) 17 F4
Huillé (49) 77 F3
Huilliécourt (52) 68 C4
Huilly-sur-Seille (71) 116 C1
Huiron (51) 46 A5
Huismes (37) 94 B1
Huisnes-sur-Mer (50) 35 G4
Huisseau-en-Beauce (41) 79 F2
Huisseau-sur-Cosson (41) 80 A4
Huisseau-sur-Mauves (45) 80 C1
l'Huisserie (53) 58 C5
Hulluch (62) 3 E6
Hultehouse (57) 50 B4
Humbauville (51) 45 H5
Humbécourt (52) 46 C6
Humbercamps (62) 8 A3
Humbercourt (80) 7 H3
Humbert (62) 1 G6
Humberville (52) 68 B3
Humbligny (18) 98 A1
Humerœuille (62) 7 F1
Humes-Jorquenay (52) 86 A1
Humières (62) 7 F1
Hunawihr (68) 71 F3
Hundling (57) 49 H1
Hundsbach (68) 89 F3
Huningue (68) 89 H3
Hunspach (67) 51 F2
Hunting (57) 26 C3
Huos (31) 184 A4
Huparlac (12) 154 D1
Huppy (80) 6 D5
Hurbache (88) 70 C2
Hure (33) 150 B2
Hurecourt (70) 69 F6
Hures-la-Parade (48) 155 H5
Huriel (03) 112 C3
Hurigny (71) 116 B3
Hurtières (38) 146 A1
Hurtigheim (67) 50 D5
Husseren-les-Châteaux (68) 71 F5
Husseren-Wesserling (68) 70 D6
Hussigny-Godbrange (54) 25 H3
Husson (50) 37 G6
Huttendorf (67) 50 D3
Huttenheim (67) 71 G2
Hyds (03) 113 E4
Hyémondans (25) 88 B5
Hyencourt-le-Grand (80) 21 F1
Hyenville (50) 36 D2
Hyères (83) 193 G5
Hyet (70) 87 F4
Hyèvre-Magny (25) 88 A5
Hyèvre-Paroisse (25) 88 A5
Hymont (88) 69 F3

I

Ibarrolle (64) 181 E3
Ibigny (57) 49 H5
Ibos (65) 183 E3
Ichtratzheim (67) 51 E6
Ichy (77) 63 H4
Idaux-Mendy (64) 181 F3
Idrac-Respaillès (32) 167 G6
Idron (64) 182 C2
Ids-Saint-Roch (18) 97 F6
Iffendic (35) 56 D2
les Iffs (35) 57 E1
Ifs (14) 14 B5
les Ifs (76) 6 B6
Igé (61) 60 D3
Igé (71) 116 B3
Ignaucourt (80) 20 D1
Ignaux (09) 199 G2
Igney (54) 49 G5
Igney (88) 69 H3
Ignol (18) 98 B4
Igny (70) 86 D4
Igny (91) 42 C5
Igny-Comblizy (51) 44 D2
Igon (64) 182 C3
Igornay (71) 100 D3
Igoville (27) 18 D5
Iguerande (71) 115 E5
Iholdy (64) 181 E2
Île-aux-Moines (56) 72 D1
l'Île-Bouchard (37) 94 C2
Île-d'Aix (17) 106 C6
Île-d'Arz (56) 72 D1
Île-de-Batz (29) 31 H2
Île-de-Bréhat (22) 33 F1
Île-de-Sein (29) 52 B2
l'Île-d'Elle (85) 107 E3
Île-d'Houat (56) 72 C3
l'Île-d'Olonne (85) 91 E5
l'Île-d'Yeu (85) 90 A3
Île-Molène (29) 30 B4
l'Île-Rousse (2B) 202 D5
l'Île-Saint-Denis (93) 42 D3
Île-Tudy (29) 53 F4
Ilharre (64) 181 F1
Ilhat (09) 186 A5
les Ilhes (11) 187 E2
Ilhet (65) 183 G5
Ilheu (65) 184 A5
Illange (57) 26 B3
Illartein (09) 184 C5
Illats (33) 149 G2
Ille-sur-Têt (66) 200 D2
Illeville-sur-Montfort (27) 18 A5
Illfurth (68) 89 F2
Illhaeusern (68) 71 G3
Illiat (01) 116 B5
Illier-et-Laramade (09) 199 E1
Illiers-Combray (28) 61 H3
Illiers-l'Évêque (27) 41 E4
Illies (59) 3 E6
Illifaut (22) 56 B2
Illkirch-Graffenstaden (67) 51 E6
Illois (76) 19 G1
Illoud (52) 68 C4
Illy (08) 24 C1
Illzach (68) 89 F1
Ilonse (06) 178 D1
Imbleville (76) 17 F4
Imécourt (08) 24 C5
Imling (57) 50 A4
Imphy (58) 99 E4
Inaumont (08) 23 G3
Incarville (27) 18 D6
Incheville (76) 6 B5
Inchy (59) 9 F4
Inchy-en-Artois (62) 8 C3
Incourt (62) 7 F1
Indevillers (25) 88 D6
Indre (44) 74 C5
Ineuil (18) 97 G5
Ingenheim (67) 50 D4
Ingersheim (68) 71 F4
Inghem (62) 2 B5
Inglange (57) 26 C3
Ingolsheim (67) 51 F2
Ingouville (76) 17 E2
Ingrandes (36) 110 A1
Ingrandes (49) 75 H3
Ingrandes (86) 94 D4
Ingrandes-de-Touraine (37) 78 B6
Ingrannes (45) 63 F6
Ingré (45) 80 D1
Inguiniel (56) 54 D3
Ingwiller (67) 50 C3
Injoux-Génissiat (01) 117 H6
Innenheim (67) 50 D6
Innimond (01) 131 F3
Inor (55) 24 D3
Insming (57) 49 G2
Insviller (57) 49 H3
Intraville (76) 17 H2
Intres (07) 143 F4
Intréville (28) 62 D3
Intville-la-Guétard (45) 63 F3
Inval-Boiron (80) 6 D6
Inxent (62) 1 G6
Inzinzac-Lochrist (56) 54 D4
Ippécourt (55) 47 E2
Ippling (57) 49 H1
Irai (61) 40 B5
Irais (79) 93 G4
Irancy (89) 83 G3
Iré-le-Sec (55) 25 E4
Irigny (69) 130 A4
Irissarry (64) 180 D2
Irles (80) 8 B4
Irodouër (35) 56 D1
Iron (02) 9 G5
Irouléguy (64) 180 D3
Irreville (27) 41 E1
Irvillac (29) 31 F5
Is-en-Bassigny (52) 68 B5
Is-sur-Tille (21) 85 H4
Isbergues (62) 2 C5
Isches (88) 69 E5
Isdes (45) 81 F3
Isenay (58) 99 H4
Isigny-le-Buat (50) 37 F5
Isigny-sur-Mer (14) 13 F5
Island (89) 83 H5
Isle (87) 124 B3
l'Isle-Adam (95) 42 C1
l'Isle-Arné (32) 168 A5
Isle-Aubigny (10) 66 C1
Isle-Aumont (10) 66 B4
l'Isle-Bouzon (32) 168 A2
l'Isle-d'Abeau (38) 130 D4
l'Isle-de-Noé (32) 167 G5
l'Isle-d'Espagnac (16) 122 C4
l'Isle-en-Dodon (31) 184 C1
Isle-et-Bardais (03) 98 B6
l'Isle-Jourdain (32) 168 C5
l'Isle-Jourdain (86) 109 G4
Isle-Saint-Georges (33) 135 F6
l'Isle-sur-la-Sorgue (84) 175 F2
l'Isle-sur-le-Doubs (25) 88 B5
Isle-sur-Marne (51) 46 B6
l'Isle-sur-Serein (89) 84 A4
les Isles-Bardel (14) 38 C3
Isles-les-Meldeuses (77) 43 H2
Isles-lès-Villenoy (77) 43 G3
Isles-sur-Suippe (51) 23 F5
les Islettes (55) 46 D1
Isneauville (76) 18 D4
Isola (06) 162 B5
Isolaccio-di-Fiumorbo (2B) 205 F5
Isômes (52) 86 B3
Ispagnac (48) 156 A4
Ispoure (64) 180 D3
Isques (62) 1 F4
Issac (24) 136 D4
Issamoulenc (07) 143 G6
Issancourt-et-Rumel (08) 24 B1
Issanlas (07) 142 D6
Issans (25) 88 C4
les Issards (09) 186 A4
Issarlès (07) 142 D6
Issé (44) 74 D1
Isse (51) 45 G2
Issel (11) 186 B2
Issendolus (46) 153 F1
Issenhausen (67) 50 D3
Issenheim (68) 71 F6
Issepts (46) 153 F1
Isserpent (03) 114 B5
Isserteaux (63) 127 G4
Issigeac (24) 151 F1
Issirac (30) 157 G5
Issoire (63) 127 G5
Issor (64) 181 H4
Issou (78) 41 H3
Issoudun (36) 97 E4
Issoudun-Létrieix (23) 112 A5
Issus (31) 185 G1
Issy-les-Moulineaux (92) 42 C4
Issy-l'Évêque (71) 100 B6
Istres (13) 175 F6
les Istres-et-Bury (51) 45 F3
Isturits (64) 181 E1
Itancourt (02) 22 A1
Iteuil (86) 109 E2
Ittenheim (67) 50 D5
Itterswiller (67) 71 F2
Itteville (91) 63 G1
Itxassou (64) 180 C1
Itzac (81) 170 A1
Ivergny (62) 7 G3
Iverny (77) 43 F2
Iviers (02) 23 F1
Iville (27) 40 C1
Ivors (60) 43 H1
Ivory (39) 103 F4
Ivoy-le-Pré (18) 81 H6
Ivrey (39) 103 F3
Ivry-en-Montagne (21) 101 F3
Ivry-la-Bataille (27) 41 F3
Ivry-le-Temple (60) 20 A6
Ivry-sur-Seine (94) 42 D4
Iwuy (59) 9 E3
Izaourt (65) 184 A5
Izaut-de-l'Hôtel (31) 184 B5
Izaux (65) 183 G4
Izé (53) 59 F3
Izeaux (38) 145 E1
Izel-lès-Équerchin (62) 8 C2
Izel-lès-Hameau (62) 7 H2
Izenave (01) 117 F6
Izernore (01) 117 G4
Izeron (38) 145 E3
Izeste (64) 182 B4
Izeure (21) 102 A2
Izier (21) 86 A6
Izieu (01) 131 F4
Izon (33) 135 G4
Izon-la-Bruisse (26) 159 G5
Izotges (32) 166 D5

J

Jablines (77) 43 F3
Jabreilles-les-Bordes (87) 124 C1
Jabrun (15) 141 E6
Jacob-Bellecombette (73) 131 H5
Jacou (34) 173 F5
Jacque (65) 183 F2
Jagny-sous-Bois (95) 42 D2
Jaignes (77) 43 H3
Jaillans (26) 144 C4
la Jaille-Yvon (49) 76 D2
Jaillon (54) 48 B4
Jailly (58) 99 F2
Jailly-les-Moulins (21) 85 E5
Jainvillotte (88) 68 D3
Jalesches (23) 111 H4
Jaleyrac (15) 140 A2
Jaligny-sur-Besbre (03) 114 B3
Jallais (49) 75 H5
Jallanges (21) 102 A3
Jallans (28) 62 A5
Jallaucourt (57) 49 E3
Jallerange (25) 103 E1
Jalognes (18) 98 B1
Jalogny (71) 116 A3
Jâlons (51) 45 G2
Jambles (71) 101 F5
Jambville (78) 42 A2
Jaméricourt (60) 19 H5
Jametz (55) 25 E4
Janailhac (87) 124 B4
Janaillat (23) 111 F6
Jancigny (21) 86 B5
Jandun (08) 23 H2
Janneyrias (38) 130 C3
Jans (44) 74 C1
Janville (14) 14 D5
Janville (28) 62 D4
Janville (60) 21 F4
Janville-sur-Juine (91) 63 F1
Janvilliers (51) 44 D3
Janvry (51) 22 D6
Janvry (91) 42 C6
Janzé (35) 57 G4
Jarcieu (38) 144 B1
la Jard (17) 121 F4
Jard-sur-Mer (85) 106 A2
le Jardin (19) 139 G1
Jardin (38) 130 B5
Jardres (86) 109 F1
Jargeau (45) 81 E1
Jarjayes (05) 160 C3
Jarménil (88) 70 A4
Jarnac (16) 121 H3
Jarnac-Champagne (17) 121 G4
Jarnages (23) 111 H5
la Jarne (17) 106 D5
Jarnioux (69) 129 G1
Jarnosse (42) 115 F6
Jarny (54) 26 A5
Jarret (65) 183 E4
la Jarrie (17) 106 D5
Jarrie (38) 145 G3
la Jarrie-Audouin (17) 107 G6
Jarrier (73) 146 C1
Jars (18) 82 A5
Jarsy (73) 132 B4
Jarville-la-Malgrange (54) 48 D5
Jarzé (49) 77 F4
Jas (42) 129 F3
Jasney (70) 87 G1
Jassans-Riottier (01) 129 H1
Jasseines (10) 66 D1
Jasseron (01) 117 E4
Jasses (64) 181 H2
Jatxou (64) 180 C1
Jau-Dignac-et-Loirac (33) 120 C6
Jaucourt (10) 67 E3
la Jaudonnière (85) 92 B6
Jaudrais (28) 40 D6
Jaujac (07) 157 F2
Jauldes (16) 122 C3
Jaulges (89) 65 H6
Jaulgonne (02) 44 C2
Jaulnay (37) 94 C4
Jaulnes (77) 65 E2
Jaulny (54) 48 B2
Jaulzy (60) 21 G5
Jaunac (07) 143 F5
Jaunay-Clan (86) 94 C6
Jaure (24) 137 E3
Jausiers (04) 161 G3
Jaux (60) 21 F5
Jauzé (72) 60 C4
Javaugues (43) 141 H2
Javené (35) 58 A2
Javerdat (87) 123 H1
Javerlhac-et-la-Chapelle-Saint-Robert (24) 123 E5
Javernant (10) 66 A4
la Javie (04) 160 D5
Javols (48) 155 H1
Javrezac (16) 121 G3
Javron-les-Chapelles (53) 59 F2
Jax (43) 142 A3
Jaxu (64) 181 E3
Jayac (24) 138 B4
Jayat (01) 116 D3
Jazeneuil (86) 108 C2
Jazennes (17) 121 E4
Jeancourt (02) 8 D6
Jeandelaincourt (54) 48 D3
Jeandelize (54) 48 A1
Jeanménil (88) 70 B2
Jeansagnière (42) 128 C3

Jeantes (02) 23 E1
Jebsheim (68) 71 G4
Jegun (32) 167 G4
la Jemaye (24) 136 C2
Jenlain (59) 9 G2
Jenzat (03) 113 G5
Jésonville (88) 69 F4
Jessains (10) 67 E3
Jetterswiller (67) 50 C5
Jettingen (68) 89 F3
Jeu-les-Bois (36) 96 D6
Jeu-Maloches (36) 96 B3
Jeufosse (78) 41 G2
Jeugny (10) 66 B5
Jeumont (59) 10 B2
Jeurre (39) 117 H3
Jeux-lès-Bard (21) 84 C4
Jeuxey (88) 70 A3
Jevoncourt (54) 69 G2
Jezainville (54) 48 C3
Jézeau (65) 183 G6
Joannas (07) 157 F2
Job (63) 128 B4
Jobourg (50) 12 A1
Joch (66) 200 C3
Jœuf (54) 26 A4
Joganville (50) 12 D3
Joigny (89) 65 E6
Joigny-sur-Meuse (08) 11 F6
Joinville (52) 67 H2
Joinville-le-Pont (94) 42 D4
Joiselle (51) 44 C5
Jolimetz (59) 9 G3
Jolivet (54) 49 E6
Jonage (69) 130 B3
Joncels (34) 172 B4
la Jonchère (85) 91 G6
la Jonchère-
-Saint-Maurice (87) 124 C1
Jonchères (26) 159 F2
Joncherey (90) 88 D4
Jonchery (52) 67 H4
Jonchery-sur-Suippe (51) 46 A1
Jonchery-sur-Vesle (51) 22 D6
Joncourt (02) 9 E5
Joncreuil (10) 67 E1
Joncy (71) 115 H1
Jongieux (73) 131 G3
Jonquerets-de-Livet (27) 15 H6
Jonquerettes (84) 175 E2
Jonquery (51) 45 E1
Jonquières (11) 187 G5
Jonquières (34) 172 D5
Jonquières (60) 21 E5
Jonquières (81) 170 C5
Jonquières (84) 158 C6
Jonquières-
-Saint-Vincent (30) 174 C3
Jons (69) 130 C3
Jonval (08) 24 A3
Jonvelle (70) 69 E6
Jonville-en-Woëvre (55) 48 A2
Jonzac (17) 121 F5
Jonzier-Épagny (74) 118 B6
Jonzieux (42) 143 F1
Joppécourt (54) 25 H4
Jort (14) 39 E2
Jorxey (88) 69 G3
Josat (43) 142 A2
Josnes (41) 80 B2
Josse (40) 164 D4
Josselin (56) 55 H4
Jossigny (77) 43 F4
Jou-sous-Monjou (15) 140 C5
Jouac (87) 110 C3
Jouaignes (02) 22 B5
Jouancy (89) 84 B3
Jouarre (77) 44 A3
Jouars-Pontchartrain (78) 42 A4
Jouaville (54) 26 A5
Joucas (84) 175 G2
Joucou (11) 199 H1
Joudes (71) 117 E2
Joudreville (54) 25 H5
Joué-du-Bois (61) 38 D6
Joué-du-Plain (61) 38 D5
Joué-en-Charnie (72) 59 G5
Joué-l'Abbé (72) 60 B4
Joué-lès-Tours (37) 78 D6
Joué-sur-Erdre (44) 75 E3
Jouet-sur-l'Aubois (18) 98 C3
Jouey (21) 101 E2
Jougne (25) 104 A5
Jouhe (39) 102 C2
Jouhet (86) 109 H2
Jouillat (23) 111 G4
Jouques (13) 176 B5
Jouqueviel (81) 153 H6
Jourgnac (87) 124 A3
Journans (01) 117 E5
Journet (86) 110 A2
Journiac (24) 137 G4
Journy (62) 1 H4
Jours-en-Vaux (21) 101 E3
Jours-lès-Baigneux (21) 85 E3
Joursac (15) 141 E3
Joussé (86) 109 F4
Jouvençon (71) 116 C1
Joux (69) 129 F2
Joux-la-Ville (89) 83 H3
Jouy (28) 62 B1
Jouy (89) 64 C4
Jouy-aux-Arches (57) 26 B6
Jouy-en-Argonne (55) 47 E1
Jouy-en-Josas (78) 42 C5
Jouy-en-Pithiverais (45) 63 E4
Jouy-le-Châtel (77) 43 H5
Jouy-le-Moutier (95) 42 B2
Jouy-le-Potier (45) 80 C2
Jouy-lès-Reims (51) 23 E6
Jouy-Mauvoisin (78) 41 G3
Jouy-sous-Thelle (60) 20 A5
Jouy-sur-Eure (27) 41 E2
Jouy-sur-Morin (77) 44 B4
Joyeuse (07) 157 F3
Joyeux (01) 130 C1
Joze (63) 127 G2
Jozerand (63) 127 F1
Jû-Belloc (32) 166 D5
Juaye-Mondaye (14) 13 H6
Jubainville (88) 68 D1
la Jubaudière (49) 75 H6
Jublains (53) 59 E3
le Juch (29) 53 F2
Jugazan (33) 135 H6
Jugeals-Nazareth (19) 138 D3
Jugon-les-Lacs (22) 34 B5
Jugy (71) 116 B1
Juicq (17) 121 F2
Juif (71) 102 A6
Juignac (16) 122 B6
Juigné-des-Moutiers (44) 75 F1
Juigné-sur-Loire (49) 77 E5
Juigné-sur-Sarthe (72) 77 F1
Juignettes (27) 40 A4
Juillac (19) 138 B1
Juillac (32) 167 E6
Juillac (33) 136 A6
Juillac-le-Coq (16) 121 H4
Juillaguet (16) 122 C5
Juillan (65) 183 E3
Juillé (16) 122 C1
Juillé (72) 60 A3
Juillé (79) 108 A5
Juillenay (21) 84 C6
Juilles (32) 168 B5
Juilley (50) 35 H4
Juilly (21) 84 D5
Juilly (77) 43 F2
Jujols (66) 200 B3
Jujurieux (01) 117 F6
Julianges (48) 141 G5
Juliénas (69) 116 A4
Julienne (16) 121 H3
Jullianges (43) 142 B1
Jullié (69) 116 A4
Jullouville (50) 35 G2
Jully (89) 84 C2
Jully-lès-Buxy (71) 101 F6
Jully-sur-Sarce (10) 66 C5
Julos (65) 183 E4
Julvécourt (55) 47 E2
Jumeauville (78) 41 H3
Jumeaux (63) 127 G6
Jumel (80) 20 C1
Jumelles (27) 41 E3
la Jumellière (49) 76 C6
Jumencourt (02) 22 A4
Jumièges (76) 17 E6
Jumigny (02) 22 C4
Jumilhac-le-Grand (24) 123 H5
Junas (30) 173 H4
Junay (89) 84 A1
Juncalas (65) 183 E4
Jungholtz (68) 71 E6
Junhac (15) 154 B1
les Junies (46) 152 B3
Juniville (08) 23 G5
Jupilles (72) 78 C2
Jurançon (64) 182 B2
Juranville (45) 63 H5
Juré (42) 128 C2
Jurignac (16) 122 A5
Jurques (14) 38 A2
Jurvielle (31) 197 E1
Jury (57) 48 D1
Juscorps (79) 107 H4
Jusix (47) 150 B2
Jussac (15) 140 A4
Jussarupt (88) 70 B4
Jussas (17) 135 G1
Jussecourt-
-Minecourt (51) 46 C4
Jussey (70) 87 E1
Jussy (02) 21 H2
Jussy (57) 26 B5
Jussy (89) 83 G3
Jussy-Champagne (18) 98 A3
Jussy-le-Chaudrier (18) 98 C2
Justian (32) 167 F3
Justine-Herbigny (08) 23 G3
Justiniac (09) 185 G3
Jutigny (77) 64 D1
Juvaincourt (88) 69 F2
Juvancourt (10) 67 F5
Juvanzé (10) 67 E3
Juvardeil (49) 77 E3
Juvelize (57) 49 F4
Juvignac (34) 173 F5
Juvigné (53) 58 B3
Juvignies (60) 20 B3
Juvigny (02) 22 A4
Juvigny (51) 45 G2
Juvigny (74) 118 C4
Juvigny-en-Perthois (55) 47 E6
Juvigny-le-Tertre (50) 37 G5
Juvigny-
-sous-Andaine (61) 38 B6
Juvigny-sur-Loison (55) 25 E4
Juvigny-sur-Orne (61) 39 E5
Juvigny-sur-Seulles (14) 14 A5
Juville (57) 48 D3
Juvinas (07) 157 F1
Juvincourt-
-et-Damary (02) 22 D4
Juvisy-sur-Orge (91) 42 D5
Juvrecourt (54) 49 F4
Juxue (64) 181 F2
Juzanvigny (10) 67 E2
Juzennecourt (52) 67 G4
Juzes (31) 186 A1
Juzet-de-Luchon (31) 197 F1
Juzet-d'Izaut (31) 184 B5
Juziers (78) 42 A2

K

Kalhausen (57) 27 H6
Kaltenhouse (67) 51 E3
Kanfen (57) 26 B2
Kappelen (68) 89 G3
Kappelkinger (57) 49 H2
Katzenthal (68) 71 F4
Kauffenheim (67) 51 G3
Kaysersberg (68) 71 F4
Kédange-sur-Canner (57) 26 C3
Keffenach (67) 51 F2
Kembs (68) 89 G2
Kemplich (57) 26 D3
Kerbach (57) 27 G5
Kerbors (22) 33 E1
Kerfot (22) 33 F2
Kerfourn (56) 55 F3
Kergloff (29) 32 B6
Kergrist (56) 55 F2
Kergrist-Moëlou (22) 32 D6
Kerien (22) 32 D5
Kerlaz (29) 53 E2
Kerling-lès-Sierck (57) 26 C3
Kerlouan (29) 31 E2
Kermaria-Sulard (22) 32 D2
Kermoroc'h (22) 33 E3
Kernascléden (56) 54 C3
Kernilis (29) 31 E3
Kernouës (29) 31 E3
Kerpert (22) 33 E5
Kerprich-aux-Bois (57) 49 H4
Kersaint-Plabennec (29) 31 E4
Kertzfeld (67) 71 G2
Kervignac (56) 54 D5
Keskastel (67) 27 H6
Kesseldorf (67) 51 G3
Kienheim (67) 50 D4
Kientzheim (68) 71 F4
Kiffis (68) 89 F4
Killem (59) 2 C2
Kilstett (67) 51 F4
Kindwiller (67) 50 D3
Kingersheim (68) 89 F1
Kintzheim (67) 71 F3
Kirchberg (68) 88 D1
Kirchheim (67) 50 D5
Kirrberg (67) 50 A3
Kirrwiller (67) 50 D3
Kirsch-lès-Sierck (57) 26 D2
Kirschnaumen (57) 26 D3
Kirviller (57) 49 H2
Klang (57) 26 D3
Kleingœft (67) 50 C5
Knœringue (68) 89 G3
Knœrsheim (67) 50 C5
Knutange (57) 26 B3
Kœnigsmacker (57) 26 C3
Kœstlach (68) 89 F4
Kœtzingue (68) 89 G2
Kœur-la-Grande (55) 47 G4
Kœur-la-Petite (55) 47 G4
Kogenheim (67) 71 G2
Kolbsheim (67) 50 D6
Krautergersheim (67) 71 G1
Krautwiller (67) 51 E4
le Kremlin-Bicêtre (94) 42 D4
Kriegsheim (67) 51 E4
Kruth (68) 70 D6
Kunheim (68) 71 G4
Kuntzig (57) 26 C3
Kurtzenhouse (67) 51 E4
Kuttolsheim (67) 50 D5
Kutzenhausen (67) 51 F2

L

Laà-Mondrans (64) 165 G6
Laas (32) 167 F6
Laas (45) 63 F5
Laàs (64) 181 G1
Labalme (01) 117 F6
Labarde (33) 135 E4
Labaroche (68) 71 E4
Labarrère (32) 167 E2
Labarthe (32) 167 H6
Labarthe (82) 152 B5
Labarthe-Bleys (81) 170 A1
Labarthe-Inard (31) 184 C4
Labarthe-Rivière (31) 184 A4
Labarthe-sur-Lèze (31) 185 F1
Labarthète (32) 166 C5
Labassère (65) 183 E4
Labastide (65) 183 G4
Labastide-Beauvoir (31) 185 H1
Labastide-
-Castel-Amouroux (47) 150 C4
Labastide-Cézéracq (64) 182 A1
Labastide-Chalosse (40) 165 H5
Labastide-Clermont (31) 184 D2
Labastide-d'Anjou (11) 186 B2
Labastide-d'Armagnac (40) 166 C2
Labastide-de-Lévis (81) 170 B2
Labastide-de-Penne (82) 152 D5
Labastide-de-Virac (07) 157 G4
Labastide-Dénat (81) 170 C3
Labastide-
-du-Haut-Mont (46) 139 G6
Labastide-du-Temple (82) 168 D1
Labastide-du-Vert (46) 152 B3
Labastide-en-Val (11) 187 F4
Labastide-
-Esparbairenque (11) 187 E2
Labastide-Gabausse (81) 170 B1
Labastide-Marnhac (46) 152 C4
Labastide-Monréjeau (64) 182 A1
Labastide-Murat (46) 152 D2
Labastide-Paumès (31) 184 C2
Labastide-Rouairoux (81) 187 G1
Labastide-
-Saint-Georges (81) 170 A4
Labastide-Saint-Pierre (82) 169 E2
Labastide-
-Saint-Sernin (31) 169 F4
Labastide-Savès (32) 168 C6
Labastide-
-sur-Bésorgues (07) 157 F1
Labastide-Villefranche (64) 165 E6
Labastidette (31) 185 E1
Labathude (46) 153 G1
Labatie-d'Andaure (07) 143 G4
Labatmale (64) 182 D3
Labatut (09) 185 G3
Labatut (40) 165 E5
Labatut (64) 183 E1
Labatut-Rivière (65) 166 D6
Labbeville (95) 42 C1
Labeaume (07) 157 F3
Labécède-Lauragais (11) 186 C2
Labège (31) 169 F6
Labégude (07) 157 G2
Labéjan (32) 167 G6
Labenne (40) 164 B5
Labergement-
-du-Navois (25) 103 G3
Labergement-Foigney (21) 102 B1
Labergement-
-lès-Auxonne (21) 102 C2
Labergement-
-lès-Seurre (21) 102 A3
Labergement-
-Sainte-Marie (25) 103 H5
Laberlière (60) 21 E3
Labescau (33) 150 A3
Labesserette (15) 154 B1
Labessette (63) 126 B5
Labessière-Candeil (81) 170 B4
Labets-Biscay (64) 181 F1
Labeuville (55) 48 A1
Labeuvrière (62) 2 C6
Labeyrie (64) 165 H5
Lablachère (07) 157 F3
Laboissière-
-en-Santerre (80) 21 E2
Laboissière-en-Thelle (60) 20 B6
Laborde (65) 183 G4
Laborel (26) 159 G5
Labosse (60) 19 H5
Labouheyre (40) 148 C5
Laboulbène (81) 170 C5
Laboule (07) 157 E2
Labouquerie (24) 137 F6
Labourgade (82) 168 D2
Labourse (62) 2 D6
Laboutarie (81) 170 B4
Labretonie (47) 150 D3
Labrihe (32) 168 B4
Labrit (40) 149 F6
Labroquère (31) 184 A4
Labrosse (45) 63 G4
Labrousse (15) 140 B5
Labroye (62) 7 E2
Labruguière (81) 170 C6
Labruyère (21) 102 A3
Labruyère (60) 20 D5
Labruyère-Dorsa (31) 185 G1
Labry (54) 26 A5
Laburgade (46) 152 D4
Lac-des-Rouges-
-Truites (39) 118 B1
le Lac-d'Issarlès (07) 142 D6
Lacabarède (81) 187 F1
Lacadée (64) 165 G5
Lacajunte (40) 166 A5
Lacalm (12) 140 D6
Lacam-d'Ourcet (46) 139 F6
Lacanau (33) 134 B4
Lacanche (21) 101 E3
Lacapelle-Barrès (15) 140 C5
Lacapelle-Biron (47) 151 H2
Lacapelle-Cabanac (46) 152 A3
Lacapelle-del-Fraisse (15) 140 A6
Lacapelle-Livron (82) 153 E5
Lacapelle-Marival (46) 153 F1
Lacapelle-Pinet (81) 170 D1
Lacapelle-Ségalar (81) 170 B1
Lacapelle-Viescamp (15) 139 H5
Lacarre (64) 181 E3
Lacarry-Arhan-Charritte-
-de-Haut (64) 181 F4
Lacassagne (65) 183 F2
Lacaugne (31) 185 E2
Lacaune (81) 171 F4
Lacaussade (47) 151 G3
Lacave (09) 184 D5
Lacave (46) 138 C6
Lacaze (81) 171 E4
Lacelle (19) 125 E4
Lacenas (69) 129 H1
Lacépède (47) 151 E4
Lachaise (16) 121 H5
Lachalade (55) 46 D1
Lachambre (57) 49 G1
Lachamp (48) 155 H2
Lachamp-Raphaël (07) 143 F6
Lachapelle (47) 150 C2
Lachapelle (54) 70 C1
Lachapelle (80) 20 A1
Lachapelle (82) 168 B2
Lachapelle-aux-Pots (60) 19 H4
Lachapelle-Auzac (46) 138 C5
Lachapelle-en-Blaisy (52) 67 G4
Lachapelle-Graillouse (07) 142 D6
Lachapelle-Saint-Pierre (60) 20 B6
Lachapelle-
-sous-Aubenas (07) 157 G2
Lachapelle-
-sous-Chanéac (07) 143 F5
Lachapelle-sous-Chaux (90) 88 C2
Lachapelle-
-sous-Gerberoy (60) 19 H3
Lachapelle-
-sous-Rougemont (90) 88 D2
Lachassagne (69) 129 H1
Lachau (26) 159 G5
Lachaussée (55) 48 A2
Lachaussée-
-du-Bois-d'Écu (60) 20 B3
Lachaux (63) 128 A1
Lachelle (60) 21 E4
Lachy (51) 44 D5
Lacollonge (90) 88 D2
Lacombe (11) 186 D1
Lacommande (64) 182 A2
Lacoste (34) 172 C5
Lacoste (84) 175 H3
Lacougotte-Cadoul (81) 169 H5
Lacour (82) 151 H5
Lacour-d'Arcenay (21) 84 C6
Lacourt (09) 185 E5
Lacourt-Saint-Pierre (82) 169 E2
Lacq (64) 182 A1
Lacquy (40) 166 B2
Lacrabe (40) 165 H5
Lacres (62) 1 F5
Lacroisille (81) 170 A5
Lacroix-Barrez (12) 140 C6
Lacroix-Falgarde (31) 169 F6
Lacroix-Saint-Ouen (60) 21 F5
Lacroix-sur-Meuse (55) 47 G2
Lacropte (24) 137 G4
Lacrost (71) 116 C1
Lacrouzette (81) 170 D5
Lacs (36) 111 H1
Ladapeyre (23) 111 H4
Ladaux (33) 149 H1
Ladern-sur-Lauquet (11) 187 E4
Ladevèze-Rivière (32) 167 E5
Ladevèze-Ville (32) 166 D6
Ladignac-le-Long (87) 124 A5
Ladignac-
-sur-Rondelles (19) 139 E2
Ladinhac (15) 154 B1
Ladirat (46) 139 F6
Ladiville (16) 122 A5
Ladoix-Serrigny (21) 101 G3
Ladon (45) 63 H6
Lados (33) 150 A3
Ladoye-sur-Seille (39) 103 E5
Laduz (89) 83 E1
Lafage (11) 186 B3
Lafage-sur-Sombre (19) 139 G2
Lafare (84) 158 D6
Lafarre (07) 143 G3
Lafarre (43) 142 D6
Lafat (23) 111 E4
Lafauche (52) 68 C3
Laféline (03) 113 G3
Laferté-sur-Amance (52) 86 D1
Laferté-sur-Aube (52) 67 F5
Lafeuillade-en-Vézie (15) 140 B6
Laffaux (02) 22 B4
Laffite-Toupière (31) 184 C3
Laffrey (38) 145 G4
Lafitole (65) 183 E1
Lafitte (82) 168 D2
Lafitte-sur-Lot (47) 150 D4
Lafitte-Vigordane (31) 185 E2
Lafox (47) 151 F6
Lafrançaise (82) 152 B6
Lafraye (60) 20 B4
Lafresguimont-
-Saint-Martin (80) 19 H1
Lafrimbolle (57) 50 A6
Lagamas (34) 172 D5
Lagarde (09) 186 B5
Lagarde (31) 185 H2
Lagarde (32) 167 H2
Lagarde (57) 49 G5
Lagarde (65) 183 E2
Lagarde-d'Apt (84) 176 A2
Lagarde-Enval (19) 139 E2
Lagarde-Hachan (32) 183 H1
Lagarde-Paréol (84) 158 B5
Lagarde-sur-le-Né (16) 121 H5
Lagardelle (46) 152 B3
Lagardelle-sur-Lèze (31) 185 F1
Lagardère (32) 167 F3
Lagardiolle (81) 170 B6
Lagarrigue (47) 150 D5
Lagarrigue (81) 170 D6
Lageon (79) 93 G5
Lagery (51) 22 D6
Lagesse (10) 66 B6
Lagleygeolle (19) 138 D3
Laglorieuse (40) 166 B2
Lagnes (84) 175 G3
Lagney (54) 48 A5
Lagnicourt-Marcel (62) 8 C3
Lagnieu (01) 130 D2
Lagny (60) 21 F3
Lagny-le-Sec (60) 43 F2
Lagny-sur-Marne (77) 43 F4
Lagor (64) 181 H1
Lagorce (07) 157 G3
Lagorce (33) 135 H3
Lagord (17) 106 C4
Lagos (64) 182 C3
Lagrâce-Dieu (31) 185 F2
Lagrand (05) 159 H4
Lagrange (40) 166 D2
Lagrange (65) 183 G4
Lagrange (90) 88 D2
Lagrasse (11) 187 G4
Lagraulet-du-Gers (32) 167 F2
Lagraulet-
-Saint-Nicolas (31) 168 C3
Lagraulière (19) 138 D1
Lagrave (81) 170 B3
Lagruère (47) 150 C4
Laguenne (19) 139 E2
Laguépie (82) 153 G6
Laguian-Mazous (32) 183 F1
Laguinge-Restoue (64) 181 G4
Laguiole (12) 155 E1
Lagupie (47) 150 C2
Lahage (31) 184 D1
Lahas (32) 168 B6
Lahaymeix (55) 47 F3
Lahayville (55) 48 A3
Laheycourt (55) 46 D3
Lahitère (31) 185 E4
Lahitte (32) 168 A5
Lahitte-Toupière (65) 166 D6
Lahonce (64) 164 C6
Lahontan (64) 165 E5
Lahosse (40) 165 G4
Lahourcade (64) 182 A1
Lahoussoye (80) 7 H5
Laifour (08) 11 E6
la Laigne (17) 107 F4
Laigné (53) 76 C1
Laigné-en-Belin (72) 78 B1
Laignelet (35) 58 A2
Laignes (21) 84 D1
Laigneville (60) 20 D6
Laigny (02) 9 H6
Laillé (35) 57 E4
Lailly (89) 65 F4
Lailly-en-Val (45) 80 C2
Laimont (55) 46 D4
Lain (89) 83 E3
Laines-aux-Bois (10) 66 A4
Lains (39) 117 F3
Lainsecq (89) 83 E4
Lainville-en-Vexin (78) 41 H2
Laire (25) 88 C4
Laires (62) 2 B6
Lairière (11) 187 F5
Lairoux (85) 91 H6
Laissac (12) 155 E4
Laissaud (73) 132 A6
Laissey (25) 87 G6
Laître-sous-Amance (54) 48 D4
Laives (71) 116 B1
Laix (54) 25 H4
Laiz (01) 116 B4
Laizé (71) 116 B3
Laize-la-Ville (14) 14 B5
Laizy (71) 100 C4
Lajo (48) 141 H6
Lajoux (39) 118 A3
Lalacelle (61) 59 G1
Lalande (89) 83 E3
Lalande-de-Pomerol (33) 135 H4
Lalande-en-Son (60) 19 G5
Lalandelle (60) 19 H5
Lalandusse (47) 151 E1
Lalanne (32) 168 A3
Lalanne (65) 184 A2
Lalanne-Arqué (32) 184 A2
Lalanne-Trie (65) 183 G2
Lalaye (67) 71 E2
Lalbenque (46) 152 D4
Laleu (61) 39 G6
Laleu (80) 7 E5
Lalevade-d'Ardèche (07) 157 F2
Lalheue (71) 116 B1
Lalinde (24) 137 F5
Lalizolle (03) 113 F5
Lallaing (59) 8 D1
Lalleu (35) 57 G5
Lalley (38) 145 G6
Lalleyriat (01) 117 H5
Lalobbe (08) 23 G2
Lalœuf (54) 69 F1
Lalongue (64) 166 C6
Lalonquette (64) 166 B6
Laloubère (65) 183 E3
Lalouret-Laffiteau (31) 184 B3
Lalouvesc (07) 143 G3
Laluque (40) 165 E2
Lama (2B) 203 E5
Lamadeleine-
-Val-des-Anges (90) 88 D2
Lamagdelaine (46) 152 D3
Lamagistère (82) 151 G6
Lamaguère (32) 168 A6
Lamaids (03) 112 C4
Lamalou-les-Bains (34) 172 A5
Lamancine (52) 67 H4
Lamanère (66) 200 C5
Lamanon (13) 191 G2
Lamarche (88) 68 D5
Lamarche-sur-Saône (21) 102 C1
Lamargelle (21) 85 F4
Lamaronde (80) 19 H1
Lamarque (33) 134 D3
Lamarque-Pontacq (65) 182 D3
Lamarque-Rustaing (65) 183 G2
Lamasquère (31) 168 D6
Lamastre (07) 143 G4
Lamath (54) 49 E6
Lamativie (46) 139 G5
Lamayou (64) 183 E1
Lamazère (32) 167 G5
Lamazière-Basse (19) 139 G1
Lamazière-Haute (19) 126 A4
Lambach (57) 50 C1
Lamballe (22) 34 A5
Lambersart (59) 3 F5
Lamberville (50) 37 H1
Lamberville (76) 17 G3
Lambesc (13) 175 H5
Lamblore (28) 40 C6
Lambres (62) 2 B5
Lambres-lez-Douai (59) 8 D2
Lambrey (70) 87 E2
Lambruisse (04) 177 G1
Laméac (65) 183 F2
Lamécourt (60) 20 D4
Lamelouze (30) 156 D6
Lamenay-sur-Loire (58) 99 G5

Lamérac (16) 121 H6
Lametz (08) 24 A3
Lamillarié (81) 170 C3
Lammerville (76) 17 G3
Lamnay (72) 61 E5
Lamongerie (19) 124 D5
Lamontélarié (81) 171 F5
Lamontgie (63) 127 G6
Lamontjoie (47) 167 H1
Lamonzie-Montastruc (24) 137 E5
Lamonzie-Saint-Martin (24) 136 D5
Lamorlaye (60) 42 D1
Lamorville (55) 47 G3
Lamothe (40) 165 H3
Lamothe (43) 141 H1
Lamothe-Capdeville (82) 169 E1
Lamothe-Cassel (46) 152 D2
Lamothe-Cumont (82) 168 B3
Lamothe-en-Blaisy (52) 67 G3
Lamothe-Fénelon (46) 138 C6
Lamothe-Goas (32) 167 H3
Lamothe-Landerron (33) 150 B2
Lamothe-Montravel (24) 136 A5
Lamotte-Beuvron (41) 81 E4
Lamotte-Brebière (80) 7 G6
Lamotte-Buleux (80) 6 D3
Lamotte-du-Rhône (84) 158 A5
Lamotte-Warfusée (80) 8 A6
Lamouilly (55) 25 E3
Lamoura (39) 118 A3
Lampaul-Guimiliau (29) 31 G4
Lampaul-Plouarzel (29) 30 C4
Lampaul-Ploudalmézeau (29) 30 D3
Lampertheim (67) 51 E5
Lampertsloch (67) 29 E6
Lamure-sur-Azergues (69) 115 H6
Lanans (25) 88 A6
Lanarce (07) 156 D1
Lanarvily (29) 31 E3
Lanas (07) 157 G3
Lancé (41) 79 G3
Lanchères (80) 6 B3
Lanches-Saint-Hilaire (80) 7 F4
Lanchy (02) 21 G1
Lancié (69) 116 A5
Lancieux (22) 34 C4
Lancôme (41) 79 G3
Lançon (08) 24 B6
Lançon (65) 183 G6
Lançon-Provence (13) 191 H3
Lancrans (01) 118 A5
Landange (57) 49 H5
Landas (59) 3 H6
Landaul (56) 55 E5
Landaville (88) 68 D3
Landavran (35) 57 H2
la Lande-Chasles (49) 77 G4
la Lande-d'Airou (50) 37 E3
la Lande-de-Fronsac (33) 135 G4
la Lande-de-Goult (61) 39 E6
la Lande-de-Lougé (61) 38 D5
la Lande-Patry (61) 38 B4
la Lande-Saint-Léger (27) 15 G4
la Lande-Saint-Siméon (61) 38 C4
la Lande-sur-Drôme (14) 37 H1
la Lande-sur-Eure (61) 40 C6
Landéan (35) 58 A1
Landebaëron (22) 33 E3
Landébia (22) 34 B4
la Landec (22) 34 C5
Landécourt (54) 69 H1
Landéda (29) 30 D3
Landéhen (22) 34 A5
Landeleau (29) 54 A1
Landelles (28) 61 H1
Landelles-et-Coupigny (14) 37 G3
Landemont (49) 75 F5
Landepéreuse (27) 15 H6
Landerneau (29) 31 F4
Landeronde (85) 91 F4
Landerrouat (33) 136 B6
Landerrouet-sur-Ségur (33) 150 B1
Landersheim (67) 50 D4
Landes (17) 107 G6
les Landes-Genusson (85) 92 A3
Landes-le-Gaulois (41) 79 G3
Landes-sur-Ajon (14) 14 A5
Landes-Vieilles-et-Neuves (76) 19 G1
Landévant (56) 54 D5
Landévennec (29) 31 F5
Landevieille (85) 90 D4
Landeyrat (15) 140 D2
Landifay-et-Bertaignemont (02) 22 C1
Landigou (61) 38 B4
le Landin (27) 17 E6
Landiras (33) 149 G2
Landisacq (61) 38 A4
Landivisiau (29) 31 G4
Landivy (53) 58 B1
Landogne (63) 126 C2
Landorthe (31) 184 B4
Landos (43) 142 C6
Landouzy-la-Cour (02) 10 A6
Landouzy-la-Ville (02) 10 B6
Landrais (17) 107 E5
le Landreau (44) 75 E5
Landrecies (59) 9 G4
Landrecourt-Lempire (55) 47 F1
Landremont (54) 48 C3
Landres (54) 25 H5
Landres-et-Saint-Georges (08) 24 C5
Landresse (25) 88 A6
Landrethun-le-Nord (62) 1 G3
Landrethun-lès-Ardres (62) 1 H3
Landrévarzec (29) 53 G2
Landreville (10) 66 D5
Landrichamps (08) 11 F4
Landricourt (02) 22 A4
Landricourt (51) 46 C6
Landroff (57) 49 F2
Landry (73) 133 E4
Landser (68) 89 G2
Landudal (29) 53 G2
Landudec (29) 53 E2
Landujan (35) 56 D1
Landunvez (29) 30 C3
Lanespède (65) 183 F3
Lanester (56) 54 C5
Lanet (11) 187 F5
Laneuvelle (52) 68 D6
Laneuvelotte (54) 48 D4
Laneuveville-aux-Bois (54) 49 F5
Laneuveville-derrière-Foug (54) 48 A5
Laneuveville-devant-Bayon (54) 69 G1
Laneuveville-devant-Nancy (54) 48 D5
Laneuveville-en-Saulnois (57) 49 E3
Laneuveville-lès-Lorquin (57) 49 H5
Laneuville-à-Rémy (52) 67 G1
Laneuville-au-Pont (52) 46 C6
Laneuville-au-Rupt (55) 47 H5
Laneuville-sur-Meuse (55) 24 D4
Lanfains (22) 33 F6
Lanfroicourt (54) 48 D4
Langan (35) 57 E1
Langast (22) 55 H1
Langatte (57) 49 H4
Langé (36) 96 B3
Langeac (43) 141 H3
Langeais (37) 78 C6
Langensoultzbach (67) 51 E2
Langeron (58) 98 D5
Langesse (45) 82 A2
Langey (28) 61 G5
Langlade (30) 174 A3
Langley (88) 69 G2
Langoat (22) 32 D2
Langoëlan (56) 54 D2
Langogne (48) 156 C1
Langoiran (33) 135 F6
Langolen (29) 53 H2
Langon (33) 149 H2
Langon (35) 56 D6
Langon (41) 96 D1
le Langon (85) 107 E2
Langonnet (56) 54 B2
Langouet (35) 57 E1
Langourla (22) 56 A1
Langres (52) 86 B1
Langrolay-sur-Rance (22) 36 A6
Langrune-sur-Mer (14) 14 B3
Languédias (22) 34 C6
Languenan (22) 34 C5
Langueux (22) 33 G4
Languevoisin-Quiquery (80) 21 F1
Languidic (56) 54 D4
Languimberg (57) 49 G4
Langy (03) 114 A4
Lanhélin (35) 35 E5
Lanhères (55) 25 G6
Lanhouarneau (29) 31 F3
Lanildut (29) 30 C4
Laning (57) 49 G2
Laniscat (22) 55 E1
Laniscourt (02) 22 B3
Lanleff (22) 33 F3
Lanloup (22) 33 F2
Lanmérin (22) 32 D2
Lanmeur (29) 32 B3
Lanmodez (22) 33 E1
Lanne (65) 183 E3
Lanne-en-Barétous (64) 181 G3
Lanne-Soubiran (32) 166 C4
Lannéanou (29) 32 B4
Lannebert (22) 33 F3
Lannecaube (64) 166 C6
Lannédern (29) 31 H6
Lannemaignan (32) 166 C2
Lannemezan (65) 183 G4
Lannepax (32) 167 F3
Lanneplaá (64) 165 F6
Lanneray (28) 61 H5
Lannes (47) 167 F1
Lanneuffret (29) 31 F4
Lannilis (29) 30 D3
Lannion (22) 32 C2
Lannoy (59) 3 G5
Lannoy-Cuillère (60) 19 G2
Lannux (32) 166 C5
Lano (2B) 205 F1
Lanobre (15) 126 B6
Lanouaille (24) 124 A6
Lanouée (56) 55 H3
Lanoux (09) 185 F4
Lanquais (24) 137 F6
Lanques-sur-Rognon (52) 68 B5
Lanquetot (76) 15 H1
Lanrelas (22) 56 B1
Lanrigan (35) 35 F6
Lanrivain (22) 32 D6
Lanrivoaré (29) 30 D4
Lanrodec (22) 33 F4
Lans (71) 101 H5
Lans-en-Vercors (38) 145 F3
Lansac (33) 135 F3
Lansac (65) 183 F3
Lansac (66) 200 D1
Lansargues (34) 173 H5
Lanslebourg-Mont-Cenis (73) 147 F1
Lanslevillard (73) 147 G1
Lanta (31) 169 G6
Lantabat (64) 181 E2
Lantages (10) 66 C5
Lantan (18) 98 A4
Lantéfontaine (54) 26 A4
Lantenay (01) 117 G6
Lantenay (21) 85 G6
Lantenne-Vertière (25) 103 E1
Lantenot (70) 88 A2
la Lanterne-et-les-Armonts (70) 88 A1
Lanteuil (19) 138 D3
Lanthenans (25) 88 B5
Lanthes (21) 102 B3
Lantheuil (14) 14 B4
Lantic (22) 33 F3
Lantignié (69) 116 A5
Lantillac (56) 55 G4
Lantilly (21) 84 D4
Lanton (33) 134 B6
Lantosque (06) 179 E1
Lantriac (43) 142 D4
Lanty (58) 100 A5
Lanty-sur-Aube (52) 67 F5
Lanuéjols (30) 155 H6
Lanuéjols (48) 156 B3
Lanuéjouls (12) 153 H4
Lanvallay (22) 34 D5
Lanvaudan (56) 54 D4
Lanvellec (22) 32 C3
Lanvénégen (56) 54 B3
Lanvéoc (29) 31 E5
Lanvollon (22) 33 F3
Lanzac (46) 138 C5
Laon (02) 22 C3
Laons (28) 40 D5
Lapalisse (03) 114 B4
Lapalud (84) 158 A5
Lapan (18) 97 G4
Lapanouse (12) 155 F4
Lapanouse-de-Cernon (12) 172 A2
Laparade (47) 151 E4
Laparrouquial (81) 170 B1
Lapège (09) 199 E1
Lapenche (82) 152 D5
Lapenne (09) 186 A4
Lapenty (50) 37 G6
Laperche (47) 150 D2
Laperrière-sur-Saône (21) 102 B2
Lapeyre (65) 183 G2
Lapeyrère (31) 185 F3
Lapeyrouse (01) 130 B1
Lapeyrouse (63) 113 E5
Lapeyrouse-Fossat (31) 169 F4
Lapeyrouse-Mornay (26) 144 B1
Lapeyrugue (15) 154 C1
Lapleau (19) 139 G2
Laplume (47) 151 E6
Lapoutroie (68) 71 E4
Lapouyade (33) 135 G3
Lappion (02) 23 E3
Laprade (11) 186 D1
Laprade (16) 136 C1
Laprugne (03) 128 B1
Laps (63) 127 G4
Lapte (43) 143 E2
Lapugnoy (62) 2 C6
Laquenexy (57) 48 D1
Laqueuille (63) 126 C4
Laragne-Montéglin (05) 160 A4
Larajasse (69) 129 G4
Laramière (46) 153 F4
Laran (65) 183 H3
Larbey (40) 165 G4
Larbont (09) 185 F5
Larbroye (60) 21 G3
Larcan (31) 184 B3
Larcat (09) 199 E1
Larçay (37) 79 E6
Larceveau-Arros-Cibits (64) 181 E2
Larchamp (53) 58 B2
Larchamp (61) 38 A5
Larchant (77) 63 H3
Larche (04) 161 G3
Larche (19) 138 C3
le Larderet (39) 103 F5
Lardier-et-Valença (05) 160 B3
Lardiers (04) 176 C1
le Lardin-Saint-Lazare (24) 138 A3
Lardy (91) 63 F1
Larée (32) 166 D2
Laréole (31) 168 C4
Largeasse (79) 93 E6
Largentière (07) 157 F3
Largillay-Marsonnay (39) 117 G1
Largitzen (68) 89 E3
Largny-sur-Automne (02) 21 G6
Larians-et-Munans (70) 87 G5
Larivière (90) 88 D2
Larivière-Arnoncourt (52) 68 D5
Larmor-Baden (56) 72 C1
Larmor-Plage (56) 54 C5
Larnage (26) 144 A3
Larnagol (46) 153 E3
Larnas (07) 157 H3
Larnat (09) 199 E1
Larnaud (39) 102 C6
Larnod (25) 103 F1
Laroche-près-Feyt (19) 126 B4
Laroche-Saint-Cydroine (89) 65 F6
Larochemillay (58) 100 B4
Larodde (63) 126 B5
Laroin (64) 182 B2
Laronxe (54) 49 F6
Laroque (33) 149 H1
Laroque (34) 173 E2
Laroque-de-Fa (11) 187 F5
Laroque-des-Albères (66) 201 F4
Laroque-des-Arcs (46) 152 C3
Laroque-d'Olmes (09) 186 B5
Laroque-Timbaut (47) 151 G5
Laroquebrou (15) 139 H4
Laroquevieille (15) 140 B4
Larouillies (59) 10 A5
Larra (31) 168 D4
Larrau (64) 181 F4
Larrazet (82) 168 D2
Larré (56) 55 H6
Larré (61) 60 A1
Larressingle (32) 167 F2
Larressore (64) 180 C1
Larret (70) 86 D3
Larreule (64) 166 A6
Larreule (65) 183 E1
Larrey (21) 84 D1
Larribar-Sorhapuru (64) 181 F2
Larringes (74) 119 E3
Larrivière-Saint-Savin (40) 166 A3
Larrivoire (39) 117 H3
Larroque (31) 184 A3
Larroque (65) 183 H2
Larroque (81) 169 G2
Larroque-Engalin (32) 167 H2
Larroque-Saint-Sernin (32) 167 G3
Larroque-sur-l'Osse (32) 167 F2
Larroque-Toirac (46) 153 G3
Lartigue (32) 168 A6
Lartigue (33) 150 A5
Laruns (64) 182 B5
Laruscade (33) 135 G3
Larzac (24) 137 H6
Larzicourt (51) 46 B6
Lasalle (30) 173 F1
Lasbordes (11) 186 C2
Lascabanes (46) 152 B4
Lascaux (19) 138 B1
Lascazères (65) 166 D6
Lascelle (15) 140 B4
Lasclaveries (64) 182 C1
Lasfaillades (81) 171 E6
Lasgraisses (81) 170 B3
Laslades (65) 183 F3
Lassales (65) 183 H3
Lassay-les-Châteaux (53) 59 E1
Lassay-sur-Croisne (41) 80 B6
Lasse (49) 77 H4
Lasse (64) 180 D3
Lasserade (32) 166 D5
Lasséran (32) 167 H5
Lasserre (09) 185 E4
Lasserre (31) 168 D5
Lasserre (47) 167 G1
Lasserre (64) 166 C6
Lasserre-de-Prouille (11) 186 C3
Lasseube (64) 182 B3
Lasseube-Propre (32) 167 H5
Lasseubetat (64) 182 B3
Lassicourt (10) 66 D2
Lassigny (60) 21 F3
Lasson (14) 14 B4
Lasson (89) 65 H5
Lassouts (12) 155 E3
Lassur (09) 199 F1
Lassy (14) 38 A3
Lassy (35) 56 D4
Lassy (95) 42 D2
Lastic (15) 141 F3
Lastic (63) 126 B4
Lastours (11) 187 E2
Lataule (60) 21 E3
le Latet (39) 103 F5
la Latette (39) 103 G5
Lathuile (74) 132 B2
Lathus-Saint-Rémy (86) 110 A3
Latillé (86) 108 C1
Latilly (02) 44 B1
Latoue (31) 184 B3
Latouille-Lentillac (46) 139 F5
Latour (31) 185 E3
Latour-Bas-Elne (66) 201 G3
Latour-de-Carol (66) 199 G4
Latour-de-France (66) 200 D1
Latour-en-Woëvre (55) 48 A1
Latrape (31) 185 E3
Latrecey-Ormoy-sur-Aube (52) 67 F6
Latresne (33) 135 F6
Latrille (40) 166 B5
Latronche (19) 139 H2
Latronquière (46) 139 G6
Lattainville (60) 19 H6
Lattes (34) 173 F6
Lattre-Saint-Quentin (62) 8 A2
Lau-Balagnas (65) 182 D5
Laubach (67) 51 E3
Laubert (48) 156 B2
les Laubies (48) 156 A1
Laubressel (10) 66 C3
Laubrières (53) 58 A6
Laucourt (80) 21 E2
Laudrefang (57) 49 F1
Laudun-l'Ardoise (30) 174 D1
Laugnac (47) 151 F4
Laujuzan (32) 166 C3
Laulne (50) 12 D5
Laumesfeld (57) 26 D3
Launac (31) 168 D4
Launaguet (31) 169 F5
Launay (27) 40 B1
Launay-Villiers (53) 58 B4
Launois-sur-Vence (08) 23 H2
Launoy (02) 22 B6
Launstroff (57) 26 D2
la Laupie (26) 158 B2
Laurabuc (11) 186 B3
Laurac (11) 186 B3
Laurac-en-Vivarais (07) 157 F3
Lauraët (32) 167 F2
Lauraguel (11) 186 D4
Laure-Minervois (11) 187 F3
Laurède (40) 165 G3
Laurenan (22) 55 H1
Laurens (34) 172 B6
Lauresses (46) 139 G6
Lauret (34) 173 F3
Lauret (40) 166 B5
Laurie (15) 141 F2
Laurière (87) 110 D6
Lauris (84) 175 H4
Lauroux (34) 172 B4
Laussonne (43) 142 D4
Laussou (47) 151 G2
Lautenbach (68) 71 E6
Lautenbachzell (68) 71 E6
Lauterbourg (67) 51 G2
Lauthiers (86) 109 G1
Lautignac (31) 184 D1
Lautrec (81) 170 C4
Lauw (68) 88 D2
Lauwin-Planque (59) 8 C1
Lauzach (56) 73 E1
Lauzerte (82) 152 A5
Lauzerville (31) 169 G6
Lauzès (46) 152 D2
le Lauzet-Ubaye (04) 161 E3
Lauzun (47) 151 E2
Lavacquerie (60) 20 B2
Laval (38) 145 H2
Laval (53) 58 C5
Laval-Atger (48) 142 B6
Laval-d'Aix (26) 159 F1
Laval-d'Aurelle (07) 156 D2
Laval-de-Cère (46) 139 F5
Laval-du-Tarn (48) 155 H4
Laval-en-Brie (77) 64 C2
Laval-en-Laonnois (02) 22 C4
Laval-le-Prieuré (25) 104 B1
Laval-Morency (08) 10 D6
Laval-Pradel (30) 157 E6
Laval-Roquecezière (12) 171 F4
Laval-Saint-Roman (30) 157 H5
Laval-sur-Doulon (43) 142 A1
Laval-sur-Luzège (19) 139 G2
Laval-sur-Tourbe (51) 46 B1
Laval-sur-Vologne (88) 70 B4
Lavalade (24) 151 G1
Lavaldens (38) 145 H4
Lavalette (11) 186 D3
Lavalette (31) 169 G5
Lavalette (34) 172 B5
Lavallée (55) 47 F4
Lavancia-Epercy (39) 117 G3
le Lavandou (83) 193 H5
Lavangeot (39) 102 D2
Lavannes (51) 23 F5
Lavans-lès-Dole (39) 102 D2
Lavans-lès-Saint-Claude (39) 117 H3
Lavans-Quingey (25) 103 F2
Lavans-sur-Valouse (39) 117 G3
Lavans-Vuillafans (25) 103 H2
Lavaqueresse (02) 9 G5
Lavardac (47) 150 D6
Lavardens (32) 167 G4
Lavardin (41) 79 F2
Lavardin (72) 60 A5
Lavaré (72) 60 D5
Lavars (38) 145 G5
Lavastrie (15) 141 E5
Lavatoggio (2B) 202 C5
Lavau (10) 66 B3
Lavau (89) 82 C4
Lavau-sur-Loire (44) 74 A4
Lavaudieu (43) 141 H2
Lavaufranche (23) 112 B4
Lavault-de-Frétoy (58) 100 B2
Lavault-Sainte-Anne (03) 112 D4
Lavaur (24) 152 A2
Lavaur (81) 169 H4
Lavaurette (82) 153 E6
Lavausseau (86) 108 C1
Lavaveix-les-Mines (23) 111 H6
Lavazan (33) 150 A4
Laveissenet (15) 140 D3
Laveissière (15) 140 D3
Lavelanet (09) 186 A6
Lavelanet-de-Comminges (31) 184 D3
Laveline-devant-Bruyères (88) 70 B4
Laveline-du-Houx (88) 70 B4
Lavenay (72) 78 D2
Laventie (62) 3 E5
Laveraët (32) 167 E6
Lavercantière (46) 152 C2
Laverdines (18) 98 B3
Lavergne (46) 139 E6
Lavergne (47) 150 D2
Lavernat (72) 78 B2
Lavernay (25) 103 E1
Lavernhe (12) 155 F5
Lavernose-Lacasse (31) 185 E1
Lavernoy (52) 68 C6
Laverrière (60) 20 A2
Laversine (02) 21 H5
Laversines (60) 20 B4
Lavérune (34) 173 F5
Laveyron (26) 144 A2
Laveyrune (07) 156 D2
Laveyssière (24) 136 D4
Lavieu (42) 128 D5
Laviéville (80) 8 A5
Lavigerie (15) 140 C3
Lavignac (87) 124 A3
Lavigney (70) 87 E2
Lavigny (39) 102 D6
Lavillatte (07) 156 D1
Laville-aux-Bois (52) 68 A5
Lavilledieu (07) 157 G2
Lavilleneuve (52) 68 C5
Lavilleneuve-au-Roi (52) 67 G4
Lavilletertre (60) 42 A1
Lavincourt (55) 47 E5
Laviolle (07) 143 F6
Laviron (25) 88 B6
Lavit (82) 168 B2
Lavoine (03) 128 B1
Lavoncourt (70) 87 E3
Lavours (01) 131 G2
Lavoûte-Chilhac (43) 141 H3
Lavoûte-sur-Loire (43) 142 C3
Lavoux (86) 109 F1
Lavoye (55) 47 E2
Lawarde-Mauger-l'Hortoy (80) 20 C2
Laxou (54) 48 C5
Lay (42) 129 E1
Lay-Lamidou (64) 181 H2
Lay-Saint-Christophe (54) 48 C4
Lay-Saint-Remy (54) 48 A5
Laye (05) 160 B1
Laymont (32) 184 D1
Layrac (47) 151 F6
Layrac-sur-Tarn (31) 169 G3
Layrisse (65) 183 E3
Lays-sur-le-Doubs (71) 102 B4
Laz (29) 53 H1
Lazenay (18) 97 E3
Lazer (05) 160 A4
Léalvillers (80) 7 H4
Léaupartie (14) 15 E4
Léaz (01) 118 A5
Lebetain (90) 88 D4
Lebeuville (54) 69 G1
Lebiez (62) 1 H6
Leboulin (32) 168 A5
Lebreil (46) 152 B4
Lebucquière (62) 8 C4
Lécaude (14) 15 E5
Lecci (2A) 207 G2
Lecelles (59) 4 A6
Lecey (52) 86 B1
Lechâtelet (21) 102 A3
Léchelle (62) 8 C4
Léchelle (77) 44 B6
la Léchère (73) 132 D5
les Lèches (24) 136 D4
Lécluse (59) 8 C2
Lécousse (35) 58 A2
Lecques (30) 173 G3
Lect (39) 117 G3
Lectoure (32) 167 H2
Lecumberry (64) 181 E3
Lécussan (31) 183 H3
Lédas-et-Penthiès (81) 170 D1
Lédat (47) 151 F3
Lédenon (30) 174 C2
Lédergues (12) 171 E1
Lederzeele (59) 2 B3
Ledeuix (64) 181 H3
Lédignan (30) 173 H2
Ledinghem (62) 1 H5
Ledringhem (59) 2 C3
Lée (64) 182 C2
Leers (59) 3 G4
Lées-Athas (64) 181 H5
Lefaux (62) 1 F6
Leffard (14) 38 C3
Leffincourt (08) 23 H5
Leffonds (52) 67 H6
Leffrinckoucke (59) 2 C1
Leforest (62) 8 D1
Lège (31) 184 A6
Legé (44) 91 F2
Lège-Cap-Ferret (33) 134 B5
Légéville-et-Bonfays (88) 69 G4
Léglantiers (60) 20 D4
Légna (39) 117 G3
Légny (69) 129 G2
Léguevin (31) 168 D5
Léguillac-de-Cercles (24) 123 E6
Léguillac-de-l'Auche (24) 137 E2
Lehaucourt (02) 9 E6
Léhon (22) 34 D5
Leigné-les-Bois (86) 95 E5
Leigné-sur-Usseau (86) 94 C4
Leignes-sur-Fontaine (86) 109 H2
Leigneux (42) 128 C3
Leimbach (68) 89 E1
Leintrey (54) 49 G5
Lélex (01) 118 A4
Lelin-Lapujolle (32) 166 C4
Lelling (57) 49 F2
Lemainville (54) 69 G1
Lembach (67) 51 E2
Lemberg (57) 50 C2
Lembeye (64) 166 C6
Lembras (24) 137 E5
Lemé (02) 9 H6
Lème (64) 166 B6
Leménil-Mitry (54) 69 G1
Lémeré (37) 94 B2
Lemmecourt (88) 68 D3
Lemmes (55) 47 F2
Lemoncourt (57) 49 E3
Lempaut (81) 170 B6
Lempdes (63) 127 F3
Lempdes-sur-Allagnon (43) 141 G1
Lempire (02) 8 D5
Lemps (07) 144 A3
Lemps (26) 159 F4
Lempty (63) 127 G2
Lempzours (24) 137 G1
Lemud (57) 26 D6
Lemuy (39) 103 F4
Lénault (14) 38 A3
Lenax (03) 114 C4
Lencloître (86) 94 B5
Lencouacq (40) 149 G6
Lengelsheim (57) 50 C1
Lengronne (50) 35 H1
Lenharrée (51) 45 G4
Léning (57) 49 G2
Lennon (29) 53 H1
Lenoncourt (54) 48 D5
Lens (62) 8 B1
Lens-Lestang (26) 144 C1

274

Lent (01) 116 D5
Lent (39) 103 F5
Lentigny (42) 128 C1
Lentillac-du-Causse (46) 153 E2
Lentillac-Saint-Blaise (46) 153 H2
Lentillères (07) 157 F2
Lentilles (10) 67 E1
Lentilly (69) 129 H2
Lentiol (38) 144 C1
Lento (2B) 203 F5
Léobard (46) 152 C1
Léogeats (33) 149 G2
Léognan (33) 135 E6
Léojac (82) 169 F2
Léon (40) 164 C2
Léoncel (26) 144 D5
Léotoing (43) 141 F1
Léouville (45) 63 E4
Léoville (17) 121 G6
Lépanges-sur-Vologne (88) 70 B4
Lépaud (23) 112 B4
Lépin-le-Lac (73) 131 G5
Lépinas (23) 111 G6
Lépine (62) 6 D1
Lépron-les-Vallées (08) 23 H1
Lepuix (90) 88 C2
Lepuix-Neuf (90) 89 E4
Léran (09) 186 B5
Lercoul (09) 199 E1
Léré (18) 82 B5
Léren (64) 165 E6
Lérigneux (42) 128 C4
Lerm-et-Musset (33) 150 A4
Lerné (37) 94 A2
Lérouville (55) 47 G4
Lerrain (88) 69 G4
Léry (21) 85 F4
Léry (27) 18 D5
Lerzy (02) 9 H5
Lesbœufs (80) 8 B4
Lesbois (53) 58 C1
Lescar (64) 182 B2
Leschaux (74) 132 B3
Leschelle (02) 9 H5
Lescheraines (73) 132 A3
Leschères (39) 117 H2
Leschères-sur-le-Blaiseron (52) 67 H3
Lescherolles (77) 44 B5
Lescheroux (01) 116 D3
Lesches (77) 43 F3
Lesches-en-Diois (26) 159 F2
Lescouët-Gouarec (22) 54 D2
Lescousse (09) 185 G4
Lescout (81) 170 B6
Lescun (64) 181 H5
Lescuns (31) 184 D3
Lescure (09) 185 E5
Lescure-d'Albigeois (81) 170 C2
Lescure-Jaoul (12) 153 H5
Lescurry (65) 183 F2
Lesdain (59) 9 E4
Lesdins (02) 9 E6
Lesges (02) 22 B5
Lesgor (40) 165 F2
Lésignac-Durand (16) 123 F2
Lésigny (77) 43 E5
Lésigny (86) 95 E5
le Leslay (22) 33 F5
Lesme (71) 114 C1
Lesménils (54) 48 C3
Lesmont (10) 66 D2
Lesneven (29) 31 F3
Lesparre-Médoc (33) 134 C1
Lesparrou (09) 186 B6
Lespéron (07) 156 D1
Lesperon (40) 165 E1
Lespesses (62) 2 C5
Lespielle (64) 166 C6
Lespignan (34) 188 B3
Lespinasse (31) 169 E4
Lespinassière (11) 187 F1
Lespinoy (62) 6 D1
Lespiteau (31) 184 B4
Lespouey (65) 183 F3
Lespourcy (64) 182 D1
Lespugue (31) 184 A3
Lesquerde (66) 200 C1
Lesquielles-Saint-Germain (02) 9 G5
Lesquin (59) 3 G5
Lessac (16) 109 G6
Lessard-en-Bresse (71) 102 A5
Lessard-et-le-Chêne (14) 15 E5
Lessard-le-National (71) 101 G4
Lessay (50) 12 C5
Lesse (57) 49 E2
Lesseux (88) 70 D3
Lessy (57) 26 B5
Lestanville (76) 17 F3
Lestards (19) 125 F5
Lestelle-Bétharram (64) 182 C3
Lestelle-de-Saint-Martory (31) 184 C4
Lesterps (16) 109 H6
Lestiac-sur-Garonne (33) 149 G1
Lestiou (41) 80 B2
Lestrade-et-Thouels (12) 171 F1
Lestre (50) 13 E3
Lestrem (62) 2 D5
Létanne (08) 24 D3
Lételon (03) 112 D1
Léthuin (28) 62 D2
Letia (2A) 204 C3
Létra (69) 129 G1
Létricourt (54) 48 D3
Letteguives (27) 19 E4
Lettret (05) 160 B3
Leubringhen (62) 1 F3
Leuc (11) 187 E4
Leucamp (15) 140 B6
Leucate (11) 188 B6
Leuchey (52) 86 A2
Leudeville (91) 63 G1
Leudon-en-Brie (77) 44 A5
Leuglay (21) 85 F2
Leugny (86) 95 E4
Leugny (89) 83 E3
Leuhan (29) 54 A2
Leuilly-sous-Coucy (02) 22 A4
Leulinghem (62) 2 A4
Leulinghen-Bernes (62) 1 F3
Leurville (52) 68 B3
Leury (02) 22 A4
Leutenheim (67) 51 G3
Leuville-sur-Orge (91) 42 C6
Leuvrigny (51) 44 D2
le Leuy (40) 165 H3
Leuze (02) 10 B6
Levainville (28) 62 C1
Leval (59) 9 H3
Leval (90) 88 D2
Levallois-Perret (92) 42 C3
Levaré (53) 58 C1
Levécourt (52) 68 C4
Levens (06) 195 F1
Levergies (02) 9 E6
Levernois (21) 101 G3
Lèves (28) 62 B1
les Lèves-et-Thoumeyragues (33) 136 B6
Levesville-la-Chenard (28) 62 D3
Levet (18) 97 G4
Levie (2A) 207 E2
Levier (25) 103 G3
Lévignac (31) 168 D5
Lévignac-de-Guyenne (47) 150 C2
Lévignacq (40) 164 D1
Lévignen (60) 43 G1
Lévigny (10) 67 F3
Levis (89) 83 E3
Lévis-Saint-Nom (78) 42 A5
Levoncourt (55) 47 F4
Levoncourt (68) 89 E4
Levroux (36) 96 C3
Lewarde (59) 8 D2
Lexy (54) 25 G3
Ley (57) 49 F4
Leychert (09) 185 H5
Leyme (46) 139 F6
Leymen (68) 89 G4
Leyment (01) 130 D1
Leynes (71) 116 A4
Leynhac (15) 154 A1
Leyr (54) 48 D4
Leyrat (23) 112 B3
Leyrieu (38) 130 D3
Leyritz-Moncassin (47) 150 C4
Leyssard (01) 117 F5
Leyvaux (15) 141 E1
Leyviller (57) 49 G2
Lez (31) 184 B6
lez-Fontaine (59) 10 B3
Lézan (30) 173 G2
Lézardrieux (22) 33 E2
Lézat (39) 118 A2
Lézat-sur-Lèze (09) 185 F2
Lezay (79) 108 C4
Lezennes (59) 3 G5
Lezéville (52) 68 B2
Lezey (57) 49 F4
Lézignan (65) 183 E4
Lézignan-Corbières (11) 187 G3
Lézignan-la-Cèbe (34) 172 C6
Lézigné (49) 77 F3
Lézigneux (42) 128 D5
Lézinnes (89) 84 B2
Lezoux (63) 127 G2
Lhéraule (60) 19 H4
Lherm (31) 185 E1
Lherm (46) 152 B2
Lhéry (51) 22 D6
Lhez (65) 183 F3
Lhommaizé (86) 109 G2
Lhomme (72) 78 D2
Lhôpital (01) 117 H6
Lhor (57) 49 G3
Lhospitalet (46) 152 C4
Lhoumois (79) 93 G6
Lhuis (01) 131 F3
Lhuître (10) 45 G6
Lhuys (02) 22 B6
Liac (65) 183 E1
Liancourt (60) 20 D5
Liancourt-Fosse (80) 21 F1
Liancourt-Saint-Pierre (60) 19 H6
Liart (08) 23 G1
Lias (32) 168 D6
Lias-d'Armagnac (32) 166 D3
Liausson (34) 172 C5
Libaros (65) 183 G3
Libercourt (62) 3 F6
Libermont (60) 21 G2
Libourne (33) 135 G5
Licey-sur-Vingeanne (21) 86 B4
Lichans-Sunhar (64) 181 G4
Lichères (16) 122 C1
Lichères-près-Aigremont (89) 83 H2
Lichères-sur-Yonne (89) 83 G4
Lichos (64) 181 G2
Lichtenberg (67) 50 C2
Licourt (80) 21 F1
Licq-Athérey (64) 181 G4
Licques (62) 1 H3
Licy-Clignon (02) 44 B2
Lidrezing (57) 49 F3
Liebenswiller (68) 89 G4
Liebsdorf (68) 89 F4
Liebvillers (25) 88 C5
Liederschiedt (57) 28 C5
Lieffrans (70) 87 F4
le Liège (37) 95 G1
Liéhon (57) 26 C6
Liencourt (62) 7 H2
Lieoux (31) 184 B3
Lièpvre (68) 71 F3
Liéramont (80) 8 C5
Liercourt (80) 6 D4
Lières (62) 2 C6
Liergues (69) 129 H1
Liernais (21) 100 D1
Liernolles (03) 114 C3
Lierval (02) 22 C4
Lierville (60) 42 A1
Lies (65) 183 F4
Liesle (25) 103 E2
Liesse-Notre-Dame (02) 22 D3
Liessies (59) 10 B4
Liesville-sur-Douve (50) 12 D4
Liettres (62) 2 B5
Lieu-Saint-Amand (59) 9 E2
Lieuche (06) 178 C1
Lieucourt (70) 86 D6
Lieudieu (38) 130 C6
Lieurac (09) 186 A5
Lieuran-Cabrières (34) 172 C5
Lieuran-lès-Béziers (34) 188 C1
Lieurey (27) 15 H4
Lieuron (35) 56 D5
Lieusaint (50) 12 D3
Lieusaint (77) 43 E6
Lieutadès (15) 140 D6
Lieuvillers (60) 20 D4
Liévans (70) 87 H3
Liévin (62) 8 B1
Liez (02) 22 A2
Liez (85) 107 F3
Liézey (88) 70 C4
Liffol-le-Grand (88) 68 C3
Liffol-le-Petit (52) 68 C3
Liffré (35) 57 G2
Ligardes (32) 167 G1
Ligescourt (80) 6 D2
Liginiac (19) 126 A6
Liglet (86) 110 B2
Lignac (36) 110 C2
Lignairolles (11) 186 B4
Lignan-de-Bazas (33) 149 H3
Lignan-de-Bordeaux (33) 135 F6
Lignan-sur-Orb (34) 188 B2
Lignareix (19) 125 H4
Ligné (16) 122 B1
Ligné (44) 75 E3
Lignères (61) 39 G5
Lignereuil (62) 7 H2
Lignerolles (03) 112 C4
Lignerolles (21) 85 G1
Lignerolles (27) 41 E4
Lignerolles (36) 112 A2
Lignerolles (61) 40 A6
Lignéville (88) 69 E4
Ligneyrac (19) 138 D4
Lignières (10) 66 A6
Lignières (18) 97 F6
Lignières (41) 79 G1
Lignières (80) 21 E2
Lignières-Châtelain (80) 19 H1
Lignières-de-Touraine (37) 78 C6
Lignières-en-Vimeu (80) 6 D6
Lignières-la-Carelle (72) 60 B2
Lignières-Orgères (53) 38 D6
Lignières-Sonneville (16) 121 H4
Lignières-sur-Aire (55) 47 F4
Lignol (56) 54 D3
Lignol-le-Château (10) 67 F4
Lignon (51) 46 A6
Lignorelles (89) 83 G1
Lignou (61) 38 C5
Ligny-en-Barrois (55) 47 F5
Ligny-en-Brionnais (71) 115 F4
Ligny-en-Cambrésis (59) 9 E4
Ligny-le-Châtel (89) 83 H1
Ligny-le-Ribault (45) 80 C3
Ligny-lès-Aire (62) 2 B6
Ligny-Saint-Flochel (62) 7 H2
Ligny-sur-Canche (62) 7 G2
Ligny-Thilloy (62) 8 B4
Ligré (37) 94 B2
Ligron (72) 77 H2
Ligsdorf (68) 89 F4
Ligueil (37) 95 E3
Ligueux (24) 137 G1
Ligueux (33) 136 C6
Ligugé (86) 109 E2
Lihons (80) 21 E1
Lihus (60) 20 A3
les Lilas (93) 42 D4
Lilhac (31) 184 B2
Lille (59) 3 F5
Lillebonne (76) 15 H2
Lillemer (35) 35 E4
Lillers (62) 2 C5
Lilly (27) 19 F4
Limalonges (79) 108 D5
Limans (04) 176 C2
Limanton (58) 99 H3
Limas (69) 129 H1
Limay (78) 41 H2
Limbrassac (09) 186 A5
Limé (02) 22 B5
Limeil-Brévannes (94) 43 E5
Limendous (64) 182 D2
Limeray (37) 79 F5
Limersheim (67) 71 H1
Limerzel (56) 73 G1
Limésy (76) 17 F4
Limetz-Villez (78) 41 G2
Limeuil (24) 137 G5
Limeux (18) 97 F3
Limeux (80) 6 D5
Limey-Remenauville (54) 48 B3
Limeyrat (24) 137 H3
Limoges (87) 124 B2
Limoges-Fourches (77) 43 F6
Limogne-en-Quercy (46) 153 E4
Limoise (03) 98 D6
Limon (58) 99 F4
Limonest (69) 130 A2
Limons (63) 127 H1
Limont-Fontaine (59) 10 A3
Limony (07) 144 A1
Limours (91) 42 B6
Limousis (11) 187 E2
Limoux (11) 186 D5
la Limouzinière (44) 91 F1
Limpiville (76) 16 D4
Linac (46) 153 H1
Linard (23) 111 G3
Linards (87) 124 C4
Linars (16) 122 B4
Linas (91) 42 C6
Linay (08) 24 D2
Linazay (86) 108 D5
Lindebeuf (76) 17 F4
le Lindois (16) 123 E3
Lindre-Basse (57) 49 G4
Lindre-Haute (57) 49 G4
Lindry (89) 83 F2
Linexert (70) 88 A2
Lingé (36) 95 G5
Lingeard (50) 37 G4
Lingèvres (14) 13 H6
Linghem (62) 2 B5
Lingolsheim (67) 51 E6
Lingreville (50) 35 G1
Linguizzetta (2B) 205 G2
Linières-Bouton (49) 77 H5
Liniers (86) 109 F1
Liniez (36) 96 C3
Linsdorf (68) 89 G4
Linselles (59) 3 F4
Linthal (68) 71 E6
Linthelles (51) 45 E5
Linthes (51) 45 E5
Lintot (76) 15 H1
Lintot-les-Bois (76) 17 G3
Linxe (40) 164 D2
Liny-devant-Dun (55) 24 D5
Linzeux (62) 7 F2
Liocourt (57) 48 D3
Liomer (80) 6 D6
le Lion-d'Angers (49) 76 D3
Lion-devant-Dun (55) 25 E4
Lion-en-Beauce (45) 62 D5
Lion-en-Sullias (45) 81 H3
Lion-sur-Mer (14) 14 C3
Liorac-sur-Louyre (24) 137 E5
Liouc (30) 173 G3
Liourdres (19) 139 E5
Lioux (84) 175 H2
Lioux-les-Monges (23) 126 B1
Liposthey (40) 148 D4
Lipsheim (67) 51 E6
Lirac (30) 174 D1
Liré (49) 75 F4
Lirey (10) 66 B4
Lironcourt (88) 69 E6
Lironville (54) 48 B3
Liry (08) 24 A5
Lisbourg (62) 2 A6
Lisieux (14) 15 F5
Lisle (24) 137 E1
Lisle (41) 79 G1
Lisle-en-Barrois (55) 47 E3
Lisle-en-Rigault (55) 46 D5
Lisle-sur-Tarn (81) 169 H3
Lislet (02) 23 E2
Lison (14) 13 F5
Lisores (14) 39 F3
Lisors (27) 19 F5
Lissac (09) 185 G3
Lissac (43) 142 B3
Lissac-et-Mouret (46) 153 G2
Lissac-sur-Couze (19) 138 C3
Lissay-Lochy (18) 97 G4
Lisse-en-Champagne (51) 46 B4
Lisses (91) 42 D6
Lisseuil (63) 113 F6
Lissey (55) 25 E5
Lissieu (69) 129 H2
Lissy (77) 43 F6
Listrac-de-Durèze (33) 136 A6
Listrac-Médoc (33) 134 D3
Lit-et-Mixe (40) 164 D1
Lithaire (50) 12 D5
Litteau (14) 13 G6
Littenheim (67) 50 C4
Litz (60) 20 C4
Livaie (61) 59 H1
Livarot (14) 15 E6
Liverdun (54) 48 C4
Liverdy-en-Brie (77) 43 F5
Livernon (46) 153 F2
Livers-Cazelles (81) 170 B1
Livet (53) 59 E4
Livet-en-Saosnois (72) 60 B2
Livet-et-Gavet (38) 145 H3
Livet-sur-Authou (27) 18 A6
Livilliers (95) 42 B2
Livinhac-le-Haut (12) 154 A2
la Livinière (34) 187 G2
Livré-la-Touche (53) 58 B6
Livré-sur-Changeon (35) 57 H2
Livron (64) 182 D3
Livron-sur-Drôme (26) 144 A6
Livry (14) 38 A1
Livry (58) 98 D5
Livry-Gargan (93) 43 E3
Livry-Louvercy (51) 45 H1
Livry-sur-Seine (77) 64 A1
Lixhausen (67) 50 D4
Lixheim (57) 50 A4
Lixing-lès-Rouhling (57) 27 G5
Lixing-lès-Saint-Avold (57) 49 G2
Lixy (89) 64 D4
Lizac (82) 168 D1
Lizant (86) 108 D6
Lizeray (36) 96 D3
Lizières (23) 111 E5
Lizine (25) 103 F2
Lizines (77) 64 D1
Lizio (56) 55 H4
Lizos (65) 183 F2
Lizy (02) 22 B4
Lizy-sur-Ourcq (77) 43 H2
la Llagonne (66) 200 A4
Llauro (66) 201 E3
Llo (66) 199 H4
Llupia (66) 201 E3
Lobsann (67) 29 E6
Loc-Brévalaire (29) 31 E3
Loc-Eguiner (29) 31 G4
Loc-Eguiner-Saint-Thégonnec (29) 31 H4
Loc-Envel (22) 32 C4
Locarn (22) 32 C6
Loché-sur-Indrois (37) 95 H2
Loches (37) 95 G2
Loches-sur-Ource (10) 66 D5
le Locheur (14) 14 A5
Lochieu (01) 131 G1
Lochwiller (67) 50 C4
Locmalo (56) 54 D2
Locmaria (56) 72 B4
Locmaria-Berrien (29) 32 A5
Locmaria-Grand-Champ (56) 55 F5
Locmaria-Plouzané (29) 30 D5
Locmariaquer (56) 72 C1
Locmélar (29) 31 G4
Locminé (56) 55 F4
Locmiquélic (56) 54 C5
Locoal-Mendon (56) 55 E6
Locon (62) 2 D5
Loconville (60) 19 H6
Locqueltas (56) 55 G5
Locquénolé (29) 32 A3
Locquignol (59) 9 G3
Locquirec (29) 32 B2
Locronan (29) 53 F2
Loctudy (29) 53 F4
Locunolé (29) 54 B3
Loddes (03) 114 C4
Lodes (31) 184 A3
Lodève (34) 172 C4
Lods (25) 103 H3
Loeuilley (70) 86 B5
Loeuilly (80) 20 B1
Loffre (59) 8 D2
la Loge (62) 7 E1
la Loge-aux-Chèvres (10) 66 D3
Loge-Fougereuse (85) 92 D6
la Loge-Pomblin (10) 66 B5
Logelheim (68) 71 F5
les Loges (14) 37 H2
les Loges (52) 86 C2
les Loges (76) 16 B4
les Loges-en-Josas (78) 42 B5
les Loges-Marchis (50) 37 F6
les Loges-Margueron (10) 66 B5
les Loges-Saulces (14) 38 C3
les Loges-sur-Brécey (50) 37 F4
Lognes (77) 43 E4
Logny-Bogny (08) 23 G1
Logny-lès-Aubenton (02) 23 F1
Logonna-Daoulas (29) 31 F5
Logrian-Florian (30) 173 G2
Logron (28) 61 H4
Loguivy-Plougras (22) 32 C4
Lohéac (35) 56 D5
Lohitzun-Oyhercq (64) 181 F2
Lohr (67) 50 B3
Lohuec (22) 32 C4
Loigné-sur-Mayenne (53) 76 C1
Loigny-la-Bataille (28) 62 C5
Loiré (49) 76 B3
Loire-les-Marais (17) 107 E6
Loiré-sur-Nie (17) 121 H1
Loire-sur-Rhône (69) 130 A5
Loiron (53) 58 B5
Loisail (61) 60 D1
Loisey (55) 47 F4
Loisia (39) 117 F2
Loisieux (73) 131 G4
Loisin (74) 118 D4
Loison (55) 25 G5
Loison-sous-Lens (62) 8 B1
Loison-sur-Créquoise (62) 7 E1
Loisy (54) 48 C3
Loisy (71) 116 C1
Loisy-en-Brie (51) 45 E3
Loisy-sur-Marne (51) 46 A5
Loivre (51) 23 E5
Loix (17) 106 B4
Lolif (50) 35 H3
Lolme (24) 151 G1
Lombard (25) 103 E2
Lombard (39) 102 C5
Lombers (81) 170 C4
Lombez (32) 168 B6
Lombia (64) 182 D2
Lombrès (65) 183 H4
Lombreuil (45) 64 A6
Lombron (72) 60 C5
Lommerange (57) 26 A3
Lommoye (78) 41 F2
Lomné (65) 183 G4
Lomont (70) 88 B3
Lomont-sur-Crête (25) 88 A6
Lompnas (01) 131 E2
Lompnieu (01) 131 F1
Lompret (59) 3 F5
Lonçon (64) 166 A6
la Londe (76) 18 C5
la Londe-les-Maures (83) 193 G5
Londigny (16) 108 D6
Londinières (76) 6 B6
Long (80) 7 E4
Longages (31) 185 E2
Longaulnay (35) 56 D1
Longavesnes (80) 8 D5
Longchamp (21) 102 B1
Longchamp (52) 68 B4
Longchamp (88) 70 A3
Longchamp-sous-Châtenois (88) 69 E3
Longchamp-sur-Aujon (10) 67 F4
Longchamps (27) 19 F5
Longchamps-sur-Aire (55) 47 F3
Longchaumois (39) 118 A2
Longcochon (39) 103 G5
Longeau-Percey (52) 86 B2
Longeault (21) 102 B1
Longeaux (55) 47 F5
Longechaux (25) 104 A1
Longechenal (38) 130 D6
Longecourt-en-Plaine (21) 102 A1
Longecourt-lès-Culêtre (21) 101 E2
Longemaison (25) 104 B2
Longepierre (71) 102 B4
le Longeron (49) 92 B3
Longes (69) 129 H5
Longessaigne (69) 129 F3
Longevelle (70) 88 A3
Longevelle-lès-Russey (25) 104 C1
Longevelle-sur-Doubs (25) 88 B4
Longèves (17) 106 D4
Longèves (85) 107 E2
Longeville (25) 103 H3
la Longeville (25) 104 B3
Longeville-en-Barrois (55) 47 E5
Longeville-lès-Metz (57) 26 B5
Longeville-lès-Saint-Avold (57) 49 F1
Longeville-sur-la-Laines (52) 67 E2
Longeville-sur-Mer (85) 106 A2
Longeville-sur-Mogne (10) 66 B4
Longevilles-Mont-d'Or (25) 104 A5
Longfossé (62) 1 G5
la Longine (70) 70 B6
Longjumeau (91) 42 C5
Longlaville (54) 25 H3
Longmesnil (76) 19 F3
Longnes (72) 59 H5
Longnes (78) 41 G3
Longny-au-Perche (61) 61 E1
Longperrier (77) 43 F2
Longpont (02) 21 H6
Longpont-sur-Orge (91) 42 C6
Longpré-le-Sec (10) 66 D4
Longpré-les-Corps-Saints (80) 7 E5
Longraye (14) 13 H6
Longré (16) 108 C6
Longroy (76) 6 B5
Longsols (10) 66 C2
Longué-Jumelles (49) 77 G5
Longueau (80) 7 G6
Longuefuye (53) 76 D1
Longueil (76) 17 F2
Longueil-Annel (60) 21 F4
Longueil-Sainte-Marie (60) 21 E5
Longuenesse (62) 2 B4
Longuenoë (61) 59 H1
Longuerue (76) 17 H5
Longues-sur-Mer (14) 13 H5
Longuesse (95) 42 A2
Longueval (80) 8 B5
Longueval-Barbonval (02) 22 C5
Longueville (14) 13 G5
Longueville (47) 150 C3
Longueville (50) 35 G2
la Longueville (59) 9 H2
Longueville (62) 1 G4
Longueville (77) 64 D1
Longueville-sur-Aube (10) 66 A1
Longueville-sur-Scie (76) 18 D1
Longuevillette (80) 7 G4
Longuyon (54) 25 G4
Longvic (21) 85 H6
Longvillers (14) 14 A6
Longvilliers (62) 1 F6
Longvilliers (78) 42 B6
Longwé (08) 24 B5
Longwy (54) 25 H3
Longwy-sur-le-Doubs (39) 102 C3
Lonlay-l'Abbaye (61) 38 A5
Lonlay-le-Tesson (61) 38 C5
Lonnes (16) 122 C1
Lonny (08) 24 A1
Lonrai (61) 60 A1
Lons (64) 182 B2
Lons-le-Saunier (39) 102 D6
Lonzac (17) 121 G4
le Lonzac (19) 125 E6
Looberghe (59) 2 B2
Loon-Plage (59) 2 A2
Loos (59) 3 F5
Loos-en-Gohelle (62) 8 B1
Looze (89) 65 F6
Lopérec (29) 31 G6
Loperhet (29) 31 F5
Lopigna (2A) 204 C4
Loqueffret (29) 31 H5
Lor (02) 23 E3
Loray (25) 104 B1
Lorcières (15) 141 G5
Lorcy (45) 63 H5
Lordat (09) 199 F1
Loré (61) 59 E1
Lorentzen (67) 50 A2
Loreto-di-Casinca (2B) 203 G6
Loreto-di-Tallano (2A) 207 E2
Lorette (42) 129 G5
le Loreur (50) 35 H2
Loreux (41) 80 D5
le Lorey (50) 37 E1
Lorey (54) 69 G1
Lorges (41) 80 B2

Lorgies (62) 3 E5
Lorgues (83) 177 G6
Lorient (56) 54 C5
Loriges (03) 113 H4
Lorignac (17) 121 E5
Lorigné (79) 108 C5
Loriol-du-Comtat (84) 175 F1
Loriol-sur-Drôme (26) 144 A6
Lorlanges (43) 141 G1
Lorleau (27) 19 F4
Lormaison (60) 20 B6
Lormaye (28) 41 G6
Lormes (58) 100 A1
Lormont (33) 135 F5
Lornay (74) 131 H1
Loromontzey (54) 69 H1
le Loroux (35) 58 B2
le Loroux-Bottereau (44) 75 E5
Lorp-Sentaraille (09) 184 D5
Lorquin (57) 49 H5
Lorrez-le-Bocage-Préaux (77) 64 B4
Lorris (45) 81 H1
Lorry-lès-Metz (57) 26 B5
Lorry-Mardigny (57) 48 C2
Lortet (65) 183 G4
Loscouët-sur-Meu (22) 56 B2
Losne (21) 102 B2
Losse (40) 150 A6
Lostanges (19) 139 E4
Lostroff (57) 49 G3
Lothey (29) 53 G1
Lottinghen (62) 1 G4
le Lou-du-Lac (35) 56 D2
Louailles (72) 77 F2
Louan-Villegruis-Fontaine (77) 44 C6
Louannec (22) 32 C1
Louans (37) 95 E1
Louargat (22) 32 D4
Louâtre (02) 21 H6
Loubajac (65) 182 D3
Loubaresse (07) 157 E2
Loubaresse (15) 141 F5
Loubaut (09) 185 E3
Loubédat (32) 166 D4
Loubejac (24) 152 A2
Loubens (09) 185 G5
Loubens (33) 150 B1
Loubens-Lauragais (31) 169 H6
Loubers (81) 170 A1
Loubersan (32) 167 G6
Loubès-Bernac (47) 136 C6
Loubeyrat (63) 127 E1
Loubieng (64) 165 G6
la Loubière (12) 154 C4
Loubières (09) 185 H5
Loubigné (79) 108 B6
Loubillé (79) 108 B6
Loubressac (46) 139 E5
Loucé (61) 39 E5
Loucelles (14) 14 A4
Louchats (33) 149 F2
Louches (62) 1 H3
Louchy-Montfand (03) 113 H4
Loucrup (65) 183 E4
Loudéac (22) 55 G2
Loudenvielle (65) 197 E1
Loudervielle (65) 197 E1
Loudes (43) 142 B3
Loudet (31) 184 A3
Loudrefing (57) 49 G3
Loudun (86) 94 A3
Loué (72) 59 G5
Louer (40) 165 F3
Louerre (49) 77 F6
Louesme (21) 85 F1
Louestault (37) 78 D3
Loueuse (60) 19 H3
Louey (65) 183 E3
Lougé-sur-Maire (61) 38 D5
Lougratte (47) 151 F2
Lougres (25) 88 B4
Louhans (71) 116 D1
Louhossoa (64) 180 D1
Louignac (19) 138 B2
Louin (79) 93 G5
Louisfert (44) 75 E1
Louit (65) 183 F2
Loulans-Verchamp (70) 87 G5
Loulay (17) 107 G6
Loulle (39) 103 F6
la Loupe (28) 61 G1
Loupeigne (02) 22 B6
Loupershouse (57) 49 H1
Loupes (33) 135 F5
Loupfougères (53) 59 F2
Loupia (11) 186 C4
Loupiac (33) 149 H1
Loupiac (46) 138 C6
Loupiac (81) 169 H3
Loupiac-de-la-Réole (33) 150 A2
Loupian (34) 189 E1
Louplande (72) 59 H6
Loupmont (55) 47 H3
Louppy-le-Château (55) 46 D4
Louppy-sur-Loison (55) 25 E4
la Louptière-Thénard (10) 65 F2
Lourches (59) 9 E2
Lourde (31) 184 A5
Lourdes (65) 182 D4
Lourdios-Ichère (64) 181 H4
Lourdoueix-Saint-Michel (36) 111 F3
Lourdoueix-Saint-Pierre (23) 111 F3
Lourenties (64) 182 D2
Loures-Barousse (65) 184 A5
Louresse-Rochemenier (49) 93 F1
Lourmais (35) 35 F5
Lourmarin (84) 175 H4
Lournand (71) 116 A2
Lourouer-Saint-Laurent (36) 111 H1
le Louroux (37) 95 E2
le Louroux-Béconnais (49) 75 H2
Louroux-Bourbonnais (03) 113 E2
Louroux-de-Beaune (03) 113 E4
Louroux-de-Bouble (03) 113 F5
Louroux-Hodement (03) 112 D2
Lourquen (40) 165 G4
Lourties-Monbrun (32) 183 H1
Loury (45) 63 E6
Louslitges (32) 167 E5
Loussous-Débat (32) 167 E5
Loutehel (35) 56 C4
Loutzviller (57) 28 B5
Louvagny (14) 39 E3
Louvaines (49) 76 C2
Louvatange (39) 103 E1
Louveciennes (78) 42 B4
Louvemont (52) 67 G1
Louvemont-Côte-du-Poivre (55) 25 F6
Louvencourt (80) 7 H4
Louvenne (39) 117 F3
Louvergny (08) 24 B3
Louverné (53) 58 D4
le Louverot (39) 102 D5
Louversey (27) 40 C2
Louvetot (76) 17 E5
Louvie-Juzon (64) 182 B4
Louvie-Soubiron (64) 182 B5
la Louvière-Lauragais (11) 186 A3
Louvières (14) 13 G4
Louvières (52) 68 A5
Louvières-en-Auge (61) 39 E3
Louviers (27) 18 D6
Louvigné (53) 58 D5
Louvigné-de-Bais (35) 57 H3
Louvigné-du-Désert (35) 58 A1
Louvignies-Quesnoy (59) 9 G3
Louvigny (14) 14 B5
Louvigny (57) 48 C2
Louvigny (64) 166 A6
Louvigny (72) 60 B2
Louvil (59) 3 G6
Louville-la-Chenard (28) 62 C3
Louvilliers-en-Drouais (28) 41 E5
Louvilliers-lès-Perche (28) 40 D6
Louvois (51) 45 F2
Louvrechy (80) 20 C2
Louvres (95) 43 E2
Louvroil (59) 10 A2
Louye (27) 41 E4
Louzac-Saint-André (16) 121 G3
Louze (52) 67 F2
Louzes (72) 60 B2
Louzignac (17) 121 H2
Louzouer (45) 64 B5
Louzy (79) 93 G3
Lovagny (74) 132 A1
Loyat (56) 56 A3
la Loye (39) 102 D3
Loye-sur-Arnon (18) 112 B1
la Loyère (71) 101 G5
Loyettes (01) 130 C3
Lozanne (69) 129 H2
Lozay (17) 107 G6
Loze (82) 153 F5
Lozinghem (62) 2 C6
Lozon (50) 13 E6
Lozzi (2B) 204 D2
Luant (36) 96 B6
le Luart (72) 60 D5
Lubbon (40) 150 A6
Lubécourt (57) 49 E3
Lubersac (19) 124 C6
Lubey (54) 25 H6
Lubilhac (43) 141 G2
Lubine (88) 71 E2
Lublé (37) 78 B4
Lubret-Saint-Luc (65) 183 G2
Luby-Betmont (65) 183 G2
Luc (48) 156 D2
Luc (65) 183 F3
le Luc (83) 193 H2
Luc-Armau (64) 182 D1
Luc-en-Diois (26) 159 F2
Luc-la-Primaube (12) 154 C5
Luc-sur-Aude (11) 186 D5
Luc-sur-Mer (14) 14 C3
Luc-sur-Orbieu (11) 187 H3
Lucarré (64) 182 D1
Luçay-le-Libre (36) 96 D3
Luçay-le-Mâle (36) 96 B2
Lucbardez-et-Bargues (40) 166 B2
Lucciana (2B) 203 G5
Lucé (28) 62 B2
Lucé (61) 38 B6
Lucé-sous-Ballon (72) 60 B4
Luceau (72) 78 C2
Lucelle (68) 89 F5
Lucenay (69) 129 H2
Lucenay-le-Duc (21) 85 E3
Lucenay-lès-Aix (58) 99 F6
Lucenay-l'Évêque (71) 100 C3
Lucéram (06) 195 G1
la Lucerne-d'Outremer (50) 35 H2
Lucey (21) 85 G1
Lucey (54) 48 A5
Lucey (73) 131 G3
Lucgarier (64) 182 C3
Luchapt (86) 109 H5
Luchat (17) 120 D3
Luché-Pringé (72) 78 A2
Luché-sur-Brioux (79) 108 B5
Luché-Thouarsais (79) 93 F4
Lucheux (80) 7 G3
Luchy (60) 20 B3
Lucinges (74) 118 D4
Lucmau (33) 149 G4
Luçon (85) 106 C2
Lucq-de-Béarn (64) 181 H2
Lucquy (08) 23 H3
les Lucs-sur-Boulogne (85) 91 G3
Lucy (57) 49 E3
Lucy (76) 19 F1
Lucy-le-Bocage (02) 44 B2
Lucy-le-Bois (89) 84 A4
Lucy-sur-Cure (89) 83 H3
Lucy-sur-Yonne (89) 83 G4
le Lude (72) 78 A3
Ludes (51) 45 F1
Ludesse (63) 127 F4
Ludiès (09) 185 H4
Ludon-Médoc (33) 135 E4
Ludres (54) 48 C5
Lüe (40) 148 C5
Lué-en-Baugeois (49) 77 F4
Luemschwiller (68) 89 F2
Lugagnac (46) 153 E4
Lugagnan (65) 182 D4
Lugaignac (33) 135 H5
Lugan (12) 154 A3
Lugan (81) 169 H4
Lugarde (15) 140 C2
Lugasson (33) 135 H6
Luglon (40) 149 E6
Lugny (02) 22 D1
Lugny (71) 116 B2
Lugny-Bourbonnais (18) 98 B4
Lugny-Champagne (18) 98 B2
Lugny-lès-Charolles (71) 115 F3
Lugo-di-Nazza (2B) 205 F4
Lugon-et-l'Île-du-Carnay (33) 135 G4
Lugos (33) 148 D3
Lugrin (74) 119 F2
Lugy (62) 2 A6
le Luhier (25) 104 C1
Luigné (49) 77 E6
Luigny (28) 61 G3
Luisant (28) 62 B2
Luisetaines (77) 64 D2
Luitré (35) 58 A3
Lullin (74) 119 E4
Lully (74) 118 D4
Lumbin (38) 145 H1
Lumbres (62) 2 A4
Lumeau (28) 62 C5
Lumes (08) 24 B1
Lumigny-Nesles-Ormeaux (77) 43 G5
Lumio (2B) 202 C5
Lunac (12) 153 H5
Lunan (46) 153 G2
Lunas (24) 136 D5
Lunas (34) 172 B4
Lunax (31) 184 B2
Lunay (41) 79 F2
Luneau (03) 114 D3
Lunegarde (46) 153 E1
Lunel (34) 173 H5
Lunel-Viel (34) 173 H5
Luneray (76) 17 F2
Lunery (18) 97 G4
Lunéville (54) 49 E6
le Luot (50) 35 H3
Lupcourt (54) 48 D6
Lupé (42) 143 H1
Lupersat (23) 126 A1
Lupiac (32) 167 E4
Luplanté (28) 62 A3
Luppé-Violles (32) 166 C4
Luppy (57) 48 D2
Lupsault (16) 122 A1
Lupstein (67) 50 C4
Luquet (65) 182 D2
Lurais (36) 95 F6
Luray (28) 41 F5
Lurbe-Saint-Christau (64) 182 A3
Lurcy (01) 116 B6
Lurcy-le-Bourg (58) 99 F2
Lurcy-Lévis (03) 98 C6
Luré (42) 128 C2
Lure (70) 88 A2
Lureuil (36) 95 G5
Luri (2B) 203 F2
Luriecq (42) 128 D6
Lurs (04) 176 D2
Lury-sur-Arnon (18) 97 E2
Lus-la-Croix-Haute (26) 159 H1
Lusanger (44) 74 D1
Luscan (31) 184 A5
Lusignac (24) 136 C1
Lusignan (86) 108 D2
Lusignan-Petit (47) 151 E5
Lusigny (03) 114 A1
Lusigny-sur-Barse (10) 66 C3
Lusigny-sur-Ouche (21) 101 F2
Lussac (16) 122 D2
Lussac (17) 121 F5
Lussac (33) 136 A4
Lussac-les-Châteaux (86) 109 G3
Lussac-les-Églises (87) 110 B3
Lussagnet (40) 166 C3
Lussagnet-Lusson (64) 182 D1
Lussan (30) 157 G6
Lussan (32) 168 A5
Lussan-Adeilhac (31) 184 C2
Lussant (17) 120 D1
Lussas (07) 157 G2
Lussas-et-Nontronneau (24) 123 E5
Lussat (23) 112 B5
Lussat (63) 127 F2
Lussault-sur-Loire (37) 79 F5
Lusse (88) 70 D2
Lusseray (79) 108 B5
Lustar (65) 183 G2
Luthenay-Uxeloup (58) 99 E5
Lutilhous (65) 183 G4
Luttange (57) 26 C4
Luttenbach-près-Munster (68) 71 E5
Lutter (68) 89 G4
Lutterbach (68) 89 F2
Lutz-en-Dunois (28) 62 A5
Lutzelbourg (57) 50 B4
Lutzelhouse (67) 50 B6
Luvigny (88) 50 A6
Lux (21) 86 A4
Lux (31) 186 A1
Lux (71) 101 G5
Luxé (16) 122 B2
Luxe-Sumberraute (64) 181 E1
Luxémont-et-Villotte (51) 46 B5
Luxeuil-les-Bains (70) 87 H1
Luxey (40) 149 F5
Luxiol (25) 87 H5
Luyères (10) 66 B2
Luynes (37) 78 C5
Luz-Saint-Sauveur (65) 183 E6
Luzancy (77) 44 A3
Luzarches (95) 42 D1
Luzay (79) 93 G4
Luzé (37) 94 C3
Luze (70) 88 C3
Luzech (46) 152 B3
Luzenac (09) 199 F1
Luzeret (36) 110 D2
la Luzerne (50) 13 F6
Luzillat (63) 127 G1
Luzillé (37) 95 G1
Luzinay (38) 130 B4
Luzoir (02) 10 A6
Luzy (58) 100 B5
Luzy-Saint-Martin (55) 24 D3
Luzy-sur-Marne (52) 68 A5
Ly-Fontaine (02) 22 A2
Lyas (07) 143 H6
Lyaud (74) 119 E3
Lye (36) 96 B1
Lynde (59) 2 C4
Lyoffans (70) 88 B3
Lyon (69) 130 A3
Lyons-la-Forêt (27) 19 F4
Lys (58) 83 G6
Lys (64) 182 B3
Lys-lez-Lannoy (59) 3 G5
Lys-Saint-Georges (36) 111 G1

M

Maast-et-Violaine (02) 22 B6
Maâtz (52) 86 B3
Mably (42) 115 E6
Macau (33) 135 E4
Macaye (64) 180 D1
Macé (61) 39 F5
Macey (10) 66 A3
Macey (50) 35 G4
Machault (08) 23 H5
Machault (77) 64 B2
Maché (85) 91 E3
Machecoul (44) 91 E1
Mâchecourt (02) 22 D2
Machemont (60) 21 F4
Macheren (57) 49 G1
Machézal (42) 129 E2
Machiel (80) 6 D2
Machilly (74) 118 D4
la Machine (58) 99 F4
Machy (10) 66 B4
Machy (80) 6 D2
Mackenheim (67) 71 G3
Mackwiller (67) 50 B2
Maclas (42) 143 H1
Macogny (02) 44 A1
Mâcon (71) 116 B4
Maconcourt (88) 69 E2
Maconge (21) 101 E1
Macornay (39) 102 D6
Mâcot-la-Plagne (73) 133 E4
Macqueville (17) 121 H2
Macquigny (02) 9 F6
Madaillan (47) 151 E5
Madecourt (88) 69 F3
Madegney (88) 69 G3
la Madelaine-sous-Montreuil (62) 1 F6
la Madeleine (59) 3 F5
la Madeleine-Bouvet (61) 61 F1
la Madeleine-de-Nonancourt (27) 41 E4
la Madeleine-sur-Loing (77) 64 A4
la Madeleine-Villefrouin (41) 80 A2
Madic (15) 140 B1
Madière (09) 185 G4
Madirac (33) 135 F6
Madiran (65) 166 D5
Madonne-et-Lamerey (88) 69 G3
Madranges (19) 125 E6
Madré (53) 59 F1
Madriat (63) 127 F6
Maël-Carhaix (22) 32 C6
Maël-Pestivien (22) 32 D5
Maennolsheim (67) 50 C4
Maffliers (95) 42 D2
Maffrécourt (51) 46 C1
Magalas (34) 188 C1
la Magdelaine-sur-Tarn (31) 169 F3
la Magdeleine (16) 108 C6
le Mage (61) 61 E1
Magenta (51) 45 F2
les Mages (30) 157 E5
Magescq (40) 164 D3
Magland (74) 119 F6
Magnac-Bourg (87) 124 C4
Magnac-Laval (87) 110 B5
Magnac-Lavalette-Villars (16) 122 C5
Magnac-sur-Touvre (16) 122 C4
Magnan (32) 166 C3
Magnant (10) 66 D4
Magnanville (78) 41 G3
Magnas (32) 168 A3
Magnat-l'Étrange (23) 125 H3
Magné (79) 107 G3
Magné (86) 109 E3
Magnet (03) 114 B5
Magneux (51) 22 C5
Magneux (52) 67 G1
Magneux-Haute-Rive (42) 129 E4
Magneville (50) 12 C3
Magnicourt (10) 66 D2
Magnicourt-en-Comte (62) 7 H1
Magnicourt-sur-Canche (62) 7 G2
Magnien (21) 101 E2
Magnières (54) 70 A1
Magnieu (01) 131 G3
les Magnils-Reigniers (85) 91 H6
Magnivray (70) 88 A2
Magnoncourt (70) 69 G6
le Magnoray (70) 87 F4
Magny (28) 61 H3
le Magny (36) 111 G1
Magny (68) 89 E3
les Magny (70) 88 A4
Magny (89) 84 A5
Magny-Châtelard (25) 103 H1
Magny-Cours (58) 98 D4
Magny-Danigon (70) 88 B2
Magny-en-Bessin (14) 14 A3
Magny-en-Vexin (95) 41 H1
Magny-Fouchard (10) 67 E3
Magny-Jobert (70) 88 B3
Magny-la-Campagne (14) 39 E2
Magny-la-Fosse (02) 9 E5
Magny-la-Ville (21) 84 D5
Magny-Lambert (21) 85 E3
Magny-le-Désert (61) 38 C6
Magny-le-Freule (14) 39 E1
Magny-le-Hongre (77) 43 F4
Magny-lès-Aubigny (21) 102 A2
Magny-les-Hameaux (78) 42 B5
Magny-lès-Jussey (70) 87 F1
Magny-lès-Villers (21) 101 G2
Magny-Lormes (58) 83 H6
Magny-Montarlot (21) 102 B1
Magny-Saint-Médard (21) 86 A5
Magny-sur-Tille (21) 102 A1
Magny-Vernois (70) 88 A3
Magoar (22) 33 E5
Magrie (11) 186 D5
Magrin (81) 170 A5
Magstatt-le-Bas (68) 89 G3
Magstatt-le-Haut (68) 89 G3
Mahalon (29) 52 D2
Mahéru (61) 39 H5
Maîche (25) 88 C6
Maidières (54) 48 B3
Maignaut-Tauzia (32) 167 G2
Maigné (72) 59 H6
Maignelay-Montigny (60) 20 D3
Mailhac (11) 187 H2
Mailhac-sur-Benaize (87) 110 C4
Mailhoc (81) 170 B2
Mailholas (31) 185 E3
Maillane (13) 174 D3
Maillas (40) 149 H5
Maillat (01) 117 G5
Maillé (37) 94 D3
Maillé (85) 107 F3
Maillé (86) 94 A6
Maillebois (28) 40 D6
la Mailleraye-sur-Seine (76) 17 E6
Maillères (40) 166 A1
Mailleroncourt-Charette (70) 87 G2
Mailleroncourt-Saint-Pancras (70) 69 G6
Maillet (03) 112 D2
Maillet (36) 111 F1
Mailley-et-Chazelot (70) 87 F4
Maillezais (85) 107 F3
Maillot (89) 65 E4
Mailly (71) 115 E5
Mailly-Champagne (51) 45 F1
Mailly-la-Ville (89) 83 G4
Mailly-le-Camp (10) 45 G5
Mailly-le-Château (89) 83 G4
Mailly-Maillet (80) 8 A4
Mailly-Raineval (80) 20 D1
Mailly-sur-Seille (54) 48 D3
les Maillys (21) 102 B2
Maimbeville (60) 20 D4
Maincy (77) 64 A1
Maine-de-Boixe (16) 122 C2
Mainfonds (16) 122 B5
Maing (59) 9 F2
Mainneville (27) 19 G5
Mainsat (23) 112 B6
Maintenay (62) 6 D2
Maintenon (28) 41 G6
Mainvillers (57) 27 E6
Mainvilliers (28) 62 B2
Mainvilliers (45) 63 F3
Mainxe (16) 121 H4
Mainzac (16) 123 E5
Mairé (86) 95 E4
Mairé-Levescault (79) 108 C5
Mairieux (59) 10 A2
Mairy (08) 24 C2
Mairy-Mainville (54) 25 H5
Mairy-sur-Marne (51) 45 H3
Maisdon-sur-Sèvre (44) 75 E6
Maisey-le-Duc (21) 85 E1
Maisnières (80) 6 C5
le Maisnil (59) 3 E5
Maisnil (62) 7 G2
Maisnil-lès-Ruitz (62) 8 A1
Maisod (39) 117 G2
Maison-des-Champs (10) 67 E3
la Maison-Dieu (58) 83 G5
Maison-Feyne (23) 111 F3
Maison-Maugis (61) 61 E1
Maison-Ponthieu (80) 7 E3
Maison-Roland (80) 7 E4
Maison-Rouge (77) 64 D1
Maisoncelle (62) 7 F1
Maisoncelle-et-Villers (08) 24 C3
Maisoncelle-Saint-Pierre (60) 20 B4
Maisoncelle-Tuilerie (60) 20 B3
Maisoncelles (52) 68 C4
Maisoncelles (72) 60 D6
Maisoncelles-du-Maine (53) 58 D6
Maisoncelles-en-Brie (77) 43 H4
Maisoncelles-en-Gâtinais (77) 64 A4
Maisoncelles-la-Jourdan (14) 37 H4
Maisoncelles-Pelvey (14) 38 A1
Maisoncelles-sur-Ajon (14) 14 A6
Maisonnais (18) 112 A1
Maisonnais-sur-Tardoire (87) 123 F3
Maisonnay (79) 108 B5
Maisonneuve (86) 93 H5
Maisonnisses (23) 111 G6
Maisons (11) 187 G6
Maisons (14) 13 H5
Maisons (28) 62 D2
Maisons-Alfort (94) 42 D4
Maisons-du-Bois-Lièvremont (25) 104 A3
Maisons-en-Champagne (51) 46 A5
Maisons-Laffitte (78) 42 C3
Maisons-lès-Chaource (10) 66 B6
Maisons-lès-Soulaines (10) 67 F3
Maisonsgoutte (67) 71 E2
Maisontiers (79) 93 F5
Maisse (91) 63 G2
Maissemy (02) 8 D6
Maixe (54) 49 E5
Maizeray (55) 47 H1
Maizeroy (57) 49 E1
Maizery (57) 26 C5
Maizet (14) 14 B5
Maizey (55) 47 G3
Maizicourt (80) 7 F3
Maizières (14) 14 D6
Maizières (52) 67 H1
Maizières (54) 48 C6
Maizières (62) 7 H2
Maizières (70) 87 F4
Maizières-la-Grande-Paroisse (10) 65 H1
Maizières-lès-Brienne (10) 67 E2
Maizières-lès-Metz (57) 26 B4
Maizières-lès-Vic (57) 49 G4
Maizières-sur-Amance (52) 86 C1
Maizilly (42) 115 F5
Maizy (02) 22 C5
Majastres (04) 177 F2
Malabat (32) 183 F1
la Malachère (70) 87 F5
Malafretaz (01) 116 D4
Mâlain (21) 85 F6
Malaincourt (88) 68 D3
Malaincourt-sur-Meuse (52) 68 C4
Malakoff (92) 42 C4
Malancourt (55) 24 D6
Malandry (08) 24 D3
Malange (39) 102 D1
Malans (25) 103 G3
Malans (70) 102 D1
Malansac (56) 56 B6
Malarce-sur-la-Thines (07) 157 E3
Malataverne (26) 158 A3
Malaucène (84) 158 D6
Malaucourt-sur-Seille (57) 48 D3
Malaunay (76) 17 G5
Malause (82) 168 C1
Malaussanne (64) 166 A5
Malaussène (06) 195 E1
Malauzat (63) 127 E2
Malaville (16) 122 A5
Malavillers (54) 25 H5
Malay (71) 116 A1
Malay-le-Grand (89) 65 E4
Malay-le-Petit (89) 65 E4
Malbo (15) 140 C4
Malbosc (07) 157 E4
Malbouhans (70) 88 B2
Malbouzon (48) 155 G1
Malbrans (25) 103 G2
Malbuisson (25) 104 A5
Mâle (61) 61 E3
Malegoude (09) 186 B4
Malemort-du-Comtat (84) 175 G1
Malemort-sur-Corrèze (19) 138 D3
la Malène (48) 155 H5
Malesherbes (45) 63 G3
Malestroit (56) 56 A5
Malétable (61) 40 B6
Maleville (12) 153 H4
Malguénac (56) 55 E2
la Malhoure (22) 34 A5
Malicornay (36) 111 E1
Malicorne (03) 113 E4
Malicorne (89) 82 D2
Malicorne-sur-Sarthe (72) 77 G1
Maligny (21) 101 E2
Maligny (89) 83 H1
Malijai (04) 177 E1
Malincourt (59) 9 E4
Malintrat (63) 127 F3
Malissard (26) 144 B5
Mallefougasse-Augès (04) 176 D1
Malleloy (54) 48 C4
Mallemoisson (04) 177 E1
Mallemort (13) 191 H2
Malléon (09) 185 H5

Malleret (23) 126 A3
Malleret-Boussac (23) 112 A4
Mallerey (39) 117 F1
Malleval (42) 129 H6
Malleval-en-Vercors (38) 145 E3
Malleville-les-Grès (76) 16 D2
Malleville-sur-le-Bec (27) 18 A6
Mallièvre (85) 92 C4
Malling (57) 26 C2
Malloué (14) 37 G2
la Malmaison (02) 23 E3
Malmerspach (68) 88 D1
Malmy (51) 46 C1
Malons-et-Elze (30) 157 E4
Malouy (27) 15 H5
Malpart (80) 20 D2
Malpas (25) 103 H4
Malras (11) 186 D4
Malrevers (43) 142 C3
Malroy (57) 26 C5
Maltat (71) 100 A6
Maltot (14) 14 B5
Malval (23) 111 G3
Malvalette (43) 143 E1
Malves-en-Minervois (11) 187 E3
Malvezie (31) 184 A5
Malvières (43) 142 B1
Malviès (11) 186 D4
Malville (44) 74 B4
Malvillers (70) 86 D2
Malzéville (54) 48 C5
le Malzieu-Forain (48) 141 G5
le Malzieu-Ville (48) 141 G5
Malzy (02) 9 G6
Mamers (72) 60 C2
Mametz (62) 2 B5
Mametz (80) 8 B5
Mamey (54) 48 B3
Mamirolle (25) 103 G1
Manas (26) 158 C2
Manas-Bastanous (32) 183 G1
Manaurie (24) 137 H4
Mance (54) 26 A4
la Mancelière (28) 40 C5
la Mancellière-sur-Vire (50) 37 G1
Mancenans (25) 88 A4
Mancenans-Lizerne (25) 88 C6
Mancey (71) 116 B1
Manchecourt (45) 63 G4
Manciet (32) 166 D3
Mancieulles (54) 26 A4
Mancioux (31) 184 C3
Mancy (51) 45 E3
Mandagout (30) 173 E2
Mandailles-
-Saint-Julien (15) 140 C4
Mandelieu-
-la-Napoule (06) 178 C5
Manderen (57) 26 D2
Mandeure (25) 88 C4
Mandeville (27) 18 C6
Mandeville-en-Bessin (14) 13 G5
Mandray (88) 70 D3
Mandres (27) 40 C5
Mandres-aux-
-Quatre-Tours (54) 48 A4
Mandres-en-Barrois (55) 68 B1
Mandres-la-Côte (52) 68 B5
Mandres-les-Roses (94) 43 E5
Mandres-sur-Vair (88) 69 E3
Mandrevillars (70) 88 C3
Manduel (30) 174 B3
Mane (04) 176 C2
Mane (31) 184 C4
Manéglise (76) 15 F1
Manéhouville (76) 17 G2
Manent-Montané (32) 184 A2
Manerbe (14) 15 F5
Mangiennes (55) 25 F5
Manglieu (63) 127 G4
Mangonville (54) 69 G1
Manhac (12) 154 B5
Manheulles (55) 47 H1
Manhoué (57) 48 D4
Manicamp (02) 21 H3
Manigod (74) 132 C2
Manin (62) 7 H2
Maninghem (62) 1 G6
Maninghen-Henne (62) 1 F4
Maniquerville (76) 16 C4
Manlay (21) 100 D2
Manneville-ès-Plains (76) 17 E2
Manneville-la-Goupil (76) 15 G1
Manneville-la-Pipard (14) 15 F4
Manneville-la-Raoult (27) 15 F3
Manneville-sur-Risle (27) 15 H3
Mannevillette (76) 15 F1
Mano (40) 149 E3
le Manoir (14) 14 A3
le Manoir (27) 18 D5
Manois (52) 68 B3
Manom (57) 26 B3
Manoncourt-
-en-Vermois (54) 48 D6
Manoncourt-
-en-Woëvre (54) 48 B4
Manonville (54) 48 B4
Manonviller (54) 49 F6
Manosque (04) 176 C3
Manot (16) 123 F1
Manou (28) 61 F1
Manre (08) 24 A6
le Mans (72) 60 B5
Mansac (19) 138 B3
Mansan (65) 183 F2
Mansat-la-Courrière (23) 125 E1
Mansempuy (32) 168 B4
Mansencôme (32) 167 F3
Manses (09) 186 A4
Mansigné (72) 78 A2
Mansle (16) 122 C2
Manso (2B) 204 C2
Mansonville (82) 168 B1
Manspach (68) 89 E3
Mant (40) 166 A5
Mantallot (22) 32 D2
Mantenay-Montlin (01) 116 D3
Mantes-la-Jolie (78) 41 H2
Mantes-la-Ville (78) 41 H3
Mantet (66) 200 B4
Manteyer (05) 160 B2
Manthelan (37) 95 E2
Manthelon (27) 40 D3
Manthes (26) 144 B1
Mantilly (61) 37 H6
Mantoche (70) 86 C5
Mantry (39) 102 D5
Manvieux (14) 14 A3
Many (57) 27 E6
Manzac-sur-Vern (24) 137 E3
Manzat (63) 127 E1
Manziat (01) 116 C3
Marac (52) 68 A6
Marainville-sur-Madon (88) 69 G2
Marainviller (54) 49 F6
aux Marais (60) 20 A4
le Marais-la-Chapelle (14) 39 E3
Marais-Vernier (27) 15 G2
Marambat (32) 167 F3
Marandeuil (21) 86 B6
Marange-Silvange (57) 26 B4
Marange-Zondrange (57) 27 E5
Marans (17) 106 D3
Marans (49) 75 H1
Maransin (33) 135 G3
Marant (62) 1 G6
Maranville (52) 67 G4
Maranwez (08) 23 G2
Marast (70) 87 H4
Marat (63) 128 B4
Maraussan (34) 188 B2
Maravat (32) 168 A4
Maray (41) 96 D1
Maraye-en-Othe (10) 65 H4
Marbache (54) 48 C4
Marbaix (59) 9 H4
Marbeuf (27) 40 C1
Marbéville (52) 67 G3
Marboué (28) 62 A5
Marboz (01) 117 E3
Marby (08) 10 D6
Marc-la-Tour (19) 139 E2
Marçais (18) 97 G6
Marçay (37) 94 B2
Marçay (86) 108 D2
Marcé (49) 77 F3
Marcé-sur-Esves (37) 94 D3
Marcei (61) 39 E5
Marcelcave (80) 8 A6
Marcellaz (74) 118 D5
Marcellaz-Albanais (74) 132 A2
Marcellois (21) 85 E6
Marcellus (47) 150 B3
Marcenais (33) 135 G3
Marcenat (03) 114 A5
Marcenat (15) 140 D1
Marcenay (21) 84 D1
Marcenod (42) 129 G5
Marcey-les-Grèves (50) 35 H3
Marchainville (61) 40 B6
Marchais (02) 22 D3
Marchais-Beton (89) 82 C2
Marchais-en-Brie (02) 44 C4
Marchamp (01) 131 F3
Marchampt (69) 115 H6
Marchastel (15) 140 C2
Marchastel (48) 155 F2
Marchaux (25) 87 G6
la Marche (58) 98 D3
Marché-Allouarde (80) 21 F2
Marchélepot (80) 21 F1
Marchemaisons (61) 60 B1
Marchémoret (77) 43 F2
Marchenoir (41) 80 A2
Marcheprime (33) 148 D1
Marches (26) 144 C4
les Marches (73) 132 A5
Marcheseuil (21) 100 D2
Marchésieux (50) 13 E6
Marchéville (28) 61 H2
Marchéville-en-Woëvre (55) 47 H1
Marchezais (28) 41 F4
Marchiennes (59) 9 E1
Marciac (32) 167 E6
Marcieu (38) 145 G5
Marcieux (73) 131 G4
Marcigny (71) 115 E4
Marcigny-sous-Thil (21) 84 D5
Marcillac-sur-Célé (46) 153 E2
Marcillac (33) 135 F1
Marcillac-la-Croisille (19) 139 G2
Marcillac-la-Croze (19) 139 E4
Marcillac-Lanville (16) 122 B2
Marcillac-
-Saint-Quentin (24) 138 A5
Marcillac-Vallon (12) 154 B3
Marcillat (63) 113 F6
Marcillat-
-en-Combraille (03) 112 D5
Marcillé-la-Ville (53) 59 E3
Marcillé-Raoul (35) 35 F6
Marcillé-Robert (35) 57 G4
Marcilloles (38) 144 C1
Marcilly (50) 37 E5
Marcilly (77) 43 G2
Marcilly-d'Azergues (69) 129 H2
Marcilly-en-Bassigny (52) 86 C1
Marcilly-en-Beauce (41) 79 F2
Marcilly-en-Gault (41) 80 D5
Marcilly-en-Villette (45) 81 E2
Marcilly-et-Dracy (21) 84 D5
Marcilly-la-Campagne (27) 41 E4
Marcilly-la-Gueurce (71) 115 F3
Marcilly-le-Châtel (42) 128 D4
Marcilly-le-Hayer (10) 65 G3
Marcilly-lès-Buxy (71) 101 F6
Marcilly-Ogny (21) 100 D1
Marcilly-sur-Eure (27) 41 E4
Marcilly-sur-Maulne (37) 78 B4
Marcilly-sur-Seine (51) 65 G1
Marcilly-sur-Tille (21) 85 H4
Marcilly-sur-Vienne (37) 94 D3
Marck (62) 1 H2
Marckolsheim (67) 71 G3
Marclopt (42) 129 E4
Marcoing (59) 8 D4
Marcolès (15) 140 A6
Marcollin (38) 144 C1
Marcols-les-Eaux (07) 143 F6
Marçon (72) 78 C2
Marconne (62) 7 E1
Marconnelle (62) 7 E1
Marcorignan (11) 188 A3
Marcoussis (91) 42 C6
Marcoux (04) 160 D6
Marcoux (42) 128 D3
Marcq (08) 24 C5
Marcq (78) 41 H4
Marcq-en-Baroeul (59) 3 F5
Marcq-en-Ostrevent (59) 9 E2
Marcy (02) 9 F6
Marcy (58) 83 E6
Marcy (69) 129 H2
Marcy-l'Étoile (69) 129 H3
Marcy-sous-Marle (02) 22 C2
Mardeuil (51) 45 E2
Mardié (45) 81 E1
Mardilly (61) 39 G4
Mardor (52) 86 A1
Mareau-aux-Bois (45) 63 F5
Mareau-aux-Prés (45) 80 C1
Mareil-en-Champagne (72) 59 G6
Mareil-en-France (95) 42 D2
Mareil-le-Guyon (78) 42 A4
Mareil-Marly (78) 42 B3
Mareil-sur-Loir (72) 77 H2
Mareil-sur-Mauldre (78) 42 A3
Mareilles (52) 68 A4
Marenla (62) 6 D1
Marennes (17) 120 B2
Marennes (69) 130 B4
Maresché (72) 60 A4
Maresches (59) 9 F2
Maresquel-
-Ecquemicourt (62) 7 E1
Marest (62) 7 G1
Marest-Dampcourt (02) 21 H3
Marest-sur-Matz (60) 21 F4
Marestaing (32) 168 C5
Marestmontiers (80) 20 D2
Maresville (62) 1 F6
les Marêts (77) 44 B5
Maretz (59) 9 F4
Mareugheol (63) 127 F6
Mareuil (16) 122 A3
Mareuil (24) 122 D6
Mareuil-Caubert (80) 6 D4
Mareuil-en-Brie (51) 44 D3
Mareuil-en-Dôle (02) 22 B6
Mareuil-la-Motte (60) 21 F3
Mareuil-le-Port (51) 44 D2
Mareuil-lès-Meaux (77) 43 G3
Mareuil-sur-Arnon (18) 97 F4
Mareuil-sur-Ay (51) 45 F2
Mareuil-sur-Cher (41) 79 H6
Mareuil-sur-Lay-Dissais (85) 91 H5
Mareuil-sur-Ourcq (60) 43 H1
Marey (88) 69 E5
Marey-lès-Fussey (21) 101 G2
Marey-sur-Tille (21) 85 H3
Marfaux (51) 45 E1
Marfontaine (02) 22 D1
Margaux (33) 135 E3
Margencel (74) 118 D3
Margency (95) 42 C2
Margerides (19) 126 A6
Margerie-Chantagret (42) 128 D5
Margerie-Hancourt (51) 66 D1
Margès (26) 144 C3
Margival (02) 22 B4
le Margnès (81) 171 F5
Margny (08) 25 E2
Margny (51) 44 D3
Margny-aux-Cerises (60) 21 F2
Margny-
-lès-Compiègne (60) 21 F4
Margny-sur-Matz (60) 21 F3
Margon (28) 61 E3
Margon (34) 188 C1
Margouët-Meymes (32) 167 E4
Margueray (50) 37 F3
Marguerittes (30) 174 B3
Margueron (33) 136 C6
Marguestau (32) 166 D2
Margut (08) 25 E3
Mariac (07) 143 F5
Maricourt (80) 8 B5
Marie (06) 178 D1
Marieulles (57) 26 B6
Marieux (80) 7 H4
Marigna-sur-Valouse (39) 117 F2
Marignac (17) 121 F5
Marignac (31) 184 A6
Marignac (82) 168 B3
Marignac-en-Diois (26) 145 E6
Marignac-Lasclares (31) 184 D2
Marignac-Laspeyres (31) 184 C3
Marignana (2A) 204 C3
Marignane (13) 191 H4
Marigné (49) 76 D2
Marigné-Laillé (72) 78 B1
Marigné-Peuton (53) 76 C1
Marignier (74) 119 E5
Marignieu (01) 131 G2
Marigny (03) 113 G1
Marigny (39) 103 E6
Marigny (50) 37 F1
Marigny (51) 45 E5
Marigny (71) 101 E6
Marigny (79) 107 H4
Marigny-Brizay (86) 94 C5
Marigny-Chemereau (86) 108 D2
Marigny-en-Orxois (02) 44 A2
Marigny-le-Cahouët (21) 84 D5
Marigny-le-Châtel (10) 65 G2
Marigny-l'Église (58) 84 A6
Marigny-lès-Reullée (21) 101 H3
Marigny-les-Usages (45) 63 E6
Marigny-Marmande (37) 94 C3
Marigny-Saint-Marcel (74) 131 H2
Marigny-sur-Yonne (58) 99 G1
Marillac-le-Franc (16) 122 D3
le Marillais (49) 75 G4
Marillet (85) 107 G1
Marimbault (33) 149 H3
Marimont-
-lès-Bénestroff (57) 49 G3
Marin (74) 119 E3
Marines (95) 42 B1
Maringes (42) 129 F4
Maringues (63) 127 G2
Mariol (03) 127 H1
Marions (33) 150 A4
Marizy (71) 115 G1
Marizy-Saint-Mard (02) 44 A1
Marizy-
-Sainte-Geneviève (02) 44 A1
Marle (02) 22 D1
Marlemont (08) 23 G1
Marlenheim (67) 50 D5
Marlens (74) 132 C3
Marlers (80) 19 H1
Marles-en-Brie (77) 43 G5
Marles-les-Mines (62) 2 C6
Marles-sur-Canche (62) 6 D1
Marlhes (42) 143 F2
Marliac (31) 185 G3
Marliens (21) 102 A1
Marlieux (01) 116 D6
Marlioz (74) 118 B6
Marly (57) 26 B6
Marly (59) 9 F2
Marly-Gomont (02) 9 H6
Marly-la-Ville (95) 43 E2
Marly-le-Roi (78) 42 B4
Marly-sous-Issy (71) 100 A6
Marly-sur-Arroux (71) 115 E1
Marmagne (18) 97 G2
Marmagne (21) 84 D3
Marmagne (71) 100 D5
Marmande (47) 150 C3
Marmanhac (15) 140 B4
Marmeaux (89) 84 B4
Marminiac (46) 152 B1
Marmont-Pachas (47) 167 H1
Marmouillé (61) 39 F5
Marmoutier (67) 50 C5
Marnac (24) 137 H6
Marnans (38) 144 D1
Marnaves (81) 170 A1
Marnay (70) 87 E6
Marnay (71) 101 H6
Marnay (86) 109 E3
Marnay-sur-Marne (52) 68 A5
Marnay-sur-Seine (10) 65 F1
Marnaz (74) 119 E6
la Marne (44) 91 E1
Marnes (79) 93 H4
Marnes-la-Coquette (92) 42 C4
Marnézia (39) 117 G1
Marnhagues-et-Latour (12) 172 A3
Marnoz (39) 103 E3
Marœuil (62) 8 A2
Maroilles (59) 9 H4
la Marolle-en-Sologne (41) 80 C4
Marolles (14) 15 G5
Marolles (41) 79 H3
Marolles (51) 46 B5
Marolles (60) 43 H1
Marolles-en-Beauce (91) 63 F2
Marolles-en-Brie (77) 44 A4
Marolles-en-Brie (94) 43 E5
Marolles-en-Hurepoix (91) 63 G1
Marolles-lès-Bailly (10) 66 C4
Marolles-les-Braults (72) 60 B3
Marolles-les-Buis (28) 61 F2
Marolles-
-lès-Saint-Calais (72) 61 E6
Marolles-
-sous-Lignières (10) 66 A6
Marolles-sur-Seine (77) 64 C2
Marollette (72) 60 C2
Marols (42) 128 D6
Maromme (76) 17 G6
Mâron (36) 96 D5
Maron (54) 48 C5
Maroncourt (88) 69 G3
Marpaps (40) 165 G5
Marpent (59) 10 B2
Marpiré (35) 57 H2
Marquaix (80) 8 D5
Marquay (24) 138 A5
Marquay (62) 7 H1
Marquefave (31) 185 E2
Marquéglise (60) 21 E4
Marquein (11) 186 A2
Marquerie (65) 183 F2
Marques (76) 19 G1
Marquette-en-Ostrevant (59) 9 E2
Marquette-lez-Lille (59) 3 F4
Marquigny (08) 24 A3
Marquillies (59) 3 E6
Marquion (62) 8 D3
Marquise (62) 1 F3
Marquivillers (80) 21 E2
Marquixanes (66) 200 C3
Marray (37) 78 D3
la Marre (39) 103 E5
Marre (55) 25 E6
Mars (07) 143 F4
les Mars (23) 126 B1
Mars (30) 172 D2
Mars (42) 115 F5
Mars-la-Tour (54) 26 A5
Mars-sous-Bourcq (08) 24 A4
Mars-sur-Allier (58) 98 D5
Marsa (11) 200 A1
Marsac (16) 122 B3
Marsac (23) 111 E6
Marsac (65) 183 E2
Marsac (82) 168 B2
Marsac-en-Livradois (63) 128 B6
Marsac-sur-Don (44) 74 C2
Marsac-sur-l'Isle (24) 137 F2
Marsainvilliers (45) 63 F4
Marsais (17) 107 G5
Marsais-
-Sainte-Radégonde (85) 107 E1
Marsal (57) 49 F4
Marsal (81) 170 D2
Marsalès (24) 151 G1
Marsan (32) 168 A5
Marsaneix (24) 137 F3
Marsangis (51) 45 E6
Marsangy (89) 65 E5
Marsannay-la-Côte (21) 101 H1
Marsannay-le-Bois (21) 85 H5
Marsanne (26) 158 B2
Marsas (33) 135 G3
Marsas (65) 183 F4
Marsat (63) 127 F2
Marsaz (26) 144 B3
Marseillan (32) 167 F6
Marseillan (34) 189 E2
Marseillan (65) 183 F2
Marseille (13) 192 B4
Marseille-en-Beauvaisis (60) 20 A3
Marseilles-lès-Aubigny (18) 98 C3
Marseillette (11) 187 F3
Marsillargues (34) 173 H5
Marsilly (17) 106 C4
Marsilly (57) 26 C5
Marsolan (32) 167 H2
Marson (51) 46 A3
Marson-sur-Barboure (55) 47 G5
Marsonnas (01) 116 D3
Marsoulas (31) 184 D4
Marssac-sur-Tarn (81) 170 B2
Martagny (27) 19 G5
Martailly-lès-Brancion (71) 116 B2
Martainneville (80) 6 C5
Martainville (14) 38 C2
Martainville (27) 15 G3
Martainville-Épreville (76) 17 H6
Martaizé (86) 94 A4
Martel (46) 138 D5
Marthemont (54) 48 C6
Marthille (57) 49 F3
Marthod (73) 132 C3
Marthon (16) 122 D4
Martiel (12) 153 F4
Martigna (39) 117 G3
Martignargues (30) 173 H1
Martignas-sur-Jalle (33) 134 D5
Martignat (01) 117 G4
Martigné-Briand (49) 93 F1
Martigné-Ferchaud (35) 57 H5
Martigné-sur-Mayenne (53) 58 D3
Martigny (02) 10 B6
Martigny (50) 37 F5
Martigny (76) 17 H2
Martigny-Courpierre (02) 22 C4
Martigny-le-Comte (71) 115 G2
Martigny-les-Bains (88) 69 E4
Martigny-
-les-Gerbonvaux (88) 68 D1
Martigny-sur-l'Ante (14) 38 D3
Martigues (13) 191 G5
Martillac (33) 135 E6
Martin-Église (76) 17 G2
Martincourt (54) 48 B4
Martincourt (60) 19 H3
Martincourt-sur-Meuse (55) 24 D3
le Martinet (30) 157 E5
Martinet (85) 91 E4
Martinpuich (62) 8 B4
Martinvast (50) 12 C2
Martinvelle (88) 69 F6
Martisserre (31) 184 C1
Martizay (36) 95 G5
Martot (27) 18 C5
Martragny (14) 14 A4
la Martre (83) 178 A3
Martres (33) 150 A1
les Martres-d'Artière (63) 127 G2
Martres-de-Rivière (31) 184 A4
les Martres-de-Veyre (63) 127 F4
Martres-sur-Morge (63) 127 F1
Martres-Tolosane (31) 184 D3
Martrin (12) 171 F2
Martrois (21) 85 E6
la Martyre (29) 31 F4
les Martys (11) 186 D1
Maruéjols-lès-Gardon (30) 173 H2
Marval (87) 123 G4
Marvaux-Vieux (08) 24 A5
Marvejols (48) 155 H3
Marvelise (25) 88 B4
Marville (55) 25 F4
Marville-
-Moutiers-Brûlé (28) 41 F5
Mary (71) 115 H1
Mary-sur-Marne (77) 43 H2
Marzan (56) 73 G2
Marzens (81) 170 A5
Marzy (58) 98 D4
le Mas (06) 178 C3
Mas-Blanc-
-des-Alpilles (13) 191 E1
Mas-Cabardès (11) 187 E2
le Mas-d'Agenais (47) 150 C3
le Mas-d'Artige (23) 125 H3
Mas-d'Auvignon (32) 167 G3
le Mas-d'Azil (09) 185 F4
Mas-de-Londres (34) 173 E4
le Mas-de-Tence (43) 143 F3
Mas-des-Cours (11) 187 E4
Mas-d'Orcières (48) 156 B3
Mas-Grenier (82) 168 D3
Mas-Saint-Chély (48) 155 H5
Mas-Saintes-Puelles (11) 186 B2
Masbaraud-Mérignat (23) 125 E1
Mascaraás-Haron (64) 166 C5
Mascaras (32) 167 F6
Mascaras (65) 183 F3
Mascarville (31) 169 H6
Masclat (46) 138 B6
Masevaux (68) 88 D1
Maslacq (64) 165 G6
Masléon (87) 124 D3
Maslives (41) 80 A3
le Masnau-
-Massuguiès (81) 171 E4
Masnières (59) 8 D4
Masny (59) 8 D2
Los Masos (66) 200 C3
Masparraute (64) 181 E1
Maspie-Lalonquère-
-Juillacq (64) 182 D1
Masquières (47) 152 A4
Massabrac (31) 185 F3
Massac (11) 187 F6
Massac (17) 121 H2
Massac-Séran (81) 170 A5
Massaguel (81) 170 C6
Massais (79) 93 F3
Massals (81) 171 E3
Massanes (30) 173 H2
Massangis (89) 84 A3
Massat (09) 185 F6
Massay (18) 97 E2
le Massegros (48) 155 G5
Masseilles (33) 150 A3
Massels (47) 151 G4
Massérac (44) 74 B1
Masseret (19) 124 C5
Masseube (32) 184 A1
Massiac (15) 141 F2
Massieu (38) 131 F6
Massieux (01) 130 A2
Massiges (51) 46 B1
Massignac (16) 123 F3
Massignieu-de-Rives (01) 131 G3
Massillargues-Attuech (30) 173 G2
Massilly (71) 116 A2
Massingy (21) 85 E1
Massingy (74) 131 H2
Massingy-lès-Semur (21) 84 D4
Massingy-lès-Vitteaux (21) 85 E5
Massognes (86) 94 A5
Massoins (06) 195 E1
Massongy (74) 118 D3
Massoulès (47) 151 G4
Massugas (33) 136 B6
Massy (71) 115 H2
Massy (76) 19 E2
Massy (91) 42 C5
Mastaing (59) 9 E2
Matafelon-Granges (01) 117 G4
les Matelles (34) 173 F4
Matemale (66) 200 A3
Matha (17) 121 G2
Mathaux (10) 66 D2
Mathay (25) 88 C5
Mathenay (39) 102 D4
les Mathes (17) 120 B3
Mathieu (14) 14 B4
Mathons (52) 67 H2
Mathonville (76) 19 E2
Matignicourt-Goncourt (51) 46 B5
Matignon (22) 34 B4
Matigny (80) 21 G1
Matougues (51) 45 G2
Matour (71) 115 H4
Matra (2B) 205 G2
Matringhem (62) 2 A6
Mattaincourt (88) 69 F3
Mattexey (54) 70 A1
Matton-et-Clémency (08) 24 D2
Matzenheim (67) 71 H1
Maubec (38) 130 D5
Maubec (82) 168 B3
Maubec (84) 175 G3
Maubert-Fontaine (08) 10 D6
Maubeuge (59) 10 A2
Maubourguet (65) 166 D6
Mauchamps (91) 63 F1
Maucomble (76) 19 E2
Maucor (64) 182 C1
Maucourt (60) 21 G2
Maucourt (80) 21 E1
Maucourt-sur-Orne (55) 25 F6
Maudétour-en-Vexin (95) 41 H2
Mauguio (34) 173 G5
Maulan (55) 47 F5
Maulay (86) 94 B3
Maulde (59) 4 A6
Maule (78) 42 A3
Mauléon (79) 92 C3
Mauléon-Barousse (65) 184 A5
Mauléon-d'Armagnac (32) 166 C2
Mauléon-Licharre (64) 181 G2
Maulers (60) 20 B3
Maulette (78) 41 G4
Maulévrier (49) 92 D3
Maulévrier-
-Sainte-Gertrude (76) 17 E5
Maulichères (32) 166 C4
Maumusson (44) 75 F3
Maumusson (82) 168 B2
Maumusson-Laguian (32) 166 C5
Mauny (76) 18 B5

Maupas (10) 66 B4
Maupas (32) 166 C3
Mauperthuis (77) 43 H5
Maupertuis (50) 37 F2
Maupertus-sur-Mer (50) 12 D2
Mauprévoir (86) 109 F5
Mauquenchy (76) 19 F3
Mauran (31) 184 D3
Maure (64) 182 D1
Maure-de-Bretagne (35) 56 D4
Maurecourt (78) 42 B2
Mauregard (77) 43 E2
Mauregny-en-Haye (02) 22 D3
Maureilhan (34) 188 B2
Maureillas-las-Illas (66) 201 E4
Mauremont (31) 185 H1
Maurens (24) 136 D5
Maurens (31) 186 A1
Maurens (32) 168 B5
Maurens-Scopont (81) 169 H5
Maurepas (78) 42 A5
Maurepas (80) 8 B5
Mauressac (31) 185 F2
Mauressargues (30) 173 H2
Maureville (31) 169 G6
Mauriac (15) 140 A2
Mauriac (33) 136 A6
Mauries (40) 166 B5
Maurines (15) 141 F5
Maurois (59) 9 F4
Mauron (56) 56 B3
Mauroux (32) 168 B2
Mauroux (46) 152 A3
Maurrin (40) 166 B3
Maurs (15) 153 H1
Maurupt-le-Montois (51) 46 C5
Maury (66) 200 D1
Mausoléo (2B) 202 D6
Maussac (19) 125 G6
Maussane-les-Alpilles (13) 191 E2
Maussans (70) 87 G5
Mautes (23) 126 A1
Mauvages (55) 47 G6
Mauvaisin (31) 185 G2
Mauves (07) 144 A4
Mauves-sur-Huisne (61) 60 D1
Mauves-sur-Loire (44) 75 E4
Mauvezin (31) 184 C1
Mauvezin (32) 168 B4
Mauvezin (65) 183 G4
Mauvezin-d'Armagnac (40) 166 C2
Mauvezin-de-Prat (09) 184 D5
Mauvezin-de-Sainte-Croix (09) 185 E4
Mauvezin-sur-Gupie (47) 150 C2
Mauvières (36) 110 B1
Mauvilly (21) 85 F3
Maux (58) 99 H3
Mauzac (31) 185 F2
Mauzac-et-Grand-Castang (24) 137 F5
Mauzé-sur-le-Mignon (79) 107 F4
Mauzé-Thouarsais (79) 93 F3
Mauzens-et-Miremont (24) 137 G4
Mauzun (63) 127 H4
Maves (41) 80 A2
Mavilly-Mandelot (21) 101 F3
la Maxe (57) 26 C5
Maxent (35) 56 C4
Maxéville (54) 48 C5
Maxey-sur-Meuse (88) 68 D1
Maxey-sur-Vaise (55) 68 D1
Maxilly-sur-Léman (74) 119 F3
Maxilly-sur-Saône (21) 86 B6
Maxou (46) 152 C3
Maxstadt (57) 49 G2
May-en-Multien (77) 43 H2
le May-sur-Èvre (49) 75 H6
May-sur-Orne (14) 14 B5
Mayac (24) 137 G2
Mayenne (53) 58 D3
Mayet (72) 78 B2
le Mayet-de-Montagne (03) 114 C6
le Mayet-d'École (03) 113 H5
Maylis (40) 165 G4
Maynal (39) 117 F1
les Mayons (83) 193 H3
Mayot (02) 22 A2
Mayrac (46) 138 C5
Mayran (12) 154 B4
Mayrègne (31) 183 H6
Mayres (07) 157 E1
Mayres (63) 142 B1
Mayres-Savel (38) 145 G5
Mayreville (11) 186 A3
Mayrinhac-Lentour (46) 139 E6
Mayronnes (11) 187 F5
Maysel (60) 20 C6
Mazamet (81) 170 D6
Mazan (84) 175 G1
Mazan-l'Abbaye (07) 157 E1
Mazangé (41) 79 F1
Mazaugues (83) 193 E3
Mazaye (63) 126 D3
Mazé (49) 77 F5
le Mazeau (85) 107 F3
Mazeirat (23) 111 G5
Mazeley (88) 69 H3
Mazerat-Aurouze (43) 142 A3
Mazeray (17) 121 F1
Mazères (09) 185 H3
Mazères (33) 149 H3
Mazères-de-Neste (65) 183 H4
Mazères-Lezons (64) 182 B2
Mazères-sur-Salat (31) 184 C4
Mazerier (03) 113 G5
Mazerny (08) 24 A3
Mazerolles (16) 123 E3
Mazerolles (17) 121 E4
Mazerolles (40) 166 A2
Mazerolles (64) 166 A6
Mazerolles (65) 183 G2
Mazerolles (86) 109 G3
Mazerolles-du-Razès (11) 186 C4
Mazerolles-le-Salin (25) 103 F1
Mazerulles (54) 49 E4
Mazet-Saint-Voy (43) 143 E4
Mazeuil (86) 94 A5
Mazeyrat-d'Allier (43) 142 A4
Mazeyrolles (24) 152 A1
la Mazière-aux-Bons-Hommes (23) 126 A2
Mazières (16) 123 E2
Mazières-de-Touraine (37) 78 C5
Mazières-en-Gâtine (79) 108 A1
Mazières-en-Mauges (49) 92 C2
Mazières-Naresse (47) 151 F1
Mazières-sur-Béronne (79) 108 B4
Mazille (71) 115 H3
Mazingarbe (62) 2 D6
Mazinghem (62) 2 B5
Mazinghien (59) 9 G4
Mazion (33) 135 E2
Mazirat (03) 112 C5
Mazirot (88) 69 F2
le Mazis (80) 6 D6
Mazoires (63) 127 E6
Mazouau (65) 183 G4
Mazuby (11) 199 H1
les Mazures (08) 11 E6
Mazzola (2B) 205 F2
Méailles (04) 178 A1
Méallet (15) 140 A2
Méasnes (23) 111 F3
Meaucé (28) 61 F1
Méaudre (38) 145 F3
la Meauffe (50) 13 F6
la Méaugon (22) 33 G4
Meaulne (03) 112 D1
Méaulte (80) 8 A5
Méautis (50) 13 E5
Meaux (77) 43 G3
Meaux-la-Montagne (69) 115 G6
Meauzac (82) 169 E1
Mecé (35) 57 H2
Mechmont (46) 152 C2
Mécleuves (57) 26 C6
Mecquignies (59) 9 H2
Mécrin (55) 47 G4
Mécringes (51) 44 C4
Médan (78) 42 B3
Médavy (61) 39 F5
Medeyrolles (63) 128 B6
Médière (25) 88 B4
Médillac (16) 136 B2
Médis (17) 120 C4
Médonville (88) 68 D4
Médréac (35) 56 C1
le Mée (28) 62 A6
Mée (53) 76 C1
le Mée-sur-Seine (77) 64 A1
les Mées (04) 176 D1
Mées (40) 165 E4
les Mées (72) 60 B3
Mégange (57) 26 D4
Megève (74) 133 E1
Mégevette (74) 119 E4
Mégrit (22) 34 B6
Méharicourt (80) 21 E1
Méharin (64) 181 E1
Méhers (41) 80 A6
Méhoncourt (54) 69 H1
Méhoudin (61) 59 F1
Mehun-sur-Yèvre (18) 97 F2
la Meignanne (49) 76 D4
Meigné (49) 93 G1
Meigné-le-Vicomte (49) 78 A4
Meigneux (77) 64 D1
Meigneux (80) 19 H1
Meilhac (87) 124 A3
Meilhan (32) 184 B1
Meilhan (40) 165 G2
Meilhan-sur-Garonne (47) 150 B2
Meilhards (19) 124 D5
Meilhaud (63) 127 F5
Meillac (35) 35 E6
Meillant (18) 97 H5
Meillard (03) 113 H3
le Meillard (80) 7 F3
la Meilleraie-Tillay (85) 92 C5
Meilleray (77) 44 B4
la Meilleraye-de-Bretagne (44) 75 E2
Meillerie (74) 119 F2
Meillers (03) 113 G2
Meillon (64) 182 C2
Meillonnas (01) 117 E4
Meilly-sur-Rouvres (21) 101 E1
Meisenthal (57) 50 C2
Meistratzheim (67) 71 G1
le Meix (21) 85 G3
le Meix-Saint-Epoing (51) 44 D5
le Meix-Tiercelin (51) 45 H6
Méjannes-le-Clap (30) 157 G5
Méjannes-lès-Alès (30) 173 H1
Mela (2A) 207 E2
Mélagues (12) 171 H4
Mélamare (76) 15 G1
Melay (52) 87 E1
Melay (71) 115 E5
le Mêle-sur-Sarthe (61) 60 C1
Mélecey (70) 88 A4
Melesse (35) 57 F2
Melgven (29) 53 H3
Mélicocq (60) 21 F4
Mélicourt (27) 39 H3
Méligny-le-Grand (55) 47 G5
Méligny-le-Petit (55) 47 G5
Melin (70) 87 E2
Melincourt (70) 87 F1
Mélisey (70) 88 B2
Mélisey (89) 84 B1
Meljac (12) 154 B6
Mellac (29) 54 B4
Mellé (35) 58 A1
Melle (79) 108 B4
Mellecey (71) 101 F5
Melleran (79) 108 C5
Melleray (72) 61 E5
Melleroy (45) 82 C1
Melles (31) 184 B6
Melleville (76) 6 B5
Mellionnec (22) 54 D1
Mello (60) 20 C6
Meloisey (21) 101 F3
Melrand (56) 55 E3
Melsheim (67) 50 D4
Melun (77) 64 A1
Melve (04) 160 B4
Melz-sur-Seine (77) 65 E1
Membrey (70) 86 D3
la Membrolle-sur-Choisille (37) 78 D5
la Membrolle-sur-Longuenée (49) 76 D3
Membrolles (41) 62 A6
Méménil (88) 70 B3
Memmelshoffen (67) 51 F2
le Mémont (25) 104 C1
Menades (89) 83 H5
Ménarmont (88) 70 B1
Menars (41) 80 A3
Menat (63) 113 E6
Menaucourt (55) 47 F5
Mencas (62) 2 A6
Menchhoffen (67) 50 C3
Mende (48) 156 A3
Mendionde (64) 180 D1
Menditte (64) 181 F3
Mendive (64) 181 E3
Ménéac (56) 56 A2
Ménerbes (84) 175 G3
Ménerval (76) 19 G3
Ménerville (78) 41 G3
Menesble (21) 85 G2
Ménesles (80) 6 B4
Ménesplet (24) 136 B4
Ménesqueville (27) 19 E5
Ménessaire (21) 100 C2
Menestreau (58) 83 E5
Ménestreau-en-Villette (45) 81 E3
Menet (15) 140 B2
Menetou-Couture (18) 98 C3
Menetou-Râtel (18) 82 B6
Menetou-Salon (18) 97 H1
Menetou-sur-Nahon (36) 96 C1
Ménétréol-sous-Sancerre (18) 82 B6
Ménétréol-sur-Sauldre (18) 81 F5
Ménétréols-sous-Vatan (36) 96 D3
Ménetreuil (71) 116 D1
Ménétreux-le-Pitois (21) 84 D4
Ménétrol (63) 127 F2
Menétru-le-Vignoble (39) 102 D5
Menétrux-en-Joux (39) 117 H1
Ménévillers (60) 21 E3
Menglon (26) 159 F1
Ménigoute (79) 108 C2
Ménil (53) 76 D2
le Ménil (88) 70 C6
Ménil-Annelles (08) 23 H4
Ménil-aux-Bois (55) 47 G4
le Ménil-Bérard (61) 39 H5
le Ménil-Broût (61) 60 B1
le Ménil-Ciboult (61) 37 H4
le Ménil-de-Briouze (61) 38 C5
Ménil-de-Senones (88) 70 D2
Ménil-en-Xaintois (88) 69 E3
Ménil-Erreux (61) 60 B1
Ménil-Froger (61) 39 G5
Ménil-Gondouin (61) 38 C4
le Ménil-Guyon (61) 39 G6
Ménil-Hermei (61) 38 C4
Ménil-Hubert-en-Exmes (61) 39 G4
Ménil-Hubert-sur-Orne (61) 38 C3
Ménil-Jean (61) 38 D4
Ménil-la-Horgne (55) 47 G5
Ménil-la-Tour (54) 48 A4
Ménil-Lépinois (08) 23 G5
le Ménil-Scelleur (61) 38 D6
Ménil-sur-Belvitte (88) 70 B2
Ménil-sur-Saulx (55) 47 E6
le Ménil-Vicomte (61) 39 G3
Ménil-Vin (61) 38 C3
Ménilles (27) 41 F2
la Ménitré (49) 77 F5
Mennecy (91) 63 G1
Mennessis (02) 22 A2
Mennetou-sur-Cher (41) 96 D1
Menneval (27) 15 H5
Menneville (02) 23 E4
Menneville (62) 1 G4
Mennevret (02) 9 F5
Mennouveaux (52) 68 B5
Ménoire (19) 139 E3
Menomblet (85) 92 D5
Menoncourt (90) 88 D2
Ménonval (76) 19 F1
Menotey (39) 102 C2
Menou (58) 83 E6
Menouville (95) 42 B1
le Menoux (36) 111 E2
Menoux (70) 87 F1
Mens (38) 145 G6
Mensignac (24) 137 E2
Menskirch (57) 26 D3
Mentheville (76) 16 C4
Menthon-Saint-Bernard (74) 132 B2
Menthonnex-en-Bornes (74) 118 C6
Menthonnex-sous-Clermont (74) 131 H1
Mentières (15) 141 F4
Menton (06) 195 H2
Mentque-Nortbécourt (62) 1 H3
Menucourt (95) 42 B2
les Menus (61) 61 F1
Menville (31) 168 D5
Méobecq (36) 96 A6
Méolans-Revel (04) 161 E3
Méon (49) 78 A4
Méounes-lès-Montrieux (83) 193 E4
Mer (41) 80 B3
Méracq (64) 166 A6
Méral (53) 58 B6
Méras (09) 185 F3
Mercatel (62) 8 B3
Mercenac (09) 184 D5
Merceuil (21) 101 G4
Mercey (27) 41 F2
Mercey-le-Grand (25) 103 E1
Mercey-sur-Saône (70) 86 D4
Mercin-et-Vaux (02) 22 A5
Merck-Saint-Liévin (62) 2 A5
Merckeghem (59) 2 B3
Mercœur (19) 139 F4
Mercoeur (43) 141 G2
Mercuer (07) 157 G2
Mercuès (46) 152 C3
Mercurey (71) 101 F5
Mercurol (26) 144 B3
Mercury (73) 132 C3
Mercus-Garrabet (09) 185 H6
Mercy (03) 114 B2
Mercy (89) 65 G5
Mercy-le-Bas (54) 25 H4
Mercy-le-Haut (54) 25 H5
Merdrignac (22) 56 A2
Méré (78) 41 H4
Méré (89) 83 H1
Méreau (18) 97 E2
Méréaucourt (80) 19 H2
Méréglise (28) 61 H3
Mérélessart (80) 6 D5
Mérens (32) 167 H4
Mérens-les-Vals (09) 199 G2
Mérenvielle (31) 168 D5
Méreuil (05) 159 H4
Méréville (54) 48 C6
Méréville (91) 63 E3
Merey (27) 41 F3
Mérey-sous-Montrond (25) 103 G2
Mérey-Vieilley (25) 87 F6
Merfy (51) 23 E5
Mergey (10) 66 A2
Meria (2B) 203 G2
Mérial (11) 199 H1
Méricourt (62) 8 B1
Méricourt (78) 41 G2
Méricourt-en-Vimeu (80) 7 E6
Méricourt-l'Abbé (80) 7 H5
Méricourt-sur-Somme (80) 8 A6
Mériel (95) 42 C2
Mérifons (34) 172 B5
Mérignac (16) 122 A3
Mérignac (17) 135 G1
Mérignac (33) 135 E5
Mérignas (33) 136 A6
Mérignat (01) 117 F6
Mérignies (59) 3 G6
Mérigny (36) 110 A1
Mérigon (09) 185 E4
Mérilheu (65) 183 F4
Mérillac (22) 56 A1
Mérinchal (23) 126 B2
Mérindol (84) 191 H1
Mérindol-les-Oliviers (26) 158 D5
Mérinville (45) 64 C5
le Mériot (10) 65 F1
Méritein (64) 181 G1
Merkwiller-Pechelbronn (67) 29 E6
Merlas (38) 131 F6
la Merlatière (85) 91 H3
Merlaut (51) 46 B5
Merle-Leignec (42) 128 D6
Merléac (22) 33 F6
le Merlerault (61) 39 G5
Merles (82) 168 C1
Merles-sur-Loison (55) 25 F5
Merlevenez (56) 54 D5
Merlieux-et-Fouquerolles (02) 22 B4
Merlimont (62) 6 C1
Merlines (19) 126 B4
Mernel (35) 56 D4
Mérobert (91) 63 E2
Mérona (39) 117 G1
Mérouville (28) 62 D3
Meroux (90) 88 D3
Merpins (16) 121 G3
Merrey (52) 68 C5
Merrey-sur-Arce (10) 66 D5
Merri (61) 39 E3
Merris (59) 2 D4
Merry-la-Vallée (89) 83 E2
Merry-Sec (89) 83 F3
Merry-sur-Yonne (89) 83 G4
Mers-les-Bains (80) 6 B4
Mers-sur-Indre (36) 111 G1
Merschweiller (57) 26 D2
Mersuay (70) 87 G2
Merten (57) 27 E4
Mertrud (52) 67 G2
Mertzen (68) 89 E3
Mertzwiller (67) 51 E3
Méru (60) 20 B6
Merval (02) 22 C5
Mervans (71) 102 A5
Mervent (85) 107 F1
Mervilla (31) 169 F6
Merville (31) 169 E4
Merville (59) 2 D5
Merville-Franceville-Plage (14) 14 C4
Merviller (54) 70 B1
Merxheim (68) 71 F6
Méry (73) 131 H4
Méry-Corbon (14) 39 E1
Méry-ès-Bois (18) 81 G6
Méry-la-Bataille (60) 21 E3
Méry-Prémecy (51) 22 D6
Méry-sur-Cher (18) 97 E1
Méry-sur-Marne (77) 44 A3
Méry-sur-Oise (95) 42 C2
Méry-sur-Seine (10) 65 H1
le Merzer (22) 33 E4
Mésandans (25) 87 H5
Mésanger (44) 75 F3
Mésangueville (76) 19 F3
Mesbrecourt-Richecourt (02) 22 B2
Meschers-sur-Gironde (17) 120 C4
Mescoules (24) 136 D6
le Mesge (80) 7 E5
Mesgrigny (10) 65 H1
Mésigny (74) 132 A1
Meslan (56) 54 C3
Mesland (41) 79 G4
Meslay (14) 38 C2
Meslay (41) 79 G2
Meslay-du-Maine (53) 59 E6
Meslay-le-Grenet (28) 62 A2
Meslay-le-Vidame (28) 62 A3
Meslières (25) 88 D5
Meslin (22) 33 H5
Mesmay (25) 103 E2
Mesmont (08) 23 G3
Mesmont (21) 85 F6
Mesnac (16) 121 G2
Mesnard-la-Barotière (85) 92 A4
Mesnay (39) 103 E4
les Mesneux (51) 23 E6
la Mesnière (61) 60 C1
Mesnières-en-Bray (76) 19 E1
le Mesnil (50) 12 B4
le Mesnil-Adelée (50) 37 F5
le Mesnil-Amand (50) 35 H1
le Mesnil-Amelot (77) 43 E2
le Mesnil-Amey (50) 37 F1
le Mesnil-au-Grain (14) 14 A6
le Mesnil-au-Val (50) 12 D2
le Mesnil-Aubert (50) 35 H1
le Mesnil-Aubry (95) 42 D2
le Mesnil-Auzouf (14) 38 A2
le Mesnil-Bacley (14) 15 E6
le Mesnil-Benoist (14) 37 G3
Mesnil-Bruntel (80) 8 C6
le Mesnil-Caussois (14) 37 G3
Mesnil-Clinchamps (14) 37 G3
le Mesnil-Conteville (60) 20 A2
Mesnil-Domqueur (80) 7 E4
le Mesnil-Durand (14) 15 E6
le Mesnil-Durdent (76) 17 E3
Mesnil-en-Arrouaise (80) 8 C4
le Mesnil-en-Thelle (60) 42 C1
le Mesnil-en-Vallée (49) 76 B5
le Mesnil-Esnard (76) 18 D4
le Mesnil-Eudes (14) 15 F5
le Mesnil-Eury (50) 13 E6
Mesnil-Follemprise (76) 17 H3
le Mesnil-Fuguet (27) 40 D2
le Mesnil-Garnier (50) 35 H2
le Mesnil-Germain (14) 15 F6
le Mesnil-Gilbert (50) 37 G4
le Mesnil-Guillaume (14) 15 F5
le Mesnil-Hardray (27) 40 C3
le Mesnil-Herman (50) 37 F2
le Mesnil-Jourdain (27) 40 D1
Mesnil-la-Comtesse (10) 66 B1
le Mesnil-le-Roi (78) 42 B3
Mesnil-Lettre (10) 66 C2
le Mesnil-Lieubray (76) 19 F3
Mesnil-Martinsart (80) 8 A4
le Mesnil-Mauger (14) 15 E5
Mesnil-Mauger (76) 19 F2
le Mesnil-Opac (50) 37 F2
le Mesnil-Ozenne (50) 37 F5
Mesnil-Panneville (76) 17 F5
le Mesnil-Patry (14) 14 A4
le Mesnil-Rainfray (50) 37 G5
Mesnil-Raoul (76) 18 D4
le Mesnil-Raoult (50) 37 G2
le Mesnil-Réaume (76) 6 B5
le Mesnil-Robert (14) 37 G3
le Mesnil-Rogues (50) 35 H2
Mesnil-Rousset (27) 40 A3
le Mesnil-Rouxelin (50) 13 F6
le Mesnil-Saint-Denis (78) 42 A5
le Mesnil-Saint-Firmin (60) 20 C3
Mesnil-Saint-Georges (80) 20 D2
Mesnil-Saint-Laurent (02) 22 A1
Mesnil-Saint-Loup (10) 65 H3
Mesnil-Saint-Nicaise (80) 21 F1
Mesnil-Saint-Père (10) 66 C3
Mesnil-Sellières (10) 66 C3
le Mesnil-Simon (14) 15 E5
le Mesnil-Simon (28) 41 G3
le Mesnil-sous-Jumièges (76) 17 F6
Mesnil-sous-Vienne (27) 19 G5
le Mesnil-sur-Blangy (14) 15 F4
le Mesnil-sur-Bulles (60) 20 C4
Mesnil-sur-l'Estrée (27) 41 E4
le Mesnil-sur-Oger (51) 45 F3
le Mesnil-Théribus (60) 20 A5
le Mesnil-Thomas (28) 40 D6
le Mesnil-Tôve (50) 37 G5
le Mesnil-Véneron (50) 13 E5
Mesnil-Verclives (27) 19 F5
le Mesnil-Vigot (50) 13 E6
le Mesnil-Villeman (50) 35 H2
le Mesnil-Villement (14) 38 C3
le Mesnilbus (50) 12 D6
le Mesnillard (50) 37 F5
Mesnois (39) 117 G1
les Mesnuls (78) 42 A5
Mespaul (29) 31 G3
Mesplède (64) 165 G6
Mesples (03) 112 B3
Mespuits (91) 63 F3
Mesquer (44) 73 F3
Messac (17) 121 G6
Messac (35) 57 E5
Messanges (21) 101 G2
Messanges (40) 164 C3
Messas (45) 80 B2
Messé (79) 108 D4
Messei (61) 38 B5
Messein (54) 48 C6
Messeix (63) 126 B4
Messemé (86) 94 A3
Messery (74) 118 C3
Messey-sur-Grosne (71) 116 A1
Messia-sur-Sorne (39) 102 D6
Messigny-et-Vantoux (21) 85 H5
Messimy (69) 129 H4
Messimy-sur-Saône (01) 116 B6
Messincourt (08) 24 D2
Messon (10) 66 A3
Messy (77) 43 F3
Mesterrieux (33) 150 B1
Mestes (19) 126 A5
Mesves-sur-Loire (58) 98 C1
Mesvres (71) 100 C5
Métabief (25) 104 A5
les Métairies (16) 121 H3
Métairies-Saint-Quirin (57) 50 A5
Méteren (59) 2 D4
Méthamis (84) 175 G1
Métigny (80) 7 E5
Metting (57) 50 B3
Mettray (37) 78 D5
Metz (57) 26 B5
Metz-en-Couture (62) 8 D4
Metz-le-Comte (58) 83 G5
Metz-Robert (10) 66 B5
Metz-Tessy (74) 132 A1
Metzeral (68) 70 D5
Metzeresche (57) 26 C4
Metzervisse (57) 26 C3
Metzing (57) 49 H1
Meucon (56) 55 G6
Meudon (92) 42 C4
Meuilley (21) 101 G2
Meulan-en-Yvelines (78) 42 A2
Meulers (76) 17 H2
Meulles (14) 39 G2
Meulson (21) 85 F3
Meunet-Planches (36) 97 E5
Meunet-sur-Vatan (36) 96 D3
Meung-sur-Loire (45) 80 C2
Meurcé (72) 60 B3
Meurchin (62) 3 E6
Meurcourt (70) 87 G2
la Meurdraquière (50) 35 H2
Meures (52) 67 H4
Meurival (02) 22 D5
Meursac (17) 120 D3
Meursanges (21) 101 H3
Meursault (21) 101 G3
Meurville (10) 67 E4
Meusnes (41) 96 B1
Meussia (39) 117 H2
Meuvaines (14) 14 A3
Meux (17) 121 G5
le Meux (60) 21 E5
Meuzac (87) 124 C5
Mévoisins (28) 62 B1
Mévouillon (26) 159 F5
Meximieux (01) 130 C2
Mexy (54) 25 H3
Mey (57) 26 C5
Meyenheim (68) 71 F6
Meylan (38) 145 G2
Meymac (19) 125 G5
Meyrals (24) 137 H5
Meyrannes (30) 157 E5
Meyrargues (13) 176 B5
Meyras (07) 157 F1
Meyreuil (13) 176 A6
Meyrié (38) 130 D5
Meyrieu-les-Étangs (38) 130 C5
Meyrieux-Trouet (73) 131 G4
Meyrignac-l'Église (19) 125 E6
Meyronne (46) 138 D5
Meyronnes (04) 161 G3
Meyrueis (48) 156 A6
Meys (69) 129 F4
Meyssac (19) 138 D4
Meysse (07) 158 A2
Meyssiez (38) 130 C6
Meythet (74) 132 A1
la Meyze (87) 124 A4
Meyzieu (69) 130 B3
Mézangers (53) 59 E4
Mèze (34) 189 E1
Mézel (04) 177 F1
Mezel (63) 127 G3
Mézens (81) 169 G4
Mézeray (72) 77 H1
Mézères (43) 142 D3
Mézériat (01) 116 C4
Mézerolles (80) 7 F3
Mézerville (11) 186 A3
Mézidon-Canon (14) 39 E1
la Mézière (35) 57 E2
Mézières-au-Perche (28) 61 H3
Mézières-en-Brenne (36) 95 H5
Mézières-en-Drouais (28) 41 F5
Mézières-en-Gâtinais (45) 63 H5
Mézières-en-Santerre (80) 20 D1
Mézières-en-Vexin (27) 41 F1
Mézières-lez-Cléry (45) 80 C2
Mézières-sous-Lavardin (72) 59 H4
Mézières-sur-Couesnon (35) 57 G1

Mézières-sur-Issoire (87) 110 A5
Mézières-sur-Oise (02) 22 A1
Mézières-sur-Ponthouin (72) 60 B4
Mézières-sur-Seine (78) 41 H3
Mézilhac (07) 143 F6
Mézilles (89) 82 D3
Mézin (47) 167 F1
Méziré (90) 88 D4
Mézos (40) 148 B6
Mézy-Moulins (02) 44 C2
Mézy-sur-Seine (78) 42 A2
Mhère (58) 100 A1
Mialet (24) 123 G5
Mialet (30) 173 G1
Mialos (64) 166 A6
Miannay (80) 6 C4
Michaugues (58) 99 G1
Michelbach (68) 89 E2
Michelbach-le-Bas (68) 89 G3
Michelbach-le-Haut (68) 89 G3
Michery (89) 64 D3
Midrevaux (88) 68 C2
Mièges (39) 103 G5
Miélan (32) 183 G1
Miellin (70) 88 C1
Miermaigne (28) 61 F3
Miers (46) 138 D5
Miéry (39) 102 D5
Mietesheim (67) 50 D3
Mieussy (74) 119 E5
Mieuxcé (61) 59 H2
Migé (89) 83 F3
Migennes (89) 65 F6
Miglos (09) 199 E1
Mignaloux-Beauvoir (86) 109 E1
Mignavillers (70) 88 A3
Migné (36) 96 A6
Migné-Auxances (86) 109 E1
Mignères (45) 64 A5
Mignerette (45) 63 H5
Mignéville (54) 49 G6
Mignières (28) 62 A2
Mignovillard (39) 103 G5
Migny (36) 97 E3
Migré (17) 107 G5
Migron (17) 121 G2
Mijanès (09) 199 H2
Mijoux (01) 118 B3
la Milesse (72) 60 A5
Milhac (46) 138 B6
Milhac-d'Auberoche (24) 137 G3
Milhac-de-Nontron (24) 123 F6
Milhars (81) 153 F6
Milhas (31) 184 B5
Milhaud (30) 174 A4
Milhavet (81) 170 B1
Milizac (29) 30 D4
Millac (86) 109 G5
Millam (59) 2 B3
Millançay (41) 80 C5
Millas (66) 201 E2
Millau (12) 172 A1
Millay (58) 100 B5
Millebosc (76) 6 B5
Millemont (78) 41 H4
Millencourt (80) 8 A5
Millencourt-en-Ponthieu (80) 7 E3
Millery (21) 84 C4
Millery (54) 48 C4
Millery (69) 130 A4
Millevaches (19) 125 G4
Millières (50) 12 D6
Millières (52) 68 B4
Millonfosse (59) 9 E1
Milly (50) 37 G5
Milly-la-Forêt (91) 63 H2
Milly-Lamartine (71) 116 A3
Milly-sur-Bradon (55) 24 D4
Milly-sur-Thérain (60) 20 A4
Milon-la-Chapelle (78) 42 B5
Mimbaste (40) 165 E4
Mimet (13) 192 B3
Mimeure (21) 101 E2
Mimizan (40) 148 A5
Minaucourt-le-Mesnil-lès-Hurlus (51) 46 B1
Minerve (34) 187 G2
Mingot (65) 183 F1
Mingoval (62) 8 A1
Miniac-Morvan (35) 35 E5
Miniac-sous-Bécherel (35) 56 D1
le Minihic-sur-Rance (35) 36 A5
Minihy-Tréguier (22) 33 E2
Minorville (54) 48 B4
Minot (21) 85 G3
Minversheim (67) 50 D4
Minzac (24) 136 B4
Minzier (74) 118 B6
Miolles (81) 171 E3
Mionnay (01) 130 B2
Mions (69) 130 B4
Mios (33) 148 C1
Miossens-Lanusse (64) 166 B6
Mirabeau (04) 177 E1
Mirabeau (84) 176 B4
Mirabel (07) 157 H2
Mirabel (82) 152 C6
Mirabel-aux-Baronnies (26) 158 D5
Mirabel-et-Blacons (26) 158 D1
Miradoux (32) 168 A2
Miramas (13) 191 G3
Mirambeau (17) 121 F6
Mirambeau (31) 184 C1
Miramont-d'Astarac (32) 167 G6
Miramont-de-Comminges (31) 184 B4
Miramont-de-Guyenne (47) 150 D2
Miramont-de-Quercy (82) 152 A5
Miramont-Latour (32) 168 A4
Miramont-Sensacq (40) 166 B5
Mirande (32) 167 G6
Mirandol-Bourgnounac (81) 153 H6
Mirannes (32) 167 G5
Miraumont (80) 8 B4
Miraval-Cabardès (11) 187 E2
Mirbel (52) 67 H3
Miré (49) 77 E2
Mirebeau (86) 94 A5
Mirebeau-sur-Bèze (21) 86 B5
Mirebel (39) 103 E6
Mirecourt (88) 69 F3
Mirefleurs (63) 127 F4
Miremont (31) 185 F2
Miremont (63) 126 C2
Mirepeisset (11) 188 A3
Mirepeix (64) 182 C3
Mirepoix (09) 186 B4
Mirepoix (32) 168 A4
Mirepoix-sur-Tarn (31) 169 G3
Mireval (34) 173 F6
Mireval-Lauragais (11) 186 B3
Miribel (01) 130 B2
Miribel (26) 144 C2
Miribel-Lanchâtre (38) 145 F4
Miribel-les-Échelles (38) 131 G6
Mirmande (26) 158 B1
le Miroir (71) 117 E2
Mirvaux (80) 7 G5
Mirville (76) 15 G1
Miscon (26) 159 F2
Miserey (27) 41 E2
Miserey-Salines (25) 87 F6
Misérieux (01) 130 A1
Misery (80) 8 B6
Mison (04) 160 A5
Missé (79) 93 G3
Missècle (81) 170 B4
Missègre (11) 187 E5
Missery (21) 84 D6
Missillac (44) 73 H2
Missiriac (56) 55 H5
Misson (40) 165 E5
Missy (14) 14 A5
Missy-aux-Bois (02) 21 H5
Missy-lès-Pierrepont (02) 22 D2
Missy-sur-Aisne (02) 22 B5
Misy-sur-Yonne (77) 64 D3
Mitry-Mory (77) 43 E3
Mittainville (78) 41 G5
Mittainvilliers (28) 61 H1
Mittelbergheim (67) 71 F1
Mittelbronn (57) 50 B4
Mittelhausbergen (67) 51 E5
Mittelhausen (67) 50 D4
Mittelschaeffolsheim (67) 50 D4
Mittelwihr (68) 71 F4
Mittersheim (57) 49 H3
Mittlach (68) 70 D5
Mittois (14) 15 E6
Mitzach (68) 70 D6
Mizérieux (42) 129 E3
Mizoën (38) 146 B3
Mobecq (50) 12 C5
Moca-Croce (2A) 207 E1
Modane (73) 147 E2
Modène (84) 175 G1
Moëlan-sur-Mer (29) 54 A4
les Moëres (59) 2 C1
Mœrnach (68) 89 F4
Moëslains (52) 46 C6
Moeurs-Verdey (51) 44 D5
Mœuvres (59) 8 D3
Moëze (17) 120 C1
Moffans-et-Vacheresse (70) 88 A3
Mogeville (55) 25 F6
Mognard (73) 131 H3
Mogneneins (01) 116 B5
Mognéville (55) 46 D4
Mogneville (60) 20 D5
Mogues (08) 25 E2
Mohon (56) 55 H3
Moidieu-Détourbe (38) 130 B5
Moigny-sur-École (91) 63 G2
Moimay (70) 87 H4
Moineville (54) 26 A4
Moings (17) 121 G5
Moinville-la-Jeulin (28) 62 C2
Moirans (38) 145 F1
Moirans-en-Montagne (39) 117 H2
Moirax (47) 151 F6
Moiré (69) 129 G1
Moiremont (51) 46 C1
Moirey-Flabas-Crépion (55) 25 F5
Moiron (39) 102 D6
Moiry (08) 25 F3
Moisdon-la-Rivière (44) 75 E1
Moisenay (77) 64 A1
Moislains (80) 8 C5
Moissac (82) 168 D1
Moissac-Bellevue (83) 177 F4
Moissac-Vallée-Française (48) 156 C6
Moissannes (87) 124 D2
Moissat (63) 127 G3
Moisselles (95) 42 D2
Moissey (39) 102 C1
Moissieu-sur-Dolon (38) 130 B6
Moisson (78) 41 G2
Moissy-Cramayel (77) 43 E6
Moissy-Moulinot (58) 83 G6
Moisville (27) 40 D4
Moisy (41) 79 H1
Moïta (2B) 205 G2
les Moitiers-d'Allonne (50) 12 B4
les Moitiers-en-Bauptois (50) 12 D4
Moitron (21) 85 F3
Moitron-sur-Sarthe (72) 59 H3
Moivre (51) 46 B3
Moivrons (54) 48 D4
Molac (56) 56 A6
Molagnies (76) 19 G3
Molain (02) 9 F5
Molain (39) 103 E5
Molamboz (39) 103 E4
Molandier (11) 185 H3
Molas (31) 184 B1
Molay (39) 102 C3
Molay (70) 86 D2
Môlay (89) 84 A2
le Molay-Littry (14) 13 G5
la Môle (83) 194 A4
Moléans (28) 62 A5
Molèdes (15) 141 E2
Molère (65) 183 G4
Molesme (21) 66 C6
Molesmes (89) 83 F3
Molezon (48) 156 B6
Moliens (60) 19 H2
Molières (24) 137 F6
Molières (46) 139 F6
Molières (82) 152 C6
les Molières (91) 42 B5
Molières-Cavaillac (30) 172 D2
Molières-Glandaz (26) 159 F1
Molières-sur-Cèze (30) 157 E5
Moliets-et-Maa (40) 164 C2
Molinchart (02) 22 B3
Molines-en-Queyras (05) 147 F6
Molinet (03) 114 D2
Molineuf (41) 79 H4
Molinges (39) 117 H3
Molinons (89) 65 F4
Molinot (21) 101 E3
Molins-sur-Aube (10) 66 D2
Molitg-les-Bains (66) 200 C2
Mollans (70) 87 H3
Mollans-sur-Ouvèze (26) 158 D5
Mollau (68) 70 D6
Mollégès (13) 175 F3
Molles (03) 114 B6
les Mollettes (73) 132 A5
Molleville (11) 186 A2
Molliens-au-Bois (80) 7 G5
Molliens-Dreuil (80) 7 E6
Mollkirch (67) 50 C6
Molompize (15) 141 F2
Molosmes (89) 84 B1
Moloy (21) 85 G4
Molphey (21) 84 C6
Molpré (39) 103 G5
Molring (57) 49 G3
Molsheim (67) 50 D6
Moltifao (2B) 203 E6
les Molunes (39) 118 A3
Momas (64) 166 A6
Mombrier (33) 135 E3
Momères (65) 183 E3
Momerstroff (57) 27 E5
Mommenheim (67) 50 D4
Momuy (40) 165 H5
Momy (64) 182 D1
Monacia-d'Aullène (2A) 207 E4
Monacia-d'Orezza (2B) 205 G1
Monampteuil (02) 22 C4
Monassut-Audiracq (64) 182 C1
le Monastère (12) 154 C4
le Monastier-Pin-Moriès (48) 155 G3
le Monastier-sur-Gazeille (43) 142 D5
Monay (39) 102 D5
Monbahus (47) 151 E2
Monbalen (47) 151 F5
Monbardon (32) 184 B1
Monbazillac (24) 136 D6
Monbéqui (82) 168 D3
Monblanc (32) 184 D1
Monbrun (32) 168 C5
Moncale (2B) 202 C6
Moncassin (32) 183 H1
Moncaup (31) 184 B5
Moncaup (64) 166 D6
Moncaut (47) 151 E6
Moncayolle-Larrory-Mendibieu (64) 181 G2
Moncé-en-Belin (72) 78 A1
Moncé-en-Saosnois (72) 60 C3
Monceau-le-Neuf-et-Faucouzy (02) 22 C1
Monceau-le-Waast (02) 22 C3
Monceau-lès-Leups (02) 22 B2
Monceau-Saint-Waast (59) 9 H3
Monceau-sur-Oise (02) 9 G6
les Monceaux (14) 15 E5
Monceaux (60) 20 D5
Monceaux-au-Perche (61) 61 E1
Monceaux-en-Bessin (14) 13 H5
Monceaux-l'Abbaye (60) 19 G2
Monceaux-le-Comte (58) 83 G6
Monceaux-sur-Dordogne (19) 139 F3
Moncel-lès-Lunéville (54) 49 F6
Moncel-sur-Seille (54) 49 E4
Moncel-sur-Vair (88) 68 D2
la Moncelle (08) 24 C2
Moncetz-l'Abbaye (51) 46 B6
Moncetz-Longevas (51) 45 H3
Moncey (25) 87 G5
Monchaux-Soreng (76) 6 C5
Monchaux-sur-Écaillon (59) 9 F2
Moncheaux (59) 8 D1
Moncheaux-lès-Frévent (62) 7 G2
Monchecourt (59) 8 D2
Monchel-sur-Canche (62) 7 F2
Moncheux (57) 48 D3
Monchiet (62) 8 A3
Monchy-au-Bois (62) 8 A3
Monchy-Breton (62) 7 H1
Monchy-Cayeux (62) 7 G1
Monchy-Humières (60) 21 E4
Monchy-Lagache (80) 8 C6
Monchy-le-Preux (62) 8 C2
Monchy-Saint-Éloi (60) 20 D6
Monchy-sur-Eu (76) 6 B5
Moncla (64) 166 C5
Monclar (32) 166 C2
Monclar (47) 151 E3
Monclar-de-Quercy (82) 169 G2
Monclar-sur-Losse (32) 167 F6
Moncley (25) 87 E6
Moncontour (22) 33 H6
Moncontour (86) 93 H4
Moncorneil-Grazan (32) 184 A1
Moncourt (57) 49 F5
Moncoutant (79) 92 D5
Moncrabeau (47) 167 G1
Moncy (61) 38 A4
Mondavezan (31) 184 D3
Mondelange (57) 26 B4
Mondement-Montgivroux (51) 45 E4
Mondescourt (60) 21 H3
Mondevert (35) 58 A4
Mondeville (14) 14 C4
Mondeville (91) 63 G1
Mondicourt (62) 7 H3
Mondigny (08) 24 A2
Mondilhan (31) 184 B2
Mondion (86) 94 C4
Mondon (25) 87 H5
Mondonville (31) 169 E5
Mondonville-Saint-Jean (28) 62 D2
Mondorff (57) 26 C2
Mondoubleau (41) 61 F6
Mondouzil (31) 169 G5
Mondragon (84) 158 A5
Mondrainville (14) 14 B5
Mondrepuis (02) 10 B5
Mondreville (77) 63 H4
Mondreville (78) 41 G3
Monein (64) 182 A2
Monès (31) 184 D1
Monesple (09) 185 G4
Monestier (03) 113 G4
Monestier (07) 143 G2
Monestier (24) 136 C6
le Monestier (63) 128 A5
Monestier-d'Ambel (38) 145 H6
Monestier-de-Clermont (38) 145 F5
le Monestier-du-Percy (38) 145 G6
Monestier-Merlines (19) 126 B4
Monestier-Port-Dieu (19) 126 B5
Monestiés (81) 170 B1
Monestrol (31) 185 H2
Monétay-sur-Allier (03) 113 H3
Monétay-sur-Loire (03) 114 C3
Monéteau (89) 83 F1
Monêtier-Allemont (05) 160 A4
le Monêtier-les-Bains (05) 146 D4
Monfaucon (24) 136 C5
Monfaucon (65) 183 F1
Monferran-Plavès (32) 167 H6
Monferran-Savès (32) 168 C5
Monflanquin (47) 151 G2
Monfort (32) 168 B3
Monfréville (14) 13 F5
Mongaillard (47) 150 D5
Mongausy (32) 168 B6
Mongauzy (33) 150 B2
Monget (40) 165 H5
Monguilhem (32) 166 C3
Monheurt (47) 150 D4
Monhoudou (72) 60 B3
Monieux (84) 175 H1
Monistrol-d'Allier (43) 142 A4
Monistrol-sur-Loire (43) 143 E2
Monlaur-Bernet (32) 183 H2
Monléon-Magnoac (65) 183 H3
Monlet (43) 142 B2
Monlezun (32) 167 E6
Monlezun-d'Armagnac (32) 166 C3
Monlong (65) 183 H3
Monmadalès (24) 137 E6
Monmarvès (24) 151 F1
Monnai (61) 39 H3
Monnaie (37) 79 E4
Monneren (57) 26 D3
la Monnerie-le-Montel (63) 128 A2
Monnerville (91) 63 E3
Monnes (02) 44 A1
Monnet-la-Ville (39) 103 E6
Monnetay (39) 117 F2
Monnetier-Mornex (74) 118 C5
Monneville (60) 20 A6
Monnières (39) 102 C2
Monnières (44) 75 E6
Monoblet (30) 173 F2
Monpardiac (32) 167 F6
Monpazier (24) 151 H1
Monpezat (64) 166 D6
Monplaisant (24) 137 H6
Monprimblanc (33) 149 H1
Mons (16) 122 A2
Mons (17) 121 G2
Mons (30) 173 H1
Mons (31) 169 G5
Mons (34) 171 H6
Mons (63) 127 H1
Mons (83) 178 B4
Mons-Boubert (80) 6 C4
Mons-en-Barœul (59) 3 G5
Mons-en-Laonnois (02) 22 B3
Mons-en-Montois (77) 64 D1
Mons-en-Pévèle (59) 3 F6
Monsac (24) 137 E6
Monsaguel (24) 137 E6
Monsec (24) 123 E6
Monségur (33) 150 B1
Monségur (40) 165 H5
Monségur (47) 151 G3
Monségur (64) 183 E1
la Monselie (15) 140 B1
Monsempron-Libos (47) 151 H3
Monsireigne (85) 92 B5
Monsols (69) 115 H5
Monsteroux-Milieu (38) 130 B6
Monsures (80) 20 B2
Monswiller (67) 50 C4
Mont (64) 165 G6
Mont (65) 197 E1
Mont (71) 114 D1
le Mont (88) 70 D1
Mont-Bernanchon (62) 2 D5
Mont-Bertrand (14) 37 H2
Mont-Bonvillers (54) 25 H5
Mont-Cauvaire (76) 17 G5
Mont-d'Astarac (32) 184 A2
Mont-Dauphin (05) 161 F1
Mont-de-Galié (31) 184 A5
Mont-de-Lans (38) 146 B3
Mont-de-Laval (25) 104 C1
Mont-de-l'If (76) 17 F5
Mont-de-Marrast (32) 183 G1
Mont-de-Marsan (40) 166 A2
Mont-de-Vougney (25) 104 C1
Mont-devant-Sassey (55) 24 D4
le Mont-Dieu (08) 24 B3
Mont-Disse (64) 166 C5
Mont-Dol (35) 35 E4
Mont-Dore (63) 126 D5
Mont-d'Origny (02) 9 F6
Mont-et-Marré (58) 99 G3
Mont-Laurent (08) 23 H4
Mont-le-Vernois (70) 87 F3
Mont-le-Vignoble (54) 48 A6
Mont-lès-Lamarche (88) 69 E5
Mont-lès-Neufchâteau (88) 68 C2
Mont-lès-Seurre (71) 102 A4
Mont-l'Étroit (54) 68 D1
Mont-l'Évêque (60) 43 E1
Mont-Louis (66) 200 A4
Mont-Notre-Dame (02) 22 C5
Mont-Ormel (61) 39 F4
Mont-près-Chambord (41) 80 A4
Mont-Roc (81) 170 D4
le Mont-Saint-Adrien (60) 20 A4
Mont-Saint-Aignan (76) 17 G6
Mont-Saint-Éloi (62) 8 A2
Mont-Saint-Jean (02) 23 F1
Mont-Saint-Jean (21) 84 D6
Mont-Saint-Jean (72) 59 G3
Mont-Saint-Léger (70) 87 E3
Mont-Saint-Martin (02) 22 C6
Mont-Saint-Martin (08) 24 A5
Mont-Saint-Martin (38) 145 G1
Mont-Saint-Martin (54) 25 H3
le Mont-Saint-Michel (50) 35 G4
Mont-Saint-Père (02) 44 C2
Mont-Saint-Remy (08) 23 H5
Mont-Saint-Sulpice (89) 65 G6
Mont-Saint-Vincent (71) 115 H1
Mont-Saxonnex (74) 119 E6
Mont-sous-Vaudrey (39) 102 D3
Mont-sur-Courville (51) 22 C6
Mont-sur-Meurthe (54) 49 E6
Mont-sur-Monnet (39) 103 F6
Montabard (61) 39 E4
Montabon (72) 78 C3
Montabot (50) 37 F2
Montacher-Villegardin (89) 64 C4
Montadet (32) 184 C1
Montady (34) 188 B2
Montagagne (09) 185 F5
Montagna-le-Reconduit (39) 117 E2
Montagna-le-Templier (39) 117 F3
Montagnac (30) 173 H2
Montagnac (34) 188 D1
Montagnac-d'Auberoche (24) 137 G2
Montagnac-la-Crempse (24) 137 E4
Montagnac-Montpezat (04) 177 E3
Montagnac-sur-Auvignon (47) 151 E6
Montagnac-sur-Lède (47) 151 G2
Montagnat (01) 117 E5
Montagne (33) 135 H4
Montagne (38) 144 D3
la Montagne (44) 74 C5
la Montagne (70) 70 B6
Montagne-Fayel (80) 7 E6
Montagney (70) 86 D6
Montagney-Servigney (25) 87 H4
Montagnieu (01) 131 E3
Montagnieu (38) 131 E5
Montagnol (12) 171 H3
Montagnole (73) 131 H5
Montagny (42) 115 F6
Montagny (69) 129 H4
Montagny (73) 133 E5
Montagny-en-Vexin (60) 41 H1
Montagny-lès-Beaune (21) 101 G3
Montagny-lès-Buxy (71) 101 F6
Montagny-les-Lanches (74) 132 A2
Montagny-lès-Seurre (21) 102 B3
Montagny-près-Louhans (71) 102 B6
Montagny-Sainte-Félicité (60) 43 F1
Montagny-sur-Grosne (71) 115 H3
Montagoudin (33) 150 B2
Montagrier (24) 136 D2
Montagudet (82) 152 A5
Montagut (64) 166 A5
Montaignac-Saint-Hippolyte (19) 139 F1
Montaigu (02) 22 D3
Montaigu (39) 102 D6
Montaigu (85) 91 H2
Montaigu-de-Quercy (82) 151 H4
Montaigu-la-Brisette (50) 12 D2
Montaigu-le-Blin (03) 114 B4
Montaigu-les-Bois (50) 37 E3
Montaiguët-en-Forez (03) 114 C4
Montaigut (63) 113 E5
Montaigut-le-Blanc (23) 111 F5
Montaigut-le-Blanc (63) 127 F5
Montaigut-sur-Save (31) 168 D4
Montaillé (72) 61 E6
Montailleur (73) 132 C4
Montaillou (09) 199 G1
Montaimont (73) 132 C6
Montain (39) 102 D6
Montaïn (82) 168 D2
Montainville (28) 62 B3
Montainville (78) 42 A3
Montalba-le-Château (66) 200 D2
Montalembert (79) 108 D5
Montalet-le-Bois (78) 41 H2
Montalieu-Vercieu (38) 131 E2
Montalzat (82) 152 D6
Montamat (32) 168 B6
Montambert (58) 99 H5
Montamel (46) 152 C2
Montamisé (86) 109 F1
Montamy (14) 38 A2
Montanay (69) 130 A2
Montancy (25) 88 D5
Montandon (25) 88 C6
Montanel (50) 35 G5
Montaner (64) 183 E2
Montanges (01) 117 H5
Montans (81) 170 A3
Montapas (58) 99 G3
Montarcher (42) 128 D6
Montardit (09) 185 E4
Montardon (64) 182 C1
Montaren-et-Saint-Médiers (30) 174 B1
Montargis (45) 64 A6
Montarlot (77) 64 B3
Montarlot-lès-Rioz (70) 87 F5
Montarnaud (34) 173 E5
Montaron (58) 99 H4
Montastruc (47) 151 E3
Montastruc (65) 183 G3
Montastruc (82) 169 E1
Montastruc-de-Salies (31) 184 C5
Montastruc-la-Conseillère (31) 169 G4
Montastruc-Savès (31) 184 D2
le Montat (46) 152 C4
Montataire (60) 20 D6
Montauban (82) 169 E2
Montauban-de-Bretagne (35) 56 C2
Montauban-de-Luchon (31) 197 F1
Montauban-de-Picardie (80) 8 B5
Montauban-sur-l'Ouvèze (26) 159 F5
Montaud (34) 173 G4
Montaud (38) 145 F2
Montaudin (53) 58 B2
Montaulieu (26) 159 E4
Montaulin (10) 66 B3
Montaure (27) 18 C6
Montauriol (11) 186 A3
Montauriol (47) 151 F2
Montauriol (66) 201 E3
Montauriol (81) 170 D1
Montauroux (83) 178 B5
Montaut (09) 185 H3
Montaut (24) 137 E6
Montaut (31) 185 F2
Montaut (32) 183 H1
Montaut (40) 165 H4
Montaut (47) 151 F2
Montaut (64) 182 C3
Montaut-les-Créneaux (32) 167 H4
Montautour (35) 58 A3
Montauville (54) 48 B3
Montay (59) 9 F4
Montayral (47) 151 H3
Montazeau (24) 136 B5
Montazels (11) 186 D6
Montbard (21) 84 C3
Montbarla (82) 152 A5
Montbarrey (39) 102 D3
Montbarrois (45) 63 G5
Montbartier (82) 169 E2
Montbavin (02) 22 B3
Montbazens (12) 154 A3
Montbazin (34) 173 E6
Montbazon (37) 78 D6
Montbel (09) 186 B5
Montbel (48) 156 C2
Montbéliard (25) 88 C4
Montbéliardot (25) 104 C1
Montbellet (71) 116 B2
Montbenoît (25) 104 B3
Montberaud (31) 185 E4
Montbernard (31) 184 B2
Montberon (31) 169 F4
Montbert (44) 91 G1
Montberthault (21) 84 B5
Montbeton (82) 169 E2
Montbeugny (03) 114 A2
Montbizot (72) 60 A4
Montblainville (55) 24 C6
Montblanc (34) 188 D1
Montboillon (70) 87 E5
Montboissier (28) 62 A4
Montbolo (66) 200 D4
Montbonnot-Saint-Martin (38) 145 G2
Montboucher (23) 124 D1
Montboucher-sur-Jabron (26) 158 B2
Montboudif (15) 140 C1
Montbouton (90) 88 D4

Montbouy (45) 82 B1
Montboyer (16) 136 B1
Montbozon (70) 87 G4
Montbrand (05) 159 G2
Montbras (55) 68 D1
Montbray (50) 37 F3
Montbré (51) 45 F1
Montbrehain (02) 9 E5
Montbrison (42) 128 D4
Montbrison-sur-Lez (26) 158 C3
Montbron (16) 123 E4
Montbronn (57) 28 B6
Montbrun (46) 153 F3
Montbrun (48) 156 A4
Montbrun-Bocage (31) 185 E4
Montbrun-des-Corbières (11) 187 G3
Montbrun-Lauragais (31) 185 G1
Montbrun-les-Bains (26) 159 F6
Montcabrier (46) 152 A2
Montcabrier (81) 169 H5
Montcaret (24) 136 B5
Montcarra (38) 131 E4
Montcavrel (62) 1 G6
Montceau-et-Écharnant (21) 101 F3
Montceau-les-Mines (71) 100 D6
Montceaux (01) 116 B6
Montceaux-lès-Meaux (77) 43 H3
Montceaux-lès-Provins (77) 44 B5
Montceaux-lès-Vaudes (10) 66 B4
Montceaux-l'Étoile (71) 115 E3
Montceaux-Ragny (71) 116 B1
Montcel (63) 127 E1
Montcel (73) 131 H3
Montcenis (71) 100 D5
Montcet (01) 116 D5
Montcey (70) 87 G3
Montchaboud (38) 145 G3
Montchal (42) 129 F2
Montchâlons (02) 22 C4
Montchamp (14) 38 A3
Montchamp (15) 141 F4
Montchanin (71) 101 E6
Montcharvot (52) 86 D1
Montchaton (50) 36 D2
Montchaude (16) 121 H5
Montchauvet (14) 38 A2
Montchauvet (78) 41 G3
Montchenu (26) 144 B2
Montcheutin (08) 24 B5
Montchevrel (61) 39 G6
Montchevrier (36) 111 F2
Montclar (04) 160 D3
Montclar (11) 186 D4
Montclar (12) 171 F2
Montclar-de-Comminges (31) 184 D3
Montclar-Lauragais (31) 185 H2
Montclar-sur-Gervanne (26) 144 C6
Montclard (43) 142 A2
Montcléra (46) 152 B2
Montclus (05) 159 H3
Montclus (30) 157 G5
Montcombroux-les-Mines (03) 114 C3
Montcony (71) 102 B6
Montcorbon (45) 64 C6
Montcornet (02) 23 E2
Montcornet (08) 11 E6
Montcourt (70) 69 E6
Montcourt-Fromonville (77) 64 A3
Montcoy (71) 101 H5
Montcresson (45) 82 B1
Montcuit (50) 37 E1
Montcuq (46) 152 B4
Montcusel (39) 117 G3
Montcy-Notre-Dame (08) 24 B1
Montdardier (30) 172 D2
Montdauphin (77) 44 B4
Montdidier (57) 49 G3
Montdidier (80) 20 D2
Montdoré (70) 69 F6
Montdoumerc (46) 152 D5
Montdragon (81) 170 B4
Montdurausse (81) 169 G2
Monte (2B) 203 G6
Monteaux (41) 79 G5
Montebourg (50) 12 D3
Montech (82) 168 D2
Montécheroux (25) 88 C5
Montegrosso (2B) 202 C5
Montégut (32) 167 H5
Montégut (40) 166 C2
Montégut (65) 183 H4
Montégut-Arros (32) 183 F1
Montégut-Bourjac (31) 184 D2
Montégut-en-Couserans (09) 184 D5
Montégut-Lauragais (31) 186 B1
Montégut-Plantaurel (09) 185 G4
Montégut-Savès (32) 184 C1
Monteignet-sur-l'Andelot (03) 113 H6
le Monteil (15) 140 B2
le Monteil (43) 142 C4
le Monteil-au-Vicomte (23) 125 F1
Monteille (14) 15 E5
Monteils (12) 153 G5
Monteils (30) 173 H1
Monteils (82) 152 D6
Montel-de-Gelat (63) 126 B1
Montéléger (26) 144 B5
Montélier (26) 144 C5
Montélimar (26) 158 A2
le Montellier (01) 130 C1
Montels (09) 185 G5
Montels (34) 188 B2
Montels (81) 170 A2
Montembœuf (16) 123 E3
Montenach (57) 26 D2
Montenay (53) 58 C3
Montendre (17) 135 G1
Montendry (73) 132 B5
Montenescourt (62) 8 A2
Monteneuf (56) 56 B5
Montenils (77) 44 C4
Montenois (25) 88 B4
Montenoison (58) 99 F1
Montenoy (54) 48 D4
Montépilloy (60) 21 E6
Monteplain (39) 103 E2
Montépreux (51) 45 G5
Monterblanc (56) 55 G5
Montereau (45) 81 H1
Montereau-Fault-Yonne (77) 64 C2
Montereau-sur-le-Jard (77) 43 F6
Monterfil (35) 56 D3
Montérolier (76) 19 E2
Monterrein (56) 56 A4
Montertelot (56) 56 A4
Montescot (66) 201 F3
Montescourt-Lizerolles (02) 22 A2
Montespan (31) 184 C4
Montesquieu (34) 172 B6
Montesquieu (47) 150 D5
Montesquieu (82) 152 A6
Montesquieu-Avantès (09) 185 E5
Montesquieu-des-Albères (66) 201 F4
Montesquieu-Guittaut (31) 184 B2
Montesquieu-Lauragais (31) 185 H1
Montesquieu-Volvestre (31) 185 E3
Montesquiou (32) 167 F5
Montessaux (70) 88 A2
Montesson (78) 42 C3
Montestruc-sur-Gers (32) 167 H3
le Montet (03) 113 F3
Montet-et-Bouxal (46) 153 G1
Monteton (47) 150 C2
Monteux (84) 175 F1
Montévrain (77) 43 F4
Monteynard (38) 145 G4
Montézic (12) 154 C1
Montfa (09) 185 E4
Montfa (81) 170 C4
Montfalcon (38) 144 C2
Montfarville (50) 13 E2
Montfaucon (02) 44 B3
Montfaucon (25) 103 G1
Montfaucon (30) 174 D1
Montfaucon (46) 152 D1
Montfaucon-d'Argonne (55) 24 D6
Montfaucon-en-Velay (43) 143 F2
Montfaucon-Montigné (49) 75 F6
Montfermeil (93) 43 E3
Montfermier (82) 152 C5
Montfermy (63) 126 D2
Montferrand (11) 186 A2
Montferrand-du-Périgord (24) 137 G6
Montferrand-la-Fare (26) 159 F4
Montferrand-le-Château (25) 103 F1
Montferrat (38) 131 F5
Montferrat (83) 177 H5
Montferrer (66) 200 D4
Montferrier (09) 186 A6
Montferrier-sur-Lez (34) 173 F5
Montfey (10) 65 H5
Montfiquet (14) 13 G6
Montfleur (39) 117 F3
Montflours (53) 58 D4
Montflovin (25) 104 A3
Montfort (04) 176 D1
Montfort (25) 103 F2
Montfort (49) 93 G1
Montfort (64) 181 G1
Montfort-en-Chalosse (40) 165 F4
Montfort-l'Amaury (78) 41 H4
Montfort-le-Gesnois (72) 60 C5
Montfort-sur-Argens (83) 177 F6
Montfort-sur-Boulzane (11) 200 B2
Montfort-sur-Meu (35) 56 D2
Montfort-sur-Risle (27) 18 A5
Montfranc (12) 171 E3
Montfrin (30) 174 C3
Montfroc (26) 159 G6
Montfuron (04) 176 C3
Montgaillard (09) 185 H6
Montgaillard (11) 187 G6
Montgaillard (40) 166 A4
Montgaillard (65) 183 E4
Montgaillard (81) 169 G3
Montgaillard (82) 168 B2
Montgaillard-de-Salies (31) 184 C4
Montgaillard-Lauragais (31) 185 H1
Montgaillard-sur-Save (31) 184 B3
Montgardin (05) 160 C2
Montgardon (50) 12 C5
Montgaroult (61) 38 D4
Montgauch (09) 184 D5
Montgaudry (61) 60 C2
Montgazin (31) 185 F2
Montgé-en-Goële (77) 43 F2
Montgeard (31) 185 H2
Montgellafrey (73) 132 C6
Montgenèvre (05) 147 F4
Montgenost (51) 44 C6
Montgérain (60) 20 D3
Montgermont (35) 57 E2
Montgeron (91) 42 D5
Montgeroult (95) 42 B2
Montgesoye (25) 103 H2
Montgesty (46) 152 B2
Montgey (81) 170 A6
Montgibaud (19) 124 C5
Montgilbert (73) 132 C5
Montgirod (73) 132 D5
Montgiscard (31) 185 G1
Montgivray (36) 111 G1
Montgobert (02) 21 H5
Montgon (08) 24 A4
Montgradail (11) 186 C4
Montgras (31) 184 D1
Montgreleix (15) 140 D1
Montgru-Saint-Hilaire (02) 44 B1
Montguers (26) 159 F5
Montgueux (10) 66 A3
Montguillon (49) 76 C2
Montguyon (17) 135 H2
les Monthairons (55) 47 F2
Montharville (28) 62 A4
Monthault (35) 37 F6
Monthaut (11) 186 C4
Monthelie (21) 101 G3
Monthelon (51) 45 E2
Monthelon (71) 100 C4
Monthenault (02) 22 C4
Montheries (52) 67 G4
Montherlant (60) 20 A6
Monthermé (08) 11 E6
Monthiers (02) 44 B2
Monthieux (01) 130 B1
Monthion (73) 132 C4
Monthodon (37) 79 E3
Monthoiron (86) 94 D6
Monthois (08) 24 B5
Montholier (39) 102 D4
Monthou-sur-Bièvre (41) 79 H5
Monthou-sur-Cher (41) 79 H6
Monthuchon (50) 37 E1
Monthurel (02) 44 C2
Monthureux-le-Sec (88) 69 F4
Monthureux-sur-Saône (88) 69 E5
Monthyon (77) 43 G2
Monticello (2B) 202 D5
Montier-en-Der (52) 67 F1
Montier-en-l'Isle (10) 67 E3
Montiéramey (10) 66 C4
Montierchaume (36) 96 D5
Montiers (60) 20 D4
Montiers-sur-Saulx (55) 68 A1
Monties (32) 184 B1
Montignac (24) 138 A3
Montignac (33) 149 H1
Montignac (65) 183 F3
Montignac-Charente (16) 122 B3
Montignac-de-Lauzun (47) 151 E2
Montignac-le-Coq (16) 136 C1
Montignac-Toupinerie (47) 150 D2
Montignargues (30) 173 H2
Montigné (16) 122 A2
Montigné-le-Brillant (53) 58 C5
Montigné-lès-Rairies (49) 77 G3
Montigny (14) 14 A6
Montigny (18) 98 A1
Montigny (45) 63 E5
Montigny (54) 49 G6
Montigny (72) 60 B1
Montigny (76) 17 G6
Montigny-aux-Amognes (58) 99 E3
Montigny-devant-Sassey (55) 24 D4
Montigny-en-Arrouaise (02) 9 F6
Montigny-en-Cambrésis (59) 9 F4
Montigny-en-Gohelle (62) 8 C1
Montigny-en-Morvan (58) 100 A2
Montigny-en-Ostrevent (59) 8 D2
Montigny-la-Resle (89) 83 G1
Montigny-l'Allier (02) 43 H1
Montigny-le-Bretonneux (78) 42 B5
Montigny-le-Chartif (28) 61 G3
Montigny-le-Franc (02) 22 D2
Montigny-le-Gannelon (28) 61 H6
Montigny-le-Guesdier (77) 65 E2
Montigny-Lencoup (77) 64 C2
Montigny-Lengrain (02) 21 G5
Montigny-lès-Arsures (39) 103 E4
Montigny-lès-Cherlieu (70) 87 E2
Montigny-lès-Condé (02) 44 C3
Montigny-lès-Cormeilles (95) 42 C3
Montigny-les-Jongleurs (80) 7 F3
Montigny-lès-Metz (57) 26 B5
Montigny-les-Monts (10) 66 A5
Montigny-lès-Vaucouleurs (55) 47 H6
Montigny-lès-Vesoul (70) 87 F3
Montigny-Montfort (21) 84 C4
Montigny-Mornay-Villeneuve-sur-Vingeanne (21) 86 B4
Montigny-Saint-Barthélemy (21) 84 C5
Montigny-sous-Marle (02) 22 D1
Montigny-sur-Armançon (21) 84 D5
Montigny-sur-Aube (21) 67 F6
Montigny-sur-Avre (28) 40 D5
Montigny-sur-Canne (58) 99 G4
Montigny-sur-Chiers (54) 25 G4
Montigny-sur-Crécy (02) 22 C2
Montigny-sur-l'Ain (39) 103 E6
Montigny-sur-l'Hallue (80) 7 H5
Montigny-sur-Loing (77) 64 A3
Montigny-sur-Meuse (08) 11 E4
Montigny-sur-Vence (08) 24 A2
Montigny-sur-Vesle (51) 22 D5
Montilliers (49) 93 E1
Montillot (89) 83 G4
Montilly (03) 113 H1
Montilly-sur-Noireau (61) 38 B4
Montils (17) 121 F4
les Montils (41) 79 H4
Montipouret (36) 111 G1
Montirat (11) 187 E3
Montirat (81) 153 H6
Montireau (28) 61 G2
Montiron (32) 168 B5
Montivernage (25) 88 A6
Montivilliers (76) 15 F1
Montjardin (11) 186 C5
Montjaux (12) 171 H1
Montjavoult (60) 19 G6
Montjay (05) 159 G4
Montjay (71) 102 B5
Montjean (16) 108 C6
Montjean (53) 58 B5
Montjean-sur-Loire (49) 75 H4
Montjoi (11) 187 F5
Montjoi (82) 151 H6
Montjoie-en-Couserans (09) 185 E5
Montjoie-le-Château (25) 88 D5
Montjoie-Saint-Martin (50) 35 H5
Montjoire (31) 169 F4
Montjoux (26) 158 D3
Montjoyer (26) 158 B3
Montjustin (04) 176 B3
Montjustin-et-Velotte (70) 87 H3
Montlandon (28) 61 G2
Montlaur (11) 187 F4
Montlaur (12) 171 G3
Montlaur (31) 169 G6
Montlaur-en-Diois (26) 159 F2
Montlaux (04) 176 D1
Montlauzun (46) 152 B5
Montlay-en-Auxois (21) 84 C6
Montlebon (25) 104 B2
Montlevicq (36) 111 H1
Montlevon (02) 44 C3
Montlhéry (91) 42 C6
Montliard (45) 63 G6
Montlieu-la-Garde (17) 135 G2
Montlignon (95) 42 C2
Montliot-et-Courcelles (21) 85 E1
Montlivault (41) 80 A3
Montlognon (60) 43 F1
Montloué (02) 23 E2
Montlouis (18) 97 F5
Montlouis-sur-Loire (37) 79 E5
Montluçon (03) 112 D4
Montluel (01) 130 B2
Montmachoux (77) 64 C3
Montmacq (60) 21 F4
Montmagny (95) 42 D3
Montmahoux (25) 103 G3
Montmain (21) 102 A3
Montmain (76) 17 H6
Montmançon (21) 86 B6
Montmarault (03) 113 F4
Montmarlon (39) 103 F4
Montmartin (60) 21 E4
Montmartin-en-Graignes (50) 13 F5
Montmartin-le-Haut (10) 67 E4
Montmartin-sur-Mer (50) 36 D2
Montmaur (05) 160 A2
Montmaur (11) 186 A1
Montmaur-en-Diois (26) 159 E1
Montmaurin (31) 184 A3
Montmédy (55) 25 E3
Montmeillant (08) 23 G2
Montmelard (71) 115 G4
Montmelas-Saint-Sorlin (69) 129 G1
Montmélian (73) 132 A5
Montmerle-sur-Saône (01) 116 B6
Montmerrei (61) 39 E5
Montmeyan (83) 177 E5
Montmeyran (26) 144 B6
Montmin (74) 132 B2
Montmirail (51) 44 C4
Montmirail (72) 61 E5
Montmiral (26) 144 C3
Montmirat (30) 173 H3
Montmirey-la-Ville (39) 102 C1
Montmirey-le-Château (39) 102 D1
Montmoreau-Saint-Cybard (16) 122 B6
Montmorency (95) 42 D3
Montmorency-Beaufort (10) 67 E1
Montmorillon (86) 109 H3
Montmorin (05) 159 G3
Montmorin (63) 127 G4
Montmorot (39) 102 D6
Montmort (71) 100 B6
Montmort-Lucy (51) 45 E3
Montmotier (88) 69 G6
Montmoyen (21) 85 F2
Montmurat (15) 153 H2
Montner (66) 200 D2
Montoillot (21) 101 F1
Montoir-de-Bretagne (44) 73 H4
Montoire-sur-le-Loir (41) 79 E2
Montois-la-Montagne (57) 26 B4
Montoison (26) 144 B6
Montoldre (03) 114 A4
Montolieu (11) 186 D2
Montolivet (77) 44 B4
Montonvillers (80) 7 G5
Montord (03) 113 H4
Montory (64) 181 G4
Montot (21) 102 B2
Montot (70) 86 D4
Montot-sur-Rognon (52) 68 A3
Montouliers (34) 188 A2
Montoulieu (09) 185 H6
Montoulieu (34) 173 F2
Montoulieu-Saint-Bernard (31) 184 C3
Montournais (85) 92 C5
Montours (35) 35 H5
Montourtier (53) 59 E3
Montoussé (65) 183 G4
Montoussin (31) 184 D2
Montoy-Flanville (57) 26 C5
Montpellier (34) 173 F5
Montpellier-de-Médillan (17) 121 E4
Montpensier (63) 113 G6
Montperreux (25) 104 A4
Montpeyroux (12) 155 E2
Montpeyroux (24) 136 B5
Montpeyroux (34) 172 D5
Montpeyroux (63) 127 F4
Montpezat (30) 173 H3
Montpézat (32) 184 C1
Montpezat (47) 151 E4
Montpezat-de-Quercy (82) 152 D5
Montpezat-sous-Bauzon (07) 157 F1
Montpinchon (50) 37 E2
Montpinier (81) 170 C5
Montpitol (31) 169 G4
Montplonne (55) 47 E5
Montpon-Ménestérol (24) 136 B4
Montpont-en-Bresse (71) 116 D1
Montpothier (10) 44 C6
Montpouillan (47) 150 B3
Montrabé (31) 169 F5
Montrabot (50) 37 H1
Montracol (01) 116 D5
Montravers (79) 92 D4
Montréal (07) 157 F3
Montréal (11) 186 C3
Montréal (32) 167 E2
Montréal (89) 84 B4
Montréal-la-Cluse (01) 117 G5
Montréal-les-Sources (26) 159 E4
Montrécourt (59) 9 F3
Montredon (46) 153 H2
Montredon-des-Corbières (11) 188 A3
Montredon-Labessonnié (81) 170 D4
Montregard (43) 143 F3
Montréjeau (31) 184 A4
Montrelais (44) 76 B5
Montrem (24) 137 E3
Montrésor (37) 95 H2
Montret (71) 102 A6
Montreuil (28) 41 F4
Montreuil (62) 6 D1
Montreuil (85) 107 E2
Montreuil (93) 42 D4
Montreuil-au-Houlme (61) 38 D5
Montreuil-aux-Lions (02) 44 A2
Montreuil-Bellay (49) 93 G2
Montreuil-Bonnin (86) 108 D1
Montreuil-des-Landes (35) 58 A3
Montreuil-en-Auge (14) 15 E5
Montreuil-en-Caux (76) 18 D2
Montreuil-en-Touraine (37) 79 F5
Montreuil-Juigné (49) 76 D4
Montreuil-la-Cambe (61) 39 E3
Montreuil-l'Argillé (27) 39 H3
Montreuil-le-Chétif (72) 59 H3
Montreuil-le-Gast (35) 57 E1
Montreuil-le-Henri (72) 78 D1
Montreuil-Poulay (53) 59 E2
Montreuil-sous-Pérouse (35) 57 H2
Montreuil-sur-Barse (10) 66 C4
Montreuil-sur-Blaise (52) 67 G1
Montreuil-sur-Brêche (60) 20 C4
Montreuil-sur-Epte (95) 41 G1
Montreuil-sur-Ille (35) 57 F1
Montreuil-sur-Loir (49) 77 E3
Montreuil-sur-Lozon (50) 13 E6
Montreuil-sur-Maine (49) 76 D3
Montreuil-sur-Thérain (60) 20 B5
Montreuil-sur-Thonnance (52) 68 A1
Montreuillon (58) 99 H2
Montreux (54) 49 H6
Montreux-Château (90) 88 D3
Montreux-Jeune (68) 88 D3
Montreux-Vieux (68) 88 D3
Montrevault (49) 75 G5
Montrevel (38) 131 E5
Montrevel (39) 117 F3
Montrevel-en-Bresse (01) 116 D3
Montrichard (41) 79 G6
Montricher-Albanne (73) 146 C2
Montricoux (82) 169 G1
Montrieux-en-Sologne (41) 80 C4
Montrigaud (26) 144 C2
Montriond (74) 119 F4
Montrodat (48) 155 H3
Montrol-Sénard (87) 110 A6
Montrollet (16) 123 G1
Montromant (69) 129 G3
Montrond (05) 159 H4
Montrond (39) 103 E5
Montrond-le-Château (25) 103 G2
Montrond-les-Bains (42) 129 E4
Montrosier (81) 153 F6
Montrottier (69) 129 G3
Montroty (76) 19 G4
Montrouge (92) 42 D4
Montrouveau (41) 79 E2
Montroy (17) 106 D5
Montrozier (12) 154 D4
Montry (77) 43 G3
Monts (37) 78 D6
Monts (60) 20 A6
Monts-en-Bessin (14) 14 A5
Monts-en-Ternois (62) 7 G2
Monts-sur-Guesnes (86) 94 B4
les Monts-Verts (48) 141 F5
Montsalès (12) 153 G3
Montsalier (04) 176 B1
Montsalvy (15) 154 B1
Montsapey (73) 132 C5
Montsauche-les-Settons (58) 100 B1
Montsaugeon (52) 86 B3
Montsaunès (31) 184 C4
Montsec (55) 47 H3
Montsecret-Clairefougère (61) 38 A4
Montségur (09) 186 A6
Montségur-sur-Lauzon (26) 158 B4
Montselgues (07) 156 D3
Montséret (11) 187 H4
Montsérié (65) 183 H4
Montseron (09) 185 F5
Montseveroux (38) 130 B6
Montsoreau (49) 94 A1
Montsoué (40) 166 A4
Montsoult (95) 42 D2
Montsûrs (53) 59 E4
Montsurvent (50) 36 D1
Montsuzain (10) 66 B2
Montureux-et-Prantigny (70) 86 D4
Montureux-lès-Baulay (70) 87 F1
Montusclat (43) 142 D4
Montussaint (25) 87 H5
Montussan (33) 135 F5
Montvalen (81) 169 G3
Montvalent (46) 138 D5
Montvalezan (73) 133 F4
Montvendre (26) 144 C5
Montverdun (42) 128 D3
Montvernier (73) 146 C1
Montvert (15) 139 G4
Montvicq (03) 113 E4
Montviette (14) 15 E6
Montville (76) 17 G5
Montviron (50) 35 H3
Montzéville (55) 25 E6
Monviel (47) 151 E2
Monze (11) 187 E4
Moon-sur-Elle (50) 13 F6
Moosch (68) 88 D1
Mooslargue (68) 89 F4
Moraches (58) 99 G1
Moragne (17) 107 E6
Morainville (28) 62 D2
Morainville-Jouveaux (27) 15 G4
Morainvilliers (78) 42 A3
Morancé (69) 129 H2
Morancez (28) 62 B2
Morancourt (52) 67 G2
Morand (37) 79 F4
Morangis (51) 45 E3
Morangis (91) 42 D5
Morangles (60) 42 C1
Morannes (49) 77 E2
Moranville (55) 47 G1
Moras (38) 130 D4
Moras-en-Valloire (26) 144 B1
Morbecque (59) 2 C4
Morbier (39) 118 B1
Morcenx (40) 165 F1
Morchain (80) 21 F1
Morchies (62) 8 C4
Morcourt (02) 9 E6
Morcourt (80) 8 A6
Mordelles (35) 57 E3
Moréac (56) 55 F4
Morée (41) 79 H1
Moreilles (85) 106 D2
Morelmaison (88) 69 E3
Morembert (10) 66 C1
Morestel (38) 131 E4
Morêtel-de-Mailles (38) 132 A6
Morette (38) 145 E1
Moreuil (80) 20 D1
Morey (71) 101 F5
Morey-Saint-Denis (21) 101 H1
Morez (39) 118 B2
Morfontaine (54) 25 H4
Morganx (40) 165 H5
Morgemoulin (55) 25 G6
Morgny (27) 19 F5
Morgny-en-Thiérache (02) 23 E1
Morgny-la-Pommeraye (76) 17 H5
Morhange (57) 49 F3
Moriat (63) 127 G6
Morienne (76) 19 G1
Morienval (60) 21 F5
Morières-lès-Avignon (84) 175 E2
Moriers (28) 62 A4
Morieux (22) 33 H4
Moriez (04) 177 H2
Morigny (50) 37 G3
Morigny-Champigny (91) 63 F2
Morillon (74) 119 F5
Moringhem (62) 2 A4
Morionvilliers (52) 68 B2
Morisel (80) 20 D1
Moriville (88) 69 H2
Moriviller (54) 69 H1
Morizécourt (88) 69 E5
Morizès (33) 150 A2
Morlaàs (64) 182 C2
Morlac (18) 97 G6
Morlaix (29) 32 A3
Morlancourt (80) 8 A5
Morlanne (64) 165 H6
Morlet (71) 101 E4
Morley (55) 47 F6
Morlhon-le-Haut (12) 153 G5
Morlincourt (60) 21 G3
Mormaison (85) 91 G2
Mormant (77) 43 G6
Mormant-sur-Vernisson (45) 64 A6
Mormès (32) 166 C3
Mormoiron (84) 175 G1
Mornac (16) 122 C3
Mornac-sur-Seudre (17) 120 C3
Mornand-en-Forez (42) 128 D4
Mornans (26) 158 D2
Mornant (69) 129 H4
Mornas (84) 158 A6
Mornay (71) 115 G2
Mornay-Berry (18) 98 C3
Mornay-sur-Allier (18) 98 D5

Moroges (71) 101 F5
Morogues (18) 98 A1
Morosaglia (2B) 203 F6
Morre (25) 103 G1
Morsain (02) 21 H4
Morsains (51) 44 C4
Morsalines (50) 13 E2
Morsan (27) 15 H5
Morsang-sur-Orge (91) 42 D5
Morsang-sur-Seine (91) 43 E6
Morsbach (57) 27 G5
Morsbronn-les-Bains (67) 51 E3
Morschwiller (67) 50 D3
Morschwiller-le-Bas (68) 89 F2
Morsiglia (2B) 203 F2
Mortagne (88) 70 B3
Mortagne-au-Perche (61) 60 D1
Mortagne-du-Nord (59) 4 A6
Mortagne-sur-Gironde (17) 120 D5
Mortagne-sur-Sèvre (85) 92 B3
Mortain (50) 37 G5
Mortcerf (77) 43 G4
la Morte (38) 145 H4
Morteau (25) 104 B2
Morteaux-Couliboeuf (14) 39 E3
Mortefontaine (02) 21 G5
Mortefontaine (60) 43 E1
Mortefontaine-
-en-Thelle (60) 20 B6
Mortemart (87) 110 A6
Mortemer (60) 21 E3
Mortemer (76) 19 F1
Mortery (77) 44 A6
Morthomiers (18) 97 G3
Mortiers (02) 22 C2
Mortiers (17) 121 G6
Morton (86) 93 H2
Mortrée (61) 39 F5
Mortroux (23) 111 G3
Mortzwiller (68) 88 D2
Morval (62) 8 B5
Morvillars (90) 88 D4
Morville (50) 12 D3
Morville (88) 68 D3
Morville-en-Beauce (45) 63 F3
Morville-lès-Vic (57) 49 F4
Morville-sur-Andelle (76) 19 E4
Morville-sur-Nied (57) 49 E2
Morville-sur-Seille (54) 48 C3
Morvillers (60) 19 H3
Morvillers-
-Saint-Saturnin (80) 19 H1
Morvilliers (10) 67 E2
Morvilliers (28) 40 C6
Mory (62) 8 B3
Mory-Montcrux (60) 20 C3
Morzine (74) 119 F4
Mosles (14) 13 H5
Moslins (51) 45 E3
Mosnac (16) 122 A4
Mosnac (17) 121 F5
Mosnay (36) 111 E1
Mosnes (37) 79 G5
Mosset (66) 200 B2
Mosson (21) 85 E1
Mostuéjouls (12) 155 G6
Motey-Besuche (70) 86 D6
Motey-sur-Saône (70) 86 D4
la Mothe-Achard (85) 91 E5
la Mothe-Saint-Héray (79) 108 B3
Mothern (67) 51 G2
Motreff (29) 54 B1
la Motte (22) 55 G1
la Motte (83) 177 H6
la Motte-Chalancon (26) 159 F3
la Motte-d'Aigues (84) 176 B4
la Motte-d'Aveillans (38) 145 G4
la Motte-de-Galaure (26) 144 B2
la Motte-du-Caire (04) 160 B4
la Motte-en-Bauges (73) 132 B3
la Motte-
-en-Champsaur (05) 146 B6
la Motte-Fanjas (26) 144 D4
la Motte-Feuilly (36) 111 H2
la Motte-Fouquet (61) 38 C6
la Motte-Saint-Jean (71) 114 D2
la Motte-Saint-Martin (38) 145 G4
la Motte-Servolex (73) 131 H4
la Motte-Ternant (21) 84 C6
la Motte-Tilly (10) 65 F1
Mottereau (28) 61 G3
Motteville (76) 17 F4
Mottier (38) 130 D6
Motz (73) 131 G1
Mouacourt (54) 49 F5
Mouais (44) 57 F6
Mouans-Sartoux (06) 178 C5
Mouaville (54) 25 H6
Mouazé (35) 57 F2
Mouchamps (85) 92 A5
Mouchan (32) 167 F2
Mouchard (39) 103 E3
la Mouche (50) 35 H2
Mouchès (32) 167 G5
Mouchin (59) 3 H6
Mouchy-le-Châtel (60) 20 B5
Moudeyres (43) 142 D5
Mouen (14) 14 B5
Mouettes (27) 41 F3
Mouffy (89) 83 F3
Mouflaines (27) 19 F6
Mouflers (80) 7 E4
Mouflières (80) 6 D6
Mougins (06) 178 D5
Mougon (79) 108 A4
Mouguerre (64) 164 B6
Mouhers (36) 111 F1
Mouhet (36) 110 D3
Mouhous (64) 166 B6
Mouillac (33) 135 G4
Mouillac (82) 153 E5
la Mouille (39) 118 A2
Mouilleron (52) 85 H3
Mouilleron-en-Pareds (85) 92 C6
Mouilleron-le-Captif (85) 91 G4
Mouilly (55) 47 G2
Moulainville (55) 47 G1
Moularès (81) 170 D1
Moulay (53) 58 D3
Moulayrès (81) 170 B4
Moulédous (65) 183 F3
Moulès-et-Baucels (34) 173 E2
Mouleydier (24) 137 E5
Moulézan (30) 173 H2
Moulhard (28) 61 G4
Moulicent (61) 40 B6
Moulidars (16) 122 A4
Mouliets-
-et-Villemartin (33) 136 A5
Mouliherne (49) 77 H4
Moulin-Mage (81) 171 G4
Moulin-Neuf (09) 186 B4
Moulin-Neuf (24) 136 B4
Moulin-sous-Touvent (60) 21 G4
Moulineaux (76) 18 C5
Moulines (14) 14 C6
Moulines (50) 37 G6
Moulinet (06) 179 F2
Moulinet (47) 151 F2
le Moulinet-sur-Solin (45) 82 A2
Moulins (02) 22 C4
Moulins (03) 113 H2
Moulins (35) 57 G4
Moulins-en-Tonnerrois (89) 84 B2
Moulins-Engilbert (58) 100 A3
Moulins-la-Marche (61) 39 H5
Moulins-le-Carbonnel (72) 59 H2
Moulins-lès-Metz (57) 26 B5
Moulins-Saint-Hubert (55) 24 D3
Moulins-sur-Céphons (36) 96 B3
Moulins-sur-Orne (61) 39 E4
Moulins-sur-Ouanne (89) 83 E3
Moulins-sur-Yèvre (18) 97 H3
Moulis (09) 184 D5
Moulis-en-Médoc (33) 134 D3
Moulismes (86) 109 H3
Moulle (62) 2 A3
Moulon (33) 135 H5
Moulon (45) 63 H6
Moulotte (55) 48 A1
Moult (14) 14 D5
Moumoulous (65) 183 F2
Moumour (64) 181 H3
Mounes-Prohencoux (12) 171 G4
Mourède (32) 167 F3
Mourens (33) 149 H1
Mourenx (64) 182 A1
Mouret (12) 154 C3
Moureuille (63) 113 F5
Mourèze (34) 172 C5
Mouriès (13) 191 F2
Mouriez (62) 7 E2
Mourioux-Vieilleville (23) 111 E6
Mourjou (15) 154 A1
Mourmelon-le-Grand (51) 45 H1
Mourmelon-le-Petit (51) 45 H1
Mournans-Charbonny (39) 103 G5
Mouron (08) 24 B5
Mouron-sur-Yonne (58) 99 H2
Mouroux (77) 43 H4
Mours (95) 42 C1
Mours-Saint-Eusèbe (26) 144 C3
Mourvilles-Basses (31) 169 G6
Mourvilles-Hautes (31) 186 A1
Mouscardès (40) 165 F5
Moussac (30) 174 A2
Moussac (86) 109 G4
Moussages (15) 140 B2
Moussan (11) 188 A3
Moussé (35) 57 H4
Mousseaux-lès-Bray (77) 64 D2
Mousseaux-Neuville (27) 41 E3
Mousseaux-sur-Seine (78) 41 G2
Moussey (10) 66 B4
Moussey (57) 49 G5
Moussey (88) 70 D1
les Moussières (39) 118 A3
Mousson (54) 48 C3
Moussonvilliers (61) 40 B6
Moussoulens (11) 186 D3
Moussy (51) 45 E2
Moussy (58) 99 F2
Moussy (95) 42 A1
Moussy-le-Neuf (77) 43 E2
Moussy-le-Vieux (77) 43 E2
Moussy-Verneuil (02) 22 C4
Moustajon (31) 197 F1
Moustéru (22) 32 D4
Moustey (40) 149 E4
Moustier (47) 150 D1
Moustier-en-Fagne (59) 10 B4
Moustier-Ventadour (19) 125 G6
Moustiers-
-Sainte-Marie (04) 177 F3
le Moustoir (22) 32 C6
Moustoir-Ac (56) 55 F4
Moustoir-Remungol (56) 55 F3
la Moutade (63) 127 F1
le Moutaret (38) 132 A6
Mouterhouse (57) 50 C2
Mouterre-Silly (86) 93 H3
Mouterre-sur-Blourde (86) 109 G5
Mouthe (25) 103 H6
le Moutherot (25) 103 E1
Mouthier-en-Bresse (71) 102 C4
Mouthier-Haute-Pierre (25) 103 H3
Mouthiers-sur-Boëme (16) 122 B5
Mouthoumet (11) 187 F5
Moutier-d'Ahun (23) 111 H6
Moutier-Malcard (23) 111 G3
Moutier-Rozeille (23) 125 H2
Moutiers (28) 62 C3
Moutiers (35) 58 A5
Moutiers (54) 26 A4
Moûtiers (73) 132 D5
Moutiers-au-Perche (61) 61 F1
Moutiers-en-Auge (14) 39 E3
les Moutiers-
-en-Cinglais (14) 14 B6
Moutiers-en-Puisaye (89) 82 D4
les Moutiers-en-Retz (44) 74 A6
les Moutiers-Hubert (14) 39 G2
Moutiers-les-Mauxfaits (85) 91 G6
Moutiers-Saint-Jean (21) 84 C4
Moutiers-
-sous-Argenton (79) 93 F3
Moutiers-
sous-Chantemerle (79) 92 D6
Moutiers-sur-le-Lay (85) 106 C1
Mouton (16) 122 C2
Moutonne (39) 117 G2
Moutonneau (16) 122 C1
Moutoux (39) 103 F5
Moutrot (54) 48 B6
Mouvaux (59) 3 G4
Moux (11) 187 G3
Moux-en-Morvan (58) 100 C2
Mouxy (73) 131 H3
Mouy (60) 20 C5
Mouy-sur-Seine (77) 64 D2
Mouzay (37) 95 F2
Mouzay (55) 24 D4
Mouzeil (44) 75 E3
Mouzens (24) 137 H5
Mouzens (81) 170 A6
Mouzeuil-
-Saint-Martin (85) 106 D2
Mouzieys-Panens (81) 170 A1
Mouzieys-Teulet (81) 170 D3
Mouzillon (44) 75 E6
Mouzon (08) 24 D3
Mouzon (16) 123 E2
Moval (90) 88 C3
Moÿ-de-l'Aisne (02) 22 A1
Moyaux (14) 15 G4
Moydans (05) 159 F4
Moye (74) 131 H2
Moyemont (88) 70 A2
Moyen (54) 70 A1
Moyencourt (80) 21 G2
Moyencourt-lès-Poix (80) 20 A1
Moyenmoutier (88) 70 C2
Moyenneville (60) 21 E4
Moyenneville (62) 8 B3
Moyenneville (80) 6 D4
Moyenvic (57) 49 F4
Moyeuvre-Grande (57) 26 B4
Moyeuvre-Petite (57) 26 B4
Moyon (50) 37 F2
Moyrazès (12) 154 B4
Moyvillers (60) 21 E4
Mozac (63) 127 F2
Mozé-sur-Louet (49) 76 D5
Muchedent (76) 17 H3
Mudaison (34) 173 G5
Muel (35) 56 C2
Muespach (68) 89 G3
Muespach-le-Haut (68) 89 G3
Mugron (40) 165 G3
Muhlbach-sur-Bruche (67) 50 B6
Muhlbach-sur-Munster (68) 70 D5
Muides-sur-Loire (41) 80 B3
Muidorge (60) 20 B3
Muids (27) 18 D6
Muille-Villette (80) 21 G2
Muirancourt (60) 21 G2
Muizon (51) 22 D6
les Mujouls (06) 178 C2
la Mulatière (69) 130 A3
Mulcent (78) 41 G3
Mulcey (57) 49 F4
Mulhausen (67) 50 D3
Mulhouse (68) 89 F2
Mulsanne (72) 78 B1
Mulsans (41) 80 A3
Mun (65) 183 G2
Munchhausen (67) 51 G2
Munchhouse (68) 71 G6
Muncq-Nieurlet (62) 2 A3
Mundolsheim (67) 51 E5
Muneville-le-Bingard (50) 12 D6
Muneville-sur-Mer (50) 35 G1
le Mung (17) 121 E1
Munster (57) 49 H3
Munster (68) 71 E5
Muntzenheim (68) 71 G4
Munwiller (68) 71 F6
Mur-de-Barrez (12) 140 C6
Mûr-de-Bretagne (22) 55 F1
Mur-de-Sologne (41) 80 B5
Muracciole (2B) 205 F3
Murasson (12) 171 G4
Murat (03) 113 F3
Murat (15) 140 D3
Murat-le-Quaire (63) 126 C5
Murat-sur-Vèbre (81) 171 G5
Murato (2B) 203 F5
la Muraz (74) 118 C5
Murbach (68) 71 E6
la Mure (38) 145 G5
la Mure-Argens (04) 177 H1
Mureaumont (60) 19 G2
les Mureaux (78) 42 A2
Mureils (26) 144 B2
Mûres (74) 132 A2
Muret (31) 185 F1
Muret-et-Crouttes (02) 22 B6
Muret-le-Château (12) 154 C3
la Murette (38) 131 F6
Murianette (38) 145 G2
Murinais (38) 144 D2
Murles (34) 173 E5
Murlin (58) 99 E2
Muro (2B) 202 C5
Murol (63) 127 E5
Murols (12) 154 C1
Muron (17) 107 E6
Murs (36) 95 G4
Murs (84) 175 G2
Mûrs-Erigné (49) 76 D5
Murs-et-Gélignieux (01) 131 F4
Murtin-et-Bogny (08) 23 H1
Murvaux (55) 25 E4
Murviel-lès-Béziers (34) 188 B1
Murviel-
-lès-Montpellier (34) 173 E5
Murville (54) 25 H5
Murzo (2A) 204 C4
Mus (30) 174 A4
Muscourt (02) 22 D5
Musculdy (64) 181 F3
Musièges (74) 118 A6
Musigny (21) 101 E2
Mussey-sur-Marne (52) 67 H2
Mussidan (24) 136 D4
Mussig (67) 71 G3
Mussy-la-Fosse (21) 84 D4
Mussy-sous-Dun (71) 115 G4
Mussy-sur-Seine (10) 66 D6
Mutigney (39) 86 C6
Mutigny (51) 45 F2
Mutrécy (14) 14 B5
Muttersholtz (67) 71 G3
Mutzenhouse (67) 50 D4
Mutzig (67) 50 C6
le Muy (83) 178 A6
Muzeray (55) 25 G5
Muzillac (56) 73 F2
Muzy (27) 41 E4
Myans (73) 132 A5
Myennes (58) 82 C5
Myon (25) 103 F3

N

Nabas (64) 181 G1
Nabinaud (16) 136 C1
Nabirat (24) 138 B6
Nabringhen (62) 1 G4
Nachamps (17) 107 G6
Nadaillac (24) 138 B4
Nadaillac-de-Rouge (46) 138 C5
Nades (03) 113 F5
Nadillac (46) 152 D2
Nagel-Séez-Mesnil (27) 40 C3
Nages (81) 171 G5
Nages-et-Solorgues (30) 174 A4
Nahuja (66) 199 H4
Nailhac (24) 138 A2
Naillat (23) 111 E4
Nailloux (31) 185 H2
Nailly (89) 64 D4
Naintré (86) 94 C5
Nainville-les-Roches (91) 63 H1
Naisey-les-Granges (25) 103 H1
Naives-en-Blois (55) 47 G5
Naives-Rosières (55) 47 E4
Naix-aux-Forges (55) 47 F6
Naizin (56) 55 F3
Najac (12) 153 G5
Nalliers (85) 106 D2
Nalliers (86) 109 H1
Nalzen (09) 186 A6
Nambsheim (68) 71 G6
Nampcel (60) 21 G4
Nampcelles-la-Cour (02) 23 E1
Nampont (80) 6 D2
Namps-Maisnil (80) 20 B1
Nampteuil-sous-Muret (02) 22 B5
Nampty (80) 20 B1
Nan-sous-Thil (21) 84 D6
Nanc-lès-Saint-Amour (39) 117 E3
Nançay (18) 81 F6
Nance (39) 102 C5
Nances (73) 131 G4
Nanclars (16) 122 C2
Nançois-le-Grand (55) 47 F5
Nançois-sur-Ornain (55) 47 F5
Nancras (17) 120 D3
Nancray (25) 103 G1
Nancray-sur-Rimarde (45) 63 G5
Nancuise (39) 117 F2
Nancy (54) 48 C5
Nancy-sur-Cluses (74) 119 E6
Nandax (42) 115 F6
Nandy (77) 43 E6
Nangeville (45) 63 G3
Nangis (77) 64 C1
Nangy (74) 118 D5
Nannay (58) 99 E1
Nans (25) 88 A4
les Nans (39) 103 F5
Nans-les-Pins (83) 192 D3
Nans-sous-
-Sainte-Anne (25) 103 F3
Nant (12) 172 B2
Nant-le-Grand (55) 47 E5
Nant-le-Petit (55) 47 E5
Nanteau-sur-Essonne (77) 63 G3
Nanteau-sur-Lunain (77) 64 B3
Nanterre (92) 42 C3
Nantes (44) 74 D5
Nantes-en-Ratier (38) 145 H4
Nanteuil (79) 108 B3
Nanteuil-Auriac-
-de-Bourzac (24) 122 C6
Nanteuil-en-Vallée (16) 109 E6
Nanteuil-la-Forêt (51) 45 E1
Nanteuil-la-Fosse (02) 22 B4
Nanteuil-le-Haudouin (60) 43 F1
Nanteuil-lès-Meaux (77) 43 G3
Nanteuil-Notre-Dame (02) 44 B1
Nanteuil-sur-Aisne (08) 23 G3
Nanteuil-sur-Marne (77) 44 A3
Nantey (39) 117 F3
Nantheuil (24) 123 G6
Nanthiat (24) 123 H6
Nantiat (87) 124 A1
Nantillé (17) 121 F2
Nantillois (55) 24 D5
Nantilly (70) 86 C5
Nantoin (38) 130 D6
Nantois (55) 47 F6
Nanton (71) 116 B1
Nantouillet (77) 43 F2
Nantoux (21) 101 G3
Nantua (01) 117 G5
Naours (80) 7 G5
Narbéfontaine (57) 27 E5
Narbief (25) 104 C2
Narbonne (11) 188 A3
Narcastet (64) 182 C2
Narcy (52) 47 E6
Narcy (58) 98 D1
Nargis (45) 64 B5
Narnhac (15) 140 D5
Narp (64) 181 G1
Narrosse (40) 165 E4
Nasbinals (48) 155 F2
Nassandres (27) 40 B1
Nassiet (40) 165 G5
Nassigny (03) 112 D2
Nastringues (24) 136 B5
Nattages (01) 131 G3
Natzwiller (67) 71 E1
Naucelle (12) 154 A6
Naucelles (15) 140 A5
Naujac-sur-Mer (33) 134 C1
Naujan-et-Postiac (33) 135 H6
Nauroy (02) 9 E5
Naussac (12) 153 H3
Naussac (48) 156 C1
Naussannes (24) 137 F6
Nauvay (72) 60 C3
Nauviale (12) 154 B3
Navacelles (30) 157 F6
Navailles-Angos (64) 182 C1
Navarrenx (64) 181 G2
Naveil (41) 79 F2
Navenne (70) 87 G3
Naves (03) 113 G5
Naves (19) 139 E1
Naves (59) 9 E3
Navès (81) 170 C6
Nâves-Parmelan (74) 132 B1
Navilly (71) 102 A4
Nay (50) 12 D5
Nay (64) 182 C3
Nayemont-les-Fosses (88) 70 D2
le Nayrac (12) 154 C2
Nazelles-Négron (37) 79 F5
Néac (33) 135 H4
Néant-sur-Yvel (56) 56 B3
Neau (53) 59 E4
Neaufles-Auvergny (27) 40 B3
Neaufles-Saint-Martin (27) 19 G6
Neauphe-sous-Essai (61) 39 F6
Neauphe-sur-Dive (61) 39 F4
Neauphle-le-Château (78) 42 A4
Neauphle-le-Vieux (78) 42 A4
Neauphlette (78) 41 G3
Neaux (42) 129 E1
Nébian (34) 172 C5
Nébias (11) 186 C6
Nébing (57) 49 G3
Nébouzat (63) 126 D3
Nécy (61) 39 E4
Nedde (87) 125 E3
Nédon (62) 2 B6
Nédonchel (62) 2 B6
Neewiller-près-
-Lauterbourg (67) 51 G2
Neffes (05) 160 B3
Neffiès (34) 172 C6
Néfiach (66) 200 D2
Nègrepelisse (82) 169 F1
Négreville (50) 12 C3
Négrondes (24) 137 G1
Néhou (50) 12 C4
Nelling (57) 49 G2
Nemours (77) 64 A3
Nempont-Saint-Firmin (62) 6 D2
Nénigan (31) 184 B2
Néons-sur-Creuse (36) 95 F5
Néoules (83) 193 F3
Néoux (23) 125 H2
Nepvant (55) 24 D3
Nérac (47) 150 D6
Nerbis (40) 165 G3
Nercillac (16) 121 H3
Néré (17) 121 H1
Néret (36) 112 A1
Nérigean (33) 135 G5
Nérignac (86) 109 G4
Néris-les-Bains (03) 112 D4
Nernier (74) 118 D3
Néron (28) 41 F6
Néronde (42) 129 E2
Néronde-sur-Dore (63) 127 H3
Nérondes (18) 98 B3
Ners (30) 173 H1
Nersac (16) 122 B4
Nervieux (42) 129 E3
Nerville-la-Forêt (95) 42 C2
Néry (60) 21 F6
Neschers (63) 127 F5
Nescus (09) 185 F5
Nesle (80) 21 F1
Nesle-et-Massoult (21) 84 D2
Nesle-Hodeng (76) 19 F2
Nesle-la-Reposte (51) 44 C6
Nesle-le-Repons (51) 44 D2
Nesle-l'Hôpital (80) 6 C6
Nesle-Normandeuse (76) 6 C6
Nesles (62) 1 F5
Nesles-la-Montagne (02) 44 B2
Nesles-la-Vallée (95) 42 C1
Neslette (80) 6 C5
Nesmy (85) 91 G5
Nesploy (45) 63 G6
Nespouls (19) 138 C4
Nessa (2B) 202 D5
Nestier (65) 183 H4
Nettancourt (55) 46 D3
Neublans-
-Abergement (39) 102 B4
Neubois (67) 71 F2
le Neubourg (27) 40 C1
Neuchâtel-Urtière (25) 88 C5
Neuf-Berquin (59) 2 D5
Neuf-Brisach (68) 71 G5
Neuf-Église (63) 113 E6
Neuf-Marché (76) 19 G4
Neuf-Mesnil (59) 10 A2
Neufbosc (76) 19 E2
le Neufbourg (50) 37 G5
Neufchâteau (88) 68 D2
Neufchâtel-en-Bray (76) 19 E2
Neufchâtel-
-en-Saosnois (72) 60 B2
Neufchâtel-Hardelot (62) 1 F5
Neufchâtel-sur-Aisne (02) 23 E4
Neufchef (57) 26 B3
Neufchelles (60) 43 H1
Neuffons (33) 150 B1
Neuffontaines (58) 83 H6
Neufgrange (57) 27 H5
Neuflieux (02) 21 H3
Neuflize (08) 23 G4
Neufmaison (08) 23 H1
Neufmaisons (54) 70 C1
Neufmanil (08) 24 B1
Neufmesnil (50) 12 C5
Neufmoulin (80) 7 E4
Neufmoulins (57) 49 H5
Neufmoutiers-en-Brie (77) 43 G5
le Neufour (55) 46 D1
Neufvillage (57) 49 G2
Neufvy-sur-Aronde (60) 21 E4
Neugartheim-
-Ittlenheim (67) 50 D5
Neuhaeusel (67) 51 G3
Neuil (37) 94 D2
Neuilh (65) 183 E4
Neuillac (17) 121 G5
Neuillay-les-Bois (36) 96 B5
Neuillé (49) 77 H6
Neuillé-le-Lierre (37) 79 F4
Neuillé-Pont-Pierre (37) 78 C4
Neuilly (27) 41 F3
Neuilly (58) 99 F1
Neuilly (89) 83 F1
Neuilly-en-Donjon (03) 114 D3
Neuilly-en-Dun (18) 98 B5
Neuilly-en-Sancerre (18) 82 A6
Neuilly-en-Thelle (60) 20 C6
Neuilly-en-Vexin (95) 42 B1
Neuilly-la-Forêt (14) 13 F5
Neuilly-le-Bisson (61) 60 B1
Neuilly-le-Brignon (37) 95 E3
Neuilly-le-Dien (80) 7 E3
Neuilly-le-Réal (03) 114 A2
Neuilly-le-Vendin (53) 59 F1
Neuilly-lès-Dijon (21) 102 A1
Neuilly-l'Évêque (52) 68 B6
Neuilly-l'Hôpital (80) 6 D3
Neuilly-Plaisance (93) 43 E4
Neuilly-Saint-Front (02) 44 A1
Neuilly-sous-Clermont (60) 20 C5
Neuilly-sur-Eure (61) 61 F1
Neuilly-sur-Marne (93) 43 E4
Neuilly-sur-Seine (92) 42 C3
Neuilly-sur-Suize (52) 67 H5
Neulette (62) 7 F1
Neulise (42) 129 E2
Neulles (17) 121 G5
Neulliac (56) 55 F2
Neung-sur-Beuvron (41) 80 C4
Neunkirchen-
-lès-Bouzonville (57) 27 E3
Neure (03) 98 C6
Neurey-en-Vaux (70) 87 G2
Neurey-lès-la-Demie (70) 87 G3
Neussargues-Moissac (15) 141 E3
Neuve-Chapelle (62) 3 E5
Neuve-Église (67) 71 F2
la Neuve-Grange (27) 19 F5
la Neuve-Lyre (27) 40 B3
Neuve-Maison (02) 10 A5
Neuvecelle (74) 119 E3
Neuvéglise (15) 141 E5
Neuvelle-lès-Cromary (70) 87 F5
Neuvelle-lès-la-Charité (70) 87 F4
la Neuvelle-lès-Lure (70) 88 A2
la Neuvelle-lès-Scey (70) 87 E2
Neuvelle-lès-Voisey (52) 86 D1
Neuves-Maisons (54) 48 C6
la Neuveville-
-devant-Lépanges (88) 70 B4
la Neuveville-
-sous-Châtenois (88) 69 E3
la Neuveville-
-sous-Montfort (88) 69 F3
Neuvic (19) 139 H1
Neuvic (24) 136 D3
Neuvic-Entier (87) 124 D3
Neuvicq (17) 135 H2
Neuvicq-le-Château (17) 121 H2
Neuvillalais (72) 59 H4
Neuville (19) 139 E3
la Neuville (59) 3 F6
Neuville (63) 127 H3
la Neuville-à-Maire (08) 24 B3
Neuville-au-Bois (80) 6 D5
Neuville-au-Cornet (62) 7 G2
Neuville-au-Plain (50) 13 E4
la Neuville-au-Pont (51) 46 C1
Neuville-aux-Bois (45) 63 E5
la Neuville-aux-Bois (51) 46 C3

la Neuville-aux-Joûtes (08) ... 10 C6
la Neuville-aux-Larris (51) ... 45 E1
Neuville-Bosc (60) ... 20 A6
la Neuville-Bosmont (02) ... 22 D2
Neuville-Bourjonval (62) ... 8 C4
la Neuville-
-Chant-d'Oisel (76) ... 18 D5
Neuville-Coppegueule (80) ... 6 D6
la Neuville-d'Aumont (60) ... 20 B5
Neuville-Day (08) ... 24 A4
Neuville-de-Poitou (86) ... 94 B6
la Neuville-du-Bosc (27) ... 18 B6
Neuville-en-Avesnois (59) ... 9 G3
Neuville-en-Beaumont (50) ... 12 C4
la Neuville-en-Beine (02) ... 21 H2
Neuville-en-Ferrain (59) ... 3 G4
la Neuville-en-Hez (60) ... 20 C5
la Neuville-
-en-Tourne-à-Fuy (08) ... 23 G5
Neuville-en-Verdunois (55) ... 47 F3
Neuville-Ferrières (76) ... 19 F2
la Neuville-Garnier (60) ... 20 A5
la Neuville-Housset (02) ... 22 C1
la Neuville-lès-Bray (80) ... 8 B5
Neuville-les-Dames (01) ... 116 C5
Neuville-lès-Decize (58) ... 99 E5
la Neuville-lès-Dorengt (02) ... 9 G5
Neuville-lès-Loeuilly (80) ... 20 B1
Neuville-lès-This (08) ... 24 A1
Neuville-
-lès-Vaucouleurs (55) ... 47 H6
la Neuville-lès-Wasigny (08) ... 23 G2
Neuville-lez-Beaulieu (08) ... 10 C6
Neuville-près-Sées (61) ... 39 F5
la Neuville-Roy (60) ... 20 D4
Neuville-Saint-Amand (02) ... 22 A1
la Neuville-Saint-Pierre (60) ... 20 B3
Neuville-Saint-Rémy (59) ... 8 D3
Neuville-Saint-Vaast (62) ... 8 B2
la Neuville-
-Sire-Bernard (80) ... 20 D1
Neuville-sous-Montreuil (62) ... 1 G6
Neuville-sur-Ailette (02) ... 22 C4
Neuville-sur-Ain (01) ... 117 F6
Neuville-sur-Authou (27) ... 15 H4
Neuville-sur-Brenne (37) ... 79 F3
Neuville-sur-Escaut (59) ... 9 E2
la Neuville-
-sur-Essonne (45) ... 63 G4
Neuville-sur-Margival (02) ... 22 B4
Neuville-sur-Oise (95) ... 42 B2
Neuville-sur-Ornain (55) ... 46 D4
la Neuville-sur-Oudeuil (60) ... 20 A3
la Neuville-sur-Ressons (60) ... 21 E3
Neuville-sur-Saône (69) ... 130 A2
Neuville-sur-Sarthe (72) ... 60 A5
Neuville-sur-Seine (10) ... 66 D5
Neuville-sur-Touques (61) ... 39 G3
Neuville-sur-Vanne (10) ... 65 H3
la Neuville-Vault (60) ... 20 A4
Neuville-Vitasse (62) ... 8 B3
Neuviller-la-Roche (67) ... 71 E1
Neuviller-
-lès-Badonviller (54) ... 49 H6
Neuviller-sur-Moselle (54) ... 69 G1
Neuvillers-sur-Fave (88) ... 70 D3
Neuvillette (02) ... 9 F6
Neuvillette (80) ... 7 G3
Neuvillette-en-Charnie (72) ... 59 G5
Neuvilley (39) ... 102 D4
Neuvilly (59) ... 9 F4
Neuvilly-en-Argonne (55) ... 46 D1
Neuvireuil (62) ... 8 C2
Neuvizy (08) ... 23 H2
Neuvy (03) ... 113 H2
Neuvy (41) ... 80 B4
Neuvy (51) ... 44 C5
Neuvy-au-Houlme (61) ... 38 D4
Neuvy-Bouin (79) ... 93 E6
Neuvy-Deux-Clochers (18) ... 98 B1
Neuvy-en-Beauce (28) ... 62 D3
Neuvy-en-Champagne (72) ... 59 H5
Neuvy-en-Dunois (28) ... 62 B4
Neuvy-en-Mauges (49) ... 75 H5
Neuvy-en-Sullias (45) ... 81 F2
Neuvy-Grandchamp (71) ... 114 D1
Neuvy-le-Barrois (18) ... 98 D5
Neuvy-le-Roi (37) ... 78 D3
Neuvy-Pailloux (36) ... 96 D4
Neuvy-
-Saint-Sépulchre (36) ... 111 F1
Neuvy-Sautour (89) ... 65 H5
Neuvy-sur-Barangeon (18) ... 81 F6
Neuvy-sur-Loire (58) ... 82 B4
Neuwiller (68) ... 89 G4
Neuwiller-lès-Saverne (67) ... 50 C3
Névache (05) ... 147 E3
Nevers (58) ... 98 D3
Névez (29) ... 53 H4
Névian (11) ... 188 A3
Néville (76) ... 17 E2
Néville-sur-Mer (50) ... 13 E1
Nevoy (45) ... 81 H3
Nevy-lès-Dole (39) ... 102 C3
Nevy-sur-Seille (39) ... 102 D5
Nexon (87) ... 124 A4
Ney (39) ... 103 F5
Neydens (74) ... 118 B5
les Neyrolles (01) ... 117 G5
Neyron (01) ... 130 B2
Nézel (78) ... 42 A3
Nézignan-l'Évêque (34) ... 188 D1
Niafles (53) ... 76 B1
Niaux (09) ... 199 E1
Nibas (80) ... 6 C4
Nibelle (45) ... 63 G6
Nibles (04) ... 160 B5
Nice (06) ... 195 F3
Nicey (21) ... 84 C1
Nicey-sur-Aire (55) ... 47 F3
Nicole (47) ... 150 D4
Nicorps (50) ... 37 E1
Niderhoff (57) ... 49 H5
Niderviller (57) ... 50 A4
Niederbronn-les-Bains (67) ... 28 D6
Niederbruck (68) ... 88 D1
Niederentzen (68) ... 71 F5
Niederhaslach (67) ... 50 C6
Niederhausbergen (67) ... 51 E5
Niederhergheim (68) ... 71 F5
Niederlauterbach (67) ... 51 G2
Niedermodern (67) ... 50 D3
Niedermorschwihr (68) ... 71 F4
Niedernai (67) ... 71 G1
Niederrœdern (67) ... 51 G2
Niederschaeffolsheim (67) ... 51 E4
Niedersoultzbach (67) ... 50 C3
Niedersteinbach (67) ... 51 E1
Niederstinzel (57) ... 50 A3
Niedervisse (57) ... 27 E5
Nielles-lès-Ardres (62) ... 1 H3
Nielles-lès-Bléquin (62) ... 1 H4
Nielles-lès-Calais (62) ... 1 G2
Nieppe (59) ... 3 E4
Niergnies (59) ... 9 E4
Nieudan (15) ... 139 H4
Nieuil (16) ... 123 E2
Nieuil-l'Espoir (86) ... 109 F2
Nieul (87) ... 124 A1
Nieul-le-Dolent (85) ... 91 F5
Nieul-le-Virouil (17) ... 121 F6
Nieul-lès-Saintes (17) ... 121 E3
Nieul-sur-l'Autise (85) ... 107 F2
Nieul-sur-Mer (17) ... 106 C4
Nieulle-sur-Seudre (17) ... 120 C3
Nieurlet (59) ... 2 B3
Niévroz (01) ... 130 C2
Niffer (68) ... 89 G2
Niherne (36) ... 96 B5
Nijon (52) ... 68 C4
Nilvange (57) ... 26 B3
Nîmes (30) ... 174 B3
Ninville (52) ... 68 B5
Niort (79) ... 107 H3
Niort-de-Sault (11) ... 199 H1
Niozelles (04) ... 176 D2
Nissan-lez-Enserune (34) ... 188 B2
Nistos (65) ... 183 H5
Nitry (89) ... 83 H3
Nitting (57) ... 50 A5
Nivelle (59) ... 9 F1
Nivillac (56) ... 73 G2
Nivillers (60) ... 20 B4
Nivolas-Vermelle (38) ... 130 D5
Nivollet-Montgriffon (01) ... 117 F6
Nixéville-Blercourt (55) ... 47 F1
le Nizan (33) ... 149 H3
Nizan-Gesse (31) ... 184 A3
Nizas (32) ... 168 C6
Nizas (34) ... 172 C6
Nizerolles (03) ... 114 B6
Nizy-le-Comte (02) ... 23 E3
Noailhac (12) ... 154 B2
Noailhac (19) ... 138 D3
Noailhac (81) ... 170 D6
Noaillac (33) ... 150 B2
Noaillan (33) ... 149 G3
Noailles (19) ... 138 C3
Noailles (60) ... 20 B5
Noailles (81) ... 170 B2
Noailly (42) ... 115 E5
Noalhac (48) ... 141 F6
Noalhat (63) ... 127 H2
Noards (27) ... 15 H4
Nocario (2B) ... 205 F1
Nocé (61) ... 61 E2
Noceta (2B) ... 205 F3
Nochize (71) ... 115 F3
la Nocle-Maulaix (58) ... 99 H5
Nod-sur-Seine (21) ... 85 E2
Nods (25) ... 104 A2
Noé (31) ... 185 E2
Noé (89) ... 65 E4
la Noë-Blanche (35) ... 57 E5
Noë-les-Mallets (10) ... 67 E5
la Noë-Poulain (27) ... 15 H4
Noël-Cerneux (25) ... 104 C2
Noëllet (49) ... 75 G1
les Noës (42) ... 114 D6
les Noës-près-Troyes (10) ... 66 B3
Nœux-lès-Auxi (62) ... 7 F3
Nœux-les-Mines (62) ... 2 D6
Nogaret (31) ... 170 A6
Nogaro (32) ... 166 D4
Nogent (52) ... 68 B5
Nogent-en-Othe (10) ... 65 H4
Nogent-l'Abbesse (51) ... 23 F6
Nogent-l'Artaud (02) ... 44 B3
Nogent-le-Bernard (72) ... 60 C3
Nogent-le-Phaye (28) ... 62 B2
Nogent-le-Roi (28) ... 41 G6
Nogent-le-Rotrou (28) ... 61 E3
Nogent-le-Sec (27) ... 40 C3
Nogent-lès-Montbard (21) ... 84 D4
Nogent-sur-Aube (10) ... 66 C1
Nogent-sur-Eure (28) ... 62 A2
Nogent-sur-Loir (72) ... 78 C3
Nogent-sur-Marne (94) ... 43 E4
Nogent-sur-Oise (60) ... 20 D6
Nogent-sur-Seine (10) ... 65 F1
Nogent-sur-Vernisson (45) ... 82 A1
Nogentel (02) ... 44 B2
Nogna (39) ... 117 G1
Noguères (64) ... 182 A1
Nohanent (63) ... 127 E3
Nohant-en-Goût (18) ... 98 A2
Nohant-en-Graçay (18) ... 96 D2
Nohant-Vic (36) ... 111 G1
Nohèdes (66) ... 200 B3
Nohic (82) ... 169 F3
Noidan (21) ... 84 D6
Noidans-le-Ferroux (70) ... 87 F4
Noidans-lès-Vesoul (70) ... 87 G3
Noidant-Chatenoy (52) ... 86 B2
Noidant-le-Rocheux (52) ... 86 A1
Noilhan (32) ... 168 B6
Nointel (60) ... 20 D5
Nointel (95) ... 42 C1
Nointot (76) ... 15 H1
Noircourt (02) ... 23 F2
Noirefontaine (25) ... 88 C5
Noirémont (60) ... 20 B3
Noirétable (42) ... 128 B3
Noirlieu (51) ... 46 C3
Noirmoutier-en-l'Île (85) ... 90 B1
Noiron (70) ... 86 D5
Noiron-sous-Gevrey (21) ... 102 A1
Noiron-sur-Bèze (21) ... 86 B5
Noiron-sur-Seine (21) ... 66 D6
Noironte (25) ... 87 E6
Noirval (08) ... 24 B4
Noiseau (94) ... 43 E4
Noisiel (77) ... 43 E4
Noisseville (57) ... 26 C5
Noisy-le-Grand (93) ... 43 E4
Noisy-le-Roi (78) ... 42 B4
Noisy-le-Sec (93) ... 42 D3
Noisy-Rudignon (77) ... 64 C3
Noisy-sur-École (77) ... 63 H2
Noisy-sur-Oise (95) ... 42 D1
Noizay (37) ... 79 F5
Nojals-et-Clotte (24) ... 151 G1
Nojeon-en-Vexin (27) ... 19 F5
Nolay (21) ... 101 F4
Nolay (58) ... 99 E2
Nolléval (76) ... 19 F4
Nollieux (42) ... 128 D3
Nomain (59) ... 3 G6
Nomdieu (47) ... 167 G1
Nomécourt (52) ... 67 H2
Nomeny (54) ... 48 D3
Nomexy (88) ... 69 H3
Nommay (25) ... 88 C4
Nompatelize (88) ... 70 C2
Nonac (16) ... 122 B6
Nonancourt (27) ... 41 E4
Nonant (14) ... 14 A4
Nonant-le-Pin (61) ... 39 F5
Nonards (19) ... 139 E4
Nonaville (16) ... 122 A5
Noncourt-sur-
-le-Rongeant (52) ... 68 A2
Nonette (63) ... 127 G6
Nonglard (74) ... 132 A1
Nonhigny (54) ... 49 H6
Nonières (07) ... 143 G5
Nonsard-Lamarche (55) ... 48 A3
Nontron (24) ... 123 F5
Nonville (77) ... 64 B3
Nonville (88) ... 69 F5
Nonvilliers-Grandhoux (28) ... 61 G3
Nonza (2B) ... 203 F3
Nonzeville (88) ... 70 B3
Noordpeene (59) ... 2 B3
Nordausques (62) ... 1 H3
Nordheim (67) ... 50 D5
Nordhouse (67) ... 71 H1
Noreuil (62) ... 8 C3
Norges-la-Ville (21) ... 85 H5
Normandel (61) ... 40 B5
Normanville (27) ... 40 D2
Normanville (76) ... 16 D4
Normier (21) ... 84 D6
Norolles (14) ... 15 F4
Noron-la-Poterie (14) ... 13 H6
Noron-l'Abbaye (14) ... 38 D3
Noroy (60) ... 20 D4
Noroy-le-Bourg (70) ... 87 H3
Noroy-sur-Ourcq (02) ... 21 H6
Norrent-Fontes (62) ... 2 B5
Norrey-en-Auge (14) ... 39 E3
Norrois (51) ... 46 B5
Norroy (88) ... 69 E3
Norroy-le-Sec (54) ... 25 H5
Norroy-le-Veneur (57) ... 26 B5
Norroy-lès-Pont-
-à-Mousson (54) ... 48 B3
Nort-Leulinghem (62) ... 2 A3
Nort-sur-Erdre (44) ... 74 D3
Nortkerque (62) ... 1 H3
Norville (76) ... 18 A4
la Norville (91) ... 42 C6
Nossage-et-Bénévent (05) ... 159 H4
Nossoncourt (88) ... 70 B2
Nostang (56) ... 54 D5
Noth (23) ... 111 E4
Nothalten (67) ... 71 F2
Notre-Dame-
-d'Aliermont (76) ... 17 H2
Notre-Dame-
-d'Allençon (49) ... 77 E6
Notre-Dame-
-de-Bellecombe (73) ... 132 D2
Notre-Dame-
-de-Bliquetuit (76) ... 17 E5
Notre-Dame-
-de-Boisset (42) ... 128 D1
Notre-Dame-
-de-Bondeville (76) ... 17 G6
Notre-Dame-de-Cenilly (50) ... 37 F2
Notre-Dame-
-de-Commiers (38) ... 145 G4
Notre-Dame-
-de-Courson (14) ... 15 F6
Notre-Dame-
-de-Gravenchon (76) ... 15 H2
Notre-Dame-
-de-la-Rouvière (30) ... 173 E1
Notre-Dame-de-l'Isle (27) ... 41 F1
Notre-Dame-de-Livaye (14) ... 15 E5
Notre-Dame-
-de-Livoye (50) ... 37 F4
Notre-Dame-
-de-Londres (34) ... 173 F3
Notre-Dame-
-de-l'Osier (38) ... 145 E2
Notre-Dame-
-de-Mésage (38) ... 145 G3
Notre-Dame-de-Monts (85) ... 90 C2
Notre-Dame-de-Riez (85) ... 90 D3
Notre-Dame-
-de-Sanilhac (24) ... 137 F3
Notre-Dame-de-Vaulx (38) ... 145 G4
Notre-Dame-d'Elle (50) ... 37 G1
Notre-Dame-d'Épine (27) ... 15 H4
Notre-Dame-
-des-Landes (44) ... 74 C3
Notre-Dame-
-des-Millières (73) ... 132 C4
Notre-Dame-
-d'Estrées-Corbon (14) ... 15 E5
Notre-Dame-d'Oé (37) ... 78 D5
Notre-Dame-du-Bec (76) ... 15 F1
Notre-Dame-du-Cruet (73) ... 132 C6
Notre-Dame-du-Hamel (27) ... 39 H3
Notre-Dame-du-Parc (76) ... 18 D1
Notre-Dame-du-Pé (72) ... 77 F2
Notre-Dame-du-Pré (73) ... 133 E5
Notre-Dame-du-Rocher (61) ... 38 C4
Notre-Dame-
-du-Touchet (50) ... 37 G6
Nottonville (28) ... 62 B5
la Nouaille (23) ... 125 G2
Nouaillé-Maupertuis (86) ... 109 E2
Nouainville (50) ... 12 C2
Nouan-le-Fuzelier (41) ... 81 E4
Nouans (72) ... 60 B3
Nouans-les-Fontaines (37) ... 96 A2
Nouart (08) ... 24 C4
Nouâtre (37) ... 94 D3
la Nouaye (35) ... 56 D2
la Noue (51) ... 44 D5
Noueilles (31) ... 185 G1
Nougaroulet (32) ... 168 A4
Nouhant (23) ... 112 B4
Nouic (87) ... 110 A6
Nouilhan (65) ... 183 E1
les Nouillers (17) ... 121 E1
Nouillonpont (55) ... 25 G5
Nouilly (57) ... 26 C5
Noulens (32) ... 167 E3
Nourard-le-Franc (60) ... 20 C4
Nourray (41) ... 79 G2
Nousse (40) ... 165 F4
Nousseviller-lès-Bitche (57) ... 50 C1
Nousseviller-
-Saint-Nabor (57) ... 49 H1
Nousty (64) ... 182 C2
Nouvelle-Église (62) ... 1 H2
Nouvion (80) ... 6 D3
le Nouvion-en-Thiérache (02) ... 9 H5
Nouvion-et-Catillon (02) ... 22 B2
Nouvion-le-Comte (02) ... 22 B2
Nouvion-le-Vineux (02) ... 22 C4
Nouvion-sur-Meuse (08) ... 24 B2
Nouvoitou (35) ... 57 F3
Nouvron-Vingré (02) ... 21 H4
Nouzerines (23) ... 111 H3
Nouzerolles (23) ... 111 F3
Nouziers (23) ... 111 G3
Nouzilly (37) ... 79 E4
Nouzonville (08) ... 24 B1
Novacelles (63) ... 128 A6
Novalaise (73) ... 131 G4
Novale (2B) ... 205 G2
Novéant-sur-Moselle (57) ... 26 B6
Novel (74) ... 119 G3
Novella (2B) ... 203 E5
Noves (13) ... 175 E3
Noviant-aux-Prés (54) ... 48 B4
Novillard (90) ... 88 D3
Novillars (25) ... 87 G6
Novillers (60) ... 20 B6
Novion-Porcien (08) ... 23 G3
Novy-Chevrières (08) ... 23 H3
Noyal (22) ... 34 A5
Noyal-Châtillon-
-sur-Seiche (35) ... 57 F3
Noyal-Muzillac (56) ... 73 F1
Noyal-Pontivy (56) ... 55 F2
Noyal-sous-Bazouges (35) ... 35 F6
Noyal-sur-Brutz (44) ... 57 G6
Noyal-sur-Vilaine (35) ... 57 G3
Noyales (02) ... 9 F6
Noyalo (56) ... 73 E1
Noyant (49) ... 78 A4
Noyant-d'Allier (03) ... 113 G2
Noyant-de-Touraine (37) ... 94 D2
Noyant-et-Aconin (02) ... 22 A5
Noyant-la-Gravoyère (49) ... 76 B2
Noyant-la-Plaine (49) ... 77 F6
Noyarey (38) ... 145 F2
Noyelle-Vion (62) ... 7 H2
Noyelles-en-Chaussée (80) ... 7 E3
Noyelles-Godault (62) ... 8 C1
Noyelles-lès-Humières (62) ... 7 F1
Noyelles-lès-Seclin (59) ... 3 F5
Noyelles-lès-Vermelles (62) ... 2 D6
Noyelles-sous-Bellonne (62) ... 8 C2
Noyelles-sous-Lens (62) ... 8 B1
Noyelles-sur-Escaut (59) ... 8 D4
Noyelles-sur-Mer (80) ... 6 C3
Noyelles-sur-Sambre (59) ... 9 H3
Noyelles-sur-Selle (59) ... 9 E2
Noyellette (62) ... 8 A2
Noyen-sur-Sarthe (72) ... 77 G1
Noyen-sur-Seine (77) ... 65 E2
le Noyer (05) ... 160 B1
le Noyer (18) ... 82 A6
le Noyer (73) ... 132 A3
le Noyer-en-Ouche (27) ... 40 B2
Noyers (27) ... 19 G6
Noyers (45) ... 81 H1
Noyers (52) ... 68 C5
Noyers (89) ... 84 A3
Noyers-Auzécourt (55) ... 46 D3
Noyers-Bocage (14) ... 14 A5
Noyers-Pont-Maugis (08) ... 24 C2
Noyers-Saint-Martin (60) ... 20 C3
Noyers-sur-Cher (41) ... 96 A1
Noyers-sur-Jabron (04) ... 160 A6
Noyon (60) ... 21 G3
Nozay (10) ... 66 B1
Nozay (44) ... 74 C2
Nozay (91) ... 42 C5
Nozeroy (39) ... 103 G5
Nozières (07) ... 143 G4
Nozières (18) ... 97 H6
Nuaillé (49) ... 75 H6
Nuaillé-d'Aunis (17) ... 107 E4
Nuaillé-sur-Boutonne (17) ... 107 H6
Nuars (58) ... 83 G6
Nubécourt (55) ... 47 E2
Nucourt (95) ... 42 A1
Nueil-les-Aubiers (79) ... 92 D3
Nueil-sous-Faye (86) ... 94 B3
Nueil-sur-Layon (49) ... 93 F2
Nuillé-le-Jalais (72) ... 60 C5
Nuillé-sur-Vicoin (53) ... 58 C5
Nuisement-sur-Coole (51) ... 45 H4
Nuits (89) ... 84 C2
Nuits-Saint-Georges (21) ... 101 H2
Nullemont (76) ... 19 G1
Nully (52) ... 67 F2
Nuncq-Hautecôte (62) ... 7 G2
Nuret-le-Ferron (36) ... 96 A6
Nurieux-Volognat (01) ... 117 F5
Nurlu (80) ... 8 C5
Nuzéjouls (46) ... 152 C3
Nyer (66) ... 200 B4
Nyoiseau (49) ... 75 H1
Nyons (26) ... 158 D4

O

Obenheim (67) ... 71 H2
Oberbronn (67) ... 50 D2
Oberbruck (68) ... 88 D1
Oberdorf (68) ... 89 F3
Oberdorf-Spachbach (67) ... 51 E2
Oberdorff (57) ... 27 E4
Oberentzen (68) ... 71 F6
Obergailbach (57) ... 28 A5
Oberhaslach (67) ... 50 C6
Oberhausbergen (67) ... 51 E5
Oberhergheim (68) ... 71 F5
Oberhoffen-
-lès-Wissembourg (67) ... 51 F1
Oberhoffen-sur-Moder (67) ... 51 F4
Oberlarg (68) ... 89 F4
Oberlauterbach (67) ... 51 G2
Obermodern-
-Zutzendorf (67) ... 50 D3
Obermorschwihr (68) ... 71 F5
Obermorschwiller (68) ... 89 F3
Obernai (67) ... 71 G1
Oberrœdern (67) ... 51 F2
Obersaasheim (68) ... 71 G5
Oberschaeffolsheim (67) ... 50 D5
Obersoultzbach (67) ... 50 C3
Obersteinbach (67) ... 50 D1
Oberstinzel (57) ... 50 A4
Obervisse (57) ... 27 E5
Obies (59) ... 9 H2
Objat (19) ... 138 C2
Oblinghem (62) ... 2 D6
Obrechies (59) ... 10 A3
Obreck (57) ... 49 F3
Obsonville (77) ... 63 H4
Obterre (36) ... 95 G4
Obtrée (21) ... 85 E1
Ocana (2A) ... 204 D5
Occagnes (61) ... 39 E4
Occey (52) ... 86 A3
Occhiatana (2B) ... 202 D5
Occoches (80) ... 7 G3
Ochancourt (80) ... 6 C4
Oches (08) ... 24 C3
Ochey (54) ... 48 B6
Ochtezeele (59) ... 2 B3
Ocquerre (77) ... 43 H2
Ocqueville (76) ... 17 E3
Octeville-l'Avenel (50) ... 12 D3
Octeville-sur-Mer (76) ... 15 E1
Octon (34) ... 172 C5
Odars (31) ... 169 G6
Odenas (69) ... 116 A6
Oderen (68) ... 70 D6
Odomez (59) ... 9 F1
Odos (65) ... 183 E3
Odratzheim (67) ... 50 D5
Oëlleville (88) ... 69 F2
Oermingen (67) ... 27 H6
Oeting (57) ... 27 G5
Œuf-en-Ternois (62) ... 7 F2
Œuilly (02) ... 22 C5
Œuilly (51) ... 45 E2
Oeyregave (40) ... 165 E5
Oeyreluy (40) ... 165 E4
Offekerque (62) ... 1 H2
Offemont (90) ... 88 C3
Offendorf (67) ... 51 F4
Offignies (80) ... 19 H1
Offin (62) ... 7 E1
Offlanges (39) ... 102 D1
Offoy (60) ... 20 A2
Offoy (80) ... 21 G1
Offranville (76) ... 17 G2
Offrethun (62) ... 1 F3
Offroicourt (88) ... 69 F3
Offwiller (67) ... 50 D3
Ogenne-Camptort (64) ... 181 H2
Oger (51) ... 45 F3
Ogeu-les-Bains (64) ... 182 A3
Ogéviller (54) ... 49 G6
Ogliastro (2B) ... 203 F3
Ognes (02) ... 21 H3
Ognes (51) ... 45 E5
Ognes (60) ... 43 G2
Ognéville (54) ... 69 F1
Ognolles (60) ... 21 F2
Ognon (60) ... 21 E6
Ogy (57) ... 26 C5
Ohain (59) ... 10 B4
Oherville (76) ... 17 E3
Ohis (02) ... 10 A5
Ohlungen (67) ... 51 E3
Ohnenheim (67) ... 71 G3
l'Oie (85) ... 92 A4
Oigney (70) ... 87 E2
Oignies (62) ... 3 F6
Oigny (21) ... 85 F4
Oigny (41) ... 61 F5
Oigny-en-Valois (02) ... 21 H6
Oingt (69) ... 129 G1
Oinville-Saint-Liphard (28) ... 62 D4
Oinville-sous-Auneau (28) ... 62 C2
Oinville-sur-Montcient (78) ... 42 A2
Oiron (79) ... 93 H3
Oiry (51) ... 45 F2
Oiselay-et-Grachaux (70) ... 87 E5
Oisemont (80) ... 6 D5
Oisilly (21) ... 86 B5
Oisly (41) ... 80 A5
Oison (45) ... 62 D4
Oisseau (53) ... 58 D2
Oisseau-le-Petit (72) ... 60 A2
Oissel (76) ... 18 C5
Oissery (77) ... 43 F2
Oissy (80) ... 7 E6
Oisy (02) ... 9 G5
Oisy (58) ... 83 F5
Oisy (59) ... 9 F2
Oisy-le-Verger (62) ... 8 D3
Oizé (72) ... 78 A1
Oizon (18) ... 81 H5
Olargues (34) ... 171 H6
Olby (63) ... 126 D3
Olcani (2B) ... 203 F3
Oléac-debat (65) ... 183 F2
Oléac-Dessus (65) ... 183 F3
Olemps (12) ... 154 C4
Olendon (14) ... 38 D2
Oletta (2B) ... 203 F4
Olette (66) ... 200 B3
Olivese (2A) ... 205 E6
Olivet (45) ... 80 D1
Olivet (53) ... 58 C4
Olizy (51) ... 44 D1
Olizy-Primat (08) ... 24 B5
Olizy-sur-Chiers (55) ... 24 D3
Ollainville (88) ... 68 D3
Ollainville (91) ... 42 C6
Ollans (25) ... 87 G5
Ollé (28) ... 61 H2
Olley (54) ... 48 A1
Ollezy (02) ... 21 H2
les Ollières (74) ... 132 B1
Ollières (83) ... 176 D6
les Ollières-
-sur-Eyrieux (07) ... 143 H6
Olliergues (63) ... 128 A4
Ollioules (83) ... 193 E5
Olloix (63) ... 127 E4
les Olmes (69) ... 129 G2
Olmet (63) ... 128 A4
Olmet-et-Villecun (34) ... 172 B4
Olmeta-
-di-Capocorso (2B) ... 203 F3
Olmeta-di-Tuda (2B) ... 203 F5
Olmeto (2A) ... 206 D2
Olmi-Cappella (2B) ... 202 D5
Olmiccia (2A) ... 207 E2
Olmo (2B) ... 203 G6
Olonne-sur-Mer (85) ... 91 E5
Olonzac (34) ... 187 G3
Oloron-Sainte-Marie (64) ... 182 A3
Ols-et-Rinhodes (12) ... 153 G3
Oltingue (68) ... 89 G4
Olwisheim (67) ... 51 E4
Omblèze (26) ... 144 D5
Omécourt (60) ... 19 H3
Omelmont (54) ... 69 F1
les Omergues (04) ... 159 G6
Omerville (95) ... 41 H1
Omessa (2B) ... 205 E2
Omet (33) ... 149 H1
Omex (65) ... 182 D4
Omey (51) ... 46 A4
Omicourt (08) ... 24 B2
Omiécourt (80) ... 21 F1
Omissy (02) ... 9 E6
Omméel (61) ... 39 F4
Ommeray (57) ... 49 F4
Ommoy (61) ... 39 E3
Omont (08) ... 24 B3
Omonville (76) ... 17 G3
Omonville-la-Petite (50) ... 12 A1
Omonville-la-Rogue (50) ... 12 B1
Omps (15) ... 139 H5
Oms (66) ... 201 E3
Onans (25) ... 88 B4
Onard (40) ... 165 F3
Onay (70) ... 86 D5
Oncieu (01) ... 131 E1
Oncourt (88) ... 69 H3
Oncy-sur-École (91) ... 63 H2
Ondefontaine (14) ... 38 A2
Ondes (31) ... 169 E4
Ondres (40) ... 164 B5
Ondreville-sur-Essonne (45) ... 63 G4
Onesse-Laharie (40) ... 148 B6
Onet-le-Château (12) ... 154 C4
Oneux (80) ... 7 E4
Ongles (04) ... 176 C1
Onglières (39) ... 103 G5
Onjon (10) ... 66 C2
Onlay (58) ... 100 A4
Onnaing (59) ... 9 G1

Onnion (74) 119 E5
Onoz (39) 117 G2
Ons-en-Bray (60) 19 H4
Ontex (73) 131 G3
Onville (54) 26 A6
Onzain (41) 79 G4
Oô (31) 197 E1
Oost-Cappel (59) 2 D2
Opio (06) 178 C4
Opoul-Périllos (66) 187 H6
Oppède (84) 175 G3
Oppedette (04) 176 B2
Oppenans (70) 87 H3
Oppy (62) 8 C2
Optevoz (38) 130 D3
Oraás (64) 165 E6
Oradour (15) 141 E5
Oradour (16) 122 A1
Oradour-Fanais (16) 109 H5
Oradour-Saint-Genest (87) 110 B4
Oradour-sur-Glane (87) 123 H1
Oradour-sur-Vayres (87) 123 G3
Orain (21) 86 B3
Orainville (02) 23 E5
Oraison (04) 176 D2
Orange (84) 158 B6
Orbagna (39) 117 F1
Orbais-l'Abbaye (51) 44 D3
Orban (81) 170 B3
Orbec (14) 15 G6
Orbeil (63) 127 G5
Orbessan (32) 167 H6
Orbey (68) 71 E4
Orbigny (37) 95 H1
Orbigny-au-Mont (52) 86 B1
Orbigny-au-Val (52) 86 B1
l'Orbrie (85) 107 F2
Orçay (41) 97 F1
Orcemont (78) 41 H6
Orcenais (18) 97 H6
Orcet (63) 127 F4
Orcevaux (52) 86 A2
Orchaise (41) 79 G4
Orchamps (39) 102 D2
Orchamps-Vennes (25) 104 B2
Orches (86) 94 B4
Orchies (59) 3 G6
Orcier (74) 119 E3
Orcières (05) 160 D1
Orcinas (26) 158 D2
Orcines (63) 127 E3
Orcival (63) 126 D4
Orconte (51) 46 C5
Ordan-Larroque (32) 167 G4
Ordiarp (64) 181 F3
Ordizan (65) 183 F4
Ordonnac (33) 134 D1
Ordonnaz (01) 131 F2
Ore (31) 184 A5
Orègue (64) 181 E1
Oreilla (66) 200 B3
Orelle (73) 146 D2
Oresmaux (80) 20 C1
Organ (65) 183 H2
Orgeans-
-Blanchefontaine (25) 88 C6
Orgedeuil (16) 123 E3
Orgeix (09) 199 G2
Orgelet (39) 117 G2
Orgères (35) 57 F4
Orgères (61) 39 G4
Orgères-en-Beauce (28) 62 C4
Orgerus (78) 41 H4
Orges (52) 67 G5
Orgeux (21) 86 A6
Orgeval (02) 22 C4
Orgeval (78) 42 B3
Orgibet (09) 184 C5
Orglandes (50) 12 D4
Orgnac-l'Aven (07) 157 G5
Orgnac-sur-Vézère (19) 138 C1
Orgon (13) 175 F3
Orgueil (82) 169 F3
Oricourt (70) 87 H3
Orieux (65) 183 G3
Orignac (65) 183 F4
Origne (33) 149 F3
Origné (53) 58 D6
Orignolles (17) 135 H2
Origny (21) 85 E3
Origny-en-Thiérache (02) 10 A6
Origny-le-Butin (61) 60 C2
Origny-le-Roux (61) 60 C2
Origny-le-Sec (10) 65 H2
Origny-Sainte-Benoite (02) 9 F6
Orin (64) 181 H2
Orincles (65) 183 E4
Oriocourt (57) 49 E3
Oriol-en-Royans (26) 144 D4
Oriolles (16) 121 H6
Orion (64) 181 G1
Oris-en-Rattier (38) 145 H5
Orist (40) 164 D4
Orival (16) 136 B1
Orival (76) 18 C5
Orléans (45) 80 D1
Orléat (63) 127 H2
Orleix (65) 183 F2
Orliac (24) 152 A1
Orliac-de-Bar (19) 139 E1
Orliaguet (24) 138 B5
Orliénas (69) 129 H4
Orlu (09) 199 G2
Orlu (28) 62 D2
Orly (94) 42 D5
Orly-sur-Morin (77) 44 A3
Ormancey (52) 86 A1
Ormenans (70) 87 G5
Ormersviller (57) 28 B5
Ormes (10) 66 B1
Ormes (27) 40 C2
Ormes (45) 62 D6
Ormes (51) 23 E6
Ormes (71) 116 C1
les Ormes (86) 94 D3
les Ormes (89) 83 E1
Ormes-et-Ville (54) 69 G1
les Ormes-sur-Voulzie (77) 64 D2
Ormesson (77) 64 A4
Ormesson-sur-Marne (94) 43 E4
Ormoiche (70) 87 H1
Ormoy (28) 41 F6
Ormoy (70) 87 F1
Ormoy (89) 65 F6
Ormoy (91) 42 D6
Ormoy-la-Rivière (91) 63 F2
Ormoy-le-Davien (60) 43 G1
Ormoy-
-lès-Sexfontaines (52) 67 H4
Ormoy-Villers (60) 43 G1
Ornacieux (38) 130 D6
Ornaisons (11) 187 H3
Ornans (25) 103 G2
Ornes (55) 25 F6
Ornex (01) 118 B4
Ornézan (32) 167 H6
Orniac (46) 153 E3
Ornolac-Ussat-
-les-Bains (09) 199 E1
Ornon (38) 146 A3
Orny (57) 26 C6
Oroër (60) 20 B4
Oroix (65) 183 E2
Oron (57) 49 E3
Oroux (79) 93 G6
Orphin (78) 41 H6
Orpierre (05) 159 H4
Orquevaux (52) 68 B3
les Orres (05) 161 E2
Orret (21) 85 F4
Orriule (64) 181 G1
Orrouer (28) 61 H2
Orrouy (60) 21 F6
Orry-la-Ville (60) 43 E1
Ors (59) 9 G4
Orsan (30) 158 A6
Orsanco (64) 181 E2
Orsans (11) 186 B4
Orsans (25) 104 A1
Orsay (91) 42 C5
Orschwihr (68) 71 E6
Orschwiller (67) 71 F3
Orsennes (36) 111 F2
Orsinval (59) 9 G2
Orsonnette (63) 127 G6
Orsonville (78) 62 D1
Ortaffa (66) 201 F3
Ortale (2B) 205 G2
Orthevielle (40) 164 D5
Orthez (64) 165 G6
Orthoux-
-Sérignac-Quilhan (30) 173 G3
Ortillon (10) 66 C1
Ortiporio (2B) 203 F6
Orto (2A) 204 D3
Ortoncourt (88) 70 A2
Orus (09) 198 D1
Orval (18) 97 H6
Orval (50) 36 D2
Orvanne (77) 64 B2
Orvault (44) 74 C4
Orvaux (27) 40 D3
Orve (25) 88 B6
Orveau (91) 63 F2
Orveau-Bellesauve (45) 63 G3
Orville (21) 86 A4
Orville (36) 96 D2
Orville (45) 63 G4
Orville (61) 39 G3
Orville (62) 7 G4
Orvillers-Sorel (60) 21 E3
Orvilliers (78) 41 G4
Orvilliers-Saint-Julien (10) 65 H2
Orx (40) 164 C5
Os-Marsillon (64) 182 A1
Osani (2A) 204 B2
Osches (55) 47 E2
Osenbach (68) 71 E5
Oslon (71) 101 H5
Osly-Courtil (02) 21 H5
Osmanville (14) 13 F5
Osmery (18) 98 A4
Osmets (65) 183 F2
Osmoy (18) 97 H3
Osmoy (78) 41 H4
Osmoy-Saint-Valery (76) 19 E1
Osne-le-Val (52) 68 A1
Osnes (08) 24 D2
Osny (95) 42 B2
Ossages (40) 165 F5
Ossas-Suhare (64) 181 G3
Osse (25) 87 G6
Ossé (35) 57 G3
Osse-en-Aspe (64) 181 H5
Osséja (66) 199 H5
Osselle (25) 103 E2
Ossen (65) 182 D4
Ossenx (64) 181 G1
Osserain-Rivareyte (64) 181 F1
Ossès (64) 180 D2
Ossey-les-
-Trois-Maisons (10) 65 G2
Ossun (65) 183 E3
Ossun-Ez-Angles (65) 183 E4
Ostabat-Asme (64) 181 E2
Ostel (02) 22 B4
Ostheim (68) 71 F4
Osthoffen (67) 50 D5
Osthouse (67) 71 H1
Ostreville (62) 7 G1
Ostricourt (59) 8 C1
Ostwald (67) 51 E6
Ota (2A) 204 C3
Othe (54) 25 F3
Othis (77) 43 F2
Ottange (57) 26 A2
Ottersthal (67) 50 C4
Otterswiller (67) 50 C4
Ottmarsheim (68) 89 G1
Ottonville (57) 26 D4
Ottrott (67) 71 F1
Ottwiller (67) 50 B3
Ouagne (58) 83 F5
Ouainville (76) 16 D3
Ouanne (89) 83 F3
Ouarville (28) 62 C3
les Oubeaux (14) 13 F5
Ouchamps (41) 79 H5
Ouches (42) 128 C1
Oucques (41) 79 H2
Oudalle (76) 15 F2
Oudan (58) 83 E6
Oudeuil (60) 20 A3
Oudezeele (59) 2 C3
Oudincourt (52) 67 H4
l'Oudon (14) 39 E2
Oudon (44) 75 E4
Oudrenne (57) 26 C3
Oudry (71) 115 F1
Oueilloux (65) 183 F3
Ouerre (28) 41 F5
Ouessant (29) 30 A4
Ouézy (14) 39 E1
Ouffières (14) 14 B6
Ouge (70) 86 D2
Ouges (21) 102 A1
Ougney (39) 102 D1
Ougney-Douvot (25) 87 G6
Ougny (58) 99 H3
Ouhans (25) 103 H3
Ouides (43) 142 B5
Ouillon (64) 182 C2
Ouilly-du-Houley (14) 15 G5
Ouilly-le-Tesson (14) 38 D2
Ouilly-le-Vicomte (14) 15 F5
Ouistreham (14) 14 C4
Oulches (36) 110 C1
Oulches-
-la-Vallée-Foulon (02) 22 D4
Oulchy-la-Ville (02) 22 A6
Oulchy-le-Château (02) 22 A6
Oulins (28) 41 F4
Oulles (38) 146 A3
Oullins (69) 130 A3
Oulmes (85) 107 F2
Oulon (58) 99 F2
Ounans (39) 102 D3
Oupia (34) 187 H2
Our (39) 102 D2
Ourches (26) 144 C6
Ourches-sur-Meuse (55) 47 H5
Ourde (65) 183 H5
Ourdis-Cotdoussan (65) 183 E4
Ourdon (65) 183 E4
Ourouër (58) 99 E3
Ourouer-les-Bourdelins (18) 98 B4
Ouroux (69) 115 H4
Ouroux-en-Morvan (58) 100 A2
Ouroux-sous-le-
-Bois-Sainte-Marie (71) 115 G3
Ouroux-sur-Saône (71) 101 H6
Oursbelille (65) 183 E2
Oursel-Maison (60) 20 B3
Ourton (62) 7 H1
Ourville-en-Caux (76) 16 D3
Ousse (64) 182 C2
Ousse-Suzan (40) 165 G2
Oussières (39) 102 D4
Ousson-sur-Loire (45) 82 B4
Oussoy-en-Gâtinais (45) 82 A1
Oust (09) 185 E6
Oust-Marest (80) 6 B4
Ousté (65) 183 E4
Outarville (45) 63 E4
Outines (51) 67 E1
Outreau (62) 1 F4
Outrebois (80) 7 G3
Outremécourt (52) 68 D3
Outrepont (51) 46 B4
Outriaz (01) 117 G6
Ouvans (25) 88 A6
Ouve-Wirquin (62) 2 A5
Ouveillan (11) 188 A2
Ouville (50) 37 E2
Ouville-la-Bien-Tournée (14) 39 E2
Ouville-la-Rivière (76) 17 F2
Ouville-l'Abbaye (76) 17 F4
Ouvrouer-les-Champs (45) 81 F2
Ouzilly (86) 94 C5
Ouzouer-des-Champs (45) 82 A1
Ouzouer-le-Doyen (41) 62 A6
Ouzouer-le-Marché (41) 80 B1
Ouzouer-sous-
-Bellegarde (45) 63 G6
Ouzouer-sur-Loire (45) 81 H2
Ouzouer-sur-Trézée (45) 82 B3
Ouzous (65) 182 D4
Ovanches (70) 87 F3
Ovillers-la-Boisselle (80) 8 A5
Oxelaëre (59) 2 C3
Oyé (71) 115 F4
Oye-et-Pallet (25) 104 A4
Oye-Plage (62) 1 H2
Oyes (51) 45 E4
Oyeu (38) 131 E6
Oyonnax (01) 117 G4
Oyré (86) 94 D4
Oyrières (70) 86 C4
Oysonville (28) 62 D2
Oytier-Saint-Oblas (38) 130 B5
Oz (38) 146 A3
Ozan (01) 116 C3
Oze (05) 159 H3
Ozenay (71) 116 B2
Ozenx-Montestrucq (64) 165 F6
Ozerailles (54) 25 H6
Ozeville (50) 13 E3
Ozières (52) 68 B4
Ozillac (17) 121 G6
Ozoir-la-Ferrière (77) 43 F5
Ozoir-le-Breuil (28) 62 B6
Ozolles (71) 115 G3
Ozon (07) 144 A3
Ozon (65) 183 F3
Ozouer-le-Voulgis (77) 43 F5
Ozourt (40) 165 F4

P

Paars (02) 22 C5
Pabu (22) 33 E3
la Pacaudière (42) 114 D5
Pacé (35) 57 E2
Pacé (61) 59 H1
Pact (38) 144 B1
Pacy-sur-Armançon (89) 84 B2
Pacy-sur-Eure (27) 41 F2
Padern (11) 187 G6
Padiès (81) 170 D1
Padirac (46) 139 E6
Padoux (88) 70 A3
Pageas (87) 123 H4
Pagney (39) 103 E1
Pagney-derrière-Barine (54) 48 A5
Pagnoz (39) 103 E3
Pagny-la-Blanche-Côte (55) 48 A6
Pagny-la-Ville (21) 102 A3
Pagny-le-Château (21) 102 A3
Pagny-lès-Goin (57) 48 D2
Pagny-sur-Meuse (55) 48 A5
Pagny-sur-Moselle (54) 48 B2
Pagolle (64) 181 F2
Pailhac (65) 183 G6
Pailharès (07) 143 G3
Pailherols (15) 140 C5
Pailhès (09) 185 F4
Pailhès (34) 188 C1
Paillart (60) 20 C2
Paillé (17) 107 H6
Paillencourt (59) 9 E3
Paillet (33) 149 G1
Pailloles (47) 151 F3
le Pailly (52) 86 B2
Pailly (89) 65 E3
Paimbœuf (44) 74 A4
Paimpol (22) 33 F2
Paimpont (35) 56 C3
Painblanc (21) 101 F2
Pair-et-Grandrupt (88) 70 D3
Paissy (02) 22 C4
Paisy-Cosdon (10) 65 G4
Paizay-le-Chapt (79) 108 B5
Paizay-le-Sec (86) 109 H1
Paizay-le-Tort (79) 108 B5
Paizay-Naudouin-
-Embourie (16) 108 C6
Pajay (38) 144 C1
Paladru (38) 131 F5
Palairac (11) 187 G5
le Palais (56) 72 B3
le Palais-sur-Vienne (87) 124 B2
Palaiseau (91) 42 C5
Palaiseul (52) 86 B2
Palaja (11) 187 E3
Palaminy (31) 184 D3
Palante (70) 88 B3
Palantine (25) 103 F2
Palasca (2B) 202 D5
Palau-de-Cerdagne (66) 199 G5
Palau-del-Vidre (66) 201 F3
Palavas-les-Flots (34) 173 G6
Palazinges (19) 138 D3
Paley (77) 64 B4
Palhers (48) 155 H3
Palinges (71) 115 F2
Palis (10) 65 G3
Palise (25) 87 F5
Palisse (19) 125 H6
Palladuc (63) 128 A2
Pallanne (32) 167 F6
Palleau (71) 101 H4
Pallegney (88) 69 H3
le Pallet (44) 75 E6
Palleville (81) 170 B6
la Pallu (53) 59 F1
Palluau (85) 91 F3
Palluau-sur-Indre (36) 96 A4
Palluaud (16) 136 C1
Pallud (73) 132 C3
Palluel (62) 8 D2
Palmas (12) 155 E4
la Palme (11) 188 A5
Palneca (2A) 205 F5
Palogneux (42) 128 C3
la Palud-sur-Verdon (04) 177 G3
Paluel (76) 16 D2
Pamfou (77) 64 B2
Pamiers (09) 185 H4
Pampelonne (81) 154 A6
Pamplie (79) 107 H1
Pamproux (79) 108 C3
Panassac (32) 184 A1
Panazol (87) 124 B2
Pancé (35) 57 F5
Pancheraccia (2B) 205 G3
Pancy-Courtecon (02) 22 C4
Pandrignes (19) 139 E2
Pange (57) 26 D5
Panges (21) 85 F6
Panilleuse (27) 41 F1
Panissage (38) 131 E5
Panissières (42) 129 F3
Panjas (32) 166 D3
Pannecé (44) 75 F3
Pannecières (45) 63 F3
Pannes (45) 64 A6
Pannes (54) 48 A3
Pannessières (39) 102 D6
Panon (72) 60 B2
Panossas (38) 130 C4
la Panouse (48) 156 B1
Pansey (52) 68 A1
Pantin (93) 42 D3
Panzoult (37) 94 C2
Papleux (02) 9 H5
Paradou (13) 191 E2
Parassy (18) 97 H1
Parata (2B) 205 G1
Paray-Douaville (78) 62 D2
Paray-le-Frésil (03) 114 B1
Paray-le-Monial (71) 115 E3
Paray-sous-Briailles (03) 114 A4
Paray-Vieille-Poste (91) 42 D5
Paraza (11) 187 H3
Parbayse (64) 182 A2
Parc-d'Anxtot (76) 15 G1
Parçay-les-Pins (49) 78 A5
Parçay-Meslay (37) 79 E5
Parçay-sur-Vienne (37) 94 C2
Parcé (35) 58 A3
Parcé-sur-Sarthe (72) 77 G1
Parcey (39) 102 C3
Parcieux (01) 130 A2
Parcoul (24) 136 B2
le Parcq (62) 7 F1
Parcy-et-Tigny (02) 22 A6
Pardailhan (34) 187 H1
Pardaillan (47) 150 D1
Pardies (64) 182 A1
Pardies-Piétat (64) 182 C3
Pardines (63) 127 F5
Paréac (65) 183 E4
Pareid (55) 47 H1
Parempuyre (33) 135 E4
Parennes (72) 59 G4
Parent (63) 127 F4
Parentignat (63) 127 G5
Parentis-en-Born (40) 148 B4
Parenty (62) 1 G5
Parey-Saint-Césaire (54) 48 C6
Parey-sous-Montfort (88) 69 E3
Parfondeval (02) 23 F1
Parfondeval (61) 60 D1
Parfondru (02) 22 C3
Parfondrupt (55) 47 H1
Parfouru-sur-Odon (14) 14 A5
Pargnan (02) 22 C5
Pargny (80) 21 G1
Pargny-Filain (02) 22 B4
Pargny-la-Dhuys (02) 44 C3
Pargny-les-Bois (02) 22 C2
Pargny-lès-Reims (51) 23 E6
Pargny-sous-Mureau (88) 68 C2
Pargny-sur-Saulx (51) 46 C4
Pargues (10) 66 C5
Parignargues (30) 174 A3
Parigné (35) 58 A1
Parigné-le-Pôlin (72) 78 A1
Parigné-l'Évêque (72) 60 B6
Parigné-sur-Braye (53) 58 D2
Parigny (42) 128 D1
Parigny (50) 37 F5
Parigny-la-Rose (58) 83 F6
Parigny-les-Vaux (58) 98 D3
Paris (75) 42 D4
Paris-l'Hôpital (71) 101 F4
Parisot (81) 169 H4
Parisot (82) 153 F5
Parlan (15) 139 G6
Parleboscq (40) 166 D2
Parly (89) 83 E2
Parmain (95) 42 C1
Parmilieu (38) 130 D2
Parnac (36) 110 D2
Parnac (46) 152 B3
Parnans (26) 144 C3
Parnay (18) 98 A5
Parnay (49) 93 H1
Parné-sur-Roc (53) 58 D5
Parnes (60) 19 G6
Parnoy-en-Bassigny (52) 68 D5
les Paroches (55) 47 G3
Paron (89) 64 D4
Paroy (25) 103 F3
Paroy (77) 64 D1
Paroy-en-Othe (89) 65 F5
Paroy-sur-Saulx (52) 68 A1
Paroy-sur-Tholon (89) 65 E6
Parpeçay (36) 96 C1
Parpeville (02) 22 B1
Parranquet (47) 151 G1
Parroy (54) 49 F5
Pars-lès-Chavanges (10) 66 D1
Pars-lès-Romilly (10) 65 G1
Parsac (23) 112 A5
Parthenay (79) 93 F6
Parthenay-de-Bretagne (35) 57 E2
Partinello (2A) 204 B2
Parux (54) 49 H6
Parves (01) 131 G3
Parville (27) 40 D2
Parvillers-le-Quesnoy (80) 21 E1
Parzac (16) 122 D1
le Pas (53) 58 D1
Pas-de-Jeu (79) 93 H3
Pas-en-Artois (62) 7 H3
le Pas-Saint-l'Homer (61) 61 F1
Pasilly (89) 84 B3
Paslières (63) 127 H2
Pasly (02) 22 A5
Pasques (21) 85 G6
le Pasquier (39) 103 F5
Passa (66) 201 E3
le Passage (38) 131 E5
le Passage (47) 151 F5
Passais (61) 37 H6
Passavant (25) 87 H6
Passavant-en-Argonne (51) 46 D2
Passavant-la-Rochère (70) 69 F6
Passavant-sur-Layon (49) 93 F2
Passel (60) 21 G3
Passenans (39) 102 D5
Passins (38) 131 E3
Passirac (16) 136 A1
Passonfontaine (25) 104 A2
Passy (71) 115 H2
Passy (74) 133 E1
Passy (89) 65 E5
Passy-en-Valois (02) 44 A1
Passy-Grigny (51) 44 D1
Passy-sur-Marne (02) 44 C2
Passy-sur-Seine (77) 65 E2
Pastricciola (2A) 204 D4
Patay (45) 62 C5
Patornay (39) 117 G1
Patrimonio (2B) 203 F4
Pau (64) 182 B2
Paucourt (45) 64 B5
Paudy (36) 96 D3
Pauilhac (32) 167 H3
Pauillac (33) 134 D2
Paule (22) 54 C1
Paulhac (15) 140 D4
Paulhac (31) 169 G4
Paulhac (43) 141 G1
Paulhac-en-Margeride (48) 141 G5
Paulhaguet (43) 141 H2
Paulhan (34) 172 D6
Paulhe (12) 155 F6
Paulhenc (15) 140 D5
Paulhiac (47) 151 G2
Pauligne (11) 186 D4
Paulin (24) 138 B4
Paulinet (81) 171 E3
Paulmy (37) 95 F3
Paulnay (36) 95 G5
Paulx (44) 91 E1
Paunat (24) 137 G5
Paussac-et-
-Saint-Vivien (24) 137 E1
Pauvres (08) 23 H4
Pavant (02) 44 B3
Pavezin (42) 129 H6
Pavie (32) 167 H5
le Pavillon-Sainte-Julie (10) 66 A2
les Pavillons-sous-Bois (93) 43 E3
Pavilly (76) 17 F5
Payns (10) 66 A2
Payra-sur-l'Hers (11) 186 B3
Payrac (46) 138 C6
Payré (86) 108 D3
Payrignac (46) 138 B6
Payrin-Augmontel (81) 170 D6
Payros-Cazautets (40) 166 B5
Payroux (86) 109 F4
Payssous (31) 184 B5
Payzac (07) 157 E3
Payzac (24) 124 A6
Pazayac (24) 138 B3
Paziols (11) 187 G6
Pazy (58) 99 G1
le Péage-
-de-Roussillon (38) 144 A1
Péas (51) 45 E5
Peaugres (07) 143 H2
Péaule (56) 73 G1
Péault (85) 91 H6
Pébées (32) 184 D1
Pébrac (43) 141 H4
Pech (09) 199 F1
Pech-Luna (11) 186 A3
Péchabou (31) 169 F6
Pécharic-et-le-Py (11) 186 A3
Péchaudier (81) 170 A6
Pechbonnieu (31) 169 F4
Pechbusque (31) 169 F6
le Pêchereau (36) 111 E1
Pécorade (40) 166 B4
le Pecq (78) 42 B3
Pecquencourt (59) 8 D1
Pecqueuse (91) 42 B6
Pécy (77) 43 H6
Pédernec (22) 32 D3
Pégairolles-de-Buèges (34) 172 D4
Pégairolles-
-de-l'Escalette (34) 172 C4
Pégomas (06) 178 C5
le Pègue (26) 158 C3
Péguilhan (31) 184 B2
Peigney (52) 86 B1
Peillac (56) 56 B6
Peille (06) 195 G2
Peillon (06) 195 G2
Peillonnex (74) 118 D5
Peintre (39) 102 C1
les Peintures (33) 136 A3
Peipin (04) 160 B6
Peisey-Nancroix (73) 133 F4
Pel-et-Der (10) 66 D2
Pélissanne (13) 191 H3
Pellafol (38) 145 H6
Pelleautier (05) 160 B2
Pellefigue (32) 168 A6
Pellegrue (33) 136 B6
Pelleport (31) 168 D4
Pellerey (21) 85 F4
le Pellerin (44) 74 B5
la Pellerine (49) 78 A5
la Pellerine (53) 58 B2
Pellevoisin (36) 96 A3
Pellouailles-les-Vignes (49) 77 E4
Pelonne (26) 159 F4
Pelouse (48) 156 B2
Pelousey (25) 87 E6
Peltre (57) 48 D1
Pélussin (42) 129 H6
Pelves (62) 8 C2
Pelvoux (05) 146 D5
Penchard (77) 43 G3

Pencran (29) 31 F4
Pendé (80) 6 C3
Pénestin (56) 73 F2
Penguily (22) 34 A6
Penin (62) 7 H2
Penly (76) 17 H1
Penmarc'h (29) 53 E4
Pennautier (11) 187 E3
la Penne (06) 178 C2
Penne (81) 169 H1
Penne-d'Agenais (47) 151 G4
la Penne-sur-Huveaune (13) 192 B4
la Penne-sur-l'Ouvèze (26) 159 E5
Pennedepie (14) 16 B6
Pennes-le-Sec (26) 159 E2
les Pennes-Mirabeau (13) 192 A3
Pennesières (70) 87 F4
Penol (38) 130 C6
Pensol (87) 123 G4
Penta-Acquatella (2B) 203 F6
Penta-di-Casinca (2B) 203 G6
Penvénan (22) 32 D1
Péone (06) 161 H6
Pépieux (11) 187 G2
Pérassay (36) 112 A2
Peray (72) 60 C3
Perceneige (89) 65 E3
Percey (89) 65 H6
Percey-le-Grand (70) 86 B3
le Perchay (95) 42 A1
la Perche (18) 112 C1
Perchède (32) 166 C3
Percy (38) 145 G6
Percy (50) 37 F3
Percy-en-Auge (14) 39 E2
Perdreauville (78) 41 G3
Péré (17) 107 E5
Péré (65) 183 G4
Péreille (09) 186 A6
Perelli (2B) 205 G2
Pérenchies (59) 3 F5
Péret (34) 172 C6
Péret-Bel-Air (19) 125 G6
Péreuil (16) 122 A5
Péreyres (07) 143 E6
Pergain-Taillac (32) 167 H1
Peri (2A) 204 D5
le Périer (38) 146 A4
Périers (50) 12 D6
Périers-en-Auge (14) 14 D4
Périers-sur-le-Dan (14) 14 C4
Pérignac (16) 122 B5
Pérignac (17) 121 F4
Pérignat-lès-Sarliève (63) 127 F3
Pérignat-sur-Allier (63) 127 F3
Périgné (79) 108 A5
Périgneux (42) 129 E6
Périgny (03) 114 B4
Périgny (14) 38 B3
Périgny (17) 106 D5
Périgny (41) 79 G2
Périgny (94) 43 E5
Périgny-la-Rose (10) 65 G1
Périgueux (24) 137 F2
Périssac (33) 135 G4
Perles (02) 22 C5
Perles-et-Castelet (09) 199 F2
Pern (46) 152 C4
Pernand-Vergelesses (21) 101 G2
Pernant (02) 21 H5
Pernay (37) 78 C5
la Pernelle (50) 13 E2
Pernes (62) 2 B6
Pernes-lès-Boulogne (62) 1 F4
Pernes-les-Fontaines (84) 175 F2
Pernois (80) 7 F4
Pero-Casevecchie (2B) 203 G6
Pérols (34) 173 G6
Pérols-sur-Vézère (19) 125 F5
Péron (01) 118 A5
Péronnas (01) 116 D5
Péronne (71) 116 B3
Péronne (80) 8 C6
Péronne-en-Mélantois (59) 3 G5
Péronville (28) 62 B5
Pérouges (01) 130 C2
la Pérouille (36) 96 B6
Pérouse (90) 88 D3
Péroy-les-Gombries (60) 43 G1
Perpezac-le-Blanc (19) 138 B2
Perpezac-le-Noir (19) 138 D1
Perpezat (63) 126 D4
Perpignan (66) 201 F2
les Perques (50) 12 C3
Perquie (40) 166 B2
Perrancey-les-Vieux-Moulins (52) 86 A1
le Perray-en-Yvelines (78) 42 A5
Perrecy-les-Forges (71) 115 F1
le Perréon (69) 116 A6
Perret (22) 55 E1
Perreuil (71) 101 E5
Perreux (42) 115 E6
Perreux (89) 82 D1
le Perreux-sur-Marne (94) 43 E4
Perrex (01) 116 C4
Perrier (63) 127 F5
le Perrier (85) 90 C3
la Perrière (61) 60 C2
la Perrière (73) 133 E5
Perrières (14) 38 D2
Perriers-en-Beauficel (50) 37 G4
Perriers-la-Campagne (27) 40 B1
Perriers-sur-Andelle (27) 19 E4
Perrignier (74) 118 D3
Perrigny (39) 102 D6
Perrigny (89) 83 F2
Perrigny-lès-Dijon (21) 101 H1
Perrigny-sur-Armançon (89) 84 C3
Perrigny-sur-l'Ognon (21) 86 C6
Perrigny-sur-Loire (71) 114 D2
Perrogney-les-Fontaines (52) 86 A2
le Perron (50) 37 H1
Perros-Guirec (22) 32 C1
Perrou (61) 38 B6
Perrouse (70) 87 F5
Perroy (58) 82 D5
Perruel (27) 19 E4
Perrusse (52) 68 C5
Perrusson (37) 95 G2
Pers (15) 139 H5
Pers (79) 108 C4
Pers-en-Gâtinais (45) 64 B5
Pers-Jussy (74) 118 C5
Persac (86) 109 G3
Persan (95) 42 C1
Persquen (56) 54 D3
Pertain (80) 21 F1
Perthes (08) 23 G4
Perthes (52) 46 C5
Perthes (77) 63 H1
Perthes-lès-Brienne (10) 67 E2
Pertheville-Ners (14) 39 E3
le Perthus (66) 201 F4
le Pertre (35) 58 B5
le Pertuis (43) 142 D3
Pertuis (84) 176 A4
la Péruse (16) 123 E2
Pervenchères (61) 60 C2
Perville (82) 151 G6
Pescadoires (46) 152 B3
Peschadoires (63) 127 H2
le Pescher (19) 139 E4
Péseux (25) 88 B6
Peseux (39) 102 C3
Peslières (63) 127 H6
Pesmes (70) 86 C6
Pessac (33) 135 E5
Pessac-sur-Dordogne (33) 136 B5
Pessan (32) 167 H5
Pessans (25) 103 F2
Pessat-Villeneuve (63) 127 F2
la Pesse (39) 118 A4
Pessines (17) 121 E3
Pessoulens (32) 168 B3
Petersbach (67) 50 B3
le Petit-Abergement (01) 117 G6
Petit-Auverné (44) 75 E2
Petit-Bersac (24) 136 C1
le Petit-Bornand-les-Glières (74) 118 D6
le Petit-Celland (50) 37 F5
Petit-Couronne (76) 18 C5
Petit-Croix (90) 88 D3
Petit-Failly (54) 25 F4
Petit-Fayt (59) 9 H4
le Petit-Fougeray (35) 57 F4
Petit-Landau (68) 89 G2
Petit-Mars (44) 74 D3
le Petit-Mercey (39) 103 E1
Petit-Mesnil (10) 67 E3
Petit-Noir (39) 102 B4
Petit-Palais-et-Cornemps (33) 136 A4
le Petit-Pressigny (37) 95 F4
le Petit-Quevilly (76) 17 G6
Petit-Réderching (57) 28 A5
Petit-Tenquin (57) 49 G2
Petit-Verly (02) 9 F5
la Petite-Boissière (79) 92 C4
Petite-Chaux (25) 103 H6
Petite-Forêt (59) 9 F2
la Petite-Fosse (88) 70 D2
la Petite-Marche (03) 112 C5
la Petite-Pierre (67) 50 B3
la Petite-Raon (88) 70 D1
Petite-Rosselle (57) 27 F4
la Petite-Verrière (71) 100 C3
Petitefontaine (90) 88 D2
les Petites-Armoises (08) 24 B4
les Petites-Loges (51) 45 G1
Petitmagny (90) 88 D2
Petitmont (54) 49 H6
Petiville (14) 14 D4
Petiville (76) 15 H2
Petosse (85) 107 E2
Petreto-Bicchisano (2A) 206 D2
Pettoncourt (57) 49 E4
Pettonville (54) 49 G6
Peujard (33) 135 F3
Peumerit (29) 53 E3
Peumerit-Quintin (22) 32 D5
Peuplingues (62) 1 G2
Peuton (53) 58 C6
Peuvillers (55) 25 F5
Peux-et-Couffouleux (12) 171 G4
Pévange (57) 49 F3
Pévy (51) 22 D5
Pexiora (11) 186 C3
Pexonne (54) 70 C1
Pey (40) 164 D4
Peymeinade (06) 178 C4
Peynier (13) 192 C2
Peypin (13) 192 C3
Peypin-d'Aigues (84) 176 B3
Peyrabout (23) 111 G6
le Peyrat (09) 186 B5
Peyrat-de-Bellac (87) 110 B5
Peyrat-la-Nonière (23) 112 A6
Peyrat-le-Château (87) 125 E3
la Peyratte (79) 93 G6
Peyraube (65) 183 F3
Peyraud (07) 144 A1
Peyre (40) 165 H5
Peyrecave (32) 168 B2
Peyrefitte-du-Razès (11) 186 C4
Peyrefitte-sur-l'Hers (11) 186 A3
Peyregoux (81) 170 C4
Peyrehorade (40) 165 E5
Peyreleau (12) 155 G6
Peyrelevade (19) 125 G4
Peyrelongue-Abos (64) 182 D1
Peyremale (30) 157 E5
Peyrens (11) 186 B2
Peyrestortes (66) 201 F2
Peyret-Saint-André (65) 183 H2
Peyriac-de-Mer (11) 188 A4
Peyriac-Minervois (11) 187 F2
Peyriat (01) 117 F5
Peyrière (47) 150 D2
Peyrieu (01) 131 F4
Peyrignac (24) 138 A3
Peyriguère (65) 183 F2
Peyrilhac (87) 124 A1
Peyrillac-et-Millac (24) 138 C5
Peyrilles (46) 152 C2
Peyrins (26) 144 C3
Peyrissac (19) 124 D5
Peyrissas (31) 184 C2
Peyrole (81) 170 A3
Peyrolles (11) 187 E5
Peyrolles (30) 173 F1
Peyrolles-en-Provence (13) 176 B5
Peyroules (04) 178 A3
Peyrouse (65) 182 D4
Peyrouzet (31) 184 B3
Peyruis (04) 176 D1
Peyrun (65) 183 F2
Peyrus (26) 144 C5
Peyrusse (15) 141 E2
Peyrusse-Grande (32) 167 E5
Peyrusse-le-Roc (12) 153 H3
Peyrusse-Massas (32) 167 H4
Peyrusse-Vieille (32) 167 E5
Peyssies (31) 185 E2
Peyzac-le-Moustier (24) 137 H4
Peyzieux-sur-Saône (01) 116 B5
Pézarches (77) 43 H5
Pezé-le-Robert (72) 59 H4
Pézenas (34) 188 D1
Pézènes-les-Mines (34) 172 B5
Pezens (11) 186 D3
Pézilla-de-Conflent (66) 200 C2
Pézilla-la-Rivière (66) 201 E2
Pezou (41) 79 G1
Pezuls (24) 137 F5
Pézy (28) 62 B3
Pfaffenheim (68) 71 F5
Pfaffenhoffen (67) 50 D3
Pfalzweyer (67) 50 B4
Pfastatt (68) 89 F1
Pfetterhouse (68) 89 E4
Pfettisheim (67) 50 D5
Pfulgriesheim (67) 51 E5
Phaffans (90) 88 D3
Phalempin (59) 3 F6
Phalsbourg (57) 50 B4
Philippsbourg (57) 28 C6
Philondenx (40) 166 A5
Phlin (54) 48 D3
Pia (66) 201 F2
Piacé (72) 60 A3
le Pian-Médoc (33) 135 E4
le Pian-sur-Garonne (33) 149 H2
Piana (2A) 204 B3
Pianello (2B) 205 G2
Piano (2B) 203 G6
Pianottoli-Caldarello (2A) 207 E4
les Piards (39) 117 H2
la Piarre (05) 159 G3
Piazzali (2B) 205 G2
Piazzole (2B) 205 G1
Piblange (57) 26 D4
Pibrac (31) 169 E5
Picarreau (39) 103 E5
Picauville (50) 12 D4
Pichanges (21) 86 A5
Picherande (63) 126 D6
Picquigny (80) 7 F5
Pie-d'Orezza (2B) 205 G1
Pied-de-Borne (48) 156 D3
Piedicorte-di-Gaggio (2B) 205 F3
Piedicroce (2B) 205 G1
Piedigriggio (2B) 203 E6
Piedipartino (2B) 205 G1
Piégon (26) 158 D5
Piégros-la-Clastre (26) 158 D1
Piégut (04) 160 C3
Piégut-Pluviers (24) 123 F4
Piencourt (27) 15 G5
Piennes (54) 25 H5
Piennes-Onvillers (80) 21 E2
Pierlas (06) 178 D1
la Pierre (38) 145 H1
Pierre-Bénite (69) 130 A3
Pierre-Buffière (87) 124 B4
Pierre-Châtel (38) 145 G4
Pierre-de-Bresse (71) 102 B4
Pierre-la-Treiche (54) 48 B5
Pierre-Levée (77) 43 H3
Pierre-Morains (51) 45 F4
Pierre-Percée (54) 70 C1
Pierre-Perthuis (89) 83 H5
Pierreclos (71) 116 A4
Pierrecourt (70) 86 C3
Pierrecourt (76) 6 C6
Pierrefeu (06) 195 E1
Pierrefeu-du-Var (83) 193 G4
Pierrefiche (12) 155 E3
Pierrefiche (48) 156 C1
Pierrefiques (76) 16 B4
Pierrefitte (19) 124 D6
Pierrefitte (23) 112 A5
Pierrefitte (79) 93 F4
Pierrefitte (88) 69 G4
Pierrefitte-en-Auge (14) 15 F4
Pierrefitte-en-Beauvaisis (60) 20 A4
Pierrefitte-en-Cinglais (14) 38 C3
Pierrefitte-ès-Bois (45) 82 A4
Pierrefitte-Nestalas (65) 182 D5
Pierrefitte-sur-Aire (55) 47 F3
Pierrefitte-sur-Loire (03) 114 C2
Pierrefitte-sur-Sauldre (41) 81 F4
Pierrefitte-sur-Seine (93) 42 D3
Pierrefonds (60) 21 G5
Pierrefontaine-lès-Blamont (25) 88 C5
Pierrefontaine-les-Varans (25) 104 B1
Pierrefort (15) 140 D5
Pierregot (80) 7 G5
Pierrelatte (26) 158 A4
Pierrelaye (95) 42 C2
Pierrelongue (26) 159 E5
Pierremande (02) 21 H3
Pierremont (62) 7 G1
Pierremont-sur-Amance (52) 86 D2
Pierrepont (02) 22 D2
Pierrepont (14) 38 C3
Pierrepont (54) 25 G4
Pierrepont-sur-Avre (80) 20 D2
Pierrepont-sur-l'Arentèle (88) 70 B3
Pierrerue (04) 176 D2
Pierrerue (34) 188 A1
Pierres (14) 38 A3
Pierres (28) 41 G6
Pierreval (76) 17 H5
Pierrevert (04) 176 C3
Pierreville (50) 12 B3
Pierreville (54) 48 C6
Pierrevillers (57) 26 B4
Pierric (44) 74 C1
Pierry (51) 45 E2
Pietra-di-Verde (2B) 205 G2
Pietracorbara (2B) 203 G2
Pietralba (2B) 203 E5
Pietraserena (2B) 205 G3
Pietricaggio (2B) 205 G2
Pietrosella (2A) 206 C1
Pietroso (2B) 205 F3
Piets-Plasence-Moustrou (64) 166 A6
Pieusse (11) 186 D4
les Pieux (50) 12 B3
Piève (2B) 203 F5
Piffonds (89) 64 D5
Pigna (2B) 202 C5
Pignan (34) 173 F5
Pignans (83) 193 G3
Pignicourt (02) 23 E4
Pignols (63) 127 G4
Pigny (18) 97 H2
Pihem (62) 2 A4
Pihen-lès-Guînes (62) 1 G3
Pila-Canale (2A) 206 D1
Pillac (16) 136 C1
Pillemoine (39) 103 F6
les Pilles (26) 158 D4
Pillon (55) 25 G5
Pimbo (40) 166 B5
Pimelles (89) 84 B1
Pimorin (39) 117 F2
Pimprez (60) 21 G4
le Pin (03) 114 D3
le Pin (14) 15 G4
le Pin (17) 135 G1
le Pin (30) 174 C1
le Pin (38) 131 E6
le Pin (39) 102 D6
le Pin (44) 76 A3
Pin (70) 87 E6
le Pin (77) 43 E3
le Pin (79) 92 D4
le Pin (82) 168 C1
le Pin-au-Haras (61) 39 F4
Pin-Balma (31) 169 F5
le Pin-en-Mauges (49) 75 H5
le Pin-la-Garenne (61) 60 D2
le Pin-Murelet (31) 184 D1
Pinas (65) 183 H4
Pinay (42) 128 D2
Pincé (72) 77 F1
Pindères (47) 150 B5
Pindray (86) 109 H2
les Pineaux (85) 91 H5
Pinel-Hauterive (47) 151 E3
Pinet (34) 189 E1
Pineuilh (33) 136 C5
Piney (10) 66 C2
Pino (2B) 203 F2
Pinols (43) 141 H4
Pinon (02) 22 B4
les Pins (16) 122 D2
Pins-Justaret (31) 169 E6
Pinsac (46) 138 C5
Pinsaguel (31) 169 E6
Pinsot (38) 132 B6
Pintac (65) 183 E2
Pinterville (27) 18 D6
Pintheville (55) 47 H1
les Pinthières (28) 41 G5
Piobetta (2B) 205 G2
Pioggiola (2B) 202 D5
Piolenc (84) 158 B6
Pionnat (23) 111 H5
Pionsat (63) 112 D6
Pioussay (79) 108 C6
Pipriac (35) 56 D5
Piquecos (82) 169 E1
Pirajoux (01) 117 E3
Piré-sur-Seiche (35) 57 G4
Pirey (25) 87 F6
Piriac-sur-Mer (44) 73 E3
Pirmil (72) 59 G6
Pirou (50) 12 C6
Pis (32) 168 A3
Pisany (17) 120 D3
Piscop (95) 42 D2
Piseux (27) 40 C4
Pisieu (38) 130 C6
Pisseleu (60) 20 A3
Pisseloup (52) 86 D1
la Pisseure (70) 87 G1
Pissos (40) 148 D4
Pissotte (85) 107 F2
Pissy (80) 7 F6
Pissy-Pôville (76) 17 G5
Pisy (89) 84 B4
Pitgam (59) 2 B2
Pithiviers (45) 63 F4
Pithiviers-le-Vieil (45) 63 F4
Pithon (02) 21 G1
Pîtres (27) 18 D5
Pittefaux (62) 1 F4
Pizay (01) 130 C2
Pizieux (72) 60 B3
le Pizou (24) 136 B4
le Pla (09) 199 H2
Plabennec (29) 31 E4
Placé (53) 58 C3
les Places (27) 15 G5
Placey (25) 103 E1
Plachy-Buyon (80) 20 B1
Placy (14) 14 B6
Placy-Montaigu (50) 37 H2
le Plagnal (07) 156 D1
Plagne (01) 117 H5
Plagne (31) 184 D3
Plagnole (31) 184 D1
Plaigne (11) 186 A3
Plailly (60) 43 E2
Plaimbois-du-Miroir (25) 104 C1
Plaimbois-Vennes (25) 104 B1
Plaimpied-Givaudins (18) 97 H3
la Plaine (49) 92 D2
Plaine (67) 71 E1
Plaine-de-Walsch (57) 50 A5
Plaine-Haute (22) 33 G5
la Plaine-sur-Mer (44) 73 G5
Plainemont (70) 87 G1
Plaines-Saint-Lange (10) 66 D6
Plainfaing (88) 70 D4
Plainoiseau (39) 102 D6
les Plains-et-Grands-Essarts (25) 88 D6
Plaintel (22) 33 G5
Plainval (60) 20 D3
Plainville (27) 15 G5
Plainville (60) 20 D3
Plaisance (12) 171 E2
Plaisance (24) 151 E1
Plaisance (32) 166 D5
Plaisance (86) 109 H3
Plaisance-du-Touch (31) 169 E6
Plaisia (39) 117 G2
Plaisians (26) 159 E5
Plaisir (78) 42 A4
Plaissan (34) 172 D6
Plaizac (16) 122 A3
le Plan (31) 184 D3
Plan (38) 145 E1
Plan-d'Aups-Sainte-Baume (83) 192 D3
Plan-de-Baix (26) 144 C6
Plan-de-Cuques (13) 192 B3
le Plan-de-la-Tour (83) 194 A3
Plan-d'Orgon (13) 175 F3
Planaise (73) 132 A5
Planay (21) 84 D2
Planay (73) 133 E6
la Planche (44) 91 G1
Plancher-Bas (70) 88 C2
Plancher-les-Mines (70) 88 C2
Plancherine (73) 132 C3
Planches (61) 39 G5
les Planches-en-Montagne (39) 103 G6
les Planches-près-Arbois (39) 103 E4
Planchez (58) 100 B2
Plancoët (22) 34 C4
Plancy-l'Abbaye (10) 45 F6
la Planée (25) 103 H4
Planès (66) 200 A4
Planèzes (66) 200 D1
Planfoy (42) 143 F1
Planguenoual (22) 33 H4
Planioles (46) 153 G2
le Planois (71) 102 B5
le Planquay (27) 15 G5
Planquery (14) 13 G6
Planques (62) 7 F1
Planrupt (52) 67 F1
les Plans (30) 157 F6
les Plans (34) 172 B4
le Plantay (01) 116 D6
les Plantiers (30) 173 E1
le Plantis (61) 39 G6
Planty (10) 65 G3
Planzolles (07) 157 E3
Plappeville (57) 26 B5
Plasne (39) 103 E5
Plasnes (27) 15 H5
Plassac (17) 121 F5
Plassac (33) 135 E3
Plassac-Rouffiac (16) 122 B5
Plassay (17) 121 E2
Plats (07) 144 A4
Plaudren (56) 55 G5
Plauzat (63) 127 F4
Plavilla (11) 186 B4
Plazac (24) 137 H4
Pleaux (15) 139 H3
Pléboulle (22) 34 B4
Pléchâtel (35) 57 E5
Plédéliac (22) 34 B5
Plédran (22) 33 G5
Pléguien (22) 33 F3
Pléhédel (22) 33 F3
Pleine-Fougères (35) 35 G5
Pleine-Selve (02) 22 B1
Pleine-Selve (33) 135 E1
Pleine-Sève (76) 17 E3
Plélan-le-Grand (35) 56 C3
Plélan-le-Petit (22) 34 C5
Plélauff (22) 54 D1
Plélo (22) 33 F4
Plémet (22) 55 H2
Plémy (22) 33 G6
Plénée-Jugon (22) 34 A6
Pléneuf-Val-André (22) 34 A4
Plénise (39) 103 G5
Plénisette (39) 103 G5
Plerguer (35) 35 E5
Plérin (22) 33 G4
Plerneuf (22) 33 F4
Plescop (56) 55 F6
Plesder (35) 34 D5
Plésidy (22) 33 E5
Pleslin-Trigavou (22) 34 D4
Plesnois (57) 26 B5
Plesnoy (52) 86 C1
Plessala (22) 55 H1
Plessé (44) 74 B2
le Plessier-Huleu (02) 22 A6
le Plessier-Rozainvillers (80) 20 D1
le Plessier-sur-Bulles (60) 20 C4
le Plessier-sur-Saint-Just (60) 20 D4
le Plessis-aux-Bois (77) 43 F2
Plessis-Barbuise (10) 44 C6
le Plessis-Belleville (60) 43 F2
le Plessis-Bouchard (95) 42 C2
le Plessis-Brion (60) 21 F4
Plessis-de-Roye (60) 21 F3
le Plessis-Dorin (41) 61 F5
le Plessis-Feu-Aussoux (77) 43 H5
le Plessis-Gassot (95) 42 D2
le Plessis-Grammoire (49) 77 E4
le Plessis-Grimoult (14) 14 A6
le Plessis-Grohan (27) 40 D3
le Plessis-Hébert (27) 41 F2
le Plessis-Lastelle (50) 12 D5
le Plessis-l'Échelle (41) 80 A2
le Plessis-l'Évêque (77) 43 F2
le Plessis-Luzarches (95) 42 D2
le Plessis-Macé (49) 76 D4
le Plessis-Pâté (91) 42 D6
le Plessis-Patte-d'Oie (60) 21 G2
le Plessis-Placy (77) 43 H2
le Plessis-Robinson (92) 42 C4
Plessis-Saint-Benoist (91) 63 E2
Plessis-Saint-Jean (89) 65 E3
le Plessis-Sainte-Opportune (27) 40 C2
le Plessis-Trévise (94) 43 E4
Plessix-Balisson (22) 34 C4
Plestan (22) 34 A5
Plestin-les-Grèves (22) 32 B3
Pleubian (22) 33 E1
Pleucadeuc (56) 56 A5
Pleudaniel (22) 33 E2
Pleudihen-sur-Rance (22) 36 A6
Pleugriffet (56) 55 G3
Pleugueneuc (35) 34 D6
Pleumartin (86) 95 E5
Pleumeleuc (35) 56 D2
Pleumeur-Bodou (22) 32 C2
Pleumeur-Gautier (22) 33 E1
Pleure (39) 102 C4
Pleurs (51) 45 E5
Pleurtuit (35) 34 D4
Pleuven (29) 53 G3
Pleuvezain (88) 69 E2
Pleuville (16) 109 F6
Pléven (22) 34 B5
Plévenon (22) 34 B3
Plévin (22) 54 B1
Pleyben (29) 31 G6
Pleyber-Christ (29) 31 H4
Pliboux (79) 108 D5
Plichancourt (51) 46 B5
Plieux (32) 168 A2
Plivot (51) 45 F2
Plobannalec-Lesconil (29) 53 F4
Plobsheim (67) 71 H1
Ploemel (56) 55 E6
Ploemeur (56) 54 C5
Ploërdut (56) 54 D2
Ploeren (56) 55 F6
Ploërmel (56) 56 A4
Ploeuc-sur-Lié (22) 33 G6
Ploëven (29) 53 F1
Ploëzal (22) 33 E2
Plogastel-Saint-Germain (29) 53 E3
Plogoff (29) 52 C2
Plogonnec (29) 53 F2
Ploisy (02) 22 A5
Plomb (50) 35 H3
Plombières-les-Bains (88) 70 A6
Plombières-lès-Dijon (21) 85 G6
Plomelin (29) 53 F3
Plomeur (29) 53 E4
Plomion (02) 23 E1
Plomodiern (29) 53 F1
Plonéis (29) 53 F2
Plonéour-Lanvern (29) 53 E3
Plonévez-du-Faou (29) 31 H6
Plonévez-Porzay (29) 53 F1
Plorec-sur-Arguenon (22) 34 B5
Plottes (71) 116 B2
Plou (18) 97 F3
Plouagat (22) 33 F4
Plouaret (22) 32 C3
Plouarzel (29) 30 C4
Plouasne (22) 56 D1
Plouay (56) 54 C4
Ploubalay (22) 34 C4
Ploubazlanec (22) 33 F2
Ploubezre (22) 32 C2
Ploudalmézeau (29) 30 D3
Ploudaniel (29) 31 F3
Ploudiry (29) 31 G4
Plouëc-du-Trieux (22) 33 E3
Plouédern (29) 31 F4
Plouégat-Guérand (29) 32 B3
Plouégat-Moysan (29) 32 B3

Plouénan (29) 31 H3
Plouër-sur-Rance (22) 36 A6
Plouescat (29) 31 G2
Plouézec (22) 33 F2
Plouezoc'h (29) 32 A3
Ploufragan (22) 33 G4
Plougar (29) 31 G3
Plougasnou (29) 32 A2
Plougastel-Daoulas (29) 31 E5
Plougonvelin (29) 30 C5
Plougonven (29) 32 A4
Plougonver (22) 32 C4
Plougoulm (29) 31 G2
Plougoumelen (56) 55 F6
Plougourvest (29) 31 G3
Plougras (22) 32 B4
Plougrescant (22) 33 E1
Plouguenast (22) 55 G1
Plouguerneau (29) 31 E3
Plouguernével (22) 54 D1
Plouguiel (22) 32 D1
Plouguin (29) 30 D3
Plouha (22) 33 F3
Plouharnel (56) 72 B1
Plouhinec (29) 52 D2
Plouhinec (56) 54 D6
Plouider (29) 31 F3
Plouigneau (29) 32 B3
Plouisy (22) 33 E3
Ploulec'h (22) 32 C2
Ploumagoar (22) 33 E4
Ploumilliau (22) 32 C2
Ploumoguer (29) 30 C4
Plounéour-Ménez (29) 31 H4
Plounéour-Trez (29) 31 F2
Plounérin (22) 32 C3
Plounéventer (29) 31 F4
Plounévez-Lochrist (29) 31 F3
Plounévez-Moëdec (22) 32 C4
Plounévez-Quintin (22) 32 D6
Plounévézel (29) 32 B6
Plourac'h (22) 32 B5
Plouray (56) 54 C2
Plourhan (22) 33 G3
Plourin (29) 30 C3
Plourin-lès-Morlaix (29) 32 A4
Plourivo (22) 33 E2
Plouvain (62) 8 C2
Plouvara (22) 33 F4
Plouvien (29) 31 E3
Plouvorn (29) 31 G3
Plouyé (29) 32 A6
Plouzané (29) 30 D4
Plouzélambre (22) 32 C3
Plouzévédé (29) 31 G3
Plovan (29) 53 E3
Ployart-et-Vaurseine (02) 22 D4
le Ployron (60) 20 D3
Plozévet (29) 52 D2
Pludual (22) 33 F3
Pluduno (22) 34 B4
Plufur (22) 32 B3
Pluguffan (29) 53 F3
Pluherlin (56) 56 A6
Plumaudan (22) 34 C6
Plumaugat (22) 56 B1
Plumelec (56) 55 G5
Pluméliau (56) 55 E3
Plumelin (56) 55 F4
Plumergat (56) 55 F5
Plumetot (14) 14 C4
Plumieux (22) 55 H2
Plumont (39) 103 E2
Pluneret (56) 55 E6
Plurien (22) 34 B3
Plusquellec (22) 32 C5
Plussulien (22) 33 E6
Pluvault (21) 102 B1
Pluvet (21) 102 B1
Pluvigner (56) 55 E5
Pluzunet (22) 32 D3
Pocancy (51) 45 G3
Pocé-les-Bois (35) 57 H3
Pocé-sur-Cisse (37) 79 F5
Podensac (33) 149 G1
le Poët (05) 160 A5
le Poët-Célard (26) 158 D2
le Poët-en-Percip (26) 159 F5
le Poët-Laval (26) 158 C3
le Poët-Sigillat (26) 159 E4
Poeuilly (80) 8 D6
Poey-de-Lescar (64) 182 B1
Poey-d'Oloron (64) 181 H2
Poëzat (03) 113 G6
Poggio-di-Nazza (2B) 205 F4
Poggio-di-Venaco (2B) 205 E3
Poggio-d'Oletta (2B) 203 F4
Poggio-Marinaccio (2B) 203 F6
Poggio-Mezzana (2B) 205 G1
Poggiolo (2A) 204 D3
Pogny (51) 46 A4
Poids-de-Fiole (39) 117 G1
Poigny (77) 65 E1
Poigny-la-Forêt (78) 41 H5
Poil (58) 100 B4
Poilcourt-Sydney (08) 23 F4
Poilhes (34) 188 B2
Poillé-sur-Vègre (72) 59 F6
Poilley (35) 35 H5
Poilley (50) 35 H4
Poilly (51) 22 D6
Poilly-lez-Gien (45) 81 H3
Poilly-sur-Serein (89) 84 A2
Poilly-sur-Tholon (89) 83 E1
Poinçon-lès-Larrey (21) 84 D1
le Poinçonnet (36) 96 C5
Poincy (77) 43 G3
Poinsenot (52) 85 G2
Poinson-lès-Fayl (52) 86 C2
Poinson-lès-Grancey (52) 85 G3
Poinson-lès-Nogent (52) 68 B6
Pointel (61) 38 C5
Pointis-de-Rivière (31) 184 A4
Pointis-Inard (31) 184 B4
Pointre (39) 102 C1
Pointvillers (25) 103 F2
Poinville (28) 62 D4
le Poiré-sur-Velluire (85) 107 E2
le Poiré-sur-Vie (85) 91 F3
Poiroux (85) 91 F6
Poisat (38) 145 G2
Poiseul (52) 68 C6
Poiseul-la-Grange (21) 85 F4
Poiseul-la-Ville-
-et-Laperrière (21) 85 E4
Poiseul-lès-Saulx (21) 85 G4
Poiseux (58) 99 E2
Poisieux (18) 97 F3
le Poislay (41) 61 G5
Poisson (71) 115 E3
Poissons (52) 68 A2
Poissy (78) 42 B3
Poisvilliers (28) 62 B1
Poisy (74) 132 A1
la Poitevinière (49) 75 H5
Poitiers (86) 109 E1
Poivres (10) 45 G5
Poix (51) 46 B3
Poix-de-Picardie (80) 20 A1
Poix-du-Nord (59) 9 G3
Poix-Terron (08) 24 A2
le Poizat (01) 117 H5
Polaincourt-
-et-Clairefontaine (70) 87 F1
Polastron (31) 184 C2
Polastron (32) 168 B6
Poleymieux-
-au-Mont-d'Or (69) 130 A2
Poliénas (38) 145 E2
Polignac (17) 135 G1
Polignac (43) 142 C4
Poligné (35) 57 E5
Poligny (05) 160 B1
Poligny (10) 66 C4
Poligny (39) 103 E5
Poligny (77) 64 A4
Polincove (62) 2 A3
Polisot (10) 66 D5
Polisy (10) 66 D5
Pollestres (66) 201 F3
Polliat (01) 116 D4
Pollieu (01) 131 G2
Pollionnay (69) 129 H3
Polminhac (15) 140 B5
Polveroso (2B) 205 G1
Pomacle (51) 23 F5
la Pomarède (11) 186 B1
Pomarède (46) 152 B2
Pomarez (40) 165 F4
Pomas (11) 186 D4
Pomayrols (12) 155 F3
Pomerol (33) 135 H4
Pomérols (34) 189 E2
Pomeys (69) 129 F4
Pommard (21) 101 G3
Pommera (62) 7 H3
la Pommeraie-
-sur-Sèvre (85) 92 C4
la Pommeraye (14) 38 C3
la Pommeraye (49) 75 H4
Pommeret (22) 33 H5
Pommereuil (59) 9 G4
Pommereux (76) 19 G3
Pommeréval (76) 19 E1
Pommerieux (53) 76 C1
Pommérieux (57) 26 C6
Pommerit-Jaudy (22) 32 D2
Pommerit-le-Vicomte (22) 33 E3
Pommerol (26) 159 F3
Pommeuse (77) 43 H4
Pommevic (82) 168 C1
Pommier (62) 8 A3
Pommier-
-de-Beaurepaire (38) 130 C6
Pommiers (02) 22 A5
Pommiers (30) 172 D2
Pommiers (36) 111 E2
Pommiers (42) 128 D2
Pommiers (69) 129 H1
Pommiers-la-Placette (38) 145 F1
Pommiers-Moulons (17) 135 G1
Pomoy (70) 87 H3
Pompaire (79) 108 A1
Pompéjac (33) 149 H3
Pompertuzat (31) 169 F6
Pompey (54) 48 C4
Pompiac (32) 168 C6
le Pompidou (48) 156 B6
Pompierre (88) 68 D3
Pompierre-sur-Doubs (25) 88 A5
Pompiey (47) 150 C5
Pompignac (33) 135 F5
Pompignan (30) 173 F3
Pompignan (82) 169 E3
Pompogne (47) 150 B5
Pomponne (77) 43 F4
Pomport (24) 136 D6
Pomps (64) 165 H6
Pomy (11) 186 C4
Poncé-sur-le-Loir (72) 78 D2
Poncey-lès-Athée (21) 102 C1
Poncey-sur-l'Ignon (21) 85 F4
le Ponchel (62) 7 F3
Ponches-Estruval (80) 6 D2
Ponchon (60) 20 B5
Poncin (01) 117 F6
Poncins (42) 129 E3
Pondaurat (33) 150 A2
le Pondy (18) 98 A5
Ponet-et-Saint-Auban (26) 144 D6
Ponlat-Taillebourg (31) 184 A4
Pons (17) 121 F4
Ponsampère (32) 183 G1
Ponsan-Soubiran (32) 183 H2
Ponsas (26) 144 A3
Ponson-Debat-Pouts (64) 182 D2
Ponson-Dessus (64) 182 D2
Ponsonnas (38) 145 G5
Pont (21) 102 B2
Pont-à-Marcq (59) 3 G6
Pont-à-Mousson (54) 48 C3
Pont-à-Vendin (62) 3 E6
Pont-Arcy (02) 22 C5
Pont-Audemer (27) 15 H3
Pont-Authou (27) 18 A6
Pont-Aven (29) 54 A4
Pont-Bellanger (14) 37 G2
le Pont-Chrétien-
-Chabenet (36) 110 D1
Pont-Croix (29) 52 D2
Pont-d'Ain (01) 117 E6
Pont-de-Barret (26) 158 C2
le Pont-de-Beauvoisin (38) 131 F5
le Pont-de-Beauvoisin (73) 131 F5
Pont-de-Buis-
-lès-Quimerch (29) 31 G6
Pont-de-Chéruy (38) 130 C3
le Pont-de-Claix (38) 145 G3
Pont-de-Labeaume (07) 157 F1
Pont-de-l'Arche (27) 18 D5
Pont-de-Larn (81) 170 D6
Pont-de-l'Isère (26) 144 A4
Pont-de-Metz (80) 7 F6
le Pont-de-Montvert (48) 156 C4
le Pont-de-Planches (70) 87 E4
Pont-de-Poitte (39) 117 G1
Pont-de-Roide (25) 88 C5
Pont-de-Ruan (37) 94 D1
Pont-de-Salars (12) 154 D5
Pont-de-Vaux (01) 116 C3
Pont-de-Veyle (01) 116 B4
Pont-d'Héry (39) 103 F4
Pont-d'Ouilly (14) 38 C3
Pont-du-Bois (70) 69 F6
Pont-du-Casse (47) 151 F5
Pont-du-Château (63) 127 G3
Pont-du-Navoy (39) 103 E6
Pont-en-Royans (38) 144 D3
Pont-et-Massène (21) 84 D5
Pont-Évêque (38) 130 B5
Pont-Farcy (14) 37 G2
Pont-Hébert (50) 13 F6
Pont-la-Ville (52) 67 G5
Pont-l'Abbé (29) 53 F4
Pont-l'Abbé-d'Arnoult (17) 120 D2
Pont-lès-Bonfays (88) 69 F4
Pont-les-Moulins (25) 87 H6
Pont-l'Évêque (14) 15 F4
Pont-l'Évêque (60) 21 G3
Pont-Melvez (22) 32 D4
Pont-Noyelles (80) 7 H5
Pont-Péan (35) 57 E3
Pont-Remy (80) 6 D4
Pont-Saint-Esprit (30) 158 A5
Pont-Saint-Mard (02) 22 A4
Pont-Saint-Martin (44) 74 C6
Pont-Saint-Pierre (27) 18 D5
Pont-Saint-Vincent (54) 48 C6
Pont-Sainte-Marie (10) 66 B3
Pont-Sainte-Maxence (60) 21 E5
Pont-Salomon (43) 143 E1
Pont-Scorff (56) 54 C4
Pont-sur-l'Ognon (70) 87 H4
Pont-sur-Madon (88) 69 F2
Pont-sur-Meuse (55) 47 G4
Pont-sur-Sambre (59) 9 H3
Pont-sur-Seine (10) 65 G1
Pont-sur-Vanne (89) 65 F4
Pont-sur-Yonne (89) 64 D3
Pont-Trambouze (69) 115 G6
Pontacq (64) 182 D3
Pontailler-sur-Saône (21) 86 B6
Pontaix (26) 144 D6
Pontamafrey-
-Montpascal (73) 146 C1
Pontarion (23) 125 E1
Pontarlier (25) 104 A4
Pontarmé (60) 43 E1
Pontaubault (50) 35 H4
Pontaubert (89) 83 H5
Pontault-Combault (77) 43 E4
Pontaumur (63) 126 C2
Pontavert (02) 22 D4
Pontcarré (77) 43 F4
Pontcey (70) 87 F3
Pontchardon (61) 39 G3
Pontcharra (38) 132 A6
Pontcharra-
-sur-Turdine (69) 129 G2
Pontcharraud (23) 125 H2
Pontchâteau (44) 73 H3
Pontcirq (46) 152 B2
Pontécoulant (14) 38 B3
Ponteilla (66) 201 E3
Ponteils-et-Brésis (30) 156 D4
Pontenx-les-Forges (40) 148 B5
le Pontet (73) 132 B5
le Pontet (84) 175 E2
les Pontets (25) 103 H5
Pontevès (83) 193 F1
Ponteyraud (24) 136 C2
Pontfaverger-
-Moronvilliers (51) 23 G5
Pontgibaud (63) 126 D2
Pontgouin (28) 61 G1
Ponthévrard (78) 62 D1
Ponthion (51) 46 B5
Ponthoile (80) 6 C3
le Ponthou (29) 32 B3
Ponthoux (39) 117 H3
Pontiacq-Viellepinte (64) 182 D1
Pontigny (89) 83 G1
Pontis (04) 160 D2
Pontivy (56) 55 F2
Pontlevoy (41) 79 H5
Pontmain (53) 58 B1
Pontoise (95) 42 B2
Pontoise-lès-Noyon (60) 21 G3
Pontonx-sur-l'Adour (40) 165 F3
Pontorson (50) 35 G4
Pontours (24) 137 F5
Pontoux (71) 102 A4
Pontoy (57) 26 C6
Pontpierre (57) 49 F2
Pontpoint (60) 21 E5
Pontrieux (22) 33 E2
Pontru (02) 8 D6
Pontruet (02) 8 D6
Ponts (50) 35 H3
les Ponts-de-Cé (49) 77 E5
Ponts-et-Marais (76) 6 B4
Pontvallain (72) 78 A2
Popian (34) 172 D5
Popolasca (2B) 203 E6
Porcaro (56) 56 B4
Porcelette (57) 27 E5
Porchères (33) 136 A4
la Porcherie (87) 124 D5
Porcheux (60) 19 H5
Porcheville (78) 41 H3
Porcieu-Amblagnieu (38) 131 E2
Pordic (22) 33 G4
le Porge (33) 134 B5
Pornic (44) 73 H6
Pornichet (44) 73 G4
Porquéricourt (60) 21 G3
Porri (2B) 203 G6
Porspoder (29) 30 C3
Port (01) 117 G5
le Port (09) 185 F6
Port-Brillet (53) 58 B4
Port-de-Bouc (13) 191 G5
Port-de-Lanne (40) 164 D5
Port-de-Piles (86) 94 D3
Port-d'Envaux (17) 121 E2
Port-des-Barques (17) 120 C1
Port-en-
-Bessin-Huppain (14) 13 H5
Port-la-Nouvelle (11) 188 B5
Port-Launay (29) 31 G6
Port-le-Grand (80) 6 D3
Port-Lesney (39) 103 E3
Port-Louis (56) 54 C6
le Port-Marly (78) 42 B4
Port-Mort (27) 41 F1
Port-Saint-Louis-
-du-Rhône (13) 191 E5
Port-Saint-Père (44) 74 B6
Port-Sainte-Foy-
-et-Ponchapt (24) 136 C5
Port-Sainte-Marie (47) 150 D5
Port-sur-Saône (70) 87 F3
Port-sur-Seille (54) 48 C3
Port-Vendres (66) 201 G4
Port-Villez (78) 41 G2
la Porta (2B) 203 F6
Porta (66) 199 F4
Portbail (50) 12 B4
Porte-Joie (27) 18 D6
Porté-Puymorens (66) 199 G3
le Portel (62) 1 F4
Portel-des-Corbières (11) 188 A5
Portes (27) 40 C2
Portes (30) 157 E5
les Portes-en-Ré (17) 106 A4
Portes-en-Valdaine (26) 158 C3
Portes-lès-Valence (26) 144 B5
Portet (64) 166 C5
Portet-d'Aspet (31) 184 C5
Portet-de-Luchon (31) 197 E1
Portet-sur-Garonne (31) 169 F6
Portets (33) 149 G1
Portieux (88) 69 H2
Portiragnes (34) 188 D2
Porto-Vecchio (2A) 207 G3
Ports (37) 94 D3
Posanges (21) 85 E5
Poses (27) 18 D5
Possesse (51) 46 C3
la Possonnière (49) 76 D5
la Postolle (89) 65 F3
Postroff (57) 50 A3
Potangis (51) 44 D6
Potelières (30) 157 F5
Potelle (59) 9 G3
la Poterie-au-Perche (61) 40 B6
la Poterie-Cap-d'Antifer (76) 16 B4
la Poterie-Mathieu (27) 15 H4
Pothières (21) 84 D1
Potigny (14) 38 D2
Potte (80) 21 F1
Pouan-les-Vallées (10) 66 B1
Pouançay (86) 93 H2
Pouancé (49) 76 A2
Pouant (86) 94 B3
Poubeau (31) 197 E1
Poucharramet (31) 185 E1
Poudenas (47) 167 F1
Poudenx (40) 165 H5
Poudis (81) 170 B6
Poueyferré (65) 182 D4
la Pouëze (49) 75 H2
Pouffonds (79) 108 B4
la Pouge (23) 125 F1
le Pouget (34) 172 D5
Pougnadoresse (30) 174 C1
Pougne-Hérisson (79) 93 E6
Pougny (01) 118 A5
Pougny (58) 82 C6
Pougues-les-Eaux (58) 98 D3
Pougy (10) 66 C2
Pouillac (17) 135 G1
Pouillat (01) 117 F3
Pouillé (41) 79 H6
Pouillé (85) 107 E1
Pouillé (86) 109 F2
Pouillé-les-Côteaux (44) 75 F3
Pouillenay (21) 84 D4
Pouilley-Français (25) 103 E1
Pouilley-les-Vignes (25) 103 F1
Pouillon (40) 165 E5
Pouillon (51) 23 E5
Pouilloux (71) 115 G1
Pouilly (57) 26 C6
Pouilly (60) 20 A6
Pouilly-en-Auxois (21) 101 E1
Pouilly-le-Monial (69) 129 H1
Pouilly-lès-Feurs (42) 129 E3
Pouilly-les-Nonains (42) 115 E6
Pouilly-sous-Charlieu (42) 115 E5
Pouilly-sur-Loire (58) 98 C1
Pouilly-sur-Meuse (55) 24 D3
Pouilly-sur-Saône (21) 102 A3
Pouilly-sur-Serre (02) 22 C2
Pouilly-sur-Vingeanne (21) 86 B4
le Poujol-sur-Orb (34) 172 A6
Poujols (34) 172 C4
Poulaines (36) 96 C2
Poulainville (80) 7 G5
Poulan-Pouzols (81) 170 B3
Poulangy (52) 68 A5
Pouldergat (29) 53 E2
Pouldouran (22) 33 E2
Pouldreuzic (29) 53 E3
Poule-les-Écharmeaux (69) 115 G5
Pouliacq (64) 166 B6
les Poulières (88) 70 C3
Pouligney-Lusans (25) 87 G6
Pouligny-Notre-Dame (36) 111 H2
Pouligny-Saint-Martin (36) 111 H2
Pouligny-Saint-Pierre (36) 95 G6
le Pouliguen (44) 73 F4
Poullan-sur-Mer (29) 53 E2
Poullaouen (29) 32 B5
Poullignac (16) 122 A6
Poulx (30) 174 B2
Poumarous (65) 183 F3
Poupas (82) 168 B2
Poupry (28) 62 D5
Pouques-Lormes (58) 83 H6
Pourcharesses (48) 156 D3
Pourchères (07) 157 H1
Pourcieux (83) 176 C6
Pourcy (51) 45 E1
Pourlans (71) 102 B4
Pournoy-la-Chétive (57) 26 B6
Pournoy-la-Grasse (57) 26 C6
Pourrain (89) 83 E2
Pourrières (83) 176 C6
Poursac (16) 122 C1
Poursay-Garnaud (17) 121 F1
Poursiugues-Boucoue (64) 166 B5
Pouru-aux-Bois (08) 24 D2
Pouru-Saint-Remy (08) 24 D2
Poussan (34) 189 F1
Poussanges (23) 125 H2
Poussay (88) 69 F3
Pousseaux (58) 83 F4
Poussignac (47) 150 B4
Poussy-la-Campagne (14) 38 D1
Pousthomy (12) 171 F3
le Pout (33) 135 G6
Pouvrai (61) 60 D3
Pouxeux (88) 70 A4
Pouy (65) 184 A2
Pouy-de-Touges (31) 184 D2
Pouy-Loubrin (32) 167 H6
Pouy-Roquelaure (32) 167 H1
Pouy-sur-Vannes (10) 65 G3
Pouyastruc (65) 183 F2
Pouydesseaux (40) 166 B2
Pouydraguin (32) 166 D4
Pouylebon (32) 167 F6
Pouzac (65) 183 F4
Pouzauges (85) 92 C5
Pouzay (37) 94 D2
Pouze (31) 185 G1
Pouzilhac (30) 174 C1
le Pouzin (07) 144 A6
Pouzol (63) 113 F6
Pouzolles (34) 188 C1
Pouzols (34) 172 D5
Pouzols-Minervois (11) 187 H2
Pouzy-Mésangy (03) 98 C6
Poyanne (40) 165 F3
Poyans (70) 86 C5
Poyartin (40) 165 F4
Poyols (26) 159 F2
Pozières (80) 8 B5
le Pradal (34) 172 A5
les Pradeaux (63) 127 G5
Pradelle (26) 159 E2
Pradelles (43) 142 C6
Pradelles (59) 2 D4
Pradelles-Cabardès (11) 187 E1
Pradelles-en-Val (11) 187 F4
Pradère-les-Bourguets (31) 168 D5
Prades (07) 157 F2
Prades (09) 199 G1
Prades (43) 142 A4
Prades (66) 200 C3
Prades (81) 170 B5
Prades-d'Aubrac (12) 155 E3
Prades-le-Lez (34) 173 F4
Prades-Salars (12) 154 D5
Prades-sur-Vernazobre (34) 188 A1
le Pradet (83) 193 F5
Pradettes (09) 186 A5
Pradières (09) 185 H5
Pradiers (15) 141 E2
Pradinas (12) 154 A5
Pradines (19) 125 F5
Pradines (42) 129 E1
Pradines (46) 152 C3
Pradons (07) 157 G3
Prads-Haute-Bléone (04) 161 E5
Prahecq (79) 108 A4
Prailles (79) 108 A3
Pralognan-la-Vanoise (73) 133 E6
Prâlon (21) 85 F6
Pralong (42) 128 D4
Pranles (07) 143 G6
Pranzac (16) 122 D4
Praslay (52) 85 H2
Praslin (10) 66 C5
Prasville (28) 62 C3
Prat (22) 32 D3
Prat-Bonrepaux (09) 184 D5
Prato-di-Giovellina (2B) 203 E6
Prats-de-Carlux (24) 138 B5
Prats-de-Mollo-
-la-Preste (66) 200 C5
Prats-de-Sournia (66) 200 C2
Prats-du-Périgord (24) 152 A1
Pratviel (81) 170 A5
Pratz (39) 117 H3
Prauthoy (52) 86 A3
Pray (41) 79 G3
Praye (54) 69 F1
Prayols (09) 185 H6
Prayssac (46) 152 B3
Prayssas (47) 151 E5
Praz-sur-Arly (74) 132 D2
le Pré-d'Auge (14) 15 E5
Pré-en-Pail (53) 59 G1
Pré-Saint-Évroult (28) 62 A4
le Pré-Saint-Gervais (93) 42 D3
Pré-Saint-Martin (28) 62 A4
Préaux (07) 143 H3
les Préaux (27) 15 G3
Préaux (36) 95 H3
Préaux (53) 59 E6
Préaux (76) 17 H6
Préaux-Bocage (14) 14 B6
Préaux-du-Perche (61) 61 E3
Préaux-Saint-Sébastien (14) 15 F6
Prébois (38) 145 G6
Précey (50) 35 H4
Préchac (32) 167 H3
Préchac (33) 149 G3
Préchac (65) 182 D5
Préchac-sur-Adour (32) 166 D5
Préchacq-Josbaig (64) 181 H2
Préchacq-les-Bains (40) 165 F3
Préchacq-Navarrenx (64) 181 H2
Précieux (42) 129 E5
Précigné (72) 77 F2
Précilhon (64) 182 A3
Précorbin (50) 37 G1
Précy (18) 98 C2
Précy-le-Sec (89) 83 H4
Précy-Notre-Dame (10) 66 D2
Précy-Saint-Martin (10) 66 D2
Précy-sous-Thil (21) 84 C5
Précy-sur-Marne (77) 43 F3
Précy-sur-Oise (60) 20 C6
Précy-sur-Vrin (89) 64 D6
Prédefin (62) 2 B6
Préfailles (44) 73 G5
Préfontaines (45) 64 A5
Prégilbert (89) 83 G3
Préguillac (17) 121 E3
Préhy (89) 83 H2
Preignac (33) 149 H2
Preignan (32) 167 H4
Preigney (70) 86 D2
Preixan (11) 186 D4
Prémanon (39) 118 B2
Premeaux-Prissey (21) 101 H2
Prémery (58) 99 E2
Prémesques (59) 3 F5
Prémeyzel (01) 131 F3
Prémian (34) 171 G6
Premières (21) 102 B1
Prémierfait (10) 66 A1
Prémilhat (03) 112 C4
Prémillieu (01) 131 F2
Prémont (02) 9 E5
Prémontré (02) 22 B3
Prendeignes (46) 153 H1
Préneron (32) 167 F4
la Prénessaye (22) 55 H2
Prenois (21) 85 G6
Prénouvellon (41) 62 B6
Prénovel (39) 117 H2
Prény (54) 48 B2
Préporché (58) 100 A4
Prépotin (61) 40 A6
les Prés (26) 159 G2
Présailles (43) 142 D5
Préseau (59) 9 F2
Présentevillers (25) 88 C4
Préserville (31) 169 G6
Présilly (39) 117 G1
Présilly (74) 118 B5
Presle (73) 132 B5
Presles (14) 37 H3
Presles (38) 145 E3
Presles (95) 42 C1
Presles-en-Brie (77) 43 F5
Presles-et-Boves (02) 22 B5
Presles-et-Thierny (02) 22 C4
Presly (18) 81 G6
Presnoy (45) 63 H6
Pressac (86) 109 F5
Pressagny-
-l'Orgueilleux (27) 41 F1
Pressiat (01) 117 F3
Pressignac (16) 123 F2
Pressignac-Vicq (24) 137 F5
Pressigny (52) 86 D2
Pressigny (79) 93 G5
Pressigny-les-Pins (45) 82 A1
Pressins (38) 131 F5
Pressy (62) 2 B6
Pressy-sous-Dondin (71) 115 H2
la Prétière (25) 88 B5
Pretin (39) 103 E4
Prétot-Sainte-Suzanne (50) 12 D5
Prétot-Vicquemare (76) 17 F3
Prêtreville (14) 15 F6
Préty (71) 116 C2

Pretz-en-Argonne (55) 47 E3
Preuilly (18) 97 F2
Preuilly-la-Ville (36) 95 F6
Preuilly-sur-Claise (37) 95 F4
Preures (62) 1 G5
Preuschdorf (67) 51 E2
Preuseville (76) 6 B6
Preutin-Higny (54) 25 H5
Preux-au-Bois (59) 9 G3
Preux-au-Sart (59) 9 G2
Préval (72) 60 D3
Prévelles (72) 60 C4
Prévenchères (48) 156 D3
Préveranges (18) 112 A3
Prévessin-Moëns (01) 118 B4
la Prévière (49) 76 A2
Prévillers (60) 20 A3
Prévinquières (12) 154 A4
Prévocourt (57) 49 E3
Prey (27) 41 E3
Prey (88) 70 B4
Preyssac-d'Excideuil (24) 138 A1
Prez (08) 23 G1
Prez-sous-Lafauche (52) 68 C3
Priaires (79) 107 G5
Priay (01) 130 D1
Priez (02) 44 A1
Prignac (17) 121 G2
Prignac-en-Médoc (33) 120 C6
Prignac-et-Marcamps (33) 135 F3
Prigonrieux (24) 136 D5
Primarette (38) 130 B6
Primelin (29) 52 C2
Primelles (18) 97 F4
Prin-Deyrançon (79) 107 G4
Prinçay (86) 94 B4
Princé (35) 58 B3
Pringy (51) 46 A4
Pringy (74) 132 A1
Pringy (77) 63 H1
Prinquiau (44) 74 A3
Prinsuéjols (48) 155 G1
Printzheim (67) 50 C4
Prisces (02) 22 D1
Prisches (59) 9 H4
Prissac (36) 110 C2
Prissé (71) 116 B4
Prissé-la-Charrière (79) 107 G5
Privas (07) 157 H1
Privezac (12) 153 H4
Prix-lès-Mézières (08) 24 A1
Priziac (56) 54 C2
Prizy (71) 115 F3
la Proiselière-et-Langle (70) 88 A1
Proissans (24) 138 B5
Proisy (02) 9 G6
Proix (02) 9 F6
Projan (32) 166 B5
Promilhanes (46) 153 F4
Prompsat (63) 127 E1
Prondines (63) 126 C3
Pronleroy (60) 20 D4
Pronville (62) 8 C3
Propiac (26) 158 D5
Propières (69) 115 G5
Propriano (2A) 206 D3
Prosnes (51) 45 G1
Prouilly (51) 22 D5
Proupiary (31) 184 C3
Proussy (14) 38 B3
Prouvais (02) 23 E4
Prouville (80) 7 F4
Prouvy (59) 9 F2
Prouzel (80) 20 B1
Provenchère (25) 88 B6
Provenchère (70) 87 G2
Provenchères-
-lès-Darney (88) 69 E4
Provenchères-sur-Fave (88) 70 D2
Provency (89) 84 A4
Proverville (10) 67 E4
Proveysieux (38) 145 G2
Proville (59) 8 D3
Provin (59) 3 E6
Provins (77) 65 E1
Proviseux-et-Plesnoy (02) 23 E4
Proyart (80) 8 A6
Prudemanche (28) 40 D5
Prudhomat (46) 139 E5
Prugnanes (66) 200 C1
Prugny (10) 66 A4
Pruillé (49) 76 D3
Pruillé-le-Chétif (72) 60 A6
Pruillé-l'Éguillé (72) 78 C1
Pruines (12) 154 B3
Prunay (51) 23 F6
Prunay-Belleville (10) 65 H2
Prunay-Cassereau (41) 79 F3
Prunay-en-Yvelines (78) 62 D1
Prunay-le-Gillon (28) 62 C2
Prunay-le-Temple (78) 41 G4
Prunay-sur-Essonne (91) 63 G3
Prunelli-di-Casacconi (2B) 203 G5
Prunelli-di-Fiumorbo (2B) 205 G5
Prunet (07) 157 F2
Prunet (15) 140 B6
Prunet (31) 169 H6
Prunet-et-Belpuig (66) 200 D3
Prunières (05) 160 D2
Prunières (38) 145 G5
Prunières (48) 141 G6
Pruniers (36) 97 E5
Pruniers-en-Sologne (41) 80 C6
Pruno (2B) 203 G6
Prunoy (89) 82 D1
Prusly-sur-Ource (21) 85 E1
Prusy (10) 66 B6
Pruzilly (71) 116 A4
Puberg (67) 50 B3
Publier (74) 119 E3
Publy (39) 117 G1
Puceul (44) 74 C2
le Puch (09) 199 H2
Puch-d'Agenais (47) 150 C4
Puchay (27) 19 F5
Puchevillers (80) 7 G4
le Puech (34) 172 C5
Puéchabon (34) 173 E4
Puéchoursi (81) 170 A6
Puechredon (30) 173 G2
Puellemontier (52) 67 E1
Puessans (25) 87 H5
Puget (84) 175 H4
Puget-Rostang (06) 178 C1
Puget-sur-Argens (83) 178 B6
Puget-Théniers (06) 178 C2
Puget-Ville (83) 193 G3
Pugey (25) 103 F1
Pugieu (01) 131 F2
Puginier (11) 186 B2
Pugnac (33) 135 F3
Pugny (79) 93 E5
Pugny-Chatenod (73) 131 H3
Puichéric (11) 187 G3
le Puid (88) 70 D2
Puihardy (79) 107 G1
Puilacher (34) 172 D6
Puilaurens (11) 200 B1
Puilboreau (17) 106 D4
Puilly-et-Charbeaux (08) 25 E2
Puimichel (04) 177 E2
Puimisson (34) 188 C1
Puimoisson (04) 177 E3
la Puisaye (28) 40 C6
Puiseaux (45) 63 H4
Puiselet-le-Marais (91) 63 F2
Puisenval (76) 6 B6
le Puiset (28) 62 D4
le Puiset-Doré (49) 75 F5
Puiseux (08) 23 H3
Puiseux (28) 41 F6
Puiseux-en-Bray (60) 19 G4
Puiseux-en-France (95) 43 E2
Puiseux-en-Retz (02) 21 H5
Puiseux-le-Hauberger (60) 20 B6
Puiseux-Pontoise (95) 42 B2
Puisieulx (51) 45 F1
Puisieux (62) 8 A4
Puisieux (77) 43 G2
Puisieux-et-Clanlieu (02) 9 G6
Puissalicon (34) 188 C1
Puisseguin (33) 136 A4
Puisserguier (34) 188 B2
Puits (21) 84 D2
Puits-et-Nuisement (10) 66 D4
Puits-la-Vallée (60) 20 B3
Puivert (11) 186 C6
Pujaudran (32) 168 D5
Pujaut (30) 174 D2
Pujo (65) 183 E2
Pujo-le-Plan (40) 166 B3
les Pujols (09) 185 H4
Pujols (33) 136 A6
Pujols (47) 151 F4
Pujols-sur-Ciron (33) 149 G2
le Puley (71) 101 E6
Puligny-Montrachet (21) 101 F4
Pullay (27) 40 C5
Pulligny (54) 48 C6
Pulney (54) 69 F2
Pulnoy (54) 48 D5
Pulvérières (63) 126 D2
Pulversheim (68) 89 F1
Punchy (80) 21 F1
Punerot (88) 68 D1
Puntous (65) 183 H2
Pupillin (39) 103 E4
Pure (08) 24 D2
Purgerot (70) 87 F2
Pusey (70) 87 G3
Pusignan (69) 130 C3
Pussay (91) 63 E3
Pussigny (37) 94 D3
Pusy-et-Épenoux (70) 87 G3
Putanges-
-Pont-Écrepin (61) 38 D4
Puteaux (92) 42 C4
Putot-en-Auge (14) 14 D4
Putot-en-Bessin (14) 14 A4
Puttelange-aux-Lacs (57) 49 H1
Puttelange-
-lès-Thionville (57) 26 C2
Puttigny (57) 49 F3
Puxe (54) 48 A1
Puxieux (54) 48 B1
le Puy (25) 87 G6
le Puy (33) 150 B1
Puy-d'Arnac (19) 139 E4
Puy-de-Serre (85) 107 F1
Puy-du-Lac (17) 121 E1
le Puy-en-Velay (43) 142 C4
Puy-Guillaume (63) 127 H1
Puy-l'Évêque (46) 152 A3
Puy-Malsignat (23) 112 A6
le Puy-Notre-Dame (49) 93 G2
Puy-Saint-André (05) 147 E5
Puy-Saint-Eusèbe (05) 160 D2
Puy-Saint-Gulmier (63) 126 C3
Puy-Saint-Martin (26) 158 C2
Puy-Saint-Pierre (05) 147 E5
Puy-Saint-Vincent (05) 146 D5
le Puy-
-Sainte-Réparade (13) 176 A5
Puy-Sanières (05) 161 E2
Puybarban (33) 150 A2
Puybegon (81) 170 A4
Puybrun (46) 139 E5
Puycalvel (81) 170 B5
Puycasquier (32) 168 A4
Puycelsi (81) 169 H2
Puycornet (82) 152 B6
Puydaniel (31) 185 F2
Puydarrieux (65) 183 G2
la Puye (86) 109 H1
Puygaillard-
-de-Lomagne (82) 168 B2
Puygaillard-de-Quercy (82) 169 G1
Puygiron (26) 158 B2
Puygouzon (81) 170 C3
Puygros (73) 132 A4
Puyjourdes (46) 153 F4
Puylagarde (82) 153 F5
Puylaroque (82) 152 D5
Puylaurens (81) 170 B6
Puylausic (32) 184 C1
Puyloubier (13) 176 C6
Puymangou (24) 136 B2
Puymaurin (31) 184 B2
Puyméras (84) 158 D5
Puymiclan (47) 150 D3
Puymirol (47) 151 G6
Puymoyen (16) 122 C4
Puynormand (33) 136 A4
Puyol-Cazalet (40) 166 A5
Puyoô (64) 165 F5
Puyravault (17) 107 E5
Puyravault (85) 106 D3
Puyréaux (16) 122 C2
Puyrenier (24) 122 D5
Puyrolland (17) 107 G6
Puységur (32) 167 H4
Puysségur (31) 168 C4
Puysserampion (47) 150 D2
Puyvalador (66) 200 A3
Puyvert (84) 175 H4
Puzeaux (80) 21 F1
Puzieux (57) 48 D3
Puzieux (88) 69 F2
Py (66) 200 B4
la Pyle (27) 18 B6
Pys (80) 8 B4

Q

Quaëdypre (59) 2 C2
Quaix-en-Chartreuse (38) 145 G2
Quantilly (18) 97 H1
Quarante (34) 188 A2
Quarouble (59) 9 G1
Quarré-les-Tombes (89) 84 A6
la Quarte (70) 86 D2
le Quartier (63) 113 E6
Quasquara (2A) 205 E6
Quatre-Champs (08) 24 B4
les Quatre-Routes-
-du-Lot (46) 138 D4
Quatremare (27) 40 D1
Quatzenheim (67) 50 D5
Quéant (62) 8 C3
Queaux (86) 109 G3
Québriac (35) 35 E6
Quédillac (35) 56 C1
Queige (73) 132 D3
Quelaines-Saint-Gault (53) 58 C6
Quelmes (62) 2 A4
Quelneuc (56) 56 C5
Quéménéven (29) 53 F1
Quemigny-Poisot (21) 101 G1
Quemigny-sur-Seine (21) 85 E3
Quemper-Guézennec (22) 33 E2
Quemperven (22) 32 D2
Quend (80) 6 C2
Quenne (89) 83 G2
Quenoche (70) 87 F4
Quenza (2A) 207 E2
Quercamps (62) 1 H4
Quercitello (2B) 203 F6
Quérénaing (59) 9 F2
Quérigut (09) 199 H2
Quernes (62) 2 B5
Querqueville (50) 12 C1
Querré (49) 76 D2
Querrien (29) 54 B3
Querrieu (80) 7 H6
Quers (70) 87 H2
Quesmy (60) 21 G2
le Quesne (80) 6 D6
le Quesnel (80) 21 E1
le Quesnel-Aubry (60) 20 C4
le Quesnoy (59) 9 G3
le Quesnoy-en-Artois (62) 7 E2
Quesnoy-le-Montant (80) 6 C4
Quesnoy-sur-Airaines (80) 7 E5
Quesnoy-sur-Deûle (59) 3 F4
Quesques (62) 1 G4
Quessigny (27) 41 E3
Quessoy (22) 33 H5
Questembert (56) 56 A6
Questrecques (62) 1 F5
Quet-en-Beaumont (38) 145 H5
Quetigny (21) 85 H6
Quettehou (50) 13 E2
Quettetot (50) 12 C3
Quetteville (14) 15 F3
Quettreville-
-sur-Sienne (50) 35 G1
Queudes (51) 44 D6
la Queue-en-Brie (94) 43 E4
la Queue-les-Yvelines (78) 41 H4
Queuille (63) 126 D1
Quevauvillers (80) 20 B1
Quéven (56) 54 C5
Quévert (22) 34 C5
Quevillon (76) 17 F6
Quevilloncourt (54) 69 F1
Quévreville-la-Poterie (76) 18 D5
Queyrac (33) 120 C6
Queyrières (43) 142 D3
Queyssac (24) 137 E5
Queyssac-les-Vignes (19) 139 E4
Quézac (15) 153 H1
Quézac (48) 156 A4
Quiberon (56) 72 B2
Quiberville (76) 17 F2
Quibou (50) 37 F1
Quié (09) 199 E1
Quiers (77) 43 G6
Quiers-sur-Bézonde (45) 63 G6
Quiéry-la-Motte (62) 8 C2
Quierzy (02) 21 H3
Quiestède (62) 2 B4
Quiévelon (59) 10 B3
Quiévrechain (59) 9 G1
Quièvrecourt (76) 19 E1
Quiévy (59) 9 F3
Quilen (62) 1 G6
Quillan (11) 186 D6
Quillebeuf-sur-Seine (27) 15 H2
le Quillio (22) 55 F1
Quilly (08) 24 A4
Quilly (44) 74 A3
Quily (56) 56 A4
Quimper (29) 53 F3
Quimperlé (29) 54 B4
Quincampoix (76) 17 H5
Quincampoix-Fleuzy (60) 19 G1
Quinçay (86) 108 D1
Quincerot (21) 84 C3
Quincerot (89) 66 B6
Quincey (21) 101 H2
Quincey (70) 87 G3
Quincié-en-Beaujolais (69) 116 A5
Quincieu (38) 145 E1
Quincieux (69) 130 A2
Quincy (18) 97 F2
Quincy-Basse (02) 22 A4
Quincy-Landzécourt (55) 25 E4
Quincy-le-Vicomte (21) 84 C4
Quincy-sous-le-Mont (02) 22 B5
Quincy-sous-Sénart (91) 43 E5
Quincy-Voisins (77) 43 G3
Quinéville (50) 13 E3
Quingey (25) 103 F2
Quinquempoix (60) 20 C3
Quins (12) 154 B5
Quinsac (24) 123 F6
Quinsac (33) 135 F6
Quinson (04) 177 E4
Quinssaines (03) 112 C4
Quint-Fonsegrives (31) 169 F5
Quintal (74) 132 A2
la Quinte (72) 59 H5
Quintenas (07) 143 H2
Quintenic (22) 34 A4
Quintigny (39) 102 D5
Quintillan (11) 187 G5
Quintin (22) 33 F5
le Quiou (22) 34 D6
Quirbajou (11) 200 A1
Quiry-le-Sec (80) 20 C2
Quissac (30) 173 G3
Quissac (46) 153 E2
Quistinic (56) 54 D4
Quittebeuf (27) 40 D1
Quivières (80) 21 G1
Quœux-Haut-Maînil (62) 7 F2

R

Rabastens (81) 169 H3
Rabastens-de-Bigorre (65) 183 F1
Rabat-les-
-Trois-Seigneurs (09) 185 G6
la Rabatelière (85) 91 H3
Rablay-sur-Layon (49) 76 D6
Rabodanges (61) 38 C4
Rabou (05) 160 B2
Rabouillet (66) 200 C2
Racécourt (88) 69 G3
Rachecourt-sur-Marne (52) 67 H1
Rachecourt-Suzémont (52) 67 G2
Râches (59) 8 D1
Racines (10) 65 H5
la Racineuse (71) 102 A5
Racquinghem (62) 2 B4
Racrange (57) 49 F3
Raddon-et-Chapendu (70) 88 A1
Radenac (56) 55 G4
Radepont (27) 19 E5
Radinghem (62) 2 A6
Radinghem-en-Weppes (59) 3 E5
Radon (61) 60 A1
Radonvilliers (10) 66 D2
Raedersdorf (68) 89 F4
Raedersheim (68) 71 F6
Raffetot (76) 15 H1
Rageade (15) 141 G3
Rahart (41) 79 G1
Rahay (72) 61 E6
Rahling (57) 28 A6
Rahon (25) 88 B6
Rahon (39) 102 C3
Rai (61) 40 A4
Raids (50) 12 D6
Raillencourt-Sainte-Olle (59) 8 D3
Railleu (66) 200 A3
Raillicourt (08) 24 A2
Raillimont (02) 23 F2
Raimbeaucourt (59) 8 D1
Rainans (39) 102 C2
Raincheval (80) 7 H4
Raincourt (70) 87 E1
le Raincy (93) 43 E3
Rainfreville (76) 17 F3
Rainneville (80) 7 G5
Rainsars (59) 10 A4
Rainville (88) 69 E2
Rainvillers (60) 20 A4
les Rairies (49) 77 G3
Raismes (59) 9 F1
Raissac (09) 186 A6
Raissac-d'Aude (11) 187 H3
Raissac-sur-Lampy (11) 186 D3
Raival (55) 47 F3
Raix (16) 108 C6
Raizeux (78) 41 G6
Ramasse (01) 117 E5
Ramatuelle (83) 194 B4
Rambaud (05) 160 C2
Rambervillers (88) 70 B2
Rambluzin-
-et-Benoite-Vaux (55) 47 F2
Rambouillet (78) 41 H6
Rambucourt (55) 48 A4
Ramburelles (80) 6 C5
Rambures (80) 6 C5
Ramecourt (62) 7 G2
Ramecourt (88) 69 F3
Ramerupt (10) 66 C1
Ramicourt (02) 9 E5
Ramillies (59) 9 E3
Rammersmatt (68) 89 E1
Ramonchamp (88) 70 B6
Ramonville-
-Saint-Agne (31) 169 F6
Ramoulu (45) 63 F4
Ramous (64) 165 F5
Ramousies (59) 10 A4
Ramouzens (32) 167 E3
Rampan (50) 13 F6
Rampieux (24) 151 G1
Rampillon (77) 64 C1
Rampoux (46) 152 C2
Rancé (01) 130 A1
Rancenay (25) 103 F1
Rancennes (08) 11 F4
Rances (10) 67 E1
Ranchal (69) 115 G5
Ranchot (39) 103 E2
Ranchy (14) 13 H5
Rancogne (16) 122 D3
Rancon (87) 110 B5
Rançonnières (52) 68 C6
Rancourt (80) 8 C5
Rancourt (88) 69 F3
Rancourt-sur-Ornain (55) 46 D4
Rancy (71) 116 D1
Randan (63) 127 G1
Randens (73) 132 C5
Randevillers (25) 88 A6
Randonnai (61) 40 A5
Rânes (61) 38 D5
Rang (25) 88 B5
Rang-du-Fliers (62) 6 C1
Rangecourt (52) 68 C5
Rangen (67) 50 C5
Ranguevaux (57) 26 B4
Rannée (35) 57 H4
Ranrupt (67) 71 E2
Rans (39) 103 E2
Ransart (62) 8 A3
Ranspach (68) 70 D6
Ranspach-le-Bas (68) 89 G3
Ranspach-le-Haut (68) 89 G3
Rantechaux (25) 104 A2
Rantigny (60) 20 D5
Ranton (86) 93 H3
Rantzwiller (68) 89 F2
Ranville (14) 14 C4
Ranville-Breuillaud (16) 122 A1
Ranzevelle (70) 69 F6
Ranzières (55) 47 G2
Raon-aux-Bois (88) 70 A5
Raon-lès-Leau (54) 50 A6
Raon-l'Étape (88) 70 C2
Raon-sur-Plaine (88) 50 A6
Rapaggio (2B) 205 G1
Rapale (2B) 203 F5
Rapey (88) 69 G3
Rapilly (14) 38 C3
Rapsécourt (51) 46 C2
Raray (60) 21 E6
Rarécourt (55) 47 E2
Rasiguères (66) 200 D1
Raslay (86) 93 H2
Rasteau (84) 158 C5
Ratenelle (71) 116 C2
Ratières (26) 144 B2
Ratte (71) 102 B6
Ratzwiller (67) 50 B2
Raucoules (43) 143 F2
Raucourt (54) 48 D3
Raucourt-au-Bois (59) 9 G3
Raucourt-et-Flaba (08) 24 C3
Raulhac (15) 140 C5
Rauret (43) 142 B6
Rauville-la-Bigot (50) 12 C3
Rauville-la-Place (50) 12 D4
Rauwiller (67) 50 A4
Rauzan (33) 135 H6
Raveau (58) 98 D2
Ravel (63) 127 G3
Ravenel (60) 20 D4
Ravenoville (50) 13 E3
Raves (88) 70 D3
Ravières (89) 84 C2
Ravigny (53) 59 H1
Raville (57) 49 E1
Raville-sur-Sânon (54) 49 E5
Ravilloles (39) 117 H2
la Ravoire (73) 131 H5
Ray-sur-Saône (70) 87 E3
Raye-sur-Authie (62) 7 E2
Rayet (47) 151 G1
Raymond (18) 98 A4
Raynans (25) 88 C4
Rayol-Canadel-
-sur-Mer (83) 194 A5
Rayssac (81) 170 D3
Razac-de-Saussignac (24) 136 C6
Razac-d'Eymet (24) 151 E1
Razac-sur-l'Isle (24) 137 E2
Raze (70) 87 F3
Razecueillé (31) 184 B5
Razengues (32) 168 C5
Razès (87) 110 C6
Razimet (47) 150 C4
Razines (37) 94 C3
Réal (66) 200 A3
Réalcamp (76) 6 C6
Réallon (05) 160 D2
Réalmont (81) 170 C4
Réalville (82) 169 F1
Réans (32) 166 D3
Réau (77) 43 E6
Réaumont (38) 131 F6
Réaumur (85) 92 C5
Réaup-Lisse (47) 150 C6
Réauville (26) 158 B3
Réaux (17) 121 G5
Rebais (77) 44 A4
Rebecques (62) 2 B5
Rébénacq (64) 182 B3
Rebergues (62) 1 H4
Rebets (76) 19 E3
Rebeuville (88) 68 D2
Rebigue (31) 169 F6
Rebourguil (12) 171 G3
Reboursin (36) 96 D2
Rebréchien (45) 63 E6
Rebreuve-Ranchicourt (62) 7 H1
Rebreuve-sur-Canche (62) 7 G2
Rebreuviette (62) 7 G2
Recanoz (39) 102 C5
Recey-sur-Ource (21) 85 G2
Réchésy (90) 89 E4
Réchicourt-la-Petite (54) 49 F5
Réchicourt-le-Château (57) 49 G5
Récicourt (55) 47 E1
Réclainville (28) 62 C3
Reclesne (71) 100 C3
Reclinghem (62) 2 A5
Réclonville (54) 49 G6
Recloses (77) 64 A3
Recologne (25) 87 E6
Recologne (70) 86 D4
Recologne-lès-Rioz (70) 87 F4
Recoubeau-Jansac (26) 159 F1
Recoules-d'Aubrac (48) 155 F1
Recoules-de-Fumas (48) 155 H2
Recoules-
-Prévinquières (12) 155 E4
Récourt (62) 8 C3
Récourt-le-Creux (55) 47 F2
Recouvrance (90) 88 D3
le Recoux (48) 155 G4
Recques-sur-Course (62) 1 G6
Recques-sur-Hem (62) 2 A3
Recquignies (59) 10 A2
le Reculey (14) 37 H3
Reculfoz (25) 103 G6
Recurt (65) 183 H3
Recy (51) 45 H3
Rédange (57) 26 A2
Rédené (29) 54 B4
Redessan (30) 174 C3
Réding (57) 50 A4
Redon (35) 73 H1
la Redorte (11) 187 G3
Redortiers (04) 159 G6
Réez-Fosse-Martin (60) 43 G1
Reffannes (79) 108 B1
Reffroy (55) 47 G6
Reffuveille (50) 37 F5
Régades (31) 184 B4
Régat (09) 186 B5
Regnauville (62) 7 E2
Regnévelle (88) 69 F6
Regnéville-sur-Mer (50) 36 D2
Regnéville-sur-Meuse (55) 25 E6
Regney (88) 69 G3
Régnié-Durette (69) 116 A5
Regnière-Écluse (80) 6 D2
Regniowez (08) 10 D5
Regny (02) 22 B1
Régny (42) 129 E1
la Regrippière (44) 75 F5
Réguiny (56) 55 G3
Réguisheim (68) 71 F6
Régusse (83) 177 F4
Rehaincourt (88) 70 A2
Rehainviller (54) 49 E6
Rehaupal (88) 70 B4
Reherrey (54) 49 G6
Réhon (54) 25 H3
Reichsfeld (67) 71 F2
Reichshoffen (67) 50 D2
Reichstett (67) 51 E5
Reignac (16) 121 H6
Reignac (33) 135 F2
Reignac-sur-Indre (37) 95 F1
Reignat (63) 127 G3
Reigneville-Bocage (50) 12 D4
Reignier-Ésery (74) 118 C5
Reigny (18) 112 B1
Reilhac (15) 140 A4
Reilhac (46) 153 E1
Reilhaguet (46) 138 C6
Reilhanette (26) 159 F6
Reillanne (04) 176 B3
Reillon (54) 49 G6
Reilly (60) 19 H6
Reims (51) 23 E6
Reims-la-Brûlée (51) 46 B5
Reinhardsmunster (67) 50 B5
Reiningue (68) 89 F2
Reipertswiller (67) 50 C2
Reithouse (39) 117 G1
Réjaumont (32) 167 H3
Réjaumont (65) 183 H3
Rejet-de-Beaulieu (59) 9 G4
Relanges (88) 69 F4
Relans (39) 102 C5
le Relecq-Kerhuon (29) 31 E4
Relevant (01) 116 C6
Rely (62) 2 B5

Remaisnil (80) 7 F3
Rémalard (61) 61 E2
Remaucourt (02) 9 E6
Remaucourt (08) 23 F3
la Remaudière (44) 75 E5
Remaugies (80) 21 E3
Remauville (77) 64 B4
Rembercourt-
-Sommaisne (55) 47 E3
Rembercourt-sur-Mad (54) 48 B2
Rémécourt (60) 20 D4
Rémelfang (57) 26 D4
Rémelfing (57) 27 H5
Rémeling (57) 26 D3
Remennecourt (55) 46 D4
Remenoville (54) 69 H1
Rémérangles (60) 20 C4
Réméréville (54) 49 E5
Rémering (57) 27 E4
Rémering-
-lès-Puttelange (57) 49 H2
Remicourt (51) 46 C3
Remicourt (88) 69 F3
Remiencourt (80) 20 C1
Remies (02) 22 B2
Remigny (02) 22 A2
Remigny (71) 101 F4
Rémilly (57) 49 E2
Rémilly (58) 100 A5
Remilly-Aillicourt (08) 24 C2
Remilly-en-Montagne (21) 85 F6
Remilly-les-Pothées (08) 23 H1
Remilly-sur-Lozon (50) 13 E6
Remilly-sur-Tille (21) 86 A6
Remilly-Wirquin (62) 2 A5
Réminiac (56) 56 B5
Remiremont (88) 70 B5
Remoiville (55) 25 E4
Remollon (05) 160 C3
Remomeix (88) 70 D3
Remoncourt (54) 49 G5
Remoncourt (88) 69 F3
Rémondans-Vaivre (25) 88 C5
Remoray-Boujeons (25) 103 H5
Remouillé (44) 91 G1
Remoulins (30) 174 C2
Removille (88) 69 E2
Rempnat (87) 125 F4
la Remuée (76) 15 G1
Remungol (56) 55 F4
Rémuzat (26) 159 E4
Remy (60) 21 E4
Rémy (62) 8 C3
Renac (35) 56 D6
Renage (38) 145 E1
Renaison (42) 114 D6
Renansart (02) 22 B2
Renaucourt (70) 86 D3
la Renaudie (63) 128 B3
la Renaudière (49) 75 G6
Renauvoid (88) 69 H4
Renay (41) 79 G1
Renazé (53) 76 B1
Rencurel (38) 145 E3
René (72) 60 B3
Renédale (25) 103 H3
Renescure (59) 2 B4
Renève (21) 86 B5
Réning (57) 49 G2
Rennemoulin (78) 42 B4
Rennepont (52) 67 F4
Rennes (35) 57 F3
Rennes-en-Grenouilles (53) 59 E1
Rennes-le-Château (11) 186 D6
Rennes-les-Bains (11) 187 E6
Rennes-sur-Loue (25) 103 F3
Renneval (02) 23 E1
Renneville (08) 23 F2
Renneville (27) 19 E4
Renneville (31) 186 A2
Renno (2A) 204 C3
le Renouard (61) 39 F3
Rentières (63) 127 F6
Renty (62) 1 H5
Renung (40) 166 B4
Renwez (08) 11 E6
la Réole (33) 150 B2
la Réorthe (85) 92 A6
Réotier (05) 161 F1
Repaix (54) 49 G5
la Répara-Auriples (26) 158 C1
Réparsac (16) 121 H3
Repel (88) 69 E2
Repentigny (14) 15 E4
Replonges (01) 116 B4
le Reposoir (74) 119 E6
les Repôts (39) 102 C6
Reppe (90) 88 D2
Requeil (72) 78 A2
Réquista (12) 171 E1
Résenlieu (61) 39 G4
la Résie-Saint-Martin (70) 86 D6
Résigny (02) 23 F1
Resson (55) 47 E4
Ressons-l'Abbaye (60) 20 A5
Ressons-le-Long (02) 21 H5
Ressons-sur-Matz (60) 21 E3
les Ressuintes (28) 40 C6
Restigné (37) 78 A6
Restinclières (34) 173 G4
le Retail (79) 107 H1
Rétaud (17) 121 E3
Reterre (23) 112 C6
Rethel (08) 23 G4
Retheuil (02) 21 G5
Rethondes (60) 21 G4
Rethonvillers (80) 21 F2
Réthoville (50) 13 E1
Retiers (35) 57 G4
Retjons (40) 149 G6
Retonfey (57) 26 C5
Rétonval (76) 19 F1
Retournac (43) 142 D2
Retschwiller (67) 51 F2
Rettel (57) 26 C2
Rety (62) 1 G3
Retzwiller (68) 89 E3
Reugney (25) 103 G3
Reugny (03) 112 D2
Reugny (37) 79 F5
Reuil (51) 45 E2
Reuil-en-Brie (77) 44 A3
Reuil-sur-Brêche (60) 20 B3
Reuilly (27) 41 E2
Reuilly (36) 97 E3
Reuilly-Sauvigny (02) 44 C2
Reulle-Vergy (21) 101 G2
Reumont (59) 9 F4
la Réunion (47) 150 B4
Reutenbourg (67) 50 C5
Reuves (51) 45 E4
Reuville (76) 17 F3
Reux (14) 15 E4
Réveillon (51) 44 C5
Réveillon (61) 60 D1
Revel (31) 186 C1
Revel (38) 145 H2
Revel-Tourdan (38) 130 B6
Revelles (80) 7 F6
Revens (30) 172 B1
Reventin-Vaugris (38) 130 A6
Revercourt (28) 40 D5
Revest-
-des-Brousses (04) 176 B2
Revest-du-Bion (04) 176 B1
le Revest-les-Eaux (83) 193 E5
Revest-les-Roches (06) 195 E1
Revest-Saint-Martin (04) 176 C1
Reviers (14) 14 B3
Revigny (39) 102 D6
Revigny-sur-Ornain (55) 46 D4
Réville (50) 13 E2
Réville-aux-Bois (55) 25 E5
Révillon (02) 22 C5
Revin (08) 11 E5
Revonnas (01) 117 E5
Rexingen (67) 50 B3
Rexpoëde (59) 2 C2
Reyersviller (57) 50 C1
Reygade (19) 139 F4
Reynel (52) 68 B3
Reynès (66) 201 E4
Reyniès (82) 169 F2
Reyrevignes (46) 153 F2
Reyrieux (01) 130 A1
Reyssouze (01) 116 C3
Reyvroz (74) 119 E3
Rezay (18) 97 F6
Rezé (44) 74 C5
Rézentières (15) 141 F3
Rezonville (57) 26 A5
Rezza (2A) 204 D4
Rhèges (10) 66 A1
le Rheu (35) 57 E3
Rhinau (67) 71 H2
Rhodes (57) 49 H4
Rhodon (41) 79 H2
Rhuis (60) 21 E5
Ri (61) 38 D4
Ria-Sirach (66) 200 C3
Riaillé (44) 75 E2
le Rialet (81) 171 E6
Rians (18) 98 A2
Rians (83) 192 D1
Riantec (56) 54 C5
Riaucourt (52) 67 H4
Riaville (55) 47 H1
Ribagnac (24) 136 D6
Ribarrouy (64) 166 B6
Ribaute (11) 187 G4
Ribaute-les-Tavernes (30) 173 H1
le Ribay (53) 59 F2
Ribeaucourt (55) 68 B1
Ribeaucourt (80) 7 F4
Ribeauville (02) 9 G4
Ribeauvillé (68) 71 F3
Ribécourt-Dreslincourt (60) 21 F4
Ribécourt-la-Tour (59) 8 D4
Ribemont (02) 22 B1
Ribemont-sur-Ancre (80) 7 H5
Ribennes (48) 155 H2
Ribérac (24) 136 D2
Ribes (07) 157 F3
Ribeyret (05) 159 G3
Ribiers (05) 160 A5
Ribouisse (11) 186 B3
Riboux (83) 192 D3
la Ricamarie (42) 129 F6
Ricarville (76) 16 D4
Ricarville-du-Val (76) 17 H3
Ricaud (11) 186 B2
Ricaud (65) 183 F3
les Riceys (10) 66 D6
la Richardais (35) 36 A5
Richardménil (54) 48 C6
Richarville (91) 63 E1
la Riche (37) 78 D5
Riche (57) 49 F3
Richebourg (52) 67 H5
Richebourg (62) 2 D5
Richebourg (78) 41 G4
Richecourt (55) 48 A3
Richelieu (37) 94 B3
Richeling (57) 49 H2
Richemont (57) 26 B4
Richemont (76) 19 G1
Richerenches (84) 158 C4
Richeval (57) 49 H5
Richeville (27) 19 F6
Richtolsheim (67) 71 G3
Richwiller (68) 89 F1
Ricourt (32) 167 E6
Ricquebourg (60) 21 E3
Riec-sur-Belon (29) 54 A4
Riedisheim (68) 89 F2
Riedseltz (67) 51 F2
Riedwihr (68) 71 G4
Riel-les-Eaux (21) 67 E6
Riencourt (80) 7 E6
Riencourt-lès-Bapaume (62) 8 B4
Riencourt-
-lès-Cagnicourt (62) 8 C3
Riervescemont (90) 88 C2
Riespach (68) 89 F3
Rieucazé (31) 184 B4
Rieucros (09) 186 A4
Rieulay (59) 9 E1
Rieumajou (31) 186 A1
Rieumes (31) 184 D1
Rieupeyroux (12) 154 A5
Rieussec (34) 187 G1
Rieutort-de-Randon (48) 156 A2
Rieux (51) 44 C4
Rieux (56) 73 H1
Rieux (60) 20 D5
Rieux (76) 6 C5
Rieux-de-Pelleport (09) 185 H4
Rieux-en-Cambrésis (59) 9 E3
Rieux-en-Val (11) 187 F4
Rieux-Minervois (11) 187 F3
Rieux-Volvestre (31) 185 E3
Riez (04) 177 E3
Rigarda (66) 200 C3
Rigaud (06) 178 C1
Rignac (12) 154 A4
Rignac (46) 138 D6
Rigney (25) 87 G5
Rignieux-le-Franc (01) 130 C1
Rignosot (25) 87 G5
Rignovelle (70) 88 A2
Rigny (70) 86 D5
Rigny-la-Nonneuse (10) 65 G2
Rigny-la-Salle (55) 47 H6
Rigny-le-Ferron (10) 65 G4
Rigny-Saint-Martin (55) 48 A6
Rigny-sur-Arroux (71) 115 E2
Rigny-Ussé (37) 94 B1
Riguepeu (32) 167 F5
Rilhac-Lastours (87) 124 A4
Rilhac-Rancon (87) 124 B2
Rilhac-Treignac (19) 124 D5
Rilhac-Xaintrie (19) 139 H3
Rillans (25) 87 H5
Rillé (37) 78 B5
Rillieux-la-Pape (69) 130 B2
Rilly-la-Montagne (51) 45 F1
Rilly-Sainte-Syre (10) 66 A2
Rilly-sur-Aisne (08) 24 A4
Rilly-sur-Loire (41) 79 G5
Rilly-sur-Vienne (37) 94 C3
Rimaucourt (52) 68 B3
Rimbach-
-près-Guebwiller (68) 71 E6
Rimbach-
-près-Masevaux (68) 88 D1
Rimbachzell (68) 71 E6
Rimbez-et-Baudiets (40) 167 E1
Rimboval (62) 1 H6
Rimeize (48) 141 G6
Rimling (57) 28 A5
Rimogne (08) 10 D6
Rimon-et-Savel (26) 159 E1
Rimondeix (23) 111 H5
Rimons (33) 150 B1
Rimont (09) 185 E5
Rimou (35) 35 G6
Rimplas (06) 162 C6
Rimsdorf (67) 50 A2
Ringeldorf (67) 50 D3
Ringendorf (67) 50 D3
Rinxent (62) 1 F3
Riocaud (33) 136 C6
Riolas (31) 184 C2
Riols (34) 171 G6
le Riols (81) 153 F6
Riom (63) 127 F2
Riom-ès-Montagnes (15) 140 C2
Rioms (26) 159 F5
Rion-des-Landes (40) 165 F2
Rions (33) 149 G1
Riorges (42) 115 E6
Riotord (43) 143 F2
Rioux (17) 121 E4
Rioux-Martin (16) 136 A2
Rioz (70) 87 F5
Riquewihr (68) 71 F4
Ris (63) 127 H1
Ris (65) 183 G6
Ris-Orangis (91) 42 D6
Riscle (32) 166 C4
Risoul (05) 161 F1
Ristolas (05) 147 G6
Rittershoffen (67) 51 F2
Ritzing (57) 26 D2
Riupeyrous (64) 182 C1
Rivarennes (36) 110 D1
Rivarennes (37) 94 C1
Rivas (42) 129 E5
Rive-de-Gier (42) 129 G5
Rivecourt (60) 21 E5
Rivedoux-Plage (17) 106 C4
Rivehaute (64) 181 G1
Rivel (11) 186 B6
Riventosa (2B) 205 E3
Rivèrenert (09) 185 E5
Riverie (69) 129 G4
Rivery (80) 7 G6
les Rives (34) 172 B3
Rives (38) 145 E1
Rives (47) 151 G1
Rivesaltes (66) 201 F1
la Rivière (33) 135 G4
Rivière (37) 94 B2
la Rivière (38) 145 F2
Rivière (62) 8 A3
la Rivière-de-Corps (10) 66 A3
la Rivière-Drugeon (25) 103 H4
la Rivière-Enverse (74) 119 F5
Rivière-les-Fosses (52) 86 A3
Rivière-Saas-
-et-Gourby (40) 164 D4
la Rivière-Saint-
-Sauveur (14) 16 B6
Rivière-sur-Tarn (12) 155 F6
Rivières (16) 122 D3
Rivières (30) 157 F5
Rivières (81) 170 A3
les Rivières-Henruel (51) 46 A5
Rivières-le-Bois (52) 86 B2
Riville (76) 16 D3
Rivolet (69) 129 G1
Rix (39) 103 G5
Rix (58) 83 F5
Rixheim (68) 89 G2
la Rixouse (39) 118 A2
Rizaucourt-Buchey (52) 67 F3
Roaillan (33) 149 H3
Roaix (84) 158 C5
Roanne (42) 115 E6
Roannes-Saint-Mary (15) 140 A5
Robécourt (88) 68 D4
Robecq (62) 2 C5
Robersart (59) 9 G3
Robert-Espagne (55) 46 D5
Robert-Magny (52) 67 F1
Robertot (76) 17 E3
Roberval (60) 21 E6
Robiac-
-Rochessadoule (30) 157 E5
la Robine-sur-Galabre (04) 160 C6
Robion (84) 175 G3
le Roc (46) 138 C5
le Roc-Saint-André (56) 56 A5
Rocamadour (46) 138 D6
Rocbaron (83) 193 F3
Rocé (41) 79 G2
Roche (38) 130 C4
Roche (42) 128 C4
la Roche-Bernard (56) 73 G2
la Roche-Blanche (44) 75 F3
la Roche-Blanche (63) 127 F4
la Roche-Canillac (19) 139 F2
la Roche-Chalais (24) 136 A2
Roche-Charles-
-la-Mayrand (63) 127 E6
la Roche-Clermault (37) 94 B2
Roche-d'Agoux (63) 112 D6
la Roche-de-Glun (26) 144 A4
la Roche-de-Rame (05) 147 E6
la Roche-Derrien (22) 32 D2
la Roche-des-Arnauds (05) 160 B2
la Roche-en-Brenil (21) 84 B6
Roche-en-Régnier (43) 142 C2
Roche-et-Raucourt (70) 86 D3
la Roche-Guyon (95) 41 G2
Roche-la-Molière (42) 129 F6
la Roche-l'Abeille (87) 124 B4
Roche-le-Peyroux (19) 126 A6
Roche-lès-Clerval (25) 88 A5
Roche-lez-Beaupré (25) 87 G6
la Roche-Mabile (61) 59 H1
la Roche-Maurice (29) 31 F4
la Roche-Morey (70) 86 D2
la Roche-Noire (63) 127 F4
la Roche-Posay (86) 95 E5
la Roche-Rigault (86) 94 A3
Roche-Saint-Secret-
-Béconne (26) 158 C3
la Roche-sur-Foron (74) 118 D6
la Roche-sur-Grane (26) 158 C1
la Roche-sur-le-Buis (26) 159 E5
Roche-sur-Linotte-et-
-Sorans-les-Cordiers (70) 87 G4
la Roche-sur-Yon (85) 91 G4
la Roche-Vanneau (21) 85 E5
la Roche-Vineuse (71) 116 A3
Rochebaudin (26) 158 C2
la Rochebeaucourt-
-et-Argentine (24) 122 D5
Rochebrune (05) 160 C3
Rochebrune (26) 159 E4
Rochechinard (26) 144 D4
Rochechouart (87) 123 G2
Rochecolombe (07) 157 G3
Rochecorbon (37) 79 E5
Rochefort (17) 120 C1
Rochefort (73) 131 G4
Rochefort-du-Gard (30) 174 D2
Rochefort-en-Terre (56) 56 B6
Rochefort-en-Valdaine (26) 158 B3
Rochefort-en-Yvelines (78) 42 B6
Rochefort-Montagne (63) 126 D4
Rochefort-Samson (26) 144 C4
Rochefort-sur-Brévon (21) 85 F2
Rochefort-sur-la-Côte (52) 68 A4
Rochefort-sur-Loire (49) 76 D5
Rochefort-sur-Nenon (39) 102 D2
la Rochefoucauld (16) 122 D3
Rochefourchat (26) 159 E2
la Rochegiron (04) 176 B1
Rochegude (26) 158 B5
Rochegude (30) 157 F5
Rochejean (25) 103 H5
la Rochelle (17) 106 C4
la Rochelle (70) 86 D2
la Rochelle-Normande (50) 35 G3
Rochemaure (07) 158 A2
la Rochénard (79) 107 G4
Rochepaule (07) 143 G3
la Rochepot (21) 101 F4
Rocher (07) 157 F2
le Rochereau (86) 94 A6
Roches (23) 111 H4
Roches (41) 80 A2
Roches-Bettaincourt (52) 68 A3
les Roches-
-de-Condrieu (38) 130 A6
Roches-lès-Blamont (25) 88 C5
les Roches-l'Évêque (41) 79 F2
Roches-
-Prémarie-Andillé (86) 109 E2
Roches-sur-Marne (52) 46 D6
Rocheservière (85) 91 F2
Rochessauve (07) 158 A1
Rochesson (88) 70 C5
Rochetaillée (52) 85 H1
Rochetaillée-
-sur-Saône (69) 130 A2
Rochetoirin (38) 131 E4
Rochetrejoux (85) 92 B5
la Rochette (04) 178 C2
la Rochette (05) 160 C2
la Rochette (07) 143 E5
la Rochette (16) 122 D2
la Rochette (73) 132 B5
la Rochette (77) 64 A1
la Rochette-du-Buis (26) 159 F5
Rocheville (50) 12 C3
Rochonvillers (57) 26 B3
Rochy-Condé (60) 20 B5
Rocles (03) 113 F3
Rocles (07) 157 F2
Rocles (48) 156 C1
Roclincourt (62) 8 B2
Rocourt (88) 68 D5
Rocourt-Saint-Martin (02) 44 B1
Rocquancourt (14) 14 C5
la Rocque (14) 38 A3
Rocquefort (76) 17 E4
Rocquemont (60) 21 F6
Rocquemont (76) 17 H5
Rocquencourt (60) 20 C2
Rocquencourt (78) 42 B4
Rocques (14) 15 F5
Rocquigny (02) 10 A5
Rocquigny (08) 23 F2
Rocquigny (62) 8 C4
Rocroi (08) 10 D5
Rodalbe (57) 49 F3
Rodelinghem (62) 1 G3
Rodelle (12) 154 C3
Rodemack (57) 26 C2
Roderen (68) 89 E1
Rodern (68) 71 F3
Rodès (66) 200 D2
Rodez (12) 154 C4
Rodilhan (30) 174 B3
Rodome (11) 199 H1
la Roë (53) 58 A6
Roëllecourt (62) 7 G2
Rœschwoog (67) 51 G3
Rœulx (59) 9 E2
Rœux (62) 8 C2
Roézé-sur-Sarthe (72) 78 A1
Roffey (89) 84 A1
Roffiac (15) 141 E4
Rogécourt (02) 22 B2
Rogerville (76) 15 F2
Rogéville (54) 48 B4
Roggenhouse (68) 71 G6
Rogliano (2B) 203 F1
Rogna (39) 117 H3
Rognac (13) 175 G6
Rognaix (73) 132 D4
Rognes (13) 175 H5
Rognon (25) 87 H5
Rognonas (13) 175 E3
Rogny (02) 22 D1
Rogny-les-Sept-Écluses (89) 82 B2
Rogues (30) 172 D3
Rogy (80) 20 B2
Rohaire (28) 40 B5
Rohan (56) 55 G3
Rohr (67) 50 D4
Rohrbach-lès-Bitche (57) 50 B1
Rohrwiller (67) 51 F4
Roiffé (86) 94 A2
Roiffieux (07) 143 H2
Roiglise (80) 21 F2
Roilly (21) 84 C5
Roinville (28) 62 C2
Roinville (91) 63 E1
Roinvilliers (91) 63 F3
Roisel (80) 8 D5
les Roises (55) 68 C1
Roisey (42) 129 H6
Roissard (38) 145 F5
Roissy-en-Brie (77) 43 F4
Roissy-en-France (95) 43 E2
Roiville (61) 39 G3
Roizy (08) 23 F4
Rolampont (52) 68 A6
Rolbing (57) 28 B4
Rollainville (88) 68 D2
Rollancourt (62) 7 F1
Rolleboise (78) 41 G2
Rolleville (76) 15 F1
Rollot (80) 21 E3
Rom (79) 108 D4
Romagnat (63) 127 F3
la Romagne (08) 23 G2
Romagne (33) 135 H6
Romagné (35) 57 H1
la Romagne (49) 92 B2
Romagne (86) 109 E4
Romagne-
-sous-les-Côtes (55) 25 F5
Romagne-
-sous-Montfaucon (55) 24 D5
Romagnieu (38) 131 F5
Romagny (50) 37 G5
Romagny (68) 89 E3
Romagny-
-sous-Rougemont (90) 88 D2
Romain (25) 87 H5
Romain (39) 103 E1
Romain (51) 22 D5
Romain (54) 69 H1
Romain-aux-Bois (88) 68 D5
Romain-sur-Meuse (52) 68 C4
Romainville (93) 42 D4
Roman (27) 40 D4
Romanèche-Thorins (71) 116 B5
Romange (39) 102 D2
Romans (01) 116 C5
Romans (79) 108 A3
Romans-sur-Isère (26) 144 C4
Romanswiller (67) 50 C5
Romazières (17) 108 B6
Romazy (35) 35 G6
Rombach-le-Franc (68) 71 E3
Rombas (57) 26 B4
Rombies-et-Marchipont (59) 9 G2
Rombly (62) 2 B5
Romegoux (17) 120 D1
Romelfing (57) 50 A3
Romenay (71) 116 D2
Romeny-sur-Marne (02) 44 B3
Romeries (59) 9 F3
Romery (02) 9 G6
Romery (51) 45 E2
Romescamps (60) 19 H2
Romestaing (47) 150 B3
Romeyer (26) 145 E6
la Romieu (32) 167 G2
Romigny (51) 44 D1
Romiguières (34) 172 B3
Romillé (35) 56 D2
Romilly (41) 61 G6
Romilly-la-Puthenaye (27) 40 C2
Romilly-sur-Aigre (28) 61 H6
Romilly-sur-Andelle (27) 18 D5
Romilly-sur-Seine (10) 65 G1
Romont (88) 70 A2
Romorantin-Lanthenay (41) 80 C6
Rompon (07) 144 A6
Rônai (61) 38 D4
Roncenay (10) 66 B4
le Roncenay-Authenay (27) 40 D4
Roncey (50) 37 E2
Ronchamp (70) 88 B2
Ronchaux (25) 103 F3
Ronchères (02) 44 C1
Ronchères (89) 82 D3
Roncherolles-en-Bray (76) 19 F3
Roncherolles-
-sur-le-Vivier (76) 17 H6
Ronchin (59) 3 F5
Ronchois (76) 19 G2
Roncourt (57) 26 B5
Roncq (59) 3 G4
la Ronde (17) 107 F3
la Ronde-Haye (50) 12 D6
Rondefontaine (25) 103 H5
Ronel (81) 170 C3
Ronfeugerai (61) 38 B4
Rongères (03) 114 A4
Ronnet (03) 112 D5
Ronno (69) 129 F1
Ronquerolles (95) 42 C1
Ronsenac (16) 122 C5
Ronssoy (80) 8 D5
Rontalon (69) 129 H4
Rontignon (64) 182 C2
Ronvaux (55) 47 G1
Roost-Warendin (59) 8 D1
Roppe (90) 88 D2
Roppenheim (67) 51 G3
Roppentzwiller (68) 89 F3
Roppeviller (57) 28 C5
la Roque-Alric (84) 158 D6
la Roque-Baignard (14) 15 E5
la Roque-d'Anthéron (13) 175 H4
la Roque-Esclapon (83) 178 A4
la Roque-Gageac (24) 138 A6
la Roque-
-Sainte-Marguerite (12) 172 B1
la Roque-sur-Cèze (30) 157 H6
la Roque-sur-Pernes (84) 175 G2
Roquebillière (06) 179 E1
Roquebrun (34) 172 A6
Roquebrune (32) 167 F4
Roquebrune (33) 150 B1
Roquebrune-
-Cap-Martin (06) 195 G2
Roquebrune-
-sur-Argens (83) 178 A6
la Roquebrussanne (83) 193 E3
Roquecor (82) 151 H4
Roquecourbe (81) 170 D5
Roquecourbe-
-Minervois (11) 187 G3
Roquedur (30) 173 E2
Roquefère (11) 187 E2
Roquefeuil (11) 199 H1
Roquefixade (09) 186 A6
Roquefort (32) 167 H4
Roquefort (40) 166 B1
Roquefort (47) 151 E6
Roquefort-de-Sault (11) 200 A2
Roquefort-
-des-Corbières (11) 188 A5
Roquefort-la-Bédoule (13) 192 C4
Roquefort-
-les-Cascades (09) 186 A5
Roquefort-les-Pins (06) 195 E3
Roquefort-
-sur-Garonne (31) 184 C3
Roquefort-
-sur-Soulzon (12) 171 H2
Roquelaure (32) 167 H4
Roquelaure-
-Saint-Aubin (32) 168 C5
Roquemaure (30) 174 D1
Roquemaure (81) 169 G3
Roquepine (32) 167 G2
Roqueredonde (34) 172 B4
Roques (31) 169 E6
Roques (32) 167 F3
Roquesérière (31) 169 G4
Roquessels (34) 172 B6
Roquesteron (06) 178 C2

Roquestéron-Grasse (06) 178 C2
Roquetaillade (11) 186 D5
Roquetoire (62) 2 B5
la Roquette (27) 19 E6
la Roquette-sur-Siagne (06) 178 C5
la Roquette-sur-Var (06) 195 F2
Roquettes (31) 169 E6
Roquevaire (13) 192 C3
Roquevidal (81) 170 A5
Roquiague (64) 181 G3
la Roquille (33) 136 C6
Rorbach-lès-Dieuze (57) 49 G3
Rorschwihr (68) 71 F3
Rosans (05) 159 F4
Rosay (39) 117 F2
Rosay (76) 17 H4
Rosay (78) 41 G3
Rosay-sur-Lieure (27) 19 E5
Rosazia (2A) 204 C4
Rosbruck (57) 27 F5
Roscanvel (29) 30 D5
Roscoff (29) 31 H2
Rosel (14) 14 B4
Rosenau (68) 89 G3
Rosenwiller (67) 50 C6
Roset-Fluans (25) 103 E2
Rosey (70) 87 F4
Rosey (71) 101 F6
Rosheim (67) 50 C6
la Rosière (70) 70 B6
Rosières (07) 157 F3
Rosières (43) 142 D3
Rosières (60) 43 F1
Rosières (81) 170 C1
Rosières-aux-Salines (54) 48 D6
Rosières-en-Haye (54) 48 B4
Rosières-en-Santerre (80) 21 E1
Rosières-près-Troyes (10) 66 B3
Rosières-
-sur-Barbèche (25) 88 B6
Rosières-sur-Mance (70) 87 E1
Rosiers-de-Juillac (19) 138 B1
Rosiers-d'Égletons (19) 139 F1
les Rosiers-sur-Loire (49) 77 F5
Rosis (34) 171 H5
Rosnay (36) 95 H6
Rosnay (51) 22 D6
Rosnay (85) 91 H5
Rosnay-l'Hôpital (10) 66 D2
Rosnoën (29) 31 F6
Rosny-sous-Bois (93) 43 E4
Rosny-sur-Seine (78) 41 G2
Rosoy (60) 20 D5
Rosoy (89) 65 E4
Rosoy-en-Multien (60) 43 H2
Rospez (22) 32 D2
Rospigliani (2B) 205 F3
Rosporden (29) 53 H3
Rosselange (57) 26 B4
Rossfeld (67) 71 H2
Rossillon (01) 131 F2
Rosteig (67) 50 B2
Rostrenen (22) 54 D1
Rosult (59) 9 E1
Rosureux (25) 104 C1
Rotalier (39) 117 F1
Rotangy (60) 20 A3
Rothau (67) 71 E1
Rothbach (67) 50 D3
Rotherens (73) 132 B5
la Rothière (10) 67 E3
Rothois (60) 20 A3
Rothonay (39) 117 F2
les Rotours (61) 38 D4
Rots (14) 14 B4
Rott (67) 51 F1
Rottelsheim (67) 51 E4
Rottier (26) 159 F3
Rou-Marson (49) 93 G1
Rouairoux (81) 171 E6
Rouans (44) 74 B5
la Rouaudière (53) 76 A1
Roubaix (59) 3 G4
Roubia (11) 187 H3
Roubion (06) 162 B6
Roucamps (14) 14 A6
Roucourt (59) 8 D2
Roucy (02) 22 D5
Roudouallec (56) 54 A2
Rouécourt (52) 67 H3
Rouède (31) 184 C4
Rouellé (61) 38 A6
Rouelles (52) 85 H2
Rouen (76) 17 G6
Rouessé-Fontaine (72) 60 A3
Rouessé-Vassé (72) 59 G4
Rouet (34) 173 F3
Rouez (72) 59 G4
Rouffach (68) 71 F5
Rouffange (39) 103 E1
Rouffiac (15) 139 G4
Rouffiac (16) 136 B1
Rouffiac (17) 121 F3
Rouffiac (81) 170 B3
Rouffiac-d'Aude (11) 186 D4
Rouffiac-
-des-Corbières (11) 187 F6
Rouffiac-Tolosan (31) 169 F5
Rouffignac (17) 135 F1
Rouffignac-
-de-Sigoulès (24) 136 D6
Rouffignac-Saint-Cernin-
-de-Reilhac (24) 137 H4
Rouffigny (50) 37 E4
Rouffilhac (46) 138 C6
Rouffy (51) 45 F3
Rougé (44) 57 G6
la Rouge (61) 61 E3
Rouge-Perriers (27) 40 C1
Rougefay (62) 7 F2
Rougegoutte (90) 88 C2
Rougemont (21) 84 C3
Rougemont (25) 87 H4
Rougemont-
-le-Château (90) 88 D2
Rougemontiers (27) 18 A5
Rougemontot (25) 87 G5
Rougeou (41) 80 B6
Rougeries (02) 22 D1
les Rouges-Eaux (88) 70 C3
le Rouget (15) 139 H5
Rougeux (52) 86 C2
Rougiers (83) 193 E3
Rougnac (16) 122 D5
Rougnat (23) 112 C6
Rougon (04) 177 G3
Rouhe (25) 103 F2
Rouhling (57) 27 G5
Rouillac (16) 122 A3
Rouillac (22) 34 B6
Rouillé (86) 108 C2
Rouillon (72) 60 A5
Rouilly (77) 44 B6
Rouilly-Sacey (10) 66 C3
Rouilly-Saint-Loup (10) 66 B3
Roujan (34) 172 C6
Roulans (25) 87 G6
le Roulier (88) 70 B4
Roullée (72) 60 B1
Roullens (11) 186 D4
Roullet-Saint-Estèphe (16) 122 B4
Roullours (14) 37 H3
Roumagne (47) 150 D2
Roumare (76) 17 F5
Roumazières-Loubert (16) 123 E2
Roumégoux (15) 139 H5
Roumégoux (81) 170 C4
Roumengoux (09) 186 B4
Roumens (31) 186 B1
Roumoules (04) 177 E3
Rountzenheim (67) 51 F3
Roupeldange (57) 26 D4
Rouperroux (61) 39 E6
Rouperroux-
-le-Coquet (72) 60 C3
Roupy (02) 21 H1
la Rouquette (12) 153 G5
Roure (06) 162 C6
le Rouret (06) 178 D4
Rousies (59) 10 A2
Roussac (87) 110 C6
Roussas (26) 158 B3
Roussay (49) 75 G6
Roussayrolles (81) 170 A1
Rousseloy (60) 20 C5
Roussennac (12) 154 A3
Roussent (62) 6 D2
les Rousses (39) 118 B2
Rousses (48) 156 B6
Rousset (05) 160 C3
Rousset (13) 176 B6
le Rousset (71) 115 G1
Rousset-les-Vignes (26) 158 D4
la Roussière (27) 40 A3
Roussieux (26) 159 F4
Roussillon (38) 144 A1
Roussillon (84) 175 H2
Roussillon-
-en-Morvan (71) 100 C3
Roussines (16) 123 E3
Roussines (36) 110 D2
Rousson (30) 157 E6
Rousson (89) 65 E5
Roussy-le-Village (57) 26 B2
Routelle (25) 103 E2
Routes (76) 17 E3
Routier (11) 186 C4
Routot (27) 18 A5
Rouvenac (11) 186 C6
Rouves (54) 48 C3
la Rouvière (30) 174 A2
Rouvignies (59) 9 F2
Rouville (60) 21 F6
Rouville (76) 15 H1
Rouvillers (60) 21 E4
Rouvray (21) 84 B5
Rouvray (27) 41 E2
Rouvray (89) 83 G1
Rouvray-Catillon (76) 19 F3
Rouvray-Saint-Denis (28) 62 D3
Rouvray-
-Saint-Florentin (28) 62 B3
Rouvray-Sainte-Croix (45) 62 C5
Rouvrel (80) 20 C1
Rouvres (14) 38 D2
Rouvres (28) 41 F4
Rouvres (77) 43 F2
Rouvres-en-Multien (60) 43 H1
Rouvres-en-Plaine (21) 102 A1
Rouvres-en-Woëvre (55) 25 G6
Rouvres-en-Xaintois (88) 69 F3
Rouvres-la-Chétive (88) 68 D3
Rouvres-les-Bois (36) 96 C3
Rouvres-les-Vignes (10) 67 F3
Rouvres-Saint-Jean (45) 63 F3
Rouvres-sous-Meilly (21) 101 E1
Rouvres-sur-Aube (52) 85 G1
Rouvrois-sur-Meuse (55) 47 G3
Rouvrois-sur-Othain (55) 25 G5
Rouvroy (02) 9 E6
Rouvroy (62) 8 C1
Rouvroy-en-Santerre (80) 21 E1
Rouvroy-les-Merles (60) 20 C2
Rouvroy-Ripont (51) 24 B6
Rouvroy-sur-Audry (08) 23 H1
Rouvroy-sur-Marne (52) 67 H2
Rouvroy-sur-Serre (02) 23 F2
le Roux (07) 157 E1
Rouxeville (50) 37 G1
la Rouxière (44) 75 G3
Rouxmesnil-
-Bouteilles (76) 17 G2
Rouy (58) 99 G3
Rouy-le-Grand (80) 21 G1
Rouy-le-Petit (80) 21 G1
Rouze (09) 199 H2
Rouzède (16) 123 E3
Rouziers (15) 139 H6
Rouziers-de-Touraine (37) 78 D4
le Rove (13) 192 A3
Roville-aux-Chênes (88) 70 A2
Roville-devant-Bayon (54) 69 G1
Rovon (38) 145 E2
Roy-Boissy (60) 19 H3
Royan (17) 120 C4
Royas (38) 130 C5
Royat (63) 127 E3
Royaucourt (60) 20 D3
Royaucourt-
-et-Chailvet (02) 22 B3
Royaumeix (54) 48 B4
Roybon (38) 144 D2
Roye (70) 88 A3
Roye (80) 21 F2
Roye-sur-Matz (60) 21 F3
Royer (71) 116 B1
Royère-
-de-Vassivière (23) 125 F2
Royères (87) 124 C2
Roynac (26) 158 C2
Royon (62) 1 H6
Royville (76) 17 F3
Roz-Landrieux (35) 35 E4
Roz-sur-Couesnon (35) 35 F4
Rozay-en-Brie (77) 43 G5
le Rozel (50) 12 B3
Rozelieures (54) 69 H1
Rozérieulles (57) 26 B5
Rozerotte (88) 69 F3
Rozès (32) 167 G3
Rozet-Saint-Albin (02) 44 B1
le Rozier (48) 155 G6
Rozier-Côtes-d'Aurec (42) 142 D1
Rozier-en-Donzy (42) 129 E3
Rozières-en-Beauce (45) 62 C6
Rozières-sur-Crise (02) 22 A5
Rozières-sur-Mouzon (88) 68 D4
Roziers-Saint-Georges (87) 124 D3
Rozoy-Bellevalle (02) 44 C3
Rozoy-le-Vieil (45) 64 C5
Rozoy-sur-Serre (02) 23 F2
Ruages (58) 83 G6
Ruan (45) 62 D5
Ruan-sur-Egvonne (41) 61 G6
Ruaudin (72) 60 B6
Rubécourt-
-et-Lamécourt (08) 24 C2
Rubelles (77) 64 A1
Rubempré (80) 7 G5
Rubercy (14) 13 G5
Rubescourt (80) 20 D3
Rubigny (08) 23 F2
Rubrouck (59) 2 B3
Ruca (22) 34 B4
Ruch (33) 136 A6
Rucqueville (14) 14 A4
Rudeau-Ladosse (24) 123 E5
Rudelle (46) 153 F1
Rue (80) 6 C2
la Rue-Saint-Pierre (60) 20 C4
la Rue-Saint-Pierre (76) 17 H5
Ruederbach (68) 89 F3
Rueil-la-Gadelière (28) 40 C5
Rueil-Malmaison (92) 42 C4
Ruelisheim (68) 89 F1
Ruelle-sur-Touvre (16) 122 C3
les Rues-des-Vignes (59) 9 E4
Ruesnes (59) 9 G3
Rueyres (46) 153 F1
Ruffec (16) 108 D6
Ruffec (36) 110 B1
Ruffey-le-Château (25) 87 E6
Ruffey-lès-Beaune (21) 101 G3
Ruffey-lès-Echirey (21) 85 H6
Ruffey-sur-Seille (39) 102 C5
Ruffiac (47) 150 B4
Ruffiac (56) 56 B5
Ruffieu (01) 131 F1
Ruffieux (73) 131 G2
Ruffigné (44) 57 G6
Rugles (27) 40 B4
Rugney (88) 69 G2
Rugny (89) 84 B1
Ruhans (70) 87 G5
Ruillé-en-Champagne (72) 59 H5
Ruillé-Froid-Fonds (53) 58 D6
Ruillé-le-Gravelais (53) 58 B5
Ruillé-sur-Loir (72) 78 D2
Ruisseauville (62) 2 A6
Ruitz (62) 8 A1
Rullac-Saint-Cirq (12) 154 B6
Rully (14) 38 A4
Rully (60) 21 E6
Rully (71) 101 F4
Rumaucourt (62) 8 C3
Rumegies (59) 4 A6
Rumersheim-le-Haut (68) 71 G6
Rumesnil (14) 15 E4
Rumigny (08) 23 G1
Rumigny (80) 20 C1
Rumilly (62) 1 H5
Rumilly (74) 131 H2
Rumilly-en-Cambrésis (59) 8 D4
Rumilly-lès-Vaudes (10) 66 C4
Ruminghem (62) 2 A3
Rumont (55) 47 F4
Rumont (77) 63 H3
Runan (22) 33 E2
Rungis (94) 42 D5
Ruoms (07) 157 G3
Rupéreux (77) 44 B6
Ruppes (88) 68 D1
Rupt (52) 67 H2
Rupt-aux-Nonains (55) 47 E5
Rupt-devant-
-Saint-Mihiel (55) 47 F3
Rupt-en-Woëvre (55) 47 G2
Rupt-sur-Moselle (88) 70 B6
Rupt-sur-Othain (55) 25 F4
Rupt-sur-Saône (70) 87 E3
Rurange-
-lès-Thionville (57) 26 C4
Rurey (25) 103 F2
Rusio (2B) 205 F2
Russ (67) 50 B6
Russange (57) 26 A2
le Russey (25) 104 C1
Russy (14) 13 H5
Russy-Bémont (60) 21 G6
Rustenhart (68) 71 G6
Rustiques (11) 187 F3
Rustrel (84) 176 A2
Rustroff (57) 26 D2
Rutali (2B) 203 F5
Ruvigny (10) 66 B3
Ruy (38) 130 D4
Ruyaulcourt (62) 8 C4
Ruynes-en-Margeride (15) 141 F4
Ry (76) 19 E4
Rye (39) 102 C4
Ryes (14) 14 A3

S

Saâcy-sur-Marne (77) 44 A3
Saales (67) 70 D2
Saâne-Saint-Just (76) 17 F3
Saasenheim (67) 71 H3
Sabadel-
-Latronquière (46) 153 G1
Sabadel-Lauzès (46) 152 D2
Sabaillan (32) 184 B1
Sabalos (65) 183 F2
Sabarat (09) 185 F4
Sabarros (65) 183 H3
Sabazan (32) 166 D4
Sablé-sur-Sarthe (72) 77 F1
les Sables-d'Olonne (85) 91 E6
Sablet (84) 158 C6
Sablières (07) 157 E3
Sablonceaux (17) 120 D3
Sablonnières (77) 44 B4
Sablons (33) 135 H4
Sablons (38) 144 A1
Sabonnères (31) 184 D1
la Sabotterie (08) 24 A3
Sabran (30) 157 H6
Sabres (40) 149 E6
Saccourvielle (31) 197 F1
Sacé (53) 58 D4
Sacey (50) 35 G5
Saché (37) 94 D1
Sachin (62) 2 B6
Sachy (08) 24 D2
Sacierges-Saint-Martin (36) 110 D2
Saclas (91) 63 E2
Saclay (91) 42 C5
Saconin-et-Breuil (02) 21 H5
Sacoué (65) 184 A5
le Sacq (27) 40 D3
Sacquenay (21) 86 B4
Sacquenville (27) 40 D2
Sacy (51) 45 E1
Sacy (89) 83 H3
Sacy-le-Grand (60) 20 D5
Sacy-le-Petit (60) 21 E5
Sadeillan (32) 183 G1
Sadillac (24) 136 D6
Sadirac (33) 135 F6
Sadournin (65) 183 G2
Sadroc (19) 138 D2
Saessolsheim (67) 50 D4
Saffais (54) 48 D6
Saffloz (39) 103 F6
Saffré (44) 74 D2
Saffres (21) 85 E6
Sagelat (24) 137 H6
Sagnat (23) 111 E4
Sagnes-et-Goudoulet (07) 143 E6
Sagonne (18) 98 B5
Sagy (71) 117 E1
Sagy (95) 42 A2
Sahorre (66) 200 B4
Sahune (26) 159 E4
Sahurs (76) 18 B5
Sai (61) 39 E4
Saignes (15) 140 B1
Saignes (46) 139 E6
Saigneville (80) 6 C4
Saignon (84) 176 A3
Saiguède (31) 168 D6
Sail-les-Bains (42) 114 D4
Sail-sous-Couzan (42) 128 C3
Sailhan (65) 196 D1
Saillac (19) 138 D4
Saillac (46) 153 E4
Saillagouse (66) 199 H4
Saillans (26) 158 D1
Saillans (33) 135 G4
Saillant (63) 128 C6
Saillat-sur-Vienne (87) 123 G2
Saillenard (71) 102 C6
Sailly (08) 24 D2
Sailly (52) 68 A2
Sailly (71) 115 H2
Sailly (78) 41 H2
Sailly-Achâtel (57) 48 D3
Sailly-au-Bois (62) 8 A4
Sailly-en-Ostrevent (62) 8 C2
Sailly-Flibeaucourt (80) 6 D3
Sailly-Labourse (62) 2 D6
Sailly-Laurette (80) 8 A6
Sailly-le-Sec (80) 8 A6
Sailly-lez-Cambrai (59) 8 D3
Sailly-lez-Lannoy (59) 3 G5
Sailly-Saillisel (80) 8 C5
Sailly-sur-la-Lys (62) 3 E5
Sain-Bel (69) 129 G3
Saincaize-Meauce (58) 98 D4
Sainghin-en-Mélantois (59) 3 G5
Sainghin-en-Weppes (59) 3 E6
Sainneville (76) 15 F1
Sainpuits (89) 83 E4
Sains (35) 35 F4
Sains-du-Nord (59) 10 A4
Sains-en-Amiénois (80) 20 C1
Sains-en-Gohelle (62) 8 A1
Sains-lès-Fressin (62) 1 H6
Sains-lès-Marquion (62) 8 D3
Sains-lès-Pernes (62) 2 B6
Sains-Morainvillers (60) 20 D3
Sains-Richaumont (02) 22 C1
le Saint (56) 54 B2
Saint-Abit (64) 182 C3
Saint-Abraham (56) 56 A5
Saint-Acheul (80) 7 F3
Saint-Adjutory (16) 123 E3
Saint-Adrien (22) 33 E4
Saint-Affrique (12) 171 G2
Saint-Affrique-
-les-Montagnes (81) 170 C6
Saint-Agathon (22) 33 E4
Saint-Agil (41) 61 F5
Saint-Agnan (02) 44 C2
Saint-Agnan (58) 84 B6
Saint-Agnan (71) 114 D2
Saint-Agnan (81) 169 H4
Saint-Agnan (89) 64 C3
Saint-Agnan-
-de-Cernières (27) 39 H3
Saint-Agnan-
-en-Vercors (26) 145 E5
Saint-Agnan-
-le-Malherbe (14) 14 A6
Saint-Agnan-sur-Erre (61) 61 E3
Saint-Agnan-
-sur-Sarthe (61) 39 H6
Saint-Agnant (17) 120 C1
Saint-Agnant-
-de-Versillat (23) 111 E4
Saint-Agnant-
-près-Crocq (23) 126 A3
Saint-Agne (24) 137 E5
Saint-Agnet (40) 166 B5
Saint-Agnin-sur-Bion (38) 130 D5
Saint-Agoulin (63) 113 G6
Saint-Agrève (07) 143 F4
Saint-Aignan (08) 24 B2
Saint-Aignan (33) 135 G4
Saint-Aignan (41) 96 A1
Saint-Aignan (56) 55 E1
Saint-Aignan (72) 60 B4
Saint-Aignan (82) 168 C1
Saint-Aignan-
-de-Couptrain (53) 59 F1
Saint-Aignan-
-de-Cramesnil (14) 38 D1
Saint-Aignan-des-Gués (45) 81 G1
Saint-Aignan-
-des-Noyers (18) 98 B5
Saint-Aignan-Grandlieu (44) 74 C6
Saint-Aignan-le-Jaillard (45) 81 G2
Saint-Aignan-sur-Roë (53) 76 A1
Saint-Aignan-sur-Ry (76) 19 E4
Saint-Aigny (36) 110 B1
Saint-Aigulin (17) 136 A2
Saint-Ail (54) 26 A5
Saint-Albain (71) 116 B3
Saint-Alban (01) 117 F6
Saint-Alban (22) 34 A4
Saint-Alban (31) 169 F4
Saint-Alban-Auriolles (07) 157 F4
Saint-Alban-d'Ay (07) 143 H2
Saint-Alban-
-de-Montbel (73) 131 G5
Saint-Alban-de-Roche (38) 130 D4
Saint-Alban-
-d'Hurtières (73) 132 C5
Saint-Alban-
-des-Villards (73) 146 B1
Saint-Alban-
-du-Rhône (38) 130 A6
Saint-Alban-
-en-Montagne (07) 156 D1
Saint-Alban-les-Eaux (42) 128 C1
Saint-Alban-Leysse (73) 131 H4
Saint-Alban-
-sur-Limagnole (48) 141 G6
Saint-Albin-
-de-Vaulserre (38) 131 G5
Saint-Alexandre (30) 158 A5
Saint-Algis (02) 9 H6
Saint-Allouestre (56) 55 G4
Saint-Alpinien (23) 125 H1
Saint-Alyre-d'Arlanc (63) 142 A1
Saint-Alyre-
-ès-Montagne (63) 141 E1
Saint-Amadou (09) 185 H4
Saint-Amancet (81) 186 C1
Saint-Amand (23) 125 H1
Saint-Amand (50) 37 G1
Saint-Amand (62) 7 H3
Saint-Amand-
-de-Belvès (24) 137 H6
Saint-Amand-de-Coly (24) 138 B4
Saint-Amand-de-Vergt (24) 137 F4
Saint-Amand-
-des-Hautes-Terres (27) 18 B6
Saint-Amand-
-en-Puisaye (58) 82 C4
Saint-Amand-
-Jartoudeix (23) 124 D2
Saint-Amand-le-Petit (87) 125 E3
Saint-Amand-les-Eaux (59) 9 F1
Saint-Amand-Longpré (41) 79 F3
Saint-Amand-
-Magnazeix (87) 110 D5
Saint-Amand-
-Montrond (18) 97 H6
Saint-Amand-sur-Fion (51) 46 B4
Saint-Amand-
-sur-Ornain (55) 47 F6
Saint-Amand-sur-Sèvre (79) 92 C4
Saint-Amandin (15) 140 C1
Saint-Amans (09) 185 G4
Saint-Amans (11) 186 B3
Saint-Amans (48) 156 A2
Saint-Amans-
-de-Pellagal (82) 152 A5
Saint-Amans-des-Cots (12) 154 C1
Saint-Amans-du-Pech (82) 151 G4
Saint-Amans-Soult (81) 187 F1
Saint-Amans-Valtoret (81) 187 F1
Saint-Amant-de-Boixe (16) 122 B2
Saint-Amant-
-de-Bonnieure (16) 122 C2
Saint-Amant-
-de-Montmoreau (16) 122 B6
Saint-Amant-
-de-Nouère (16) 122 B3
Saint-Amant-
-Roche-Savine (63) 128 A5
Saint-Amant-Tallende (63) 127 F4
Saint-Amarin (68) 70 D6
Saint-Ambreuil (71) 101 G6
Saint-Ambroix (18) 97 F4
Saint-Ambroix (30) 157 F5
Saint-Amé (88) 70 B5
Saint-Amour (39) 117 E2
Saint-Amour-Bellevue (71) 116 B4
Saint-Andelain (58) 82 C6
Saint-Andéol (26) 144 D6
Saint-Andéol (38) 145 F4
Saint-Andéol-de-Berg (07) 157 H3
Saint-Andéol-
-de-Clerguemort (48) 156 D5
Saint-Andéol-
-de-Fourchades (07) 143 F5
Saint-Andéol-de-Vals (07) 157 G1
Saint-Andéol-
-le-Château (69) 129 H5
Saint-Andeux (21) 84 B5
Saint-Andiol (13) 175 E3
Saint-André (31) 184 C2
Saint-André (32) 168 B6
Saint-André (66) 201 F3
Saint-André (73) 147 E2
Saint-André (81) 171 E2
Saint-André-Capcèze (48) 156 D4
Saint-André-d'Allas (24) 138 A5
Saint-André-d'Apchon (42) 114 D6
Saint-André-de-Bâgé (01) 116 C4
Saint-André-de-Boëge (74) 118 D4
Saint-André-de-Bohon (50) 13 E5
Saint-André-de-Briouze (61) 38 C4
Saint-André-
-de-Buèges (34) 173 E3
Saint-André-
-de-Chalencon (43) 142 C2
Saint-André-de-Corcy (01) 130 B1
Saint-André-
-de-Cruzières (07) 157 F5
Saint-André-
de-Cubzac (33) 135 F4
Saint-André-
-de-Double (24) 136 C3
Saint-André-
-de-la-Marche (49) 75 G6
Saint-André-
-de-la-Roche (06) 195 F2
Saint-André-
-de-Lancize (48) 156 C5
Saint-André-de-l'Épine (50) 13 F6
Saint-André-de-l'Eure (27) 41 E3
Saint-André-de-Lidon (17) 120 D4
Saint-André-
-de-Majencoules (30) 173 E2
Saint-André-de-Messei (61) 38 B5
Saint-André-de-Najac (12) 153 G6
Saint-André-
-de-Roquelongue (11) 187 H4
Saint-André-
-de-Roquepertuis (30) 157 G5
Saint-André-
-de-Rosans (05) 159 F4
Saint-André-
-de-Sangonis (34) 172 D5
Saint-André-
-de-Seignanx (40) 164 C5
Saint-André-
-de-Valborgne (30) 156 B6
Saint-André-
-de-Vézines (12) 155 G6
Saint-André-d'Embrun (05) 161 E2
Saint-André-des-Eaux (22) 34 D6
Saint-André-des-Eaux (44) 73 G4
Saint-André-d'Hébertot (14) 15 F3
Saint-André-d'Huiriat (01) 116 C5
Saint-André-
-d'Olérargues (30) 157 H6
Saint-André-du-Bois (33) 149 H2
Saint-André-en-Barrois (55) 47 E2
Saint-André-
-en-Bresse (71) 102 A6
Saint-André-
-en-Morvan (58) 83 H5
Saint-André-
-en-Royans (38) 144 D3
Saint-André-
-en-Terre-Plaine (89) 84 B5
Saint-André-
-en-Vivarais (07) 143 F3
Saint-André-
-et-Appelles (33) 136 C6
Saint-André-Farivillers (60) 20 C3
Saint-André-
-Goule-d'Oie (85) 92 A4
Saint-André-la-Côte (69) 129 G4
Saint-André-Lachamp (07) 157 E3

Saint-André-le-Bouchoux (01) 116 D5
Saint-André-le-Coq (63) 127 G1
Saint-André-le-Désert (71) 115 H2
Saint-André-le-Gaz (38) 131 F5
Saint-André-le-Puy (42) 129 E4
Saint-André-les-Alpes (04) 177 H2
Saint-André-les-Vergers (10) 66 B3
Saint-André-lez-Lille (59) 3 F5
Saint-André-sur-Cailly (76) 17 H5
Saint-André-sur-Orne (14) 14 B5
Saint-André-sur-Sèvre (79) 92 D5
Saint-André-sur-Vieux-Jonc (01) 116 D5
Saint-André-Treize-Voies (85) 91 G2
Saint-Androny (33) 135 E2
Saint-Ange-et-Torçay (28) 41 E6
Saint-Ange-le-Viel (77) 64 B3
Saint-Angeau (16) 122 C2
Saint-Angel (03) 112 D3
Saint-Angel (19) 125 H5
Saint-Angel (63) 127 E1
Saint-Anthème (63) 128 C5
Saint-Anthot (21) 85 E6
Saint-Antoine (15) 154 A1
Saint-Antoine (25) 104 A5
Saint-Antoine (32) 168 B1
Saint-Antoine (33) 135 F4
Saint-Antoine-Cumond (24) 136 C2
Saint-Antoine-d'Auberoche (24) 137 G3
Saint-Antoine-de-Breuilh (24) 136 B5
Saint-Antoine-de-Ficalba (47) 151 F4
Saint-Antoine-du-Queyret (33) 136 A6
Saint-Antoine-du-Rocher (37) 78 D4
Saint-Antoine-la-Forêt (76) 15 G1
Saint-Antoine-l'Abbaye (38) 144 D2
Saint-Antoine-sur-l'Isle (33) 136 B4
Saint-Antonin (06) 178 C2
Saint-Antonin (32) 168 B4
Saint-Antonin-de-Lacalm (81) 170 D4
Saint-Antonin-de-Sommaire (27) 40 A4
Saint-Antonin-du-Var (83) 193 G1
Saint-Antonin-Noble-Val (82) 153 E6
Saint-Antonin-sur-Bayon (13) 176 B6
Saint-Aoustrille (36) 96 D4
Saint-Août (36) 97 E6
Saint-Apollinaire (05) 160 D2
Saint-Apollinaire (21) 85 H6
Saint-Apollinaire-de-Rias (07) 143 G5
Saint-Appolinaire (69) 129 F1
Saint-Appolinard (38) 144 D2
Saint-Appolinard (42) 143 H1
Saint-Aquilin (24) 136 D2
Saint-Aquilin-de-Corbion (61) 39 H6
Saint-Aquilin-de-Pacy (27) 41 F2
Saint-Araille (31) 184 D2
Saint-Arailles (32) 167 F5
Saint-Arcons-d'Allier (43) 142 A4
Saint-Arcons-de-Barges (43) 142 C6
Saint-Arey (38) 145 G5
Saint-Armel (35) 57 F4
Saint-Armel (56) 72 D1
Saint-Armou (64) 182 C1
Saint-Arnac (66) 200 C1
Saint-Arnoult (14) 15 E3
Saint-Arnoult (41) 79 F3
Saint-Arnoult (60) 19 H2
Saint-Arnoult (76) 17 E5
Saint-Arnoult-des-Bois (28) 61 H1
Saint-Arnoult-en-Yvelines (78) 42 A6
Saint-Arroman (32) 183 H1
Saint-Arroman (65) 183 G4
Saint-Arroumex (82) 168 C2
Saint-Astier (24) 137 E3
Saint-Astier (47) 136 C6
Saint-Auban (06) 178 B3
Saint-Auban-d'Oze (05) 160 A3
Saint-Auban-sur-l'Ouvèze (26) 159 F5
Saint-Aubert (59) 9 F3
Saint-Aubert-sur-Orne (61) 38 C4
Saint-Aubin (02) 21 H4
Saint-Aubin (10) 65 F1
Saint-Aubin (21) 101 F4
Saint-Aubin (36) 97 E5
Saint-Aubin (39) 102 B3
Saint-Aubin (40) 165 G4
Saint-Aubin (47) 151 G3
Saint-Aubin (59) 10 A3
Saint-Aubin (62) 6 C1
Saint-Aubin (91) 42 B5
Saint-Aubin-Celloville (76) 18 D5
Saint-Aubin-Château-Neuf (89) 83 E2
Saint-Aubin-d'Appenai (61) 60 C1
Saint-Aubin-d'Arquenay (14) 14 C4
Saint-Aubin-d'Aubigné (35) 57 F1
Saint-Aubin-de-Blaye (33) 135 F1
Saint-Aubin-de-Bonneval (61) 39 G3
Saint-Aubin-de-Branne (33) 135 H6
Saint-Aubin-de-Cadelech (24) 151 E1
Saint-Aubin-de-Courteraie (61) 39 H6
Saint-Aubin-de-Crétot (76) 18 A3
Saint-Aubin-de-Lanquais (24) 137 E6
Saint-Aubin-de-Locquenay (72) 59 H3
Saint-Aubin-de-Luigné (49) 76 D6
Saint-Aubin-de-Médoc (33) 134 D4
Saint-Aubin-de-Nabirat (24) 152 B1
Saint-Aubin-de-Scellon (27) 15 G5
Saint-Aubin-de-Terregatte (50) 35 H4
Saint-Aubin-d'Écrosville (27) 40 C1
Saint-Aubin-des-Bois (14) 37 F3
Saint-Aubin-des-Bois (28) 62 A1
Saint-Aubin-des-Châteaux (44) 57 G6
Saint-Aubin-des-Chaumes (58) 83 H5
Saint-Aubin-des-Coudrais (72) 60 D4
Saint-Aubin-des-Grois (61) 60 D2
Saint-Aubin-des-Hayes (27) 40 B2
Saint-Aubin-des-Landes (35) 57 H3
Saint-Aubin-des-Ormeaux (85) 92 B3
Saint-Aubin-des-Préaux (50) 35 G2
Saint-Aubin-du-Cormier (35) 57 G1
Saint-Aubin-du-Désert (53) 59 G3
Saint-Aubin-du-Pavail (35) 57 G3
Saint-Aubin-du-Perron (50) 12 D6
Saint-Aubin-du-Plain (79) 93 E4
Saint-Aubin-du-Thenney (27) 15 G6
Saint-Aubin-en-Bray (60) 19 H4
Saint-Aubin-en-Charollais (71) 115 F2
Saint-Aubin-Épinay (76) 17 H6
Saint-Aubin-Fosse-Louvain (53) 58 C1
Saint-Aubin-la-Plaine (85) 106 D1
Saint-Aubin-le-Cauf (76) 17 H2
Saint-Aubin-le-Cloud (79) 93 F6
Saint-Aubin-le-Dépeint (37) 78 C3
Saint-Aubin-le-Guichard (27) 40 B2
Saint-Aubin-le-Monial (03) 113 F2
Saint-Aubin-le-Vertueux (27) 15 H6
Saint-Aubin-lès-Elbeuf (76) 18 C5
Saint-Aubin-les-Forges (58) 99 E2
Saint-Aubin-Montenoy (80) 7 E6
Saint-Aubin-Rivière (80) 6 D6
Saint-Aubin-Routot (76) 15 G2
Saint-Aubin-sous-Erquery (60) 20 D4
Saint-Aubin-sur-Aire (55) 47 G5
Saint-Aubin-sur-Gaillon (27) 41 E1
Saint-Aubin-sur-Loire (71) 114 C1
Saint-Aubin-sur-Mer (14) 14 B3
Saint-Aubin-sur-Mer (76) 17 F2
Saint-Aubin-sur-Quillebeuf (27) 15 H2
Saint-Aubin-sur-Scie (76) 17 G2
Saint-Aubin-sur-Yonne (89) 65 E6
Saint-Augustin (17) 120 B3
Saint-Augustin (19) 125 E6
Saint-Augustin (77) 43 H4
Saint-Augustin-des-Bois (49) 75 H3
Saint-Aulaire (19) 138 B2
Saint-Aulais-la-Chapelle (16) 122 A6
Saint-Aulaye (24) 136 B2
Saint-Aunès (34) 173 G5
Saint-Aunix-Lengros (32) 166 D5
Saint-Aupre (38) 131 F6
Saint-Austremoine (43) 141 G3
Saint-Auvent (87) 123 G2
Saint-Avaugourd-des-Landes (85) 91 F6
Saint-Avé (56) 55 G6
Saint-Aventin (31) 197 F1
Saint-Avertin (37) 79 E6
Saint-Avit (16) 136 B2
Saint-Avit (26) 144 B2
Saint-Avit (40) 166 A2
Saint-Avit (41) 61 F5
Saint-Avit (47) 150 C2
Saint-Avit (63) 126 B2
Saint-Avit (81) 170 B6
Saint-Avit-de-Soulège (33) 136 B6
Saint-Avit-de-Tardes (23) 125 H2
Saint-Avit-de-Vialard (24) 137 G5
Saint-Avit-Frandat (32) 168 A2
Saint-Avit-le-Pauvre (23) 125 G1
Saint-Avit-les-Guespières (28) 61 H3
Saint-Avit-Rivière (24) 137 G6
Saint-Avit-Saint-Nazaire (33) 136 C5
Saint-Avit-Sénieur (24) 137 F6
Saint-Avold (57) 49 F1
Saint-Avre (73) 132 C6
Saint-Ay (45) 80 C1
Saint-Aybert (59) 9 G1
Saint-Babel (63) 127 G5
Saint-Baldoph (73) 131 H5
Saint-Bandry (02) 21 H5
Saint-Baraing (39) 102 C3
Saint-Barbant (87) 109 H5
Saint-Bard (23) 126 A2
Saint-Bardoux (26) 144 B3
Saint-Barnabé (22) 55 G2
Saint-Barthélemy (38) 144 C1
Saint-Barthélemy (40) 164 C5
Saint-Barthélemy (50) 37 G5
Saint-Barthélemy (56) 55 E4
Saint-Barthélemy (70) 88 B2
Saint-Barthélemy (77) 44 B4
Saint-Barthélemy-d'Agenais (47) 150 D3
Saint-Barthélemy-d'Anjou (49) 77 E4
Saint-Barthélemy-de-Bellegarde (24) 136 C3
Saint-Barthélemy-de-Bussière (24) 123 F4
Saint-Barthélemy-de-Séchilienne (38) 145 H3
Saint-Barthélemy-de-Vals (26) 144 A3
Saint-Barthélemy-Grozon (07) 143 H4
Saint-Barthélemy-le-Meil (07) 143 G5
Saint-Barthélemy-le-Plain (07) 144 A4
Saint-Barthélemy-Lestra (42) 129 F3
Saint-Basile (07) 143 G4
Saint-Baslemont (88) 69 F4
Saint-Baudel (18) 97 F5
Saint-Baudelle (53) 58 D3
Saint-Baudille-de-la-Tour (38) 130 D3
Saint-Baudille-et-Pipet (38) 145 G6
Saint-Bauld (37) 95 F2
Saint-Baussant (54) 48 A3
Saint-Bauzeil (09) 185 G4
Saint-Bauzély (30) 173 H2
Saint-Bauzile (07) 158 A1
Saint-Bauzile (48) 156 A3
Saint-Bauzille-de-la-Sylve (34) 172 D5
Saint-Bauzille-de-Montmel (34) 173 G4
Saint-Bauzille-de-Putois (34) 173 E3
Saint-Bazile (87) 123 G3
Saint-Bazile-de-la-Roche (19) 139 F3
Saint-Bazile-de-Meyssac (19) 139 E4
Saint-Béat (31) 184 A6
Saint-Beaulize (12) 172 A3
Saint-Beauzeil (82) 151 H4
Saint-Beauzély (12) 155 E6
Saint-Beauzile (81) 169 H2
Saint-Beauzire (43) 141 G2
Saint-Beauzire (63) 127 F2
Saint-Bénézet (30) 173 H2
Saint-Bénigne (01) 116 C3
Saint-Benin (59) 9 F4
Saint-Benin-d'Azy (58) 99 F3
Saint-Benin-des-Bois (58) 99 F2
Saint-Benoist-sur-Mer (85) 106 B2
Saint-Benoist-sur-Vanne (10) 65 G4
Saint-Benoît (01) 131 F3
Saint-Benoît (04) 178 B2
Saint-Benoît (11) 186 C5
Saint-Benoît (86) 109 E1
Saint-Benoît-de-Carmaux (81) 170 C1
Saint-Benoît-des-Ombres (27) 15 H4
Saint-Benoît-des-Ondes (35) 35 E4
Saint-Benoît-d'Hébertot (14) 15 F3
Saint-Benoît-du-Sault (36) 110 D3
Saint-Benoit-en-Diois (26) 159 E1
Saint-Benoît-la-Chipotte (88) 70 B2
Saint-Benoît-la-Forêt (37) 94 B1
Saint-Benoît-sur-Loire (45) 81 F2
Saint-Benoît-sur-Seine (10) 66 A2
Saint-Bérain (43) 142 A4
Saint-Berain-sous-Sanvignes (71) 100 D6
Saint-Bérain-sur-Dheune (71) 101 F5
Saint-Bernard (01) 129 H1
Saint-Bernard (21) 101 H2
Saint-Bernard (38) 145 H1
Saint-Bernard (68) 89 E2
Saint-Béron (73) 131 G5
Saint-Berthevin (53) 58 C5
Saint-Berthevin-la-Tannière (53) 58 B2
Saint-Bertrand-de-Comminges (31) 184 A5
Saint-Biez-en-Belin (72) 78 B1
Saint-Bihy (22) 33 F5
Saint-Blaise (06) 195 F2
Saint-Blaise (74) 118 B6
Saint-Blaise-du-Buis (38) 131 F6
Saint-Blaise-la-Roche (67) 71 E1
Saint-Blancard (32) 184 A2
Saint-Blimont (80) 6 C4
Saint-Blin (52) 68 B3
Saint-Boès (64) 165 F5
Saint-Bohaire (41) 79 H3
Saint-Boil (71) 101 F6
Saint-Boingt (54) 69 H1
Saint-Bois (01) 131 F3
Saint-Bomer (28) 61 E4
Saint-Bômer-les-Forges (61) 38 A5
Saint-Bon (51) 44 C5
Saint-Bon-Tarentaise (73) 133 E5
Saint-Bonnet (16) 122 A5
Saint-Bonnet-Avalouze (19) 139 E2
Saint-Bonnet-Briance (87) 124 C3
Saint-Bonnet-de-Bellac (87) 110 A5
Saint-Bonnet-de-Chavagne (38) 144 D3
Saint-Bonnet-de-Chirac (48) 155 G3
Saint-Bonnet-de-Condat (15) 140 D2
Saint-Bonnet-de-Cray (71) 115 E5
Saint-Bonnet-de-Four (03) 113 F4
Saint-Bonnet-de-Joux (71) 115 G2
Saint-Bonnet-de-Montauroux (48) 142 B6
Saint-Bonnet-de-Mure (69) 130 B4
Saint-Bonnet-de-Rochefort (03) 113 G5
Saint-Bonnet-de-Salendrinque (30) 173 F1
Saint-Bonnet-de-Salers (15) 140 B3
Saint-Bonnet-de-Valclérieux (26) 144 C2
Saint-Bonnet-de-Vieille-Vigne (71) 115 F2
Saint-Bonnet-des-Bruyères (69) 115 H4
Saint-Bonnet-des-Quarts (42) 114 D5
Saint-Bonnet-du-Gard (30) 174 C2
Saint-Bonnet-Elvert (19) 139 F3
Saint-Bonnet-en-Bresse (71) 102 A4
Saint-Bonnet-en-Champsaur (05) 160 B1
Saint-Bonnet-la-Rivière (19) 138 B1
Saint-Bonnet-le-Bourg (63) 128 A6
Saint-Bonnet-le-Chastel (63) 128 A6
Saint-Bonnet-le-Château (42) 128 D6
Saint-Bonnet-le-Courreau (42) 128 C4
Saint-Bonnet-le-Froid (43) 143 F3
Saint-Bonnet-le-Troncy (69) 115 G6
Saint-Bonnet-l'Enfantier (19) 138 C1
Saint-Bonnet-lès-Allier (63) 127 G3
Saint-Bonnet-les-Oules (42) 129 F5
Saint-Bonnet-les-Tours-de-Merle (19) 139 G4
Saint-Bonnet-près-Bort (19) 126 A5
Saint-Bonnet-près-Orcival (63) 126 D4
Saint-Bonnet-près-Riom (63) 127 F2
Saint-Bonnet-sur-Gironde (17) 121 E6
Saint-Bonnet-Tronçais (03) 112 D1
Saint-Bonnot (58) 99 E1
Saint-Bouize (18) 98 C1
Saint-Brancher (89) 84 A5
Saint-Branchs (37) 95 E1
Saint-Brandan (22) 33 F5
Saint-Brès (30) 157 F5
Saint-Brès (32) 168 A4
Saint-Brès (34) 173 G5
Saint-Bresson (30) 173 E2
Saint-Bresson (70) 88 A1
Saint-Bressou (46) 153 G1
Saint-Brevin-les-Pins (44) 73 H4
Saint-Briac-sur-Mer (35) 34 C4
Saint-Brice (16) 121 G3
Saint-Brice (33) 150 A1
Saint-Brice (50) 35 H3
Saint-Brice (53) 77 E1
Saint-Brice (61) 38 A6
Saint-Brice (77) 65 E1
Saint-Brice-Courcelles (51) 23 E6
Saint-Brice-de-Landelles (50) 37 F6
Saint-Brice-en-Coglès (35) 35 H6
Saint-Brice-sous-Forêt (95) 42 D2
Saint-Brice-sous-Rânes (61) 38 D5
Saint-Brice-sur-Vienne (87) 123 H2
Saint-Brieuc (22) 33 G4
Saint-Brieuc-de-Mauron (56) 56 B3
Saint-Brieuc-des-Iffs (35) 57 E1
Saint-Bris-des-Bois (17) 121 F3
Saint-Bris-le-Vineux (89) 83 G2
Saint-Brisson (58) 100 B1
Saint-Brisson-sur-Loire (45) 82 A3
Saint-Broing (70) 86 D5
Saint-Broing-les-Moines (21) 85 F3
Saint-Broingt-le-Bois (52) 86 B2
Saint-Broingt-les-Fosses (52) 86 A2
Saint-Broladre (35) 35 F4
Saint-Bueil (38) 131 G5
Saint-Calais (72) 61 E6
Saint-Calais-du-Désert (53) 59 G1
Saint-Calez-en-Saosnois (72) 60 B3
Saint-Cannat (13) 175 H5
Saint-Caprais (03) 112 D2
Saint-Caprais (18) 97 G4
Saint-Caprais (32) 168 A5
Saint-Caprais (46) 152 B2
Saint-Caprais-de-Blaye (33) 135 F1
Saint-Caprais-de-Bordeaux (33) 135 F6
Saint-Caprais-de-Lerm (47) 151 F5
Saint-Capraise-de-Lalinde (24) 137 E5
Saint-Capraise-d'Eymet (24) 151 E1
Saint-Caradec (22) 55 F1
Saint-Caradec-Trégomel (56) 54 C3
Saint-Carné (22) 34 D5
Saint-Carreuc (22) 33 G5
Saint-Cassien (24) 151 G1
Saint-Cassien (38) 145 F1
Saint-Cassin (73) 131 H5
Saint-Cast-le-Guildo (22) 34 B3
Saint-Castin (64) 182 C1
Saint-Célerin (72) 60 C4
Saint-Céneré (53) 58 D4
Saint-Céneri-le-Gérei (61) 59 H2
Saint-Céols (18) 98 A1
Saint-Céré (46) 139 F5
Saint-Cergues (74) 118 D4
Saint-Cernin (15) 140 A4
Saint-Cernin (46) 152 D2
Saint-Cernin-de-Labarde (24) 137 E6
Saint-Cernin-de-Larche (19) 138 C3
Saint-Cernin-de-l'Herm (24) 152 A2
Saint-Césaire (17) 121 F3
Saint-Césaire-de-Gauzignan (30) 173 H1
Saint-Cézaire-sur-Siagne (06) 178 B4
Saint-Cézert (31) 168 D4
Saint-Chabrais (23) 112 A5
Saint-Chaffrey (05) 147 E4
Saint-Chamant (15) 140 A3
Saint-Chamant (19) 139 F3
Saint-Chamarand (46) 152 C1
Saint-Chamas (13) 191 G3
Saint-Chamassy (24) 137 G5
Saint-Chamond (42) 129 G6
Saint-Champ (01) 131 G3
Saint-Chaptes (30) 174 A2
Saint-Charles-de-Percy (14) 37 H3
Saint-Charles-la-Forêt (53) 59 E6
Saint-Chartier (36) 111 G1
Saint-Chef (38) 130 D4
Saint-Chels (46) 153 F3
Saint-Chély-d'Apcher (48) 141 G6
Saint-Chély-d'Aubrac (12) 155 E2
Saint-Chéron (51) 46 A6
Saint-Chéron (91) 63 E1
Saint-Chinian (34) 188 A1
Saint-Christ-Briost (80) 8 C6
Saint-Christaud (31) 184 D3
Saint-Christaud (32) 167 F6
Saint-Christo-en-Jarez (42) 129 G5
Saint-Christol (07) 143 F5
Saint-Christol (34) 173 H4
Saint-Christol (84) 176 A1
Saint-Christol-de-Rodières (30) 157 H5
Saint-Christol-lès-Alès (30) 173 H1
Saint-Christoly-de-Blaye (33) 135 F3
Saint-Christoly-Médoc (33) 120 D6
Saint-Christophe (03) 114 B5
Saint-Christophe (16) 123 G1
Saint-Christophe (17) 107 E5
Saint-Christophe (23) 111 G6
Saint-Christophe (28) 62 A5
Saint-Christophe (69) 115 H4
Saint-Christophe (73) 131 G6
Saint-Christophe (81) 153 G6
Saint-Christophe (86) 94 C4
Saint-Christophe-à-Berry (02) 21 H4
Saint-Christophe-d'Allier (43) 142 B5
Saint-Christophe-de-Chaulieu (61) 37 H4
Saint-Christophe-de-Double (33) 136 A3
Saint-Christophe-de-Valains (35) 35 G6
Saint-Christophe-des-Bardes (33) 135 H5
Saint-Christophe-des-Bois (35) 57 H2
Saint-Christophe-Dodinicourt (10) 66 D2
Saint-Christophe-du-Bois (49) 92 B2
Saint-Christophe-du-Foc (50) 12 B2
Saint-Christophe-du-Jambet (72) 59 H3
Saint-Christophe-du-Ligneron (85) 91 F3
Saint-Christophe-du-Luat (53) 59 E4
Saint-Christophe-en-Bazelle (36) 96 C2
Saint-Christophe-en-Boucherie (36) 97 F6
Saint-Christophe-en-Bresse (71) 101 H5
Saint-Christophe-en-Brionnais (71) 115 F4
Saint-Christophe-en-Champagne (72) 59 G6
Saint-Christophe-en-Oisans (38) 146 B4
Saint-Christophe-et-le-Laris (26) 144 C2
Saint-Christophe-la-Couperie (49) 75 F5
Saint-Christophe-le-Chaudry (18) 112 B1
Saint-Christophe-sur-Avre (27) 40 B5
Saint-Christophe-sur-Condé (27) 15 H4
Saint-Christophe-sur-Dolaison (43) 142 C4
Saint-Christophe-sur-Guiers (38) 131 G6
Saint-Christophe-sur-le-Nais (37) 78 C3
Saint-Christophe-sur-Roc (79) 108 A2
Saint-Christophe-Vallon (12) 154 B3
Saint-Cibard (33) 136 A4
Saint-Cierge-la-Serre (07) 143 H6
Saint-Cierge-sous-le-Cheylard (07) 143 G5
Saint-Ciergues (52) 86 A1
Saint-Ciers-Champagne (17) 121 G5
Saint-Ciers-d'Abzac (33) 135 G3
Saint-Ciers-de-Canesse (33) 135 E3
Saint-Ciers-du-Taillon (17) 121 E6
Saint-Ciers-sur-Bonnieure (16) 122 C2
Saint-Ciers-sur-Gironde (33) 135 E1
Saint-Cirgue (81) 170 D2
Saint-Cirgues (43) 141 H3
Saint-Cirgues (46) 153 H1
Saint-Cirgues-de-Jordanne (15) 140 B4
Saint-Cirgues-de-Malbert (15) 140 A4
Saint-Cirgues-de-Prades (07) 157 F2
Saint-Cirgues-en-Montagne (07) 142 D6
Saint-Cirgues-la-Loutre (19) 139 G3
Saint-Cirgues-sur-Couze (63) 127 F5
Saint-Cirice (82) 168 B1
Saint-Cirq (24) 137 G5
Saint-Cirq (82) 152 D6
Saint-Cirq-Lapopie (46) 153 E3
Saint-Cirq-Madelon (46) 138 B6
Saint-Cirq-Souillaguet (46) 152 C1
Saint-Civran (36) 110 D2
Saint-Clair (07) 143 H2
Saint-Clair (46) 152 C1
Saint-Clair (82) 151 H6
Saint-Clair (86) 94 A4
Saint-Clair-d'Arcey (27) 40 A2
Saint-Clair-de-Halouze (61) 38 A5
Saint-Clair-de-la-Tour (38) 131 E4
Saint-Clair-du-Rhône (38) 130 A6
Saint-Clair-sur-Epte (95) 19 G6
Saint-Clair-sur-Galaure (38) 144 C2
Saint-Clair-sur-l'Elle (50) 13 F6
Saint-Clair-sur-les-Monts (76) 17 E4
Saint-Clar (32) 168 A3
Saint-Clar-de-Rivière (31) 185 E1
Saint-Claud (16) 123 E2
Saint-Claude (39) 118 A3
Saint-Claude-de-Diray (41) 80 A3
Saint-Clément (02) 23 E1
Saint-Clément (03) 114 C6
Saint-Clément (07) 143 E5
Saint-Clément (15) 140 C4
Saint-Clément (19) 138 D1
Saint-Clément (30) 173 G3
Saint-Clément (54) 49 F6
Saint-Clément (89) 65 E4
Saint-Clément-à-Arnes (08) 23 H5
Saint-Clément-de-la-Place (49) 76 C4
Saint-Clément-de-Régnat (63) 127 G1
Saint-Clément-de-Rivière (34) 173 F5
Saint-Clément-de-Valorgue (63) 128 C5
Saint-Clément-de-Vers (69) 115 G5
Saint-Clément-des-Baleines (17) 106 A4
Saint-Clément-des-Levées (49) 77 G6
Saint-Clément-les-Places (69) 129 F3
Saint-Clément-Rancoudray (50) 37 H5
Saint-Clément-sur-Durance (05) 161 E1
Saint-Clément-sur-Guye (71) 115 H1
Saint-Clément-sur-Valsonne (69) 129 F2
Saint-Clet (22) 33 E3
Saint-Cloud (92) 42 C4
Saint-Cloud-en-Dunois (28) 62 A5
Saint-Colomb-de-Lauzun (47) 151 E2
Saint-Colomban (44) 91 F1
Saint-Colomban-des-Villards (73) 146 B1
Saint-Côme (33) 149 H3
Saint-Côme-de-Fresné (14) 14 A3
Saint-Côme-d'Olt (12) 154 D3
Saint-Côme-du-Mont (50) 13 E4
Saint-Côme-et-Maruéjols (30) 173 H3
Saint-Congard (56) 56 B5
Saint-Connan (22) 33 E5
Saint-Connec (22) 55 F1
Saint-Constant (15) 154 A1
Saint-Contest (14) 14 B4
Saint-Corneille (72) 60 B5
Saint-Cornier-des-Landes (61) 38 A4
Saint-Cosme (68) 89 E2
Saint-Cosme-en-Vairais (72) 60 C3
Saint-Couat-d'Aude (11) 187 G3

Saint-Couat-du-Razès (11) 186 C5
Saint-Coulitz (29) 53 G1
Saint-Coulomb (35) 35 E3
Saint-Coutant (16) 109 F6
Saint-Coutant (79) 108 C4
Saint-Coutant-le-Grand (17) 121 E1
Saint-Créac (32) 168 B2
Saint-Créac (65) 183 E4
Saint-Crépin (05) 147 E6
Saint-Crépin (17) 107 F6
Saint-Crépin-aux-Bois (60) 21 G4
Saint-Crépin-d'Auberoche (24) 137 G3
Saint-Crépin-de-Richemont (24) 123 E6
Saint-Crépin-et-Carlucet (24) 138 B4
Saint-Crépin-Ibouvillers (60) 20 A6
Saint-Crespin (76) 18 D1
Saint-Crespin-sur-Moine (49) 75 F6
Saint-Cricq (32) 168 C4
Saint-Cricq-Chalosse (40) 165 G4
Saint-Cricq-du-Gave (40) 165 E5
Saint-Cricq-Villeneuve (40) 166 B2
Saint-Cybardeaux (16) 122 A3
Saint-Cybranet (24) 138 A6
Saint-Cyprien (19) 138 B2
Saint-Cyprien (24) 137 H5
Saint-Cyprien (42) 129 E5
Saint-Cyprien (46) 152 B5
Saint-Cyprien (66) 201 G3
Saint-Cyprien-sur-Dourdou (12) 154 B3
Saint-Cyr (07) 143 H2
Saint-Cyr (50) 12 D3
Saint-Cyr (71) 101 G6
Saint-Cyr (86) 94 C6
Saint-Cyr (87) 123 H3
Saint-Cyr-au-Mont-d'Or (69) 130 A2
Saint-Cyr-de-Favières (42) 128 D1
Saint-Cyr-de-Salerne (27) 18 A6
Saint-Cyr-de-Valorges (42) 129 E2
Saint-Cyr-des-Gâts (85) 107 E1
Saint-Cyr-du-Bailleul (50) 37 H6
Saint-Cyr-du-Doret (17) 107 E4
Saint-Cyr-du-Gault (41) 79 F3
Saint-Cyr-du-Ronceray (14) 15 F6
Saint-Cyr-en-Arthies (95) 41 H2
Saint-Cyr-en-Bourg (49) 93 H1
Saint-Cyr-en-Pail (53) 59 G1
Saint-Cyr-en-Talmondais (85) 91 G6
Saint-Cyr-en-Val (45) 80 D2
Saint-Cyr-la-Campagne (27) 18 C6
Saint-Cyr-la-Lande (79) 93 G2
Saint-Cyr-la-Rivière (91) 63 F3
Saint-Cyr-la-Roche (19) 138 B2
Saint-Cyr-la-Rosière (61) 60 D3
Saint-Cyr-le-Chatoux (69) 115 H6
Saint-Cyr-le-Gravelais (53) 58 B5
Saint-Cyr-l'École (78) 42 B4
Saint-Cyr-les-Champagnes (24) 138 B1
Saint-Cyr-les-Colons (89) 83 G2
Saint-Cyr-les-Vignes (42) 129 E4
Saint-Cyr-Montmalin (39) 103 E4
Saint-Cyr-sous-Dourdan (91) 42 B6
Saint-Cyr-sur-le-Rhône (69) 130 A5
Saint-Cyr-sur-Loire (37) 78 D5
Saint-Cyr-sur-Menthon (01) 116 C4
Saint-Cyr-sur-Mer (83) 192 D5
Saint-Cyr-sur-Morin (77) 44 A3
Saint-Cyran-du-Jambot (36) 95 G3
Saint-Dalmas-le-Selvage (06) 161 G4
Saint-Daunès (46) 152 B4
Saint-Denis (11) 186 D2
Saint-Denis (30) 157 F5
Saint-Denis (93) 42 D3
Saint-Denis-Catus (46) 152 C2
Saint-Denis-Combarnazat (63) 127 G1
Saint-Denis-d'Aclon (76) 17 F2
Saint-Denis-d'Anjou (53) 77 E1
Saint-Denis-d'Augerons (27) 39 H3
Saint-Denis-d'Authou (28) 61 F3
Saint-Denis-de-Cabanne (42) 115 F5
Saint-Denis-de-Gastines (53) 58 C2
Saint-Denis-de-Jouhet (36) 111 G2
Saint-Denis-de-l'Hôtel (45) 81 E1
Saint-Denis-de-Mailloc (14) 15 F5
Saint-Denis-de-Méré (14) 38 B3
Saint-Denis-de-Palin (18) 97 H4
Saint-Denis-de-Pile (33) 135 H4
Saint-Denis-de-Vaux (71) 101 F5
Saint-Denis-de-Villenette (61) 59 E1
Saint-Denis-des-Coudrais (72) 60 C4
Saint-Denis-des-Monts (27) 18 B6
Saint-Denis-des-Murs (87) 124 D3
Saint-Denis-des-Puits (28) 61 G2
Saint-Denis-d'Oléron (17) 106 B6
Saint-Denis-d'Orques (72) 59 F5
Saint-Denis-du-Béhélan (27) 40 C3
Saint-Denis-du-Maine (53) 59 E6
Saint-Denis-du-Payré (85) 106 C2
Saint-Denis-du-Pin (17) 107 G6
Saint-Denis-en-Bugey (01) 130 D1
Saint-Denis-en-Margeride (48) 156 A1
Saint-Denis-en-Val (45) 80 D1
Saint-Denis-la-Chevasse (85) 91 G3
Saint-Denis-le-Ferment (27) 19 G5
Saint-Denis-le-Gast (50) 35 H1
Saint-Denis-le-Thiboult (76) 19 E4
Saint-Denis-le-Vêtu (50) 37 E2
Saint-Denis-lès-Bourg (01) 116 D5
Saint-Denis-lès-Martel (46) 138 D5
Saint-Denis-les-Ponts (28) 61 H5
Saint-Denis-lès-Rebais (77) 44 A4
Saint-Denis-lès-Sens (89) 65 E4
Saint-Denis-Maisoncelles (14) 37 H2
Saint-Denis-sur-Coise (42) 129 F4
Saint-Denis-sur-Huisne (61) 60 D1
Saint-Denis-sur-Loire (41) 80 A3
Saint-Denis-sur-Ouanne (89) 82 D2
Saint-Denis-sur-Sarthon (61) 59 H1
Saint-Denis-sur-Scie (76) 17 G4
Saint-Deniscourt (60) 19 H3
Saint-Denœux (62) 1 G6
Saint-Denoual (22) 34 B4
Saint-Derrien (29) 31 F3
Saint-Désert (71) 101 F5
Saint-Désir (14) 15 F5
Saint-Désirat (07) 144 A2
Saint-Désiré (03) 112 C2
Saint-Dézéry (30) 174 A2
Saint-Didier (21) 84 C6
Saint-Didier (35) 57 G3
Saint-Didier (39) 102 C6
Saint-Didier (58) 83 G6
Saint-Didier (84) 175 G2
Saint-Didier-au-Mont-d'Or (69) 130 A2
Saint-Didier-d'Allier (43) 142 B4
Saint-Didier-d'Aussiat (01) 116 D4
Saint-Didier-de-Bizonnes (38) 130 D5
Saint-Didier-de-Formans (01) 130 A1
Saint-Didier-de-la-Tour (38) 131 E5
Saint-Didier-des-Bois (27) 18 C6
Saint-Didier-en-Bresse (71) 102 A4
Saint-Didier-en-Brionnais (71) 115 E4
Saint-Didier-en-Donjon (03) 114 D3
Saint-Didier-en-Velay (43) 143 E1
Saint-Didier-la-Forêt (03) 113 H5
Saint-Didier-sous-Aubenas (07) 157 G2
Saint-Didier-sous-Écouves (61) 39 E6
Saint-Didier-sous-Riverie (69) 129 G4
Saint-Didier-sur-Arroux (71) 100 C5
Saint-Didier-sur-Beaujeu (69) 115 H5
Saint-Didier-sur-Chalaronne (01) 116 B5
Saint-Didier-sur-Doulon (43) 142 A1
Saint-Didier-sur-Rochefort (42) 128 C3
Saint-Dié-des-Vosges (88) 70 D3
Saint-Dier-d'Auvergne (63) 127 H4
Saint-Diéry (63) 127 E5
Saint-Dionisy (30) 174 A3
Saint-Divy (29) 31 E4
Saint-Dizant-du-Bois (17) 121 F6
Saint-Dizant-du-Gua (17) 121 E5
Saint-Dizier (52) 46 D6
Saint-Dizier-en-Diois (26) 159 F3
Saint-Dizier-la-Tour (23) 112 A5
Saint-Dizier-les-Domaines (23) 111 H4
Saint-Dizier-l'Évêque (90) 88 D4
Saint-Dizier-Leyrenne (23) 111 F6
Saint-Dolay (56) 73 H2
Saint-Domet (23) 112 B6
Saint-Domineuc (35) 35 E6
Saint-Donan (22) 33 F5
Saint-Donat (63) 126 C6
Saint-Donat-sur-l'Herbasse (26) 144 B3
Saint-Dos (64) 165 E6
Saint-Doulchard (18) 97 G2
Saint-Drézéry (34) 173 G4
Saint-Dyé-sur-Loire (41) 80 B3
Saint-Ébremond-de-Bonfossé (50) 37 F1
Saint-Edmond (71) 115 F5
Saint-Égrève (38) 145 G2
Saint-Élier (27) 40 C3
Saint-Éliph (28) 61 G2
Saint-Élix (32) 168 A6
Saint-Élix-le-Château (31) 185 E2
Saint-Élix-Séglan (31) 184 C3
Saint-Élix-Theux (32) 183 H1
Saint-Ellier-du-Maine (53) 58 B2
Saint-Ellier-les-Bois (61) 59 H1
Saint-Éloi (01) 130 C1
Saint-Éloi (23) 111 F6
Saint-Éloi (58) 99 E4
Saint-Éloi-de-Fourques (27) 18 B6
Saint-Eloy (29) 31 G5
Saint-Éloy-d'Allier (03) 112 B2
Saint-Éloy-de-Gy (18) 97 G2
Saint-Éloy-la-Glacière (63) 128 A5
Saint-Éloy-les-Mines (63) 113 E5
Saint-Éloy-les-Tuileries (19) 124 B6
Saint-Éman (28) 61 H3
Saint-Émiland (71) 101 E4
Saint-Émilion (33) 135 H5
Saint-Ennemond (03) 99 F6
Saint-Épain (37) 94 D2
Saint-Epvre (57) 49 E2
Saint-Erblon (35) 57 F3
Saint-Erblon (53) 76 A1
Saint-Erme-Outre-et-Ramecourt (02) 22 D4
Saint-Escobille (91) 63 E2
Saint-Esteben (64) 181 E1
Saint-Estèphe (24) 123 F4
Saint-Estèphe (33) 134 D1
Saint-Estève (66) 201 F2
Saint-Estève-Janson (13) 176 A4
Saint-Étienne (42) 129 F6
Saint-Étienne-à-Arnes (08) 23 H5
Saint-Étienne-au-Mont (62) 1 F4
Saint-Étienne-au-Temple (51) 45 H2
Saint-Étienne-aux-Clos (19) 126 B5
Saint-Étienne-Cantalès (15) 139 H5
Saint-Étienne-d'Albagnan (34) 171 G6
Saint-Étienne-de-Baïgorry (64) 180 D3
Saint-Étienne-de-Boulogne (07) 157 G1
Saint-Étienne-de-Brillouet (85) 106 D1
Saint-Étienne-de-Carlat (15) 140 B5
Saint-Étienne-de-Chigny (37) 78 C5
Saint-Étienne-de-Chomeil (15) 140 B1
Saint-Étienne-de-Crossey (38) 131 F6
Saint-Étienne-de-Cuines (73) 146 C1
Saint-Étienne-de-Fontbellon (07) 157 G2
Saint-Étienne-de-Fougères (47) 151 E3
Saint-Étienne-de-Fursac (23) 111 E5
Saint-Étienne-de-Gourgas (34) 172 C4
Saint-Étienne-de-Lisse (33) 135 H5
Saint-Étienne-de-l'Olm (30) 173 H1
Saint-Étienne-de-Lugdarès (07) 156 D2
Saint-Étienne-de-Maurs (15) 153 H1
Saint-Étienne-de-Mer-Morte (44) 91 E2
Saint-Étienne-de-Montluc (44) 74 B4
Saint-Étienne-de-Puycorbier (24) 136 C3
Saint-Étienne-de-Saint-Geoirs (38) 144 D1
Saint-Étienne-de-Serre (07) 143 G6
Saint-Étienne-de-Tinée (06) 161 H5
Saint-Étienne-de-Tulmont (82) 169 F1
Saint-Étienne-de-Valoux (07) 144 A2
Saint-Étienne-de-Vicq (03) 114 B5
Saint-Étienne-de-Villeréal (47) 151 G2
Saint-Étienne-des-Champs (63) 126 B2
Saint-Étienne-des-Guérets (41) 79 G4
Saint-Étienne-des-Oullières (69) 116 A6
Saint-Étienne-des-Sorts (30) 158 A6
Saint-Étienne-d'Orthe (40) 164 D5
Saint-Étienne-du-Bois (01) 117 E4
Saint-Étienne-du-Bois (85) 91 F3
Saint-Étienne-du-Grès (13) 191 E1
Saint-Étienne-du-Gué-de-l'Isle (22) 55 H2
Saint-Étienne-du-Rouvray (76) 18 C5
Saint-Étienne-du-Valdonnez (48) 156 B3
Saint-Étienne-du-Vauvray (27) 18 D6
Saint-Étienne-du-Vigan (43) 142 C6
Saint-Étienne-en-Bresse (71) 102 A6
Saint-Étienne-en-Coglès (35) 35 H6
Saint-Étienne-Estréchoux (34) 172 A5
Saint-Étienne-la-Cigogne (79) 107 G5
Saint-Étienne-la-Geneste (19) 126 A6
Saint-Étienne-la-Thillaye (14) 15 E4
Saint-Étienne-la-Varenne (69) 116 A6
Saint-Étienne-l'Allier (27) 15 H4
Saint-Étienne-Lardeyrol (43) 142 D4
Saint-Étienne-le-Laus (05) 160 C3
Saint-Étienne-le-Molard (42) 128 D3
Saint-Étienne-les-Orgues (04) 176 C1
Saint-Étienne-lès-Remiremont (88) 70 B5
Saint-Étienne-Roilaye (60) 21 G5
Saint-Étienne-sous-Bailleul (27) 41 F1
Saint-Étienne-sous-Barbuise (10) 66 B1
Saint-Étienne-sur-Blesle (43) 141 F1
Saint-Étienne-sur-Chalaronne (01) 116 B5
Saint-Étienne-sur-Reyssouze (01) 116 C3
Saint-Étienne-sur-Suippe (51) 23 F5
Saint-Étienne-sur-Usson (63) 127 H5
Saint-Étienne-Vallée-Française (48) 156 C6
Saint-Eugène (02) 44 C2
Saint-Eugène (17) 121 G5
Saint-Eugène (71) 100 C6
Saint-Eulien (51) 46 C5
Saint-Euphraise-et-Clairizet (51) 22 D6
Saint-Euphrône (21) 84 D5
Saint-Eusèbe (71) 101 E6
Saint-Eusèbe (74) 131 H1
Saint-Eusèbe-en-Champsaur (05) 146 A6
Saint-Eustache (74) 132 B2
Saint-Eustache-la-Forêt (76) 15 G1
Saint-Eutrope (16) 122 B6
Saint-Eutrope-de-Born (47) 151 F2
Saint-Évarzec (29) 53 G3
Saint-Evroult-de-Montfort (61) 39 G4
Saint-Evroult-Notre-Dame-du-Bois (61) 39 H4
Saint-Exupéry (33) 150 A1
Saint-Exupéry-les-Roches (19) 126 A5
Saint-Fargeau (89) 82 C3
Saint-Fargeau-Ponthierry (77) 63 H1
Saint-Fargeol (03) 112 D5
Saint-Faust (64) 182 B2
Saint-Félicien (07) 143 H3
Saint-Féliu-d'Amont (66) 201 E2
Saint-Féliu-d'Avall (66) 201 E2
Saint-Félix (03) 114 A5
Saint-Félix (16) 122 A6
Saint-Félix (17) 107 G5
Saint-Félix (46) 153 H2
Saint-Félix (60) 20 C5
Saint-Félix (74) 131 H2
Saint-Félix-de-Bourdeilles (24) 123 E6
Saint-Félix-de-Foncaude (33) 150 A1
Saint-Félix-de-l'Héras (34) 172 B3
Saint-Félix-de-Lodez (34) 172 D5
Saint-Félix-de-Lunel (12) 154 C2
Saint-Félix-de-Pallières (30) 173 G2
Saint-Félix-de-Reillac-et-Mortemart (24) 137 G4
Saint-Félix-de-Rieutord (09) 185 H5
Saint-Félix-de-Sorgues (12) 171 H3
Saint-Félix-de-Tournegat (09) 186 A4
Saint-Félix-de-Villadeix (24) 137 F5
Saint-Félix-Lauragais (31) 186 B1
Saint-Fergeux (08) 23 F3
Saint-Ferjeux (70) 88 A4
Saint-Ferme (33) 150 B1
Saint-Ferréol (74) 132 C3
Saint-Ferréol-d'Auroure (43) 143 E1
Saint-Ferréol-de-Comminges (31) 184 B2
Saint-Ferréol-des-Côtes (63) 128 B5
Saint-Ferréol-Trente-Pas (26) 159 E3
Saint-Ferriol (11) 186 D6
Saint-Fiacre (22) 33 E5
Saint-Fiacre (77) 43 G3
Saint-Fiacre-sur-Maine (44) 74 D6
Saint-Fiel (23) 111 G5
Saint-Firmin (05) 146 A6
Saint-Firmin (54) 69 F2
Saint-Firmin (58) 99 F3
Saint-Firmin (71) 101 E5
Saint-Firmin-des-Bois (45) 64 B6
Saint-Firmin-des-Prés (41) 79 G1
Saint-Firmin-sur-Loire (45) 82 A3
Saint-Flavy (10) 65 H2
Saint-Florent (2B) 203 F4
Saint-Florent (45) 81 H3
Saint-Florent-des-Bois (85) 91 H5
Saint-Florent-le-Vieil (49) 76 B5
Saint-Florent-sur-Auzonnet (30) 157 E5
Saint-Florent-sur-Cher (18) 97 G3
Saint-Florentin (36) 96 D3
Saint-Florentin (89) 65 G6
Saint-Floret (63) 127 F5
Saint-Floris (62) 2 C5
Saint-Flour (15) 141 F4
Saint-Flour (63) 127 H4
Saint-Flour-de-Mercoire (48) 156 C1
Saint-Flovier (37) 95 G3
Saint-Floxel (50) 12 D3
Saint-Folquin (62) 2 A2
Saint-Fons (69) 130 A3
Saint-Forgeot (71) 100 D3
Saint-Forget (78) 42 B5
Saint-Forgeux (69) 129 G2
Saint-Forgeux-Lespinasse (42) 114 D5
Saint-Fort (53) 76 D1
Saint-Fort-sur-Gironde (17) 121 E5
Saint-Fort-sur-le-Né (16) 121 G4
Saint-Fortunat-sur-Eyrieux (07) 143 H6
Saint-Fraigne (16) 122 B1
Saint-Fraimbault (61) 58 D1
Saint-Fraimbault-de-Prières (53) 59 E2
Saint-Frajou (31) 184 C2
Saint-Franc (73) 131 G5
Saint-Franchy (58) 99 F2
Saint-François-de-Sales (73) 132 A3
Saint-François-Lacroix (57) 26 D3
Saint-François-Longchamp (73) 132 C6
Saint-Frégant (29) 31 E3
Saint-Fréjoux (19) 126 A5
Saint-Frézal-d'Albuges (48) 156 C2
Saint-Frézal-de-Ventalon (48) 156 C5
Saint-Frichoux (11) 187 F3
Saint-Frion (23) 125 H2
Saint-Fromond (50) 13 F6
Saint-Front (16) 122 C2
Saint-Front (43) 143 E4
Saint-Front-d'Alemps (24) 137 F1
Saint-Front-de-Pradoux (24) 136 D3
Saint-Front-la-Rivière (24) 123 F5
Saint-Front-sur-Lémance (47) 151 H2
Saint-Front-sur-Nizonne (24) 123 E5
Saint-Froult (17) 120 C1
Saint-Fulgent (85) 92 A4
Saint-Fulgent-des-Ormes (61) 60 C3
Saint-Fuscien (80) 7 G6
Saint-Gabriel-Brécy (14) 14 A3
Saint-Gal (48) 156 A1
Saint-Gal-sur-Sioule (63) 113 F6
Saint-Galmier (42) 129 F5
Saint-Gand (70) 87 E4
Saint-Ganton (35) 56 D6
Saint-Gatien-des-Bois (14) 15 F3
Saint-Gaudens (31) 184 B4
Saint-Gaudent (86) 109 E5
Saint-Gaudéric (11) 186 B4
Saint-Gaultier (36) 110 D1
Saint-Gauzens (81) 170 A4
Saint-Gein (40) 166 B3
Saint-Gelais (79) 107 H3
Saint-Gelven (22) 55 E1
Saint-Gély-du-Fesc (34) 173 F5
Saint-Génard (79) 108 B5
Saint-Gence (87) 124 A1
Saint-Généroux (79) 93 G4
Saint-Genès-Champanelle (63) 127 E3
Saint-Genès-Champespe (63) 126 C6
Saint-Genès-de-Blaye (33) 135 E2
Saint-Genès-de-Castillon (33) 136 A5
Saint-Genès-de-Fronsac (33) 135 G4
Saint-Genès-de-Lombaud (33) 135 F6
Saint-Genès-du-Retz (63) 113 G6
Saint-Genès-la-Tourette (63) 127 H5
Saint-Genest (03) 112 D4
Saint-Genest (88) 70 A2
Saint-Genest-d'Ambière (86) 94 C5
Saint-Genest-de-Beauzon (07) 157 F3
Saint-Genest-de-Contest (81) 170 C4
Saint-Genest-Lachamp (07) 143 F5
Saint-Genest-Lerpt (42) 129 F6
Saint-Genest-Malifaux (42) 143 F1
Saint-Genest-sur-Roselle (87) 124 C3
Saint-Geneys-près-Saint-Paulien (43) 142 C3
Saint-Gengoulph (02) 44 A1
Saint-Gengoux-de-Scissé (71) 116 B2
Saint-Gengoux-le-National (71) 116 A1
Saint-Geniès (24) 138 B4
Saint-Geniès-Bellevue (31) 169 F5
Saint-Geniès-de-Comolas (30) 174 D1
Saint-Geniès-de-Fontedit (34) 188 C1
Saint-Geniès-de-Malgoirès (30) 174 A2
Saint-Geniès-de-Varensal (34) 171 H5
Saint-Geniès-des-Mourgues (34) 173 G4
Saint-Geniez (04) 160 B5
Saint-Geniez-d'Olt (12) 155 E3
Saint-Geniez-ô-Merle (19) 139 G3
Saint-Genis (05) 159 H4
Saint-Genis-de-Saintonge (17) 121 F5
Saint-Génis-des-Fontaines (66) 201 F3
Saint-Genis-d'Hiersac (16) 122 B3
Saint-Genis-du-Bois (33) 150 A1
Saint-Genis-l'Argentière (69) 129 G3
Saint-Genis-Laval (69) 130 A4
Saint-Genis-les-Ollières (69) 129 H3
Saint-Genis-Pouilly (01) 118 B4
Saint-Genis-sur-Menthon (01) 116 C4
Saint-Genix-sur-Guiers (73) 131 F4
Saint-Genou (36) 96 A4
Saint-Genouph (37) 78 D5
Saint-Geoire-en-Valdaine (38) 131 F6
Saint-Geoirs (38) 145 E1
Saint-Georges (15) 141 F4
Saint-Georges (16) 122 C1
Saint-Georges (32) 168 B4
Saint-Georges (47) 151 H3
Saint-Georges (57) 49 H5
Saint-Georges (62) 7 F2
Saint-Georges (82) 153 E5
Saint-Georges-Antignac (17) 121 F5
Saint-Georges-Armont (25) 88 B5
Saint-Georges-Blancaneix (24) 136 C5
Saint-Georges-Buttavent (53) 58 D2
Saint-Georges-d'Annebecq (61) 38 D5
Saint-Georges-d'Aunay (14) 38 A2
Saint-Georges-d'Aurac (43) 142 A3
Saint-Georges-de-Baroille (42) 128 D2
Saint-Georges-de-Bohon (50) 13 E5
Saint-Georges-de-Chesné (35) 57 H1
Saint-Georges-de-Commiers (38) 145 G4
Saint-Georges-de-Didonne (17) 120 C4
Saint-Georges-de-Gréhaigne (35) 35 G4
Saint-Georges-de-la-Couée (72) 78 D1
Saint-Georges-de-la-Rivière (50) 12 B4
Saint-Georges-de-Lévéjac (48) 155 G5
Saint-Georges-de-Livoye (50) 37 F4
Saint-Georges-de-Longuepierre (17) 107 H6
Saint-Georges-de-Luzençon (12) 171 H1
Saint-Georges-de-Mons (63) 126 D1
Saint-Georges-de-Montaigu (85) 91 H2
Saint-Georges-de-Montclard (24) 137 E5
Saint-Georges-de-Noisné (79) 108 A2
Saint-Georges-de-Pointindoux (85) 91 F4
Saint-Georges-de-Poisieux (18) 97 H6
Saint-Georges-de-Reintembault (35) 37 E6
Saint-Georges-de-Reneins (69) 116 A6
Saint-Georges-de-Rex (79) 107 F4
Saint-Georges-de-Rouelley (50) 37 H5
Saint-Georges-d'Elle (50) 13 G6
Saint-Georges-des-Agoûts (17) 121 E6
Saint-Georges-des-Coteaux (17) 121 E2
Saint-Georges-des-Gardes (49) 92 C1
Saint-Georges-des-Groseillers (61) 38 B4
Saint-Georges-d'Hurtières (73) 132 C5
Saint-Georges-des-Sept-Voies (49) 77 F5
Saint-Georges-d'Espéranche (38) 130 C5
Saint-Georges-d'Oléron (17) 106 B6
Saint-Georges-d'Orques (34) 173 F5
Saint-Georges-du-Bois (17) 107 F5
Saint-Georges-du-Bois (49) 77 F4
Saint-Georges-du-Bois (72) 60 A6
Saint-Georges-du-Mesnil (27) 15 H4
Saint-Georges-du-Rosay (72) 60 C4
Saint-Georges-du-Vièvre (27) 15 H4
Saint-Georges-en-Auge (14) 15 E6
Saint-Georges-en-Couzan (42) 128 C4
Saint-Georges-Haute-Ville (42) 128 D5
Saint-Georges-la-Pouge (23) 125 F1
Saint-Georges-Lagricol (43) 142 C1
Saint-Georges-le-Fléchard (53) 59 E5
Saint-Georges-le-Gaultier (72) 59 G3
Saint-Georges-lès-Baillargeaux (86) 94 C6
Saint-Georges-les-Bains (07) 144 A5
Saint-Georges-les-Landes (87) 110 C3
Saint-Georges-Montcocq (50) 37 G1
Saint-Georges-Motel (27) 41 F4
Saint-Georges-Nigremont (23) 125 H2
Saint-Georges-sur-Allier (63) 127 G4
Saint-Georges-sur-Arnon (36) 97 F3
Saint-Georges-sur-Baulche (89) 83 F2
Saint-Georges-sur-Cher (41) 79 G6

Saint-Georges-sur-Erve (53) ... 59 F4
Saint-Georges-sur-Eure (28) ... 62 A2
Saint-Georges-sur-Fontaine (76) ... 17 H5
Saint-Georges-sur-la-Prée (18) ... 97 E1
Saint-Georges-sur-l'Aa (59) ... 2 A2
Saint-Georges-sur-Layon (49) ... 93 F1
Saint-Georges-sur-Loire (49) ... 76 C5
Saint-Georges-sur-Moulon (18) ... 97 H2
Saint-Georges-sur-Renon (01) ... 116 C6
Saint-Geours-d'Auribat (40) ... 165 F3
Saint-Geours-de-Maremne (40) ... 164 D4
Saint-Gérand (56) ... 55 F2
Saint-Gérand-de-Vaux (03) ... 114 A3
Saint-Gérand-le-Puy (03) ... 114 B4
Saint-Géraud (47) ... 150 C2
Saint-Géraud-de-Corps (24) ... 136 C4
Saint-Géréon (44) ... 75 F4
Saint-Germain (07) ... 157 G2
Saint-Germain (10) ... 66 A3
Saint-Germain (54) ... 69 H1
Saint-Germain (70) ... 88 A2
Saint-Germain (86) ... 109 H1
Saint-Germain-au-Mont-d'Or (69) ... 130 A2
Saint-Germain-Beaupré (23) ... 111 E4
Saint-Germain-Chassenay (58) ... 99 F5
Saint-Germain-d'Anxure (53) ... 58 D3
Saint-Germain-d'Arcé (72) ... 78 B3
Saint-Germain-d'Aunay (61) ... 39 G3
Saint-Germain-de-Belvès (24) ... 137 H6
Saint-Germain-de-Calberte (48) ... 156 C5
Saint-Germain-de-Clairefeuille (61) ... 39 G5
Saint-Germain-de-Confolens (16) ... 109 G6
Saint-Germain-de-Coulamer (53) ... 59 G3
Saint-Germain-de-Fresney (27) ... 41 E3
Saint-Germain-de-Grave (33) ... 149 H1
Saint-Germain-de-Joux (01) ... 117 H5
Saint-Germain-de-la-Coudre (61) ... 60 D3
Saint-Germain-de-la-Grange (78) ... 42 A4
Saint-Germain-de-la-Rivière (33) ... 135 G4
Saint-Germain-de-Livet (14) ... 15 F6
Saint-Germain-de-Longue-Chaume (79) ... 93 F5
Saint-Germain-de-Lusignan (17) ... 121 F5
Saint-Germain-de-Marencennes (17) ... 107 F5
Saint-Germain-de-Martigny (61) ... 39 H6
Saint-Germain-de-Modéon (21) ... 84 B6
Saint-Germain-de-Montbron (16) ... 122 D4
Saint-Germain-de-Montgommery (14) ... 39 F3
Saint-Germain-de-Pasquier (27) ... 18 C6
Saint-Germain-de-Prinçay (85) ... 92 B5
Saint-Germain-de-Salles (03) ... 113 G5
Saint-Germain-de-Tallevende-la-Lande-Vaumont (14) ... 37 H4
Saint-Germain-de-Tournebut (50) ... 12 D3
Saint-Germain-de-Varreville (50) ... 13 E4
Saint-Germain-de-Vibrac (17) ... 121 G6
Saint-Germain-d'Ectot (14) ... 38 A1
Saint-Germain-d'Elle (50) ... 37 H1
Saint-Germain-des-Angles (27) ... 40 D2
Saint-Germain-des-Bois (18) ... 97 H4
Saint-Germain-des-Bois (58) ... 83 F6
Saint-Germain-des-Champs (89) ... 84 A5
Saint-Germain-des-Essourts (76) ... 19 E3
Saint-Germain-des-Fossés (03) ... 114 A5
Saint-Germain-des-Grois (61) ... 61 E2
Saint-Germain-des-Prés (24) ... 137 H1
Saint-Germain-des-Prés (45) ... 64 B6
Saint-Germain-des-Prés (49) ... 75 H3
Saint-Germain-des-Prés (81) ... 170 B6
Saint-Germain-des-Vaux (50) ... 12 A1
Saint-Germain-d'Esteuil (33) ... 134 D1
Saint-Germain-d'Étables (76) ... 17 H2
Saint-Germain-du-Bel-Air (46) ... 152 C2
Saint-Germain-du-Bois (71) ... 102 B5
Saint-Germain-du-Corbéis (61) ... 60 A2
Saint-Germain-du-Crioult (14) ... 38 B3
Saint-Germain-du-Pert (14) ... 13 F5
Saint-Germain-du-Pinel (35) ... 58 A5
Saint-Germain-du-Plain (71) ... 101 H6
Saint-Germain-du-Puch (33) ... 135 G5
Saint-Germain-du-Puy (18) ... 97 H2
Saint-Germain-du-Salembre (24) ... 136 D3
Saint-Germain-du-Seudre (17) ... 121 E5
Saint-Germain-du-Teil (48) ... 155 G3
Saint-Germain-en-Brionnais (71) ... 115 F3
Saint-Germain-en-Coglès (35) ... 35 H6
Saint-Germain-en-Laye (78) ... 42 B3
Saint-Germain-en-Montagne (39) ... 103 F5
Saint-Germain-et-Mons (24) ... 137 E5
Saint-Germain-la-Blanche-Herbe (14) ... 14 B4
Saint-Germain-la-Campagne (27) ... 15 G6
Saint-Germain-la-Chambotte (73) ... 131 H3
Saint-Germain-la-Montagne (42) ... 115 G5
Saint-Germain-la-Poterie (60) ... 20 A4
Saint-Germain-la-Ville (51) ... 46 A3
Saint-Germain-l'Aiguiller (85) ... 92 C6
Saint-Germain-Langot (14) ... 38 C3
Saint-Germain-Laprade (43) ... 142 C4
Saint-Germain-Laval (42) ... 128 D2
Saint-Germain-Laval (77) ... 64 C2
Saint-Germain-Lavolps (19) ... 125 H4
Saint-Germain-Laxis (77) ... 43 F6
Saint-Germain-le-Châtelet (90) ... 88 D2
Saint-Germain-le-Fouilloux (53) ... 58 C4
Saint-Germain-le-Gaillard (28) ... 61 H2
Saint-Germain-le-Gaillard (50) ... 12 B3
Saint-Germain-le-Guillaume (53) ... 58 C3
Saint-Germain-le-Rocheux (21) ... 85 E2
Saint-Germain-le-Vasson (14) ... 14 C6
Saint-Germain-le-Vieux (61) ... 39 G6
Saint-Germain-Lembron (63) ... 127 G6
Saint-Germain-lès-Arlay (39) ... 102 D5
Saint-Germain-lès-Arpajon (91) ... 42 C6
Saint-Germain-les-Belles (87) ... 124 C4
Saint-Germain-lès-Buxy (71) ... 101 G6
Saint-Germain-lès-Corbeil (91) ... 43 E6
Saint-Germain-les-Paroisses (01) ... 131 F3
Saint-Germain-lès-Senailly (21) ... 84 C4
Saint-Germain-les-Vergnes (19) ... 138 D2
Saint-Germain-Lespinasse (42) ... 114 D6
Saint-Germain-l'Herm (63) ... 128 A6
Saint-Germain-Nuelles (69) ... 129 G2
Saint-Germain-près-Herment (63) ... 126 B3
Saint-Germain-sous-Cailly (76) ... 17 H5
Saint-Germain-sous-Doue (77) ... 44 A4
Saint-Germain-sur-Avre (27) ... 41 E4
Saint-Germain-sur-Ay (50) ... 12 C5
Saint-Germain-sur-Bresle (80) ... 6 C6
Saint-Germain-sur-Eaulne (76) ... 19 F1
Saint-Germain-sur-École (77) ... 63 H1
Saint-Germain-sur-Ille (35) ... 57 F1
Saint-Germain-sur-Meuse (55) ... 47 H5
Saint-Germain-sur-Moine (49) ... 75 F6
Saint-Germain-sur-Morin (77) ... 43 G4
Saint-Germain-sur-Renon (01) ... 116 D6
Saint-Germain-sur-Rhône (74) ... 117 H6
Saint-Germain-sur-Sarthe (72) ... 60 A3
Saint-Germain-sur-Sèves (50) ... 12 D5
Saint-Germain-sur-Vienne (37) ... 94 A1
Saint-Germain-Village (27) ... 15 H3
Saint-Germainmont (08) ... 23 F4
Saint-Germé (32) ... 166 C4
Saint-Germer-de-Fly (60) ... 19 G4
Saint-Germier (31) ... 186 A1
Saint-Germier (32) ... 168 C5
Saint-Germier (79) ... 108 C2
Saint-Germier (81) ... 170 C5
Saint-Géron (43) ... 141 G1
Saint-Gérons (15) ... 139 H5
Saint-Gervais (30) ... 157 H6
Saint-Gervais (33) ... 135 F4
Saint-Gervais (38) ... 145 E2
Saint-Gervais (85) ... 90 C2
Saint-Gervais (95) ... 41 H1
Saint-Gervais-d'Auvergne (63) ... 126 D1
Saint-Gervais-de-Vic (72) ... 79 E1
Saint-Gervais-des-Sablons (61) ... 39 F3
Saint-Gervais-du-Perron (61) ... 39 F6
Saint-Gervais-en-Belin (72) ... 78 B1
Saint-Gervais-en-Vallière (71) ... 101 H4
Saint-Gervais-la-Forêt (41) ... 80 A4
Saint-Gervais-les-Bains (74) ... 133 E1
Saint-Gervais-les-Trois-Clochers (86) ... 94 C4
Saint-Gervais-sous-Meymont (63) ... 128 A4
Saint-Gervais-sur-Couches (71) ... 101 E4
Saint-Gervais-sur-Mare (34) ... 172 A5
Saint-Gervais-sur-Roubion (26) ... 158 B2
Saint-Gervasy (30) ... 174 B3
Saint-Gervazy (63) ... 127 F6
Saint-Géry (24) ... 136 C4
Saint-Géry (46) ... 152 D3
Saint-Geyrac (24) ... 137 G3
Saint-Gibrien (51) ... 45 H3
Saint-Gildas (22) ... 33 F5
Saint-Gildas-de-Rhuys (56) ... 72 D2
Saint-Gildas-des-Bois (44) ... 74 A2
Saint-Gilles (30) ... 174 B5
Saint-Gilles (35) ... 57 E2
Saint-Gilles (36) ... 110 D2
Saint-Gilles (50) ... 37 F1
Saint-Gilles (51) ... 22 C6
Saint-Gilles (71) ... 101 F4
Saint-Gilles-Croix-de-Vie (85) ... 90 D4
Saint-Gilles-de-Crétot (76) ... 18 A3
Saint-Gilles-de-la-Neuville (76) ... 15 G1
Saint-Gilles-des-Marais (61) ... 38 A6
Saint-Gilles-du-Mené (22) ... 55 H1
Saint-Gilles-les-Bois (22) ... 33 E3
Saint-Gilles-les-Forêts (87) ... 124 D4
Saint-Gilles-Pligeaux (22) ... 33 E5
Saint-Gilles-Vieux-Marché (22) ... 55 F1
Saint-Gineis-en-Coiron (07) ... 157 H2
Saint-Gingolph (74) ... 119 G3
Saint-Girod (73) ... 131 H3
Saint-Girons (09) ... 185 E5
Saint-Girons-d'Aiguevives (33) ... 135 F2
Saint-Girons-en-Béarn (64) ... 165 F5
Saint-Gladie-Arrive-Munein (64) ... 181 F1
Saint-Glen (22) ... 34 A6
Saint-Goazec (29) ... 54 A1
Saint-Gobain (02) ... 22 A3
Saint-Gobert (02) ... 22 D1
Saint-Goin (64) ... 181 H2
Saint-Gondon (45) ... 81 H3
Saint-Gondran (35) ... 57 E1
Saint-Gonlay (35) ... 56 C2
Saint-Gonnery (56) ... 55 G2
Saint-Gor (40) ... 166 C1
Saint-Gorgon (56) ... 73 G1
Saint-Gorgon (88) ... 70 B2
Saint-Gorgon-Main (25) ... 104 A3
Saint-Gouéno (22) ... 55 H1
Saint-Gourgon (41) ... 79 F3
Saint-Gourson (16) ... 122 D1
Saint-Goussaud (23) ... 111 E6
Saint-Gratien (80) ... 7 G5
Saint-Gratien (95) ... 42 C3
Saint-Gratien-Savigny (58) ... 99 H4
Saint-Gravé (56) ... 56 B6
Saint-Grégoire (35) ... 57 F2
Saint-Grégoire (81) ... 170 C2
Saint-Grégoire-d'Ardennes (17) ... 121 F5
Saint-Grégoire-du-Vièvre (27) ... 15 H4
Saint-Griède (32) ... 166 C4
Saint-Groux (16) ... 122 C2
Saint-Guen (22) ... 55 F1
Saint-Guilhem-le-Désert (34) ... 172 D4
Saint-Guillaume (38) ... 145 F4
Saint-Guinoux (35) ... 35 E4
Saint-Guiraud (34) ... 172 C5
Saint-Guyomard (56) ... 55 H5
Saint-Haon (43) ... 142 B6
Saint-Haon-le-Châtel (42) ... 114 D6
Saint-Haon-le-Vieux (42) ... 114 D6
Saint-Héand (42) ... 129 F5
Saint-Hélen (22) ... 36 A6
Saint-Hélier (21) ... 85 F5
Saint-Hellier (76) ... 17 H3
Saint-Herblain (44) ... 74 C5
Saint-Herblon (44) ... 75 F3
Saint-Hérent (63) ... 127 F6
Saint-Hernin (29) ... 54 B1
Saint-Hervé (22) ... 33 G6
Saint-Hilaire (03) ... 113 F2
Saint-Hilaire (11) ... 186 D4
Saint-Hilaire (25) ... 87 G6
Saint-Hilaire (31) ... 185 E1
Saint-Hilaire (38) ... 145 H1
Saint-Hilaire (43) ... 141 H1
Saint-Hilaire (46) ... 139 G6
Saint-Hilaire (63) ... 112 D6
Saint-Hilaire (91) ... 63 E2
Saint-Hilaire-au-Temple (51) ... 45 H2
Saint-Hilaire-Bonneval (87) ... 124 B3
Saint-Hilaire-Cottes (62) ... 2 C5
Saint-Hilaire-Cusson-la-Valmitte (42) ... 142 D1
Saint-Hilaire-de-Beauvoir (34) ... 173 G4
Saint-Hilaire-de-Brens (38) ... 130 D4
Saint-Hilaire-de-Brethmas (30) ... 173 H1
Saint-Hilaire-de-Briouze (61) ... 38 C5
Saint-Hilaire-de-Chaléons (44) ... 74 B6
Saint-Hilaire-de-Clisson (44) ... 91 H1
Saint-Hilaire-de-Court (18) ... 97 E1
Saint-Hilaire-de-Gondilly (18) ... 98 C3
Saint-Hilaire-de-la-Côte (38) ... 130 D6
Saint-Hilaire-de-la-Noaille (33) ... 150 B2
Saint-Hilaire-de-Lavit (48) ... 156 D5
Saint-Hilaire-de-Loulay (85) ... 91 H1
Saint-Hilaire-de-Lusignan (47) ... 151 E5
Saint-Hilaire-de-Riez (85) ... 90 D4
Saint-Hilaire-de-Villefranche (17) ... 121 F2
Saint-Hilaire-de-Voust (85) ... 107 G1
Saint-Hilaire-des-Landes (35) ... 35 H6
Saint-Hilaire-des-Loges (85) ... 107 F2
Saint-Hilaire-d'Estissac (24) ... 137 E4
Saint-Hilaire-d'Ozilhan (30) ... 174 C2
Saint-Hilaire-du-Bois (17) ... 121 F6
Saint-Hilaire-du-Bois (33) ... 150 A1
Saint-Hilaire-du-Harcouët (50) ... 37 F6
Saint-Hilaire-du-Maine (53) ... 58 C3
Saint-Hilaire-du-Rosier (38) ... 144 D3
Saint-Hilaire-en-Lignières (18) ... 97 F6
Saint-Hilaire-en-Morvan (58) ... 100 A3
Saint-Hilaire-en-Woëvre (55) ... 47 H1
Saint-Hilaire-Foissac (19) ... 139 G1
Saint-Hilaire-Fontaine (58) ... 99 G5
Saint-Hilaire-la-Croix (63) ... 113 F6
Saint-Hilaire-la-Forêt (85) ... 91 F6
Saint-Hilaire-la-Gérard (61) ... 39 E6
Saint-Hilaire-la-Gravelle (41) ... 61 H6
Saint-Hilaire-la-Palud (79) ... 107 F4
Saint-Hilaire-la-Plaine (23) ... 111 G5
Saint-Hilaire-la-Treille (87) ... 110 C4
Saint-Hilaire-le-Château (23) ... 125 F1
Saint-Hilaire-le-Châtel (61) ... 39 H6
Saint-Hilaire-le-Grand (51) ... 46 A1
Saint-Hilaire-le-Lierru (72) ... 60 D5
Saint-Hilaire-le-Petit (51) ... 23 G6
Saint-Hilaire-le-Vouhis (85) ... 92 A5
Saint-Hilaire-les-Andrésis (45) ... 64 C5
Saint-Hilaire-les-Courbes (19) ... 125 E4
Saint-Hilaire-les-Monges (63) ... 126 C3
Saint-Hilaire-les-Places (87) ... 124 A4
Saint-Hilaire-lez-Cambrai (59) ... 9 F3
Saint-Hilaire-Luc (19) ... 139 H1
Saint-Hilaire-Petitville (50) ... 13 E5
Saint-Hilaire-Peyroux (19) ... 138 D2
Saint-Hilaire-Saint-Mesmin (45) ... 80 D1
Saint-Hilaire-sous-Charlieu (42) ... 115 F5
Saint-Hilaire-sous-Romilly (10) ... 65 G1
Saint-Hilaire-sur-Benaize (36) ... 110 B1
Saint-Hilaire-sur-Erre (61) ... 61 E3
Saint-Hilaire-sur-Helpe (59) ... 10 A4
Saint-Hilaire-sur-Puiseaux (45) ... 82 A1
Saint-Hilaire-sur-Risle (61) ... 39 H5
Saint-Hilaire-sur-Yerre (28) ... 61 H5
Saint-Hilaire-Taurieux (19) ... 139 E4
Saint-Hilarion (78) ... 41 H6
Saint-Hilliers (77) ... 44 A6
Saint-Hippolyte (12) ... 154 C1
Saint-Hippolyte (15) ... 140 C2
Saint-Hippolyte (17) ... 120 D1
Saint-Hippolyte (25) ... 88 C6
Saint-Hippolyte (33) ... 135 H5
Saint-Hippolyte (37) ... 95 G3
Saint-Hippolyte (66) ... 201 F1
Saint-Hippolyte (68) ... 71 F3
Saint-Hippolyte-de-Caton (30) ... 173 H1
Saint-Hippolyte-de-Montaigu (30) ... 174 C1
Saint-Hippolyte-du-Fort (30) ... 173 F2
Saint-Hippolyte-le-Graveyron (84) ... 158 D6
Saint-Honoré (38) ... 145 H4
Saint-Honoré (76) ... 17 H3
Saint-Honoré-les-Bains (58) ... 100 A4
Saint-Hostien (43) ... 142 D4
Saint-Hubert (57) ... 26 C4
Saint-Huruge (71) ... 115 H1
Saint-Hymer (14) ... 15 F4
Saint-Hymetière (39) ... 117 G3
Saint-Igeaux (22) ... 33 E6
Saint-Igest (12) ... 153 G4
Saint-Ignan (31) ... 184 B3
Saint-Ignat (63) ... 127 G2
Saint-Igny-de-Roche (71) ... 115 F5
Saint-Igny-de-Vers (69) ... 115 G4
Saint-Illide (15) ... 139 H4
Saint-Illiers-la-Ville (78) ... 41 G3
Saint-Illiers-le-Bois (78) ... 41 F3
Saint-Ilpize (43) ... 141 G2
Saint-Imoges (51) ... 45 F1
Saint-Inglevert (62) ... 1 F3
Saint-Ismier (38) ... 145 H2
Saint-Izaire (12) ... 171 F2
Saint-Jacques (04) ... 177 G2
Saint-Jacques-d'Aliermont (76) ... 17 H2
Saint-Jacques-d'Ambur (63) ... 126 D2
Saint-Jacques-d'Atticieux (07) ... 143 H1
Saint-Jacques-de-la-Lande (35) ... 57 E3
Saint-Jacques-de-Néhou (50) ... 12 C4
Saint-Jacques-de-Thouars (79) ... 93 G3
Saint-Jacques-des-Arrêts (69) ... 115 H4
Saint-Jacques-des-Blats (15) ... 140 C4
Saint-Jacques-des-Guérets (41) ... 79 E2
Saint-Jacques-en-Valgodemard (05) ... 146 A6
Saint-Jacques-sur-Darnétal (76) ... 17 H6
Saint-Jacut-de-la-Mer (22) ... 34 C4
Saint-Jacut-du-Mené (22) ... 56 A1
Saint-Jacut-les-Pins (56) ... 56 B6
Saint-Jal (19) ... 124 D6
Saint-James (50) ... 35 H5
Saint-Jammes (64) ... 182 C1
Saint-Jans-Cappel (59) ... 2 D4
Saint-Jean (31) ... 169 F5
Saint-Jean-aux-Amognes (58) ... 99 E3
Saint-Jean-aux-Bois (08) ... 23 G2
Saint-Jean-aux-Bois (60) ... 21 F5
Saint-Jean-Bonnefonds (42) ... 129 F6
Saint-Jean-Brévelay (56) ... 55 G5
Saint-Jean-Cap-Ferrat (06) ... 195 F3
Saint-Jean-Chambre (07) ... 143 G5
Saint-Jean-d'Aigues-Vives (09) ... 186 B6
Saint-Jean-d'Alcapiès (12) ... 171 H2
Saint-Jean-d'Angély (17) ... 121 F1
Saint-Jean-d'Angle (17) ... 120 C2
Saint-Jean-d'Ardières (69) ... 116 B5
Saint-Jean-d'Arves (73) ... 146 C2
Saint-Jean-d'Arvey (73) ... 132 A4
Saint-Jean-d'Assé (72) ... 60 A4
Saint-Jean-d'Ataux (24) ... 136 D3
Saint-Jean-d'Aubrigoux (43) ... 142 B1
Saint-Jean-d'Aulps (74) ... 119 F4
Saint-Jean-d'Avelanne (38) ... 131 F5
Saint-Jean-de-Barrou (11) ... 187 H5
Saint-Jean-de-Bassel (57) ... 49 H4
Saint-Jean-de-Beauregard (91) ... 42 C5
Saint-Jean-de-Belleville (73) ... 132 D6
Saint-Jean-de-Beugné (85) ... 106 D1
Saint-Jean-de-Blaignac (33) ... 135 H6
Saint-Jean-de-Bœuf (21) ... 101 F1
Saint-Jean-de-Boiseau (44) ... 74 C5
Saint-Jean-de-Bonneval (10) ... 66 B4
Saint-Jean-de-Bournay (38) ... 130 C5
Saint-Jean-de-Braye (45) ... 80 D1
Saint-Jean-de-Buèges (34) ... 173 E3
Saint-Jean-de-Ceyrargues (30) ... 174 A1
Saint-Jean-de-Chevelu (73) ... 131 G3
Saint-Jean-de-Côle (24) ... 123 G6
Saint-Jean-de-Cornies (34) ... 173 G4
Saint-Jean-de-Couz (73) ... 131 G5
Saint-Jean-de-Crieulon (30) ... 173 G2
Saint-Jean-de-Cuculles (34) ... 173 F4
Saint-Jean-de-Daye (50) ... 13 F5
Saint-Jean-de-Duras (47) ... 150 D1
Saint-Jean-de-Folleville (76) ... 15 H2
Saint-Jean-de-Fos (34) ... 172 D4
Saint-Jean-de-Gonville (01) ... 118 A4
Saint-Jean-de-la-Blaquière (34) ... 172 C4
Saint-Jean-de-la-Croix (49) ... 76 D5
Saint-Jean-de-la-Forêt (61) ... 60 D2
Saint-Jean-de-la-Haize (50) ... 35 H3
Saint-Jean-de-la-Léqueraye (27) ... 15 H4
Saint-Jean-de-la-Motte (72) ... 77 H2
Saint-Jean-de-la-Neuville (76) ... 15 G1
Saint-Jean-de-la-Porte (73) ... 132 B5
Saint-Jean-de-la-Rivière (50) ... 12 B4
Saint-Jean-de-la-Ruelle (45) ... 80 D1
Saint-Jean-de-Laur (46) ... 153 F4
Saint-Jean-de-Lier (40) ... 165 F3
Saint-Jean-de-Linières (49) ... 76 D4
Saint-Jean-de-Liversay (17) ... 107 E4
Saint-Jean-de-Livet (14) ... 15 F5
Saint-Jean-de-Losne (21) ... 102 B2
Saint-Jean-de-Luz (64) ... 180 B1
Saint-Jean-de-Marcel (81) ... 170 C1
Saint-Jean-de-Marsacq (40) ... 164 D4
Saint-Jean-de-Maruéjols-et-Avéjan (30) ... 157 F5
Saint-Jean-de-Maurienne (73) ... 146 C1
Saint-Jean-de-Minervois (34) ... 187 H2
Saint-Jean-de-Moirans (38) ... 145 F1
Saint-Jean-de-Monts (85) ... 90 C3
Saint-Jean-de-Muzols (07) ... 144 A3
Saint-Jean-de-Nay (43) ... 142 B4
Saint-Jean-de-Niost (01) ... 130 D2
Saint-Jean-de-Paracol (11) ... 186 C6
Saint-Jean-de-Rebervilliers (28) ... 41 E6
Saint-Jean-de-Rives (81) ... 169 H4
Saint-Jean-de-Sauves (86) ... 94 A4
Saint-Jean-de-Savigny (50) ... 13 F6
Saint-Jean-de-Serres (30) ... 173 G2
Saint-Jean-de-Sixt (74) ... 132 C1
Saint-Jean-de-Soudain (38) ... 131 E5
Saint-Jean-de-Tholome (74) ... 118 D5
Saint-Jean-de-Thouars (79) ... 93 G3
Saint-Jean-de-Thurac (47) ... 151 F6
Saint-Jean-de-Thurigneux (01) ... 130 A1
Saint-Jean-de-Touslas (69) ... 129 H5
Saint-Jean-de-Trézy (71) ... 101 E5
Saint-Jean-de-Valériscle (30) ... 157 E5
Saint-Jean-de-Vals (81) ... 170 C5
Saint-Jean-de-Vaulx (38) ... 145 G4
Saint-Jean-de-Vaux (71) ... 101 F5
Saint-Jean-de-Védas (34) ... 173 F6
Saint-Jean-de-Verges (09) ... 185 H5
Saint-Jean-Delnous (12) ... 171 E1
Saint-Jean-des-Baisants (50) ... 37 G1
Saint-Jean-des-Bois (61) ... 37 H4
Saint-Jean-des-Champs (50) ... 35 G2
Saint-Jean-des-Échelles (72) ... 61 E4
Saint-Jean-des-Essartiers (14) ... 37 H2
Saint-Jean-des-Mauvrets (49) ... 77 E5
Saint-Jean-des-Ollières (63) ... 127 H4
Saint-Jean-des-Vignes (69) ... 129 H2
Saint-Jean-d'Estissac (24) ... 137 E4
Saint-Jean-d'Étreux (39) ... 117 E3
Saint-Jean-devant-Possesse (51) ... 46 C4
Saint-Jean-d'Eyraud (24) ... 136 D4
Saint-Jean-d'Hérans (38) ... 145 G5
Saint-Jean-d'Heurs (63) ... 127 H3
Saint-Jean-d'Illac (33) ... 134 D5
Saint-Jean-d'Ormont (88) ... 70 D2
Saint-Jean-du-Bois (72) ... 77 H1
Saint-Jean-du-Bouzet (82) ... 168 B2
Saint-Jean-du-Bruel (12) ... 172 C2
Saint-Jean-du-Cardonnay (76) ... 17 G5
Saint-Jean-du-Castillonnais (09) ... 184 C5
Saint-Jean-du-Corail (50) ... 37 G5
Saint-Jean-du-Corail-des-Bois (50) ... 37 F4
Saint-Jean-du-Doigt (29) ... 32 A2
Saint-Jean-du-Falga (09) ... 185 H4
Saint-Jean-du-Gard (30) ... 173 F1
Saint-Jean-du-Pin (30) ... 173 G1
Saint-Jean-du-Thenney (27) ... 15 G6
Saint-Jean-en-Royans (26) ... 144 D4
Saint-Jean-en-Val (63) ... 127 G5
Saint-Jean-et-Saint-Paul (12) ... 171 H2
Saint-Jean-Froidmentel (41) ... 61 H6
Saint-Jean-Kerdaniel (22) ... 33 F4
Saint-Jean-Kourtzerode (57) ... 50 B4
Saint-Jean-la-Bussière (69) ... 129 F1

Saint-Jean-la-Fouillouse (48) 156 B1
Saint-Jean-la-Poterie (56) 73 H1
Saint-Jean-la-Vêtre (42) 128 B3
Saint-Jean-Lachalm (43) 142 B5
Saint-Jean-Lagineste (46) 139 E6
Saint-Jean-Lasseille (66) 201 F3
Saint-Jean-le-Blanc (14) 38 A3
Saint-Jean-le-Blanc (45) 80 D1
Saint-Jean-le-Centenier (07) 157 H2
Saint-Jean-le-Comtal (32) 167 G5
Saint-Jean-le-Thomas (50) 35 G3
Saint-Jean-le-Vieux (01) 117 F6
Saint-Jean-le-Vieux (38) 145 H2
Saint-Jean-le-Vieux (64) 181 E3
Saint-Jean-lès-Buzy (55) 47 H1
Saint-Jean-les-Deux-Jumeaux (77) 43 H3
Saint-Jean-lès-Longuyon (54) 25 F4
Saint-Jean-Lespinasse (46) 139 E5
Saint-Jean-Lherm (31) 169 G4
Saint-Jean-Ligoure (87) 124 B4
Saint-Jean-Mirabel (46) 153 H2
Saint-Jean-Pied-de-Port (64) 180 D3
Saint-Jean-Pierre-Fixte (28) 61 E3
Saint-Jean-Pla-de-Corts (66) 201 E4
Saint-Jean-Poudge (64) 166 C6
Saint-Jean-Poutge (32) 167 G4
Saint-Jean-Rohrbach (57) 49 G2
Saint-Jean-Roure (07) 143 F5
Saint-Jean-Saint-Germain (37) 95 G2
Saint-Jean-Saint-Gervais (63) 127 G6
Saint-Jean-Saint-Maurice-sur-Loire (42) 128 D1
Saint-Jean-Saint-Nicolas (05) 160 C1
Saint-Jean-Saverne (67) 50 C4
Saint-Jean-Soleymieux (42) 128 D5
Saint-Jean-sur-Couesnon (35) 57 H1
Saint-Jean-sur-Erve (53) 59 F5
Saint-Jean-sur-Mayenne (53) 58 D4
Saint-Jean-sur-Moivre (51) 46 B3
Saint-Jean-sur-Reyssouze (01) 116 C3
Saint-Jean-sur-Tourbe (51) 46 B1
Saint-Jean-sur-Veyle (01) 116 C4
Saint-Jean-sur-Vilaine (35) 57 H3
Saint-Jean-Trolimon (29) 53 E4
Saint-Jeannet (04) 177 E2
Saint-Jeannet (06) 195 E2
Saint-Jeanvrin (18) 112 A1
Saint-Jeoire (74) 119 E5
Saint-Jeoire-Prieuré (73) 132 A5
Saint-Jeure-d'Andaure (07) 143 G4
Saint-Jeure-d'Ay (07) 143 H3
Saint-Jeures (43) 143 E3
Saint-Joachim (44) 73 G3
Saint-Jodard (42) 128 D2
Saint-Joire (55) 47 G6
Saint-Jores (50) 12 D5
Saint-Jorioz (74) 132 B2
Saint-Jory (31) 169 E4
Saint-Jory-de-Chalais (24) 123 G5
Saint-Jory-las-Bloux (24) 137 H1
Saint-Joseph (42) 129 G5
Saint-Joseph (50) 12 C3
Saint-Joseph-de-Rivière (38) 131 G6
Saint-Joseph-des-Bancs (07) 157 G1
Saint-Josse (62) 1 F6
Saint-Jouan-de-l'Isle (22) 56 C1
Saint-Jouan-des-Guérets (35) 36 A5
Saint-Jouin (14) 14 D4
Saint-Jouin-Bruneval (76) 16 B4
Saint-Jouin-de-Blavou (61) 60 C1
Saint-Jouin-de-Marnes (79) 93 H4
Saint-Jouin-de-Milly (79) 92 D5
Saint-Jouvent (87) 124 A1
Saint-Juan (25) 87 H6
Saint-Judoce (22) 34 D6
Saint-Juéry (12) 171 F3
Saint-Juéry (48) 141 F6
Saint-Juéry (81) 170 C2
Saint-Juire-Champgillon (85) 106 D1
Saint-Julia (31) 170 A6
Saint-Julia-de-Bec (11) 186 D6
Saint-Julien (21) 86 A5
Saint-Julien (22) 33 G5
Saint-Julien (34) 171 H6
Saint-Julien (39) 117 F3
Saint-Julien (69) 116 A6
Saint-Julien (83) 176 D4
Saint-Julien (88) 69 E5
Saint-Julien-aux-Bois (19) 139 G3
Saint-Julien-Beychevelle (33) 134 D2
Saint-Julien-Boutières (07) 143 F4
Saint-Julien-Chapteuil (43) 142 D4
Saint-Julien-d'Ance (43) 142 C1
Saint-Julien-d'Armagnac (40) 166 C2
Saint-Julien-d'Arpaon (48) 156 B5
Saint-Julien-d'Asse (04) 177 E2
Saint-Julien-de-Bourdeilles (24) 137 E1
Saint-Julien-de-Briola (11) 186 B4
Saint-Julien-de-Cassagnas (30) 157 F6
Saint-Julien-de-Chédon (41) 79 G6
Saint-Julien-de-Civry (71) 115 F3
Saint-Julien-de-Concelles (44) 75 E5
Saint-Julien-de-Coppel (63) 127 G4
Saint-Julien-de-Crempse (24) 137 E4
Saint-Julien-de-Gras-Capou (09) 186 A5
Saint-Julien-de-Jonzy (71) 115 F4
Saint-Julien-de-la-Liègue (27) 41 E1
Saint-Julien-de-la-Nef (30) 173 E2
Saint-Julien-de-Lampon (24) 138 B5
Saint-Julien-de-l'Escap (17) 121 F1
Saint-Julien-de-l'Herms (38) 130 C6
Saint-Julien-de-Mailloc (14) 15 F5
Saint-Julien-de-Peyrolas (30) 157 H5
Saint-Julien-de-Raz (38) 145 F1
Saint-Julien-de-Toursac (15) 139 H6
Saint-Julien-de-Vouvantes (44) 75 F1
Saint-Julien-des-Chazes (43) 142 A4
Saint-Julien-des-Landes (85) 91 E4
Saint-Julien-des-Points (48) 156 D5
Saint-Julien-d'Eymet (24) 151 E1
Saint-Julien-d'Oddes (42) 128 D2
Saint-Julien-du-Gua (07) 143 G6
Saint-Julien-du-Pinet (43) 142 D3
Saint-Julien-du-Puy (81) 170 B4
Saint-Julien-du-Sault (89) 65 E5
Saint-Julien-du-Serre (07) 157 G1
Saint-Julien-du-Terroux (53) 59 F1
Saint-Julien-du-Tournel (48) 156 B3
Saint-Julien-du-Verdon (04) 177 H2
Saint-Julien-en-Beauchêne (05) 159 H2
Saint-Julien-en-Born (40) 148 A6
Saint-Julien-en-Champsaur (05) 160 C1
Saint-Julien-en-Genevois (74) 118 B5
Saint-Julien-en-Quint (26) 144 D5
Saint-Julien-en-Saint-Alban (07) 143 H6
Saint-Julien-en-Vercors (26) 145 E4
Saint-Julien-Gaulène (81) 170 D2
Saint-Julien-la-Geneste (63) 112 D6
Saint-Julien-la-Genête (23) 112 C5
Saint-Julien-la-Vêtre (42) 128 B3
Saint-Julien-Labrousse (07) 143 G5
Saint-Julien-l'Ars (86) 109 F1
Saint-Julien-le-Châtel (23) 112 B6
Saint-Julien-le-Faucon (14) 15 E6
Saint-Julien-le-Pèlerin (19) 139 G4
Saint-Julien-le-Petit (87) 125 E2
Saint-Julien-le-Roux (07) 143 H5
Saint-Julien-le-Vendômois (19) 124 B6
Saint-Julien-lès-Gorze (54) 26 A6
Saint-Julien-lès-Metz (57) 26 C5
Saint-Julien-lès-Montbéliard (25) 88 B4
Saint-Julien-les-Rosiers (30) 157 E6
Saint-Julien-lès-Russey (25) 104 C1
Saint-Julien-les-Villas (10) 66 B3
Saint-Julien-Maumont (19) 138 D4
Saint-Julien-Molhesabate (43) 143 F2
Saint-Julien-Molin-Molette (42) 143 H1
Saint-Julien-Mont-Denis (73) 146 C1
Saint-Julien-près-Bort (19) 126 A6
Saint-Julien-Puy-Lavèze (63) 126 C4
Saint-Julien-sous-les-Côtes (55) 47 H4
Saint-Julien-sur-Bibost (69) 129 G3
Saint-Julien-sur-Calonne (14) 15 F4
Saint-Julien-sur-Cher (41) 96 D1
Saint-Julien-sur-Dheune (71) 101 E5
Saint-Julien-sur-Garonne (31) 185 E3
Saint-Julien-sur-Reyssouze (01) 116 D3
Saint-Julien-sur-Sarthe (61) 60 C1
Saint-Julien-sur-Veyle (01) 116 C5
Saint-Julien-Vocance (07) 143 G3
Saint-Junien (87) 123 G2
Saint-Junien-la-Bregère (23) 125 E2
Saint-Junien-les-Combes (87) 110 B6
Saint-Jure (57) 48 D3
Saint-Jurs (04) 177 F2
Saint-Just (01) 117 E5
Saint-Just (15) 141 F5
Saint-Just (18) 97 H3
Saint-Just (24) 137 E1
Saint-Just (27) 41 F1
Saint-Just (34) 173 H5
Saint-Just (35) 56 D6
Saint-Just (63) 128 B6
Saint-Just-Chaleyssin (38) 130 B4
Saint-Just-d'Ardèche (07) 157 H5
Saint-Just-d'Avray (69) 129 F1
Saint-Just-de-Claix (38) 144 D3
Saint-Just-en-Bas (42) 128 C3
Saint-Just-en-Brie (77) 43 H6
Saint-Just-en-Chaussée (60) 20 D4
Saint-Just-en-Chevalet (42) 128 C2
Saint-Just-et-le-Bézu (11) 186 D6
Saint-Just-et-Vacquières (30) 174 A1
Saint-Just-Ibarre (64) 181 E3
Saint-Just-la-Pendue (42) 129 E2
Saint-Just-le-Martel (87) 124 C2
Saint-Just-Luzac (17) 120 C2
Saint-Just-Malmont (43) 143 F1
Saint-Just-près-Brioude (43) 141 G2
Saint-Just-Saint-Rambert (42) 129 E5
Saint-Just-Sauvage (51) 65 H1
Saint-Just-sur-Dive (49) 93 H1
Saint-Just-sur-Viaur (12) 154 B6
Saint-Justin (32) 167 E6
Saint-Justin (40) 166 C2
Saint-Juvat (22) 34 D6
Saint-Juvin (08) 24 C5
Saint-Lactencin (36) 96 B4
Saint-Lager (69) 116 A6
Saint-Lager-Bressac (07) 158 A1
Saint-Lamain (39) 102 D5
Saint-Lambert (14) 38 B3
Saint-Lambert (78) 42 B5
Saint-Lambert-du-Lattay (49) 76 D6
Saint-Lambert-et-Mont-de-Jeux (08) 24 A4
Saint-Lambert-la-Potherie (49) 76 D4
Saint-Lambert-sur-Dive (61) 39 F4
Saint-Langis-lès-Mortagne (61) 60 D1
Saint-Lanne (65) 166 D5
Saint-Laon (86) 93 H3
Saint-Lary (09) 184 C6
Saint-Lary (32) 167 G4
Saint-Lary-Boujean (31) 184 B3
Saint-Lary-Soulan (65) 196 D1
Saint-Lattier (38) 144 D3
Saint-Launeuc (22) 56 B1
Saint-Laure (63) 127 G2
Saint-Laurent (08) 24 B1
Saint-Laurent (18) 97 F1
Saint-Laurent (22) 32 D3
Saint-Laurent (23) 111 G5
Saint-Laurent (31) 184 B2
Saint-Laurent (47) 150 D5
Saint-Laurent (74) 118 D6
Saint-Laurent-Blangy (62) 8 B2
Saint-Laurent-Bretagne (64) 182 C1
Saint-Laurent-Chabreuges (43) 141 G2
Saint-Laurent-d'Agny (69) 129 H4
Saint-Laurent-d'Aigouze (30) 173 H5
Saint-Laurent-d'Andenay (71) 101 E6
Saint-Laurent-d'Arce (33) 135 F3
Saint-Laurent-de-Belzagot (16) 122 B6
Saint-Laurent-de-Brèvedent (76) 15 F1
Saint-Laurent-de-Carnols (30) 157 H5
Saint-Laurent-de-Cerdans (66) 200 D5
Saint-Laurent-de-Céris (16) 123 E1
Saint-Laurent-de-Chamousset (69) 129 F3
Saint-Laurent-de-Cognac (16) 121 G3
Saint-Laurent-de-Condel (14) 14 B6
Saint-Laurent-de-Cuves (50) 37 F4
Saint-Laurent-de-Gosse (40) 164 C5
Saint-Laurent-de-Jourdes (86) 109 F3
Saint-Laurent-de-la-Barrière (17) 107 F6
Saint-Laurent-de-la-Cabrerisse (11) 187 G4
Saint-Laurent-de-la-Plaine (49) 75 H4
Saint-Laurent-de-la-Prée (17) 106 D6
Saint-Laurent-de-la-Salanque (66) 201 G1
Saint-Laurent-de-la-Salle (85) 107 E1
Saint-Laurent-de-Lévézou (12) 155 E6
Saint-Laurent-de-Lin (37) 78 B4
Saint-Laurent-de-Mure (69) 130 B4
Saint-Laurent-de-Muret (48) 155 G2
Saint-Laurent-de-Neste (65) 183 H4
Saint-Laurent-de-Terregatte (50) 37 E6
Saint-Laurent-de-Trèves (48) 156 B5
Saint-Laurent-de-Vaux (69) 129 H3
Saint-Laurent-de-Veyrès (48) 141 F6
Saint-Laurent-des-Arbres (30) 174 D1
Saint-Laurent-des-Autels (49) 75 F4
Saint-Laurent-des-Bâtons (24) 137 F4
Saint-Laurent-des-Bois (27) 41 E4
Saint-Laurent-des-Bois (41) 80 A1
Saint-Laurent-des-Combes (16) 136 B1
Saint-Laurent-des-Combes (33) 135 H5
Saint-Laurent-des-Hommes (24) 136 C4
Saint-Laurent-des-Mortiers (53) 77 E2
Saint-Laurent-des-Vignes (24) 136 D6
Saint-Laurent-d'Oingt (69) 129 G1
Saint-Laurent-d'Olt (12) 155 F3
Saint-Laurent-d'Onay (26) 144 C2
Saint-Laurent-du-Bois (33) 150 A1
Saint-Laurent-du-Cros (05) 160 B1
Saint-Laurent-du-Mont (14) 15 E5
Saint-Laurent-du-Mottay (49) 76 B5
Saint-Laurent-du-Pape (07) 144 A6
Saint-Laurent-du-Plan (33) 150 A1
Saint-Laurent-du-Pont (38) 131 G6
Saint-Laurent-du-Tencement (27) 39 H3
Saint-Laurent-du-Var (06) 195 F3
Saint-Laurent-du-Verdon (04) 177 E4
Saint-Laurent-en-Beaumont (38) 145 H5
Saint-Laurent-en-Brionnais (71) 115 F4
Saint-Laurent-en-Caux (76) 17 F3
Saint-Laurent-en-Gâtines (37) 79 E4
Saint-Laurent-en-Grandvaux (39) 118 A1
Saint-Laurent-en-Royans (26) 144 D4
Saint-Laurent-la-Conche (42) 129 E4
Saint-Laurent-la-Gâtine (28) 41 G5
Saint-Laurent-la-Roche (39) 117 F1
Saint-Laurent-la-Vallée (24) 137 H6
Saint-Laurent-la-Vernède (30) 174 B1
Saint-Laurent-l'Abbaye (58) 82 C6
Saint-Laurent-le-Minier (30) 173 E2
Saint-Laurent-les-Bains (07) 156 D2
Saint-Laurent-les-Églises (87) 124 C1
Saint-Laurent-les-Tours (46) 139 F5
Saint-Laurent-Lolmie (46) 152 B5
Saint-Laurent-Médoc (33) 134 D2
Saint-Laurent-Nouan (41) 80 B3
Saint-Laurent-Rochefort (42) 128 C3
Saint-Laurent-sous-Coiron (07) 157 G2
Saint-Laurent-sur-Gorre (87) 123 H3
Saint-Laurent-sur-Manoire (24) 137 F3
Saint-Laurent-sur-Mer (14) 13 G4
Saint-Laurent-sur-Othain (55) 25 F4
Saint-Laurent-sur-Oust (56) 56 B5
Saint-Laurent-sur-Saône (01) 116 B4
Saint-Laurent-sur-Sèvre (85) 92 C3
Saint-Laurs (79) 107 G1
Saint-Léger (06) 178 B1
Saint-Léger (16) 122 B5
Saint-Léger (17) 121 F4
Saint-Léger (47) 150 D5
Saint-Léger (53) 59 E5
Saint-Léger (62) 8 B3
Saint-Léger (73) 132 C6
Saint-Léger (77) 44 A4
Saint-Léger-aux-Bois (60) 21 G4
Saint-Léger-aux-Bois (76) 6 C6
Saint-Léger-Bridereix (23) 111 E4
Saint-Léger-de-Balson (33) 149 F3
Saint-Léger-de-Fougeret (58) 100 A3
Saint-Léger-de-la-Martinière (79) 108 B4
Saint-Léger-de-Montbrillais (86) 93 H2
Saint-Léger-de-Montbrun (79) 93 G3
Saint-Léger-de-Peyre (48) 155 H2
Saint-Léger-de-Rôtes (27) 40 A1
Saint-Léger-des-Aubées (28) 62 C2
Saint-Léger-des-Bois (49) 76 D4
Saint-Léger-des-Prés (35) 35 F6
Saint-Léger-des-Vignes (58) 99 F5
Saint-Léger-du-Bois (71) 101 E3
Saint-Léger-du-Bourg-Denis (76) 18 D4
Saint-Léger-du-Gennetey (27) 18 A5
Saint-Léger-du-Malzieu (48) 141 G5
Saint-Léger-du-Ventoux (84) 159 E5
Saint-Léger-Dubosq (14) 14 D4
Saint-Léger-en-Bray (60) 20 A5
Saint-Léger-en-Yvelines (78) 41 H5
Saint-Léger-la-Montagne (87) 110 D6
Saint-Léger-le-Guérétois (23) 111 F5
Saint-Léger-le-Petit (18) 98 C2
Saint-Léger-lès-Authie (80) 7 H4
Saint-Léger-lès-Domart (80) 7 F4
Saint-Léger-les-Mélèzes (05) 160 C1
Saint-Léger-lès-Paray (71) 115 E2
Saint-Léger-les-Vignes (44) 74 B6
Saint-Léger-Magnazeix (87) 110 C4
Saint-Léger-près-Troyes (10) 66 B4
Saint-Léger-sous-Beuvray (71) 100 B4
Saint-Léger-sous-Brienne (10) 66 D2
Saint-Léger-sous-Cholet (49) 92 C2
Saint-Léger-sous-la-Bussière (71) 115 H4
Saint-Léger-sous-Margerie (10) 66 D1
Saint-Léger-sur-Bresle (80) 6 C6
Saint-Léger-sur-Dheune (71) 101 F5
Saint-Léger-sur-Roanne (42) 115 E6
Saint-Léger-sur-Sarthe (61) 60 C1
Saint-Léger-sur-Vouzance (03) 114 D3
Saint-Léger-Triey (21) 86 B6
Saint-Léger-Vauban (89) 84 B6
Saint-Léomer (86) 110 A3
Saint-Léon (03) 114 C3
Saint-Léon (31) 185 G1
Saint-Léon (33) 135 G6
Saint-Léon (47) 150 C5
Saint-Léon-d'Issigeac (24) 151 F1
Saint-Léon-sur-l'Isle (24) 137 E3
Saint-Léon-sur-Vézère (24) 137 H4
Saint-Léonard (32) 168 A3
Saint-Léonard (51) 23 F6
Saint-Léonard (62) 1 F4
Saint-Léonard (76) 16 C3
Saint-Léonard (88) 70 D3
Saint-Léonard-de-Noblat (87) 124 C2
Saint-Léonard-des-Bois (72) 59 H2
Saint-Léonard-des-Parcs (61) 39 G5
Saint-Léonard-en-Beauce (41) 80 A1
Saint-Léons (12) 155 F6
Saint-Léopardin-d'Augy (03) 98 D6
Saint-Léry (56) 56 B3
Saint-Leu-d'Esserent (60) 20 C6
Saint-Leu-la-Forêt (95) 42 C2
Saint-Lézer (65) 183 E1
Saint-Lézin (49) 76 C6
Saint-Lieux-Lafenasse (81) 170 C4
Saint-Lieux-lès-Lavaur (81) 169 H4
Saint-Lin (79) 108 A1
Saint-Lions (04) 177 G1
Saint-Lizier (09) 184 D5
Saint-Lizier-du-Planté (32) 184 C1
Saint-Lô (50) 37 G1
Saint-Lô-d'Ourville (50) 12 C4
Saint-Lon-les-Mines (40) 164 D5
Saint-Longis (72) 60 C2
Saint-Lormel (22) 34 C4
Saint-Lothain (39) 102 D5
Saint-Loube (32) 184 D1
Saint-Loubert (33) 150 A2
Saint-Loubès (33) 135 F4
Saint-Loubouer (40) 166 A4
Saint-Louet-sur-Seulles (14) 38 A1
Saint-Louet-sur-Vire (50) 37 G2
Saint-Louis (57) 50 B4
Saint-Louis (68) 89 H3
Saint-Louis-de-Montferrand (33) 135 F4
Saint-Louis-en-l'Isle (24) 136 D3
Saint-Louis-et-Parahou (11) 200 B1
Saint-Louis-lès-Bitche (57) 50 C2
Saint-Loup (03) 114 A3
Saint-Loup (17) 107 G6
Saint-Loup (23) 112 B5
Saint-Loup (39) 102 B3
Saint-Loup (41) 96 D1
Saint-Loup (50) 35 H3
Saint-Loup (51) 45 E5
Saint-Loup (58) 82 C5
Saint-Loup (69) 129 G2
Saint-Loup (82) 168 B1
Saint-Loup-Cammas (31) 169 F4
Saint-Loup-de-Buffigny (10) 65 G2
Saint-Loup-de-Fribois (14) 15 E5
Saint-Loup-de-Gonois (45) 64 C5
Saint-Loup-de-Naud (77) 64 D1
Saint-Loup-de-Varennes (71) 101 G6
Saint-Loup-des-Chaumes (18) 97 G5
Saint-Loup-des-Vignes (45) 63 G5
Saint-Loup-d'Ordon (89) 64 D6
Saint-Loup-du-Dorat (53) 59 E6
Saint-Loup-du-Gast (53) 59 E2
Saint-Loup-en-Champagne (08) 23 F4
Saint-Loup-en-Comminges (31) 184 A3
Saint-Loup-Géanges (71) 101 G4
Saint-Loup-Hors (14) 13 H5
Saint-Loup-Lamairé (79) 93 G5
Saint-Loup-Nantouard (70) 86 D5
Saint-Loup-sur-Aujon (52) 85 H1
Saint-Loup-sur-Semouse (70) 87 G1
Saint-Loup-Terrier (08) 24 A3
Saint-Loyer-des-Champs (61) 39 E5
Saint-Lubin-de-Cravant (28) 40 D5
Saint-Lubin-de-la-Haye (28) 41 G4
Saint-Lubin-des-Joncherets (28) 41 E4
Saint-Lubin-en-Vergonnois (41) 79 H3
Saint-Luc (27) 41 E3
Saint-Lucien (28) 41 G6
Saint-Lumier-en-Champagne (51) 46 B4
Saint-Lumier-la-Populeuse (51) 46 C5
Saint-Lumine-de-Clisson (44) 75 E6
Saint-Lumine-de-Coutais (44) 74 B6
Saint-Lunaire (35) 34 C3
Saint-Luperce (28) 61 H2
Saint-Lupicin (39) 117 H3
Saint-Lupien (10) 65 G2
Saint-Lyé (10) 66 A2
Saint-Lyé-la-Forêt (45) 63 E5
Saint-Lyphard (44) 73 G3
Saint-Lys (31) 168 D6
Saint-Macaire (33) 149 H2
Saint-Macaire-du-Bois (49) 93 F2
Saint-Macaire-en-Mauges (49) 75 G6
Saint-Maclou (27) 15 G3
Saint-Maclou-de-Folleville (76) 18 D2
Saint-Maclou-la-Brière (76) 16 C4
Saint-Macoux (86) 108 D5
Saint-Maden (22) 34 C6
Saint-Magne (33) 149 E2
Saint-Magne-de-Castillon (33) 136 A5
Saint-Maigner (63) 112 D6
Saint-Maigrin (17) 121 G6
Saint-Maime (04) 176 C2
Saint-Maime-de-Péreyrol (24) 137 E4
Saint-Maixant (23) 125 H1
Saint-Maixant (33) 149 H2
Saint-Maixent (72) 60 D5
Saint-Maixent-de-Beugné (79) 107 G2
Saint-Maixent-l'École (79) 108 B3
Saint-Maixent-sur-Vie (85) 90 D3
Saint-Maixme-Hauterive (28) 40 D6
Saint-Malo (35) 36 A5
Saint-Malo-de-Beignon (56) 56 C4
Saint-Malo-de-Guersac (44) 73 H4
Saint-Malo-de-la-Lande (50) 36 D1
Saint-Malo-de-Phily (35) 57 E5
Saint-Malo-des-Trois-Fontaines (56) 56 A3
Saint-Malô-du-Bois (85) 92 C3
Saint-Malo-en-Donziois (58) 83 E6
Saint-Malon-sur-Mel (35) 56 C3
Saint-Mamert (69) 115 H4
Saint-Mamert-du-Gard (30) 173 H3
Saint-Mamet (31) 197 F1
Saint-Mamet-la-Salvetat (15) 139 H5
Saint-Mammès (77) 64 B2
Saint-Mandé (94) 42 D4
Saint-Mandé-sur-Brédoire (17) 108 A6
Saint-Mandrier-sur-Mer (83) 193 E5
Saint-Manvieu-Bocage (14) 37 G3
Saint-Manvieu-Norrey (14) 14 B4
Saint-Marc (15) 141 F5
Saint-Marc-à-Frongier (23) 125 G2
Saint-Marc-à-Loubaud (23) 125 F2
Saint-Marc-du-Cor (41) 61 F6
Saint-Marc-Jaumegarde (13) 176 B6
Saint-Marc-la-Lande (79) 107 H2
Saint-Marc-le-Blanc (35) 35 G6
Saint-Marc-sur-Couesnon (35) 57 H1
Saint-Marc-sur-Seine (21) 85 E3
Saint-Marcan (35) 35 F4
Saint-Marceau (08) 24 A2
Saint-Marceau (72) 60 A4
Saint-Marcel (01) 130 B1
Saint-Marcel (08) 23 H1
Saint-Marcel (27) 41 F2
Saint-Marcel (36) 111 E1
Saint-Marcel (54) 26 A5
Saint-Marcel (56) 56 A5
Saint-Marcel (70) 87 E1
Saint-Marcel (71) 101 G5
Saint-Marcel (73) 132 D5

Saint-Marcel-Bel-Accueil (38) 130 D4
Saint-Marcel-Campes (81) 170 B1
Saint-Marcel-d'Ardèche (07) 158 A4
Saint-Marcel-de-Careiret (30) 157 H6
Saint-Marcel-de-Félines (42) 129 E2
Saint-Marcel-du-Périgord (24) 137 F5
Saint-Marcel-d'Urfé (42) 128 C2
Saint-Marcel-en-Marcillat (03) 112 D5
Saint-Marcel-en-Murat (03) 113 F4
Saint-Marcel-l'Éclairé (69) 129 F2
Saint-Marcel-lès-Annonay (07) 143 H2
Saint-Marcel-lès-Sauzet (26) 158 B2
Saint-Marcel-lès-Valence (26) 144 B4
Saint-Marcel-Paulel (31) 169 G5
Saint-Marcel-sur-Aude (11) 188 A3
Saint-Marcelin-de-Cray (71) 115 H2
Saint-Marcellin (38) 144 D3
Saint-Marcellin-en-Forez (42) 129 E5
Saint-Marcellin-lès-Vaison (84) 158 D5
Saint-Marcet (31) 184 B3
Saint-Marcory (24) 151 H1
Saint-Marcouf (14) 13 F5
Saint-Marcouf (50) 13 E3
Saint-Mard (02) 22 C5
Saint-Mard (17) 107 F5
Saint-Mard (54) 69 G1
Saint-Mard (77) 43 F2
Saint-Mard (80) 21 E2
Saint-Mard-de-Réno (61) 60 D1
Saint-Mard-de-Vaux (71) 101 F5
Saint-Mard-lès-Rouffy (51) 45 F3
Saint-Mard-sur-Auve (51) 46 B2
Saint-Mard-sur-le-Mont (51) 46 C3
Saint-Mards (76) 17 G3
Saint-Mards-de-Blacarville (27) 15 H3
Saint-Mards-de-Fresne (27) 15 G6
Saint-Mards-en-Othe (10) 65 H4
Saint-Marien (23) 112 A3
Saint-Mariens (33) 135 F3
Saint-Mars-de-Coutais (44) 74 B6
Saint-Mars-de-Locquenay (72) 60 C6
Saint-Mars-d'Égrenne (61) 38 A6
Saint-Mars-d'Outillé (72) 78 B1
Saint-Mars-du-Désert (44) 75 E4
Saint-Mars-du-Désert (53) 59 G3
Saint-Mars-la-Brière (72) 60 C5
Saint-Mars-la-Jaille (44) 75 F2
Saint-Mars-la-Réorthe (85) 92 B4
Saint-Mars-sous-Ballon (72) 60 B4
Saint-Mars-sur-Colmont (53) 58 D2
Saint-Mars-sur-la-Futaie (53) 58 B1
Saint-Mars-Vieux-Maisons (77) 44 B5
Saint-Marsal (66) 200 D4
Saint-Martial (07) 143 E5
Saint-Martial (15) 141 E5
Saint-Martial (16) 122 B6
Saint-Martial (17) 107 H6
Saint-Martial (30) 173 E1
Saint-Martial (33) 150 A1
Saint-Martial-d'Albarède (24) 137 H1
Saint-Martial-d'Artenset (24) 136 C4
Saint-Martial-de-Gimel (19) 139 F2
Saint-Martial-de-Mirambeau (17) 121 E6
Saint-Martial-de-Nabirat (24) 152 B1
Saint-Martial-de-Valette (24) 123 F5
Saint-Martial-de-Vitaterne (17) 121 F5
Saint-Martial-Entraygues (19) 139 F3
Saint-Martial-le-Mont (23) 111 H6
Saint-Martial-le-Vieux (23) 125 H4
Saint-Martial-sur-Isop (87) 109 H5
Saint-Martial-sur-Né (17) 121 G4
Saint-Martial-Viveyrol (24) 136 D1
Saint-Martin (32) 167 F6
Saint-Martin (54) 49 G6
Saint-Martin (65) 183 E3
Saint-Martin (66) 200 C1
Saint-Martin (67) 71 F2
Saint-Martin (83) 193 E1
Saint-Martin-au-Bosc (76) 6 C6
Saint-Martin-au-Laërt (62) 2 B4
Saint-Martin-aux-Arbres (76) 17 F4
Saint-Martin-aux-Bois (60) 20 D3
Saint-Martin-aux-Buneaux (76) 16 D2
Saint-Martin-aux-Champs (51) 46 A4
Saint-Martin-aux-Chartrains (14) 15 F3
Saint-Martin-Belle-Roche (71) 116 B3
Saint-Martin-Bellevue (74) 132 B1
Saint-Martin-Boulogne (62) 1 F4
Saint-Martin-Cantalès (15) 139 H3
Saint-Martin-Château (23) 125 E2
Saint-Martin-Choquel (62) 1 G4
Saint-Martin-Curton (47) 150 B4
Saint-Martin-d'Abbat (45) 81 F1
Saint-Martin-d'Ablois (51) 45 E2
Saint-Martin-d'Août (26) 144 B2
Saint-Martin-d'Arberoue (64) 181 E1
Saint-Martin-d'Arc (73) 146 D2
Saint-Martin-d'Ardèche (07) 157 H5
Saint-Martin-d'Armagnac (32) 166 D4
Saint-Martin-d'Arrossa (64) 180 D2
Saint-Martin-d'Ary (17) 135 H2
Saint-Martin-d'Aubigny (50) 12 D6
Saint-Martin-d'Audouville (50) 12 D3
Saint-Martin-d'Auxigny (18) 97 H1
Saint-Martin-d'Auxy (71) 101 E6
Saint-Martin-de-Bavel (01) 131 F2
Saint-Martin-de-Beauville (47) 151 G5
Saint-Martin-de-Belleville (73) 132 D6
Saint-Martin-de-Bernegoue (79) 107 H4
Saint-Martin-de-Bienfaite-la-Cressonnière (14) 15 G6
Saint-Martin-de-Blagny (14) 13 G5
Saint-Martin-de-Bonfossé (50) 37 F1
Saint-Martin-de-Boscherville (76) 17 F6
Saint-Martin-de-Bossenay (10) 65 G2
Saint-Martin-de-Boubaux (48) 156 D6
Saint-Martin-de-Bréthencourt (78) 62 D1
Saint-Martin-de-Brômes (04) 176 D3
Saint-Martin-de-Caralp (09) 185 G5
Saint-Martin-de-Castillon (84) 176 A3
Saint-Martin-de-Cenilly (50) 37 E2
Saint-Martin-de-Clelles (38) 145 F5
Saint-Martin-de-Commune (71) 101 E4
Saint-Martin-de-Connée (53) 59 G3
Saint-Martin-de-Coux (17) 135 H3
Saint-Martin-de-Crau (13) 191 E2
Saint-Martin-de-Fontenay (14) 14 B5
Saint-Martin-de-Fraigneau (85) 107 F2
Saint-Martin-de-Fressengeas (24) 123 G6
Saint-Martin-de-Fugères (43) 142 C5
Saint-Martin-de-Goyne (32) 167 H2
Saint-Martin-de-Gurson (24) 136 B4
Saint-Martin-de-Hinx (40) 164 C5
Saint-Martin-de-Juillers (17) 121 G1
Saint-Martin-de-Jussac (87) 123 G2
Saint-Martin-de-la-Brasque (84) 176 B4
Saint-Martin-de-la-Cluze (38) 145 G4
Saint-Martin-de-la-Lieue (14) 15 F5
Saint-Martin-de-la-Mer (21) 100 C1
Saint-Martin-de-la-Place (49) 77 G6
Saint-Martin-de-la-Porte (73) 146 D2
Saint-Martin-de-Lamps (36) 96 B3
Saint-Martin-de-Landelles (50) 37 F6
Saint-Martin-de-Lansuscle (48) 156 C6
Saint-Martin-de-l'Arçon (34) 171 H6
Saint-Martin-de-Laye (33) 135 H3
Saint-Martin-de-Lenne (12) 155 E4
Saint-Martin-de-Lerm (33) 150 B1
Saint-Martin-de-Lixy (71) 115 F5
Saint-Martin-de-Londres (34) 173 E4
Saint-Martin-de-Mâcon (79) 93 G3
Saint-Martin-de-Mailloc (14) 15 F5
Saint-Martin-de-Mieux (14) 38 D3
Saint-Martin-de-Nigelles (28) 41 G6
Saint-Martin-de-Queyrières (05) 147 E5
Saint-Martin-de-Ré (17) 106 B4
Saint-Martin-de-Ribérac (24) 136 D2
Saint-Martin-de-Saint-Maixent (79) 108 B3
Saint-Martin-de-Salencey (71) 115 H2
Saint-Martin-de-Sallen (14) 14 A6
Saint-Martin-de-Sanzay (79) 93 G2
Saint-Martin-de-Seignanx (40) 164 C5
Saint-Martin-de-Sescas (33) 150 A2
Saint-Martin-de-Valamas (07) 143 F5
Saint-Martin-de-Valgalgues (30) 157 E6
Saint-Martin-de-Varreville (50) 13 E4
Saint-Martin-de-Vaulserre (38) 131 G5
Saint-Martin-de-Vers (46) 152 D2
Saint-Martin-de-Villeréal (47) 151 G2
Saint-Martin-de-Villereglan (11) 186 D4
Saint-Martin-d'Écublei (61) 40 A4
Saint-Martin-d'Entraunes (06) 161 G6
Saint-Martin-des-Besaces (14) 37 H2
Saint-Martin-des-Bois (41) 79 E2
Saint-Martin-des-Champs (18) 98 C2
Saint-Martin-des-Champs (29) 32 A3
Saint-Martin-des-Champs (50) 35 H3
Saint-Martin-des-Champs (77) 44 B4
Saint-Martin-des-Champs (78) 41 H3
Saint-Martin-des-Champs (89) 82 C3
Saint-Martin-des-Combes (24) 137 E4
Saint-Martin-des-Entrées (14) 14 A4
Saint-Martin-des-Fontaines (85) 107 E1
Saint-Martin-des-Lais (03) 99 G6
Saint-Martin-des-Landes (61) 38 D6
Saint-Martin-des-Monts (72) 60 D4
Saint-Martin-des-Noyers (85) 92 A5
Saint-Martin-des-Olmes (63) 128 B5
Saint-Martin-des-Pézerits (61) 39 H6
Saint-Martin-des-Plains (63) 127 G5
Saint-Martin-des-Prés (22) 33 F6
Saint-Martin-des-Puits (11) 187 F5
Saint-Martin-des-Tilleuls (85) 92 B3
Saint-Martin-d'Estréaux (42) 114 C5
Saint-Martin-d'Hardinghem (62) 2 A5
Saint-Martin-d'Hères (38) 145 G2
Saint-Martin-d'Heuille (58) 99 E3
Saint-Martin-d'Ollières (63) 127 H6
Saint-Martin-Don (14) 37 G3
Saint-Martin-d'Oney (40) 165 H2
Saint-Martin-d'Ordon (89) 64 D6
Saint-Martin-d'Oydes (09) 185 G3
Saint-Martin-du-Bec (76) 15 F1
Saint-Martin-du-Bois (33) 135 G4
Saint-Martin-du-Bois (49) 76 C2
Saint-Martin-du-Boschet (77) 44 B5
Saint-Martin-du-Clocher (16) 108 D6
Saint-Martin-du-Fouilloux (49) 76 D5
Saint-Martin-du-Fouilloux (79) 108 B1
Saint-Martin-du-Frêne (01) 117 G5
Saint-Martin-du-Lac (71) 115 E4
Saint-Martin-du-Limet (53) 76 B1
Saint-Martin-du-Manoir (76) 15 F1
Saint-Martin-du-Mesnil-Oury (14) 15 E6
Saint-Martin-du-Mont (01) 117 E5
Saint-Martin-du-Mont (21) 85 F5
Saint-Martin-du-Mont (71) 117 E1
Saint-Martin-du-Puy (33) 150 B1
Saint-Martin-du-Puy (58) 83 H6
Saint-Martin-du-Tartre (71) 116 A1
Saint-Martin-du-Tertre (89) 65 E4
Saint-Martin-du-Tertre (95) 42 D1
Saint-Martin-du-Tilleul (27) 15 H5
Saint-Martin-du-Var (06) 195 E2
Saint-Martin-du-Vieux-Bellême (61) 60 D2
Saint-Martin-du-Vivier (76) 18 D4
Saint-Martin-d'Uriage (38) 145 H3
Saint-Martin-en-Bière (77) 63 H2
Saint-Martin-en-Bresse (71) 102 A5
Saint-Martin-en-Campagne (76) 17 H1
Saint-Martin-en-Gâtinois (71) 101 H4
Saint-Martin-en-Haut (69) 129 G4
Saint-Martin-en-Vercors (26) 145 E4
Saint-Martin-Gimois (32) 168 B6
Saint-Martin-la-Campagne (27) 40 D2
Saint-Martin-la-Garenne (78) 41 H2
Saint-Martin-la-Méanne (19) 139 F3
Saint-Martin-la-Patrouille (71) 115 H1
Saint-Martin-la-Plaine (42) 129 G5
Saint-Martin-la-Sauveté (42) 128 C2
Saint-Martin-Labouval (46) 153 E3
Saint-Martin-Lacaussade (33) 135 E2
Saint-Martin-Laguépie (81) 153 G6
Saint-Martin-l'Aiguillon (61) 38 D6
Saint-Martin-Lalande (11) 186 C2
Saint-Martin-l'Ars (86) 109 F4
Saint-Martin-Lars-en-Sainte-Hermine (85) 107 E1
Saint-Martin-l'Astier (24) 136 C3
Saint-Martin-le-Beau (37) 79 F6
Saint-Martin-le-Bouillant (50) 37 F4
Saint-Martin-le-Châtel (01) 116 D4
Saint-Martin-le-Colonel (26) 144 D4
Saint-Martin-le-Gaillard (76) 6 A5
Saint-Martin-le-Gréard (50) 12 C2
Saint-Martin-le-Hébert (50) 12 C3
Saint-Martin-le-Mault (87) 110 C3
Saint-Martin-le-Noeud (60) 20 A5
Saint-Martin-le-Pin (24) 123 E5
Saint-Martin-le-Redon (46) 152 A3
Saint-Martin-le-Vieil (11) 186 C2
Saint-Martin-le-Vieux (87) 124 A3
Saint-Martin-le-Vinoux (38) 145 G2
Saint-Martin-les-Eaux (04) 176 C3
Saint-Martin-lès-Langres (52) 86 A1
Saint-Martin-lès-Melle (79) 108 B4
Saint-Martin-lès-Seyne (04) 160 D4
Saint-Martin-Lestra (42) 129 F3
Saint-Martin-l'Heureux (51) 23 G6
Saint-Martin-l'Hortier (76) 19 E1
Saint-Martin-Longueau (60) 21 E5
Saint-Martin-Lys (11) 200 A1
Saint-Martin-Osmonville (76) 17 H4
Saint-Martin-Petit (47) 150 B2
Saint-Martin-Rivière (02) 9 F4
Saint-Martin-Saint-Firmin (27) 15 H4
Saint-Martin-Sainte-Catherine (23) 124 D1
Saint-Martin-Sepert (19) 124 C6
Saint-Martin-sous-Montaigu (71) 101 F5
Saint-Martin-sous-Vigouroux (15) 140 D5
Saint-Martin-sur-Armançon (89) 84 B1
Saint-Martin-sur-Cojeul (62) 8 B3
Saint-Martin-sur-Écaillon (59) 9 F3
Saint-Martin-sur-la-Chambre (73) 132 C6
Saint-Martin-sur-Lavezon (07) 158 A2
Saint-Martin-sur-le-Pré (51) 45 H3
Saint-Martin-sur-Nohain (58) 82 C6
Saint-Martin-sur-Ocre (45) 82 A3
Saint-Martin-sur-Ocre (89) 83 E2
Saint-Martin-sur-Ouanne (89) 82 D1
Saint-Martin-sur-Oust (56) 56 B6
Saint-Martin-Terressus (87) 124 C2
Saint-Martin-Valmeroux (15) 140 A3
Saint-Martin-Vésubie (06) 162 D6
Saint-Martinien (03) 112 C4
Saint-Martory (31) 184 C4
Saint-Mary (16) 122 D2
Saint-Mary-le-Plain (15) 141 F3
Saint-Masmes (51) 23 G5
Saint-Mathieu (87) 123 F3
Saint-Mathieu-de-Tréviers (34) 173 F4
Saint-Mathurin (85) 91 E5
Saint-Mathurin-sur-Loire (49) 77 F5
Saint-Matré (46) 152 A4
Saint-Maudan (22) 55 G2
Saint-Maudez (22) 34 C5
Saint-Maugan (35) 56 C2
Saint-Maulvis (80) 6 D6
Saint-Maur (18) 112 B1
Saint-Maur (32) 167 F6
Saint-Maur (36) 96 C5
Saint-Maur (39) 117 G1
Saint-Maur (60) 19 H3
Saint-Maur-des-Bois (50) 37 F3
Saint-Maur-des-Fossés (94) 43 E4
Saint-Maur-sur-le-Loir (28) 62 A4
Saint-Maurice (52) 86 B1
Saint-Maurice (58) 99 G2
Saint-Maurice (63) 127 F4
Saint-Maurice (67) 71 F2
Saint-Maurice (94) 42 D4
Saint-Maurice-aux-Forges (54) 49 G6
Saint-Maurice-aux-Riches-Hommes (89) 65 F3
Saint-Maurice-Colombier (25) 88 B5
Saint-Maurice-Crillat (39) 117 H1
Saint-Maurice-d'Ardèche (07) 157 G3
Saint-Maurice-de-Beynost (01) 130 B2
Saint-Maurice-de-Cazevieille (30) 174 A1
Saint-Maurice-de-Gourdans (01) 130 C2
Saint-Maurice-de-Lestapel (47) 151 E2
Saint-Maurice-de-Lignon (43) 143 E2
Saint-Maurice-de-Rémens (01) 130 D1
Saint-Maurice-de-Rotherens (73) 131 G4
Saint-Maurice-de-Satonnay (71) 116 B3
Saint-Maurice-de-Tavernole (17) 121 G5
Saint-Maurice-de-Ventalon (48) 156 C5
Saint-Maurice-des-Champs (71) 116 A1
Saint-Maurice-des-Lions (16) 123 F1
Saint-Maurice-des-Noues (85) 107 F1
Saint-Maurice-d'Ételan (76) 15 H2
Saint-Maurice-d'Ibie (07) 157 G3
Saint-Maurice-du-Désert (61) 38 C6
Saint-Maurice-en-Chalencon (07) 143 G5
Saint-Maurice-en-Cotentin (50) 12 B4
Saint-Maurice-en-Gourgois (42) 129 E6
Saint-Maurice-en-Quercy (46) 153 G1
Saint-Maurice-en-Rivière (71) 101 H5
Saint-Maurice-en-Trièves (38) 145 G6
Saint-Maurice-en-Valgodemard (05) 146 B6
Saint-Maurice-la-Clouère (86) 109 E3
Saint-Maurice-la-Fougereuse (79) 93 E3
Saint-Maurice-la-Souterraine (23) 110 D5
Saint-Maurice-le-Girard (85) 92 C6
Saint-Maurice-le-Vieil (89) 83 E2
Saint-Maurice-les-Brousses (87) 124 B3
Saint-Maurice-lès-Charencey (61) 40 B5
Saint-Maurice-lès-Châteauneuf (71) 115 F5
Saint-Maurice-lès-Couches (71) 101 F4
Saint-Maurice-l'Exil (38) 130 A6
Saint-Maurice-Montcouronne (91) 42 B6
Saint-Maurice-Navacelles (34) 172 D3
Saint-Maurice-près-Crocq (23) 126 A2
Saint-Maurice-près-Pionsat (63) 112 D6
Saint-Maurice-Saint-Germain (28) 61 G1
Saint-Maurice-sous-les-Côtes (55) 47 H2
Saint-Maurice-sur-Adour (40) 166 A3
Saint-Maurice-sur-Aveyron (45) 82 C1
Saint-Maurice-sur-Dargoire (69) 129 H5
Saint-Maurice-sur-Eygues (26) 158 C5
Saint-Maurice-sur-Fessard (45) 64 A6
Saint-Maurice-sur-Huisne (61) 61 E2
Saint-Maurice-sur-Mortagne (88) 70 A2
Saint-Maurice-sur-Moselle (88) 88 C1
Saint-Maurice-sur-Vingeanne (21) 86 B4
Saint-Maurice-Thizouaille (89) 83 E2
Saint-Maurin (47) 151 G5
Saint-Max (54) 48 D5
Saint-Maxent (80) 6 C5
Saint-Maximin (30) 174 B2
Saint-Maximin (38) 132 A6
Saint-Maximin (60) 20 D6
Saint-Maximin-la-Sainte-Baume (83) 193 E2
Saint-Maxire (79) 107 H3
Saint-May (26) 159 E3
Saint-Mayeux (22) 55 E1
Saint-Méard (87) 124 D4
Saint-Méard-de-Drône (24) 136 D2
Saint-Méard-de-Gurçon (24) 136 B5
Saint-Médard (16) 121 H5
Saint-Médard (17) 121 G6
Saint-Médard (31) 184 B4
Saint-Médard (32) 167 G6
Saint-Médard (36) 95 H3
Saint-Médard (46) 152 B3
Saint-Médard (57) 49 F4
Saint-Médard (64) 165 H5
Saint-Médard (79) 108 A4
Saint-Médard-d'Aunis (17) 106 D5
Saint-Médard-de-Guizières (33) 136 A4
Saint-Médard-de-Mussidan (24) 136 D4
Saint-Médard-de-Presque (46) 139 E5
Saint-Médard-d'Excideuil (24) 137 H1
Saint-Médard-d'Eyrans (33) 135 F6
Saint-Médard-en-Forez (42) 129 F4
Saint-Médard-en-Jalles (33) 134 D5
Saint-Médard-la-Rochette (23) 112 A6
Saint-Médard-Nicourby (46) 139 F6
Saint-Médard-sur-Ille (35) 57 F1
Saint-Méen (29) 31 F3
Saint-Méen-le-Grand (35) 56 C2
Saint-Melaine-sur-Aubance (49) 77 E5
Saint-Mélany (07) 157 E3
Saint-Méloir-des-Bois (22) 34 B5
Saint-Méloir-des-Ondes (35) 35 E3
Saint-Même-le-Tenu (44) 91 E1
Saint-Même-les-Carrières (16) 121 H4
Saint-Memmie (51) 45 H3
Saint-Menge (88) 69 E3
Saint-Menges (08) 24 C1
Saint-Menoux (03) 113 G1
Saint-Merd-de-Lapleau (19) 139 G2
Saint-Merd-la-Breuille (23) 126 A3
Saint-Merd-les-Oussines (19) 125 G4
Saint-Méry (77) 43 G6
Saint-Meslin-du-Bosc (27) 18 B6
Saint-Mesmes (77) 43 F3
Saint-Mesmin (10) 66 A2
Saint-Mesmin (21) 85 E6
Saint-Mesmin (24) 138 A1
Saint-Mesmin (85) 92 C5
Saint-Mexant (19) 138 D2
Saint-Mézard (32) 167 H1
Saint-M'Hervé (35) 58 A4
Saint-M'Hervon (35) 56 C1
Saint-Micaud (71) 101 E6
Saint-Michel (02) 10 B6
Saint-Michel (09) 185 G4
Saint-Michel (16) 122 B4
Saint-Michel (31) 184 D3
Saint-Michel (32) 183 H1
Saint-Michel (34) 172 C3
Saint-Michel (45) 63 G5
Saint-Michel (64) 180 D3
Saint-Michel (82) 168 C1
Saint-Michel-Chef-Chef (44) 73 H5
Saint-Michel-d'Aurance (07) 143 G5
Saint-Michel-de-Bannières (46) 138 D4
Saint-Michel-de-Boulogne (07) 157 G1
Saint-Michel-de-Castelnau (33) 150 A5
Saint-Michel-de-Chabrillanoux (07) 143 H6
Saint-Michel-de-Chaillol (05) 160 C1
Saint-Michel-de-Chavaignes (72) 60 D5
Saint-Michel-de-Dèze (48) 156 D5
Saint-Michel-de-Double (24) 136 C3
Saint-Michel-de-Feins (53) 76 D2
Saint-Michel-de-Fronsac (33) 135 G4
Saint-Michel-de-la-Pierre (50) 12 D6
Saint-Michel-de-la-Roë (53) 58 A6
Saint-Michel-de-Lanès (11) 186 A2
Saint-Michel-de-Lapujade (33) 150 B2
Saint-Michel-de-Livet (14) 15 E6
Saint-Michel-de-Llotes (66) 200 D3
Saint-Michel-de-Maurienne (73) 146 D2
Saint-Michel-de-Montaigne (24) 136 A5
Saint-Michel-de-Montjoie (50) 37 G4
Saint-Michel-de-Plélan (22) 34 C5
Saint-Michel-de-Rieufret (33) 149 G1
Saint-Michel-de-Saint-Geoirs (38) 145 E1
Saint-Michel-de-Vax (81) 169 H1
Saint-Michel-de-Veisse (23) 125 G1
Saint-Michel-de-Villadeix (24) 137 F4
Saint-Michel-de-Volangis (18) 97 H2
Saint-Michel-des-Andaines (61) 38 C6
Saint-Michel-d'Euzet (30) 157 H6
Saint-Michel-d'Halescourt (76) 19 G3
Saint-Michel-en-Beaumont (38) 145 H5
Saint-Michel-en-Brenne (36) 95 G5
Saint-Michel-en-Grève (22) 32 B2
Saint-Michel-en-l'Herm (85) 106 C3
Saint-Michel-Escalus (40) 164 D2
Saint-Michel-et-Chanveaux (49) 75 F1
Saint-Michel-Labadié (81) 171 E2
Saint-Michel-le-Cloucq (85) 107 F2
Saint-Michel-les-Portes (38) 145 F5
Saint-Michel-l'Observatoire (04) 176 C2
Saint-Michel-Loubéjou (46) 139 E5
Saint-Michel-Mont-Mercure (85) 92 C4
Saint-Michel-sous-Bois (62) 1 G6
Saint-Michel-sur-Loire (37) 78 B6
Saint-Michel-sur-Meurthe (88) 70 C2
Saint-Michel-sur-Orge (91) 42 C6
Saint-Michel-sur-Rhône (42) 129 H6
Saint-Michel-sur-Savasse (26) 144 C3
Saint-Michel-sur-Ternoise (62) 7 G1
Saint-Michel-Tuboeuf (61) 40 B4
Saint-Mihiel (55) 47 G3

Saint-Mitre-les-Remparts (13) 191 G4
Saint-Molf (44) 73 F3
Saint-Momelin (59) 2 B3
Saint-Mont (32) 166 C4
Saint-Montan (07) 158 A3
Saint-Moré (89) 83 H4
Saint-Moreil (23) 124 D2
Saint-Morel (08) 24 A5
Saint-Morillon (33) 149 F1
Saint-Mury-Monteymond (38) 145 H2
Saint-Myon (63) 127 F1
Saint-Nabor (67) 71 F1
Saint-Nabord (88) 70 A5
Saint-Nabord-sur-Aube (10) 66 C1
Saint-Nauphary (82) 169 F2
Saint-Nazaire (30) 158 A6
Saint-Nazaire (44) 73 G4
Saint-Nazaire (66) 201 G2
Saint-Nazaire-d'Aude (11) 187 H3
Saint-Nazaire-de-Ladarez (34) 172 A6
Saint-Nazaire-de-Pézan (34) 173 H5
Saint-Nazaire-de-Valentane (82) 151 H5
Saint-Nazaire-des-Gardies (30) 173 G2
Saint-Nazaire-en-Royans (26) 144 D3
Saint-Nazaire-le-Désert (26) 159 E2
Saint-Nazaire-les-Eymes (38) 145 H2
Saint-Nazaire-sur-Charente (17) 120 C1
Saint-Nectaire (63) 127 E5
Saint-Nexans (24) 137 E6
Saint-Nic (29) 31 F6
Saint-Nicodème (22) 32 D6
Saint-Nicolas (62) 8 B2
Saint-Nicolas-aux-Bois (02) 22 B3
Saint-Nicolas-d'Aliermont (76) 17 H2
Saint-Nicolas-d'Attez (27) 40 C4
Saint-Nicolas-de-Bliquetuit (76) 17 E5
Saint-Nicolas-de-Bourgueil (37) 78 A6
Saint-Nicolas-de-la-Balerme (47) 151 G6
Saint-Nicolas-de-la-Grave (82) 168 C1
Saint-Nicolas-de-la-Haie (76) 15 H1
Saint-Nicolas-de-la-Taille (76) 15 G2
Saint-Nicolas-de-Macherin (38) 131 F6
Saint-Nicolas-de-Pierrepont (50) 12 C4
Saint-Nicolas-de-Port (54) 48 D5
Saint-Nicolas-de-Redon (44) 74 A1
Saint-Nicolas-de-Sommaire (61) 40 A4
Saint-Nicolas-des-Biefs (03) 114 C6
Saint-Nicolas-des-Bois (50) 37 F4
Saint-Nicolas-des-Bois (61) 59 H1
Saint-Nicolas-des-Laitiers (61) 39 H4
Saint-Nicolas-des-Motets (37) 79 F4
Saint-Nicolas-du-Bosc (27) 18 B6
Saint-Nicolas-du-Pélem (22) 33 E6
Saint-Nicolas-du-Tertre (56) 56 B5
Saint-Nicolas-la-Chapelle (10) 65 F1
Saint-Nicolas-la-Chapelle (73) 132 D2
Saint-Nicolas-lès-Cîteaux (21) 101 H2
Saint-Nizier-d'Azergues (69) 115 H6
Saint-Nizier-de-Fornas (42) 128 D6
Saint-Nizier-du-Moucherotte (38) 145 F2
Saint-Nizier-le-Bouchoux (01) 116 D2
Saint-Nizier-le-Désert (01) 116 D6
Saint-Nizier-sous-Charlieu (42) 115 E5
Saint-Nizier-sur-Arroux (71) 100 C5
Saint-Nolff (56) 55 G6
Saint-Nom-la-Bretèche (78) 42 B4
Saint-Offenge (73) 132 A3
Saint-Offenge-Dessus (73) 132 A3
Saint-Omer (14) 38 C3
Saint-Omer (62) 2 B4
Saint-Omer-Capelle (62) 2 A2
Saint-Omer-en-Chaussée (60) 20 A3
Saint-Ondras (38) 131 F5
Saint-Onen-la-Chapelle (35) 56 C2
Saint-Oradoux-de-Chirouze (23) 126 A3
Saint-Oradoux-près-Crocq (23) 126 A2
Saint-Orens (32) 168 B4
Saint-Orens-de-Gameville (31) 169 F6
Saint-Orens-Pouy-Petit (32) 167 G2
Saint-Ost (32) 183 H1
Saint-Ouen (41) 79 G2
Saint-Ouen (80) 7 F5
Saint-Ouen (93) 42 D3
Saint-Ouen-d'Attez (27) 40 C4
Saint-Ouen-d'Aunis (17) 106 D4
Saint-Ouen-de-la-Cour (61) 60 D2
Saint-Ouen-de-Mimbré (72) 60 A3
Saint-Ouen-de-Pontcheuil (27) 18 C6
Saint-Ouen-de-Sécherouvre (61) 39 H6
Saint-Ouen-de-Thouberville (27) 18 B5
Saint-Ouen-des-Alleux (35) 57 G1
Saint-Ouen-des-Besaces (14) 37 H2
Saint-Ouen-des-Champs (27) 15 H3
Saint-Ouën-des-Toits (53) 58 C4
Saint-Ouën-des-Vallons (53) 59 E4
Saint-Ouen-Domprot (51) 45 H6
Saint-Ouen-du-Breuil (76) 17 G4
Saint-Ouen-du-Mesnil-Oger (14) 39 E1
Saint-Ouen-du-Tilleul (27) 18 B5
Saint-Ouen-en-Belin (72) 78 B1
Saint-Ouen-en-Brie (77) 64 C1
Saint-Ouen-en-Champagne (72) 59 G6
Saint-Ouen-la-Rouërie (35) 35 G5
Saint-Ouen-la-Thène (17) 121 H2
Saint-Ouen-l'Aumône (95) 42 B2
Saint-Ouen-le-Brisoult (61) 59 F1
Saint-Ouen-le-Houx (14) 39 F2
Saint-Ouen-le-Mauger (76) 17 F3
Saint-Ouen-le-Pin (14) 15 E5
Saint-Ouen-lès-Parey (88) 68 D4
Saint-Ouen-les-Vignes (37) 79 F5
Saint-Ouen-Marchefroy (28) 41 G4
Saint-Ouen-sous-Bailly (76) 6 A6
Saint-Ouen-sur-Gartempe (87) 110 B5
Saint-Ouen-sur-Iton (61) 40 B5
Saint-Ouen-sur-Loire (58) 99 E4
Saint-Ouen-sur-Maire (61) 38 D5
Saint-Ouen-sur-Morin (77) 44 A3
Saint-Oulph (10) 65 H1
Saint-Ours (63) 126 D2
Saint-Ours (73) 132 A3
Saint-Outrille (18) 96 D2
Saint-Ovin (50) 37 E5
Saint-Oyen (73) 132 D5
Saint-Pabu (29) 30 D3
Saint-Paër (76) 17 F5
Saint-Pair (14) 14 C5
Saint-Pair-sur-Mer (50) 35 G2
Saint-Pal-de-Chalencon (43) 142 C1
Saint-Pal-de-Mons (43) 143 E2
Saint-Pal-de-Senouire (43) 142 A2
Saint-Palais (03) 112 B3
Saint-Palais (18) 97 H1
Saint-Palais (33) 135 E1
Saint-Palais (64) 181 F1
Saint-Palais-de-Négrignac (17) 135 H1
Saint-Palais-de-Phiolin (17) 121 E5
Saint-Palais-du-Né (16) 121 G5
Saint-Palais-sur-Mer (17) 120 B3
Saint-Pancrace (24) 123 F6
Saint-Pancrace (73) 146 C1
Saint-Pancrasse (38) 145 H1
Saint-Pancré (54) 25 G3
Saint-Pandelon (40) 165 E4
Saint-Pantaléon (46) 152 B4
Saint-Pantaléon (84) 175 G3
Saint-Pantaléon-de-Lapleau (19) 139 H1
Saint-Pantaléon-de-Larche (19) 138 C3
Saint-Pantaléon-les-Vignes (26) 158 C4
Saint-Pantaly-d'Ans (24) 137 H2
Saint-Pantaly-d'Excideuil (24) 137 H1
Saint-Papoul (11) 186 C2
Saint-Pardon-de-Conques (33) 149 H2
Saint-Pardoult (17) 107 H6
Saint-Pardoux (63) 113 F6
Saint-Pardoux (79) 108 A1
Saint-Pardoux (87) 110 C6
Saint-Pardoux-Corbier (19) 124 C6
Saint-Pardoux-d'Arnet (23) 126 A2
Saint-Pardoux-de-Drône (24) 136 D2
Saint-Pardoux-du-Breuil (47) 150 C3
Saint-Pardoux-et-Vielvic (24) 137 H6
Saint-Pardoux-Isaac (47) 150 D2
Saint-Pardoux-la-Croisille (19) 139 F2
Saint-Pardoux-la-Rivière (24) 123 F5
Saint-Pardoux-le-Neuf (19) 126 A4
Saint-Pardoux-le-Neuf (23) 125 H2
Saint-Pardoux-le-Vieux (19) 125 H4
Saint-Pardoux-les-Cards (23) 111 H6
Saint-Pardoux-l'Ortigier (19) 138 D1
Saint-Pardoux-Morterolles (23) 125 E2
Saint-Pargoire (34) 172 D6
Saint-Parize-en-Viry (58) 99 F6
Saint-Parize-le-Châtel (58) 99 E5
Saint-Parres-aux-Tertres (10) 66 B3
Saint-Parres-lès-Vaudes (10) 66 C4
Saint-Parthem (12) 154 A2
Saint-Pastour (47) 151 F3
Saint-Pastous (65) 182 D5
Saint-Paterne (72) 60 A2
Saint-Paterne-Racan (37) 78 C3
Saint-Pathus (77) 43 F2
Saint-Patrice (37) 78 B6
Saint-Patrice-de-Claids (50) 12 D5
Saint-Patrice-du-Désert (61) 38 C6
Saint-Paul (19) 139 F2
Saint-Paul (33) 135 E2
Saint-Paul (60) 20 A4
Saint-Paul (61) 38 A4
Saint-Paul (65) 183 H4
Saint-Paul (73) 131 G4
Saint-Paul (87) 124 C3
Saint-Paul (88) 69 E2
Saint-Paul-aux-Bois (02) 21 H3
Saint-Paul-Cap-de-Joux (81) 170 B5
Saint-Paul-de-Baïse (32) 167 G4
Saint-Paul-de-Fenouillet (66) 200 C1
Saint-Paul-de-Fourques (27) 18 B6
Saint-Paul-de-Jarrat (09) 185 H6
Saint-Paul-de-Loubressac (46) 152 C5
Saint-Paul-de-Salers (15) 140 B3
Saint-Paul-de-Serre (24) 137 E3
Saint-Paul-de-Tartas (43) 142 C6
Saint-Paul-de-Varax (01) 116 D6
Saint-Paul-de-Varces (38) 145 F3
Saint-Paul-de-Vence (06) 195 E3
Saint-Paul-de-Vern (46) 139 F6
Saint-Paul-de-Vézelin (42) 128 D2
Saint-Paul-des-Landes (15) 139 H5
Saint-Paul-d'Espis (82) 151 H6
Saint-Paul-d'Izeaux (38) 145 E1
Saint-Paul-d'Oueil (31) 197 F1
Saint-Paul-du-Bois (49) 93 E2
Saint-Paul-du-Vernay (14) 13 H6
Saint-Paul-d'Uzore (42) 128 D4
Saint-Paul-en-Born (40) 148 B5
Saint-Paul-en-Chablais (74) 119 F3
Saint-Paul-en-Cornillon (42) 129 E6
Saint-Paul-en-Forêt (83) 178 B5
Saint-Paul-en-Gâtine (79) 92 D6
Saint-Paul-en-Jarez (42) 129 G5
Saint-Paul-en-Pareds (85) 92 B4
Saint-Paul-et-Valmalle (34) 173 E5
Saint-Paul-la-Coste (30) 156 D6
Saint-Paul-la-Roche (24) 123 H5
Saint-Paul-le-Froid (48) 142 A6
Saint-Paul-le-Gaultier (72) 59 G3
Saint-Paul-le-Jeune (07) 157 E4
Saint-Paul-lès-Dax (40) 165 E4
Saint-Paul-lès-Durance (13) 176 C4
Saint-Paul-les-Fonts (30) 174 C1
Saint-Paul-lès-Monestier (38) 145 F5
Saint-Paul-lès-Romans (26) 144 C3
Saint-Paul-Lizonne (24) 136 C1
Saint-Paul-Mont-Penit (85) 91 E3
Saint-Paul-sur-Isère (73) 132 D4
Saint-Paul-sur-Save (31) 168 D4
Saint-Paul-sur-Ubaye (04) 161 G2
Saint-Paul-Trois-Châteaux (26) 158 B4
Saint-Paulet (11) 186 B1
Saint-Paulet-de-Caisson (30) 157 H5
Saint-Paulien (43) 142 B3
Saint-Pavace (72) 60 A5
Saint-Pé-d'Ardet (31) 184 A5
Saint-Pé-de-Bigorre (65) 182 D4
Saint-Pé-de-Léren (64) 165 E6
Saint-Pé-Delbosc (31) 184 B2
Saint-Pé-Saint-Simon (47) 167 E1
Saint-Pée-sur-Nivelle (64) 180 B1
Saint-Pellerin (28) 61 G5
Saint-Pellerin (50) 13 E5
Saint-Péran (35) 56 C3
Saint-Péravy-la-Colombe (45) 62 C6
Saint-Péray (07) 144 A5
Saint-Perdon (40) 165 H2
Saint-Perdoux (24) 137 E6
Saint-Perdoux (46) 153 G1
Saint-Père (35) 36 A5
Saint-Père (58) 82 C5
Saint-Père (89) 83 H5
Saint-Père-en-Retz (44) 73 H5
Saint-Père-sur-Loire (45) 81 G2
Saint-Péreuse (58) 99 H3
Saint-Pern (35) 56 D1
Saint-Perreux (56) 73 H1
Saint-Péver (22) 33 E4
Saint-Pey-d'Armens (33) 135 H5
Saint-Pey-de-Castets (33) 136 A6
Saint-Phal (10) 66 A5
Saint-Philbert-de-Bouaine (85) 91 F1
Saint-Philbert-de-Grand-Lieu (44) 91 F1
Saint-Philbert-des-Champs (14) 15 F4
Saint-Philbert-du-Peuple (49) 77 H5
Saint-Philbert-en-Mauges (49) 75 G6
Saint-Philbert-sur-Boissey (27) 18 B6
Saint-Philbert-sur-Orne (61) 38 C3
Saint-Philbert-sur-Risle (27) 18 A5
Saint-Philibert (21) 101 H1
Saint-Philibert (56) 72 C1
Saint-Philippe-d'Aiguille (33) 136 A5
Saint-Philippe-du-Seignal (33) 136 C5
Saint-Piat (28) 62 B1
Saint-Pierre (04) 178 C2
Saint-Pierre (15) 140 A1
Saint-Pierre (31) 169 G5
Saint-Pierre (39) 118 A1
Saint-Pierre (51) 45 G3
Saint-Pierre (67) 71 G2
Saint-Pierre-á-Arnes (08) 23 H5
Saint-Pierre-Aigle (02) 21 H5
Saint-Pierre-Avez (05) 159 H5
Saint-Pierre-Azif (14) 15 E3
Saint-Pierre-Bellevue (23) 125 F2
Saint-Pierre-Bénouville (76) 17 F3
Saint-Pierre-Bois (67) 71 F2
Saint-Pierre-Brouck (59) 2 A2
Saint-Pierre-Canivet (14) 38 D3
Saint-Pierre-Chérignat (23) 124 D1
Saint-Pierre-Colamine (63) 127 E5
Saint-Pierre-d'Albigny (73) 132 B4
Saint-Pierre-d'Allevard (38) 132 A6
Saint-Pierre-d'Alvey (73) 131 G4
Saint-Pierre-d'Amilly (17) 107 F5
Saint-Pierre-d'Argençon (05) 159 H3
Saint-Pierre-d'Arthéglise (50) 12 B4
Saint-Pierre-d'Aubézies (32) 167 E5
Saint-Pierre-d'Aurillac (33) 149 H2
Saint-Pierre-d'Autils (27) 41 F1
Saint-Pierre-de-Bailleul (27) 41 F1
Saint-Pierre-de-Bat (33) 149 H1
Saint-Pierre-de-Belleville (73) 132 C5
Saint-Pierre-de-Bœuf (42) 130 A6
Saint-Pierre-de-Bressieux (38) 144 D1
Saint-Pierre-de-Buzet (47) 150 C5
Saint-Pierre-de-Cernières (27) 39 H3
Saint-Pierre-de-Chandieu (69) 130 B4
Saint-Pierre-de-Chartreuse (38) 145 G1
Saint-Pierre-de-Chérennes (38) 145 E3
Saint-Pierre-de-Chevillé (72) 78 C3
Saint-Pierre-de-Chignac (24) 137 G3
Saint-Pierre-de-Clairac (47) 151 G6
Saint-Pierre-de-Côle (24) 137 F1
Saint-Pierre-de-Colombier (07) 157 F1
Saint-Pierre-de-Cormeilles (27) 15 G4
Saint-Pierre-de-Coutances (50) 36 D1
Saint-Pierre-de-Curtille (73) 131 G3
Saint-Pierre-de-Frugie (24) 123 H5
Saint-Pierre-de-Fursac (23) 111 E5
Saint-Pierre-de-Genebroz (73) 131 G6
Saint-Pierre-de-Jards (36) 97 E2
Saint-Pierre-de-Juillers (17) 121 G1
Saint-Pierre-de-la-Fage (34) 172 C4
Saint-Pierre-de-Lages (31) 169 G6
Saint-Pierre-de-Lamps (36) 96 B4
Saint-Pierre-de-l'Isle (17) 107 H6
Saint-Pierre-de-Maillé (86) 95 E6
Saint-Pierre-de-Mailloc (14) 15 F6
Saint-Pierre-de-Manneville (76) 18 B4
Saint-Pierre-de-Méaroz (38) 145 H5
Saint-Pierre-de-Mésage (38) 145 G3
Saint-Pierre-de-Mézoargues (13) 174 D3
Saint-Pierre-de-Mons (33) 149 H2
Saint-Pierre-de-Nogaret (48) 155 G3
Saint-Pierre-de-Plesguen (35) 34 D5
Saint-Pierre-de-Rivière (09) 185 G5
Saint-Pierre-de-Salerne (27) 18 A6
Saint-Pierre-de-Semilly (50) 37 G1
Saint-Pierre-de-Soucy (73) 132 B5
Saint-Pierre-de-Trivisy (81) 171 E4
Saint-Pierre-de-Varengeville (76) 17 F5
Saint-Pierre-de-Varennes (71) 101 E5
Saint-Pierre-de-Vassols (84) 175 G1
Saint-Pierre-dels-Forcats (66) 200 A4
Saint-Pierre-d'Entremont (38) 131 H6
Saint-Pierre-d'Entremont (61) 38 A4
Saint-Pierre-d'Entremont (73) 131 H6
Saint-Pierre-des-Bois (72) 59 G6
Saint-Pierre-des-Champs (11) 187 F5
Saint-Pierre-des-Corps (37) 79 E5
Saint-Pierre-des-Échaubrognes (79) 92 D3
Saint-Pierre-des-Fleurs (27) 18 C6
Saint-Pierre-des-Ifs (14) 15 E5
Saint-Pierre-des-Ifs (27) 15 H4
Saint-Pierre-des-Jonquières (76) 6 B6
Saint-Pierre-des-Landes (53) 58 B3
Saint-Pierre-des-Loges (61) 39 H4
Saint-Pierre-des-Nids (53) 59 H2
Saint-Pierre-des-Ormes (72) 60 C3
Saint-Pierre-des-Tripiers (48) 155 G5
Saint-Pierre-d'Exideuil (86) 108 D5
Saint-Pierre-d'Eyraud (24) 136 C5
Saint-Pierre-d'Irube (64) 164 B6
Saint-Pierre-d'Oléron (17) 120 A1
Saint-Pierre-du-Bosguérard (27) 18 B6
Saint-Pierre-du-Bû (14) 38 D3
Saint-Pierre-du-Champ (43) 142 C2
Saint-Pierre-du-Chemin (85) 92 D6
Saint-Pierre-du-Fresne (14) 38 A2
Saint-Pierre-du-Jonquet (14) 14 D5
Saint-Pierre-du-Lorouër (72) 78 C2
Saint-Pierre-du-Mesnil (27) 40 A3
Saint-Pierre-du-Mont (14) 13 G4
Saint-Pierre-du-Mont (40) 166 A2
Saint-Pierre-du-Mont (58) 83 F6
Saint-Pierre-du-Palais (17) 135 H2
Saint-Pierre-du-Perray (91) 43 E6
Saint-Pierre-du-Regard (61) 38 B3
Saint-Pierre-du-Val (27) 16 C6
Saint-Pierre-du-Vauvray (27) 18 D6
Saint-Pierre-Église (50) 12 D1
Saint-Pierre-en-Faucigny (74) 118 D6
Saint-Pierre-en-Port (76) 16 D3
Saint-Pierre-en-Val (76) 6 B5
Saint-Pierre-en-Vaux (21) 101 E3
Saint-Pierre-es-Champs (60) 19 G4
Saint-Pierre-Eynac (43) 142 D4
Saint-Pierre-la-Bourlhonne (63) 128 B4
Saint-Pierre-la-Bruyère (61) 61 E2
Saint-Pierre-la-Cour (53) 58 B4
Saint-Pierre-la-Garenne (27) 41 F1
Saint-Pierre-la-Noaille (42) 115 E5
Saint-Pierre-la-Palud (69) 129 G3
Saint-Pierre-la-Rivière (61) 39 F4
Saint-Pierre-la-Roche (07) 158 A2
Saint-Pierre-la-Vieille (14) 38 B3
Saint-Pierre-Lafeuille (46) 152 C3
Saint-Pierre-Langers (50) 35 G2
Saint-Pierre-Laval (03) 114 C5
Saint-Pierre-Lavis (76) 18 A2
Saint-Pierre-le-Bost (23) 112 A3
Saint-Pierre-le-Chastel (63) 126 D3
Saint-Pierre-le-Moûtier (58) 98 D5
Saint-Pierre-le-Vieux (48) 141 G6
Saint-Pierre-le-Vieux (71) 115 H4
Saint-Pierre-le-Vieux (76) 17 F2
Saint-Pierre-le-Vieux (85) 107 F3
Saint-Pierre-le-Viger (76) 17 F3
Saint-Pierre-lès-Bitry (60) 21 G4
Saint-Pierre-les-Bois (18) 97 G6
Saint-Pierre-lès-Elbeuf (76) 18 C6
Saint-Pierre-les-Étieux (18) 98 A6
Saint-Pierre-lès-Franqueville (02) 22 D1
Saint-Pierre-lès-Nemours (77) 64 A3
Saint-Pierre-Montlimart (49) 75 G5
Saint-Pierre-Quiberon (56) 72 B2
Saint-Pierre-Roche (63) 126 D3
Saint-Pierre-Saint-Jean (07) 157 E3
Saint-Pierre-sur-Dives (14) 39 E2
Saint-Pierre-sur-Doux (07) 143 G3
Saint-Pierre-sur-Dropt (47) 150 C1
Saint-Pierre-sur-Erve (53) 59 F5
Saint-Pierre-sur-Orthe (53) 59 G3
Saint-Pierre-sur-Vence (08) 24 A2
Saint-Pierre-Tarentaine (14) 37 H2
Saint-Pierre-Toirac (46) 153 G3
Saint-Pierremont (02) 22 D2
Saint-Pierremont (08) 24 C4
Saint-Pierremont (88) 70 A1
Saint-Pierreville (07) 143 G6
Saint-Pierrevillers (55) 25 G4
Saint-Plaisir (03) 113 F1
Saint-Plancard (31) 184 A3
Saint-Planchers (50) 35 G2
Saint-Plantaire (36) 111 F2
Saint-Point (71) 116 A3
Saint-Point-Lac (25) 103 H5
Saint-Pol-de-Léon (29) 31 H2
Saint-Pol-sur-Ternoise (62) 7 G1
Saint-Polgues (42) 128 C2
Saint-Polycarpe (11) 186 D5
Saint-Pompain (79) 107 G2
Saint-Pompont (24) 152 A1
Saint-Poncy (15) 141 F3
Saint-Pons (04) 161 F3
Saint-Pons (07) 157 H2
Saint-Pons-de-Mauchiens (34) 172 D6
Saint-Pons-de-Thomières (34) 187 G1
Saint-Pons-la-Calm (30) 174 C1
Saint-Pont (03) 113 H5
Saint-Porchaire (17) 120 D2
Saint-Porquier (82) 168 D2
Saint-Pôtan (22) 34 B4
Saint-Pouange (10) 66 B4
Saint-Pourçain-sur-Besbre (03) 114 B2
Saint-Pourçain-sur-Sioule (03) 113 H4
Saint-Prancher (88) 69 E2
Saint-Préjet-Armandon (43) 142 A2
Saint-Préjet-d'Allier (43) 142 A5
Saint-Prest (28) 62 B1
Saint-Preuil (16) 121 H4
Saint-Priest (07) 157 H1
Saint-Priest (23) 112 B6
Saint-Priest (69) 130 B3
Saint-Priest-Bramefant (63) 127 H1
Saint-Priest-d'Andelot (03) 113 G6
Saint-Priest-de-Gimel (19) 139 F1
Saint-Priest-des-Champs (63) 126 D1
Saint-Priest-en-Jarez (42) 129 F6
Saint-Priest-en-Murat (03) 113 F3
Saint-Priest-la-Feuille (23) 111 E5
Saint-Priest-la-Marche (18) 112 A3
Saint-Priest-la-Plaine (23) 111 E5
Saint-Priest-la-Prugne (42) 128 B1
Saint-Priest-la-Roche (42) 128 D2
Saint-Priest-la-Vêtre (42) 128 B3
Saint-Priest-les-Fougères (24) 123 H5
Saint-Priest-Ligoure (87) 124 B4
Saint-Priest-Palus (23) 124 D2
Saint-Priest-sous-Aixe (87) 124 A2
Saint-Priest-Taurion (87) 124 C2
Saint-Prim (38) 130 A6
Saint-Privat (07) 157 G2
Saint-Privat (19) 139 G3
Saint-Privat (34) 172 C4
Saint-Privat-d'Allier (43) 142 B4
Saint-Privat-de-Champclos (30) 157 G5
Saint-Privat-de-Vallongue (48) 156 C5
Saint-Privat-des-Prés (24) 136 C2
Saint-Privat-des-Vieux (30) 157 E6
Saint-Privat-du-Dragon (43) 141 H2
Saint-Privat-du-Fau (48) 141 G5
Saint-Privat-la-Montagne (57) 26 B5
Saint-Privé (71) 101 E6
Saint-Privé (89) 82 C3
Saint-Prix (03) 114 B5
Saint-Prix (07) 143 G5
Saint-Prix (71) 100 B4
Saint-Prix (95) 42 C2
Saint-Prix-lès-Arnay (21) 101 E2
Saint-Projet (46) 152 D1
Saint-Projet (82) 153 F5
Saint-Projet-de-Salers (15) 140 B3
Saint-Projet-Saint-Constant (16) 122 D3
Saint-Prouant (85) 92 B5
Saint-Pryvé-Saint-Mesmin (45) 80 D1
Saint-Puy (32) 167 G3
Saint-Python (59) 9 F3
Saint-Quantin-de-Rançanne (17) 121 E5
Saint-Quay-Perros (22) 32 C1
Saint-Quay-Portrieux (22) 33 G3
Saint-Quentin (02) 9 E6
Saint-Quentin-au-Bosc (76) 6 A5
Saint-Quentin-de-Baron (33) 135 G5
Saint-Quentin-de-Blavou (61) 60 C1
Saint-Quentin-de-Caplong (33) 136 B6
Saint-Quentin-de-Chalais (16) 136 B2
Saint-Quentin-des-Isles (27) 15 H6
Saint-Quentin-des-Prés (60) 19 G3
Saint-Quentin-du-Dropt (47) 151 F1
Saint-Quentin-en-Mauges (49) 75 H4
Saint-Quentin-en-Tourmont (80) 6 C2
Saint-Quentin-Fallavier (38) 130 C4
Saint-Quentin-la-Chabanne (23) 125 G2
Saint-Quentin-la-Motte-Croix-au-Bailly (80) 6 B4
Saint-Quentin-la-Poterie (30) 174 B1
Saint-Quentin-la-Tour (09) 186 B5
Saint-Quentin-le-Petit (08) 23 E3
Saint-Quentin-le-Verger (51) 44 D6
Saint-Quentin-les-Anges (53) 76 C2
Saint-Quentin-lès-Beaurepaire (49) 77 G3
Saint-Quentin-les-Chardonnets (61) 38 A4
Saint-Quentin-les-Marais (51) 46 B4
Saint-Quentin-sur-Charente (16) 123 F2
Saint-Quentin-sur-Coole (51) 45 H4
Saint-Quentin-sur-Indrois (37) 95 G1
Saint-Quentin-sur-Isère (38) 145 F1
Saint-Quentin-sur-le-Homme (50) 35 H4
Saint-Quentin-sur-Nohain (58) 82 C6
Saint-Quentin-sur-Sauxillanges (63) 127 G5
Saint-Quintin-sur-Sioule (63) 113 G6
Saint-Quirc (09) 185 G2
Saint-Quirin (57) 50 A5
Saint-Rabier (24) 138 A3
Saint-Racho (71) 115 G4
Saint-Rambert-d'Albon (26) 144 A1
Saint-Rambert-en-Bugey (01) 131 E1
Saint-Raphaël (24) 137 H1
Saint-Raphaël (83) 194 C2
Saint-Régis-du-Coin (42) 143 F2
Saint-Règle (37) 79 G5
Saint-Remèze (07) 157 H4
Saint-Remimont (54) 69 G1
Saint-Remimont (88) 69 E3
Saint-Rémy (01) 116 D5
Saint-Rémy (12) 153 G4

Saint-Rémy (14) 38 B3
Saint-Rémy (19) 125 H4
Saint-Rémy (21) 84 C3
Saint-Rémy (24) 136 B4
Saint-Remy (70) 87 F1
Saint-Rémy (71) 101 G5
Saint-Rémy (79) 107 G3
Saint-Remy (88) 70 C2
Saint-Rémy-au-Bois (62) 6 D2
Saint-Rémy-aux-Bois (54) 69 H2
Saint-Rémy-Blanzy (02) 22 A6
Saint-Rémy-Boscrocourt (76) 6 B5
Saint-Rémy-Chaussée (59) 9 H3
Saint-Rémy-de-Blot (63) 113 F6
Saint-Rémy-de-Chargnat (63) 127 G5
Saint-Rémy-de-Chaudes-Aigues (15) 141 E6
Saint-Rémy-de-Maurienne (73) 132 C6
Saint-Rémy-de-Provence (13) 191 F1
Saint-Rémy-de-Sillé (72) 59 H4
Saint-Rémy-des-Landes (50) 12 C5
Saint-Rémy-des-Monts (72) 60 C3
Saint-Remy-du-Nord (59) 10 A3
Saint-Rémy-du-Plain (35) 35 F6
Saint-Rémy-du-Val (72) 60 B2
Saint-Remy-en-Bouzemont-Saint-Genest-et-Isson (51) 46 B6
Saint-Rémy-en-l'Eau (60) 20 D4
Saint-Rémy-en-Mauges (49) 75 G5
Saint-Rémy-en-Rollat (03) 114 A5
Saint-Remy-la-Calonne (55) 47 H2
Saint-Rémy-la-Vanne (77) 44 A4
Saint-Rémy-la-Varenne (49) 77 F5
Saint-Remy-le-Petit (08) 23 F4
Saint-Rémy-lès-Chevreuse (78) 42 B5
Saint-Rémy-l'Honoré (78) 42 A5
Saint-Remy-sous-Barbuise (10) 66 B1
Saint-Remy-sous-Broyes (51) 44 D5
Saint-Rémy-sur-Avre (28) 41 E4
Saint-Remy-sur-Bussy (51) 46 B2
Saint-Rémy-sur-Creuse (86) 95 E4
Saint-Rémy-sur-Durolle (63) 128 A2
Saint-Renan (29) 30 D4
Saint-Restitut (26) 158 B4
Saint-Révérend (85) 90 D4
Saint-Révérien (58) 99 F1
Saint-Rieul (22) 34 A5
Saint-Rigomer-des-Bois (72) 60 A2
Saint-Rimay (41) 79 F2
Saint-Riquier (80) 7 E4
Saint-Riquier-en-Rivière (76) 6 B6
Saint-Riquier-ès-Plains (76) 17 E2
Saint-Rirand (42) 114 D6
Saint-Rivoal (29) 31 G5
Saint-Robert (19) 138 B2
Saint-Robert (47) 151 G5
Saint-Roch (37) 78 D5
Saint-Roch-sur-Égrenne (61) 38 A6
Saint-Rogatien (17) 106 D5
Saint-Romain (16) 136 B1
Saint-Romain (21) 101 F3
Saint-Romain (63) 128 C5
Saint-Romain (86) 109 E4
Saint-Romain-au-Mont-d'Or (69) 130 A2
Saint-Romain-d'Ay (07) 143 H3
Saint-Romain-de Benet (17) 120 D3
Saint-Romain-de-Colbosc (76) 15 G1
Saint-Romain-de-Jalionas (38) 130 D3
Saint-Romain-de-Lerps (07) 144 A4
Saint-Romain-de-Monpazier (24) 151 G1
Saint-Romain-de-Popey (69) 129 G2
Saint-Romain-de-Surieu (38) 130 B6
Saint-Romain-d'Urfé (42) 128 B2
Saint-Romain-en-Gal (69) 130 A5
Saint-Romain-en-Gier (69) 129 H5
Saint-Romain-en-Jarez (42) 129 G5
Saint-Romain-en-Viennois (84) 158 D5
Saint-Romain-et-Saint-Clément (24) 123 G6
Saint-Romain-la-Motte (42) 115 E6
Saint-Romain-la-Virvée (33) 135 F4
Saint-Romain-Lachalm (43) 143 F2
Saint-Romain-le-Noble (47) 151 G6
Saint-Romain-le-Preux (89) 64 D6
Saint-Romain-le-Puy (42) 128 D5
Saint-Romain-les-Atheux (42) 143 F1
Saint-Romain-sous-Gourdon (71) 115 G1
Saint-Romain-sous-Versigny (71) 115 F1
Saint-Romain-sur-Cher (41) 80 A6
Saint-Romain-sur-Gironde (17) 120 D5
Saint-Roman (26) 159 F1
Saint-Roman-de-Codières (30) 173 F2
Saint-Roman-de-Malegarde (84) 158 C5
Saint-Romans (38) 144 D3
Saint-Romans-des-Champs (79) 107 H4
Saint-Romans-lès-Melle (79) 108 B4
Saint-Rome (31) 185 H1
Saint-Rome-de-Cernon (12) 171 H2
Saint-Rome-de-Dolan (48) 155 G5
Saint-Rome-de-Tarn (12) 171 H1
Saint-Romphaire (50) 37 F1
Saint-Rustice (31) 169 E3
Saint-Saëns (76) 17 H4
Saint-Saire (76) 19 F2
Saint-Salvadou (12) 153 H5
Saint-Salvadour (19) 125 E6
Saint-Salvi-de-Carcavès (81) 171 F4
Saint-Salvy (47) 151 E5
Saint-Salvy-de-la-Balme (81) 170 D5
Saint-Samson (14) 14 D4
Saint-Samson (53) 59 G1
Saint-Samson-de-Bonfossé (50) 37 F1
Saint-Samson-de-la-Roque (27) 15 G2
Saint-Samson-la-Poterie (60) 19 G3
Saint-Samson-sur-Rance (22) 36 A6
Saint-Sandoux (63) 127 F4
Saint-Santin (12) 153 H2
Saint-Santin-Cantalès (15) 139 H4
Saint-Santin-de-Maurs (15) 153 H2
Saint-Sardos (47) 151 E4
Saint-Sardos (82) 168 D3
Saint-Satur (18) 82 B6
Saint-Saturnin (15) 140 D2
Saint-Saturnin (16) 122 B4
Saint-Saturnin (18) 112 A2
Saint-Saturnin (48) 155 G4
Saint-Saturnin (51) 45 E6
Saint-Saturnin (63) 127 F4
Saint-Saturnin (72) 60 A5
Saint-Saturnin-de-Lenne (12) 155 F4
Saint-Saturnin-de-Lucian (34) 172 D5
Saint-Saturnin-du-Bois (17) 107 F5
Saint-Saturnin-du-Limet (53) 76 A1
Saint-Saturnin-lès-Apt (84) 175 H2
Saint-Saturnin-lès-Avignon (84) 175 E2
Saint-Saturnin-sur-Loire (49) 77 E5
Saint-Saud-Lacoussière (24) 123 G5
Saint-Sauflieu (80) 20 C1
Saint-Saulge (58) 99 G2
Saint-Saulve (59) 9 F2
Saint-Saury (15) 139 G5
Saint-Sauvant (17) 121 F3
Saint-Sauvant (86) 108 C3
Saint-Sauves-d'Auvergne (63) 126 C4
Saint-Sauveur (05) 161 E2
Saint-Sauveur (21) 86 B6
Saint-Sauveur (24) 137 E5
Saint-Sauveur (29) 31 G4
Saint-Sauveur (31) 169 F4
Saint-Sauveur (33) 134 D2
Saint-Sauveur (38) 144 D3
Saint-Sauveur (54) 49 H6
Saint-Sauveur (60) 21 F5
Saint-Sauveur (70) 87 H1
Saint-Sauveur (80) 7 F5
Saint-Sauveur (86) 94 D5
Saint-Sauveur-Camprieu (30) 172 D1
Saint-Sauveur-d'Aunis (17) 107 E4
Saint-Sauveur-de-Carrouges (61) 38 D6
Saint-Sauveur-de-Cruzières (07) 157 F5
Saint-Sauveur-de-Flée (49) 76 C2
Saint-Sauveur-de-Ginestoux (48) 156 B1
Saint-Sauveur-de Landemont (49) 75 E4
Saint-Sauveur-de-Meilhan (47) 150 B3
Saint-Sauveur-de-Montagut (07) 143 G6
Saint-Sauveur-de-Peyre (48) 155 G2
Saint-Sauveur-de-Pierrepont (50) 12 C4
Saint-Sauveur-de-Puynormand (33) 136 A4
Saint-Sauveur-d'Émalleville (76) 15 F1
Saint-Sauveur-des-Landes (35) 35 H6
Saint-Sauveur-en-Diois (26) 158 D1
Saint-Sauveur-en-Puisaye (89) 82 D3
Saint-Sauveur-en-Rue (42) 143 G2
Saint-Sauveur-Gouvernet (26) 159 E4
Saint-Sauveur-la-Pommeraye (50) 35 G2
Saint-Sauveur-la-Sagne (63) 128 B6
Saint-Sauveur-la-Vallée (46) 152 D2
Saint-Sauveur-Lalande (24) 136 C4
Saint-Sauveur-le-Vicomte (50) 12 C4
Saint-Sauveur-Lendelin (50) 12 D6
Saint-Sauveur-lès-Bray (77) 64 D2
Saint-Sauveur-Marville (28) 41 E6
Saint-Sauveur-sur-École (77) 63 H1
Saint-Sauveur-sur-Tinée (06) 162 C6
Saint-Sauvier (03) 112 B3
Saint-Sauvy (32) 168 B4
Saint-Savin (33) 135 F2
Saint-Savin (38) 130 D4
Saint-Savin (65) 182 D5
Saint-Savin (86) 109 H1
Saint-Savinien (17) 121 E1
Saint-Saviol (86) 108 D5
Saint-Savournin (13) 192 B3
Saint-Sébastien (23) 111 E3
Saint-Sébastien (38) 145 G5
Saint-Sébastien-d'Aigrefeuille (30) 173 G1
Saint-Sébastien-de-Morsent (27) 40 D2
Saint-Sébastien-de-Raids (50) 12 D6
Saint-Sébastien-sur-Loire (44) 74 D5
Saint-Secondin (86) 109 F3
Saint-Ségal (29) 31 G6
Saint-Séglin (35) 56 D5
Saint-Seine (58) 100 A6
Saint-Seine-en-Bâche (21) 102 C2
Saint-Seine-l'Abbaye (21) 85 F5
Saint-Seine-sur-Vingeanne (21) 86 B4
Saint-Selve (33) 149 F1
Saint-Senier-de-Beuvron (50) 35 H4
Saint-Senier-sous-Avranches (50) 35 H3
Saint-Senoch (37) 95 F3
Saint-Senoux (35) 57 E4
Saint-Sériès (34) 173 H4
Saint-Sernin (07) 157 G2
Saint-Sernin (11) 186 A3
Saint-Sernin (47) 150 C1
Saint-Sernin-du-Bois (71) 101 E5
Saint-Sernin-du-Plain (71) 101 F4
Saint-Sernin-lès-Lavaur (81) 170 B6
Saint-Sernin-sur-Rance (12) 171 F3
Saint-Sérotin (89) 64 D4
Saint-Servais (22) 32 C5
Saint-Servais (29) 31 G4
Saint-Servant (56) 55 H4
Saint-Setiers (19) 125 G4
Saint-Seurin-de-Bourg (33) 135 E3
Saint-Seurin-de-Cadourne (33) 134 D1
Saint-Seurin-de-Cursac (33) 135 E2
Saint-Seurin-de-Palenne (17) 121 F4
Saint-Seurin-de-Prats (24) 136 B5
Saint-Seurin-sur-l'Isle (33) 136 A4
Saint-Sève (33) 150 B2
Saint-Sever (40) 165 H3
Saint-Sever-Calvados (14) 37 G3
Saint-Sever-de-Rustan (65) 183 F2
Saint-Sever-de-Saintonge (17) 121 F3
Saint-Sever-du-Moustier (12) 171 F4
Saint-Séverin (16) 136 C1
Saint-Séverin-d'Estissac (24) 136 D3
Saint-Séverin-sur-Boutonne (17) 107 H5
Saint-Siffret (30) 174 B2
Saint-Sigismond (45) 62 C6
Saint-Sigismond (49) 76 B4
Saint-Sigismond (74) 119 F5
Saint-Sigismond (85) 107 F3
Saint-Sigismond-de-Clermont (17) 121 F5
Saint-Silvain-Bas-le-Roc (23) 112 A4
Saint-Silvain-Bellegarde (23) 125 H1
Saint-Silvain-Montaigut (23) 111 F5
Saint-Silvain-sous-Toulx (23) 112 A4
Saint-Siméon (27) 15 H4
Saint-Siméon (61) 58 D1
Saint-Siméon (77) 44 A4
Saint-Siméon-de-Bressieux (38) 144 D1
Saint-Simeux (16) 122 A4
Saint-Simon (02) 21 H1
Saint-Simon (15) 140 B5
Saint-Simon (16) 122 A4
Saint-Simon (46) 153 F1
Saint-Simon-de-Bordes (17) 121 F6
Saint-Simon-de-Pellouaille (17) 121 E4
Saint-Sixt (74) 118 D6
Saint-Sixte (42) 128 C3
Saint-Sixte (47) 151 G6
Saint-Solve (19) 138 C1
Saint-Sorlin (69) 129 H4
Saint-Sorlin-d'Arves (73) 146 B2
Saint-Sorlin-de-Conac (17) 121 E6
Saint-Sorlin-de-Morestel (38) 131 E4
Saint-Sorlin-de-Vienne (38) 130 B6
Saint-Sorlin-en-Bugey (01) 130 D2
Saint-Sorlin-en-Valloire (26) 144 B1
Saint-Sornin (03) 113 F3
Saint-Sornin (16) 122 D3
Saint-Sornin (17) 120 C2
Saint-Sornin-la-Marche (87) 110 A5
Saint-Sornin-Lavolps (19) 138 B1
Saint-Sornin-Leulac (87) 110 C5
Saint-Soulan (32) 168 B6
Saint-Souplet (59) 9 F4
Saint-Souplet-sur-Py (51) 23 H6
Saint-Soupplets (77) 43 F2
Saint-Sozy (46) 138 D5
Saint-Stail (88) 70 D2
Saint-Suliac (35) 36 A5
Saint-Sulpice (01) 116 C4
Saint-Sulpice (46) 153 F2
Saint-Sulpice (49) 77 E5
Saint-Sulpice (53) 58 D6
Saint-Sulpice (58) 99 F3
Saint-Sulpice (60) 20 B5
Saint-Sulpice (63) 126 C4
Saint-Sulpice (70) 88 A3
Saint-Sulpice (73) 131 H4
Saint-Sulpice-d'Arnoult (17) 120 D2
Saint-Sulpice-de-Cognac (16) 121 G3
Saint-Sulpice-de-Faleyrens (33) 135 H5
Saint-Sulpice-de-Favières (91) 63 F1
Saint-Sulpice-de-Grimbouville (27) 15 G3
Saint-Sulpice-de-Guilleragues (33) 150 B1
Saint-Sulpice-de-Mareuil (24) 123 E5
Saint-Sulpice-de-Pommeray (41) 79 H3
Saint-Sulpice-de-Pommiers (33) 150 A1
Saint-Sulpice-de-Roumagnac (24) 136 D2
Saint-Sulpice-de-Royan (17) 120 C3
Saint-Sulpice-de-Ruffec (16) 122 D1
Saint-Sulpice-des-Landes (35) 57 F6
Saint-Sulpice-des-Landes (44) 75 F2
Saint-Sulpice-des-Rivoires (38) 131 F5
Saint-Sulpice-d'Excideuil (24) 123 H6
Saint-Sulpice-en-Pareds (85) 92 C6
Saint-Sulpice-et-Cameyrac (33) 135 F5
Saint-Sulpice-la-Forêt (35) 57 F2
Saint-Sulpice-la-Pointe (81) 169 G4
Saint-Sulpice-Laurière (87) 110 D6
Saint-Sulpice-le-Dunois (23) 111 F4
Saint-Sulpice-le-Guérétois (23) 111 F5
Saint-Sulpice-le-Verdon (85) 91 G2
Saint-Sulpice-les-Bois (19) 125 G4
Saint-Sulpice-les-Champs (23) 125 G1
Saint-Sulpice-les-Feuilles (87) 110 D4
Saint-Sulpice-sur-Lèze (31) 185 F2
Saint-Sulpice-sur-Risle (61) 40 A4
Saint-Supplet (54) 25 H4
Saint-Sylvain (14) 38 D2
Saint-Sylvain (19) 139 F3
Saint-Sylvain (76) 17 E2
Saint-Sylvain-d'Anjou (49) 77 E4
Saint-Sylvestre (07) 144 A4
Saint-Sylvestre (74) 132 A2
Saint-Sylvestre (87) 124 C1
Saint-Sylvestre-Cappel (59) 2 C4
Saint-Sylvestre-de-Cormeilles (27) 15 G4
Saint-Sylvestre-Pragoulin (63) 114 A6
Saint-Sylvestre-sur-Lot (47) 151 G4
Saint-Symphorien (18) 97 G5
Saint-Symphorien (27) 15 G3
Saint-Symphorien (33) 149 F3
Saint-Symphorien (35) 57 E1
Saint-Symphorien (48) 142 A6
Saint-Symphorien (72) 59 G5
Saint-Symphorien (79) 107 G4
Saint-Symphorien-d'Ancelles (71) 116 B5
Saint-Symphorien-de-Lay (42) 129 E1
Saint-Symphorien-de-Mahun (07) 143 G3
Saint-Symphorien-de-Marmagne (71) 100 D5
Saint-Symphorien-de-Thénières (12) 154 D1
Saint-Symphorien-des-Bois (71) 115 F4
Saint-Symphorien-des-Bruyères (61) 40 A4
Saint-Symphorien-des-Monts (50) 37 G6
Saint-Symphorien-d'Ozon (69) 130 A4
Saint-Symphorien-le-Valois (50) 12 C5
Saint-Symphorien-sous-Chomérac (07) 158 A1
Saint-Symphorien-sur-Coise (69) 129 F4
Saint-Symphorien-sur-Couze (87) 110 C6
Saint-Symphorien-sur-Saône (21) 102 B2
Saint-Thégonnec (29) 31 H4
Saint-Thélo (22) 55 F1
Saint-Théodorit (30) 173 H2
Saint-Théoffrey (38) 145 G4
Saint-Thibaud-de-Couz (73) 131 H5
Saint-Thibault (10) 66 B4
Saint-Thibault (21) 84 D6
Saint-Thibault (60) 19 H2
Saint-Thibault-des-Vignes (77) 43 F4
Saint-Thibaut (02) 22 C5
Saint-Thibéry (34) 188 D1
Saint-Thiébaud (39) 103 F3
Saint-Thiébault (52) 68 C4
Saint-Thierry (51) 23 E5
Saint-Thois (29) 53 H1
Saint-Thomas (02) 22 D4
Saint-Thomas (31) 168 C6
Saint-Thomas-de-Conac (17) 121 E6
Saint-Thomas-de-Courceriers (53) 59 G3
Saint-Thomas-en-Argonne (51) 46 C1
Saint-Thomas-en-Royans (26) 144 D4
Saint-Thomas-la-Garde (42) 128 D5
Saint-Thomé (07) 158 A3
Saint-Thonan (29) 31 E4
Saint-Thual (35) 34 D6
Saint-Thurial (35) 56 D3
Saint-Thuriau (56) 55 F3
Saint-Thurien (27) 16 D6
Saint-Thurien (29) 54 B3
Saint-Thurin (42) 128 C3
Saint-Tricat (62) 1 G2
Saint-Trimoël (22) 33 H5
Saint-Trinit (84) 159 F6
Saint-Trivier-de-Courtes (01) 116 D2
Saint-Trivier-sur-Moignans (01) 116 C6
Saint-Trojan (33) 135 E3
Saint-Trojan-les-Bains (17) 120 B2
Saint-Tropez (83) 194 B4
Saint-Tugdual (56) 54 C2
Saint-Ulphace (72) 61 E4
Saint-Ulrich (68) 89 E3
Saint-Uniac (35) 56 D2
Saint-Urbain (29) 31 F5
Saint-Urbain (85) 90 C2
Saint-Urbain-Maconcourt (52) 68 A2
Saint-Urcisse (47) 151 G6
Saint-Urcisse (81) 169 G2
Saint-Urcize (15) 155 F1
Saint-Usage (10) 67 E5
Saint-Usage (21) 102 B2
Saint-Usuge (71) 102 B6
Saint-Utin (51) 66 D1
Saint-Uze (26) 144 A2
Saint-Vaast-de Longmont (60) 21 E5
Saint-Vaast-d'Équiqueville (76) 17 H3
Saint-Vaast-Dieppedalle (76) 17 E3
Saint-Vaast-du-Val (76) 17 G4
Saint-Vaast-en-Auge (14) 15 E4
Saint-Vaast-en-Cambrésis (59) 9 F3
Saint-Vaast-en-Chaussée (80) 7 F5
Saint-Vaast-la-Hougue (50) 13 E2
Saint-Vaast-lès-Mello (60) 20 C6
Saint-Vaast-sur-Seulles (14) 14 A5
Saint-Vaize (17) 121 E2
Saint-Valbert (70) 87 H1
Saint-Valentin (36) 96 D4
Saint-Valérien (85) 107 E1
Saint-Valérien (89) 64 D4
Saint-Valery (60) 19 G2
Saint-Valery-en-Caux (76) 17 E2
Saint-Valery-sur-Somme (80) 6 C3
Saint-Vallerin (71) 101 F6
Saint-Vallier (16) 136 A1
Saint-Vallier (26) 144 A2
Saint-Vallier (71) 115 G1
Saint-Vallier (88) 69 G3
Saint-Vallier-de-Thiey (06) 178 C4
Saint-Vallier-sur-Marne (52) 86 B1
Saint-Varent (79) 93 G4
Saint-Vaury (23) 111 F5
Saint-Venant (62) 2 C5
Saint-Vénérand (43) 142 B5
Saint-Vérain (58) 82 C5
Saint-Véran (05) 147 G6
Saint-Vérand (38) 144 D2
Saint-Vérand (69) 129 G2
Saint-Vérand (71) 116 A4
Saint-Vert (43) 142 A1
Saint-Viance (19) 138 C2
Saint-Viâtre (41) 80 D4
Saint-Viaud (44) 74 A4
Saint-Victeur (72) 60 A3
Saint-Victor (03) 112 D3
Saint-Victor (07) 143 H3
Saint-Victor (15) 139 H4
Saint-Victor (24) 136 D2
Saint-Victor-de-Buthon (28) 61 F2
Saint-Victor-de-Cessieu (38) 131 E5
Saint-Victor-de-Chrétienville (27) 15 H6
Saint-Victor-de-Malcap (30) 157 F5
Saint-Victor-de-Morestel (38) 131 E3
Saint-Victor-de-Réno (61) 61 E1
Saint-Victor-d'Épine (27) 15 H4
Saint-Victor-des-Oules (30) 174 B1
Saint-Victor-en-Marche (23) 111 F5
Saint-Victor-et-Melvieu (12) 171 G1
Saint-Victor-la-Coste (30) 174 C1
Saint-Victor-la-Rivière (63) 127 E5
Saint-Victor-l'Abbaye (76) 18 D2
Saint-Victor-Malescours (43) 143 F2
Saint-Victor-Montvianeix (63) 128 A1
Saint-Victor-Rouzaud (09) 185 G4
Saint-Victor-sur-Arlanc (43) 142 B1
Saint-Victor-sur-Avre (27) 40 C5
Saint-Victor-sur-Ouche (21) 101 F1
Saint-Victor-sur-Rhins (42) 129 E1
Saint-Victoret (13) 191 H4
Saint-Victour (19) 126 A6
Saint-Victurnien (87) 123 H2
Saint-Vidal (43) 142 B3
Saint-Vigor (27) 41 E2
Saint-Vigor-des-Mézerets (14) 38 A3
Saint-Vigor-des-Monts (50) 37 F3
Saint-Vigor-d'Ymonville (76) 15 G2
Saint-Vigor-le-Grand (14) 13 H5
Saint-Vincent (31) 186 A1
Saint-Vincent (43) 142 C3
Saint-Vincent (63) 127 F5
Saint-Vincent (64) 182 D3
Saint-Vincent (82) 152 C6
Saint-Vincent-Bragny (71) 115 E2
Saint-Vincent-Cramesnil (76) 15 G2
Saint-Vincent-de-Barbeyrargues (34) 173 F4
Saint-Vincent-de-Barrès (07) 158 A1
Saint-Vincent-de-Boisset (42) 128 D1
Saint-Vincent-de-Connezac (24) 136 D2
Saint-Vincent-de-Cosse (24) 138 A5
Saint-Vincent-de-Durfort (07) 143 H6
Saint-Vincent-de-Lamontjoie (47) 167 H1
Saint-Vincent-de-Mercuze (38) 131 H6
Saint-Vincent-de-Paul (33) 135 F4
Saint-Vincent-de-Paul (40) 165 E3
Saint-Vincent-de-Pertignas (33) 135 H6
Saint-Vincent-de-Reins (69) 115 G6
Saint-Vincent-de-Salers (15) 140 B2
Saint-Vincent-de-Tyrosse (40) 164 C4
Saint-Vincent-des-Bois (27) 41 F2
Saint-Vincent-des-Landes (44) 74 D1
Saint-Vincent-des-Prés (71) 115 H2
Saint-Vincent-des-Prés (72) 60 C3
Saint-Vincent-d'Olargues (34) 171 G6
Saint-Vincent-du-Boulay (27) 15 G5
Saint-Vincent-du-Lorouër (72) 78 C1
Saint-Vincent-du-Pendit (46) 139 F6
Saint-Vincent-en-Bresse (71) 102 A6
Saint-Vincent-Jalmoutiers (24) 136 C2
Saint-Vincent-la-Châtre (79) 108 C4
Saint-Vincent-la-Commanderie (26) 144 C5
Saint-Vincent-le-Paluel (24) 138 B5
Saint-Vincent-les-Forts (04) 160 D3
Saint-Vincent-Lespinasse (82) 151 H6
Saint-Vincent-Rive-d'Olt (46) 152 B3
Saint-Vincent-Sterlanges (85) 92 A5
Saint-Vincent-sur-Graon (85) 91 G6
Saint-Vincent-sur-Jabron (04) 159 H6
Saint-Vincent-sur-Jard (85) 106 A2
Saint-Vincent-sur-l'Isle (24) 137 G2
Saint-Vincent-sur-Oust (56) 56 C6
Saint-Vit (25) 103 E1
Saint-Vital (73) 132 C4
Saint-Vite (47) 151 H3
Saint-Vitte (18) 112 C2
Saint-Vitte-sur-Briance (87) 124 D4
Saint-Vivien (17) 106 D5
Saint-Vivien (24) 136 B5
Saint-Vivien-de-Blaye (33) 135 F3
Saint-Vivien-de-Médoc (33) 120 C5
Saint-Vivien-de-Monségur (33) 150 B2
Saint-Voir (03) 114 B3
Saint-Vougay (29) 31 G3
Saint-Vrain (51) 46 C5
Saint-Vrain (91) 63 G1
Saint-Vran (22) 56 A1
Saint-Vulbas (01) 130 D2
Saint-Waast (59) 9 G2

Saint-Wandrille-Rançon (76) 17 E5
Saint-Witz (95) 43 E2
Saint-Xandre (17) 106 D4
Saint-Yaguen (40) 165 G2
Saint-Yan (71) 115 E3
Saint-Ybard (19) 124 C6
Saint-Ybars (09) 185 F3
Saint-Yon (91) 63 F1
Saint-Yorre (03) 114 A6
Saint-Yrieix-
-la-Montagne (23) 125 G2
Saint-Yrieix-la-Perche (87) 124 A5
Saint-Yrieix-le-Déjalat (19) 125 F6
Saint-Yrieix-les-Bois (23) 111 G6
Saint-Yrieix-sous-Aixe (87) 123 H2
Saint-Yrieix-
-sur-Charente (16) 122 B3
Saint-Ythaire (71) 116 A1
Saint-Yvi (29) 53 G3
Saint-Yvoine (63) 127 G5
Saint-Yzan-
-de-Soudiac (33) 135 F2
Saint-Yzans-de-Médoc (33) 134 D1
Saint-Zacharie (83) 192 D3
Sainte-Adresse (76) 15 E2
Sainte-Agathe (63) 128 A3
Sainte-Agathe-
-d'Aliermont (76) 6 A6
Sainte-Agathe-
-en-Donzy (42) 129 E2
Sainte-Agathe-
-la-Bouteresse (42) 128 D3
Sainte-Agnès (06) 195 G2
Sainte-Agnès (38) 145 H2
Sainte-Agnès (39) 117 F1
Sainte-Alauzie (46) 152 B5
Sainte-Alvère (24) 137 F4
Sainte-Anastasie (15) 141 E3
Sainte-Anastasie (30) 174 A2
Sainte-Anastasie-
-sur-Issole (83) 193 F3
Sainte-Anne (25) 103 F3
Sainte-Anne (32) 168 C4
Sainte-Anne (41) 79 G2
Sainte-Anne-d'Auray (56) 55 E6
Sainte-Anne-
-Saint-Priest (87) 124 D3
Sainte-Anne-
-sur-Brivet (44) 74 A3
Sainte-Anne-
-sur-Gervonde (38) 130 D5
Sainte-Anne-
-sur-Vilaine (35) 57 E6
Sainte-Aulde (77) 44 A3
Sainte-Aurence-
-Cazaux (32) 183 H1
Sainte-Austreberthe (62) 7 E2
Sainte-Austreberthe (76) 17 F5
Sainte-Barbe (57) 26 C5
Sainte-Barbe (88) 70 B2
Sainte-Barbe-
-sur-Gaillon (27) 41 E1
Sainte-Bazeille (47) 150 B2
Sainte-Beuve-
-en-Rivière (76) 19 F1
Sainte-Blandine (38) 131 E5
Sainte-Blandine (79) 108 A4
Sainte-Brigitte (56) 55 E2
Sainte-Camelle (11) 186 A3
Sainte-Catherine (62) 8 B2
Sainte-Catherine (63) 127 H6
Sainte-Catherine (69) 129 G4
Sainte-Catherine-
-de-Fierbois (37) 94 D2
Sainte-Cécile (36) 96 C2
Sainte-Cécile (50) 37 F3
Sainte-Cécile (71) 116 A3
Sainte-Cécile (85) 92 A5
Sainte-Cécile-
-d'Andorge (30) 156 D5
Sainte-Cécile-
-du-Cayrou (81) 169 H2
Sainte-Cécile-
-les-Vignes (84) 158 B5
Sainte-Céronne-
-lès-Mortagne (61) 39 H6
Sainte-Cérotte (72) 78 D1
Sainte-Christie (32) 167 H4
Sainte-Christie-
-d'Armagnac (32) 166 D3
Sainte-Christine (49) 75 H5
Sainte-Christine (63) 113 E6
Sainte-Colombe (05) 159 G5
Sainte-Colombe (16) 122 D2
Sainte-Colombe (17) 135 G1
Sainte-Colombe (21) 84 D5
Sainte-Colombe (25) 103 H4
Sainte-Colombe (33) 136 A5
Sainte-Colombe (35) 57 G5
Sainte-Colombe (40) 165 H4
Sainte-Colombe (46) 153 G1
Sainte-Colombe (50) 12 C4
Sainte-Colombe (69) 130 A5
Sainte-Colombe (76) 17 E3
Sainte-Colombe (77) 65 E1
Sainte-Colombe (89) 84 A4
Sainte-Colombe-
-de-Duras (47) 150 C1
Sainte-Colombe-de-
-la-Commanderie (66) 201 E3
Sainte-Colombe-
-de-Peyre (48) 155 G1
Sainte-Colombe-
-de-Villeneuve (47) 151 F4
Sainte-Colombe-
-des-Bois (58) 82 D6
Sainte-Colombe-
-en-Bruilhois (47) 151 E6
Sainte-Colombe-
-la-Commanderie (27) 40 C1
Sainte-Colombe-
-près-Vernon (27) 41 E1
Sainte-Colombe-
-sur-Gand (42) 129 E2
Sainte-Colombe-
-sur-Guette (11) 200 B2
Sainte-Colombe-
-sur-l'Hers (11) 186 B5
Sainte-Colombe-
-sur-Loing (89) 82 D4
Sainte-Colombe-
-sur-Seine (21) 85 E1
Sainte-Colome (64) 182 B4
Sainte-Consorce (69) 129 H3
Sainte-Croix (01) 130 B2
Sainte-Croix (02) 22 D4
Sainte-Croix (12) 153 G4
Sainte-Croix (24) 137 G6
Sainte-Croix (26) 144 D6
Sainte-Croix (46) 152 B4
Sainte-Croix (71) 117 E1
Sainte-Croix (81) 170 B2
Sainte-Croix-á-Lauze (04) 176 B2
Sainte-Croix-
-aux-Mines (68) 71 E3
Sainte-Croix-
-de-Caderle (30) 173 F1
Sainte-Croix-
-de-Mareuil (24) 122 D5
Sainte-Croix-
-de-Quintillargues (34) 173 F4
Sainte-Croix-du-Mont (33) 149 H2
Sainte-Croix-
-du-Verdon (04) 177 F4
Sainte-Croix-en-Jarez (42) 129 H5
Sainte-Croix-en-Plaine (68) 71 F5
Sainte-Croix-
-Grand-Tonne (14) 14 A4
Sainte-Croix-Hague (50) 12 B2
Sainte-Croix-sur-Aizier (27) 16 D6
Sainte-Croix-sur-Buchy (76) 19 E3
Sainte-Croix-sur-Mer (14) 14 B3
Sainte-Croix-sur-Orne (61) 38 C4
Sainte-Croix-
-Vallée-Française (48) 156 C6
Sainte-Croix-Volvestre (09) 185 E4
Sainte-Dode (32) 183 G1
Sainte-Eanne (79) 108 B3
Sainte-Engrâce (64) 181 G4
Sainte-Enimie (48) 155 H4
Sainte-Eugénie-
-de-Villeneuve (43) 142 A3
Sainte-Eulalie (07) 143 E6
Sainte-Eulalie (11) 186 D3
Sainte-Eulalie (15) 140 A3
Sainte-Eulalie (33) 135 F5
Sainte-Eulalie (48) 141 H6
Sainte-Eulalie-d'Ans (24) 137 H2
Sainte-Eulalie-
-de-Cernon (12) 172 A2
Sainte-Eulalie-
-d'Eymet (24) 150 D1
Sainte-Eulalie-d'Olt (12) 155 E3
Sainte-Eulalie-
-en-Born (40) 148 B4
Sainte-Eulalie-
-en-Royans (26) 144 D4
Sainte-Euphémie (01) 130 A1
Sainte-Euphémie-
-sur-Ouvèze (26) 159 F5
Sainte-Eusoye (60) 20 B3
Sainte-Fauste (36) 96 D5
Sainte-Féréole (19) 138 D2
Sainte-Feyre (23) 111 G5
Sainte-Feyre-
-la-Montagne (23) 125 H2
Sainte-Flaive-
-des-Loups (85) 91 F5
Sainte-Florence (33) 135 H5
Sainte-Florence (85) 92 A4
Sainte-Florine (43) 127 G6
Sainte-Foi (09) 186 B4
Sainte-Fortunade (19) 139 E2
Sainte-Foy (40) 166 B2
Sainte-Foy (71) 115 E4
Sainte-Foy (76) 18 D1
Sainte-Foy (85) 91 E5
Sainte-Foy-
-d'Aigrefeuille (31) 169 G6
Sainte-Foy-de-Belvès (24) 152 A1
Sainte-Foy-de-
-Longas (24) 137 F5
Sainte-Foy-
-de-Montgommery (14) 39 F3
Sainte-Foy-
-de-Peyrolières (31) 168 D6
Sainte-Foy-la-Grande (33) 136 C5
Sainte-Foy-la-Longue (33) 150 A2
Sainte-Foy-
-l'Argentière (69) 129 G3
Sainte-Foy-lès-Lyon (69) 130 A3
Sainte-Foy-
-Saint-Sulpice (42) 128 D3
Sainte-Foy-Tarentaise (73) 133 F4
Sainte-Gauburge-
-Sainte-Colombe (61) 39 H5
Sainte-Gemme (17) 120 D2
Sainte-Gemme (32) 168 B4
Sainte-Gemme (33) 150 B2
Sainte-Gemme (36) 96 A5
Sainte-Gemme (51) 44 D1
Sainte-Gemme (79) 93 F4
Sainte-Gemme (81) 170 C1
Sainte-Gemme-
-en-Sancerrois (18) 82 B5
Sainte-Gemme-
-la-Plaine (85) 106 D2
Sainte-Gemme-
-Martaillac (47) 150 C4
Sainte-Gemme-
-Moronval (28) 41 F5
Sainte-Gemmes (41) 79 H2
Sainte-Gemmes-
-d'Andigné (49) 75 H1
Sainte-Gemmes-
-le-Robert (53) 59 F4
Sainte-Gemmes-
-sur-Loire (49) 76 D5
Sainte-Geneviève (02) 23 E2
Sainte-Geneviève (50) 13 E2
Sainte-Geneviève (54) 48 C3
Sainte-Geneviève (60) 20 B6
Sainte-Geneviève (76) 19 E2
Sainte-Geneviève-
-des-Bois (45) 82 B2
Sainte-Geneviève-
-des-Bois (91) 42 D6
Sainte-Geneviève-
-lès-Gasny (27) 41 G2
Sainte-Geneviève-
-sur-Argence (12) 140 C6
Sainte-Hélène (33) 134 C4
Sainte-Hélène (48) 156 B3
Sainte-Hélène (56) 54 D5
Sainte-Hélène (71) 101 F5
Sainte-Hélène (88) 70 B3
Sainte-Hélène-
-Bondeville (76) 16 C3
Sainte-Hélène-du-Lac (73) 132 A5
Sainte-Hélène-
-sur-Isère (73) 132 C4
Sainte-Hermine (85) 106 D1
Sainte-Honorine-
-de-Ducy (14) 13 H6
Sainte-Honorine-
-des-Pertes (14) 13 H5
Sainte-Honorine-du-Fay (14) 14 B5
Sainte-Honorine-
-la-Chardonne (61) 38 B4
Sainte-Honorine-
-la-Guillaume (61) 38 C4
Sainte-Innocence (24) 150 D1
Sainte-Jalle (26) 159 E4
Sainte-Jamme-
-sur-Sarthe (72) 60 A4
Sainte-Julie (01) 130 D2
Sainte-Juliette (82) 152 B5
Sainte-Juliette-
-sur-Viaur (12) 154 C6
Sainte-Léocadie (66) 199 H4
Sainte-Lheurine (17) 121 G5
Sainte-Livrade (31) 168 D5
Sainte-Livrade-sur-Lot (47) 151 E4
Sainte-Lizaigne (36) 97 E3
Sainte-Luce (38) 145 H5
Sainte-Luce-sur-Loire (44) 74 D5
Sainte-Lucie-
-de-Tallano (2A) 207 E2
Sainte-Lunaise (18) 97 G4
Sainte-Magnance (89) 84 B5
Sainte-Marguerite (43) 142 A2
Sainte-Marguerite (88) 70 D3
Sainte-Marguerite-
de-Carrouges (61) 38 D6
Sainte-Marguerite-
-de-l'Autel (27) 40 C3
Sainte-Marguerite-
-de-Viette (14) 15 E6
Sainte-Marguerite-
-d'Elle (14) 13 F6
Sainte-Marguerite-
des-Loges (14) 15 F6
Sainte-Marguerite-
-en-Ouche (27) 40 A2
Sainte-Marguerite-
-Lafigère (07) 156 D3
Sainte-Marguerite-
-sur-Duclair (76) 17 F5
Sainte-Marguerite-
-sur-Fauville (76) 16 D4
Sainte-Marguerite-
-sur-Mer (76) 17 F2
Sainte-Marie (05) 159 F3
Sainte-Marie (08) 24 A5
Sainte-Marie (15) 140 D5
Sainte-Marie (25) 88 B4
Sainte-Marie (32) 168 B5
Sainte-Marie (35) 56 C6
Sainte-Marie (58) 99 F2
Sainte-Marie (65) 184 A5
Sainte-Marie (66) 201 G2
Sainte-Marie-à-Py (51) 23 H6
Sainte-Marie-au-Bosc (76) 16 B4
Sainte-Marie-
-aux-Chênes (57) 26 A5
Sainte-Marie-aux-Mines (68) 71 E3
Sainte-Marie-Cappel (59) 2 C3
Sainte-Marie-d'Alloix (38) 132 A6
Sainte-Marie-d'Alvey (73) 131 G4
Sainte-Marie-
-de-Chignac (24) 137 G3
Sainte-Marie-
-de-Cuines (73) 146 C1
Sainte-Marie-
-de-Gosse (40) 164 D5
Sainte-Marie-de-Ré (17) 106 B5
Sainte-Marie-
-de-Vatimesnil (27) 19 F6
Sainte-Marie-de-Vaux (87) 123 H2
Sainte-Marie-
-des-Champs (76) 17 E4
Sainte-Marie-du-Bois (50) 37 G6
Sainte-Marie-du-Bois (53) 59 E1
Sainte-Marie-
-du-Lac-Nuisement (51) 46 C6
Sainte-Marie-du-Mont (38) 131 H6
Sainte-Marie-du-Mont (50) 13 E4
Sainte-Marie-
-en-Chanois (70) 88 A1
Sainte-Marie-en-Chaux (70) 87 H2
Sainte-Marie-Kerque (62) 2 A2
Sainte-Marie-
-la-Blanche (21) 101 G3
Sainte-Marie-la-Robert (61) 38 D5
Sainte-Marie-
-Lapanouze (19) 126 A6
Sainte-Marie-Laumont (14) 37 H3
Sainte-Marie-
-Outre-l'Eau (14) 37 G2
Sainte-Marie-
-sur-Ouche (21) 85 F6
Sainte-Marthe (27) 40 C3
Sainte-Marthe (47) 150 C3
Sainte-Maure (10) 66 B3
Sainte-Maure-
-de-Peyriac (47) 167 E1
Sainte-Maure-
-de-Touraine (37) 94 D2
Sainte-Maxime (83) 194 B3
Sainte-Même (17) 121 F2
Sainte-Menehould (51) 46 C2
Sainte-Mère (32) 168 A2
Sainte-Mère-Église (50) 13 E4
Sainte-Mesme (78) 62 D1
Sainte-Mondane (24) 138 B5
Sainte-Montaine (18) 81 G5
Sainte-Nathalène (24) 138 B5
Sainte-Néomaye (79) 108 A3
Sainte-Olive (01) 116 C6
Sainte-Opportune (61) 38 C4
Sainte-Opportune-
-du-Bosc (27) 40 C1
Sainte-Opportune-
-la-Mare (27) 15 H2
Sainte-Orse (24) 137 H2
Sainte-Osmane (72) 78 D1
Sainte-Ouenne (79) 107 H2
Sainte-Pallaye (89) 83 G3
Sainte-Paule (69) 129 G1
Sainte-Pazanne (44) 74 B6
Sainte-Pexine (85) 106 D1
Sainte-Pience (50) 35 H3
Sainte-Pôle (54) 49 G6
Sainte-Preuve (02) 22 D3
Sainte-Radegonde (12) 154 C4
Sainte-Radegonde (17) 120 D2
Sainte-Radegonde (24) 151 F1
Sainte-Radegonde (32) 167 H3
Sainte-Radegonde (33) 136 A6
Sainte-Radegonde (71) 100 B6
Sainte-Radegonde (79) 93 G3
Sainte-Radégonde (86) 109 G1
Sainte-Radégonde-
-des-Noyers (85) 106 D3
Sainte-Ramée (17) 121 E6
Sainte-Reine (70) 87 E4
Sainte-Reine (73) 132 B4
Sainte-Reine-
-de-Bretagne (44) 73 H3
Sainte-Ruffine (57) 26 B5
Sainte-Sabine (21) 101 F2
Sainte-Sabine-Born (24) 151 G1
Sainte-Sabine-
-sur-Longève (72) 60 A4
Sainte-Savine (10) 66 B3
Sainte-Scolasse-
-sur-Sarthe (61) 39 G6
Sainte-Segrée (80) 19 H1
Sainte-Sève (29) 31 H3
Sainte-Sévère (16) 121 H3
Sainte-Sévère-
-sur-Indre (36) 111 H2
Sainte-Sigolène (43) 143 E2
Sainte-Solange (18) 97 H2
Sainte-Soline (79) 108 C4
Sainte-Souline (16) 122 A6
Sainte-Soulle (17) 106 D4
Sainte-Suzanne (09) 185 F3
Sainte-Suzanne (25) 88 C4
Sainte-Suzanne (53) 59 F4
Sainte-Suzanne-
-sur-Vire (50) 37 G1
Sainte-Terre (33) 135 H5
Sainte-Thérence (03) 112 C4
Sainte-Thorette (18) 97 F3
Sainte-Tréphine (22) 33 E6
Sainte-Trie (24) 138 A1
Sainte-Tulle (04) 176 C3
Sainte-Valière (11) 187 H3
Sainte-Vaubourg (08) 24 A4
Sainte-Verge (79) 93 G3
Sainte-Vertu (89) 84 A2
Sainteny (50) 13 E5
Saintes (17) 121 E3
Saintes-Maries-
-de-la-Mer (13) 190 C4
Saintines (60) 21 E5
Saintry-sur-Seine (91) 43 E6
Saints (77) 43 H5
Saints-en-Puisaye (89) 83 E3
Saints-Geosmes (52) 86 B1
Sainville (28) 62 D2
Saires (86) 94 B4
Saires-la-Verrerie (61) 38 B5
Saissac (11) 186 D2
Saisseval (80) 7 F6
Saisy (71) 101 E4
Saivres (79) 108 A2
le Saix (05) 160 A3
Saïx (81) 170 C6
Saix (86) 93 H2
Saizenay (39) 103 F3
Saizerais (54) 48 C4
Saizy (58) 83 G6
Sajas (31) 184 D2
Salagnac (24) 138 A1
Salagnon (38) 130 D4
Salaise-sur-Sanne (38) 144 A1
Salans (39) 103 E2
Salasc (34) 172 C5
Salaunes (33) 134 D4
Salavas (07) 157 G4
Salavre (01) 117 E3
Salazac (30) 157 H5
Salbris (41) 81 E5
les Salces (48) 155 G3
Saléchan (65) 184 A5
Saleich (31) 184 C5
Saleignes (17) 108 B6
Saleilles (66) 201 F2
les Salelles (07) 157 E4
les Salelles (48) 155 G3
Salency (60) 21 G3
Salenthal (67) 50 C5
Saléon (05) 159 H4
Salérans (05) 159 H5
Salerm (31) 184 B2
Salernes (83) 193 G1
Salers (15) 140 B3
Sales (74) 131 H2
Salesches (59) 9 G3
la Salette-Fallavaux (38) 146 A5
Salettes (26) 158 C2
Salettes (43) 142 C5
Saleux (80) 7 F6
Salice (2A) 204 D4
Saliceto (2B) 205 F1
Saliès (81) 170 C3
Salies-de-Béarn (64) 165 F6
Salies-du-Salat (31) 184 C4
Salignac (04) 160 B6
Salignac (33) 135 G4
Salignac-
-de-Mirambeau (17) 121 F6
Salignac-Eyvigues (24) 138 B4
Salignac-sur-Charente (17) 121 G3
Saligney (39) 102 D1
Saligny (85) 91 G3
Saligny (89) 65 E4
Saligny-le-Vif (18) 98 B3
Saligny-sur-Roudon (03) 114 C2
Saligos (65) 182 D6
Salindres (30) 157 E6
Salinelles (30) 173 G3
Salins (15) 140 A2
Salins (77) 64 C2
Salins-les-Bains (39) 103 F4
Salins-les-Thermes (73) 132 D5
Salives (21) 85 G3
Sallagriffon (06) 178 C2
Sallanches (74) 133 E1
Sallaumines (62) 8 B1
la Salle (71) 116 B3
la Salle (88) 70 C2
la Salle-de-Vihiers (49) 92 D1
la Salle-en-Beaumont (38) 145 H5
la Salle-et-
-Chapelle-Aubry (49) 76 B6
la Salle-les-Alpes (05) 147 E4
la Salle-Prunet (48) 156 B5
Salleboeuf (33) 135 F5
Sallèdes (63) 127 G4
Sallèles-Cabardès (11) 187 E2
Sallèles-d'Aude (11) 188 A3
Sallen (14) 37 H1
Sallenelles (14) 14 C4
Sallenôves (74) 118 B6
Sallertaine (85) 90 D2
Salles (33) 148 D2
les Salles (42) 128 B2
Salles (47) 151 G2
Salles (65) 182 D4
Salles (79) 108 B3
Salles (81) 170 B1
Salles-Adour (65) 183 E3
Salles-Arbuissonnas-
-en-Beaujolais (69) 116 A6
Salles-Courbatiès (12) 153 G3
Salles-Curan (12) 154 D6
Salles-d'Angles (16) 121 G4
Salles-d'Armagnac (32) 166 D3
Salles-d'Aude (11) 188 B3
Salles-de-Barbezieux (16) 121 H5
Salles-de-Belvès (24) 151 H1
les Salles-de-Castillon (33) 136 A5
Salles-de-Villefagnan (16) 122 C1
les Salles-du-Gardon (30) 157 E6
Salles-et-Pratviel (31) 197 F1
Salles-la-Source (12) 154 C4
Salles-Lavalette (16) 122 C6
les Salles-Lavauguyon (87) 123 F3
Salles-Mongiscard (64) 165 F6
Salles-sous-Bois (26) 158 C3
Salles-sur-Garonne (31) 185 E2
Salles-sur-l'Hers (11) 186 A2
Salles-sur-Mer (17) 106 D5
les Salles-sur-Verdon (83) 177 F3
Sallespisse (64) 165 G5
Salmagne (55) 47 F4
Salmaise (21) 85 E5
Salmbach (67) 51 G2
Salmiech (12) 154 C6
Salomé (59) 3 E6
Salon (10) 45 F6
Salon (24) 137 F4
Salon-de-Provence (13) 191 G2
Salon-la-Tour (19) 124 C5
Salonnes (57) 49 E4
Salornay-sur-Guye (71) 115 H2
Salouël (80) 7 F6
Salperwick (62) 2 B4
Salsein (09) 184 D6
Salses-le-Château (66) 201 F1
Salsigne (11) 187 E2
Salt-en-Donzy (42) 129 E3
Salvagnac (81) 169 G3
Salvagnac-Cajarc (12) 153 F3
la Salvetat-Belmontet (82) 169 F2
la Salvetat-Lauragais (31) 169 H6
la Salvetat-Peyralès (12) 153 H5
la Salvetat-Saint-Gilles (31) 169 E5
la Salvetat-sur-Agout (34) 171 F5
Salvezines (11) 200 B1
Salviac (46) 152 B1
Salvizinet (42) 129 E3
Salza (11) 187 F5
Salzuit (43) 141 H2
Samadet (40) 166 A5
Saman (31) 184 B3
Samaran (32) 183 H1
Samatan (32) 168 B6
Samazan (47) 150 B3
Sambin (41) 79 H5
Sambourg (89) 84 A2
Saméon (59) 4 A6
Samer (62) 1 F5
Samerey (21) 102 B2
Sames (64) 164 D5
Sammarçolles (86) 94 A3
Sammeron (77) 43 H3
Samoëns (74) 119 F5
Samognat (01) 117 G4
Samogneux (55) 25 E6
Samois-sur-Seine (77) 64 B2
Samonac (33) 135 E3
Samoreau (77) 64 B2
Samouillan (31) 184 C3
Samoussy (02) 22 C3
Sampans (39) 102 C2
Sampigny (55) 47 G4
Sampigny-
-lès-Maranges (71) 101 F4
Sampolo (2A) 205 E5
Sampzon (07) 157 G4
Samson (25) 103 F3
Samsons-Lion (64) 182 D1
Samuran (65) 184 A5
San-Damiano (2B) 203 G6
San-Gavino-
-d'Ampugnani (2B) 203 G6
San-Gavino-
-di-Carbini (2A) 207 F2
San-Gavino-
-di-Fiumorbo (2B) 205 F5
San-Gavino-di-Tenda (2B) 203 F5
San-Giovanni-
-di-Moriani (2B) 205 G1
San-Giuliano (2B) 205 G2
San-Lorenzo (2B) 205 F1
San-Martino-di-Lota (2B) 203 G3
San-Nicolao (2B) 205 G1
Sana (31) 184 D3
Sanary-sur-Mer (83) 192 D5
Sancé (71) 116 B3
Sancergues (18) 98 C2
Sancerre (18) 82 B6
Sancey-le-Grand (25) 88 B6
Sancey-le-Long (25) 88 B6
Sancheville (28) 62 B4
Sanchey (88) 69 H4
Sancoins (18) 98 C5
Sancourt (27) 19 G5
Sancourt (59) 8 D3
Sancourt (80) 21 G1
Sancy (54) 26 A3
Sancy (77) 43 G3
Sancy-les-Cheminots (02) 22 B4
Sancy-lès-Provins (77) 44 B5
Sand (67) 71 G2
Sandarville (28) 62 A3
Sandaucourt (88) 69 E3
Sandillon (45) 81 E1
Sandouville (76) 15 G2
Sandrans (01) 116 C6
Sangatte (62) 1 G2
Sanghen (62) 1 G4
Sanguinet (40) 148 C2
Sanilhac (07) 157 F3
Sanilhac-Sagriès (30) 174 B2
Sannat (23) 112 B6
Sannerville (14) 14 C4
Sannes (84) 176 A4
Sannois (95) 42 C3
Sanous (65) 183 E1
Sanry-lès-Vigy (57) 26 C5
Sanry-sur-Nied (57) 26 D6
Sans-Vallois (88) 69 F4
Sansa (66) 200 A3
Sansac-de-Marmiesse (15) 140 A5
Sansac-Veinazès (15) 154 B1
Sansais (79) 107 G4
Sansan (32) 167 H6
Sanssac-l'Église (43) 142 B4
Sanssat (03) 114 A4
Santa-Lucia-
-di-Mercurio (2B) 205 F2
Santa-Lucia-
-di-Moriani (2B) 205 H1
Santa-Maria-di-Lota (2B) 203 G3
Santa-Maria-
-Figaniella (2A) 207 E2
Santa-Maria-Poggio (2B) 205 G2
Santa-Maria-Siché (2A) 204 D6
Santa-Reparata-
-di-Balagna (2B) 202 D5
Santa-Reparata-
-di-Moriani (2B) 205 G2
Sant'Andréa-di-Bozio (2B) 205 F2
Sant'Andréa-
-di-Cotone (2B) 205 G2
Sant'Andréa-d'Orcino (2A) 204 C5
Santans (39) 102 D3
Sant'Antonino (2B) 202 C5
Santeau (45) 63 F5
Santec (29) 31 G2
Santenay (21) 101 F4
Santenay (41) 79 G4
Santeny (94) 43 E5
Santes (59) 3 F5
Santeuil (28) 62 C2
Santeuil (95) 42 A1
Santigny (89) 84 B4
Santilly (28) 62 D4
Santilly (71) 116 A1
Santo-Pietro-di-Tenda (2B) 203 F5
Santo-Pietro-
-di-Venaco (2B) 205 E3
Santoche (25) 88 A5
Santosse (21) 101 F3
Santranges (18) 82 B5
Sanvensa (12) 153 G5
Sanvignes-les-Mines (71) 100 D6

Sanxay (86) 108 C2
Sanzey (54) 48 A4
Saon (14) 13 G5
Saône (25) 103 G1
Saonnet (14) 13 G5
Saorge (06) 179 G1
Saosnes (72) 60 B3
Saou (26) 158 C2
le Sap (61) 39 G3
le Sap-André (61) 39 G4
Sapignicourt (51) 46 C5
Sapignies (62) 8 B4
Sapogne-et-Feuchères (08) 24 B2
Sapogne-sur-Marche (08) 25 E3
Sapois (39) 103 F5
Sapois (88) 70 B5
Saponay (02) 22 B6
Saponcourt (70) 87 F1
le Sappey (74) 118 C5
le Sappey-en-Chartreuse (38) 145 G2
Saramon (32) 168 A6
Saran (45) 62 D6
Saraz (25) 103 F3
Sarbazan (40) 166 B1
Sarcé (72) 78 B2
Sarceaux (61) 39 E5
Sarcelles (95) 42 D3
Sarcenas (38) 145 G1
Sarcey (52) 68 A5
Sarcey (69) 129 G2
Sarcos (32) 184 B1
Sarcus (60) 19 H2
Sarcy (51) 22 D6
Sardan (30) 173 G3
Sardent (23) 111 G6
Sardieu (38) 144 D1
Sardon (63) 127 F1
Sardy-lès-Épiry (58) 99 H2
Sare (64) 180 B1
Sargé-lès-le-Mans (72) 60 B5
Sargé-sur-Braye (41) 61 E6
Sari-d'Orcino (2A) 204 C5
Sari-Solenzara (2A) 205 G6
Sariac-Magnoac (65) 183 H2
Sarlabous (65) 183 F4
Sarlande (24) 124 A6
Sarlat-la-Canéda (24) 138 A5
Sarliac-sur-l'Isle (24) 137 G2
Sarniguet (65) 183 E2
Sarnois (60) 19 H2
Saron-sur-Aube (51) 44 D6
Sarp (65) 184 A5
Sarpourenx (64) 165 G6
Sarragachies (32) 166 D4
Sarrageois (25) 103 H5
Sarraguzan (32) 183 G2
Sarralbe (57) 49 H2
Sarraltroff (57) 50 A4
Sarran (19) 125 F6
Sarrance (64) 182 A4
Sarrancolin (65) 183 G5
Sarrant (32) 168 B4
Sarras (07) 144 A2
Sarrazac (24) 123 H6
Sarrazac (46) 138 D4
Sarraziet (40) 166 A4
Sarre-Union (67) 50 A2
Sarrebourg (57) 50 A4
Sarrecave (31) 184 A3
Sarreguemines (57) 27 H5
Sarreinsming (57) 27 H5
Sarremezan (31) 184 A3
Sarrewerden (67) 50 A3
Sarrey (52) 68 B5
Sarriac-Bigorre (65) 183 F1
Sarrians (84) 175 F1
Sarrigné (49) 77 E4
Sarrogna (39) 117 G2
Sarrola-Carcopino (2A) 204 C5
Sarron (40) 166 B5
Sarrouilles (65) 183 F3
Sarroux (19) 126 A6
Sarry (51) 45 H3
Sarry (71) 115 E4
Sarry (89) 84 B3
le Sars (62) 8 B4
Sars-et-Rosières (59) 9 E1
Sars-le-Bois (62) 7 H2
Sars-Poteries (59) 10 A3
Sartène (2A) 206 D3
Sartes (88) 68 D3
Sartilly (50) 35 G3
Sarton (62) 7 H4
Sartrouville (78) 42 C3
Sarzay (36) 111 G1
Sarzeau (56) 72 D2
Sasnières (41) 79 F2
Sassangy (71) 101 F6
Sassay (41) 80 A5
Sassegnies (59) 9 H3
Sassenage (38) 145 G2
Sassenay (71) 101 H5
Sassetot-le-Malgardé (76) 17 F3
Sassetot-le-Mauconduit (76) 16 D3
Sasseville (76) 17 E3
Sassey (27) 41 E2
Sassey-sur-Meuse (55) 24 D4
Sassierges-Saint-Germain (36) 96 D5
Sassis (65) 182 D6
Sassy (14) 14 D6
Sathonay-Camp (69) 130 A2
Sathonay-Village (69) 130 A2
Satillieu (07) 143 H3
Satolas-et-Bonce (38) 130 C3
Saturargues (34) 173 H4
Saubens (31) 169 E6
Saubion (40) 164 C4
Saubole (64) 182 D2
Saubrigues (40) 164 C5
Saubusse (40) 164 D4
Saucats (33) 149 F1
Saucède (64) 181 H2
la Saucelle (28) 40 D6
Sauchay (76) 17 H2
Sauchy-Cauchy (62) 8 D3
Sauchy-Lestrée (62) 8 D3
Sauclières (12) 172 C2
Saudemont (62) 8 C3
Saudoy (51) 44 D5
Saudron (52) 68 B1
Saudrupt (55) 46 D5
Saugeot (39) 117 H1
Saugnac-et-Cambran (40) 165 E4
Saugnacq-et-Muret (40) 148 D3
Saugon (33) 135 F2
Saugues (43) 142 A5
Sauguis-Saint-Étienne (64) 181 G3
Saugy (18) 97 F4
Saujac (12) 153 F3
Saujon (17) 120 C3
la Saulce (05) 160 B3
Saulce-sur-Rhône (26) 158 B1
Saulces-Champenoises (08) 23 H4
Saulces-Monclin (08) 23 H3
Saulcet (03) 113 H4
Saulchery (02) 44 B3
le Saulchoy (60) 20 B2
Saulchoy (62) 6 D2
Saulchoy-sous-Poix (80) 20 A1
Saulcy (10) 67 F3
le Saulcy (88) 70 D1
Saulcy-sur-Meurthe (88) 70 D3
Saules (25) 103 H2
Saules (71) 101 F6
Saulgé (86) 109 H3
Saulgé-l'Hôpital (49) 77 E6
Saulges (53) 59 F5
Saulgond (16) 123 G1
Sauliac-sur-Célé (46) 153 E3
Saulieu (21) 100 C1
Saulles (52) 86 C2
Saulmory-et-Villefranche (55) 24 D4
Saulnay (36) 95 H4
Saulnes (54) 25 H3
Saulnières (28) 41 E5
Saulnières (35) 57 F4
Saulnot (70) 88 B3
Saulny (57) 26 B5
Saulon-la-Chapelle (21) 102 A1
Saulon-la-Rue (21) 101 H1
la Saulsotte (10) 65 F1
Sault (84) 176 A1
Sault-Brénaz (01) 131 E2
Sault-de-Navailles (64) 165 G5
Sault-lès-Rethel (08) 23 G4
Sault-Saint-Remy (08) 23 F4
Saultain (59) 9 F2
Saulty (62) 7 H3
Saulvaux (55) 47 G5
Saulx (70) 87 G2
Saulx-le-Duc (21) 85 H4
Saulx-lès-Champlon (55) 47 H2
Saulx-les-Chartreux (91) 42 C5
Saulx-Marchais (78) 42 A4
Saulxerotte (54) 69 E1
Saulxures (52) 68 C6
Saulxures (67) 71 E2
Saulxures-lès-Bulgnéville (88) 68 D4
Saulxures-lès-Nancy (54) 48 D5
Saulxures-lès-Vannes (54) 68 D1
Saulxures-sur-Moselotte (88) 70 C6
Saulzais-le-Potier (18) 112 C1
Saulzet (03) 113 G5
Saulzet-le-Froid (63) 126 D4
Saulzoir (59) 9 F3
Saumane (04) 176 C1
Saumane (30) 173 E1
Saumane-de-Vaucluse (84) 175 F2
Sauméjan (47) 150 B5
Saumeray (28) 61 H3
Saumont (47) 151 E6
Saumont-la-Poterie (76) 19 F3
Saumos (33) 134 C4
Saumur (49) 77 G6
Saunay (37) 79 F4
la Saunière (23) 111 G5
Saunières (71) 102 A4
Sauqueville (76) 17 G2
Saurais (79) 108 B1
Saurat (09) 185 G6
Sauret-Besserve (63) 126 D1
Saurier (63) 127 E5
Sausheim (68) 89 F1
Saussan (34) 173 F6
Saussay (28) 41 F4
Saussay (76) 17 F4
Saussay-la-Campagne (27) 19 F5
la Saussaye (27) 18 C6
Saussemesnil (50) 12 D2
Saussenac (81) 170 D2
Saussens (31) 169 H5
Sausses (04) 178 B1
Sausset-les-Pins (13) 191 H5
Sausseuzemare-en-Caux (76) 16 C4
Saussey (21) 101 F3
Saussey (50) 36 D2
Saussignac (24) 136 C6
Saussines (34) 173 G4
Saussy (21) 85 G5
Sautel (09) 186 A5
Sauternes (33) 149 G2
Sauteyrargues (34) 173 G3
Sauto (66) 200 A4
Sautron (44) 74 C4
la Sauvagère (61) 38 C5
les Sauvages (69) 129 F2
Sauvagnac (16) 123 F3
Sauvagnas (47) 151 F5
Sauvagnat (63) 126 C3
Sauvagnat-Sainte-Marthe (63) 127 F5
Sauvagney (25) 87 E6
Sauvagnon (64) 182 B1
Sauvagny (03) 113 E3
Sauvain (42) 128 C4
Sauvat (15) 140 A1
Sauve (30) 173 G2
la Sauve (33) 135 G6
Sauvelade (64) 181 H1
Sauverny (01) 118 B3
Sauvessanges (63) 128 C6
la Sauvetat (32) 167 H3
la Sauvetat (63) 127 F4
la Sauvetat-de-Savères (47) 151 G5
la Sauvetat-du-Dropt (47) 150 D1
la Sauvetat-sur-Lède (47) 151 F3
Sauveterre (30) 174 D1
Sauveterre (32) 184 C1
Sauveterre (65) 167 E6
Sauveterre (81) 187 F1
Sauveterre (82) 152 B5
Sauveterre-de-Béarn (64) 181 F1
Sauveterre-de-Comminges (31) 184 A5
Sauveterre-de-Guyenne (33) 150 A1
Sauveterre-de-Rouergue (12) 154 A5
Sauveterre-la-Lémance (47) 151 H2
Sauveterre-Saint-Denis (47) 151 F6
Sauviac (32) 183 H1
Sauviac (33) 149 H3
Sauvian (34) 188 C2
Sauviat (63) 128 A3
Sauviat-sur-Vige (87) 124 D2
Sauvignac (16) 136 A2
Sauvigney-lès-Gray (70) 86 D5
Sauvigney-lès-Pesmes (70) 86 C6
Sauvigny (55) 68 D1
Sauvigny-le-Beuréal (89) 84 B5
Sauvigny-le-Bois (89) 84 A4
Sauvigny-les-Bois (58) 99 E4
Sauville (08) 24 B3
Sauville (88) 68 D4
Sauvillers-Mongival (80) 20 D2
Sauvimont (32) 184 C1
Sauvoy (55) 47 H5
Saux (46) 152 A4
Saux-et-Pomarède (31) 184 B3
Sauxillanges (63) 127 G5
Sauze (06) 161 G6
le Sauze-du-Lac (05) 160 D3
Sauzé-Vaussais (79) 108 C5
Sauzelles (36) 95 F6
Sauzet (26) 158 B2
Sauzet (30) 174 A2
Sauzet (46) 152 B4
la Sauzière-Saint-Jean (81) 169 G2
Sauzon (56) 72 A3
Savarthès (31) 184 B4
Savas (07) 143 H1
Savas-Mépin (38) 130 C5
Savasse (26) 158 B2
Savenay (44) 74 A4
Savenès (82) 168 D3
Savennes (23) 111 G6
Savennes (63) 126 B5
Savennières (49) 76 D5
Saverdun (09) 185 G3
Savères (31) 184 D2
Saverne (67) 50 C4
Saveuse (80) 7 F6
Saviange (71) 101 F6
Savières (10) 66 A2
Savigna (39) 117 G2
Savignac (12) 153 G4
Savignac (33) 150 A2
Savignac-de-Duras (47) 150 C1
Savignac-de-l'Isle (33) 135 G4
Savignac-de-Miremont (24) 137 G4
Savignac-de-Nontron (24) 123 F5
Savignac-Lédrier (24) 138 A1
Savignac-les-Églises (24) 137 G2
Savignac-les-Ormeaux (09) 199 F2
Savignac-Mona (32) 168 C6
Savignac-sur-Leyze (47) 151 G3
Savignargues (30) 173 H2
Savigné (86) 109 E5
Savigné-l'Évêque (72) 60 B5
Savigné-sous-le-Lude (72) 77 H3
Savigné-sur-Lathan (37) 78 B5
Savigneux (01) 130 A1
Savigneux (42) 128 D4
Savignies (60) 20 A4
Savigny (50) 37 E1
Savigny (52) 86 D2
Savigny (69) 129 G2
Savigny (74) 118 A6
Savigny (88) 69 G2
Savigny-en-Revermont (71) 117 F1
Savigny-en-Sancerre (18) 82 B5
Savigny-en-Septaine (18) 98 A3
Savigny-en-Terre-Plaine (89) 84 B5
Savigny-en-Véron (37) 94 A1
Savigny-le-Sec (21) 85 H5
Savigny-le-Temple (77) 43 E6
Savigny-le-Vieux (50) 37 G6
Savigny-lès-Beaune (21) 101 G3
Savigny-Lévescault (86) 109 F2
Savigny-Poil-Fol (58) 100 A5
Savigny-sous-Faye (86) 94 B4
Savigny-sous-Mâlain (21) 85 F6
Savigny-sur-Aisne (08) 24 B5
Savigny-sur-Ardres (51) 22 D6
Savigny-sur-Braye (41) 79 E1
Savigny-sur-Clairis (89) 64 D5
Savigny-sur-Grosne (71) 116 A1
Savigny-sur-Orge (91) 42 D5
Savigny-sur-Seille (71) 116 D1
Savilly (21) 100 D2
Savines-le-Lac (05) 160 D2
Savins (77) 64 D1
Savoillan (84) 159 F6
Savoisy (21) 84 D2
Savolles (21) 86 A5
Savonnières (37) 78 C6
Savonnières-devant-Bar (55) 47 E4
Savonnières-en-Perthois (55) 47 E6
Savouges (21) 101 H2
Savournon (05) 159 H3
Savoyeux (70) 86 D4
Savy (02) 21 H1
Savy-Berlette (62) 8 A2
Saxel (74) 118 D4
Saxi-Bourdon (58) 99 F3
Saxon-Sion (54) 69 F2
Sayat (63) 127 E2
Saze (30) 174 D2
Sazeray (36) 111 H3
Sazeret (03) 113 F4
Sazilly (37) 94 C2
Sazos (65) 182 D6
Scaër (29) 54 A2
Scata (2B) 203 G6
Sceau-Saint-Angel (24) 123 F5
Sceautres (07) 157 H2
Sceaux (89) 84 B4
Sceaux (92) 42 C4
Sceaux-d'Anjou (49) 76 D3
Sceaux-du-Gâtinais (45) 63 H5
Sceaux-sur-Huisne (72) 60 D5
Scey-Maisières (25) 103 G2
Scey-sur-Saône-et-Saint-Albin (70) 87 F3
Schaeffersheim (67) 71 H1
Schaffhouse-près-Seltz (67) 51 G2
Schaffhouse-sur-Zorn (67) 50 D4
Schalbach (57) 50 B3
Schalkendorf (67) 50 D3
Scharrachbergheim-Irmstett (67) 50 D5
Scheibenhard (67) 51 G2
Scherlenheim (67) 50 D4
Scherwiller (67) 71 F2
Schillersdorf (67) 50 D3
Schiltigheim (67) 51 E5
Schirmeck (67) 71 E1
Schirrhein (67) 51 F3
Schirrhoffen (67) 51 F3
Schleithal (67) 51 G2
Schlierbach (68) 89 G2
Schmittviller (57) 28 A6
Schneckenbusch (57) 50 A5
Schnersheim (67) 50 D5
Schœnau (67) 71 H3
Schœnbourg (67) 50 B3
Schœneck (57) 27 G4
Schœnenbourg (67) 51 F2
Schopperten (67) 50 A2
Schorbach (57) 50 C1
Schweighouse-sur-Moder (67) 51 E3
Schweighouse-Thann (68) 89 E2
Schwenheim (67) 50 C4
Schwerdorff (57) 27 E3
Schweyen (57) 28 B5
Schwindratzheim (67) 50 D4
Schwoben (68) 89 F3
Schwobsheim (67) 71 G3
Sciecq (79) 107 H3
Scientrier (74) 118 D5
Scieurac-et-Flourès (32) 167 E5
Sciez (74) 118 D3
Scillé (79) 107 G1
Scionzier (74) 119 E6
Scolca (2B) 203 F5
Scorbé-Clairvaux (86) 94 C5
Scrignac (29) 32 B5
Scrupt (51) 46 C5
Scy-Chazelles (57) 26 B5
Scye (70) 87 F3
Séailles (32) 167 E4
la Séauve-sur-Semène (43) 143 E1
Sébazac-Concourès (12) 154 C4
Sébécourt (27) 40 B3
Sébeville (50) 13 E4
Seboncourt (02) 9 F5
Sebourg (59) 9 G2
Sébrazac (12) 154 C3
Séby (64) 166 A6
Secenans (70) 88 B4
Séchault (08) 24 B6
Sécheras (07) 144 A3
Sécheval (08) 11 E6
Séchilienne (38) 145 H3
Séchin (25) 87 H6
Seclin (59) 3 F6
Secondigné-sur-Belle (79) 108 A5
Secondigny (79) 107 H1
Secourt (57) 48 D3
Secqueville-en-Bessin (14) 14 B4
Sedan (08) 24 C2
Sédeilhac (31) 184 A3
Séderon (26) 159 G5
Sedze-Maubecq (64) 182 D1
Sedzère (64) 182 D2
Seebach (67) 51 F2
Sées (61) 39 F6
Séez (73) 133 F4
Ségalas (47) 151 E2
Ségalas (65) 183 F1
la Ségalassière (15) 139 H5
Séglien (56) 54 D2
Ségny (01) 118 B4
Segonzac (16) 121 H4
Segonzac (19) 138 B2
Segonzac (24) 136 D2
Ségos (32) 166 B5
Ségoufielle (32) 168 D5
Segré (49) 75 H1
Ségreville (31) 169 H6
Ségrie (72) 59 H4
Ségrie-Fontaine (61) 38 C4
Segrois (21) 101 G2
Ségry (36) 97 E4
la Séguinière (49) 92 B2
Ségur (12) 155 E5
le Ségur (81) 170 B1
Ségur-le-Château (19) 124 B6
Ségur-les-Villas (15) 140 D2
Ségura (09) 185 H5
Séguret (84) 158 C5
Ségus (65) 182 D4
Seich (65) 183 H5
Seichamps (54) 48 D5
Seichebrières (45) 63 F6
Seicheprey (54) 48 A3
Seiches-sur-le-Loir (49) 77 F3
Seignalens (11) 186 B4
Seigné (17) 121 H1
Seignelay (89) 83 G1
Seigneulles (55) 47 E4
Seignosse (40) 164 C4
Seigny (21) 84 D4
Seigy (41) 96 A1
Seilh (31) 169 E4
Seilhac (19) 139 E1
Seilhan (31) 184 A4
Seillac (41) 79 G4
Seillans (83) 178 A4
Seillonnaz (01) 131 E2
Seillons-Source-d'Argens (83) 176 D6
Seine-Port (77) 63 H1
Seingbouse (57) 49 G1
Seissan (32) 167 H6
Seix (09) 185 E6
le Sel-de-Bretagne (35) 57 F5
Selaincourt (54) 69 E1
Selens (02) 21 H4
Sélestat (67) 71 G3
Séligné (79) 108 A5
Séligney (39) 102 D4
la Selle-Craonnaise (53) 76 B1
la Selle-en-Coglès (35) 35 H5
la Selle-en-Hermoy (45) 64 B6
la Selle-en-Luitré (35) 58 A2
la Selle-Guerchaise (35) 58 A6
la Selle-la-Forge (61) 38 B4
la Selle-sur-le-Bied (45) 64 B5
Selles (27) 15 H4
Selles (51) 23 G5
Selles (62) 1 G4
Selles (70) 69 F6
Selles-Saint-Denis (41) 80 D6
Selles-sur-Cher (41) 96 B1
Selles-sur-Nahon (36) 96 B3
Sellières (39) 102 D5
Selommes (41) 79 G2
Seloncourt (25) 88 C4
Selongey (21) 86 A4
Selonnet (04) 160 D4
Seltz (67) 51 G2
la Selve (02) 23 E3
la Selve (12) 171 E1
Sem (09) 198 D1
Sémalens (81) 170 B5
Semallé (61) 60 A1
Semarey (21) 101 F1
Sembadel (43) 142 B2
Sembas (47) 151 F4
Semblançay (37) 78 D4
Sembleçay (36) 96 C1
Sembouès (32) 167 E6
Séméac (65) 183 E3
Séméacq-Blachon (64) 166 C6
Semécourt (57) 26 B5
Sémelay (58) 100 A5
Semens (33) 149 H2
Sementron (89) 83 E3
Sémeries (59) 10 A4
Semerville (41) 62 A6
Semezanges (21) 101 G1
Sémézies-Cachan (32) 168 A6
Semide (08) 24 A5
Semillac (17) 121 E6
Semilly (52) 68 B3
Semmadon (70) 87 E2
Semoine (10) 45 F5
Semond (21) 85 E2
Semondans (25) 88 B4
Semons (38) 130 C6
Semousies (59) 10 A3
Semoussac (17) 121 E6
Semoutiers-Montsaon (52) 67 H5
Semoy (45) 62 D6
Sempesserre (32) 168 A1
Sempigny (60) 21 G3
Sempy (62) 1 G6
Semur-en-Auxois (21) 84 C5
Semur-en-Brionnais (71) 115 E4
Semur-en-Vallon (72) 60 D5
Semussac (17) 120 C4
Semuy (08) 24 A4
le Sen (40) 149 F6
Sénac (65) 183 F2
Senaide (88) 69 E6
Sénaillac-Latronquière (46) 139 G6
Sénaillac-Lauzès (46) 153 E2
Senailly (21) 84 C4
Senan (89) 83 E1
Senantes (28) 41 G5
Senantes (60) 19 H4
Sénarens (31) 184 C2
Senargent-Mignafans (70) 88 A3
Senarpont (80) 6 C6
Sénas (13) 191 G2
Senaud (39) 117 E3
Senaux (81) 171 F4
Sencenac-Puy-de-Fourches (24) 137 F1
Senconac (09) 199 F1
Sendets (33) 150 A3
Sendets (64) 182 C2
Séné (56) 72 D1
Sénéchas (30) 157 E5
Sénergues (12) 154 B2
Sénestis (47) 150 C3
Séneujols (43) 142 B5
Senez (04) 177 G2
Sénezergues (15) 154 B1
Sengouagnet (31) 184 B5
Séniergues (46) 152 D1
Senillé (86) 94 D5
Seninghem (62) 1 H4
Senlecques (62) 1 G5
Senlis (60) 20 D6
Senlis (62) 2 A6
Senlis-le-Sec (80) 8 A5
Senlisse (78) 42 B5
Senneçay (18) 97 H4
Sennecey-le-Grand (71) 116 B1
Sennecey-lès-Dijon (21) 85 H6
Sennely (45) 81 F3
Sennevières (37) 95 G2
Senneville-sur-Fécamp (76) 16 C3
Sennevoy-le-Bas (89) 84 C2
Sennevoy-le-Haut (89) 84 C2
Senon (55) 25 G5
Senonches (28) 40 D6
Senoncourt (70) 87 F1
Senoncourt-les-Maujouy (55) 47 F2
Senones (88) 70 D2
Senonges (88) 69 F4
Senonnes (53) 76 A1
Senots (60) 20 A6
Senouillac (81) 170 A2
Sénoville (50) 12 B3
Senozan (71) 116 B3
Sens (89) 65 E4
Sens-Beaujeu (18) 82 A6
Sens-de-Bretagne (35) 35 G6
Sens-sur-Seille (71) 102 B5
Sentein (09) 184 C6
Sentelie (80) 20 A2
Sentenac-de-Sérou (09) 185 F5
Sentenac-d'Oust (09) 185 E6
Sentheim (68) 88 D2
Sentilly (61) 38 D4
la Sentinelle (59) 9 F2
Sentous (65) 183 G2
Senuc (08) 24 B5
Senven-Léhart (22) 33 E5
Sépeaux (89) 64 D6
Sepmeries (59) 9 F2
Sepmes (37) 95 E3
Seppois-le-Bas (68) 89 E4
Seppois-le-Haut (68) 89 E4
Sept-Forges (61) 59 E1
Sept-Frères (14) 37 G3
Sept-Meules (76) 6 B5
Sept-Saulx (51) 45 G1
Sept-Sorts (77) 43 H3
Sept-Vents (14) 37 H1
Septème (38) 130 B5
Septèmes-les-Vallons (13) 192 A3
Septeuil (78) 41 G3
Septfonds (82) 152 D6
Septfontaines (25) 103 H3
Septmoncel (39) 118 A3
Septmonts (02) 22 A5
Septsarges (55) 24 D5
Septvaux (02) 22 A3
Sepvigny (55) 47 H6
Sepvret (79) 108 B4
Sepx (31) 184 C3
Sequedin (59) 3 F5
Sequehart (02) 9 E6
le Sequestre (81) 170 B2
Serain (02) 9 E5
Seraincourt (08) 23 F3
Seraincourt (95) 42 A2
Sérandon (19) 140 A1
Séranon (06) 178 B3
Serans (60) 42 A1
Serans (61) 38 D5
Seranville (54) 70 A1
Séranvillers-Forenville (59) 9 E4
Seraucourt-le-Grand (02) 21 H1
Seraumont (88) 68 C2
Serazereux (28) 41 F6
Serbannes (03) 113 H6
Serbonnes (89) 64 D3
Serches (02) 22 B5
Sercœur (88) 70 A3
Sercus (59) 2 C4
Sercy (71) 116 A1
Serdinya (66) 200 B3
Sère (32) 184 A1
Sère-en-Lavedan (65) 182 D4
Sère-Lanso (65) 183 E4
Sère-Rustaing (65) 183 G2
Serécourt (88) 69 E5
Séreilhac (87) 123 H3
Serémange-Erzange (57) 26 B3
Sérempuy (32) 168 B4
Sérénac (81) 170 D2
Sérent (56) 55 H5
Sérévillers (60) 20 D2
Serez (27) 41 F3
Sérézin-de-la-Tour (38) 130 D5
Sérézin-du-Rhône (69) 130 A4
Sergeac (24) 137 H4
Sergenaux (39) 102 C4

Sergenon (39) 102 C4
Sergines (89) 65 E3
Sergy (01) 118 B4
Sergy (02) 44 C1
Séricourt (62) 7 G2
Sériers (15) 141 E4
Sérifontaine (60) 19 G5
Sérignac (46) 152 A3
Sérignac (82) 168 C2
Sérignac-Péboudou (47) 151 E2
Sérignac-sur-Garonne (47) 151 E5
Sérignan (34) 188 C3
Sérignan-du-Comtat (84) 158 B6
Sérigné (85) 107 E2
Sérigny (61) 60 D2
Sérigny (86) 94 B4
Sérilhac (19) 139 E3
Seringes-et-Nesles (02) 22 B6
Séris (41) 80 B2
Serley (71) 102 B5
Sermages (58) 100 A3
Sermaise (49) 77 G4
Sermaise (91) 63 E1
Sermaises (45) 63 F3
Sermaize (60) 21 G3
Sermaize-les-Bains (51) 46 D4
Sermamagny (90) 88 C2
Sermange (39) 102 D1
Sermano (2B) 205 F2
Sermentizon (63) 127 H3
Sermérieu (38) 131 E4
Sermersheim (67) 71 G2
Sermesse (71) 102 A4
Sermiers (51) 45 F1
Sermizelles (89) 83 H4
Sermoise (02) 22 B5
Sermoise-sur-Loire (58) 99 E4
Sermoyer (01) 116 C2
Sermur (23) 126 A1
Sernhac (30) 174 C2
Serocourt (88) 69 E5
Séron (65) 182 D2
Serpaize (38) 130 B5
la Serpent (11) 186 D5
Serques (62) 2 A3
Serqueux (52) 68 D6
Serqueux (76) 19 F2
Serquigny (27) 40 B1
Serra-di-Ferro (2A) 206 C2
Serra-di-Fiumorbo (2B) 205 G5
Serra-di-Scopamène (2A) 207 E2
Serralongue (66) 200 D5
Serraval (74) 132 C2
la Serre (12) 171 F3
la Serre-
-Bussière-Vieille (23) 112 B6
Serre-les-Moulières (39) 102 D1
Serre-les-Sapins (25) 103 F1
Serre-Nerpol (38) 145 E2
Serres (05) 159 H3
Serres (11) 187 E6
Serres (54) 49 E5
Serres-Castet (64) 182 B1
Serres-et-Montguyard (24) 151 E1
Serres-Gaston (40) 166 A4
Serres-Morlaàs (64) 182 C2
Serres-Sainte-Marie (64) 182 A1
Serres-sur-Arget (09) 185 G5
Serreslous-
-et-Arribans (40) 165 H4
Serriera (2A) 204 B2
Serrières (07) 144 A1
Serrières (71) 116 A4
Serrières-de-Briord (01) 131 E2
Serrières-
-en-Chautagne (73) 131 G2
Serrières-sur-Ain (01) 117 F5
Serrigny (89) 84 A2
Serrigny-en-Bresse (71) 102 A5
Serris (77) 43 F4
Serrouville (54) 26 A3
Serruelles (18) 97 G4
Sers (16) 122 D4
Sers (65) 183 E6
Servais (02) 22 A3
Serval (02) 22 C5
Servance (70) 88 B1
Servanches (24) 136 B3
Servant (63) 113 F5
Servas (01) 116 D5
Servas (30) 157 F6
Servaville-Salmonville (76) 17 H6
Serverette (48) 155 H1
Serves-sur-Rhône (26) 144 A3
Servian (34) 188 C1
Servières (48) 155 H2
Servières-le-Château (19) 139 F3
Serviers-et-Labaume (30) 174 B1
Serviès (81) 170 B5
Serviès-en-Val (11) 187 F4
Servignat (01) 116 D3
Servigney (70) 87 H2
Servigny (50) 36 D1
Servigny-lès-Raville (57) 49 E1
Servigny-lès-
-Sainte-Barbe (57) 26 C5
Serville (28) 41 F4
Servilly (03) 114 B4
Servin (25) 88 A6
Servins (62) 8 A1
Servon (50) 35 G4
Servon (77) 43 E5
Servon-Melzicourt (51) 24 B6
Servon-sur-Vilaine (35) 57 G3
Servoz (74) 133 E1
Sery (08) 23 G3
Sery (89) 83 G3
Séry-lès-Mézières (02) 22 B1
Séry-Magneval (60) 21 F6
Serzy-et-Prin (51) 22 D6
Sessenheim (67) 51 F3
Sète (34) 189 F1
Setques (62) 2 A4
Seugy (95) 42 D1
Seuil (08) 23 H4
Seuil-d'Argonne (55) 46 D2
Seuillet (03) 114 A5
Seuilly (37) 94 A2
Seur (41) 79 H4
le Seure (17) 121 G2
Seurre (21) 102 A3
Seux (80) 7 F6
Seuzey (55) 47 G2
Sevelinges (42) 115 F6
Sevenans (90) 88 C3
Sévérac (44) 73 H2
Sévérac-le-Château (12) 155 F5
Sévérac-l'Église (12) 155 E4
Seveux (70) 86 D4
Sévignac (22) 34 B6
Sévignacq (64) 182 C1
Sévignacq-Meyracq (64) 182 B4
Sévigny (61) 39 E4
Sévigny-la-Forêt (08) 10 D6
Sévigny-Waleppe (08) 23 E3
Sévis (76) 17 H4
Sevrai (61) 38 D5
Sevran (93) 43 E3
Sèvres (92) 42 C4
Sèvres-Anxaumont (86) 109 F1
Sevrey (71) 101 G6
Sévrier (74) 132 B2
Sévry (18) 98 B2
Sewen (68) 88 D1
Sexcles (19) 139 F4
Sexey-aux-Forges (54) 48 C6
Sexey-les-Bois (54) 48 B5
Sexfontaines (52) 67 H4
Seychalles (63) 127 G3
Seyches (47) 150 D2
Seyne (04) 160 D4
la Seyne-sur-Mer (83) 193 E5
Seynes (30) 174 A1
Seynod (74) 132 A2
Seyre (31) 185 H2
Seyresse (40) 165 E4
Seyssel (01) 131 G1
Seyssel (74) 131 G1
Seysses (31) 169 E6
Seysses-Savès (32) 168 C6
Seyssinet-Pariset (38) 145 G2
Seyssins (38) 145 G2
Seyssuel (38) 130 A5
Seythenex (74) 132 C3
Seytroux (74) 119 F4
Sézanne (51) 44 D5
Siarrouy (65) 183 E2
Siaugues-
-Sainte-Marie (43) 142 A3
Sibiril (29) 31 G2
Sibiville (62) 7 G2
Siccieu-Saint-Julien-
-et-Carisieu (38) 130 D3
Sichamps (58) 99 E2
Sickert (68) 88 D1
Sideville (50) 12 C2
Sidiailles (18) 112 B2
Siecq (17) 121 H2
Siegen (67) 51 G2
les Sièges (89) 65 F4
Sierck-les-Bains (57) 26 C2
Sierentz (68) 89 G2
Siersthal (57) 50 B1
Sierville (76) 17 G5
Siest (40) 164 D4
Sieurac (81) 170 B3
Sieuras (09) 185 F3
Siévoz (38) 145 H5
Siewiller (67) 50 B3
Sigale (06) 178 C2
Sigalens (33) 150 A3
Sigean (11) 188 A5
Sigloy (45) 81 F2
Signac (31) 184 A6
Signes (83) 193 E4
Signéville (52) 68 A3
Signy-l'Abbaye (08) 23 G2
Signy-le-Petit (08) 10 C6
Signy-Montlibert (08) 25 E3
Signy-Signets (77) 43 H3
Sigogne (16) 121 H3
Sigolsheim (68) 71 F4
Sigonce (04) 176 D1
Sigottier (05) 159 H3
Sigoulès (24) 136 D6
Sigournais (85) 92 B5
Sigoyer (04) 160 B4
Sigoyer (05) 160 B3
Siguer (09) 199 E1
Sigy (77) 64 D1
Sigy-en-Bray (76) 19 F3
Sigy-le-Châtel (71) 115 H2
Silfiac (56) 55 E2
Silhac (07) 143 H5
Sillans (38) 145 E1
Sillans-la-Cascade (83) 193 G1
Sillars (86) 109 H3
Sillas (33) 150 A4
Sillé-le-Guillaume (72) 59 G4
Sillé-le-Philippe (72) 60 B5
Sillegny (57) 48 C2
Sillery (51) 23 F6
Silley-Amancey (25) 103 G3
Silley-Bléfond (25) 87 H6
Sillingy (74) 132 A1
Silly-en-Gouffern (61) 39 F4
Silly-en-Saulnois (57) 48 D2
Silly-la-Poterie (02) 44 A1
Silly-le-Long (60) 43 F2
Silly-sur-Nied (57) 26 D5
Silly-Tillard (60) 20 B5
Silmont (55) 47 F5
Siltzheim (67) 27 H5
Silvareccio (2B) 203 G6
Silvarouvres (52) 67 F5
Simacourbe (64) 182 D1
Simandre (71) 116 C1
Simandre-sur-Suran (01) 117 F4
Simandres (69) 130 A4
Simard (71) 102 A6
Simencourt (62) 8 A3
Simeyrols (24) 138 B5
Simiane-Collongue (13) 192 B2
Simiane-la-Rotonde (04) 176 B2
Simorre (32) 184 B1
Simplé (53) 58 C6
Sin-le-Noble (59) 8 C2
Sinard (38) 145 G4
Sinceny (02) 21 H3
Sincey-lès-Rouvray (21) 84 B5
Sindères (40) 165 F1
Singles (63) 126 B5
Singleyrac (24) 136 D6
Singly (08) 24 A2
Singrist (67) 50 C5
Sinsat (09) 199 E1
Sinzos (65) 183 F3
Sion (32) 166 D4
Sion-les-Mines (44) 57 F6
Sioniac (19) 139 E4
Sionne (88) 68 C2
Sionviller (54) 49 F5
Siorac-de-Ribérac (24) 136 D2
Siorac-en-Périgord (24) 137 H6
Siouville-Hague (50) 12 B2
Sirac (32) 168 C4
Siracourt (62) 7 G1
Siradan (65) 184 A5
Siran (15) 139 G5
Siran (34) 187 G2
Sireix (65) 182 D5
Sireuil (16) 122 B4
Sirod (39) 103 F5
Siros (64) 182 B1
Sisco (2B) 203 G3
Sissonne (02) 22 D3
Sissy (02) 22 B1
Sistels (82) 168 B1
Sisteron (04) 160 B5
Sivergues (84) 176 A3
Sivignon (71) 115 H3
Sivry (54) 48 C4
Sivry-Ante (51) 46 C2
Sivry-Courtry (77) 64 B1
Sivry-la-Perche (55) 47 E1
Sivry-sur-Meuse (55) 25 E5
Six-Fours-les-Plages (83) 193 E5
Sixt-Fer-à-Cheval (74) 119 G6
Sixt-sur-Aff (35) 56 C5
Sizun (29) 31 G5
Smarves (86) 109 E2
Smermesnil (76) 6 B6
Soccia (2A) 204 D3
Sochaux (25) 88 C4
Socourt (88) 69 G2
Socx (59) 2 C2
Sode (31) 197 F1
Sœurdres (49) 76 D2
Sognolles-
-en-Montois (77) 64 D1
Sogny-aux-Moulins (51) 45 H3
Sogny-en-l'Angle (51) 46 C4
Soignolles (14) 38 D2
Soignolles-en-Brie (77) 43 F6
Soindres (78) 41 G3
Soing-Cubry-
-Charentenay (70) 87 E3
Soings-en-Sologne (41) 80 B5
Soirans (21) 102 B1
Soissons (02) 22 A5
Soissons-sur-Nacey (21) 102 C1
Soisy-Bouy (77) 65 E1
Soisy-sous-
-Montmorency (95) 42 C3
Soisy-sur-École (91) 63 H1
Soisy-sur-Seine (91) 42 D6
Soize (02) 23 E2
Soizé (28) 61 F4
Soizy-aux-Bois (51) 44 D4
Solaize (69) 130 A4
Solaro (2B) 205 G6
Solbach (67) 71 E1
Soleilhas (04) 178 A3
Solemont (25) 88 B5
Solente (60) 21 F2
le Soler (66) 201 E2
Solérieux (26) 158 B4
Solers (77) 43 F6
Solesmes (59) 9 F3
Solesmes (72) 77 F1
Soleymieu (38) 130 D3
Soleymieux (42) 128 D5
Solférino (40) 148 C6
Solgne (57) 48 D2
Soliers (14) 38 D1
Solignac (87) 124 B3
Solignac-sous-Roche (43) 142 D2
Solignac-sur-Loire (43) 142 C4
Solignat (63) 127 F5
Soligny-la-Trappe (61) 39 H6
Soligny-les-Étangs (10) 65 F2
Sollacaro (2A) 206 D2
Sollières-Sardières (73) 147 F1
Solliès-Pont (83) 193 F4
Solliès-Toucas (83) 193 F4
Solliès-Ville (83) 193 F4
Sologny (71) 116 A3
Solomiac (32) 168 B3
Solre-le-Château (59) 10 B3
Solrinnes (59) 10 B3
Solterre (45) 82 A1
Solutré-Pouilly (71) 116 A4
Somain (59) 9 E2
Sombacour (25) 103 H3
Sombernon (21) 85 F6
Sombrin (62) 7 H3
Sombrun (65) 166 D6
Somloire (49) 92 D3
Sommaing (59) 9 F2
Sommancourt (52) 67 G1
Sommant (71) 100 C3
Sommauthe (08) 24 C4
Somme-Bionne (51) 46 B2
Somme-Suippe (51) 46 B1
Somme-Tourbe (51) 46 B1
Somme-Vesle (51) 46 B3
Somme-Yèvre (51) 46 C3
Sommecaise (89) 82 D1
Sommedieue (55) 47 G1
Sommeilles (55) 46 D3
Sommelans (02) 44 B1
Sommelonne (55) 46 D5
Sommepy-Tahure (51) 23 H6
Sommerance (08) 24 C5
Sommerécourt (52) 68 D3
Sommereux (60) 20 A2
Sommeron (02) 10 A5
Sommervieu (14) 14 A3
Sommerviller (54) 49 E5
Sommery (76) 19 E2
Sommesnil (76) 17 E4
Sommesous (51) 45 G5
la Sommette (25) 104 B1
Sommette-Eaucourt (02) 21 H2
Sommeval (10) 66 A4
Sommevoire (52) 67 F2
Sommières (30) 173 H4
Sommières-du-Clain (86) 109 E4
Sompt (79) 108 B5
Sompuis (51) 45 H5
Somsois (51) 46 A6
Son (08) 23 G3
Sonac (46) 153 F1
Sonchamp (78) 42 A6
Soncourt (88) 69 E2
Soncourt-sur-Marne (52) 67 H3
Sondernach (68) 70 D5
Sondersdorf (68) 89 F4
la Sône (38) 144 D3
Songeons (60) 19 H3
Songeson (39) 103 E6
Songieu (01) 131 G1
Songy (51) 46 A4
Sonnac (12) 153 H3
Sonnac (17) 121 H2
Sonnac-sur-l'Hers (11) 186 B5
Sonnay (38) 144 B1
Sonnaz (73) 131 H4
Sonneville (16) 122 A2
Sons-et-Ronchères (02) 22 C1
Sonthonnax-
-la-Montagne (01) 117 F4
Sonzay (37) 78 C4
Soorts-Hossegor (40) 164 B4
Soppe-le-Bas (68) 89 E2
Soppe-le-Haut (68) 88 D2
Sor (09) 184 D6
Sorans-lès-Breurey (70) 87 F5
Sorbais (02) 10 A6
Sorbets (32) 166 D4
Sorbets (40) 166 B5
Sorbey (55) 25 G4
Sorbey (57) 26 C6
Sorbier (03) 114 B3
Sorbiers (05) 159 G4
Sorbiers (42) 129 F5
Sorbo-Ocagnano (2B) 203 G6
Sorbollano (2A) 207 E2
Sorbon (08) 23 G3
Sorbs (34) 172 C3
Sorcy-Bauthémont (08) 23 H3
Sorcy-Saint-Martin (55) 47 H5
Sorde-l'Abbaye (40) 165 E5
Sore (40) 149 F4
Soréac (65) 183 F2
Sorède (66) 201 F4
Sorel (80) 8 C5
Sorel-en-Vimeu (80) 7 E5
Sorel-Moussel (28) 41 F4
Sorèze (81) 186 C1
Sorgeat (09) 199 G2
Sorges (24) 137 G1
Sorgues (84) 175 E2
Sorigny (37) 95 E1
les Sorinières (44) 74 D6
Sorio (2B) 203 F5
Sormery (89) 65 H5
Sormonne (08) 23 H1
Sornac (19) 125 H4
Sornay (70) 86 D6
Sornay (71) 116 D1
Sornéville (54) 49 E4
Sorquainville (76) 16 D4
Sorrus (62) 6 D1
Sort-en-Chalosse (40) 165 F4
Sortosville (50) 12 D3
Sortosville-
-en-Beaumont (50) 12 B4
Sos (47) 167 E1
Sospel (06) 195 G1
Sossais (86) 94 C4
Sost (65) 183 H5
Sotta (2A) 207 F4
Sottevast (50) 12 C3
Sotteville (50) 12 B2
Sotteville-lès-Rouen (76) 17 G6
Sotteville-sous-le-Val (76) 18 D5
Sotteville-sur-Mer (76) 17 F2
Soturac (46) 151 H3
Sotzeling (57) 49 F3
Souain-Perthes-
-lès-Hurlus (51) 46 A1
Soual (81) 170 B6
Souancé-au-Perche (28) 61 F3
Souanyas (66) 200 B3
Souastre (62) 7 H3
Soubès (34) 172 C4
Soubise (17) 120 C1
Soublecause (65) 166 D6
Soubran (17) 121 F6
Soubrebost (23) 125 E1
Soucé (53) 58 D1
Soucelles (49) 77 E3
la Souche (07) 157 F2
Souchez (62) 8 B1
Soucht (57) 28 B6
Soucia (39) 117 H1
Soucieu-en-Jarrest (69) 129 H4
Soucirac (46) 152 D1
Souclin (01) 131 E2
Soucy (02) 21 H5
Soucy (89) 65 E4
Soudaine-
-Lavinadière (19) 125 E5
Soudan (44) 57 H6
Soudan (79) 108 B2
Soudat (24) 123 E4
Souday (41) 61 F5
Soudé (51) 45 H5
Soudeilles (19) 125 G6
Soudorgues (30) 173 F1
Soudron (51) 45 G4
Soueich (31) 184 B4
Soueix-Rogalle (09) 185 E6
Souel (81) 170 A1
Soues (65) 183 E3
Soues (80) 7 E5
Souesmes (41) 81 F5
Souffelweyersheim (67) 51 E5
Soufflenheim (67) 51 F3
Souffrignac (16) 123 E4
Sougé (36) 96 B4
Sougé (41) 79 E2
Sougé-le-Ganelon (72) 59 H3
Sougéal (35) 35 G5
Sougères-en-Puisaye (89) 83 E4
Sougraigne (11) 187 E6
Sougy (45) 62 C5
Sougy-sur-Loire (58) 99 F5
les Souhesmes-
-Rampont (55) 47 E2
Souhey (21) 84 D5
le Souich (62) 7 G3
Souilhanels (11) 186 B2
Souilhe (11) 186 B2
Souillac (46) 138 C5
Souillé (72) 60 A4
Souilly (55) 47 F2
Soula (09) 185 H6
Soulac-sur-Mer (33) 120 B5
Soulages (15) 141 G3
Soulages-Bonneval (12) 154 D1
Soulaines-Dhuys (10) 67 F2
Soulaines-sur-Aubance (49) 77 E5
Soulaire-et-Bourg (49) 77 E3
Soulaires (28) 62 B1
Soulan (09) 185 E6
Soulanges (51) 46 A4
Soulangis (18) 97 H2
Soulangy (14) 38 D3
Soulatgé (11) 187 F6
Soulaucourt-
-sur-Mouzon (52) 68 D4
Soulaures (24) 151 H1
Soulce-Cernay (25) 88 C6
Soulgé-sur-Ouette (53) 59 E5
le Soulié (34) 171 F6
Soulières (51) 45 E3
Soulignac (33) 149 H1
Souligné-Flacé (72) 59 H6
Souligné-sous-Ballon (72) 60 B4
Soulignonne (17) 120 D2
Souligny (10) 66 A4
Soulitré (72) 60 C5
Soullans (85) 90 D3
Soulles (50) 37 F2
Soulom (65) 182 D5
Soulomès (46) 152 D2
Soulosse-sous-
-Saint-Élophe (88) 68 D2
Soultz-Haut-Rhin (68) 71 E6
Soultz-les-Bains (67) 50 D6
Soultz-sous-Forêts (67) 51 F2
Soultzbach-les-Bains (68) 71 E5
Soultzeren (68) 71 E5
Soultzmatt (68) 71 E5
Soulvache (44) 57 G5
Soumaintrain (89) 65 H6
Soumans (23) 112 B4
Soumensac (47) 150 D1
Souméras (17) 135 F1
Soumont (34) 172 C4
Soumont-
-Saint-Quentin (14) 38 D2
Soumoulou (64) 182 C2
Soupex (11) 186 B2
Soupir (02) 22 C4
Souppes-sur-Loing (77) 64 A4
Souprosse (40) 165 G3
Souraïde (64) 180 C1
Sourans (25) 88 B5
Sourcieux-les-Mines (69) 129 G3
le Sourd (02) 9 H6
Sourdeval (50) 37 G4
Sourdeval-les-Bois (50) 37 E3
Sourdon (80) 20 C2
Sourdun (77) 65 E1
le Sourn (56) 55 E3
Sournia (66) 200 C2
Sourniac (15) 140 A2
Sourribes (04) 160 B6
Sours (28) 62 B2
Soursac (19) 139 H2
Sourzac (24) 136 D3
sous-Parsat (23) 111 G6
Sousceyrac (46) 139 G5
Sousmoulins (17) 135 G1
Souspierre (26) 158 C2
Soussac (33) 136 A6
Soussans (33) 135 E3
Soussey-sur-Brionne (21) 85 E6
Soustelle (30) 156 D6
Soustons (40) 164 C3
Sousville (38) 145 H5
Souternon (42) 128 C2
la Souterraine (23) 110 D4
Soutiers (79) 108 A1
Souvans (39) 102 D3
Souvignargues (30) 173 H3
Souvigné (16) 122 B1
Souvigné (37) 78 C4
Souvigné (79) 108 B3
Souvigné-sur-Même (72) 60 D4
Souvigné-sur-Sarthe (72) 77 F1
Souvigny (03) 113 G2
Souvigny-de-Touraine (37) 79 G5
Souvigny-
-en-Sologne (41) 81 F3
Souyeaux (65) 183 F3
Souzay-Champigny (49) 93 H1
Souzy (69) 129 F3
Souzy-la-Briche (91) 63 F1
Soveria (2B) 205 E2
Soyans (26) 158 C2
Soyaux (16) 122 C4
Soye (25) 88 A5
Soye-en-Septaine (18) 97 H3
Soyécourt (80) 8 B6
Soyers (52) 86 D1
Soyons (07) 144 A5
Sparsbach (67) 50 C3
Spay (72) 60 A6
Spechbach-le-Bas (68) 89 F2
Spechbach-le-Haut (68) 89 E2
Speloncato (2B) 202 D5
Spéracèdes (06) 178 C4
Spézet (29) 54 A1
Spicheren (57) 27 G4
Spincourt (55) 25 G5
Sponville (54) 48 A2
Spoy (10) 67 E4
Spoy (21) 86 A5
Spycker (59) 2 B2
Squiffiec (22) 33 E3
Staffelfelden (68) 89 F1
Stains (93) 42 D3
Stainville (55) 47 E5
Staple (59) 2 C4
Stattmatten (67) 51 F3
Stazzona (2B) 205 G1
Steenbecque (59) 2 C4
Steene (59) 2 B2
Steenvoorde (59) 2 D3
Steenwerck (59) 3 E4
Steige (67) 71 E2
Steinbach (68) 89 E1
Steinbourg (67) 50 C4
Steinbrunn-le-Bas (68) 89 F2
Steinbrunn-le-Haut (68) 89 F2
Steinseltz (67) 51 F1
Steinsoultz (68) 89 F3
Stenay (55) 24 D4
Sternenberg (68) 89 E2
Stetten (68) 89 G3
Stigny (89) 84 C2
Still (67) 50 C6
Stiring-Wendel (57) 27 G4
Stonne (08) 24 C3
Storckensohn (68) 70 D6
Stosswihr (68) 71 E5
Stotzheim (67) 71 G2
Strasbourg (67) 51 E5
Strazeele (59) 2 D4
Strenquels (46) 138 D4
Strueth (68) 89 E3
Struth (67) 50 B3
Stuckange (57) 26 C3
Stundwiller (67) 51 F2
Sturzelbronn (57) 28 C5
Stutzheim-
-Offenheim (67) 50 D5
Suarce (90) 89 E3
Suaux (16) 123 E2
le Subdray (18) 97 G3
Sublaines (37) 95 G1
Subles (14) 13 H5
Subligny (18) 82 B5
Subligny (50) 35 H3
Subligny (89) 64 D4
Suc-et-Sentenac (09) 198 D1
Succieu (38) 130 D5
Sucé-sur-Erdre (44) 74 D4
Sucy-en-Brie (94) 43 E5
Suèvres (41) 80 A3
Sugères (63) 127 H4
Sugny (08) 24 A5
Suhescun (64) 181 E2
Suilly-la-Tour (58) 82 C6
Suin (71) 115 H3
Suippes (51) 46 A1
Suisse (57) 49 F2
Suizy-le-Franc (51) 44 D3
Sulignat (01) 116 C5
Sully (14) 13 H5
Sully (60) 19 G3
Sully (71) 101 E3
Sully-la-Chapelle (45) 63 F6
Sully-sur-Loire (45) 81 G2
Sulniac (56) 55 H6
Sumène (30) 173 E2
Sundhoffen (68) 71 F5
Sundhouse (67) 71 G3
Supt (39) 103 F4
Surat (63) 127 G1
Surba (09) 185 G6
Surbourg (67) 51 E2
Surcamps (80) 7 E4
Surdoux (87) 124 D4
Suré (61) 60 C2
Suresnes (92) 42 C4
Surfonds (72) 60 C6
Surfontaine (02) 22 B1

Surgères (17) 107 F5
Surgy (58) 83 F4
Suriauville (88) 69 E4
Surin (79) 107 H2
Surin (86) 109 E6
Suris (16) 123 F2
Surjoux (01) 117 H6
Surmont (25) 88 B6
Surques (62) 1 G4
Surrain (14) 13 G5
Surtainville (50) 12 B3
Surtauville (27) 18 C6
Survie (61) 39 F4
Surville (14) 15 F3
Surville (27) 18 C6
Surville (50) 12 C5
Survilliers (95) 43 E2
Sury (08) 24 A1
Sury-aux-Bois (45) 63 G6
Sury-en-Vaux (18) 82 B6
Sury-ès-Bois (18) 82 A5
Sury-le-Comtal (42) 129 E5
Sury-près-Léré (18) 82 B5
Surzur (56) 73 E1
Sus (64) 181 G2
Sus-Saint-Léger (62) 7 H3
Susmiou (64) 181 G2
Sussac (87) 124 D4
Sussargues (34) 173 G4
Sussat (03) 113 F5
Sussey (21) 100 D1
Susville (38) 145 G5
Sutrieu (01) 131 F1
Suzan (09) 185 F5
Suzanne (08) 24 A3
Suzanne (80) 8 B5
Suzannecourt (52) 67 H2
Suzay (27) 19 F6
Suze (26) 144 C6
Suze-la-Rousse (26) 158 B5
la Suze-sur-Sarthe (72) 77 H1
Suzette (84) 158 D6
Suzoy (60) 21 G3
Suzy (02) 22 B3
Sy (08) 24 B3
Syam (39) 103 F6
Sylvains-les-Moulins (27) 40 D3
Sylvanès (12) 171 H3
le Syndicat (88) 70 B5

T

Tabaille-Usquain (64) 181 G1
Tabanac (33) 135 F6
la Table (73) 132 B5
le Tablier (85) 91 G5
Tabre (09) 186 B5
la Tâche (16) 122 D2
Tachoires (32) 167 H6
Tacoignières (78) 41 G4
Taconnay (58) 83 F6
Taden (22) 36 A6
Tadousse-Ussau (64) 166 C5
Taglio-Isolaccio (2B) 203 G6
la Tagnière (71) 100 C5
Tagnon (08) 23 G4
Tagolsheim (68) 89 F2
Tagsdorf (68) 89 F3
Tailhac (43) 141 H4
Taillades (84) 175 F3
le Taillan-Médoc (33) 135 E5
Taillancourt (55) 68 D1
Taillant (17) 121 E1
Taillebois (61) 38 C4
Taillebourg (17) 121 E2
Taillebourg (47) 150 C3
Taillecavat (33) 150 C1
Taillecourt (25) 88 C4
la Taillée (85) 107 E3
Taillefontaine (02) 21 G5
Taillepied (50) 12 C4
Taillet (66) 200 D4
Taillette (08) 10 D5
Taillis (35) 57 H2
Tailly (08) 24 D4
Tailly (21) 101 G3
Tailly (80) 7 E5
Tain-l'Hermitage (26) 144 A3
Taingy (89) 83 E3
Taintrux (88) 70 C3
Taisnières-en-Thiérache (59) 9 H4
Taisnières-sur-Hon (59) 9 H2
Taissy (51) 23 F6
Taïx (81) 170 C2
Taizé (71) 116 A2
Taizé (79) 93 G4
Taizé-Aizie (16) 108 D6
Taizy (08) 23 G3
Tajan (65) 183 H3
Talairan (11) 187 G5
Talais (33) 120 B5
Talange (57) 26 B4
Talant (21) 85 H6
Talasani (2B) 203 G6
la Talaudière (42) 129 F5
Talazac (65) 183 E2
Talcy (41) 80 A2
Talcy (89) 84 B4
Talence (33) 135 E5
Talencieux (07) 144 A2
Talensac (35) 56 D3
Talissieu (01) 131 G2
Talizat (15) 141 E3
Tallans (25) 87 H5
Tallard (05) 160 B3
Tallenay (25) 87 F6
Tallende (63) 127 F4
Taller (40) 165 E2
Talloires (74) 132 B2
Tallone (2B) 205 G3
le Tallud (79) 93 F6
Tallud-Sainte-Gemme (85) 92 C6
Talmas (80) 7 G5
Talmay (21) 86 B6
Talmont-Saint-Hilaire (85) 91 F6
Talmont-sur-Gironde (17) 120 C4
Talmontiers (60) 19 G5
Talon (58) 83 F6
Talus-Saint-Prix (51) 44 D4
Taluyers (69) 129 H4
Tamerville (50) 12 D3
Tamnay-en-Bazois (58) 99 H3
Tamniès (24) 138 A4
Tanavelle (15) 141 E4
Tanay (21) 86 A5
Tancarville (76) 15 G2
Tancoigné (49) 93 F1
Tancon (71) 115 F5
Tanconville (54) 49 H5
Tancrou (77) 43 H2
Tangry (62) 7 G1
Taninges (74) 119 E5
Tanis (50) 35 G4
Tanlay (89) 84 B1
Tannay (08) 24 B3
Tannay (58) 83 G6
Tanneron (83) 178 C5
Tannerre-en-Puisaye (89) 82 D2
Tannières (02) 22 B6
Tannois (55) 47 E5
Tanques (61) 39 E5
Tantonville (54) 69 F1
le Tanu (50) 35 H2
Tanus (81) 170 D1
Tanville (61) 39 E6
Tanzac (17) 121 E4
Taponas (69) 116 B5
Taponnat-Fleurignac (16) 122 D3
Tarabel (31) 169 G6
Taradeau (83) 177 H6
Tarare (69) 129 F2
Tarascon (13) 174 D3
Tarascon-sur-Ariège (09) 199 E1
Tarasteix (65) 183 E2
Tarbes (65) 183 E3
Tarcenay (25) 103 G2
Tardes (23) 112 B5
Tardets-Sorholus (64) 181 G3
la Tardière (85) 92 C6
Tardinghen (62) 1 F3
Tarentaise (42) 143 G1
Tarerach (66) 200 C2
Targassonne (66) 199 H4
Target (03) 113 F4
Targon (33) 135 G6
Tarnac (19) 125 F4
Tarnès (33) 135 G4
Tarnos (40) 164 B5
Taron-Sadirac-
-Viellenave (64) 166 B6
Tarquimpol (57) 49 G4
Tarrano (2B) 205 G2
Tarsac (32) 166 C4
Tarsacq (64) 182 A1
Tarsul (21) 85 G4
Tart-l'Abbaye (21) 102 B1
Tart-le-Bas (21) 102 B1
Tart-le-Haut (21) 102 A1
Tartaras (42) 129 H5
Tartas (40) 165 G3
Tartécourt (70) 87 F1
Tartiers (02) 21 H4
Tartigny (60) 20 C2
Tartonne (04) 177 G1
le Tartre (71) 102 C5
le Tartre-Gaudran (78) 41 G5
Tarzy (08) 10 C6
Tasque (32) 166 D5
Tassé (72) 77 G1
Tassenières (39) 102 C4
Tassillé (72) 59 G5
Tassin-la-Demi-Lune (69) 130 A3
Tasso (2A) 205 E5
Tatinghem (62) 2 A4
le Tâtre (16) 121 H6
Taugon (17) 107 E3
Taulé (29) 31 H3
Taulignan (26) 158 C3
Taulis (66) 200 D4
Taupont (56) 56 A4
Tauriac (33) 135 F3
Tauriac (46) 139 E5
Tauriac (81) 169 G3
Tauriac-de-Camarès (12) 172 A4
Tauriac-de-Naucelle (12) 154 A6
Tauriers (07) 157 F2
Taurignan-Castet (09) 184 D5
Taurignan-Vieux (09) 184 D5
Taurinya (66) 200 C3
Taurize (11) 187 F4
Taussac (12) 140 C6
Taussac-la-Billière (34) 172 A5
Tautavel (66) 201 E1
Tauves (63) 126 C5
Tauxières-Mutry (51) 45 F2
Tauxigny (37) 95 F1
Tavaco (2A) 204 D5
Tavant (37) 94 C2
Tavaux (39) 102 C3
Tavaux-et-
-Pontséricourt (02) 22 D2
Tavel (30) 174 D2
Tavera (2A) 204 D4
Tavernay (71) 100 C3
Tavernes (83) 193 F1
Taverny (95) 42 C2
Tavers (45) 80 B2
Tavey (70) 88 C3
Taxat-Senat (03) 113 G5
Taxenne (39) 102 D1
Tayac (33) 136 A4
Taybosc (32) 168 A4
Tayrac (12) 154 A6
Tayrac (47) 151 G6
Tazilly (58) 100 A5
le Tech (66) 200 D5
Têche (38) 145 E2
Técou (81) 170 A3
le Teich (33) 148 C1
Teigny (58) 83 G6
le Teil (07) 158 A2
Teilhède (63) 127 E1
Teilhet (09) 186 A4
Teilhet (63) 113 E6
Teillay (35) 57 F5
Teillé (44) 75 E3
Teillé (72) 60 B4
Teillet (81) 170 D3
Teillet-Argenty (03) 112 C4
le Teilleul (50) 37 H6
Teillots (24) 138 A2
Teissières-de-Cornet (15) 140 A4
Teissières-lès-Bouliès (15) 140 B6
Telgruc-sur-Mer (29) 31 E6
Tellancourt (54) 25 G3
Tellecey (21) 86 B6
Tellières-le-Plessis (61) 39 G6
Teloché (72) 78 B1
le Temple (33) 134 C5
le Temple (41) 61 F6
le Temple-de-Bretagne (44) 74 B4
Temple-Laguyon (24) 137 H2
le Temple-sur-Lot (47) 151 E4
Templemars (59) 3 F5
Templeuve (59) 3 G6
Templeux-la-Fosse (80) 8 C5
Templeux-le-Guérard (80) 8 D5
Tenay (01) 131 E1
Tence (43) 143 F3
Tencin (38) 145 H1
Tende (06) 163 F6
Tendon (88) 70 B4
Tendron (18) 98 B4
Tendu (36) 111 E1
Teneur (62) 7 F1
Tennie (72) 59 H4
Tenteling (57) 49 H1
Tercé (86) 109 F2
Tercillat (23) 111 H3
Tercis-les-Bains (40) 165 E4
Terdeghem (59) 2 C3
Tergnier (02) 22 A2
Terjat (03) 112 D5
Termes (08) 24 B5
Termes (11) 187 F5
Termes (48) 141 F6
Termes-d'Armagnac (32) 166 D4
Termignon (73) 147 F1
Terminiers (28) 62 C5
Ternand (69) 129 G1
Ternant (17) 121 F1
Ternant (21) 101 G1
Ternant (58) 100 A6
Ternant-les-Eaux (63) 127 F6
Ternas (62) 7 G2
Ternat (52) 85 H1
Ternay (41) 79 E2
Ternay (69) 130 A4
Ternay (86) 93 H3
les Ternes (15) 141 E4
Ternuay-Melay-
-et-Saint-Hilaire (70) 88 B1
Terny-Sorny (02) 22 A4
Terramesnil (80) 7 G4
la Terrasse (38) 145 H1
la Terrasse-sur-Dorlay (42) 129 G6
Terrasson-Lavilledieu (24) 138 B3
Terrats (66) 201 E3
Terraube (32) 167 H2
Terre-Clapier (81) 170 D3
Terrebasse (31) 184 C3
Terrefondrée (21) 85 G2
Terrehault (72) 60 C4
les Terres-de-Chaux (25) 88 C6
la Terrisse (12) 154 D1
Terroles (11) 187 E5
Terron-sur-Aisne (08) 24 A4
Terrou (46) 139 F6
Tersanne (26) 144 B2
Tersannes (87) 110 B4
Terssac (81) 170 B2
le Tertre-Saint-Denis (78) 41 G3
Tertry (80) 8 D6
Terville (57) 26 B3
Tessancourt-
-sur-Aubette (78) 42 A2
Tessé-Froulay (61) 38 C6
Tessel (14) 14 A5
Tesson (17) 121 E4
Tessonnière (79) 93 G5
la Tessoualle (49) 92 C3
Tessy-sur-Vire (50) 37 G2
la Teste-de-Buch (33) 148 B1
Tétaigne (08) 24 D2
Téteghem (59) 2 C1
Téterchen (57) 27 E4
Téthieu (40) 165 E3
Teting-sur-Nied (57) 49 F1
Teuillac (33) 135 F3
Teulat (81) 169 G5
Teurthéville-Bocage (50) 12 D2
Teurthéville-Hague (50) 12 B2
Teyjat (24) 123 E4
Teyran (34) 173 G5
Teyssières (26) 158 D3
Teyssieu (46) 139 F5
Teyssode (81) 170 A5
Thaas (51) 45 E6
Thaims (17) 120 D4
Thairé (17) 106 D5
Thaix (58) 99 H5
Thal-Drulingen (67) 50 A3
Thal-Marmoutier (67) 50 C4
Thalamy (19) 126 B5
Thann (68) 89 E1
Thannenkirch (68) 71 F3
Thanvillé (67) 71 F2
Thaon (14) 14 B4
Thaon-les-Vosges (88) 69 H3
Tharaux (30) 157 F5
Tharoiseau (89) 83 H5
Tharot (89) 83 H4
Thaumiers (18) 98 A5
Thauron (23) 125 E1
Thauvenay (18) 82 B6
Thèbe (65) 184 A5
Théding (57) 49 G1
Thédirac (46) 152 C2
Thégra (46) 139 E6
Théhillac (56) 73 H2
le Theil (03) 113 G3
le Theil (50) 12 D2
le Theil (61) 61 E3
le Theil-Bocage (14) 38 A3
le Theil-de-Bretagne (35) 57 G4
le Theil-en-Auge (14) 15 F3
le Theil-Nolent (27) 15 H5
Theil-Rabier (16) 108 C6
Theil-sur-Vanne (89) 65 F4
Theillay (41) 81 E6
Theillement (27) 18 B5
Theix (56) 73 E1
Theizé (69) 129 G1
Thel (69) 115 G6
Théligny (72) 61 E4
Thélis-la-Combe (42) 143 G1
Thélod (54) 48 C6
Thelonne (08) 24 C2
Thélus (62) 8 B2
Théméricourt (95) 42 A2
Thémines (46) 153 F1
Théminettes (46) 153 F1
Thénac (17) 121 E3
Thénac (24) 136 C6
Thenailles (02) 23 E1
Thenay (36) 110 D1
Thenay (41) 79 H5
Thenelles (02) 22 B1
Thénésol (73) 132 C3
Theneuil (37) 94 C2
Theneuille (03) 113 E1
Thénezay (79) 93 H5
Thénioux (18) 97 E1
Thenissey (21) 85 E4
Thénisy (77) 64 D1
Thennelières (10) 66 B3
Thennes (80) 20 D1
Thenon (24) 137 H3
Thénorgues (08) 24 C4
Théoule-sur-Mer (06) 178 C6
Therdonne (60) 20 B4
Thérines (60) 19 H3
Thermes-Magnoac (65) 184 A2
Thérondels (12) 140 C5
Thérouanne (62) 2 B5
Thérouldeville (76) 16 D3
Thervay (39) 102 D1
Thésée (41) 79 H6
Thésy (39) 103 F4
Theuley (70) 87 E3
Théus (05) 160 C3
Theuville (28) 62 B3
Theuville (95) 42 B1
Theuville-aux-Maillots (76) 16 D3
Thevet-Saint-Julien (36) 111 H1
Théville (50) 12 D2
Thevray (27) 40 B2
They-sous-Montfort (88) 69 E3
They-sous-Vaudemont (54) 69 F2
Theys (38) 146 A1
Théza (66) 201 F3
Thézac (17) 120 D3
Thézac (47) 151 H3
Thézan-des-Corbières (11) 187 H4
Thézan-lès-Béziers (34) 188 B1
Thèze (04) 160 A4
Thèze (64) 166 B6
Thézey-Saint-Martin (54) 48 D3
Théziers (30) 174 C3
Thézillieu (01) 131 F2
Thézy-Glimont (80) 20 D1
Thiais (94) 42 D5
Thiancourt (90) 88 D4
Thianges (58) 99 F4
Thiant (59) 9 F2
Thiat (87) 110 A4
Thiaucourt-Regniéville (54) 48 A3
Thiaville-sur-Meurthe (54) 70 C2
Thiberville (27) 15 G5
Thibie (51) 45 G3
Thibivillers (60) 19 H5
Thibouville (27) 40 B1
Thicourt (57) 49 F2
Thiébauménil (54) 49 F6
Thiéblemont-Farémont (51) 46 B5
Thiébouhans (25) 88 C6
Thieffrain (10) 66 D4
Thieffrans (70) 87 H4
Thiéfosse (88) 70 B5
Thiel-sur-Acolin (03) 114 B2
Thiembronne (62) 1 H5
Thiénans (70) 87 H4
Thiennes (59) 2 C5
Thiepval (80) 8 A4
Thiergeville (76) 16 D3
Thiernu (02) 22 D1
Thiers (63) 128 A2
Thiers-sur-Thève (60) 43 E1
Thierville (27) 18 A6
Thierville-sur-Meuse (55) 47 F1
Thiéry (06) 178 D1
Thiescourt (60) 21 F3
Thiétreville (76) 16 D3
le Thieulin (28) 61 G2
Thieulloy-la-Ville (80) 19 H1
Thieulloy-l'Abbaye (80) 20 A1
Thieuloy-Saint-Antoine (60) 20 A2
la Thieuloye (62) 7 H1
Thieux (60) 20 C3
Thieux (77) 43 F2
Thiéville (14) 39 E2
Thièvres (62) 7 H4
Thièvres (80) 7 H4
Thiézac (15) 140 C4
Thignonville (45) 63 F3
Thil (01) 130 B2
Thil (10) 67 F2
le Thil (27) 19 F5
Thil (31) 168 D4
Thil (51) 23 E5
Thil (54) 26 A2
Thil-Manneville (76) 17 G2
le Thil-Riberpré (76) 19 F2
Thil-sur-Arroux (71) 100 B5
Thilay (08) 11 F6
le Thillay (95) 42 D2
Thilleux (52) 67 F2
les Thilliers-en-Vexin (27) 19 F6
Thillois (51) 23 E6
Thillombois (55) 47 F3
Thillot (55) 47 H2
le Thillot (88) 70 C6
Thilouze (37) 94 D1
Thimert-Gâtelles (28) 41 E6
Thimonville (57) 49 E2
Thimory (45) 81 H1
Thin-le-Moutier (08) 23 H2
Thiolières (63) 128 B5
Thionne (03) 114 B3
Thionville (57) 26 B3
Thiouville (76) 18 A2
Thiraucourt (88) 69 F3
Thiré (85) 106 D1
Thiron-Gardais (28) 61 F3
This (08) 24 A1
Thise (25) 87 F6
Thivars (28) 62 A2
Thivencelle (59) 9 G1
Thiverny (60) 20 D6
Thiverval-Grignon (78) 42 A4
Thivet (52) 68 A6
Thiviers (24) 123 G6
Thiville (28) 62 A5
Thizay (36) 96 D4
Thizay (37) 94 A2
Thizy (89) 84 B4
Thizy-les-Bourgs (69) 115 G6
Thoard (04) 160 C6
Thodure (38) 144 C1
Thoigné (72) 60 B3
Thoiras (30) 173 G1
Thoiré-sous-Contensor (72) 60 B3
Thoiré-sur-Dinan (72) 78 C2
Thoires (21) 67 E6
Thoirette (39) 117 F4
Thoiria (39) 117 H2
Thoiry (01) 118 B4
Thoiry (73) 132 A4
Thoiry (78) 41 H4
Thoissey (01) 116 B5
Thoissia (39) 117 F3
Thoisy-la-Berchère (21) 100 D1
Thoisy-le-Désert (21) 101 E1
Thoix (80) 20 A2
Thol-lès-Millières (52) 68 C4
Thollet (86) 110 B3
Thollon-les-Mémises (74) 119 F3
le Tholonet (13) 176 B6
le Tholy (88) 70 B4
Thomer-la-Sôgne (27) 40 D3
Thomery (77) 64 B2
Thomirey (21) 101 E3
Thonac (24) 138 A4
Thônes (74) 132 C2
Thonnance-
-lès-Joinville (52) 67 H1
Thonnance-
-les-Moulins (52) 68 A2
Thonne-la-Long (55) 25 F3
Thonne-le-Thil (55) 25 E3
Thonne-les-Près (55) 25 E3
Thonnelle (55) 25 E3
Thonon-les-Bains (74) 119 E3
les Thons (88) 69 E6
Thonville (57) 49 F2
le Thor (84) 175 F2
Thorailles (45) 64 B6
Thoraise (25) 103 F1
Thorame-Basse (04) 161 E6
Thorame-Haute (04) 161 F6
Thoras (43) 142 A5
Thoré-la-Rochette (41) 79 F2
Thorée-les-Pins (72) 77 H3
Thorens-Glières (74) 118 C6
Thorey (89) 84 B1
Thorey-en-Plaine (21) 102 A1
Thorey-Lyautey (54) 69 F1
Thorey-sous-Charny (21) 84 D6
Thorey-sur-Ouche (21) 101 F2
Thorigné (79) 108 A4
Thorigné-d'Anjou (49) 76 D3
Thorigné-en-Charnie (53) 59 F5
Thorigné-Fouillard (35) 57 F2
Thorigné-sur-Dué (72) 60 D5
Thorigny (85) 91 H5
Thorigny-sur-
-le-Mignon (79) 107 G5
Thorigny-sur-Marne (77) 43 F4
Thorigny-sur-Oreuse (89) 65 E3
le Thoronet (83) 177 G6
Thorrenc (07) 144 A2
Thors (10) 67 F3
Thors (17) 121 G2
Thory (80) 20 D2
Thory (89) 84 A4
Thoste (21) 84 C5
le Thou (17) 107 E5
Thou (18) 82 A5
Thou (45) 82 B4
Thouarcé (49) 77 E6
Thouaré-sur-Loire (44) 74 D5
Thouars (79) 93 G3
Thouars-sur-Arize (09) 185 E3
Thouars-sur-Garonne (47) 150 D5
Thouarsais-Bouildroux (85) 92 C6
le Thoult-Trosnay (51) 44 D4
le Thour (08) 23 F3
le Thoureil (49) 77 F5
Thourie (35) 57 G5
Thouron (87) 124 B1
Thourotte (60) 21 F4
Thoury (41) 80 B3
Thoury-Férottes (77) 64 C3
Thoux (32) 168 C4
Thubœuf (53) 59 E1
le Thuel (02) 23 E2
Thuès-entre-Valls (66) 200 A4
Thueyts (07) 157 F1
Thugny-Trugny (08) 23 H4
la Thuile (73) 132 A5
les Thuiles (04) 161 F3
Thuilley-aux-Groseilles (54) 48 B6
Thuillières (88) 69 F4
Thuir (66) 201 E3
le Thuit (27) 19 E6
le Thuit-Anger (27) 18 C6
Thuit-Hébert (27) 18 B5
le Thuit-Signol (27) 18 B6
le Thuit-Simer (27) 18 B6
Thulay (25) 88 C5
Thumeréville (54) 25 H6
Thumeries (59) 3 F6
Thun-l'Évêque (59) 9 E3
Thun-Saint-Amand (59) 4 A6
Thun-Saint-Martin (59) 9 E3
Thurageau (86) 94 B5
Thuré (86) 94 C5
Thuret (63) 127 G1
Thurey (71) 102 A5
Thurey-le-Mont (25) 87 G5
Thurins (69) 129 H4
Thury (21) 101 E3
Thury (89) 83 E4
Thury-en-Valois (60) 43 H1
Thury-Harcourt (14) 14 B6
Thury-sous-Clermont (60) 20 C5
Thusy (74) 131 H1
Thuy (65) 183 F2
Thyez (74) 119 E5
Tibiran-Jaunac (65) 183 H4
Ticheville (61) 39 G3
Tichey (21) 102 B3
Tieffenbach (67) 50 B3
Tiercé (49) 77 E3
Tiercelet (54) 26 A2
le Tiercent (35) 35 G6
Tierceville (14) 14 A3
Tieste-Uragnoux (32) 166 D5
la Tieule (48) 155 G4
Tiffauges (85) 92 A3
Tigeaux (77) 43 G4
Tigery (91) 43 E6
Tignac (09) 199 F2
Tigné (49) 93 F1
Tignécourt (88) 69 E5
Tignes (73) 133 G5
le Tignet (06) 178 C4
Tignieu-Jameyzieu (38) 130 C3
Tigny-Noyelle (62) 6 C2
Tigy (45) 81 F2
Til-Châtel (21) 86 A4
Tilh (40) 165 F5
Tilhouse (65) 183 G4
Tillac (32) 167 F6
Tillay-le-Péneux (28) 62 C4
Tillé (60) 20 B4
Tillenay (21) 102 B2
le Tilleul (76) 16 B4
Tilleul-Dame-Agnès (27) 40 C2
le Tilleul-Lambert (27) 40 C2
le Tilleul-Othon (27) 40 B1
Tilleux (88) 68 D3
Tillières (49) 75 F6
Tillières-sur-Avre (27) 40 D5
Tilloloy (80) 21 E2
Tillou (79) 108 B5
Tilloy-et-Bellay (51) 46 B2
Tilloy-Floriville (80) 6 C5
Tilloy-lès-Conty (80) 20 B1
Tilloy-lès-Hermaville (62) 7 H2
Tilloy-lès-Mofflaines (62) 8 B2
Tilloy-lez-Cambrai (59) 8 D3
Tilloy-lez-Marchiennes (59) 9 E1
Tilly (27) 41 G1
Tilly (36) 110 C3
Tilly (78) 41 G3
Tilly-Capelle (62) 7 F1
Tilly-la-Campagne (14) 14 C5
Tilly-sur-Meuse (55) 47 G2
Tilly-sur-Seulles (14) 14 A4
Tilques (62) 2 A4
Tincey-et-Pontrebeau (70) 87 E3
Tinchebray-Bocage (61) 38 A4
Tincourt-Boucly (80) 8 C5
Tincques (62) 7 H2
Tincry (57) 49 E3
Tingry (62) 1 F5
Tinqueux (51) 23 E6
Tinténiac (35) 35 E6
Tintry (71) 101 E4
Tintury (58) 99 G3
Tiranges (43) 142 D1
Tirent-Pontéjac (32) 168 B6
Tirepied (50) 37 E4
Tissey (89) 84 A1
le Titre (80) 6 D3
Tivernon (45) 62 D4
Tiviers (15) 141 F4
Tizac-de-Curton (33) 135 G5

Tizac-de-Lapouyade (33) 135 G3
Tocane-Saint-Apre (24) 137 E2
Tocqueville (27) 16 D6
Tocqueville (50) 13 E1
Tocqueville-en-Caux (76) 17 F3
Tocqueville-les-Murs (76) 16 D4
Tocqueville-sur-Eu (76) 17 H1
Toeufles (80) 6 C4
Toges (08) 24 B4
Togny-aux-Bœufs (51) 46 A4
Tolla (2A) 204 D5
Tollaincourt (88) 68 D5
Tollent (62) 7 E2
Tollevast (50) 12 C2
la Tombe (77) 64 D2
Tombeboeuf (47) 151 E3
Tomblaine (54) 48 D5
Tomino (2B) 203 G2
les Tonils (26) 158 D2
Tonnac (81) 170 A1
Tonnay-Boutonne (17) 121 F1
Tonnay-Charente (17) 120 D1
Tonneins (47) 150 D4
Tonnerre (89) 84 A1
Tonneville (50) 12 B2
Tonnoy (54) 48 D6
Tonquédec (22) 32 C3
Torcé (35) 57 H3
Torcé-en-Vallée (72) 60 C4
Torcé-Viviers-
-en-Charnie (53) 59 F4
Torcenay (52) 86 C1
Torchamp (61) 38 A6
Torchefelon (38) 131 E5
Torcheville (57) 49 G3
Torcieu (01) 131 E1
Torcy (62) 1 H6
Torcy (71) 101 E5
Torcy (77) 43 F4
Torcy-en-Valois (02) 44 B2
Torcy-et-Pouligny (21) 84 C5
Torcy-le-Grand (10) 66 B1
Torcy-le-Grand (76) 17 H3
Torcy-le-Petit (10) 66 B1
Torcy-le-Petit (76) 17 H3
Tordères (66) 201 E3
Tordouet (14) 15 F6
Torfou (49) 92 A2
Torfou (91) 63 F1
Torigni-sur-Vire (50) 37 G2
Tornac (30) 173 G2
Tornay (52) 86 C2
le Torp-Mesnil (76) 17 F3
Torpes (25) 103 F1
Torpes (71) 102 B5
le Torpt (27) 15 G3
le Torquesne (14) 15 F4
Torreilles (66) 201 G2
Torsac (16) 122 C5
Torsiac (43) 141 F1
Tortebesse (63) 126 C3
Tortefontaine (62) 7 E2
Tortequesne (62) 8 C2
Torteron (18) 98 C3
Torteval-Quesnay (14) 38 A1
Tortezais (03) 113 E3
Tortisambert (14) 39 F2
Torvilliers (10) 66 A3
Torxé (17) 121 E1
Tosny (27) 19 E6
Tosse (40) 164 C4
Tossiat (01) 117 E5
Tostat (65) 183 E2
Tostes (27) 18 C6
Totainville (88) 69 E2
Tôtes (76) 17 G4
Touchay (18) 97 F6
la Touche (26) 158 B3
les Touches (44) 74 D3
les Touches-
-de-Périgny (17) 121 H1
Toucy (89) 83 E2
Toudon (06) 195 E1
Touët-de-l'Escarène (06) 195 G1
Touët-sur-Var (06) 178 C2
Touffailles (82) 152 A5
Toufflers (59) 3 G5
Touffréville (14) 14 C4
Touffreville (27) 19 E5
Touffreville-la-Cable (76) 15 H2
Touffreville-
-la-Corbeline (76) 17 E5
Touffreville-sur-Eu (76) 6 A5
Touget (32) 168 B4
Touille (31) 184 C4
Touillon (21) 84 D3
Touillon-et-Loutelet (25) 104 A5
Toujouse (32) 166 C3
Toul (54) 48 B5
Toulaud (07) 144 A5
Toulenne (33) 149 H2
Touligny (08) 24 A2
Toulis-et-Attencourt (02) 22 C2
Toulon (83) 193 E5
Toulon-sur-Allier (03) 113 H2
Toulon-sur-Arroux (71) 100 C6
Toulonjac (12) 153 G4
Toulouges (66) 201 E2
Toulouse (31) 169 F5
Toulouse-le-Château (39) 102 D5
Toulouzette (40) 165 G3
Toulx-Sainte-Croix (23) 112 A4
Touques (14) 15 E3
le Touquet-Paris-Plage (62) 1 E6
Touquettes (61) 39 H4
Touquin (77) 43 H5
la Tour (06) 179 E2
la Tour (74) 118 D5
la Tour-Blanche (24) 122 D6
la Tour-d'Aigues (84) 176 B4
la Tour-d'Auvergne (63) 126 C5
Tour-de-Faure (46) 153 E3
la Tour-de-Salvagny (69) 129 H2
la Tour-de-Sçay (25) 87 G5
la Tour-du-Crieu (09) 185 H4
la Tour-du-Meix (39) 117 G2
le Tour-du-Parc (56) 73 E2
la Tour-du-Pin (38) 131 E5
Tour-en-Bessin (14) 13 H5
la Tour-en-Jarez (42) 129 F5
Tour-en-Sologne (41) 80 B4
la Tour-Saint-Gelin (37) 94 C3
la Tour-sur-Orb (34) 172 B5
Tourailles (41) 79 G3
les Tourailles (61) 38 C4
Tourbes (34) 188 D1
Tourcelles-Chaumont (08) 24 A4
Tourch (29) 53 H2
Tourcoing (59) 3 G4
Tourdun (32) 167 E5
la Tourette (42) 128 D6
la Tourette-Cabardès (11) 187 E2
Tourette-du-Château (06) 195 E1
Tourgéville (14) 15 E3
la Tourlandry (49) 92 D2
Tourlaville (50) 12 C2
Tourliac (47) 151 G1
Tourly (60) 20 A6
Tourmignies (59) 3 F6
Tourmont (39) 103 E4
Tournai-sur-Dive (61) 39 E4
Tournan (32) 184 B1
Tournan-en-Brie (77) 43 F5
Tournans (25) 87 H5
Tournavaux (08) 11 F6
Tournay (65) 183 F3
Tournay-sur-Odon (14) 14 A5
le Tourne (33) 135 F6
Tournebu (14) 14 B6
Tournecoupe (32) 168 B3
Tournedos-Bois-Hubert (27) 40 C2
Tournedos-sur-Seine (27) 18 D6
Tournefeuille (31) 169 E5
Tournefort (06) 178 D2
Tournehem-sur-la-Hem (62) 1 H3
Tournemire (12) 172 A2
Tournemire (15) 140 B4
Tournes (08) 24 A1
le Tourneur (14) 37 H2
Tourneville (27) 40 D1
Tournières (14) 13 G5
Tournissan (11) 187 G4
Tournoisis (45) 62 B6
Tournon (73) 132 C4
Tournon-d'Agenais (47) 151 H4
Tournon-Saint-Martin (36) 95 F6
Tournon-Saint-Pierre (37) 95 F6
Tournon-sur-Rhône (07) 144 A3
Tournous-darré (65) 183 G2
Tournous-devant (65) 183 G3
Tournus (71) 116 C1
Tourny (27) 41 G1
Tourouvre (61) 40 A6
Tourouzelle (11) 187 G3
Tourreilles (11) 186 D5
les Tourreilles (31) 183 H4
Tourrenquets (32) 168 A4
Tourrette-Levens (06) 195 F2
les Tourrettes (26) 158 B1
Tourrettes (83) 178 B5
Tourrettes-sur-Loup (06) 195 E3
Tourriers (16) 122 C2
Tours (37) 78 D5
Tours-en-Savoie (73) 132 D4
Tours-en-Vimeu (80) 6 C4
Tours-sur-Marne (51) 45 F2
Tours-sur-Meymont (63) 128 A4
Tourtenay (79) 93 G3
Tourteron (08) 24 A3
Tourtoirac (24) 137 H2
Tourtour (83) 193 G1
Tourtouse (09) 184 D4
Tourtrès (47) 151 E3
Tourtrol (09) 186 A4
Tourves (83) 193 E2
Tourville-en-Auge (14) 15 F3
Tourville-la-Campagne (27) 18 B6
Tourville-la-Chapelle (76) 17 H2
Tourville-la-Rivière (76) 18 C5
Tourville-les-Ifs (76) 16 C3
Tourville-sur-Arques (76) 17 G2
Tourville-sur-Odon (14) 14 B5
Tourville-sur-
-Pont-Audemer (27) 15 H3
Tourville-sur-Sienne (50) 36 D1
Toury (28) 62 D4
Toury-Lurcy (58) 99 F6
Toury-sur-Jour (58) 99 E6
Tourzel-Ronzières (63) 127 F5
Toussaint (76) 16 C3
Toussieu (69) 130 B4
Toussieux (01) 130 A1
Tousson (77) 63 G3
Toussus-le-Noble (78) 42 B5
Toutainville (27) 15 G3
Toutenant (71) 102 A4
Toutencourt (80) 7 H5
Toutens (31) 186 A1
Toutlemonde (49) 92 C2
Toutry (21) 84 B4
Touvérac (16) 121 H6
le Touvet (38) 131 H6
Touville (27) 18 A5
Touvois (44) 91 E2
Touvre (16) 122 C4
Touzac (16) 121 H5
Touzac (46) 152 A3
Tox (2B) 205 G2
Toy-Viam (19) 125 F4
Tracy-Bocage (14) 38 A1
Tracy-le-Mont (60) 21 G4
Tracy-le-Val (60) 21 G4
Tracy-sur-Loire (58) 82 B6
Tracy-sur-Mer (14) 14 A3
Trades (69) 115 H4
Traenheim (67) 50 C5
Tragny (57) 48 D2
Traînel (10) 65 F2
Traînou (45) 63 E6
le Trait (76) 17 E6
Traitiéfontaine (70) 87 F5
Traize (73) 131 G4
Tralaigues (63) 126 B2
Tralonca (2B) 205 F2
Tramain (22) 34 A5
Tramayes (71) 116 A4
Trambly (71) 115 H4
Tramecourt (62) 7 F1
Tramery (51) 22 D6
Tramezaïgues (65) 196 D1
Tramolé (38) 130 D5
Tramont-Émy (54) 69 E2
Tramont-Lassus (54) 69 E2
Tramont-Saint-André (54) 69 E2
Tramoyes (01) 130 B2
Trampot (88) 68 B2
Trancault (10) 65 F2
la Tranche-sur-Mer (85) 106 B3
la Tranclière (01) 117 E5
Trancrainville (28) 62 D4
Trangé (72) 60 A5
le Tranger (36) 95 H4
Trannes (10) 67 E3
Tranqueville-Graux (88) 69 E2
Trans (53) 59 F3
Trans-en-Provence (83) 177 H6
Trans-la-Forêt (35) 35 F5
Trans-sur-Erdre (44) 75 E3
le Translay (80) 6 C5
le Transloy (62) 8 C4
Tranzault (36) 111 G1
Trappes (78) 42 B4
Trassanel (11) 187 E2
Traubach-le-Bas (68) 89 E3
Traubach-le-Haut (68) 89 E2
Trausse (11) 187 F2
Travaillan (84) 158 C6
Travecy (02) 22 A2
Traversères (32) 167 H6
Traves (70) 87 F3
le Travet (81) 170 D3
Trayes (79) 93 E6
Tréal (56) 56 B5
Tréauville (50) 12 B3
Trébabu (29) 30 C5
Treban (03) 113 G3
Tréban (81) 170 D1
Trébas (81) 171 E2
Trébédan (22) 34 C6
Trèbes (11) 187 E3
Trébeurden (22) 32 C2
Trébons (65) 183 E4
Trébons-de-Luchon (31) 197 F1
Trébons-sur-
-la-Grasse (31) 186 A1
Trébrivan (22) 32 C6
Trébry (22) 33 H6
Tréclun (21) 102 B1
Trécon (51) 45 F4
Trédaniel (22) 33 H6
Trédarzec (22) 33 E2
Trédias (22) 34 B6
Trédion (56) 55 H5
Trédrez-Locquémeau (22) 32 B2
Tréduder (22) 32 B3
Trefcon (02) 8 D6
Treffendel (35) 56 D3
Treffiagat (29) 53 E4
Treffieux (44) 74 D1
Treffléan (56) 55 G6
Treffort (38) 145 G5
Treffort-Cuisiat (01) 117 E4
Treffrin (22) 32 B6
Tréflaouénan (29) 31 G3
Tréflévénez (29) 31 F4
Tréflez (29) 31 F3
Tréfols (51) 44 C4
Tréfumel (22) 34 D6
Trégarantec (29) 31 F3
Trégarvan (29) 31 F6
Trégastel (22) 32 C1
Tréglamus (22) 32 D4
Tréglonou (29) 30 D3
Trégomeur (22) 33 F4
Trégon (22) 34 C4
Trégonneau (22) 33 E3
Trégourez (29) 53 H2
Trégrom (22) 32 C3
Tréguennec (29) 53 E3
Trégueux (22) 33 G4
Tréguidel (22) 33 F3
Tréguier (22) 33 E2
Trégunc (29) 53 H4
Tréhet (41) 78 D2
Tréhorenteuc (56) 56 B3
le Tréhou (29) 31 G5
Treignac (19) 125 E5
Treignat (03) 112 B3
Treigny (89) 82 D4
Treilles (11) 188 A6
Treilles-en-Gâtinais (45) 64 A5
Treillières (44) 74 C4
Treix (52) 68 A4
Treize-Septiers (85) 91 H1
Treize-Vents (85) 92 C3
Tréjouls (82) 152 B5
Trélans (48) 155 F3
Trélazé (49) 77 E5
Trélévern (22) 32 D1
Trelins (42) 128 D3
Trélissac (24) 137 F2
Trélivan (22) 34 C5
Trelly (50) 35 H1
Trélon (59) 10 B4
Trélou-sur-Marne (02) 44 C2
Trémaouézan (29) 31 F4
Trémargat (22) 32 D6
Trémauville (76) 16 D4
la Tremblade (17) 120 B2
Tremblay (35) 35 G6
le Tremblay (49) 76 B2
Tremblay-en-France (93) 43 E3
Tremblay-les-Villages (28) 41 F6
le Tremblay-Omonville (27) 40 C1
le Tremblay-
-sur-Mauldre (78) 42 A4
Tremblecourt (54) 48 B4
le Tremblois (70) 86 C5
Tremblois-lès-Carignan (08) 25 E2
Tremblois-lès-Rocroi (08) 10 D6
Trémeheuc (35) 35 F5
Trémel (22) 32 B3
Tréméloir (22) 33 G4
Trémentines (49) 75 H6
Tréméoc (29) 53 F3
Tréméreuc (22) 34 D4
Trémery (57) 26 C4
Trémeur (22) 34 B6
Tréméven (22) 33 F3
Tréméven (29) 54 B4
Trémilly (52) 67 F2
Tréminis (38) 145 G6
Trémoins (70) 88 B3
Trémolat (24) 137 G5
Trémons (47) 151 H4
Trémont (49) 93 E1
Trémont (61) 39 G6
Trémont-sur-Saulx (55) 46 D5
Trémonzey (88) 69 G6
Trémorel (22) 56 B2
Trémouille (15) 140 C1
Trémouille-
-Saint-Loup (63) 126 B5
Trémouilles (12) 154 C5
Trémoulet (09) 185 H4
Trémuson (22) 33 G4
Trenal (39) 102 C6
Trensacq (40) 149 E5
Trentels (47) 151 G3
Tréogan (22) 54 B1
Tréogat (29) 53 E3
Tréon (28) 41 E5
Tréouergat (29) 30 D3
Trépail (51) 45 G1
le Tréport (76) 6 A4
Trépot (25) 103 G1
Trept (14) 38 C3
Trept (38) 130 D4
Trésauvaux (55) 47 H2
Tresboeuf (35) 57 F5
Trescault (62) 8 D4
Treschenu-Creyers (26) 145 F6
Trescléoux (05) 159 H4
Trésilley (70) 87 F5
Treslon (51) 22 D6
Tresnay (58) 99 E6
Trespoux-Rassiels (46) 152 C4
Tresques (30) 174 C1
Tressan (34) 172 D6
Tressandans (25) 87 H4
Tressange (57) 26 A3
Tressé (35) 35 E5
Tresserre (66) 201 E3
Tresserve (73) 131 H4
Tresses (33) 135 F5
Tressignaux (22) 33 F3
Tressin (59) 3 G5
Tresson (72) 78 D1
Treteau (03) 114 B3
la Trétoire (77) 44 A4
Trets (13) 192 D2
Treux (80) 8 A5
Treuzy-Levelay (77) 64 B3
Trévé (22) 55 G1
Trévenans (90) 88 C3
Tréveneuc (22) 33 G3
Tréveray (55) 47 F6
Trévérec (22) 33 E3
Trévérien (35) 34 D6
Trèves (30) 172 C1
Trèves (69) 129 H5
Trévien (81) 170 C1
Trévières (14) 13 G5
Trévignin (73) 131 H3
Trévillach (66) 200 C2
Tréville (11) 186 B2
Trévillers (25) 88 D6
Trévilly (89) 84 B4
Trévol (03) 113 H1
Trévou-Tréguignec (22) 32 D1
Trévoux (01) 130 A1
le Trévoux (29) 54 A4
Trévron (22) 34 D6
Trézelles (03) 114 B4
Trézény (22) 32 D2
Tréziers (11) 186 B5
Trézilidé (29) 31 G3
Trézioux (63) 127 H3
Triac-Lautrait (16) 122 A3
le Triadou (34) 173 F4
Triaize (85) 106 C2
Tribehou (50) 13 E6
Trichey (89) 66 B6
Tricot (60) 20 D3
Trie-Château (60) 19 H6
Trie-la-Ville (60) 19 H6
Trie-sur-Baïse (65) 183 G2
Triel-sur-Seine (78) 42 B3
Triembach-au-Val (67) 71 F2
Trieux (54) 26 A3
Trigance (83) 177 H3
Trignac (44) 73 G4
Trigny (51) 22 D5
Triguères (45) 64 C6
Trilbardou (77) 43 F3
Trilla (66) 200 C2
Trilport (77) 43 G3
Trimbach (67) 51 G2
Trimer (35) 34 D6
la Trimouille (86) 110 B2
Trinay (45) 62 D5
la Trinitat (15) 155 E1
la Trinité (06) 195 F2
la Trinité (27) 41 E2
la Trinité (50) 37 F4
la Trinité (73) 132 B5
la Trinité-de-Réville (27) 39 H3
la Trinité-de-
-Thouberville (27) 18 B5
la Trinité-des-Laitiers (61) 39 G4
la Trinité-du-Mont (76) 15 H1
la Trinité-Porhoët (56) 55 H2
la Trinité-sur-Mer (56) 72 C1
la Trinité-Surzur (56) 73 E1
Triors (26) 144 C3
le Trioulou (15) 153 H1
Tripleville (41) 62 B6
Triquerville (76) 18 A3
Triqueville (27) 15 G3
Trith-Saint-Léger (59) 9 F2
Tritteling-Redlach (57) 49 F1
Trivy (71) 115 H3
Trizac (15) 140 B2
Trizay (17) 120 D1
Trizay-Coutretot-
-Saint-Serge (28) 61 F3
Trizay-lès-Bonneval (28) 62 A4
Troarn (14) 14 C4
Troche (19) 124 C6
Trochères (21) 86 B6
Trocy-en-Multien (77) 43 G2
Troësnes (02) 44 A1
Troguéry (22) 33 E2
Trogues (37) 94 C2
les Trois-Domaines (55) 47 F3
Trois-Fonds (23) 112 A4
Trois-Fontaines-
-l'Abbaye (51) 46 D5
Trois-Monts (14) 14 B6
les Trois-Moutiers (86) 93 H2
Trois-Palis (16) 122 B4
les Trois-Pierres (76) 15 G1
Trois-Puits (51) 23 E6
Trois-Vèvres (58) 99 F4
Trois-Villes (64) 181 G3
Troisfontaines (57) 50 A5
Troisfontaines-la-Ville (52) 67 G1
Troisgots (50) 37 G2
Troissereux (60) 20 A4
Troissy (51) 44 D2
Troisvaux (62) 7 G1
Troisvilles (59) 9 F4
Tromarey (70) 86 D6
Tromborn (57) 27 E4
Troncens (32) 167 E6
la Tronche (38) 145 G2
le Tronchet (35) 35 E5
le Tronchet (72) 60 A4
Tronchoy (89) 84 A1
Tronchy (71) 102 A6
le Troncq (27) 18 B6
Trondes (54) 48 A5
Tronget (03) 113 G3
le Tronquay (14) 13 G6
le Tronquay (27) 19 F4
Tronsanges (58) 98 D2
Tronville (54) 48 B1
Tronville-en-Barrois (55) 47 F5
Troo (41) 79 E2
Trosly-Breuil (60) 21 G5
Trosly-Loire (02) 21 H4
Trouans (10) 45 G6
Troubat (65) 184 A5
Trouhans (21) 102 B2
Trouhaut (21) 85 F5
Trouillas (66) 201 E3
Trouley-Labarthe (65) 183 F2
Troussencourt (60) 20 B3
Troussey (55) 47 H5
Troussures (60) 20 A5
Trouvans (25) 87 H5
Trouville (76) 15 H1
Trouville-la-Haule (27) 15 H2
Trouville-sur-Mer (14) 15 E3
Trouy (18) 97 G3
Troye-d'Ariège (09) 186 B5
Troyes (10) 66 B3
Troyon (55) 47 G2
la Truchère (71) 116 C2
Truchtersheim (67) 50 D5
Trucy (02) 22 C4
Trucy-l'Orgueilleux (58) 83 F5
Trucy-sur-Yonne (89) 83 G3
le Truel (12) 171 G1
Trugny (21) 102 A3
Truinas (26) 158 D2
Trumilly (60) 21 F6
Trun (61) 39 E4
Trungy (14) 13 H6
Truttemer-le-Grand (14) 37 H4
Truttemer-le-Petit (14) 37 H4
Truyes (37) 95 F1
Tubersent (62) 1 F6
Tuchan (11) 187 G6
Tucquegnieux (54) 26 A4
Tudeils (19) 139 E4
Tudelle (32) 167 F4
Tuffé (72) 60 C5
Tugéras-
-Saint-Maurice (17) 121 G6
Tugny-et-Pont (02) 21 H1
la Tuilière (42) 128 B1
Tulette (26) 158 C5
Tulle (19) 139 E2
Tullins (38) 145 E1
Tully (80) 6 B4
Tupigny (02) 9 G5
Tupin-et-Semons (69) 130 A5
la Turballe (44) 73 F3
la Turbie (06) 195 G2
Turcey (21) 85 F5
Turckheim (68) 71 F4
Turenne (19) 138 D4
Turgon (16) 122 D1
Turgy (10) 66 B5
Turny (89) 65 G5
Turquant (49) 93 H1
Turquestein-Blancrupt (57) 50 A6
Turqueville (50) 13 E4
Turretot (76) 15 F1
Turriers (04) 160 C3
Tursac (24) 137 H4
Tusson (16) 122 B1
Tuzaguet (65) 183 H4
le Tuzan (33) 149 F3
Tuzie (16) 122 C1

U

Uberach (67) 50 D3
Ubexy (88) 69 G2
Ubraye (04) 178 A2
Ucciani (2A) 204 D5
Ucel (07) 157 G2
Uchacq-et-Parentis (40) 165 H2
Uchaud (30) 174 A4
Uchaux (84) 158 B5
Uchentein (09) 184 D6
Uchizy (71) 116 B2
Uchon (71) 100 C5
Uckange (57) 26 B4
Ueberstrass (68) 89 E3
Uffheim (68) 89 G2
Uffholtz (68) 89 E1
Ugine (73) 132 C3
Uglas (65) 183 H4
Ugnouas (65) 183 E2
Ugny (54) 25 G4
Ugny-le-Gay (02) 21 H2
Ugny-l'Équipée (80) 21 G1
Ugny-sur-Meuse (55) 47 H5
Uhart-Cize (64) 180 D3
Uhart-Mixe (64) 181 F2
Uhlwiller (67) 51 E3
Uhrwiller (67) 50 D3
Ulcot (79) 93 F3
les Ulis (91) 42 C5
Ully-Saint-Georges (60) 20 C6
les Ulmes (49) 93 G1
Umpeau (28) 62 C1
Unac (09) 199 F1
Uncey-le-Franc (21) 85 E6
Unchair (51) 22 D6
Ungersheim (68) 71 F6
Unias (42) 129 E4
Unienville (10) 67 E3
Unieux (42) 129 E6
l'Union (31) 169 F5
Unverre (28) 61 G4
Unzent (09) 185 G3
Upaix (05) 160 A4
Upie (26) 144 B6
Ur (66) 199 G4
Urau (31) 184 C5
Urbalacone (2A) 206 D1
Urbanya (66) 200 B3
Urbeis (67) 71 E2
Urbès (68) 70 D6
Urbise (42) 114 D4
Urçay (03) 112 D1
Urcel (02) 22 B4
Urcerey (90) 88 C3
Urciers (36) 112 A2
Urcuit (64) 164 C6
Urcy (21) 101 G1
Urdens (32) 168 A3
Urdès (64) 165 H6
Urdos (64) 182 A6
Urepel (64) 180 C4
Urgons (40) 166 A4
Urgosse (32) 166 D4
Uriménil (88) 69 H4
Urmatt (67) 50 C6
Urost (64) 182 D2
Urou-et-Crennes (61) 39 E4
Urrugne (64) 180 A1
Urs (09) 199 F1
Urschenheim (68) 71 G4
Urt (64) 164 C6
Urtaca (2B) 203 E5
Urtière (25) 88 D6
Uruffe (54) 48 A6
Urval (24) 137 G6
Urville (10) 67 E4
Urville (14) 14 C6
Urville (50) 12 D3
Urville (88) 68 D4
Urville-Nacqueville (50) 12 B1
Urvillers (02) 22 A1
Ury (77) 63 H3
Urzy (58) 99 E3
Us (95) 42 A2
Usclades-et-Rieutord (07) 143 E6
Usclas-d'Hérault (34) 172 D6
Usclas-du-Bosc (34) 172 C4
Usinens (74) 118 A6
Ussac (19) 138 C2
Ussat (09) 199 E1
Usseau (79) 107 G5
Usseau (86) 94 C4
Ussel (15) 141 E3
Ussel (19) 125 H5
Ussel (46) 152 D2
Ussel-d'Allier (03) 113 G5
Usson (63) 127 G5
Usson-du-Poitou (86) 109 F4
Usson-en-Forez (42) 142 C1
Ussy (14) 38 D3
Ussy-sur-Marne (77) 43 H3

Ustaritz (64) 180 C1
Ustou (09) 198 C1
Utelle (06) 195 F1
Uttenheim (67) 71 G1
Uttenhoffen (67) 50 D3
Uttwiller (67) 50 C3
Uvernet-Fours (04) 161 F4
Uxeau (71) 100 B6
Uxegney (88) 69 H4
Uxelles (39) 117 H1
Uxem (59) 2 C1
Uz (65) 182 D5
Uza (40) 164 D1
Uzan (64) 166 A6
Uzay-le-Venon (18) 97 H5
Uzech (46) 152 C2
Uzein (64) 182 B1
Uzel (22) 33 F6
Uzelle (25) 88 A4
Uzemain (88) 69 H5
Uzer (07) 157 F3
Uzer (65) 183 F4
Uzerche (19) 124 D6
Uzès (30) 174 B2
Uzeste (33) 149 G3
Uzos (64) 182 B2

V

Vaas (72) 78 B3
Vabre (81) 170 D5
Vabre-Tizac (12) 153 H5
Vabres (15) 141 F4
Vabres (30) 173 F1
Vabres-l'Abbaye (12) 171 G2
Vacherauville (55) 25 E6
Vachères (04) 176 B2
Vachères-en-Quint (26) 144 D6
Vacheresse (74) 119 F3
la Vacheresse-et--la-Rouillie (88) 68 D4
la Vacherie (27) 40 D1
Vacognes-Neuilly (14) 14 A5
la Vacquerie (14) 37 H1
la Vacquerie-et-Saint-Martin--de-Castries (34) 172 D4
Vacquerie-le-Boucq (62) 7 F2
Vacqueriette-Erquières (62) 7 F2
Vacqueville (54) 70 C1
Vacqueyras (84) 158 C6
Vacquières (34) 173 G3
Vacquiers (31) 169 F4
Vadans (39) 103 E4
Vadans (70) 86 C6
Vadelaincourt (55) 47 F2
Vadenay (51) 45 H2
Vadencourt (02) 9 G5
Vadencourt (80) 7 H5
Vadonville (55) 47 G4
Vagnas (07) 157 G4
Vagney (88) 70 B5
Vahl-Ebersing (57) 49 G1
Vahl-lès-Bénestroff (57) 49 G3
Vahl-lès-Faulquemont (57) 49 F2
Vaiges (53) 59 E5
Vailhan (34) 172 C6
Vailhauquès (34) 173 E5
Vailhourles (12) 153 F5
Vaillac (46) 152 D1
Vaillant (52) 85 H2
Vailly (10) 66 B2
Vailly (74) 119 E3
Vailly-sur-Aisne (02) 22 B4
Vailly-sur-Sauldre (18) 82 A5
Vains (50) 35 H3
Vairé (85) 91 E5
Vaire-Arcier (25) 87 G6
Vaire-le-Petit (25) 87 G6
Vaire-sous-Corbie (80) 7 H6
Vaires-sur-Marne (77) 43 E4
Vaison-la-Romaine (84) 158 D5
Vaïssac (82) 169 G1
Vaite (70) 86 D3
la Vaivre (70) 69 H6
Vaivre-et-Montoille (70) 87 F3
le Val (83) 193 F2
le Val-d'Ajol (88) 70 A6
Val-d'Auzon (10) 66 C2
le Val-David (27) 41 E2
Val-de-Bride (57) 49 F4
Val-de-Chalvagne (04) 178 B2
Val-de-Fier (74) 131 H1
le Val-de-Gouhenans (70) 88 A3
le Val-de-Guéblange (57) 49 H2
Val-de-la-Haye (76) 18 C5
Val-de-Mercy (89) 83 G3
Val-de-Meuse (52) 68 C6
Val-de-Reuil (27) 18 D6
Val-de-Roulans (25) 87 H5
Val-de-Saâne (76) 17 F4
Val-de-Vesle (51) 45 G1
Val-de-Vière (51) 46 B4
Val-d'Épy (39) 117 F3
Val-des-Marais (51) 45 F4
Val-des-Prés (05) 147 E4
le Val-d'Esnoms (52) 86 A3
Val-d'Isère (73) 133 G5
Val-d'Izé (35) 57 H2
Val-d'Ornain (55) 46 D4
Val-et-Châtillon (54) 49 H6
Val-Maravel (26) 159 G2
le Val-Saint-Éloi (70) 87 G2
le Val-Saint-Germain (91) 42 B6
le Val-Saint-Père (50) 35 H3
Val-Suzon (21) 85 G5
Valady (12) 154 B3
Valailles (27) 15 H5
Valaire (41) 79 H5
Valanjou (49) 93 E1
Valaurie (26) 158 B4
Valavoire (04) 160 B5
Valay (70) 86 D6
Valbeleix (63) 127 E6
Valbelle (04) 160 A6
Valbois (55) 47 H3
Valbonnais (38) 145 H5
Valbonne (06) 178 D4
Valcabrère (31) 184 A5
Valcanville (50) 13 E2
Valcebollère (66) 199 H5
Valcivières (63) 128 B5
Valcourt (52) 46 D6
Valdahon (25) 104 A2
Valdampierre (60) 20 A5
Valdeblore (06) 162 C6
le Valdécie (50) 12 C4
Valderiès (81) 170 C2
Valderoure (06) 178 B3
Valdieu-Lutran (68) 89 E3
Valdivienne (86) 109 G2
Valdoie (90) 88 C2
Valdrôme (26) 159 G3
Valdurenque (81) 170 D6
Valeille (42) 129 F3
Valeilles (82) 151 H4
Valeins (01) 116 B5
Valempoulières (39) 103 F5
Valençay (36) 96 B2
Valence (16) 122 D2
Valence (26) 144 B5
Valence (82) 151 G6
Valence-d'Albigeois (81) 170 D2
Valence-en-Brie (77) 64 B2
Valence-sur-Baïse (32) 167 G3
Valenciennes (59) 9 F2
Valencin (38) 130 B4
Valencogne (38) 131 F5
Valennes (72) 61 E6
Valensole (04) 177 E3
Valentigney (25) 88 C4
Valentine (31) 184 B4
Valenton (94) 42 D5
Valergues (34) 173 G5
Valernes (04) 160 B5
Valescourt (60) 20 D4
Valette (15) 140 B2
la Valette (38) 145 H4
la Valette-du-Var (83) 193 F5
Valeuil (24) 137 E1
Valeyrac (33) 120 C6
Valezan (73) 133 E4
Valff (67) 71 G1
Valfin-sur-Valouse (39) 117 F3
Valflaunès (34) 173 F4
Valfleury (42) 129 G5
Valframbert (61) 60 A1
Valfroicourt (88) 69 F4
Valgorge (07) 157 E2
Valhey (54) 49 E5
Valhuon (62) 7 G1
Valiergues (19) 125 H6
Valignat (03) 113 G5
Valigny (03) 98 B6
Valines (80) 6 C4
Valjouffrey (38) 146 A5
Valjouze (15) 141 E3
la Valla-en-Gier (42) 129 G6
la Valla-sur-Rochefort (42) 128 C3
Vallabrègues (30) 174 C3
Vallabrix (30) 174 B1
Vallan (89) 83 F2
Vallangoujard (95) 42 B1
Vallans (79) 107 G4
Vallant-Saint-Georges (10) 66 A2
Vallauris (06) 195 E4
Valle-d'Alesani (2B) 205 G2
Valle-di-Campoloro (2B) 205 G2
Valle-di-Mezzana (2A) 204 C5
Valle-di-Rostino (2B) 203 F6
Valle-d'Orezza (2B) 205 G1
Vallecalle (2B) 203 F5
la Vallée (17) 120 D1
la Vallée-au-Blé (02) 9 H6
la Vallée-Mulâtre (02) 9 F5
Vallègue (31) 186 A1
Valleiry (74) 118 B5
Vallenay (18) 97 G5
Vallentigny (10) 67 E2
Vallerange (57) 49 F2
Vallérargues (30) 157 G6
Valleraugue (30) 173 E1
Vallères (37) 78 C6
Valleret (52) 67 G1
Vallereuil (24) 137 E3
Vallerois-le-Bois (70) 87 H4
Vallerois-Lorioz (70) 87 G4
Valleroy (25) 87 G5
Valleroy (52) 86 D2
Valleroy (54) 26 A4
Valleroy-aux-Saules (88) 69 F3
Valleroy-le-Sec (88) 69 F4
Vallery (89) 64 C4
Vallesvilles (31) 169 G5
Vallet (44) 75 E6
Valletot (27) 15 H3
Vallica (2B) 202 D6
Vallière (23) 125 G2
Vallières (10) 66 B6
Vallières (74) 131 H1
Vallières-les-Grandes (41) 79 G5
Valliguières (30) 174 C2
Valliquerville (76) 17 E4
Valloire (73) 146 D2
Vallois (54) 70 A1
les Vallois (88) 69 F4
Vallon-en-Sully (03) 112 D2
Vallon-Pont-d'Arc (07) 157 G4
Vallon-sur-Gée (72) 59 H6
Vallorcine (74) 119 H6
Vallouise (05) 146 D5
Valmanya (66) 200 C4
Valmascle (34) 172 B5
Valmeinier (73) 146 D2
Valmestroff (57) 26 C3
Valmigère (11) 187 E5
Valmondois (95) 42 C2
Valmont (57) 49 F1
Valmont (76) 16 D3
Valmunster (57) 26 D4
Valmy (51) 46 C2
Valognes (50) 12 D3
Valojoulx (24) 138 A4
Valonne (25) 88 B5
Valoreille (25) 88 C6
Valouse (26) 158 D3
Valprionde (46) 152 A4
Valprivas (43) 142 D1
Valpuiseaux (91) 63 G2
Valras-Plage (34) 188 C3
Valréas (84) 158 C4
Valros (34) 188 D1
Valroufié (46) 152 D3
Vals (09) 186 A4
Vals-des-Tilles (52) 85 H3
Vals-le-Chastel (43) 141 H2
Vals-les-Bains (07) 157 G1
Vals-près-le-Puy (43) 142 C4
Valsemé (14) 15 E4
Valserres (05) 160 C3
Valsonne (69) 129 F1
le Valtin (88) 70 D4
Valuéjols (15) 141 E4
Valvignères (07) 157 H3
Valz-sous--Châteauneuf (63) 127 H6
Valzergues (12) 153 H3
Vanault-le-Châtel (51) 46 B4
Vanault-les-Dames (51) 46 C4
Vançais (79) 108 C4
Vancé (72) 78 D1
la Vancelle (67) 71 F2
Vanclans (25) 104 A2
Vandeins (01) 116 D4
Vandelainville (54) 26 A6
Vandelans (70) 87 G5
Vandeléville (54) 69 E2
Vandélicourt (60) 21 F4
Vandenesse (58) 99 H4
Vandenesse-en-Auxois (21) 101 F1
Vandeuil (51) 22 D6
Vandières (51) 44 D1
Vandières (54) 48 B3
Vandœuvre-lès-Nancy (54) 48 C5
Vandoncourt (25) 88 D4
Vandré (17) 107 F6
Vandrimare (27) 19 E5
Vandy (08) 24 A4
Vanlay (10) 66 A5
Vannaire (21) 85 E1
Vanne (70) 87 E3
le Vanneau-Irleau (79) 107 G3
Vannecourt (57) 49 F3
Vannecrocq (27) 15 G3
Vannes (56) 55 G6
Vannes-le-Châtel (54) 48 A6
Vannes-sur-Cosson (45) 81 F3
Vannoz (39) 103 F5
Vanosc (07) 143 G2
les Vans (07) 157 E4
Vantoux (57) 26 C5
Vantoux-et-Longevelle (70) 87 E5
Vanves (92) 42 C4
Vanvey (21) 85 F1
Vanvillé (77) 64 D1
Vanxains (24) 136 C2
Vany (57) 26 C5
Vanzac (17) 121 G6
Vanzay (79) 108 C4
Vanzy (74) 118 A6
Vaour (81) 169 H1
Varacieux (38) 144 D2
Varades (44) 76 B5
Varages (83) 193 E1
Varaignes (24) 123 E4
Varaire (46) 153 E4
Varaize (17) 121 G1
Varambon (01) 117 E6
Varanges (21) 102 A1
Varangéville (54) 48 D5
Varaville (14) 14 D4
Varces-Allières--et-Risset (38) 145 G3
Vareilles (23) 110 D4
Vareilles (71) 115 F4
Vareilles (89) 65 F4
Varen (82) 153 F6
Varengeville-sur-Mer (76) 17 G2
Varenguebec (50) 12 D4
la Varenne (49) 75 E4
Varenne-l'Arconce (71) 115 F4
Varenne--Saint-Germain (71) 115 E3
Varennes (24) 137 F5
Varennes (31) 185 H1
Varennes (37) 95 F3
Varennes (80) 7 H4
Varennes (82) 169 F3
Varennes (86) 94 B5
Varennes (89) 83 H1
Varennes-Changy (45) 82 A1
Varennes-en-Argonne (55) 24 C6
Varennes-Jarcy (91) 43 E5
Varennes-le-Grand (71) 101 G6
Varennes-lès-Mâcon (71) 116 B4
Varennes-lès-Narcy (58) 98 D1
Varennes--Saint-Honorat (43) 142 A3
Varennes--Saint-Sauveur (71) 117 E2
Varennes-sous-Dun (71) 115 G4
Varennes-sur-Allier (03) 114 A4
Varennes-sur-Amance (52) 86 C1
Varennes-sur-Fouzon (36) 96 C1
Varennes-sur-Loire (49) 94 A1
Varennes-sur-Morge (63) 127 F1
Varennes-sur-Seine (77) 64 C2
Varennes-sur-Tèche (03) 114 B4
Varennes-sur-Usson (63) 127 G5
Varennes-Vauzelles (58) 98 D3
Varès (47) 150 D3
Varesnes (60) 21 G3
Varessia (39) 117 F1
Varetz (19) 138 C2
Varilhes (09) 185 H5
Varinfroy (60) 43 H2
Variscourt (02) 23 E4
Varize (28) 62 B5
Varize (57) 49 E1
Varmonzey (88) 69 G2
Varnéville (55) 47 H3
Varneville-Bretteville (76) 17 G4
Varogne (70) 87 G2
Varois-et-Chaignot (21) 85 H6
Varouville (50) 12 D1
Varrains (49) 93 H1
Varreddes (77) 43 G2
Vars (05) 161 F2
Vars (16) 122 B3
Vars (70) 86 C4
Vars-sur-Roseix (19) 138 B2
Varsberg (57) 27 E5
Varzay (17) 121 E3
Varzy (58) 83 E6
Vascœuil (27) 19 E4
Vasles (79) 108 C1
Vasperviller (57) 50 A5
Vassel (63) 127 G3
Vasselay (18) 97 G2
Vasselin (38) 131 E4
Vassens (02) 21 H4
Vasseny (02) 22 B5
Vassieux-en-Vercors (26) 145 E5
Vassimont--et-Chapelaine (51) 45 G5
Vassincourt (55) 46 D4
Vassogne (02) 22 C4
Vassonville (76) 17 G4
Vassy (14) 38 A3
Vassy-sous-Pisy (89) 84 B4
le Vast (50) 13 E2
Vasteville (50) 12 B2
les Vastres (43) 143 E4
Vatan (36) 96 D3
Vathiménil (54) 70 B1
Vatierville (76) 19 F1
Vatilieu (38) 145 E2
Vatimont (57) 49 E2
Vatry (51) 45 G4
Vattetot-sous--Beaumont (76) 16 C4
Vattetot-sur-Mer (76) 16 B3
Vatteville (27) 19 E6
Vatteville-la-Rue (76) 17 E6
Vaubadon (14) 13 G6
Vauban (71) 115 F4
Vaubecourt (55) 47 E3
Vaubexy (88) 69 G3
Vaucelles (14) 13 H5
Vaucelles-et-Beffecourt (02) 22 B3
Vauchamps (25) 87 G6
Vauchamps (51) 44 D4
Vauchassis (10) 66 A4
Vauchelles (60) 21 G3
Vauchelles-lès-Authie (80) 7 H4
Vauchelles-les-Quesnoy (80) 6 D4
Vauchignon (21) 101 F3
Vauchonvilliers (10) 66 D3
Vauchoux (70) 87 F3
Vauchrétien (49) 77 E6
Vauciennes (51) 45 E2
Vauciennes (60) 21 G6
Vauclaix (58) 100 A1
Vauclerc (51) 46 B5
Vaucluse (25) 88 B6
Vauclusotte (25) 88 C6
Vaucogne (10) 66 C1
Vauconcourt-Nervezain (70) 87 E3
Vaucouleurs (55) 47 H6
Vaucourt (54) 49 F5
Vaucourtois (77) 43 G3
Vaucresson (92) 42 C4
Vaudancourt (60) 19 G6
Vaudebarrier (71) 115 G3
Vaudelnay (49) 93 G2
Vaudeloges (14) 39 E3
Vaudemange (51) 45 G2
Vaudémont (54) 69 F2
Vaudes (10) 66 B4
Vaudesincourt (51) 23 G6
Vaudesson (02) 22 B4
Vaudeurs (89) 65 F5
Vaudevant (07) 143 H3
Vaudeville (54) 69 G1
Vaudéville (88) 70 A3
Vaudeville-le-Haut (55) 68 C1
Vaudherland (95) 43 E2
Vaudigny (54) 69 G1
le Vaudioux (39) 103 F6
Vaudoncourt (55) 25 G5
Vaudoncourt (88) 68 D3
le Vaudoué (77) 63 H3
Vaudoy-en-Brie (77) 43 H5
Vaudreching (57) 26 D4
Vaudrecourt (52) 68 D4
Vaudrémont (52) 67 G4
le Vaudreuil (27) 18 D6
Vaudreuille (31) 186 B1
Vaudreville (50) 12 D3
Vaudrey (39) 102 D3
Vaudricourt (62) 2 D6
Vaudricourt (80) 6 B4
Vaudrimesnil (50) 12 D6
Vaudringhem (62) 1 H5
Vaudrivillers (25) 88 A6
Vaudry (14) 37 H3
Vaufrey (25) 88 D5
Vaugines (84) 176 A4
Vaugneray (69) 129 H3
Vaugrigneuse (91) 42 B6
Vauhallan (91) 42 C5
Vaujany (38) 146 A2
Vaujours (93) 43 E3
le Vaulmier (15) 140 B2
Vaulnaveys-le-Bas (38) 145 G3
Vaulnaveys-le-Haut (38) 145 G3
Vaulry (87) 110 B6
Vault-de-Lugny (89) 83 H5
Vaulx (62) 7 F2
Vaulx (74) 132 A1
Vaulx-en-Velin (69) 130 B3
Vaulx-Milieu (38) 130 C4
Vaulx-Vraucourt (62) 8 C4
le Vaumain (60) 19 H5
Vaumas (03) 114 B3
Vaumeilh (04) 160 B5
Vaumoise (60) 21 G6
Vaumort (89) 65 F4
Vaunac (24) 137 G1
Vaunaveys-la-Rochette (26) 144 C6
Vaunoise (61) 60 C2
la Vaupalière (76) 17 G6
Vaupillon (28) 61 F1
Vaupoisson (10) 66 C1
Vauquois (55) 24 D6
Vauréal (95) 42 B2
Vaureilles (12) 153 H3
le Vauroux (60) 19 H5
Vausseroux (79) 108 B1
Vautebis (79) 108 B1
Vauthiermont (90) 88 D2
Vautorte (53) 58 C3
Vauvenargues (13) 176 B5
Vauvert (30) 174 A4
Vauville (14) 15 E3
Vauville (50) 12 B2
Vauvillers (70) 69 F6
Vauvillers (80) 8 A6
Vaux (03) 112 D3
Vaux (31) 186 A1
Vaux (57) 26 B5
Vaux (86) 108 D4
Vaux-Andigny (02) 9 F5
Vaux-Champagne (08) 23 H4
Vaux-devant-Damloup (55) 25 F6
Vaux-en-Amiénois (80) 7 F5
Vaux-en-Beaujolais (69) 115 H6
Vaux-en-Bugey (01) 130 D1
Vaux-en-Dieulet (08) 24 C4
Vaux-en-Pré (71) 115 H1
Vaux-en-Vermandois (02) 21 H1
Vaux-et-Chantegrue (25) 103 H5
Vaux-Lavalette (16) 122 C6
Vaux-le-Moncelot (70) 87 E4
Vaux-le-Pénil (77) 64 A1
Vaux-lès-Mouron (08) 24 B5
Vaux-lès-Mouzon (08) 24 D3
Vaux-lès-Palameix (55) 47 G2
Vaux-les-Prés (25) 103 F1
Vaux-lès-Rubigny (08) 23 F2
Vaux-lès-Saint-Claude (39) 117 H3
Vaux-Marquenneville (80) 6 D5
Vaux-Montreuil (08) 23 H3
Vaux-Rouillac (16) 122 A3
Vaux-Saules (21) 85 F5
Vaux-sous-Aubigny (52) 86 A3
Vaux-sur-Aure (14) 13 H5
Vaux-sur-Blaise (52) 67 G1
Vaux-sur-Eure (27) 41 E2
Vaux-sur-Lunain (77) 64 C4
Vaux-sur-Mer (17) 120 C3
Vaux-sur-Poligny (39) 103 E5
Vaux-sur-Saint-Urbain (52) 68 A2
Vaux-sur-Seine (78) 42 A2
Vaux-sur-Seulles (14) 14 A4
Vaux-sur-Somme (80) 7 H6
Vaux-sur-Vienne (86) 94 D4
Vaux-Villaine (08) 23 H1
Vauxaillon (02) 22 B4
Vauxbons (52) 85 H1
Vauxbuin (02) 22 A5
Vauxcéré (02) 22 C5
Vauxrenard (69) 116 A5
Vauxrezis (02) 22 A4
Vauxtin (02) 22 C5
Vavincourt (55) 47 E4
Vavray-le-Grand (51) 46 B4
Vavray-le-Petit (51) 46 B4
Vaxainville (54) 49 G6
Vaxoncourt (88) 69 H3
Vaxy (57) 49 E3
Vay (44) 74 C2
Vaychis (09) 199 F2
Vaylats (46) 153 E4
Vayrac (46) 138 D5
Vayres (33) 135 G5
Vayres (87) 123 G3
Vayres-sur-Essonne (91) 63 G2
Vazeilles-Limandre (43) 142 B3
Vazeilles-près--Saugues (43) 142 A5
Vazerac (82) 152 B6
Veauce (03) 113 F5
Veauche (42) 129 E5
Veauchette (42) 129 E5
Veaugues (18) 98 B1
Veaunes (26) 144 B3
Veauville-lès-Baons (76) 17 E4
Veauville-lès-Quelles (76) 17 E3
Vèbre (09) 199 F1
Vebret (15) 140 B1
Vebron (48) 156 B5
Veckersviller (57) 50 B3
Veckring (57) 26 D3
Vecoux (88) 70 B5
Vecquemont (80) 7 H6
Vecqueville (52) 67 H1
Vedène (84) 175 E2
Védrines-Saint-Loup (15) 141 G4
Végennes (19) 139 E4
Vého (54) 49 G6
Veigné (37) 79 E6
Veigy-Foncenex (74) 118 C4
Veilhes (81) 169 H5
Veilleins (41) 80 C5
Veilly (21) 101 E2
Veix (19) 125 E5
Velaine-en-Haye (54) 48 B5
Velaine-sous-Amance (54) 48 D5
Velaines (55) 47 F5
Velanne (38) 131 F5
Velars-sur-Ouche (21) 85 G6
Velaux (13) 175 H6
Velennes (60) 20 B4
Velennes (80) 20 B1
Velesmes-Échevanne (70) 86 D5
Velesmes-Essarts (25) 103 F1
Velet (70) 86 C5
Vélieux (34) 187 G2
Vélines (24) 136 B5
Vélizy-Villacoublay (78) 42 C4
Velle-le-Châtel (70) 87 F3
Velle-sur-Moselle (54) 48 D6
Vellèches (86) 94 D4
Vellechevreux--et-Courbenans (70) 88 A4
Velleclaire (70) 87 E5
Vellefaux (70) 87 G4
Vellefrey-et-Vellefrange (70) 87 E5
Vellefrie (70) 87 G2
Velleguindry--et-Levrecey (70) 87 F4
Velleminfroy (70) 87 H3
Vellemoz (70) 87 E4
Velleron (84) 175 F2
Vellerot-lès-Belvoir (25) 88 B5
Vellerot-lès-Vercel (25) 104 A1
Velles (36) 96 C6
Velles (52) 86 D1
Vellescot (90) 88 D3
Vellevans (25) 88 A6
Vellexon-Queutrey--et-Vaudey (70) 87 E4
Velloreille-lès-Choye (70) 86 D5
Velluire (85) 107 E2
Velogny (21) 84 D5
Velone-Orneto (2B) 205 G1
Velorcey (70) 87 G2
Velosnes (55) 25 F3
Velotte-et-Tatignécourt (88) 69 G3
Vélu (62) 8 C4
Velving (57) 27 E4
Vélye (51) 45 G3
Velzic (15) 140 B4
Vémars (95) 43 E2
Venables (27) 19 E6
Venaco (2B) 205 E3
Venansault (85) 91 F4
Venanson (06) 162 D6
Venarey-les-Laumes (21) 84 D4
Venarsal (19) 138 D2
Venas (03) 113 E2
Venasque (84) 175 G2
Vence (06) 195 E3
Vendargues (34) 173 G5
Vendat (03) 113 H5
Vendays-Montalivet (33) 120 B6
Vendegies-au-Bois (59) 9 G3
Vendegies-sur-Écaillon (59) 9 F3
Vendel (35) 57 H1
la Vendelée (50) 36 D1
Vendelles (02) 8 D6
Vendémian (34) 172 D6
Vendenesse--lès-Charolles (71) 115 G3
Vendenesse-sur-Arroux (71) 115 E1
Vendenheim (67) 51 E5
Vendes (14) 14 A5
Vendeuil (02) 22 A2
Vendeuil-Caply (60) 20 C3
Vendeuvre (14) 39 E2
Vendeuvre-du-Poitou (86) 94 B5
Vendeuvre-sur-Barse (10) 66 D4
Vendeville (59) 3 F5
Vendhuile (02) 8 D5
Vendières (02) 44 C4
Vendin-le-Vieil (62) 3 E6
Vendin-lès-Béthune (62) 2 D6
Vendine (31) 169 H5
Vendœuvres (36) 96 A5
Vendoire (24) 122 C6
Vendôme (41) 79 G2
Vendranges (42) 128 D1
Vendrennes (85) 92 A4
Vendres (34) 188 C3
Vendresse (08) 24 B3
Vendresse-Beaulne (02) 22 C4
Vendrest (77) 43 H2
la Vendue-Mignot (10) 66 B4
Vénéjan (30) 158 A6
Venelles (13) 176 A5
Vénérand (17) 121 F2
Venère (70) 86 D6
Vénérieu (38) 130 D4
Vénérolles (02) 9 G5
Venerque (31) 185 G1
Vénès (81) 170 C4
Venesmes (18) 97 G5
Vénestanville (76) 17 F3
Venette (60) 21 F4
Veneux-les-Sablons (77) 64 B2
Veney (54) 70 C1
Vengeons (50) 37 G4
Venise (25) 87 G6
Venisey (70) 87 F1
Vénissieux (69) 130 A3
Venizel (02) 22 A5
Venizy (89) 65 G5
Vennans (25) 87 G6

Vennecy (45) 63 E6
Vennes (25) 104 B1
Vennezey (54) 69 H1
Venon (27) 40 D1
Venon (38) 145 G2
Vénosc (38) 146 B4
Venouse (89) 83 G1
Venoy (89) 83 G2
Vensac (33) 120 C6
Vensat (63) 113 G6
Ventabren (13) 175 H6
Ventavon (05) 160 A4
Ventelay (51) 22 D5
Ventenac (09) 186 A5
Ventenac-Cabardès (11) 186 D3
Ventenac-en-
-Minervois (11) 187 H3
Venterol (04) 160 B3
Venterol (26) 158 D4
les Ventes (27) 40 D3
les Ventes-de-Bourse (61) 60 B1
Ventes-Saint-Rémy (76) 19 E2
Venteuges (43) 141 H4
Venteuil (51) 45 E2
Venthon (73) 132 C3
Ventiseri (2B) 205 G5
Ventouse (16) 122 D2
Ventron (88) 70 C6
la Ventrouze (61) 40 B6
Venzolasca (2B) 203 G6
Ver (50) 35 H1
Ver-lès-Chartres (28) 62 B2
Ver-sur-Launette (60) 43 F2
Ver-sur-Mer (14) 14 B3
Vérac (33) 135 G4
Véranne (42) 143 H1
Vérargues (34) 173 H4
Véraza (11) 186 D5
Verberie (60) 21 E5
Verbiesles (52) 68 A5
Vercel-Villedieu-
-le-Camp (25) 104 A1
Verchain-Maugré (59) 9 F2
Verchaix (74) 119 F5
Vercheny (26) 159 E1
les Verchers-sur-Layon (49) 93 F2
Verchin (62) 2 A6
Verchocq (62) 1 H5
Vercia (39) 117 F1
Verclause (26) 159 F4
Vercoiran (26) 159 E5
Vercourt (80) 6 C2
Verdaches (04) 160 D5
Verdalle (81) 170 C6
Verdelais (33) 149 H2
Verdelot (77) 44 B4
Verdenal (54) 49 G6
Verderel-
-lès-Sauqueuse (60) 20 B4
Verderonne (60) 20 D5
Verdes (41) 62 A6
Verdèse (2B) 205 G1
Verdets (64) 181 H2
le Verdier (81) 170 A2
la Verdière (83) 176 D5
Verdigny (18) 82 B6
Verdille (16) 122 A2
Verdilly (02) 44 B2
Verdon (24) 137 E6
Verdon (51) 44 D3
le Verdon-sur-Mer (33) 120 B4
Verdonnet (21) 84 C2
Verdun (09) 199 F1
Verdun (55) 47 F1
Verdun-en-Lauragais (11) 186 C2
Verdun-sur-Garonne (82) 168 D3
Verdun-sur-le-Doubs (71) 101 H4
Vereaux (18) 98 C4
Verel-de-Montbel (73) 131 G5
Verel-Pragondran (73) 131 H4
Véretz (37) 79 E6
Vereux (70) 86 D4
Verfeil (31) 169 G5
Verfeil (82) 153 F6
Verfeuil (30) 157 G6
Vergaville (57) 49 G3
Vergéal (35) 57 H3
la Vergenne (70) 88 A3
le Verger (35) 56 D3
Vergeroux (17) 106 D6
Verges (39) 103 E6
Vergetot (76) 16 B4
Vergezac (43) 142 B4
Vergèze (30) 174 A4
Vergheas (63) 112 D6
Vergies (80) 6 D5
Vergigny (89) 65 G6
Vergisson (71) 116 A4
Vergné (17) 107 G5
la Vergne (17) 121 F1
Vergoignan (32) 166 C4
Vergoncey (50) 35 H4
Vergongheon (43) 141 G1
Vergonnes (49) 76 A2
Vergons (04) 178 A2
Vergranne (25) 87 H5
Vergt (24) 137 F4
Vergt-de-Biron (24) 151 G2
le Verguier (02) 8 D6
Véria (39) 117 F2
Vérignon (83) 177 F4
Vérigny (28) 62 A1
Vérin (42) 130 A6
Vérines (17) 106 D4
Vérissey (71) 102 A6
Verjon (01) 117 E3
Verjux (71) 101 H4
Verlans (70) 88 C3
Verlhac-Tescou (82) 169 F2
Verlin (89) 64 D6
Verlincthun (62) 1 F5
Verlinghem (59) 3 F4
Verlus (32) 166 C5
Vermand (02) 8 D6
Vermandovillers (80) 8 B6
Vermelles (62) 2 D6
Vermenton (89) 83 G3
le Vermont (88) 70 D2
Vern-d'Anjou (49) 76 C3
Vern-sur-Seiche (35) 57 F3
Vernais (18) 98 B5
Vernaison (69) 130 A4
Vernajoul (09) 185 H5
Vernancourt (51) 46 C4
Vernantes (49) 77 H5
Vernantois (39) 117 G1
la Vernarède (30) 156 D5
Vernas (38) 130 D3
Vernassal (43) 142 B3
Vernaux (09) 199 F1
Vernay (69) 115 H5
la Vernaz (74) 119 E3
Verne (25) 87 H5
Vernègues (13) 191 H2
Verneiges (23) 112 B4
le Verneil (73) 132 B5
Verneil-le-Chétif (72) 78 B2
Verneix (03) 112 D3
la Vernelle (36) 96 B1
le Vernet (03) 114 A6
le Vernet (04) 160 D5
le Vernet (09) 185 H3
Vernet (31) 185 F1
le Vernet (43) 142 B4
Vernet-la-Varenne (63) 127 H6
Vernet-les-Bains (66) 200 C3
le Vernet-
-Sainte-Marguerite (63) 127 E4
Verneugheol (63) 126 B3
Verneuil (16) 123 F3
Verneuil (18) 98 A5
Verneuil (51) 44 D2
Verneuil (58) 99 G5
Verneuil-
-en-Bourbonnais (03) 113 H4
Verneuil-en-Halatte (60) 20 D6
Verneuil-Grand (55) 25 F3
Verneuil-le-Château (37) 94 C3
Verneuil-l'Étang (77) 43 G6
Verneuil-Moustiers (87) 110 B3
Verneuil-Petit (55) 25 F3
Verneuil-sous-Coucy (02) 22 A3
Verneuil-sur-Avre (27) 40 C5
Verneuil-sur-Igneraie (36) 111 H1
Verneuil-sur-Indre (37) 95 G3
Verneuil-sur-Seine (78) 42 B3
Verneuil-sur-Serre (02) 22 C2
Verneuil-sur-Vienne (87) 124 A2
Verneusses (27) 39 H3
Vernéville (57) 26 A5
Vernie (72) 59 H4
Vernierfontaine (25) 103 H2
Vernines (63) 126 D4
Verniolle (09) 185 H4
Vernioz (38) 130 A6
Vernix (50) 37 F4
Vernoil-le-Fourrier (49) 77 H5
le Vernois (39) 102 D5
Vernois-lès-Belvoir (25) 88 B6
Vernois-lès-Vesvres (21) 85 H3
Vernois-sur-Mance (70) 86 D1
Vernols (15) 140 D2
Vernon (07) 157 F3
Vernon (27) 41 F2
Vernon (86) 109 F2
Vernonvilliers (10) 67 E3
Vernosc-lès-Annonay (07) 143 H2
Vernot (21) 85 G4
la Vernotte (70) 87 E4
Vernou-en-Sologne (41) 80 C4
Vernou-
-la-Celle-sur-Seine (77) 64 B2
Vernou-sur-Brenne (37) 79 E5
Vernouillet (28) 41 F5
Vernouillet (78) 42 B3
Vernoux (01) 116 D2
Vernoux-en-Gâtine (79) 93 E6
Vernoux-en-Vivarais (07) 143 H5
Vernoux-
-sur-Boutonne (79) 108 A5
le Vernoy (25) 88 B3
Vernoy (89) 64 D5
Vernusse (03) 113 F4
Verny (57) 26 C6
Vero (2A) 204 D4
Véron (89) 65 E5
Véronne (26) 158 D1
Véronnes (21) 86 A4
Verosvres (71) 115 G3
Verpel (08) 24 C5
la Verpillière (38) 130 C4
Verpillières (80) 21 F2
Verpillières-sur-Ource (10) 67 E5
Verquières (13) 175 E3
Verquigneul (62) 2 D6
Verquin (62) 2 D6
Verrens-Arvey (73) 132 C4
Verreries-
-de-Moussans (34) 187 G1
Verrey-sous-Drée (21) 85 F6
Verrey-sous-Salmaise (21) 85 E5
Verricourt (10) 66 C2
Verrie (49) 77 G6
la Verrie (85) 92 B3
la Verrière (78) 42 A5
Verrières (08) 24 B4
Verrières (10) 66 B4
Verrières (12) 155 F6
Verrières (16) 121 H4
Verrières (51) 46 C2
Verrières (61) 61 E2
Verrières (63) 127 E5
Verrières (86) 109 G3
Verrières-de-Joux (25) 104 B4
Verrières-du-Grosbois (25) 103 H1
Verrières-en-Forez (42) 128 D5
Verrières-le-Buisson (91) 42 C5
Verrue (86) 94 A4
Verruyes (79) 108 A2
Vers (46) 152 D3
Vers (71) 116 B1
Vers (74) 118 B5
vers-en-Montagne (39) 103 F5
Vers-Pont-du-Gard (30) 174 C2
Vers-sous-Sellières (39) 102 D5
Vers-sur-Méouge (26) 159 G5
vers-sur-Selles (80) 7 F6
Versailles (78) 42 B4
Versailleux (01) 130 C1
Versainville (14) 38 D3
la Versanne (42) 143 G1
Versaugues (71) 115 E3
Verseilles-le-Bas (52) 86 A2
Verseilles-le-Haut (52) 86 B2
Versigny (02) 22 B2
Versigny (60) 43 F1
Versols-et-Lapeyre (12) 171 H3
Verson (14) 14 B5
Versonnex (01) 118 B4
Versonnex (74) 131 H1
le Versoud (38) 145 H2
Vert (40) 149 F6
Vert (78) 41 H3
le Vert (79) 107 H5
Vert-en-Drouais (28) 41 E5
Vert-le-Grand (91) 42 D6
Vert-le-Petit (91) 63 G1
Vert-Saint-Denis (77) 64 A1
Vert-Toulon (51) 45 E4
Vertain (59) 9 F3
Vertaizon (63) 127 G3
Vertamboz (39) 117 H1
Vertault (21) 84 C1
Verteillac (24) 136 D1
Verteuil-d'Agenais (47) 150 D3
Verteuil-sur-Charente (16) 122 C1
Verthemex (73) 131 G4
Vertheuil (33) 134 D1
Vertolaye (63) 128 B4
Verton (62) 6 C1
Vertou (44) 74 D5
Vertrieu (38) 130 D2
Vertus (51) 45 F3
Vervant (16) 122 B2
Vervant (17) 121 F1
Vervezelle (88) 70 B3
Vervins (02) 10 A6
Véry (55) 24 D6
Verzé (71) 116 A3
Verzeille (11) 187 E4
Verzenay (51) 45 G1
Verzy (51) 45 G1
Vesaignes-
-sous-Lafauche (52) 68 B3
Vesaignes-sur-Marne (52) 68 A6
Vesancy (01) 118 B3
Vesc (26) 158 D3
Vescemont (90) 88 C2
Vescheim (57) 50 B4
Vescles (39) 117 G3
Vescours (01) 116 C2
Vescovato (2B) 203 G6
Vesdun (18) 112 C2
Vésigneul-sur-Marne (51) 46 A4
Vésines (01) 116 B3
le Vésinet (78) 42 B3
Vesles-et-Caumont (02) 22 D2
Veslud (02) 22 C3
Vesly (27) 19 G6
Vesly (50) 12 C5
Vesoul (70) 87 G3
la Vespière (14) 15 G6
Vesseaux (07) 157 G2
Vessey (50) 35 G5
Vestric-et-Candiac (30) 174 A4
Vesvres (21) 85 E6
Vesvres-
-sous-Chalancey (52) 86 A3
Vétheuil (95) 41 H2
Vétraz-Monthoux (74) 118 C5
Vétrigne (90) 88 D2
Veuil (36) 96 B2
Veuilly-la-Poterie (02) 44 A2
Veules-les-Roses (76) 17 E2
Veulettes-sur-Mer (76) 16 D2
le Veurdre (03) 98 D6
Veurey-Voroize (38) 145 F1
la Veuve (51) 45 H2
Veuves (41) 79 G5
Veuvey-sur-Ouche (21) 101 F2
Veuxhaulles-sur-Aube (21) 67 F6
Vevy (39) 102 D6
Vexaincourt (88) 70 D1
le Vey (14) 38 B3
Veynes (05) 160 A2
Veyrac (87) 124 A2
Veyras (07) 157 H1
Veyre-Monton (63) 127 F4
Veyreau (12) 155 H6
Veyrier-du-Lac (74) 132 B2
Veyrières (15) 140 A1
Veyrières (19) 126 A5
Veyrignac (24) 138 B6
Veyrines-de-Domme (24) 137 H6
Veyrines-de-Vergt (24) 137 F4
Veyrins-Thuellin (38) 131 F4
les Veys (50) 13 F5
Veyssilieu (38) 130 D4
Vez (60) 21 G6
Vézac (15) 140 B5
Vézac (24) 138 A6
Vézannes (89) 83 H1
Vézaponin (02) 21 H4
Vèze (15) 141 E2
la Vèze (25) 103 G1
Vézelay (89) 83 H5
Vézelise (54) 69 F1
Vézelois (90) 88 D3
Vezels-Roussy (15) 140 B6
Vézénobres (30) 173 H1
Vézeronce-Curtin (38) 131 E4
Vezet (70) 87 E4
Vézézoux (43) 127 G6
le Vézier (51) 44 C4
Vézières (86) 94 A2
Vézillon (27) 19 E6
Vézilly (02) 44 D1
Vezin-le-Coquet (35) 57 E2
Vézinnes (89) 84 A1
Vezins (49) 92 D2
Vézins-de-Lévézou (12) 155 E5
Vezot (72) 60 B2
Vezzani (2B) 205 F3
Viabon (28) 62 C4
Viala-du-Pas-de-Jaux (12) 172 A2
Viala-du-Tarn (12) 171 G1
Vialas (48) 156 D4
Vialer (64) 166 C6
Viam (19) 125 F4
Viane (81) 171 F4
Vianges (21) 100 D2
Vianne (47) 150 D5
Viâpres-le-Petit (10) 66 B1
Viarmes (95) 42 D1
Vias (34) 188 D2
Viazac (46) 153 G2
le Vibal (12) 154 D5
Vibersviller (57) 49 H3
Vibeuf (76) 17 F4
Vibrac (16) 122 A4
Vibrac (17) 121 G6
Vibraye (72) 61 E5
Vic-de-Chassenay (21) 84 C5
Vic-des-Prés (21) 101 F2
Vic-en-Bigorre (65) 183 E1
Vic-Fezensac (32) 167 F4
Vic-la-Gardiole (34) 173 F6
Vic-le-Comte (63) 127 G4
Vic-le-Fesq (30) 173 H3
Vic-sous-Thil (21) 84 C6
Vic-sur-Aisne (02) 21 H5
Vic-sur-Cère (15) 140 C4
Vic-sur-Seille (57) 49 E4
Vicdessos (09) 198 D1
le Vicel (50) 13 E2
Vichel (63) 127 G6
Vichel-Nanteuil (02) 44 B1
Vichères (28) 61 F3
Vicherey (88) 69 E2
Vichy (03) 114 A5
Vico (2A) 204 C4
la Vicogne (80) 7 G4
la Vicomté-sur-Rance (22) 36 A6
Vicq (03) 113 G5
Vicq (52) 68 C6
Vicq (59) 9 G1
Vicq (78) 42 A4
Vicq-d'Auribat (40) 165 F3
Vicq-Exemplet (36) 112 A1
Vicq-sur-Breuilh (87) 124 C4
Vicq-sur-Gartempe (86) 95 F6
Vicq-sur-Nahon (36) 96 B2
Vicques (14) 39 E3
Victot-Pontfol (14) 39 E1
Vidai (61) 60 C1
Vidaillac (46) 153 F4
Vidaillat (23) 125 F1
Vidauban (83) 194 A2
Videcosville (50) 12 D2
Videix (87) 123 F3
Videlles (91) 63 G2
Vidou (65) 183 G2
Vidouville (50) 37 H1
Vidouze (65) 182 D1
Viefvillers (60) 20 B3
le Vieil-Dampierre (51) 46 C3
le Vieil-Évreux (27) 41 E2
Vieil-Hesdin (62) 7 F2
Vieil-Moutier (62) 1 G4
Vieille-Brioude (43) 141 H2
Vieille-Chapelle (62) 2 D5
Vieille-Église (62) 1 H2
Vieille-Église-
-en-Yvelines (78) 42 A5
la Vieille-Loye (39) 102 D3
la Vieille-Lyre (27) 40 B3
Vieille-Toulouse (31) 169 F6
Vieilles-Maisons-
-sur-Joudry (45) 81 G1
Vieillespesse (15) 141 F3
Vieillevie (15) 154 B2
Vieillevigne (31) 185 H1
Vieillevigne (44) 91 G1
Vieilley (25) 87 F6
Vieilmoulin (21) 85 F6
Viel-Arcy (02) 22 C5
Viel-Saint-Remy (08) 23 H2
Viella (32) 166 C5
Viella (65) 183 E6
Vielle-Adour (65) 183 E3
Vielle-Aure (65) 183 G6
Vielle-Louron (65) 183 G6
Vielle-Saint-Girons (40) 164 C1
Vielle-Soubiran (40) 166 C1
Vielle-Tursan (40) 166 A4
Vielle-d'Arthez (64) 182 B1
Viellenave-
-de-Navarrenx (64) 181 G1
Vielleségure (64) 181 H1
Vielmanay (58) 98 D1
Vielmur-sur-Agout (81) 170 B5
Vielprat (43) 142 C5
Viels-Maisons (02) 44 B3
Vielverge (21) 102 C1
Viennay (79) 93 F6
Vienne (38) 130 A5
Vienne-en-Arthies (95) 41 H2
Vienne-en-Bessin (14) 14 A3
Vienne-en-Val (45) 81 E2
Vienne-la-Ville (51) 46 C1
Vienne-le-Château (51) 24 C6
Viens (84) 176 B2
Vienville (88) 70 C4
Vier-Bordes (65) 182 D5
Viersat (23) 112 C4
Vierville (28) 62 D2
Vierville (50) 13 E4
Vierville-sur-Mer (14) 13 G4
Vierzon (18) 97 E1
Vierzy (02) 22 A6
Viesly (59) 9 F3
Viessoix (14) 37 H3
Viéthorey (25) 88 A5
Vieu (01) 131 F2
Vieu-d'Izenave (01) 117 F6
Vieure (03) 113 E2
Vieussan (34) 171 H6
Vieuvicq (28) 61 H3
Vieuvy (53) 58 C1
Vieux (14) 14 B5
Vieux (81) 170 A2
Vieux-Berquin (59) 2 D4
Vieux-Boucau-
-les-Bains (40) 164 C3
Vieux-Bourg (14) 15 F3
le Vieux-Bourg (22) 33 F5
le Vieux-Cérier (16) 122 D1
Vieux-Champagne (77) 44 A6
Vieux-Charmont (25) 88 C4
Vieux-Château (21) 84 B5
Vieux-Condé (59) 9 F1
Vieux-Ferrette (68) 89 F4
Vieux-Fumé (14) 39 E2
Vieux-lès-Asfeld (08) 23 F4
Vieux-Lixheim (57) 50 A4
Vieux-Manoir (76) 17 H5
le Vieux-Marché (22) 32 C3
Vieux-Mareuil (24) 123 E6
Vieux-Mesnil (59) 9 H3
Vieux-Moulin (60) 21 F5
Vieux-Moulin (88) 70 D2
Vieux-Pont (61) 38 D5
Vieux-Pont-en-Auge (14) 15 E6
Vieux-Port (27) 15 H2
Vieux-Reng (59) 10 A2
Vieux-Rouen-sur-Bresle (76) 6 C6
la Vieux-Rue (76) 17 H6
Vieux-Ruffec (16) 109 E6
Vieux-Thann (68) 89 E1
Vieux-Viel (35) 35 G5
Vieux-Villez (27) 41 E1
Vieux-Vy-
-sur-Couesnon (35) 35 G6
Vieuzos (65) 183 H2
Viévigne (21) 86 A5
Viéville (52) 67 H3
Viéville-en-Haye (54) 48 B3
Viévy (21) 101 E3
Vievy-le-Rayé (41) 79 H1
Viey (65) 183 E6
Vif (38) 145 G3
Viffort (02) 44 C3
le Vigan (30) 172 D2
le Vigan (46) 152 C1
le Vigean (15) 140 A2
le Vigeant (86) 109 G4
le Vigen (87) 124 B3
Vigeois (19) 138 C1
Viger (65) 182 D4
Vigeville (23) 111 H5
Viggianello (2A) 206 D3
Viglain (45) 81 F2
Vignacourt (80) 7 F5
Vignale (2B) 203 G5
Vignats (14) 39 E3
le Vignau (40) 166 B3
Vignaux (31) 168 C4
les Vigneaux (05) 147 E5
Vignec (65) 183 G6
Vignely (77) 43 F3
Vignemont (60) 21 F4
les Vignes (48) 155 G5
Vignes (64) 166 A6
Vignes (89) 84 B4
Vignes-la-Côte (52) 68 A3
Vigneul-sous-
-Montmédy (55) 25 E3
Vigneulles (54) 48 D6
Vigneulles-
-lès-Hattonchâtel (55) 47 H2
Vigneux-de-Bretagne (44) 74 C4
Vigneux-Hocquet (02) 23 E1
Vigneux-sur-Seine (91) 42 D5
Vignevieille (11) 187 F5
Vignieu (38) 131 E4
Vignoc (35) 57 E1
Vignol (58) 83 G6
Vignoles (21) 101 G3
Vignolles (16) 122 A5
Vignols (19) 138 B1
Vignonet (33) 135 H5
Vignory (52) 67 H3
Vignot (55) 47 H4
Vignoux-sous-les-Aix (18) 97 H2
Vignoux-sur-
-Barangeon (18) 97 F2
Vigny (57) 48 D2
Vigny (95) 42 A2
Vigoulant (36) 111 H3
Vigoulet-Auzil (31) 169 F6
Vigoux (36) 110 D2
Vigueron (82) 168 C3
Vigy (57) 26 C4
Vihiers (49) 93 E2
Vijon (36) 111 H3
Vilcey-sur-Trey (54) 48 B3
Vildé-Guingalan (22) 34 C5
le Vilhain (03) 113 E2
Vilhonneur (16) 122 D4
Villabé (91) 42 D6
Villabon (18) 98 A2
Villac (24) 138 B2
Villacerf (10) 66 A2
Villacourt (54) 69 H1
Villadin (10) 65 G3
Villafans (70) 88 A3
Village-Neuf (68) 89 H3
Villaines-en-Duesmois (21) 85 E3
Villaines-la-Carelle (72) 60 B2
Villaines-la-Gonais (72) 60 D4
Villaines-la-Juhel (53) 59 F2
Villaines-les-Prévôtes (21) 84 C4
Villaines-les-Rochers (37) 94 C1
Villaines-sous-Bois (95) 42 D2
Villaines-sous-Lucé (72) 78 C1
Villaines-sous-
-Malicorne (72) 77 G2
Villainville (76) 16 B4
Villalet (27) 40 D3
Villalier (11) 187 E3
Villamblain (45) 62 B6
Villamblard (24) 137 E4
Villamée (35) 58 A1
Villampuy (28) 62 B5
Villandraut (33) 149 G3
Villandry (37) 78 C6
Villanière (11) 187 E2
Villanova (2A) 204 B5
Villapourçon (58) 100 B4
Villar-d'Arêne (05) 146 C3
Villar-en-Val (11) 187 E4
Villar-Loubière (05) 146 B5
Villar-Saint-Anselme (11) 186 D5
Villar-Saint-Pancrace (05) 147 E5
Villard (23) 111 F4
Villard (74) 118 D4
Villard-Bonnot (38) 145 H2
Villard-de-Lans (38) 145 F3
Villard-d'Héry (73) 132 B5
Villard-Léger (73) 132 B5
Villard-Notre-Dame (38) 146 A4
Villard-Reculas (38) 146 A3
Villard-Reymond (38) 146 A4
Villard-
-Saint-Christophe (38) 145 G4
Villard-Saint-Sauveur (39) 118 A3
Villard-Sallet (73) 132 B5
Villard-sur-Bienne (39) 118 A2
Villard-sur-Doron (73) 132 D3
Villardebelle (11) 187 E5
Villardonnel (11) 187 E2
Villards-d'Héria (39) 117 H3
les Villards-sur-Thônes (74) 132 C1
Villarembert (73) 146 C2
Villargent (70) 88 A4
Villargoix (21) 84 C6
Villargondran (73) 146 C1
Villariès (31) 169 F4
Villarlurin (73) 132 D5
Villarodin-Bourget (73) 147 E2
Villaroger (73) 133 F4
Villaroux (73) 132 A5
Villars (24) 123 F6
Villars (28) 62 B4
Villars (42) 129 F6
le Villars (71) 116 C2
Villars (84) 176 A2
Villars-Colmars (04) 161 F5
Villars-en-Azois (52) 67 F5
Villars-en-Pons (17) 121 E4
Villars-et-Villenotte (21) 84 D4
Villars-Fontaine (21) 101 G2
Villars-le-Pautel (70) 87 E1
Villars-le-Sec (90) 88 D4
Villars-lès-Blamont (25) 88 D5
Villars-les-Bois (17) 121 G2
Villars-les-Dombes (01) 130 B1
Villars-Saint-Georges (25) 103 E2
Villars-Santenoge (52) 85 G2
Villars-sous-Dampjoux (25) 88 C5
Villars-sous-Écot (25) 88 B5
Villars-sur-Var (06) 195 E1
Villarzel-Cabardès (11) 187 E3
Villarzel-du-Razès (11) 186 D4
Villasavary (11) 186 C3
Villate (31) 185 F1
Villaudric (31) 169 F3
Villautou (11) 186 A4
Villavard (41) 79 F2
Villaz (74) 132 B1
Ville (60) 21 G3
Villé (67) 71 F2
Ville-au-Montois (54) 25 H4
Ville-au-Val (54) 48 C3
la Ville-aux-Bois (10) 67 E2
la Ville-aux-
-Bois-lès-Dizy (02) 23 E2
la Ville-aux-Bois-
-lès-Pontavert (02) 22 D4
la Ville-aux-Clercs (41) 61 G6
la Ville-aux-Dames (37) 79 E5
Ville-d'Avray (92) 42 C4
Ville-devant-Belrain (55) 47 F3
Ville-devant-Chaumont (55) 25 F5
Ville-di-Paraso (2B) 202 D5
Ville-di-Pietrabugno (2B) 203 G4
la Ville-Dieu-
-du-Temple (82) 168 D1
Ville-Dommange (51) 23 E6
la Ville-du-Bois (91) 42 C5
Ville-du-Pont (25) 104 B3
Ville-en-Blaisois (52) 67 G2
Ville-en-Sallaz (74) 118 D5
Ville-en-Selve (51) 45 F1
Ville-en-Tardenois (51) 45 E1
Ville-en-Vermois (54) 48 D6
Ville-en-Woëvre (55) 47 H1
la Ville-ès-Nonais (35) 36 A6
Ville-Houdlémont (54) 25 G3
Ville-la-Grand (74) 118 C4
Ville-Langy (58) 99 F4
Ville-le-Marclet (80) 7 F5

Ville-Saint-Jacques (77) 64 B3
Ville-Savoye (02) 22 C6
Ville-sous-Anjou (38) 144 A1
Ville-sous-la-Ferté (10) 67 F5
la Ville-sous-Orbais (51) 44 D3
Ville-sur-Ancre (80) 8 A5
Ville-sur-Arce (10) 66 D5
Ville-sur-Cousances (55) 47 E2
Ville-sur-Illon (88) 69 G4
Ville-sur-Jarnioux (69) 129 G1
Ville-sur-Lumes (08) 24 B1
Ville-sur-Retourne (08) 23 H5
Ville-sur-Saulx (55) 46 D5
Ville-sur-Terre (10) 67 F3
Ville-sur-Tourbe (51) 46 C1
Ville-sur-Yron (54) 26 A5
Villeau (28) 62 B4
Villebadin (61) 39 F4
Villebarou (41) 79 H3
Villebaudon (50) 37 F2
Villebazy (11) 187 E4
Villebéon (77) 64 C4
Villebernier (49) 93 H1
Villeberny (21) 85 E5
Villebichot (21) 101 H2
Villeblevin (89) 64 C3
Villebois (01) 131 E2
Villebois-Lavalette (16) 122 C5
Villebois-les-Pins (26) 159 G4
Villebon (28) 61 H2
Villebon-sur-Yvette (91) 42 C5
Villebougis (89) 64 D4
Villebourg (37) 78 C3
Villebout (41) 61 G6
Villebramar (47) 151 E2
Villebret (03) 112 D4
Villebrumier (82) 169 F3
Villecelin (18) 97 F5
Villecerf (77) 64 B3
Villecey-sur-Mad (54) 26 A6
Villechantria (39) 117 F3
Villechauve (41) 79 F3
Villechenève (69) 129 F3
Villechétif (10) 66 B3
Villechétive (89) 65 F5
Villechien (50) 37 G6
Villecien (89) 65 E6
Villécloye (55) 25 E3
Villecomtal (12) 154 C3
Villecomtal-sur-Arros (32) 183 F1
Villecomte (21) 85 H4
Villeconin (91) 63 E1
Villecourt (80) 21 G1
Villecresnes (94) 43 E5
Villecroze (83) 193 G1
Villedaigne (11) 187 H3
Villedieu (15) 141 E4
la Villedieu (17) 108 A6
Villedieu (21) 84 D1
la Villedieu (23) 125 F3
les Villedieu (25) 103 H5
la Villedieu (48) 156 A1
Villedieu (84) 158 C5
la Villedieu-du-Clain (86) 109 E2
la Villedieu-
-en-Fontenette (70) 87 G2
Villedieu-la-Blouère (49) 75 G6
Villedieu-le-Château (41) 78 D2
Villedieu-lès-Bailleul (61) 39 E4
Villedieu-les-Poêles (50) 37 F3
Villedieu-sur-Indre (36) 96 B5
Villedômain (37) 95 H3
Villedômer (37) 79 F4
Villedoux (17) 106 D4
Villedubert (11) 187 E3
Villefagnan (16) 108 C6
Villefargeau (89) 83 F2
Villefavard (87) 110 C5
Villeferry (21) 85 E5
Villefloure (11) 187 E4
Villefollet (79) 108 A5
Villefontaine (38) 130 C4
Villefort (11) 186 C5
Villefort (48) 156 D3
Villefranche (32) 184 B1
Villefranche (89) 64 D6
Villefranche-
-d'Albigeois (81) 170 D3
Villefranche-d'Allier (03) 113 E3
Villefranche-
-de-Conflent (66) 200 B3
Villefranche-
-de-Lauragais (31) 185 H1
Villefranche-
-de-Lonchat (24) 136 B4
Villefranche-de-Panat (12) 171 F1
Villefranche-
-de-Rouergue (12) 153 G4
Villefranche-
-du-Périgord (24) 152 A2
Villefranche-
-du-Queyran (47) 150 C4
Villefranche-
-le-Château (26) 159 G5
Villefranche-sur-Cher (41) 96 D1
Villefranche-sur-Mer (06) 195 F3
Villefranche-sur-Saône (69) 129 H1
Villefrancoeur (41) 79 H3
Villefrancon (70) 86 D5
Villefranque (64) 164 B6
Villefranque (65) 166 D6
Villegailhenc (11) 187 E3
Villegats (16) 122 C1
Villegats (27) 41 F2
Villegaudin (71) 102 A5
Villegenon (18) 81 H5
Villegly (11) 187 E2
Villegongis (36) 96 B4
Villegouge (33) 135 G4
Villegouin (36) 96 A4
Villegusien-le-Lac (52) 86 B2
Villeherviers (41) 80 C6
Villejésus (16) 122 B2
Villejoubert (16) 122 C2
Villejuif (94) 42 D4
Villejust (91) 42 C5
Villelaure (84) 176 A4
Villeloin-Coulangé (37) 95 H2
Villelongue (65) 182 D5
Villelongue-d'Aude (11) 186 C5
Villelongue-
-de-la-Salanque (66) 201 F2
Villelongue-
-dels-Monts (66) 201 F4
Villeloup (10) 65 H2
Villemade (82) 169 E1
Villemagne (11) 186 C2
Villemagne-
-l'Argentière (34) 172 A5
Villemain (79) 108 B6
Villemandeur (45) 64 A6
Villemanoche (89) 64 D3
Villemardy (41) 79 G2
Villemaréchal (77) 64 B3
Villemareuil (77) 43 G3
Villematier (31) 169 F3
Villemaur-sur-Vanne (10) 65 G3
Villembits (65) 183 G2
Villembray (60) 19 H4
Villemer (77) 64 B3
Villemer (89) 83 F1
Villemereuil (10) 66 B4
Villemeux-sur-Eure (28) 41 F5
Villemoirieu (38) 130 D3
Villemoiron-en-Othe (10) 65 H4
Villemoisan (49) 75 H3
Villemoisson-sur-Orge (91) 42 D5
Villemolaque (66) 201 F3
Villemomble (93) 43 E3
Villemontais (42) 128 C1
Villemontoire (02) 22 A5
Villemorien (10) 66 C5
Villemorin (17) 108 A6
Villemort (86) 110 A1
Villemotier (01) 117 E3
Villemoustaussou (11) 187 E3
Villemoutiers (45) 63 H6
Villemoyenne (10) 66 C4
Villemur (65) 183 H3
Villemur-sur-Tarn (31) 169 F3
Villemurlin (45) 81 G3
Villemus (04) 176 C3
Villenauxe-la-Grande (10) 44 C6
Villenauxe-la-Petite (77) 65 E2
Villenave (40) 165 G1
Villenave-de-Rions (33) 149 G1
Villenave-d'Ornon (33) 135 E6
Villenave-près-Béarn (65) 182 D1
Villenave-
-près-Marsac (65) 183 E2
Villenavotte (89) 64 D4
Villeneuve (01) 116 B6
Villeneuve (04) 176 D2
Villeneuve (09) 184 C5
Villeneuve (12) 153 G4
la Villeneuve (23) 126 A2
Villeneuve (33) 135 E3
Villeneuve (63) 127 F6
la Villeneuve-
-au-Châtelot (10) 65 G1
Villeneuve-au-Chemin (10) 65 H5
la Villeneuve-au-Chêne (10) 66 D4
la Villeneuve-Bellenoye-
-et-la-Maize (70) 87 G2
Villeneuve-d'Allier (43) 141 G2
Villeneuve-d'Amont (25) 103 G4
Villeneuve-d'Ascq (59) 3 G5
Villeneuve-d'Aval (39) 103 E3
Villeneuve-de-Berg (07) 157 H2
Villeneuve-de-Duras (47) 136 C6
Villeneuve-de-la-Raho (66) 201 F3
Villeneuve-de-Marc (38) 130 C5
Villeneuve-de-Marsan (40) 166 B2
Villeneuve-de-Rivière (31) 184 A4
Villeneuve-
-d'Entraunes (06) 161 G6
Villeneuve-d'Olmes (09) 186 A6
Villeneuve-du-Latou (09) 185 F3
Villeneuve-du-Paréage (09) 185 H4
la Villeneuve-
-en-Chevrie (78) 41 G2
Villeneuve-
-en-Montagne (71) 101 F5
Villeneuve-
en-Perseigne (72) 60 B1
Villeneuve-Frouville (41) 79 H2
Villeneuve-la-Comptal (11) 186 B2
Villeneuve-
-la-Comtesse (17) 107 G5
Villeneuve-
-la-Dondagre (89) 64 D5
Villeneuve-la-Garenne (92) 42 D3
Villeneuve-la-Guyard (89) 64 C3
Villeneuve-la-Lionne (51) 44 C5
Villeneuve-la-Rivière (66) 201 E2
Villeneuve-
-l'Archevêque (89) 65 F4
Villeneuve-le-Comte (77) 43 G4
Villeneuve-le-Roi (94) 42 D5
Villeneuve-Lécussan (31) 183 H3
Villeneuve-
-lès-Avignon (30) 174 D2
Villeneuve-lès-Béziers (34) 188 C2
Villeneuve-les-Bordes (77) 64 C1
Villeneuve-lès-Bouloc (31) 169 F4
Villeneuve-les-Cerfs (63) 127 G1
la Villeneuve-
-lès-Charleville (51) 44 D4
Villeneuve-
-lès-Charnod (39) 117 F3
la Villeneuve-
-les-Convers (21) 85 E4
Villeneuve-
-les-Corbières (11) 187 H5
Villeneuve-les-Genêts (89) 82 D2
Villeneuve-lès-Lavaur (81) 169 H5
Villeneuve-
-lès-Maguelone (34) 173 F6
Villeneuve-
-lès-Montréal (11) 186 C3
Villeneuve-les-Sablons (60) 20 A6
Villeneuve-Loubet (06) 195 E3
Villeneuve-Minervois (11) 187 F2
Villeneuve-
-Renneville-Chevigny (51) 45 F3
Villeneuve-Saint-Denis (77) 43 F4
Villeneuve-
-Saint-Georges (94) 42 D5
Villeneuve-
-Saint-Germain (02) 22 A5
Villeneuve-
-Saint-Nicolas (28) 62 B3
Villeneuve-
-Saint-Salves (89) 83 G1
Villeneuve-Saint-Vistre-
-et-Villevotte (51) 44 D6
Villeneuve-
sous-Charigny (21) 84 D5
Villeneuve-
-sous-Dammartin (77) 43 E2
Villeneuve-
-sous-Pymont (39) 102 D6
la Villeneuve-
-sous-Thury (60) 43 H1
Villeneuve-sur-Allier (03) 113 H1
Villeneuve-sur-Auvers (91) 63 F1
Villeneuve-sur-Bellot (77) 44 B4
Villeneuve-sur-Cher (18) 97 F3
Villeneuve-sur-Conie (45) 62 C5
Villeneuve-sur-Fère (02) 44 C1
Villeneuve-sur-Lot (47) 151 F4
Villeneuve-sur-Verberie (60) 21 E6
Villeneuve-sur-Vère (81) 170 B2
Villeneuve-sur-Yonne (89) 65 E5
Villeneuve-Tolosane (31) 169 E6
Villeneuvette (34) 172 C5
Villennes-sur-Seine (78) 42 B3
Villenouvelle (31) 185 H1
Villenoy (77) 43 G3
Villentrois (36) 96 B2
Villeny (41) 80 C3
Villepail (53) 59 G2
Villeparisis (77) 43 E3
Villeparois (70) 87 G3
Villeperdrix (26) 159 E3
Villeperdue (37) 94 D1
Villeperrot (89) 64 D3
Villepinte (11) 186 C2
Villepinte (93) 43 E3
Villeporcher (41) 79 F3
Villepot (44) 57 H6
Villepreux (78) 42 B4
Villequier (76) 17 E5
Villequier-Aumont (02) 21 H2
Villequiers (18) 98 B3
Viller (57) 49 F2
Villerable (41) 79 F2
Villerbon (41) 80 A3
Villeréal (47) 151 G2
Villereau (45) 63 E5
Villereau (59) 9 G3
Villerest (42) 128 D1
Villeret (02) 8 D5
Villeret (10) 67 E1
Villereversure (01) 117 F5
Villermain (41) 80 B1
Villeromain (41) 79 G2
Villeron (95) 43 E2
Villerouge-Termenès (11) 187 G5
Villeroy (77) 43 F3
Villeroy (80) 6 C5
Villeroy (89) 64 D4
Villeroy-sur-Méholle (55) 47 H6
Villers (42) 115 F5
Villers (88) 69 G3
Villers-Agron-Aiguizy (02) 44 D1
Villers-Allerand (51) 45 F1
Villers-au-Bois (62) 8 A2
Villers-au-Flos (62) 8 C4
Villers-au-Tertre (59) 8 D2
Villers-aux-Bois (51) 45 E3
Villers-aux-Érables (80) 20 D1
Villers-aux-Nœuds (51) 45 F1
Villers-aux-Vents (55) 46 D4
Villers-Bocage (14) 14 A5
Villers-Bocage (80) 7 G5
Villers-Bouton (70) 87 F5
Villers-Bretonneux (80) 7 H6
Villers-Brûlin (62) 7 H2
Villers-Buzon (25) 103 E1
Villers-Campsart (80) 6 D6
Villers-Canivet (14) 38 D3
Villers-Carbonnel (80) 8 C6
Villers-Cernay (08) 24 C2
Villers-Châtel (62) 8 A1
Villers-Chemin-
-et-Mont-lès-Étrelles (70) 87 E5
Villers-Chief (25) 104 A1
Villers-Cotterêts (02) 21 G6
Villers-devant-Dun (55) 24 D4
Villers-devant-le-Thour (08) 23 F4
Villers-devant-Mouzon (08) 24 C2
Villers-Écalles (76) 17 F5
Villers-en-Argonne (51) 46 D2
Villers-en-Arthies (95) 41 H2
Villers-en-Cauchies (59) 9 E3
Villers-en-Haye (54) 48 B4
Villers-en-Ouche (61) 39 H3
Villers-en-Prayères (02) 22 C5
Villers-en-Vexin (27) 19 F6
Villers-Farlay (39) 103 E3
Villers-Faucon (80) 8 D5
Villers-Franqueux (51) 23 E5
Villers-Grélot (25) 87 G5
Villers-Guislain (59) 8 D5
Villers-Hélon (02) 22 A6
Villers-la-Chèvre (54) 25 G3
Villers-la-Combe (25) 104 A1
Villers-la-Faye (21) 101 G2
Villers-la-Montagne (54) 25 H4
Villers-la-Ville (70) 88 A4
Villers-le-Château (51) 45 G3
Villers-le-Lac (25) 104 C2
Villers-le-Rond (54) 25 F4
Villers-le-Sec (02) 22 B1
Villers-le-Sec (51) 46 C4
Villers-le-Sec (55) 47 F6
Villers-le-Sec (70) 87 G3
Villers-le-Tilleul (08) 24 B2
Villers-le-Tourneur (08) 23 H2
Villers-les-Bois (39) 102 D4
Villers-lès-Cagnicourt (62) 8 C3
Villers-lès-Guise (02) 9 G6
Villers-lès-Luxeuil (70) 87 G2
Villers-lès-Mangiennes (55) 25 F5
Villers-lès-Moivrons (54) 48 D4
Villers-lès-Nancy (54) 48 C5
Villers-les-Ormes (36) 96 C4
Villers-les-Pots (21) 102 B1
Villers-lès-Roye (80) 21 E2
Villers-l'Hôpital (62) 7 F3
Villers-Marmery (51) 45 G1
Villers-Outréaux (59) 9 E5
Villers-Pater (70) 87 G4
Villers-Patras (21) 67 E6
Villers-Plouich (59) 8 D4
Villers-Pol (59) 9 G2
Villers-Robert (39) 102 C4
Villers-Rotin (21) 102 C2
Villers-
-Saint-Barthélemy (60) 20 A5
Villers-
-Saint-Christophe (02) 21 G1
Villers-
-Saint-Frambourg (60) 21 E6
Villers-Saint-Genest (60) 43 G1
Villers-Saint-Martin (25) 88 A6
Villers-Saint-Paul (60) 20 D6
Villers-Saint-Sépulcre (60) 20 B5
Villers-Semeuse (08) 24 B1
Villers-Sir-Simon (62) 7 H2
Villers-Sire-Nicole (59) 10 A2
Villers-sous-Ailly (80) 7 E4
Villers-
-sous-Chalamont (25) 103 G4
Villers-sous-Châtillon (51) 45 E2
Villers-
-sous-Foucarmont (76) 6 B6
Villers-sous-Montrond (25) 103 G2
Villers-sous-Pareid (55) 47 H1
Villers-sous-Prény (54) 48 B3
Villers-sous-Saint-Leu (60) 20 C6
Villers-Stoncourt (57) 49 E2
Villers-sur-Auchy (60) 19 G4
Villers-sur-Authie (80) 6 C2
Villers-sur-Bar (08) 24 B2
Villers-sur-Bonnières (60) 20 A3
Villers-sur-Coudun (60) 21 F4
Villers-sur-Fère (02) 44 C1
Villers-sur-le-Mont (08) 24 A2
Villers-sur-le-Roule (27) 19 E6
Villers-sur-Mer (14) 15 E3
Villers-sur-Meuse (55) 47 F2
Villers-sur-Nied (57) 49 E3
Villers-sur-Port (70) 87 F2
Villers-sur-Saulnot (70) 88 B4
Villers-sur-Trie (60) 19 H5
Villers-Tournelle (80) 20 D2
Villers-Vaudey (70) 86 D3
Villers-Vermont (60) 19 G3
Villers-Vicomte (60) 20 B2
Villerserine (39) 102 D4
Villersexel (70) 88 A4
Villerupt (54) 26 A2
Villerville (14) 16 B6
Villery (10) 66 A4
Villes (01) 117 H6
Villes-sur-Auzon (84) 175 G1
Villeselve (60) 21 G2
Villeseneux (51) 45 G4
Villesèque (46) 152 C4
Villesèque-
-des-Corbières (11) 187 H5
Villesèquelande (11) 186 D3
Villesiscle (11) 186 C3
Villespassans (34) 188 A2
Villespy (11) 186 C2
Villetaneuse (93) 42 D3
la Villetelle (23) 126 A2
Villetelle (34) 173 H4
Villethierry (89) 64 C3
Villeton (47) 150 C4
Villetoureix (24) 136 D2
Villetritouls (11) 187 F4
Villetrun (41) 79 G2
la Villette (14) 38 B3
Villette (54) 25 F4
Villette (78) 41 H3
Villette-d'Anthon (38) 130 C3
Villette-de-Vienne (38) 130 B4
Villette-lès-Arbois (39) 103 E4
Villette-lès-Dole (39) 102 C3
Villette-sur-Ain (01) 130 D1
Villette-sur-Aube (10) 66 B1
Villettes (27) 40 D1
les Villettes (43) 143 E2
Villeurbanne (69) 130 A3
Villevallier (89) 65 E6
Villevaudé (77) 43 F3
Villevenard (51) 45 E4
Villevêque (49) 77 E4
Villeveyrac (34) 173 E6
Villevieille (30) 173 H4
Villevieux (39) 102 C5
Villevocance (07) 143 G2
Villevoques (45) 64 A5
Villexanton (41) 80 A2
Villexavier (17) 121 F6
le Villey (39) 102 C4
Villey-le-Sec (54) 48 B5
Villey-Saint-Étienne (54) 48 B5
Villey-sur-Tille (21) 85 H4
Villez-sous-Bailleul (27) 41 F1
Villez-sur-le-Neubourg (27) 40 C1
Villié-Morgon (69) 116 A5
Villiers (36) 95 H4
Villiers (86) 94 A6
Villiers-Adam (95) 42 C2
Villiers-au-Bouin (37) 78 B4
Villiers-aux-Corneilles (51) 44 D6
Villiers-Charlemagne (53) 58 D6
Villiers-Couture (17) 122 A1
Villiers-en-Bière (77) 63 H1
Villiers-en-Bois (79) 107 H5
Villiers-en-Désœuvre (27) 41 F3
Villiers-en-Lieu (52) 46 C5
Villiers-en-Morvan (21) 100 C2
Villiers-en-Plaine (79) 107 G2
Villiers-Fossard (50) 13 F6
Villiers-Herbisse (10) 45 G6
Villiers-le-Bâcle (91) 42 B5
Villiers-le-Bel (95) 42 D2
Villiers-le-Bois (10) 66 B6
Villiers-le-Duc (21) 85 F2
Villiers-le-Mahieu (78) 41 H4
Villiers-le-Morhier (28) 41 G6
Villiers-le-Pré (50) 35 H5
Villiers-le-Roux (16) 108 C6
Villiers-le-Sec (14) 14 A3
Villiers-le-Sec (52) 67 H5
Villiers-le-Sec (58) 83 F6
Villiers-le-Sec (95) 42 D2
Villiers-lès-Aprey (52) 86 A2
Villiers-les-Hauts (89) 84 B2
Villiers-Louis (89) 65 E4
Villiers-Saint-Benoît (89) 82 D2
Villiers-Saint-Denis (02) 44 A3
Villiers-Saint-Fréderic (78) 42 A4
Villiers-Saint-Georges (77) 44 B6
Villiers-Saint-Orien (28) 62 B4
Villiers-sous-Grez (77) 64 A3
Villiers-sous-Mortagne (61) 60 D1
Villiers-sous-Praslin (10) 66 C5
Villiers-sur-Chizé (79) 108 A5
Villiers-sur-Loir (41) 79 F2
Villiers-sur-Marne (94) 43 E4
Villiers-sur-Morin (77) 43 G4
Villiers-sur-Orge (91) 42 C6
Villiers-sur-Seine (77) 65 E2
Villiers-sur-Suize (52) 68 A6
Villiers-sur-Tholon (89) 83 E1
Villiers-sur-Yonne (58) 83 G5
Villiers-Vineux (89) 65 H6
Villiersfaux (41) 79 F2
Villieu-Loyes-Mollon (01) 130 D1
Villing (57) 27 E4
Villognon (16) 122 B2
Villon (89) 84 B1
Villoncourt (88) 70 A3
Villons-les-Buissons (14) 14 B4
Villorceau (45) 80 B2
Villosanges (63) 126 C2
Villotran (60) 20 A5
Villotte (88) 68 D5
Villotte-devant-Louppy (55) 46 D3
Villotte-Saint-Seine (21) 85 F5
Villotte-sur-Aire (55) 47 F4
Villotte-sur-Ource (21) 85 E1
Villouxel (88) 68 C2
Villuis (77) 65 E2
Villy (08) 24 D3
Villy (89) 83 H1
Villy-Bocage (14) 14 A5
Villy-en-Auxois (21) 85 E5
Villy-en-Trodes (10) 66 D4
Villy-le-Bois (10) 66 B4
Villy-le-Bouveret (74) 118 C6
Villy-le-Maréchal (10) 66 B4
Villy-le-Moutier (21) 101 H3
Villy-le-Pelloux (74) 118 C6
Villy-lez-Falaise (14) 38 D3
Villy-sur-Yères (76) 6 B5
Vilory (70) 87 G2
Vilosnes-Haraumont (55) 25 E5
Vilsberg (57) 50 B4
Vimarcé (53) 59 G4
Vimenet (12) 155 E4
Viménil (88) 70 B3
Vimines (73) 131 H5
Vimont (14) 38 D1
Vimory (45) 64 A6
Vimoutiers (61) 39 F3
Vimpelles (77) 64 D2
Vimy (62) 8 B2
Vinantes (77) 43 F2
Vinassan (11) 188 B3
Vinax (17) 108 A6
Vinay (38) 145 E2
Vinay (51) 45 E2
Vinça (66) 200 C3
Vincelles (39) 117 F1
Vincelles (51) 44 D2
Vincelles (71) 102 B6
Vincelles (89) 83 G3
Vincelottes (89) 83 G3
Vincennes (94) 42 D4
Vincent (39) 102 C5
Vincey (88) 69 H2
Vincly (62) 2 A6
Vincy-Manœuvre (77) 43 G2
Vincy-Reuil-
-et-Magny (02) 23 E2
Vindecy (71) 115 E3
Vindefontaine (50) 12 D4
Vindelle (16) 122 B3
Vindey (51) 44 D5
Vindrac-Alayrac (81) 170 A1
Vinets (10) 66 C1
Vineuil (36) 96 C4
Vineuil (41) 80 A4
Vineuil-Saint-Firmin (60) 43 E1
la Vineuse (71) 115 H2
Vinezac (07) 157 F3
Vingrau (66) 201 E1
Vingt-Hanaps (61) 60 A1
Vinnemerville (76) 16 D3
Vinneuf (89) 64 D3
Vinon (18) 98 B1
Vinon-sur-Verdon (83) 176 C4
Vins-sur-Caramy (83) 193 G2
Vinsobres (26) 158 D4
le Vintrou (81) 171 E6
Vinzelles (63) 127 G2
Vinzelles (71) 116 B4
Vinzier (74) 119 E3
Vinzieux (07) 143 H1
Viocourt (88) 69 E3
Viodos-Abense-
-de-Bas (64) 181 G2
Violaines (62) 3 E6
Violay (42) 129 F2
Violès (84) 158 C6
Violot (52) 86 B2
Viols-en-Laval (34) 173 E4
Viols-le-Fort (34) 173 E4
Vioménil (88) 69 G5
Vion (07) 144 A3
Vion (72) 77 G1
Vions (73) 131 G2
Vionville (57) 48 B1
Viozan (32) 183 H1
Viplaix (03) 112 B2
Vira (09) 186 A5
Vira (66) 200 C1
Virac (81) 170 B1
Virandeville (50) 12 B2
Virargues (15) 140 D3
Virazeil (47) 150 C3
Vire (14) 37 H3
Viré (71) 116 B2
Viré-en-Champagne (72) 59 F5
Vire-sur-Lot (46) 152 A3
Vireaux (89) 84 B2
Virecourt (54) 69 G1
Virelade (33) 149 G1
Vireux-Molhain (08) 11 E4
Vireux-Wallerand (08) 11 E4
Virey (50) 37 F6
Virey-le-Grand (71) 101 G5
Virey-sous-Bar (10) 66 C4
Virginy (51) 46 C1
Viriat (01) 116 D4
Viricelles (42) 129 F4
Virieu (38) 131 E5
Virieu-le-Grand (01) 131 F2
Virieu-le-Petit (01) 131 G1
Virigneux (42) 129 F4
Virignin (01) 131 G3
Viriville (38) 144 D1
Virlet (63) 112 D5
Virming (57) 49 G2
Viroflay (78) 42 C4
Virollet (17) 121 E4
Vironchaux (80) 6 D2
Vironvay (27) 18 D6
Virsac (33) 135 F3
Virson (17) 107 E5
Virville (76) 15 G1
Viry (39) 117 H4
Viry (71) 115 G2
Viry (74) 118 B5
Viry-Châtillon (91) 42 D5
Viry-Noureuil (02) 21 H2
Vis-en-Artois (62) 8 C3
Visan (84) 158 C4
Viscomtat (63) 128 B2
Viscos (65) 182 D5
Viserny (21) 84 C4
Visker (65) 183 E3
Vismes (80) 6 C5
Visoncourt (70) 87 H2
Vissac-Auteyrac (43) 142 A3
Vissec (30) 172 D3
Visseiche (35) 57 H4
Viterbe (81) 170 A5
Viterne (54) 48 C6
Vitot (27) 40 C1
Vitrac (15) 139 H6
Vitrac (24) 138 A6
Vitrac (63) 126 D1
Vitrac-en-Viadène (12) 140 D6
Vitrac-Saint-Vincent (16) 123 E3
Vitrac-sur-Montane (19) 139 F1
Vitrai-sous-Laigle (61) 40 B5
Vitray (03) 112 D1
Vitray-en-Beauce (28) 62 A3
Vitré (35) 58 A4
Vitreux (39) 102 D1
Vitrey (54) 69 F1
Vitrey-sur-Mance (70) 86 D1
Vitrimont (54) 49 E6
Vitrolles (05) 160 B3
Vitrolles (13) 192 A2
Vitrolles-en-Luberon (84) 176 B3
Vitry-aux-Loges (45) 63 F6
Vitry-en-Artois (62) 8 C2
Vitry-en-Charollais (71) 115 E2
Vitry-en-Montagne (52) 85 H1
Vitry-en-Perthois (51) 46 B5
Vitry-la-Ville (51) 46 A4
Vitry-Laché (58) 99 G2
Vitry-le-Croisé (10) 67 E4
Vitry-le-François (51) 46 B5
Vitry-lès-Cluny (71) 115 H2
Vitry-lès-Nogent (52) 68 B6
Vitry-sur-Loire (71) 99 H6
Vitry-sur-Orne (57) 26 B4
Vitry-sur-Seine (94) 42 D4
Vittarville (55) 25 F4
Vitteaux (21) 85 E5
Vittefleur (76) 17 E3
Vittel (88) 69 E4

Vittersbourg (57) 49 H2
Vittoncourt (57) 49 E2
Vittonville (54) 48 C2
Vitz-sur-Authie (80) 7 E3
Viuz-en-Sallaz (74) 118 D5
Viuz-la-Chiésaz (74) 132 A2
Vivaise (02) 22 B3
Vivans (42) 114 D5
Vivario (2B) 205 E3
Viven (64) 166 B6
Viverols (63) 128 C6
Vivès (66) 201 E4
Vivey (52) 85 H2
le Vivier (66) 200 C1
Vivier-au-Court (08) 24 B1
le Vivier-sur-Mer (35) 35 E4
Vivières (02) 21 G5
Viviers (07) 158 A3
Viviers (57) 49 E3
Viviers (89) 84 A2
Viviers-du-Lac (73) 131 H4
Viviers-le-Gras (88) 69 E4
Viviers-lès-Lavaur (81) 169 H5
Viviers-lès-Montagnes (81) 170 C6
Viviers-lès-Offroicourt (88) 69 F3
Viviers-sur-Artaut (10) 66 D5
Viviers-sur-Chiers (54) 25 G4
Viviès (09) 186 A4
Viviez (12) 153 H2
Viville (16) 122 A5
Vivoin (72) 60 A3
Vivonne (86) 109 E2
Vivy (49) 77 G6
Vix (21) 85 E1
Vix (85) 107 E3
Vizille (38) 145 G3
Vizos (65) 183 E6
Vocance (07) 143 G2
Vodable (63) 127 F5
Voegtlinshoffen (68) 71 F5
Voelfling-lès-Bouzonville (57) 27 E4
Vœllerdingen (67) 50 A2
Vœuil-et-Giget (16) 122 B4
Vogelgrun (68) 71 G5
Voglans (73) 131 H4
Vogüé (07) 157 G2
Voharies (02) 22 D1
Void-Vacon (55) 47 H5
Voigny (10) 67 F3
Voilemont (51) 46 C2
Voillans (25) 88 A5
Voillecomte (52) 67 F1
Voimhaut (57) 49 E2
Voinémont (54) 69 F1
Voingt (63) 126 B3
Voinsles (77) 43 H5
Voipreux (51) 45 F3
Voires (25) 103 H2
Voiron (38) 145 F1
Voiscreville (27) 18 A5
Voise (28) 62 C2
Voisenon (77) 43 F6
Voisey (52) 86 D1
Voisines (52) 86 A1
Voisines (89) 65 E3
Voisins-le-Bretonneux (78) 42 B5
Voissant (38) 131 G5
Voissay (17) 121 F1
Voiteur (39) 102 D5
la Voivre (70) 88 A1
la Voivre (88) 70 C2
les Voivres (88) 69 G5
Voivres-lès-le-Mans (72) 60 A6
Volckerinckhove (59) 2 B3
Volesvres (71) 115 F2
Volgelsheim (68) 71 G5
Volgré (89) 83 E1
Volksberg (67) 50 B2
Vollore-Montagne (63) 128 B3
Vollore-Ville (63) 128 A3
Volmerange-lès-Boulay (57) 26 D5
Volmerange-les-Mines (57) 26 B2
Volmunster (57) 28 B5
Volnay (21) 101 G3
Volnay (72) 60 C6
Volon (70) 86 D3
Volonne (04) 160 B6
Volpajola (2B) 203 F5
Volstroff (57) 26 C3
Volvent (26) 159 E2
Volvic (63) 127 E2
Volx (04) 176 D3
Vomécourt (88) 70 B2
Vomécourt-sur-Madon (88) 69 G2
Voncourt (52) 86 D2
Voncq (08) 24 A4
Vonges (21) 86 B6
Vongnes (01) 131 G2
Vonnas (01) 116 C4
Voray-sur-l'Ognon (70) 87 F6
Voreppe (38) 145 F1
Vorey (43) 142 C2
Vorges (02) 22 C4
Vorges-les-Pins (25) 103 F2
Vorly (18) 97 H4
Vornay (18) 98 A4
Vosbles (39) 117 F3
Vosne-Romanée (21) 101 H2
Vosnon (10) 65 H5
Vou (37) 95 F2
Vouarces (51) 45 E6
Voudenay (21) 100 D2
Voué (10) 66 B2
Vouécourt (52) 67 H3
Vougécourt (70) 69 F6
Vougeot (21) 101 H2
Vougrey (10) 66 C5
Vougy (42) 115 E6
Vougy (74) 119 E6
Vouharte (16) 122 B2
Vouhé (17) 107 E5
Vouhé (79) 108 A1
Vouhenans (70) 88 A3
Vouillé (79) 107 H3
Vouillé (86) 94 A6
Vouillé-les-Marais (85) 107 E3
Vouillers (51) 46 C5
Vouillon (36) 96 D5
Vouilly (14) 13 F5
Voujeaucourt (25) 88 C4
Voulaines-les-Templiers (21) 85 F2
Voulangis (77) 43 G4
Voulême (86) 108 D5
Voulgézac (16) 122 B5
Voulmentin (79) 93 E3
Voulon (86) 108 D3
Voulpaix (02) 9 H6
la Voulte-sur-Rhône (07) 144 A6
Voulton (77) 44 B6
Voulx (77) 64 C3
Vouneuil-sous-Biard (86) 109 E1
Vouneuil-sur-Vienne (86) 94 D6
Vourey (38) 145 F1
Vourles (69) 130 A4
Voussac (03) 113 F4
Voutenay-sur-Cure (89) 83 H4
Voutezac (19) 138 C1
Vouthon (16) 122 D4
Vouthon-Bas (55) 68 C1
Vouthon-Haut (55) 68 C1
Voutré (53) 59 F4
Vouvant (85) 107 F1
Vouvray (37) 79 E5
Vouvray-sur-Huisne (72) 60 D5
Vouvray-sur-Loir (72) 78 C3
Vouxey (88) 69 E2
Vouzailles (86) 94 A6
Vouzan (16) 122 D4
Vouzeron (18) 97 F1
Vouziers (08) 24 A4
Vouzon (41) 81 E3
Vouzy (51) 45 F3
Voves (28) 62 B3
Vovray-en-Bornes (74) 118 C6
Voyenne (02) 22 C2
Voyennes (80) 21 G1
Voyer (57) 50 A5
la Vraie-Croix (56) 55 H6
Vraignes-en-Vermandois (80) 8 D6
Vraignes-lès-Hornoy (80) 19 H1
Vraincourt (52) 67 H3
Vraiville (27) 18 C6
Vraux (51) 45 G2
Vrécourt (88) 68 D4
Vred (59) 8 D1
Vregille (70) 87 E6
Vregny (02) 22 B5
Vrély (80) 21 E1
le Vrétot (50) 12 B3
Vriange (39) 102 D1
Vrigne-aux-Bois (08) 24 B1
Vrigne-Meuse (08) 24 B2
Vrigny (45) 63 F5
Vrigny (51) 23 E6
Vrigny (61) 39 E5
Vritz (44) 76 A3
Vrizy (08) 24 A4
Vrocourt (60) 19 H3
Vroil (51) 46 D4
Vron (80) 6 D2
Vroncourt (54) 69 F1
Vroncourt-la-Côte (52) 68 C4
Vroville (88) 69 G3
Vry (57) 26 C5
Vue (44) 74 B5
Vuillafans (25) 103 H2
Vuillecin (25) 104 A3
Vuillery (02) 22 A4
Vulaines (10) 65 G4
Vulaines-lès-Provins (77) 64 D1
Vulaines-sur-Seine (77) 64 B2
Vulbens (74) 118 A5
Vulmont (57) 48 D3
Vulvoz (39) 117 H3
Vy-le-Ferroux (70) 87 F3
Vy-lès-Filain (70) 87 G4
Vy-lès-Lure (70) 88 A3
Vy-lès-Rupt (70) 87 E3
Vyans-le-Val (70) 88 C4
Vyt-lès-Belvoir (25) 88 B5

W

Waben (62) 6 C1
Wacquemoulin (60) 21 E4
Wacquinghen (62) 1 F3
Wadelincourt (08) 24 C2
Wagnon (08) 23 H2
Wahagnies (59) 3 F6
Wahlbach (68) 89 F3
Wahlenheim (67) 51 E4
Wail (62) 7 F2
Wailly (62) 8 B3
Wailly-Beaucamp (62) 6 D1
Walbach (68) 71 E5
Walbourg (67) 51 E3
la Walck (67) 50 D3
Waldersbach (67) 71 E1
Waldhambach (67) 50 B2
Waldhouse (57) 28 B5
Waldighofen (68) 89 F3
Waldolwisheim (67) 50 C4
Waldweistroff (57) 26 D3
Waldwisse (57) 26 D2
Walheim (68) 89 F3
Walincourt-Selvigny (59) 9 E4
Wallers (59) 9 E1
Wallers-en-Fagne (59) 10 B4
Wallon-Cappel (59) 2 C4
Walschbronn (57) 28 B5
Walscheid (57) 50 A5
Waltembourg (57) 50 B4
Waltenheim (68) 89 G2
Waltenheim-sur-Zorn (67) 50 D4
Waly (55) 47 E2
Wambaix (59) 9 E4
Wambercourt (62) 7 E1
Wambez (60) 19 H3
Wambrechies (59) 3 F4
Wamin (62) 7 E1
Wanchy-Capval (76) 6 A6
Wancourt (62) 8 B3
Wandignies-Hamage (59) 9 E1
Wangen (67) 50 C5
Wangenbourg-Engenthal (67) 50 B5
Wannehain (59) 3 G5
Wanquetin (62) 8 A2
la Wantzenau (67) 51 F5
Warcq (08) 24 A1
Warcq (55) 25 G6
Wardrecques (62) 2 B4
Wargemoulin-Hurlus (51) 46 B1
Wargnies (80) 7 G5
Wargnies-le-Grand (59) 9 G2
Wargnies-le-Petit (59) 9 G2
Warhem (59) 2 C2
Warlaing (59) 9 E1
Warlencourt-Eaucourt (62) 8 B4
Warlincourt-lès-Pas (62) 7 H3
Warloy-Baillon (80) 7 H5
Warluis (60) 20 B5
Warlus (62) 8 A2
Warlus (80) 7 E6
Warluzel (62) 7 H3
Warmeriville (51) 23 F5
Warnécourt (08) 24 A1
Warneton (59) 3 F4
Warsy (80) 21 E2
Warvillers (80) 21 E1
Wasigny (08) 23 G2
Wasnes-au-Bac (59) 9 E2
Wasquehal (59) 3 G5
Wasselonne (67) 50 C5
Wasserbourg (68) 71 E5
Wassigny (02) 9 G5
Wassy (52) 67 G1
le Wast (62) 1 G4
Watigny (02) 10 B6
Watronville (55) 47 G1
Watten (59) 2 A3
Wattignies (59) 3 F5
Wattignies-la-Victoire (59) 10 A3
Wattrelos (59) 3 G4
Wattwiller (68) 89 E1
Wavignies (60) 20 C3
Waville (54) 26 A6
Wavrans-sur-l'Aa (62) 2 A4
Wavrans-sur-Ternoise (62) 7 G1
Wavrechain-sous-Denain (59) 9 F2
Wavrechain-sous-Faulx (59) 9 E2
Wavrille (55) 25 E5
Wavrin (59) 3 F5
Waziers (59) 8 D1
Weckolsheim (68) 71 G5
Wegscheid (68) 88 D1
Weinbourg (67) 50 C3
Weislingen (67) 50 B3
Weitbruch (67) 51 E4
Weiterswiller (67) 50 C3
Welles-Pérennes (60) 20 D3
Wemaers-Cappel (59) 2 C3
Wentzwiller (68) 89 G3
Werentzhouse (68) 89 F4
Wervicq-Sud (59) 3 F4
West-Cappel (59) 2 C2
Westhalten (68) 71 F5
Westhoffen (67) 50 C5
Westhouse (67) 71 G1
Westhouse-Marmoutier (67) 50 C5
Westrehem (62) 2 B6
Wettolsheim (68) 71 F5
Weyer (67) 50 A3
Weyersheim (67) 51 E4
Wickerschwihr (68) 71 G4
Wickersheim-Wilshausen (67) 50 D4
Wicquinghem (62) 1 H5
Wicres (59) 3 E5
Widehem (62) 1 F5
Widensolen (68) 71 G4
Wiège-Faty (02) 9 G6
Wiencourt-l'Équipée (80) 8 A6
Wierre-au-Bois (62) 1 F5
Wierre-Effroy (62) 1 F4
Wiesviller (57) 27 H5
Wignehies (59) 10 A5
Wignicourt (08) 24 A3
Wihr-au-Val (68) 71 E5
Wildenstein (68) 70 D5
Wildersbach (67) 71 E1
Willeman (62) 7 F2
Willems (59) 3 G5
Willencourt (62) 7 F3
Willer (68) 89 F3
Willer-sur-Thur (68) 89 E1
Willeroncourt (55) 47 F5
Willerval (62) 8 B2
Willerwald (57) 49 H2
Willgottheim (67) 50 D5
Williers (08) 25 E2
Willies (59) 10 B4
Wilwisheim (67) 50 D4
Wimereux (62) 1 F4
Wimille (62) 1 F4
Wimmenau (67) 50 C3
Wimy (02) 10 A5
Windstein (67) 28 D6
Wingen (67) 51 E1
Wingen-sur-Moder (67) 50 C2
Wingersheim (67) 50 D4
Wingles (62) 3 E6
Winkel (68) 89 F4
Winnezeele (59) 2 C3
Wintersbourg (57) 50 B4
Wintershouse (67) 51 E4
Wintzenbach (67) 51 G2
Wintzenheim (68) 71 F4
Wintzenheim-Kochersberg (67) 50 D5
Wirwignes (62) 1 F4
Wiry-au-Mont (80) 6 D5
Wisches (67) 50 B6
Wisembach (88) 71 E3
Wiseppe (55) 24 D4
Wismes (62) 1 H5
Wisques (62) 2 A4
Wissant (62) 1 F3
Wissembourg (67) 51 F1
Wissignicourt (02) 22 B3
Wissous (91) 42 D5
Witry-lès-Reims (51) 23 F5
Wittelsheim (68) 89 F1
Wittenheim (68) 89 F1
Witternesse (62) 2 B5
Witternheim (67) 71 H2
Wittersdorf (68) 89 F3
Wittersheim (67) 50 D4
Wittes (62) 2 B5
Wittisheim (67) 71 G3
Wittring (57) 50 A1
Wiwersheim (67) 50 D5
Wizernes (62) 2 A4
Woël (55) 47 H2
Woelfling-lès-Sarreguemines (57) 28 A5
Wœrth (67) 51 E2
Woignarue (80) 6 B4
Woimbey (55) 47 G2
Woincourt (80) 6 B4
Woippy (57) 26 B5
Woirel (80) 6 D5
Wolfersdorf (68) 89 E3
Wolfgantzen (68) 71 G5
Wolfisheim (67) 51 E5
Wolfskirchen (67) 50 A3
Wolschheim (67) 50 C4
Wolschwiller (68) 89 G4
Wolxheim (67) 50 D6
Wormhout (59) 2 C3
Woustviller (57) 49 H1
Wuenheim (68) 71 E6
Wuisse (57) 49 F3
Wulverdinghe (59) 2 B3
Wy-Dit-Joli-Village (95) 42 A1
Wylder (59) 2 C2

X

Xaffévillers (88) 70 A2
Xaintrailles (47) 150 C5
Xaintray (79) 107 H2
Xambes (16) 122 B2
Xammes (54) 48 A2
Xamontarupt (88) 70 B4
Xanrey (57) 49 F4
Xanton-Chassenon (85) 107 F2
Xaronval (88) 69 G2
Xermaménil (54) 49 E6
Xertigny (88) 69 H5
Xeuilley (54) 48 C6
Xirocourt (54) 69 G2
Xivray-et-Marvoisin (55) 48 A3
Xivry-Circourt (54) 25 H5
Xocourt (57) 48 D3
Xonrupt-Longemer (88) 70 D4
Xonville (54) 48 A2
Xouaxange (57) 49 H5
Xousse (54) 49 G5
Xures (54) 49 F5

Y

Y (80) 21 G1
Yainville (76) 17 F6
Yaucourt-Bussus (80) 7 E4
Ychoux (40) 148 C4
Ydes (15) 140 A1
Yébleron (76) 16 D4
Yèbles (77) 43 F6
Yenne (73) 131 G3
Yermenonville (28) 62 B1
Yerres (91) 43 E5
Yerville (76) 17 F4
Yèvre-la-Ville (45) 63 G4
Yèvres (28) 61 H4
Yèvres-le-Petit (10) 66 D1
Yffiniac (22) 33 H5
Ygos-Saint-Saturnin (40) 165 G1
Ygrande (03) 113 F2
Ymare (76) 18 D5
Ymeray (28) 62 C1
Ymonville (28) 62 C3
Yolet (15) 140 B5
Yoncq (08) 24 C3
Yonval (80) 6 D4
Youx (63) 113 E5
Yport (76) 16 C3
Ypreville-Biville (76) 16 D4
Yquebeuf (76) 17 H5
Yquelon (50) 35 G2
Yronde-et-Buron (63) 127 G4
Yrouerre (89) 84 A2
Yssac-la-Tourette (63) 127 F2
Yssandon (19) 138 B2
Yssingeaux (43) 142 D3
Ytrac (15) 140 A5
Ytres (62) 8 C4
Yutz (57) 26 B3
Yvecrique (76) 17 E4
Yvernaumont (08) 24 A2
Yversay (86) 94 B6
Yves (17) 106 D6
les Yveteaux (61) 38 D5
Yvetot (76) 17 E4
Yvetot-Bocage (50) 12 D3
Yvias (22) 33 F2
Yviers (16) 136 A1
Yvignac-la-Tour (22) 34 C6
Yville-sur-Seine (76) 17 F6
Yvoire (74) 118 D3
Yvoy-le-Marron (41) 80 D3
Yvrac (33) 135 F5
Yvrac-et-Malleyrand (16) 122 D3
Yvrandes (61) 38 A4
Yvré-le-Pôlin (72) 78 A1
Yvré-l'Évêque (72) 60 B5
Yvrench (80) 7 E3
Yvrencheux (80) 7 E3
Yzengremer (80) 6 B4
Yzernay (49) 92 D3
Yzeron (69) 129 G3
Yzeure (03) 113 H2
Yzeures-sur-Creuse (37) 95 F5
Yzeux (80) 7 F5
Yzosse (40) 165 E4

Z

Zaessingue (68) 89 F3
Zalana (2B) 205 G2
Zarbeling (57) 49 F3
Zegerscappel (59) 2 B3
Zehnacker (67) 50 C5
Zeinheim (67) 50 C5
Zellenberg (68) 71 F4
Zellwiller (67) 71 G1
Zermezeele (59) 2 C3
Zérubia (2A) 207 E2
Zetting (57) 27 H5
Zévaco (2A) 205 E6
Zicavo (2A) 205 E6
Zigliara (2A) 204 D6
Zilia (2B) 202 C6
Zilling (57) 50 B4
Zillisheim (68) 89 F2
Zimmerbach (68) 71 E4
Zimmersheim (68) 89 F2
Zimming (57) 49 F1
Zincourt (88) 69 H3
Zinswiller (67) 50 D2
Zittersheim (67) 50 C3
Zœbersdorf (67) 50 D4
Zommange (57) 49 G4
Zonza (2A) 207 F2
Zoteux (62) 1 G5
Zouafques (62) 1 H3
Zoufftgen (57) 26 B2
Zoza (2A) 207 E2
Zuani (2B) 205 G2
Zudausques (62) 2 A4
Zutkerque (62) 1 H3
Zuydcoote (59) 2 C1
Zuytpeene (59) 2 C3

SPECIAL OFFER
AA Driving in France Kit
Only £25.00*
(£39.99 RRP) inc. FREE delivery
To redeem visit:
theAA.com/shop/france2015
Enter the promotional code:
FRANCE2015
in the shopping basket.

*Terms and conditions: see website

Peer Assessment

A key element of the lesson plans for the Assignment is a Peer Assessment section. In this, the students have the opportunity to measure the drafted work against pre-set criteria and then have their work evaluated using the **Peer Assessment Sheet** on page 6.

Differentiation

For each of the three Student Books for each year, there are individual Teacher's Resources. While the base material is the same, the lesson plans and resources have been significantly adapted and changed to meet the different levels and skills needs of the students. Thus, worksheets and OHTs have different levels of demand, or are, in some cases, entirely different. In a similar way, some Starter activities and Plenaries focus on entirely different areas, appropriate to the students' levels. Finally, the Assignments are designed to move students up different levels so the teaching materials are adapted accordingly.

CDs

All lesson plans and support resources are contained on the accompanying CD-Rom as Word files, so they can be customised further according to the needs of your students.
Interactive whiteboard resources and assessment exercises are also available separately on the *Impact English Whiteboard Resources* CD-Rom.

Finally…

All in all, the *Impact English Teacher's Resource* provides you with a vast range of lesson ideas, support resources, assessment opportunities and back-up. Whether you use it as a flexible, 'dip-in' resource, or as a complete taught programme, it should act as a major stimulus on your students' learning, and assist you with your planning and resource provision.

Peer Assessment Sheet

Date: . . . .

Name: . . . . Class: . . . .

The assignment involved writing a…
Which main text-type features were included in the writing?
What were the good points about the writing?
What needs to be improved?

Writing overview (for you or your teacher to complete)

FOCUS	Poor	Average	Good	V Good
Sentence structure and punctuation (the way your sentences are put together; the accuracy and effect of your use of punctuation)				
Text structure and organisation (the way your writing is organised; for example, whether your paragraphs help the reader to follow what you want to say)				
Composition and effect (the particular choices of words and phrases used to fit the sort of text you are writing) plus how well you interest the reader.				

ImpactEnglish Year 8

Lesson plans and resources

For use with Impact English Year 8 Student Book 1

Unit 1 — Gothic horror — Lesson 1

Framework Objectives
W1c: Review, consolidate and secure spelling conventions (word endings)
R14: Recognise the conventions of some common literary forms (Gothic horror)
Main text type: Narrative

Student Book pages 4–9

Starter

- Review the spelling conventions of the suffix '–ful', which is commonly misspelled. Start by asking students for words ending in '–ful' (for example, *careful*, *hopeful*). Remind them that the word 'full' when added to another word becomes '–ful'. Only if the suffix '–ly' is further added (for example, *carefully*) is there a double 'll'.

Introduction

- Read through the extract with the class, checking that students understand the words listed in the glossary.

Key Reading

- Go through the key features of narrative texts as described in the text-type box on page 6. Check understanding by asking students:
  - *Explain the term 'narrative', by replacing it with another word.*
  - *What does the term 'structure' mean when referring to a narrative?* (Once clarified, point to its usefulness as a key word when discussing narrative texts.)
- Finally, go over the structure of a narrative (introduction, complication, crisis, resolution) and the examples given for *Dracula*.
- Students answer questions **1** to **4**, which ask them to identify from the extract who the characters are and who is telling the story. Emphasise that the narrative is told in the first person by Mina.

Development

Purpose

- Questions **5** and **6** ask students to consider how the reader is kept involved in the text. For example, we want to find out not only what happens to Dracula but also to the wounded Quincey Morris. Introducing this sub-plot helps to maintain the tension.

Reading for meaning

- Students identify features of Gothic writing by looking closely at an example from the text and then comparing it with an example of non-Gothic rewriting. Begin by discussing the four key features of Gothic writing listed on page 8; point out that these features can be found in a typical Gothic novel. Then ask students to read examples A and B and complete question **7** as a class. Consolidate this work by referring to **OHT 1.1**, which gives annotations highlighting typical Gothic features and those of a non-Gothic rewriting. Using what they have learned, students then complete question **8** in small groups.

Plenary

- Ask students to report back their findings for question **8** (they should identify example C as the Gothic text). Then help them to complete a spidergram on the board, to show some of the Gothic features of example C. Their findings should include the use of exclamation marks, dashes and repetition; ask students how they think these features help to create drama and tension in a Gothic narrative. Also encourage them to pinpoint more difficult features, for example, archaic language ('seeming to bear down upon me'). Refer back to the annotations in **OHT 1.1**, as necessary.

Unit 1 — Gothic horror

OHT 1.1: Features of the Gothic style

Extract A below is taken from *Dracula*. Quincey Morris has been badly wounded and Mina is by his side.

The features that are highlighted in the extract heighten the drama. They are typical of Gothic writing.

Extract A

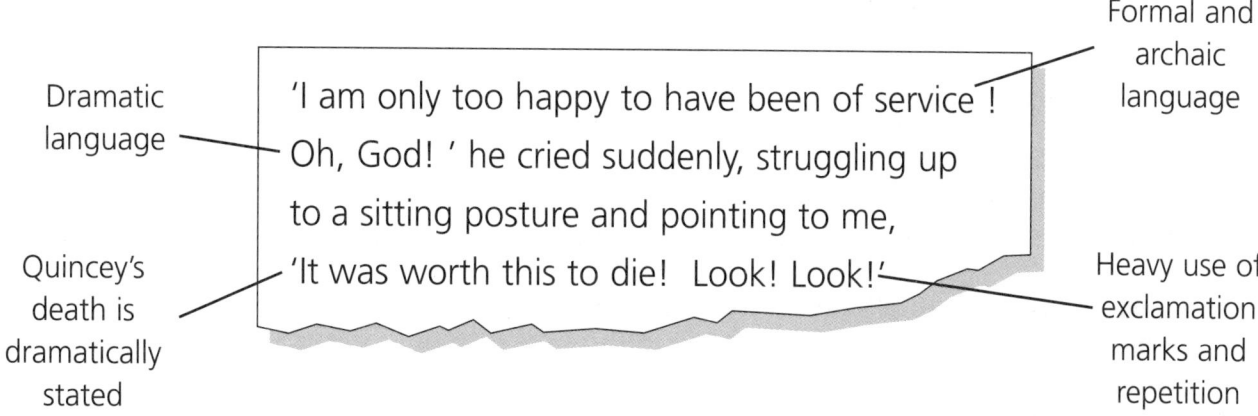

Extract B is a non-Gothic version of the text. The writing style is more low-key, as shown by the features highlighted below.

Extract B

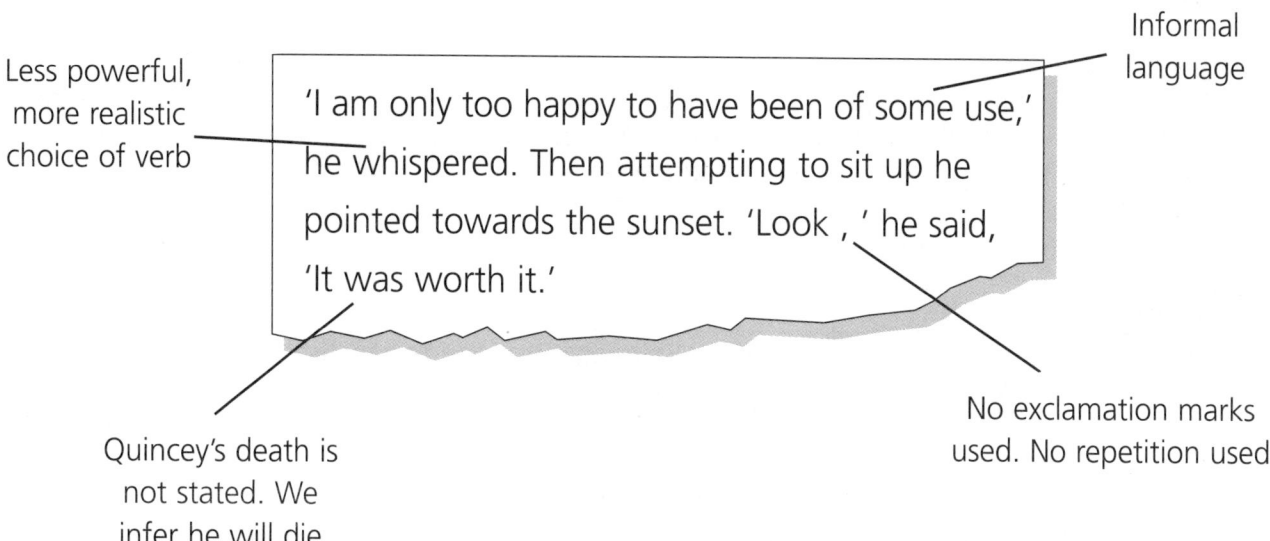

Unit 1
Gothic horror
Lesson 2

Framework Objective

S7: Develop different ways of linking paragraphs, using a range of strategies to improve cohesion and coherence (choice of connectives)

Main text type: Narrative

Student Book pages 9–10

Starter

- Remind students that paragraphs are a way of organising changes in a text. Point out that they can:
  - show that a new character is speaking
  - indicate a shift of scene or focus
  - represent an introduction and a conclusion.
  Alternatively, a short paragraph can give emphasis to an event.
- Then focus on the way that connectives can link paragraphs temporally in a text, asking students to brainstorm examples of common time connectives (for example, *First…*, *Before…*, *After…*). Record these on the board.

Introduction

Focus on: Linking by time

- Introduce the idea that using certain time connectives at the start of a new paragraph can signal that something is happening at the same time as another event in the text. Refer students to the example given on page 9, and then look at paragraph 2 of the extract (which the given example starts). Ask students to complete question **9** by identifying similar time connectives in paragraphs 3 and 6: 'But on the instant…' (paragraph 3) and 'now' (paragraph 6).
- Return to paragraph 3 and read it through with the class. Encourage students to think about the way in which these connectives add to the tension and drama of the text and do not merely signal events happening simultaneously.
- Give students **Worksheet 1.2**. Read it through with the class, then ask students to decide where paragraphs might start in the text. Working in groups, students annotate the sheet to identify each kind of paragraph; each group should appoint one member to make their annotations. Finally, groups contribute their decisions on paragraph organisation in a short feedback session. Together, the class should decide what types of paragraphs there are and how the text is best organised.

Development

Key Writing

- Before starting the Key Writing task, run through question **10** with students to ensure they understand that both paragraphs denote events happening in time order. Discuss possible ways of continuing the second paragraph and what it might contain. For example, discuss possible sounds the character might hear and what events might follow. This will provide students with a starting point for question **11**.

Plenary

- Draw a simple table on the board with the headings 'Time connectives' and 'Descriptive language'. Students should offer examples of each from their completed paragraphs and record these in the table. Note any particularly evocative or sensationalist language and add further examples.
- Remind students of those connectives that signal several things happening simultaneously and their usefulness in creating tension and pace in a text. Conclude by asking students to outline the function of paragraphs and to give effective examples from their Gothic writing.

Unit 1 Gothic horror

Worksheet 1.2: Making new paragraphs

In the following extract from *Dracula*, Jonathan Harker is staying at the Count's castle and is becoming more and more troubled by events. He decides to leave, but discovers he cannot.

The text contains no paragraphs. However, new paragraphs could begin in several places. Read through the text carefully.

1. Mark where you want to introduce new paragraphs, using the following symbol: //.
2. In the margin, note down why you have chosen to create each new paragraph. For example, because it shows a change of scene.

> With a stately gravity, he with the lamp, preceded down the stairs and along the hall. Suddenly he stopped. 'Hark!' Close at hand came the howling of many wolves. It was almost as if the sound sprang up at the raising of his hand, just as the music of a great orchestra seems to leap under the baton of the conductor. After a pause of a moment, he proceeded, in his stately way, to the door, drew back the ponderous bolts, unhooked the heavy chains, and began to draw it open. To my intense astonishment I saw that it was unlocked. Suspiciously, I looked all around, but could see no key of any kind. As the door began to open, the howling of the wolves without grew louder and angrier. Their red jaws, with champing teeth, and their blunt-clawed feet as they leaped, came in through the opening door. I knew then that to struggle at the moment against the Count was useless. With such allies as these at his command, I could do nothing. But still the door continued slowly to open, and only the Count's body stood in the gap. Suddenly it struck me that this might be the moment and means of my doom; I was to be given to the wolves, and at my own instigation. There was a diabolical wickedness in the idea great enough for the Count, and as the last chance I cried out, 'Shut the door! I shall wait till morning.' And I covered my face with my hands to hide my tears of bitter disappointment.

From *Dracula* by Bram Stroker

Unit 1
Gothic horror
Lesson 3

Framework Objectives

W11: Appreciate the impact of figurative language in texts

R14: Explore how a particular text adheres to or deviates from established conventions (Gothic horror)

Main text type: Poetry

Student Book pages 11–15

Starter

- Although the text in this section is a light-hearted poem, it contains some difficult vocabulary. Remind students that they can often make a rough guess at the meaning of an unknown word by picking up clues from its context. Take an example from the poem and discuss how surrounding words give clues. For example, in the case of 'cadaver', ask students what is likely to emerge 'bloated' from the 'ooze'.

Introduction

- Read the poem to the class. Encourage students to guess the meaning of words they are unfamiliar with, based on their context. Refer students to the glossary only after reading the poem.
- Take time to explain the title of the poem.

Key Reading

- Go over the key features of poetry as described in the text-type box on page 13. Check understanding by asking students:
  - *Give an example of a free verse poem you have read.*
  - *Give an example of a poem with a regular rhythm.*
- Follow this by asking what type of poem *Alternative Endings to an Unwritten Ballad* is (refer back to the title if necessary).
- Discuss questions **1**, **2** and **3** with the class. Students should find a series of regular features in the poem: rhythm, rhyme, verse pattern and repetition of words.

Development

Purpose

- Students can make more than one choice from the list of purposes given in question **4**. The two credible answers are 'to make the reader laugh' and 'to make fun of the Gothic style'. Ask students why the other choices would be difficult to justify.

Reading for meaning

- Help students to build the character of Mrs Ravoon. First, discuss question **5** with the class, exploring what kind of image the name 'Mrs Ravoon' conjures up for them. Ask students why this image is at odds with ideas of the typical Gothic villain.
- Students then search for literal information about Mrs Ravoon in questions **6** and **7**. They will also need to infer and speculate about her character. For example, the word 'cadaver' is described in the glossary as meaning 'corpse', yet Mrs Ravoon is very active. What might students deduce from this?
- For questions **8** and **9**, students complete a spidergram (in groups) before reporting back with a brief written description of Mrs Ravoon. You may also wish to give students **Worksheet 1.3**, which provides a writing frame to support them when writing a full character study of Mrs Ravoon.

Plenary

- Draw up a list of questions on the board asking:
  - what Mrs Ravoon might be
  - how she differs from the conventional Gothic villain
  - what similarities she shares.
- Students can answer the questions by referring to evidence from their character studies. Conclude by asking students to decide as a class what Mrs Ravoon is.

Unit 1 Gothic horror

Worksheet 1.3: Mrs Ravoon

Look again at the spidergram you created for question 8 in your Student Book. What have you found out about Mrs Ravoon?

Use this writing frame to help you write a longer character study.

Mrs Ravoon appears in the poem _____

written by _____

In some ways she is like a Gothic character because…

_____

_____

For example, we are told that she looks like….

_____

_____

Many of the surroundings we find her in are…

_____

_____

For example: _____

_____

But she is also a comic character because…

_____

_____

For example: _____

_____

Her habits tell us that…

_____

_____

To sum up, I would say Mrs Ravoon is like…

_____

_____

Impact English Teacher's Resource © HarperCollinsPublishers 2005

Unit 1
Gothic horror
Lesson 4

Framework Objective

W1a: Review, consolidate and secure spelling conventions (vowel choices)
Main text type: Poetry

Student Book pages 15–16

Thesauruses should be available.

Starter

- Ask students to spell the following words from the poem, which contain vowel digraphs: *ooze, lagoon, steer, rune, bloated, baboon, stood, moat*. Then add these words (which are not from the poem): *veer, stoop, gloat, tote*. Students should record any words they do not know. If they keep a spelling bank, give them well-known prompt words as reminders; these can be recorded next to the new vocabulary (for example, *veer – see* [prompt word]).

Introduction

Focus on: Rhyming associations

- Explain to students that part of the poem's success derives from its rhyme, which along with the lumpy rhythm helps to create a comic effect. This is particularly evident in the end rhymes such as 'Ba*boon*' and 'Ra*voon*'. However, point out that those rhymes which contain the 'oo' sound can also have sinister associations with words such as 'tomb', 'doom' and 'gloom'.
- You may also wish to refer students to Tennyson's *The Lady of Shallot* as further evidence of the effect of the rhyme: 'She left the web, she left the loom, / She made three paces thro' the room…'; and later: 'Out flew the web and floated wide; / The mirror crack'd from side to side…', for which further associations include 'died', 'sighed' and 'lied.'
- Mention to students that when we read poetry we may unconsciously make these kinds of associations; poets, too, are not always aware of them. However, by choosing the right words for the poem, other things fall into place. Emphasise this last point when students are completing question **10** (and later, choosing rhymes for their verses in question **12**).

Development

Key Writing

- For question **11**, students work in groups to create their own vampire character. Using a thesaurus, encourage them to find a range of Gothic words. They can record these words on **Worksheet 1.4** and try combining them to see what gives the most successful results. The example given on **Worksheet 1.4** shows how the name in the Student Book was arrived at.
- Once students have settled on a name, they draw a spidergram on which to record key words when creating a setting and character traits for their vampire in question **11c**. Groups then report back, explaining how the words they gathered sparked ideas.
- When writing their verses in question **12**, students, like the narrator of the original poem, should imagine that they are confronted with their vampire character. Remind them to select rhymes from their work in question **10** and follow the bulleted guidance. Point out that in the example given in the Student Book, 'reaches' would be a more appropriate choice of rhyme than 'peaches'.

Plenary

- Ask 2 or 3 students to read their poems to the class. Discuss the different rhythms created and highlight successful rhymes; ask the students to explain how they came up with their ideas. For example, some poems may have begun with a rhyme, others with a particular image. Conclude by asking students what kinds of associations came to mind as they listened to the verses.

Unit 1 — Gothic horror

Worksheet 1.4: What's in a name?

Use this table to organise your work when creating names for your character in question 11.
- List suitable words in column 1. This has been started for you.
- Use column 2 to create a name by combining words.
- Refine your ideas until you create an interesting name, as shown in the example below.

Words	Possible names
death ⟶	Demona Death ✗
demise ⟶	Demona Demise ✗
demon ⟶	Demonica De Mise ✓
plague	
macabre	
gruesome	
morbid	

Unit 1
Gothic horror
Lesson 5

Framework Objective

R10: Analyse the overall structure of a text to identify how key ideas are developed (through the organisation of the content)

Main text type: Discursive

Student Book pages 17–21

Starter

- Write the word 'argument' on the board and ask students what they understand the term to mean. Then brainstorm for synonyms, to explore its meanings in different contexts (for example, *quarrelling, disagreement, reasoning*). Draw a distinction between the everyday use of 'argument' and its formal meaning. Point out that the original meaning of 'argue' is 'to make clear' or 'to prove'.

Introduction

- Read the article with the class. Afterwards, refer students to any difficult terms in the glossary.

Key Reading

- Remind students of the term 'argument' and then explain the meaning of 'discursive' as 'shifting to and fro between ideas'. Go through the key features of discursive writing as described in the text-type box on page 19. Check understanding by asking students:
  – *Having read the text, what do you understand by the term 'discursive writing'?* (An argument presented from different points of view.)
- Students work carefully in pairs to answer questions **1** to **4**; they should relate their answers to the text-type features, then feed back to the class. In addition, point briefly to the opening statement and conclusion in the article.

Development

Purpose

- Ensure students grasp from question **5** that the main purpose of the text is to discuss whether or not Bram Stoker's character, Dracula, is based on Vlad the Impaler.

Reading for meaning

- Introduce the different ways that arguments can be structured in a discursive text. Help students to answer question **6** by looking closely at the organisation of the article; they should find that it follows structure B.
- Take students systematically through the example in question **7**, showing them how to locate the key words and use the table to make notes. They should work in pairs to complete the table. Finally, conduct a short plenary to see if students have identified the points and evidence for the argument. They can then complete question **8**, completing a similar table to give points and evidence against the argument.
- Working in the same pairs, ask students to complete **Worksheet 1.5**. This will reveal how well they understand the organisation of the discursive text. Topic sentences only are given for each paragraph.

Plenary

- Once they have completed **Worksheet 1.5**, ask students to report back, to ensure they understand how the paragraphs are organised. Discuss the way in which topic sentences have been used, and elicit from students how they knew which subheadings matched which paragraphs. Explain that topic sentences can help when skimming a text to gain an overall impression of how it is organised, as well as giving information as to what the text is about. Conclude by referring back to question **6**, to remind students that this text follows structure B.

Unit 1 Gothic horror

Worksheet 1.5: Organising text

1 There are seven paragraphs in the text *Mad Vlad and Dangerous to Know*. Decide which subheading below matches each paragraph summary and write it next to the paragraph number:
- Arguments for
- Arguments against
- Information about Vlad
- Quotation
- Opening statement
- Conclusion

Paragraph 1 _____

'…his hand grasped mine with a strength that made me wince, an effect which was not lessened by the fact that it seemed as cold as ice…

Paragraph 2 _____

Bram Stoker's creation is as well-known now as it was a hundred years ago, but how many know the origins of the famous Count? Some people think they do…

Paragraph 3 _____

Born in 1431, Vlad, the Romanian Prince of Wallachia, was a ruler of fanatical cruelty. Having seen his father murdered…

Paragraph 4 _____

But how far did Bram Stoker base his vampire on Vlad? There is certainly evidence to suggest that he knew of his existence. In 1890, while on holiday…

Paragraph 5 _____

Those who are convinced that Vlad is Bram Stoker's character point to other evidence: that his idea of driving a stake through his vampire came from…

Paragraph 6 _____

However, it is also possible that beyond the reference to Dracula, Bram Stoker knew little more about Vlad. Elizabeth Miller points out that nowhere in the novel is Vlad referred to…

Paragraph 7 _____

So, is Vlad Dracula and Dracula Vlad? Or is Bram Stoker's creation the work of a fertile imagination with a little help from the Whitby public library? You can decide.

2 Which two paragraphs perform the same job?

Unit 1
Gothic horror
Lesson 6

Framework Objective

S&L10: Use talk to question, hypothesise, speculate, evaluate, solve problems and develop thinking about complex issues and ideas

Main text type: Discursive

Student Book pages 21–22

Starter

- Help students to recall polysyllabic words by splitting them into syllables. You can also reinforce common suffixes that are often misspelt; for example, the suffix '–ive' could be reinforced in 'dis-curs-*ive*'. Useful key words here might be: *argument, evidence, introduction, conclusion, connective*. (In the last example, split the word as follows: con-nect-ive. Students will find the double 'n' easier to recall.)

Introduction

Focus on: Useful phrases and connectives

- Point out to students how phrases at the start of sentences act as connectives by helping to link views in a discussion. Ensure students understand that the answer to question **9** ('Some have even suggested…' in paragraph 5) serves the same function as the example on page 21.
- Introduce question **10** by discussing how connectives of contrast help the reader to consider opposing ideas. For example: *On the one hand…, On the other hand…* Students then try out a range of these connectives, using examples from the tables they completed for questions **7** and **8**.
- Remind students that other types of connectives also help to link ideas in discursive texts. These include connectives of qualification (for example, *however* and *although*), of sequencing (for example, *finally*) and of comparison (for example, *In the same way…*). Point out how these words and phrases can help students to order their thoughts when weighing up arguments.

Development

Key Speaking and Listening

- Before starting their discussion in question **11**, students should appoint a spokesperson to report their findings to another group. During the discussion, encourage students to extend their thinking through exploratory talk. They should consider which evidence is the most credible and which the least credible. For example, students might accept evidence that suggests the name 'Dracula' was based on Vlad the Impaler, whilst rejecting evidence that the character of Dracula was based on Vlad. Point out that using connectives of qualification and contrast in discussion will help them to think clearly.
- Once students have come to a conclusion, ask each group to complete **Worksheet 1.6**. They will need to appoint a group recorder and agree on what to include in the writing frame. The frame encourages students to focus on the main points and aids the spokesperson when reporting to another group. There are also several useful connectives used, which you may wish to highlight.

Plenary

- Ask each spokesperson to sum up their group's decisions, to see whether there is a consensus among the class. Gather together the main points for and against the argument and list these on the board. Draw up a heading 'New Evidence' and, under two columns headed 'For' and 'Against', ask students what kind of new evidence would be needed to confirm or reject their decisions.

Unit 1 Gothic horror

Worksheet 1.6: Sizing up arguments

During your work for question 11, use the following writing frame to help your group note down the main reasons for its decisions.

In our group we discussed _____
_____

We studied the arguments for and against this.

On the one hand we agreed that _____
_____

This was because _____
_____

On the other hand we disagreed that _____
_____

This was because _____
_____

In addition, we agreed/disagreed with these points _____
_____
_____

The most useful evidence was _____
_____

Whereas the evidence we easily rejected was _____
_____

This was because _____
_____

Finally, we decided that _____
_____

We also thought that _____
_____

Unit 1
Gothic horror
Lesson 7

Assessment Focus

AF3: Organise and present whole texts effectively, sequencing and structuring information, ideas and events
Main text type: Narrative

Student Book pages 23–25

Starter

- Ask students to brainstorm the key features of a Gothic narrative. If necessary, refer students back to the list on page 8 of the Student Book. Help them to think of vocabulary – nouns, adjectives and verbs – to describe Gothic settings, characters and events. List the best of these for students to use later.

Introduction

Stages 1 and 2

- Draw the following diagram of a narrative structure on the board:

    Introduction ⟶ Setting, for example, graveyard, full moon, midnight.
    ⟶ Character
    Complication ⟶
    Crisis ⟶
    Resolution ⟶

- Referring to the prompts in Stages 1 and 2, ask students to choose story settings and use the diagram above to work out their plan for a Gothic narrative. The questions under each stage (on pages 23–24 of the Student Book) should prompt ideas. Allow about ten minutes for this preparation work.
- Next, discuss how students will vary their paragraphs. For example:
    - by using a powerful opening sentence, such as 'The only noise was the screech of an owl…'
    - by including a paragraph indicating a shift of scene; for example, 'On the other side were two graves surrounded by iron railings…'
    - by including a paragraph indicating a time shift; for example, 'After we found the key…'
    - by using a suitable concluding paragraph, such as 'At last it was over…'.
- To reinforce different paragraph types, give out **Worksheet 1.7**. This asks students to identify different types of paragraph from a series of paragraph openers.

Development

Stage 3

- Students write their Gothic stories, using their plans from Stages 1 and 2 and varying their paragraphs. They should write in the first person and the present tense, and draw on the list of vocabulary created during the Starter.

Challenge

- Here students are asked to look at the descriptive language they used in their stories. Encourage them to use dramatic words or phrases to make their writing more Gothic in style.

Impact English Teacher's Resource © HarperCollinsPublishers 2005

Peer Assessment

- When students have completed their writing, they should read each others' drafts in pairs. Write up the text-type features listed below and ask students to check whether their drafts include them:
  - narrative structure
  - powerful opening sentence
  - work is organised in paragraphs
  - use of first person
  - use of past tense.
- Students then fill in the Peer Assessment Sheet (see page 6) and feed back their findings to the class.
- Students redraft according to suggestions.

Plenary

- Give a copy of **OHT 1.8** (top half only) to groups of students and ask them to annotate the level 3 writing to show how well the student has incorporated the various features of good narrative writing, and what needs improvement. Then display the whole of **OHT 1.8** and ask for feedback on how to get the level 3 writing up to level 4. Show in the exemplar of level 4 how this can be done. Students can make changes to their own texts in light of this.

Unit 1 Gothic horror

Worksheet 1.7: Paragraph types

The following starter paragraphs could all come from one story.

1 Identify what kind of paragraphs they are. Choose from the following:
A: opening
B: conclusion
C: shift of scene
D: shift of time
E: direct speech.
Write the correct letter beside each paragraph.

2 Underline any words (such as connectives) that give you clues as to what type of paragraph they are.

Paragraph 1 _____

On the other side were two graves surrounded by iron railings.

Paragraph 2 _____

We raced down the cemetery path and scrambled over the wall, just as the sun was creeping above the horizon. We were safe.

Paragraph 3 _____

A moment later there was a deafening howl and a strange shape appeared from behind the tree.

Paragraph 4 _____

I pulled up my hood as I slipped out of the front door, quietly closing it behind me. What strange events lay ahead?

Paragraph 4 _____

'Come quickly!' Jack called to me urgently.

Paragraph 5 _____

We ran towards the open fields and threw ourselves down on the grass, out of breath, grateful for a few moments to recover…

Unit 1 — Gothic horror

OHT 1.8: Raising the level

Assessment Focus

AF3: Organise and present whole texts effectively, sequencing and structuring information, ideas and events

Level 3

I climbed over the gates as quickly as I could and walked towards the disused fairground. It was on the far side of the park near a small wood. As I passed the café I could see the shutters were down. It was closed for the winter. Then I stopped. In the far distance I heard the sound of a merry-go-round.

Level 4

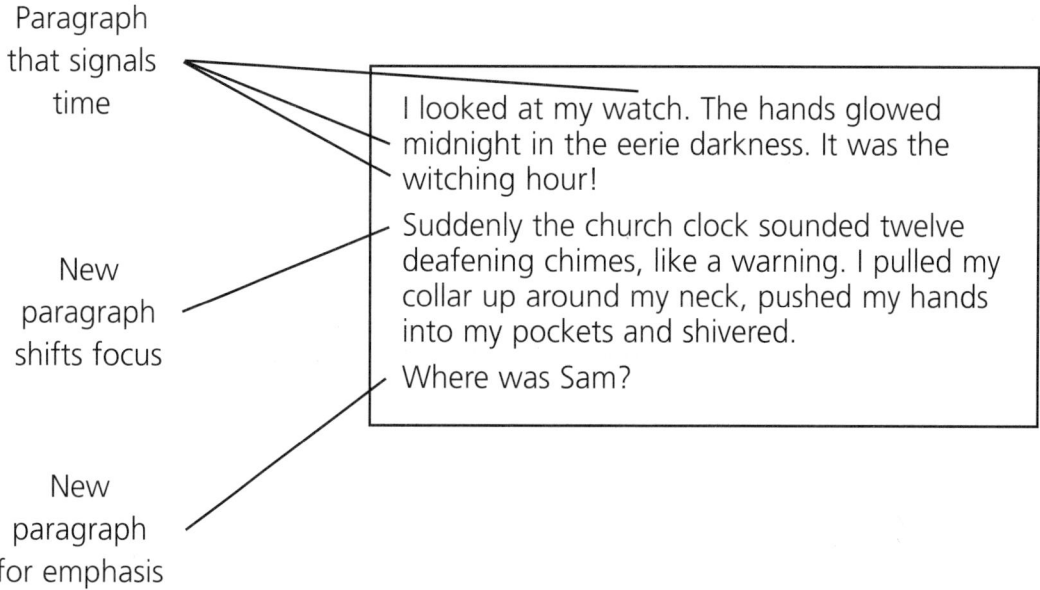

Paragraph that signals time → I looked at my watch. The hands glowed midnight in the eerie darkness. It was the witching hour!

New paragraph shifts focus → Suddenly the church clock sounded twelve deafening chimes, like a warning. I pulled my collar up around my neck, pushed my hands into my pockets and shivered.

New paragraph for emphasis → Where was Sam?

Impact English Teacher's Resource © HarperCollinsPublishers 2005

Tales retold

Lesson

Framework Objective

S12: Explore and use different degrees of formality in written and oral texts

Main text type: Narrative

Student Book pages 26–30

Starter

- Ask the class what the difference is between formal and informal language, and explain, if necessary, that formal language follows the strict rules of standard english in vocabulary, structure, grammar and spelling; whereas informal language is more loosely structured and sometimes ignores grammatical rules and includes slang and colloquialisms. Give pairs a set of the cards on **Worksheet 2.1** and get them to group the words and phrases into formal and informal sections.

Introduction

- Read through the extract with the class and check that difficult words are understood. Ask 1 or 2 students what the story is about.

Key Reading

- Go through the key features of narrative texts as shown in the text-type box on page 28. Check understanding by asking students:
  - *What is a crisis? Give some examples from books you have recently read.*
  - *What is the difference between a first-person narrative and a third-person narrative?*
  - *What other text types often use expressive and descriptive language?*
  - *How does the writer indicate the words spoken in direct speech?*
- Students discuss questions **1** to **6** in pairs. Less able students may need guidance for question **6** in deducing which character is speaking. Invite 2 or 3 pairs to feed back their answers and invite the class to comment.

Development

Purpose

- Students discuss question **7** in small groups and feed back. All of the answers except the first could be argued for successfully.

Reading for meaning

- Students answer questions **8** to **12**, which look at different stylistic effects, on their own or in pairs and then feed back.
- As a context for question **12**, you may like to read out or display a version of the original Greek myth, to show the formal language and serious tone (try the version found at www.bulfinch.org/fables/bull16.html#sphinx). You may also need to remind the class of the difference between formal and informal language (refer back to the Starter activity).

Plenary

- Ask students to summarise the three most important things they have learned in this lesson by presenting them as a series of bullet points. Then invite 2 or 3 students to feed back and try to gain class consensus on the top three points.

Unit 2 Tales retold

Worksheet 2.1: Formal or informal

Informal	Formal
Off his head	A splendid achievement
Give me a break	Yours sincerely
Give us a kiss	Can you not see?
That's cool	The conclusion is that…
I'm, like, sitting there…	Appropriate to the situation
No, I can't	
Getting the hang of it	
How ya doin?	
That's right	

Impact English Teacher's Resource © HarperCollinsPublishers 2005

Framework Objectives

Wr6: Experiment with figurative language in conveying a sense of character and setting

Wr8: Develop an imaginative or unusual treatment of familiar material or established conventions

Main text type: Narrative

Student Book pages 31–32

Starter

- Show **OHT 2.2** to the class (or, even better, show them the clip from *Monty Python and the Holy Grail*) and discuss how it creates a humorous effect. In particular, ask students:
  - *What traditional tale or tales are being made fun of here?* (King Arthur and the riddle theme, combined with the traveller at the gates/bridge theme.)
  - *What features of the text relate to a serious, ancient tale?*
  - *What features are deliberately different?*
  - *What creates the humour?*
- Relate this example to the humorous take on the Sphinx tale in the extract they have been working on.

Introduction

Focus on: Similes

- Read through the section, showing the main ingredients of the sample simile. Ask students what the simile adds to the description. For example, the author could have written: *My bristles stood on end with fright.* Question **13** elicits the effect of this simile, while question **14** supplies four sentences to turn into similes. Students could discuss these in pairs before writing their answers (as complete sentences) in their books. Get students to read out their sentences and invite the class to comment on how effective they are.

Development

Key Writing

- In the Greek myth, the Sphinx asked passers-by this riddle: 'What creature walks on four legs in the morning, two in the afternoon and three in the evening?' Ask the class the same riddle and get them to discuss it. The answer is Man – in the 'morning' of life he crawls (as a baby); in the 'afternoon' (adulthood) he walks; in the 'evening' (old age) he walks with a stick. You could also point out the metaphors here.
- Next, explain the writing task (question **15**) to students, in which they are going to add humour to the story of Gryllus and Sibyl by including references to a TV game show. Draw up the spidergram with the class if support is necessary. Pairs decide on one or two features from the spidergram to include in their episode, then role-play a dialogue. Afterwards, bring the class together and invite pairs to discuss any ideas they have come up with. Or ask 1 or 2 pairs to role-play in front of the class.
- Allow plenty of time for students to draft the episode. Work with a group to share ideas, give positive criticism and praise achievement. Encourage students to include a simile in their narrative. Some students may want to use comic ideas from the Monty Python script discussed in the Starter (on **OHT 2.2**).

Plenary

- Invite 3 or 4 pairs to read out their game show narratives and invite the rest of the class to comment on how effective they are. Have students managed to refer both to the world of ancient myth and the modern world of the game show?
- To conclude, you may like to read the class Paul Shipton's continuation of the story and ask students to comment on how effective it is.

Unit 2 — Tales retold

OHT 2.2: Monty Python

BRIDGEKEEPER: Stop! Who would cross the Bridge of Death must answer me these questions three, ere the other side he see.

LAUNCELOT: Ask me the questions, bridgekeeper. I am not afraid.

BRIDGEKEEPER: What is your name?

LAUNCELOT: My name is Sir Launcelot of Camelot.

BRIDGEKEEPER: What is your quest?

LAUNCELOT: To seek the Holy Grail.

BRIDGEKEEPER: What is your favourite colour?

LAUNCELOT: Blue.

BRIDGEKEEPER: Right. Off you go.

LAUNCELOT: Oh, thank you. Thank you very much.

ROBIN: That's easy!

BRIDGEKEEPER: Stop! Who approacheth the Bridge of Death must answer me these questions three, ere the other side he see.

ROBIN: Ask me the questions, bridgekeeper. I'm not afraid.

BRIDGEKEEPER: What is your name?

ROBIN: Sir Robin of Camelot.

BRIDGEKEEPER: What is your quest?

ROBIN: To seek the Holy Grail.

BRIDGEKEEPER: What is the capital of Assyria?

ROBIN: I don't know that! Auuuuuuugh!
[ROBIN explodes and dies]

BRIDGEKEEPER: Stop! What is your name?

GALAHAD: Sir Galahad of Camelot.

BRIDGEKEEPER: What is your quest?

GALAHAD: I seek the Grail.

BRIDGEKEEPER: What is your favourite colour?

GALAHAD: Blue. No yel– auuuuuuugh!
[GALAHAD explodes and dies]

BRIDGEKEEPER: Hee hee heh. Stop! What is your name?

ARTHUR: It is Arthur, King of the Britons.

BRIDGEKEEPER: What is your quest?

ARTHUR: To seek the Holy Grail.

BRIDGEKEEPER: What is the air-speed velocity of an unladen swallow?

ARTHUR: What do you mean? An African or European swallow?

BRIDGEKEEPER: Huh? I—I don't know that! Auuuuuuugh!
[BRIDGEKEEPER explodes and dies]

BEDEVERE: How do know so much about swallows?

ARTHUR: Well, you have to know these things when you're a king, you know.

From *Monty Python and the Holy Grail*

Urban legends

Tales retold
Lesson

Framework Objective

R4: Review their developing skills as active, critical readers who search for meaning using a range of reading strategies

Main text type: Explanation

Student Book pages 33–37

Starter

- Without students opening their books, read out the urban legend on page 33 of the Student Book (or tell another one that you know). Ask students what kind of story it is – elicit the term 'urban legend' or 'urban myth'. Get students in groups to share any urban legends they know and work out their own definition of an urban legend. Share group definitions as a class.

Introduction

- Read the website text with the class, and check that difficult words are understood. Ask students what the text is about.

Key Reading

- Go through the key features of explanation texts as shown in the text-type box on page 35. Check understanding by asking students:
  - *Why are explanation texts written in clear and logical steps?*
  - *What does 'causal language' mean?*
  - *Give an example of formal language.*
- Students discuss questions **1**, **2** and **3** in pairs, then feed back with their answers. Be ready to provide further examples of causal language to support question **2**.

Development

Purpose

- Students work in small groups to answer questions **4** and **5**. Ask 2 or 3 groups to feed back their answers and invite the class to comment. If necessary, during question **5b** prompt students as to why a story has been included; for example, as an example to give the explanation a context.

Reading for meaning

- Students can discuss questions **6** to **9** in pairs or work on them individually, before feeding back to the class. Before they tackle question **9**, run through the 'Grammar for reading' box on page 37 to ensure that students understand what connectives are. You may want to write several sentences on the board using the different causal connectives listed in the box.
- To consolidate work on explanation texts, give each student a copy of **Worksheet 2.3**. They must identify which of the two examples is an explanation text, then highlight the features that make it an explanation text.

Plenary

- Invite 2 or 3 students to present their findings on **Worksheet 2.3**, using an OHT of the worksheet.

Unit 2 Tales retold

Worksheet 2.3: Which is which?

Read both texts below.
  1 Which is an explanation text? Annotate the features that make it an explanation text.
  2 What text type is the other extract?

Extract 1

> Boomerangs are probably the first heavier-than-air flying machines ever invented by human beings. The oldest Australian Aboriginal boomerangs are ten thousand years old but older hunting sticks have been discovered in Europe, where they seem to have formed part of the Stone Age arsenal of weapons.
>
> King Tutankhamun, the famous Pharaoh of ancient Egypt, who died 2,000 years ago, owned a collection of boomerangs of both the straight flying (hunting) and returning variety.
>
> No one knows for sure how the returning boomerang was first invented, but some modern boomerang-makers speculate that it developed from the flattened throwing stick, still used by the Australian Aborigines and some other tribal people around the world.

Extract 2

> A boomerang spins as it flies forward through the air. Because of this, the leading arm – the wing spinning into the direction of flight – actually travels faster than the other wing, which is spinning away from the direction of flight. This creates 'lift', which makes the boomerang turn slowly through the air.
>
> Another factor that makes a boomerang turn is the wing shape. The wings are rounded on one side and flat on the other, which causes the air to move more quickly over the top of the wing than along the bottom. Because there is greater pressure below the wing than above it, again the boomerang turns slowly and returns to the thrower's hand.

Urban legends

Tales retold

Framework Objectives

S6: Explore and compare different methods of grouping sentences into paragraphs of continuous text that are clearly focused and well developed

Wr11: Explain complex ideas and information clearly

Main text type: Explanation

Student Book pages 37–39

Starter

- Put **OHT 2.4** on the projector – a quiz testing students' knowledge of key terms that help to describe and analyse language. Students discuss in pairs which term relates to which definition and write down the correct number-letter combination. Alternatively, this can be photocopied and distributed to each pair as a worksheet.

Introduction

Focus on: Grouping sentences into paragraphs

- Read through the section with the class. Ensure that students understand how the sentence with the main point (the paragraph focus) summarises the purpose of the paragraph. Ask them how each of the paragraphs might continue, so they see how the sentences are organised in a logical way. Students may rightly point out that the two examples on page 38 also 'expand on the main point'; however, they do this in particular ways, as the annotations show.
- In question **10**, pairs analyse the paragraphs in the *How urban legends work* text in a similar way. Ask 2 or 3 pairs to present their tables to the class.

Development

Key Writing

- Read through question **11** with the class. In this question, students will write a short explanation of why urban legends are so popular. Ask pairs or small groups to brainstorm ideas. Students then choose one of these ideas and draft a paragraph on it, as if it were part of a larger explanation text on urban myths. Students can draft their paragraph working on their own or in pairs. Guide a group of students, sharing ideas and praising achievement.
- Once they have completed their draft paragraph, invite 2 or 3 students to read out their work and invite the class to comment.

Plenary

- Ask students to write down a simple explanation for why paragraphs are used, then invite 3 or 4 students to read out their explanations. Invite the class to identify clear logical steps and any causal language.

Unit 2 Tales retold

OHT 2.4: Terms and definitions

Match up the language term on the left with the correct definition on the right.

1. adjective

    A. a word used instead of a noun or a clause to avoid repetition

2. clause

    B. a word or phrase that links words or sentences

3. connective

    C. a word that names an object or quality

4. noun

    D. the most important sentence in a paragraph

5. paragraph

    E. the form of a word that is used to refer to two or more things

6. plural

    F. a group of words that forms the building block of a sentence

7. pronoun

    G. a section of a piece of writing, used as an organizational tool

8. topic sentence

    H. a word that describes something

The growth of a legend

Tales retold

Framework Objective
S3: Make good use of the full range of punctuation
Main text type: Analysis

Student Book pages 40–44

Starter

- Ask students to pair up and give each pair a set of punctuation cards cut out from **Worksheet 2.5**. Their task is to match the name cards (in capitals) with the punctuation mark, then allocate one of the function cards to each. After the task, invite several pairs to feed back. To extend this task for more advanced students, ask whether there is another function for some of these punctuation marks that could also go on the card. Finally, brainstorm the overall purpose of punctuation with the class.

Introduction

- Read the article with the class and check that difficult words are understood. Ask questions about the content of the text to check basic understanding.

Key Reading

- Go through the key features of analysis texts as shown in the text-type box on page 42. Check understanding by asking students:
  - *What does 'analyse' mean?*
  - *What sorts of things count as evidence?*
  - *Name one causal connective of cause and effect, and one time connective.*
- Students discuss questions **1** to **4** in pairs. They may need a prompt with question **3**, since there is no textual link between the main text and the second quotation in the margin (which is an earlier version of the Robin Hood story). It will help if students think of the quotation as evidence to support the main point in paragraph 3. Invite 2 or 3 pairs to feed back their answers and invite the class to comment.

Development

Purpose

- For question **5**, students discuss in pairs the options as to the main purpose of the text, then feed back their decision to the class. Their choice must be supported with textual evidence.

Reading for meaning

- Students attempt questions **6** to **9** working on their own or in pairs. The focus in questions **6** and **7** is on close reading and retrieving information from the text; students should be briefed as to this requirement. Ensure that in question **8** students understand what the term 'first-person references' means, and that they need to consider the effect of using them in this analysis text.

Plenary

- Ask students to write one sentence about Robin Hood that contains two of the punctuation marks discussed in the Starter (on **Worksheet 2.5**). Invite 2 or 3 students to show what they have written and invite the class to comment on the accurate use of punctuation.

Unit 2 Tales retold

Worksheet 2.5: Punctuation functions

.	**FULL STOP**	marks the end of a sentence
,	**COMMA**	separates words or phrases in a list
?	**QUESTION MARK**	shows that the sentence is a question
!	**EXCLAMATION MARK**	shows that the sentence is shouted
'	**APOSTROPHE**	shows where a letter is missed out of a word

The growth of a legend

Tales retold

Lesson

Framework Objectives

S3: Make good use of the full range of punctuation

S&L2: Develop an idea, choosing and changing the mood, tone and pace of delivery for particular effect

Main text type: Analysis

Student Book pages 44–46

Starter

- Write the following two sentences on the board from the Robin Hood analysis text:
  - ...he only used violence against the 'baddies' and only killed in self-defence.
  - ...he kills Guy of Gisborne, a medieval 'bounty hunter' who is after him...
- Ask students to discuss in pairs what the quotation marks mean around the words 'baddies' and 'bounty hunter' (these terms are not to be taken literally and can be challenged).

Introduction

Focus on: The comma

- Read through the explanation of commas on pages 44–45 with the class. Make sure that students understand each of the three separate uses before they attempt question **10**, either working on their own or in pairs. Invite 2 or 3 students to feed back their answers and discuss them with the class.
- To extend this work on commas, either in class or as homework, give a copy of **Worksheet 2.6** to each student to complete.

Development

Key Speaking and Listening

- Working in pairs, students prepare a court speech as described in question **11**. Their task is to defend the good name of Robin Hood, taking any line of defence they so wish. Encourage students to back up their points by citing evidence, either from the *Analysis – Living legends* text on pages 40–41 or their own knowledge of the Robin Hood legend. Point out that drawing on evidence is one of the defining features of an analysis text. Emphasise the importance of dividing up the presentation and delivery of the speech between each pair.

Plenary

- Choose 1 or 2 pairs to deliver their speeches. The class act as a jury and decide whether Robin Hood is innocent or guilty, based on the evidence presented in each analysis. The jury should decide on the strength of the speeches (as in a debate) rather than on their own thoughts and ideas.

Unit 2 Tales retold

Worksheet 2.6: Practising the comma

1 Add commas to separate the following items or phrases in each list:

   a You will need: 450g of flour 30g of butter 500ml of milk and 1tsp of lemon juice.

   b He found the key opened the door took a ladder and climbed up onto the roof.

2 Add commas in the following sentences to show where a new clause begins:

   a Turn right at the first junction then take the second on your left.

   b Dad asked me to feed the cats although it wasn't my turn.

3 Add commas in the following sentences around the phrase that tells you more about something that has already been mentioned:

   a The floods which were the worst in living memory claimed six lives.

   b Steve Redgrave five-times Olympic champion will give a speech.

4 Tick the sentences where commas are used correctly. Put a cross against those where commas have not been used correctly.

   a The police questioned the man aged 45, who was found, running away from the scene of the crime.

   b He's a fine gymnast, an excellent runner and an even better hurdler.

   c Since you ask, I'd like to repaint the walls, change the pictures and hang new doors.

Unit 2 Assignment

Tales retold

Lesson 7

Assessment Focus

AF3: Organise and present whole texts effectively, sequencing and structuring information, ideas and events

Main text type: Analysis

Student Book pages 47–49

Starter

- Write this sentence on the board: *A man goes into a pub and asks for a pint of beer and a packet of crisps.* Ask the class to write down:
  - what kind of text they think it is
  - how they know (what features in the text tell them?).
- Then ask the class what would have to be changed if this idea were to be the opening line of a novel instead of a joke. Explain that recognising these types of differences between texts will help them with the assignment.

Introduction

Stage 1
- Read through the introduction to the assignment with the class, as well as the two versions of the story and the feature boxes on page 48. Make sure that students understand the nature of the assignment, sorting out any difficulties at this early stage (for example, what 'cardboard' characters are). Ideally, give each pair a copy of **Worksheet 2.7**, which contains the full text of each urban legend. Students should then read through the stories again in pairs before discussing how the features in the boxes relate to each version.

Stage 2
- Students write notes to act as the building blocks of their report, as shown in the example on page 48 of the Student Book.

Development

Stage 3
- Each student plans their report as outlined in the Student Book.

Stage 4
- Before giving students the go ahead to draft their reports, go through the bulleted reminders on page 49. Ask for possible first sentences to introduce each paragraph and put sentence starters on the board, including some with connectives. For example: *Passage B, however, … .* Model on the board different ways of introducing evidence effectively.

Challenge
- Encourage those students who have the ability to write a short conclusion highlighting their findings and the main points of their report.

Peer Assessment

- When students have completed their reports, put them in pairs to read each others' drafts. Write up the text-type features listed below and ask students to check whether their drafts include them:
  - a clear statement of the problem in the introduction
  - good use of evidence to back up the points made
  - use of paragraphs to structure the text logically.
- Students then fill in the Peer Assessment Sheet (see page 6) and feed back their findings to the class.
- Students redraft according to suggestions.

Impact English Teacher's Resource © HarperCollins*Publishers* 2005

Plenary

- Give students a copy of **OHT 2.8** (top half only) and get them to annotate the level 3 writing in groups, to show how well the student has organised the text, and what needs improvement. Then display the whole of **OHT 2.8** and ask for feedback on how to get level 3 writing up to level 4. Show in the level 4 exemplar how this can be done. Students can make changes to their own texts in light of this.

Unit 2 Tales retold

Worksheet 2.7: The Hook

Read extracts A and B and decide which is a 'story' and which is an 'urban myth'.
Discuss how each text relates to the two feature boxes on page 48 of the Student Book.

Extract A

The Hook

It was the same most evenings. Sam picked up Becky and drove his wreck to the parking area two miles outside town. There they could play the car radio full blast; they could hang out on their own.

It was already half dark when they heard the local news: '…escaped from Locksley prison…convicted for murder…'

Sam stopped drumming his fingers on the tacky steering-wheel.

'…a full-scale hunt is under way,' droned the voice on the dashboard. 'Police are advising members of the public not to approach him. He is extremely dangerous and has a hook instead of a right arm.'

'A hook!' said Becky. 'That's horrible.'

'Horrible, horrible!' said Sam, grinning in the dark.

'What was that?' cried Becky, and she jammed herself against Sam.

'What?'

'That scratching!'

'Keep your shirt on,' said Sam. 'This piece of junk's always creaking and groaning.'

'Let's go,' said Becky. 'Now, Sam. Quick!'

'If you insist,' said Sam.

'Sorry,' said Becky, when Sam pulled up outside her house. 'I just got scared. You coming in?'

Then Sam jumped up and walked round the back of the car to Becky's side. And there, hanging from the handle of Becky's door, hanging and still swinging, was a large steel hook.

Extract B

Did you hear what happened to this couple? They're friends of someone Jack knows. They're on a date, and they've driven out to a quiet country road. They hear this report on the local radio about an escaped killer with a hooked hand, and the girl's getting really nervous. He was supposed to use it on all his victims – the hook, I mean. Anyway, the girl gets so scared, and thinks she's hearing things, like a tapping on the outside of the door, and the guy's so fed up with her he revs up the car and races off. They get to her house and he drops her off, but when she gets out she turns round and there's a bloody hook hanging on the door handle.

Unit 2 Tales retold

OHT 2.8: Raising the level

Assessment Focus

AF3: Organise and present whole texts effectively, sequencing and structuring information, ideas and events

Level 3

All the features of urban legends are there.
The author addresses the reader at the start. He refers to someone who we are supposed to know.
The language is plain and like speech. Lots of they're and they've are used.

Level 4

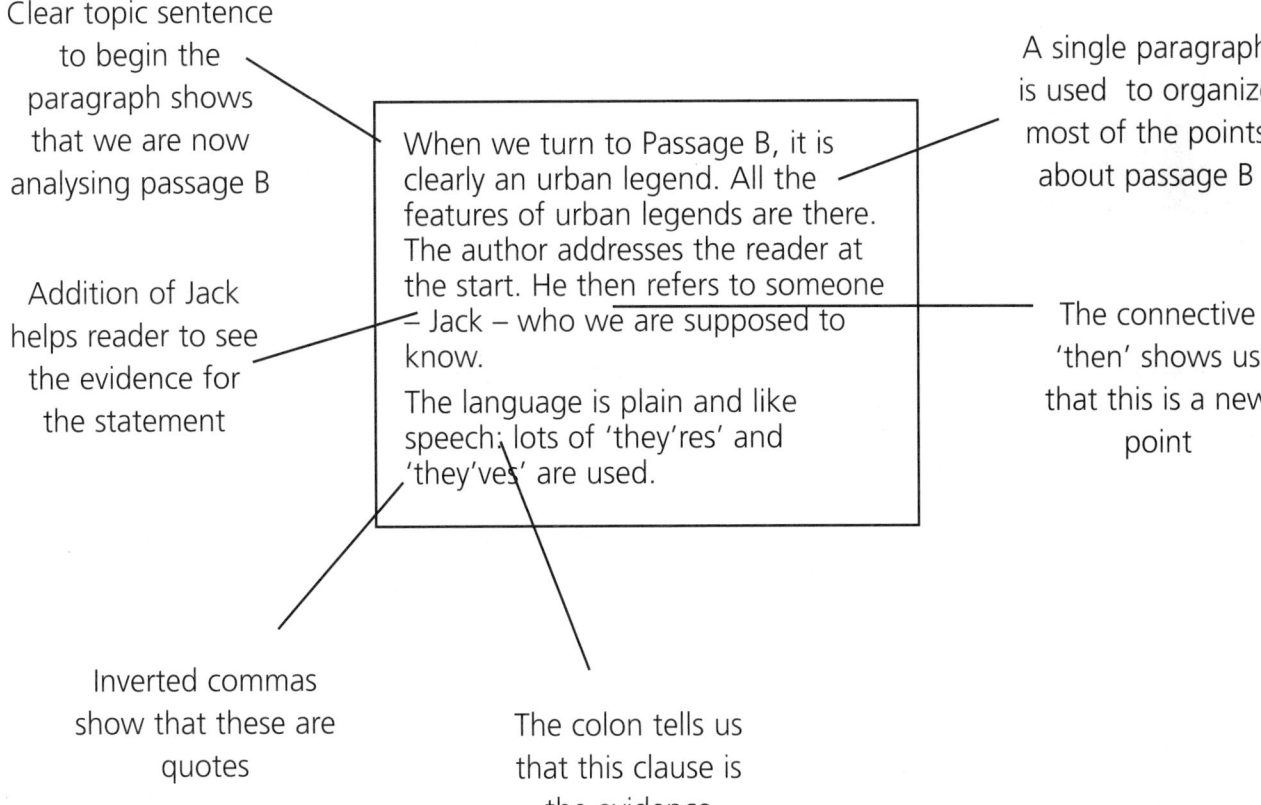

Clear topic sentence to begin the paragraph shows that we are now analysing passage B

Addition of Jack helps reader to see the evidence for the statement

When we turn to Passage B, it is clearly an urban legend. All the features of urban legends are there. The author addresses the reader at the start. He then refers to someone – Jack – who we are supposed to know.
The language is plain and like speech; lots of 'they'res' and 'they'ves' are used.

A single paragraph is used to organize most of the points about passage B

The connective 'then' shows us that this is a new point

Inverted commas show that these are quotes

The colon tells us that this clause is the evidence

Impact English Teacher's Resource © HarperCollins Publishers 2005

The Lord of the Rings

Magic and illusion

Framework Objective

R7: Identify the ways implied and explicit meanings are conveyed in different texts

Main text type: Narrative

Student Book pages 50–55

Starter

- As a check that students know how to use basic punctuation, such as capital letters, full stops, question marks and commas, write the following example on the board and ask the class to punctuate it correctly:
  the ring which Frodo held in his hand glinted he clutched it tightly would the ring exert its power over him

Introduction

- Read through the extract with the class, and check that glossary words are understood. Ask 1 or 2 students to describe what the story is about.

Key Reading

- Go through the key features of narrative texts as described in the text-type box on page 52. Explain the term 'epic', then check understanding by asking students these questions:
  - *What do you understand an epic narrative or film to mean?* (Ask students to give examples from stories or films they know.)
  - *How are the characters in epic narratives often different to those in other narratives?*
- Students complete questions **1** to **4** in pairs. If students are not familiar with *The Lord of the Rings*, they may need some prompting over the adjective 'wise' in question **2**. Ask 2 or 3 pairs to feed back their answers and invite the class to comment.

Development

Purpose

- For question **5**, pairs decide how the extract arouses the reader's curiosity about the characters and the ring. Encourage students to pinpoint evidence from the text to support their findings. Conclude by discussing how the scene anticipates Frodo's adventure, relating this back to the features of epic narratives.

Reading for meaning

- Make the distinction between literal and inferred meaning and model the examples on pages 53–54 of the Student Book. Ask students to explain how these examples show the difference between the two types of meaning, encouraging them to use terms such as 'hidden meanings' and 'reading between the lines'.
- Pairs complete questions **6a** and **b**, but before they complete the grid in **6c** they should agree on which examples have inferred meanings and what these are. Carry out a brief plenary with the class in which pairs report back with their findings.
- Next, refer students back to the work done for question **5** and introduce the term 'anticipation'. Explain that the reader anticipates what will happen next or where the story is going, as well as inferring meaning from a sentence. The same pairs can then complete **Worksheet 3.1**. Here they have to infer meaning and think of several possibilities for what might happen next.

Plenary

- Ask 2 or 3 pairs to share their findings from **Worksheet 3.1**, then discuss with the class which are the most likely. List them on the board and take a class vote on who or what the rider is (for example, is he friend or foe) and what is most likely to happen next.

Impact English Teacher's Resource © HarperCollinsPublishers 2005

Unit 3 — Magic and illusion

Worksheet 3.1: The noise of hooves

In the extract from *The Lord of the Rings* below, Frodo and his friends have begun their epic adventure. They are becoming more and more aware of the many dangers ahead.

> 1 They were beginning to look out for a place off the Road, where
> 2 they could camp for the night, when they heard a sound that
> 3 brought fear back into their hearts: the noise of hooves behind
> 4 them. They looked back, but they could not see far because of the
> 5 many windings and rollings of the Road. As quickly as they could
> 6 they scrambled off the beaten way and up into the deep heather
> 7 and bilberry brushwood on the slopes above, until they came to a
> 8 small patch of thick-growing hazels. As they peered out from
> 9 among the bushes, they could see the Road, faint and grey in the
> 10 failing light, some thirty feet below them. The sound of hooves
> 11 drew nearer. They were going fast, with a light clippety-clippety-clip.
> 12 Then faintly, as if it was blown away from them by the breeze, they
> 13 seemed to catch a dim ringing, as of small bells tinkling.

by J.R.R. Tolkien

Discuss with your partner:

1 Which lines tell you the hobbits are afraid?

_____

2 Which lines tell you who or what the rider could be?

_____

3 What do you anticipate will happen next? (Think of more than one possibility.)
Underline the relevant parts of the text as you need to.

_____

_____

Unit 3
Magic and illusion

Lesson 2

Framework Objective
W11: Appreciate the impact of figurative language in texts
Main text type: Narrative

Student Book pages 55–57

Starter

- Remind students of the basic tenses, past and present, and write the following example of the past tense on the board:
  - *Frodo, Sam and their friends began the journey after Gandalf left.*
  Ask them to change it to the present tense, then write it up:
  - *Frodo, Sam and their friends begin the journey after Gandalf leaves.*
- Point to the sense of immediacy and increased expectation when the example is written in the present tense, compared to the matter-of-fact tone when the past tense is used.

Introduction

Focus on: Reading the signs

- Introduce the term 'sign' and explain it by referring to such examples as road signs or common gestures. Ask students to think of further examples. Point out that 'symbols' often have deeper meanings, which are usually developed over time; for example, *the dove as a symbol of peace* or *the scales of justice*.
- Before students tackle question **7**, reinforce the idea of symbols by working through **OHT 3.2**. Model the examples provided and then ask the class to supply:
  - the features of the remaining symbols
  - their deeper meanings.
  Emphasise the connection between the two. For example, students may readily see that a flame (which is cross-cultural) has the features of light and fire, linking it to the symbolic meaning of 'life' or 'eternal life'. However, they may be unaware that the dove and the olive branch have a biblical meaning. Take students through each example on **OHT 3.2** before beginning to discuss the significance of the ring in the extract.
- Next, ask pairs to complete question **7**. They will need to identify the information in the extract and discuss what might be inferred together. They then complete the right-hand column of the table before deciding what the ring mainly symbolises. Invite 2 or 3 pairs to feed back to the class with their findings and conclusion.

Development

Key Writing

- Before students complete question **8**, take them through the first symbol listed (the key) and apply the bulleted questions:
  - *What is it made of?*
  - *What can it do?*
  - *What are its weaknesses?*
  - *What are its strengths?*
  For example, in answer to 'What can it do?', encourage students to come up with a range of verbs, such as *lock, unlock, close, open, hide, conceal, reveal*. In this way, students will extend the possibility of hidden meanings.
- Students should complete the work on their symbol alone, then share their ideas with a partner. Between them, each pair should choose one of their symbols.

Plenary

- Invite 2 or 3 pairs to report back on their symbol, describing one or two of its features to provide clues. The class should guess the hidden meanings of each symbol.

Unit 3 Magic and illusion

OHT 3.2: Symbols

The following table lists seven different symbols. Complete the table to show the features and meaning of each symbol. Some examples have already been given, to start you off.

Symbol	Features	Meaning
The five rings of the Olympic flag	Rings are linked together.	Each ring stands for a quality that should be shown by Olympians. These qualities are all linked.
The Scales of Justice	Weighing scales in balanced position.	
The Tree of Life		
A heart		
A dove	White bird with leafy branch.	
Old Father Time		
A flame		

Impact English Teacher's Resource © HarperCollinsPublishers 2005

The Nose

Magic and illusion

Lesson 3

Framework Objective

R10: Analyse the overall structure of a text to identify how key ideas are developed (through the organisation of the content)

Main text type: Poetry

Student Book pages 58–62

Starter

- Write 'rhythm' and 'rhyme' on the board. Ask students to distinguish between the two, since they are often confused. Explain that a regular rhythm will almost certainly rhyme (as in the poem in Unit 1, pages 11–12), and that the rhyme helps to move the rhythm along. Introduce the idea that free verse may contain hidden rhymes.

Introduction

- Read through the poem, explaining how the poet has based his work on an idea from a story by Nikolai Gogol. Ask 1 or 2 students to explain what the poem is about.

Key Reading

- Go through the key features of poetry as shown in the text-type box on page 60. Check understanding by asking students:
  – *What is the difference between rhythm and rhyme?*
  This should be easier, given the work done in the Starter.
- Ask students to describe a strong rhythm. They can do this with reference to music, such as a favourite pop song. Remind them of the difference between a regular and an irregular rhythm in poetry. To demonstrate how a free verse poem has rhythm, read a short piece of prose to the class and ask students to listen carefully for the pauses, particularly at the end of sentences. Then read part of the poem again. Ask students to compare the two, describing the differences. Elicit that the voice rises and falls far more as it follows the lines of the poem than it does with prose.
- Students complete questions **1** to **4** in pairs. Note in particular their answers to questions **3** and **4**, in light of the preliminary discussion.

Development

Purpose

- Arguably any of the choices in question **5** might fit, but students should discuss them fully. Pairs round off this section by feeding back with their ideas. Make sure that they point to examples in the poem as evidence.

Reading for meaning

- Explain how *The Nose* is a simple fantasy that shares features of a folk tale. Run through the features of folk tales in question **6a**, pointing out that folk tales are found in all cultures and belong to an oral tradition. Then ask students to complete **Worksheet 3.3** in small groups. Help them to select a tale from a range of cultures. Not all folk tales will have the same features as those listed (although most will have several). Students should record any additional features they note. They will then be better prepared to complete the rest of question **6**.

Plenary

- Ask groups to report back on their findings from **Worksheet 3.3**. Draw up the heading 'Character traits' on the board. Students should consider the traits of the main characters in their folk tales:
  – *What did they do when faced with danger?*
  – *Were they resourceful?*
  – *Did they escape or were they rescued?*
- Discuss the similarities and the differences between the poem *The Nose* and the folk tale, highlighting the main differences between the nose itself and the folk tale hero or heroine.

Unit 3: Magic and illusion

Worksheet 3.3: Folk tale features

Think of a folk or fairy tale you know (such as *Hansel and Gretel* or *Ali Baba and the Forty Thieves*). Map out its simple structure using the table below.

Title of folk tale	
Introduction (opening)	
Complication (problem arises)	
Crisis (a big moment or event)	
Resolution (ending)	

Tick the following features which your fairy or folk tale also has.

Features of the folk tale:	The main character:
strange characters or creatures	seeks adventure
strange events	meets danger
a journey	may escape by magic
	outwits enemy
	may be freed from a spell
	triumphs in the end

What other features does your folk or fairy tale have?

_____

_____

_____

Impact English Teacher's Resource © HarperCollinsPublishers 2005

Unit 3
Magic and illusion

Lesson 4

Framework Objective

Wr7: Experiment with different language choices to imply meaning and to establish the tone of a piece

Main text type: Poetry

Student Book pages 62–64

Thesauruses should be made available.

Starter

- Explain the difference between a simile and a metaphor. Then write on the board:
  - *A simile compares one thing with another using 'like' or 'as'. For example, 'As slow as a snail.'*
  - *A metaphor describes one thing as being another. For example, 'The milky face in the sky.'*
- Brainstorm more examples of both similes and metaphors with the class. Stress that students' choice of words should suit the objects compared.

Introduction

Focus on: Building images

- Remind students what an image is by referring back to the text-type box on page 60 of the Student Book. Point out that using similes and metaphors is a way of building images. Explain that images often appeal to the senses.
- Students complete question **7** by identifying the images in *The Nose* that appeal to the sense of smell; for example, 'sniffing at everything' (line 5) and 'the world was so full of scents' (line 12).
- Revisit the difference between similes and metaphors through the 'Grammar for reading' box on page 62, then ask students to complete question **8** working on their own. Students can work in pairs to complete the spidergram in question **9a** (for which thesauruses should be made available). However, they should create their own similes and metaphors for questions **9b** and **10b**.

Development

Key Writing

- Students write a free verse poem about the mouth that gobbles up the nose for question **11**. Once students have worked out their story plan in question **11a** they can begin to write their poems. Advise them to keep the story simple, to fit the purpose of their poem.
- Those students that find it difficult to write in lines successfully may find **Worksheet 3.4** useful in providing them with some direction. Remind students that they can adapt the writing frame, adding lines and ideas or dropping prompts as necessary. Students should try to include similes and metaphors, drawing on their work for questions **9** and **10**, and remember to give their poem a title.

Plenary

- Ask students to give examples of the similes and metaphors used in their poems. Then turn to their story structures. Note common features on the board and how far students have used *The Nose* as a model or given the 'mouth' the same outcome. Ask them to consider the senses 'sight' and 'sound' and how 'eyes' and 'ears' might fare in the same circumstances.
- Referring back to the hero/heroine of the folk tale, students should conclude by considering which, of all the senses, would have the best chance of survival. (Would it be the 'eyes' since they could see danger coming?)

Unit 3 Magic and illusion

Worksheet 3.4: Poetry frame

Use this frame to help you write your free verse poem about the mouth. Add to the lines or change any to suit your ideas.

Once

there was a mouth,

A mouth with _____

A mouth that _____

It was a mouth that wanted _____

And so _____

At first all was well, all was _____

Everything was _____

The mouth felt like _____

It was _____

Until it met with _____

And because it met with _____

Everything _____

The mouth was _____

It was _____

It was _____

And so _____

Impact English Teacher's Resource © HarperCollins Publishers 2005

Magic and illusion

Lesson 5

Framework Objectives

R3: Make notes in different ways, choosing a form which suits the purpose
Wr11: Explain complex ideas and information clearly
Main text type: Explanation

Student Book pages 65–69

Starter

- Remind students that phrases can expand sentences and add interest or detail. Write the following sentences that contain prepositional phrases on the board (the first is from the Derren Brown text):
  - *The wall outside my house is not 4ft high.*
  - *Leon is cooking in the kitchen.*
  - *Millie is at the station, with her bag.*
- Explain the term 'preposition' and ask students to identify the prepositional phrases. Encourage them to add another phrase, ensuring that the meaning is clear.

Introduction

- Read through the website text with the class. Ask 1 or 2 students what the explanation is about.

Key Reading

- Go through the key features of explanation texts as described in the text-type box on page 67. Check understanding by asking students:
  - *Think of examples of a common process that might need explanation.* (For example, the life cycle of the butterfly: eggs are laid; larva hatches; larva outgrows skin; turns into pupa; butterfly emerges.)
  - *How would you need to organise this explanation?* (For example, in logical steps, perhaps using subheadings or diagrams.)
- Students complete questions **1**, **2** and **3** in pairs. Focus on those features of the text which were not covered in the example above, in particular causal language.

Development

Purpose

- For question **4**, guide students towards the correct option by asking them what kind of text it is (i.e. so they choose the '*why* the tricks work' option).

Reading for meaning

- From the outset it is important that students distinguish between description and explanation in the text. Run through paragraph 1 with the class, pointing out that:
  - sentence 1 is part commentary and part explanation
  - the middle section describes the sentence
  - the last sentence of the paragraph is explanation.
  Relate this to the example in the Student Book on page 68, showing students how the connectives 'so' and 'because' link cause and effect.
- Ask students to complete **Worksheet 3.5** in groups and report back. Carry out a short plenary to find out whether they have understood the difference between 'so' and 'because' and are able to apply other suitable connectives.
- The same groups should now be able to work confidently and systematically through questions **5** and **6**. Remind students to keep their notes for use in question **8**.

Plenary

- Write the headings 'Description' and 'Explanation' on the board. Ask groups to report back from their notes, identifying the correct information for each type of text. Conclude by recapping the main features of explanation texts.

Impact English Teacher's Resource © HarperCollinsPublishers 2005

Unit 3 Magic and illusion

Worksheet 3.5: Making connections

1 Join up these sentences, using the connectives '**so**' or '**because**'.

a Derren Brown plays tricks. He wants to find out people's reactions.
_____
_____

b The wallet was filled with cash. Derren Brown wanted to see if people would pick it up.
_____
_____

c The wallet looked suspicious. No one picked it up.
_____
_____

d A line was drawn around the wallet. Everyone walked past.
_____
_____

e Most people ignore a ringing phone in a public phone box. They know it has nothing to do with them.
_____
_____

f Derren Brown wants to confuse people. He bombards them with instructions.
_____
_____

g People fall asleep in phone boxes. Derren Brown has played a trick on them.
_____
_____

2 Replace 'so' or 'because' with one of the following connectives:

therefore   *since*

consequently   *as a result.*

Write the connectives you choose next to the sentences. Each sentence should keep the same meaning.

Trick of the mind

Magic and illusion

Lesson

Framework Objective

S2: Explore the impact of a variety of sentence structures

Main text type: Explanation

Student Book pages 69–70

Starter

- Point out that a phrase needs to be positioned appropriately in a sentence, otherwise the original meaning of the sentence may be altered. Write the following sentences on the board:
  - *They saw the hot-air balloon on the way to the beach.*
  - *The wasp stung the man in a sudden fit of temper.*
  - *He presented the football cup with a beaming grin.*
- Ask pairs to identify the ambiguity in each sentence and reposition the phrase.

Introduction

Focus on: The active and the passive

- Introduce the terms 'active' and 'passive' and explain the difference between them. Point out how the former is lively and direct, hence 'active', while the latter is used in more formal situations, for example, when explaining the reason why something happens.
- Take students through the first example (on page 69 of the Student Book) carefully, ensuring they understand the terms 'subject', 'verb' and 'object'. Check understanding by asking students to offer further examples.
- Next, compare this example with the one on page 70. Ensure that students have grasped:
  - how the object has changed places in the sentence, becoming the subject
  - the change in the verb
  - the introduction of the agent for the 'by phrase'.
- Students complete the transformations in question **7** on their own before comparing their answers with a partner's.

Development

Key Writing

- Before students begin question **8**, quickly refer them to **OHT 3.6**. This short annotated extract illustrates nicely how a description precedes an explanation.
- Encourage students to organise their own writing in a similar fashion and write this short prompt on the board: *Description first, explanation second*. Stress, however, that they should begin their explanation with a new paragraph; students could also include a subheading. Add these points to the advice on the board, along with the bullet points in the book. Since students will be recalling the information from memory, this organisational advice is vital.

Plenary

- Ask students to describe what the active is and the kind of writing it produces. Similarly, ask them to give a definition of the passive. Record their comments and discuss with the class, correcting any errors.
- Recap the main features of explanation texts, then select 2 or 3 students to read aloud their explanation of the abandoned wallet trick. Invite the class to comment on those features that worked well and also any others that might have been included. List any features omitted on the board.

Unit 3 — Magic and illusion

OHT 3.6: The lost taxi driver

This is another of Derren Brown's tricks. Note how he has organised it.

> When I get in a taxi, I immediately bombard the driver with a story about a wheel of a toy car that I've lost and how I've had a really silly day going around and round in circles looking for it. He is trying to think of how to get to the London Eye but I keep distracting him by talking about unrelated things. My talking becomes an anchor in his thought processes, always bringing him back to his inability to find the London Eye.

- Begins with a description of the events. Gives considerable detail, so the reader has a clear picture of what is happening
- Starts explanation. Begins to give clues about why the taxi driver is lost
- The main part of the explanation. The 'anchor' blocks the driver's memory of the route to the London Eye

Magic and illusion

Lesson 7

Assessment Focus

AF5: Vary sentences for clarity, purpose and effect
Main text type: Explanation

Student Book pages 71–73

Starter

- Brainstorm some common connectives with the class, asking students to describe their function (for example, 'because' is cause and effect, 'now' is temporal). Also point out that the relative pronouns 'who' and 'which' can connect sentences. Ask students to change the following sentences into Standard English using the correct pronoun:
  - *He's the magician what pulls the ten-pound note out of the hat.*
  - *There's the ten-pound note, what came out of the magician's hat.*

Introduction

Stage 1

- Remind students of the difference between description and explanation, then read the description of the trick with the class. Ask students to describe the scenario in which this trick would take place (for example, a stage on which they, as the magician, would perform the trick). Students should also identify which tense the passage is written in (the present tense). Point to the first sentence, asking students to note how it describes a sequence of events. For example, they could say: *First, ask six members of the audience…* Students should supply other time or sequence connectives, such as 'secondly' and 'then'.

Development

Stage 2

- Draw students' attention to the notes as explanation and not description. Pairs read through the notes to grasp how the trick works, then clarify points through discussion. When reporting back, check that all students understand how the trick works.

Stage 3

- Students begin a full draft, using their notes and referring to the bullet point advice in the Student Book (page 73). Remind them to vary their sentences by using suitable connectives and the relative pronouns 'who' and 'which'.
- Encourage students with the time and ability to use connectives that help to sequence events. This will greatly aid the logic of their writing. They may also like to experiment with the passive tense.
- To extend this work, students can complete **Worksheet 3.7**, which offers practice in selecting appropriate connectives and correcting errors in a series of sentences.

Peer Assessment

- When students have finished their writing, they work in pairs and assess each other's drafts. Write up the following text-type features on the board:
  - present tense
  - first person singular and plural (I / we)
  - using causal connectives.

  Students check whether these features have been included in their drafts.
- They then fill in the Peer Assessment Sheet (see page 6) and feed back their findings.
- Students redraft according to suggestions.

Plenary

- Give a copy of **OHT 3.8** (top half only) to groups and get students to annotate the level 3 writing to show how well the student has varied their sentences, and what needs improvement. Then display the whole of **OHT 3.8** and ask for feedback on how to get the level 3 writing up to level 4. Show in the exemplar of level 4 how this can be done. Students can make changes to their own texts in light of this.

Unit 3 Magic and illusion

Worksheet 3.7: A tricky business

Read the sentences below.
- Some need a connective.
- Some have mistakes in them – these are shown in **bold**.
- Some are two sentences that could be turned into one by using a connective.

Correct or improve each sentence by writing it out again underneath.

1 I must have an accomplice **what** is reliable.

   _____

2 …I begin the trick, I prepare myself and keep calm.

   _____

3 Most people are fooled by the trick **where** they see it.

   _____

4 We must be sure not to give anything away. That will ruin the trick.

   _____

5 People in the audience want to be entertained. I must perform well.

   _____

6 If I make a mistake I don't worry **so** I can usually cover it up.

   _____

7 …I perform the trick badly I get annoyed with myself.

   _____

Unit 3 — Magic and illusion

OHT 3.8: Raising the level

Assessment Focus
AF5: Vary sentences for clarity, purpose and effect

Level 3

Next, I collect up all the envelopes. I place my accomplice's envelope at the bottom of the pile. Then I pick up the top envelope. I look into it with my x-ray eyes. I spell out the word cabbage. My accomplice says the word cabbage and looks amazed. I open the envelope and read the false word cabbage. To myself I read the real word written down.

Level 4

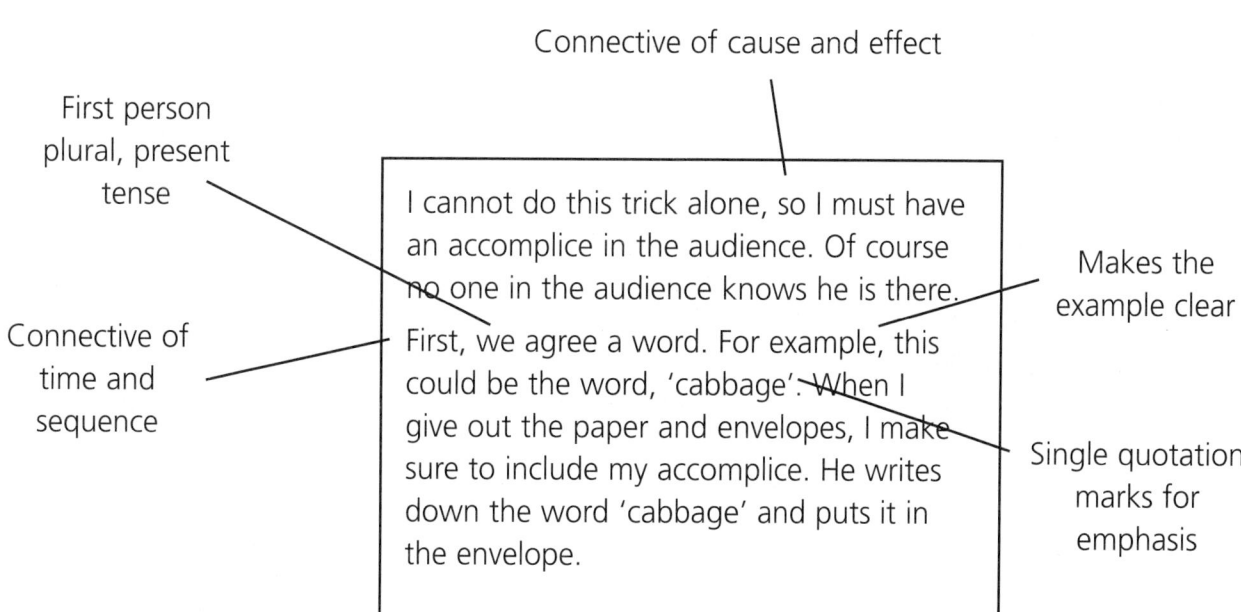

Text in box: I cannot do this trick alone, so I must have an accomplice in the audience. Of course no one in the audience knows he is there. First, we agree a word. For example, this could be the word, 'cabbage'. When I give out the paper and envelopes, I make sure to include my accomplice. He writes down the word 'cabbage' and puts it in the envelope.

Annotations:
- First person plural, present tense
- Connective of time and sequence
- Connective of cause and effect
- Makes the example clear
- Single quotation marks for emphasis

Impact English Teacher's Resource © HarperCollinsPublishers 2005

Twister!

Destructive nature

Lesson 1

Framework Objective

W1b: Review, consolidate and secure spelling conventions (pluralisation)
Main text type: Information

Student Book pages 74–78

Starter

- Point out the word 'tornado' in the text and its plural 'tornadoes'. Reinforce the plural rule of adding '–es' to words that end in 'o' by offering the following pairs:
  - *volcano / volcanoes*
  - *hero / heroes*
  - *potato / potatoes*
  - *echo / echoes*
  - *tomato / tomatoes*
- Note some exceptions to this rule (for example, *radios* and *pianos*.) Then mention the verb 'does', which students often spell as 'dose'. It may be useful for them to recall the plural noun for female deer ('does') and its meaning, since the two words, though spelled the same, are pronounced differently. Explain that they are homographs.

Introduction

- Read through the information text with the class, and check that glossary words are understood. Ask 1 or 2 students to explain what the story is about.

Key Reading

- Go through the key features of information texts as described in the text-type box on page 76. Check understanding by asking students these questions:
  - What visual elements might an information text include?
  - What do we call examples that support the points we make?
  - What are the differences between explanation, instruction and information texts?
- Pairs should offer examples of hybrid texts (for example, an information text on cars that also explains how an engine works and gives instructions on how to change a tyre).
- Students then complete questions **1** to **4** in pairs, which cover the other features of information texts and feed back to the class.

Development

Purpose

- Students should be able to recognise that the text is mainly an information text but also includes an explanation of how tornadoes form, which is hidden in the first paragraph. In question **5**, point them towards the causal language that indicates where the explanation begins in paragraph 1 ('This clash leads to…').

Reading for meaning

- Before students complete question **6**, refer them back to question **4** and point out that:
  - illustrations provide information (in addition to that in the text)
  - subheadings are easy to access and guide the reader to particular information.
- Discuss how the information under 'The Alley' could be made more accessible for readers (for example, *as facts presented in a diagram, annotations on a map, or as a chart*). Students then complete the chart in question **7b**, working in pairs if preferred.
- For question **8**, students turn to paragraph 2 of the extract and find the advice given. **Worksheet 4.1** can be used to extend this activity.

Plenary

- Draw a three-column chart on the board. Head the first column 'Information' and ask students to recall as many features of information texts as they can. Then ask them to name the other text types covered (explanations and instructions) and identify features of these evident in the extract. For example:
  - Explanation: third person, present tense, technical vocabulary.
  - Instruction: imperative verbs, present tense, step-by-step points, simple vocabulary.

Unit 4: Destructive nature

Worksheet 4.1: Tornadoes

1 Read the following paragraph from *Tornado Alley*.

> ### Twister!
>
> It is no good trying to simply outrun a tornado – it will almost certainly catch up with you. Anyone outside when a tornado approaches should try and move quickly away from the storm's path. If there is no time to escape the tornado's path, it is best to lie flat in the nearest ditch. Some houses in high-risk areas have an underground storm cellar for protection.

2 Underline those words in the text that give advice about what to do if a tornado approaches. Look for verbs that can become imperative.

3 Now you are going to rewrite the advice to make it sound more urgent. You will need to change the layout, language and punctuation.

The rewriting has been started for you below. Note the changes and then complete the advice by adding more bullet points, using the imperative.

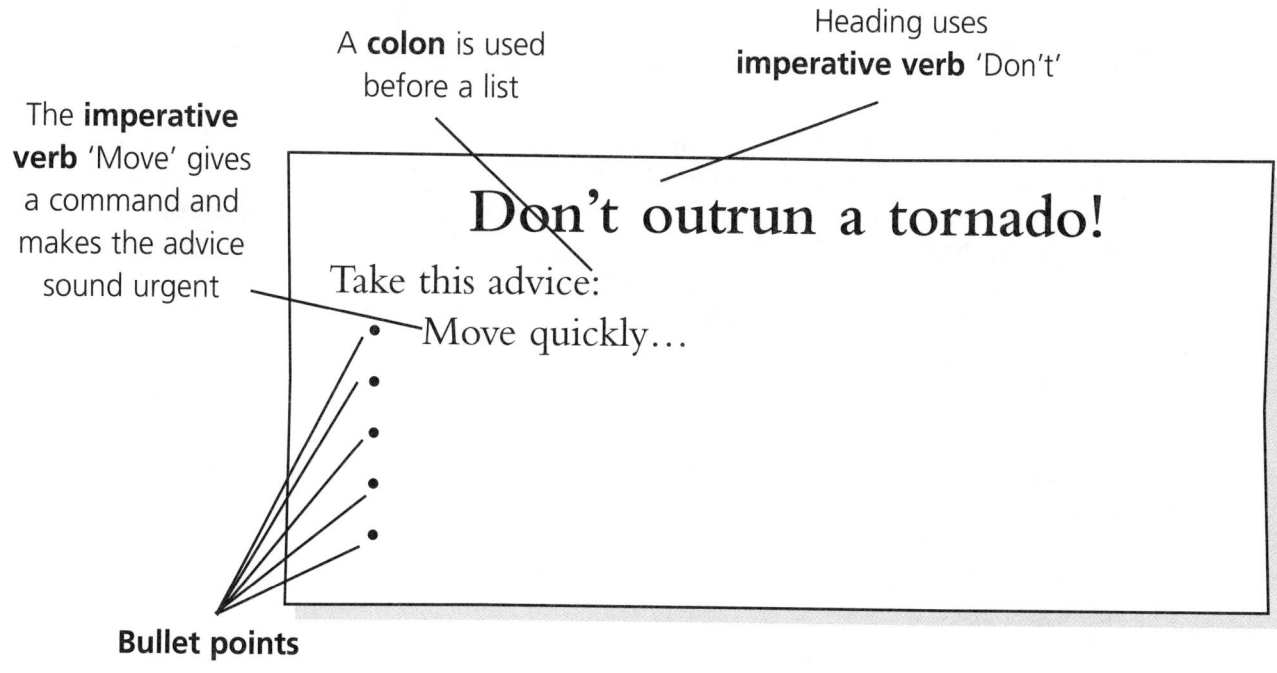

4 What extra advice would you add? For example, what advice would you give if you were indoors but had no storm cellar? Add this advice to the list.

Twister!

Destructive nature

Framework Objectives

W1b: Review, consolidate and secure spelling conventions (pluralisation)

R2: Undertake independent research using a range of reading strategies, applying their knowledge of how texts and ICT databases are organised and acknowledging sources

Wr10: Organise and present information, selecting and synthesising appropriate material and guiding the reader clearly through the text

Main text type: Information

Student Book pages 78–79

Starter

- Remind students of the plural spelling rule:
  - For words ending in 'y' preceded by a vowel, add '–s'. For example, *key/keys, quay/quays, donkey/donkeys, monkey/monkeys.*
  - For words ending in 'y' preceded by a consonant, drop the 'y' and add '–ies'. For example, *lorry/lorries, cherry/cherries, supply/supplies, daisy/daisies*, and the frequently confused *dairy/dairies* and *diary/diaries*.
- Ask students to spell a selection of these words.

Introduction

Focus on: Carrying out research

- This section asks students to carry out research into tornadoes. Students should be experienced in dealing with databases but they may still experience difficulties in locating and selecting useful information on websites. If they have access to a multimedia centre or a well-equipped library, they may find useful information on CD-Roms for question **9**. If students are carrying out their research on the Internet, reinforce the need to choose the best key words and ask the right questions. Refer them to the advice on using search engines on page 78.
- Before students begin their research, hand out **Worksheet 4.2** to pairs and go through the research process with them. The worksheet should help them to focus on the topic at hand and select appropriate information. Once they have found relevant information they will need to create their own document and save it, so they can refer to it in question **10**. Students should also record their sources in this file.

Development

Key Writing

- Run through question **10**, making sure that students understand they are writing an opening statement and producing a table of information, following the instructions given on page 79. They should give some thought to how they will organise and present their texts and tables so that the information is easy to access. As well as considering a title for their texts, they should come up with subheadings. Ask whether they will keep the subheadings they created in their files for question **9** or change them. Students should print off their finished work for presentation in the Plenary.

Plenary

- Divide the class into small groups. Each group should read each others' work and discuss how they carried out the research, focusing on the following:
  - *What was the most useful information found?*
  - *Was there any information that was difficult to find?*
  - *Did you experience any particular difficulties using ICT?*
- Each group should recap the main points of their discussion, then appoint a member to report back to the class. Afterwards, summarise the best information and highlight the main points that emerge on each of the research methods. Students may like to display their finished work.

Unit 4 Destructive nature

Worksheet 4.2: Tornadoes in Texas

Use this flowchart to help you when you are searching for data about tornadoes.

Remember: you should not use the Internet without your teacher's guidance.

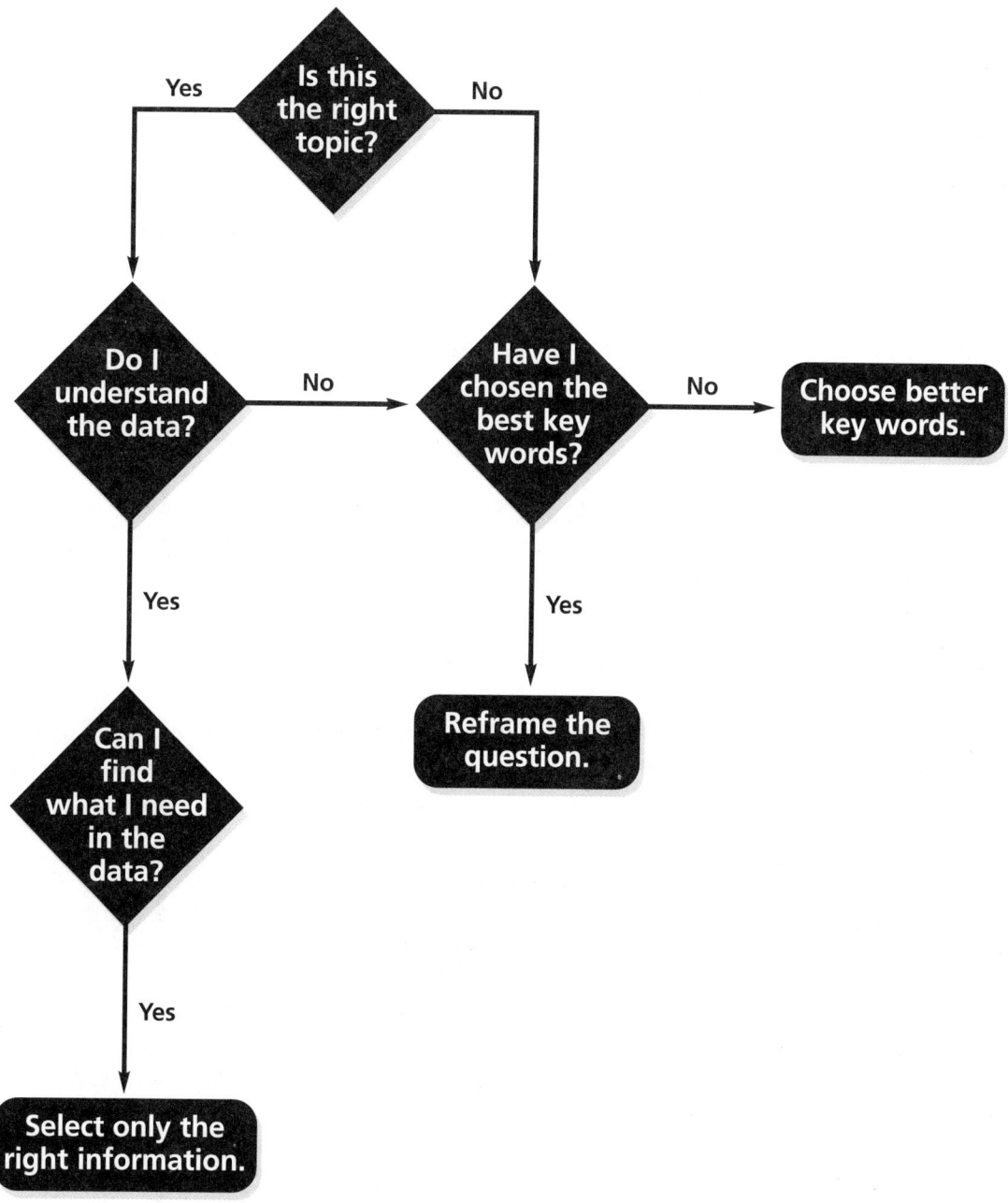

Unit 4
Destructive nature

Lesson 3

Framework Objectives

W1f: Review, consolidate and secure spelling conventions (homophones)

S6: Explore and compare different methods of grouping sentences into paragraphs of continuous text that are clearly focused and well developed (by chronology)

Main text type: Recount

Student Book pages 80–84

Starter

- Check students can spell the following common homophones:
  - weather / whether
  - there / their / they're
  - which / witch
  - allowed / aloud
  - you're / your
  - would / wood
  - knew / new
  - to / too / two.
- Point out that since homophones are more commonly misspelled in continuous prose, students should check their work regularly, even though they may know the spellings.

Introduction

- Read through the recount together, checking that glossary words are understood. Ask 1 or 2 students to describe what the story is about.

Key Reading

- Go through the key features of recount texts as described in the text-type box on page 82. Check understanding by asking students:
  - Define the term 'autobiography'.
  - Explain why an autobiography is a recount, giving examples of autobiographies you know.
- Ask pairs to complete questions **1**, **2** and **3**, drawing attention to the time span referred to in the text (six months) and contrasting this with the probable time span of the main event (the attack). Ask pairs to feed back and invite the class to comment.

Development

Purpose

- Pairs choose the main purpose of the recount from the options provided in question **4**. It may help if they think why they would write about such an event if it happened to them. Encourage students to refer to evidence from the text.

Reading for meaning

- Help students to isolate the main points in paragraph 1 of the recount. They can then work in pairs to complete their timelines for the remaining paragraphs, following the example given on page 83. Once they have completed questions **5** and **6**, ask 2 or 3 students to report back to ensure the timelines are generally accurate.
- Give **Worksheet 4.3** to students and discuss the example of added detail, which is based on the extract. Point out that by using connectives students can add detail that extends the meaning as well as the appeal of their sentences. Students list their own connectives at first; the whole class could then share ideas to produce a fuller list. By drawing on sentences from the timeline, students will also create a chronology in their writing; this will be useful to refer to later in the 'Key Writing' task (question **8**).

Plenary

- Invite 3 or 4 students to read out their sentences from **Worksheet 4.3**. Write interesting examples on the board in random order. Discuss the events surrounding each sentence, then invite the class to help you sort the events chronologically.

Impact English Teacher's Resource © HarperCollinsPublishers 2005

Unit 4 Destructive nature

Worksheet 4.3: Adding detail

Compare these two sentences:

> His pony threw him to the dust.

The time connective 'when' adds detail in time order

> His pony threw him to the dust when the bees viciously attacked.

You could also write this sentence the other way around:

> When the bees viciously attacked, his pony threw him into the dust.

Note how a comma is added

1 Write different kinds of connectives under these headings. Some examples have already been given.

Time/Sequence	Adding	Comparing
until, meanwhile	as well as	in the same way

2 a Choose four sentences from your timeline for *Buzzing Death*. Choose two sentences from during the attack and two sentences from after the attack.

  b Use some of your connectives from question 1 to add detail to the sentences.

3 Vary your writing style by adding detail before as well as after your sentences.

Keep your work to refer to later for the Key Writing task (question 8).

Unit 4
Destructive nature
Lesson 4

Framework Objectives

W1c: Review, consolidate and secure spelling conventions (word endings)
W11: Appreciate the impact of figurative language in texts
R3: Make notes in different ways, choosing a form which suits the purpose

Main text type: Recount

Student Book pages 84–85

 Thesauruses should be available.

Starter

- Write some common, regular verbs on the board with their simple past tense or present participle endings. For example, 'hope' + '–ing'; 'try' + '–ed'; 'hum' + '–ing'. Ask students to swap the endings round on the stem verbs, spelling each new word correctly. Note any common errors and remind students of the rules.

Introduction

Focus on: Creating images

- Draw students' attention to the way in which the writer of *Buzzing Death* uses powerful verbs to create images and the effect this has on the reader. Students then complete question **7**, using a thesaurus to collect as many synonyms for the verbs on page 85 as they can. Discuss how some of these verbs might be used in a sentence. For example, students could begin a sentence with a non-finite verb:
  – *Crunching* them with my teeth I spat the bees out in panic.
  Or they could use more than one main verb:
  – I *shrieked, sobbed, howled*, but no one came.
- To extend this work, hand out **Worksheet 4.4**, explaining that the verbs highlighted in the paragraph need replacing with more vivid verbs. Ask pairs to draw on the stock of verbs they collected for question **7** and any other suitable verbs they can think of. Students should record all new verbs that they use. Alternatively, you may prefer to work through this activity with the whole class, using an OHT version of **Worksheet 4.4** and discussing why some suggestions are more successful than others.

Development

Key Writing

- Students work in pairs to complete the table in question **8a**, sharing ideas and using *Buzzing Death* as a model. Once they have a rough plan, they complete question **8b**, drafting their paragraphs on their own. Encourage students to draw on work previously done to produce a successful recount, including the verbs they collected for question **7** and **Worksheets 4.3** and **4.4**. Remind students that they should write in the first person and the past tense, as if writing an autobiography. Those who have difficulty getting started could use the example on page 85 of the Student Book; otherwise students should try to think of their own opening sentences.

Plenary

- Ask a range of students to give a brief summary of their recount, describing the main events under each section ('Before', 'During' and 'After' the attack). Invite several students to read their descriptions aloud. Highlight powerful verbs and any other well-chosen verbs, showing how they help to develop sentences. Finally, recap the main features of an autobiography, asking students to identify these in their written work.

Unit 4 Destructive nature

Worksheet 4.4: Powerful verbs

The following paragraph contains some common verbs. Find the verbs and replace them with more exciting verb choices. You could use the bank of verbs you have already collected (for question 7 in your textbook) for ideas.

> Everyone looked up, pointing into the distance.
>
> The sky was dense, crammed full with insects.
>
> Before I knew it the cloud was coming towards me. Suddenly there were insects everywhere. I brushed them off my clothes. I pulled them from my hair. I picked them off my skin. Waving my arms in the air, I began to call out. I began to run, shouting at the top of my voice, but no one heard.

The Birds

Destructive nature

Lesson 5

Framework Objective

S3: Make good use of the full range of punctuation
Main text type: Narrative

Student Book pages 86–91

Starter

- Ask students whether they know:
  - how and when to use speech marks
  - where other punctuation, such as commas, full stops or question marks occurs in direct speech.
- Write the following sentence on the board and ask students to punctuate it accurately:
  I don't know what it all means she said are we in danger from the birds

Introduction

- Read through the text with the class, checking that glossary words are understood. Ask 1 or 2 students to describe what this episode is about.

Key Reading

- Go through the key features of narrative texts as described in the text-type box on page 88. Check understanding by asking students:
  - *Think of several features of non-fiction texts that contrast with these narrative features* (the use of formal and technical language, the use of the passive tense).
  - *Where is formal technical language used in the extract?*
- Students complete questions **1** and **2** in pairs. To help them with question **3**, refer students back to the discussion in **Lesson 1** on contrasting text types. (The change in style is discussed more fully again in **Lesson 6**.) Pairs then feed back to the class.

Development

Purpose

- Introduce this section by highlighting how the writer sparks our interest in the opening sentence – the reader immediately knows that something is wrong. Discuss questions **4** and **5** with students. They should deduce that the attack by the birds is not mentioned until the end of the paragraph, to create suspense.

Reading for meaning

- Read through the example sentence (on page 89 of the Student Book) and discuss the effects of using long sentences in prose. Point to the way in which the long sentence helps to make the writing flow and accentuates the vivid imagery. Also discuss how the pace is maintained, drawing a contrast with the example on page 90. Students should then complete question **6**, to create a flowing sentence of their own. Note any punctuation errors.
- Work through the text on extending sentences on page 90 of the Student Book, noting the variety created when sentences begin with '–ing' verbs (avoid mentioning the term 'non-finite verbs'). As students begin question **7**, hand out **Worksheet 4.5**. Guide the class through the planning frame, helping students to make their choices. For example, discuss how the use of the present tense will make their writing seem more immediate. Praise students' best choices. The whole class should develop a clear picture of the setting and creature they are writing about before they begin writing their paragraphs.

Plenary

- Students should work in small groups of no more than 3. Ask each group to select example sentences from their descriptions that use non-finite verbs. Students could also identify any extended sentences. Each group should then share their choices with the class.

Impact English Teacher's Resource © HarperCollinsPublishers 2005

Unit 4 Destructive nature

Worksheet 4.5: Trapped

Use this planning frame to help you write a vivid paragraph about a trapped creature.

Creature
- What kind?
- What is it like?
- Is it large, small, young, old?

_____
_____
_____
_____

Setting
- Whose room is it?
- Does it have any important features?

_____
_____
_____
_____

Tense/Person
(tick which one)
- Past tense ☐
- Present tense ☐
- First person (I/we) ☐
- Third person (he/she/it) ☐

_____
_____
_____

Useful verbs
- ending in '–ed'
- ending in '–ing'

_____
_____
_____
_____

Other useful vocabulary
(nouns, adjectives, adverbs)

_____
_____
_____
_____

The Birds

Destructive nature

Lesson 6

Framework Objectives

- **W4:** Learn complex polysyllabic words and unfamiliar words which do not conform to regular patterns
- **S10:** Identify the key alterations made to a text when it is changed from an informal to a formal text
- **S&L11:** Recognise and build on other people's contributions
- **Main text type:** Narrative

Student Book pages 91–92

Felt-tip pens and A3 sheet will be needed.

Starter

- Reinforce some useful spelling tips, relating them to particular kinds of words. For example:
  - Polysyllabic words such as 'ob-struc-tion' are best split into syllables.
  - Prompt words that identify letter patterns are useful for remembering commonly misspelled words. (For example, the prompt word 'home' for 'women').
  - Sayings that students invent themselves can also be useful. (For example, the saying '*Fri*day is at the *end* of the week' is useful for spelling the word 'friend'.)

Introduction

Focus on: Change of style

- Read the bulletin contained in *The Birds* extract with the class. Discuss the gist of it and any unknown vocabulary, then ask students to complete **Worksheet 4.6** in pairs. They should be able to contrast the bulletin with a narrative text. Each pair should decide who will record notes in the table and who will report back. Finally, bring the class together and go through the features that pairs have identified.
- Return to the text in the Student Book (page 91); elaborate on this explanation using students' feedback from **Worksheet 4.6**. Also explain the difference between the active and the passive tenses (discussed in detail in **Unit 3**) using the 'Grammar for reading' box. Finally, work through questions **8**, **9** and **10** as a class.

Development

Key Speaking and Listening

- As part of their discussion in question **11**, students may or may not pick up the mood of the story in so far as it affects the main character and his family. They may assume, for example, that the hero will survive, although the implication is that this is unlikely. Each group should address the bulleted questions as listed on page 92 and come to their own conclusions. Encourage them to ask further questions.
- Ensure students are sufficiently well-organised in their groups so that the exploratory talk can take place within a certain time limit (ten minutes). Groups will need to appoint a recorder, a spokesperson to report to their paired group, and a chairperson who can control the discussion time.
- Each group will need a felt-tip pen and a large (preferably A3) piece of paper on which to record their conclusions. Once they have addressed each question satisfactorily, the recorder should summarise the group's findings using bullet points or numbers.

Plenary

- Bring the groups together to assess their outcomes and how they arrived at them. Ask each spokesperson to describe their group's view and whether their partner group shared it. Collate the main points on the board. Once you have these for the first group, other groups need only report on additional points that were made.

Unit 4 Destructive nature

Worksheet 4.6: What's the difference?

Use the table below to record the features of both texts from pages 86–87 in your textbook. Find the differences between them.

	Narrative text	**Official bulletin**
What is it for?		
Where would you find it?		
Who would write it?		
Formal or informal style?		
Plain or imaginative language?		
Specialised vocabulary?		
Tense and person (viewpoint)?		
Mainly factual information?		

Destructive nature

Lesson 7

Assessment Focus
AF2: Produce texts which are appropriate to task, reader and purpose
Main text type: Information

Student Book pages 93–95

Starter

- Remind students of the terms 'general' and 'specific' in relation to information texts. Then write the following on the board:
  - *Scientists think waterspouts (tornadoes) may be the cause of disappearing ships and aircraft. For example, in 1945, five US planes went missing without trace in the Bermuda Triangle.*
- Ask students which phrase precedes the specific information ('For example…').

Introduction

Stage 1
- Encourage students to make their leaflet 'reader-friendly'. Ask them what the main purposes of the leaflet will be and encourage them to think beyond 'giving information' or 'advice'. For example, one purpose could be easy access to information.
- Students should first consider the usefulness of including visual information before planning their layout. Then remind them of their work during the Starter and take them through the notes on page 94 of the Student Book. They then write their first paragraph.

Stage 2
- Go through the storm cellar notes with students and make sure they start their next section with a clear subheading.
- Students who have difficulty organising their text may find **Worksheet 4.7** helpful; it acts as a visual prompt. They can refer to it when thinking spatially about how much text to write and where to position it on the leaflet; they can also refer to it when writing. However, you should ensure that students include substantial paragraphs of text, as well as visuals or factfile boxes.

Development

Stage 3
- Students begin a full draft of their leaflet, referring to their plans and the bulleted reminders on page 95. Remind them to include general information and specific examples in their sentences.

Challenge
- Students with the time or ability may wish to turn some of their information on storm cellars into advice, using imperatives.

Peer Assessment

- When they have finished their drafts, students work in pairs to assess each other's work. Write the following features on the board and ask students to check if their drafts include them:
  - well-planned layout that aids reading
  - general points made
  - examples given
  - present and past tenses used.
- Students then complete the Peer Assessment Sheet (see page 6) and feed back.
- Students redraft according to suggestions, if possible using ICT.

Plenary

- Give a copy of **OHT 4.8** (top half only) to each group and get students to annotate the level 3 writing to show how well the student has produced a text appropriate to task, reader and purpose, and what needs improvement. Students should think particularly about the use of connectives to extend sentences. Then display the whole of **OHT 4.8** and ask for feedback on how to get the level 3 writing up to level 4. Show in the exemplar of level 4 how this can be done. Students make changes to their own texts in light of this.

Unit 4 Destructive nature

Worksheet 4.7: Leaflet planner

Use this planning frame to organise the different elements in your leaflet before you start writing.

1 Think of titles for headings and subheadings you will use and record them in each box.

2 Add short notes in each box as a reminder of:

- the information you will include
- the tense you will write in
- the illustrations, maps or diagrams (if any) you will include.

The first box has been started for you.

Remember, this is only a plan. You can change it as you write if you so wish.

Title of leaflet
_____

Introduction
General information on what tornadoes are like (see notes):
_____
_____
_____

Tenses I will write in:
_____

Illustrations, maps or diagrams to include:
_____
_____

Title of subheading:	Title of subheading:
Other information:	Other information:
Tenses I will write in:	Tenses I will write in:
Illustrations, maps or diagrams to include:	Illustrations, maps or diagrams to include:

Unit 4 — Destructive nature

OHT 4.8: Raising the level

Assessment Focus

AF2: Produce texts which are appropriate to task, reader and purpose

Level 3

Sometimes people hear there is a 'warning'. This means there is storm coming. Then people get into their storm cellars quickly. Sometimes people hear there is a 'watch'. This means a storm may be coming.
People keep useful things in a storm cellar. They keep tins of food, water, a torch, a radio and a first-aid box. The radio means they can find out what is going on.

Level 4

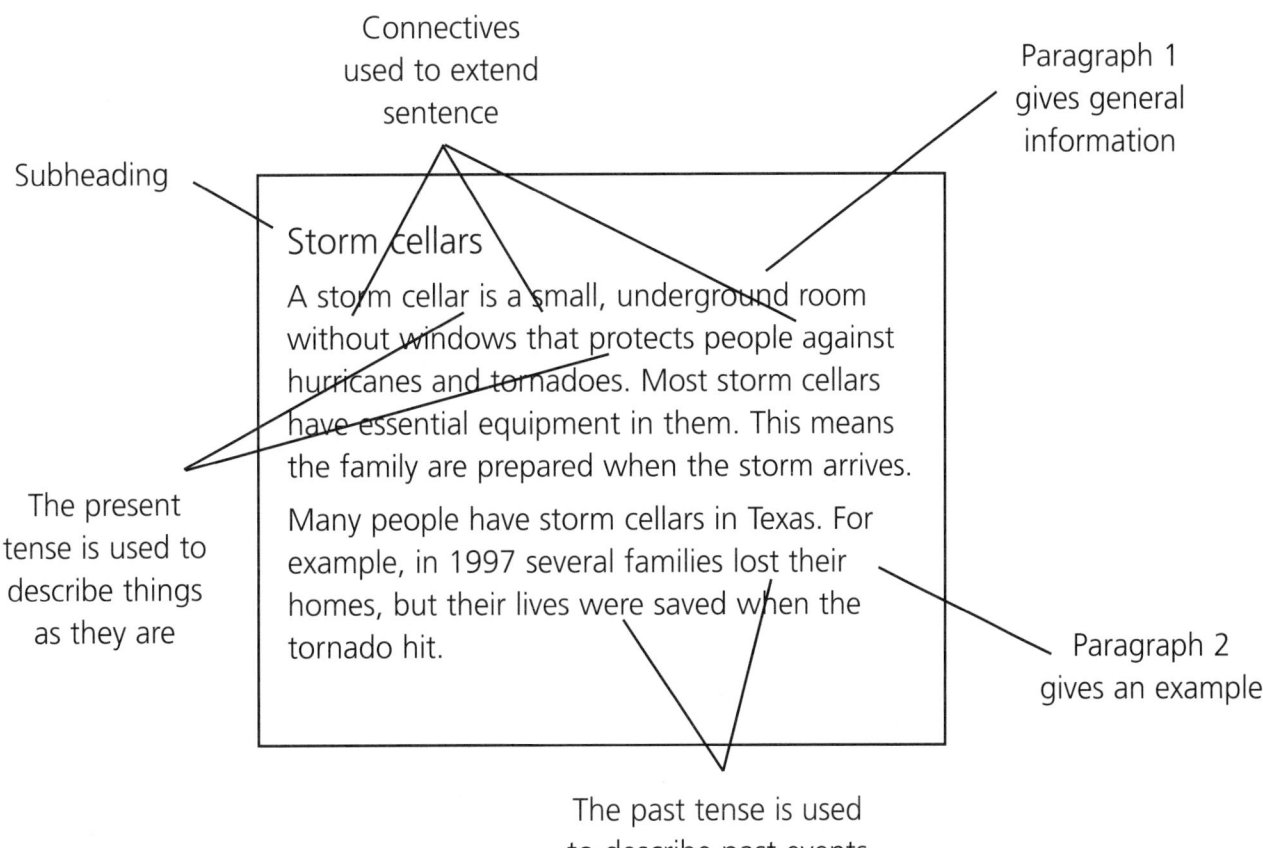

Impact English Teacher's Resource © HarperCollinsPublishers 2005

Family drama

Lesson 1

Framework Objectives

W7b: Work out the meaning of unknown words
S&L14: Develop the dramatic techniques that enable students to create and sustain a variety of roles
Main text type: Film script

Student Book pages 96–100

Starter

- Ask students what the words 'interior' and 'exterior' mean. Prompt them to look at the prefixes ('int–' and 'ext–') and ask what they think they mean. Does anyone know what the adjectives connected to both these terms are ('internal' and 'external')?
- Next, encourage students to come up with similar sounding prefixes, such as 'inter', which means 'across' or 'between'. Point out that 'interior' is a noun meaning 'the inside'.

Introduction

- Read the film script with the class. Draw attention to the use of 'EXT.' and 'INT.' and the general layout of the script.

Key Reading

- Go through the key features of film scripts as described in the text-type box on page 98. Check students' understanding by asking:
  - *Why would a producer or film director find 'EXT.' and 'INT.' helpful in a film script?*
  - *The dialogue sentences are often shortened. What is the full sentence for 'This your first time?'*
- Ask pairs to work through questions **1** to **4**. Students may need to be shown another example of visual information before they complete question **4**. Ask pairs to feed back and invite the class to comment.

Development

Purpose

- Aid students with question **5** by modelling how the lines could be read. Read Billy's first line softly; then Dad's second line louder, with voice raised. Suggest students try stressing individual words or phrases. Students then try reading the lines in pairs.
- Students work through questions **6** and **7** in the same pairs. It may help to model the gesture before they begin. Ask 2 or 3 pairs to share their performances with the class.

Reading for meaning

- Use **OHT 5.1** to help students answer question **8**. Explain the evidence supplied for the first example. Then, as a class, jointly complete the second row of the table. Students find the remaining items of evidence on their own and then feed back. Share answers as a class by adding to the OHT.
- Before students tackle question **9**, check their understanding of pronouns by asking what other pronouns they know (for example, *you, it, they, our*). Reiterate how using 'we', 'our' and 'us' reflects the audience's perspective.

Plenary

- Ask 2 or 3 students to share their scene directions – do any sound like professional script-writers? Elicit the idea that they, as 'actors', control some of the dramatic process. Ask them:
  - *What different ways did you play Billy and his father in today's lesson?*
  - *What different choices did you make?*

Impact English Teacher's Resource © HarperCollinsPublishers 2005

Unit 5 Family drama

OHT 5.1: Billy and his father

What the reader finds out	Evidence
Billy's father does not have much money.	Billy's father takes his wife's jewellery to the pawnshop.
Billy's father still finds it difficult to accept that Billy likes dancing.	
Billy's father doesn't have much experience of travel.	
Billy is very different from the other boys at the audition.	

Family drama

Lesson 2

Framework Objective

S&L16: Collaborate in, and evaluate, the presentation of dramatic performances, scripted and unscripted, which explore character, relationships and issues

Main text type: Film script

Student Book page 101

Starter

- Ask students whether they, or anyone they know, says 'Talk proper' or 'Walk normal'? If they do, they probably don't think about it since it is acceptable amongst friends and family as informal, chatty speech. However, in written work these phrases would need to be expressed more formally. 'Proper' is an adjective; ask how 'Talk proper' or 'Walk normal' should change (using the adverbs 'properly' and 'normally'). Finally, ask students to identify which of these informal lines appears in the script on pages 96–97 of the Student Book and who says it.

Introduction

Focus on: Creating dramatic performances

- As a class, recap what happens in the *Billy Elliot* extract and the initial impressions that students have gained about Billy and his father. Ask students to reread the last section of the script to themselves, as directed in the first part of question **10**.
- Working on their own, students can then use **Worksheet 5.2** to make notes on the characters. Remind them to consider:
  - voice: pace, loudness and tone (for example, *trembling*)
  - gestures: for example, *hand raised*, *a friendly smile*
  - pauses
  - space: how close one character is to another; where each character is placed. (If necessary, demonstrate this by working with one student as a 'dummy/model' – for example, *Billy standing some way back from the desk as though scared*).

  Students should make their own judgements at this point, so stress there is to be no sharing of ideas.
- Students then move into small groups and agree how each of the characters should be played. Each group will need a blank copy of **Worksheet 5.2** (an extended version of the table on page 101 of the Student Book), to record the group's decisions.

Development

Key Speaking and Listening

- In question **11a**, groups rehearse and then perform the script they developed in question **10**. To save time, suggest that students need not act out Billy and his father climbing the stairs. They can go directly from the end of the dialogue with the receptionist ('Thanks') to Billy going into the changing room.

Plenary

- Ask students to comment on their performance and those of their group, using the bullets in question **11b** as prompts. They should focus in particular on how well the different characters were portrayed.
- Question **12**, in which students are asked to write a short commentary of their group's performance, can be set as a homework task once students have compared their group's performance with those of the other groups in the class.

Unit 5 Family drama

Worksheet 5.2: Playing characters

Complete this chart to show how you think each of the characters in the extract should behave.
For each character, consider:
- voice
- gestures and movements (including facial expressions)
- pauses
- space.

Character	What he or she is like	How this can be shown
Receptionist		
Billy		
Dad		
Simon		
John*		

* There is very little information about John so you will have to make up your own mind as to what he is like and how he behaves.

Impact English Teacher's Resource © HarperCollinsPublishers 2005

Unit 5

Family drama

Lesson 3

Framework Objectives

R5: Trace the development of themes, values or ideas in texts
R8: Investigate how meanings are changed when information is presented in different forms or transposed into different media
Main text type: Recount

Student Book pages 102–105

Starter

- Students will probably be aware of *The Simpsons* on television. Do any of them have books based on the series? Many of these books are comic-strip versions of the TV programmes. Ask students what is missing from these comic-strip versions when compared with the TV programmes (for example, *the voices and movements*). How important do students think the voices are to the series' success? Do readers of the comic strip 'hear' the different characters' voices as they read?

Introduction

- Read through the article with the class, checking that glossary words are understood. Ask 1 or 2 students to describe what the text is about.

Key Reading

- Go through the key features of recount texts as described in the text-type box on page 104. Check understanding by asking students:
  - *How do you think the writer of this article found out about Carolyn Omine, i.e. how she got the job and how she works now?* (By interviewing her.)
  - *Why isn't this article just about how she got the job? What would that omit?*
- Students work through questions **1**, **2** and **3** in pairs. During a feedback session, use question **3** to check students' understanding of how the writer uses time references to tell the reader about the different stages in Omine's life.

Development

Purpose

- Question **4** is central to students' understanding of how a text can fulfil a number of purposes. Complete the first example (finding evidence for purpose 1) as a shared class task, with you modelling the answer. If appropriate, students can then find the evidence for purpose 2 individually.

Reading for meaning

- Begin work on question **5** by looking at the article as a class and finding the reference from the example. Then ask students to go through the text and note down the other paragraphs containing references to Omine being 'a woman script writer'. In a feedback session, use **OHT 5.3** to gradually reveal the paragraphs and the highlighted references. Check whether students have found all the references. Conclude with a class discussion based on question **6** that gets students to reflect on the references they have found and infer meaning from them.

Plenary

- Open up the discussion begun in question **6** by referring students to Omine's point that boys are given more encouragement to be funny than girls. Do students think she is right? Can they think of female comedians with their own shows on television?
- Recap the two main text types included in the article (it is mainly a recount but includes some explanation).

Unit 5 Family drama

OHT 5.3: Tracing ideas

Reference 1 (paragraph 1)

When *The Simpsons* writers start to argue about storylines, one voice stands out from the rest – the only woman on the team, Carolyn Omine. But Omine admits she's not afraid to shout as loud and as hard as the boys. After three years writing for the award-winning show she's got used to fighting her corner in the testosterone-loaded atmosphere.

Reference 2 (paragraph 2)

She says: 'When I come out with a really nasty joke, I sometimes feel like I'm not the most feminine person in the world. I feel like I go back to being a girl when I get into my own office again.'

Reference 3 (paragraph 7)

Although she is the only woman writer on the show, she admits that's not rare in US TV comedy. 'In everything I've worked on I've always been the only woman, or one of two. I don't think it's about prejudice, I just think there are not so many women trying to be comedy writers.'

Reference 4 (paragraph 8)

'Only five per cent of the job is sitting writing a script. You sometimes spend 12 hours a day sitting round a table with the guys shouting over them to be heard. I don't think a lot of women would be comfortable doing that. And I think boys are encouraged far more than girls to be funny.'

Family drama

Lesson 4

Framework Objective

S6: Explore and compare different methods of grouping sentences into paragraphs of continuous text that are clearly focused and well developed

Main text type: Recount

Student Book pages 106–107

Starter

- Ensure students are clear what a sentence is by asking them to define its features:
  - it tends to have a complete meaning/sense on its own
  - it has a subject and a main verb
  - it starts with a capital letter and ends with a full stop.
- Then write these examples on the board and check that students understand that:
  - 'Writing for *The Simpsons* is very much…' is not a sentence (it has no subject: it doesn't say or refer to who is doing the writing; it is incomplete; it doesn't make sense).
  - 'For *The Simpsons*' is not a sentence (it has no verb).

Introduction

Focus on: Organising sentences in paragraphs

- Check that students know how many sentences are in the selected extract for question **7**. Then, using **OHT 5.4**, complete question **8**. Ask students what difference is made when the two sentences are swapped over (in the second version, the final sentence now sounds like a summary).
- When discussing question **9**, use the lower half of **OHT 5.4** to show the effect of the final sentence of the extract being moved to the beginning. Whilst looking at the OHT, ask:
  - *Do you know what 'show' is being referred to?*
  - *Do you know who 'she' is?*
  - *Would this reorganised version work as the first paragraph of the article?*
- Elicit from the class that not all paragraphs where a general point is backed up by specific details can be swapped easily without changing the sense.

Development

Key Writing

- To complete question **10**, students select two of the sentences from the four listed and construct their own short paragraph. The aim is to imitate the style of the paragraph in question **8** (a general idea followed by further details). However, students should be aware that to create the best paragraph they will need to look for links between the two sentences. They may also want to change words to make the two sentences flow better – encourage them to experiment with different pairings (examples are given in the Plenary).

Plenary

- Students share their completed paragraphs with the class. The better ones are as follows:
  - *The Simpsons* is an incredibly popular show. Millions of people around the world tune in every week to watch *The Simpsons*.
  - People will do anything to watch *The Simpsons*. Some people never miss an episode and have even cancelled weddings to catch a new one!
- Ask students why these combinations work well (because the first sentence sets up the main idea whilst the second sentence develops it and gives further details). You may wish to ask how each sentence can be improved. For example, in the first sentence pair, an improvement would be to change *The Simpsons* in the second sentence to the pronoun 'it'.

Unit 5 Family drama

OHT 5.4: Swapping sentences

1 Consider how changing the sentence order in the following paragraph changes the emphasis.

Version 1

Writing for *The Simpsons* is very much a team effort. Scripts are put together eight months before the show is screened but there's a lot of tinkering after that and changes are made right up to the last minute to ensure each episode is topical.

Version 2

Scripts are put together eight months before the show is screened but there's a lot of tinkering after that and changes are made right up to the last minute to ensure each episode is topical. Writing for *The Simpsons* is very much a team effort.

2 Now look at the effect of changing the sentence order in the following paragraph. Does the new paragraph (Version 2) make sense?

Version 1

When *The Simpsons* writers start to argue about storylines, one voice stands out from the rest – the only woman on the team, Carolyn Omine. But Omine admits she's not afraid to shout as loud and as hard as the boys. After three years writing for the award-winning show she's got used to fighting her corner in the testosterone-loaded atmosphere.

Version 2

After three years writing for the award-winning show she's got used to fighting her corner in the testosterone-loaded atmosphere. When *The Simpsons* writers start to argue about storylines, one voice stands out from the rest – the only woman on the team, Carolyn Omine. But Omine admits she's not afraid to shout as loud and as hard as the boys.

Impact English Teacher's Resource © HarperCollinsPublishers 2005

My Family

Family drama

Lesson 5

Framework Objective

R6: Recognise bias and objectivity, distinguishing facts from hypotheses, theories or opinions

Main text type: Review

Student Book pages 108–112

Starter

- Check students' knowledge about what is a fact and what is an opinion by writing the following statements about the film *Spider-Man 2* on the board:
  – It's a sequel to *Spider-Man*.
  – There are many special effects.
  – It's a better film than the first one.
  – The effects are pretty amazing.
  – The acting was okay.
  – It stars Tobey Maguire.
- Ask them to identify the facts (those statements that cannot be argued with).

Introduction

- Read through the article with the class, checking that glossary words are understood. Ask 1 or 2 students to describe what the review is about.

Key Reading

- Go through the key features of review texts as described in the text-type box on page 110. Check understanding by asking students:
  – *Can you think of two simple adjectives to describe a programme you like?*
  – *Why do you think the reviewer uses the present tense about a programme she has already seen?* (To give the review more immediacy; as a preview for the viewer.)
- Students work through questions **1**, **2** and **3** in pairs. During the feedback session, use question **2** to check understanding of the first text-type feature (providing key information). To ensure that students are clear what is meant by 'key information' in a review, ask them to give further examples.

Development

Purpose

- Students can attempt to answer question **4** on their own, locating the key references. Ask them to identify the words and phrases that indicate why these are positive (good) references to the show. Then use the annotated text on **OHT 5.5** to share responses. Did students find the same references? Students can then suggest what elements of extract 2 on the OHT (a negative review) suggest it is *not* a good programme.

Reading for meaning

- Students discuss question **5** in pairs, then decide on two or three appropriate adjectives to describe Susan, inferring these from the description in the review (for example, *bossy, embarrassing, thoughtless, insensitive, stupid*).

Plenary

- Conclude with an activity designed to emphasise how simple adjectives are useful in summing up characters in a review. Draw the following spidergram on the board and ask students to suggest suitable adjectives for the characters:

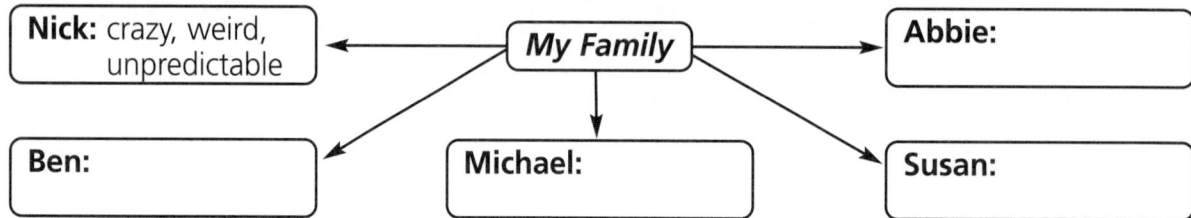

This task will be dependent on students having seen an episode of *My Family*, although it can be repeated with any other programme that students know well.

Impact English Teacher's Resource © HarperCollins*Publishers* 2005

Unit 5 Family drama

OHT 5.5: Positive references

Extract 1: Analysing the references

Suggests that viewers will feel thankful that it isn't their family – they will feel better because they're lucky!

The adjective 'well-scripted' is praising the show; it doesn't say 'badly-scripted'

The verb phrase 'laugh out loud' suggests the viewer will agree that it is funny

> As we watch and laugh out loud, we can perhaps give thanks that this isn't our family, and enjoy a well-scripted and acted episode that leaves you hanging on for season five of this wonderful comedy.

Simple adjective praising the show

This verb phrase means 'waiting impatiently', suggesting that viewers will be almost desperate to see the next series. This is praising the show, too

Extract 2: Finding the negative references

> As we watch and cover our yawns, we can perhaps wonder how this awful programme got made, and how the BBC could make the mistake of showing another series of this badly-scripted and poorly-acted so-called comedy.

My Family

Unit 5
Family drama
Lesson 6

Framework Objectives

R6: Recognise bias and objectivity, distinguishing facts from hypotheses, theories or opinions

Wr18: Write a critical review of a substantial text, taking account of the context in which it was written and the likely impact on its intended readers

Main text type: Review

Student Book pages 112–114

 Thesauruses should be available.

Starter

- The review of *My Family* uses a number of descriptions of the Harpers or individual members and their behaviour. Some are almost synonyms (for example, *bizarre* and *zany*). Check that students are familiar with the term 'synonym', then brainstorm synonyms for 'bizarre' and 'zany' (for example: *eccentric, weird, wacky*). An opposite (introduce the term 'antonym') of zany could be *dull*. Brainstorm synonyms for 'dull' (for example, *tedious, lifeless, boring*) or make thesauruses available for students to look them up. Point out that having a range of synonyms and antonyms available can be very useful in reviews, to avoid repeating the same descriptive words.

Introduction

Focus on: Recognising bias and objectivity

- Introduce the notion of bias. Usually the term 'bias' is used to describe the unfair treatment or description of someone or something, based on ignoring or selecting the facts. However, bias can also be positive when used to persuade others of your view. Ask students:
  – *When might someone use bias or be biased?*
  – *Can you give examples of people being biased against you?*
- Note that in one sense it is the duty of a reviewer to be biased – their opinion is a key reason why reviews are read and if it is too balanced or objective, the review can become boring. Point out that it is particularly difficult to be neutral about comedy. Pairs then complete question **6**, which should reinforce this point.
- Afterwards, conduct a brief plenary to collect ideas on contrasting views of comedy from 2 or 3 pairs. Model for students that it is usually possible to spot bias through:
  – the facts that are selected, for example, saying 'Henry scored a goal' equals 'he is a good player' (he may have missed ten other chances)
  – the use of loaded language around a fact, for example, '*Talented* Henry scored the best goal of the season.'
- In question **7**, pairs analyse the two reviews to identify the factual objective language in one, versus the loaded biased language in the other. Ask 1 or 2 pairs to feed back with examples of the negative bias in review 2.

Development

Key Writing

- Students now attempt question **8**, trying to avoid adjectives that suggest a viewpoint in their first paragraph (**8a**) and ensuring that their language choices in their second paragraph (**8b**) make their views clear. Remind students to use a range of adjectives including synonyms in paragraph 2. They can use *Billy Elliot* or a film of their own choice as the basis of their review.
- Students who require further support in organising the two paragraphs can arrange cut-out versions of the sample sentences on **Worksheet 5.6** as their starting point.

Plenary

- Ask 1 or 2 students to read out their reviews and invite the class to comment on their language choices.

Unit 5 Family drama

Worksheet 5.6: Planning your paragraphs

Billy Elliot is about a boy from Newcastle who wants to be a ballet-dancer.

We all know what it is like to argue with someone in your family, and the film shows this very powerfully indeed.

The story is very interesting, as it shows what it is like to fight for what you want.

Eventually, he goes to London for an audition at the Royal Ballet School.

Moreover, the characters are extremely believable, especially Billy's father who is half-ashamed and half-proud of him.

But his family don't have much money, and his father and brother don't approve of Billy's dancing.

A woman called Mrs Wilkinson coaches Billy, and persuades his family to let him apply for a place at Ballet School.

Unit 5

Family drama

Lesson 7

Assessment Focus

AF2: Produce texts which are appropriate to task, reader and purpose
Main text type: Review

Student Book pages 115–117

Starter

- Write the following on the board and challenge students to match the sentences (A, B and C) to the three types of text or media (1, 2 and 3).

  A: 'Grab this fab CD right now and chill out to its lazy groove.'
  B: 'The CD has some well-crafted melodies and no doubt will be bought by the band's many fans.'
  C: 'Yeah, it's ok, I guess, but y'know, I'm just gonna download the best tracks onto my iPod.'

  1: Student talking to a friend on his mobile phone.
  2: A review in *Smash Hits*.
  3: A review in *The Daily Telegraph*.

  You could ask students how they made their choices from the language used.

Introduction

Stage 1

- Introduce the task and give out **Worksheet 5.7**. This will help students to record some basic content on which to base their preview. However, some students will not have any real performance to describe – suggest that they preview a film or drama they have seen on television. Point out that although they are writing for a local newspaper, these often review films on release nationwide.

Stage 2

- Using their notes from Stage 1, students now plan what will go into each paragraph, using the writing plan provided. Work with a guided group to ensure that students follow their plans and deliver the different focus of each paragraph. Share good examples within the group.

Development

Stage 3

- Students begin writing. They should focus on maintaining the appropriate style for the purpose of the preview. They have already decided what their viewpoint is, so their language choices should match that viewpoint. They must also ensure that the key factual elements of the preview are included. This is to pack in some detail, to keep the reader's interest.

Challenge

- More able students could write a review of their own performance outside the classroom in a play or concert, or during group work in class if they have not participated in one of these. Ask them to draft the review, using the bulleted guidance points,

Peer Assessment

- When students have finished their previews, they work in pairs to read each other's drafts. Write up the text-type features listed below and ask them to check if their drafts include them:
  - key information on both the characters and the story
  - the use of the present tense (in the main)
  - the opinion of the reviewer, expressed using adjectives or adjective + adverb combinations
  - a final summary paragraph.
- Students then complete the Peer Assessment Sheet (see page 6) and report back.
- Students redraft according to suggestions.

Plenary

- Give a copy of **OHT 5.8** (top half only) to each group and get students to annotate the level 3 writing to show whether the student has produced a text appropriate to task, reader and purpose, and what needs improvement. Then display the whole of **OHT 5.8** and ask for feedback on how to get level 3 writing up to level 4. Show in the exemplar of level 4 how this can be done. Students then make changes to their own texts in light of this.

Unit 5 Family drama

Worksheet 5.7: Making notes

Use this sheet to make notes on the show you are previewing. There is no need to write in full sentences.

Name or description of the show or performance	
When and where it is on	
Who is in it	
What happens in it (the main story/facts)	
Words that shown your opinion of the performance and the people in it. (Pack in as much detail as possible, using adverb + adjective phrases.)	
A statement summing up what you thought of it overall	

Unit 5 — Family drama

OHT 5.8: Raising the level

Assessment Focus

AF2: Produce texts which are appropriate to task, reader and purpose

Level 3

Ridgeway School's show has Simon Larwood as Tony and Lia Iqbal as Maria. It's about a boy and a girl and these gangs. It happens in New York. They fall in love but their friends are dead against it. It's okay I suppose. The dancing is okay. It was pretty good on the costumes and the singing was fantastic. I told all my mates to go but they didn't like it. So don't go.

Level 4

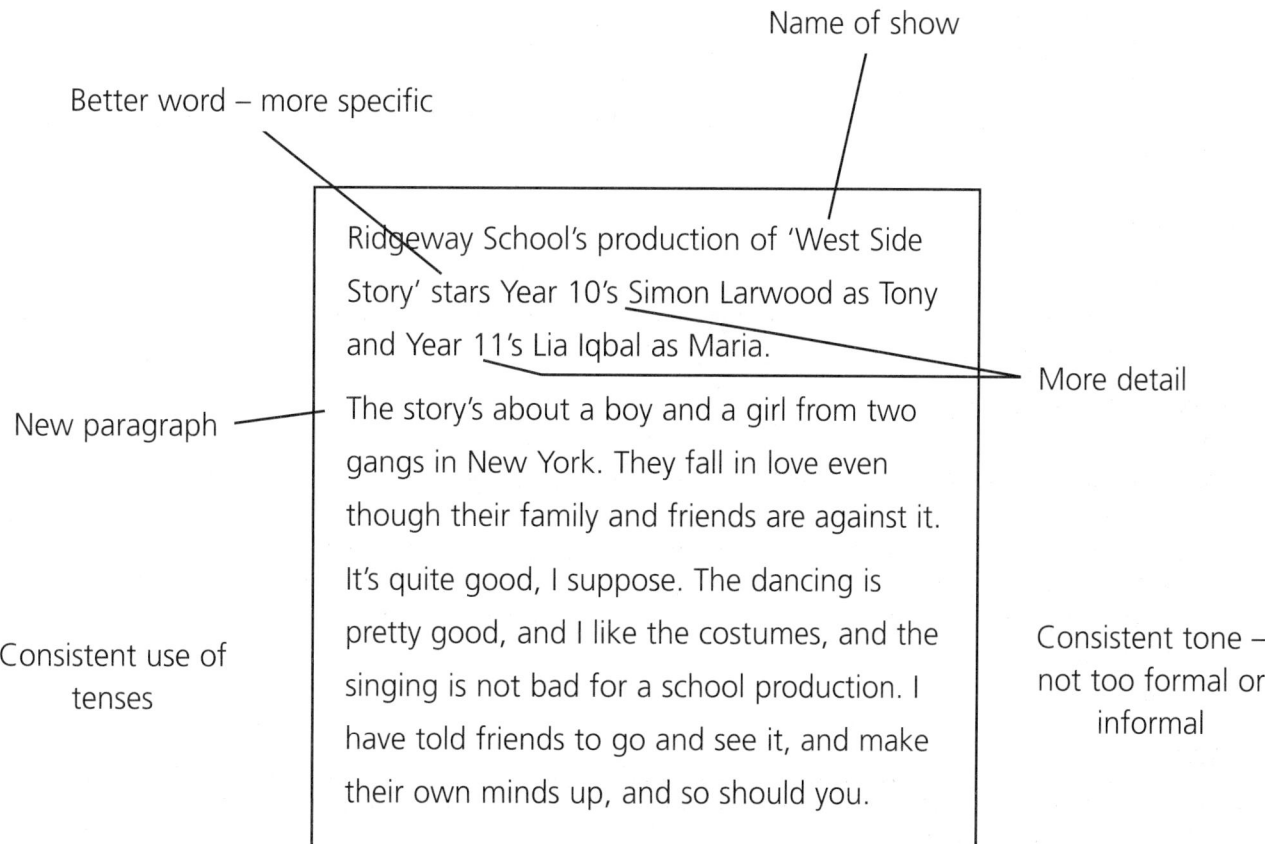

Ridgeway School's production of 'West Side Story' stars Year 10's Simon Larwood as Tony and Year 11's Lia Iqbal as Maria.

The story's about a boy and a girl from two gangs in New York. They fall in love even though their family and friends are against it.

It's quite good, I suppose. The dancing is pretty good, and I like the costumes, and the singing is not bad for a school production. I have told friends to go and see it, and make their own minds up, and so should you.

Annotations: Better word – more specific; Name of show; New paragraph; More detail; Consistent use of tenses; Consistent tone – not too formal or informal

Impact English Teacher's Resource © HarperCollinsPublishers 2005

Unit 6
Refugees
Lesson 1

Framework Objectives
W1: Investigate lexical patterns in new vocabulary
R5: Trace the development of themes, values or ideas in texts
Main text type: Narrative

Student Book pages 118–122

 A map of the world should be available.

Starter

- Explain to the class that patterns are a key part of language and that many writers use patterns of words, incidents or ideas to give added depth to their work. Tell students that they are going to look at patterns within words to begin with. Then hand out **Worksheet 6.1**, in which students are asked to identify three different spelling patterns and group words accordingly.

Introduction

- Read through the extract from *Refugee Boy* with the class, checking that glossary words are understood. Use a world map to show students where Ethiopia and Eritrea are. At first, they may well assume that Chapter 2 is a mistake, as on a casual reading it might appear to be identical to the first chapter, so establish that the two chapters are set in different countries.

Key Reading

- Go through the key features of narrative texts as outlined in the text-type box on page 120. Check understanding by asking these questions:
  - *Who is the narrator of this story?*
  - *What do you think might be the crisis and ending of the story?*
  - *Which words or phrases create an atmosphere of fear?*
- Students discuss questions **1** to **4** in pairs. Invite 1 or 2 pairs to feed back for the class to comment on.

Development

Purpose

- In question **5**, students look at possible purposes for story openings and choose which one is the main purpose of the *Refugee Boy* extract.

Reading for meaning

- Following on from their answer to question **5**, students look at how a dramatic effect is created by the similarity between Chapter 1 and Chapter 2. Point out to them the way in which patterns can emphasise small differences. Students then discuss questions **6** and **7** in pairs. After a brief feedback session, they analyse the key differences between the two chapters, using a table like the one on page 122 of the Student Book (question **8**). They then consider the writer's purpose in using this repetition in question **9**. This can be done individually or in pairs.

Plenary

- Encourage students to think about the larger implications of Zephaniah's use of repetition. What is he saying about racism?
- Ask students how many of them looked back to Chapter 1 as they read Chapter 2 to compare the two. Ask them to think about the risk that Zephaniah has taken at the beginning of the novel. Do they think there is any point at which the repetition is dull rather than effective?

Impact English Teacher's Resource © HarperCollinsPublishers 2005

Unit 6 Refugees

Worksheet 6.1: Word patterns

The words in Table 1 below fall into three different patterns. Look at them carefully and then arrange them according to the patterns you have worked out, in Table 2.

Table 1

Ancient	Receive	Deceive
Science	Believe	Conscience
Relieve	Conceive	Grieve

Table 2

Pattern 1	Pattern 2	Pattern 3

Unit 6
Refugees
Lesson 2

Framework Objectives
R5: Trace the development of themes, values or ideas in texts
S&L12: Take different roles in discussion, helping to develop ideas, seek consensus and report the main strands of thought
Main text type: Narrative

Student Book pages 122–124

Starter
- Remind students about Benjamin Zephaniah's use of repetition in the passage from *Refugee Boy*. Make sure they understand that although intentional repetition can be powerful, unintentional repetition should be avoided as it can be dull and awkward to read.

Introduction

Focus on: Patterns of language
- In this section, students move on to consider the effect of repetition *within* each chapter. Explain that part of the impact of the opening of Zephaniah's novel comes from its deliberately patterned use of language. Point out to students that the author has specifically chosen his words to create a particular effect and that it would have been perfectly possible for him to have opted for a greater variety of expressions. In question **10**, students look for examples of repetition within Chapter 1. Students work on the question in pairs, analysing the types of repetition used and the author's purpose.
- Questions **11** and **12** should also be discussed in pairs. These ask students to consider the language patterns created by the different reporting verbs and the effects these create.
- Use **Worksheet 6.2** as a follow-up exercise, to explore some of the choices that Zephaniah deliberately chose not to make.

Development

Key Writing
- Remind students of the difference between first- and third-person narratives. Read through the text on page 124 with the class. Students then discuss question **13** in pairs and feed back.
- In tackling the writing task in question **14**, more able students may be able to create some of their own language effects rather than simply repeating (or ignoring) the effects created in the original text. Briefly discuss other words for 'rifle' – for instance, the less specific word 'gun' or more specific 'AK47'. Also remind students of some of the alternative reporting verbs from **Worksheet 6.2**.

Plenary
- Ask 1 or 2 students to summarise the ways in which repetition can be both good and bad in writing. Help them, as a class, to produce a list of dos and don'ts for the use of repetition and write these on the board.

Unit 6 Refugees

Worksheet 6.2: Using 'said'

In direct speech we need to tell the reader who is speaking. The simplest way to do this is to use the word 'said'.

>For example: 'I'm here,' *said* Martin.

However if you always use 'said' it can be a little boring. This is also a chance to give your reader extra information about a character.

1 What is the difference in meaning between these two sentences?
  a 'I'm here,' announced Martin.
  b 'I'm here,' groaned Martin.

2 In pairs, discuss how you would say the two sentences above.

There are many other words that can be used instead of 'said'.

- Some tell you **what kind of statement** is being made, for example:
  added, announced, answered, asked, declared, mentioned, remarked, replied, suggested.

- Others tell you **how** a statement is made, for example:
  groaned, grunted, laughed, mumbled, muttered, screamed, shouted, whispered.

3 Choose the best words from the box above to fill in the gaps in these sentences.

  a 'You would like some more tea, wouldn't you?' _____ Alice.

  b 'Why do they always pick on me?' _____ Felix.

  c 'We'll be leaving in five minutes,' _____ the teacher.

  d 'That's the silliest thing I've ever heard,' _____ Adrian.

  e 'No! Don't!' _____ Iain as he fell.

Refugees

Lesson 3

Framework Objective

W10: Extend the range of connectives used to express reservations
Main text type: Information

Student Book pages 125–128

Starter

- Tell students that they are about to read a passage about asylum seekers and refugees in the UK. Ask them what they have heard about asylum seekers and refugees, or write the following on the board:
  - *They come and take the best jobs.*
  - *A lot of refugees come from countries where there's war.*
  - *People come to the UK to try and have a better life.*
  - *The UK receives over 50,000 applications for asylum every year.*
- As a class, students consider each statement, judging whether it is a fact or an opinion. Discuss the difference between fact and opinion, and, if possible, ask students to identify the source of their ideas.
- Go through the definitions of 'refugee' and 'asylum seeker' on page 126, and ensure students know the difference between them.

Introduction

- Read through the website text with the class, making sure that difficult words are understood. Referring back to the discussion in the Starter, ask students to think about the problems of sorting out fact from opinion, rumour and assumptions when discussing refugees.

Key Reading

- Go through the key features of information texts as outlined in the text-type box on page 127. Check students' understanding by asking these questions:
  - *Why is it important for an information text to be written clearly and logically?*
  - *What examples of technical language can you find?*
- Students discuss questions **1** to **3** in pairs. Students might need help with the terms in question **3**. Invite 1 or 2 pairs to feed back their answers for the class to comment on.

Development

Purpose

- Students discuss questions **4** and **5** in pairs, then feed back.

Reading for meaning

- Students use the chart in question **6** to clarify the organisation of the text – how each section starts with a comment which is then backed up by facts. They then look at the bullet-pointed section of the text more closely in question **7**.
- When they have completed the exercises, hand out **Worksheet 6.3**, which considers the use of qualifying connectives to link ideas that are not always straightforward. The worksheet could also be given as homework.

Plenary

- Discuss with students the effectiveness of the CRE website's approach. Is it merely presenting facts, or does it us other techniques as well? Ask students to compare the language used in the 'What people say' statements with 'The facts' texts.

Unit 6 Refugees

Worksheet 6.3: Using connectives

When you are dealing with facts and opinions, it is not always possible to express ideas in a simple form. Sometimes the ideas are too complicated.

Here are some of the connectives you might find in an information text:

    although   unless   however   if   nonetheless

1 Practise using the connectives below by writing them in a sentence.

  a however

  b if

  c although

  d nonetheless

  e unless

2 Use the words above to fill in the blanks in these sentences.

  a _____ many asylum seekers are highly qualified, they often only find work in low-paid jobs.

  b At first asylum seekers cost the taxpayer money, _____, in the longer term they usually put far more money into the economy than they take out.

  c Asylum seekers are not permitted to work _____ they have refugee status.

  d Asylum seekers can only apply for support from the National Asylum Support Service _____ they have no money of their own.

  e Asylum seekers and refugees have very difficult lives; _____ some people assume they live in the lap of luxury.

Refugees

Lesson 4

Framework Objectives

W14: Collect and comment on examples of language change

R8: Investigate how meanings are changed when information is presented in different forms or transposed into different media

S&L3: Make a formal presentation in Standard English, using appropriate rhetorical devices

Main text type: Information

Student Book pages 129–130

Starter

- Use **OHT 6.4** to allow students to explore the language of the Internet. Work through each example with the class and write their answers on the OHT. Ask students if they can identify the ways in which new words are formed. Some of the processes involved include: new meanings for old words (thread), acronyms (URL), blending (firewall) and the use of prefixes (hyperlink).

Introduction

Focus on: Organising information on a webpage

- Remind students that the text on page 125–126 is from a website. Ask them to identify some of the advantages and disadvantages of presenting information on a webpage as opposed to leaflet form and then read through the section on scrolling on page 129. Students discuss questions **8** and **9** in pairs. They then turn to the particular design features of a webpage and consider their advantages and disadvantages (question **10** and **11**.)
- Students should consider the question of reaching a target audience. Discuss the following questions:
  – Are people who are prejudiced against asylum seekers likely to log on to the CRE's website?
  – How would campaigners who support asylum seekers use the website?
  – Could another means of communication, such as a leaflet, be more effective?

Development

Key Speaking and Listening

- For question **12**, students use the information from the CRE website to produce a formal presentation on refugees in pairs. Students should take the reminder points on page 130 into account when preparing their speeches. Help less able students to select information, and make further suggestions for visual aids where appropriate.
- As an extension task, students can access the website. If this is not possible, ask students how they would go about obtaining contact details for the CRE.

Plenary

- Ask pairs to present their speeches to the class, and invite constructive criticism.

Impact English Teacher's Resource © HarperCollinsPublishers 2005

Unit 6 Refugees

OHT 6.4: Webspeak

Language changes over time to cope with new ideas and technologies. Some language is completely new but most new words build on older ones.

Below are some words associated with the internet. For each word say what it means and then try to work out how the word was formed. The first example has been filled in for you.

Word	What it means	Where it came from
hyperlink	A link on a web page that takes you to another part of page or to a different page.	It is a combination of 'hyper' (meaning 'over' or 'across') and 'link' (something that joins two things).
Internet		
e-mail		
to google		
virus		
broadband		

Refugees

Lesson **5**

Framework Objective

Wr10: Organise and present information, selecting and synthesising appropriate material and guiding the reader through the text (an information leaflet)

Main text type: Advice

Student Book pages 131–135

Starter

- Explain to students that they are going to be looking at a leaflet which gives advice on how to organise a campaign. Outline to them some of the different methods of attracting the attention of the government, such as marches, direct action and petitions, and explain that one of the simplest methods of contacting the government is by writing to your MP.

Introduction

- Read the extract from the STAR leaflet with the class, checking that difficult words are understood.

Key Reading

- Go through the key features of advice texts as outlined in the text-type box on page 133. Check understanding by asking these questions:
  - *What is this advice text advising the reader to do?*
  - *Find another example of formal language.*
- Students discuss questions **1** and **2** in pairs. Invite 1 or 2 pairs to feed back for the class to comment on.
- Make sure all students are quite clear about what an imperative verb is by going through the definition in the 'Grammar for reading' box. Students then discuss questions **3** and **4** in pairs.

Development

Purpose

- Students discuss question **5** in pairs. In order to clarify the logical organisation of an effective advice text, hand out **Worksheet 6.5**, in which students have to reorder a set of paragraphs.

Reading for meaning

- Read through this section with the class. It extends their understanding of an advice text by demonstrating how each logical point can be backed up by reasons and examples. In question **6**, students find another reason supporting the advice given in the text. In question **7**, they look for examples that expand on the main point. These questions can be done individually or in pairs

Plenary

- Invite 2 or 3 students to recap the main features of advice texts. Stress that they should give advice but also use persuasive techniques. Students could look briefly at these and discuss how the leaflet attempts to motivate its readers as well as give them advice.

Unit 6 Refugees

Worksheet 6.5: Advice leaflet

You are planning a leaflet to be given out to new Year 7 students at your school. Here are the points you have decided you need to include:

- **A** Finding your way around the school
- **B** How to cope with fellow students
- **C** An outline of the main problems
- **D** How to cope with teachers
- **E** How to cope with all the books
- **F** A summary of the best way to make sure you are happy
- **G** How to cope with the timetable.

1 Write down the most logical order for your paragraphs to go in.

_____

_____

2 What sort of language will you use?
- **a** Very informal
- **b** Very formal
- **c** A mixture of formal and informal.

3 Below are the opening sentences for all the paragraphs. Match each sentence with its corresponding paragraph. The first example has been done for you.
- **i** Using a timetable for the first time can be confusing. __G__
- **ii** Another problem you may have is carrying so many books around. _____
- **iii** How do you find the right classroom? _____
- **iv** Starting a new school can be fun, but you also may have some difficulties to begin with. _____
- **v** Despite these potential problems, we hope you will enjoy Westlake High School. _____
- **vi** Meeting new people isn't always easy. _____
- **vii** Getting to know the teachers is also important. _____

Framework Objectives

S7: Develop different ways of linking paragraphs, using a range of strategies to improve cohesion and coherence

Wr15: Give written advice which offers alternatives and takes account of possible consequences

Main text type: Advice

Student Book pages 136–137

Starter

- Discuss with students what the main purpose of an advice text usually is (to advise the reader to take a particular course of action). Explain that they are going to be producing a poster to accompany the STAR leaflet. Ask students to identify the main differences between a poster and a leaflet. Write their ideas on the board for reference during the lesson. Ideas might include: *amount of text, need to be read from a distance, lack of space for an argument, need for visuals, punchy, attention-grabbing language.*

Introduction

Focus on: Formal language, informal tone

- In this section, students will explore differences in language and tone created by using formal and informal language features. Remind students of the differences between formal and informal language. Then look at the example on page 136 and go through the 'Grammar for reading' box to remind students of conditional sentences. They then produce their own sentences in question **8**. In question **9** they find examples of informal language featured in the extract.

Development

Key Writing

- Read through the instructions in question **10** to focus students on their brief. Discuss some initial ideas as a class to ensure they understand clearly what they are going to do. Hand out **Worksheet 6.6** and ask students to complete it before they start work on question **12**, to help them understand how to design an effective poster.
- Students can then start work on their posters. Make sure they use imperatives and informal language, as well as a strong image and good design features, such as a strong heading and highlighted key words.

Plenary

- Ask students to show their posters, or work in progress, and explain how they have fulfilled the design/campaign criteria. The rest of the class can give constructive criticism.

Unit 6 Refugees

Worksheet 6.6: Designing posters

1 Look carefully at the two posters on this page and annotate them to show their good and bad points. The first annotation has been done for you.

campaign logo included

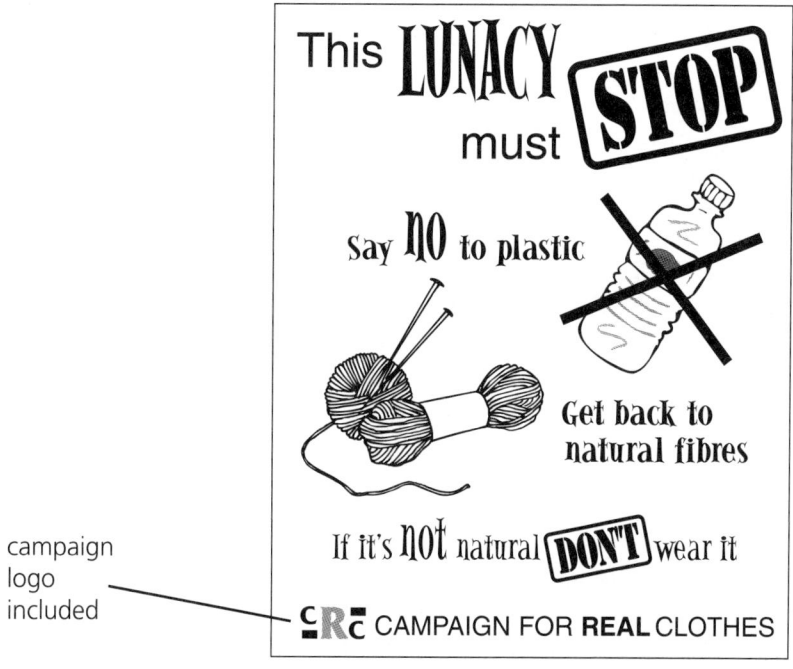

2 Which of the two posters works best? Give reasons for your choice.

Impact English Teacher's Resource © HarperCollinsPublishers 2005

Assessment Focus

AF2: Produce texts which are appropriate to task, reader and purpose

Student Book pages 138–141

Starter

- Ask students to write down the main features of advice texts, then feed back to the class. Present the assignment to students as outlined in the Student Book. Make sure that they have a clear idea of their audience, as well as the format of a leaflet. Stress that they will be writing advice on how to write a letter, not the letter itself, and relate the features of advice texts as discussed to this task.

Introduction

Stage 1

- Students begin by planning the sections of their leaflet and deciding which four headings from the list on page 138 they are going to include.
- For further help with planning, use **Worksheet 6.7**. If students are using word processors, the different columns can be achieved by using a landscape page and setting the text with a two-column layout. They should think about the amount of space they have to play with as well as the content, even at the planning stage.

Development

Stage 2

- The sample letter layout should be -placed on the inside panels. Students will need to think carefully about spacing as they write. The advice should be in an appropriate style – students can refer to the notes on page 139 as they draft their work. They should be able to state clearly the purpose of each paragraph they are writing. Remind them that the choice of font can also affect the perceived level of formality of a document.

Stage 3

- Read through the reminder points on page 141 of the Student Book and ask students to redraft their leaflets where necessary.

Challenge

- Students should attempt to achieve a mixture of formal and informal language in this leaflet. Ask them to read through the 'Challenge' box and then change one or two of the imperatives in their leaflet into this more formal style.

Peer Assessment

- When students have completed their writing, they work in pairs and read each others' drafts. Write up the text-type features listed below and ask them to check if their drafts include them:
  - clear organisation
  - appropriate choice of formal or informal language
  - direct address
  - imperative verbs
  - useful layout design.
- Students fill in the Peer Assessment Sheet (see page 6) and feed back their findings.
- Students redraft according to suggestions.

Plenary

- Give each group a copy of **OHT 6.8** (top half only). Ask students to annotate the level 3 writing to show how well the student has produced a text appropriate to its purpose and what needs improvement. Then display the whole of **OHT 6.8** and ask for feedback on how to get the level 3 writing up to level 4. Show in the exemplar of level 4 how this can be done, then ask students to make changes to their own texts in light of this.

Unit 6 Refugees

Worksheet 6.7: Designing a leaflet

You are about to design a four panel leaflet using an A4 sheet of paper. Fold your A4 sheet in half so that it has the following sections:

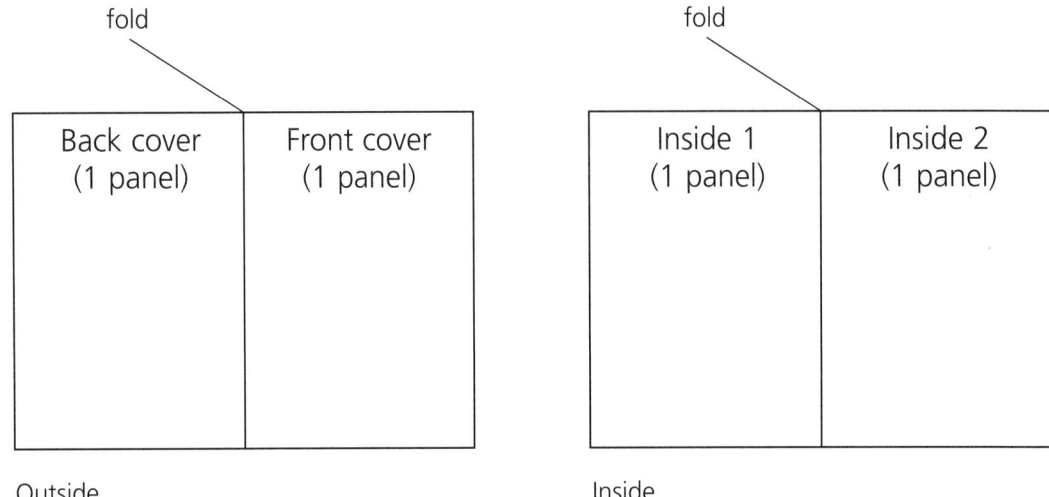

For the front cover you might like to include some or all of the following:
- An attractive type face or font
- A title
- A striking illustration
- Space for the campaign logo.

For the back cover you might choose to include:
- A summary of your main advice
- Further information such as telephone numbers.

The following also need to be included in your leaflet. Use the plan below to decide where they will go:
- Your four sections of text (see Stage 1), including an introduction and a conclusion
- The diagram on page 140 of your Student Book.

Front cover: _____
Inside 1: _____
Inside 2: _____
Back cover: _____

Remember:
- Fold the paper as neatly as you can and make sure each section is in the right place.
- Check that you have used the appropriate language and style.
- Think carefully about how your choice of font might affect how formal or informal the leaflet looks.

Unit 6 Refugees

OHT 6.8: Raising the level

Assessment Focus

AF2: Produce texts which are appropriate to task, reader and purpose

Level 3

The layout of the letter is pretty obvious. Your address goes at the top and then the date and 'Dear MP'. The first paragraph is the reason for the letter and then the next paragraph is about what should be done.

This type of letter usually has the address of the person that it is being written to above the 'Dear MP' bit.

Level 4

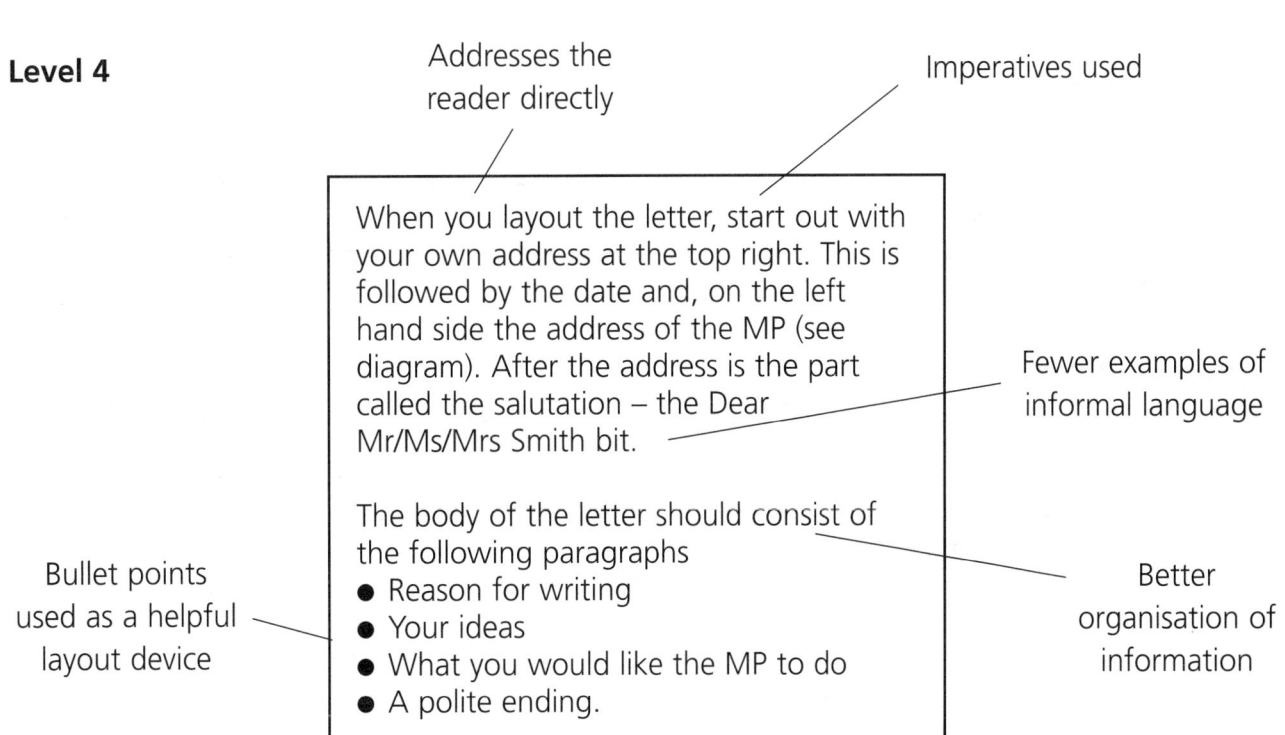

- Addresses the reader directly
- Imperatives used
- Fewer examples of informal language
- Better organisation of information
- Bullet points used as a helpful layout device

When you layout the letter, start out with your own address at the top right. This is followed by the date and, on the left hand side the address of the MP (see diagram). After the address is the part called the salutation – the Dear Mr/Ms/Mrs Smith bit.

The body of the letter should consist of the following paragraphs
- Reason for writing
- Your ideas
- What you would like the MP to do
- A polite ending.

Impact English Teacher's Resource © HarperCollins Publishers 2005

Framework Objective

R9: Recognise how texts are shaped by the technology they use
Main text type: Persuasion

Student Book pages 142–146

Starter

- Are cartoons just for telling a story? Write some text types on the board (for example, *information*, *persuasion*, *explanation*, *advice*) and ask students how a cartoon could be used for these purposes. Explore in discussion what advantages a cartoon has over other forms of presenting.

Introduction

- Read through The Bug advert with the class, checking that glossary words are understood. Ask 1 or 2 students to describe what the story and the second part of the text are generally about.

Key Reading

- Go through the key features of persuasion texts as described in the text-type box on page 144. Check students' understanding by asking:
  - *What is the 'single viewpoint' of this advert?*
  - *What does 'emotive' mean?*
  - *What is 'direct address'?*
- Students discuss questions **1** to **4** in pairs. Some of them may need guidance in finding the correct part of the text in question **1**. For question **3**, a prompt about Hemingway's friendly tone may help students to decide between the bulleted options. Ask 2 or 3 pairs to feed back their answers and invite the class to comment.

Development

Purpose

- Students discuss question **5** in small groups and feed back. Ensure they understand that the main purpose of an advert is to sell something (even if that something is an idea) despite any other content (such as information and entertainment). However, students can be allowed any combination of the four options, providing they are well argued.
- Question **6** can be attempted in pairs or individually.

Reading for meaning

- Explain how you can 'read' a text in different ways – especially a persuasive text that has a hidden agenda.
- In question **7** pairs write out the story of the cartoon. When they have finished, show through the example on page 146 of the Student Book how the words, images and ideas in the cartoon can be 'read' to gather evidence for its underlying persuasive purpose. Pairs then make notes on the rest of the cartoon for question **8**. To support this activity, provide each pair with a copy of **Worksheet 7.1** on which to record their ideas and write an evaluation. Question **9** encourages students to think about how the cartoon might appear on a website (i.e. with sound and moving images).

Plenary

- Select three or four frames of the cartoon and ask students what their 'hidden message' might be. Encourage the class to add other students' comments to their tables (**Worksheet 7.1**), since they will be using these notes when writing their presentations for the 'Key Speaking and Listening' task (question **11**).

Unit 7 New media

Worksheet 7.1: Reading the cartoon

1 In pairs, discuss what the cartoon is really telling you about The Bug. Make your notes in the table below. Some examples have already been given, to start you off.

What it's telling me about the product – The Bug	Frame 1 – it's important enough for there to be a story about its 'birth'.
What it's telling me about the designer – Wayne Hemingway	Frame 1 – he is famous, like a film star. Frame 2 – he is on our level, an ordinary person like us.

2 Write two or three sentences saying whether you think the cartoon's 'hidden message' is effective, giving your reasons.

_____
_____
_____
_____

Impact English Teacher's Resource © HarperCollinsPublishers 2005

Unit 7
New media
Lesson 2

Framework Objectives

S9: Adapt the stylistic conventions of the main non-fiction text types to fit different audiences and purposes

S&L4: Provide an explanation or commentary which links words with actions or images

Main text type: Persuasion

Student Book pages 146–148

Starter

- Ask students, working in groups, to think how the technology of the Internet has affected the form of adverts. They should brainstorm how adverts on the Internet differ from those in print. Drawing on their previous work for question **9** (during which they considered the Internet version of the cartoon in the Bug advert), ask students how the web version of the whole advert would differ from the print version. If you have easy access to the Internet, log on to the website www.thebug.com and find out.

Introduction

Focus on: Suiting audience and purpose

- Read through the section, emphasising how important it is to determine the audience and purpose of a text before evaluating (or writing) it. Model the example on page 147 of the Student Book, to show how well the language and tone of the text suits the audience and purpose of The Bug advert. Recap the meanings of the terms 'emotive', 'tone', 'informal language', 'colloquialism' and 'contraction'. Students then attempt question **10**.
- To support question **10**, **Worksheet 7.2** provides a version of the extract on which students should identify and then annotate the bulleted features. Ask 2 or 3 students to present their annotations on an OHT and invite the class to comment.

Development

Key Speaking and Listening

- Outline the scenario in question **11**, explaining how businesses ask advertising agencies to come up with advertising and/or marketing ideas for their products. Pairs then draw on the work they did for questions **7** and **8** (**Worksheet 7.1**) and question **9** in order to put together an effective presentation that will 'sell' their idea of the cartoon to PURE Digital. Discuss with the class how pairs might divide up their responsibilities (question **11b**) and how they could make their presentations persuasive (question **11c**).
- Emphasise to students the fact that their presentation is a persuasive spoken text, just as the advert is a persuasive written text. Remind them of the main features of persuasive texts by referring students back to the text-type features on page 144 of the Student Book. Put students in groups of 4 instead of pairs, if necessary, to suit either higher or lower abilities.

Plenary

- Ask 2 or 3 pairs to make their presentations to the class. The rest of the class could act as the management board of PURE Digital and ask questions at the end of the presentation; pairs or groups then respond to clarify points. Invite the class to comment both on the content of the presentations and the persuasive techniques used.

Unit 7 New media

Worksheet 7.2: Audience and purpose

In pairs, make notes on the extract below to show how the language of the advert is suited to its audience and purpose. You need to look out for the following features:

- **Informal language** – colloquialisms, contractions.
- **Emotive language** – words or punctuation to make you feel a certain way.
- **Tone** – being cool, funny or friendly.
- **Direct address** – to make the text personal to you.

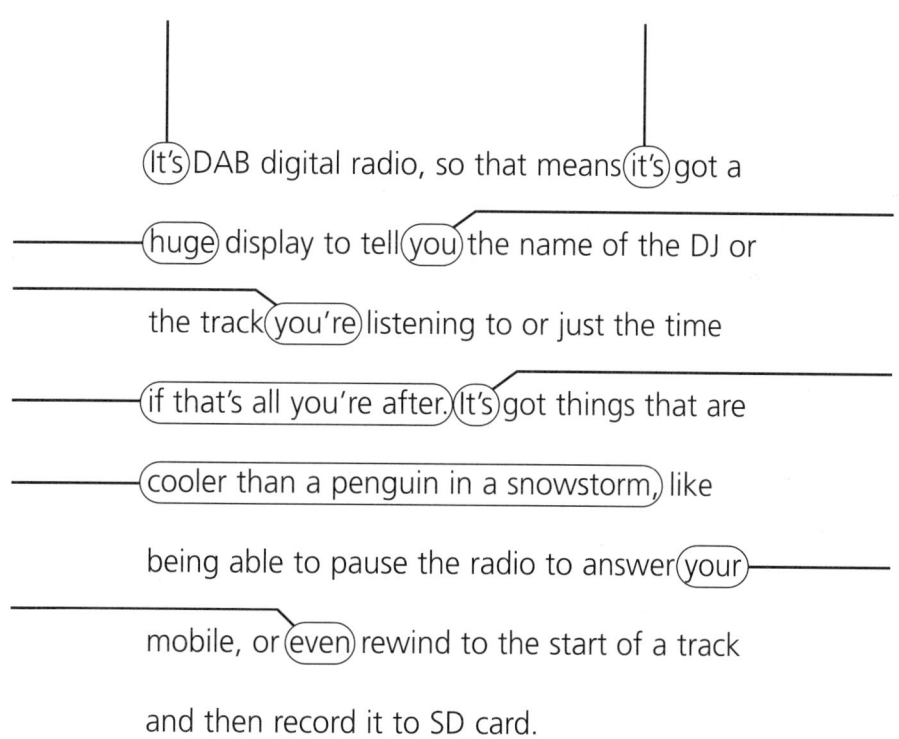

It's DAB digital radio, so that means it's got a huge display to tell you the name of the DJ or the track you're listening to or just the time if that's all you're after. It's got things that are cooler than a penguin in a snowstorm, like being able to pause the radio to answer your mobile, or even rewind to the start of a track and then record it to SD card.

New media

Lesson

Framework Objective

W14: Collect and comment on examples of language change
Main text type: Argument

Student Book pages 149–152

Dictionaries should be available.

Starter

- Explore different ways in which new words are formed, using categories from **Worksheet 7.3**. (Revisit the meanings of 'prefix' and 'suffix', if necessary). Put some example words up on the board (such as *hairbrush, unpack, exam, buff, igloo*). Put students in pairs and hand out a set of cards from **Worksheet 7.3** to each pair. Their task is to match the words to the different categories, using a dictionary. If appropriate, reduce the number of examples from each category from two to one.

Introduction

- Read the article aloud with the class, checking that glossary words are understood. Ask students to describe what it is about.

Key Reading

- Go through the key features of argument texts as shown in the text-type box on page 151. Check students' understanding by asking:
  - *What do we mean by evidence?*
  - *What is formal language?*
  - *What does 'signposting' an argument mean?*
- Students attempt questions **1** to **4** in pairs. Students may need help unpicking the image in question **3**; you may need to explain that the M25 has traffic jams even outside of rush hours. Ask 2 or 3 pairs to feed back their answers and invite the class to comment.

Development

Purpose

- Read through the text on the purpose of an argument text, emphasising how an argument is made up of a series of step-by-step points. Highlight where the points 'in favour' of the Internet are made in the article (in paragraphs 1 and 2) and model the note-like summaries provided for these on page 152. (Accept that these points are not really 'in favour', if students point this out, but do not go into this in detail at this stage.)
- For question **5**, pairs identify and summarise the 'points against' the Internet in the final three paragraphs of the article. When they feed back, ask students to evaluate how effective these points are.

Plenary

- Elicit from students the four key features of argument texts:
  - a series of points in logical order
  - points backed up by evidence or reasons
  - formal language
  - clear signposting.
  Students should not refer to their textbooks.

Unit 7 New media

Worksheet 7.3: New word origins

Combining two words	britpop
	spin doctor
Adding a prefix or suffix to a word	teleshopping
	Internet
Using part of an existing word	phone
	disco
Giving a new meaning to an old word	hacker
	mobile
Taking a word from another language	hamburger
	shampoo
Naming after a person, place or product	bikini
	Walkman

Impact English Teacher's Resource © HarperCollinsPublishers 2005

Unit 7
New media

Lesson 4

Framework Objectives

R7: Identify the ways implied and explicit meanings are conveyed in different texts

Wr14: Develop and signpost arguments in ways that make the logic clear to the reader

Main text type: Argument

Student Book pages 152–155

Starter

- Write the following sentence on the board: *Yeah, you're an ace footballer!* Brainstorm with the class what this sentence could mean, then raise the idea of the context helping the meaning. Remove the 'Yeah' from the sentence and ask whether this makes one meaning more likely than another. Then add 'laughed Greg' to the end of the sentence and ask whether this makes one meaning more likely than another. Introduce the terms 'explicit meaning' and 'implied meaning', using the 'Grammar for reading panel' on page 153 of the Student Book. Invite students to come up with further examples of explicit and implied meanings.

Introduction

Reading for meaning

- Model the example from the article (on page 152 of the Student Book), reinforcing the work previously done on the terms 'explicit' and 'implied' and introducing the concept of irony. It may help students if you link irony with sarcasm, explaining that the former is an extended and sophisticated form of the latter.
- Pairs then draw up and complete the table in question **6**, as outlined for paragraphs 1 and 2 of the article. Alternatively, pairs can be given copies of **Worksheet 7.4**. This identifies all the examples of irony from paragraphs 1 and 2, allowing pairs to concentrate on the possible meanings.
- After a feedback session, discuss with the class whether the writer's use of irony is effective.

Development

Focus on: Signposting arguments

- Explain the idea of clear signposting in texts and ask students why this is especially important in argument texts.
- Use the annotated example from the article (on page 154 of the Student Book) to show how the signpost 'All it does' helps the reader to understand where the argument is going. Contrast this example with a sentence starting 'It makes information more easily available'. Explain also that signposts can be simple connectives such as 'but' or 'however', as well as phrases. Students then analyse the signposting in the next sentence for question **7**, working on their own or in pairs, and feed back.

Key Writing

- Students attempt question **8** in pairs or on their own (in which case they should peer review their sentences with a partner). Remind them to draw on their previous work on signposting sentences to devise a range of ways to link the two sentences. Finally, ask 2 or 3 pairs to read out their new sentences and invite the class to comment.

Plenary

- Explain to students that they are going to write a mini-argument. First, ask them to write down one sentence saying whether this lesson has been useful. They then add a sentence backing up their main point. Invite feedback from several students and ask the class to comment on how well each student has signposted his or her argument. What kinds of signpost have been used?

110

Impact English Teacher's Resource © HarperCollinsPublishers 2005

Unit 7 New media

Worksheet 7.4: Analysing irony

Working in pairs, read the table below. In column 1, examples of irony have been provided from the first two paragraphs of the newspaper article. Your task is to complete columns 2 and 3 of the table by writing down the explicit and the implied meaning for each example.

A few examples have already been provided, to start you off.

Sentence	Explicit meaning	Implied meaning
'This is the latest headline in a long list of wonderful things…'	The Internet can do lots of wonderful things.	The things the Internet does aren't that wonderful.
'There are e-bookshops where you can buy…'	You can even buy books on the Internet.	But only to help you solve the problems the Internet causes in the first place.
'There are virtual jobs in virtual offices…'	You can work from home using the Internet.	
'Suddenly the Internet is the solution to everything.'		
'The Prime Minister is lying awake at night…'		
' "Have you thought about looking on the Internet?" says Cherie.'		
'And there it is, instantly available – and all for the price of a local phone call.'		
'The way to end world poverty, the secret of eternal happiness, the cure for cancer…'		
'…apparently you can find out something about almost anything by logging on to the Internet.'		

Impact English Teacher's Resource © HarperCollinsPublishers 2005

Framework Objective

S4: Explore the effects of changes in tense
Main text type: Recount

Student Book pages 156–160

Starter

- Remind the class how regular verbs in english form the past tense, by writing examples on the board, for example walk, walked; hate, hated. Then explain that many verbs in english do not follow this pattern; ask for some examples. Put **OHT 7.5** up and ask the class to identify which past tenses in the poem are correct, and which are not (they will soon recognise the pattern). What are the correct past tenses in each case?

Introduction

- Read through the article with the class, checking that glossary words are understood. Ask questions about the topic of the article, to check students' understanding.

Key Reading

- Go through the key features of recount texts as described in the text-type box on page 158. Check understanding by asking students:
  - Why do recount texts mainly use the past tense?
  - Can you think of another phrase that means 'in time order'?
  - What job do time connectives do?
- Students discuss questions **1** to **4** in pairs. You may want to prompt students in question **2** about why the present tense has been used at the start of the text; explain that this is quite common in recount texts that shift from current to past events. When answering question **3**, check that students use their knowledge of time order to scan the text in the right direction. Finally, ask 2 or 3 pairs to feed back their answers and invite the class to comment.

Development

Purpose

- Pairs discuss the options in question **5**. Encourage students to rule out the clearly inappropriate reasons and find the evidence for the remaining options before deciding on the main reason. Pairs should be ready to feed back to the class.

Reading for meaning

- Explain the idea of 'fast rewind' by writing an example on the board and then referring to its use at the beginning of the article. The technique is a more extreme version of 'flashback'. Students then use the technique to continue two newspaper stories in question **6**.
- Next, introduce the idea of timelines as a useful way of analysing and planning a recount text. For question **7**, students map the events of the article using a timeline, then consider why some events have been amplified by the writer. Ask 1 or 2 students to share their timelines with the class.

Plenary

- Elicit from students the four key features of recount texts, without referring to their textbooks.

Unit 7 New media

OHT 7.5: The Verbs in English Are a Fright

The verbs in English are a fright –
How can we learn to read and write?
Today we speak, but first we spoke;
Some faucets leak, but never loke.
Today we write, but first we wrote;
We bite our tongues, but never bote.
Each day I teach, for years I taught,
And preachers preach, but never praught.
This tale I tell; this tale I told;
I smell the flowers, but never smold.
If knights still slay, as once they slew,
Then do we play, as once we plew?
If I still do as once I did,
Then do cows moo, as once they mid?

by R. Lederer

Rags to riches

New media

Lesson 6

Framework Objective

S1: Combine clauses into complex sentences, using the comma effectively as a boundary signpost and checking for fluency and clarity

Main text type: Recount

Student Book pages 160–162

Starter

- Write the following words down the centre of the board: *can, should, will, must, could, ought to, have to, may*. Then add a verb on the right (for example, *play*), and a pronoun on the left (for example, *I*). Ask students what extra meaning is added to 'I play' when each of the words in the centre are placed in front of the verb. (For example, 'I can play' means 'I am allowed to play' or 'I am able to play'). Write these sentences on the board. Explain that these are modal verbs, which add meaning to (modify) other verbs.

Introduction

- Read through question **8** with the class. Run through the first meaning of 'have' (to 'own' or 'experience') described in the list on page 160. Since you have already explained during the Starter what a modal verb is, students should understand that this is the second meaning of 'have' described on page 160. Ask pairs to scan the article for examples of both meanings and feed back.

Development

Focus on: More effective sentences

- Read through the section with the class, ensuring that students understand what a clause is. Ask students how the conjunction 'but' relates the two clauses in the example on page 161 of the Student Book. Then draw the distinction between:
  - conjunctions such as 'but' and 'and', which generally add meaning by showing how *clauses* are linked within a sentence
  - connective phrases such as 'All this shows…', which show how *whole sentences or paragraphs* are linked.
- Pairs then attempt question **9**. It may help students' analysis if you write the two-sentence version on the board, i.e. 'Ten years later, he returned to Britain. He lived with his grandmother and younger brother.'
- To extend this work, students can investigate the effects of using different sentence types by analysing the two passages on **Worksheet 7.6**.

Key Writing

- Run through the notes on Dominic McVey with the class, explaining how he became a millionaire. In question **10**, students turn the notes into an article in continuous prose by writing full sentences and combining them in an effective way (refer students to their previous work for question **9**). Model how students could begin their written piece, using the example on page 162. Work with a guided group to help with drafting and share the best sentences.

Plenary

- Ask 2 or 3 students to read out their articles and invite the class to feed back. Students should consider the following questions:
  - *Have clauses been combined effectively?*
  - *Have connectives been used to make the connection of ideas clear between sentences?*
  - *Have the correct tenses been used?*

Impact English Teacher's Resource © HarperCollinsPublishers 2005

Unit 7 New media

Worksheet 7.6: Branson's first swim

Richard Branson, another entrepreneur, describes in his autobiography how he plunged into a river. His aunt had offered him ten shillings if he could learn to swim.

> I braced myself and jumped forward against the current, but I immediately felt myself sinking, my legs slicing uselessly through the water. The current pushed me around, tore at my underpants and dragged me downstream. I couldn't breathe and I swallowed water. I tried to reach up to the surface, but had nothing to push against. I kicked and writhed around but it was no help.
>
> Then my foot found a stone and I pushed up hard. I came back above the surface and took a deep breath. The breath steadied me, and I relaxed. I had to win that ten shillings.

Branson could have written the passage like this:

> I braced myself. I jumped forward against the current. I immediately felt myself sinking. My legs sliced uselessly through the water. The current pushed me around. It tore at my underpants. It dragged me downstream. I couldn't breathe. I swallowed water. I tried to reach up to the surface. I had nothing to push against. I kicked. I writhed around. It was no help.
>
> Then my foot found a stone. I pushed up hard. I came back above the surface. I took a deep breath. The breath steadied me. I relaxed. I had to win that ten shillings.

1. How many sentences are there in the first version? _____

2. How many sentences are there in the second version? _____

3. Is there any real difference in meaning between the two versions? _____

4. Which version looks and sounds better? Why? _____

_____

_____

_____

New media

Lesson 7

Assessment Focus

AF3: Organise and present whole texts effectively, sequencing and structuring information, ideas and events

Main text type: Argument

Student Book pages 163–165

Starter

- Ask students to jot down four main features of argument texts, then share answers as a class. Present the task to the students as outlined in the Student Book (page 163) and ask them how the main features just explored relate to the specific task of writing a letter in favour of the Internet.

Introduction

Stage 1

- Read through the instructions for Stage 1. Students then work in small groups to brainstorm arguments in favour of the Internet; each group should summarise at least three main points in a spidergram. Invite 2 or 3 groups to feed back to the class, to ensure that everyone is working along the right lines.

Stage 2

- Students plan their letters using their three best points in favour of the Internet; encourage them to plan one paragraph per bullet point.
- Using an OHT of **Worksheet 7.7**, model how to use a text skeleton to organise the main points (on the left) and the supporting points (on the right). Then give a copy of **Worksheet 7.7** to each student, to help them plan their text. Finally, model the first example on page 165 as a reminder of signposting and how to back up the main points.

Development

Stage 3

- Students work on their own to produce their draft paragraphs. If necessary, remind them how to structure the layout of a formal letter (see **Unit 6** Assignment). Work with low-ability groups to share progress, deal with questions and problems, and praise achievement.

Challenge

- Encourage students who have the time or ability to use irony in their letter.

Peer Assessment

- Pairs read each other's draft letters. Write up the text-type features below and ask students to check whether their drafts include them:
  - a series of points, each backed-up with evidence
  - formal but effective language
  - the use of signposting to make arguments clear.
- Students complete the Peer Assessment Sheet (see page 6) and feed back. Also run through the second example on page 165 which shows how part of an argument has been rephrased to make it more effective.
- Students then redraft their argument according to their partner's suggestions.

Plenary

- Give a copy of **OHT 7.8** (top half only) to each group and get students to annotate the level 3 writing to show how well the student has structured their text, and what needs improving. Then display the whole of **OHT 7.8** and ask for feedback on how to get the level 3 writing up to level 4. Show in the exemplar of level 4 how this can be done.
- Share some of the completed letters.

Unit 7 — New media

Worksheet 7.7: Planning your argument

Use the text skeleton below to plan the argument for your letter. The main points are numbered on the left. Note down one or two supporting points next to each main point.

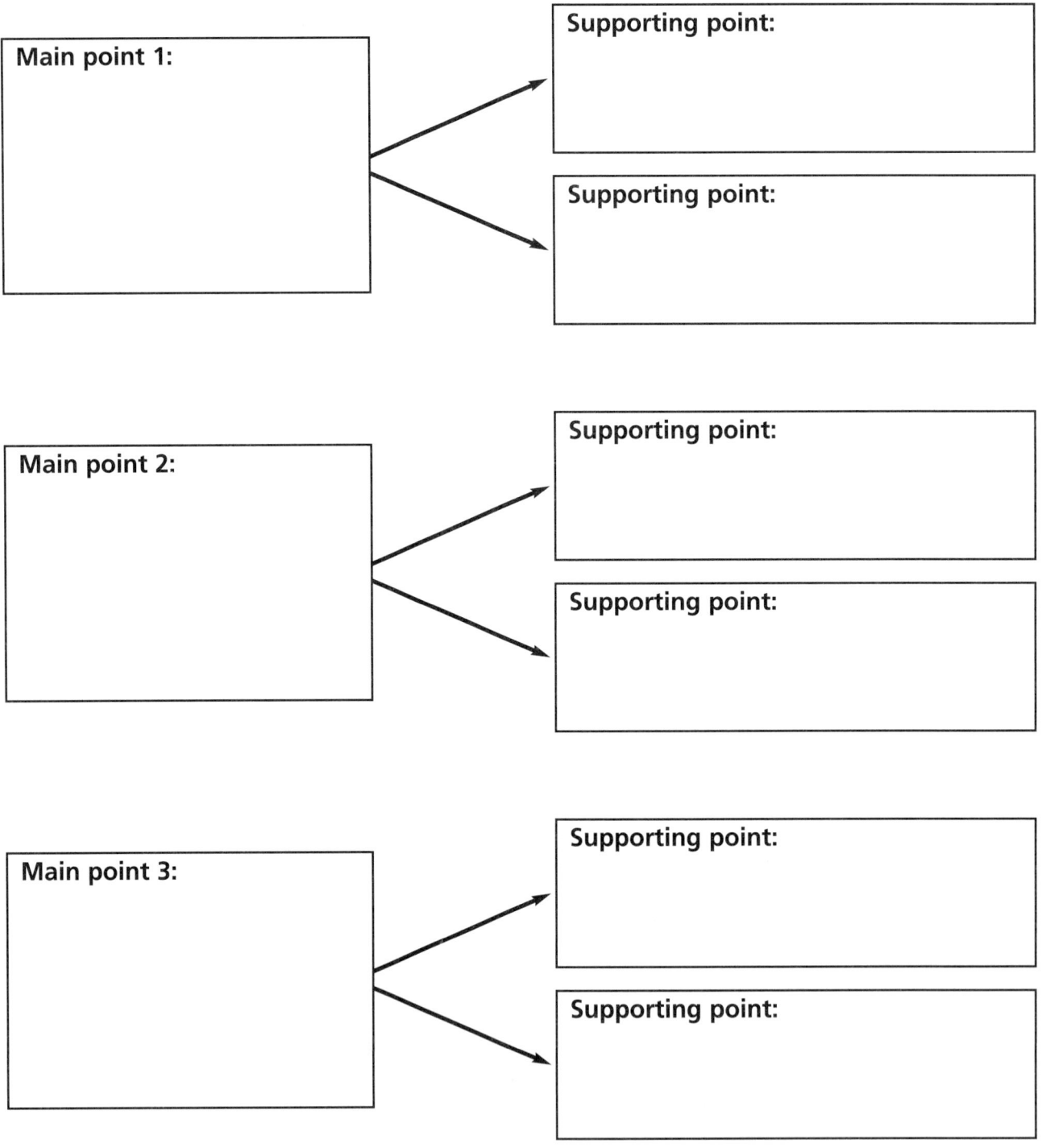

Unit 7 New media

OHT 7.8: Raising the level

Assessment Focus

AF2: Produce texts which are appropriate to task, reader and purpose

Level 3

The Internet allows people to get huge amounts of information. Not all of this is needed, you have to learn how to use search engines. John O'Farrell argues that the Internet is a waste of time, but it isn't if you learn to use search engines properly. You can also access all this information very fast.

Level 4

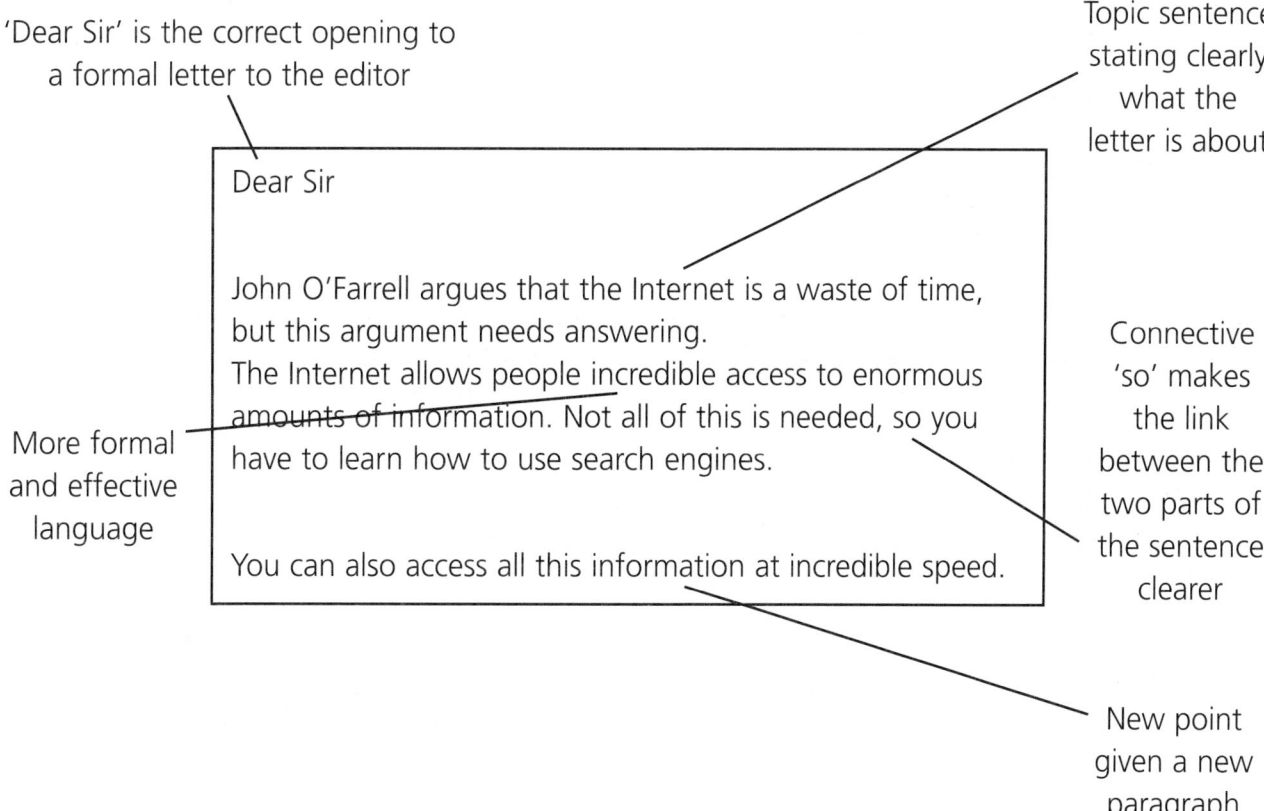

'Dear Sir' is the correct opening to a formal letter to the editor

Topic sentence stating clearly what the letter is about

Dear Sir

John O'Farrell argues that the Internet is a waste of time, but this argument needs answering.
The Internet allows people incredible access to enormous amounts of information. Not all of this is needed, so you have to learn how to use search engines.

You can also access all this information at incredible speed.

More formal and effective language

Connective 'so' makes the link between the two parts of the sentence clearer

New point given a new paragraph

Unit 8
Voices from the past

Lesson 1

Framework Objective
W2: Revise and remember high-frequency spellings
Main text type: Narrative

Student Book pages 166–169

Starter

- Dictate the following ten words from the narrative extract in the Student Book. They all include the vowel sound 'ay'. Students must write them down with the correct spelling:
  - breaking
  - straight
  - snaking
  - again
  - away
  - late.
  - trained
  - face
  - bayonets
  - praying

- Then check the spelling. Point out the different letter strings that show the same sound and write them on the board. Ask students whether they can think of any other words that include the sound 'ay' but use a different letter string (for example, *reign*, *grey*, *able*, *fête*).

Introduction

- Read through the Michael Morpurgo extract with the class, checking that glossary words are understood. Ask 1 or 2 students to describe what the story is about, referring to question **1**.

Key Reading

- Go through the key features of narrative texts as described in the text-type box on page 168. Check students' understanding by asking:
  - What is the purpose of the 'development' section of any story (or episode)?
  - What does the term 'expressive' mean?
  - How do you know that the first-person narrator is one of the characters?
- Students discuss questions **2**, **3** and **4** in pairs. You may need to offer guidance in question **3b** on the word classes that make the description effective. Ask 2 or 3 pairs to feed back their answers and invite the class to comment.

Development

Purpose
- Students discuss question **5** in small groups and feed back, providing evidence from the text to support their choice.

Reading for meaning
- Students answer questions **6** to **9**, working on their own or in pairs, then feed back. Students may need some support with question **8b**, which asks them to describe the effect of using a string of present participles ('–ing' verbs) to emulate the continuous movement of the gas itself.
- As an extension to question **9b** (or for homework), provide students with a copy of **Worksheet 8.1**. This offers a storyboard template on which to plan a film version of the extract. Remind students to include details of the dialogue and soundtrack in the caption boxes, and some simple indications of different camera shots that might be used (whether it is a long shot or a close-up).

Plenary

- Ask 2 or 3 students to present their storyboards to the class. Invite the class to comment on whether each storyboard adds to (or omits from) the written version.

Unit 8 – Voices from the past

Worksheet 8.1: Storyboard

Use the template below to storyboard a film version of the *Private Peaceful* extract. For each frame:

- Draw a sketch (in the top box) to show what appears on-screen.
- Add key information (in the box underneath). For example, to describe the type of camera shot (long shot or close-up) and the soundtrack.

The first frame has already been completed to start you off.

Frame 1

Long shot of trench. Only sounds are quiet conversation and birdsong.

Frame 2

Frame 3

Frame 4

Frame 5

Frame 6

Impact English Teacher's Resource © HarperCollinsPublishers 2005

Voices from the past

Lesson 2

Framework Objectives
W11: Appreciate the impact of figurative language in texts
Wr5: Develop the use of commentary and description in narrative
Main text type: Narrative

Student Book pages 170–171

Starter

- Put this sentence on the board: *The cavalry moved across the plain towards the enemy.* Get students to brainstorm different ways in which this description can be made more interesting/effective, either by adding detail or changing words. This can be done in groups first, or as a whole-class activity throughout. Add suggestions to the sentence on the board, using key lines (as in a spidergram). Underline any that use imagery of different kinds. Ask for some images if students are not supplying any. Finally, write out one or two of the most effective new versions and compare them with the original. Make sure these include imagery.

Introduction

Focus on: Imagery

- Read through the section, emphasising the two main ingredients of effective imagery: powerful words and imaginative comparison. Highlight to students how these ingredients are present in the annotated example. Pairs then attempt question **10**, as modelled in the table on page 170 of the Student Book.
- To support question **10**, hand out a copy of **Worksheet 8.2** to each pair and ask them to complete the table. The main images are provided in column 1 of the table, so that students can concentrate on the analysis. Ask 2 or 3 pairs to present their tables and invite the class to comment.
- Question **11**, which touches on the personification of gas, could be covered during the feedback session for question **10**. Alternatively, you could ask students to locate the examples while completing their tables.

Development

Key Writing

- For question **12**, students write an imaginative story from the point of view of a German soldier first witnessing the use of tanks in battle in 1916. It may help to first provide students with more of an historical context; for example, by reading an historical description of an early tank attack to the class. (A good website on this is www.firstworldwar.com/battles/flers.htm). Drawing from the extract, historical sources and any other images available, pairs then brainstorm powerful words for their description before drafting their paragraphs individually. The same pairs peer review their first attempts and then redraft.

Plenary

- Ask 1 or 2 pairs to read out their descriptions to the class. Each pair should then state how their partner helped them to improve their draft. The rest of the class comment on the effectiveness of the descriptions, concentrating especially on the imagery.

Unit 8 Voices from the past

Worksheet 8.2: Imagery

In pairs, complete the table below by:
- in the second column, listing the powerful words used and their effect
- in the third column, identifying what the gas is being compared with and commenting on the effect of the comparison.

Description of gas from text (imagery)	Powerful words and effect	Comparison and effect
'…we see it rolling towards us, this dreaded killer cloud…'	<u>rolling</u> – like something mechanical <u>dreaded</u> – like…	a cloud – something large and threatening
'Its deadly tendrils are searching ahead… searching for me'		

Impact English Teacher's Resource © HarperCollinsPublishers 2005

Voices from the past

Lesson 3

Framework Objective

S4: Explore the effects of changes in tense
Main text type: Discursive

Student Book pages 172–176

Starter

- Write four sentences on the board that use the simple present tense and four sentences that use the simple past. Use only regular verbs, i.e. those that form the past by adding '–ed' or '–d'. Ask pairs to identify the verbs and write them under the columns 'Present tense' and 'Past tense'. Invite feedback at this stage, to check that all students understand the distinction. Then ask pairs to change the present tenses to the past tense and vice versa. Finally, challenge students to work out the rule for forming the past tense of regular verbs.

Introduction

- Read through the extract with the class, checking that glossary words are understood. Ask 1 or 2 students to summarise what the text is about.

Key Reading

- Go through the key features of discursive texts as described in the text-type box on page 174. Check understanding by asking students:
    - *What would you expect to find in the conclusion of a discursive text?*
    - *Give an example of a signposting phrase.*
    - *What does 'tentative' mean?*
- Students discuss questions **1** to **5** in pairs. Invite 2 or 3 pairs to feed back their answers and invite the class to comment.
- More able students could annotate a section of the Mary Celeste text on **Worksheet 8.3**, to bring out examples of the main features of discursive texts. Ask 2 or 3 students to present their findings to the class as an OHT.

Development

Purpose

- In question **6**, students discuss the main purpose of the text in small groups. They should provide evidence from the text to support their choice. In the feedback session, encourage groups to consider what other purpose(s) the text might have.

Reading for meaning

- Pairs discuss questions **7**, **8** and **9**, which deal with the structure of the *Mary Celeste* text. For question **8**, it may help students to first run through the reasons why the present tense is often used in discursive texts. This will enable pairs to draw a contrast with the reasons why this text uses the past tense at certain points. Pairs then feed back with their answers.

Plenary

- Elicit from students the four key features of discursive texts; they should not refer to their textbooks.

Unit 8 — Voices from the past

Worksheet 8.3: Discursive texts

In the extract from the *Mary Celeste* article below, highlight at least **two** examples of each of the three main features of discursive texts:
- A **form** consisting of a series of points supported by **detail and evidence**
- **Phrases at the start of sentences**, to introduce a viewpoint
- **Tentative language**, to help express a range of possibilities.

If possible, use a different colour to highlight each feature.

Were the missing crewmen kippered by a squid?

In 1904 a magazine article claimed that the entire ship's company had been abducted by a giant octopus! According to the article, the well-armed creature rose from the deep and grabbed the ship's helmsman. The helmsman's yells brought the rest of the crew up on deck and, one by one, the octopus swept them up.

But could this have been what happened? Well, giant squid can be 20m (60ft) long, with eyes the size of a human head. But if a monster squid is the answer to the riddle, why did all hands remain on deck long enough to be plucked off in turn? And why did the squid make off with the ship's logbook, papers and lifeboat?

Did plundering pirates kill Captain Briggs and his crew?

Some people have suggested that pirates murdered Captain Briggs, his family and crew. But if pirates were to blame, where were the traces of violence you'd expect to see after a raid? And if sea-robbers had swarmed aboard the Mary Celeste, why hadn't they looted the ship from stem to stern? Amongst the things found on board were a silver watch, a fancy sword, some gold jewellery and expensive clothes.

Unit 8
Voices from the past

Lesson 4

> **Framework Objectives**
>
> **S5:** Recognise and exploit the use of conditionals and modal verbs when speculating, hypothesising or discussing possibilities
>
> **Wr16:** Weigh different viewpoints and present a balanced analysis of an event or issue
>
> **Main text type:** Discursive

Student Book pages 176–177

Starter

- Invite students in pairs to develop a short role-play in which they are two parents discussing where their son/daughter is. Each pair then gets together with another pair and listens carefully to the other's role-play. Ask students to jot down all the words and phrases that suggest possibility rather than fact. Give an example on the board first; for example: *I wonder if she is at Anna's house*; *Maybe he is at the park*.
- Once they have finished, ask several pairs to feed back their list of words and phrases that suggest possibility, and write them on the board. Elicit from the class any patterns or similarities in the words. Avoid using terms like 'modals' or 'conditionals' at this stage, but explain that students will refer to this work later.

Introduction

Focus on: The language of possibility

- Read through the section on the language of possibility with the class, ensuring that students understand the difference between a fact and a theory. If necessary, revisit the meaning of the term 'tentative'. Ask students to supply other examples of the three bulleted categories of tentative language on page 176, drawing on their role-play during the Starter.
- Pairs then attempt question **10**, using their copies of **Worksheet 8.3** from the last lesson. Students can write the factual versions of each example in the margin or on the back of the worksheet. Ask 2 or 3 pairs to present their responses to the class.

Development

Key Writing

- Read through question **11** with the class, answering any queries about the task. Then provide each student with the writing frame on **Worksheet 8.4**. Work with a group of students, sharing ideas for effective ways of using the language of possibility to question the theory. Showcase any particularly good sentences.

Plenary

- Ask 3 or 4 students to read out their paragraphs and ask the class to identify examples of tentative language. Finally, ask students to write down a sentence summarising how this lesson has helped them to write a discursive text.

Unit 8 Voices from the past

Worksheet 8.4: Assessing a theory

Here is another theory about the *Mary Celeste*. Use the writing frame below to compose a paragraph in the style of the main extract.

> **Theory:** Captain Briggs went mad and murdered his family and crew before throwing himself into the sea.
>
> **Points for:**
> It must have been stressful, being cooped up on a small ship.
> Such an event actually happened in 1828.
>
> **Points against:**
> He was a very experienced captain.
> The ship's lifeboat and logbook were also missing.

1 Give your paragraph a heading. Can you make it a question?

_____

2 Introduce the theory here. Use a phrase like 'Another theory is…' or 'Some people think…'

_____
_____
_____
_____

3 Describe the evidence for the theory. Include tentative words and phrases, such as 'could' and 'perhaps'.

_____
_____
_____
_____

4 Now describe the evidence against the theory.

_____
_____
_____
_____

Unit 8
Voices from the past
Lesson 5

Framework Objective

Wr6: Experiment with figurative language in conveying a sense of character and setting

Main text type: Poetry

Student Book pages 178–181

Starter

- Ask the class what the difference is between rhythm and rhyme (two terms commonly confused at this level). Read the start of three or four different types of poem – choose those with strong rhythms and rhymes, for example, limericks, but include one in free verse. Ask the class to note down which have a regular rhythm, and which rhyme. Finally ask them to spell the two words – show on the board how each begins with 'rhy'.

Introduction

- Read the poem aloud to the class, checking that glossary words are understood. To enforce a basic understanding, ask students to answer question **1**.

Key Reading

- Go through the key features of poetry as shown in the text-type box on page 179. Check students' understanding by asking:
  - *A limerick is a type of poem. What pattern do its lines make?*
  - *Do all poems have a regular rhythm or beat?*
  - *Can there be different kinds of rhyme in a poem?*
- Students discuss questions **2** to **5** in pairs. Ask 2 or 3 pairs to feed back their answers and invite the class to comment. Ask students to make notes of the main points about the poem, to refer to when preparing their presentations for question **12**.

Development

Purpose

- Pairs discuss the main purpose of *Roman Wall Blues* in question **6**, providing evidence from the poem to support their choice.

Reading for meaning

- Students attempt questions **7** and **8** on their own and questions **9** and **10** in pairs. **Worksheet 8.5** provides an accessible method of tackling question **9**. This is the most important question, since it requires students to show understanding of every couplet in the poem. Refer students back to the work they did in the starter activity to help them with question **10**. Ask for feedback on all the questions before moving on.

Plenary

- Write out the first couplet of the poem on the board. Ask students to write a prose version that says much the same thing; they could write it as a sentence from a history book about Roman Britain, for example. Ask 2 or 3 students to read out their prose versions, then brainstorm with the class the main elements that make the poem different to the prose versions.

Unit 8 Voices from the past

Worksheet 8.5: A soldier's daydreams

Trace the soldier's daydreams as he stands on sentry duty. Cut out the thoughts and feelings at the bottom of the page. Then decide which part of the poem each one relates to. Put it next to the relevant line or lines.

Roman Wall Blues

Over the heather the wet wind blows,
I've lice in my tunic and a cold in my nose.
The rain comes pattering out of the sky,
I'm a Wall soldier, I don't know why.
The mist creeps over the hard grey stone,
My girl's in Tungria; I sleep alone.
Aulus goes hanging around her place,
I don't like his manners, I don't like his face.
Piso's a Christian, he worships a fish;
There'd be no kissing if he had his wish.
She gave me a ring but I diced it away;
I want my girl and I want my pay.
When I'm a veteran with only one eye
I shall do nothing but look at the sky.

I bet other men are going after my girl – I hate them.	I wish my girlfriend was here – I miss her.
I'm broke and miserable on my own.	I'm cold, wet and uncomfortable.
I wish I hadn't gambled my girl's present away.	What on earth am I doing here?
I'm looking forward to when I retire.	

Impact English Teacher's Resource © HarperCollinsPublishers 2005

Unit 8

Voices from the past

Lesson 6

Framework Objectives

Wr17: Integrate evidence into writing to support analysis or conclusions (quotation)

S&L3: Make a formal presentation in standard English, using appropriate rhetorical devices

Main text type: Poetry

Student Book pages 182–183

Starter

- Explain that students will be giving a presentation at the end of the lesson. Brainstorm good points of advice to bear in mind when giving an oral presentation in front of an audience. (Cover ways of making voice interesting/audible; preparation; use of prompts; conquering nerves; body language – give these categories as prompts if necessary.)
- Write key points on the board, then ask groups to discuss which would be chosen as their top five key points for giving presentations.

Introduction

Focus on: Using quotations

- Read through the explanation, showing students how to integrate evidence into the analysis of a text. Model how each of the three bullet-pointed 'rules' on page 182 is followed up in the annotated example. Emphasise to students that they need to remember to do their PE (Point + Evidence) when they quote from a text. You could also give them this example of how not to do PE and invite comment on what is wrong with it:

  The poet says the mist creeps over the hard grey stone, My girl's in Tungria; I sleep alone, which shows how he is thinking about his girlfriend. He wants to be with her, but she is in Italy.

- Students answer question **11** in pairs. If they are stuck for ideas, point them to their answers to questions **5** and **10**. Ask 3 or 4 pairs to present their writing and invite the class to comment on how effectively each pair has made their points and backed them up with evidence from the poem.

Development

Key Speaking and Listening

- In question **12**, pairs prepare an analytical presentation of the poem *Roman Wall Blues*, following the guidance supplied on page 183 of the Student Book. Give each pair a copy of **Worksheet 8.6** to help them write their notes. Work with pairs to help them organise their thoughts, write notes and practise their presentations. Students can use an OHT of **Worksheet 8.5** to point to individual lines when they come to do their presentations.

Plenary

- Ask students to write down one thing they like about the poem and one thing they dislike about it. They should write full sentences and include evidence from the poem. Ask 3 or 4 students to read out their sentences.

Unit 8 Voices from the past

Worksheet 8.6: Presenting a poem

Complete the chart below with your notes on *Roman Wall Blues*. Use these notes when giving your presentation.

The subject of the poem What is the poem about? Who is the main character? Where and when is it set? From whose point of view is it written?	
The form or structure of the poem How is the poem laid out? Is there a special name for this form? Do the sentences follow any pattern?	
Rhythm and rhyme What kind of rhythm does the poem have? Is there a rhyme scheme – what is it? What effect do the rhythm and rhyme have? Are any other sound effects used in this poem?	

Impact English Teacher's Resource © HarperCollinsPublishers 2005

Unit 8
Voices from the past

Lesson 7

Assessment Focus
AF1: Write imaginative, interesting and thoughtful texts
Main text type: Poetry

Student Book pages 184–185

Starter

- Brainstorm with the class any facts or anecdotes they know about the D-Day landings; if possible, show a short clip from one of the many TV documentaries of recent years. Ask students to think about 'the ordinary person' involved in these events. How do they think a young soldier about to take part in such a momentous event felt and saw things?

Introduction

Stage 1
- Now bring more focus to the discussion by reading through the D-Day facts on page 184. Ask pairs to discuss the image for a few minutes, then jot down any ideas or impressions they develop about D-Day.

Stage 2
- Students brainstorm the thoughts and ideas of their character, working in the same pairs. To model how to do this, go over the spidergram on page 185 of the Student Book. You may also want to do a class rereading of Auden's *Roman Wall Blues*, as a model for portraying a character's thoughts and feelings honestly.

Development

Stage 3
- Read through the bullet point reminders with the class. Students then work on their own to produce their first drafts. Emphasise that they are only writing three or four rhyming couplets, so they will need to choose their best ideas and images. **OHT 8.7** provides an example of how to approach writing a first draft, to make the task less daunting.

Challenge
- Encourage those students with the time or ability to use more sound effects, such as alliteration, in their poem.

Peer Assessment

- When students have completed their poems, put them in pairs to read each other's drafts. Write up the following text-type features and ask students to check whether their drafts include them:
  - an imaginative picture of the character's thoughts and feelings
  - a regular form – lines grouped in couplets
  - a regular rhythm or beat
  - rhyme (and other sound effects).
- Students complete the Peer Assessment Sheet (see page 6) and feed back.
- Students redraft their poems according to suggestions.

Plenary

- Give a copy of **OHT 8.8** (top half only) to each pair and get students to annotate level 3 to show how well the student has incorporated the various features of poetry (images, rhythm, form) and what needs improvement. Then display the whole of **OHT 8.8** and ask for feedback on how to get the level 3 writing up to level 4. Show in the exemplar of level 4 how this can be done. Students then make changes to their own texts in light of this.
- Encourage students to read their poems aloud to the class.

Unit 8 Voices from the past

OHT 8.7: Drafting a poem

Follow the steps in this flowchart to help you draft your poem.

Step 1 Your first draft

Choose one of the ideas in your spidergram. Write two lines about it that rhyme and have a strong rhythm. Don't expect it to be perfect at this stage!

→ The sky is full of lead
And I just want to be in bed.

Step 2 Checking the rhyme

Make sure your couplet rhymes, as this one does. If you can't think of a rhyme for a particular word, try ending the first line with a simpler word. 'Ill' is easier to rhyme than 'seasick'!

→ I'm feeling rather ~~seasick~~ *ill*
I don't want to kill.

Step 3 Checking the rhythm

If you're having trouble with the rhythm, try reading the verse out loud. You could also clap the rhythm. Count the beats to make sure you have the same number in each line.

→ The sky is / *getting* full of lead
And I just want to be in bed.

Step 4 Revising your draft

Look over the poem carefully when you have finished.
- Can you make any words or images more powerful? (Make sure you don't upset the rhythm or rhyme when you revise.)

→ The sky is / *filling up with* ~~getting full of~~ lead
And I just want to be in bed.

Unit 8: Voices from the past

OHT 8.8: Raising the level

Assessment Focus

AF1: Write imaginative, interesting and thoughtful texts

Level 3

The fishes swimming on the sea bed
I don't want them to eat me when I'm full of led

I'd like to live a good long life
I really don't want to die here

Level 4

The fishes swimming on the sea bed
Will eat me when I'm full of lead.

I really want to laugh and cry
But above all I don't want to die.

- Second line of couplet now follows on better from the first line
- 'Lead' is now spelled correctly, and some punctuation has been added
- Repetition of 'want' is effective.
- Both couplets now rhyme and the rhythm is more regular than it was
- 'Laugh and cry' a good phrase to suggest 'live life to the full'

Impact English Teacher's Resource © HarperCollinsPublishers 2005

Unit 9
Dangerous pursuits
Lesson 1

Framework Objective
W1d: Review, consolidate and secure conventions (prefixes)
Main text type: Information

Student Book pages 186–189

Starter

- Build up a family of words/spellings on the board around the word 'extreme' – for example: *extremist*, *extremity*, *extremism*, *extremely*.
- Ask students to identify the different functions of the words (nouns and adverb). Ask students whether they know what the prefix 'ex–' means. ('Ex' = 'out of' or 'on the outside'.) Why is this meaning appropriate for an 'extremist'?
- The prefix 'im–' also changes the meaning of the root word it is attached to (for example, '*im*possible', '*im*practical'). What do students think it means?

Introduction

- Read through the text with students, checking that glossary words are understood. Ask 1 or 2 students to describe what the text is about.

Key Reading

- Go through the key features of information texts as described in the text-type box on page 188. Check students' understanding of the text-type features and how they apply to this text by asking:
  – *How is this text similar to the sort of text you would get in an encyclopaedia or other reference book?*
- Pairs work through questions **1** to **4** then feed back to the class. Support students in distinguishing between the impersonal language of most of the text and the chatty words and phrases discussed in question **4**.

Development

Purpose

- Draw the table in question **5** on the board and work through the responses with the class, asking students to contribute evidence to the table. Make sure that students are quite precise about the evidence they find.

Reading for meaning

- In order to answer question **6**, students should search for the key words to identify the three different sections (equipment and clubs; what extreme sports are; how extreme sports can help people's bodies). Ask students to scan the text looking for the key word(s), then check to see whether the reference is relevant.
- Then ask students whether they know what 'adrenalin' is; if they do not, look it up in a dictionary before answering question **7**.
- Draw attention to, or write on the board, the following sentence from the text:
  Regular extreme sports thrills can result in improved well being, less stress and more confidence.
  Ask the class what they notice about the 'number pattern' of this sentence. The answer is that it is a 'pattern of three', which is often used when explaining the benefits of something (particularly in persuasive speeches).
- To expand on this work, display **OHT 9.1**. Model the first two examples of the 'pattern of three' then complete the third example with the class. You can draw attention to the other features (alliteration and repetition) if you wish, though these do not feature in the *Extreme Sport* text. Students attempt examples 4 and 5 working on their own.

Plenary

- Ask 3 or 4 students to feed back their responses to examples 4 and 5 on **OHT 9.1**. Record their answers on the board and invite the class to comment.

Unit 9 Dangerous pursuits

OHT 9.1: Patterns of three

Example 1

The new Estra is sporty, stylish and sexy!

Example 2

A vote for us is a vote for strong government, strong leadership and a strong country!

Example 3

Come to the party! There'll be great music, _____ and _____.

Example 4

Fruit is cheap, _____ and _____.

Example 5

Going on holiday relaxes you, _____ you _____ and _____.

Unit 9
Dangerous pursuits

Lesson 2

Framework Objectives

S10: Identify the key alterations made to a text when it is changed from an informal to a formal text

S12: Explore and use different degrees of formality in written and oral texts

Main text type: Information

Student Book pages 190–191

Starter

- Write the following text on the board or read it sentence by sentence:
  'I was *down* the pub having a lemonade when the landlord told me my *missus* was on the *blower*. So I *goes* over and spoke to her. She was *doing her nut cos* I was meant to pick the *kids* up from some *do* at the school. So, I had to *leg it sharpish* and get over there as soon as I could.'
- Ask students to 'translate' this (very) informal text. There is no need to make it especially formal; students should simply change the selected (italicised) words and phrases. Write alternative words and phrases on the board and ask the class to decide on the best choices.

Introduction

Focus on: Informal and formal texts

- Stress that formality is all about suitability – sometimes it is appropriate to speak or write in a chatty, informal way; on other occasions, this would be out of place. Complete question **8** as a class and ask students to identify the informal aspects of the text and decide what has been changed. Then work through the examples in question **9**, asking students to think of suitable alternatives. If students seem confident, this activity can be done in pairs, with students feeding back their alternative words and phrases.

Development

Key Writing

- Introduce question **10** and read through the text about climbing. You may want to model the first change for the class before students attempt the task on their own.
- Distribute **Worksheet 9.2** to students so that they do not have to rewrite the whole text. This also suggests possible replacement words and phrases. Encourage students to try these out in pencil first, so they can alter them if they wish. You may want to guide a particular group of students in making their choices.

Plenary

- Ask 3 or 4 students to share their rewritten texts from question **10**, then ask the class the following questions:
  - *Were there any changes they found especially difficult?*
  - *What is the effect of making the text more formal?*
  - *Does it seem as though it is intended for a different audience?*
- You might want to comment on the fact that a simile (*I feel like a million dollars*), albeit a clichéd one, is likely to have been replaced by a simple adjective (such as 'brilliant' or 'fantastic'). Ask students whether the language is less colourful in the formal version.

Unit 9 Dangerous pursuits

Worksheet 9.2: Informal climbing

Read the following extract from the *Extreme Sport* text:

> Climbing is a well-cool thing to do. When I'm perched on top of some peak, I feel like a million dollars, but you don't get there by luck.
>
> You gotta get real. If you wanna get a buzz out of it, you need to do it safely.
>
> You'll need the proper stuff – and the right guys around you. It's no use being surrounded by your mates who have never seen a mountain in their lives.
>
> Nah. I reckon you need expert help. Dudes who know what they're blabbin' on about.

Now look at the version of the extract below. The informal words and phrases have been removed.

> Climbing is a _____ to do. When I'm perched on top of some peak, I feel _____, but you don't get there by luck.
>
> You _____. If you _____ get a _____ out of it, you need to do it safely.
>
> You'll need the proper _____ – and the right _____ around you. It's no use being surrounded by your _____ who have never seen a mountain in their lives.
>
> _____. I _____ you need expert help. _____ who know what they're _____.

Replace the informal words and phrases with more formal words and expressions.

Below are some possible words for you to use. Be careful: not all of them will work!

- fantastic
- so proud
- must understand
- must face the facts
- want to
- have to
- thrill
- equipment
- singing about
- good feeling
- clothes
- children
- toys
- people
- wonderful
- brilliant
- no
- not
- not at all
- friends
- talking about
- food
- believe
- feel
- think.

Dangerous pursuits

Lesson 3

Framework Objectives	
R4:	Review their developing skills as active, critical readers who search for meaning using a range of reading strategies
S8:	Know and use effectively the vocabulary, sentence grammar and stylistic conventions of the writing forms featured in specific subjects during the current year
Main text type: Explanation	

Student Book pages 192–196

Starter

- Point out that certain words have special technical meanings but mean something slightly different when used in an everyday way. To illustrate this point, ask students how the word 'pressure' might be used differently in school subjects such as Science, Geography and Art. How is the same word often used in everyday life and the media?

Introduction

- Read through the text with students, checking that glossary words are understood. Ask 1 or 2 students to describe what the text is about.

Key Reading

- Go through the key features of information texts as described in the text-type box on page 194. Check students' understanding by asking:
  - *In what school subjects would you be most likely to hear the language of cause and effect used in this way?* (Science and Geography.)
  - *Why is it natural to use the present tense in an explanation text, especially a spoken one?*
- Students work through questions **1**, **2** and **3** in pairs. When pairs feed back their answers to question **2**, refer back to previous discussions on the use of causal language (and the fact that causal connectives help to highlight how or why something works or happens).

Development

Purpose

- Through question **4**, elicit the idea that the writer is instructing the reader how to *do* an experiment but that the experiment itself explains how *something happens*.
- Revisit imperatives and time connectives through the 'Grammar for reading' box on page 195 of the Student Book. Students then answer question **5** in pairs. When feeding back, ask them to point to the relevant references in the text. In question **6**, pairs identify the features of this explanation that make it a fun science text and not just a dry explanation.

Reading for meaning

- The focus of question **7** in highlighting the lack of complex science in the text is intended to get students thinking about its audience (probably non-science specialists or children).
- To help students visualise the changes they might make in question **8**, hand out copies of **Worksheet 9.3**. Students can work through the points on their own.

Plenary

- Ask students to feed back their design ideas from question **8**. It may be useful to use the text available on the accompanying CD-Rom text, to enable students to apply their ideas to a Word version of the article.

Impact English Teacher's Resource © HarperCollinsPublishers 2005

Unit 9 Dangerous pursuits

Worksheet 9.3: Designed to explain

Your task is to suggest design improvements for *The science of bungee-jumping* text. Here are some features you could include:

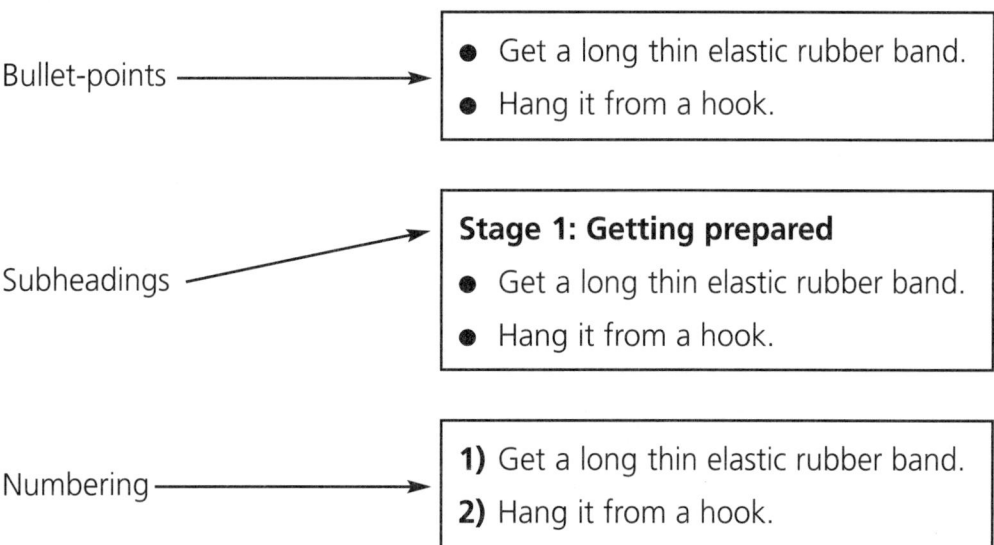

You could also include images and illustrations.

Firstly, I would make the layout better by _____
_____
_____
_____

Secondly, I would make it better by _____
_____
_____
_____

Use the other side of this sheet to plan how your new layout might look.

Unit 9
Dangerous pursuits
Lesson 4

Framework Objectives

S&L4: Provide an explanation or commentary which links words with actions or images

S&L5: Ask questions to clarify understanding and refine ideas

Main text type: Explanation

Student Book pages 197–198

Starter

- The following activity is designed to provide students with some practice in the range of questions that can be used to aid an explanation. First, give the class a quick speech about 'How I prepared before…' (for example, *an exam, a sports match, a wedding, a job interview* – whatever you choose). Invite students to ask you questions using 'why', 'when' and 'how', to draw out a fuller explanation.

Introduction

Focus on: Writing your own explanation or commentary

- If possible, show a short extract from a wildlife documentary; if not, read out the example on page 197 of the Student Book, to give a sense of the style of language used. Then ask pairs to take on the role of a wildlife presenter (Student A) and pretend to describe to the viewer (Student B) one of the following scenes:
  - *Lions sleeping then hunting down a gazelle.*
  - *A diver in a cage watching a killer shark circling.*
  - *Describing students in a classroom as though they are animals in a zoo (for example, Here we have the sleepy and slow-moving Leeus Smithus, a grumpy male who…)*
- Stress to students that it is the style of language they are trying to imitate which is important, not the accuracy of the explanation. Encourage them to speak in the present tense and, if possible, to use the language of cause and effect; however, this is not vital at this point. Each student should have a turn at being the wildlife presenter.
- Hand out **Worksheet 9.4** to each pair, as a prompt for the types of words and phrases the presenter might use. Run through these with the class, then move amongst pairs as they work, praising those students who adopt the right tone and register. Remind them that using 'we' is a common technique when sharing images and experiences on-screen.
- With the role play as preparation, students link the sentences in question **9**.

Development

Key Speaking and Listening

- In the same pairs, students look at the drawings for the 'Acid Drop' or 'Drop Off' at the start of question **10**. Explain that the key difference here is that whilst they will be giving a commentary, the important thing is to explain *how* it is done.
- Write these helpful explanatory phrases and links on the board:
  - *It's best to…because/as…*
  - *Try to…so that…*
  - *If you…then…*
- Next, model the example for the first picture on page 198.
- Students run through their commentaries in pairs, taking it in turns to be the 'expert skateboarder' and the listener. Encourage the listener to ask the expert a range of questions to clarify what is being said (*How…?, Why…?, So what you're saying is…*), reminding students of work previously done during the Starter.

Plenary

- Ask students to present a selection of their commentaries to the class, who then comment on the clarity of the explanation and the entertainment value. Point out examples where the style is particularly successful.

Unit 9 Dangerous pursuits

Worksheet 9.4: Animal language

Use the following words and phrases for your wildlife documentary, if you wish:

Introducing scenes and/or topics:	**Settings phrases:**
Here we have…	In the African bush…
Let's look at…	By a clump of trees…
If we look here, we can see…	Just beneath the ocean's surface…
We can find…	Behind that rock…
	Underneath that log…

Commenting:	**Drama/tension:**
This means…	But wait…
What we can see is…	Suddenly…
Why does this happen? Because…	Something seems to have…
As a result, you can see that…	We are just getting close when…
No one knows why…	It's time to…
It has been suggested that…	Disaster…
Perhaps…	

You can use the following box to note down some lines you might use. An example has already been done for you, to start you off.

> *If we look closely, under the ocean's surface, we can see the shadow of the Great White shark…*

Dangerous pursuits

Framework Objective

R4: Review their developing skills as active, critical readers who search for meaning using a range of reading strategies

Main text type: Recount

Student Book pages 199–203

Starter

- Check that students are familiar with and understand the idea of actions in sentences having a clear tense ('I went') and also incomplete or non-tense related actions. Write the following sentences on the board and ask which *parts* of them can be said to be a continuous or incomplete action:
  - *Despite looking for ages, all I could find was my old passport.*
  - *I picked up the ring, wondering what she'd say.*
- There are other non-finite verb forms but this structure is appropriate for the recounts that students will read and write in this section.

Introduction

- Read the extract with students, checking that glossary words are understood. Then ask 1 or 2 students to describe what the text is about.

Key Reading

- Go through the key features of recount texts as described in the text-type box on page 201. Check students' understanding of the text-type features by asking:
  - *In the second to last paragraph (lines 60–63), the writer uses two phrases related to time. What are they?* ('for the moment' and 'after')
  - *Can you find a powerful verb in paragraph 2 describing the movement of the snow?*
- Pairs complete questions **1** to **4** in pairs to embed this knowledge. Ask 2 or 3 pairs to feed back and invite the class to comment.

Development

Purpose

- Elicit from students what would be lost if any one of the three bulleted features on page 202 (drama and tension, emotions, exact events) wasn't present in the text (it would be a very unemotional, factual report). Prepared in this way, pairs then discuss the options in question **5** before feeding back to the class.

Reading for meaning

- The purpose of question **6** is to show students how it is possible to draw conclusions from a text, whether things are said directly or implied (an idea they may have come across in other lessons). Students can work individually to match the boxes on page 203, but should be careful about linking the four pairs of boxes. Encourage them to focus on clues in the text that signal emotion (for example, the use of the exclamation mark can show anger, shock or emphasis, and is unlikely to be used when feeling 'not concerned'). During a feedback session, explore any differences in students' answers.

Plenary

- Conclude by working with the class to plot on **OHT 9.5** the changing feelings the writer shows in the first three paragraphs of the extract. Point out that these feelings can change *within* the paragraphs. If time allows, add further examples from the remainder of the text, which will include some of those from the matching exercise (question **6**).

Unit 9 Dangerous pursuits

OHT 9.5: Emotional rescue

Feelings/emotions	Quotations
Paragraph 1: Pleading, beginning to feel desperate. ↓	'…to urge Joe…'
Paragraph 2: Beginning to feel scared, panic beginning to grow. ↓	
Paragraph 3:	

Impact English Teacher's Resource © HarperCollinsPublishers 2005

Dangerous pursuits

Framework Objectives

S1: Combine clauses into complex sentences, using the comma effectively as a boundary signpost and checking for fluency and clarity

S2: Explore the impact of a variety of sentence structures

Main text type: Recount

Student Book pages 203–205

Starter

- Read the following text aloud to the class:
  I stopped. Looked around. Was that footsteps? No. I must have been mistaken. But wait – what was that? It was footsteps! Getting closer. Closer every moment. Louder. Then louder still. Then they stopped. Silence. I could hear my heart beating like a drum.
- Ask students to:
  - guess how many sentences the extract contains
  - punctuate the section, from the start to 'It was footsteps!'.
- Point out that there are a number of 'non-sentences' here but that short sentences like this create the jumpy, nervy feel of the text.

Introduction

Focus on: Different sentence structures

- Begin question **7** by building on work done during the Starter. Look at the two examples on pages 203–204 and ask students to suggest why the first example is better.
- Next, go through the examples of sentences with non-finite clauses on page 204. You may choose not to use the term 'non-finite clause', but ensure that students understand the continuous nature of actions in these clauses. If reinforcement is needed, remind them of their work during the Starter for **Lesson 5**. Stress how useful this structure is in all writing but especially in narrative or recount texts. Finally, use question **8** to test students' knowledge; it may be best if they decide on the correct answer independently and then feed back.

Development

Key Writing

- Before students attempt question **9**, model the first example of a sentence containing a non-finite clause on **OHT 9.6**. Point out that the use of non-finite clauses allows the writer to cram more information into one sentence, and that this can add to the flow, the drama or the descriptive nature of a text. Then ask for contributions from the class to complete the remaining boxes on the OHT. If students need more assistance with this task, offer the following verbs from which additional clauses can be constructed.
  - Box 1: 'to stumble', 'to fall', 'to slip'
  - Box 2: 'to glance', 'to search', 'to check'
  - Box 3: 'to stop', 'to race', 'to skid'
  - Boxes 4 and 5 have already been completed, to round off the story and provide further reinforcement.
- Students then complete the three sentences in question **9** and devise two more of their own. Invite more confident students to add a further paragraph to the text, using additional non-finite clauses to provide further detail and drama.

Plenary

- Ask 3 or 4 students to share their examples of clauses constructed as part of question **9**. Invite the class to comment on how effectively they have used non-finite clauses to add tension and descriptive detail.

Unit 9 Dangerous Pursuits

OHT 9.6: Non-finite clauses

The failed robbery

Running for the car, the thief…
He stood up…
Its brakes screeching, an unmarked police-car…
Grabbing the man, *they searched and then arrested him*.
They took him away, *restraining him* in case he tried to escape.

Unit 9 Assignment

Dangerous pursuits

Lesson 7

Assessment Focus

AF4: Construct paragraphs and use cohesion within and between paragraphs

Main text type: Recount

Student Book pages 206–207

Starter

- Briefly revise the various functions of paragraphs, eliciting the following information from students:
  - they separate information – even if 'generally' related
  - they show a shift in time
  - they introduce new ideas or contrasting views
  - they elaborate on a previous idea.

Introduction

Stage 1

- Elicit background information for the task by asking students:
  - *Who was Captain Scott?*
  - *What was his goal or quest?*
  - *Was he successful?*
  - *What happened to him and his team?*
- Ensure that students understand they will be writing as an explorer in the present day, not from the 1900s (when Scott led his expedition). Also point out that students' written accounts should focus on one specific incident, as in the *Touching the Void* extract.
- Read through the explorer's notes about the incident and ask students to describe what has happened.

Stage 2

- Give out **Worksheet 9.7**, which supports students in dividing up their detailed notes and preparing a paragraph plan. More confident students may wish to break the notes into more than three paragraphs, depending on the amount of detail required. This is an alternative way of planning the paragraphs to using a timeline, as suggested on page 207 of the Student Book.

Development

Stage 3

- Students draft their first paragraph, keeping their plan in mind.

Peer Assessment

- Once students have finished their recounts, they work in pairs to read each other's drafts. Since this is only the first paragraph of their recount, some of the following text-type features may not be identified. However, write the following list on the board and ask students to check the drafts for:
  - some reference to time or the order of events
  - powerful, descriptive language
  - a variety of sentences.
- Students complete the Peer Assessment Sheet (see page 6) and feed back.
- Students then redraft according to suggestions and complete the remaining paragraphs.

Impact English Teacher's Resource © HarperCollins*Publishers* 2005

Plenary

- Give a copy of **OHT 9.8** (top half only) to each group and get students to annotate the level 3 writing to show how well the student has used paragraphs and what needs improvement. Then display the whole of **OHT 9.8** and ask for feedback on how to get the level 3 writing up to level 4. Show in the exemplar of level 4 how this can be done. Students make changes to their own texts in light of this.

Unit 9 Dangerous pursuits

Worksheet 9.7: Planning paragraphs

Divide the following notes into three sections (each section will be a paragraph in your recount), using the table at the bottom of the page.

Each paragraph (section) should deal with a separate part of the story. The first paragraph has been highlighted for you, as an example.

Paragraph 1 →

Notes:

Day 24 Blizzard.
On the Beardmore Glacier.
Heading for the Ross Sea.
Temperature – 2 degrees Celsius.
Sam has fever, can't go on.
We pitch camp, and I call for assistance.
Weather so bad helicopter cannot find us or land.
We decide to try to get out of glacier before temperature drops any more.
I pull Sam on a sled behind me.
He's looking bad.
Stop and check satellite navigation system.
Isn't working. Can't go on.
Suddenly helicopter appears out of nowhere and lands. Saved!

Paragraph	Detail
Paragraph 1	Me walking through the snow; Sam behind me, then falling to the ground.
Paragraph 2	
Paragraph 3	

Unit 9 Dangerous pursuits

OHT 9.8: Raising the level

Assessment Focus

AF4: Construct paragraphs and use cohesion within and between paragraphs

Level 3

I turned and saw Sam on the ground looking really ill. I went over to him to see if he was ok, but he wasn't. Maybe he was dead I thought but then I saw he was breathing. I helped him stand up. We put the tent up and it was very difficult because of the strong blizzard. Eventually, we managed to get the tent up.

Level 4

Good variety of sentence starters

Individual details help paint picture

> Wiping the snow from my face, I turned and saw Sam, lying on the icy ground. I fought my way over to him. Was he ok? I couldn't tell when I clasped his arm. Yes, he was breathing. Clasping his arm, I helped him get to his feet.
>
> Putting the tent up was not easy. Sam tried to help, but it was impossible. He was just too weak. I thought – 'we're finished – we'll never get out.' However, Sam smiled and seemed to get some extra strength. Maybe, just maybe, we would make it.

New paragraph for new action

Connectives link sentences

More emotion – stronger word

Impact English Teacher's Resource © HarperCollinsPublishers 2005